Herausgeber

Gerd Koch, Dr. phil., Dipl.-Päd., 1. Staatsexamen für das Lehramt, Groß- und Außenhandelskaufmann. Bis 1981 wissenschaftlicher Assistent am Fachbereich Erziehungswissenschaft der Universität Hamburg. Seit 1981 Professor für Pädagogik/Soziale Kulturarbeit (Theater) an der Alice-Salomon-Fachhochschule Berlin. Zahlreiche Lehraufträge und Workshops im In- und Ausland. Mitbegründer und Mitherausgeber von *Korrespondenzen. Zeitschrift für Theaterpädagogik* (seit 1985). Vorsitzender der Gesellschaft für Theaterpädagogik e. V. Mitglied im wissenschaftlichen Beirat des Ernst-Bloch-Zentrums in Ludwigshafen (Rhein). Vorstandsmitglied im Morgenland e. V. in Hamburg. Langjährige Mitarbeit im Ausschuss Bildung, Lehre, Forschung des Bundesverbands Theaterpädagogik e. V. Im Auftrag der BAG Spiel und Theater e. V. zusammen mit Ulrike Hentschel 1994 Entwicklung des Kerncurriculums Theaterpädagogik. Letzte Buchveröffentlichung: Umgang mit dem Unterschiedlichen. Differenzsensibilität in der Sozialen Arbeit (zus. mit Heiko Kleve, Matthias Müller). Berlin, Milow 2003.

Herausgeberin

Marianne Streisand, Dr. phil., Privatdozentin an der Humboldt-Universität zu Berlin. Literatur-, Theaterwissenschaftlerin und Theaterpädagogin; Studium der Germanistik und Theaterwissenschaften in Berlin. Bis 1999 wissenschaftliche Assistentin am Institut für deutsche Literatur der Humboldt-Universität zu Berlin; Habilitation 2000 und Gastprofessorin an der Berliner Hochschule der Künste, Fachbereich Darstellende Kunst; seit 2001 wissenschaftliche Mitarbeiterin am Zentrum für Literaturforschung, Berlin. Seit 1989 Lehrbeauftragte für Theorie und Praxis der Sozialen Kulturarbeit (Theater) an der Alice-Salomon-Fachhochschule Berlin. Zahlreiche Lehraufträge und Workshops im In- und Ausland. Publikationen und Lehre auf den Gebieten der Kultur- und Theatergeschichte des 18. Jahrhunderts bis zur Gegenwart und der Theaterpädagogik. Schwerpunkte: Künste, Medien und Psychoanalyse um 1900, Heiner Müller, Bertolt Brecht, Kunstexperimente der Avantgarden zwischen 1900 und 1930, interdisziplinäre künstlerische Praxis. Letzte Buchveröffentlichung: Intimität. Begriffsgeschichte und Entdeckung der ‚Intimität' auf dem Theater um 1900. München 2001.

Gerd Koch
Marianne Streisand (Hg.)

Wörterbuch
der
Theaterpädagogik

Schibri-Verlag   Berlin • Milow

Die Erstellung des Wörterbuchs der Theaterpädagogik wurde gefördert durch:

BMBF-Programm ‚Anwendungsorientierte Forschung und Entwicklung an Fachhochschulen‘,
Alice-Salomon-Fachhochschule Berlin,
Gesellschaft für Theaterpädagogik Niedersachsen e. V.,
Gesellschaft für Theaterpädagogik e. V.,
Institut für Theaterpädagogik der Fachhochschule Osnabrück, Standort Lingen (Ems).
Interdisziplinäre Arbeitsstelle: Ästhetische Erfahrung – Soziale Praxis.

Bestellungen über
    den Buchhandel
    oder direkt beim Verlag

© 2003 by Schibri-Verlag
Milow 60
17337 Uckerland
Tel. 039753 / 22757 – Fax 039753 / 22583
e-Mail: Schibri-Verlag@t-online.de
http://www.schibri.de

Umschlaggestaltung: Thomas Iwainsky
Druck: WB-Druck, Rieden

ISBN 3-933978-48-3

Inhalt

Editorial

Im deutschen Sprachraum ist das Wörterbuch der Theaterpädagogik das erste Nachschlagewerk dieser Art. Seine Stichwörter reichen von ‚Action Theater' bis ‚ZuschauSpieler'.

Das hier vorgelegte Wörterbuch wurde konzipiert als Arbeitsmittel zur Orientierung innerhalb des praxisbezogenen Sach- und Begriffsfelds Theaterpädagogik, das sich gerade in den letzten Jahren in einem beachtlichen Aufschwung befindet. Theaterpädagogik wird immer mehr als eigenständige Disziplin gewürdigt und in unterschiedlichen Organisationsweisen bzw. Ausbildungsgängen wahrgenommen.

Das Wörterbuch der Theaterpädagogik gibt einen Überblick über die Vielfalt theaterpädagogischer Ansätze, Methoden, Verfahrensweisen, deren theoretische Ausformulierungen und Geschichte(n). Es zeichnet Querverbindungen zu anderen Fächern, Disziplinen und Praxisfeldern nach und versucht von Fall zu Fall, unterschiedliche Entwicklungen in den ehemals beiden deutschen Staaten zu berücksichtigen. Zugleich sind Thematiken aufgenommen worden, die im internationalen Diskurs Bedeutsamkeit erlangt haben und die gewissermaßen zum allgemeinen theaterpädagogischen Wissensbestand gehören sollten, der sich jeweils spezifisch auf ‚mutter-/national-sprachlicher' Ebene realisiert.

Die Stichwort-AutorInnen entstammen unterschiedlichen Disziplinen. Das ist dem Gegenstand der Theaterpädagogik in Theorie und Praxis angemessen, die sich gegenwärtig teilweise noch als eine Integrations-Disziplin, -Wissenschaft und -Praxis darstellt. Die AutorInnen wählen den Zugang zur Gestaltung ihres Stichworts aus den Grundlagen ihres jeweiligen Fachs; sie wahren dessen Eigenkraft und haben in der Regel zusätzlich ein dynamisches und weites Verständnis davon, so dass sie zwischen den Polen Theater und Pädagogik sowie angrenzenden Disziplinen kompetent vermitteln können. In diesem Zusammenhang versteht sich das Wörterbuch als Teil eines theaterpädagogischen Forschungsprogramms.

Ein Wörterbuch unterscheidet sich vom Lexikon wie vom Handbuch bzw. einer Handreichung. Versucht ein Lexikon kurz und knapp (vermeintlich) gesichertes Wissen definitorisch zu fassen, so will traditionell ein Handbuch/eine Handreichung der unmittelbaren Anwendung dienen. Ein Wörterbuch ist etwa zwischen diesen beiden Ansätzen positioniert: Es liefert Fakten, will diese aber in einen historischen Ableitungszusammenhang stellen, Kontroversen in Theorie und Praxis skizzieren sowie Literatur zur weiteren Verständigung liefern. In der Regel sind alle Beiträge des Wörterbuchs der Theaterpädagogik in dieser Weise geschrieben worden. Gedanklicher Ausgangspunkt war immer die Aktualität des Phänomens; es ging aber darum, den gegenwärtigen Stand geschichtlich zu sehen. Ein so komponiertes Fach-Wörterbuch kann sich an LeserInnen ‚vom Fach' wenden *und* an Personen, die sich in einem argumentativen Kontext erst einmal einen informativen Zugang verschaffen wollen.

Herausgeberin und Herausgeber erhoffen sich mit diesem Wörterbuch, den begonnenen Dialog zwischen den Disziplinen, die das weite Feld Theaterpädagogik konstituieren bzw. in dieses hinein reichen, weiter zu fördern. Einige Phänomene allerdings sind noch so unsicher zwischen den verschiedenen Wissenschaften, Künsten und der Theaterpädagogik angesiedelt, dass Herausgeberin und Herausgeber den VerfasserInnen empfohlen haben, einen mehr essayistischen, d.h. einen versuchenden (!), versuchsweisen Zugriff beim Schreiben ihres Stichworts zu wählen.

Innerhalb eines jeden Beitrags sind Verweise auf andere Stichwörter des Wörterbuchs mit → gekennzeichnet. *Unter* jeden Beitrag werden *mögliche*, die Thematik erweiternde Stichwort-Verweise angefügt, so dass ein integratives Lesen angeregt wird. Stichwörter, die aus zwei oder mehr sinntragenden Begriffen bestehen, werden mit ihren Teilbegriffen jeweils gesondert in die alphabetische Ordnung eingefügt (‚Theatertherapie‘ etwa findet man auch über den Suchbegriff ‚Therapie‘). Dem dreifachen Verständnis von ‚Stichwort‘ wird damit Genüge getan: Stichwörter sind Suchbegriffe in Nachschlagewerken; ein Stichwort ist das Wort, auf das hin eine Schauspielerin oder ein Schauspieler einsetzen muss; Stichwörter sind markierte Begriffe in der Rhetorik. Gemeinsam ist allen, dass sie sich in der Praxis bewähren müssen. Die zusammen mit dem Buch erhältliche CD-ROM soll dies unterstützen und ein fachliches Arbeiten erleichtern.

Im Beitrag wird das Stichwort nur abgekürzt angeführt. Theaterpädagogik wird abgekürzt zu ThP; theaterpädagogisch (mit seinen Varianten) wird zu thp. Ein Abkürzungsverzeichnis führt weitere Abkürzungen nebst Auflösungen an.

Die Kurzbiographien sind nicht separat platziert, sondern in die alphabetische Reihenfolge aller Stichwörter integriert worden und sie enthalten im Text Verweise auf andere Stichwort-Beiträge. Die Herausgeberin und der Herausgeber haben sich von dem Gedanken leiten lassen, dass BenutzerInnen sowohl einen biographisch-personellen als auch einen fachlich-systematischen Zugang zur Arbeit mit diesem Wörterbuch finden wollen. Jede Kurzbiographie liefert zuerst in wenigen Zeilen ein Biogramm der vorgestellten Person, dann folgt eine prägnante Formulierung ihrer theaterpädagogischen Position. Angefügt werden Angaben von fachrelevanten Publikationen der Person und daran anschließend eine Auswahl von Literatur über sie. Um schwierigen Fragen einer Wertung der Bedeutung einzelner Persönlichkeiten für Geschichte und Gegenwart des Fachs zu entgehen, wurden alle Kurzbiographien im Umfang strikt begrenzt. Hier besteht im Übrigen noch eine Aufgabe für die Forschung: das Schreiben der Geschichte der Theaterpädagogik in den Tätigkeiten ihrer ProtagonistInnen.

Mit gewisser Vorsicht sind Herausgeberin und Herausgeber an die Aufnahme von punktuellen Arbeitsbereichen, Feldern und/oder Trägern von Theaterpädagogik herangegangen, da sie sich schnell wandeln. Es wurde nur eine exemplarische Auswahl getroffen. Durch Überblicksartikel historischer und systematischer Art wurde dem Bedürfnis, hier mehr zu erfahren, nachgekommen.

Die den Stichwörtern angefügten Literaturhinweise sollen die Ausführungen in den Beiträgen belegen und auch über sie hinaus weisen; selbstredend stellen sie nur eine Auswahl dar. In der Regel wurde verzichtet, auf leicht zugängliche Fach-Lexika und Wörterbücher hinzuweisen. Die *Korrespondenzen. Zeitschrift für Theaterpädagogik* wird nur als ‚Korrespondenzen‘ zitiert. In einigen Fällen sind Internet-Adressen zur Informationsergänzung eingefügt worden.

Die AutorInnen der Stichwort-Beiträge stammen überwiegend aus dem deutschen theaterpädagogischen Hintergrund. Es sind jedoch schon jetzt Beiträge aus Belgien, Irland, Kanada, Österreich, der Schweiz, den USA vertreten. Kurzauskünfte zu den BeiträgerInnen liefert das Autorinnen- und Autorenverzeichnis am Schluss des Wörterbuchs der Theaterpädagogik.

Marianne Streisand (Theaterwissenschaftlerin/Theaterpädagogin) und Gerd Koch (Erziehungswissenschaftler/Theaterpädagoge) leiten die Arbeitsstelle Wörterbuch der Theaterpädagogik an der Alice-Salomon-Fachhochschule Berlin. Weitere Mitglieder der Arbeitsstelle sind Frank König (Lektorat), Gabi Beier, Gabriela Naumann, Kathrin Meß (seit Oktober 2002), Anja Sczilinski (bis September 2002). Technische Mitarbeit leisteten Markus Hinz und Monika Pothenick (Alice-Salomon-Fachhochschule Berlin).

Ihnen und den vielen kompetenten und kooperationsbereiten AutorInnen gilt der Dank der Herausgeberin und des Herausgebers für die produktive und beglückende Zusammenarbeit.

Für anregende, erweiternde, auch kritische Hinweise zum Wörterbuch-Projekt sind Herausgeberin und Herausgeber dankbar.

GERD KOCH / MARIANNE STREISAND

Abkürzungen

AdK	Akademie der Künste	LFB	Lehrerfortbildung
ASFH	Alice-Salomon-Fachhochschule Berlin	LKJ	Landesvereinigung Kulturelle Jugend-bildung
BAG	Bundesarbeitsgemeinschaft		
BAT	Bundesangestelltentarif	LWB	Lehrerweiterbildung
BDK	Bund deutscher Kunsterzieher	NV	Normalvertrag
bearb.	bearbeitet	päd.	pädagogisch
BKJ	Bundesvereinigung Kulturelle Jugend-bildung	PH	Pädagogische Hochschule
		polit.	politisch
BLK	Bund-Länder-Kommission	Stg.	Studiengang
BuT	Bundesverband Theaterpädagogik e.V.	SWS	Semesterwochenstunden
DaF	Deutsch als Fremdsprache	ThP	Theaterpädagogik
DS	Darstellendes Spiel	thp	theaterpädagogisch
ders./dies.	derselbe/dieselbe	TPZ	Theaterpädagogisches Zentrum
fem.	feministisch	TU	Technische Universität
FH	Fachhochschule	UA	Uraufführung(en)
FP	Forschungsprojekt	UdK	Universität der Künste
FT	Fachtagung	Univ.	Universität
FU	Freie Universität Berlin	u. ö.	und öfter
HdK	Hochschule der Künste	u. v. a.	und viele(s) andere
HS	Hochschule	Vf./Vfn.	VerfasserIn
HU	Humboldt-Universität zu Berlin	WB	Weiterbildung
Hv.	Hervorhebung	wiss.	wissenschaftliche(r)
i.d.R.	in der Regel	WS	Wintersemester
LAG	Landesarbeitsgemeinschaft	zit.	zitiert
lat.	lateinisch	zit. n.	zitiert nach

Alle weiteren Abkürzungen siehe: Duden. Die deutsche Rechtschreibung.

Action Theater

Die Entstehungsgeschichte des AT ist eng verknüpft mit der Protest- und Emanzipationsbewegung der 1970er Jahre, vor allem in Kalifornien, mit dem Ziel des Abbaus von Hierarchien, Rassen- und Geschlechterdiskriminierung. Viele Künstler engagierten sich in der Bürgerrechtsbewegung; die Trennung von Kunst und Leben sollte aufgehoben werden. Die von Ruth Zaporah in einem Zeitraum von zwanzig Jahren entwickelte Methodik des AT hat hier ihre Wurzeln, auch ihren Bezug zu Praxisformen des Zen-Buddhismus (Meditation, Prinzip der Achtsamkeit, ‚sensory awareness‘) und den in der ‚growth‘-Bewegung der humanistischen Psychologie entwickelten Strategien zur Freisetzung emotionaler Blockierungen im spontanen ‚Acting out‘ (Gestalttherapie/→ Psychodrama) sowie Methoden der → Improvisation. Aufgrund der afrikanischen Wurzeln nordamerikanischer Kultur sind sie seit jeher elementarer Baustein ihrer ästhetischen Praxis. Zaporah hat „das Rad neu erfunden" (Zaporah 20) in ihrem originären Entwurf eines körperorientierten ‚Impro-Theaters‘. Gleichzeitig steht sie in der Tradition der Performance-Bewegung mit der Forderung spontaner Präsenz auf der Bühne, etwas ‚wie in Trance‘ geschehen lassen und doch in großer Bewusstheit im Kontakt zum Publikum. AT basiert auf dieser Spontaneität, die von der Plötzlichkeit des Entstehenden lebt, auch weil die Grenzen klar gesetzt sind; eine Offenheit für den Moment des Improvisierens im Leben wie in der Kunst. Die im Vorbewussten gespeicherten Erinnerungsspuren, dem Körper eingeschriebene Erfahrungen werden für Zaporah zum didaktischen Material für ihren methodisch klar strukturierten Ausbildungskatalog: von der Körpererfahrung zur Arbeit an Vorstellungsbildern, Wahrnehmungsvorgängen, Ausdrucksfähigkeit. Ihre Konzeption einer gleichberechtigten Handhabung von Bewegung, Stimme und Sprache in klar gegliederten Ordnungssystemen von Zeit, Raum und Form dient als Orientierungsrahmen zum Erwerb grundlegender improvisatorischer Kompetenz und Fähigkeit, im Hier und Jetzt der theatralen Aktion präsent zu sein; eine wichtige Ergänzung zu Keith → Johnstones ‚Impro-Theater‘, weil AT vom persönlichen Material der Spieler ausgehend Erfahrungswissen über das sozialer Rollen hinaus zum Thema setzt. Seien es nun Stoffe aus der Natur (Pflanzen, Mineralien, die vier Elemente) als Vorlage für Bewegungs-Impros oder technische Vorgänge (Elektrizität, Maschinen, Räder), ihre körpersprachliche Umsetzung ist der Beginn eines komplexen Spiels vom Entwickeln (development) zur Verkörperung (transformation), unterbrochen von neuer Impuls-Setzung (shifting), wiederum Ausgangspunkt eines neuen Körperbildes. Diese Prinzipien sind auch anwendbar auf die Arbeit mit Stimme und/oder Bewegung/Sprache, allein oder in Beziehung zu Partnern, dem Raum und dem Publikum mit ‚shifting‘, abrupten Ab- und Umbrüchen, als Dreh- und Angelpunkt des Systems sowie Methoden des Dekonstruierens habitueller Attitüden, konventioneller Clichés, entweder ironisch ausgestellt oder nach analytischem Zergliedern Montage neu zusammengesetzter Körper- und Sprachzeichen zu eigenwilligen Kompositionen, wiederum Probehandeln, auch im Akt der theatralen Präsentation.

Zaporah, Ruth: Action Theater. The Improvisation of the Presence. Berkeley 1995.

Barbara Rüster

→ Authentizität – Contact Improvisation – Gestaltpädagogik – Happening – Körpersprache – Performance

Ästhetische Bildung

Ästhetik, aus dem Griechischen *aisthesis*, heißt soviel wie sinnliche Wahrnehmung, aber auch Sinnwahrnehmung. Im Gefolge A. G. Baumgartens, der Mitte des 18. Jhs. die Ästhetik als eine Teildisziplin der Philosophie begründete, die sich auf die sinnliche Erkenntnis und das Schöne bezieht, wird – im engeren Sinne – Kunst zum Gegenstand der Ästhetik (vgl. Ritter). Entsprechend wird ÄB in der Fachliteratur mehrdeutig verwandt: sowohl im weiten Sinne von Wahrnehmungserziehung, Bildung der Sinne u. ä. (vgl. u. a. Otto; Meyer-Drawe; Welsch) als auch im engeren Sinne als Bildung durch die wahrnehmende und gestaltende Auseinandersetzung mit Kunst (vgl. Mollenhauer 1988ff.; Hentschel 1999; Weintz). Zum Teil wird zwischen aisthetischer Bildung/Erziehung (bezogen auf Wahrnehmung allgemein) und ästhetischer Bildung (bezogen auf Kunst und künstlerische Gestaltung im Besonderen) unterschieden (vgl. Hentschel 1999). Diese Unterscheidung hat sich allerdings nicht allgemein durchgesetzt.

Die bildungstheoretische Frage nach der Bedeutung von Kunst bzw. künstlerischer Tätigkeit für den Bildungsprozess des Menschen wurde erstmals von Schiller in seinen *Briefen zur ästhetischen Erziehung des Menschen* (1795) systematisch gestellt. In Anlehnung an die Autonomieästhetik Kants weist Schiller jede Form der Verzweckung von Kunst für moralische oder theoretische Bildung zurück. Aufgabe der Auseinandersetzung mit dem Kunstwerk ist es nach Schiller, Sinnlichkeit und Vernunft (Stoff- und Formtrieb) in einem dritten Zustand, den er den 'ästhetischen' nennt, zu vereinigen. Dieser Zustand der Harmonie wird jedoch als nicht zu verwirklichende Idee – als Utopie – kenntlich gemacht. Schiller verzichtet ausdrücklich auf jede inhaltliche Festlegung der Wirkung ÄB. Gerade deshalb sei damit 'Unendliches erreicht', nämlich die Befähigung des Menschen zur Selbstbestimmung durch Selbsttätigkeit. Die ÄB wird damit – und in der Folge für die neuhumanistische Bildungstheorie allgemein – zum Inbegriff von Bildung überhaupt.

Die von Schiller begründete bildungstheoretische Diskursfigur der ÄB hat im Laufe der Zeit vielfältige Umformulierungen erfahren. Zu Beginn des 20. Jhs. wurde sie im Gefolge der Jugendbewegung zur 'musischen Erziehung' mit vorwiegend moralischen und sozialen Zielsetzungen (Gemeinschaftserziehung). Die musische Bildung knüpfte – u. a. mit der Praxis des Laien- und des Schulspiels – in den 1950er Jahren an diese Tradition an. Eine Neudiskussion der ästhetischen Erziehung Ende der 1960er Jahre fand vor allem innerhalb der Fachdidaktik der Bildenden Kunst statt. Sie führte zu verschiedenen Ansätzen politisch-ästhetischer Erziehung (vgl. v. Hentig; Kerbs), die für eine Ausweitung des Gegenstandsbereichs auf Alltagsphänomene (Medien, Gebrauchsgegenstände u. a.) plädierten. Damit ist eine Ausweitung auf eine allgemeine Wahrnehmungserziehung verbunden, die in den Konzeptionen der 'Visuellen Kommunikation' (vgl. Ehmer) und der 'politischen Erziehung im ästhetischen Bereich' (vgl. Giffhorn) so weit geht, dass die Auseinandersetzung mit dem künstlerischen Gegenstand vollständig hinter die ideologiekritische Funktion der Aufklärung über Alltagsphänomene zurück tritt. Nach der erfolgreichen Eskamotierung der Kunst aus der ÄB (hier besser: aisthetischen Bildung) lassen sich ihre Zielsetzungen und Methoden von denen der politischen, moralischen Erziehung oder auch der theoretischen Unterweisung nicht mehr unterscheiden.

Im Anschluss an die Postmodernediskussion innerhalb der Erziehungswissenschaft seit Mitte der 1980er Jahre lässt sich von einer erneuten Konjunktur der ÄB sprechen. Die besondere Funktion, die der Kunsterfahrung als Modell für die Erfahrung einer heterogen und plural konstituierten Gesellschaft zugesprochen wird, lässt sie als Bildungsgegenstand besonders geeignet erscheinen. Damit wird einerseits eine weitere Phase der Begriffsdiffundierung eingeleitet: das Her-ausbilden eines ästhetischen Denkens als Antwort auf eine immer künstlicher werdende Wirklichkeit angestrebt (vgl. Welsch). Zum anderen wird eine Rückbesinnung auf die klassischen bildungstheoretischen Ansätze ÄB angestoßen sowie eine kritische Befragung ihrer vielfältigen Praxis pädagogischer Verzweckung ÄB (vgl. Mollenhauer 1988, 1990; Koch u. a.; Hellekamps).

Hier knüpfte auch die Diskussion der ÄB innerhalb der ThP in den 1990er Jahren an und wandte sich damit – nach einer längeren Phase, in der das soziale Lernen im Mittelpunkt thp Arbeit stand – der Kunst des Theaters als Bildungsgegenstand zu.

Geht man mit Mollenhauer davon aus, dass ÄB in einem 'Zwischenfeld' anzusiedeln sei „zwischen dem Bewußtwerden eigener Sinnlichkeit und den kulturell semiologischen Symbolrepertoires" (Mollenhauer 1988, 458), so lässt sich als Grundlage ÄB der Prozess ansehen, der zwischen dem wahrnehmenden und gestaltenden Subjekt und den künstlerischen Objekten/ Ereignissen, mit denen es sich auseinander setzt, stattfindet. Orientierungspunkte der ÄB innerhalb der ThP sind dann zum einen die spezifischen Bedingungen theatraler Gestaltung und zum anderen – in bildender Absicht – die besonderen Erfahrungen, die die nicht-professionellen Akteure mit diesen Gestaltungsformen machen können (vgl. Hentschel 1999). Damit ist ein weiterer Perspektivenwechsel verbunden. ÄB orientiert sich weder an materialen Bildungstheorien, noch versteht sie – im Sinne formaler Bildung – Theater als 'Übungsstoff' für bestimmte anzustrebende Fähigkeiten der Akteure. Es steht nicht länger die referentielle Funktion von Darstellung und Gestaltung (das, was vermittelt wird, die Bedeutung) im Zentrum thp Arbeit, sondern die performative Funktion, die Art und Weise der Gestaltung und die Erfahrungen, die mit diesem Gestaltungsprozess gemacht werden (vgl. Fischer-Lichte).

Als wichtige Grundlage für die Praxis ÄB in der ThP können Künstlertheorien angesehen werden. In ihnen werden die spezifischen Kennzeichen szenischen Produzierens und die damit verbundenen Erfahrungen als reflektiertes Handlungswissen dargestellt. Im Anschluss an diese spezifischen Kennzeichen theatralen Produzierens – z. B. spielerisches Konstrukt einer zweiten Wirklichkeit, Unablösbarkeit des gestalteten Produkts vom gestaltenden Produzenten und damit verbundenes Doppel von Spieler und Figur – lassen sich zwar Bildungsmöglichkeiten vermuten, wie z. B. die Ausbildung von Erfahrungsfähigkeit, Selbstreflexivität und Ambiguitätstoleranz, die Einsicht in Mechanismen sozialer Konstruktion und in die Unmöglichkeit der Abbildung von Wirklichkeit (vgl. Hentschel 1999), es lassen sich allerdings keine inhaltlichen Zielbestimmungen ÄB vornehmen.

Hier setzt auch die Kritik am Diskurs der ÄB an. Die ,Versprechungen des Ästhetischen' (vgl. Ehrenspeck 1998) lassen sich innerhalb der Bildungstheorie seit dem ausgehenden 18. Jh. aufzeigen. Sie verflachen dort, wo ÄB zum Sozialisationsinstrument mit unterschiedlichen Zielsetzungen wird. Sie legitimieren sich und ihr Fortbestehen jedoch selbst, dort, wo sie ihre prinzipielle Uneinlösbarkeit, ihren utopischen Charakter betonen und die ästhetischen Erfahrungen als Grundlage von ÄB in ein Feld des Unsagbaren, Numinosen, des ,Übergangs' oder des ,Zwischen' verlegen. Der empirische Nachweis der Wirkungen ästhetischer Erfahrungen und damit der Möglichkeit von ÄB ist gegenwärtig noch nicht erbracht (vgl. Ehrenspeck 2001). Es bleibt auch fraglich, ob ein solcher Nachweis mit den Methoden empirischer Forschung möglich ist (vgl. Mollenhauer 1996).

Damit wird eine Aporie ÄB, die sich bereits bei Schiller andeutet, evident. Entweder wird ÄB für nicht-ästhetische Zwecke vereinnahmt oder aber ihre Wirksamkeit bleibt unbewiesen und sie muss sich dem Ästhetizismusverdacht aussetzen. Denn bestimmt man – autonomieästhetisch – ästhetische Erfahrung aus der Differenz gegenüber Alltagserfahrung und ÄB im Unterschied zur moralischen, politischen oder theoretischen Bildung, so liegt der Vorwurf des Purismus nahe (vgl. Menke). Es scheint eines der wesentlichen Kennzeichen ÄB zu sein, dass sich diese Aporie nicht auflösen lässt, analog zu den vergeblichen Anstrengungen der künstlerischen Avantgarden seit Beginn des 20. Jhs., die sich immer wieder um eine Überwindung der Kluft zwischen Kunst und Leben bemühten.

Ehmer, Hermann K.: Visuelle Kommunikation. Beiträge zur Kritik der Bewußtseinsindustrie. Köln 1971; Ehrenspeck, Yvonne: Versprechungen des Ästhetischen. Die Entstehung eines modernen Bildungsprojekts. Opladen 1998; Dies.: Stichwort Ästhetische Bildung. In: Zs. für Erziehungswissenschaft, 2001, H. 1; Fischer-Lichte, Erika: Verwandlung als ästhetische Kategorie. Zur Entwicklung einer neuen Ästhetik des Performativen. In: Dies./Kreuder, Friedemann/Pflug, Isabel (Hg.): Theater seit den 60er Jahren. Tübingen 1998; Giffhorn, Hans: Kritik der Kunstpädagogik. Zur gesellschaftlichen Funktion eines Schulfaches. Köln 1972; Hellekamps, Stephanie (Hg.): Ästhetik und Bildung. Das Selbst im Medium von Musik, Bildender Kunst, Literatur und Fotografie. Weinheim 1998; Hentig, Hartmut von: Über die ästhetische Erziehung im politischen Zeitalter. In: Die Deutsche Schule, 1967, H. 10; Hentschel, Ulrike: Was soll das Theater? Der Beitrag von Spiel und Theater zu einer intermedialen ästhetischen Bildung. In: BDK-Mitteilungen, 1999, H. 3; Dies.: Theaterspielen als Ästhetische Bildung. Über einen Beitrag produktiven künstlerischen Gestaltens zur Selbstbildung. Weinheim 2000; Kerbs, Dieter: Ästhetische und politische Erziehung. In: Kunst und Unterricht, 1968, H. 1; Koch, Lutz/Marotzki, Winfried/Peukert, Helmut (Hg.): Pädagogik und Ästhetik. Weinheim 1994; Menke, Christoph: Die Souveränität der Kunst. Ästhetische Erfahrung nach Adorno und Derrida. Frankfurt a. M. 1991; Meyer-Drawe, Käte: Ästhetische Rationalität. In: Kunst + Unterricht, 1993, H. 17; Mollenhauer, Klaus: Ist ästhetische Bildung möglich? In: Zs. für Pädagogik, 1988, H. 4; Ders.: Bildung, ästhetische. In: Lenzen, Dieter (Hg.): Pädagogische Grundbegriffe. 2 Bde. Reinbek 1989; Ders.: Die vergessene Dimension des Ästhetischen in der Erziehungs- und Bildungstheorie. In: Lenzen, Dieter (Hg.): Kunst und Pädagogik. Erziehungswissenschaft auf dem Weg zur Ästhetik? Darmstadt 1990; Ders.: Über die bildende Wirkung ästhetischer Erfahrung. In: Lenzen, Dieter (Hg.): Verbindungen. Weinheim 1993; Ders.: Grundfragen ästhetischer Bildung. Theoretische und empirische Befunde zur ästhetischen Erfahrung von Kindern. Weinheim 1996; Otto, Gunter: Über Wahrnehmung und Erfahrung. Didaktik, Ästhetik, Kunst. In: Kunst + Unterricht, 1993, H. 171; Ritter, Joachim: Ästhetik, ästhetisch. In: Ders./Gründer, Karlfried: Historisches Wörterbuch der Philosophie, Bd. 1. Darmstadt 1971; Schiller, Friedrich: Sämtliche Werke. 5 Bde., Bd. 5: Erzählungen. Theoretische Schriften. Hg. v. Gerhard Fricke u. Herbert G. Göpfert. München 1989; Weintz, Jürgen: Theaterpädagogik und Schauspielkunst. Ästhetische und psychosoziale Erfahrungen durch Rollenarbeit. Butzbach-Griedel 1998; Welsch, Wolfgang: Ästhetisches Denken. Stuttgart 1990.

ULRIKE HENTSCHEL

→ Ästhetischer Wert – Konstruktivismus – Lebensbegleitendes Lernen – Reformpädagogik – Theatralität – Volkskunst / Folklore – ZuschauSpieler

Ästhetische Kompetenz

Mit Kompetenz meinte der Linguist Noam Chomsky, der ab 1965 den Kompetenzbegriff in die wissenschaftliche Diskussion einführte, grob gesagt, die Fähigkeit, eine Sprache zu sprechen. Er ging davon aus, dass jeder Mensch grundsätzlich in der Lage ist, aufgrund einer endlichen Menge von Regeln unendlich viele Sätze bilden zu können. Weitergefasst als Gesamtheit der Fähigkeiten zum kulturellen Verhalten führte der Kulturanthropologe Dell Hymes den Begriff der kommunikativen Kompetenz ein, den wiederum Jürgen Habermas 1971 in seiner ‚Theorie des kommunikativen Handelns' aufnahm und weiterentwickelte. Dabei ging es Habermas weniger um Sprachkompetenz, die er voraussetzte, als letztlich um eine (Sprach-)Handlungskompetenz. Dieser Kompetenzbegriff, der von einer anthropologisch gegründeten Fähigkeit des Menschen ausgeht, sich ästhetisch äußern und verständigen zu können, bildet die Grundlage für das Konzept der Medienkompetenz, das Dieter Baacke 1973 (vgl. Baacke u. a. 1999) vorstellte. Lesefähigkeit, Kodierfähigkeit, Gestaltungsfähigkeit und → Kommunikation gehören dabei zusammen. Erst die Fähigkeit zur Rezeption *und* Produktion von ästhetischen Zeichensprachen ermöglicht Kommunikation. Medienkompetenz, heute oft auf Computerfachwissen reduziert, heißt, sich in der computerisierten Medienwelt nicht nur zurechtzufinden, sondern sie auch mitzugestalten. Aus heutiger Sicht wird kritisch angemerkt, dass Medienkompetenz primär als ein Projekt der Aufklärung verstanden wird, vorrangig die kritische Rationalität als diskursive Fähigkeit betont und „nicht-diskursive Fähigkeiten nur marginal berücksichtigt werden" (Mikos 1). Die kreativen Prozesse sind der kritischen Analyse nachgeordnet. „Dieser Auffassung von Medienpädagogik fehlt allerdings ein Element, das gerade in kindlichen und jugendlichen Lebenswelten eine immer größere Rolle spielt: die jenseits von diskursiver Praxis angesiedelte ästhetische Erfahrung." (ebd.)

ÄK als Schlüsselqualifikation, die ästhetischen Inszenierungsverfahren, Symbole und Codes unserer ästhetisch verfassten Kultur und Mediengesellschaft lesen und mitgestalten zu können, gewinnt zunehmend an Bedeutung. Kompetenz heißt im Alltagsgebrauch das Verfügen über besondere Fähigkeiten. Oft geht es um eine technisch-handwerkliche oder künstlerische Fähigkeit, aber wir reden auch von Sozial- und Methodenkompetenz. ÄK ist komplexer als reine Fach- oder Methodenkompetenz. Unter ÄK ist die Fähigkeit zu verstehen, sich im Bereich der ästhetischen Kommunikation, also Kunst, Kultur, Medien, auch Alltag, mit ästhetischen Phänomenen und Artefakten rezeptiv, produktiv und reflexiv auseinander setzen zu können, d.h. sie lesen, verstehen, nutzen und gestalten zu können. ÄK ist die Fähigkeit, ästhetische Phänomene, Prozesse und Produkte in ihrer Wirkung und Inszeniertheit zu verstehen, mit ihnen reflexiv kritisch und produktiv gestalterisch umzugehen, um damit wiederum ästhetische Kommunikation initiieren zu können

Ein zu entwickelndes Konzept ÄK, in Ergänzung zum älteren Konzept der Medienkompetenz, setzt bei der ästhetischen Erfahrung, über die jeder auf unterschiedlichen Differenzierungsebenen verfügt, an und versucht sinnlich-ästhetische, kritisch-analytische und kreativ-gestalterische Lern- und Handlungsformen zu integrieren. Die sinnliche, genussvolle Dimension ästhetischer Erfahrung einerseits und die kritische, reflexive und produktive Dimension im Umgang mit Medien andererseits lassen sich in einem Konzept ÄK zusammendenken. Rezeption, Produktion und Reflexion als mögliche Aneignungsformen von Kultur markieren die drei Bereiche von ÄK. Wer genießend und verstehend rezipiert, kreativ gestaltend produziert und zudem auf Nutzen und subjektive Bedeutung der Medien reflektiert, geht kompetent mit dem jeweiligen ästhetischen Medium um. Kompetenzvermittlung und Persönlichkeitsbildung sind dabei nicht als Gegensatzpaar, sondern als sich ergänzende und integrativ zu vermittelnde Teile von Bildung zu verstehen. Denn ÄK ist keine verkürzt handwerkliche, sondern eine kommunikativ-handelnde Fähigkeit im Bereich von Kunst und Ästhetik, immer mit dem sich bildenden Subjekt im Zentrum.

Über den Begriff ÄK lassen sich Aufgaben und Ziele kultureller Bildung – heranwachsende Kinder und Jugendliche in ihrer Auseinandersetzung mit Kultur und Ästhetik zu unterstützen (vgl. Bundesvereinigung Kulturelle Jugendbildung) – und Bildungschancen in und durch die Künste aktuell und innovativ weiterentwickeln. ÄK als Leitziel praktischer Kulturarbeit wie als curricularer Ausbildungsinhalt lässt sich als interdisziplinäre und intermediale Querschnittsaufgabe nur im Verbund der Künste, der Kultur-, Medien- und Erziehungswissenschaften realisieren.

Baacke, Dieter: Kommunikation und Kompetenz. Grundlegung einer Didaktik der Kommunikation und ihrer Medien. München 1973; Baacke, Dieter/Kornblum, Susanne/Lauffer, Jürgen/Mikos, Lothar/Thiele, Günter (Hg.): Handbuch Medien. Medienkompetenz, Modelle und Projekte. Bonn 1999; Bundesvereinigung Kulturelle Jugendbildung: Kulturelle Medienbildung. Medienpolitisches Positionspapier der BKJ. Remscheid 2001; Habermas, Jürgen: Theorie des kommunikativen Handelns. Frankfurt a. M. 1971; Mikos, Lothar: Ästhetische Erfahrung und visuelle Kompetenz. In: MedienPädagogik, 2000, H. 1; Sting, Wolfgang: Ästhetische Kompetenz und Kulturelle Bildung. In: Kulturpolitische Mitteilungen, 2001, H. 94.

WOLFGANG STING

→ Ästhetische Bildung – Ästhetischer Wert – Medien / Medium – Musisch-ästhetische Erziehung

Ästthetischer Wert

Der Begriff des ÄW geht zurück auf die sprach-
analytischen Arbeiten in den 1920er/30er Jahren der
sog. Prager Strukturalisten Roman Jakobson und Jan
Mukarovsk . In den thp Diskurs wurde er eingebettet
und aktualisiert im Zusammenhang der Profilierung
der → Darstellenden Kommunikation als Grundlagenwissenschaft der ThP. Jakobson und Mukarovsk bestimmen die Poetizität literarischer Texte im Kontext
einer Funktionenanalyse sprachlicher → Kommunikation und beschreiben sie damit als lebendigen Bestandteil gesellschaftlicher Kommunikation insgesamt.
In Erweiterung des Bühlerschen Organonmodells, in
dem die referentielle, appellative und emotive Funktion der Sprache in ihrem Bezug auf Gegenstände und
Sachverhalte, den Empfänger und den Sender einer
Nachricht dargestellt wurde (vgl. Holenstein 7ff.),
definiert Jakobson die ästhetische Funktion der Sprache in der besonderen Einstellung des Senders auf das
Zeichen als Zeichen, d. h. auf das Zeichen außerhalb
seiner funktionalen Verwendung. In der Aufmerksamkeit auf Rhythmus und Klang, die sich über die
gewohnte Sprachverwendung legen, entstehen „Poly-
valenz" und „Spürbarkeit der Zeichen" (Jakobson
92ff.), die sich im „Zaudern zwischen Laut und Bedeutung" (Paul Valéry, zit. ebd.) manifestieren.

Als Wert messbar wird künstlerische Qualität demnach erst im Aufprall des Kunstwerks auf die rezipierenden Subjekte und damit auf die „Gesamtheit der
Werte, die die Lebenspraxis des Kollektivs leiten"
(Mukarovsk 104). Im Unterschied etwa zu einem
Gesetzeswerk, das die gesellschaftlichen Werte fest-
schreibt, definiert der ÄW die vorfindlichen Normen,
einschließlich der ästhetischen, um – d. h. ein ÄW ist
gerade nicht in ihrer Erfüllung zu erreichen, sondern
stellt sie vielmehr auf die Probe. In der wechselseitigen
Spannung zwischen gesellschaftlichen Normen und
ästhetischer Form, in ihrem Wirkungsmoment, bildet
sich der ästhetische Gehalt der Kunst. ÄW entfaltet sich
also nicht schon in der wie immer beschaffenen Qualität des ästhetischen Artefakts, in der handwerklichen
Qualität des Kunstprodukts, sondern in der Qualität
der Kommunikation, die es an bestimmtem Ort und zu
bestimmter Zeit auslöst.

Im Kontext von Theater bezeichnet der ÄW entsprechend eine Konstellation zwischen dem gestalteten Bühnengeschehen und seinem Publikum, in der,
oft blitzartig, eine Ähnlichkeitsbeziehung (→ Mimesis)
zwischen den Anwesenden, also den schauspielend
und den zuschauend am Theater-Ereignis Beteiligten

stattfindet. „Es ist wie das Dazukommen des Dritten,
das im Augenblick erfasst sein will." (Benjamin 206)

In seinem referentiellen Bezug auf diese flüchtige
außersprachliche Wirklichkeit haftet dem ÄW etwas
notwendig Unpräzises an, bezeichnet er doch Phänomene, die sprachlich nicht eineindeutig zu bezeichnen, sondern im Moment des Ereignisses zunächst erst
zu (er)spüren, d.h. als sinnliche Evidenz (als Stille, als
Atmosphäre, Lachreiz oder Gerührtheit) zu erfassen
sind und hernach eher zu Geschichten oder Fragen,
denn zu Definitionen drängen.

Im Kontext der ThP gewinnt dabei das Moment der
Zeitlichkeit besonderes Gewicht. Denn mit dem Einziehen pädagogischer Absichten in theatrale Gestaltungsprozesse werden reflektierte und verantwortbare
Weg-Ziel-Bestimmungen unabdingbar. Aufgrund der
Unabwägbarkeit kommunikativer Situationen sowie
der Befindlichkeiten der unterschiedlich involvierten
Akteure darin, kann ein ÄW hier nur bedingt planvoll,
d. h. handwerklich sichergestellt und methodisch verbürgt werden. Er steht also in Spannung zum traditionellen ‚pädagogischen Geschäft' und seinen Werte-
systemen. Nichtsdestoweniger ist die Schöpfung von
ÄW im absichtsvollen Widerspruch zu den Strategie-
und Wertmaßstäben der Lebensvollzüge eine unabdingbare, da profilgebende Zielgröße thp Bildungsangebote.

Die Dialektik von pädagogischem Prozess und ästhetischem Innehalten in mimetischen Konstellationen findet in der thp Theoriebildung ihre Entsprechung im Begriff des ‚ästhetischen Moments' (vgl.
Ruping 17; Wenzel 20ff.). Er bezeichnet das un-
versehene Umschlagen planvoller Gestaltungsprozesse
in ästhetische Evidenz. „Ich spreche vom ästhetischen
Moment, wenn ein Stück Theater zu einem Theaterereignis wird, dieser Moment, wenn ein Engel durchs
Zimmer geht, wenn eine Gänsehaut die Wahrnehmung verkörpert oder wenn etwas stimmt, ohne dass
ich schon sagen kann, warum –, d. h. wenn sich eine
Sinnlichkeit auf die Sinnproduktionen legt, der kaum
ein Begriff standhält." (Ruping 17)

Im Kontext der → Didaktik der ThP provoziert der
ÄW auf allen Ebenen der Darstellenden Kommunikation das absichtsvolle Einziehen von → Experiment
und → Aleatorik in die Vorbereitung und Durchführung der Spielprozesse. Zugleich qualifiziert er jedes
theatrale Unternehmen als → Projekt, d. h. als einen
Prozess ins Offene. Darin sind die Aufführungen keine
Festschreibung, sondern die Ausstellung des Für-Wert-
Empfundenen und In-Form-Gebundenen nach außen. Es handelt sich hier um die experimentelle Öff-

nung der Gestaltungsprozesse für die Wertschöpfungen durch den Zuschauer, von dem Theater, so Meyerhold, „mitgeschaffen" wird und für den es also ein „Gespür" zu entwickeln gilt. Denn der ÄW einer Theater-Aufführung, der „Augenblick", in dem sie „zu existieren beginnt", ist, wenn „es im Zuschauersaal ein Echo auf das, was sich jenseits der Rampe tut, gibt" (Meyerhold 97f.).

Benjamin, Walter: Lehre vom Ähnlichen. In: Ders.: Werkausgabe, Bd. 4: Metaphysisch-geschichtsphilosophische Schriften. Frankfurt a. M. 1980; Holenstein, Elmar: Von der Poesie und der Plurifunktionalität der Sprache. In: Jakobson, a.a.O.; Jakobson, Roman: Poetik. Frankfurt a. M. 1979; Meyerhold, Wsewolod E.: Rede auf der Gedenkfeier für J. B. Wachtangow. In: Ders.: Schriften, Bd. 2. Berlin 1979; Mukarovsk , Jan: Kapitel aus der Ästhetik. Frankfurt a. M. 1974; Ruping, Bernd: Die Brauchbarkeit des Ästhetischen. In: Korrespondenzen, 2001, H. 38; Wenzel, Karola: Vom Einfangen des Ästhetischen Werts. Zur Typologie der Ästhetischen Funktion. In: Korrespondenzen, 2001, H. 38.

BERND RUPING

→ Ästhetische Bildung – Erlebnispädagogik – Illusion im Theater – Prozess und Produkt – Sinnlichkeit

Agitprop-Theater → Arbeitertheater

Aleatorik

Als künstlerisches Verfahren entsteht die A nach dem traumatischen Erlebnis des 1. Weltkriegs als Opposition zum logozentrischen Weltbild der Moderne und ihrem Subjektbegriff. In den Avantgardebewegungen der künstlerischen Intelligenz der ersten Hälfte des 20. Jhs. liegen die Wurzeln der heute postmodern genannten Zivilisationskritik (vgl. Bürger).

Abgeleitet von lat. *alea*: Würfel, und *aleator*: Würfelspieler ist die A eine ästhetische Gestaltungspraxis, die dem Zufall einen breiten Raum gibt, um Zustände der Intentionslosigkeit der Akteure zu erzeugen und Subjektgrenzen aufzulösen. Die Spieler/Künstler vertrauen improvisierend den Impulsen, die von zufällig entstandenen Strukturen der Wahrnehmung ausgehen.

Da der impulsfolgende Interpretations- und Gestaltungsvorgang assoziativ über die Entdeckung von Ähnlichkeiten erfolgt, handelt es sich um direkte Formen der mimetischen Aneignung von Erfahrungen der Vergangenheit auf der Grundlage einer entdisziplinierten Phantasietätigkeit, die nicht mehr in Zweck-

Mittel-Relationen operiert, sondern von der Zweckrationalität enthobene Impulsketten erzeugt, deren vorläufiges Resultat ungewiss ist. Der aleatorischen Arbeitsweise entspricht Pablo Picassos Aussage, dass er nicht suche, sondern finde. A kann somit als eine Methode der ergebnisoffenen → Experimente angesehen werden.

Unter semiotischen Gesichtspunkten erzeugt die A bedeutungsoffene, vieldeutige ästhetische Zeichen, die auf ihre eigene impulsgebende Materialität verweisen. Da in ihrer Produktion keine Bedeutung angestrebt wird, sind sie zunächst reiner Ausdruck oder ästhetischer Wert, in dem sich die Spieler/Künstler neu entdecken können. A ist damit konstitutiver Bestandteil eines *kommunikativen Vakuums* im ästhetischen Prozess, der es den Spielern/Künstlern ermöglicht, in Form der *ekstasis* subjektentgrenzend aus sich selbst herauszutreten. Die dabei entstehenden Gestaltungsspuren führen im Unterschied zur logozentrischen Weltaneignung nicht zur Verfügung über das, was sich im jeweils Anderen zeigt, sondern zur unmittelbaren, zweckfreien Anschauung (vgl. Lévinas) mit dem „*Begehren eines Begehrens* nach der Sicht, das zugleich das *Begehren nach einer Antwort* enthält" (Mersch 99). Was in der A zur Anschauung kommt, kann als die Entdeckung der entscheidenden Augenblicke, der rational kaum zu erklärenden Erschütterungen der Beteiligten gelten; Momente, die Roland Barthes mit dem Begriff *kairos* bezeichnet (vgl. Barthes).

In der thp Praxis können aleatorische Arrangements durch das Freeze-Verfahren gewonnen werden. Die zufällig entstehenden Tableaus, Taferele oder Statuengruppen bilden dann den Ausgangspunkt von interaktiven Impulsketten der Spieler, die in Form von Takes, das sind kleine Bewegungseinheiten zwischen Dreh- und Haltepunkten (vgl. Jenisch), gewonnen und fixiert werden können.

Die Überwindung kulturtechnisch erworbener Spielblockaden in der freien → Improvisation greift ebenfalls auf aleatorische Techniken zurück, die die Spieler überraschen sollen, um dadurch die ersten reaktiven Affekte zulassen zu können. Keith → Johnstone nennt drei wichtige Hemmnisse der Spontaneität des Spiels: die Angst vor verrückten (psychotischen) Gedanken, die Angst, obszöne Gedanken zu zeigen und das Streben nach Originalität (vgl. Johnstone). Während die ersten beiden Hemmungen als Kulturblockaden leicht erkannt werden können, bietet die letzte einen gewissen Problemstoff, da das theatrale Spiel häufig mit der Entfaltung von Subjektivität und ihrer Unterscheidbarkeit assoziiert wird.

Tatsächlich erfordert aber das theatrale Spiel gerade die Absehung von der intentional gebundenen Subjektbildung und damit die – sich im geselligen Spiel – entgrenzende Subjektivität. Für eine aleatorische Improvisation ist es notwendig, dass die Spieler sich den unkalkuliert einstellenden Impulsen in der → Gruppe öffnen, sie an sich herankommen lassen und als Spielangebot realisieren. Was sich in solchen improvisierten Spielsituationen zeigt, ist oft das noch unbewusste, aber eigentliche Gestaltungsinteresse der Spieler.

Walter → Benjamin hat die plötzliche Unterbrechung einer Spielhandlung, wie sie den aleatorischen Arbeitsweisen entspricht, „Dialektik im → Stillstand" (Benjamin 28) genannt. Er sieht eine Parallele zum messianischen Augenblick der jüdischen Religion, in dem nicht mehr die Absicht gilt, sondern die Präsenz des momenthaften Tuns – eine Art A in Gestalt der Religion.

Aleatorische Arbeitsweisen passen eigentlich nicht zu intentionalen Lernprozessen, wie sie die Erziehungseinrichtungen unserer Gegenwartsgesellschaft von Lehrenden und Lernenden erwarten. Postmoderne pädagogische Diskurse, die in der ästhetischen Produktion wichtige Erziehungselemente erkennen können, haben dazu die Haltung der abwartenden, beobachtenden Pädagogik entwickelt (vgl. Lenzen).

In der ThP gewinnt dieser subjektorientierte Prozess eine soziale Qualität, da die aleatorisch gebildeten Impulsfolgen als Interaktionsketten der beteiligten Spieler auftreten. In diesem Sinne wäre Platons *methexis* als Teilhabe der Individuen an der ihnen selbst innewohnenden Wahrheit auch nicht mehr Selbstrealisation, sondern die Verwirklichung einer sozialen Dimension des Spiels, in der die Schatten Platons ihre Idee in ihrer sozialen Bewegung finden würden. Das Höhlengleichnis wäre damit materiell gewendet.

Barthes, Roland: Der entgegenkommende und der stumpfe Sinn. Frankfurt a. M. 1990; Benjamin, Walter: Versuche über Brecht. Frankfurt a. M. 1978; Bürger, Peter: Ursprung des postmodernen Denkens. Weilerswist 2000; Jenisch, Jakob: Ich selbst als ein anderer. Der Darsteller und das Darstellen. Grundbegriffe für Praxis und Pädagogik. Berlin 1996; Johnstone, Keith: Improvisation und Theater. Berlin 1993; Lenzen, Dieter (Hg.): Kunst und Pädagogik. Erziehungswissenschaft auf dem Weg zur Ästhetik? Darmstadt 1990; Lévinas, Emmanuel: Die Spur des Anderen. Untersuchungen zur Phänomenologie und Sozialphilosophie. Freiburg, München 1983; Mersch, Dieter: Was sich zeigt. Materialität, Präsenz, Ereignis. München 2002.

HANS-JOACHIM WIESE

→ Avantgarde – Contact Improvisation – Didaktik – Gesellligkeit – Gestus – Interaktion – Lernen und Theater – Statuentheater – Theatersport – Toc

„Als-ob"

Mit „A-o" wird der Grundvorgang bezeichnet, eine Rolle zu übernehmen, ein „A-o"-Verhalten zu üben. Dieser Grundvorgang – sich in eine andere Person hineinversetzen zu können – ist als mentale Voraussetzung aller Kommunikation inhärent. Weiterhin bezeichnet „A-o" den Grundcharakter der spielerischen sowie der schauspielerischen Darstellung. Es wird auch mit *als wenn* identifiziert – so spricht → Stanislawski vom ‚magischen Wenn' als der Grundlage des schauspielerischen *Rollenhandelns*. Die → Illusion wird berührt und häufig auch damit verwechselt. Es bildet einen Grundbestandteil der Konvention des Theaters, der unausgesprochenen Verabredung, dass die Zuschauer alles, was auf der Bühne geschieht, als „A-o"-Situation erkennen und akzeptieren (woraus folgt, dass sie etwa einen Mord nicht zu verhindern versuchen, wie es im Leben der Fall wäre). Auch in der *Rezeptionstheorie* des Theaters spielt das „A-o" eine Rolle, insbesondere bei der Frage nach der *Identifikation* des Zuschauers, die dadurch gekennzeichnet ist, dass der Zuschauer empfindet, *als ob* er das Objekt der Identifikation (die Rolle) sei (vgl. Freud).

Das „A-o" – so eindeutig es auf den ersten Blick erscheinen mag – wirft eine Reihe interessanter Fragen auf, so die nach der Wahrheit theatraler Gestaltung und der → Authentizität von Rollenhandeln und dem spezifischen Charakter des Mediums Theater.

Das sprachliche *als ob* entspricht in der Bedeutung der Wendung *als wenn*. Umgangssprachlich werden mit *als ob* in der Regel irreale Vergleichssätze formuliert. Zwei unterschiedliche Vorgänge werden in einer Verknüpfung miteinander ausgedrückt: ‚Er sah aus, als ob er krank sei.' Damit wird gesagt: Er ist nicht krank, aber er sieht einem Kranken ähnlich oder zeigt Anzeichen von Krankheit. Das eben ist der Grundvorgang der spielerischen und theatralen Darstellung: etwas zu tun, zu sein, zu zeigen, das zugleich nicht getan wird und nicht existiert, also negiert wird. Damit ist die doppelte Wirklichkeit des Mediums → Spiel und Theater getroffen: Alles, was auf der Bühne oder im Spiel geschieht, geschieht zugleich nicht in Wirklichkeit, es geschieht nur als Zeichen – und dennoch ist der Schauspieler lebendig und wirklich im Prozess des Agierens auf der Bühne präsent. Es handelt sich um die

Doppeltheit von Sein und Bedeuten, Performanz und Repräsentation.

Als Ausdruck des theatralen Doppelcharakters ist das „A-o" auf den ersten Blick an das Konzept der Nachahmung, der Ähnlichkeit von Theater und Leben gebunden. So ist davon die Rede, wenn es um die Wahrscheinlichkeit der Bühnendarstellungen und ihre Glaubwürdigkeit geht. In Theaterkonzeptionen, die den Wirklichkeitsbegriff erweitern wollen, indem Vorstellungsbilder, Träume und Phantasmen auf die gleiche Stufe gestellt werden wie die Realität (→ Artaud, → Grotowski), verliert das „A-o" seine zentrale Rolle. Dennoch bezeichnet es auch in diesen Theaterkonzeptionen den Grundvorgang des Mediums (nämlich zu fingieren) und seinen ontologischen Status (nämlich nicht die Realität selbst zu sein, aber zu ihr zu gehören).

Sowohl spiel- wie thp Praxis sind ohne das „A-o" nicht denkbar. Mit der Grundregel des Spiels - ‚Handle so, als ob!' – ist die Grundlage der → Improvisation und der → Rollenarbeit des Schauspielers beschrieben. In dem Augenblick, wo in eine Handlung das *Wenn* oder das „A-o" treten, erfährt das reale Leben eine gedankliche Umschaltung auf die Ebene der Vorstellung. Von daher spricht man auch vom ‚magischen Wenn'. „Solange dieses Wort *wenn* fehlt, hat die Kunst noch nicht begonnen [...], das Wenn versetzt der schlummernden Phantasie einen Stoß" (Stanislawski 1958, 142 u. 1983, Bd. 1, 58).

Bis heute liefern die Anregungen aus dem Stanislawski-System die fundierteste Grundlage sowohl für professionelle wie für thp orientierte Rollenarbeit. Die Arbeit mit dem „A-o" dient dazu, Klischees und Kitsch in der theatralen Darstellung zu vermeiden und die Glaubwürdigkeit von Vorgängen auf der Bühne zu stärken. Obwohl zunächst im Dienste des Naturalismus entwickelt, bilden Stanislawskis Schauspieltechniken heute die Grundlage der professionellen Schauspielerausbildung und haben auch eine Weiterentwicklung und Einbeziehung in anti-illusionistische Theaterkonzeptionen wie die → Brechts gefunden oder in Konzeptionen, die weder der Literatur noch dem Konzept von Realismus und Nachahmung verpflichtet sind, wie z. B. die Grotowskis.

In Stanislawskis System dienen das „A-o" und das ‚magische „A-o"' in verschiedenen Stufen der Verbindung von Imagination und Handlung. Es steht im Dienst der vom Naturalismus geforderten Wahrheit und Glaubwürdigkeit der theatralen Gestaltung. Stanislawski warnt vor der unmittelbaren Gefühlswiedergabe auf dem Theater, der Einfühlung in die Rolle.

Wahrhaftigkeit der Darstellung erlangt der Schauspieler, indem er seine Rolle mit einer Folge präziser und folgerichtiger Handlungen verbindet. Diese bilden gewissermaßen die ‚dramatische Partitur' der Rolle. Interessanterweise wird mit dem „A-o" gerade das Problem des Vortäuschens vermieden: Etwas geschieht wirklich; es findet eine *wirkliche Handlung* unter *fiktiven Umständen* statt, die durch das „A-o" konstituiert werden. Damit ist die Voraussetzung der Glaubwürdigkeit schauspielerischer Gestaltung für den Zuschauer geschaffen, der in seiner Rezeption in eine neue Ebene des „A-o" eintritt.

Für den Schauspieler stellen das Wenn und „A-o" zunächst zwei Stufen in dem Vorgang der Aktivierung des Gefühls dar, das zum Handeln führt. Mit der Frage ‚Wie würdest du handeln, wenn du Othello wärst, wenn du als Othello in dieser Situation wärst?', wird die aktive Vorstellungskraft angeregt und angelockt. Von hier aus kommt der Schauspieler zum ‚Ich will'. Wenn der Schauspieler nun nach dieser seiner Vorstellungskraft und seinem Willen handelt, dann handelt er im „A-o": ‚Ich will handeln, als ob ich Othello wäre', heißt die neue Stufe. Er wird die vorgeschlagenen Situationen als gegebene Umstände annehmen, so, als ob sie Wirklichkeit wären. Die bekanntesten Übungsbeispiele hierfür sind: ‚Nimm den Aschenbecher, als ob er ein Frosch sei! Nimm den Handschuh, als ob er eine Maus sei!' oder ‚Trink aus dem Glas, als ob darin Gift sei!'

Die Forderung heißt nicht: ‚Glaube, dass hinter der Tür ein Wahnsinniger steht!', sondern: ‚Was würdest du tun, wenn dort ein Wahnsinniger stünde? Welche Handlungen folgen aus der Grundannahme?' So führt das „A-o" den Schauspieler zu einer *begründeten* Handlung. In der Nachfolge von Stanislawski definiert Lee → Strasberg (1988) Schauspielen ausdrücklich nicht als Fähigkeit der Nachahmung – wie die Tradition von Aristoteles über Diderot und Riccoboni nahe legt –, sondern als die wichtige Fähigkeit, auf imaginäre Reize zu reagieren.

In seiner letzten Schaffensperiode entwickelt Stanislawski mit der Technik der physischen Handlungen eine weitergehende Methode, dem „A-o" größere Evidenz zu geben. Nicht Imagination und Gefühl, sondern die körperlich vollzogene Handlung stehen nun im Zentrum der schauspielerischen Technik. „Das seelische Material, aus dem sich die Darstellung des Schauspielers speist, ist nicht stabil. Physische Aufgaben dagegen werden durch den Körper ausgeführt, der unvergleichlich stärker ist als unser Gefühl." (Stanislawski 1958, 121) Körperliche Vorgänge sind stabiler und leichter festzuhalten, sie erleichtern auch das Memorieren. Damit ist bereits die Arbeitsmethode Jerzy Grotowskis vorweggenommen, der denn auch die letzten Jahre seiner Theaterarbeit den physischen Handlungen Stanislawskis gewidmet hat (vgl. Richard).

Grotowski entwickelt in der Auseinandersetzung mit → Artaud, dem balinesischen Tanz, dem indischen Kathakali-Theater und der Kenntnis des Stanislawski-Systems eine Arbeitsmethode für den Schauspieler, in der das „A-o" (als die gegebenen Umstände nach Stanislawski) gewissermaßen in den Körper verlagert wird. Damit werden dann das magische „A-o" und auch der Begriff der Rolle obsolet. Im Theater werden Partituren gezeigt, Kreationen, die keinem Vorbild folgen, die weder nachahmen, noch illustrieren. Damit löst Grotowski folgerichtig das Theater als Ort der Repräsentation auf und nähert sich in seinen Arbeiten den Erfahrungsformen von Kult und → Ritual (paratheatralische Projekte). Auch die → Performance-Kunst reduziert das „A-o", indem sie den Focus auf den Vollzug realer Handlungen (Performanz) legt: ‚real actions in real time'.

Das „A-o" funktioniert auch als Grundvoraussetzung für die Theaterrezeption. Der Zuschauer reagiert auf die Vorgänge auf der Bühne emotional in einer Weise, als ob es sich dabei nicht um künstlich erzeugte Fiktionen handelt: Seine Gefühle der Freude, des Mitleids und des Schreckens sind real, auch wenn sie bloßen Fiktionen gelten. Mit diesem Problem setzte sich → Brecht immer wieder auseinander, wenn er das Verhältnis von Einfühlung und Distanz zu bestimmen suchte. Auch in der ethnologischen Diskussion über Funktion und Status von Ritualen und rituellen Praktiken spielt die Frage nach dem „A-o" eine zentrale Rolle. Muss der Schamane das Tier, das er darstellt, verkörpern oder reicht es, Zeichen und Gesten zu verwenden? Wie beim Theater stellt sich die Frage: Wie können künstlich erzeugte Darstellungen reale Gefühle auslösen oder wie im Ritual soziale Transformationen bewirken?

Heute wird die Frage nach dem ontologischen Status theatraler Darstellungen und Inszenierungen (leider) weitgehend ausgeklammert, indem man Theater als Kommunikationssystem behandelt. Die Forschung befasst sich bis auf wenige Ausnahmen mit zeichentheoretischen, rezeptionspsychologischen oder kognitionswissenschaftlichen Konzepten. Im Groben betrachtet kommen dabei die historisch entwickelten Positionen immer wieder ans Licht: Theater entweder der Sphäre des Scheins (Aristoteles, Schiller) zuzuordnen oder es auf der anderen Seite als spezifische Realität

zu definieren (Nietzsche, Artaud, Craig). In der neueren theaterwissenschaftlichen Diskussion verlagert sich der Untersuchungsschwerpunkt zusammen mit einer kulturwissenschaftlichen Orientierung (cultural performances) auf das Performative. Dabei treten die bisherigen Gesichtspunkte wie Verstehen und Wahrnehmen zugunsten von Handlung in den Vordergrund des Interesses. Die Frage der Authentizität und des „A-o" gewinnt damit neue Brisanz. Diese Entwicklungen sind nicht zuletzt von der Performance-Kunst angeregt, die zunächst als Absage an das „A-o" entwickelt worden ist (vgl. Fischer-Lichte), aber letztlich dem Doppelcharakter des Mediums nicht entgehen kann.

Ebert, Gerhard/Penka, Rudolf (Hg.): Schauspielen. Handbuch der Schauspieler-Ausbildung. Berlin 1998; Fischer-Lichte, Erika: Verwandlung als ästhetische Kategorie. In: Dies./Kreuder, Friedemann/Pflug, Otfried (Hg.): Theater seit den 60er Jahren. Tübingen, Basel 1998; Freud, Siegmund: Psychopathische Personen auf der Bühne. In: Ders.: Studienausgabe, Bd. 10. Frankfurt a. M. 1982; Rellstab, Felix: Stanislawski-Buch. Wädenswil 1992; Richard, Thomas: Theaterarbeit mit Grotowski an physischen Handlungen. Berlin 1996; Spolin, Viola: Improvisationstechniken für Pädagogik, Therapie und Theater. Paderborn 1997; Stanislawski, Konstantin Sergejewitsch: Die Arbeit des Schauspielers an sich selbst. 2 Bde. Berlin 1983; Ders.: Aus dem Nachlass. Von den physischen Handlungen. In: Ders.: Theater, Regie und Schauspieler. Hamburg 1958; Strasberg, Lee: Schauspielen und das Training des Schauspielers. Hg. v. Wolfgang Wermelskirch. Berlin 1999.

INGRID HENTSCHEL

→ Dramaturgie – Inszenierung – Kommunikation – Regie – Theater als öffentliche Institution – Theaterhistoriographie – Theaterwissenschaft – ZuschauSpieler

Altentheater

Die Lebensumstände einer Generation, in diesem Fall die der Alten, sind nicht oft Gegenstand öffentlicher Theaterkunst. Konflikte zwischen den Generationen, ja, aber beherrscht wird die sog. Altersfrage von den Veränderungen der Familienstrukturen, dem Wandel des Wohnumfeldes und den Versorgungsproblemen alter Menschen, die innerhalb der Familie nicht mehr umfassend gelöst werden können. In nicht allzu langer Zeit wird die Zahl der Einpersonenhaushalte in den Städten die der Mehrpersonenhaushalte überschreiten, ein Hinweis auf die Vielen derer, die nicht Familien gründen sowie auf die Anzahl derer, die im Alter allein leben wollen oder müssen. Die daraus folgende gesellschaftliche Diskussion konzentriert sich auf

Rentenkosten und Pflegeumstände. Alter wird heute als Problem wahrgenommen, als Einschränkung der geistigen und körperlichen Möglichkeiten des Einzelnen und meint nur noch die Abweichung vom Normalen, vom Erwachsensein.

Die Kultivierung der Jugendlichkeit, die Kompetenzen alter Menschen wie Erfahrung, Abgeklärtheit und Reife für diese Gesellschaft nicht zu nutzen weiß, tut ein Übriges dazu, um das Theaterspiel alter Menschen ins exotische Abseits zu rücken und mit dem Hautgout der sozialpädagogischen Beschäftigungstherapie zu versehen.

Die Wirklichkeit ist eine andere. Nach einer ersten Welle in den frühen 1990er Jahren erfährt das A wieder zunehmendes Interesse. Die Ursachen dafür liegen auf der Hand. Die Zahl der alten Menschen in der bundesrepublikanischen Gesellschaft wächst sprunghaft, die Alterspyramide kehrt sich um und die Zahl der über Fünfundsechzigjährigen beträgt bald 30 Prozent. Dieser Umstand verlangt Konzepte zur Aktivierung, zumal eine Generation das Seniorenalter erreicht, die zu den aktiven Mitgestaltern dieser Gesellschaft gehört und sich nun als Alte nicht in den Ruhestand begeben will, auch *woopies* (well off older people) genannt. Der Begriff des Unruhestandes, geprägt von der Seniorenaktivistin Trude Unruh und der Partei *Die Grauen Panther* gewinnt aktuelle Bedeutung. Aus diesen Zusammenhängen heraus wird Theater als aktive Freizeitgestaltung, als Ort und Sprache derer, die sich ausdrücken wollen und die Haltungen der Gemeinsamkeit mitzuteilen wünschen, Bestandteil einer aktiven Altenkultur.

Die phantasievollen Namen der A-gruppen, die vornehmlich von jungen TheaterpädagogInnen zu theatralem Schaffen angeleitet werden – der Begriff *betreut* wäre in diesem Zusammenhang unangemessen –, sind bereits Programm. Zentren des Seniorentheaters sind in Köln im dortigen *Freien Werkstatt Theater* zu finden, in Bremen mit verschiedenen Gruppen in soziokulturellen Zentren und Volkshochschulen, *Die Knitterfreien,* seit vielen Jahren in Berlin mit dem *Theater der Erfahrungen,* das zahlreiche Theaterprojekte initiiert hat wie *Die Spätzünder, Graue Zellen, Ostschwung, Die Herzschrittmacher* und *Rheumas Töchter.* Eine eigene Bühne ist eingerichtet in Mülheim an der Ruhr durch das dortige *Theater Spätlese* mit den *Mülheimer Seniorentheatertagen,* weitere Gruppen bestehen u.a. in Braunschweig, *Altweibersommer,* in Lingen beim dortigen Thp Zentrum, *Restrisiko,* und in Hildesheim, *Alt und Jung,* mit dem zukunftsweisenden Konzept, mehrere Generationen in einer Gruppe zu integrieren.

Die thp Abteilungen einiger institutionalisierter Theater erprobten zeitweise A-Projekte, so Wilhelmshaven und Tübingen, auch das Thalia Theater, das Schauspielhaus in Hamburg und die Städtischen Bühnen Nürnberg, *Tempo 100.* Bundesweite A-Festivals, wie *Später Putz* in Berlin, Seniorentheaterfestivals in Frankfurt am Main und das *Welt Altentheater Festival* in Köln waren Ausdruck der Energie und Vielfalt dieser Gruppen. Die Nachbarländer Österreich und Schweiz verzeichnen ebenfalls eine lebendige A-Szene bis in die Theaterwissenschaft in Wien hinein, auch Italien, Dänemark und die Niederlande.

Der *Bundesarbeitskreis Seniorentheater im Bund Deutscher Amateurtheater* macht sichtbar, wie das bislang selbstverständliche Zusammenwirken aller Generationen auf der Bühne durch Aufgliederungen in Kinder-, Jugend- und Seniorentheatergruppen ergänzt wird, sicher auch Ausdruck einer Generationenverschiebung der Aktiven.

Bemerkenswert in diesem Zusammenhang sind die Wandlungen des Begriffs von Seniorentheater zu A – auch etliche der heutigen A-gruppen bezeichneten sich noch vor einiger Zeit als Seniorentheater – von einem sozialtechnologisch geprägten Begriff aus den 1970er Jahren mit ihren Harmonisierungsbemühungen hin zu einer Neubewertung des Begriffs *Alte* mit seinen Tendenzen zu Ehrlichkeit und Klarheit bis hin zu Elementen des Konflikts der Generationen (vgl. Glaser u. a. 12).

Mit der Entstehung des Begriffs ThP und seinem Konzept, die gemeinsamen inhaltlichen Interessen der aktiv Beteiligten zum Gegenstand zu machen (in diesem Falle die Situation von Alten in der Gesellschaft), entstand auch eine Ästhetik des A. Kunst- und Kulturpädagogen leiteten Gruppen von Alten an und ermöglichten so den Zusammenhalt und eine thp professionelle Distanz, Flexibilität und Kontinuität. Im A wird das soziokulturelle Grundkonzept – Künstler arbeiten mit Laien – Wirklichkeit. TheaterpädagogInnen, die neue ästhetische Vorgehens- und Darstellungsweisen mit nichtprofessionellen Spielern erprobt haben, konfrontieren und erweitern die in der Regel erst einmal konventionellen und trivialen Vorstellungen vieler Akteure mit ihren Vorstellungen einer zeitgenössischen ThP. So entwickelte sich aus diesem Zusammenwirken ein eigener ästhetischer Ausdruck des A. Herkömmliche Rollenpsychologisierungen reduzieren sich zugunsten chorischer Formen, ironische Kommentierungen kommen hinzu, dokumentarische und biographische sowie selbstverfaßte Texte bestimmen die Textvorlagen; methodische Vorgehensweisen, die alle Beteiligte in den Schaffensprozess einbeziehen, werden in den szenischen Formen sichtbar.

Im Mittelpunkt steht so die genaue, beispiel- und bildhafte sowie poetische Darstellung der Lebensbedingungen und -erfahrungen der Alten. Ausgehend vom Erfahrungsschatz der Einzelnen werden gesellschaftliche Bezüge herausgefiltert und bestimmen die Themen und Geschichten des A: die Qualität der Lebenserfahrung, neu erfahrene Spielfreude und Offenheit, die Überwindung von Einsamkeit und Alleinsein, Kontaktsuche ('Wanderfreudige Sie sucht nichtrauchenden Gesellen') und Lebensumstände in der Heimunterbringung. Lange Zeit in den Hintergrund gedrängte Begriffe wie *Vitalität des Alters* und *Recht auf Lebensglück* werden eingefordert und theatral veröffentlicht. Wesentliche Impulse erfährt in den 1990er Jahren das A zudem durch Methoden und Präsentationen der *oral history*, beeinflusst durch die Sozialpädagogik im angloamerikanischen Raum und das *Age Exchange Theatre* aus London. Die Zeitzeugenschaft der Beteiligten wird gelebte Geschichte.

Eine lange Zeit war das A in Form und Inhalt durch diese Herangehensweise bestimmt. So entwickelten sich auf den Bühnen vielfach und immer wieder Geschichten aus den Erinnerungen an die Kriegs- und Nachkriegszeit und aus dem Umgang der Eltern- und Großelterngeneration mit der Zeit des Nationalsozialismus. Gelegentlich allerdings reduzierten sich diese Formen historischer Aufarbeitung auf Kaffeeklatschkolportagen unter dem Motto *Weißt du noch* und *Früher war alles eigentlich auch nicht so schlecht* oder *Was haben wir gelacht*. Kooperationen mit politischen Jugendgruppen und Projekten sowie mit der professionellen Sozialarbeit und Psychologie waren hier hilfreich und schärften politische Bewusstseinsvorgänge. Daran schlossen sich Themen an, die Tabus dieser Generation formulierten, so etwa Liebe und Sexualität im Alter (*Vater will wieder heiraten*).

Immer wieder aber sind Anlehnungen zu finden an – und damit Missverständnisse und Verwechselungen vorprogrammiert – Formen des konventionellen → Volkstheaters, etwa das 'Ohnsorgtheater' oder auch Bauerntheater. Eine theatrale Denk- und Spielweise, die Tabus nutzt, dieselben aber eher bestätigt. Der Begriff des → Amateurtheaters beinhaltet die 'Liebe' zu dem 'anderen' professionellen Theater und sieht erst einmal nur eine unkritische Imitation dessen vor. Aus dieser Haltung entsteht dann gelegentlich 'großes' Theater, das sich an opulenten, überdramatisierten Darstellungsweisen orientiert oder auch an Abbildern konventionellen Schauspiels, den heute alten Aktiven

aus ihren Theaterbesuchen der Jugendzeit bekannt – und damit natürlich aus längst vergangenen Zeiten. Andere A bezeichnen sich als Laientheater und betonen mit dieser Bezeichnung ganz devot das bewusst Ungekonnte, eben Laienhafte. Ein Streben nach einem theatralen Können und der Suche nach den Möglichkeiten des eigenen 'gekonnten' Ausdrucks und nach einem Begriff von Kunst ist hier nicht beabsichtigt.

A, Theater von und mit Alten, will sich deutlich von diesen Konventionen unterscheiden und sieht sich in seinen inhaltlichen und ästhetischen Ausformungen auf einer Linie mit den zeitgenössischen thp Projekten und Produktionsweisen anderer Kinder-, Jugend- und Erwachsenengruppen. Neuere Entwicklungen zeigen erste Schritte in eine andere Richtung, nämlich heraus aus dem sicher zeitweise notwendigen Biotop der Abgrenzung, Spezialisierung und Selbstversicherung hin zu einem Theater, das die Generationen wieder an einem Tisch und auf der Bühne versammelt.

Bittner, Eva/Kaiser, Johanna: Graue Stars. 15 Jahre Theater der Erfahrungen. Freiburg i. Br. 1996; Glaser, Hermann/ Röbke, Thomas (Hg.): Dem Alter einen Sinn geben. Wie Senioren kulturell aktiv sein können. Heidelberg 1992.
                                                              THOMAS LANG

→ Authentizität – Narratives Interview

Amateurtheater

Amateur (frz.) ist, wer eine Tätigkeit aus Liebhaberei und Freude am Spiel und nicht berufsmäßig ausübt. A meint als Sammelbegriff alle historischen und gegenwärtigen Formen des nichtprofessionellen Theaters; im engeren Sinne bezeichnet A das (vereinsmäßig) organisierte Theaterspiel mit Amateuren.

Mit der Gründung der ersten professionellen Theatergruppen im 16. Jh. trennt sich das A vom professionellen, d. h. berufsmäßig ausgeübten Theater. Historische Entwicklungslinien des heutigen A finden sich u. a. in den religiösen Spielen des Jesuitenordens im 17. Jh. und im höfischen Theater des Adels im 18. und 19. Jh. Am Ende des 18. Jhs. entstehen in Deutschland auf der Basis von Vereinen gegründete Theaterspielgemeinschaften. Bereits 1655 hat der *Dramatische Verein Biberach am Riß* als 'Bürgerliche Comödianten Gesellschaft' Theater gespielt. Er gilt als der älteste bekannte Verein seines Genres. In der Folge entwickelten sich innerhalb der städtisch-bürgerlichen Gesellschaft zahlreiche 'Liebhaber- oder Privattheater'. Die 'Privat-Theater-Gesellschaft Urania von 1792' aus Berlin ist die Wiege des verbandsmäßig organisierten deutschen A. Anlässlich des hundertjährigen Geburtstages der Urania wurde 1892 der ‚Verband der Privat-Theater-Vereine Deutschlands‘ gegründet, aus dem später der ‚Bund Deutscher Amateurtheater e. V.‘ (BDAT) hervorgehen sollte (vgl. Nagel 19).

Die Geschichte des A ist auch eine Geschichte der Verordnungen und Verbote. Wurden die (vornehmlich) Lustspiele und Schwänke anfangs ausschließlich in privaten Wohnungen einstudiert und aufgeführt, so verlagerten sich die Aktivitäten später auch in Gastwirtschaften, Biergärten und Tanzlokale. Seit 1800 wurden durch die Polizeiaufsicht zahlreiche Einschränkungen des Spielbetriebs angeordnet. Die ‚Dilettantenbühnen‘ mussten ihre Aufführungen zur Genehmigung vorlegen, damit ‚Sittlichkeit und Ordnung‘ gewährleistet seien. Vielfach wurde ihnen bei Androhung einer Strafe das Aufführen untersagt. Auch das Verhältnis zwischen den Nationaltheatern (Berufsbühnen) und den Privat-Theatern gestaltete sich zu Beginn des 19. Jhs. zunehmend schwieriger. Grund für den Konflikt war die gewachsene Konkurrenz durch die Privattheater, zumal sie vermehrt junge Autoren und neue Stücke in ihr Repertoire aufgenommen hatten (z. B. August Kotzebue).

Sowohl der Generaldirektor des Berliner Nationaltheaters, August Wilhelm Iffland (1800), als auch der Generalintendant der Königlichen Schauspiele, Graf Karl Moritz von Brühl (1816), haben mit ihren Eingaben durchgesetzt, dass Spielerlaubnisse entzogen und Privat-Theater schließen mussten (vgl. Nagel 3ff.). Diese konkurrierende Situation zwischen den Stadt- und Staatstheatern einerseits und den A andererseits entwickelte sich fort bis in die 1930er Jahre. Die von der Not betroffenen und vor der Schließung stehenden Berufstheater sahen in den A-Vereinen lästige Mitbewerber, die mit allen Mitteln bekämpft werden sollten, z. B. das ‚Wehleider Hoftheater‘, Kassel (ebd. 50).

Zu Beginn des 20. Jhs. entstand im Kontext der → Reformpädagogik und der Jugendbewegung und in der Abgrenzung zum Berufs- und Vereinstheater die spezifische Form des Laienspiels. Zentrales Ziel des Laienspiels war die Entwicklung der musischen, gemeinschaftsfördernden und persönlichkeitsbildenden Kräfte im jungen Menschen, deren Verlust man nach dem 1. Weltkrieg beklagte (vgl. → Luserke 44). Mit seinem ideologischen Sendungsbewusstsein hatte das Laienspiel auch einen wesentlichen Einfluss auf die Entwicklung des proletarischen Laientheaters. In seiner teilweise völkisch-nationalen Ausrichtung und Wertevermittlung mündete das Laienspiel in Teilen in die Spielscharen der Nationalsozialisten (vgl. Märzhäuser 22f.).

Nach der Auflösung der Vereine und Verbände im Rahmen der Alliierten Rechtsvorschriften von 1945 gibt es zu Beginn der 1950er Jahre zahlreiche Reorganisationen und Neugründungen von Amateur- und Laienspielverbänden auf Landes- und Bundesebene.

So entstand auch im Osten Deutschlands eine Vielzahl von Laienbühnen, die nach Gründung der DDR zunehmend instrumentalisiert und reglementiert wurden. Die staatliche Jugendorganisation FDJ vereinnahmte die Jugend- und Studententheater, die Einheitsgewerkschaft FDGB betriebliche Laienspielgruppen. → Ensembles, die sich staatlicher Kontrolle nicht unterwerfen wollten, wurden Repressalien ausgesetzt, die bis zum zeitweiligen Verbot oder zur zwangsweisen Auflösung von Gruppen reichten; Beispiele hierfür sind die *Leipziger Spielgemeinde* und die katholische Spielgruppe *Die Brücke* (vgl. Langhammer 35). Laienspielgruppen, die die Erwartungen der offiziellen Kulturpolitik erfüllten, konnte seit 1958 der Titel ‚Arbeitertheater‘ verliehen werden. Analog dazu gab es ‚Bauerntheater‘, ‚Lehrertheater‘, ‚Soldatentheater‘. In eine Traditionslinie zu den → Arbeitertheatern der 1920er/30er Jahre gestellt, sollten die Arbeitertheater der DDR die politisch und künstlerisch bestimmenden Kollektive des sozialistischen Laien- bzw. Amateurtheaters darstellen (vgl. Hoffmann-Ostwald).

Um diesen Anspruch umzusetzen, wurde bereits Anfang der 1950er Jahre am Deutschen Theaterinstitut Weimar das Studienfach ‚Laienkunst‘ eingerichtet, dessen Aufgaben nach der Schaffung des Ministeriums für Kultur im Januar 1954 vom ‚Zentralhaus für Laienkunst‘ (später: ‚Zentralhaus für Kulturarbeit‘) in Leipzig wahrgenommen wurden. Entsprechend den zentralistischen Machtstrukturen gab es Bezirks- und Kreiskabinette für Kulturarbeit, bei denen die Gruppen ihrer regionalen Bedeutung nach erfasst wurden. Der 1959 durch Walter Ulbricht verkündete ‚Bitterfelder Weg‘ löste eine Welle der Gründung von Arbeitertheatern aus und führte zu einem anfangs produktiven Austausch zwischen Berufs- und Amateurtheatern. Ende der 1960er Jahre gab es etwa 130 Arbeitertheater, die sich um die Teilnahme an den vom FDGB veranstalteten ‚Arbeiterfestspielen‘ bewarben – vergleichbare Treffen organisierte die FDJ für die Pionier- und Studententheater. Sowohl durch Losungen und Konzeptionen des Zentralvorstandes der Gewerkschaft zu diesem Großereignis als auch durch Preise und Auszeichnungen, wie den Staatstitel ‚Hervorragendes

Volkskunstkollektiv', übte der Staat Einfluss auf die A aus. Künstlerisch weniger Wertvolles wurde bejubelt, wenn es ideologisch bzw. aktuell-politisch ins Konzept passte. Auch die nicht vom Staat kontrollierten kirchlichen Gruppen trafen sich zu sog. ‚Laienspielwochen', die seit 1974 als ‚Ökumenische Spielschartreffen' im Zweijahresrhythmus stattfanden.

Der 1965 eingeleitete harte Kurs in der Kulturpolitik, der ein verschärftes Misstrauen der Herrschenden gegenüber Kunst und Kultur offenbarte, wirkte sich auch auf die A-szene aus und reichte von verstärkter ideologischer Gängelung der Gruppen über administrative Eingriffe bei der Stückwahl – so wurde dem von Hella Len geleiteten *Berliner Arbeitertheater* in Folge des berüchtigten Kulturplenums der SED 1965 die bereits erteilte Genehmigung für die Inszenierung von Majakowskis *Wanze* wieder entzogen – bis hin zur Drohung mit polizeilichen Maßnahmen gegenüber der kirchlichen Gruppe *Die Boten* (1968). Wie wichtig die Machthaber die Amateurkunst nahmen, zeigt auch die Einsetzung von Verbindungsoffizieren des Staatssicherheitsdienstes an den Kreiskulturhäusern (vgl. Wischnewski 23). Das *Berliner Haus für Kulturarbeit* findet sich sogar in einer Liste von Stasi-‚Sicherungsobjekte[n]' (vgl. Walther).

Das mit dem Machtantritt Erich Honeckers verbundene kulturpolitische Tauwetter ermöglichte in den 1970er Jahren eine größere Vielfalt der Amateurtheaterszene, die sich im Mut zu neuen Themen und Formen, größerer Experimentierfreude, einer deutlichen Verjüngung der Ensembles sowie in der Gründung von Gruppen außerhalb der sanktionierten Volkskunst zeigte. In den 1980er Jahren verstärkte sich diese Tendenz noch, wobei neben der Hinwendung zum komischen Genre eine große Sensibilität für gesellschaftskritische Themen auffällt. Wie das Berufstheater war auch das A Ersatz für fehlende Öffentlichkeit: ob Friedens- oder Umweltfragen, Jugendkriminalität oder Fremdenfeindlichkeit – Themen, die auf der Straße lagen, aber offiziell nicht existierten, wurden auf den Bühnen verhandelt, nicht selten in Gestalt der Bearbeitung klassischer Stoffe. Während sich insbesondere die Arbeitertheater am Berufstheater und aktuell-politischen Vorgaben orientierten, streifte eine immer lebendiger werdende junge Szene beim Suchen nach der eigenen Identität die ideologischen Fesseln ab. Mit dem Ende der DDR verloren die meisten etablierten A nicht nur ihre materielle Existenzgrundlage, sie stürzten auch in eine tiefe Sinnkrise, aus der heraus nur wenige einen Neuanfang wagten.

Was vom DDR-A nachahmenswert bleibt, sind zweifellos seine privilegierte Stellung innerhalb der Gesellschaft und der hohe handwerkliche Standard vieler → Ensembles. Die Förderung von Amateuren – von ihren Betrieben großzügig dafür freigestellt – erreichte trotz politisch-ideologischer Überfrachtung ein hervorragendes Niveau. Nach einem eigens entwickelten Lehrplan bildeten qualifizierte Fachkräfte über zwei bis drei Jahre Amateurtheaterleiter mit staatlicher Anerkennung aus. Zentrale Werkstätten für Absolventen der ‚Spezialschule für Leiter des künstlerischen Volksschaffens' schlossen sich an. Das Zentralhaus in Leipzig publizierte Lehrmaterialien, Stückekataloge und vergab zu günstigen Konditionen Aufführungsrechte, in deren Genuss allerdings nur offiziell registrierte Gruppen kamen. Dass sich dennoch immer wieder Ensembles Freiräume erstritten oder ihre Träger als Trojanisches Pferd benutzten, belegt das Beispiel des Berliner *Hoftheater(s) Prenzlauer Berg* (vgl. Wischnewski).

Die Arbeit mit Laien galt in Kreisen des DDR-Berufstheaters keineswegs als anstößig. Seit → Brecht und Friedrich Wolf suchten Theaterleute und Autoren immer wieder die Zusammenarbeit mit Amateurgruppen. Ende der 1950er bis Mitte der 1960er Jahre galten diese geradezu als „Avantgarde bei der Entdeckung neuer theatralischer Gegenstände" (Tasche 7) und regten Dramatiker wie Heiner → Müller zu einigen seiner frühen Stücke an. Im Spagat zwischen den ideologischen Leitlinien staatlicher Kulturpolitik, deren Kern die Gestaltung von Arbeiterhelden bildete, und dem professionellen Anspruch an eine realistische Darstellung entdeckten viele Theaterleute die persönlichkeitsbildenden Potenzen des A als Nische in einer nach dem ‚sozialistischen Menschenbild' strebenden Gesellschaft.

Das A in Deutschland charakterisiert sich heute strukturell einerseits durch eine große Anzahl von Verbänden und Vereinen, andererseits durch eine Vielzahl von ungebundenen Institutionen und Einzelgruppen (laut Erhebung des BDAT gibt es zurzeit 6 000 bis 7 000 aktive Spielgruppen in der BRD). Der BDAT versteht sich als der öffentlich anerkannte Dachverband des deutschen A. Der Verband vertritt die Interessen seiner Mitglieder in allen Sparten der darstellenden Kunst. Ca. 1 800 Theatervereine haben sich über ihre jeweiligen Landesverbände und den Verband Deutscher Freilichtbühnen (VDF) dem BDAT angeschlossen. Die ‚Bundesarbeitsgemeinschaft Spiel und Theater e. V.' (BAG) ist ein Zusammenschluss von

Landesgemeinschaften, Bildungsstätten und Vereinigungen, die auf Bundesebene vorrangig in den Bereichen → Spiel und Theater mit Kindern und Jugendlichen tätig sind. Mitgliedsorganisation der BAG ist u. a. auch die ‚BAG für das Darstellende Spiel in der Schule‘. Der BDAT und die BAG haben sich zu einem ‚Nationalen Zentrum des A‘ zusammengeschlossen. Sie vertreten gleichberechtigt das A der BRD auf der internationalen Ebene.

Der weltweite Dachverband des A ist die ‚International Amateurtheatre Association‘ (IATA) mit der Geschäftsstelle in Tallin/Estland. Der Weltamateurtheaterverband hat Mitgliedsorganisationen (Nationale Zentren) in über 80 Ländern der Erde. Das Europäische Zentrum der IATA in Lingen (Ems) wurde mit dem Ziel gegründet, ein effektives Netzwerk des A in Europa aufzubauen.

Die Geschichte des deutschen A, seine künstlerischen, sozialen und gesellschaftlichen Wirkungen, sind weitgehend unerforscht.

Mit der enormen zahlenmäßigen Entwicklung des A in den vergangenen zwanzig Jahren geht eine qualitative Entwicklung einher. Spiel- und thp Verfahren und Methoden haben auf die theaterpraktische Arbeit der A-Gruppen erheblichen Einfluss genommen.

Der BDAT hat ein bundeseinheitliches Aus- und Fortbildungsprogramm für Spieler und Spielleiter entwickelt, das sich an den Richtlinien des Bundesverbandes Theaterpädagogik (BuT) orientiert.

Neben der traditionellen Orientierung am → Volkstheater, Mundart- oder regionalsprachlichem Theater hat sich das A in den vergangenen Jahren neue Inhalte und → Zielgruppen erschlossen (Senioren- oder → Altentheater, Theater mit behinderten Menschen, Theater mit Kindern und Jugendlichen, Tanztheater).

Das A ist auf der Suche nach seinen spezifischen künstlerischen Ausdrucksformen und Inhalten (z.B. Community-Theatre, Ensemble-Spiel, Stadtteiltheater, lokalhistorisches Theater). Das A orientiert sich damit einerseits an den freizeitorientierten Bedürfnissen und Bedingungen, andererseits reagiert es verstärkt auf gesellschaftliche Fragestellungen und Herausforderungen. Das A entzieht sich damit auch einer einheitlichen qualitativen Bewertung. Innerhalb des ambitionierten A gestalten sich die Grenzen zwischen professioneller und freizeitorientierter Theaterarbeit fließend. Verschiedene A-gruppen arbeiten heute als semiprofessionelle oder freie Theatergruppen und verdienen sich so ihren Lebensunterhalt.

Die Bedeutung des A liegt neben seinem künstlerisch-ästhetischen Anspruch nicht unwesentlich in seiner sozialen Funktion. Durch die Bindung an bestimmte lokale Gegebenheiten, die Pflege der persönlichen Kontakte mit dem Publikum und der generationsübergreifenden Gruppenstruktur des A wird eine besondere Form der künstlerischen Arbeits- und Lebensgemeinschaft gepflegt.

Detje, Robin: Castorf. Provokation aus Prinzip. Berlin 2002; Drenkow, Renate/Hoerning, Konrad (Hg.): Handbuch für Laientheater. Berlin 1968; Hoffmann-Ostwald, Daniel: Deutsches Arbeitertheater 1918–1933. Berlin 1972; Langhammer, Ruth: Wenn ich mich recht erinnere ... Aus 32 Jahren Arbeit in der Leipziger Spielgemeinde. Leipzig 1994; Luserke, Martin: Das Laienspiel. Heidelberg 1930; Märzhäuser, Herbert (Hg.): Unser Leben – Ein Spiel. Das Spiel – Unser Leben. Augsburg 1998; Moser, Günter: Das Volkstheater – Kultur in der Provinz. Frankfurt a. M. 1983; Nagel, Hans Günter: Die Zeittafel. Zur Geschichte des organisierten Deutschen Amateurtheaters. Hg. v. Bund Deutscher Amateurtheater (BDAT). Heidenheim 2001; Scheer, Udo: Vision und Wirklichkeit. Die Opposition in Jena in den siebziger und achtziger Jahren. Berlin 1999; Tasche, Elke: Amateurtheater – was ist das? Leipzig 1984; Walther, Joachim: Sicherungsbereich Literatur. Schriftsteller und Staatssicherheit. Berlin 1996; Wischnewski, Torsten: Auseinandersetzung um öffentliche Förderung sozio-kultureller Projekte in Berlin Ost. Diplomarbeit an der Freien Universität. Berlin 1993.

Norbert Radermacher / Hans-Albrecht Weber

→ Arbeitertheater – Ausbildung – „Didaktisches Theater" – Gruppe – Kinder- und Jugendtheater – Musisch-ästhetische Erziehung – Theaterarbeit in sozialen Feldern – Thingspiel – Volkstheater – Zimmertheater

Amateurtheaterfestivals in Ostdeutschland

In den sowjetisch besetzten Gebieten Deutschlands entwickelten sich bereits wenige Monate nach Kriegsende trotz desolater Situation (Verlust von Künstlern und Kulturschaffenden, zerstörte Kultureinrichtungen und wirtschaftliche Not) ein beachtliches Kulturleben und eine große Vielfalt künstlerischen Laienschaffens. Mit der Zulassung antifaschistischer politischer Parteien und Massenorganisationen durch die sowjetischen Besatzungsbehörden wurden Entwicklungen ermöglicht und in Gang gesetzt, die auf eine sog. antifaschistisch-demokratische Erneuerung der deutschen Kultur und auf die Überwindung der Benachteiligung breiter Bevölkerungsteile beim Zugang zu Kunst und Kultur zielten.

Neben den unmittelbaren Impulsen durch die sowjetischen Besatzungsorgane (z. B. Gastspiele sowjetischer Kultur- und Laiengruppen, Gründung von Kulturhäusern insbesondere bei den sowjetisch verwalteten Industriebetrieben und bevorzugter Bereitstellung von Ressourcen für die Wiederinbetriebnahme zerstörter Theater und anderer Kulturstätten) entwarfen auch die neuen deutschen Verwaltungen, die verschiedenen Parteien und neue Organisationen wie der Freie Deutsche Gewerkschaftsbund (FDGB), die Freie Deutsche Jugend (FDJ), der Kulturbund zur demokratischen Erneuerung Deutschlands, der Bund deutscher Volksbühnen Konzepte, die dem Laienspiel neue Orientierung geben sollten. Neben dem aus der Sowjetunion übernommenen und an der Theatermethode → Stanislawskis orientierten Programm der ‚Dramatischen Zirkel‘ inspirierten zahlreiche aus der Emigration zurückgekehrte Künstler, z. B. Bertolt → Brecht, Friedrich Wolf, Erich Weinert, zur Rückbesinnung auf proletarische Theatertraditionen vor 1933, was auch zu einer Wiederbelebung des Agitprop-Theaters führte. Die Repertoiresituation war dagegen eher dürftig, wenn man von den die NS-Zeit überdauernden heimattümelnden Spielangeboten aus Vorkriegszeiten absah. Das konnte das verdienstvolle Wirken verschiedener Verlage, darunter auch des Hoffmeister-Verlages in Leipzig, wenig abmildern.

Die teilweise divergierenden Interessen und Theaterkonzepte der gesellschaftlichen Mäzenaten des Laienspiels und der Mangel an adäquater Spielliteratur beförderten eine lebhafte Diskussion über die Wege des Laienspiels und eine große Nachfrage nach neuen Projekten. In diesem Klima, das auf Austausch drängte, wurden Theatertreffen und -leistungsschauen, also Festivals der unterschiedlichsten Form, zum wichtigsten Instrument vor allem für die Amateure selbst.

Die Abgrenzung von anderen Formen des künstlerischen Laienschaffens fand erstmalig in einem vom FDJ-Landesverband Thüringen im November 1946 organisierten ‚Laienspielwettbewerb des Landes Thüringen‘ seinen Ausdruck. Es folgten rasch ähnliche Treffen in anderen Ländern der SBZ sowie in den Bereichen der Teilgewerkschaften im FDGB (z.B. Eisenbahner, Lehrer, Postangestellte, Bergbau). Im Gründungsmonat der DDR (Oktober 1949) veranstaltete die Zentralstelle für Volkskunst die ersten zentralen Volkskunsttage, an denen Laienspieler aus allen Ländern der DDR teilnahmen. Im Juli 1952 fanden in Berlin die ersten deutschen ‚Festspiele der Volkskunst‘ statt, an denen auch – im Rahmen des bis Mitte der 1950er Jahre noch bestehenden gesamtdeutschen ‚Laienspielausschusses‘ – Laientheater und Kabarettgruppen aus der BRD mitwirkten. Am ‚Tag des deutschen Laienspiels‘ im Oktober 1955 in Schwerin nahmen 700 Amateure aus der DDR und 550 aus der BRD teil. Am zweiten ‚Tag des deutschen Laienspiels‘ im April 1958, wiederum in Schwerin, waren westdeutsche Amateure nicht mehr vertreten.

Die unterschiedlichen Formen des Laienspiels (Theater, → Kabarett, aber auch → Pantomime, → Puppentheater und Bühnentanz) begannen, sich auch in fachspezifischen Festivals und Werkstattveranstaltungen auszudrücken. Eine nicht unerhebliche Rolle spielte dabei die Tendenz sehr vieler Laienspielgruppen, in Nachahmung des Berufstheaters dem ‚großen Stück‘ den Vorzug zu geben. In der sich verschärfenden Auseinandersetzung zwischen der DDR und der BRD im Rahmen des Kalten Krieges und bei der operativen Lösung von Problemen innerhalb der DDR wurden im politisch-satirischen Kabarett Möglichkeiten künstlerischer Agitation vermutet. Aber auch bei den Theatergruppen selbst setzte mit der Gründung des ersten → Arbeitertheaters der DDR im Dezember 1958 an der Warnow-Werft Warnemünde, das anlässlich des 40. Jahrestages der Gründung der KPD mit der Inszenierung von Friedrich Wolfs *Die Matrosen von Cattaro* hervorgetreten war, eine stärkere Orientierung auf politisches Theater ein. Dem Beispiel der Warnow-Werft folgten in den nächsten drei bis vier Jahren annähernd 140 Laienspielgruppen, hauptsächlich aus Produktionsbetrieben.

Im Juni 1959 fanden unter Federführung des FDGB die ‚1. Arbeiterfestspiele der DDR‘ statt. Konzipiert als ‚nationale Leistungsschau der kulturschöpferischen Kräfte des Volkes und insbesondere der Arbeiterklasse‘ wurden sie zum bedeutendsten Festival des künstlerischen Amateurschaffens aller Genres. In den Bezirken der DDR wurden in Vorbereitung der Arbeiterfestspiele eigene Festivals organisiert, die unter Bezeichnungen wie ‚Theaterernte‘ und ‚Theaterfest‘ bald zur Tradition wurden. Die in den ersten Jahren der Arbeiterfestspiele wenig oder nicht berücksichtigten Bereiche, z. B. Studententheater und -kabaretts, die sorbischen Theatergruppen, die niederdeutschen Bühnen der Nordbezirke der DDR sowie Pantomimegruppen und Puppentheater, organisierten zunächst ihre eigenen nationalen Festivals. Im Laufe der Jahre wurden sie immer mehr in die Arbeiterfestspiele einbezogen.

Die Jahre nach dem Mauerbau (1961) gingen in der DDR einher mit vermehrtem Wohlstand der Bürger, der raschen Verbreitung des Fernsehens, rückläufigen Besucherzahlen in Theatern und Konzerten und wachsenden Ansprüchen an die Qualität künstlerischer, auch volkskünstlerischer Leistungen. Bei den Amateurgruppen zeigte sich das einerseits in Form intensiverer Zusammenarbeit mit Berufskünstlern, andererseits aber auch in dem Bestreben, den Austausch zwischen den Gruppen zu erweitern. Die Einführung zentraler Leistungsvergleiche auf den Gebieten des → Amateurtheaters und des Amateurkabaretts mit ausdrücklichem ‚Werkstattcharakter' in Vorbereitung der Arbeiterfestspiele trug diesem Anliegen Rechnung. Schon diese Treffen, an denen bis zu 2 000 Amateure beteiligt waren, fanden großen Zuspruch bei den Teilnehmern und auch bei den Besuchern der Aufführungen.

Mit Beginn der 1970er Jahre wurden darüber hinaus ‚Wochen der Arbeitertheater' und ‚Tage des Kabaretts' fester Bestandteil der Arbeiterfestspiele selbst. Als ‚Festival im Festival' wurde es zum nationalen Höhepunkt der Amateurkünstler. Mit Unterstützung namhafter Institutionen der Berufskunst – Theatern und Kabaretts, der Schauspielschule Berlin, dem Regieinstitut Berlin, der Theaterhochschule Leipzig sowie weiterer Hochschulen und Universitäten – wurden sie in ihrem Werkstattcharakter ausgebaut und nahmen als Insiderforum der Akteure qualitativ neue Formen demokratischer Selbstverständigung an.

Mit dem Ende der DDR fanden auch die Arbeiterfestspiele ein Ende und viele Gruppen lösten sich auf, vor allem solche, die die materielle Unterstützung durch die sie tragenden Betriebe verloren hatten.

Chronik des künstlerischen Volksschaffens 1945–1951 [Jahrbuch 1970]. Hg. v. Institut für Volkskunstforschung beim Zentralhaus für Kulturarbeit Leipzig. Leipzig 1970; Dass. 1952–1957 [Jahrbuch 1969]. Hg. ebd.; Dass. 1958–1962 [Jahrbuch 1968, Teil 1 u. 2]. Hg. ebd.; Dass. 1963–1966 [Jahrbuch 1966]. Hg. ebd.; Dass. 1973–1974. 2 Bde. Hg. v. Zentralhaus für Kulturarbeit. Leipzig 1976; Die Arbeiterfestspiele der DDR. Dokumentation. Hg. Gewerkschaftshochschule ‚Fritz Heckert' beim Bundesvorstand des FDGB. Bernau 1983; Schrader, Bärbel: Entwicklungsprobleme des Arbeitertheaters in der DDR. Dissertation. Berlin 1977.

RAINER SCHRADER

→ Festival der Amateur- und Schultheater – Kultursozialarbeit – Schultheater – Theaterarbeit in sozialen Feldern

Amtmann, Paul

Geb. 1922. Studium an der Musikhochschule in München, Gymnasiallehrer für Musik, Studiendirektor; gründete 1956 die LAG ‚Schulspiel'. A entwickelte auf der Basis der entwicklungspsychologisch-pädagogischen Forschung von Edmund J. Lutz das Schulspiel als Methode für den Unterricht an Volksschulen und Gymnasien; grundlegende Arbeiten zu Theorie und Praxis des → DS in der Schule. 1960–70 Hg. der Zs. *Das Spiel in der Schule*; 1965–80 Initiator und Leiter der BAG ‚Schulspiel'; ab 1966 Gymnasiallehrer in München, dort Referendariatsausbilder für das Fach Schulspiel; auf Initiative A 1967 Anerkennung des ‚Schulspiels' durch die ‚Ständige Konferenz der Kultusminister'. Für sein thp Schaffen erhält A 1986 das Bundesverdienstkreuz.

Amtmann, Paul (Hg. u. Mitautor): Aus der Praxis – Für die Praxis. Handbücher für musische und künstlerische Erziehung. 9 Bde. München 1965–1968; Ders./Kaiser, Hermann (Hg.): Darstellendes Spiel. Kassel, Basel 1966.

KATHRIN MESS

Angst und Kunst

Kunst ist, das darf immer wieder angenommen werden, seit gesellschaftlichen Urzeiten, seit den Höhlenzeichnungen vor vierzigtausend Jahren, ein zugleich theoretischer und praktischer Versuch, die Angst zu entkräften und in Formen zu bannen – im Tanz, in kultischen Spektakeln, in Zeichnungen und Bemalungen. Gleichviel, ob archaische Ängste vor der feindlichen und gefährlichen Natur, vor den Sternen und anderen außerirdischen Gewalten, ob Ängste vor den ruhelosen Seelen der Toten oder moderne Ängste vor der ruhelosen, lebendigen Macht eigener und fremder Leidenschaften – es sind stets Ängste vor Dingen, die sich der Bemächtigung entziehen.

Kunst ist nicht die einzige Praxis der Angst-Entkräftung, aber was unterscheidet sie von den anderen Unternehmen, wie den Wissenschaften, den Religionen oder der Politik, die ja auch Überwindung und Minderung der Menschheitsängste im Programm haben? Der Unterschied ist: Kunst selbst macht keine Angst. Natürlich gibt es Schrecken erregende Werke und kann Kunst leibhaftig schockieren, aber in der Kunst gibt es keine Verdammnis wie in den Religionen, sie macht nicht Gewalt und Kriege wie die Politik und keine objektiv gefährlichen Entdeckungen wie die Wissenschaften. Das verdankt sie ihrem inhärenten Lustmoment. Das Lustprinzip, dem die Kunst folgt, ist nämlich ein ‚binnen-ökonomisches‘ im Gegensatz zur außen-ökonomischen Steuerung von Religion, Politik und Wissenschaft. ‚Binnen-ökonomisch‘ heißt, dass das am Wohlbefinden orientierte, lustökonomische Bestreben, Spannungen auszugleichen, sich selbst und der Welt zu trauen, sich äußert, also von innen nach außen geht, und nicht, wie bei Verarbeitungsnötigungen und Zwängen, durch äußere Umstände umgekehrt und verinnerlicht wird.

Das Lustprinzip äußert sich in Form von Geschenken an die Welt, und das ist das Gesellschaftliche dieser sog. Übergangsobjekte von innen nach außen. Sie verkörpern die innere Ökonomie der Subjekte, und das ist das Gegenteil zur Verdinglichung der Körper durch die äußere Ökonomie etwa der Arbeitskraftverwertung. Die soziale Form solch binnen-ökonomischer Äußerungen ist mithin nicht die der Ware, sondern die der Gabe oder des Geschenks. Und das ist auch die soziale Form der Kunst. Kunst ist primär keine Leistung, sondern ein Geschenk, also nicht schon von der Angst geprägt, bewertet oder berechnet zu werden wie Opfer, Waffen oder Arbeit.

So sehr Kunst befremdet, sinnliche Freude und sinnliches Entsetzen des Augenblicks zugleich ist, muss an ihr etwas sein, das sie von anderen Dingen und Erfahrungen unterscheidet. Wenn Angst vom Fremden kommt, Kunst aber keine Angst macht, muss sie etwas Urvertrautes sein. Sie kann nicht von außen kommen, sondern muss zu den ersten, frühen menschlichen Äußerungsformen gehören. Ihr Motiv ist nicht die Befriedigung einer Überlebensnotwendigkeit, mithin auch nie die Angst, dass etwas fehlen könnte, sondern es ist die Lebenslust selbst, die in Übergangsobjekten verwirklicht wird. Malen, singen, Theater spielen, in irgendeiner Kunst zu dilettieren, d. h. sich zu vergnügen, hat in diesem Sinn Übergangscharakter: nämlich sich der Fülle und Geräumigkeit der Welt zu erfreuen im Prozess der Selbsterfahrung als Fremderfahrung.

Kunst zu machen, ist kreative Urerfahrung der Nicht-Identität, ohne die alles andere, das Fremde, Unbekannte und Unsichere, nicht zu ertragen wäre. Und es ist offenbar eine angstfreie Urerfahrung, gespeist aus Lebensgarantie und Lebenslust, die einander bedingen. Diese Erfahrung kann zwar nicht ein Leben lang konserviert werden, und viel große Kunst ist unter widrigsten Umständen geschaffen worden. Aber die Erfahrung, etwas machen zu können, das als Gabe sich auch nur für Momente behauptet zwischen Werden und Vergehen, zwischen Impuls und Verfestigung, ist unersetzlich.

Pfütze, Hermann: Form, Ursprung und Gegenwart der Kunst. Frankfurt a. M. 1999; Rech, Peter: Abwesenheit und Verwandlung. Das Kunstwerk als Übergangsobjekt. Frankfurt a. M. 1981; Winnicott, Donald W.: Vom Spiel zur Kreativität. Stuttgart 1987.

HERMANN PFÜTZE

→ Clownerie – Magie

Animation

Seit Ende der 1960er Jahre taucht A im Kontext von Konferenzen etwa des Europarats zu Kultur(-arbeit/-pädagogik) und Freizeit(-pädagogik) auf, nachdem der Begriff vorher verbunden war mit dem Amüsierbetrieb (‚Animierdame‘), dem Produzieren von Trickfilmen (A von Figuren und Zeichnungen) oder im medizinischen Rettungswesen als Wiederbelebung (Re-Animation) eine Rolle spielte. A leitet sich aus dem Lateinischen und Französischen her und ist zu verstehen als ein Anregen, Beseelen, Beleben oder (wieder) Mit-Atem-Versehen (hier ist an das griechische *pneuma* zu erinnern, was Ähnliches meinte – nämlich Wind, Luft, Atem – und als menschliche Seelenkraft Voraussetzung des Dramas als Ausdruckskunst darstellte).

Vornehmlich durch Horst W. Opaschowski (1978) ist A als genereller pädagogisch-methodischer Ansatz in die bundesdeutsche Bildungs-Diskussion eingeführt worden – speziell, um der neu entstehenden Freizeitpädagogik ein eigenes Profil zu geben, „mit der den gesellschaftlichen Entfremdungstendenzen, der kulturellen Verödung, dem Konsumzwang und der regressiven Passivität der Menschen in ihrer Freizeit entgegengewirkt werden sollte" (Kriwet 84) und einen vom schulischen Lernen befreiten Entwurf zu machen. Es wurden Gedanken aus der französischen sozial-kulturellen Gruppenarbeit aufgenommen: „Die Aufgabe des Animateurs ist dabei genau dieselbe, wie die der Teilnehmer: sich des hinter der Maske seines offiziellen ‚Projekts‘ vorhandenen unbewußten ‚Projekts‘ bewußt zu werden, innerhalb der Gruppe tatsächlich die eigenen Widersprüche ins Spiel zu bringen, mit den Gruppenmitgliedern über die vorhandenen ‚enjeux‘ (das, was auf dem Spiel steht) und Widersprüche sowie die Teilsynthesen, die er vornimmt, in einen Meinungsaustausch einzutreten." (Müller u. a. 138) Psychoanalytische und existentialistische Überlegungen zum Lernen in → Gruppen fundierten diesen Ansatz in Frankreich. Opaschowski gibt 1981 einen Überblick, der Varianten in den Handlungsfeldern von A deutlich macht: „1. Animation als kreativierende Bildungsarbeit (Sowjetunion, Italien, Österreich) 2. Animation als kulturelle Gemeinwesenarbeit (England, USA, Europarat, UNESCO) 3. Animation als soziale Gruppenarbeit (Frankreich, Belgien) 4. Animation als kommunikative Freizeitarbeit (Bundesrepublik Deutschland)." (Opaschowski 11) Am deutschen Beispiel einer animativen Didaktik als Freizeitdidaktik, die freizeitkulturelle Bildung sein will, nennt Opaschowski „didaktische Leitprinzipien" (Opaschowski 1989, 668ff.), die eingehalten werden müssen, soll dieser Ansatz gelingen (sie sind ebenfalls sinnvoll für ThP): *Erreichbarkeit* in mentaler, räumlicher, kognitiver Hinsicht – *Offenheit* als Durchsichtigkeit des (auch) Geplanten – *Aufforderungscharakter* und nicht Beliebigkeit des Angebots, sondern dosierter Anreiz – *Freiwilligkeit* – *Zwanglosigkeit*. In der Gestaltung der Gruppen-Lernkultur – *Wahlmöglichkeit* – *Entscheidungsmöglichkeit* – *Initiativmöglichkeit*. Namentlich die drei letzten Kriterien können ein weiteres Prinzip bilden, das der *Kooperationsmöglichkeit* mit ähnlichen oder unterschiedlichen Ansätzen. Die *Qualifizierung der Animateure* (vgl. Opaschowski 1979) muss die genannten Funktionsbereiche umfassen. „Leitlinien für die Praxis" sowohl während der Ausbildung als auch im späteren beruflichen Feld markieren den Gegenstandsbereich, der von der „Geschichte der Animation" zur „Wirkungskontrolle" von A reicht (vgl. Opaschowski 1981, 20ff.).

Dem Theater als der dem menschlichen Alltags-, Sozial- und Gefühlsleben am nächsten stehenden Kunst wird gern eine besondere Kraft der A zugeschrieben. ThP hat solche Nähe für die Konstituierung eines ‚Animationstheaters' (vgl. Dörger) genutzt und dieses Verhältnis methodisch spezialisiert: „Über die notwendige Beteiligung durch Kognition wie Emotion (die Wekwerth bereits ‚Mitspielen' nennt) hinaus versucht das Animationstheater, Aktivitäten des Zuschauers auch sichtbar und hörbar zu machen und ihn pragmatisch einzubeziehen. Animationstheater hebt, zumindest zeitweise, die 4. Wand auf. Ich kann also als *grundlegenderes Spezifikum* festhalten: In der Regel impliziert der Begriff Theater, daß ein Schauspieler eine Rolle spielt und ein Zuschauer ihm dabei zusieht. Der Begriff Animationstheater impliziert die Beteiligung des Zuschauers über das Zusehen hinaus. Es geht um ‚Theater, in dem die Grenzen zwischen Zuschauern und Spielern fließend sind und der Zuschauer selbst zum Mit-Agierenden wird'" (Dörger 35). „Weil Animationstheater [...] immer wieder neu die spezifische Regelstruktur der Kommunikation für jede Aufführung festlegen muß, [...], bietet es die Chance, seine

Intentionalität jeweils neu zu überprüfen, z. B. in Bezug auf seine pädagogischen Implikationen. Die Möglichkeit der direkteren Kommunikation im Animationstheater muß in seiner Anwendung immer neu überprüft werden." (Dörger 421) Dagmar Dörger unterscheidet A-theater zu Recht vom → Mitspieltheater (ebd. 39, 423ff.); denn A erscheint im Felde des Theaters, des Gebrauchstheaters und/oder der ThP als ein möglicher genereller Subtext, der Wirkweisen von Theater bzw. Theatereffekte beschreibt, bewusst betreibt oder analysiert. So könn(t)en der Brechtsche Verfremdungs-Effekt, sein Lehrstück-Ansatz oder Augusto → Boals → Forumtheater mit Joker/Animateur als (politische) A aufgefasst werden (vgl. zustimmend Koch; Altstedt u. a.), wie auch andere (z. B. Kindertheater-)Stücke, die etwa mit (animierender) Spielleitung arbeiten. Zur Begründung kann der erweiterte A-begriff der *Bielefelder Forschungsgruppe Freizeit* herangezogen werden: „Animation ist zielbezogene Anregung/Provokation zur selbstorganisierten (Inter-)Aktion [...], kann als eine [...] Stimulation zur demokratischen Selbstorganisation zwischenmenschlicher Beziehungen über praktisches Handeln, kommunikatives Gestalten und diskursives Verändern angesehen werden. Animation wird aufgefaßt als ein Element in der bewußten Reaktion der Bürger auf eine neue gesellschaftliche Lage, die unter der gestaltenden Kontrolle gemeinsamen Handelns und Denkens bleiben soll. [...] Auch der kleinste Animationsvorgang hat Bezug zum Ganzen. Eine ‚unpolitische' Animation gibt es nicht." (Bielefelder Forschungsgruppe Freizeit 180; vgl. Koch 85ff.) Der Bielefelder Ansatz wendet sich gegen „jede Parzellierung von Animation, jede Beschränkung ‚nur' auf ‚Spaß' etwa in der Urlaubszeit, jede Isolierung des Animationsvorgangs von dem übrigen Leben" (ebd. 180). So verstanden wird A zu einem kulturell-kommunikativen, auch gesellschaftskritischen Motiv (ebenso der ThP), das Interessen, Ziele, Inhalte, Methoden jeweils konkret ausweisen muss (vgl. ebd. 180ff.).

Altstedt, Ingeborg/Gipser, Dietlinde: Animationstheater an der Universität. In: Opaschowski 1981, a.a.O.; Bielefelder Forschungsgruppe Freizeit: Animation in Ausbildung und Forschung. In: Opaschowski 1981, a.a.O.; Dörger, Dagmar: Animationstheater. Frankfurt a. M. 1993; Koch, Gerd: Politisch-theatrale Animation. Bertolt Brechts Lehrstücke. In: Opaschowski 1981, a.a.O.; Kriwet, Ingeborg: Alltagskonflikte spielend lösen. Vom Animationstheater zum Psychodrama. In: Bülow-Schramm, Margret (Hg.): Theater in der Lehre? Theater in die Lehre! Hamburg 1996; Müller, Burkhard/Pagès, Max: Existentielle Animation. In: Steinweg, Reiner (Red.): Friedensanalysen. Für Theorie und Praxis,

Bd. 10. Frankfurt a. M. 1979; Opaschowski, Horst W.: Einführung in die freizeitkulturelle Breitenarbeit. Bad Heilbrunn 1978; Ders.: Qualifizierung der Animateure. Düsseldorf 1979; Ders. (Hg.): Methoden der Animation. Bad Heilbrunn 1981; Ders.: Freizeitpädagogik. In: Lenzen, Dieter (Hg.): Pädagogische Grundbegriffe, Bd. 1. Reinbek 1989.

GERD KOCH

→ Arbeitsfelder der Theaterpädagogik – Didaktik – Diskotheater – Erlebnispädagogik – Gruppe – Hochschuldidaktik – Kommunikation – Lebensbegleitendes Lernen – Lehrstück – Methodik – Projekt – Spaß – Stegreif – Theater der Unterdrückten – Theater der Versammlung – Theaterarbeit aus Erfahrungen – Theatralisierung von Lehr- und Lernprozessen – Werkstatt – Zielgruppe

Arbeitertheater

A entstand in Deutschland ab dem letzten Drittel des 19. Jhs. zunächst innerhalb der Arbeiterbildungsvereine im Umkreis der seit 1878 verbotenen SPD (Sozialistengesetz) als eine spezielle Form des Laientheaters. Eng an die Fest- und Feierkultur der Arbeiterbewegung gebunden, begann man in einem Spektrum von lebenden Bildern, allegorischen Spielen und Sprechchören bis hin zu Kurzszenen und Schwankformen soziale und politische Themen der eigenen Arbeits- und Lebenswelt zu gestalten. Mit zumeist selbst verfassten Spielen suchte man die starren Formen politischer Bildung aufzubrechen und Belehrung auf unterhaltsame Weise dem eigenen Arbeiterpublikum nahe zu bringen. Nach dem Fall des Sozialistengesetzes 1890 entstand daraus eine breite Bewegung, die sich jetzt in selbstständigen A-Vereinen oder Spielgruppen (u. a. Boleslav → Strzelewicz) organisierte. 1906 verfügte sie mit dem ‚Bund der Theater- und Vergnügungsvereine Charlottenburg‘ bereits über einen eigenen Dachverband in Berlin, der 1908 als ‚Bund der Theatervereine Deutschlands‘ auf ganz Deutschland ausgedehnt wurde und sich dann schließlich 1913 in ‚Deutscher Arbeiter-Theater-Bund‘ (DAThB) umbenannte. Ihr Spielmaterial erhielten die A-Vereine seit 1910 vor allem über den Leipziger ‚Arbeiter-Theater-Verlag‘, dessen Gründer Alfred Jahn von 1924 bis 1928 auch den Vorsitz des DAThB inne hatte. Jahn finanzierte seinen Verlag über einen nebenher betriebenen Festartikelversand und konnte den A-Vereinen zu geringen Tantiemen ein breites Angebot an Spielmaterial von Sprechchören und

Weihespielen, über Possen, Schwänke, Satiren, proletarisches Kabarett, Märchen und Kasperstücke für Kinder sowie Tendenzdramen von inzwischen etablierten, der Arbeiterbewegung verbundenen Berufsautoren wie z. B. Erich Grisar, Bruno Schönlank, Ernst Preczang zur Verfügung stellen (vgl. Schütte). Der Verlag trug wesentlich zum Aufschwung der A-Bewegung bei, deren Dachorganisation DAThB 1921 rund 2 500 Mitglieder umfasste.

Unter den politischen Bedingungen nach dem 1. Weltkrieg begann sich das A ab Mitte der 1920er Jahre aufzuspalten. Beeinflusst von dem in der SPD inzwischen vorherrschenden Konzept eines auf die deutsche Klassik und internationale Dramatik orientierenden Bildungstheaters, das sich auf die 1890 gegründete und zu einer breit etablierten Besucherorganisation des Berufstheaters angewachsenen → ‚Volksbühne‘ stützte, nahm der Anspruch auf eine politisch und sozial geprägte eigenständige A-Kultur nur noch einen untergeordneten Platz ein. Viele der A-Vereine begannen, sich am Repertoire des Berufstheaters zu orientieren und neben den proletarischen Milieustücken reine Schwank- und Lustspieldramatik zu bevorzugen. Auf der anderen Seite wandten sich im Zuge der Novemberrevolution nicht wenige der seit 1918 mit Gründung der KPD und dem Kommunistischen Jugendverband (KJVD) aufkommenden neuen Bewegung zu, die inspiriert von den Proletkultaktivitäten nach der Oktoberrevolution in Russland (Bogdanow, Kerschenzew, Lunatscharski) zunächst von Berufstheaterleuten wie Hermann Schüller, Erwin → Piscator, Karl Heinz Martin und Autoren wie Franz Jung als ‚Proletarisches Theater‘ vor allem in Berlin, aber auch in München (Oskar Maria Graf) und anderen Städten ausprobiert wurden (vgl. Fähnders u. a.). Im Umfeld des KJVD entstanden gleichzeitig neue Spielgruppen, die sich als Sprechchor-Ensembles der revolutionären Propaganda verschrieben. Am bekanntesten wurde der von dem Schauspieler Gustav von Wangenheim 1923 mit dem ‚Zentralen Sprechchor der KPD‘ auf politischen Massenveranstaltungen aufgeführte und bereits szenisch gestaltete ‚Chor der Arbeit‘. Weitere Impulse erhielten die KJVD-Gruppen von Piscators politischen → Revuen ‚Roter Rummel‘ (1924) und ‚Trotz alledem!‘ (1925), nach deren Vorbild der Schauspieler Maxim Vallentin 1925 in Berlin die ‚Erste Agitproptruppe des KJVD‘ gründete, die ihren Namen von der Agitations- und Propagandaabteilung der KPD herleitete.

Der entscheidende Einschnitt erfolgte 1927 nach dem mehrmonatigen Gastspiel der sowjetischen Spieltruppe ‚Blaue Blusen', deren Tournee mit beispiellosem Erfolg durch ganz Deutschland führte. Benannt nach den blauen Arbeitsanzügen ihrer Bühnenkleidung war dies eine von mehr als 5 000 Wandertruppen aus Berufskünstlern, Laien und Journalisten, die ab 1923 im Rahmen der Alphabetisierungskampagne in der Sowjetunion entstanden waren und kabarettistische Nummern-Programme zu politischen Tagesereignissen als sog. ‚lebende Zeitungen' boten. In unmittelbarer Folge übernahmen nicht nur die Sprechchorensembles des KJVD, sondern auch viele der sozialdemokratischen A-Vereine diese Spielweise einer Montage aus Kurzszenen, Sketches, Rezitation, Kollektivreferat, Song, Moritat, ➜ Pantomime, ➜ Tanz mit der auf unterhaltsame und alle Talente herausfordernden Weise einfallsreich aktuelle politische Propaganda im Dienste der verschiedensten politischen Organisationen betrieben wurde. Komponisten wie z. B. Hanns Eisler und Hans Hauska, Autoren wie Erich Weinert, Berta ➜ Lask und Friedrich Wolf stellten sich den jetzt als ‚Agitproptruppen' fungierenden Spielgruppen zur Verfügung unter denen das in ‚Rotes Sprachrohr' umbenannte Ensemble Vallentins und die ‚Kolonne Links' von Helmut Damerius in Berlin, die ‚Nieter' in Hamburg, die ‚Roten Raketen' in Dresden, ‚Nordwest ran' von Wolfgang Langhoff in Düsseldorf u.a.m. überregionale Bedeutung erlangten (vgl. Hoffmann u. a.).

In der bis dahin von Jahn und Vertretern der SPD dominierten Leitung des DAThB übernahmen 1928 Arthur Pieck und weitere Mitglieder der KPD die Führung. In ‚Arbeiter-Theater-Bund Deutschlands' (ATBD) umbenannt, orientierte er seine Mitglieder nunmehr ausschließlich auf die politisch schlagkräftige Montage- und Revueform, mit der sich die Agitproptruppen (1930 schon mehr als 200 Kollektive) bis 1933 als populärste Variante des A in Deutschland durchsetzen konnten. Methodisches Rüstzeug und Austausch von Spielmaterial gewährleisteten der ATBD-Verlag und die eigene Zeitschrift ‚Arbeiterbühne'. Jährlich abgehaltene Bundestage legten die politischen Strategien fest und dienten gleichzeitig als Festival dem künstlerischen Austausch der Truppen untereinander. Als Eckpfeiler in Europa avancierte der ATBD 1929 zu den Mitbegründern des ‚Internationalen Arbeiter-Theater-Bundes' (IAThB) in Moskau (ab 1932 ‚Internationaler Revolutionärer Arbeitertheater-Bund' IRTB) mit Mitgliedern aus 20 Ländern, einschließlich den USA und Japan. Als ‚Westeuropäisches Büro' des Bundes organisierte der ATBD u. a. internationale Festivals in den Grenzregionen zur Tschechoslowakei und zu Frankreich. Nach dem Modell der Agitprop-

truppen entstanden gleichzeitig professionelle Ensembles aus Berufsschauspielern und Laien, wie Gustav von Wangenheims ‚Truppe 1931' in Berlin, Berta Lasks ‚Proletkult Kassel', Hermann Greids und Willy Schürmann-Horsters ‚Truppe im Westen' im Ruhrgebiet, Friedrich Wolfs ‚Spieltrupp Südwest' in Stuttgart u.a.m. (vgl. Hoffmann/Pfützner). Während der Zuspitzung der politischen Auseinandersetzungen am Ende der Weimarer Republik wurden die Agitproptruppen im Rahmen der Notverordnungsgesetze von 1931 polizeilich verboten, ohne ihr weiteres Auftreten, getarnt als ‚geschlossene Veranstaltungen', unterbinden zu können (vgl. Damerius).

1933 ins Exil gezwungen, versuchten Berufs- wie Laienkünstler (u. a. ‚Truppe 1931' zunächst in Frankreich, Hedda Zinner und Fritz Erpenbeck mit dem ‚Studio 34' in der Tschechoslowakei, ➜ Brecht und Ruth Berlau mit dänischen Amateuren) die Agitpropformen des A weiterzuführen. Die in die Sowjetunion emigrierten Truppen passten sich der dort beginnenden Umorientierung weg von Proletkult und Agitprop hin zum großen abendfüllenden Stück an. Die profiliertesten unter ihnen (‚Truppe 1931', ‚Rotes Sprachrohr', ‚Kolonne Links') versuchten bis zum Beginn der Stalinschen ‚Säuberungen' Berufstheater in den deutschsprachigen Gebieten aufzubauen (vgl. Diezel). Die in Deutschland verbliebenen Truppen griffen in den ersten Jahren der NS-Diktatur noch zu Formen getarnter Straßenagitation, wie sie in den 1960er Jahren in Lateinamerika von Augusto ➜ Boal unter der Bezeichnung ➜ ‚Unsichtbares Theater' ihre Wiederbelebung erfuhren (vgl. Boal).

Unmittelbar nach dem Ende des 2. Weltkrieges gab es vor allem in den Industriezentren der westlichen Besatzungszonen vereinzelte Versuche, an die Agitproptraditionen anzuknüpfen, dominierend aber wurde der Rückgriff auf das bürgerliche Laienspiel. In der östlichen Besatzungszone geschah das nach sowjetischem Vorbild in Form der ‚Dramatischen Zirkel', die angesiedelt bei Jugendverbänden, kulturellen Institutionen und in Betrieben sich in Stückwahl wie Spielweise gleichfalls am Berufstheater orientierten. Mitte der 1950er Jahre kam es allerdings auch hier in der politisch angespannten Phase der Kollektivierung der Landwirtschaft und nicht zuletzt auf Initiative Brechts zu einer Wiederbelebung des Agitprop, mit dem die sich jetzt zu ‚Agitpropgruppen' umbildenden Laienspielzirkel ganz nach dem Modell der 1920er Jahre vor allem ‚Landagitation' betrieben.

Während in der BRD wie in den anderen westeuropäischen Ländern und den USA mit Beginn der

1960er Jahre die Entwicklung hin zu professionellen freien Gruppen ging, entstanden in der DDR aus den bisherigen Zirkeln und Agitpropgruppen unter Schirmherrschaft der Gewerkschaften bei den Industrie- und Landwirtschaftsbetrieben, Schulen und anderen Einrichtungen politische Laienkabaretts und A als ständige Ensembles, die hier dauerhaft finanziert wurden und mit der Unterstützung von Berufsregisseuren nicht zuletzt wegen ihres immer qualifizierteren spielerischen Vermögens, insbesondere aber wegen ihrer sozialen Kompetenz in Dialog und Auseinandersetzung mit ihrem, ihnen in gleicher Weise verbundenen Publikum, zu einer eigenständigen Theatereinrichtung wurden und über die seit 1959 durchgeführten ‚Arbeiterfestspiele der Gewerkschaften' auch überregionale Resonanz erlangten. Vergleichbare Entwicklungen von in Betrieben und Gewerkschaften angesiedelten A setzten ab 1955 in Japan ein, wo in den 1930er Jahren – ausgehend von Deutschland – eine breite Agitpropbewegung ihren Anfang genommen hatte (vgl. Senda). Seit 1963 findet in Tokio ein jährliches Festival dieser Theatergruppen statt, in deren Repertoire Stücke eigener Autoren zu politischen und sozialen Fragen bis hin zu westeuropäischer Dramatik, vor allem Brecht, dominieren. Traditionen des A werden weiterhin u. a. in den skandinavischen Ländern gepflegt und seit den 1960er Jahren als aufklärende, politischen und sozialen Widerstand organisierende Theaterform vor allem in Lateinamerika.

Boal, Augusto: Theater der Unterdrückten. Frankfurt a. M. 1979; Damerius, Helmut: Über zehn Meere zum Mittelpunkt der Welt. Erinnerungen an die ‚Kolonne Links'. Berlin 1977; Diezel, Peter: ‚Wenn wir zu spielen scheinen'. Studien und Dokumente zum Internationalen Revolutionären Theaterbund. Bern u. a. 1993; Eikenbusch, Gerhard: Sozialdemokratisches und kommunistisches Kinder- und Jugendtheater in der Weimarer Republik. Frankfurt a. M. u. a. 1997; Fähnders, Walter/Rector, Martin (Hg.): Literatur im Klassenkampf. Zur proletarisch-revolutionären Literaturtheorie 1919–1923. Eine Dokumentation. Frankfurt a. M. 1974; Hoffmann, Ludwig/Hoffmann-Ostwald, Daniel: Deutsches Arbeitertheater 1918–1933. Berlin 1972; Hoffmann, Ludwig/Pfützner, Klaus (Hg.): Theater der Kollektive. Proletarisch-revolutionäres Berufstheater in Deutschland 1928–1933. Stücke, Dokumente, Studien. Berlin 1980; Hornauer, Uwe: Laienspiel und Massenchor. Das Arbeitertheater der Kultursozialisten in der Weimarer Republik. Köln 1985; Knilli, Friedrich/Münchow, Ursula: Frühes deutsches Arbeitertheater. Berlin 1970; Schütte, Wolfgang U.: Der rote Jahn. Leipzig 1988; Senda, Koreya: Wanderjahre. Berlin 1985.

BÄRBEL SCHRADER

→ Amateurtheater – „Didaktisches Theater" – Theaterarbeit in sozialen Feldern – Theatre for Development – Volksbühne – Volksstück – Volkstheater

Arbeitsfelder der Theaterpädagogik

Eine systematische Betrachtung der AdT in Deutschland existiert erst seit der Entwicklung und Durchführung von qualifizierenden Aus- und Fortbildungsstrukturen, die seit 1980 von verschiedenen Hochschulen, thp Zentren und Fortbildungsinstituten aufgelegt werden (vgl. Jeske u. a.).

Das Erforschen des Berufsfeldspektrums erfolgte seit 1987 im Kontext der Bundestagungen und der Entwicklung einer Bildungskonzeption durch den Bundesverband Theaterpädagogik (vgl. Ruping u. a.). Mit der Aufnahme des Berufsstandes in die Blätter zur Berufskunde der Bundesanstalt für Arbeit (vgl. Schulze-Reimpell u. a.) und der damit verbundenen Darstellung der Berufslage und der Tätigkeitsfelder wird der Schritt in das organisierte Arbeitsfeldspektrum vollzogen. Es ist davon auszugehen, dass sich das Berufsfeld von ThP auch weiterhin ständig verändern wird und sich damit der Kanon möglicher Arbeitsfelder erweitert. Wir unterscheiden zur Zeit acht Kernarbeitsfelder, die sich in Teilen überschneiden oder weiter spezifizieren lassen.

1. ThP an professionellen Theatern dient in erster Linie der → Vor- und Nachbereitung von Theaterinszenierungen. TheaterpädagogInnen wirken mit bei Spielplangestaltung, Erstellung von Begleitmaterialien sowie Durchführung von Sonderprogrammen und werblichen Maßnahmen (etwa Führungen). In den → Jugendclubs werden Inszenierungen mit Jugendlichen oft in der Zusammenarbeit mit dem professionellen Stab des Theaters erarbeitet. Im Bereich der freien Theaterszene gehört ThP in großen Teilen zum inhaltlichen Konzept der Gruppen. Dabei sind künstlerisches und thp Arbeitsfeld weitgehend identisch.

2. Die AdT in Kindergärten, Schulen und Volkshochschulen richten sich an die (alters-)spezifischen → Zielgruppen und ihr jeweiliges Bildungsinteresse. Im Kindergarten steht die spielpädagogische Arbeit mit Kindern im Vordergrund. Sie zielt auf die Entwicklung der Ausdrucksfähigkeit ebenso wie auf die Förderung des Sozialverhaltens und die Entwicklung persönlichkeitsbildender Faktoren von Kindern. ThP an Schulen vollzieht sich sowohl im Rahmen eines eigen-

ständigen Unterrichtsfaches als auch innerhalb von Theaterarbeitsgemeinschaften und Projektwochen. Thp Methoden finden sich als spezifische Lernmethodik in fast allen Fächern des schulischen Fächerkanons. Innerhalb der Erwachsenenbildung finden wir AdT sowohl in koordinierenden Tätigkeiten als auch in der Weiterbildung und Lehre.

3. AdT an Hochschulen und wissenschaftlichen Instituten dienen sowohl der curricularen Entwicklung der Studien- und Ausbildungsangebote zur Theaterpädagogin/zum Theaterpädagogen, als auch dem Aufbau und der Erforschung der ThP als Handlungswissenschaft.

4. AdT in außerschulischen kulturellen Bildungseinrichtungen spannen sich von der Mitarbeit in thp Zentren über Jugendkunst- und Musikschulen bis zu Museen und Kulturzentren. Die besondere Qualität dieser thp Arbeit liegt in der Freiwilligkeit der Teilnehmer und in der zumeist experimentellen Disposition dieser Lernorte.

5. AdT im Freizeitbereich beziehen sich auf die Durchführung von Spiel- und Theaterprojekten mit Kindern und Jugendlichen (Ferienfreizeiten) bis zu Animationsangeboten für Erwachsene in Urlaubszentren. Eine Sonderstellung nimmt das → Amateurtheater mit seinen zahlreichen Kinder-, Jugend- und Erwachsenentheatergruppen ein. Sowohl im Bereich der → Spielleitung und → Regie als auch im Rahmen eines bundeseinheitlichen Fortbildungsprogramms des Bundes Deutscher Amateurtheater e. V. bieten sich hier zahlreiche Einsatzmöglichkeiten für TheaterpädagogInnen.

6. AdT im sozialen Bereich finden wir in kommunalen, kirchlichen und sozialen Einrichtungen wie Jugendzentren und Bürgerhäusern, soziokulturellen Zentren, aber auch in Einrichtungen der Jugendhilfe, Justiz und Drogenberatung. Dabei handelt es sich schwerpunktmäßig um Integrations-, Präventions- und Resozialisierungsprojekte.

7. AdT im therapeutischen Bereich und in den Gesundheitsberufen beziehen sich auf die Arbeit in Krankenhäusern, Rehabilitationszentren oder Psychiatrien. Im Mittelpunkt steht die physische oder psychische Gesundung des Menschen.

8. Unter den AdT in der Wirtschaft versteht man einerseits das Training und Coaching von Führungskräften, andererseits auch den Einsatz des thp Instrumentariums zur Verbesserung der innerbetrieblichen Kommunikation oder der Vorbereitung komplexer Veränderungsprozesse innerhalb eines Betriebes sowie die Schauspiel- und Regiearbeit im Kontext eines bedarfsorientierten → Unternehmenstheaters.

Im Schnittpunkt von künstlerischen und etablierten pädagogischen Berufsfeldern gewinnt der Beruf der Theaterpädagogin, des Theaterpädagogen sowohl gesellschaftlich als auch arbeitsmarktpolitisch zunehmend an Stellenwert (vgl. Schulze-Reimpell u. a.). Angesichts gesellschaftlicher Veränderungen im Wirtschafts-, Bildungs- und Sozialbereich werden sich die AdT trotz einschneidender Maßnahmen in den Kulturetats aufgrund ihrer kreativen Potenziale und humanen Ressourcen weiterentwickeln, sofern es den Aus- und Weiterbildungsinstitutionen gelingt, auf der Grundlage profilbildender Basiskompetenzen diesen dynamischen Prozess curricular zu begleiten. „Die Ausbildung sollte [...] nicht die Entwicklung dieser Vielfalt durch Enge verhindern." (Ruping u. a. 129)

Hentschel, Ulrike/Koch, Gerd: Kerncurriculum Theaterpädagogik. In: Korrespondenzen, 1995, H. 23/24/25; Jeske, Marlis/Ruping, Bernd/Schöller, Eckard (Hg.): Geschichte(n) der Theaterpädagogik. Materialien zur 6. Bundestagung Theaterpädagogik in Lingen (Ems). Lingen 1992; Radermacher, Norbert: Berufsfelder der Theaterpädagogik in Europa. Lingen 2001; Richers, Christiane/Enge, Herbert (Hg.): Tätigkeitsfeld und Berufsbild der Theaterpädagogin und des Theaterpädagogen. Dokumentation der Bundestagung Theaterpädagogik 1987. Hamburg 1987; Ruping, Bernd/Schneider, Harald: Bildungskonzeption. In: Korrespondenzen, 1994, H. 19/20/21; Schulze-Reimpell, Werner/Jenisch, Jakob: Blätter zur Berufskunde: Regisseur/Regisseurin, Dramaturg/Dramaturgin, Theaterpädagoge/Theaterpädagogin. Hg. v. der Bundesanstalt für Arbeit. Nürnberg 1998.

NORBERT RADERMACHER

→ Hochschuldidaktik – Kulturelle Bildung – Methodik – Modellversuche – Pflegedidaktik und Theaterpädagogik – Projekt – Theaterpädagogischer Dienst

Artaud, Antonin

1896–1948. Schauspieler, Regisseur, Autor und Theatertheoretiker. A verkehrt seit 1920 im Kreis der Surrealisten in Paris, gründet 1926 mit Robert Aron und Roger Vitrac das *Théâtre Alfred Jarry*. 1933 Gründung des *Théâtre de la cruauté* (Theater der Grausamkeit); als einzige Aufführung *Les Cenci* mit A in der Hauptrolle. Ausgehend von einem magischen und metaphysischen Verständnis sieht A Theater als totales, körperliches, provozierendes Ereignis jenseits der europäischen Vernunft- und Sprachkultur, das wie die

‚Pest' die gewohnte Ordnung außer Kraft zu setzen vermag. „Das Theater der Grausamkeit ist keine *Repräsentation*. Es ist das Leben selbst in dem, was an ihm nicht darstellbar ist. Das Leben ist der nicht darstellbare Ursprung der Repräsentation." (Derrida 351)

Das Theater und sein Double. Frankfurt a. M. 1969; Briefe aus Rodez. Postsurrealistische Schriften. München 1979; Schluss mit dem Gottesgericht. Das Theater der Grausamkeit. Letzte Schriften zum Theater. München 1980; Fragmente eines Höllentagebuchs. Berlin 1998.
Blüher, Karl Alfred: Antonin Artaud und das ‚Nouveau Théâtre' in Frankreich. Tübingen 1991; Derrida, Jacques: Das Theater der Grausamkeit und die Geschlossenheit der Repräsentation. In: Ders.: Die Schrift und die Differenz. Frankfurt a. M. 1976; Finter, Helga: Der subjektive Raum, Bd. 2: Antonin Artaud und die Utopie des Theaters. Tübingen 1990; Kapralik, Elena: Antonin Artaud 1896–1948. Leben und Werk des Schauspielers, Dichters und Regisseurs. München 1977; Lotringer, Sylvère: Ich habe mit Antonin Artaud über Gott gesprochen. Ein Gespräch zwischen Sylvère Lotringer und dem Nervenarzt Dr. Jacques Latrémolière. Berlin 2001.

GABRIELA NAUMANN

Atmung

Der Körper ist das Instrument des Schauspielers. Mit der Körperhaltung, dem Gesichtsausdruck, der A und der Stimme drückt er Emotionen aus, die sich auf den Zuschauer übertragen.

Die A ist u. a. ein mechanischer Bewegungsvorgang und dadurch unserem Bewusstsein zugänglich. Während des Einatmens bewegt sich das Zwerchfell nach unten, die Körperwände weiten sich, während des Ausatmens schwingen das Zwerchfell und die Körperwände in die Ausgangslage zurück. Diese rhythmische Atembewegungswelle formt den Körper unablässig. Der Atemrhythmus besteht aus drei Phasen: Einatmung, Ausatmung und Atemruhe. Er kann ebenso variieren wie die Frequenz, die Anzahl der Atemzyklen pro Minute. Atemform, Atemrhythmus und Atemfrequenz werden beeinflusst durch Impulse aus der Außen- und Innenwelt.

Zwischen Atmungsmustern, Körperhaltung, Gesichtsausdruck und emotionalen Zuständen besteht ein empirisch nachweisbarer enger Zusammenhang. Die Bedeutung der A für die Ausdrucksfähigkeit hat besonders Antonin → Artaud betont, der die Schauspieler aufforderte, mit verschiedenen Elementen der A zu experimentieren. Die A wird unbewusst gesteuert, ist aber aufgrund der Empfindungsfähigkeit dem Bewusstsein zugänglich und in Grenzen beeinflussbar. Wir

können die eigenverantwortliche Wahrnehmung der Atemmuster fördern und sie – nicht manipulativ – über Bewegungen und Achtsamkeit beeinflussen, so dass mit der Ausweitung der Atemmuster die Flexibilität der Gefühlsstruktur erweitert wird, die sich auch in Körperhaltung und Gesichtsausdruck niederschlägt.

Atemschulung kann so einen entscheidenden Beitrag zur Förderung der Ausdrucksfähigkeit leisten. Die Fähigkeit, den Leib zu spüren, die Schulung des Empfindens, ist gleichzeitig bedeutsamer Teil der ästhetischen Erziehung als Teil der Persönlichkeitserziehung (vgl. Wellner-Pricelius).

Artaud, Antonin: Das Theater und sein Double. Frankfurt a. M. 1979; Middendorf, Ilse: Der erfahrbare Atem. Paderborn 1995; Wellner-Pricelius, Brigitte: Leib, Atem, Stimme. In: Mattenklott, Gundel/Rora, Constanze (Hg.): Arbeit an der Einbildungskraft. In: Praxis Musisch-Ästhetischer Erziehung, Bd. 1. Hohengehren 2001.

BRIGITTE WELLNER-PRICELIUS

→ Sprechen – Sprecherziehung

Ausbildung

Die thp A und die A für Lehrende im Schulfach Darstellendes Spiel (DS) hat noch keine lange Tradition. Mit der Gründung des Instituts für Spiel- und Theaterpädagogik und der Integration dieses Instituts in die Hochschule der Künste (HdK) Berlin (1980) war ein wesentlicher Schritt zur Institutionalisierung thp A getan. Tagungen und Kongresse zu Fragen der A in den 1970er Jahren führten zur Entwicklung eines 4-semestrigen Zusatzstudiengangs Spiel- und ThP an der HdK (heute Universität der Künste) Berlin, der schließlich Ende der 1980er Jahre als erster thp Studiengang in der BRD etabliert wurde (vgl. Ritter); aktuelle Studieninformationen unter: www.theaterpaedagogik.udk-berlin.de

Inzwischen sind weitere A-standorte hinzugekommen. So bietet z. B. die Fachhochschule Osnabrück, Standort Lingen (Ems), Institut für Theaterpädagogik, seit WS 1998/99 einen Diplom-Zusatzstudiengang ThP an, mit Vollzeitstudiengang (4 Semester) und berufsbegleitendem Teilzeitstudiengang (6 Semester); studieninfo@fh-osnabrueck.de. An der Universität Hildesheim ist Theater/ThP ein Studienschwerpunkt innerhalb des Studiengangs Kulturwissenschaften und Ästhetische Praxis und die Karl Franzens Universität Graz (Österreich) bildet ThP für → lebensbegleitendes Lernen aus.

Neben der thp A an Hochschulen gibt es für die thp Arbeit im außerschulischen Bereich zahlreiche Anbieter von Weiterbildungen und Lehrgänge, z. B. an den Bundesakademien, den Theaterpädagogischen Zentren, in kirchlicher Trägerschaft oder bei den LAGs. Der Bundesverband Theaterpädagogik e. V. hat Kriterien entwickelt, nach denen diese Lehrgänge entsprechend ihrem Umfang zertifiziert werden;
but@netcologne.de

Eine A für Lehrer im Fach DS ist bisher kaum etabliert. Zwar bieten fast alle Bundesländer Fort- und Weiterbildungen an, diese können jedoch nicht auf einer grundständigen Qualifikation aufbauen. Innerhalb der Weiterbildungseinrichtungen der Länder besteht ein Konsens, dass die ausschließliche Qualifikation über Weiterbildungen eine Zwischenlösung darstellt, die durch die Einführung grundständiger Studienangebote abgelöst werden muss.

In drei Bundesländern kann eine Zusatzqualifikation (Erweiterungsprüfung) für DS erworben werden. In Berlin bietet die Universität der Künste am Institut für Theaterpädagogik für Lehrer aller Schulstufen ein berufsbegleitendes Studium oder ein 4-semestriges Vollzeitstudium an, das mit einer Lehramtsprüfung abgeschlossen werden kann.

Das Institut für Pädagogik der Universität Erlangen-Nürnberg bietet seit dem WS 2000/01 ein 4-semestriges Erweiterungsstudium DS für Lehramtsstudierende und Lehrer aller Fächer an, das ebenfalls mit einer Staatsprüfung abschließt.

In Niedersachsen wird der 4-semestrige Erweiterungsstudiengang DS für das Lehramt am Gymnasium in einer Kooperation der Hochschule für Bildende Künste Braunschweig, der Hochschule für Musik und Theater und der Universität Hannover sowie der Universität Hildesheim angeboten. Ein erster grundständiger Studiengang DS als Kooperation der vier Hochschulen und der TU Braunschweig soll zum Wintersemester 2002/03 eingeführt werden;
i-amt@hbk-bs.de

Allen thp A gemeinsam ist ein handlungs- und projektorientiertes Vorgehen. Sie setzen an der Eigenerfahrung der Studierenden an und führen über die Reflexion dieser Erfahrung und die Einordnung in theoretische Zusammenhänge zur Anleitungskompetenz. Für die Zielsetzung der A bedeutet das, es geht sowohl um die Entwicklung einer künstlerisch-analytischen Kompetenz in Bezug auf das Theater als auch um die A der pädagogisch-didaktischen, technischen und theoretischen Kompetenz. Einen Überblick über die verschiedenen A, Fort- und Weiterbildungen einschließlich der Kontaktadressen gibt eine Broschüre der BAG Spiel und Theater/Bundesverband Theaterpädagogik (BuT).

BAG Spiel und Theater e. V./BuT e. V. (Hg.): Aus-, Fort- und Weiterbildung. Spiel- und Theaterpädagogik in der Bundesrepublik Deutschland. Eine Dokumentation. Hannover 2000; Hentschel, Ulrike/Koch, Gerd: Kerncurriculum Theaterpädagogik. In: Korrespondenzen, 1995, H. 23/24/25; Programme, Profile, Perspektiven. Theaterpädagogische Bildungsgänge in der Diskussion. In: Korrespondenzen, 1995, H. 28; Ritter, Hans Martin (Hg.): Spiel- und Theaterpädagogik. Ein Modell. Berlin 1990.

ULRIKE HENTSCHEL

→ Darstellendes Spiel – Fort- und Weiterbildung für LehrerInnen – Geschichte der Pädagogik – Geschichte der Sozialpädagogik – Kultursozialarbeit – Lebensbegleitendes Lernen – Modellversuche

Authentizität

Mit der Entstehung eines neuzeitlichen Subjektverständnisses findet im Laufe des 18. Jhs. die Übertragung von A auf personale Qualitäten statt. Als authentisch gilt in der Folge dieser Begriffsverschiebung eine Person, die anderen und sich selbst gegenüber ‚echt‘, ‚wahrhaftig‘ ist, mit sich selbst übereinstimmt. In diesem Verständnis gibt A ein Relationsverhältnis an, nämlich das Verhältnis des Ich zum Selbst bzw. das Verhältnis eines als substantiell angenommenen inneren Kerns zu einer nach außen vermittelnden Oberfläche des Ausdrucks. Damit wird deutlich, dass die Bestimmung von A grundsätzlich abhängig ist vom jeweiligen historisch und kulturell geprägten und philosophisch dimensionierten Subjektbegriff sowie vom zugrunde liegenden Wirklichkeitsverständnis.

Die Rückübertragung des Begriffs von einer dem Subjekt eigenen Haltung auf dessen Produkte und Erfahrungen, zunächst insbesondere solche künstlerischer Art, wird im Zusammenhang der Existenzphilosophie populär (vgl. Röttgers u. a.). Seit den 1980er Jahren findet eine Diffusion des Begriffs statt, der auf immer weitere gesellschaftliche Phänomene angewandt wird, die durch das ‚Echte‘ oder ‚Archaische‘, das zugleich das Gute ist, charakterisiert werden sollen.

A geht auf das griechische *authentes* (Urheber) zurück und bezeichnet den Schöpfer, Autor, in einem weiteren Sinn auch den Täter, Mörder und Selbstmörder (vgl. Trilling 124). Davon abgeleitet bezieht sich A und die Adjektivform ‚authentisch‘ auf die Qualität von Objekten, Texten, Urkunden, insofern sie tatsächlich von dem Autor stammen, dem sie zugeschrieben werden, also auf die dokumentarische Echtheit eines Originals (z. B. einer Handschrift) bzw. die Echtheit der Urheberschaft. In diesem Sinne ist A primär ein Begriff der philologischen und hermeneutischen Kritik (vgl. Röttgers u. a.).

Vor diesem definitorischen Hintergrund erweist sich A als ein durch vielfältige heterogene kulturelle und historische Zuschreibungen bedingtes Diskursphänomen. Eine ontologisch fundierte Theorie der A wird damit obsolet.

Für die ThP steht dann nicht in Frage, was A seinem ,Wesen' nach ist und wie sie (mit thp Mitteln) erreicht werden kann, sondern – unter theoretischen Gesichtspunkten – welche *Funktion* der Diskurs der A und seine Implikationen für die ThP hatte und hat und – praktisch oder methodisch-didaktisch – wie, mit welchen (theatralen) Mitteln die *Wirkung* von A hergestellt wird (vgl. Lethen; Berg u. a.; Fischer-Lichte u. a.).

Der normativ moralische Charakter des A-diskurses, der aus der rein deskriptiven philologischen Kategorie eine (pädagogische, anthropologische) Sollvorstellung macht, wird in Rousseaus zivilisationskritischen Schriften begründet. Hier wird der Topos vom schönen, weil unverbildeten ,Wilden' entfaltet, der bis in die Gegenwart mit der ursprungsmythischen Semantik einhergeht, die mit A konnotiert ist. Der ,wilde Mensch' ist die Gegenfigur zu dem sich von sich selbst entfernenden – weil auf gesellschaftliches Rollenspiel angewiesenen – Stadtmenschen. Selbstdarstellung gerät so notwendig in Widerspruch zum aufrichtigen, authentischen Ausdruck, weil sie sich vom Urteil anderer abhängig macht (vgl. Rousseau). Das gilt noch in verstärktem Maße für die Darstellung auf der Bühne. Das Schauspielen, so Rousseau in seiner pietistischen Theaterkritik, dem 1758 veröffentlichten *Brief an Herrn d'Alembert*, verstelle den aufrichtigen Ausdruck und gebe durch die Zurschaustellung des scheinhaften, außengeleiteten Auftretens ein schlechtes Beispiel für die Zuschauenden.

Auf dieser kulturkritischen Grundlage entwickelt sich die historische Semantik von A im Laufe des 19. Jhs. A bleibt ein Kriterium für das ,ungekünstelte', vorgesellschaftliche Leben, das es gegen alle zivilisatorischen Schwächungen des Subjekts zu verteidigen gilt und wird gleichzeitig ein Qualitätskriterium für Kunst (vgl. Trilling). Diese beiden Seiten – A als subjektive Eigenschaft eines Produzenten oder Rezipienten und als objektive Eigenschaft eines Kunstwerks – verflechten sich zu einer Argumentationsfigur. „Das authentische Kunstwerk belehrt uns über unsere Inauthentizität

und beschwört uns, sie zu überwinden" (ebd. 97). Die für die ThP einflussreiche Reformbewegung und die damit in engem Zusammenhang stehende Laienspielbewegung greifen zu Beginn des 20. Jhs. die kulturkritische Argumentation Rousseaus auf. Das Laienspiel innerhalb der musischen Bewegung in der BRD der1950er Jahre knüpft ebenfalls an diese Vorstellungen an. Das ,Musische' soll zur Wiederherstellung von A dienen, die hier ,leibseelische Einheit' genannt wird.

Der aktuelle Diskurs der ThP ist – entsprechend dem inflationären Gebrauch von A in allen gesellschaftlichen Bereichen – von einem diffusen Begriffsverständnis gekennzeichnet, das nicht theoretisch fundiert ist. A kann als Ziel thp Arbeit sowohl für den Produzenten als auch für das Produkt reklamiert werden, als Qualität der → Kommunikation einer → Gruppe oder der Erfahrung, die im rezeptiven Umgang mit Produzenten und Produkten möglich wird. Dabei reicht die Bandbreite der unterschiedlichen A-konzepte von der Forderung nach (inhaltlichem) Ansetzen an den Erfahrungen der Akteure während der Proben, über A als Qualitätsmerkmal thp Produktionen im Vergleich zu professionellem Theater bis hin zum ,unmittelbaren' Selbstausdruck realer Personen auf der Bühne (vgl. Hatzer). Nicht selten schwingen darin die ursprungsmythischen und essentialistischen Konnotationen des historischen A-diskurses mit.

Kritik am A-konzept wird gegenwärtig in vielen Wissenschaftsbereichen geäußert. So macht die Frage nach A im Zusammenhang einer konstruktivistischen Realitätsauffassung wenig Sinn. Nur vor dem Hintergrund einer Gegenüberstellung von ,Echtem' und ,Falschem', von ,Wirklichkeit' und ,Abbild' lässt sich sinnvoll über A reden (vgl. Fischer-Lichte u. a. 23). Damit übereinstimmend zeigen Ergebnisse der Neurowissenschaften, dass das Gehirn auf ,reale' Erfahrungen ebenso reagiert wie auf imaginierte oder simulierte (vgl. Singer). A verliert damit die spezifische Qualität des ,Unmittelbaren'. Radikal in Frage gestellt wird die Möglichkeit der A durch ein Subjektverständnis im Anschluss an poststrukturalistische Theorien, die sich von bewusstseinsphilosophischen Annahmen abgrenzen und davon ausgehen, „dass das, was den Menschen möglich macht, ein Ensemble von Strukturen ist, die er zwar denken und beschreiben kann, deren Subjekt, deren souveränes Bewusstsein er jedoch nicht ist" (Foucault 16). Auf Skepsis stößt die Vorstellung von einem authentischen Kern im Subjekt auch in soziologischen und anthropologischen Theorien, die von der historischen und kulturellen Verfasstheit der menschlichen Existenz ausgehen. Sie verweisen auf gesellschaftliche Einverleibungsstrukturen, die den Habitus (Bourdieu) des Menschen prägen und nur schwer als solche durchschaubar sind. Ethnologische Forschungen weisen A als eine kulturell und historisch bedingte Konstruktion aus, die in Kulturen mit anderen Subjektvorstellungen als den abendländischen nicht existiert (vgl. Geertz). Auf diesen historischen und kulturellen Überlegungen basiert auch die Kritik der Gender Theorie an der Vorstellung von einer authentischen Weiblichkeit.

Aus bildungstheoretischer Sicht wird A als pädagogisches oder thp Ziel vor allem mit dem Hinweis auf die notwendige Auseinandersetzung des Selbst mit dem Anderen (Fremden, Eigensinnigen) kritisiert (vgl. Hentschel). Das ,zerrissene Bewusstsein' (Hegel) oder die ,exzentrische Positionalität' des Menschen (Plessner) werden in dieser Hinsicht nicht zivilisationskritisch beklagt, sondern als notwendige Voraussetzung des gesellschaftlichen Daseins und des Bildungsprozesses des Menschen angesehen. Dieser Gegenentwurf zum A-denken lässt sich mit den Worten Adornos zuspitzen: „Was wahr ist am Subjekt, entfaltet sich in der Beziehung auf das, was es nicht selber ist, keineswegs durch auftrumpfende Affirmation seines Soseins" (Adorno 133).

Aufgabe von ThP ist es, sich produzierend und rezipierend mit theatralen Verfahren zur Herstellung von A auseinander zu setzen. Dabei liegt eine entscheidende Bildungsmöglichkeit von thp Arbeit darin, Darstellung als Darstellung zu erfahren und bei der Suche nach geeigneten Gestaltungsmitteln bewusst diejenigen zu wählen, die eine bestimmte Wirkung (z.B. die von A) erzielen. Mit der dadurch angestrebten grundlegenden Einsicht in die Konstruktion (medialer) Wirklichkeiten wird die → ästhetische Kompetenz der Akteure im Umgang mit Darstellungsformen, -absichten und -medien erweitert. Die Behauptung vermeintlicher A, der Anspruch von ,Unmittelbarkeit', lässt diese Chance → ästhetischer Bildung ungenutzt. Unter den Bedingungen und mit den Verfahren zeitgenössischer Theaterästhetik bietet es sich vielmehr an, die Konstruktionen von A offenzulegen, mit den verschiedenen Ebenen von Realität zu spielen und Ironie und Maskerade als Gestaltungsmittel zu erkunden.

Adorno, Theodor W.: Negative Dialektik. Frankfurt a. M. 1980; Berg, Jan/Hügel, Hans-Otto/Kurzenberger, Hajo (Hg.): Authentizität als Darstellung. Hildesheim 1997; Fischer-Lichte, Erika/Pflug, Isabel (Hg.): Inszenierung von Authentizität. Tübingen, Basel 2000; Foucault, Michel: Von der Subversion des Wissens. Frankfurt a. M., Berlin, Wien 1978; Geertz, Clifford: ,Aus der Perspektive der Eingeborenen'. Zum Problem des ethnologischen Verstehens. In: Gebauer, Gunter (Hg.): Anthropologie. Leipzig 1998; Hatzer, Ulrike: Zur Verortung der Authentizität in der Theaterpädagogik – Von der Ästhetik als Herausforderung für die Authentizität zur Ästhetik der Authentizität. In: Korrespondenzen, 1999, H. 33; Hentschel, Ulrike: Das Gefühl für's Echte – Versprechungen von Authentizität in Pädagogik und Theaterpädagogik. In: Korrespondenzen, 1999, H. 33; Lethen, Helmut: Versionen des Authentischen. Sechs Gemeinplätze. In: Böhme, Hartmut/Scherpe, Klaus (Hg.): Literatur und Kulturwissenschaften. Positionen, Theorien, Modelle. Reinbek 1996; Röttgers, R./Fabian, R.: Authentisch. In: Ritter, Joachim (Hg.): Historisches Wörterbuch der Philosophie, Bd. 1. Darmstadt 1971; Rousseau, Jean-Jacques: Schriften. Hg. v. Henning Ritter. München 1978; Singer, Wolf: Keine Wahrnehmung ohne Gedächtnis. In: TheaterSchrift, 1994, H. 8; Trilling, Lionel: Das Ende der Aufrichtigkeit. Frankfurt a. M. 1989.

ULRIKE HENTSCHEL

→ Amateurtheater – Konstruktivismus – Leiblichkeit – Musisch-ästhetische Erziehung – Performance – Sinnlichkeit – Theaterarbeit aus Erfahrungen – Volkskunst / Folklore – Volkstheater – ZuschauSpieler

Autobiographisches Theater

AT bezeichnet die Arbeitsmethode, die der belgische Regisseur, Autor und Theaterleiter Marcel Cremer seit den 1990er Jahren entwickelte. Cremer erprobte und vervollkommnete seine → Methodik hauptsächlich mit dem Ensemble des AGORA Theaters, das er 1980 in St. Vith (Belgien) gründete und dessen künstlerischer Leiter und Regisseur er bis heute ist. Er hat nur wenige schriftliche Zeugnisse zum AT verfasst, ein wesentlicher Teil seiner Arbeit im AGORA Theater ist durch Referate, Tonaufnahmen und Interviews oder durch Untersuchungen seiner MitarbeiterInnen dokumentiert.

Als Prüfstein der von ihm aus der Praxis heraus entwickelten Methode galt und gilt ausschließlich ihre praktische Anwendbarkeit für die Erarbeitung von Inszenierungen. Die Methode ist kein starres Gebilde, sondern wird beständig weiterentwickelt.

Das AT steht neben anderen mit biographischem Material arbeitenden Methoden. Seine Besonderheit gewinnt das AT durch die weit reichende und zentrale Bedeutung, die dem biographischen Material in der Methode zugedacht wird. Während anderen biographischen Methoden – allen voran das wohl einflussreichste schauspieltheoretische und -pädagogische

Modell → Stanislawskis – das biographische Material dazu dient, eine Glaubwürdigkeit der Bühnenvorgänge und der Rollendarstellung zu erreichen, bestimmt das biographische Material im AT in erster Linie die inhaltliche Konzeption des Stückes. Ausgangspunkt des AT ist nicht das von einem Theaterautor festgelegte Rollenschema, das der Schauspieler durch die Einbeziehung von biographischem Material individuell und authentisch realisiert, sondern das biographische Material selbst.

Wichtigstes Anliegen der autobiographischen Methode Cremers ist das Erstellen von konkreten professionellen Bühnenresultaten. Dabei wird nicht vorausgesetzt, dass die Spieler eine Schauspielausbildung absolviert haben. Vielmehr ist es Aufgabe der Methode, die Spieler im Laufe der konkreten Inszenierungsarbeit zu professionellen Bühnenresultaten zu befähigen. Eine Trennung zwischen Ausbildung und Inszenierungsarbeit, wie sie in den Arbeitsmethoden Stanislawskis, → Strasbergs oder → Grotowskis existiert, findet sich im AT nicht.

Die Autobiographische Methode baut vielmehr darauf auf, dass der Weg zu professionellen Bühnenresultaten nicht in erster Linie von den technischen Fähigkeiten eines Spielers, sondern von seiner Persönlichkeit, seinen privaten Erfahrungen und seinem Wissen ausgehen muss. Die Autobiographische Methode wie auch die Inszenierungen Cremers nutzen die in der Theaterarbeit des AGORA Theaters gemachte Erfahrung, dass aus dem Gefühl des eigenen Beteiligtseins an einem Thema eine Verantwortlichkeit und eine Privatkraft bei allen Beteiligten erwachsen können. Intention des AT ist es daher, den Spielern die Möglichkeit zu geben, Positionen und Identitäten eigenständig zu entwerfen. Das Bewusstsein, kompetent und damit auch mitverantwortlich für die Inszenierung zu sein, bewirkt ein persönliches Interesse der Spieler am Thema. Die Aufgaben, die dem Schauspieler im Rahmen des AT gestellt werden, beschränken sich nicht auf die Darstellung einer Figur, vielmehr zielt das AT darauf, über die biographische eine inhaltliche Positionierung des Schauspielers zu Thema, Stück und Figuren zu erreichen. Die inhaltliche Positionierung des Schauspielers bestimmt wesentlich den Blickwinkel, aus dem die Inszenierung das Stück oder Thema und die Figuren betrachtet. Das Arbeitsspektrum des Spielers reicht im AT bis in den Bereich der Regie und der Autorenschaft hinein. Cremer ist darüber hinaus der Überzeugung, dass die private Auseinandersetzung der Spieler mit Stoff und Rolle Voraussetzung und Legitimation für Theater überhaupt ist, da sich

nach seiner Ansicht nur auf diesem Wege auch ein Bewusstwerdungsprozess beim Zuschauer vollziehen kann.

Der Probenprozess beginnt beim AT mit einer sachlichen Auseinandersetzung, ganz untheatralisch, weitab von jeglicher inhaltlichen, dramaturgischen oder künstlerischen Konzeption. Ausgangspunkt sind Fragen wie: Wo war ich in meinem Leben schon einmal diese Figur? Wann bin ich der Figur schon einmal begegnet? Die Methode des AT geht davon aus, dass nicht ein Autor eine Figur vorgibt, sondern dass die Figuren bereits in jedem Spieler angelegt sind. Die Frage nach der Figur in der eigenen Biographie wird von den Spielern mit einem konkreten Erlebnis beantwortet. Die Beantwortung dieser Frage bildet für Cremer die Voraussetzung für die Inszenierungsarbeit. Durch die Privatisierung des Themas wird eine Auseinandersetzung mit dem Stoff möglich. Theater oder Zuschauer sind in dieser ersten Phase in keiner Weise präsent. Auch der Regisseur ist ein Teil des Spielerkreises, so wie die Spieler sucht er seine Relation zum Thema.

Im weiteren Probenprozess werden die privaten Geschichten der Spieler immer wieder in verschiedensten Übungen in anderen Situationen geschildert. Ziel all dieser Übungen ist es, Gewichtungen der Geschichten zu entdecken, aber auch das Verhältnis des Spielers zu seiner Geschichte zu erkunden. Über die Arbeit mit der Geschichte spürt der Spieler Erfahrungen und Wissen zu den Figuren in seiner Biographie auf.

Das AT basiert mit dem Entdecken der eigenen Geschichten auf einer Form der Selbsterfahrung, bleibt aber – da es keine Form von → Psychodrama ist – nicht bei einem Selbsterfahrungsprozess stehen. In einer nächsten Arbeitsphase des AT wird das Einzelerlebnis des Spielers aus dem Privaten über die Verbindung zu den anderen Geschichten und über eine künstlerische Form herausgelöst. Der Spieler arbeitet nicht mehr isoliert an seiner Geschichte, sondern sein Arbeitsmaterial erweitert sich um die Geschichten der Mitspieler. Über die gemeinsame Betrachtung erschließen sich neue Sichtweisen und Zusammenhänge. Ziel dieser ersten Formungsphase – in der der Regisseur aus dem Spielerkreis heraustritt und zum ersten Zuschauer wird – ist es, konkretes Szenenmaterial zu den Geschichten und zu den Momenten der Textvorlage zu finden. Über den ständigen Prozess von Montage und Verdichtung des gefundenen Materials kristallisiert sich bei jedem Spieler eine Kunstfigur heraus. Cremer nennt die entstandene Kunstfigur, das *künstlerische Du*. Über das ,künstlerische Du' ist es dem Spieler möglich, einen Abstand zu seinem biographischen Material zu gewinnen. Trotz der Distanz zwischen Spieler und Kunstfigur zeichnet sich das ‚künstlerische Du‘ durch eine große Verwandtschaft zum Spieler aus. Der Spieler geht im weiteren Verlauf der Arbeit, wie auch im späteren Moment der Aufführung, nicht mehr ständig zum privaten Urerlebnis aus seiner Biographie zurück. Er erinnert sich vielmehr an verschiedene Momente aus der Formungsphase, wo das biographische Material das Entstehen einer Motivation oder einer Figur ermöglichte.

Im weiteren Verlauf des Probenprozesses fällt dem Regisseur die Aufgabe zu, das szenische Material zu ordnen und es auf den Zugang für einen Zuschauer hin zu überprüfen. Dabei ist eine Grundforderung Cremers an die Spieler, dass sie bei der Entwicklung von szenischem Material ‚kein Theater spielen‘. Das Mitleben des Zuschauers setzt nach seiner Ansicht eine Wahrhaftigkeit des Spielers voraus. Die Forderung Cremers, ‚Theater ohne Theater zu machen‘, zielt darauf, dass die Spieler Wege finden, die ihnen ein reales Handeln ermöglichen. ‚Theater ohne Theater zu machen‘ bedeutet, natürliche (im Sinne von logischen) Bedingungen zu schaffen, durch die schauspielerisches ‚so tun als ob‘ überflüssig wird. Dabei geht es nicht darum, den Theaterrahmen zu sprengen oder Realismus auf der Bühne zu produzieren, sondern es geht um das reale Handeln einer Kunstfigur. Das reale Handeln vollzieht sich innerhalb eines Theaterrahmens, für den theatralische Verabredungen gelten: So zerschlägt ein Spieler in einer Inszenierung Cremers tatsächlich und mit größter Konzentration eine Puppe. Der Theaterrahmen jedoch, der die theatralischen Verabredungen festsetzt, verdeutlicht die Szenerie als Woyzecks Mord an Marie.

Mit der Methode des AT arbeitet Cremer sowohl bei der Inszenierung von Literaturvorlagen wie auch bei Eigenproduktionen. Die Arbeitsmethode wird über zahlreiche Theaterworkshops im In- und Ausland durch Cremer selbst, aber auch durch einige von ihm ausgebildete Workshopleiter weitergegeben.

Cremer, Marcel: Mein Ich und mein Du. In: Hentschel, Ingrid u. a. (Hg.): Brecht & Stanislawski – und die Folgen. Berlin 1997; Gäbler, Claudia: Theater an Ort und Stelle. In: Möhrmann, Renate (Hg.): Studien zum Theater, Film und Fernsehen, Bd. 32. Frankfurt a. M. 2000; Hoffmann, Christel: Es gibt keinen Führerschein im Theater. In: Kinder- und Jugendtheaterzentrum in der Bundesrepublik Deutschland (Hg.): Theater der Zeit. Stück-Werk 2. Deutschsprachige Autoren des Kinder- und Jugendtheaters. Arbeitsbuch 1998.

CLAUDIA GÄBLER

→ „Als-ob“ – Ensemble – Narratives Interview – Private Moment – Recherche – Regie – Werkstatt

Autoren → Texte und Autoren

Avantgarde

Der Begriff A hat eine militärische Vorgeschichte. Das Wort kommt aus dem Französischen, setzt sich zusammen aus *avant* (in der Zeit oder in einer Reihenfolge *vor* einem anderen) und *garde* und wurde übersetzt mit ‚Vortrab‘, ‚Vorzug‘, zuletzt ‚Vorhut einer Armee‘ (vgl. Jäger 184; A 400). Diese Bedeutung von A ist heute verschwunden. Gegenwärtig wird das Wort A vor allem benutzt, um im Bereich der Kunst- und Kulturgeschichte die Angehörigen einer der sich vom frühen 20. Jh. an programmatisch selbst zur A erklärenden Kunstrichtungen (etwa des Futurismus, Kubismus, Dadaismus, → Konstruktivismus oder Surrealismus) zu bezeichnen. Diese Kunstströmungen und Kunststile – sie umfassen alle Künste und Medien wie Literatur, Musik, Bildende Kunst, Theater, Tanz, Film usw., aber auch die Architektur – werden auch als ‚historische A‘ oder ‚klassische A‘ bezeichnet; im Gegensatz zur ‚Neo-A‘ nach dem 2. Weltkrieg (u.a. Fluxus, → Happening, Neo-Dada). A gilt als Sammelbegriff für unterschiedliche Künstlergruppen und Kunstrichtungen, die „eine programmatisch fixierte Kunstabsicht, die *antitraditionalistisch* und *antiillusionistisch* ausgerichtet ist“, kennzeichnen (Bollenbeck 42). Bestimmte künstlerische Verfahren einen die A-künste (vgl. Jäger 185f.): (1.) Sie stellen das Konzept des *‚geschlossenen Werks‘* in Frage; d.h. sie legen zum einen den Schaffensvorgang offen, zum anderen greifen sie auf bereits existierende, vorgefertigte Materialien (z.B. sog. *ready-mades*) zurück, die destruiert und im Verfahren der *Montage* neu kombiniert werden. Montage und → *Fragment* sind insofern konstitutiv für die A. Damit verschwindet der produzierende Künstler bzw. Autor nicht hinter seinem Werk, er bleibt im Resultat in höherem Maße als bei traditionellen Kunstwerken präsent. (2.) Die A-Bewegungen verstehen sich selbst dezidiert *antitraditionalistisch* und *antiakademisch*. „Museen: Friedhöfe!“ (Marinetti 78) heißt es bereits im ersten *Manifest des Futurismus*, verfasst von Filippo Tommaso Marinetti und veröffentlicht am Dienstag, dem 20. Februar 1909, in *Le Figaro* – dem Datum, das zumeist als Geburtsstunde der künstlerischen A gilt (vgl. u.a. Schmidt-Bergmann). Das paradoxe Schicksal der A im 20. Jh. ist dabei zugleich, dass sie selbst, die sich so vehement gegen die traditionellen bürgerlichen Institutionen der Kunstdistribution (Kunstakademien, Museen usw.) verwahrten, sehr bald in dieselben aufgenommen und in ihnen als ‚große Kunst‘ archiviert wurden. (3.) Schon die Tatsache, dass die erste A-Programmatik einer italienischen Künstlergruppe in einer französischen Zeitung veröffentlicht wird, verweist auf den generell *internationalen* Status der A-Bewegungen, die nicht mehr national oder regional argumentieren, sondern sich auf die modernen Gesellschaften mit ihrer Urbanität, ihrer neuen Zeitrechnung, Geschwindigkeit, ihrem Massencharakter, ihrer Aufgabe feststehender moralischer Werte und Normen, ihrer modernen Technik, Oberflächenästhetik, ihrem ‚Sinnverlust‘, Sprachzerfall und ihrer ‚Ich-Dissoziation‘ sowie ihrem neuen Kult der Jugendlichkeit insgesamt *positiv* beziehen. (4.) Die A-Künste verlangen in besonderem Maße die Aktivität des Rezipienten, der den Sinnzusammenhang des Kunstwerks selbst erst produzieren muss. Die Konstitution des Gesamtwerks ist den künstlerischen Produkten selbst nicht mehr eingeschrieben, sie wird in höherem Maße an den Rezipienten delegiert. Damit hängt es auch von dessen ästhetischer Erfahrung, sozialer Phantasie und historischer Praxis ab, welche ‚Be-Deutung‘ dem Werk zugesprochen wird. Die künstlerische → Kommunikation zwischen Produzenten und Rezipienten von Kunst wird damit integraler Bestandteil der Kunstproduktion und kann selbst als Arbeitsmaterial für den Künstler fungieren. Hier liegen die Allianzen, die zwischen den frühen historischen A und der späten postmodernen Kunst bzw. dem „postdramatischen Theater“ (vgl. Lehmann) am Ende des 20. Jhs. existieren.

Schaut man sich nicht nur die Programmatiken, Selbstbeschreibungen und Selbststilisierungen der A an, sondern auch die Resultate des künstlerischen Experimentierens, so fällt auf, in welchem Maße die A nicht nur eine Revolutionierung der Kunstformen und -mittel anstrebten. Die A-Künste intendierten einen generellen Umbau der menschlichen Wahrnehmungsweisen jenseits der tradierten Buchkultur. Eine vollständig neue Sinneskultur sollte durch die A ins Leben gerufen werden, sie wurde in den Kunstexperimenten der A erprobt. ‚Neues Sehen‘ und ‚Neues Hören‘ sind Stichworte für diese Versuche. Zu diesem Zweck sollten tradierte, v. a. durch die Dominanz des Lesens und des traditionellen Theaters geprägte Wahrnehmungsmuster zunächst ‚ent-automatisiert‘ und destruiert werden mit dem Ziel einer Wieder- oder Neugewinnung sinnlicher Erlebnisfähigkeit. Walter Benjamin hat in diesem Zusammenhang auf den existierenden Erfahrungsverlust und die Notwendigkeit einer „Tabula rasa“ verwiesen: „von vorn zu beginnen; von Neuem anzufangen, mit Wenigem auszukommen; aus Wenigem heraus zu konstruieren und dabei weder nach rechts noch nach links zu blicken“ (Benjamin 292). Es gelte, meinte Benjamin, einen „neuen, positiven Begriff des Barbarentums“ einzuführen (ebd.). Da die ursprünglichen Erlebnisweisen beim modernen Kulturmenschen als verschüttet angenommen werden, wird die Rückführung zu unbelasteten ‚ursprünglichen‘ Wahrnehmungsweisen willkommen geheißen. Auffällig ist, in welchem Maße ein technischer Mediatisierungsschub und bedeutende wissenschaftliche Entdeckungen – von den elektromagnetischen Wellen (1888) über Röntgenstrahlen (1895), Radioaktivität (1896), bewegte Bilder im Film (1895) bis zu Einsteins erster wichtiger Arbeit über die Relativitätstheorie (1905) u.v.a. – und künstlerische Neuerungen dabei ineinander griffen. Grundlegend sollte das kulturell tradierte Gefüge von Sichtbarem und Unsichtbarem, Raum und Zeit neu formiert werden. So arbeiteten etwa um und auch noch nach 1900 Wissenschaft, Künste und Technik gleichermaßen an einem Projekt der Ausweitung eines Bereichs des visuell Wahrnehmbaren.

Dabei paarte sich die Faszination der A für neue Geschwindigkeiten und Techniken zugleich überaus häufig mit den verschiedensten Formen okkultistischer, kosmologischer, parapsychologischer, spiritistischer, mystischer und theosophischer Weltsichten (vgl. Okkultismus und A). Traditionelle Religiosität war spätestens um 1900 obsolet geworden. Georg Lukács hatte für die Stimmung existenzieller Verlassenheit und metaphysischer Leere, die mit der ‚Moderne‘ entstanden war, 1914 den Begriff der ‚transzendentalen Obdachlosigkeit‘ gefunden: „In der Neuen Welt heißt Mensch-Sein; einsam sein“ (Lukács zit. n. Ulbricht 46). Interdisziplinären und intermedialen Phänomenen wie etwa dem ‚Rhythmus‘, der für Wissenschaften, Technik und Künste gleichermaßen attraktiv war und Grundtatsachen des Lebens mit ästhetischen Phänomenen zu verbinden vermochte, wurden jetzt auch sozial erneuernde Funktionen zugesprochen: „Ich will den Rhythmus auf die Höhe einer sozialen Institution heben“, schrieb etwa der für die Entwicklung einer A-Tanzkunst bahnbrechende Musikpädagoge Émile → Jaques-Dalcroze (zit. n. Stöckermann 12).

Die international einflussreichste theoretische Schrift zur A war Peter Bürgers *Theorie der Avantgarde* (1974). Nach Bürger stellt die A einen Angriff auf die ‚Institution Kunst' und deren seit dem 18. Jh. existierenden Autonomiestatus dar, der seinen Höhepunkt im Ästhetizismus um 1900 erreicht habe. Ihn negierten die A, jedoch scheiterte deren Versuch einer „Überführung der Kunst in Lebenspraxis" (Bürger 72). „Mit den historischen Avantgardebewegungen tritt das gesellschaftliche Teilsystem Kunst in das Stadium ihrer Selbstkritik ein" (Bürger 28). Der These vom ‚Scheitern der A' kann man entgegenhalten, dass auch andere Kunstbewegungen durchaus ein über den reinen Kunstbereich weit hinausgehendes utopisches, auf umfassende gesellschaftliche Veränderungen gerichtetes Potenzial aktivieren wollten; insofern steht die Frage, warum man nicht z. B. auch vom ‚Scheitern der Romantik' sprechen könnte. Den Neo-A spricht Bürger jede emanzipatorische Legitimität ab: „Die Neo-Avantgarde institutionalisiert die Avantgarde als Kunst und […] sie negiert die avantgardistische Intention einer Rückführung der Kunst in die Lebenspraxis. Auch die Bemühungen um eine Aufhebung der Kunst werden zu künstlerischen Veranstaltungen, die unabhängig von den Absichten der Produzenten Werkcharakter annehmen" (Bürger 80). In diesem Misstrauen ist Bürger sich mit Hans Magnus Enzensberger einig, der bereits 1962 von den ‚Aporien der Avantgarde' sprach und meinte „Jede heutige Avantgarde ist Wiederholung, Betrug oder Selbstbetrug. Die Bewegung als doktrinär verstandenes Kollektiv […] hat die historischen Bedingungen, die sie hervorgerufen haben, nicht überlebt. […] Eine Avantgarde, die sich staatlich fördern läßt, hat ihre Rechte verwirkt." (Enzensberger 79f.)

Hall Foster hat eine der wichtigen theoretischen Auseinandersetzungen mit Bürgers Argumentationen geführt. Er kritisiert sie als „narrative of the historical avantgarde as pure origin and the neo-avant-garde as riven repetition" (Foster 10f.) und warf Bürger vor, er konstruiere die Trias Autonomie – Ästhetizismus – Zerstörung durch die A, um die eigene Theorie von deren ‚Scheitern' stützen zu können. Entsprechend der Marxschen Bemerkung, nach der sich alle großen Ereignisse historisch zweimal ereigneten – zuerst als Tragödie, dann als Farce –, konstruiere Bürger das Scheitern der historischen A als ‚heroisches Scheitern', während die Neo-A ‚komisch' scheiterte (vgl. ebd. 14). Foster insistiert demgegenüber darauf, dass „the neo-avantgarde has produced new aesthetic experiences,

cognitive connections, and political interventions" (ebd.).

Die Übertragung des ursprünglich militärischen Terminus auf künstlerische Zusammenhänge lässt sich erstmals 1824 im Zusammenhang der Schriften der frühen, religiös fundierten Sozialisten um Saint-Simon nachweisen. Die A-Funktion der Künstler wird hier moralisch als Religionsersatz interpretiert (vgl. Barck 549). Etwas von der frühen militärischen Konnotation schwingt vielleicht noch immer in dem Wort A mit. In dem ersten futuristischen Manifest 1909 stehen die Worte „Wir wollen den Krieg verherrlichen – diese einzige Hygiene der Welt – den Militarismus […] und die Verachtung des Weibes." (Marinetti 77f.) Militanter Antifeminismus und Kriegsverherrlichung gehen hier eine unheilige Allianz miteinander ein; es sind die Geburtsnarben, die die A mit sich trägt. Die problematische Nähe nicht nur Marinettis zum italienischen Faschismus kündigt sich an. „Vergeblich hat man versucht, das Werk Marinettis nach tausend politischen oder künstlerischen Kriterien zu erschließen, denn der Futurismus läßt sich nur durch eine einzige Kunst erschließen, die des Krieges und seines Wesens: die Geschwindigkeit." (Virilio 78) Zugleich darf nicht übersehen werden, dass sowohl der deutsche Nationalsozialismus als auch der Stalinismus die künstlerische A verfemte und ihre Vertreter liquidierte.

Eine andere Bedeutung von A, die allerdings mit der weltweiten Implosion des Sozialismus in den 1990er Jahren zunehmend an Wirkungsmächtigkeit einbüßt, war die der A als „Vorkämpfer für eine politische […] Bewegung" (A 400). Lenin hatte u. a. in *Was tun?* (1902) und *Ein Schritt vorwärts, zwei Schritte zurück* (1904) in der Arbeiterpartei die A des Proletariats gesehen, die wiederum die A der kommenden Weltrevolution als Höhepunkt und Ziel der Weltgeschichte sei. Zu dem semantischen Hintergrund, der noch immer im politischen (eventuell auch im künstlerischen) A-Begriff präsent ist, schreibt Hannes Böhringer: „Die Avantgarde, die Vorhut, war eine militärische Vorsichtsmaßnahme. Avantgarde und Vorposten sicherten das Heer vor Überraschungen, vor plötzlichen, unerwarteten feindlichen Angriffen. Vorposten sicherten das Lager, Avantgarde den Marsch. […] Zur Marschsicherung der Avantgarde gehörte […], auch den Rückzug zu decken. Auf dem Vormarsch voneweg wurde die Avantgarde auf dem Rückzug zur Arrièregarde. Avantgarde wie Vorposten kompensierten die mangelnde Gefechtsbereitschaft einer Truppe" (Böhringer 90f.). Böhringer fragt, warum dieser zweite

Begriff aus dem Bedeutungshorizont der A vollständig verschwunden sei und weist dabei auf den geschichtsphilosophischen Horizont hin, vor dem sich die Rede von der politischen A erhoben hatte: „Wenn dieser Bedeutungsverlust nicht zufällig ist, dann könnte für ihn eine in den letzten zwei Jahrhunderten sehr verbreitete philosophische Idee dafür verantwortlich sein: daß es einen allgemeinen Fortschritt der Menschheit und ihrer Freiheit in der Geschichte gebe und daß der Fortschritt unweigerlich sei. Diesen geschichtlichen Fortschritt kann man sich nun wie einen militärischen Vormarsch denken, an dessen Spitze eine Anzahl kluger und kühner Männer (und Frauen) marschieren." (ebd. 94) Deutlich wird hier die philosophische Hybris und der hegemoniale Machtanspruch, die sich mit der Selbsternennung einer politischen Partei oder künstlerischen Gruppe zur A verbindet: Man erklärt sich damit zum legitimierten Vollstrecker und Vorboten einer scheinbar historisch notwendigen Entwicklung; die A erhält gleichsam prophetische Gestalt (vgl. Barck). Böhringer weist ironisch zugleich auch auf die Crux hin, die in dieser fatalen Bildlogik steckt: „Doch wozu hat ein unweigerlicher Fortschritt der Geschichte überhaupt noch Vorkämpfer und Avantgarde nötig?" (Böhringer 90f.)

Das Verhältnis von A und ThP ist schwierig zu fassen. Bestimmte künstlerische Verfahren, die von den A favorisiert wurden, haben Attraktivität auch für die ThP – z. B. die theatralen → Revuen. Produkte thp Arbeiten, die vor Publikum aufgeführt werden, müssen sich messen lassen am Stand gegenwärtiger Ästhetik des Theaters, die von den A-Künsten wesentlich geprägt wurde. Zugleich gelten auch für diese thp Produkte gewöhnlich noch andere Konditionen der Bewertung. Sie müssen nicht in jedem Fall den avanciertesten und avantgardistischsten ästhetischen und medialen Standards folgen, da ihr Wert gegenüber dem → Kunsttheater oft stärker in ihrem gemeinschaftsbildenden und -reflektierenden, lokalen oder sozialisierenden Charakter denn als Kunstform gesehen wird (vgl. Schechner).

Asholt, Wolfgang/Fähnders, Walter (Hg.): Der Blick vom Wolkenkratzer. Avantgarde – Avantgardekritik – Avantgardeforschung. Amsterdam 2000; Avantgarde. In: Klappenbach, Ruth/Steinitz, Wolfgang (Hg.): Wörterbuch der deutschen Gegenwartssprache, Bd. 1. Berlin 1977; Barck, Karlheinz: Avantgarde. In: Ders. u. a. (Hg.): Ästhetische Grundbegriffe. Historisches Wörterbuch in 8 Bdn., Bd. 1. Stuttgart 2000; Benjamin, Walter: Erfahrung und Armut. In: Ders.: Illuminationen. Ausgewählte Schriften 1. Ausgewählt v. Siegfried Unseld. Frankfurt a. M. 1977; Böhringer, Hannes: Avantgarde. Geschichten einer Metapher. In: Archiv für Begriffsgeschichte, Bd. 22. Bonn 1978; Bollenbeck, Georg: Avantgarde. In: Borchmeyer, Dieter u. a. (Hg.): Moderne Literatur in Grundbegriffen. Tübingen 1994; Bürger, Peter: Theorie der Avantgarde. Frankfurt a. M. 1974; Enzensberger, Hans Magnus: Aporien der Avantgarde. In: Ders.: Einzelheiten 2. Poesie und Politik. Frankfurt a. M. 1984; Foster, Hall: Who's Afraid of the Neo-Avant-Garde? In: Ders.: The Return of the Real. Cambridge u. a. 1999; Jäger, Georg: Avantgarde. In: Weimar, Klaus (Hg.): Reallexikon der deutschen Literaturwissenschaft, Bd. 1. Berlin u.a. 1997; Lehmann, Hans-Thies: Postdramatisches Theater. Frankfurt a. M. 1999; Marinetti, F[ilippo] T[ommaso]: Manifest des Futurismus. In: Schmidt-Bergmann, a.a.O.; Okkultismus und Avantgarde. Von Munch bis Mondrian. Ausstellungskatalog Schirn. Frankfurt a. M. 1995; Schechner, Richard: ‚Belived-in'-Theater. In: Caduff, Corina/Pfaff-Czarnecka, Joanna (Hg.): Rituale heute. Theorien – Kontroversen – Entwürfe. Berlin 2001; Schmidt-Bergmann, Hansgeorg: Futurismus, Avantgarde und Politik – zur Einführung. In: Ders. (Hg.): Futurismus. Geschichte, Ästhetik, Dokumente. Reinbek 1993; Stöckermann, Patricia: Hinaus. In: ‚… jeder Mensch ist ein Tänzer.' Ausdruckstanz in Deutschland zwischen 1900 und 1945. Gießen 1993; Ulbricht, Justus H.: ‚Transzendentale Obdachlosigkeit'. Ästhetik, Religion und neue soziale Bewegung um 1900. In: Braungart, Wolfgang/Fuchs, Georg/Koch, Manfred (Hg.): Ästhetische und religiöse Erfahrungen der Jahrhundertwenden, Bd. 2: Um 1900. Paderborn u. a. 1998; Virilio, Paul: Geschwindigkeit und Politik. Ein Essay zur Dromologie. Berlin 1980.

MARIANNE STREISAND

→ Bildertheater

Barba, Eugenio

Geb. 1936. Schauspieler, Regisseur, Theaterleiter. Studierte bei → Grotowski. 1964 Gründung des *Odin Teatrets* (Oslo, seit 1966 in Holstebro/Dänemark) als Theaterlaboratorium. Seit den 1970er Jahren anstelle von ästhetisch-formalen mehr soziale und humanitäre Interessen; Formation des Theaters in ein Zentrum künstlerischer Sozialarbeit. Seit den 1980er Jahren Schauspielerschule und Theaterakademie, Entwicklung einer Theater-Anthropologie. Für B ist die Präsenz des Schauspielers in physischer, gestischer und psychischer Hinsicht der Mittelpunkt aller Theaterarbeit. Schauspielen wird unter gleichzeitiger strenger Selbstkontrolle und -disziplin zum Akt der Selbstanalyse und Befreiung.

Jenseits der schwimmenden Inseln. Reflexionen mit dem Odin-Theater. Theorie und Praxis des Freien Theaters.

Reinbek 1985; Das Land von Asche und Diamant. Meine Lehrjahre in Polen. Köln 2000.
Barba, Eugenio/Nagel Rasmussen, Iben /Falke, Christoph (Hg.): Bemerkungen zum Schweigen der Schrift. Odin Teatret. Schwerte 1983.
Studio 7. International Theatre Ensemble e. V. (Hg.): Ein Kanu aus Papier. Abhandlungen über Theateranthropologie. Köln 1998; Weiler, Christel: Kultureller Austausch im Theater. Theatrale Praktiken Robert Wilsons und Eugenio Barbas. Marburg 1994.

GABRIELA NAUMANN

Batz, Michael

Geb. 1951. Studium der Philosophie, Germanistik und Geschichtswissenschaft; Studentenbühne. 1977–79 Referendariat als Gymnasiallehrer. Arbeit in freien Theaterprojekten und am Hamburger Staatstheater. Engagement für → Schul- und Laientheater. 1976 Beginn der Zusammenarbeit mit Horst → Schroth, mit dem B 1977 das *Theater zwischen Tür und Angel*, die älteste Freie Gruppe Hamburgs, gründete. Seit Ende der 1990er Jahre verschiedene spektakuläre Lichtinstallationen, u. a. in Lübeck und Hamburg. Intendant des Hamburger Speicherstadt-Theaters.

Geschichten zwischen Tür und Angel. Reinbek 1984.
Batz, Michael/Schroth, Horst: Theater zwischen Tür und Angel. Handbuch für Freies Theater. Reinbek 1983; Dies.: Theater grenzenlos. Handbuch für Spiele und Programme. Reinbek 1985.

GABI BEIER

Bausch, Pina

Geb. 1940. Choreografin. 1955–59 Studium an der Folkwangschule in Essen. 1969 Leiterin des Folkwang-Balletts, seit 1973 Direktorin des Tanztheaters Wuppertal. B inszeniert dramatisches Theater mit Mitteln des Tanzes unter der Zielsetzung: Selbstdarstellung und Sichtbarmachen subjektiver Empfindungen.

Endicott, Jo Ann: Ich bin eine anständige Frau! Frankfurt a. M. 1999; Heusler, Dagmar-Lara (Hg.): Körper und Raum. Wuppertal 1999; Nordmeyer, Meike/Weckbrodt, Oliver (Hg.): Pina Bausch – Ein Fest. Wuppertal 2000; Schmidt, Jochen: Tanzen gegen die Angst. Pina Bausch. München, Düsseldorf 1998; Servos, Norbert: Pina Bausch. Wuppertanztheater oder: Die Kunst, einen Goldfisch zu dressieren. Velber 1996; Vogel, Walter: Pina. München 2000.

GABRIELA NAUMANN

Benjamin, Walter

1892–1940. Philosoph, Literatur- und Kulturwissenschaftler. 1912–19 Studium der Philosophie in Freiburg i. Br., Berlin, München und Bern; Promotion. Ab 1920 überwiegend in Berlin. 1933 Emigration. Verfasste neben zahlreichen philosophischen, literaturwissenschaftlichen und kulturtheoretischen Schriften (u.a. *Ursprung des deutschen Trauerspiels, Einbahnstraße, Das Kunstwerk im Zeitalter seiner technischen Reproduzierbarkeit, Das Passagenwerk, Deutsche Menschen*) 1928 auf Anregung von Asja → Lacis den Essay *Programm eines proletarischen Kindertheaters*, in dem er das auf → Improvisation und kollektiver Arbeit beruhende Theaterspiel der Kinder als Moment einer systematischen proletarischen Erziehung proklamiert.

Briefe. Hg. v. Theodor W. Adorno u. Gershom Scholem. Frankfurt a. M. 1966; Gesammelte Schriften. Unter Mitwirkung von Theodor W. Adorno und Gershom Sholem. Hg. v. Rolf Tiedemann u. Hermann Schweppenhäuser. 7 Bde., 3 Supplementbde. Frankfurt a. M. 1978–99.
Kaulen, Heinrich: Walter Benjamin und Asja Lacis. Eine biografische Konstellation und ihre Folgen. In: Deutsche Vierteljahrsschrift für Literaturwissenschaft und Geistesgeschichte, 1995, H. 69.

GABI BEIER

Beobachten / Beschreiben / Bewerten

Beobachten ist Ausdruck des praktischen Verhältnisses des Menschen zu der ihn umgebenden Welt und zugleich eine wichtige, auf sinnlicher Wahrnehmung beruhende Erkenntnismethode. *Beschreiben* ist die geordnete und systematische verbale Darstellung von Sachverhalten, zum Beispiel von Beobachtungsergebnissen. Die Beschreibung bildet den Ausgangspunkt für die auf Erkenntnis zielende Analyse der beobachteten Sachverhalte. Der Analyse kann sich eine zusammenfassende *Bewertung* anschließen, die Gewichtigkeit und besondere Qualität des Sachverhaltes formuliert. Im thp Zusammenhang kann dieser Erkenntnisprozess in zweierlei Hinsicht relevant sein. Zum einen bei der thp Begleitung eines Theaterbesuchs (→ Vor- und Nachbereitung) und zum anderen bei der thp Anleitung und Begleitung von spielerisch-darstellerischen Prozessen (thp Übungen, → Improvisation, szenische Arbeit, → Inszenierung).

Theater sehen: Beobachten, Beschreiben und Interpretieren sind die drei Schritte, die bei der thp Nachbereitung des Besuchs einer Theateraufführung eine wesentliche Rolle spielen. Die Beobachtung als erster Schritt wäre identisch mit der Rezeption des Werkes: Die Aufführung wird wahrgenommen. Der Prozess der Rezeption muss mit großer Aufmerksamkeit geschehen, und bei der Beobachtung der Aufführung können einzelne Aspekte der Inszenierung besonders beachtet werden. Als Leitfaden für diese Beobachtung eignet sich eine Übersicht der Zeichensysteme im Theater. Nach Christopher Balme, der sich seinerseits auf eine Systematisierung theatraler Zeichen von Tadeusz Kowzan aus dem Jahr 1968 bezieht, werden die Zeichensysteme nach der Art ihrer Wahrnehmung durch die Sinne in visuelle auf die Darsteller (Mimik, Gestik, Bewegung, Schminke, Frisur, Kostüm) bzw. den Raum (Requisiten, Bühnenbild, Beleuchtung) bezogene Zeichensysteme und in darsteller- und raumbezogene akustische Zeichensysteme (Sprache, Ton, Musik, Geräusche) unterschieden (vgl. Balme 62).

Diese Zusammenstellung der grundlegenden Zeichensysteme auf der Bühne kann bei der Beobachtung und bei der späteren Beschreibung und Interpretation hilfreich sein. Das System, das aus dem semiotisch inspirierten theaterwissenschaftlichen Kontext stammt, ist in seiner Komplexität sicherlich nicht von einem einzelnen Beobachter auf ein derart hoch komplexes Zeichensystem wie eine Theateraufführung anzuwenden, es kann aber dazu dienen, die Beobachtungen einer Gruppe von Zuschauern zusammenzutragen und systematisch zu ordnen.

Neben diesem systematisch-ästhetischen Ansatz für die Beobachtung und spätere Beschreibung und Bewertung einer gesehenen Theateraufführung ist im thp Kontext auch ein an Figuren und Geschichten orientierter Ansatz von Interesse. Beim Besuch der Aufführung (Beobachtung) konzentrieren sich die Zuschauer auf die Beziehungen einzelner Figuren zueinander und auf die Relevanz und Bedeutung ihres Tuns und Lassens für den Fort- und Ausgang der Geschichte. Dabei konzentriert sich die Beobachtung auf szenische Vorgänge, Drehpunkte, Handlungen und Haltungen von Figuren, Arrangements der Figuren zueinander und im Bühnenraum.

Die Methode für das Zusammentragen der Beobachtungsergebnisse ist die Beschreibung. Die Zuschauer fassen ihre Eindrücke und Erinnerungen an die Theateraufführung in Worte, werden dann von anderen Zuschauern ergänzt, konkretisiert oder relativiert. Die Beschreibung kann einem systematischen, an den Zeichensystemen des Theaters orientierten Muster folgen. Sie kann sich auch an konkreten Fragestellungen orientieren. Für die semiotisch inspirierte Auf-

führungsanalyse der Theaterwissenschaft hat Patrice Pavis einen Fragenkatalog zusammengestellt, der beispielsweise nach Widersprüchen und Übereinstimmungen zwischen Text und Inszenierung fragt, nach der Rolle des Textes in der Inszenierung, nach räumlichen Beziehungen, nach dem System der Beleuchtung, nach den Gegenständen, den Kostümen und ihrem jeweiligen Verhältnis zu Raum und Körper, nach der Spielweise sowie den Verhältnissen der Schauspieler zueinander und zu ihrer Rolle, nach den Funktionen der Musik, der Geräusche und des Schweigens, nach dem Rhythmus der Aufführung, nach der Auslegung der → Fabel durch die Inszenierung und nach den Zuschauern (vgl. Pavis 100ff.). Wird diese oder zumindest eine praktikable Auswahl dieser Fragestellungen einer beschreibenden Analyse zugrunde gelegt, kann bereits Wesentliches über die gesehene Aufführung gesagt werden.

Eine Frage, die bei Pavis auftaucht, wird so oder so ähnlich oft als Ausgangspunkt für eine weniger systematische als vielmehr assoziative Annäherung an die Beschreibung einer Aufführung genutzt: Welche Bilder haben Sie im Gedächtnis behalten? „Die Bilder, die in uns lebendig geblieben sind, [...] bilden das ‚Fachwerk‘ unserer Wahrnehmung und unseres Gedächtnisses. Sie bestimmen unser Vermögen, die Fabel zu organisieren und die Bedeutung aufzubauen." (Pavis 106) In jedem Falle wird eine gesprächsweise Erörterung des Gesehenen nur Momentaufnahmen von den Eindrücken der Aufführung auf die Zuschauer liefern.

Die Notwendigkeit der Beschreibung des Gesehenen ist Folge des transitorischen Charakters des Theaters. Das Kunstwerk Theateraufführung existiert nur zum Zeitpunkt seiner Hervorbringung, da es von den Zuschauern wahrgenommen wird. Um es zum Gegenstand der interpretierenden Reflexion machen zu können, muss es zunächst in einer anderen Form wiedergegeben werden. Das Beobachtete muss also beschrieben werden. Darin unterscheidet sich das Theater von allen jenen Künsten, in denen die Artefakte gegenständlich vorhanden sind und für eine wiederholte Rezeption zur Verfügung stehen.

Die Beschreibung lässt sich nicht eindeutig von der Interpretation bzw. Bewertung des Gesehenen trennen, denn es fließen unwillkürlich Werturteile und Einschätzungen der Wirkung der Aufführung auf den Zuschauer in die Beschreibung ein, „gleichwohl wird mit diesen Beschreibungen mehr ausgedrückt, als bloß subjektive Befindlichkeit" (Inhetveen u. a. 14). Die beschreibende Analyse kann als Vorstufe zur Interpretation des Kunstwerks Aufführung betrachtet werden.

In seiner Interpretation artikuliert der Zuschauer seine Sicht auf die gesehene Theateraufführung. Dabei spielen meist weniger ästhetische Aspekte eine Rolle, vielmehr stehen Auslegungen und Lesarten der in der Aufführung erzählten Geschichte im Mittelpunkt des Interesses.

Theater spielen: Bei der thp Anleitung und Begleitung von spielerisch-darstellerischen Prozessen sind B/B/B direkt auf die darstellerische Tätigkeit bezogen und sowohl Teil des spielerisch-darstellerischen Prozesses selbst als auch Teil der thp Reflexion des Arbeitsprozesses durch den Spielleiter.

Das Handeln des Spielers im Spielvorgang basiert auf seinen Erkenntnissen, die er durch Beobachtung der Welt gewonnen hat. „Das erste / Was ihr zu lernen habt, ist die *Kunst der Beobachtung* / Du, der Schauspieler / Mußt vor allen anderen Künsten / Die Kunst der Beobachtung beherrschen. / Nicht, wie du aussiehst nämlich ist wichtig, sondern / Was du gesehen hast und zeigst. Wissenswert / Ist, was du weißt. / Man wird dich beobachten, um zu sehen / Wie gut du beobachtet hast." (Brecht 862f.) Indem der Spieler im Spielvorgang handelt und sich und sein Handeln in Beziehung zu anderen Spielern und deren Handeln setzt, beobachtet er auch die anderen Spieler, reagiert auf deren Haltungen und Handlungen. Auch diese Reaktionen werden wiederum von den anderen Spielern beobachtet, die ihrerseits handelnd darauf reagieren usw. Das verbale Beschreiben entfällt in diesem Prozess natürlich, an seine Stelle tritt die gedanklich-körperliche Reflexion des Beobachteten durch den jeweiligen Spieler und die daraus folgende Beurteilung (Bewertung) der Handlung des Gegenübers, aus der die Entscheidung für die Reaktion auf diese Handlung folgt. Der Spieler setzt sich mit seinem Handeln in Beziehung zum Handeln der anderen Spieler und umgekehrt. „In den darstellenden Künsten ist das Ergebnis von Beobachtung das Verhalten. Das gilt für die einfachsten Übungen mit Kindern bis zur großen Schauspielkunst. In diesem Sinne gibt es keine Unterschiede: Der Darsteller [...] gibt seine Beobachtungen durch sich selbst wieder, das heißt er stellt sie dar." (Hoffmann u. a. 15) Komplizierter wird das Beziehungsgeflecht von Beobachten und Handeln, wenn die Spieler eine konkrete Figur verkörpern und der Spieler die Figur beobachtet, die er spielt.

Der im Spielvorgang naturgemäß ausgesparte Schritt der verbalen Beschreibung des beobachteten Handelns kann vor allem in der Auswertung der Probenarbeit mit den Spielern entwickelt werden. Die Zuschauer der Probenarbeit beschreiben dabei den Spielern die Vorgänge, die sie auf der Bühne gesehen haben und bewerten diese interpretierend und/oder in Bezug auf die Qualität der Darstellung.

Für den Spielleiter ist B/B/B der gespielten Übungen, Szenen oder Inszenierungen das wichtigste Instrument der Auswertung und Weiterentwicklung der szenischen Arbeit. Er fungiert für den Spieler dabei in gewisser Hinsicht wie ein Spiegel. Anders als ein Spiegel muss der Spielleiter jedoch das Vermögen besitzen, das Beobachtete so zu beschreiben und zu bewerten, dass der Spieler allein oder im Gespräch mit dem Spielleiter und/oder den Mitspielern Entscheidungen für Veränderungen an seinem Spiel treffen kann. „Er muß die Kunst beherrschen, mit den Schülern umzugehen. [...] Er muß es uns klarmachen. Sonst stehen wir auf der Bühne und spielen einfach. Er muß uns klarmachen, was wir da machen." (Hoffmann 35) Doch nicht der Spielleiter allein ist in diesem Prozess der beobachtende und beschreibende Zuschauer, die Gruppe selbst besteht aus sich abwechselnden Spielern und Zuschauern. „Die Spieler übertragen etwas Gedachtes ins Sichtbare, die Zuschauer beobachten und beschreiben, was sie gesehen haben. Dabei korrigieren sie sich auch selbst. [...] Hier wird ein Stück Zuschauerkunst gelehrt, d.h. die Fähigkeit zuzusehen, zuzuhören, denn nur über diesen Weg lernt man auch beurteilen." (ebd. 20)

Grundsätze für die Beobachtung und Beschreibung sind im spielpraktischen Zusammenhang von denselben Prinzipien bestimmt wie im Zusammenhang mit der Rezeption einer Theateraufführung. Damit ist die Methode der Beobachtung und Beschreibung dieselbe, nur die Zwecksetzung der Erkenntnis ist unterschiedlich. Hier zielt sie auf Interpretation und Lesart der Aufführung, da auch auf eine Lesart, aber verbunden mit der Option zur Korrektur des Spielprozesses.

Balme, Christopher: Einführung in die Theaterwissenschaft. Berlin 2001; Brecht, Bertolt: Rede an dänische Arbeiterschauspieler über die Kunst der Beobachtung. In: Ders.: Große kommentierte Berliner und Frankfurter Ausgabe. Schriften 2, Teil 2. Frankfurt a. M. 1993; Hoffmann, Christel/Israel, Annett (Hg.): Theater spielen mit Kindern und Jugendlichen. Konzepte, Methoden und Übungen. Weinheim 1999; Inhetveen, Rüdiger/Kötter, Rudolf (Hg.): Betrachten, Beobachten, Beschreiben. Beschreibungen in Kultur- und Naturwissenschaften. München 1996; Pavis, Patrice: Semiotik der Theaterrezeption. Tübingen 1988; Stanislawski, Konstantin S.: Die Arbeit des Schauspielers an sich selbst, Bd. 1. Berlin 1981.

GERD TAUBE

➜ Foyergespräch – Geste – Regie – Rezensionen von theaterpädagogischen Aufführungen – Rezeptionsforschung – Spielleitung

Besson, Benno

Geb. 1922. Schauspieler, Regisseur, Theaterleiter. 1949–58 Schauspieler, Assistent ➜ Brechts und Regisseur im Berliner Ensemble, danach Regisseur am Deutschen Theater Berlin (bis 1968). Erster künstlerischer Leiter 1969–74, Intendant der Berliner Volksbühne 1974–78. Arbeitete u. a. 1976 mit Arbeitern aus Berliner Betrieben an Brechts ➜ Lehrstück *Die Ausnahme und die Regel*. 1982–89 Direktor der Comédie in Genf. Gastregisseur an zahlreichen Theatern Europas. B vertritt ein lebendiges, unterhaltsames Theater, das er in erster Linie als Ort des Spiels versteht und in dem er die Ideen Brechts mit verschiedenen anderen Theatertraditionen, v. a. mit Elementen aus dem ➜ Volkstheater, zusammenführt.

Müller, André: Der Regisseur Benno Besson. Gespräche, Notate, Aufführungsfotos. Berlin 1967; Neubert-Herwig, Christa (Hg.): Benno Besson. Jahre mit Brecht. Willisau 1990; Dies. (Hg.): Benno Besson. Theater spielen in acht Ländern. Texte, Dokumente, Gespräche. Berlin 1998.

GABI BEIER

Bewegung

B erfährt auf dem Theater eine sich kontinuierlich wandelnde, unterschiedliche Gewichtung und Bedeutung. Diese geht mit dem allgemeinen gesellschaftlichen Bedeutungswandel von Körper, B, Zeit und Raum einher (vgl. z. B. Nitschke; Jurké). Steht die B noch im 18. Jh. ganz im Dienste der Verkörperung eines Textes, einer Rolle, so wandelt sich ihre Bedeutung und die des Körpers im 20. und 21. Jh. immer mehr zur Selbstthematisierung hin, ohne ihre Funktion der Verkörperung gänzlich einzubüßen (vgl. Fischer-Lichte 15).

In der ThP ist B vor allem ein Sich-Bewegen als künstlerisch-ästhetische B; ähnlich dem Sprechen ist es also strukturiert, gestaltet, mit Sinn behaftet, Ergebnis von schöpferischer ➜ Mimesis und produktiver Konstruktion. B steht nicht isoliert, sondern in engem, wechselwirkendem Zusammenhang mit den anderen Theaterkonstituenten (Sprache/Sprechen, Zuschauer, Raum usw.). Künstlerisch gestaltete B zielt auf Wirkung (Darstellung und Ausdruck), ist sinnvolle Handlungsgestalt in einer szenischen Situation und

damit zeichenhaft und kontextuell bedeutsam. B im Sinne von Verkörperung von etwas (Rolle, Text) wird als sinnlich-symbolische ➜ Interaktion, in bewusster Abgrenzung zum Diskursiven als präsentative Symbolbildung mit eigenem Erkenntnispotenzial begriffen (vgl. Bernd 39ff.).

Im thp Kontext ist bewegungs- und erkenntnistheoretisch eine ganzheitlich-synthetische Sicht auf menschliche B einer ‚reinen‘ Außen- oder Innensicht vorzuziehen, da die Verkörperung, der Körper des Spielers in B zentrales Ausdrucksmittel innerhalb eines komplexen theatralen Handlungsgefüges ist. Phänomenologische, anthropologische, symboltheoretische, gestalttheoretische Sichtweisen auf B sowie die tätigkeitsorientierte Psychologie (vgl. speziell auf Schauspiel bezogen Hoffmeier) und die Handlungstheorie scheinen geeigneter als naturwissenschaftliche, behaviouristische, physikalisch-biomechanische Ansätze, weil die erstgenannten Ansätze mindestens eine psychophysische Verschränktheit innerer und äußerer B annehmen oder im Gestaltkreismodell Viktor von Weizsäckers von einer unauflöslichen Ganzheit von Wahrnehmung und B ausgehen. Sie rücken so die Subjektivität, die Individualität, die ➜ Leiblichkeit und ➜ Sinnlichkeit als zentrale Themen von menschlicher B verstärkt in den Blick.

Physikalische Erkenntnisse können dennoch begrenzt genutzt werden, wenn es in ästhetischer Absicht um Objektbewegungen auf der Bühne geht, um B physikalischer Körper, etwa in Formen des ➜ Bilder- und ➜ Objekttheaters oder im Theater mit neuen ➜ Medien und der adäquaten Technik.

Strukturkenntnisse über B-abläufe (vgl. z.B. Meinel) sind für ästhetische Prozesse und Entscheidungen und die damit verknüpften Wirkungsvarianten notwendig und nützlich (vgl. z. B. ➜ Meyerholds *Otkas, Pasyl, Stoika* in Bochow 98ff.). Isoliertes ➜ Beobachten von B-qualitäten wie Rhythmus, Dynamik, Präzision, Elastizität, Übertragung, Fluss, Kopplung, Harmonie ist aber unter rein technischem Aspekt wenig sinnvoll. Dagegen gilt das Interesse der szenisch-ästhetischen Qualität und dem fiktiven Zusammenhang. Im Sprechtheater beispielsweise wird die Rolle, die Figur, die Szene mehr oder weniger ausgeprägt mit dem Mittel der dramatischen B gestaltet (auch im postdramatischen Theater, vgl. Lehmann). B steht im Dienst der schauspielerischen Handlung und Wirkung oder wird im postdramatischen Theater, das stärker performativ arbeitet und seine Mittel selbstreflexiv verwendet, selbst zum Thema.

Im Zuge der Bedeutungszunahme des Körper- und B-diskurses in den Kulturwissenschaften beteiligt sich auch die Theaterwissenschaft an diesem Diskurs, indem sie ‚Verkörperung/embodiment' als eine kulturwissenschaftliche Leitkategorie anerkennt (vgl. Fischer-Lichte 20) und die theatral orientierte Tanzforschung in ihre Untersuchungen mit einbezieht (vgl. Jeschke u. a.).

Bernd, Christine: Bewegung und Theater. Lernen durch Verkörpern. Frankfurt a. M. 1988; Bochow, Jörg: Das Theater Meyerholds und die Biomechanik. Berlin 1997; Fischer-Lichte, Erika (Hg.): Verkörperung. Tübingen 2001; Hoffmeier, Dieter: Stanislawskij. Auf der Suche nach dem Kreativen im Schauspieler. Stuttgart 1993; Jeschke, Claudia/Bayerdörfer, Hans-Peter (Hg.): Bewegung im Blick. Berlin 2000; Jurké, Volker: Der Körper lügt! Zur Bedeutung der Körperarbeit in der Theaterpädagogik. In: Korrespondenzen, 2002, H. 40; Lehmann, Hans-Thies: Postdramatisches Theater. Frankfurt a. M. 1999; Meinel, Kurt: Bewegungslehre. Abriß einer Theorie sportlicher Motorik unter pädagogischem Aspekt. Berlin 1975; Nitschke, August: Körper in Bewegung. Gesten, Tänze und Räume im Wandel der Geschichte. Zürich 1989; Weizsäcker, Viktor von: Der Gestaltkreis. Stuttgart 1950.

VOLKER JURKÉ

→ Bewegungserziehung – Biomechanik – Performance – Sportpädagogik – Tanzpädagogik

Bewegungserziehung

Die Auffassungen über die Bedeutung der → Bewegung und → Leiblichkeit für die Erziehung des Menschen und für das Theater sind von der Antike (griechische Gymnastik) bis heute einem stetigen Wandel unterworfen. Insbesondere die der Aufklärung verpflichteten Philanthropen (Guts Muths u. a.) stellen im späten 18. Jh. in kulturkritischer Orientierung an J. J. Rousseau die Erziehung durch und zur Bewegung ins Zentrum ihrer jeweiligen Pädagogik. In der reformpädagogischen Bewegung des letzten Jhs. betonen Rudolf von → Laban (Tanz), Rudolf → Steiner (Eurythmie), Émile → Jaques-Dalcroze (Rhythmische Erziehung), Mary Wigman (Ausdruckstanz) und Rudolf Bode (Ausdrucksgymnastik) die Bewegungsbildung und -gestaltung (Bewegungschöre) im bewussten Rückgriff auf kultische → Rituale und altgriechische Tragödien. Daneben entstehen, teilweise auch von asiatischen Bewegungsansätzen beeinflusste, neue Reformkonzepte zur B, die sich vor allem einer ‚ganzheitlichen' und ‚natürlichen' Leibeserziehung verpflichtet fühlen (z. B. Elsa → Gindler) und die alten

gymnastischen Traditionen in Frage stellen und grundlegend reformieren.

Die Leibeserziehung, oft Synonym für B, wandelt sich aufgrund der sich rapide verändernden Sport- und Bewegungskultur seit Anfang der 1970er Jahre zur *Sportpädagogik*. Sie wird in Abhängigkeit zu den unterschiedlichen Gesellschaftssystemen der DDR und BRD jeweils spezifisch geprägt. Neuerdings wendet sie sich in einem paradigmatisch-kritischen Wechsel und im Reflex auf bewegungskulturelle Entwicklungen seit den 1980er Jahren vom *Sport* zur *Bewegung* bzw. zu *Sport und Bewegung*. Dabei stellt sie wieder bildungstheoretische Fragen der B in den Mittelpunkt des Forschungsinteresses (vgl. Prohl). Allen Epochen gemeinsam ist der mehr oder weniger ausgeprägte Versuch der Instrumentalisierung und Funktionalisierung der B für übergeordnete Zwecke (Politik, Militär, Bildung, Menschenbild, sozialer Wandel usw.).

Im Fokus der ThP (einschließlich der Schauspielpädagogik) ist der Einfluss der o.g. Reformansätze unübersehbar (→ Körper- und Bewegungsstudium) und geht mit der Anfang des 20. Jhs. parallel stattfindenden Theaterreform einher. Verbindungslinien zwischen der sich wandelnden Bewegungskultur und der sich radikal verändernden Theaterlandschaft bestanden z. B. zwischen Edward Gordon Craig, Konstantin S. → Stanislawski, Adolphe Appia, Jacques Copeau und Émile Jaques-Dalcroze (1907), zwischen Craig und der Tänzerin Isadora Duncan (vgl. Brauneck, 65ff.) und zwischen Rudolf von Laban und Michail ⸱ echov.

Die B zielt weitgefasst auf (Selbst-)Wahrnehmung (Aisthesis), Gestaltung (Poiesis) und Wirkung und ist in Bezug auf Theater auf gestaltende Nachahmung (Mimesis) und Konstruktion gerichtet. Sie beinhaltet im engeren Sinne von der Gymnastik beeinflusste, auf die Darstellenden Künste spezialisierte Bewegungsmethoden und ihre Konzepte, insbesondere Körper- und Bewegungspraxeologien und Gymnologien in der Tradition der → Reformpädagogik (vgl. Jurké 2002; Petzold).

Ihr wohl bedeutendster Vertreter im deutschsprachigen Raum, der Tänzer, Choreograph und Bewegungsforscher Rudolf von Laban (1879–1958) stellt in *The Mastery of Movement on the Stage* (1950, deutsch *Die Kunst der Bewegung*) die innere Bewegungsmotivation für äußeres Körpergeschehen in den Mittelpunkt und bezieht seine Aussagen nicht nur auf den Tanz, sondern ausdrücklich auch auf Schauspiel. Darüber hinaus formuliert Laban explizit einen persönlichkeitsbildenden Anspruch. Ausgewiesene Praktikerinnen in der ThP wie die Bewegungserzieherinnen Katja Delakova

(1984), Ilse Loesch (1974) und Hildegard → Buchwald-Wegeleben (1981) entwickelten ihre je eigenen Methoden auf dem o. g. historischen Hintergrund und auf der Grundlage ihrer langjährigen Lehrerfahrung. Letztere entwickelte ihre Methode in expliziter Anbindung an die Schauspielmethodiken → Brechts (Gestisches Prinzip) und Stanislawskis (Physische Handlung), in enger Verzahnung mit den anderen Bewegungsfächern und mit den konkreten Praxisbedürfnissen der Schauspieler am Theater (Berliner Ensemble).

Eine künstlerische, integrative B in der Ausbildung von SchauspielstudentInnen und Studierenden thp Studiengänge umfasst im weiteren Sinne die Nachbardisziplinen wie Tanz, Gymnastik (Körper- und Bewegungsstudium), → Pantomime und Commedia dell'Arte-Techniken, Schauspielakrobatik, Bühnenfechten, Körperstimmtraining (vgl. Ebert u. a.), asiatische ‚Bewegungskünste‘ u. a., die mit ihren je spezifischen Anforderungen zur Entwicklung und Erweiterung der körperlichen Ausdrucksmittel und des Bewegungsrepertoires beitragen. Bekanntes Beispiel für die Anbindung solcher Inhalte an eine Theaterästhetik ist → Meyerholds → Biomechanik, sein Konzept einer B, das alle o. g. Teilbereiche integrativ auf seine Theatervisionen ausrichtete (vgl. Bochow).

B steht in sehr engem Zusammenhang zur → Sprecherziehung, da das → Sprechen immer als ein ganzkörperliches, ‚bewegtes‘ Geschehen, als ein körperlicher Vorgang anzusehen ist (vgl. z. B. Ritter; Klawitter u. a.). Das Sich-bewegen auf der Bühne findet ebenso wie das Sprechen in Situationen statt. Dieses situative Prinzip, welches immer auch eine Zielorientierung und die Sinnhaftigkeit des Handelns einschließt, soll auch für den Trainings- oder Übungsbetrieb im Bewegungsunterricht gelten, um unmotiviertes, mechanisches Handeln zu vermeiden. Die wechselseitige Verknüpfung innerer und äußerer (Bewegungs-)Vorgänge gewährleistet, dass auch in Übungsprozessen nicht technische, sondern ästhetisch-künstlerische Vorgänge stattfinden und beobachtbar sind.

Trotz aller Unterschiedlichkeit der zahlreichen Konzepte der B lassen sich übereinstimmende bewegungs- und schauspielästhetische Kriterien, Themen und Kompetenzen einer (post-)dramatischen Bewegungserziehung ausmachen (vgl. Jurké 1998). Hierzu gehören u. a. ‚Physische Handlung‘ (Stanislawski) und ‚Gestisches Prinzip‘ (Brecht), Motivation statt Mechanik, Widerspruch in der Bewegung, Präsenz, Expressivität, Konzentration, Antizipation, ‚Dynamischer Ausdruck im Raum‘ (→ Artaud), Körperbewusstsein, ‚Gefühlsathletik‘ (Artaud) und nicht zuletzt Bewegungslust.

Vor dem Hintergrund der gemeinsamen Wurzeln von Tanz und Theater und deren Annnäherung und Vermischung wird es immer schwieriger, eine theaterspezifische Bewegungsästhetik zu bestimmen. Neuerdings widmet sich auch die Theaterwissenschaft dieser spezifischen Forschungsfrage (vgl. Jeschke u. a.). In Ausbildungsinstitutionen sollten gerade die Spezifika einer theaterkünstlerischen Bewegungserziehung im Hinblick auf komplexer werdende Berufsanforderungen vermittelt werden. Tanz und ‚Körperarbeit‘, z. B. im Sinne des eigenleiblichen Spürens Elsa → Gindlers (vgl. Ludwig) oder der Bewegungsbewusstheit von Moshé → Feldenkrais (1987) können körperkritisch hinzugezogen werden. Diese unspezifischen, nichtkünstlerischen Ansätze der B können als Ergänzung dienen. Bei ihrem Einsatz sollten sich die Verantwortlichen der Wirkungsabsicht von Theater bewusst sein und sie auf die speziellen Bedürfnisse der Berufsausbildung abstimmen. Dadurch besteht die Möglichkeit, der Gefahr übermäßiger Selbstbezüglichkeit zu entgehen. Diese kann auch durch einen möglichst hohen, rational bestimmten Reflexionsgrad über die Körper- und Bewegungsarbeit verhindert werden.

Ein weiteres Forschungsdesiderat einer Theaterbewegungsforschung könnte die Aufarbeitung der theaterspezifischen B in den beiden deutschen Staaten sein. Hier wäre auch ein Vergleich der B im professionellen und nichtprofessionellen Theaterspiel hinsichtlich ihrer gemeinsamen Wurzeln und unterschiedlichen Entwicklungswege lohnend.

Bochow, Jörg: Das Theater Meyerholds und die Biomechanik. Berlin 1997; Brauneck, Manfred: Theater im 20. Jahrhundert. Reinbek 1986; Buchwald-Wegeleben, Hildegard: Bewegung. In: Ebert/Penka, a.a.O.; Delakova, Katya: Beweglichkeit. München 1984; Ebert, Gerhardt/Penka, Rudolf (Hg.): Schauspielen. Berlin 1981; Feldenkrais, Moshé: Die Entdeckung des Selbstverständlichen. Frankfurt a. M. 1987; Jaques-Dalcroze, Emile: Rhythmus, Musik und Erziehung. Basel 1921; Jeschke, Claudia/Bayerdörfer, Hans-Peter: Bewegung im Blick. Beiträge zu einer theaterwissenschaftlichen Bewegungsforschung. Berlin 2000; Jurké, Volker: Zum künstlerischen Körper- und Bewegungsstudium. In: Vaßen, Florian u. a. (Hg.): Wechselspiel: Körper Theater Erfahrung. Frankfurt a. M. 1998; Ders.: Der Körper lügt! Zur Bedeutung der Körperarbeit in der Theaterpädagogik. In: Korrespondenzen, 2002, H. 40; Klawitter, Klaus/Minnich, Herbert: Sprechen. In: Ebert/Penka, a.a.O.; Laban, Rudolf von: Die Kunst der Bewegung. Wilhelmshaven 1988; Loesch, Ilse: Sprechende Bewegung. Berlin 1974; Petzold, Hilarion: Überlegungen zur Praxeologie körper- und bewegungsorientierter Arbeit mit Menschen aus integrativer Perspektive. www. gestalttherapie.de 02/01; Prohl, Robert

(Hg.): Bildung und Bewegung. Hamburg 2001; Ritter, Hans Martin: Sprechen auf der Bühne. Berlin 1999.

VOLKER JURKÉ

→ Bewegung – Geste – Sportpädagogik

Bewusstheitstheorie

→ Selbsttäuschungstheorie und Bewusstheitstheorie

Bibliodrama

Die Ursprünge des B liegen in den kreativen Aufbrüchen der 1970er/80er Jahre, seine strukturellen Wurzeln reichen u. a. zurück bis in das mittelalterliche geistliche Spiel (vgl. Martin 2001, 105ff.; Aldebert 54ff.). Zeitgleich mit dem aufkommenden Interesse an Transzendenz und Spiritualität unter Theaterschaffenden und Schauspielensembles (z. B. Peter → Brook, Jerzy → Grotowski, das Odin Theatret) entdeckten christliche Gruppen das freie szenische Spiel wieder neu. Es versprach, die ‚Wirklichkeit Gottes‘ in ihren politischen, sozialen, emotionalen und spirituellen Dimensionen unmittelbarer erfahrbar zu machen. Wie in vielen Ansätzen der humanistischen Psychologie (Gestaltpsychologie, Bioenergetik) und im Körpertheater, spielte auch hier die Körperarbeit als Form der Selbst- und Welterforschung eine entscheidende Rolle (vgl. Delakova; Martin 2001, 25ff.; Kessler 69ff.; Teichert 58). Zum B-Boom kam es dadurch, dass Menschen mit verschiedenen Interessenschwerpunkten biographischer, therapeutischer und religiös-theologischer Art die Möglichkeit sahen, einer seit der Reformation lebendigen Utopie einige Schritte näher zu kommen, nämlich als theologische Laien das Auslegungsmonopol des biblischen Textes zu sprengen. An der Basis von Kirchengemeinden und Kommunen und auf B-Konferenzen und -Workshops legen sie seitdem milieuübergreifend und mit dem Material der eigenen Lebensgeschichte biblische Texte szenisch aus und lassen sie so Gegenwartsbedeutung gewinnen.

B trägt gegenwärtig nicht nur zu einem interkonfessionellen Dialog unter skandinavischen, ost- und mitteleuropäischen Christen bei (vor allem in den Konferenzen der Evangelischen Akademie Segeberg und des Burckhardthauses Gelnhausen), sondern bietet auch Wege interreligiöser Verständigung zwischen Juden, Christen und Muslimen (z. B. Aldebert 379ff.; Krondorfer). B-Techniken werden wieder rückgeführt in

die strukturverwandte → Inszenierung von Gottesdiensten (vgl. Martin 1998, 50ff.), sie werden weiterentwickelt in religionspädagogischen (z. B. Warns), psychotherapeutischen (z. B. Rothschild u. a.) und spielästhetischen Projekten (→ Playing Arts).

Trotz aller Verschiedenheit ist für das klassische B die folgende Form grundlegend: B ist ein offener, szenisch-dramatischer Gruppenprozess zwischen einem – in der Regel – biblischen Text und den Spielerinnen und Spielern. Ziel des szenischen Spieles ist es, die individuellen und überindividuellen Erfahrungen der Teilnehmenden und die in der Bibel verdichteten Wirklichkeiten im → Spiel aufeinander zu beziehen und wechselseitig zu erschließen. Die Spielenden schärfen zunächst durch Körperarbeit ihre Wahrnehmung für sich selbst im Medium des eigenen Leibs, für die Geschichte und für die Themen des Textes. Dann treten sie in verschiedenen – aus dem eigenen Rollen-/Körper-/Selbst-/Kollektivbewusstsein erwachsenden – szenischen → Improvisationen in die Darstellung und Verkörperung des Textes ein. Um die Improvisationen anzubahnen, unterstützt die Gruppenleitung die Teilnehmenden auf ihrer Suche nach den Strukturen und Spielregeln, nach der ‚Partitur‘ (Grotowski 243f.), die dem Text selbst innewohnt. Dazu benutzt er je nach persönlichem Bildungshintergrund schauspiel- und bewegungspädagogische, psychodramatische oder ästhetisch bildnerische Techniken. So provoziert er durch Formvorgaben und Spielregeln die schöpferische Auseinandersetzung der Spielenden. In der Laborsituation des B kommen im Unterschied zum Bibeltheater die Szenen lediglich innerhalb des Prozesses zur Darstellung (vgl. Grasmück 24ff.; Rohrer). Die Handelnden und Betrachtenden schließen den B-Prozess ab, indem sie Stationen der szenischen Arbeit gemeinsam reflektieren, in der Regel im Medium der Sprache. Die Teilnehmenden setzen ihre Erfahrungen und Erkenntnisse aus dem Spiel zur Wirklichkeit und Bedeutung des biblischen Textes in Beziehung, statt sie wie im → Psychodrama wesentlich nur auf die eigene Person in der Gemeinschaft zu beziehen.

B ermöglicht den Teilnehmenden einerseits einen emanzipatorischen „Zugang zur eigenen Pluralität" (Pohl-Patalong 526) und verspricht andererseits eine differenzierte Integration des Selbst in Gemeinschaft auf der Basis einer geistlichen Autorität, dem biblischen Text. B-Praxis, die Auseinandersetzung mit im Text überkommener Glaubenserfahrung, führt unweigerlich zur Frage nach ‚Gott auf der Bibliodrama-Bühne‘ (vgl. Martin 2001). Die Antworten bewegen sich zwischen der Abwesenheit Gottes als Bedingung der Möglichkeit einer Verkörperung bzw. Inkarnation Gottes im → Rollenspiel einerseits und der faktischen Anwesenheit eines ‚dunklen' Gottes im Mythos, von dem die Spielenden gespielt werden, andererseits (vgl. Laeuchli). Die Frage ist nur dialektisch zu beantworten: „Das, der oder die Absolute ist im Bibliodrama nur situativ ‚anwesend', zugleich aber prinzipiell unverfügbar, unaussagbar, unspielbar, so merkwürdig das klingt." (Teichert 16)

Aldebert, Heiner: Spielend Gott kennenlernen. Bibliodrama in religionspädagogischer Perspektive. Hamburg 2001; Delakova, Katja: Beweglichkeit. Wie wir durch Arbeit mit Körper und Stimme zu kreativer Gestaltung finden. München 1984; Friedrich, Marcus A.: Liturgische Körper. Der Beitrag von Schauspieltheorien und -techniken für die Pastoralästhetik. Stuttgart 2001; Ders.: Spielen als spielten wir nicht ... Epische und dramatische Wandlungen – Ein schauspielästhetischer Beitrag zur Bibliodrama-Kritik. In: Hoffmann, Klaus: Spielraum des Lebens, Spielraum des Glaubens. Hamburg 2001; Grasmück, Heinz: Choralgraphisches Theater. Die liturgische Dramaturgie und ihre Iszenierung. In: It's the same but different. Dokumentation des 2. Europäischen Bibliodramakongresses 1996 im Burckhardthaus. Gelnhausen 1997; Grotowski, Jerzy: Für ein Armes Theater. Berlin 1994; Kessler, Hildrun: Bibliodrama und Leiblichkeit. Leibhafte Textauslegung im theologischen und therapeutischen Diskurs. Stuttgart 1996; Kiehn, Antje u. a.: Bibliodrama. Stuttgart 1991; Krondorfer, Björn: Body and Bible. Interpreting and Experiencing Biblical Narratives. Philadelphia 1992; Laeuchli, Samuel: Mimesis – Das Spiel vor dem dunklen Gott. Ein Beitrag zur Entwicklung des Bibliodramas. Neukirchen-Vlyn 1987; Martin, Gerhard Marcel: Zwischen Eco und Bibliodrama. Erfahrungen mit einem neuen Predigtansatz. In: Garhammer, Erich/Schöttler, Heinz-Günther: Predigt als offenes Kunstwerk. München 1998; Ders.: Sachbuch Bibliodrama. Praxis und Theorie. Stuttgart 2001; Pohl-Patalong, Uta: Bibliodrama – Zur gesellschaftlichen Relevanz eines Booms. In: Praktische Theologie, 1996, H. 85; Rohrer, Fritz: Bibeltheater. Frankfurt a. M. 1985; Rotschild, Evelyn/Laeuchli, Samuel: Jesus und der Teufel. Begegnung in der Wüste. Imagination, Spiel und Therapie in der Versuchungsgeschichte. Neukirchen 1992; Teichert, Wolfgang: Wenn die Zwischenräume tanzen. Theologie des Bibliodramas. Stuttgart 2001; Warns, Else Natalie/Fallner, Heinrich (Hg.): Bibliodrama als Prozess. Leitung und Beratung. Bielefeld 1994.

MARCUS A. FRIEDRICH

→ Bewegungserziehung – Geistliche Spiele – Körpersprache – Magie – Szenische Interpretation – Theatre in Education – Werkstatt

Bildertheater

Die enttäuschten Hoffnungen auf eine Humanisierung der Welt durch logozentrisch fundierte Ideologien, wortmächtige Appelle und vernünftige Diskurse haben die Skepsis gegenüber der Sprache, wie sie am Ende des 19. Jhs. erstmals artikuliert wurde, am Ende des 20. Jhs. zu einem neuen Höhepunkt geführt. Gegenüber dem konventionellen Theater, das sich als Mittel zur Darstellung und Interpretation von Wortdramen und Musikdramen begreift, steht das Theater der Bilder in mehrfacher Hinsicht in Opposition:

Es erzählt keine kausallogisch aufgebauten Geschichten, sondern reiht bewegte Bilder aneinander und verknüpft sie assoziativ;

es stellt keine psychologisch ausdifferenzierten Charaktere auf die Bühne, sondern Kunstfiguren, Objekte und Maschinen;

es gibt keine illusionistischen Nachahmungen von Wirklichkeit, sondern kreiert autonome Realitäten mit eigenen räumlichen und zeitlichen Gesetzmäßigkeiten;

es vermittelt keine rational fassbaren Botschaften in diskursiver Sprache, sondern schafft ganzheitliche Bildwelten;

es strebt nicht in erster Linie nach Aktivierung und Beeinflussung des Bewusstseins, sondern will das Wechselspiel zwischen den bildhaft strukturierten Schichten des Unbewussten und dem begrifflichen Denken in Gang setzen;

es sucht die Grenze zwischen Bühne und Zuschauerraum durchlässig zu machen.

Zu Anfang des 20. Jhs. haben Bildende Künstler eine Reihe von Theaterkonzeptionen vorgelegt, die das Bühnengeschehen nicht mehr als naturalistisches Abbild der Realität bestimmten, sondern als deren phantastisch-visionäres Gegenbild. Die wichtigsten waren die von Adolphe Appia und Edward Gordon Craig. Beide wandten sich mit Entschiedenheit gegen allen Historismus und Naturalismus. Ausgehend von der Auseinandersetzung mit Richard Wagners Theorie des theatralen ‚Gesamtkunstwerks', die er in den Bayreuther Inszenierungen des Meisters nur unzureichend verwirklicht fand, entwickelte Appia in seinen Schriften und Szenenskizzen die Vision einer von allem Kulissenplunder befreiten, nur mit architektonischen Grundelementen ausgestatteten Raumbühne. Craig forderte – ganz im Sinne der Kunstdoktrin des Symbolismus – von der Bühne die Darstellung der hinter den Dingen verborgenen Wesenheiten; ‚Ruhe, Harmonie und Schönheit' zu beschwören stellte er der Kunst zur Aufgabe.

Die frühesten praktischen Beispiele für ein visuelles Theater aus dem Geist der → Avantgarde gab es um 1910 in Italien und in Russland. Dort entstanden geistig-künstlerische Bewegungen, die sich als 'Futurismus' bezeichneten, um so ihre Orientierung auf die Zukunft deutlich zu machen. Die beiden Strömungen stimmten in ihrer scharfen Opposition gegen den Symbolismus und Ästhetizismus der Jahrhundertwende-Kunst mit ihren Tendenzen zur Flucht aus der Realität ebenso überein, wie in ihrem uneingeschränkten Glauben an einen linearen Fortschritt nicht nur in der primären Wirklichkeit, sondern auch in der Kunst. Sie vollzogen einen radikalen Bruch mit allen überlieferten Werten der Kunst wie des Lebens; beide Bereiche wieder miteinander in Verbindung zu bringen, war ihr oberstes Ziel.

Die jungen Künstler, die sich um den italienischen Dichter und Journalisten Filippo Tommaso Marinetti scharten, nachdem er 1909 das Gründungsmanifest als Leitartikel im Pariser 'Figaro' veröffentlicht hatte, protestierten mit aller Macht gegen die in ihrer italienischen Heimat besonders ausgeprägte Rückständigkeit, gegen den 'Passatismus', wie sie die allgemeine Orientierung an der Vergangenheit nannten. Mit Vehemenz forderten sie eine 'Neukonstruktion des Universums', aufbauend auf den neuen Errungenschaften der Technik. Sie begrüßten emphatisch die neuen Kommunikations- und Verkehrsmittel, auch die sozialen und die politischen Phänomene ihrer Zeit: Die großstädtische Massengesellschaft, das Machtstreben, der Nationalismus, der imperialistische Gestus der Politik im Vorfeld des Weltkriegs wurden von den italienischen Futuristen unkritisch verherrlicht. Indem sie Krieg und Gewalt als Leitbilder akzeptierten, gerieten sie später in gefährliche Nähe zum Mussolini-Faschismus.

Der Beitrag der italienischen Futuristen (u. a. F. T. Marinetti, F. Pepero, G. Balla, E. Prampolini, E. Settimelli) zum B hat seine Wurzeln in ihrer positiven Identifikation mit der Welt der Objekte und der Maschinen. So wie in allen Künsten soll auch im Theater die „längst erschöpfte Psychologie des Menschen" ersetzt werden durch die „lyrische Besessenheit der Materie" (Marinetti zit. n. Simhandl 1993, 49). Aus dieser Intention entstand die neue Gattung des 'Objektdramas', die in einer Vielzahl von Variationen in Erscheinung trat. Marinetti legte ein Szenarium mit dem Titel *Kampf der Kulissen* vor, in dem vier typisierte Figuren auftreten, die – wirr redend und heftig gestikulierend – ihre Kommentare zu einer roten Wand abgeben, die auf diese Weise zum eigentlichen 'Protagonisten' des Stückes wird. Personen und Dinge treten gleichberechtigt als handelnde und sprechende Elemente auf.

Die russischen Futuristen – die bedeutendsten sind David Burljuk, Wladimir Majakowski, Kasimir Malewitsch, Michail Matjuschin, Alexander Krutschonych und Welimir Chlebnikow – setzten sich ebenso wie ihre italienischen Namensvertreter das Ziel, ihre Zeitgenossen aus der geistigen Lethargie der Zeit aufzurütteln. Neben der Literatur und der Bildkunst bot sich dafür in erster Linie das → Medium Theater an. Ihren Höhepunkt erlebte die futuristische Bühnenkunst in einer Dezember-Woche des Jahres 1913. Aufgeführt wurden jeweils zweimal im Petersburger Luna-Theater ein Stück von Majakowski, dem der Autor einfach seinen Namen als Titel gegeben hat, und die von Matjuschin komponierte Oper *Sieg über die Sonne* nach einem Libretto von Krutschonych. Ganz der Ideologie des Futurismus entsprechend, zeigt dieses Werk, wie sich der Mensch anschickt, das Universum zu erobern und sich die Gestirne untertan zu machen. Die Aufführung wurde wesentlich bestimmt durch die flächigen Pappendeckel-Kostüme von Malewitsch, die ihren Trägern nur Bewegungen parallel oder im rechten Winkel zur Rampe erlaubten. Bei dem Entwurf der Prospekte stellte sich der Maler die Aufgabe, die Räumlichkeiten zweidimensional zur Anschauung zu bringen. Sie lassen bereits deutlich die Tendenz zum Suprematismus erkennen, mit dem Malewitsch der Kunst den Weg weisen wollte von der Darstellung 'gegenständlichen Gerümpels' zu einer der 'Beschwörung kosmischer Energie' dienenden Abstraktion in Gestalt geometrischer Grundformen in Schwarz und Weiß. – In dem dramatischen Poem *Wladimir Majakowski*, das der zweiten futuristischen Musteraufführung zugrunde lag, tritt der Autor selbst als Gestalt auf, umgeben von Kunstfiguren wie einem tausendjährigen Greis mit schwarzen Katzen als Symbolen der Elektrizität, seiner sechs Meter großen Geliebten, 'Kusskindern' und Männern, denen ein Ohr, ein Auge oder ein Bein fehlen. Die Auseinandersetzung der Majakowski-Figur mit den neuen materiellen und sozialen Phänomenen ist das zentrale Thema des Stückes. Die Aufführung endete in einem ungeheuren Tumult.

Die Oktoberrevolution erschien den Futuristen als eine Möglichkeit, ihre Träume von einer schöneren neuen Welt in die Realität umzusetzen. Sie suchten ihre Kunst den neuen Aufgaben gemäß zu entwickeln. Die Maler bauten die Ästhetik technoider Formen aus und gingen auf diese Weise konform mit der von Partei und Regierung beschriebenen Propaganda für den Umbau des zurückgebliebenen Agrarlandes in einen modernen Industriestaat. An die Stelle der intuitiven Komposition stellten die russischen Künstler das rationale Schaffensprinzip der Konstruktion. Ihre hochfliegenden Pläne ließen sich aber angesichts der katastrophalen Wirtschaftssituation nur selten praktisch umsetzen. In dieser Situation bot das Theater immerhin die Möglichkeit zu einer Realisierung im ‚verkleinerten Maßstab‘. Dazu gaben ihnen vor allem Wsewolod → Meyerhold und Alexander Tairow, die beiden bedeutendsten Regisseure des Theaters der Russischen Revolution, die Möglichkeit. An deren unter dem Stichwort ‚Theateroktober‘ in die Geschichte eingegangenen Inszenierungen hatten konstruktivistische Künstlerinnen und Künstler wie Ljubow Popowa, Wera Stepanowna, Alexandra Exter, die Brüder Sternberg und Alexander Wesnin entscheidenden Anteil.

Der Beitrag der Bauhaus-Künstler zum modernen B hat seine Wurzeln in der um 1910 parallel zum italienischen und zum russischen Futurismus entstandenen künstlerischen Bewegung, die ausgerichtet war auf die Abstraktion von der Fülle der Erscheinungen auf das Wesen der Dinge sowie auf die Überwindung des Materiellen durch den Geist. *Über das Geistige in der Kunst* (1910) heißt die Programmschrift von Wassily Kandinsky, der als Maler wie als Bühnenreformer zu den Begründern dieser Strömung zählt. Ihre philosophische Fundierung erhielt die neue Kunstrichtung durch die im Jahr 1908 erschienene Schrift *Abstraktion und Einfühlung* des jungen Gelehrten Wilhelm Worringer. Der Philosoph stellt darin die These auf, dass in der ‚reinen Abstraktion‘ die einzige Chance besteht, ‚Ruhe im Inneren der Verwirrung und in der Dunkelheit des Weltbildes‘ zu finden.

Der für die Entwicklung des B bedeutendste unter den Bauhaus-Künstlern war der Zeichner, Maler und Plastiker Oskar Schlemmer. Ähnlich wie Kandinsky bewegte er sich künstlerisch in dem Spannungsfeld zwischen Metaphysik und Rationalität. Es berief sich auf den Satz des romantischen Dichters Novalis: ‚Mathematik ist Religion‘. Nach Schlemmers Auffassung besteht die Hauptaufgabe der Kunst darin, durch Abstraktion die Ordnung des Universums sichtbar zu machen. In Schlemmers *Triadischem Ballett* zeigt sich die Dominanz des Bildnerischen schon im Entstehungsprozess: Zuerst entwarf Schlemmer die Kostü-

me; aus ihren Grundformen leitete er dann die Weglinien der Tänzer ab, die sog. ‚Bodengeometrie‘; dann erst erfolgte die Auswahl der Musik.

Der polnische Bildkünstler und Regisseur Tadeusz Kantor hat in seinen beiden letzten Lebensjahrzehnten eine sehr spezifische Form des B entwickelt, der er den Namen ‚Theater des Todes‘ gegeben hat. Dieses Modell eines ganz aus der Erinnerung seines Schöpfers gespeisten Bühnenkunstwerks, das gerade durch die Beschwörung des Todes ein neues Lebenskonzept für unsere von der Herrschaft der toten Materie bedrohte Welt finden will, entfaltete er in einer Reihe von Inszenierungen, die in Krakau, der Heimatstadt es Künstlers, entstanden sind und als Gastspiele in den europäischen Theatermetropolen Furore gemacht haben: *Die tote Klasse*; *Wielopole, Wielopole*; *Die Künstler sollen krepieren*; *Heute ist mein Geburtstag*. Lebensgroße Puppen waren in das Bühnengeschehen integriert. In *Wielopole, Wielopole* diente das Double der Braut als Spielball der Kameraden des Bräutigams; auf diese Weise wurde ihre Vergewaltigung symbolisch angezeigt. Mitten im Trubel agierte der Regisseur, wie in allen Inszenierungen des ‚Theaters des Todes‘ als eine Art Dirigent oder Zeremonienmeister. Im schwarzen Anzug, einen weißen Schal um den Hals, trieb er das Spiel an oder suchte es zu verlangsamen, rückte die Objekte zurecht oder gab den Technikern stumme Zeichen. So wurde jede Aufführung, ähnlich wie beim → Happening, zu einem einmaligen Ereignis. Das Bühnenwerk *Die Künstler sollen krepieren* war geprägt von seltsamen Folterapparaten und Todesmaschinen sowie von Objekten, die mit ihren Trägern fest verbunden gewesen sind (‚Bio-Objekte‘).

Der in Berlin lebende Achim Freyer begreift sich eigentlich als Maler. Seine Inszenierungen beruhen einerseits auf Opernwerken und Sprechstücken, andererseits auf epischen Texten wie den *Metamorphosen* des Ovid oder auf nichtdramatischen Musikwerken wie Händels *Messias*. Der Künstler versteht seine Werke als Kompositionen in den verschiedenen Sprachen des Theaters. Sprache ist für ihn nicht nur das Wort, sondern auch der Laut und die Musik, die Form und die Farbe, der Raum und die Bewegung. Die einzelnen Elemente verhalten sich im Bühnengeschehen zueinander wie ‚autonome Gestirne‘. Die Wörter sollen nicht die Bilder erklären, die Bilder sollen nicht die Wörter schmücken. Freyer interpretiert seine literarischen unmusikalischen Vorlagen nicht, sondern schafft ihnen Gefäße, in denen sie optisch zur Geltung kommen können.

Die New Yorker Kunstszene um 1970, die PopArt, der Postmodern Dance, die Musik-Events von John Cage, bildeten den Humusboden für die Entwicklung der Kunst von Robert Wilson, dem bedeutendsten Vertreter des B im letzten Viertel des 20. Jhs. Mit seinem Bemühen, die Einzelkünste zusammenzuführen, knüpft Wilson an die von Wagner, Appia und schließlich von Kandinsky durchdachte Idee des theatralen Gesamtkunstwerks an. Von ihm selbst als ‚Opera' bezeichnet (in der wörtlichen Bedeutung von *arbeiten*), sind Wilsons Bühnenwerke der 1970er Jahre weder zum Schauspiel noch zur Oper oder zum Ballett zu rechnen. Es handelt sich um eine eigenständige Gattung, bei der keine der Komponenten dominiert, wenn auch das Bildnerische oft die Führung übernimmt. Mit der Verweigerung von Kausalität und Psycho-Logik erschienen Wilsons ‚Operas' eher als ‚Tagträume' denn als Nachahmungen wiedererkennbarer Realitäten.

In seinen Frühwerken setzte Wilson fast ausschließlich die visuellen Elemente des Theaters in grandioser Üppigkeit ein. Louis Aragon hat dafür den Begriff ‚Stumme Oper' geprägt, als er 1971 Wilsons *Deafman Glance* (*Der Blick des Tauben*) anlässlich eines Gastspiels in Paris in einem offenen Brief an seinen (schon fünf Jahre toten) Surrealisten-Freund André Breton als Erfüllung ihres gemeinsamen Traumes rühmte. Da heißt es: „Ich habe niemals etwas Schöneres auf dieser Welt gesehen, [...] denn es ist zugleich das wache Leben und das Leben bei geschlossenen Augen, die Verwirrung zwischen der Welt aller Tage und der Welt jeder Nacht, Realität vermischt mit Traum, das gänzlich Unerklärliche im Blick des Tauben." (Aragon 709f.)

Aragon, Louis: Surrealist durch die Stille. In: Barck, Karlheinz (Hg.): Surrealismus in Paris 1919–1939. Leipzig 1990; Brecht, Stefan: The Origin Theatre of the City of New York, Bd. 1: The Theatre of Visions. Frankfurt a. M. 1978; Kandinsky, Wassily: Über Theater. Köln 1998; Kantor, Tadeusz: Theater des Todes. Nürnberg 1983; Ders.: Ein Reisender. Nürnberg 1988; Katalog der Städtischen Galerie im Städelschen Kunstinstitut. Frankfurt a. M. 1986; Keller, Holm: Robert Wilson. Frankfurt a. M. 1997; Lista, Giovanni: La scène moderne. Paris 1997; Die Maler und das Theater im 20. Jahrhundert. Katalog der Schirn Kunsthalle. Frankfurt a. M. 1986; Raumkonzepte. Konstruktivistische Tendenzen in Bühnen- und Bildkunst. 1910–1930; Rischbieter, Henning/Storch, Wolfgang (Hg.): Bühne und Bildende Kunst im XX. Jahrhundert. Velber 1968; Scheper, Dirk: Oskar Schlemmer. Das Triadische Ballett und die Bauhausbühne. Berlin 1988; Schlemmer, Oskar/Moholy-Nagy, Laszlo/Molnár, Faskas: Die Bühne im Bauhaus. München 1925; Shyrer, Lawrence: Robert Wilson and his collaborators. New York 1989; Simhandl, Peter: Achim Freyer. Frankfurt a. M. 1991; Ders.: Bildertheater. Bildende Künstler des 20. Jahrhunderts als Theaterreformer. Berlin 1993.

PETER SIMHANDL

→ Bühnenbild – Bühnenräume – Konstruktivismus – Objekttheater – Performance

Bildung → Kulturelle Bildung

Bildungsvereine der Sozialdemokratie → Arbeitertheater

Biographisches Theater

→ Autobiographisches Theater

Biomechanik

Der russische Regisseur Wsewolod → Meyerhold verkündete 1922 die Prinzipien seines Ausbildungs- und Spielsystems für Schauspieler – der B. „Das erste Prinzip der Biomechanik ist folgendes: Der Körper ist eine Maschine, der Arbeitende ist der Maschinist." (Meyerhold zit. n. Bochow 88) Meyerhold sprach ebenso von der ‚Taylorisierung' des Theaters, wobei die Ökonomisierung der Bewegung im industriellen Produktionsprozess nach dem amerikanischen Taylor-System als Modell für die Neugestaltung des gestischen Theaterspiels gelten sollte. Wenngleich dieses Motto den Einfluss des Technikkultes auf die Avantgarde-Kunst nach der Oktoberrevolution von 1917 belegt, ist Meyerholds B einer Tradition verpflichtet, die dem Naturalismus des Theaters des ausgehenden 19. Jhs. eine ‚Retheatralisierung' entgegensetzte und sich dabei auf tradierte Theatertechniken stützte.

Nach seiner Trennung von → Stanislawskis Moskauer Künstlertheater und Jahren eigener Regietätigkeit in der Provinz sowie Experimenten als Regisseur an den führenden Petersburger Theatern gründete Meyerhold 1913 in St. Petersburg ein eigenes Studio (*Studio auf der Borodinskaja*). Dort experimentierte er mit Formen der Commedia dell'Arte, des japanischen Kabuki-Theaters und der → Pantomime und entwickelte, angeregt durch den sizilianischen Schauspieler Giovanni Grasso, erste Etüden und Spielformen des späteren

Systems. 1921/22 entwickelte Meyerhold diese Ansätze weiter und systematisierte sie unter dem Namen B. Ausgangspunkt der B war für Meyerhold die Vorstellung, das ‚innere‘, psychische Moment im Schauspielprozess vom ‚äußeren‘, physiologischen abzuleiten. Dementsprechend ließ Meyerhold seine Schauspieler Grundkurse in Akrobatik, Tanz, Boxen und Fechten absolvieren und anhand von Übungen das Bewegungsvermögen nach dem ‚Totalitätsprinzip‘, nach welchem der Körper als Ganzes an der Realisierung einer → Bewegung teilnimmt, ausbilden. Weitere Schwerpunkte waren Spannung und Entspannung, Orientierung im Raum und Rhythmizität.

Dann folgte die Arbeit an den Etüden nach dem Grundprinzip der Segmentierung der Bewegung. Jede einzelne Bewegung wird in Grundelemente (Bewegungsphasen) zerlegt, die zusammen einen geschlossenen Zyklus bilden. Dieser besteht aus: (1.) *Otkas* – die vorbereitende Gegenbewegung; (2.) *Posyl* – Ausführung der Bewegung und (3.) *Stoika* – Stand (Fixierung). Jedes Bewegungselement einer Etüde wird zunächst segmentiert trainiert, dann zu einem Bewegungsfluss zusammengesetzt. Im Unterschied zur alltäglichen, unbewusst geführten Bewegung soll die Bühnenbewegung durch Verinnerlichung dieser Bewegungsgesetze organischer und kontrollierter sein. Sie soll Ausdrucksbewegung werden, ohne in Pose zu erstarren. Meyerhold formulierte seinen methodischen Ansatz in einem Paradox: „Im Kern des Theaters liegt das völlige Fehlen von Freiheit und die Freiheit der → Improvisation!“ (Meyerhold zit. n. Bochow 96)

Entsprechend gilt als Arbeitsprinzip der B: anhand von Bewegungsetüden nach streng vorgegebenem Muster das körperliche Vermögen so lange schulen, es mit immer neuen Möglichkeiten anreichern, bis die Stufe erreicht ist, wo der Schauspieler auf der Bewegungspartitur der Etüde spielen, improvisieren kann. Die mit der Aneignung der Trainingsetüden gewonnene Freiheit in der körperlich-rhythmischen Gestaltung soll dann in der Arbeit an der Rolle umgesetzt werden in einer freien und gleichzeitig kontrollierten Entfaltung psychischer Prozesse auf der Basis einer entwickelten Partitur körperlichen Spiels.

Die bekanntesten Beispiele solcher Bewegungspartituren sind die Etüden *Der Bogenschütze (Der Schuss mit dem Bogen), Der Steinwurf, Der Dolchstoß, Sprung auf die Brust, Die Ohrfeige*. Während die Soloetüden (*Bogenschütze, Steinwurf*) eine geschlossene Handlungsfolge darstellen, kommt bei den Paaretüden (*Dolchstoß, Sprung auf die Brust, Ohrfeige*) noch eine dramatisch angereicherte situative Komponente hinzu. Oft wirken Etü-

den wie *Der Dolchstoß* merkwürdig theatral und martialisch und wollen so gar nicht zum Bild der konstruktivistisch-tayloristischen Proklamationen Meyerholds der frühen 1920er Jahre passen. Aber so, wie die B nicht notwendig zu einer körperlich-exzentrischen Spielweise führen muss, liegen ihre Wurzeln in den frühen Experimenten Meyerholds, vor allem bezogen auf die Commedia dell'Arte.

Das wichtigste Prinzip der Struktur der Bewegungspartituren ist das *Otkas*-Prinzip. Der russische Begriff *Otkas* bedeutet wörtlich: Weigerung/Ablehnung. Das scheint zunächst irritierend. Im physiologischen und räumlichen Sinn bezeichnet *Otkas* die vorbereitende Gegenbewegung, um eine beabsichtigte Bewegung ausführen zu können (um einen Schlag auszuführen, muss ich ausholen). Die *Otkas*-Bewegung ist ein Kernelement der segmentierten Bewegungspartituren, wie sie in den biomechanischen Etüden modellhaft ausgeformt sind. Neben der physiologischen Bedeutung hat der *Otkas*-Begriff auch eine dramaturgische Funktion. „Als Meyerhold einmal gefragt wurde, was der *Otkas* sei, antwortete er sehr kurz: ‚Um mit dem Bogen schießen zu können, muss man die Sehne spannen‘. Dann, nach einigem Nachdenken, begann er lange und mit Begeisterung zu erzählen, wie man die letzte Szene von *Othello* spielen muss. Bevor er Desdemona erwürgt, muss der Schauspieler eine Szene unbegrenzter Liebe zu ihr spielen.“ (Warpachowski 474) Die Liebesszene vor dem Erwürgen wäre erneut eine Form der Technik des *Otkas*. Meyerhold findet dieses Moment dramaturgischer Spannung und Widerspruchsbewegung auch in den Gemälden Delacroix' und in der Poesie Puschkins.

Nach der Aneignung und Verinnerlichung der Bewegungsprinzipien wird, zunächst auf der Basis der Etüden, zur freien Improvisation übergegangen. Der Schauspieler kann nun auf der Partitur der Etüde spielen, die Bewegungen in Rhythmus und Dynamik variieren, mit dem Partner, dem Raum und den Gegenständen spielen. Zu Musik und Maske kommt die Arbeit mit der Stimme hinzu. Meyerhold entwickelte Etüden auch aus Szenen der europäischen Dramatik, so aus *Hamlet* und aus Calderons *Der standhafte Prinz*. Nach der Entwicklung der Bewegungspartitur zunächst ohne Text, ging er dann dazu über, die Szene nun ganzheitlich mit all ihren Elementen spielen zu lassen.

Mit der Inszenierung des *Großmütigen Hahnrei* von Crommelynck trat die B am 25. April 1922 als Ausbildungs- und Spielsystem, das eine neue Theaterkultur begründen sollte, erstmals an die Öffentlichkeit.

Die Inszenierung rief lebhafte Diskussionen hervor. Man war empört oder begeistert über die rhythmische und körperlich-expressive Spielweise, über die Darsteller in ihrer Einheitskluft, der sog. *Prosodeshda*. Bald darauf folgten öffentliche Demonstrationen des neuen Systems sowie Vorträge Meyerholds wie *Der Schauspieler der Zukunft und die Biomechanik*.

Dass die B als Basis der schauspielerischen Ausbildung nicht auf einen Inszenierungsstil festgelegt ist, bewies Meyerhold mit seinen sich stets verändernden, sich erweiternden und differenzierenden Konzepten. In der Inszenierung von Gogols *Der Revisor* (1926) besticht vor allem der Meyerhold-Schüler Erast Garin als Chlestjakow durch sein körperlich-präzises und verfeinertes Spiel. Allerdings werden Meyerhold auch Einseitigkeiten seines ‚Systems‘, das er mitunter auch polemisch dem Stanislawski-System gegenüberstellte, bewusst. So erwähnt er in seiner Theorie die Entstehung von Emotionen des Schauspielers aus Reflexen, wobei er Modelle der damals populären Theorien Pawlows und Bechterews aufgriff, was zu vielen Missverständnissen führte. Korrekturen in der Programmatik nahm er nicht vor, in seiner praktischen Arbeit jedoch hielt sich Meyerhold nicht schematisch an sein ‚System‘. Insgesamt ist die B mehr ein empirisch gewachsenes als ein theoretisch bestimmtes Konzept.

Mit der einsetzenden Repression der Avantgarde-Kunst durch Stalins Kulturpolitik seit Ende der 1920er Jahre geriet auch die B als ‚formalistische‘ Kunst ins Kreuzfeuer der Kritik. Mit der Schließung des Meyerhold-Theaters 1938 und der späteren Verhaftung und Hinrichtung Meyerholds (1940) verschwand die B in der Praxis für Jahrzehnte von der Bildfläche. Meyerholds Schüler, der Regisseur Sergej Eisenstein, rettete einen wichtigen Teil des Meyerhold-Archivs, das allerdings erst seit Ende der 1980er Jahre allgemein zugänglich wurde, so dass ein Teil der Materialien in den Veröffentlichungen von Meyerholds Texten vor 1990 nicht erscheint. Andere Schüler von Meyerhold gaben ihre Kenntnisse weiter, ohne dass man davon in der offiziellen sowjetischen Kultur Notiz nahm. Während man in Westeuropa und den USA anhand von Fotos und Aufzeichnungen zahlreiche Rekonstruktionsversuche unternahm, ohne sich auf eine praktische Überlieferung stützen zu können, traten in den 1980er Jahren in der Sowjetunion junge Schauspieler auf den Plan, die von ehemaligen Instrukteuren und Schauspielern des Meyerhold-Theaters in B ausgebildet waren. Eine dieser Gruppen bildete sich am Moskauer *Theater der Satire* unter der Leitung des ehemaligen Instrukteurs für B am Meyerhold-Theater Nikolai Kustow. Aus dieser Gruppe kommen die Schauspieler und B-Lehrer Gennadi Bogdanow und Alexej Lewinski. Bogdanow unterrichtet B in vielen westeuropäischen Ländern, in den USA, Australien und Südostasien. Am *Mime Centrum Berlin*, das seit 1991 mit Bogdanow zusammenarbeitet, ist eine *Internationale Schule für Biomechanik* entstanden.

Bochow, Jörg: Das Theater Meyerholds und die Biomechanik. Berlin 1997; Feldman, Oleg (Hg.): Meyerhold i Drugije. Moskau 2000; Gladkow, Aleksandr: Meyerhold. Moskau 1990; Hoffmeier, Dieter/Völker, Klaus (Hg.): Werkraum Meyerhold. Berlin 1995; Meyerhold, Wsewolod: Schriften. Berlin 1979; Mime Centrum Berlin (Hg.): Das Theater Meyerholds und die Biomechanik [Video]. Berlin 1997; Rudnizki, Konstantin: Reshisser Meyerhold. Moskau 1969; Warpachowski, Leonid: Sametki Proschlych Let. In: Wstretschi s Meyercholdom. Moskau 1967.

JÖRG BOCHOW

→ Avantgarde – Konstruktivismus

Boal, Augusto

Geb. 1931. Autor, Regisseur und Theaterleiter. 1956–71 Leitung des *Teatro de Arena* in São Paulo, 1971–76 lebt B im argentinischen Exil. 1978 Gründung des *Centre d'etude et de diffusion des techniques actives d'éxpression* (CEDITADE). Seit 1986 Leitung des *Centro do teatro do Oprimido* (→ Theater der Unterdrückten) in Rio de Janeiro. Als Abgeordneter der PT (Arbeiterpartei) im Stadtparlament 1992–96 konnte B ein umfangreiches Team von künstlerischen und Rechts-Mitarbeitern einstellen und ein Modellprojekt der aktiven Beteiligung der Bevölkerung an politischen Entscheidungsprozessen entwickeln (→ Legislatives Theater). Kennzeichen der von B entwickelten Theatertechniken sind die Aufhebung der Trennung von Bühne und Publikum, die Erhebung von Konflikten des Subjekts zum zentralen Spielgegenstand sowie die Erarbeitung gesellschaftspolitischer Lösungsmöglichkeiten auf der Bühne.

Theater der Unterdrückten. Frankfurt a. M. 1979; Der Regenbogen der Wünsche. Methoden aus Theater und Therapie. Seelze 1999.
Axter, Melanie: Das Theater der Unterdrückten Augusto Boals und seine Präsentation in der Gegenwart. Stuttgart 2001; Baumann, Till: Von der Politisierung des Theaters zur Theatralisierung der Politik. Stuttgart 2001; Feldhendler, Daniel: Psychodrama und Theater der Unterdrückten. Frankfurt a. M. 1992; Institut für Jugendarbeit des Bayrischen Jugendrings in Gauting (Hg.): Theater macht Politik. Die Methoden des Theaters der Unterdrückten in der Bil-

dungsarbeit. Gauting 1995; Kempchen, Doris: Wirklichkeiten erkennen, enttarnen, verändern. Dialog und Identitätsbildung im Theater der Unterdrückten. Stuttgart 2001; Neuroth, Simone: Augusto Boals Theater der Unterdrückten in der pädagogischen Praxis. Weinheim 1994; Off-Theater (Hg.): Der Regenbogen der Wünsche. Videoprotokoll eines Workshops mit Augusto Boal zu den neuen Techniken [VHS-Format]. Neuss 2000; Reflexionen, Perspektiven. 20 Jahre Theater der Unterdrückten in Deutschland [Themenschwerpunkt]. In: Korrespondenzen, 1999, H. 34; Ruping, Bernd (Hg.): Gebraucht das Theater. Die Vorschläge von Augusto Boal. Erfahrungen, Varianten, Kritik. Lingen, Remscheid 1991; Thorau, Henry: Augusto Boals Theater der Unterdrückten in Theorie und Praxis. Rheinfelden 1982.

GABRIELA NAUMANN / JÜRGEN WEINTZ

Bollmann, Hans

Geb. 1937. Studium der Pädagogik. Professionelle Theaterarbeit als → Pantomime (u. a. mit Marcel Marceau). Dissertation über Pantomime. Seit 1975 Professor am Fachbereich Erziehungswissenschaft, später Institut für Ästhetische Erziehung der Universität Hamburg. Arbeitsschwerpunkte sind u. a. → Rollenspiel in der Grundschule, → Darstellendes Spiel (DS) in der Sekundarstufe, Theorie und Praxis von → Spiel und Theater im Rahmen von Lehramtsstudiengängen, → Didaktik des Lernbereichs DS.

Untersuchungen zur Kunstgattung Pantomime. Hamburg 1968; Hamburger Verhältnisse. Theaterpädagogik und Lehrerbildung. In: Belgrad, Jürgen (Hg.): TheaterSpiel. Ästhetik des Schul- und Amateurtheaters. Hohengehren 1997; ,Ja, es schallt durch ganz Berlin: Ach, die arme Lehrerin ...'. Volker Ludwig und die Pädagogik. In: Fischer-Fels, Stefan (Hg.): Der Schriftsteller Volker Ludwig. Berlin 1999.
Bollmann, Hans/Marquardt, Brigitte: Zur Situation des Darstellenden Spiels in der Schule. Eine Befragung von Spielleiterinnen und Spielleitern an Hamburger Schulen. In: Spiel und Theater, 1993, H. 152; Ders./Wallrabenstein, Wulf: Kindertheater. In: Grundschule, 1986, H. 7.

GABI BEIER

Bosse, Friedrich

1848–1909. Seit 1879 politisch aktiv im Leipziger Arbeiterverein (lokale Organisation der sozialdemokratischen Partei). 1879 Mitbegründer und Vorsitzender des ,Fortbildungsvereins für Arbeiter' (1890 umbenannt in ,Arbeiterverein'), aus dem sich unter seiner Leitung das Leipziger → Arbeitertheater entwickelte, für das er auch zahlreiche Stücke schrieb. Für B diente

Theaterarbeit, in deren Mittelpunkt die szenische Agitation stand, der sozialistischen Bildung der Arbeiter.

Die Alten und die Neuen. Festspiel. Leipzig 1888; Die Arbeitervereine haben doch eine Zukunft! Soziales Bild. Leipzig 1890; Der erste Mai. Zeitbild. Leipzig 1890; Im Kampf. Drama. Leipzig 1892; Eine Frau mit Vorurteilen. Schwank. Leipzig 1893; Verschiedene Weltanschauungen. Soziales Bild. Leipzig 1894; Der Traum eines Arbeiters. Festspiel. Leipzig 1895; Die Arbeiter und die Kunst. Schwank. Leipzig 1897; Ein Blick in die Zukunft. Festspiel. Leipzig 1898; Der Arbeiterverein Leipzig. Seine Entstehung und seine Entwicklung. Leipzig 1904.
Schröder, Gustav (Hg.): Frühes Leipziger Arbeitertheater. Friedrich Bosse. Berlin 1972.

GABI BEIER

Brecht, Bertolt

1898–1956. Dramatiker, Lyriker, Erzähler, Regisseur, Theaterleiter. 1917/18 Medizin- und Literaturstudium in München, ab 1919 Fortsetzung des Literaturstudiums. 1922–24 Dramaturg an den Münchner Kammerspielen, 1926 Dramaturg am Deutschen Theater in Berlin. Auseinandersetzung mit dem Marxismus, Entwicklung des epischen Theaters. 1933 Emigration nach: Dänemark, Schweden, Finnland, USA. 1949 Gründung des Berliner Ensembles (zusammen mit seiner Frau Helene Weigel als Leiterin). B gilt als einflussreichster Dramatiker und Theatertheoretiker des 20. Jhs. Kennzeichnend sind das Verfremdungs- und Lehrstücktheater, in denen eine nicht selbstverständliche, eine veränderbare Realität präsentiert wird. Theater konstituiert sich als experimenteller Ort, der zu eigenverantwortlichem Denken und Handeln aufruft und auf die Veränderung der sozialen Verhältnisse zielt.

Werke. Große kommentierte Berliner und Frankfurter Gesamtausgabe. 30 Bde. u. Registerbd. Hg. v. Werner Hecht u. a. Frankfurt a. M. 1989–2000.
Blank, Richard: Schauspielkunst im Theater und Film – Strasberg, Brecht, Stanislawski. Berlin 2001; Hecht, Werner: Brecht Chronik. Frankfurt a. M. 1997; Klim, Taekwan: Das Lehrstück Bertolt Brechts. Frankfurt a. M. 2000; Knopf, Jan: Bertolt Brecht. Stuttgart 2000; Ders. (Hg.): Brecht-Handbuch. 4 Bde. Stuttgart 2001–2003; Koch, Gerd: Lernen mit Bert Brecht. Frankfurt a. M. 1988; Müller, Heiner: Zum Lehrstück. In: Korrespondenzen, 1988, H. 3/4: Arbeitsfelder der Theaterpädagogik; Steinweg, Reiner: Das Lehrstück. Stuttgart 1976; Ders.: Das gestische Prinzip bei Bertolt Brecht. Köln 1986; Vogel, Harald (Hg.): Bertolt Brecht lesen. Lesewege – Lesezeichen zum literarischen Werk. Baltmannsweiler 1999.

GABRIELA NAUMANN

Broich, Josef

Geb. 1948. Studium der Betriebswirtschaft, Pädagogik, Soziologie und Psychologie. Sein Interesse gilt der spielpädagogischen Praxis mit unterschiedlichen → Zielgruppen, aus der heraus seine zahlreichen Spielbücher entstanden. Vorsitzender der Rheinischen AG Spiel und Theater (RAST) in Köln.

Rollenspiele der Erwachsenen. Anleitungen und Beispiele für Erwachsenenbildung, Sozialarbeit, Schule. Reinbek 1980; Spiel- und Theaterpädagogik. Systematischer Literaturnachweis und Beratungsdokumentation 1975 bis 1981. Bibliographisches Handbuch zu Spiel, Theater, Kultur mit Nachweis der Bezugsquellen, Medienverleiher, Spielgruppen. Duisburg 1981; Erwachsenwerden. Szenen und Spiele für die Gruppenarbeit. Gelnhausen 1983; Sprachspiele. Gruppenspiele mit Körper und Stimme. Köln 1993; Phantasiespiele für Gruppen. Über einhundert neue Spiele zu Bewegung, Körper, Kontakt. Köln 1994; Spiel-Bibliographie. Bibliographisches Handbuch zu Spiel, Bewegung, Animation. 2 Bde. Köln 1995–1998; Entspannungsspiele. Köln 1998; Körper- und Bewegungsspiele. Über einhundertdreißig Gruppenspiele. Köln 1999; Rollenspiel-Praxis. Vom Interaktions- und Sprachtraining bis zur fertigen Spielvorlage. Köln 1999.
Broich, Josef (Hg.): ABC der Theaterpädagogik 2. Systematischer Dokumentationsnachweis der Theatergruppen, Amateurtheatervereine, Freilichtbühnen, Fachverbände, Spielberatungsstellen, Fortbildungsträger im deutschsprachigen Raum. Köln 2003.

GABI BEIER

Brook, Sir Peter Paul

Geb. 1925. Regisseur, Theaterleiter. 1942–44 Studium am Magdalen College/Oxford. Seit 1945 Inszenierungen in England und Belgien, 1962 zusammen mit Peter Hall Direktor der *Royal Shakespeare Company*. Gleichzeitige Gründung des experimentellen *Lambda Theatres*. 1970 zusammen mit Micheline Rozan Gründung des *Centre International de Recherches Théâtrales* (C.I.R.T.) in Paris, nach 1974 *Centre International de Créations Théâtrales* (C.I.C.T.). B versteht Theater als soziale, politische und humanistische Aufgabe, als totalen Ausdruck der Zeit. Inszenierungen im ‚leeren Raum' mit Verzicht auf Bühnendekoration und optische Effekte, die SchauspielerInnen stehen im Zentrum der Aufführung. Intensive → Kommunikation mit dem Publikum. Erforschung der Zeichenhaftigkeit von Schauspiel.

Der leere Raum. Hamburg 1969; Wanderjahre. Schriften zu Theater, Film, Oper 1946–1987. Berlin 1989; Das offene Geheimnis. Gedanken über Schauspielerei und Theater.

Frankfurt a. M. 1994; Vergessen Sie Shakespeare. Berlin 1997; Zeitfäden/Erinnerungen. Frankfurt a. M. 1999.
Josephson, Erland: Spielräume. Notizen während einer Tournee mit Peter Brooks Inszenierung des Kirschgarten. Berlin 1991; Mainusch, Herbert: Regie und Interpretation. Gespräche. München 1985; Ortolani, Oliver: Peter Brook. Regie im Theater. Frankfurt a. M. 1988; Pfaff, Walter/Keil, Erika/Schläpfer, Beat (Hg.): Der sprechende Körper. Texte zur Theateranthropologie. Berlin 1996.

GABRIELA NAUMANN

Buchwald-Wegeleben, Hildegard

1917–1999. Bewegungspädagogin. Ausbildung an der renommierten Jutta-Klamt-Schule in Berlin. Seit 1946 Leitung des Bewegungsunterrichts an der wiedereröffneten (von Max Reinhardt gegründeten) ‚Schauspielschule des Deutschen Theaters' in Berlin, der späteren ‚Hochschule für Schauspielkunst ‚Ernst Busch". Bewegungslehrerin an zahlreichen Theatern der DDR, z. B. ab 1959 am Berliner Ensemble. Choreografin verschiedener Schauspielinszenierungen. Ihre Methode, wesentlich beeinflusst von Mary Wigman und weiterentwickelt zum Fach ‚Körper-Stimmbildung', fand auch international Verbreitung. Seit 1993 unterrichtete B-W als Honorarprofessorin an der ‚Hochschule für Schauspielkunst ‚Ernst Busch", an der sie auch Ehrenmitglied ist.

GABI BEIER

Bühnenbild

Bei B handelt es sich um die Gestaltung von → Bühnenräumen, daher ist die Bezeichnung ‚Bühnenbild' eigentlich falsch. Der Leiter des Russischen Balletts Sergej Diaghilew verpflichtete Maler für die Gestaltung der Bühne. Oskar Schlemmer stellte fest, dass eigentlich nur Max Ernst auf den Raum der Bühne wirklich eingegangen ist. Schlemmer untersucht diesen Raum, beschreibt sein Kräftefeld durch ein Liniennetz, das die unterschiedlichen Wertigkeiten der Bühnenorte bewusst macht (vgl. Schlemmer). So ist die ausgewogene Mitte gewichtiger als ein Ort an der Bühnenseite. Diesen Bühnenraum gestaltet der Bühnenbildner mit seinen Mitteln, den Formen, Farben und dem Licht. Er dynamisiert den Raum oder beruhigt ihn, er lässt ihn flüchtig erscheinen oder gesichert.

Um dieses Kräftefeld zu ergründen, kann in einem leeren schwarzen Bühnenraum experimentiert werden, indem Weniges hineingestellt wird, z. B. eine

Latte oder eine schmale Wand. Wie teilen sie den Raum? Wie verhält sich ein Spieler in den Raumsegmenten? Welche Haltungen nimmt er ein? Welchen Einfluss haben diese Haltungen auf die Dynamik des Bühnenraumes? Es ist viel Zeit nötig, um den Raum als Spielort kennen zu lernen.

Ein Spielraum ist nicht, er geschieht: Das B ist kein Bild, sondern ein Vorgang: Zum Bühnenspiel gehört die Dimension Zeit. Der Bühnenbildner hat sich mit der dramaturgischen Entwicklung des Stückes auseinander zu setzen. Es kann in den Veränderungen des Raumes der Dramaturgie folgen oder ein Gegengewicht bilden. Um räumliche Situationen und Entwicklungen zu erproben, kann im Modell mit schmalen Wänden gearbeitet werden, abgeleitet von Craigs *screens* (vgl. Bablet). Normpodeste von 1 m x 2 m und Wände von 1 m x 2,50 m sind geeignet, um Räume gut zu entwickeln. Um sie aufstellen zu können, sind sie mit Bühnenscharnieren verbunden. Die Arbeit mit dem Modell ist thp hilfreich, weil sie schnelle Entscheidungen erlaubt. Gegenüber der Skizze stellt das Modell die Raumsituation sehr viel konkreter dar.

Das B soll dem Spieler Spielmöglichkeiten eröffnen: Schon Adolphe Appia erkundete in seiner Zusammenarbeit mit Émile → Jaques-Dalcroze die Beeinflussung der Bewegung durch Podeste (vgl. Appia). Die russischen Futuristen und Konstruktivisten bauten Spielgerüste – z.B. Liubov Popowas Bühnenbild zu Wsewolod → Meyerholds Inszenierung ‚Der großmütige Hahnrei‘, die sie ‚nackt‘ in den Raum stellten, ohne sie durch Lokalkolorit zu verkleiden. Es sind funktionale Gerüste, die für die Choreographie des Stückes und für die Platzierung der Spieler auf verschiedenen Raumebenen geschaffen wurden.

Schlemmer untersuchte in seinem Kulissentanz Podeste in ihren Funktionen als Grenze, als Platz zum Sitzen, als Ort zum Lagern und Wände in ihrer Funktion des Verdeckens, des Täuschens und als überraschende Auftrittsmöglichkeit. Podeste, Treppen und Wände geben den Spielern Möglichkeiten für Bewegungen und Haltungen (vgl. Schlemmer).

Das B sollte SpielerInnen optisch stützen: Sie können vom Bild ‚erschlagen‘ werden, übertönt von Farben und Formen; sie können aber auch herausgestellt werden. Der dunkle Spieler vor der hellen Wand, der helle Spieler vor einem leeren dunklen Raum. Durch das Bild lassen sich Orte unterschiedlicher Wertigkeit und Spannung herstellen. Die Beziehung von Kostüm und Bild ist dabei sehr wesentlich.

Das Licht ist ein entscheidendes Gestaltungsmittel für die Bühne: Schon Edward Gordon Craig zeigte 1905, wie zu dem gleichen Szenenbild *Die Treppe* durch unterschiedliches Licht völlig gegensätzliche Szenerien entstehen. Licht schafft Atmosphäre, Licht betont, isoliert und verbindet (vgl. Bablet).

Alles, was auf der Bühne steht, hat eine Bedeutung: Jeder Stuhl – und der Stuhl ist nur ein Beispiel – erzählt eine Geschichte durch seine Gestalt: rund oder eckig, dünn oder kompakt, modern oder alt; durch die Materialien mit denen er gebaut wurde: Holz, Metall oder Plastik; durch seine Farbe: sanft oder aggressiv, warm oder kalt; durch seine Oberfläche: weich oder hart, einfarbig oder gemustert und durch seinen Zustand: neu oder alt, geschont oder verschlissen. Seine Geschichte wird deutlich, wenn alles auf der Bühne bewusst eingesetzt wird, d.h. wenn die anderen Gegenstände auf der Bühne die Geschichte dieses Stuhls unterstützen oder auch kontrastieren.

Aber nicht nur der Stuhl erzählt, sondern auch seine Stellung im Raum und das Miteinander der Gegenstände im Raum. Der Stuhl erzählt etwas über den Spieler, dem er ‚gehört‘, über die Situation, die gespielt wird.

Das Bühnenbild sollte in einem Zusammenhang mit der Spielergruppe stehen: Wenn Grundschüler ein Stück aufführen wollen, sollte der Spielleiter überlegen, wie er die großartigen bildnerischen Möglichkeiten der Kinder für die Gestaltung des Spielraums und der Kostüme nutzen kann. „Die Bühne ist ein großer Spiegel uns gegenüber, in dem wir über uns lesen. Gleichnis, Spiegelung der Welt, Bei-Spiel. Nicht Interpretation, nicht Illustration, nicht Illusion, nicht Imitation der Welt, sondern höchstens Theater. Gutes Theater aber ist eine Welt, kein Ausschnitt von Welt" (Freyer zit. n. Simhandl 143).

Appia, Adolphe: Darsteller, Licht, Raum, Malerei. In: Lazarowicz, a.a.O.; Bablet, Denis: Edward Gordon Craig. Köln 1965; Lazarowicz, Klaus/Balme, Christopher (Hg.): Texte zur Theorie des Theaters. Stuttgart 1991; Schlemmer, Oskar: Die Bauhausbühne. In: Lazarowicz, a.a.O.; Simhandl, Peter: Bildertheater. Berlin 1993.

PETER STEINEKE

→ Bildertheater – Konstruktivismus

Bühnenräume

Oskar Schlemmer beschreibt den besonderen Ort Bühne als einen spannungsgeladenen Kunstraum, der das bewusst Geformte verlangt: „Die leere Bühne! Sie wissen, mit welcher Spannung man darauf wartet, was geschieht. Die geringste Kleinigkeit, ein Punkt, ein Laut wird in die Sphäre des Bedeutsamen gerückt. Die

Erscheinung des Menschen wirkt wie ein Naturereignis." (Schlemmer)

Die Betrachtung unterschiedlicher Bühnenformen ist besonders in Bezug auf die Zuordnung von Bühne und Publikum interessant. Was bedeutet eine Bühnenform für das Spiel und für das Rezeptionsverhalten der Zuschauer?

Die Arenabühne besteht aus einem kreisförmigen Tanzplatz, der Orchestra, dem Aktionsfeld für den Chor. Dieses wurde zu zwei Dritteln umschlossen vom Theatron, den am Berghang gelegenen und damit steil ansteigenden Sitzplatzreihen. Das Dionystheater an der Akropolis von Athen faßte 17 000 Zuschauer. Den Zuschauern gegenüber befand sich die einstöckige Skene. Sie beherbergte Kostüme, Masken und Requisiten. In ihr hielten sich die Schauspieler, Statisten und das technische Personal auf. Aus drei Türen konnten die Schauspieler auftreten. Seitlich wurde das Bühnenhaus durch vorspringende Paraskenien abgeschlossen. Der Übergang von der Skene zur Orchestra wurde durch eine flache Bühne und zwei bis drei Stufen als der Aktionsraum der Schauspieler gebildet. Das Flachdach des Bühnenhauses, das Theologeion, wurde für Götterauftritte genutzt. Das Dionysosfest dauerte sechs Tage. An vier aufeinanderfolgenden Tagen wurde ganztägig Theater gespielt.

Die Zuschauer saßen einander gegenüber; gespielt wurde am Tag, man sah sich und durchlitt gemeinsam die tragischen Ereignisse. Es wurde keine Illusion aufgebaut, sondern etwas in einer sehr ausgestellten Spielweise vorgeführt, vergrößert noch durch Masken und Kothurne. Man sah gemeinsam aus dem ungewöhnlichen Blickwinkel von oben auf die Bühne. Indem die Zuschauer die Orchestra umgaben, nahmen sie teil, waren Teil des dort agierenden Chors. Das Theater am Hang gab über das niedrige Bühnenhaus hinweg den Blick frei in die Weite und Größe der Landschaft und des Himmels.

Im Mittelalter wurden die Spieler aus der Kirche verbannt wegen der Drastik ihrer Darstellungen auch bei sakralen Spielen. Sie spielten in Buden auf Holztribünen und Dekorationswagen. Überliefert ist uns die Anlage von Valenciennes, eine langgestreckte Bühnenanlage aus plastisch gebauten symbolischen Orten für Himmel und Hölle und ,realen Orten', z. B. der Palast des Pilatus. Gespielt wurde simultan; die Zuschauer gingen von Station zu Station. Sie folgten dem Geschehen, setzten es für sich zusammen, indem sie durch ihre Bewegung die Zeitfolge in die simultan gespielten Szenen – etwa der Passionsgeschichte – bringen. Die Möglichkeit zur Bewegung, zum schnel-leren Weitergehen oder zum Verharren liefert sie dem Bühnenspiel nicht aus.

In der Kultur des Barock gewann das Theater eine zentrale Rolle. Es entwickelten sich vielfältige Theaterformen. Mit Hilfe der Guckkastenbühne und ihrer ausgeklügelten Maschinerie war es möglich, die Welt, den Himmel und die Hölle darzustellen. Dies gelang dank der perspektivischen Entdeckungen und einer raffinierten Bühnenmalerei mit großer Überzeugungskraft. Bühne und Zuschauerraum trennten sich.

Das Orchester, das sich zwischen Bühne und Zuschauer schob, verstärkte diese Trennung. Das Proszenium rahmte die höher gelegene Bühne wie ein Bilderrahmen das Bild. Die perspektivische Wirkung wurde durch hintereinander gestaffelte Kulissen, deren Bemalung die zunehmende Verkleinerung als Mittel nutzte, erreicht. Hinzu kam ein Abschlussprospekt, die leichte Schrägung des Bodens und die abgetreppten Soffitten.

Die erhöhte Guckkastenbühne mit dem dunklen Zuschauerraum führt zu einer strikten Trennung zwischen Bühnengeschehen und Zuschauern. Die Schauspieler spielen miteinander, haben es aber schwer, den Zuschauer mit in ihr Spiel einzubeziehen. Die Zuschauer nehmen einander nicht wahr; jeder einzelne ist konzentriert auf die Bühne, taucht ein in das Geschehen – so sehr, dass Bertolt → Brecht fürchtete, es könne darüber das Nachdenken vergessen werden (,Glotzt nicht so romantisch!').

Die Guckkastenbühne ermöglicht ein sehr differenziertes und vergleichsweise leises Spiel. Bei guter technischer Ausstattung können die wunderbarsten Illusionen erzeugt werden. Durch Dekoration und Beleuchtung lassen sich nuancenreiche atmosphärische Bilder herstellen, Tiefenräume vortäuschen und schnelle Bildwechsel ermöglichen – eine Bühne zum Zaubern und Verzaubern.

Als Nachteil wurde im 20. Jh. die Distanz zwischen Bühne und Zuschauern empfunden. Bei Beibehaltung des Grundmusters sind viele Versuche unternommen worden, diese Distanz zu überwinden, z.B. durch eine intensive Bespielung der Vorbühne, Thematisierung der Rampe oder durch eine geringere Betonung des Proszeniums. Die Vorschrift des eisernen Vorhangs, der die Bühne vom Zuschauerraum aus Brandschutzgründen trennt, setzt diesen Bemühungen allerdings Grenzen.

Da man im 20. Jh. die Festlegung auf eine Bühnenform als ungenügend empfand, entwickelte Walter Gropius für Erwin → Piscator das ,Totaltheater', das die unterschiedlichen Bühnenformen miteinander vereint und zusätzlich Projektionsflächen für das neue Medium Film bereitstellte. Leider ist dies aufwändige Projekt nie gebaut worden.

Aus der Einsicht, dass die Zuordnung von Bühne und Publikum für das Spielgeschehen sehr bestimmend ist, wurden Theaterräume für die jeweilige Aufführung völlig neu eingerichtet – so bei George → Taboris Theaterlabor in Bremen, aber auch bei Inszenierungen der Berliner Schaubühne am Halleschen Ufer oder der Berliner Volksbühne. Um dies auch bei einem Repertoirebetrieb mit vielen Zuschauern zu ermöglichen, baute man für die Berliner Schaubühne in ihrem neuen Haus am Lehniner Platz einen Raum, der in drei Segmente schalldicht teilbar ist, um unterschiedliche Raumgrößen zu ermöglichen. Es können so auch mehrere Vorstellungen gleichzeitig stattfinden. Die gesamte Bodenfläche ist mit 76 Scherenhubpodien aufgeteilt, die, hydraulisch angetrieben, schnelle Veränderungen der Bodenhöhen erlauben. Gestaffelte Zuschauerräume oder Bühnenlandschaften können mittels Knopfdruck-Befehl gebaut werden. Die Decke besteht aus einem von oben begehbaren Gitterrost. So lassen sich an jeder Stelle Beleuchtungseinrichtungen oder Punktzüge befestigen.

Im Bremer Kinder- und Jugendtheater ,moks' wird nur mit einem leeren Raum gearbeitet. Bewegliche Zuschauerpodeste ermöglichten immer wieder neue Zuordnungen von Zuschauern und Bühne. Bei ansteigenden Zuschauerpodesten kann auch ebenerdig gespielt werden. Ein schwarzer Raum, wie im Studio ,Spiel und Bühne' an der Universität Osnabrück, erlaubt den wirkungsvollen und gezielten Einsatz von Licht. In einem hellen Raum entstünde zu viel (störendes) Streulicht.

Für die Einrichtung von B, z. B. für die Schule im Zusammenhang mit dem Unterrichtsfach → Darstellendes Spiel ist ein leerer, möglichst hoher schwarzer Raum, ausgestattet mit genügend Podestmaterial zum Bau von Bühnen oder Zuschauertribünen zu empfehlen. Metallrohre unter der Decke, verteilt über den ganzen Raum, dienen der Befestigung von Scheinwerfern und der Bühnendekoration. So kann für jedes → Projekt die Entscheidung über die Gestalt der Bühne und damit über die Zuordnung von Zuschauerraum und Spielfläche neu getroffen werden.

Baur-Heinhold, Margarete: Theater des Barock. Minden 1966; Brauneck, Manfred/Schneilin, Gérard (Hg.): Theaterlexikon. Reinbek 1986; Schlemmer, Oskar: Über die Bühnenelemente. In: Kunsthalle Baden-Baden (Hg.): Bild und Bühne. Baden-Baden 1965.

PETER STEINEKE

→ Bildertheater – Bühnenbild – Bühnentechnik – Illusion im Theater – Zimmertheater

Bühnentechnik

Die B umfasst alle mechanischen Einrichtungen auf einem Theater, die zur Gestaltung des Bühnenbildes und der Erzeugung von szenischen Effekten notwendig sind. Dazu gehören die Bühnenmaschinerie, die die Veränderung der Szene durch Heben, Versenken, Drehen und Verschieben ermöglicht, Beleuchtungs-, Ton- und Pyrotechnik, aber auch die gesamten Sicherheitsanlagen eines Theaters.

Bereits in den antiken Amphitheatern Griechenlands gab es erste Einrichtungen der B. Dazu gehörten Vorhänge und bemalte Einsatz- und Drehwände zur Bühnendekoration, außerdem waren einzelne Spezialeffekte wie Blitz, Donner und Feuer, aber auch Versenkungen möglich und es gab Flugapparate. An den höfischen Theatern des 16. Jhs. entwickelte sich langsam ein komplexes Bühnenbild, das schließlich in der Kulissenbühne seine Vollendung fand, die bis ins 19. Jh. allgemein üblich war. Hierbei reihten sich vor einem bemalten Prospekt an der Bühnenhinterwand seitlich hintereinander versetzt angeordnete Bildflächen, die Kulissen. Nach oben wurde der Bühnenraum durch Bogen, Soffitten oder Plafonds begrenzt. Durch diese Anordnung wurde eine große Tiefenwirkung erreicht. In der Barockzeit war die Maschinentechnik in Deutschland hoch entwickelt, es gab zahlreiche Versenkungs- und Flugwerkeinrichtungen, die manuell bedient wurden; akustische Effekte waren beispielsweise mittels Donnerblechen und Windmaschinen möglich. Zusätzlich sorgten Öllampen und Kerzen für künstliches Licht.

Ende des 19. Jhs. entstand das Bedürfnis nach echten Bühnenaufbauten und plastischen Dekorationen. Der technische Fortschritt, etwa durch die Entwicklung der Hydraulik, konnte den komplexeren Bedürfnissen dieser Bühnenbilder gerecht werden, und so setzte sich allmählich die räumlich gestaltete Bühne gegenüber der Kulissenbühne durch. Seit etwa 1880 sind außerdem elektrische Bühnenbeleuchtungen in Gebrauch, die gegenüber der vorher benutzten Gasbeleuchtung eine wesentliche Verbesserung im Bereich der Sicherheit bedeuteten.

Die Bühnenmaschinerie ermöglicht den Aufbau bzw. das Verändern des Bühnenbilds. Man unterscheidet zwischen der Obermaschinerie für die hängenden Bühnenbildteile und der Untermaschinerie für die stehenden Dekorationsaufbauten.

Als Obermaschinerie bezeichnet man die technischen Einrichtungen im Bühnenraum über der Spielfläche. Oberhalb der Hauptbühne, im Bühnenturm, befindet sich der Schnürboden als begehbare Trägerrostkonstruktion. Von hier hängen die Seile der Hubeinrichtungen herab. Dazu zählen die Prospektzüge, die sich aus den Kulissenbühnen erhalten haben. An deren Laststangen, die normalerweise zur Bühnenlängsachse orientiert sind und die gesamte Bühnenbreite überspannen, sind die Prospekte und Vorhänge zum Absenken und Hochziehen aufgehängt. Die Züge werden über mehrere Drahtseile und Umlenkrollen geführt und zentral bedient. Ganz ähnlich funktionieren auch die Punktzüge mit einem einzelnen Lastaufhängepunkt.

Daneben finden sich in der Obermaschinerie auch Sondereinrichtungen, z. B. Flugapparate und das Schienensystem für den Rundhorizont zur Begrenzung des Bühnenraums. Der Bühnenturm dient außerdem häufig als Magazin zur Lagerung von hängenden Bühnenbildelementen.

Im Bereich des Proszeniums befindet sich die Portalanlage mit der Beleuchterbrücke und den seitlichen Beleuchtertürmen. Außerdem sind hier unterschiedliche Vorhänge eingebaut, zu denen die Spiel-, Schmuck- und Schallvorhänge gehören, aber auch der eiserne Vorhang zum Brandschutz.

Die Einrichtungen der Unterbühne sind von Theater zu Theater sehr unterschiedlich. Mit der unterhalb des Bühnenniveaus liegenden Ebene werden Auftritte von unten bzw. Abgänge nach unten durch Öffnungen im Bühnenboden möglich. Es existieren im Wesentlichen drei Arten von Unterbühnenkonstruktionen: Hubpodien, Bühnenwagen und Drehbühnen. Bei der Hubpodienkonstruktion ist der Bühnenboden in betretbare Elemente aufgeteilt, die unabhängig voneinander nach oben gehoben und in den Unterbühnenraum abgesenkt werden können. Daher werden Hubpodien auch als Versenkeinrichtungen bezeichnet. Durch Wegschieben einer Holztafel können kleine Versenkungen geöffnet werden, die vor allem für Personenversenkungen benutzt werden. Auch der Orchestergraben setzt sich üblicherweise aus verschiedenen Hubpodien zusammen.

Bühnenwagen kommen beim Schiebebühnensystem zum Einsatz. Die Bühnendekorationen werden hier auf rollbaren Plattformen bewegt. Man unterscheidet zwischen Seitenbühnenwagen, die als Längsfahrer Fahrbewegungen zwischen der Haupt- und Seitenbühne zulassen, und den Hinterbühnenwagen, die als Querfahrer von vorne nach hinten bewegt werden können.

Der Hinterbühnenwagen verfügt häufig über eine Drehscheibe, die sich als szenischer Effekt auf offener Bühne drehen kann.

Die Drehbühne wurde erstmals 1896 von Karl Lautenschläger verwendet. Da auf der Drehscheibe zwei bis drei Bühnenbilder Platz finden, bietet sie eine sehr einfache Möglichkeit zur Verwandlung des Bühnenbildes. Durch das Drehen der Bühne können dem Publikum die verschiedenen Bühnenbilder gezeigt werden, es ermöglicht aber auch eine Einrichtung des Bühnenbildes mit plastischen Gegenständen, das im Verlauf des Stückes bei Bedarf verschiedene Positionen einnimmt oder aber von einem Schauspieler durchlaufen werden kann.

Die Antriebe der bühnentechnischen Anlagen funktionieren heute überwiegend auf elektrischer und hydraulischer Basis. Die Bedienung erfolgt über Fahrhebel an zentralen Steuerpulten, die über verschiedene Zuordnungen sowohl manuell, als auch – zur Handhabung komplexer Bewegungsabläufe – computergesteuert einsetzbar sind.

Die verschiedenen Bühnensysteme lassen sich je nach Raumbedingungen, finanziellen Möglichkeiten und den Anforderungen des Spielplans kombinieren. Ein modernes Guckkasten-Repertoiretheater verfügt üblicherweise über die Kombination einer Schiebebühne mit verschiedenen (Drehscheiben-)Bühnenwagen und mehreren Hubpodien im Bereich der Hauptbühne. Auf eine Stahlkonstruktion im Unterbühnenbereich werden als Bühnenboden dauerhafte Holzbohlen verlegt.

Die immer weiter entwickelte B erfordert auch eine komplexe Sicherheitstechnik, die Teil der B ist. Sie dient dem Schutz sowohl des Bühnenpersonals und der Darsteller, als auch der Zuschauer.

Die beschriebene bühnentechnische Ausstattung findet sich vor allem an den großen Theaterhäusern. Die alternativen Spielplätze der freien Theater müssen aufgrund der finanziellen Ausstattung meist mit sehr beschränkter B auskommen. Das eröffnet aber gleichzeitig die Möglichkeit zu einer Raumnutzung, die variabel an jedes Stück angepasst werden kann. Es gibt keinen festgelegten Bühnen- und Zuschauerraum, und so kann der Raum innerhalb eines szenischen Gesamtkonzepts gestaltet werden. Der Schwerpunkt der bühnentechnischen Ausstattung liegt bei diesen Theatern daher vor allem auf mobilen Elementen. Dazu gehören Zuschauertribünen, Bühnenelemente, Gerüste für Bühnenaufbauten und einfache Aufhängevorrichtungen für Prospekte, Vorhänge und Beleuchtungskörper. Die Gestaltungsmöglichkeiten des Lichts bekommen in diesen sehr beschränkten Voraussetzungen ein besonderes Gewicht. Außerdem findet häufig eine Verlagerung der technischen Einrichtung auf die Bühne statt, so dass z. B. ein DJ als Teil der Inszenierung sichtbar auf der Bühne agiert. Die von technischen Begebenheiten weitgehend unabhängigen Möglichkeiten der Raumnutzung machen den Reiz dieser Spielstätten aus.

Grösel, Bruno: Bühnentechnik. Mechanische Einrichtungen. München 1995; Hansing, Friedrich/Unruh, Walter: Hilfsbuch der Bühnentechnik. Halle/Saale 1950; Mehlin, Urs: Die Fachsprache des Theaters. Eine Untersuchung zur Terminologie der Bühnentechnik, Schauspielkunst und Theaterorganisation. Düsseldorf 1969; Unruh, Walter: ABC der Theatertechnik. Sachwörterbuch. Halle 1950.

Monika Helfer / Markus Lochthofen

→ Bühnenbild – Inszenierung – Theater als öffentliche Institution – Theaterhistoriographie

Čechov, Michail Aleksandrovič

1891–1955. Regisseur, Theaterpädagoge. Zunächst als Schauspieler am Moskauer Künstlertheater und als Leiter eines Ausbildungsstudios seines Onkels A. P. ‹echov tätig, musste er Ende der 1920er Jahre wegen seiner Verpflichtung auf die Anthroposophie Rudolf → Steiners emigrieren. Dozent am Dartington College/England, während des 2. Weltkriegs Schauspiellehrer und Leiter eines Tourneetheaters in den USA. ‹ betont den Kunstcharakter der Rollenfigur. Intensive Schulung der Einbildungskraft und der Einsatz von Gesten und Gebärden (‚psychologische Gebärden‘ als ‚seelisches Handwerkszeug‘) sind notwendig, um das ‚Fühlen mit der Figur‘ zu gewährleisten.

Die Kunst des Schauspielers. Stuttgart 1990; Leben und Begegnungen. Autobiographische Schriften. Stuttgart 1992.

Gabriela Naumann

Chorisches Sprechen / Sprechchor

CS ist einerseits ein szenisches Gestaltungselement und andererseits ein thp Verfahren. Als szenisches Gestaltungselement lässt es sich sowohl von der griechischen Tragödie herleiten, in der der singende, tanzende Chor eine führende Rolle einnimmt, als auch mit der Liturgie der christlichen Kirche in Zusammenhang bringen. In seinen Ursprüngen erfüllte das CS kultische Aufgaben. Im Sprechtheater der Neuzeit werden gelegentlich chorische Passagen ein-

bezogen; das → Schuldrama und die Oper gründen auf chorischen Gestaltungsprinzipien. Schiller nimmt mit der *Braut von Messina* (1803) explizit Bezug auf das griechische Chordrama. Mit der Verwendung des Chors als handelnde Person bemüht er sich – im Verzicht auf ‚naturalistische‘ Darstellung – um eine Poetisierung des Dramas und um die Wiedergewinnung des Unmittelbaren: „Der Dichter [...] muß alles Unmittelbare, das durch die künstliche Einrichtung des wirklichen Lebens aufgehoben ist, wiederherstellen und alles künstliche Machwerk *an* dem Menschen und *um* denselben, das die Erscheinung seiner innern Natur und seines ursprünglichen Charakters hindert, [...] abwerfen." (Schiller 553f.) Eine intensive Beachtung erfährt das CS in der Sprechchorbewegung der 20er/30er Jahre des 20. Jhs. Der Sprechchor ist hier nicht in Theaterstücke eingebunden, sondern tritt als eigenständiger Klangkörper in Erscheinung. Er lässt sich mit dem Gemeinschaftsgedanken der Jugendbewegung in Verbindung bringen. Zwei Richtungen des Sprechchors werden unterschieden: die *ästhetisch-tendenzlose* und die *politisch-tendenziöse* (vgl. Belstler u. a.). In seiner politischen Form ist der Sprechchor ein Ausdrucksmittel des Proletariats: „In den proletarischen Morgenfeiern in Berlin, auf Tagungen wie dem Jugendtag der sozialistischen Arbeiterjugend in Hamburg oder der Arbeiterkulturwoche in Leipzig im August 1926, auf der Schönlanks Sprechchorspiel *Großstadt* zur Aufführung gelangte: Bei all diesen und ähnlichen Gelegenheiten ertönte und ertönt chorisch gesprochenes Wort: anfeuernd, aufrüttelnd, politisch werbend." (Belstler u. a. 10) Der proletarische Sprechchor ist keine Bühnenkunst, sondern politischer Ausdruck einer sich als Gemeinschaft fühlenden gesellschaftlichen Gruppe. In der ästhetischen Form dagegen wird der Sprechchor als künstlerisches Gestaltungsmittel aufgegriffen und zur Darstellung unterschiedlicher Stoffe und Texte eingesetzt. In enger Verbindung zu dieser Form des Sprechchors stehen die Autoren, die den Sprechchor für die Schule nutzbar machen wollen. Eine bis in unsere Gegenwart vorkommende eigene Gattung bilden musikalische Sprechchorkompositionen, in denen die rhythmische und klangliche Gestalt durch einen Komponisten festgelegt ist.

Zwischen CS und Sprechchor wird differenziert. Während die Sprechchorarbeit einem künstlerischen Selbstzweck dient oder aber ein politisches Gemeinschaftsgefühl zum Ausdruck bringt, wird CS im Kontext pädagogischer Zweckbestimmungen gesehen. Es wird von Seiten der → Sprecherziehung, des Literaturunterrichts, des Laientheaters und aus allgemeinpädagogischen Interessen in Anspruch genommen. Der Sprecherziehung geht es vor allem um die Ermutigung zum ausdrucksvollen → Sprechen, zu dem der einzelne Schüler möglicherweise zu gehemmt ist und das er in der sprechenden Gruppe lernen kann. „Die Sprechlust der Lebendigen reißt die Stillen mit und ermutigt sie schließlich auch zu Einzelleistungen." (Drach 213) Ziel ist die Verbesserung der individuellen Ausdrucksfähigkeit. Der Literaturunterricht legt seinen Schwerpunkt auf die Verlebendigung und Vergegenwärtigung vor allem lyrischer Texte. Die Begegnung und Auseinandersetzung mit einem Gedicht soll zu einem Erlebnis werden: „Während früher Zergliederung, Inhaltsangabe usw. das Gedicht nur nach der logischen Seite erfassten, vermag die Zerlegung als Sprechchor der logischen wie der gefühlsmäßigen Seite gleichmäßig gerecht zu werden." (Sprang 24) Zur Integration des Gefühls bei der Gedichtrezeption trägt vor allem auch die Wahrnehmung sprachklanglicher Gestaltungselemente bei der chorischen Gedichterarbeitung bei. Für das Laienspiel ist die Einbeziehung chorischer Elemente eine Möglichkeit, viele Darsteller gleichberechtigt in die Darstellung eines Stückes einzubeziehen (vgl. Nübling). Zudem rückt es die ‚Kollektivität des Produzierens und Spielens' in das Zentrum der Aufmerksamkeit der Spieler (vgl. → Kurzenberger). Das chorische Prinzip ist auf der Laienbühne nicht auf chorisches Sprechen beschränkt, sondern umfasst genauso Bewegungsaktionen. In allgemeinpädagogischer Argumentation wird der Aspekt des chorischen Sprechens als Gemeinschaftserlebnis betont: „Der Schüler ordnet sich ein, passt sich an, und so verkettet das sprechchorisch dargebotene Gedicht die ganze Schülerschar zu einer Gefühls- und Erlebnisgemeinschaft." (Heinrichs 11) In der jüngeren Literatur wird dagegen nicht ein Aufgehen in der Gemeinschaft als Ziel gesehen, sondern das chorische Miteinander als Anlass verstanden, über das Verhältnis zwischen Individuum und Gesellschaft nachzudenken und seiner Problematik in der chorischen Aktion Ausdruck zu verleihen (vgl. Nübling).

Die methodischen Grundfragen des CS beziehen sich auf die Wahl der Gestaltungsmittel, die Textauswahl, die Arbeitsweise und die Integration szenischer Elemente. Die Frage nach der Wahl der Gestaltungsmittel ist auch eine Stilfrage. Vielfach wird darauf hingewiesen, dass der Sprechchor sich vom musikalischen Chor grundsätzlich unterscheiden solle und nicht in einen Sprechgesang verfallen dürfe (vgl. Christians). Die charakteristischen Gestaltungsmittel des Sprechchors liegen weniger in einer Festlegung der Satzmelodie oder Sprechtonhöhe als im Wechsel zwischen Teilchören, zwischen Chor und Einzelsprecher, in der Variierung des Sprechausdrucks und in der Festlegung der Phrasierung sowie der Pausen. Bei der Textauswahl werden lyrische Texte übereinstimmend bevorzugt, jedoch wird kontrovers diskutiert, ob geeignete Texte in sich bereits chorisch angelegt sein müssen, ob Balladen (epische Elemente) geeignet sind, ob sich Gefühle und Schicksal eines Einzelnen chorisch darstellen lassen. In der Erarbeitung eines Textes sollen die Gestaltungsideen den Sprechenden nicht vorgegeben, sondern von diesen selbst gefunden werden, denn „nicht sowohl das Arbeitserzeugnis – der fertig geübte Chor in seiner Wirkung auf Außenstehende – ist das erziehlich Wertvolle, als vielmehr die schöpferische Arbeit der Teilnehmer, die um das Erzeugnis sich bemühen" (Drach 214). Die Integration von Bewegungen in die Chorarbeit wird von vielen Autoren angestrebt. Es geht dabei um die Erarbeitung von Mimik und Gestik und um die Rhythmisierung des chorischen Geschehens. In der Anknüpfung an rhythmisierte Kinderverse und -spiele soll der Zusammenhang von Körper und Sprache erfahrbar werden (vgl. Belstler u. a. 41).

Ungeachtet seiner methodischen Vielfalt und pädagogischen Verwendbarkeit bleibt der Sprechchor in den 1920er/30er Jahren ein umstrittenes → Medium, dessen künstlerische und pädagogische Leistungsfähigkeit angezweifelt wird. Eine systematische Sichtung seiner Bedeutung für die ThP der Gegenwart steht noch aus.

Belstler, Hans/Stolz, Paula: Der Sprechchor in der Schule. München u.a. 1932; Christians, Hermann: Von der Absicht und den verschiedenen Arten des Sprechchores. In: Lebede, Hans: Sprecherziehung, Rede, Vortragskunst. Berlin 1930; Drach, Erich: Sprecherziehung. Die Pflege des gesprochenen Wortes in der Schule. Oberursel 1949; Heinrichs, Fritz: Der Sprechchor in der Volksschule. Langensalza 1928; Kurzenberger, Hajo: Theater als Chor. In: Ders. (Hg.): Praktische Theaterwissenschaft. Spiel – Inszenierung – Text. Hildesheim 1998; Nübling, Sebastian: Chorisches Spiel 1. Zur Aktualität eines szenischen Verfahrens in der theaterwissenschaftlichen Projektarbeit: Shakespeare, Schwitters, Handke. In: Kurzenberger, a.a.O.; Schiller, Friedrich: Über den Gebrauch des Chors in der Tragödie. In: Ders.: Über Kunst und Wirklichkeit. Leipzig 1975; Sprang, Karl: Der Sprechchor und seine Bedeutung für die Gedichtbehandlung. Methodische Betrachtung nebst einer Sammlung typischer Sprechchorformen. Breslau 1927.

CONSTANZE RORA

→ Arbeitertheater – Atmung – Deutschunterricht –
Geistliche Spiele – Rhetorik – Sprechen

Circus / Circus-Didaktik

Älter als sein (der Römischen Antike entlehnter) Begriff, gehört C mit Originalität zu den im weiteren
Sinn theatralischen Künsten. Er beinhaltet eine insze-
niert-dramaturgisierte Spielästhetik, deren Spezifik
variantenreich um den artistischen Komplex von
Akrobatik, Dressuren und → Clownerie kreist. Seit
der Neuzeit hat er infolge des Wandels der Pferde-
dressur die Rundmanege als zentrale Vorführstätte.
Als Darstellungskunst vornehmlich auf Publikums-
rezeption bedacht, ist C zugleich sinnlich-konkret
aktivierend für die Persönlichkeitsbildung und so
ohne aufgesetzte Pädagogisierung implizit didaktisch.

Das gilt auch in der Gegenwart, wo die Präsentation
vorwiegend in reisenden Zeltshows und seltener in
Hallen oder Spezialgebäuden typisch ist für seine im
19. Jh. begonnene Ausprägung als Popularkultur und
Unterhaltungskunst. Die – bei fließenden Grenzen
und Mischformen – übliche Unterscheidung zwischen
Familien- und Groß-C bezeichnet noch heute
vorfindliche Grundtypen: Während bei den einen
vornehmlich sozio-ökonomischer Zusammenhalt und
künstlerisches Potential in Sippenverbänden ein
generationenaltes und kleinformatiges artistisches
Tourneegewerbe bestimmen, sind für die anderen
international-multikulturell komponierte (Sensations-)
Programme, eine gewisse Arbeitsteilung und moderne
Betriebswirtschaft maßgeblich. Beide Male durchdringen sich, bei eigentümlichen Sozialisationsbedingungen
und Vielseitigkeit der Angehörigen, Lebensweise und
Kunstform, die vom ständigen Ortswechsel, originären Sprachmustern, Sitten und Regeln sowie tendenziell ghettohafter Distanz zur bürgerlichen Umgebung
geprägt sind. Neben (bloß bei Artisten mit Starruhm)
öffentlicher Anerkennung als Künstler sind C-Men-
schen mit sozialen Vorurteilen und zunehmenden
bürokratischen Erschwernissen der Artistik-Ausübung
konfrontiert. Das beeinträchtigt besonders Angehörige der Familienunternehmen, die meist unter sich
bleiben und aus eigener Substanz C-Mittel zu erneuern
versuchen. Doch betrifft es auch Groß-C, deren bekannteste Repräsentanten zwar ursprünglich vielfach
Gründungen bürgerlicher Außenseiter waren, die oft
aber ihrerseits dynastisch geprägt sind und Mitglieder
alteingesessener Artistentruppen aus aller Welt beschäftigen.

Vielfalt der – meist privatwirtschaftlich organisierten
– C-Unternehmen hat Differenzierungen und Entwicklungen mit deutlichen Akzenten hervorgebracht.
Daher sind die Kombination und Bewahrung der
Grundmuster der Artistik-Sparten nichts bloß Konventionelles. Selbst Alternative zur herrschenden Kultur des Bürgertums, sind sie künstlerischer Kreativität,
zeittypischen Ästhetizismen, Avantgardeströmungen,
technischen Neuerungen, kulturellen Austauschbe-
ziehungen u. ä. ausgesetzt. Wiederholt hat es originelle
Anleihen bei Theater, Sport, Oper, Film- und Fern-
sehkunst oder Kooperationen mit Varieté und → Revue
gegeben, die ihrerseits Impulse dem C verdanken.

Derzeit sind – neben Verschärfungen des ökonomischen Wettbewerbs, der nicht automatisch künstlerische Spannbreite und Vervollkommnung begünstigt –
zwei Entwicklungslinien auffällig: Einerseits versuchen als ‚Individualisierung‘ viele C-Betriebe, sich
‚markenartikelhaft‘ in der Art ihrer Auslegung, Zusammensetzung und Erneuerung tradierter Grund-
bestandteile der C-Artistik zu profilieren; künstlerische Höchstleistungen bringt das ebenso hervor wie
peinliche Ausrutscher in Banalitäten der Kulturindustrie.
Andererseits vereinen zunehmend kommerziell-indu-
strialisierte Geschäfte der Showbranche Künstler von
außerhalb des C-Milieus oder Neudrapierungen ausgewählter Elemente der C-Kunst zu poetisch ver-
brämten Mammutspektakeln mit Kultcharakter; erfri-
schende Bereicherungen, aber auch Trends zur Überfrachtung mit ideologisierten Symbolismen und auf-
wendiger Technik sowie zu stilunsicher-würdelosen
Genremixturen sind dabei unübersehbar. Eher der
Alternativszene zuzurechnende Produktionen, die von
c-fremden Straßenheater- und Kleinkunstformen inspiriert sind und dafür neue Orte suchen, sind nach
kurzer Boom-Phase schon wieder selten. Nebeneinander bestehen daher Aussichten auf eine vitalisierte
Kontinuierung klassischer C-Kunst und eine deren
Namen nur instrumentalisierende Substitution der
C-Artistik durch Ästhetik-Praktiken, die als Mode-
trends inhaltsbeliebigen ökonomischen Interessen mehr
angehören als zu nachhaltiger Modernisierung des C
beizutragen. Die künftige Entwicklung wird durch
herrschende Tendenzen in Gesellschaft, Wirtschaft
und Kulturpolitik determiniert. Es zeichnet sich ab,
daß c-typische Lebensformen, Zeltshows, Kleinbetrie-
be und Tierdressuren als erstes verdrängt werden, was
Verluste ästhetischer Ausdrucksweisen und sozialisato-
rischer Kraft bedeutet.

Gerade in Zeiten des Umbruchs und der Gefährdung von Kulturbeständen ist Bildungsarbeit gefordert, die Tradierungen und Innovationen beflügelt, erhaltenswerte Standards und aktuelle Erfordernisse ins Bewußtsein hebt sowie engagiert macht für Errungenschaften der Unterhaltungskunst mit kulturbereichstypischen Werten und Leistungen. C ist jedoch noch nie – Bildender Kunst, Theater, Literatur und Musik vergleichbar – nennenswert Gegenstand ästhetisch-kulturellen Unterrichts und seiner Didaktik für das Kindes-, Jugend- und Erwachsenenalter gewesen. Dadurch ist jede über beiläufigen Konsum hinausgehende Erschließung dieser Kulturform in das Belieben des Rezeptionsverhaltens beim Publikum gestellt; faktisch erfolgt sie überwiegend geschichtsblind, theorielos, sachunangemessen und fachlich unzureichend.

Nötig wäre es, die Beschäftigung mit C in die (außer-)schulische musische Bildung zu integrieren, in Arbeitsgruppen zu verstetigen oder zumindest anerkannten Neigungskursen zu übereignen. Als (von der etablierten → Zirkuspädagogik nicht garantiertes) Minimum bedarf es einer Art C-Kunde, in der ausführlich und differenziert Dimensionen und Einzelheiten der Kultureigentümlichkeiten thematisiert werden. Es kommt darauf an, C-Vergangenheit im Kontext der Kultur- und Sozialgeschichte ebenso kennenzulernen wie Spezifik, Varianten, Potentiale und Entwicklungstrends aktueller Artistik. Eine Einführung in basale Stilformen, Techniken und Phänomenvarianten der C-Kunst sowie in Begriffe der C-Fachsprache, aber auch Aufklärung über sozio-ökonomische und kulturpolitische Existenzumstände sollten hinzukommen. Kulturwissenschaftlich-journalistische Fachliteratur und audio-visuelle Medien dazu gibt es in reicher Zahl. Ihre Aufbereitung und ihr Einsatz in didaktischer Perspektive stehen indes noch aus. Hauptabsicht praxisorientierter C-D sollte es sein, die Menschen zur Genußfähigkeit und Aufgeschlossenheit für die sinnliche Praxis von C als Kunst- und Lebensform zu befähigen, um darin liegende Lernanreize fruchtbar zu machen. Überdies ist es wichtig, Stellenwert und Stimulanz der C-Kultur bei der künstlerischen Verarbeitung von Realität als Spiegelung, Deutung, Kritik, Verfremdung, Karikatur und Alternativ-Entwurf des Daseins oder als Anstiftung anderer – amateurhafter wie professioneller – kultureller Betätigungen zu erschließen.

Dafür unerläßlich ist eine Durchdringung von reflexiver Ergründung des Kulturguts (Theoretisierung der C-Kunst als Differenzierung geläufigen ästhetischen Alltagsverstands) und Kultivierung konkreter Primär-

erfahrungen (Sensibilisierung der c-kulturellen Aufmerksamkeit und Verfeinerung des C-Vergnügens). Zu leisten ist das als Verbindung von systematischem Überblick (z. B. durch Bearbeitung der C-Publizistik) und exemplarischer Vertiefung (etwa durch Studien zu ausgewählten C-Epochen oder C-Betrieben der Gegenwart). Zudem bedarf es der Inbeziehungsetzung einer sachgerechten und fachlich angemessenen Rekonstruktion der C-Kunst (Verbalisierung und gedankliche Ordnung sowie ästhetische Verarbeitung von C-Erlebnissen und Aufarbeitung von Expertenwissen) mit unmittelbarem C-Erleben (durch vor- und nachbereitete Besuche von Vorstellungen und Exkursionen zur Erkundung von Strukturen, Mentalitäten, Existenzproblemen und Arbeitsweisen im Artistenmilieu). Die Faszination der C-Kunst kann sich dann besser kognitiv, affektiv und handlungsorientierend niederschlagen – und zugleich der Gefahr falscher Mythenbildung und Romantisierung entzogen werden.

Claußen, Bernhard: Lernort Circus. Zur Bildungsrelevanz eines vernachlässigten Kulturguts. In: Erziehen heute, 1981, H. 31; Ders.: Poltitisch-kulturelle Bildung im Circus? In: Koch, Gerd (Hg.): Experiment: Politische Kultur. Berichte aus einem neuen gesellschaftlichen Alltag. Frankfurt a. M. 1985; Lehmann, Rolf: Circus. Magie der Manege. Hamburg 1979; Schnapp, Sibylle/Zacharias, Wolfgang (Hg.): Zirkuslust. Unna 2000; Schulz, Karin/Ehlert, Holger: Das Circus-Lexikon. Begriffe rund um die Manege. Nördlingen 1988.
BERNHARD CLAUSSEN

→ Bewegungserziehung – Didaktik – Kulturelle Bildung – Lernen und Theater – Sportpädagogik

Clownerie

Der Begriff geht wahrscheinlich auf den englischen *clown* (Bauer, Tölpel) zurück; er wird bereits bei Shakespeare als Bezeichnung für komische Figuren verwendet. Die Figur des Clowns hat viele Vorfahren: die Spaßmacher der antiken Dionysien, Satyrspiele, Saturnalien, den Arlecchino der Commedia dell'Arte, den Hanswurst der → Fastnachtspiele und des → Volkstheaters, den Kasperl des Puppenspiels. Unmittelbare Vorgänger des Zirkusclowns sind der Pierrot der französischen Funambules (z. B. Jan Gaspard Deburau) und der Clown der englischen Christmas Pantomimes (z. B. Joe Grimaldi). Als Ende des 18. Jhs. aus den Kunstreitertruppen der Zirkus hervorging, eroberte der Clown die Manege, anfangs vor allem als Komiker zu Pferde, dann mit eigenständigen Clownszenen.

C – neben Akrobatik und Dressur ein Hauptbestandteil des Zirkusprogramms – hat die Funktion, die durch sensationelle Tricks aufgebaute Spannung zu unterbrechen und aufzulockern. Der Clown, neben den früher üblichen Manegenschauspielen das stärkste Bindeglied zum Theater, ist die einzige Zirkusfigur, die eine Aussage über die Zeit und die Gesellschaft treffen kann. „Der wahre Clown vermittelt uns [...] etwas von den ewigen Freuden und Leiden, von der Würde und den Schwächen des Menschen und verweist uns auf uns selbst. [...] Er spielt keine Rolle, sondern er lebt sich selbst." (Borne 9) Die Komik des Clowns entsteht aus dem Widerspruch zwischen seinem Wollen und den unverhältnismäßigen Mitteln, den skurrilen Requisiten, der kindlichen Naivität, mit der er Problemen begegnet. „Beim Clown [...] wird das Leichteste kompliziert, [...] sein Beruf ist der unablässige Kampf gegen den universalen Weltwiderstand, den er [...] magnetisch auf sich zu ziehen scheint." (Usinger o.J. 11) Dabei ist der Clown in der nationalen Tradition wie in der Gegenwart verwurzelt. Die Kunst des Clowns „muß, um die Inkarnation menschlichen Lebens zu sein, die bestimmte Welt des Jetzt und Hier aufnehmen" (Barloewen 47).

Clowns werden nach den verwendeten artistischen Mitteln kategorisiert in Sprech-, Akrobatik-, Musical-, Dressur- und Pantomimeclowns. Nach der Art ihres Auftretens unterscheidet man Entréeclowns, die groß angelegte Clownszenen spielen, Reprisenclowns, die zwischen den artistischen Darbietungen mit kurzen Clownnummern, oft Parodien auf Zirkusnummern, auftreten, und Pisten- oder Teppichclowns, die lediglich Umbaupausen mit Späßen überbrücken. Den nationalen Traditionen entsprechend gab bzw. gibt es Satireclowns, die unmittelbar auf Zeitereignisse und gesellschaftliche Probleme reagieren (v. a. in Russland, z. B. Anatoli und Wladimir Durow, Karandasch), Trampclowns, die die Figur des Outlaw aufnehmen (v. a. in den USA, z. B. Emmett Kelly, Linon), den Shakespearean Jester, der sich geistvoll sowohl über Literatur wie Zeitumstände ausließ. Eine große Rolle bis in die Gegenwart spielt das klassische Trio Weißclown, Clown und Dummer August, dessen unterschiedliche Typen die Gestaltung ausgefeilter Clownszenen ermöglichen. Bekannte Vertreter waren die Fratellinis und die Chabris. Viele berühmte Clowns lassen sich allerdings nicht auf einen solchen Clowntyp festlegen, sondern entwickelten unverwechselbare Figuren, so Grock, Charlie Rivel, Dimitri, Oleg Popow, Pic, Fumagalli.

Gegenwärtig spielt zwar die C im traditionellen Zirkus keine herausragende Rolle, aber sie hat in den letzten Jahrzehnten andere Felder erobert, so die alternative Theaterszene, z. B. durch die von Jango Edwards ausgelöste Fools-Bewegung und eine Vielzahl von Clownstudios, die Amateure ausbilden, oder die ,Cirque Nouveau'-Entwicklung mit Vertretern wie ,Oz' und ,Cirque du Soleil', die eine Mischform von Theater und Zirkus darstellen und in denen die unterschiedlichen C-formen wesentlich das Programm bestimmen. Auch ,modernere' Zirkusse wie ,Roncalli' setzen auf einen großen Anteil von C im Programm. Als eigene Form hat sich die Bühnen-C entwickelt, eine Mischform von Theater, C und Comedy, eine ihrer bekanntesten Vertreterinnen ist Gardi Hutter. Ein völlig neuer Zweig sind die Klinikclowns, die vor allem auf Kinderstationen von Krankenhäusern mit ihrer Kunst aufheitern, die Fremdheit abbauen und damit den Heilungsprozess unterstützen: „Lachen ist eine Medizin, die jeder braucht, und wir sind Ärzte mit einer Tasche voll Lächeln." (Edwards 80)

Barloewen, Constantin von: Clown. Zur Phänomenologie des Stolperns. Königstein 1981; Borne, Roswitha von dem: Der Clown. Geschichte einer Gestalt. Stuttgart 1993; Dietl, Eduard: Clowns. München 1967; Edwards, Jango: Ich lebe dich. Basel 1983; Fried, Annette/Keller, Joachim: Identität und Humor. Eine Studie über den Clown. Frankfurt a. M. 1991; Dies.: Faszination Clown. Düsseldorf 1996; Koch, Gerd/Vaßen, Florian (Hg.): Lach- und Clowntheater. Frankfurt a. M. 1991; Meincke, Joachim (Hg.): Clown-Sprechstunde. Lachen ist Leben. Bern 2000; Rémy, Tristan: Les Clowns. Paris 1945; Ders. (Hg.): Clownnummern. Köln 1964; Turra, Mario: Das Lachen des Clowns. Berlin 1972; Usinger, Fritz: Die geistige Figur des Clowns in unserer Zeit. Wiesbaden 1964; Ders.: Zur Metaphysik des Clowns. Offenbach o. J.

Gisela Winkler

→ Circus / Circus-Didaktik – Zirkuspädagogik

Contact Improvisation

Das Judson Dance Theater, New York, stellte in den 1970er Jahren bestehende ästhetische Grundannahmen des Modernen Tanzes in Frage, indem es Alltagsbewegungen wie Gehen, Sitzen, Stehen, Fallen und Liegen in den Tanz einbezog. Steve Paxton, Tänzer und Aikido-Schüler, Nancy Stark Smith u.a. arbeiteten mit der Dynamik zwischen Tanzenden, wenn sie übereinander rollen, sich hochheben, anspringen und gegenseitig fangen (1972: erste öffentliche Aufführung

Magnesium, New York). Die Aktionen der Tanzenden entwickelten sich spontan und aus der gemeinsamen Berührung heraus, was dem Projekt den Namen CI eintrug. Die jungen GründerInnen waren fortschrittlichen politischen Bewegungen verpflichtet, namentlich *anti-elitism* (vgl. Novack 136), Gleichheit und Kooperation, was die CI seither entscheidend prägt. In Europa entwickelte sich CI in kurzem zeitlichen Abstand zu einem wichtigen Aspekt des New Dance, in Opposition zum formalen Modern Dance.

CI besteht als eigene Tanzform, dient als Ausgangsmaterial für neue Richtungen im zeitgenössischen Tanz (z. B. DV8, England; Sasha Waltz, BRD) und auch als Trainingsmaterial im Sprech-/Improvisationstheater.

Kommuniziert wird CI über → Performances, Netzwerke von lokalen bis internationalen Jams (freie Improvisations-Treffen), Festivals und Konferenzen (z. B. ECITE, European CI Teachers Exchange) sowie mittels Periodika (wichtigstes: Contact Quaterly [CQ], USA, seit 1975) und – zunehmend – wissenschaftlicher Publikationen.

CI wird vornehmlich als Duett, aber auch in kleinen Gruppen getanzt. Die Tanzenden berühren sich an Körperpunkten und -flächen und bewegen sich miteinander in ständigem physischen Kontakt. Ihre Aufmerksamkeit ist auf das taktile Geschehen gerichtet. Sie lehnen bzw. ziehen aneinander, gleiten umeinander und geben/nehmen ihr Gewicht teilweise oder ganz ab, zugunsten gemeinsam gefundener dynamischer Balance bzw. Counterbalance. Aus der Umleitung von Gravitationsenergie in den Raum hinein entsteht Schwungkraft/Momentum, vergleichbar der Energie eines Pendels, die die Tanzenden zum Verlieren und Finden ihrer Balance nutzen: „Wir arbeiten mit Schwerkraft und Fallen als den bestimmenden Kräften" (Kaltenbrunner 111). Die Ökonomisierung muskulärer Kraft ist Gebot und Bedingung für entspanntes, genussvolles Tanzen. Frei von vorgegebenen (ästhetischen) Formen, geführt von der intuitiven *Bewegungsintelligenz* (Kaltenbrunner 55) des Körpers – dem *responsive body* (Anderson 18) – und dem rollenden Kontaktpunkt, bewegen sich die Tanzenden „dreidimensional durch alle Raumebenen. Sie rollen, kriechen, fallen, fliegen" (Möller 17). Der Kopf nimmt verwegene Positionen im Raum ein, die Tanzenden befinden sich kopfüber-kopfunter (absichtsvolle Desorientierung). Dabei treten sie in einen → Dialog, *communication through touch*, dessen Verlauf und Ziel von ihrem → Spaß und Genuss geprägt ist. Die → Improvisation bedeutet zugleich dessen Unwiederholbarkeit.

Umgebende Musik spielt eine untergeordnete bis keine Rolle.

Die innere Haltung der Tanzenden ist gekennzeichnet durch Bereitschaft zur Berührung: „Contact is a touch revolution" (Nelson zit. n. Anderson 21); Prozessstatt Ergebnisorientierung, d. h. Entspanntheit und Absichtslosigkeit: „Relaxation frees up energy" (Stuart 5); Lust/Neugier auf spielerisches Treiben und Bereitschaft zum Chaos, Unvollkommenen und Scheitern: „the space to be mistaken engenders open exchange between people" (Dymoke zit. n. Anderson 25); Selbst-Verantwortung im Sinne von Vertrauen zum Boden und zum eigenen Fallen; gegenseitige Achtsamkeit, Kooperation und Unterstützung; Anerkennung eigener und fremder Grenzen; Wert- und Leistungsfreiheit.

Gelehrt und verbreitet wird CI als Teil zeitgenössischer Tanzausbildungen an internationalen Schulen (z. B. School for New Dance Development, Amsterdam) sowie in öffentlichen Kursen und Workshops. Methodisch und didaktisch bedient sich CI Anleihen aus Aikido, Capoeira, Akrobatik und Body-Awareness (BMC, Release, → Feldenkrais).

Die Rolle des/der Lehrenden besteht darin, „eine angstfreie und vertrauensvolle Unterrichtsatmosphäre zu schaffen" (Möller 54). Weiterhin hat er/sie für die notwendige Sicherheit (Unfallgefahr) der Lernenden sowie auf deren Achtsamkeit auf eigene und fremde Grenzen bzw. deren Wahrung (z. B. bei sexuellen Übergriffen) zu sorgen: „better to teach [...] to say no!" (Stuart 5). Schließlich ist er/sie „Katalysator im Prozess der Improvisation" (Saborowski 81), gibt Impulse und Bewegungsideen, die es den Lernenden erlauben, ihre eigene Kreativität zu entfalten; es überwiegt Zurückhaltung.

Auftritte/Performances vor Publikum sind für CI nicht konstitutiv, indes lebendiger Bestandteil. Sie bieten Raum für Erfahrungen/Erlebnisse, welche der ‚Bühne' und ‚Improvisation' zueigen sind.

CI findet zunehmend Eingang in Schul-/Hochschulsport sowie in Bereiche der Sozialen Arbeit. Dabei sind keine spezifischen körperlichen Fertigkeiten/Ausbildungen erforderlich, d. h. auch Menschen, die körperliche/motorische Unzulänglichkeiten aufweisen oder z. B. sprachlich beeinträchtigt sind, finden hier ihren Platz. Insbesondere körperlich und Seh-Enthinderte werden integriert und können von CI profitieren (erstmalig 1987: Alito Alessi, Danceability-Project, USA).

Entsprechend wird CI bzw. werden deren Elemente in der Enthindertenarbeit, Psychotherapie (z. B. Bulimie, vgl. Anderson; Lemieux), Drogentherapie,

Frauen-/Mädchenarbeit, mit Kindern (insbesondere mit Aufmerksamkeitsdefizit- und Hyperaktivitätssyndrom) und alten Menschen angewandt. CI vermag vernachlässigtes Körperbewusstsein zu entwickeln und neue kinästhetische Wahrnehmungsräume zu erschließen (vgl. Bruns) sowie soziale Kompetenzen im Sinne eines „Modells für soziales Verhalten" (Keriac zit. n. Kaltenbrunner 34) zu entfalten. Die Beachtung klientelspezifischer Vorbehalte und Grenzen im Rahmen der Körperarbeit mit CI ist in diesem Kontext essentiell.

CI kann einen Beitrag zur Gender-Debatte leisten, als dass sie tradierte Geschlechterrollen/-zuweisungen (engl. *gender*) negiert: Alle Aktionen sind für alle möglich, jede/r kann jede/n tragen, sowohl in getrennt- wie gleichgeschlechtlichen Tänzen. Insofern birgt CI antipatriarchale und emanzipatorische Potenziale in sich.

Sexualität kann Anteil jeden Tanzes sein, so auch der CI. Die Enttabuisierung von Berührung in der CI macht diesen Zusammenhang prekär. Die Anerkennung der Sexualität – entsprechend dem Selbstverständnis der CI – als ein möglicher Aspekt des Tanzes, jedoch zugleich als ein Geschehen in unbedingter individueller Entscheidungsfreiheit, „schließt ihre Fokussierung, Instrumentalisierung oder gar Ausbeutung im Rahmen der Tanzform aus" (Neumann-Cosel 32). Vornehmste Aufgabe der Tanzenden ist es, dies zu beachten, ohne die Sexualität als solche zu verbannen. CI ist somit geeignet, ein differenziertes Bewusstsein von Sexualität im Allgemeinen und der eigenen Sexualität im Besonderen zu erlangen: „Contact Improvisation could be called ‚safe sex', the safest sex of all." (Stuart 4)

Anderson, Robert: Transformaton through touch. A study of the therapeutic potential of contact improvisation. BA Dissertation. University of Surrey (GB). 2000; Bruns, Heilke: Am Anfang war Berührung, Kontaktimprovisation – Auswirkungen auf Körperbewusstsein, Bewegungsverhalten und musikalische Improvisation. Hamburg 2000; Kaltenbrunner, Thomas: Contact Improvisation. Bewegen, tanzen und sich begegnen. Aachen 2001; Lemieux, Adwoa: The contact duet as a paradigm for client/therapist interaction. Masters Thesis in Dance Movement Therapy. Naropa Institute, USA, 1988; Möller, Denise: Kontaktimprovisation und Persönlichkeitsentwicklung. Möglichkeiten und Grenzen. Examensarbeit Sportwissenschaften. Universität Bremen. Bremen 2001; Neumann-Cosel, David: Die süße Schwere der Körper. Diplomarbeit. Alice-Salomon-Fachhochschule. Berlin 2002; Novack, Cynthia Jean: Sharing the Dance. Contact Improvisation and American Culture. Madison, London 1990; Saborowski, Maxine Julia: Tanzen und Sinnenbewusstsein. Diplomarbeit. Evangelische Fachhoch-schule Rheinland–Westfalen–Lippe. Bochum 1999; Stuart, Carolyn: An unfinished dialog about Contact Improvisation. In: Tom Giebink's internet forum page. 2001. www.contact-improvisation.de

DAVID NEUMANN-COSEL

→ Action Theater – Bewegung – Körpersprache – Körper- und Bewegungsstudium – Leiblichkeit – Sportpädagogik – Tanzpädagogik – Zielgruppe

Darstellende Kommunikation

Zu Beginn der 1990er Jahre wurde der Begriff DK formuliert und gewann Gewicht im Kontext der Entwicklung der ThP in der BRD. Neben der Betonung ihrer Eigenständigkeit als pädagogische Disziplin, deren Spezifik sich den Gestaltungsformen des Theaters verdankt, ging es dabei zugleich um eine generelle gesellschaftliche Verortung und Wertschätzung, die 1994 zur Bildungskonzeption des Bundesverbandes Theaterpädagogik (vgl. Bundesverband) und 1995 zum Kerncurriculum der Bundesarbeitsgemeinschaft Spiel und Theater (vgl. Hentschel u. a.) führte. In der Vorbemerkung zu den Lehrplänen der Spielstatt Ulm heißt es z. B.: „Mit der Herausgabe dieser Lehrpläne artikulieren wir den Beginn des Weges zu einer neuen menschlichen → Kommunikation: Darstellende Kommunikation und DarstellPädagogik übertragen die Erkenntnisse der Modellbildung der Darstellenden Kunst auf das alltägliche Leben mit dem Anliegen, damit dem Menschen und der Gesellschaft eine für unsere Zeit habhafte und gangbare Theorie und Praxis zu übergeben." (Schneider 5f.) Im Kerncurriculum heißt es: „Ausgangspunkt aller zu erwartenden Kompetenzen ist die Erfahrung von Spiel und Theater als einer sinn- und sinnenhaften Erfahrung *wesentlicher Grundstrategien menschlicher Kommunikation*." (Hentschel u. a. 12)

Gegen die Ausrichtung auf Sprache als dominantes Kommunikations-Medium, darin die schriftsprachliche Kommunikation als Wertmaßstab nach wie vor normierende Gültigkeit hat, legt die DK den Akzent auf die anthropologisch und soziologisch verbürgte, gattungsspezifische Ausdruckskompetenz der Menschen, in der die Sprachkompetenz einen von den sozio-kulturellen, schichtspezifischen und individuellen Faktoren abhängigen Stellenwert hat. Vor der lexikalischen und grammatikalischen Richtigkeit einer sprachlichen Botschaft leitet die DK den Wert einer Mitteilung von ihrer dialogischen und interaktionalen

Qualität ab. Dabei bezieht sie, den Prämissen von Soziolinguistik und Sprechakttheorie folgend, den Grad ihrer Situationsangemessenheit als konstitutives Element mit ein. So werden haltungs-, verhaltens- und handlungsspezifische Faktoren des kommunikativen Prozesses zu ausdrucks- bzw. eindrucksbildenden und damit zu bedeutungsgenerierenden Faktoren, von denen das Gelingen eines kommunikativen Aktes maßgeblich abhängt. Neben dem sprachlich Denotierten geraten hier die durch Lautgebung, Betonung, Rhythmisierung erzielten Konnotate ebenso zeichenhafte Bedeutung wie die gestischen und mimischen sowie die durch Raum- und Zeitgebrauch erzielten Ausdrucksqualitäten. Neben dem individuellen Ausdrucksvermögen und der Spezifik bestimmter Situationen ist DK stets auch Ausdruck bestimmter geschichtlicher, sozio-kultureller Verhältnisse. In Analogie zur Schriftsprache spricht Bernd → Ruping von einer Lexik und Grammatik der DK:

„*Lexik* nenne ich den Fundus an → Gesten, Mimiken, Haltungen, wie er sich für bestimmte Menschen an bestimmten Orten mit bestimmten Konventionen ergibt (vgl. den Begriff des → *Gestus* bei → Brecht als leiblicher Ausdruck eines sozialen, gesellschaftlichen Verhältnisses von Menschen oder die verwandten Untersuchungen zum klassenspezifischen *Habitus* bei Bourdieu). – *Grammatik* nenne ich die Regeln der Verknüpfung von Gesten, Mimiken, Haltungen zu sozialen Handlungen und Verhaltensweisen (→ Rituale, Benimmformeln, Status-Muster usw.). – → *Theatralität* ist in diesem Zusammenhang die durch sozio-kulturelle Konventionen geprägte und an sozio-ökonomische Funktionen gebundene Lexik und Grammatik der Darstellenden Kommunikation, wie sie in einer bestimmten Gesellschaft zu einer bestimmten Zeit gebraucht wird und Gültigkeit hat. *Theater* aber konstituiert sich erst in Distanz zu diesem Bedingungsgefüge, auf das es zugleich, als seine stoffliche Basis, zurückgreift. Es bedarf eines *aesthetic space* (Augusto → Boal), eines *leeren Raumes* (Peter → Brook), eines Spielraumes." (Ruping 13f.)

Im Unterschied zur theatralen Kommunikation unterstellt sich DK absichtsvoll den Zielen einer erfolgreichen, wirkungsvollen Kommunikation an den verschiedenen gesellschaftlichen Lern-, Arbeits- und Spielräumen. Theatrale Mittel und Techniken haben hier, als Handwerkszeug, dienende Funktion.

Vor diesem Hintergrund und in Auseinandersetzung mit dem pragmatisch angelegten Studiengang ‚Kommunikationsmanagement' der FH Osnabrück entwickelte das Institut für ThP in Lingen ab 2000 ein differenziertes Modell der DK als Grundlagenwissenschaft der ThP. Es unterscheidet sich von den Ansätzen der Soziolinguistik und Kommunikationstheorie, indem es die *ästhetische Funktion der Darstellung* in den Mittelpunkt seines Frageinteresses und damit in das Gebrauchswertinteresse einer an der Verbesserung ihres Ausdrucksvermögens interessierten Öffentlichkeit rückt. Voraussetzung dafür sei die Emanzipation der eigenen Haltungen und Verhaltensweisen von ihrem gesellschaftlichen Bezugsrahmen, der als (individual-)historischer und intentional-strategischer auf die äußeren und inneren Haltungen der Beteiligten Einfluss hat und ihre → Körpersprache prägt.

Die Prädominanz der ‚ästhetischen Funktion' vor den referentiellen, appellativen oder emotiven Funktionen der Alltagskommunikation (vgl. Jakobson) realisiert sich in der *besonderen Einstellung der Darstellenden auf sich selbst*, d. h. auf das, was sich im Vollzug der Darstellung neben und hinter den routinisierten Ausdrucksformen zeigt und als interaktionales Phänomen spürbar wird. Im Mittelpunkt der DK stehen deshalb die *Differenzqualitäten*, die sich zwischen der Bezeichnungsintention – der absichtsvollen Verwandlung des (Zeichen-)Körpers zu bestimmten gesellschaftlichen Zwecken – und der Materialität des (Zeichen-)Körpers als solcher, seiner existenziellen Selbstreferenz, ergeben (vgl. Mersch). Ihr Ziel ist die Vergesellschaftung ästhetischer Wahrnehmungs- und Verkehrsformen zum Zwecke der Emanzipation der Beteiligten von den durch sie verkörperten Zurichtungen. Modus der Erfahrung und methodischer Schwerpunkt zugleich ist dabei das → Darstellende Spiel, durch das die → Theatralität der Kommunikation als anthropologischer oder soziokultureller Befund auf der einen Seite und Theater als Kunstform *sui generis* auf der anderen in ein dialektisches Wechselspiel geraten.

Bedingung der Möglichkeit eines Spielens mit der Theatralität der Menschen ist die Konstitution eines *kommunikativen Vakuums* (vgl. Ruping 14), d. h. von Räumen und Zeiten, in denen die Ansprüche des Alltags nicht unmittelbar durchschlagen auf die Haltungen und Handlungsweisen der Menschen, so dass sie neu zu besetzen und experimentell zu erkunden sind. Dabei macht das Ausschalten der konventionellen Verhaltensregeln und Kommunikationsformen nicht sogleich das → Spiel aus. Vielmehr schafft es zunächst den Bedarf an neuen Regeln und Verlässlichkeiten. Hier greift das Handwerkszeug des Spielleiters, hier nutzen die Griffe und Erfahrungen der Theaterlehrer. Ihre Spielregeln sind das kommunikative Substitut für die darstellerischen Normen und Werte des Alltags. Sie schaffen Handlungssicherheit und Rollenschutz. Darstellendes Spielen wird in diesem Zusammenhang zu einem ‚Verlernprozeß' (Gerd Koch) dessen, was uns über Sozialisation und Enkulturation ‚einverleibt' ist.

Die Spielregeln sind zugleich Bedingung der Möglichkeit, dass sich die Situationen und Sachverhalte der Lebenswelt in *Spielmaterialien* verwandeln, die sich der un-verschämten Verwertung und kommunikativen Neu-Aneignung durch die Spielenden öffnen. Damit rahmt DK sowohl die Geschichten und Intentionen, die jemand in der Welt vertritt, als auch das, was darin nicht aufgeht, sich aber als Körperbefund, als Ausdrucksnot oder Glück im Auftreten behauptet. Erst in diesem Spannungsgefüge werden die Verhaltensmuster und Charaktermasken der Beteiligten befragbar, erweiterbar, veränderbar. Zugleich erweisen sich darin die kollektiven Gehalte der individuellen Blockaden und Defizite. Zum Vorschein gelangt, als szenische Realität, die Möglichkeit eines solidarischen Gruppenverhältnisses. Die unter den Gesetzen des Tausches angetretenen Subjekte, die wirkungsvoller, origineller oder anpassungsfähiger werden möchten, erleben so in der gespielten Wirklichkeit den oder das Andere als eine Chance, die gemeinsam verantwortet werden kann (vgl. Lévinas 231: Nach Lévinas entsteht in der filterlosen Einstellung auf das Gegenwärtige der Blick für die bloße Präsenz der Zeichen als authentische Spur. Darin schlägt Intentionalität in Responsivität um.).

Auf der Ebene der Operationalisierung der DK für pädagogische oder kommunikative Zwecke bedarf es neben der Fachlichkeit des Spielleiters, die sich den theatralen Formen des Austauschs und der Vergegenständlichung verdankt, in gleichem Maße auch einer *solidarischen Kompetenz*. Sie ist gerade dann von Bedeutung, wenn das, was hinter den Verpanzerungen zum Ausdruck kommt, nicht sogleich als Spielangebot taugt, tauschbar ist. Hier zählt nicht der ästhetische Gewinn, sondern allein zunächst ein gelassenes Zulassen und Standhalten. Es ist Voraussetzung für die Entwicklung eines Gemeinschaftssinns, der gerade in der existenziellen Spur, wenn sie als Leid, als Trauer, als Gewalt oder Hilflosigkeit auftritt, das verbindende, sozialisierende Moment sieht.

Neben den notwendigen Techniken der Kollektivierung der existenziellen Befunde in Bildern und szenischen Arrangements (vgl. etwa Brechts Methode des soziologischen Experiments; Boals analytische Spieltechniken), die die DK von Formen der Therapie unterscheidet, steht hier die Haltung des Spielleiters als emotional Beteiligter und *nicht* als strategisch Planender. Sein sympathetisches Vermögen gibt den Beteiligten die Gewissheit, dass sie gefordert, aber nicht überfordert sind.

Kommunikative Kompetenz im Sinne der DK ist ohne den Durchgang durch die existenziellen Befunde nicht zu erzielen. Sie sind der Stoff, an dem sich Menschen bilden. Auf diesen Stoff greift auch Theater – seit alters her – zurück.

Boal, Augusto: Identifikation, Wiedererkennen, Resonanz. In: Ders.: Der Regenbogen der Wünsche. Seelze 1999; Bundesverband Theaterpädagogik. Bildungskommission. Entwurf u. Redaktion Harald Schneider, Bernd Ruping. In: Korrespondenzen, 1994, H. 19/20/21; Hentschel, Ulrike/ Koch, Gerd: Kerncurriculum Theaterpädagogik. In: Korrespondenzen, 1995, H. 23/24/25; Jakobson, Roman: Poetik. Frankfurt a. M. 1979; Koch, Gerd: Lernen mit Bert Brecht. Frankfurt a. M. 1988; Lévinas, Emmanuel: Die Spur des Anderen. Untersuchungen zur Phänomenologie und Sozialphilosophie. Freiburg, München 1999; Mersch, Dieter: Was sich zeigt. Materialität, Präsenz, Ereignis. München 2002; Ruping, Bernd: Die Brauchbarkeit des Ästhetischen. In: Korrespondenzen, 2001, H. 38; Schneider, Harald: Vorbemerkung zu den Lehrplänen der Spielstatt Ulm. Ulm 1993.
                                                      BERND RUPING

→ Ästhetische Bildung – Angst und Kunst – Dialog – Spielleitung – Zielgruppe

Darstellendes Spiel

DS ist eine Bezeichnung für das Schulfach Theater, welches die traditionellen Unterrichtsfächer des Lernbereichs → Ästhetische Bildung, Kunst und Musik ergänzt. Der Begriff DS entstand in den 1970er Jahren, um die Amateurtheaterarbeit in soziokulturellen und pädagogischen Zusammenhängen gegen das professionelle Theater abzugrenzen. Die meisten Spielleiter an Schulen hatten sich bis dahin ästhetisch an traditionellen Inszenierungskonzepten des professionellen Stadt- und Staatstheaters orientiert, andere (wie Herbert → Giffei) sahen ihre Arbeit eher in der Kontinuität der reformpädagogischen Laienspielbewegung (→ Luserke, → Mirbt u. a.), deren wichtigste Aspekte im Bewegungsspiel, Rhythmus und in der Gruppenaktion Ausdruck fanden. Im Gefolge der Studentenbewegung wurde in den meisten Bundesländern die Kontinuität der Entwicklung brüchig, Schulspielverbände schliefen ein, ältere Spielleiter fanden keine Nachfolger. Erst Ende der 1970er Jahre wurden an vielen Schulen wieder Theatergruppen aktiv, belebte sich die Diskussion in Lehrergruppen erneut, Schultheaterfestivals auf Länderebene entstanden, Angebote in der staatlichen Lehrerfortbildung sorgten für eine Qualifizierung der Spielleiter, einige Bundesländer (Hamburg, Bremen, Berlin) versuchten, das Fach DS im künstlerisch-literarischen Aufgabenfeld der Sekundarstufe II über Probe- und → Modellversuche zu verankern.

Der Begriff DS verweist einerseits auf die ‚Darstellende Kunst‘ und stellt damit eine Verbindung zu Tradition und Anspruch des Theaters her. Andererseits begrenzt das Wort ‚Spiel‘ die Reichweite des Begriffs und trennt das DS von den Produktions- und Verwertungsbedingungen der professionellen Theaterkunst und ihren Institutionen. Es besitzt eine eigenständige pädagogisch-ästhetische Dimension. Darüber hinaus verweist der Begriff des Spiels im DS auch auf die darstellerische Tätigkeit des Laienschauspielers.

Das DS ist heute ein wichtiger Teil des → Schultheaters und hat in manchen Bundesländern die traditionelle Form der freiwilligen Theater-Arbeitsgemeinschaft bereits ersetzt. Im Unterschied zur freieren Form der Arbeitsgemeinschaft im sog. Wahlunterricht ohne Benotung wird DS auf der Grundlage eigenständiger Lehr- bzw. Rahmenpläne im normalen Stundenplan der Schule unterrichtet und ist mit Benotung und Leistungsüberprüfung in den Schulalltag integriert. Die gültigen Lehr- bzw. Rahmenpläne für die Grundschule, die Sekundarstufe I (Klassen 5–10) und die Sekundarstufe II (10/11–12/13) unterscheiden bei den Lernzielen zwischen ästhetischer Kompetenz (Fachliches Curriculum) und sozialer und persönlicher oder Ich-Kompetenz sowie ggf. ‚methodischer Kompetenz‘. Die Didaktik des Fachs geht davon aus, dass diese Kompetenzen in der ganzheitlichen Arbeit an einem Theaterprojekt erworben werden können.

Gegenstände des DS sind Wahrnehmung, Gestaltung und Reflexion von Welt unter dem Aspekt der → Theatralität (Hamburg) oder das Theater mit seinen Sachgebieten, deren Bereiche und Inhalte wie theatrale Ausdrucksträger, Theaterformen, Organisation und theaterwissenschaftliche Aspekte (Schleswig-Holstein). Es geht zwar primär um eine Auseinandersetzung mit dem Theater als Kunstform, aber DS ist immer auch gleichzeitig ein wesentliches Handlungs- und Erlebnisfeld zur Einübung sozialer Verhaltensweisen und zur Entwicklung der eigenen Persönlichkeit. Im DS steht das Theaterprojekt einer von einem Spielleiter oder Theaterlehrer angeleiteten Gruppe im Zentrum, das eine Aufführung zum Ziel hat. Die Teilnehmer des → Projekts lernen im Prozess der Erarbeitung und Gestaltung einer Theateraufführung, wie Theater entsteht, welche Zeichensysteme es verwendet und wie

sie sich des weit gefächerten Ausdrucksmittels Theater bedienen können.

Die moderne ThP geht davon aus, dass Menschen, die Theater spielen, ihre eigene Lebenssituation, ihr Verhalten und ihre gesellschaftlichen Rollen in der Auseinandersetzung mit den fremden Rollen spielerisch reflektieren, sich diese Rollen anverwandeln. Übertragen auf die Schule heißt das, Jugendliche sollten aus dem Zentrum ihres Empfindens und Denkens heraus agieren, also zeitgenössisch, authentisch, präsent, unmittelbar. Im DS haben Selbstausdruck, Entwicklung von Wahrnehmungsfähigkeit und Selbstbewusstsein, Gruppenprozesse und Kooperationsvermögen eine entscheidende Bedeutung, die sich aber nicht aus therapeutischen Verfahren ergibt, sondern aus der Arbeit der → Gruppe an der ästhetischen, künstlerischen Gestaltung einer Bühnenaufführung, die einem erwartungsvollen Publikum erfolgreich präsentiert werden kann.

Wegen der Projekt-, Praxis-, Produkt-, Körper-, Bewegungs- und Schülerorientierung des DS leistet es mit seinen vielfältigen Methoden einen wichtigen Beitrag zur Veränderung von Unterricht und Schule. Formen und Methoden des DS kommen z. B. als → ‚Szenische Interpretation‘ auch im Literaturunterricht und im fächerübergreifenden Unterricht zum Einsatz, sind aber aus verschiedenen Gründen weder weit verbreitet noch selbstverständlich (defizitäre Ausbildung der Lehrer, Stofffülle der Fächer, räumliche und zeitliche Einschränkungen).

Die Verwendung von Übungen und Spielen aus dem DS für sozialintegrative Zwecke – etwa zur Verbesserung der Klassengemeinschaft und der Gruppendynamik – und zur Prävention (z. B. Gewaltprävention) ist eine aktuelle Tendenz der letzten Jahre. Sprach- und Leseförderung gehören zu den unmittelbaren und zentralen Gegenständen einer ganzheitlich orientierten Theaterarbeit.

Das DS geht mit seinem künstlerischen Anspruch über verwandte Disziplinen wie z. B. das pädagogische Rollenspiel, das → Psychodrama, das Schulspiel oder die Jeux dramatiques hinaus, zu denen es aber Beziehungen gibt. Anregungen erhielt das DS aus dem → ‚Theatre in Education‘ und dem → ‚Drama in Education‘ in Großbritannien und den Niederlanden, auch aus dem sog. ‚Postdramatischen Theater‘ der z. T. ehemaligen freien Theaterszene und der jüngeren Theatermacher. Seine Basis bilden außerdem zentrale Elemente aus Künstlertheorien, besonders → Brecht, → Grotowski, → Stanislawski, → Strasberg, → Brook, → Boal.

Zu den ersten Ländern, in denen Anfang der 1980er Jahre DS als Fach eingeführt wurde, gehören Hamburg, Bayern, Berlin und Bremen, neuerdings haben Brandenburg, Mecklenburg-Vorpommern, Hessen, Niedersachsen, Rheinland-Pfalz, Sachsen, Schleswig-Holstein und Thüringen das Fach eingeführt, manche Länder nur in Schulen mit musischem Schwerpunkt oder in Gesamtschulen, manche unter der Bezeichnung ‚Darstellen und Gestalten‘ (Thüringen, NRW), ‚Literatur‘ (NRW/Oberstufe), ‚Kultur und Künste‘ (Sachsen-Anhalt) oder ‚Dramatisches Gestalten‘ (Bayern/Oberstufe). Nur in Baden-Württemberg und im Saarland existiert das Schultheater noch vollständig ohne ein Fachangebot DS, während in Bremen und Hamburg bereits seit langem das Abitur damit bestritten werden kann (DS als 4. Prüfungsfach). Dieser Entwicklung der letzten zwanzig Jahre folgt die Lehrerausbildung für das Fach DS mit einigem Abstand.

Die meisten aktiven Theaterlehrer haben ihre Ausbildung in Form von Fortbildungsreihen oder Weiterbildungsmaßnahmen erhalten. Fast alle Bundesländer bieten seit den 1990er Jahren in der Regel über ihre Lehrerfortbildungsinstitute umfangreiche Weiterbildungen an. Sie werden berufsbegleitend organisiert und umfassen je nach Land zwischen 250 und 450 Ausbildungsstunden, sind allerdings völlig unterschiedlich strukturiert, organisiert und finanziert.

Die Bundesarbeitsgemeinschaft für das Darstellende Spiel in der Schule e. V. (BAG DS) mit Sitz in Frankfurt a. M. bemüht sich seit 1960 in heute 16 Landesarbeitsgemeinschaften (LAGs) um die Verankerung des Schülertheaters im Schulsystem. Die BAG DS initiierte und begleitete mit dem bislang einzigen bundesweiten Fachforum und Schultheaterfestival ‚Schultheater der Länder‘ seit 1985 entscheidend den Prozess der Einführung des Fachs DS in den Ländern und der Erarbeitung von Lehrplänen. Das ‚Schultheater der Länder‘ ist ein thematisch ausgerichtetes Schultheatertreffen, das jährlich in einem anderen Bundesland je eine Schultheatergruppe pro Land und die Fachleute aus Verbänden und Lehrerfortbildungen zu Aufführungen, Diskussionen und Fachtagungen zusammenführt. Die BAG DS veranstaltet es mit Unterstützung der Körber-Stiftung Hamburg und der Bundesländer aufgrund eines Kultusministerkonferenz-Beschlusses.

Die BAG arbeitet in der BAG Spiel und Theater, in der BKJ (Bundesvereinigung Kulturelle Jugendbildung) sowie im ‚Rat für Darstellende Künste‘ des Deutschen Kulturrats mit. Weitere Kooperationspartner sind der BDAT (Bund Deutscher Amateurtheater), der BuT (Bundesverband Theaterpädagogik), das ‚Theatertreffen der Jugend‘ und das Kinder- und Jugendtheaterzentrum in der BRD, außerdem die bundesweiten Fachverbände der Musik- und Kunstlehrer.

Die Geschäftsstelle der BAG DS befindet sich unter dem Dach des Schultheater-Studios Frankfurt a. M., dem Theaterpädagogischen Zentrum der Stadt Frankfurt und des Hessischen Kultusministeriums, das DS, Schüler-, Kinder- und Jugendeigenes Amateurtheater im Rhein-Main-Gebiet umfassend unterstützt und fördert. Eines der wichtigsten Beratungsinstrumente des Schultheater-Studios ist der ‚TheaterBuchVersand‘, der als einzige Versandbuchhandlung dieses Spezialsortiment betreut und bundesweit vertreibt.

Akademie für Lehrerfortbildung in Dillingen (Hg.): Theaterspielen in der Schule. Dillingen 1992; BAG DS (Hg.): Fokus Schultheater. Hamburg 2002; BAG DS/Gesellschaft für Theater-, Film- und Fernsehwissenschaft (Hg.): Das Darstellende Spiel an den Schulen, Teil A: Forschungsbericht, Teil B: Expertagung. München 1992; BAG DS/Körber-Stiftung (Hg.): Theater in der Schule. Hamburg 2000; Barz, André: Vom Umgang mit Darstellendem Spiel. Berlin 1998; Belgrad, Jürgen (Hg.): TheaterSpiel. Ästhetik des Schul- und Amateurtheaters. Baltmannsweiler 1997; Bericht und Dokumentation der Fachtagung Darstellendes Spiel im Unterricht allgemeinbildender Schulen am 27./28. April 1999. Frankfurt a. M. 1999; Bubner, Claus/Mangold, Christiane: Schule macht Theater. Braunschweig 1995; Golpon, Hedwig/Prinz, Susanne (Hg.): Darstellen und Gestalten. Berichte und Anregungen zu Spiel und Theater in Schule und Hochschule. Milow 1998; Hentschel, Ulrike: Theaterspielen als ästhetische Bildung. Weinheim 1996; Kunz, Marcel: Spieltext und Textspiel. Szenische Verfahren im Literaturunterricht der Sekundarstufe II. Seelze-Velber 1997; Lippert, Elinor (Hg.): Theaterspielen. Bamberg 1998; List, Volker: Körper und Raum. Anleitung für ein Theaterprojekt. Wiesbaden 2000; Mai-Schröder, Elke u. a.: Ängstlicher Riese und mutige Maus. Darstellendes Spiel in der Grundschule. Wiesbaden 2000; Reiss, Joachim u.a.: Handreichungen zum Darstellenden Spiel. Wiesbaden 1994; Scheller, Ingo: Szenisches Spiel. Handbuch für die pädagogische Praxis. Berlin 1998; Schlünzen, Wulf: Werkstatt Schultheater. Zur Didaktik und Methodik. Sekundarstufen I und II. Hamburg 1998; Staatsinstitut für Schulpädagogik und Bildungsforschung (Hg.): Lebendiges Schultheater. Handreichungen zum Grundkurs Dramatisches Gestalten. Donauwörth 1995.

Bundesarbeitsgemeinschaft für das Darstellende Spiel in der Schule e. V.: www.bagds.de; info@bagds.de

Schultheater-Studio Frankfurt:
Hammarskjöldring 17a, 60439 Frankfurt a. M.,
Tel.: 069–21232044, Fax: 069–21232070;
www.schultheater-studio.de; schultheater@gmx.net;

TheaterBuchVersand (TBV) im Schultheater-Studio Frankfurt a. M.

Joachim Reiss / Gunter Mieruch

→ Ausbildung − Bewegungserziehung − Didaktik − Festival der Amateur- und Schultheater − Geschichte der Pädagogik − Geschichte der Sozialpädagogik − Reformpädagogik − Schulmusical − Spiel

Deutsch als Fremdsprache

Theater gespielt wird im Umfeld der Vermittlung des Deutschen als Fremdsprache (DaF) schon immer. Ergänzend zum regulären Unterricht werden Theaterstücke deutschsprachiger Autoren geprobt und auf Schul- sowie Universitätsbühnen im In- und Ausland aufgeführt. Charakteristisch für die methodische Vorgehensweise ist dabei i. d. R. ein 2-Phasen-Modell: Eine erste längere und zuweilen auch mühsame Phase ist der theoretischen Sprach- und Interpretationsarbeit gewidmet; in der anschließenden Phase folgt die praktische Inszenierungsarbeit. „Theaterarbeit wird damit auf eine illustrative Funktion reduziert und in ihren Potenzen für den DaF-Unterricht stark eingeschränkt." (Bräuer u. a. 99) Der Trennung von unterrichtlich-theoretischer und körperlich erfahrbarer Interpretationsarbeit folgend, wird Theaterarbeit häufig in den Freizeitbereich außerhalb des regulären Unterrichts verbannt. Dafür werden folgende Argumente genannt: institutionelle Zwänge wie der 45-Minuten-Takt von Unterrichtsstunden, eindeutige Zuordnungen zu grammatischen Lernzielen und zu vermittelnden Fertigkeiten, die Prüfungsorientiertheit von Sprachkursen und DaF-Studiengängen und nicht zuletzt der Zeitaufwand.

Als unterrichtstragendes Konzept werden theater- bzw. dramapädagogische Ansätze für DaF vor allem durch Manfred Schewe (vgl. 1988; 1990; 1993) erstmals in Deutschland entwickelt. Er verfolgt einen Ansatz, der zugleich interaktiv, handlungs- und erfahrungsorientiert vorgeht. „Lehrende und Lernende werden im dramapädagogischen Fremdsprachenunterricht zu Konstrukteuren von Handlungssituationen. Mit Hilfe entsprechender Inszenierungstechniken werden fiktive Kontexte geschaffen, die so konstruiert sind, dass die Beteiligten nicht anders können als (körperlich) zu handeln. Und aus der Handlung heraus formiert sich die (fremde) Sprache." (Schewe 1993, 409) So entsteht u.a. die dramadidaktische Aufbereitung des Romans *Sansibar oder der letzte Grund* von Alfred Andersch (vgl. Schewe u. a.).

Seit Mitte der 1980er Jahre wird neben dem Lernziel der kommunikativen Kompetenz auch die Vermittlung von interkultureller Kommunikationsfähigkeit gefordert. Dieser Ansatz ist am entschiedensten durch das Lehrwerk *Sichtwechsel* (vgl. Hog u. a.) vertreten, mit dem Wahrnehmung als kulturspezifische Erfahrung zum expliziten Lerngegenstand wird. Literatur spielt in diesem Lehrwerk eine wichtige Rolle. „Literarische Texte stellen Phänomene der Zielkultur − (meist) aus Binnensicht − auf komplexe und perspektivische Art dar; sie ermöglichen dem fremdsprachigen Lerner einen vielseitigen − auch emotionalen − Zugang zur Zielkultur." (Heyd 36)

Ein perspektivischer und emotionaler Zugang ist in thp Verfahren in besonderer Weise möglich: perspektivisch aus dem eigenen subjektorientierten Zugang, aus der interaktiven Aushandlung mit anderen Lernern und in der Konfrontation mit fremdkulturellen Sachverhalten literarischer Texte. „Theaterarbeit ist sinnvolles Lernen, das nonverbale, paraverbale und extraverbale Handlungsdimensionen mit einbezieht. Diese Komponenten sind in der interkulturellen → Kommunikation von immenser Bedeutung." (Tichy 71)

Weitere Potenziale eines thp orientierten Literaturunterrichts liegen in: der Anwendung und Vertiefung von Lesestrategien (kursorisches, selektives, totales Lesen); der Erweiterung des aktiven und passiven Wortschatzes (oft erklärt sich eine unbekannte Vokabel in dem Prozess des Inszenierens viel treffender als durch andere Verfahren); der Erweiterung und Vertiefung grammatischer Strukturen (durch den Text und interaktive Auseinandersetzungen in der Lernergruppe); der Ausspracheschulung; der Verbesserung der Kommunikationsfähigkeit (durch gemeinsame Aushandlungsprozesse der Inszenierungsarbeit) und in der Ermutigung, die Fremdsprache zu gebrauchen (Abbau von Sprechhemmungen).

Bei der Textauswahl ist auf überschaubare Figurenkonstellationen und Handlungsstränge zu achten. Der Text soll sprachlich dem Niveau der Lernenden angemessen und ein inhaltlicher Bezug zur Lernergruppe erkennbar sein. Ein Text mit starken dialogischen Anteilen erleichtert die Erarbeitung.

Unverzichtbar sind thp Übungen als ständige Begleitung der szenischen Erarbeitung. Diese sensibilisieren für körperorientiertes Arbeiten, schaffen eine entspannte Konzentration und vertrauensvolle Atmosphäre für kreatives Miteinander-Arbeiten. Dazu gehören im Einzelnen: Übungen zur Raum-Wahrnehmung; Stimmübungen; Übungen zu Stimmvariation und Sprachausdruck; Übungen zur Wahrnehmung und schöpferischen Gestaltung von Körperhaltung und -ausdruck und Partner- und Gruppenübungen zur Vorbereitung auf interaktives Arbeiten.

Bräuer, Gerd/Strathausen, Carsten: Brechts Kleinbürgerhochzeit. Ein Beispiel für die Arbeit mit dramatischen Texten im Unterricht Deutsch als Fremdsprache. In: Zielsprache Deutsch, 1995, H. 2; Heyd, Gertraude: Aufbauwissen für den Fremdsprachenunterricht (DaF). Tübingen 1997; Hog, Martin/Müller, Bernd-Dietrich/Wessling, Gerd: Sichtwechsel. Elf Kapitel zur Sprachsensibilisierung. München 1984; Huber, Ruth: Im Haus der Sprache wohnen. Wahrnehmung und Theater im Fremdsprachenunterricht. Tübingen 2002; Schewe, Manfred: Fokus Lehrpraxis. Für einen integrierten, dramapädagogischen Deutsch als Fremdsprache-Unterricht für Fortgeschrittene. In: Info DaF. Informationen Deutsch als Fremdsprache, 1988, H. 4; Ders. (Hg.): Drama und Theater in der Schule und für die Schule. Beiträge zur Einführung in die britische Drama- und Theaterpädagogik. Oldenburg 1990; Ders.: Fremdsprache inszenieren. Zur Fundierung einer Lehr- und Lernpraxis. Oldenburg 1993; Ders./Wilms, Heinz: Texte lesen und inszenieren. Alfred Andersch: Sansibar oder der letzte Grund. München 1995; Tichy, Ellen: Theaterpädagogische Arbeit im Fremdsprachenunterricht Deutsch und die Vermittlung von interkultureller Kompetenz. In: Korrespondenzen, 2000, H. 35/36.

ELLEN TICHY

→ Deutschunterricht – Drama in Education – Kreatives Schreiben – Szenische Interpretation – Theatre in Education

Deutschunterricht

Im D werden vielfältige Formen des Spiels eingesetzt. „Was den *Sprachunterricht* angeht, so hat uns die Pragmalinguistik nachdrücklich daran erinnert, wie sehr mündlicher und schriftlicher Sprachgebrauch von Situation und Interaktion abhängen; wie stark Textsorten unseres Alltags geprägt sind von situationsspezifischer Kommunikation. [...] Im *Literaturunterricht* liegt die Notwendigkeit, einen fiktiven Text imaginieren zu können, auf der Hand. Wer einen Roman liest, muss Räume, Menschen, Aktionen plastisch vor sich sehen, muss Geräusche hören, Farben sehen und Gerüche assoziieren können." (Renk 18)

Im D hat das Spiel eine lange Tradition. Bis Anfang der 1960er Jahre war vor allem das → Darstellende Spiel (Schauspielgruppe, Schulspiel im Sinne von Theater) im D zu finden. Im Literaturunterricht wurden z. B. das Stegreifspiel und die → Pantomime geübt. Seit den 1970er Jahren kamen dann aus der Psychologie (der Encounter-Sensitivity-Bewegung usw.) und dem

alternativen Theater (z. B. dem Boal-Theater) neue Impulse, die zusehends im D, vor allem auch im Lernbereich ‚Mündlicher Sprachgebrauch', Bedeutung gewannen (vgl. Schuster 1996, 205). Ausgehend von der Rezeptionsästhetik hat sich in den 1970er und 1980er Jahren eine Literaturdidaktik etabliert, die im handlungs- und produktionsorientierten Zugang zur Literatur die Sinnlichkeit und Phantasie, die Gefühle und den Tätigkeitsdrang des Lesers und der Leserin anspricht, aktiviert und dabei auch verstärkt auf theatrale Methoden zurückgreift. Die verschiedenen Formen des Spiels werden einerseits als Methoden, mit denen andere Unterrichtsinhalte erschlossen und vermittelt werden, eingesetzt, andererseits sind sie selbst Gegenstand des Unterrichts.

Das *Spiel als Methode* der Vermittlung kommt beim Erwerb der Muttersprache und bei der Schulung der kommunikativen Kompetenz im D zum Einsatz. In diesem sprachdidaktischen Bereich werden die sprachliche Kompetenz gefestigt und erweitert, Einsichten in sprachliches Rollenverhalten, in Regeln und Normen im mündlichen Sprachgebrauch erworben, Möglichkeiten zur Konfliktbewältigung durch Sprache, zu Gefühlsäußerungen und Einsichten in nonverbales Verhalten (→ Körpersprache) usw. gegeben (Schuster 1996, 213f.). In einer aktiven Auseinandersetzung mit der sozialen Umwelt und in einem ständigen Rückkoppelungsprozess erprobt das Kind sprachliche Varianten, wobei Phantasie und Kreativität gefordert sind, die durch verschiedene Spielformen – sprachdidaktische → Rollenspiele und interaktionistische Spiele – angebahnt und gefördert werden.

Bei dem Verstehen, Erschließen und Interpretieren vor allem von literarischen, aber auch von nichtfiktionalen Texten kommen ebenfalls die vielfältigen Formen des Spiels als Methode zum Einsatz. Die Theatralisierung des Lernprozesses durch ‚szenische Gestaltung' bietet einerseits die Möglichkeit, entscheidende Textpassagen plastisch werden zu lassen, andererseits dient die Theatralisierung dazu, die Ausdruckskraft und Sinnlichkeit des Körpers und seine in ihm gespeicherten Lebenserfahrungen in der Unterrichtspraxis zu aktivieren. Im Unterschied zum sprachdidaktischen Spiel ist der Text die konstituierende Voraussetzung. Die SchülerInnen müssen sich mit den Situationen, Figuren des Textes identifizieren, können sich selbst aber auch hinter ihnen verstecken. Szenische Gestaltung führt dazu, dass mit Hilfe der sozial-kreativen Phantasie durch die SchülerInnen „im Spielakt der Text neuartig, auch darüber hinausgehend, geschaffen wird" (Schuster 1996, 224). Zu den literarischen Gegenständen des D zählen alle dramatischen Formen – angefangen vom Kasperletheater über die sog. großen Dramen der Weltliteratur bis hin zu Hör- und Fernsehspielen. Diese Gegenstände werden im D häufig kognitiv-analytisch erschlossen, was natürlich auch ein legitimer Weg der Aneignung ist, doch gehört es zu ihren konstituierenden Wesensmerkmalen, im Spiel realisiert zu werden. Das Drama ist „die dichterische Verdeutlichung eines Geschehens durch Rollenträger. Im Unterschied zu Epik und Lyrik wird das Drama umgesetzt in die Wirklichkeit der Bühne, muss sich also mit dem Theatralischen verschmelzen. Zum Drama gehört neben dem Wort notwendig das Mimische." (Braack 117)

In der Dramendidaktik wird in besonderer Weise das ‚Selberspielen' betont. Der Lerngegenstand Dramatik im D ist in manchen Bundesländern zu einem eigenständigen Schulfach geworden. Insgesamt sind das → Spiel und handlungs- und produktionsorientierte Verfahren, die theatrale Formen einschließen, aus dem modernen Literaturunterricht nicht mehr wegzudenken.

Schuster unterscheidet zwischen ‚traditionellen Spielformen' und ‚neueren Spielformen'. Zu den traditionellen Formen zählt er das Stegreifspiel, das Kasperle-, Marionetten-, Masken-, → Schattentheater, das szenische Spiel mit dem Schulspiel und → Schultheater, die → Pantomime, die medialen Formen des Hör- und Fernsehspiels, die Tanz- und → Musikspiele, die Lern- und Sprachspiele. Zu den neueren Spielformen rechnet er Selbsterfahrungs- und Interaktionsspiele, das sprachdidaktische und literarische Rollenspiel, das → Planspiel, Schreibspiele, Spielformen des alternativen, freien Theaters (Schuster 1994, 21).

Folgende *Grundsätze* sollten beachtet werden: Die Spielfläche wird festgelegt (eventuell Markierung durch einen Kreidestrich). Wer die Spielfläche betritt, verwandelt sich in die darzustellende Person. Das ‚Heraustreten aus der Person' muss für die Zuschauer sichtbar sein. Die SpielerInnen sollten nicht zu eng zusammen stehen, unter Umständen sogar eine ‚Stellprobe' vornehmen. Verzichten kann man auf solche Eingriffe immer dann, wenn es um spontane Spielprozesse geht, deren Intention es ist, aus solchen ‚Fehlern' zu lernen (beispielsweise beim offenen → Rollenspiel). Auf Lockerungs-, Konzentrationsübungen und → Warming-up-Spiele sollte nur selten verzichtet werden. Auch die Lehrperson sollte sich selbst einbringen, nicht nur AnleiterIn sein, sondern etwas von sich preisgeben, sich an den Spielprozessen beteiligen.

Der Text/Sachverhalt ist nur Spielanlass, steht selbst nicht mehr im Mittelpunkt des Geschehens. Kognitiv-analytische Methoden werden vernachlässigt, die die ästhetischen Strukturen der Sprache erschließen können. Die Lernmethoden bedürfen geduldiger Einführung, da in der Schule die elementare Ebene des Körperlichen oft ungewohnt ist; gerade das Spiel kann diese Körperlichkeit erneut bewusst machen. Diese Bewusstheit ist allerdings auch in Spielprozessen nicht selbstverständlich gegeben, sondern sie erfordert eine wachsame Beobachtung und Wissen um diese Zusammenhänge durch die Lehrenden, die allerdings häufig in ihrer Ausbildung zu wenig für den Einsatz von Spielformen als Lernwege qualifiziert werden. Diese Wachsamkeit ist auch notwendig bei der Betreuung der SchülerInnen, die psychische Schwierigkeiten mit der Verarbeitung bestimmter, im Spiel angeregter Situationen haben. Auch muss sich die Lehrperson ihrer Kompetenzgrenzen sicher sein.

Nach Rumpf werden im Prozess der Zivilisation junge Menschen gelehrt, „den sinnlich-körperlichen Weltaustausch mit seinen nicht recht kalkulierbaren Erschütterungen [...] stillzustellen" und den „Aufbau einer kognitiven Operationsbasis" zu betreiben – mit dem Ergebnis einer „entsinnlichenden Dynamik des Schullernens" (Rumpf 6f.). So ist der Unterricht im Lauf der Zeit vielfach „unabhängig geworden von diesen konkreten Menschen mit ihrer privaten Geschichte, ihren Lebenserfahrungen, ihren Ängsten, Hoffnungen, Erinnerungen, Phantasien. Aus diesen Zonen von Individualität darf im Unterricht nur aufsteigen, was die jeweils aufgerufene sprachlich-gedankliche Aktion befördern kann." (Rumpf 106) Gerade im Zeitalter sekundärer Medien kommt dem aktiven Spiel eine besondere Bedeutung zu: Kennzeichen für das Eintauchen in die Welt der elektronischen Kommunikation ist die Raum-, Zeit- und Körperlosigkeit, wodurch ein beliebiges Ein- und Ausklinken in neue Situationen, Orte, Themen usw. möglich wird. Komplementär dazu bekommt eine mit allen Sinnen wahrgenommene und leibhaftig gespürte konkrete Kommunikation in einer konkreten Situation neuen Stellenwert und ist für die Weiterentwicklung der Persönlichkeit bedeutsam (vgl. Zulechner 217ff.). Notwendig ist, „durch bewusste und konstruktiv-aktive Formen des sozialen Lernens die werdende Persönlichkeit so zu fördern, dass kognitive wie emotional affektive Strukturen dieser Persönlichkeit den Menschen befähigen, im Umgang mit anderen und in Kommunikationsprozessen jene soziale Identität zu erwerben, die die soziale wie politische subjektive

Handlungsfähigkeit nicht nur zum bloßen Anhängsel der technisch-wissenschaftlichen Entwicklung verkümmern lässt" (Gudjons 13).

Abraham, Ulf: Sich ins Spiel bringen. Inszenierung im Kopf und ausgespielter Sinn im Übergang von der Rezeption zur dramatischen Gestaltung fiktionaler Texte. In: Beisbart, Ortwin/Eisenbeiß, Ulrich u. a. (Hg.): Leseförderung und Leseerziehung. Donauwörth 1993; Bark, Joachim/Förster, Jürgen (Hg.): Schlüsseltexte zur neuen Lesepraxis. Stuttgart 2000; Belgrad, Jürgen/Melenk, Hartmut (Hg.): Literarisches Verstehen – Literarisches Schreiben. Baltmannsweiler 1996; Blumensath, Heinz: Ein Text und seine Inszenierung. In: Praxis Deutsch, 1992, H. 115; Braack, Ivo: Poetik in Stichworten. Kiel 1972; Bünting, Klaus-Dieter/Kochan, Detlef: Linguistik und Deutschunterricht. Kronberg/Ts. 1973; Freudenreich, Dorothea/Sperth, Fritz: Stundenblätter. Rollenspiele im Literaturunterricht. Stuttgart 1993; Gudjons, Herbert: Spielbuch Interaktionserziehung. Bad Heilbrunn 1990; Haas, Gerhard: Handlungs- und produktionsorientierter Literaturunterricht. Seelze 1997; Hinck, Walter: Das moderne Drama in Deutschland. Göttingen 1973; Klinge, Reinhold: Szenisches Interpretieren. In: Der Deutschunterricht, 1980, H. 4; Kochan, Barbara: Rollenspiel als Methode sprachlichen und sozialen Lernens. Kronberg/Ts. 1981; Müller, Hans-Dieter: Spielend interpretieren. Zum theaterspezifischen Umgang mit Texten. In: Diskussion Deutsch, 1980, H. 52; Renk, Herta-Elisabeth: Spielprozesse und Szenisches Spiel im Deutschunterricht. In: Praxis Deutsch, 1986, H. 13; Rumpf, Horst: Die übergangene Sinnlichkeit. Drei Kapitel über die Schule. Weinheim, München 1994; Rupp, Gerhard: Kulturelles Handeln mit Texten. Paderborn 1987; Schau, Albrecht: Szenisches Interpretieren. Ein literaturdidaktisches Handbuch. Stuttgart 1996; Scheller, Ingo: Szenische Interpretation. In: Praxis Deutsch, 1996, H. 136; Schuster, Karl: Das Spiel und die dramatischen Formen im Deutschunterricht. Baltmannsweiler 1994; Ders.: Einführung in die Fachdidaktik Deutsch. Baltmannsweiler 1996; Spinner, Kaspar H. (Hg): Imaginative und emotionale Lernprozesse im Deutschunterricht. Frankfurt a. M. 1995; Ders. (Hg.): Neue Wege im Literaturunterricht. Hannover 1999; Waldmann, Günter: Grundzüge von Theorie und Praxis eines produktionsorientierten Literaturunterrichts. In: Hopster, Norbert: Handbuch ‚Deutsch' für Schule und Hochschule. Paderborn 1984; Zulechner, Felix: Leibhaftige Kommunikation. In: Koch, Gerd/Naumann, Gabriela/Vaßen, Florian (Hg.): Ohne Körper geht nichts. Milow 1999.

FELIX ZULECHNER

→ Darstellendes Spiel – Deutsch als Fremdsprache – Drama in Education – Fort- und Weiterbildung für LehrerInnen – Geschichte der Pädagogik – Klassenfahrt als theaterpädagogische Aktion – Minidrama – Stegreif – Theatre in Education

Devising Theatre

DT (engl. *Theater herstellen*, *Theater erfinden*) ist eine experimentelle, gruppenorientierte Produktionsform von Theater, die sich in den 1970er Jahren in England als Gegenbewegung zum hierarchisch strukturierten Literaturtheaterbetrieb herausgebildet hat. Das sich in dieser Arbeitsform artikulierende Theaterverständnis (*non text-based theatre*) hat eine Nähe zu den politischen und kulturellen Suchbewegungen der 1970er Jahre, die einen erweiterten Kultur- und Theaterbegriff forderten, populäre und alltagskulturelle Phänomene, Erfahrung, Körper- und Aktionstheaterformen integrierten und *community-theatre* (Stadtteilkultur) sowie demokratische, selbstbestimmte Arbeitsstrukturen realisierten. DT formuliert kein ästhetisches Stil- oder Formprinzip, sondern versteht sich als eine künstlerische Arbeitsweise, die sich am besten über ihre zentralen Arbeitskategorien charakterisieren lässt.

Kollaboration: Devising ist eine gruppenorientierte künstlerische Arbeit, die selbstbestimmt Projektkonzeption, Arbeitsteilung und Rahmenbedingungen erstellt.

Offene Dramaturgie und Prozessorientierung: Während des Produktionsprozesses werden dramaturgische, ästhetische und arbeitstechnische Fragen verhandelt, sukzessive verdichtet und entschieden.

Generative Techniken: Material und Stoffe werden ausgehend von variablen ‚starting points' wie Themen, Stichworte, Bilder, Musik, Geräusche, Artefakte, Erfahrungen selbst generiert durch → Improvisation, → Kreatives Schreiben, Formaufgaben, → Recherche oder Interview.

Komposition und Multiperspektivität: Durch das Zusammenspiel verschiedener künstlerischer → Medien und Ausdrucksformen wie Körper, Bild, Film, Musik, Tanz, Performance-Art, elektronische Medien ergeben sich neue Mischformen und Crossover-Stile.

Reflexivität: Devising heißt, reflektiertes Theater zu machen, über den ganzen Produktionsprozess bewusste und begründete Entscheidungen zu treffen: Was machen wir wie und warum.

Produktion: Ziel und Abschluss des gemeinschaftlichen Arbeitsprozesses ist immer das künstlerische Produkt (‚creation of an artistic product') und seine Präsentation vor Publikum.

DT ist eng verbunden mit dem ‚Dartington College of Arts' in England, das durch seine Devising-orientierte Studienform der *performance-studies* den Begriff DT maßgeblich mitgeprägt hat. Die englische Performance Szene ‚Live-Art' der 1990er Jahre mit Gruppen wie ‚Forced Entertainment' und ‚Gob Squad' hat den DT-Ansatz als künstlerische Arbeitsform, der sich ästhetisch durch charakteristische Erfahrungs- und Raumkonzepte gepaart mit Multimedialität auszeichnet, in Deutschland bekannt gemacht.

Für den thp Arbeitskontext ist der DT-Ansatz interessant, weil er gruppen-, prozess-, themen- und raumorientiert arbeitet und sich zutraut, in seiner multimedialen Offenheit eine jeweils spezifische Ästhetik mit und von den beteiligten Spielern zu entwickeln. Durch den strukturell notwendigen Reflexionsprozess findet zudem eine intensive Auseinandersetzung mit dem → Medium Theater, seinen Gestaltungs- und Wirkungsformen und den individuellen Lernerfahrungen dabei statt.

Etchells, Tim: Certain Fragments. Texts and writings on Performance. London 1999; Oddey, Alison: Devising Theatre. A practical and theoretical handbook. London 1994.

WOLFGANG STING

→ Action Theater – Mitspiel(theater) – Performance – Rollenspiel – Theaterarbeit in sozialen Feldern – Theatersport

Dewey, John

1859–1952. Philosoph, Pädagoge. Studium der Sprachen, Naturwissenschaften, Philosophie. 1884 Dissertation über Kants Psychologie. 1894 Berufung als Professor an die Universität in Chicago, Leitung des Department of Education. Gründung einer D-Schule, wo er seine Ideen der pragmatistischen Philosophie in die Bildungspraxis umsetzte. 1904 Berufung an die Universität Columbia. Politisches Engagement, u. a. Mitbegründer der ersten Lehrergewerkschaft und der American Association of University Professors, deren erster Präsident D war. Ab 1918 zahlreiche Vorlesungsreisen. Seine Bildungsphilosophie, die nicht nur das amerikanische Bildungssystem maßgeblich beeinflusste, präferiert ein Lernen durch Erfahrung statt des zu dieser Zeit üblichen Auswendiglernens. In *Kunst als Erfahrung* (1934) beschreibt er die Bedeutung ästhetischer Erfahrung (in der Erleben und Reflektieren eine Einheit bilden), durch die ein Kunstwerk erst entsteht und die im Schaffensprozess sowie in der Wahrnehmung des Kunstgegenstandes begründet ist.

Demokratie und Erziehung. Eine Einleitung in die philosophische Pädagogik. Braunschweig u. a. 1949; Wie wir denken. Eine Untersuchung über die Beziehung des reflektiven Denkens zum Prozess der Erziehung. Zürich 1951; Psycho-logische Grundfragen der Erziehung. Der Mensch und sein Verhalten. Erfahrung und Erziehung. München, Basel 1974; Kunst als Erfahrung. Frankfurt a. M. 1980; Erziehung durch und für Erfahrung. Stuttgart 1986; Die Öffentlichkeit und ihre Probleme. Darmstadt 1996; Die Suche nach Gewissheit. Eine Untersuchung des Verhältnisses von Erkenntnis und Handeln. Frankfurt a. M. 1998.
Dewey, John/Kilpatrick, William Heard: Der Projekt-Plan. Weimar 1935; Ders./Handlin, Oscar/Correll, Werner: Reform des Erziehungsdenkens. Eine Einführung in John Deweys Gedanken zur Schulreform. Weinheim 1963.
Suhr, Martin: John Dewey zur Einführung. Hamburg 1994.

GABI BEIER

Dialog

„Im Anfang war das Wort ..." und infolgedessen auch der D zwischen den Menschen. Der D könnte demnach so alt wie die Menschheit sein, d. h. sechs Millionen Jahre, wäre dazu laut Ken Wilber nicht ein geschichtlich erinnerbares Ich-Bewusstsein vonnöten. Er behauptet, dass eventuell der bewusste D zwischen den Menschen mit dem Ende des Paradieses (vor ca. 200 000 Jahren) – die Ansprache Gottes an Adam; damit ist der Dialog Adams und Evas mit Gott der erste mythologisch festgehaltene Beleg unserer westlichen D-kultur – und später mit dem Entstehen eines ersten mentalen Seins (ca. 2 000 Jahre v. Chr.) geschah. Populärer sind dagegen die D Sokrates', die dessen Schüler Platon im vierten Jh. v. Chr. schriftlich festhielt. Sokrates führte mäeutische, d.h. geburtsähnliche Gespräche mit seinen Schülern, die zur vernünftigen Wahrheit finden sollten. Diese D geschahen im Vergleich zu denen der zeitgenössischen Sophisten nicht in überredender, sondern in überzeugender Weise.

Betrachten wir den Begriff jedoch aus postmoderner Perspektive, scheint der D letzter Rettungsanker einer an Humanität mangelnden Kultur zu sein. So glaubt David Bohm, dass der D das „offene Gespräch am Ende der Diskussionen" (Bohm 3) ist. Bohm weist darauf hin, wie wir versuchen, die Verunreinigungen unserer Gesprächskultur anhand von Fehleranalysen zu verbessern, statt zur Quelle zu gehen, wo die Verunreinigung beginnt.

Das Wort, das gesprochen wird, ist kaum noch eine ehrfurchtsvolle Verbindung zwischen den Menschen (vgl. Buber). Wir leben in einer „Zuvielisation" (Guggenberger zit. n. Frambach 8) des Wortes und einer Atmosphäre virtueller Kommunikationsmanie (vgl. Bradshaw 219). Doch ohne Worte, Zeichen und Symbole können Menschen nicht sinnhaft leben. So kann der sozialpädagogische D, dessen Begriffsgeschichte erst entsteht, ein Weg sein, zwischen-menschlichen Sinn zu generieren (vgl. Galuske). Er kann Menschen helfen, die zwischen Staat und Verwandtschaft ein schattenhaftes Dasein führen. Der von der Sozialen Arbeit mitzugestaltende dialogische Raum konstituiert dann eine politische Sphäre.

In diesem Kontext ist der D in Anbindung an das Dialogische Prinzip des jüdischen Philosophen Martin Buber (1878–1965) eine der drei Seinsweisen der Sprache: Seiner Ansicht nach geschieht der D in erster Linie als ein „Begebnis, eine Gesprochenheit, ein Sich-einander-Zuwenden von Menschen" (Buber 442f.). Im Vergleich dazu beschreibt Buber die anderen zwei Seinsweisen als „Bestand und Besitz". Die erste Weise meint den Bereich des Sagbaren und die zweite das gesammelte Wissen, das der Aktualisierung bedarf. Als ‚Sich-einander-Zuwenden von Menschen' verwandelt jeder D und hilft mit, die Wahrheit der Sprechenden sich selbst gegenüber und sinngebende Ausdrucksformen zu entdecken.

Bohm, David: Der Dialog. Das offene Gespräch am Ende der Diskussionen. Stuttgart 2000; Bradshaw, John: Das Kind in uns. München 1992; Buber, Martin: Das Wort, das gesprochen wird. In: Ders.: Werke, Bd. 1: Schriften zur Philosophie. München, Heidelberg 1962; Eigensinn und Wechselspiele. Für eine Vergesellschaftung des Denkens im Dialog [Themenschwerpunkt]. In: Korrespondenzen, 2001, H. 38; Frambach, Ludwig: Ohne Maß und Mitte. Über die spirituellen Wurzeln unserer ökologischen Destruktivität. In: Transpersonale Psychologie und Psychotherapie, 1997, H. 2; Galuske, Michael: Methoden der Sozialen Arbeit. Eine Einführung. Weinheim, München 2001; Wilber, Ken: Halbzeit der Evolution. München 1984.

CORNELIA MUTH

➞ Autobiographisches Theater – Erzähltheater – Geschichte der Sozialpädagogik – Konstruktivismus – Narratives Interview – Sprechen

Didaktik

Am Anfang der modernen Pädagogik im 17. Jh. steht die *Große Didaktik* des Johann Amos Comenius (1595–1670). Sie beanspruchte, ‚die vollständige Kunst' zu sein, ‚alle Menschen alles zu lehren' und dafür ein umfassendes Regelwerk zur Verfügung zu stellen. Einer Einschränkung dieser umfänglichen Anweisung zum Lehren und Lernen begegnen wir in Johann Friedrich Herbarts (1776–1841) Formalstufentheorie, deren Artikulationsschema (Aufnehmen, Denken, Verarbeiten, Anwenden) bis weit in das 20. Jh. für den Schulunterricht grundlegend geblieben ist. Heute wendet sich die Reflexion didaktischer Problemstellungen Handlungs- und Strukturfeldern zu, die über schulisches Lehren und Lernen hinausgehend, etwa auf außerschulische Jugendarbeit, Freizeitpädagogik, die verschiedensten Felder der Sozialpädagogik, die Arbeit in der Erwachsenenbildung oder in den Hochschulen Bezug nimmt und sich auch den Fragen einer D sozialer Beratung oder sozialer Gruppenarbeit stellt.

Im gegenwärtigen Sprachgebrauch ist zunächst die Allgemeine D, die sich mit den allgemeinen institutionellen und organisatorischen Strukturen und den sie hervorbringenden Handlungs- und Verfahrensweisen des Lehrens und Lernens befasst, von den speziellen Fachdidaktiken zu unterscheiden, welche als „die Wissenschaft[en] vom planvollen, institutionalisierten Lehren und Lernen spezieller Aufgaben-, Problem- und Sachbereiche" (Heursen 588) charakterisiert werden können.

Für die Allgemeine D ist eine Klassifizierung im Hinblick auf ihre Gegenstandsfelder sinnvoll, wie sie Wolfgang Klafki (1970, 64ff.) vorgenommen hat:

D als Wissenschaft vom Lehren und Lernen in allen Formen und auf allen Stufen, zu der sowohl systematisches und gelegentliches Lehren und Lernen, bewusstes und unbewusstes Lernen als auch das *Was*, d. h. die Inhalte des Lehrens und Lernens sowie das *Wie*, die Methoden, Organisationsformen und Hilfsmittel zählen (D im weiteren Sinne);

D als Theorie der Bildungsinhalte und des Lehrplans in der Tradition der geisteswissenschaftlichen Pädagogik und verbunden mit den Namen Weniger, Klafki, Derbolav, ➞ Scheuerl; der Bildungsbegriff wird zum zentralen Anknüpfungspunkt für die Reflexion pädagogischer Zielvorstellungen, der von den Fragen nach den Inhalten des Lehrens und Lernens nicht zu trennen ist (bildungstheoretische D);

D als Theorie des Unterrichts, die eine möglichst umfassende Beschreibung und Analyse aller am Unterrichtsgeschehen beteiligten Faktoren ermöglichen und die Erkenntnis der durchgängigen wechselseitigen Abhängigkeit dieser Faktoren ermitteln will, mit dem Ziel einer rationalen und kontrollierbaren Unterrichtsplanung und -gestaltung (‚Berliner Schule der D', Heimann u. a.);

D als Theorie optimalen Lehrens und Lernens bzw. als Theorie der Steuerung von Lehr- und Lernprozessen (informationstheoretische D): Hier werden Vorstellungen aus der Informationstheorie auf Lehr-Lern-Vorgänge übertragen, unter Ausklammerung prinzipieller Ziel- und Inhaltsfragen (vgl. Cube).

Schaut man sich die im Rahmen dieser Systematik entwickelten Didaktiken genauer an, so fällt auf, dass eine Fülle an Angeboten für Gegenstände, an denen sich Menschen bilden sollen, bereitgestellt, und dass über die unabdingbaren Notwendigkeiten subjektiver Voraussetzungen für den Bildungsprozess trefflich gestritten wird. Merkwürdig blutleer bleiben die Vorstellungen jedoch, wenn empirisch darüber Auskunft gegeben werden soll, *wie* Akteure in bestimmten Handlungszusammenhängen lehren und lernen bzw. sich unter gegebenen strukturellen Bedingungen bilden. So werden z. B. die Konsequenzen aus Klafkis ‚kritisch-konstruktiver D‘ (1985), seine Überlegungen, wie die ‚neue Allgemeinbildung‘ durch Schlüsselprobleme gefasst werden könnte, um z. B. Problemstellungen der Konflikte zwischen Ost und West, Nord und Süd, zwischen Frauen und Männern, zwischen Arbeit und Freizeit für das Lernen in konkreten Handlungszusammenhängen fruchtbar zu machen sei, von (Fach-)Didaktikern unter Hinweis auf eine unzureichende empirische Zugänglichkeit ‚ganzheitlich‘ figurierter Bildungsprozesse kaum aufgegriffen.

In der Tat ist menschliches Lernen ein äußerst komplexes Phänomen, auf das seit der empirischen Wende in den 1970er Jahren insbesondere die Kognitionspsychologie aufmerksam gemacht hat (vgl. Bromme). Kulturtheoretisch-sozialwissenschaftliche Konzeptualisierungen erweitern diese auf die Subjektseite des Lernens bezogenen Überlegungen, indem sie das Beziehungsgeflecht von Handeln und Struktur in den Blick nehmen (vgl. Reckwitz) und damit insbesondere für das Lehren und Lernen in den Bereichen des Theaters, der Kunst und Musik erfolgversprechende Perspektiven eröffnen. Dazu im Folgenden einige Vorschläge.

Allgemeine und Fachdidaktik haben nach traditionellem Verständnis die Aufgabe zu zeigen, nach welchen Kriterien Inhalte des Lehrens und Lernens ausgewählt und wie diese Inhalte von Akteuren an Novizen vermittelt werden (wer soll was, warum, wozu und wie lehren und lernen). Hiermit sind normative Vorstellungen darüber verbunden, mit welchen Inhalten die Adressaten konfrontiert werden und wie sie sich diese in Anlehnung an das Bild vom ‚Nürnberger Trichter‘ einverleiben. Im Gegensatz zu dieser eher strukturfunktionalistischen Sicht fragen kulturtheoretisch orientierte, empirische Analysen nach den Wissens-, Bedeutungs- und Symbolorientierungen der handelnden Akteure (Lehrende und Lernende) und versuchen, die (Regel-)Strukturen zu rekonstruieren, die von ihnen in den jeweils konkreten Handlungszusammen-

hängen hervorgebracht oder genutzt werden. Akteure werden im Feld beobachtet, wie sie ihr Handeln als Unterrichtende und Lernende auf der Grundlage ihres je habitualisierten Wissens, ihrer Praxiserfahrungen und verfügbaren symbolischen Kategorien rekursiv hervorbringen und wie sie ihr Handeln interpretieren. Dabei sind Ressourcenverteilungsmuster, Affektstrukturen und unintendierte Handlungsfolgen gleichermaßen relevant und konstitutiv für das Hervorbringen sozialer Praktiken des Lehrens und Lernens.

Als Beispiel sei eine empirische Untersuchung über Musikunterricht angeführt (vgl. Hansmann). Eine Musiklehrerin behandelt in einer Schulklasse des 10. Jahrgangs das *Heideröslein* von Goethe. Der Lehrplan und ihre eigene Sachanalyse sieht dieses Musikstück als unverzichtbar für ein Konzept musikalischer Allgemeinbildung an. Vor dem Hintergrund ihrer eigenen Wissens- und Deutungsstrukturen und ihren Erfahrungen im Umgang mit verschiedenen kulturellen Welten muss die Lehrerin jedoch davon ausgehen, dass die Vertonung durch Franz Schubert Symbolwelten repräsentiert, die mit denjenigen ihrer SchülerInnen interferieren. Ihre Aufgabe ist es nun, unter Vermeidung einer lediglich oberflächlichen Anpassung an vermeintliche Abnehmerwünsche (Schülerorientierung), ihren SchülerInnen einen Zugang zum intendierten Ausdrucks- und Dokumentsinn des musikalischen Kunstwerkes (vgl. Mannheim) zu eröffnen (‚Wofür steht dieses Kunstwerk?‘). Die Strukturierung dieser Aufgabe stellt sich ihr in jeder Schulklasse immer wieder neu und lässt sich nicht ein für allemal lösen. Anders ausgedrückt: Die von der Lehrerin in dem jeweiligen konkreten Handlungsfeld angewandten Regeln weisen angesichts der Komplexität und Veränderungsdynamik pädagogischer Handlungen einen Sinnüberschuss auf, der einer ständigen Reflexion über etwaige Veränderungsfolgen und neue Regelinterpretationen bedarf.

Die Bearbeitung dieses Sinnüberschusses und das Balancehalten zwischen unterschiedlichen Erwartungen z. B. der Lehrpläne auf der einen Seite und der Vorstellungen und Wünsche der ‚Adressaten‘ auf der anderen Seite kennzeichnet die D professioneller LehrerInnen (vgl. Dirks). D erhält durch diese kulturtheoretisch orientierte und ‚praxeologische‘ Betrachtungsweise (die sozialen Praktiken der Akteure stehen im Mittelpunkt) eine neue Blickrichtung: Es geht nicht mehr darum, Normen unterrichtlichen Handelns aufzustellen, sondern zu untersuchen, *was* im Feld jeweils geschieht und *wie* die Akteure insbesondere mit strukturellen Anforderungen unter konkreten Handlungsbedingungen umgehen. Auf diese Weise rücken die Unsicherheiten und Ungewissheiten menschlichen Handelns ins Zentrum didaktischer Überlegungen und geben den Blick frei auf die prinzipiell unendlichen Lerngegenstände und die unerschöpflichen menschlichen Lernzugänge, die noch in jeder Theateraufführung, in jeder musikalischen Improvisation oder bildnerischen Gestaltung zum Vorschein treten und damit den Bildungsprozess (‚die reflektierende Urteilskraft' nach Immanuel Kant) im Gegensatz zu lediglich instrumentellen Lehr-Lernprozessen (‚bestimmende Urteilskraft') erst zugänglich machen.

Bromme, Rainer: Kompetenzen, Funktionen und unterrichtliches Handeln des Lehrers. In: Weinert, Franz E. (Hg.): Psychologie des Unterrichts und der Schule. Göttingen 1997; Comenius, Johann Amos: Große Didaktik. Hg. v. A. Flitner. Düsseldorf, München 1959; Cube, Felix von: Die kybernetisch-informationstheoretische Didaktik. In: Westermanns Pädagogische Beiträge, 1980, H. 3; Dirks, Una: Wie werden EnglischlehrerInnen professionell? Münster 2000; Hansmann, Wilfried: Musikalische Sinnwelten und Lehrerprofessionalisierung. Essen 2001; Heimann, Paul/ Otto, Gunter/Schulz, Wolfgang: Unterricht, Analyse und Plan. Hannover 1972; Herbart, Johann Friedrich: Allgemeine Pädagogik aus dem Zweck der Erziehung abgeleitet. Weinheim 1959; Heursen, Gerd: Fachdidaktik. In: Lenzen, Dieter (Hg.): Pädagogische Grundbegriffe, Bd. 1. Reinbek 1994; Kant, Immanuel: Über Pädagogik. In: Weischedel, Wilhelm (Hg.): Immanuel Kant. Werke, Bd. 10: Schriften zur Anthropologie, Geschichtsphilosophie, Politik und Pädagogik. 2. Teil. Darmstadt 1968; Klafki, Wolfgang: Funkkolleg Erziehungswissenschaft, Bd. 2. Frankfurt a. M. 1970; Ders.: Grundlinien kritisch-konstruktiver Didaktik. In: Ders.: Neue Studien zur Bildungstheorie und Didaktik. Weinheim 1985; Mannheim, Karl: Wissenssoziologie. Neuwied 1964; Reckwitz, Andreas: Die Transformation der Kulturtheorien. Zur Entwicklung eines Theorieprogramms. Weilerswist 2000.

WILFRIED HANSMANN

→ Ästhetische Bildung – Deutsch als Fremdsprache – Deutschunterricht – Erlebnispädagogik – Fort- und Weiterbildung für LehrerInnen – Geschichte der Pädagogik – Geschichte der Sozialpädagogik – Kulturelle Bildung – Lebensbegleitendes Lernen – Lernen und Theater – Methodik – Musisch-ästhetische Erziehung – Reformpädagogik

„Didaktisches Theater"

Auf dem IV. Deutschen Schriftstellerkongress 1956 hielt Bertolt → Brecht eine Rede vor der Sektion Dramatik, die als Auslöser der von der Literatur- und Theatergeschichtsschreibung wenig zur Kenntnis genommenen Bewegung des sog. „DT" gelten kann. In einer Zeit, da von Seiten der offiziellen Kulturpolitik der DDR autoritär auf eine nationale klassische Tradition orientiert wurde, von der normativ die Verfertigungsmodelle auch für eine gegenwärtige Kunst bis in die ästhetischen Formierungen hinein abgeleitet wurden, rief Brecht die Tradition der Theateravantgarden in Erinnerung und stellte sie als unverzichtbare Quelle der sozialistischen Kunst dar. Brecht plädierte damit für eine moderne Ästhetik, die den Bedingungen einer sich selbst ‚neu' und ‚sozialistisch' definierenden Gesellschaft angemessen sei: „Es genügt nicht, einen Karl Moor, aber mit sozialistischem Bewußtsein, zu schaffen, oder einen Wilhelm Tell, aber als kommunistischer Funktionär [...]. Wenn wir uns die neue Welt künstlerisch praktisch aneignen wollen, müssen wir neue Kunstmittel schaffen und die alten umbauen" (Brecht 373f.). Hatte die offizielle Klassikorientierung das politisch motivierte Ziel, von der Kunst Symbolisierungen und Inszenierungen der Fiktion einer nationalen Gemeinschaft zu erwarten, wobei die Konstruktion einer politischen Identität bzw. eines nationalen Gemeinschaftskörpers über ästhetisch fundierte Ausschlussverfahren lief und in diesem Prozess beinahe die gesamte → Avantgarde und Moderne des 20. Jhs. ausgesondert wurde, plädierte Brecht für die Wiederaufnahme und Aneignung der proletarisch-revolutionären und avantgardistischen Kunstexperimente der 1920er Jahre in Deutschland wie in der jungen Sowjetunion. Brecht sprach von den „kleinen wendigen Kampfformen [...], wie wir sie einmal in der Agitprop-Bewegung gehabt haben" (ebd. 368) und stellte sie ausdrücklich als erstrebenswerte und erneuerbare Theaterästhetik auch für die Gegenwart dar – als neue „kleine Art des → Volkstheaters" (ebd. 369). Ihm schwebten „kleine, wendige Truppen und Trüpplein" (ebd.) von professionellen und nicht-professionellen Schauspielern vor, die mit „Lastwagen" (ebd. 368) über Land ziehen und unmittelbar vor Ort für die Bevölkerung Theater machen sollten – sowohl mit vorbereiteten „Texten, Sketchen, Songs, Kampfliedern" (ebd. 369) als auch mit selbst gefertigten, aktuellen künstlerischen Beiträgen, die auf die jeweilig akuten Belange vor Ort reagieren könnten („Etwas können wir ruhig von früher beibehalten: daß man es selber macht. Das wäre ein großer, echter Fortschritt", ebd.). Gegenstand des aktuellen Spiels sollten „Alltagsfragen" der sog. kleinen Leute sein (ebd. 370), die operativen Theatertruppen „könnten eingehen auf die echte Situation ihrer Zuhörer, auf ihre echten, eventuell sehr kleinen und niedrigen Probleme" (ebd.). Wieviel Sprengkraft dieser Vorschlag enthielt, wird klar, wenn Brecht auch darauf verweist, dass solche Truppen „auch direkt mit der örtlichen Politik zusammenarbeiten" könnten, das „Wissen der Bezirkssekretäre um die Probleme und Schwierigkeiten" nutzen und „direkt politisch" operieren sollten (ebd. 371). Brechts Vision war, man solle Probleme, Widersprüche und Konflikte der sozialen und politischen Wirklichkeit vor Ort mit Namen und Adressen der zuständigen, verantwortlichen oder schuldigen Personen und Institutionen aufspüren, mit den Mitteln der Bühne öffentlich machen und so zur Debatte stellen. Theater sollte nach diesen Überlegungen als Modell nicht-hierarchisierter Öffentlichkeit und als aktives Moment sozialistischer (Basis-)Demokratie fungieren. Brecht schwebte hier etwas vor, das sein – unter Stalin 1939 ermordeter – Freund und Kollege Sergej Tretjakow in den 1920er und frühen 30er Jahren mit seiner ‚Ästhetik der Operativität' praktiziert hatte (vgl. Mierau) und wie es später, ab den 1970er Jahren, etwa der brasilianische Theaterpraktiker Augusto → Boal mit seinen Modellen des → ‚Theaters der Unterdrückten' (vgl. Boal 1979) und des → ‚Legislativen Theaters' (Boal 1999) weltweit berühmt gemacht hat. Ziel dieser neuen Kunstformen war nicht, eine illusionäre Vereinigung des Publikums im Zeichen einer nationalen Erneuerung zu erreichen, sondern zu erreichen, „daß im Publikum ein Kampf entfacht wird, und zwar ein Kampf des Neuen gegen das Alte. Wir müssen also erreichen, daß wir [...] unser Publikum wirklich scheiden" (Brecht 372).

Damit war ein Programm formuliert, das in den Jahren nach 1956 in einer kurzen kulturpolitischen Tauwetterperiode von jungen Theaterleuten, die sich allesamt als Brecht-Schüler verstanden, zumindest teilweise aufgegriffen und in eine experimentelle Theaterpraxis überführt wurde. Dabei wurde allerdings der radikalste Teil der Brechtschen Anregungen, der die mobilen Theatertruppen und deren Aufspüren und Öffentlichmachen von lokalen Konflikten und Ungerechtigkeiten betraf, nicht in die Tat umgesetzt. Das „DT" verblieb im Wesentlichen in der Institution Theater und beschränkte sich auf die Produktion von Theatertexten und programmatischen Äußerungen, wobei allerdings mit einzelnen Stücken insbesondere → Amateurtheatern ‚Modelle' in die Hand gegeben werden sollten, die sie nach Belieben mit eigenem aktuellen Inhalt füllen konnten (vgl. Klatt). Es entstanden Texte wie *Die Feststellung* (1957) von Helmut Baierl, *Kommando von links* (1958) von Manfred Rich-

ter, *Damals 18/19* (1958) von Vera und Klaus Küchenmeister, *10 Tage, die die Welt erschütterten* von Heiner Müller und Hagen Müller-Stahl, *Die Korrektur* von Heiner Müller; teilweise wird auch Müllers *Der Lohndrücker* dieser Bewegung zugerechnet (vgl. Mittenzwei 40). Diesen Stücken gemeinsam war eine offene Struktur, die kurze, knappe Form und Sprache, eine Dramaturgie der Unterbrechungen und Sprünge, eine nicht psychologisierende Figurenführung und -motivation, eine Darstellung scharfer politischer Konflikte und eine betont politische Themensetzung – insgesamt also ein unverkennbares Absetzen von der offiziell gewünschten klassischen Dramentradition. Während sich aber der überwiegende Teil dieser Stücke *nicht* den harten Realitäten der Gegenwart stellte bzw. die entdeckten Konflikte harmonisierend wieder auflöste, zeigt ein Stück wie Müllers *Die Korrektur* (1958), was das Projekt „DT" eigentlich enthalten konnte. Das Stück war unmittelbar aus Recherchen ‚vor Ort' (hier dem Kombinat ‚Schwarze Pumpe') entstanden und – in seiner ersten, wesentlich auf die Offenlegung von historischen Widersprüchen und betrieblichen wie sozialen Problemen gerichteten Fassung – dort zuerst als Hörspiel in der Kantine vor den Betroffenen uraufgeführt worden. Entscheidender Teil dieser Aufführung war eine Debatte unter den Zuhörern über ihre eigenen betrieblichen Probleme (vgl. Protokoll). Das Theater wurde hier nicht als ‚Kunst' genommen, sondern als Anlass, die eigene betriebliche Realität zu diskutieren. Diese Aufführung zwei Jahre nach Brechts Tod kann als Realisierung seiner 1956 vorgetragenen Anregungen gelten.

Die radikalsten Vorstöße der Bewegung des „DT" enthielten allerdings die – keinesfalls systematisch ausgearbeiteten – theoretischen Äußerungen. Peter Hacks und Heinar Kipphardt plädierten für die Aufgabe des Stadttheatersystems und die Organisation von ‚Theaterbrigaden' (vgl. Hacks 1957; Kipphardt), Bernd K. Tragelehn für die ‚Kontrolle der literarischen Produktion durch die Konsumenten' (vgl. Tragelehn), Hacks für die Überprüfung aller gültigen ästhetischen Normen auf ihren politischen Kern (vgl. Hacks 1958), Hagen Müller-Stahl für den „Klassenkampf im Parkett" bis zur möglichen „sukzessiven Entleerung des Zuschauerraums" als Ausweis einer „politischen Leistungsfähigkeit der Aufführung" (vgl. Müller-Stahl). Welche politische Brisanz diesen Vorschlägen innewohnte, zeigt die Tatsache an, dass die gesamte Bewegung des „DT" bereits nach kurzer Experimentierphase durch ein Veto Walter Ulbrichts im Januar 1959 abgebrochen wurde – die Widersprüche, die es zu

Tage förderte, waren offensichtlich in der DDR politisch nicht verkraftbar. Ulbricht war es auch, der dieser Theaterbewegung erst pejorativ den Namen „Didaktisches Lehrtheater" zuteilte (vgl. Ulbricht), woraufhin sich der Name „DT" einbürgerte. Tatsächlich sollte aber der Zuschauer hier gerade *nicht* als Erziehungsobjekt behandelt und von einem Erzieher erzogen werden, intendiert war vielmehr ein partnerschaftliches Verhältnis zwischen Bühne und Publikum.

Aus dem Protokoll einer Diskussion über Korrektur im Kombinat ‚Schwarze Pumpe'. In: Müller, Heiner: Geschichten aus der Produktion 1. Berlin 1975; Boal, Augusto: Theater der Unterdrückten. Frankfurt a. M. 1979; Ders.: Legislative theatre. Using performance to make politics. London 1999; Brecht, Bertolt: Ausführungen vor der Sektion Dramatik zum IV. Schriftstellerkongreß. In: Ders.: Werke. Große kommentierte Berliner und Frankfurter Gesamtausgabe, Bd. 23, Schriften 3. Frankfurt a. M. 1998; Hacks, Peter: Nachtrag zu einem Vorschlag. In: Theater der Zeit, 1957, H. 10; Ders.: Warnung. In: Theater der Zeit, 1958, H. 2; Kipphardt, Heinar: Zu einigen Schwierigkeiten der kleinen Theater. In: Theater der Zeit, 1958, H. 1; Klatt, Gudrun: Erfahrungen des didaktischen Theaters der 50er Jahre in der DDR. In: Weimarer Beiträge, 1977, H. 7; Mierau, Fritz: Erfindung und Korrektur. Tretjakows Ästhetik der Operativität. Berlin 1976; Mittenzwei, Werner (Hg.): Theater in der Zeitenwende, Bd. 2. Berlin 1972; Müller-Stahl, Hagen: Klassenkampf im Parkett. In: Sonntag, 1958, Nr. 16; Streisand, Marianne: Heiner Müllers ‚Der Lohndrücker' – Zu verschiedenen Zeiten ein anderes Stück. In: Münz-Koenen, Inge (Hg.): Werke und Wirkungen. Leipzig 1987; Tragelehn, B. K.: Arbeiter als Theaterkritiker. In: Sonntag, 6. 10. 1958; Ulbricht, Walter: Referat auf der 4. Tagung des ZK der SED vom 15. bis 17. Januar 1959. In: Zur Geschichte der deutschen Arbeiterbewegung. Aus Reden und Aufsätzen, Bd. 8. Berlin 1965.

MARIANNE STREISAND

→ Amateurtheater – Arbeitertheater – Zielgruppe

Diskotheater

D verbindet, als Veranstaltung und Methode, die Schauplätze Diskothek und Theater. Unter dem Aspekt kultureller Jugendbildung ist D zunächst ein Weg, Proben und Aufführungen auch für die Jugendlichen und jungen Erwachsenen zu öffnen, die sich für das Theater als bloße Kunstveranstaltung nicht interessieren. Unter künstlerischem und pädagogischem Aspekt ist D mehr als das (vgl. Hardt u. a. am Beispiel des *Diskotheater Metropolis*).

Disko und Theater sind öffentliche Orte. Beide sind außeralltäglich, ritualisiert, nicht selten karnevalesk

(vgl. Bachtin), aber sie gehorchen unterschiedlichen Regeln. Die Disko bezieht grundsätzlich alle Besucher in die Aktivität des Tanzes ein; das Theater trennt Darsteller und Publikum. Die Disko dezentriert Begegnungen, → Rituale, Konflikte, Darstellungen und Aufmerksamkeiten, das Theater konzentriert sie auf das Bühnengeschehen.

Die → Dramaturgie der Disko ist durch Stil, Dynamik und Ambiente von Musik und Raum geprägt, Regie führen die DJs (Diskjockeys). Sie arbeiten u. a. mit Unterbrechungen, Pausen und verbalen Einlagen. Hier setzt D an: In die Pause stellt es ein theatrales Arrangement. Vorbereitende Theatergruppe und DJ arbeiten dabei zusammen. Eine Szene, eine → Improvisation, ein → Spiel wird vorgeschlagen oder fängt – als → Unsichtbares Theater (vgl. → Boal) oder als Auftritt – einfach an. Darstellung und Publikum treten auseinander; D versucht, Energien und Aktivitätsniveau des Tanzes, die Lust an der Selbstinszenierung zu nutzen und das Publikum ins theatrale Spiel einzubeziehen. Bei manchen Jugendlichen gelingt dies für eine lange Zeit: Sie schließen sich der ‚erlebten' Theatergruppe an.

D ist, als → Theaterexpedition ohne Reise, eingebettet in die gerichtete Suche der Theatergruppe nach Stoffen und Verbündeten im Zusammenhang ihrer laufenden Produktion. D ist wesentlich eine Methode des Austauschs: Besucher wechseln die Position von Publikum und AkteurIn, Darstellungsformen und Themen des Disko-Geschehens werden, im Sinne des ‚dritten Theaters' (vgl. → Barba), als Theater oder Stoff betrachtet, auf die Bühne oder in die Mitte gehoben und dort für die AkteurInnen zum Gegenstand spielerischer Bearbeitung, für das Publikum aber zum Gegenstand und ‚geeigneten Anlass' (vgl. Hentig) von Anschauung und Reflexion.

So vollzieht D immer wieder ein Stück Gründungsgeschichte des Theaters unter zeitgenössischen Bedingungen: den Übergang vom → Ritual zum Theater (vgl. Turner). Im besten Fall ist es ein Theater des Anfangs, und seine ausgearbeiteten Aufführungen bewahren dessen Zauber auf.

Bachtin, Michail: Rabelais und seine Welt. Volkskultur und Gegenkultur. Frankfurt a. M. 1987; Barba, Eugenio: Jenseits der schwimmenden Inseln. Reinbek 1985; Boal, Augusto: Theater der Unterdrückten. Übungen für Schauspieler und Nicht-Schauspieler. Frankfurt a. M. 1989; Hardt, Ulrich/ Kreutzer, Michael: Diskotheater Metropolis. Sonderprojekt am JugendKunst- und Kulturzentrum Schlesische 27 in Berlin-Kreuzberg. In: Bundesvereinigung Kulturelle Jugendbildung (Hg.): Kulturarbeit und Armut. Konzepte und Ideen für die kulturelle Bildung in sozialen Brennpunkten und mit benachteiligten jungen Menschen [Tagungsdokumentation].Remscheid 2000; Hentig, Hartmut von: Bildung. Ein Essay. Weinheim, Basel 1999; Turner, Victor: Vom Ritual zum Theater. Der Ernst des menschlichen Spiels. Frankfurt a. M. 1989.

ULRICH HARDT / FRANZ HÖDL / MICHAEL KREUTZER

→ Animation – Darstellende Kommunikation – Erlebnispädagogik – Körpersprache – Kulturelle Bildung – Lernen und Theater – Medien / Medium – Schulmusical – Spaß – Zielgruppe

Drama in Education

DiE hat sich als methodisches Prinzip seit den 1950er Jahren in England entwickelt, um mit Schülern über ‚Drama' einen Zugang zu den Themen der Zeit zu finden. Des Weiteren etablierte sich DiE in den USA, in Kanada und Australien, wo es in seiner didaktischen Konzeption eine Spezialisierung des *educational drama* darstellt. In Europa hat sich DiE über Großbritannien hinaus hauptsächlich in den Niederlanden und Skandinavien verbreiten können. Insbesondere durch die internationale Workshoparbeit der Engländerin Dorothy Heathcote setzte sich DiE im angelsächsischen Sprachraum durch und fand dort als Methodik Eingang in die Curricula der allgemeinbildenden Schulen. Weitere Vertreter sind Gavin Bolton, Richard Courtney, Sue Jennings, Peter Slade. In dem Entwurf einer *education in drama* versucht David Hornbrooks der → Didaktik des DiE zu entgegnen, indem er das Drama als eine künstlerische Disziplin definiert und seine Arbeit als Teil der → Ästhetischen Bildung sehen möchte.

Unter der Bezeichnung DiE halten zunehmend mehr allgemeinpädagogische Methoden Einzug in die Klassenzimmer, die auch unter dem Begriff der → Theatralisierung von Lehr- und Lernprozessen thematisiert werden. Mittlerweile kommt DiE in zahlreichen Fächern zur Anwendung, insbesondere wenn grundlegende Fähigkeiten in den Bereichen Persönlichkeits- und Identitätsentwicklung, Sozialkompetenz oder Teamfähigkeit vermittelt werden sollen. ‚Drama' ist dabei nicht als literarische Gattung zu verstehen, sondern bezeichnet eine szenische Situation des Hier und Jetzt im Sinne einer auch szenisch/dramatisch lesbaren sozialen Wirklichkeit. Als methodische Grundlage bedient sich das DiE des Moments des → „Als-ob". Im DiE bezieht sich das „So-tun-als-ob" des Rollenspielens auf eine Verabredung innerhalb eines festgelegten sozialen Kontextes; Rolle muss daher als soziale Rolle, als Rollenerwartung verstanden werden und steht immer in Beziehung zum eigenen Ich.

DiE nutzt Theatertechniken, diese aber stets als Mittel zum Zweck, der immer mit einer pädagogischen oder sozialen Zielsetzung verbunden ist. In der sozialen Situation ‚Drama' „handeln die beteiligten Akteure aber nicht als vorgestellte andere, als Charaktere oder Rollen im theatralischen Sinne, sondern auf der Basis der eigenen, persönlichen Erfahrungen [...] mit dem Ziel von Erkenntnis für sich selbst als Akteure und nicht für Zuschauende" (Klebl 121). Nicht die Erarbeitung eines künstlerischen Produkts steht im Zentrum der Beschäftigung, sondern die prozessuale Annäherung an Haltungen gegenüber einem Thema im Unterschied zum ästhetischen Schaffen von Charakteren.

Die Idee des DiE ist so erfolgreich, dass eine Trennung zu *educational drama*, der weitläufigeren Bezeichnung für thp Handeln, nur noch schwer vorzunehmen ist. Die als sozial bezeichnete Situation innerhalb des ‚Drama'-Spiels unterscheidet sich jedoch grundlegend von der Kommunikationsstruktur des Theaters. Drama als in sich abgeschlossenes System besitzt eine nach innen gerichtete Wirkungsabsicht, denn es geht nicht darum, „Handlungsmöglichkeiten für die Bühne oder das wahre Leben zu erwerben und zu erproben, sondern innerhalb der Situation unmittelbare Erfahrungen aus erster Hand zu machen und so Erkenntnisse zu gewinnen" (Klebl 121). Erst auf dem zweiten Weg über das im DiE-Prozess beteiligte und reflektierende Subjekt können diese Erkenntnisse in ihrer Wirkung auch nach außen gelangen. DiE nutzt auf der einen Seite die anthropologische Eigenschaft des Spielens in einer „Als-ob"-Situation, gleichzeitig wird diese methodische Gelegenheit genutzt, um pädagogische Prozesse zu steuern. „Obwohl die Schüler eine notwendige Distanz wahren, ist die hinter einem Großteil dieser Arbeitsweisen steckende Theorie die, daß das körperliche und affektive Engagement in der gespielten Situation zu entdeckendem (teilnehmendem) Lernen führt" (Somers 28).

Auf den Erfahrungen der Drama-Methoden aufbauend, arbeiten Methoden der *theatre education*, denn auch das → Darstellende Spiel nimmt für sich eine Vermittlung der Sozialkompetenzen in Anspruch. Szatkowski definiert die Beziehung beider Ansätze wie folgt: „theatre education as learning to make theatre and drama education as learning from learning to make theatre" (zit. n. Aaltonen u. a. 11). Unterschieden wird hierbei, ob theatrales Handeln von einer Intention des

Theaters oder der Pädagogik ausgeht. Nicht die Simulation von Haltungen, sondern die Konstruktion von theatralen Situationen und Bühnenfiguren mit Unterstützung von Handlungstechniken der ästhetischen Bildung stehen im Zentrum des als ‚Darstellendes Spiel‘ bezeichneten Faches der *theatre education*. Zu unterscheiden sind daher vier Formen von *educational drama*:

Drama education: Dramapädagogik ist gekennzeichnet durch ein Lernen durch Drama und ein Lernen im Drama. Im Vordergrund steht der kreative Umgang mit dramatischen Texten über produktive Rezeption dramatischer Literatur und handlungsorientierter Aneignung von Dramentexten bis zum Schreiben eigener Dramen. Beachtet wird hierbei stets die elementare Beziehung zwischen Drama und Handlung, was sich in unterrichtsmethodischen Entscheidungen widerspiegelt: „Was das Drama als ästhetisches Zeichensystem primär signifiziert, ist das handlungsfähige Individuum, das handelt und Handlung hervorbringt.“ (Waldmann 3)

Drama in education: Als soziale Unterrichtsform beinhaltet DiE ein interaktives Spiel von Teilnehmern in der Bewusstwerdung und Reflexion ihrer eigenen (sozialen) Rollen im gesellschaftlichen Kontext. Es wird mit dem Ziel subjektiver Erkenntnisgewinnung aus unterschiedlichen (gesellschaftlichen) Situationen heraus mit den individuellen sozialen Rollen ‚gespielt‘.

Theatre education: Dieser Begriff ist synonym zu setzen mit ‚ThP‘. Im Kontext der ästhetischen Bildung hat die ThP zur Aufgabe, die künstlerische Auseinandersetzung mit sozialen Wirklichkeiten zu ermöglichen. Diesbezüglich konzentriert sich die Arbeit an den Bedingungen, die sich aus der von Bentley aufgezeigten spezifischen Kommunikationsstruktur des Theaters ergeben, innerhalb der eine Person A so tut als ob sie eine Person B sei und dieses für ein Publikum C darstellt. Über die künstlerische Erarbeitung von Rollen wird dem spielenden Subjekt wie zugleich auch dem rezipierenden Zuschauer die Differenz zwischen sozialer und theatraler Wirklichkeit ermöglicht mit dem Ziel der individuellen Erkenntniserweiterung. Das Ästhetische dient sowohl als Code der Verdeutlichung gesellschaftlicher Zustände als auch als Schutzraum der Darstellung.

→ *Theatre in education* (TiE): Unter diesem Fachterminus sind Aufführungen professioneller Theaterensembles zu verstehen, die es sich zur Verpflichtung gemacht haben, direkt an den Orten der Edukation zu spielen. Somit wird eine produktive Kooperation zwischen Schule und den Theatermachern ermöglicht;

oftmals orientiert sich das TiE an den Lehrplänen der Schulen. Als Ziele des TiE sind zum einen die ästhetischen Erfahrungen für Schüler zu nennen, zum anderen jedoch der Versuch, auf einer interpersonellen Ebene Haltungen und Einstellungen zu den dargestellten Themen zu reflektieren.

Wichtig für die Lehr- und Lernmethode DiE ist, dass die Schüler sich umfassend am Lernprozess beteiligen und nicht nur ein kulturell begründetes Wissen reproduzieren. Wenngleich ‚Drama‘ genutzt wird, um Themen sozialer Wirklichkeiten zu (re-)konstruieren, erfolgt dies vor dem Hintergrund, (1.) das Interesse der Schüler zu motivieren, (2.) Erkenntnisse aus zwischenmenschlichem Verhalten nachzuvollziehen und zu verstehen und (3.) im Anschluss daran, Haltungsänderungen bei den beteiligten Subjekten zu erzielen.

Eine Möglichkeit im Umgang mit der situativen Komplexität postmoderner Gesellschaftsstrukturen zeigt sich in der Fähigkeit zur ‚Differenzwahrnehmung‘. Nicht nur die systemtheoretische Relation von System und Umwelt, auch das bewusste dialektische ‚Spielen‘ mit den individuellen sozialen Rollen führt auf eine Ebene der Metakognition, der von Luhmann bezeichneten ‚Beobachtung II. Ordnung‘. Der Begriff der ‚Differenz‘ gilt als ein Schlüsselbegriff der Postmoderne wie auch des konstruktivistischen Denkens, da hiermit nicht nur die Akzeptanz von Unterschieden postuliert wird, sondern Pluralität und Widersprüche als Strukturmerkmale moderner Gesellschaften thematisiert werden. „Ohne die Wahrnehmung von Differenzen verkümmern die Wirklichkeitskonstruktionen“ (Siebert 94).

In Anlehnung an Watzlawick thematisiert DiE über das Bewusstsein, dass ‚man nicht nicht in Rolle sein kann‘, das Intersubjektive von Gesellschaft und regt durch das Einnehmen verschiedener Rollen zum Perspektivenwechsel an. Wie verhält sich der Einzelne in einer bestimmten sozialen Situation? Wie unterschiedlich reagieren Menschen auf gesellschaftliche Ereignisse?

Der Erfahrungsraum Drama beschäftigt sich nicht nur mit dem Inhalt des Geschehens, sondern insbesondere mit körperlichen, gestischen und mimischen Interaktionen und dem emotionalen Verhalten in diesen Situationen. Somit werden Wahrnehmungen und Erfahrungen der beteiligten Subjekte nicht ignoriert, sondern bewusst aktiviert und konkret in den Erkenntnisprozess einbezogen. Über diesen Weg kann gelernt werden, „den eigenen Standpunkt zu vertreten oder zu modifizieren und zu verstehen, wie ein soziales Miteinander aussehen und verbessert werden kann“

(Kempe u. a. 17). Um dieses Ziel zu erreichen, bewegt sich DiE in der praktischen Anwendung zwischen zwei Wirklichkeitsebenen: einer sozialen Wirklichkeit des Augenblicks und einer dramatischen Wirklichkeit, die einen (re-)konstruierten Ausschnitt von sozialer Wirklichkeit darstellt. Die Differenz der Wahrnehmung zwischen den Wirklichkeitsebenen ermöglicht ein Lernen im Sinne von Erkenntniserweiterung.

Aaltonen, Heli/Ostern, Anna-Lena (Hg.): Organising Young people's dramatic practices. Jyväskylä 2001; Bentley, Eric: Das lebendige Drama. Velber 1967; Bolton, Gavin: Towards a Theory of Drama in Education. London 1981; Göhmann, Lars: Theatrale Wirklichkeiten. Möglichkeiten und Grenzen einer systemisch-konstruktivistischen Theaterpädagogik im Kontext ästhetischer Bildung. Milow 2003; Hornbrook, David: Education in Drama. London 1991; Kempe, Andy/Winkelmann, Ulrike: Das Klassenzimmer als Bühne. Donauwörth 1998; Klebl, Michael: Kein Theater ohne Theater. In: Belgrad, Jürgen (Hg.): TheaterSpiel. Hohengehren 1997; Levenstein, Marla: Die Ästhetik der Gefühle. In: Belgrad, ebd.; Luhmann, Niklas: Soziologische Aufklärung, Bd. 1. Opladen 1991; Scheller; Ingo: Szenisches Spiel. Berlin 1998; Siebert, Horst: Pädagogischer Konstruktivismus. Neuwied 1999; Somers, John: Theatre und Drama im Britischen Schulsystem. In: Spiel & Bühne, 1984, H. 155/156/157; Sting, Wolfgang: Die künstlerische Praxis des Schultheaters. In: Bundesarbeitsgemeinschaft für das Darstellende Spiel/Körber-Stiftung (Hg.): Theater in der Schule. Hamburg 2000; Wagner, Betty Jane: Dorothy Heathcote – Drama as a Learning Medium. Portland 1999; Dies.: Educational Drama. Stanford 1999; Waldmann, Günter: Produktiver Umgang mit dem Drama. Hohengehren 1996; Welsch, Wolfgang (Hg.): Wege aus der Moderne. Berlin 1994.

LARS GÖHMANN

→ Deutsch als Fremdsprache – Deutschunterricht – Interaktion – Konstruktivismus – Performance – Prozess und Produkt – Rollenarbeit – Szenische Interpretation – Theaterarbeit in sozialen Feldern – Theaterpädagogischer Dienst

Dramaturgie

Der Begriff D (griech. *dramaturgia* – ein Drama verfassen, aufführen) ist in unterschiedlichen Bedeutungen gebräuchlich.

1. Die D als Fachabteilung in einem Theater hat leitend bei der Spielplangestaltung mitzuwirken und Arbeitskontakte zu Autoren zu pflegen. Sie ist zuständig für die Analyse der Stücke, unterstützt im Inszenierungsteam die konzeptionelle Vorbereitung einer Aufführung und nimmt Anteil am Probenprozess.

Sie hat eine vermittelnde Funktion zwischen Theater und Publikum, die heute teilweise ein Theaterpädagoge übernimmt.

2. D ist die Lehre von den Formgesetzen des Dramas als Teilgebiet der Poetik. Die Kompositionsmerkmale eines Dramas unterliegen den jeweiligen historischen Bedingungen ihrer Entstehungszeit. Die von den Autoren gewählten Stoffe lassen sich nicht in den klassischen Formenkanon zwängen, nach dem ein Theaterstück pyramidenartig in fünf Akten von der Exposition über das erregende Moment zum Höhepunkt gelangt und die Katastrophe nur durch das retardierende Moment verzögert wird, wie er von Gustav Freytag 1863 zur Norm erklärt wurde (vgl. Freytag). Auch andere dramaturgische Elemente – die Gegenwärtigkeit der Handlung; der stücktragende Konflikt, der die → Fabel als die Kette der wesentlichen Vorgänge vorantreibt; der → Dialog und die Entwicklung von Charakteren – sind längst nicht mehr unbedingt in den Texten strukturell angelegt. Um so mehr ist die D für die Analyse, als Voraussetzung einer szenischen Realisierung der Texte, ein unverzichtbares Arbeitsinstrument: Die Widersprüche in den Beziehungen, hervorgerufen durch die unterschiedlichen Bedürfnisse der handelnden Personen, zeigen sich in den Situationen. Drehpunkte markieren ihre Entscheidungen und konstituieren die Fabel. Der → Gestus der Figur offenbart sich im unterschiedlichen Verhalten in der jeweiligen Situation, er bringt die Bewegung auf der Bühne in Gang.

3. Mit D bezeichnet man auch die Bau- und Wirkungsgesetze von Theatertexten in Verbindung mit einer Aufführung. Ihre Prinzipien und Methoden sind auf die szenische Verwirklichung gerichtet, auf ihre inszenatorische und schauspielerische Realisierung, die eine Aufführung konstituieren. D lässt sich außerhalb der → Regie nicht definieren. Sie ist theoretische Regie, so wie man sagen kann, dass Regie in Bewegung umgesetzte D ist. Beides – D und Regie – in seiner Einheit ist wiederum gekoppelt an ein Drittes durch das Imaginieren des Zuschauers. Der Dramaturg bzw. Regisseur vertritt das Rezeptionsverhalten gleichsam als erster Zuschauer bei der Gestaltung eines Spielvorgangs.

Das Heraustreten des Spielers aus dem Chor der Nicht-Spieler verkörpert den ersten mimetischen Akt. Ein Spieler, der für die Sequenz von einer Minute reglos auf der Bühne sitzt, unterliegt sofort der Interpretation. Es entstehen im Bewusstsein des Zuschauers die verschiedenen Kunstfiguren bzw. Handlungen: Ist es ein Wartender? Meditiert dieser Mensch und worüber? Was wird geschehen, wenn er nicht mehr nur sitzt, untätig, scheinbar bedeutungslos? Durch das Sich-Herausstellen aus der natürlichen Situation in eine angenommene beginnt die theatrale. Wenn der Spieler die Demonstration abbricht, hinterlässt er im Bewusstsein seiner Zuschauer eine Vielzahl von Imaginationen, was man ‚Mitspielen‘ nennt. In diesem Sinne ist D auch eine Leistung des Publikums. Voraussetzung dafür ist die Doppelung des Spielers in den natürlichen und den gespielten Menschen. D ordnet das schweifende Rezeptionsverhalten der Zuschauer in ein mehr oder weniger gezieltes. Das gilt auch für Darstellungsformen, die ohne vorgegebenen Text arbeiten, die scheinbar nicht dramaturgisch gesteuert und durch Regie aufbereitet sind, die auf Textvorlagen und Rollen usw. verzichten, in denen die üblichen Accessoires von Theater fehlen. Die Doppelung bezieht sich also nicht nur auf den Spieler, sondern auch auf den ➝ ZuschauSpieler. Er erzeugt und beherbergt für eine gewisse Zeit einen gespielten Menschen in seinem Bewusstsein. Die Intensität dieses Vorgangs wird von der D und der Regie unterstützt. Sie ist der Gradmesser für den Erfolg.

Die D „hat nicht die Aufgabe, technische Probleme des Dramas zu lösen, sondern zur Bildung der Substanz beizutragen, Inhalt zu schaffen“ (Ihering 63). In dieser Funktion hat sie im Laufe der Jhe. an Bedeutung gewonnen. Paradoxerweise ist sie in dem Maße wichtiger geworden, wie der ahistorische Formenkanon eines Dramas im 20. Jh. an Geltung verlor. Das trifft nicht nur auf die Adaption epischer oder improvisierter Texte für die Bühne und auf alle Genres der Darstellenden Kunst sowie auf die ➝ Medien zu (von der Programmgestaltung bis zum Werbespot), sondern auch auf die ➝ Theatralität im Alltag. Wo immer Veranstaltungen durchgeführt und Auftritte von Personen ‚inszeniert‘ werden, es liegt ihnen eine bestimmte D zugrunde.

Die älteste dramentheoretische Schrift ist die *Poetik* des Aristoteles. Am Beispiel zeitgenössischer Tragödien beschreibt er den Aufbau der dramatischen Dichtung im Unterschied zu epischen Werken: „Die Tragödie ist Nachahmung einer guten und in sich geschlossenen Handlung von bestimmter Größe, in anziehend geformter Sprache [...]. Nachahmung von Handelnden und nicht durch Bericht, die Jammern und Schaudern herbeiruft und hierdurch eine Reinigung von derartigen Erregungszuständen bewirkt [...]. Demzufolge enthält jede Tragödie notwendigerweise sechs Teile, die sie so oder so beschaffen sein lassen. Diese Teile sind: Mythos, Charaktere, Sprache, Er-

kenntnisfähigkeit, Inszenierung und Melodik“ (Aristoteles 19; 21). An dieses Modell und an die *Ars poetica* des Horaz, der eine genauere Charakterisierung der handelnden Personen und im szenischen Aufbau fünf Akte forderte, knüpften im 16. Jh. die Humanisten in Italien an. In ihrer Interpretation wurde daraus ein strenges Regelwerk: Die ➝ Mimesis, der auch das Moment der spielerischen Darstellung innewohnt, wurde als reine Nachahmung der Natur missdeutet. Die Wahrung der drei Einheiten sollte die Wahrscheinlichkeit stützen: die Einheit der Handlung (der überschaubare Verlauf einer Geschichte, dem sich alle anderen Begebenheiten unterordneten); die Einheit der Zeit (ein Geschehen musste zwischen zwei Sonnenaufgängen, also innerhalb von 24 Stunden, ablaufen); die Einheit des Ortes (die Schauplätze durften nur dann wechseln, wenn sie in dieser Spanne zu erreichen waren). Eine Ständeklausel schrieb vor, dass in der Tragödie nur hochgestellte Personen in einer gehobenen Sprache ernste Dinge und Staatsangelegenheiten miteinander zu verhandeln hätten, während die Komödie mit ihrer volkstümlichen Umgangssprache den niederen Ständen zu überlassen sei. Sie geriet in der Rangfolge der literarischen Gattungen auf die niedrigste Stufe. Vor diesem Hintergrund entwickelte sich die Typenkomödie der Commedia dell'Arte. Versuche, die antiken Tragödien wieder zu beleben, brachten die Oper und das Ballett hervor.

In der französischen *tragédie classique* erfuhr die Renaissance-Tragödie durch Corneille und Racine ihre formale Vollendung. Johann Christoph Gottsched, der sich um die Pflege deutscher Sprache und Dichtkunst bemühte, versuchte dieses Modell auf die deutsche Bühne zu übertragen. Gemeinsam mit der Schauspielerin und Theaterleiterin Caroline Neuber sagte er dem Stegreiftheater den Kampf an. Er übersetzte die Tragödien von Corneille und Racine und nahm die französische Auslegung von den drei Einheiten als Muster für eine deutsche Dramatik. Doch das Publikum war nicht dafür zu gewinnen, und die jungen deutschen Autoren folgten schon bald einem anderen Vorbild – Shakespeare.

1767 wird Gotthold Ephraim Lessing als ‚Dramaturg und Konsulent‘ an das Hamburger Nationaltheater berufen. Im Auftrage des Theaters schrieb er seine *Hamburgische Dramaturgie*, eine Sammlung von Kritiken zu den Aufführungen dieser Bühne. Sein Plan, Chronist des Theaters zu sein, scheiterte schon bald an der Eitelkeit der Schauspieler, so dass er sich auf die Stücke und ihre Autoren beschränkte. Doch was er dazu anzumerken hatte, ging weit über den konkreten

Theaterabend hinaus. Es entstand nicht nur eine Theorie für das zu schaffende deutsche Drama, sondern auch eine dramaturgische Anleitung für dessen Verwirklichung. Mehrfach verglich er die französische klassische Tragödie mit dem Werk Shakespeares, das er sich zum Vorbild nahm. Der Grundgedanke der bürgerlichen Aufklärung von der Gleichheit aller Menschen spiegelte sich auch in den Auffassungen über die Funktion der Darstellenden Kunst. Das Heroenideal der klassizistischen Tragödie wurde aufgegeben, Lessing forderte ‚gemischte Charaktere‘ auf der Bühne – was dazu führte, dass Menschen unabhängig von ihrer sozialen Stellung für ‚kunstwürdig‘ erklärt wurden – und das Prinzip der Naturnachahmung. Als Zuschauer intendierte er den Bürger seiner Zeit; er sollte sich in die dargestellten Menschen einfühlen, denn da alle Menschen gleich sind, sind brüderliche Empfindungen nicht nur möglich, sondern ein moralischer Wert. Das Drama habe die Wirklichkeit abzubilden, indem es den ihr zugrunde liegenden Gesetzmäßigkeiten nachspürt und zur Anschauung bringt. Die D sei also von den Kausalitäten des Lebens bestimmt. Erbittert bekämpfte Lessing Corneilles Lesart der Katharsis, dass der ‚Schrecken‘ das Mittel zur Reinigung der Leidenschaften sei. Er übersetzte den Begriff mit ‚Mitleid‘, das der Zuschauer mit den Helden empfände und die ‚Furcht‘, die dabei entstünde, bezöge er auf sein eigenes Schicksal. ‚Mitleid‘ und ‚Furcht‘ sollten die Leidenschaften in tugendhafte Fertigkeiten (vgl. Lessing) verwandeln.

Eine andere Linie neuzeitlicher Rezeption der Katharsis geht von Jakob Bernais 1857 aus. Er warf Lessings Aristoteles-Übersetzung vor, sie mache die Tragödie zu einem „moralischen Correctionshaus“ (zit. n. Gründer 361) und verwies auf die medizinischen (in seiner Formulierung „pathologischen“) Wirkungen der Tragödienaufführung, nach der sie zur psychophysiologisch „purgierenden“ (reinigenden) Entlastung von „Gemüthsaffectationen“ führe (zit. ebd. 363). Diese Linie nimmt u.a. Wolfgang Schadewald 1955 wieder auf, indem er „Jammer, Rührung“ und „Schrecken, Schauer“ als „seelisch-leibliche Elementaraffekte“ (Schadewald 270) übersetzt, die Manfred Fuhrmann dann in der heute allgemein gültigen Formulierung „Jammer und Schaudern“ weiterführt (vgl. Aristoteles). Der hier aufgerufene enge Zusammenhang zwischen Medizin und Poetik entreißt die D einer rein geistig-ethischen Fundierung und macht sie offen für elementare Vorgänge, wie sie sowohl Theater als auch ThP des 20. Jhs. fordern.

Im 20. Jh. plädiert Bertolt → Brecht als einer der wichtigen Erneuerer der D für die epische Form des Theaters als modernes Theater, es mache „den Zuschauer zum Betrachter / aber weckt seine Aktivität / erzwingt von ihm Entscheidungen“ (Brecht 1967a, 103). Er nennt diese Form zugleich ‚nicht-aristotelisch‘, weil er das aristotelische Theater mit dem Einfühlungsprinzip identifiziert, die er in seinem Theater durch die Methoden der ‚Verfremdung‘ („dem Vorgang oder Charakter das Selbstverständliche, Bekannte, Einleuchtende [...] nehmen und über ihn Staunen und Neugierde [...] erzeugen“ (Brecht 1967b, 301; vgl. auch Hecht 93ff.)) und ‚Historisierung‘ („Vorgänge und Personen als historisch, also als vergänglich darstellen“, ebd. 302) abgelöst sehen will. Anti-Aristoteles heißt für ihn, sich gegen eine Ästhetik des Beharrens und des Bestätigens für eine Kunsttheorie einzusetzen, die nach realer Veränderung strebt. „Wo Lessing die Katharsis als Vorgang der Humanisierung versteht, sieht Brecht bloße Barbarei.“ (Mayer 38)

Die Hoffnung des bürgerlichen Aufklärers Lessing auf die Wirkungskraft des Theaters lebt nicht selten besonders im heutigen → Kinder- und Jugendtheater fort, unabhängig davon, ob die jungen Menschen Zuschauer oder Akteure sind. Es herrscht hier die Ansicht, das Theater solle möglichst authentisch (der Wirklichkeit entsprechend) sein, damit sich Spieler und Zuschauer mit den Abbildern auf der Bühne identifizieren können, um sich ‚betroffen‘ zu fühlen, wodurch das Theatererlebnis seinen ‚pädagogischen Effekt‘ nicht verfehlen würde. Dem ist zu erwidern, dass im Spannungsfeld zwischen Nähe (Ähnlichkeit) und vor allem auch im Abstand zu den dargestellten Figuren (Unähnlichkeit) das Theater sich selbst ins Spiel bringt und die Pädagogik ihre Möglichkeiten zeigt. Hier berühren sich dramaturgische Strategien und thp Methoden.

Aristoteles: Poetik. Hg. u. übers. v. Manfred Fuhrmann. Stuttgart 1982; Benjamin, Walter: Ursprung des deutschen Trauerspiels. Frankfurt a. M. 1963; Brecht, Bertolt: Anmerkungen zur Oper ‚Aufstieg und Fall der Stadt Mahagonny‘. In: Ders.: Gesammelte Werke, Bd. 17: Schriften zum Theater 3. Frankfurt a. M. 1967a; Ders.: Über experimentelles Theater. In: ebd., Bd. 15: Schriften zum Theater 1. 1967b; Diderot, Denis: Der natürliche Sohn oder Die Proben der Tugend. In: Das Theater des Herrn Diderot. Hg. u. übers. v. Gotthold Ephraim Lessing. Leipzig 1981; Ders.: Von der dramatischen Dichtkunst. In: ebd.; Fiebach, Joachim: Von Craig bis Brecht. Studien zu Künstlertheorien in der ersten Hälfte des 20. Jahrhunderts. Berlin 1975; Flashar, Helmut: Die medizinischen Grundlagen der Lehre von der Wirkung der Dichtung in der griechischen Poetik. In: Luserke, a.a.O.; Freytag, Gustav: Technik des Dramas. Leipzig 1863; Gründer, Karlfried: Jacob Bernays und der Streit um die Katharsis.

In: Luserke, a.a.O.; Hecht, Werner (Hg.): Brechts Theorie des Theaters. Frankfurt a. M. 1986; Hensel, Georg: Spielplan. Schauspielführer von der Antike bis zur Gegenwart. Berlin, Frankfurt, Wien 1966; Ihering, Herbert: Berliner Dramaturgie. Berlin 1948; Klotz, Volker: Geschlossene und offene Form im Drama. München 1975; Knopf, Jan: Brecht-Handbuch. Theater. Eine Ästhetik der Widersprüche. Stuttgart 1980; Lessing, Gotthold Ephraim: Hamburgische Dramaturgie. In: Ders.: Werke u. Briefe in 12 Bdn., Bd. 6. Hg. v. Wilfried Barner u. a. Frankfurt a. M. 1985; Luserke, Matthias (Hg.): Die Aristotelische Katharsis. Dokumente ihrer Deutung im 19. und 20. Jahrhundert. Hildesheim, Zürich, New York 1991; Mayer, Hans: Anti-Aristoteles. In: Hecht, a.a.O.; Schadewald, Wolfgang: Furcht und Mitleid? Zur Deutung des Aristotelischen Tragödienansatzes. In: Luserke, a.a.O.; Szondi, Peter: Theorie des modernen Dramas. Frankfurt a. M. 1956.

CHRISTEL HOFFMANN

→ Avantgarde – Illusion im Theater – Inszenierung – Kunsttheater – Revue – Selbsttäuschungstheorie und Bewusstheitstheorie – Theater als öffentliche Institution – Theaterhistoriographie

Einfühlung → Selbsttäuschungstheorie und Bewusstheitstheorie

Ensemble

„Im Theater kann man zum Glück nichts allein machen. Vorbereiten heißt zusammenarbeiten, spielen heißt teilen." (Brook 5) E (franz. *Ganzes, Zusammengehöriges*) – ist die allgemein gebräuchliche Bezeichnung für das an einem Theater engagierte künstlerische Personal, vor allem aber verbindet sich mit dem Begriff (im Gegensatz zum Star- oder en-suite-Theater) die besondere Qualität eines Künstlerkollektivs, das auf einer gemeinsamen ideellen und ästhetischen Grundlage arbeitet. Diese Grundlagen werden im Kontext gesellschaftlicher Entwicklungen formuliert, sie unterliegen dem historischen Wandel und ergeben sich aus den jeweiligen politischen und künstlerischen Strategien, die ein E für sein Publikum verfolgt. Der erste, der dem E einen richtungsweisenden Inhalt gab, war Heinrich Laube, als er 1850 das Wiener Burgtheater übernahm. Er forderte: „Das Endziel schauspielerischer Bestrebung ist das ganze Gemälde, nicht aber die einzelne Figur. Das Stück als Kunstwerk soll ganz hervortreten, und das gelingt nicht, wenn der einzelne Schauspieler sich ungebührlich vordrängt oder gar aus dem Rahmen springt." (zit. nach Ihering 50) Bei den ‚Meiningern', dem Theater unter Leitung des Herzogs Georg II. von Sachsen-Meiningen ab 1869, wurde erstmals neben der historischen Treue der Ausstattung auch der Ensemblegedanke prägend und beeinflusste nach Gastspielreisen die gesamte europäische Theaterszene. Die Dramen der Naturalisten erforderten dann einen Darstellungsstil, der dem E einen neuen Sinn verlieh. „Der Partner war nicht nur Mit- und Gegenspieler, er gab auch wie der eigenen, so der andern Rolle Existenz, weil alle zusammen erst die Welt darstellten, in der der einzelne atmete." (Ihering 51) Mit Max Reinhardt formierte sich ein E-typ, dessen Kunst- und Arbeitsstil durch den Regisseur geprägt wird. Die beherrschende Stellung des Regisseurs als Schöpfer der Aufführung und damit des Kunstwerks Theater, das er mit einem engagierten E realisiert, hatte auch → Stanislawski inne, der dieses ‚Regietheater' eigentlich ablehnte. Er erarbeitete mit den Schauspielern des Künstlertheaters eine Grundthese – die Überaufgabe –, von der aus das Stück zu interpretieren war. Von seinen Darstellern erwartete er, dass sie ihre Kunst in den Dienst des Werkes stellten.

„In der deutschen Theatergeschichte trat der Typ des linksorientierten professionellen Kollektivs erstmals in der Periode der revolutionären Nachkriegskrise 1919/23 auf. Der Impuls kam vom deutschen Aktivismus und vom sowjetischen Proletkult. [...] In politischer Hinsicht war es eine Übertragung des Räteprinzips auf das Theater. [...] Zusammenschlüsse von Schauspielern auf der Basis von Selbstverwaltung und Gewinnverteilung waren zwar nicht neu – es gab sowohl die vulgäre Form der ‚Teilschmiere' in den engagementlosen Sommermonaten als auch Interessengruppen für das literarische und szenische Experiment –, neu war, dass solche ‚freien Gruppen' begannen, demokratische und sozialistische Alternativen dem etablierten Theater entgegenzusetzen." (L. Hoffmann 1980, 12). Die Gruppen, in denen Schauspieler und junge Amateurspieler gemeinsam auf der Bühne standen, waren juristisch eigenständig und antikapitalistisch orientiert. Dazu gehörten u. a.: Der Spieltrupp Südwest (Stuttgart), das Kollektiv Hamburger Schauspieler, die Truppe 31, das Piscator-Kollektiv und die Gruppe Junger Schauspieler (Berlin). Nach dem Krieg war der E-gedanke mit dem Bekenntnis zur gemeinsamen Lebens- und Kunstanschauung das Fundament für einen Neubeginn auf den deutschen Bühnen. So schrieb Leonard Steckel im Mai 1945: „Die Steigerung der Kameradschaftlichkeit, das Hinansetzen aller privaten Berufsinteressen, ein unentbehrlicher Stein im neuen Gebäude zu sein, dies alles wird den reinen Willen am

Werk ohne Nebenabsicht erwecken. Und sollte es gelingen, diese wahrhaftige Einheit einer Theatergruppe zu erzielen, so ist das Fundament für eine von geistiger Konsequenz getragene Kunstarbeit geschaffen." (zit. nach Ihering 55) Für das *Berliner Ensemble* war der Name Programm: Ohne die arbeitsteilige Struktur am Theater aufzugeben, machte → Brecht aus Bühnenvorständen Mitarbeiter und alle am künstlerischen Prozess Beteiligte wurden zu Mitgestaltern des epischen Theaters, das vor allem ein neues Verhältnis zum Zuschauer anstrebte.

Mitte der 1960er Jahre erlebte eine neue E-Form ihren Höhepunkt – das freie Theater, das Wort E kam nicht vor. Gruppen wie das *Living Theatre*, → Brooks *Lambda* in London, später sein *C.I.R.T.* in Paris, → Grotowskis *Laboratorium* in Polen und → Barbas *Odin Theater* in Dänemark brachen mit den Theaterkonventionen und den damit verbundenen Arbeitsformen. So unterschiedlich ihre Konzepte auch waren, sie alle stellten die Erfahrungsmomente ins Zentrum der Theaterarbeit und suchten in einem ,rituellen Akt der Selbstfindung' (Brook) die Schauspieler zu sensibilisieren, um unverstellt die Nähe des Zuschauers zu suchen. Getragen wurde diese Bewegung vom politisierten Zeitgeist jener Jahre, die sich durch → Festivals und Workshops auch international verband. „In seiner Ästhetik ist dieses Theater stark bestimmt durch das Darstellen und Ausleben von Emotionalität und Körperlichkeit, spontan aus der Dynamik der psychologischen und physischen Bewegung der → Gruppe heraus entwickelt." (Brauneck 459) Der Regisseur verstand sich und seine Arbeit als Erforscher menschlicher Ausdrucksmöglichkeiten und als eine Art Trainer kollektiver Übungen. Für die vielen freien Gruppen, die im Zuge der politischen Ereignisse in jener Zeit überall in Westeuropa entstanden, war besonders das *Living Theatre* Vorbild und Modell. Politische Motivation, selten ein künstlerisches Programm, einigte diese E, die oft für eine bestimmte → Zielgruppe Theater machen wollten. Damit war auch das westeuropäische professionelle → Kinder- und Jugendtheater geboren. Die inhaltlichen, ästhetischen und ethischen (pädagogischen) Intentionen, die mit dem E-begriff verbunden waren, sind besonders für das Kinder- und Jugendtheater nach wie vor gültig, auch für ein Theater, in dem Kinder und Jugendliche selbst die Akteure sind. Mag manche Quelle für die pädagogische Seite dieser Arbeit in den Spielformen des Laientheaters zu finden sein, die ThP begründen ihren professionellen Anspruch, indem sie die Prinzipien ihrer Arbeit aus dem Theater selbst ableiten und entsprechend der jeweiligen

Gruppe modifiziert. Grundlegend sowohl künstlerisch als auch pädagogisch ist das E, denn dieses Theater lebt mit und durch die Gruppe. „Jedes Herausstellen eines einzelnen Spielers, ohne dass er sein Trapez in der Gruppe hat, stellt gewöhnlich auch seine professionellen Unfertigkeiten aus. [...] Aufmerksamkeit erregt der einzelne Darsteller vor dem Hintergrund der Atmosphäre, die die Gruppe mit Spielfreude und Engagement schafft, die sich damit auch auf das Publikum überträgt und einer Dramaturgie, die dem einzelnen Spieler Raum gibt, in seiner Figur individuell hervorzutreten. [...] Ungezwungene Spielfreude entwickelt sich aus der Sicherheit, dass man es selber mit anderen gemeinsam kann, aus dem Wissen über das, was man spielt und aus dem Bedürfnis, sich auf diese Weise anderen mitzuteilen, erst in der Gruppe, dann auch öffentlich. Das ist die Harmonie eines Dreiklanges, mit dem jugendliche Energie auf die Pauke hauen kann." (Hoffmann 21)

Brauneck, Manfred: Theater im 20. Jahrhundert. Programmschriften, Stilperioden, Reformmodelle. Hamburg 1993; Brook, Peter: Programmheft zu *Qui est la*. Berliner Festspiele (Hg.). Berlin 1996; Hoffmann, Christel: Die Kunst des Spielleiters. In: Dies./Israel, Annett (Hg.): Theater spielen mit Kindern und Jugendlichen. Weinheim, München 1999; Hoffmann, Ludwig: Theater der Kollektive. Proletarisch-revolutionäres Berufstheater in Deutschland 1928–1933. Berlin 1980; Ihering, Herbert: Berliner Dramaturgie. Berlin 1948; Stanislawski, Konstantin S.: Die Arbeit des Schauspielers an sich selbst. Berlin 1963; Zeitfäden. Frankfurt a. M. 1998.

CHRISTEL HOFFMANN

→ Amateurtheater – Dramaturgie – Inszenierung – Regie – Theater als öffentliche Institution – Zuschau-Spieler

Ensemble der Künste

Der aus dem neulateinischen *insimul* ins Französische gelangte Begriff → *Ensemble* bedeutet *zugleich, zusammen*. Im Theater wird als Ensemble die Gesamtheit der fest engagierten Schauspielenden und Singenden betrachtet, aber auch eine (kleine) Gruppe gemeinsam Musizierender, etwa als Kammermusikensemble. Das Ensemble-Spiel bezeichnet ein ausgewogenes, harmonisches Miteinander der Agierenden in Drama, Oper, Ballett und Instrumentalmusik. Schließlich definiert der Begriff das Zusammenwirken von mehreren (Gesangs-)Solisten, evtl. auch mit Chor (vgl. Wilpert 237f.; Seeger 208). In der Baukunst beschreibt er z. B. eine Gruppierung von Bauten mit sie umgebender Parkgestaltung. EdK bezeichnet ein (qualitativ nicht näher bestimmtes) synthetisches Zusammenspiel der verschiedenen Künste zugunsten einer komplexen und multifunktionalen Aussage.

Eng darauf bezogen und musikdramatisch spezifiziert ist der Begriff des Gesamtkunstwerks, den Richard Wagner in seinen Schriften *Die Kunst und die Revolution* (1849), *Das Kunstwerk der Zukunft* (1849) sowie in *Oper und Drama* (1851) einführte. Dieser ästhetische Leitgedanke hat seine Wurzeln in der literarischen und musikalischen deutschen Romantik. Der Komponist zielte damit auf die synthetisch-theatrale Einheit von Text, Mitwirkenden, Handlung, Musik, → Bühnenbild und Bühne, die er als bestimmend für das durch ihn zu schaffende ‚musikalische Drama‘ der Zukunft ansah. Er definierte sein Gesamtkunstwerk als Gemeinschaft der Künste wie der kollektiv Mitwirkenden. Selbst der in die „Genossenschaft aller Künstler“ integrierte Darsteller soll in seinem „Drange nach künstlerischer Reproduktion der Handlung somit Dichter“ werden (Gregor-Dellin 56).

Bertolt → Brecht, der sich zeitlebens mit Wagner und der Idee des Gesamtkunstwerks kritisch auseinandersetzte, verwendete 1956 in einem Katalogtext zu Zeichnungen des polnischen Grafikers Tadeusz Kulisiewicz den Begriff „Kollektiv selbständiger Künste“ (Brecht, Bd. 23, 413). „Es handelt sich dabei nicht darum, daß das Drama ‚sich der Musik‘ bedienen soll, oder die Oper des Textes, oder daß Drama und Oper durch ein besseres Bühnenbild gewinnen sollen. Sondern in ein und derselben Aufführung soll es drei Behandlungen des Themas geben, durch die Dichtung, durch die Musik, durch das Bild.“ (ebd.) Schon 1930 hatte Brecht in seinen *Anmerkungen zur Oper ‚Aufstieg und Fall der Stadt Mahagonny‘* einen ähnlichen, jedoch qualitativ anders gewichteten Terminus, den der ‚Trennung der Elemente‘ benutzt. Er sieht ihn als Alternative zum „Primatkampf zwischen Wort, Musik und Darstellung“ (Brecht, Bd. 24, 79) und zu Wagners Gesamtkunstwerk-Projekt: „Solange ‚Gesamtkunstwerk‘ bedeutet, daß das Gesamte ein Aufwaschen ist, solange also Künste ‚verschmelzt‘ werden sollen, müssen die einzelnen Elemente alle gleichermaßen degradiert werden [...]. Der Schmelzprozeß erfaßt den Zuschauer, der ebenfalls eingeschmolzen wird und einen passiven (leidenden) Teil des Gesamtkunstwerks darstellt.“ (ebd.) Beiden Begriffen Brechts ist gemeinsam, dass sie auf eine jeweils eigenständige Behandlung der → Fabel rekurrieren und die relative Autonomie sowie Individualität der einzelnen an der theatralischen Umsetzung beteiligten Künste hervorheben. Jedoch

engt Brecht seine Begriffsbestimmung nicht auf die Künste und die in ihnen Agierenden ein, sondern integriert auch das den theatralischen Prozess konstituierende Publikum, da Neuerungen in den Künsten ebenso eine neue, gesellschaftlich determinierte Haltung des Publikums gegenüber dem Vorgeführten voraussetzen (vgl. ebd. 80).

Brecht, Bertolt: Werke. Große kommentierte Berliner und Frankfurter Ausgabe. Hg. v. Werner Hecht, Jan Knopf, Werner Mittenzwei, Klaus-Detlef Müller. 30 Bde. und ein Registerbd. Frankfurt a. M. 1988–2000; Gregor-Dellin, Martin: Wagner-Chronik. München, Kassel, Basel, London 1983; Seeger, Horst: Opernlexikon. Berlin 1986; Wilpert, Gero von: Sachwörterbuch der Literatur. Stuttgart 1989.

JOACHIM LUCCHESI

→ Ästhetische Bildung – Lehrstückbegleitende Musik – Musikspiele – Musisch-ästhetische Erziehung – Schulmusical – Schuloper

Entwicklungspsychologie

E als Teildisziplin der Psychologie widmet sich seit Ende des 19. Jhs. der Erforschung und systematischen Analyse von Gesetzmäßigkeiten der Entfaltung von Fähigkeiten und Verhaltensweisen von Individuen oder Gruppen von Individuen im Laufe ihres Lebens. Vergleichende E befasst sich dabei auch mit der Bedeutung von kulturellen und sozialen Umweltbedingungen, die in ihrer Wirkung als auslösend, stimulierend, modifizierend oder hemmend für vorhandene Anlagen untersucht werden.

Von Seiten der Pädagogik wurde die Frage – getragen auch vom Interesse des Erwachsenen an Steuerung, Beeinflussung und Einpassung des Kindes in gesellschaftliche Verhältnisse – nach den Bedingungen der Möglichkeit von Erziehung gestellt, die in den 1960er Jahren zu einer Auseinandersetzung über die Bedeutung von Anlage und Umwelt im Prozess der Entwicklung führte (für den Bereich der kognitiven Fähigkeiten die Kontroverse Begabung vs. Begabt-Werden vgl. Roth). Während diese – Grundfragen der Anthropologie betreffenden – Auseinandersetzungen stärker im erziehungstheoretischen Diskurs geführt wurden, behandelte die Pädagogik sie unter Rückgriff auf Sozialisationstheorien (vgl. besonders zum ökologischen Ansatz Bronfenbrenner) eher pragmatisch, indem sie sich auf deren Befunde über sozialisierende Einflüsse von → Interaktionen und Institutionen (vgl. Oerter u. a.) stützt.

E ordnet(e) Beobachtungen über die frühkindliche Entwicklung zunächst deskriptiv und normativ dem kalendarischen Alter zu. Angenommen wurden biologische Entwicklungsreize, die sich schubweise bis zur ‚Reife' entwickelten. Eine stärker psychoanalytisch bzw. sozialpsychologisch orientierte E nahm zumeist die Herausbildung einer Identität (vgl. Erikson, Mead, → Krappmann) als Abschluss der Adoleszenz und damit von Entwicklung an. Einhergehend mit der gestiegenen Lebenserwartung in den westlichen Industrieländern erweitert sich jedoch das Interesse der E seit den 1970er Jahren nicht mehr nur auf die Entwicklung von Kindern und Jugendlichen, sondern auch auf das mittlere und höhere Erwachsenenalter (vgl. Baltes).

Fragestellungen der E richten ihr Interesse auf deskriptiv, qualitativ oder quantitativ aufzuzeigende Zusammenhänge von als linear oder spiralförmig verlaufend angenommenen Veränderungen menschlicher Fähigkeiten, Fertigkeiten und Verhaltensweisen und den diesen zugrunde liegenden Begründungen wie Reifung, Lernen oder Umwelteinflüsse. Besondere Beachtung fanden dabei die Entwicklung der Motorik, der Wahrnehmung, der Kognition, der Moral, der Sprache, des Gedächtnisses, der Emotionen oder der Motivation und fanden ihren Niederschlag in Tests und Fragebögen zur Leistungs- und Persönlichkeitsdiagnostik.

Die entweder aus biographischen Einzelfallbeschreibungen oder experimentell quantitativ angelegten Studien mit vielen Fällen gewonnenen Einzelbefunde werden teilweise in Phasen oder Schichtenmodellen kategorial gefasst. Eines der wohl bekanntesten Phasenmodelle ist das von Freud über die Phasen der psychosexuellen Entwicklung (orale, anale, phallisch-genitale Phase, Latenz, Pubertät), die er auf der Basis der Analyse psychischer Störungen Erwachsener rekonstruierte. Dieses Modell wurde u. a. von Erikson in einem soziale Bedingungen in den Blick nehmenden epigenetischen Modell der psychosozialen Entwicklung weiterentwickelt. Erikson geht davon aus, dass ein dem menschlichen Organismus innewohnender Grundplan sich entfaltet und phasentypisch Funktionen entwickelt und konsolidiert. Auch wenn dieses – teilweise durch ethnologische Forschung und durch Beobachtung gestützte – Modell als normativ angesehen werden muss, da es phasenspezifisch gelingende psychosoziale Kompetenzen beschreibt (Urvertrauen, Autonomie, Initiative, Werksinn, Identität, Intimität/Solidarität, Generativität, Integrität), bietet es doch andererseits einen Rahmen für eine den ‚vollständigen Lebenszyklus' umfassende E und eine gerade unter pädagogischen Aspekten konsequent durchgehaltene Problematisierung nicht nur des Verhältnisses von Anlage/Reifung/biologischer Ausstattung des Menschen einerseits und der Bedeutung des sozialen und gesellschaftlichen Bezugssystems andererseits.

Für die *kognitive* Entwicklung hat besonders das von Piaget vorgelegte Stufenmodell (sensomotorisch, voroperational/anschaulich, Stadium der konkreten Operationen, Stadium der formalen Operationen) breite Beachtung gefunden. Für die *moralische* Entwicklung ist Kohlbergs Niveau-Modell einschlägig geworden: prä-konventionelles Niveau: Orientierung an Strafe und Gehorsam, instrumentell-relativistische Orientierung; konventionelles Niveau: Orientierung am persönlichen Umfeld, Orientierung am sozialen System; post-postkonventionelles Niveau: Sozialvertragsorientierung, Orientierung an universalen ethischen Prinzipien.

Zahlreiche experimentelle entwicklungspsychologische Untersuchungen – häufig behavioristisch-lerntheoretisch orientiert – haben zum einen die genannten Phasenmodelle als Rahmen genommen und sie teilweise spezifiziert (z. B. in der Säuglings- und Bindungsforschung) oder auch kritisiert; zum anderen jedoch war ihr Interesse darauf gerichtet, den Prozess der Entwicklung als einen der Differenzierung, Integration und Zentralisation zu beschreiben und somit in einen sinnstiftenden Zusammenhang zu stellen.

Wenngleich Phasenmodelle häufig als spekulativ und Differenzen nivellierend kritisiert werden, bieten sie für soziale Handlungszusammenhänge von Pädagogik einen Orientierungsrahmen, in dem experimentelle Befunde sowie praktisches Handeln *verstehend* verortet werden können. Einzelbefunde experimenteller Studien ihrerseits, die teilweise als künstlich oder kleinformatig zu kritisieren sind, eröffnen jedoch einen kritischen Fragehorizont und verlangen nach Adaption und reflexiven Konsequenzen für soziales Handeln in sozialisatorischen Kontexten (etwa bei Gestaltung von Lernprozessen in Schule, Betrieb oder Erwachsenenbildung).

Insofern Theater als soziale Interaktion zu beschreiben und ThP als ein Ansatz zur Gestaltung dieser Interaktion zu verstehen ist, kann sie bei der E sowohl auf deren Erkenntnisse zum Lernen, zum Spielverhalten und zur Moralentwicklung zurückgreifen. Entwicklungspsychologische Phasenmodelle bieten ihr einen Orientierungsrahmen, um ubiquitäre Themen und Konflikte menschlicher Entwicklung zu identifizieren, die sinnvoll Inhalt thp Arbeit sein können.

Die in jüngster Zeit mit dem Fortschritt der Neurologie und Neuropsychologie (etwa im Max-Planck-Institut für neuropsychologische Forschung Leipzig, gegründet 1995) sich entwickelnden Möglichkeiten, Erkenntnisse über die neuronale Basis menschlichen Verhaltens gewinnen zu können, wird auch für die E zu neuen Erkenntnissen über die Herausbildung von Fähigkeiten und Fertigkeiten von Menschen sowie über eine Beeinflussung durch Umweltreize führen, in deren Kontext bisher als gültig oder wahrscheinlich angenommene Zusammenhänge von Anlage und Umwelt, Reifung und Lernen, Motiven und Handlungen neu zu bestimmen sein werden.

Aries, Philippe: Geschichte der Kindheit. München 1975; Baltes, Paul B.: Entwicklungspsychologie der Lebensspanne. Theoretische Leitsätze. In: Psychologische Rundschau, 1990, H. 41; Bowlby, John: Elternbindung und Persönlichkeitsentwicklung. Heidelberg 1995; Bronfenbrenner, Ulf: Die Ökologie der menschlichen Entwicklung. Stuttgart 1981; Erikson, Erik H.: Der vollständige Lebenszyklus. Frankfurt a. M. 1988; Hurrelmann, Klaus/Ulich, Dieter (Hg.): Handbuch der Sozialisationsforschung. Weinheim, Basel 1998; Kohlberg, Lawrence: Die Psychologie der Moralentwicklung. Frankfurt a. M. 1996; Krappmann, Lothar: Soziologische Dimensionen der Identität. Stuttgart 1973; Lichtenberg, Joseph: Psychoanalyse und Säuglingsforschung. Berlin 1983; Mead, George H.: Geist, Identität und Gesellschaft. Frankfurt a. M. 1973; Oerter, Rolf/Montada, Leo (Hg.): Entwicklungspsychologie. Weinheim 1995; Piaget, Jean: Psychologie der Intelligenz. Stuttgart 2000; Roth, Heinrich (Hg.): Begabung und Lernen. Stuttgart 1969.

RITA MARX

→ Autobiographisches Theater – Didaktik – Geschichte der Pädagogik – Geschichte der Sozialpädagogik – Initiation – Lebensbegleitendes Lernen – Methodik – Regenbogen der Wünsche – Scham – Selbsttäuschungstheorie und Bewusstheitstheorie

Erlebnispädagogik

E gilt als junge, noch im Such- und Profilierungsprozess befindliche Teildisziplin der Erziehungswissenschaft (vgl. Ziegenspeck 1994). Als Alternative und Ergänzung zu traditionellen Bildungs- und Erziehungsinstitutionen zeichnet sie sich vor allem durch ein enges dialektisches Theorie-Praxis-Verhältnis aus.

Ausgehend von veränderten Bedürfnissen einer postmodernen Erlebnisgesellschaft, versucht die E mit ihrer Methodik, neue Zugänge zum Menschen zu schaffen. Als das grundlegende Wirkungsprinzip gelten Erlebnisse, die durch aktive, soziale, handlungsorientierte und offene Formen des Erfahrungslernens und mittels angeleiteter Reflexion ins Bewusstsein gelangen (vgl. Fischer u. a.). Dabei soll keine Päda-

gisierung des Erlebnisses stattfinden, sondern durch zielgerichtete methodische und didaktische Gestaltung werden Situationen arrangiert, um Erlebnisse zu ermöglichen und deren Weiterverarbeitung zu begleiten. Zu den Grundbedingungen eines erlebnispädagogischen Settings gehören die Situation, die unfertig, unausweichlich, aber überschaubar ist; ferner Körperlichkeit und Unmittelbarkeit des Erlebens (vgl. Witte). Zielstellung ist die Entwicklung individueller, sozialer (und ökologischer) Kompetenzen.

Angeregt durch die Kritik verschiedener reformpädagogischer Strömungen am herrschenden Bildungs- und Erziehungscharakter der Lern- und Bildungsschulen entwickelt Kurt Hahn (1886–1972) sein Konzept der ‚Erlebnistherapie‘ und gründet 1941 in Aberdovey/Schottland die ‚short time school‘ (später Umbenennung in ‚Outward Bound Sea School Aberdovey‘, dann ‚Outward Bound‘), in der Jugendliche in 26tägigen Kursen Möglichkeiten für Erlebnisse und Bewährungen in einer Umgebung mit spezieller Landschaftsprägung erhalten; hieraus gehen die heutigen (über 40) ‚Outward-Bound‘-Schulen hervor. Das gegenwärtige Erscheinungsbild der E ist heterogen: Im 1992 gegründeten ‚Bundesverband für Erlebnispädagogik‘ sind über 150 Einzelinitiativen in freier Trägerschaft zusammengeschlossen, verstärkt finden sich auch Angebote zur Aus- und Weiterbildung. Eingesetzt wird E in Jugendhilfe, Jugendarbeit, Behindertenarbeit, Heimerziehung sowie in der Personalentwicklung und Betriebspädagogik (hier auch ‚Outdoor-Training‘). Die Programme erlebnispädagogischer Arbeitsfelder gliedern sich in Freizeit, Bildung, Verhaltenstraining und Therapie mit spezifischen Zielkategorien (vgl. Priest). Die Durchführung erfolgt in Kurz- und Langzeitmaßnahmen sowie lebensweltbezogenen Angeboten: Bergwandern, Kajakfahren, Fahrradtouren, Segeln, Skitouren, Höhlenbegehungen; Erlebnisse in der Stadt (z. B. Konfrontationen mit Kontrastsituationen); Klettern, Ropes Course in der Halle.

Die Wirksamkeit der E soll gewährleistet werden durch eine gelungene Reflexion des Erlebten und durch den Transfer der Lernerfahrungen in den Alltag. Mittels zielgruppenspezifischer Programme sowie über den Einsatz von Metaphern wird eine möglichst große Strukturähnlichkeit (Isomorphie) zwischen Alltagsbereich und Kursinhalten angestrebt (vgl. Bacon), die die Diskrepanz zwischen Lern- und Anwendungssituation abbauen und bloßer Urlaubs- und Freizeitstimmung entgegenwirken sollen. Entscheidend ist auch die Intensität der Auseinandersetzung mit dem

Lerninhalt. Wirkungsvolle Instrumente der Transfersicherung stellen die aus dem Managertraining entnommenen ‚Follow-Ups‘ dar, die zur Nachbereitung eingesetzt werden.

Kritiker (vgl. Oelkers; Brumlik) bezeichnen Angebote der E als nicht effektives Konzept mit ungeklärter Wirkung. Der erlebnispädagogische Ansatz berge in sich selbst zahlreiche Möglichkeiten der Fehlentwicklungen, wie z.B. zur Minimalpädagogik, zur esoterischen Verschmelzung mit der Natur, zum Leistungssport (vgl. Heckmair u. a.), zur Inselpädagogik, zur ‚Verschiffung‘ von Jugendlichen mit der Gefahr der Problemverlagerung und Ausgrenzung; zur aufwändigen Symptombehandlung; zum Marketing von Erlebniswelten durch ‚Fun‘- und ‚Action‘-Anbieter. Weitere Vorwürfe richten sich gegen die Dominanz männlicher Verhaltensformen, die in bestimmten Settings entstehenden autoritären Strukturen, mangelnde Sicherheitsstandards und Gefahren durch nicht beherrschbare Situationen sowie ökologisches Fehlverhalten.

Immer wieder geraten erlebnispädagogische Projekte unter Legitimationsdruck. Der ständigen Konfrontation mit der Kosten-Nutzen-Rechnung und Fragen nach der Wirksamkeit versucht die E durch die Ausweitung empirischer Forschung und theoretischer Fundierung zu begegnen. Anstatt eine sozial- und betriebspädagogische Polarisierung voranzutreiben, könnten beide Stränge durch Verknüpfung ihrer Ansätze voneinander profitieren. Neue Herausforderungen und Möglichkeiten entstehen durch die Ausweitung auf andere Praxisfelder und Zielgruppen (z. B. in der interkulturellen Arbeit oder in ‚Anti-Gewalt-Seminaren‘) und im didaktisch-methodischen Bereich durch die Erschließung neuer Erfahrungsräume und Handlungen. Erlebnispädagogische Aktivitäten enthalten auch das Potenzial, durch entsprechende Tätigkeiten Lebensthemen zur Sprache zu bringen (und sie damit zugänglich und bearbeitbar zu machen). „Modernität im Sinne eines erfahrungsbezogenen, situationsoffenen, experimentellen pädagogischen Handelns besteht darin, sich der Lebensdimension der Erlebnispädagogik zu besinnen: neben der Körperlichkeit und Natur also auch der Kunst/Kultur und realer Arbeit.“ (Bauer 52) Erlebnisfähig sein, Lebensfreude zulassen, die Fähigkeiten der eigenen Person zu erkennen und zu entwickeln, darum geht es: „In Wirklichkeit ist jeder, der bewusst lebt, schon sein eigener Erlebnispädagoge. [...] Action-orientierte Erlebnispädagogik braucht nicht besser zu sein als gelassene Wahrnehmung von Menschen, welche die Steilwände nicht im Gebirge, sondern in ihrem Innern bezwingen“ (Weis 344).

Bacon, Stephen: Die Macht der Metaphern. Alling 1998; Bauer, Hans G.: Annäherung an den Begriff ‚Moderne Erlebnispädagogik‘. In: Kölsch, Hubert (Hg.): Wege moderner Erlebnispädagogik. München 1995; Brumlik, Micha: Differenz und Integration. Beiträge der Erlebnispädagogik in Zeiten wachsender Individualisierung. In: Schirp, a.a.O.; Fischer, Torsten/Ziegenspeck, Jörg W.: Handbuch Erlebnispädagogik. Von den Ursprüngen bis zur Gegenwart. Bad Heilbrunn 2000; Heckmair, Bernd/Michl, Werner: Erleben und Lernen. Neuwied u. a. 2002; Oelkers, Jürgen: Erlebnis als Erziehung oder Erziehung als Erlebnis? In: Paffrath, F. Hartmut (Hg.): Zu neuen Ufern. Internationaler Kongress Erleben und Lernen. Alling 1998; Priest, Simon: Experiential Education. Foundations and Future Directions. In: Paffrath, F. Hartmut/Weis, Kurt: Werden wir in Zukunft mehr oder weniger erleben? In: Kölsch, a.a.O.; Witte, Matthias D.: Erlebnispädagogik. Transfer und Wirksamkeit. Möglichkeiten und Grenzen des erlebnis- und handlungsorientierten Erfahrungslernens. Lüneburg 2002; Ziegenspeck, Jörg W.: Vorbemerkungen. In: Bedacht, Andreas/Dewald, Wilfried/Heckmair, Bernd/Michl, Werner/Weis, Kurt (Hg.): Erlebnispädagogik. Mode, Methode oder mehr? Tagungsdokumentation des Forums Erlebnispädagogik. München 1994; Ders.: Erlebnispädagogik. Versuch einer Begriffsklärung aus erziehungswissenschaftlicher Sicht. In: Pädagogisches Handeln – Wissenschaft und Praxis im Dialog, 2000, H. 1.

Gabriela Naumann

→ Geschichte der Pädagogik – Kommunikationstraining – Leiblichkeit – Reformpädagogik – Sinnlichkeit – Sportpädagogik – Story Dealer – Theaterarbeit in sozialen Feldern – Zielgruppe – Zirkuspädagogik

Erzähltheater

E nimmt Traditionslinien auf, die bis zu den Vorformen des Theaters zurückreichen, zum dithyrambischen und rhapsodischen Erzählen der Antike, die weiterlebten mit den fahrenden → Spielleuten des Mittelalters, den Bänkel- und Moritatensängern der (frühen) Neuzeit und bis zum Misterio buffo des Dario → Fo reichen.

Im E wird Erzählen von einer Funktion des Theaters, die über die szenische Darstellung realisiert wird, zum zentralen Mittel der Darstellung. Das E reintegriert, was Aristoteles von der dramatischen Gattung geschieden hatte: das Epische. Narrative Elemente haben gleichwohl in der Geschichte des Dramas ihren angestammten Platz: Botenbericht und Mauerschau (Teichoskopie) sind z.B. tragende Elemente der attischen Tragödie. Beides aber sind Rollenerzählungen, in denen die Narration im Aggregatzustand des Dramatischen erscheint und sind nicht dem E zuzurechnen. E ist einerseits abzugrenzen vom (artifiziellen) Erzählen von Märchen wie andererseits vom dramatischen Monolog (Rollenerzählung), obwohl es Anteil an beidem hat. E ist gekennzeichnet durch (1.) die Verschränkung von Erzählrede (in der dritten Person Singular und im epischen Präteritum), Figurenrede (Selbstaussagen der dramatis personae) und szenischer Darstellung (vgl. Asmuth), wobei es „zwischen Erzählen und Spielen keinen hierarchischen Unterschied macht" (→ Kurzenberger 231); (2.) die ‚Dividierung‘ des Individuums Schauspieler, d. h. durch sekundenschnellen Wechsel des Darstellers in unterschiedlichste Figuren – der Darsteller im E ist Rhapsode und Mime in einem; (3.) die artifiziell hergestellte Kunstlosigkeit des Sprechens im Unterschied zum ‚Hohen Ton‘ der Bühnendiktion; (4.) die fragmentarisierte Darstellung der Figuren, wodurch der Darsteller „ungleich souveräner [...] alle Figuren seiner Geschichte spielen kann" (Waechter 9), womit (5.) E auf die Imaginations-, Ergänzungs- und Synthetisierungsleistung des Zuschauers angewiesen ist; (6.) damit verbunden durch ein hohes Maß an rezeptionspsychologisch bestimmbarer Ambiguitätstoleranz, die eine besondere Form der Wachheit und Konzentration des Zuschauers auslöst; (7.) die Minimalisierung der nicht-illusionistischen Ausstattung (‚Armes Theater‘) und die Bevorzugung kleiner, ‚intimer‘ Spielstätten; (8.) die Dominanz poetisch anspruchsvoller Sprache, über die (allein) die Vergegenwärtigung des zeitlich und räumlich Entfernten oder des Phantastischen stattfindet, und (9.) durch die produktive Diskrepanz zwischen geringem szenischem Aufwand und Umfang bzw. (literarischer) Bedeutung der vermittelten Geschichten.

In der Theaterpraxis und -kritik wird gegenwärtig von ‚Renaissance des Erzählens‘, von ‚Hochkonjunktur des E‘ (vgl. → Schneider) gesprochen. „Deutlich sind der Reichtum und die Unübersichtlichkeit heutiger Erzähltheaterformen" (Kurzenberger 212), an denen die Off-Bühnen, das → Figurentheater und die professionellen Kindertheater entscheidenden Anteil haben. Diese Entwicklung erklärt sich zum einen aus deren ökonomisch-technischen Produktionsbedingungen (E gehört zur Kleinen Form, ist kostengünstig, leicht disponierbar und flexibel) sowie aus ästhetischen Intentionen (E ermöglicht die Adaption ‚großer‘ epischer oder dramatischer Sujets – von der *Odyssee* über Shakespeare bis zu *Moby Dick*; damit hebt E u. a. auch

die thematisch-stoffliche Selbstbeschränkung des → Kinder- und Jugendtheaters produktiv auf).

Auch das Erwachsenentheater experimentiert zunehmend mit Formen des E und schickt sich an, den ästhetischen Reiz geschlossener Geschichten und poetischer Sprache wiederzuentdecken und damit auf die Erfahrung von umfassender Mediatisierung, Fragmentarisierung, Sprachzertrümmerung und der Vermittlung von Sinnlichkeit statt Sinn zu reagieren. Möglicherweise ist von dieser Gegenbewegung nach den Experimenten der (historischen) → Avantgarde vom postdramatischen Theater ein ‚neues Theater‘ zu erwarten, „in dem sich dramatische Figurationen [...] wieder zusammenfinden. Eine Brücke könnten narrative Formen [...] sein" (Lehmann 260).

Asmuth, Bernhard: Einführung in die Dramenanalyse. Stuttgart, Weimar 1997; Baesecke, Jörg: Erzähltheater – Fragen an eine Form. In: Die Kunst des Erzählens. Festschrift für Walter Scherf. Berlin 2002; Baliani, Marco: Die Erinnerung des Gefühls. Gedanken eines Geschichtenerzählers. In: Schneider, Wolfgang (Hg.): Kinder- und Jugendtheater in Italien. Frankfurt a. M. 1996; Brandstetter, Gabriele: Geschichte(n) Erzählen im Performance-Theater der neunziger Jahre. In: Fischer-Lichte, Erika/Kolesch, Doris/Weiler, Christel (Hg.): Transformationen. Theater der neunziger Jahre. Berlin 1999; Fo, Dario: Kleines Handbuch des Schauspielers. Frankfurt a. M. 1989; Kurzenberger, Hajo: Erzähltheater. In: Ders. (Hg.): Praktische Theaterwissenschaft. Spiel – Inszenierung – Text. Hildesheim 1998; Lehmann, Hans-Thies: Postdramatisches Theater. Frankfurt a. M. 2001; Schneider, Wolfgang: „Etwas wirklich Geschehenes ...". Anmerkungen zur Dramaturgie des Erzähltheaters. In: Grimm & Grips, Frankfurt a. M., 1998, H. 11 ; Waechter, Friedrich Karl: Erzähltheater. Frankfurt a. M. 1997.

K RISTIN W ARDETZKY

→ Fragment – Märchen – Narratives Interview – Rezeptionsforschung – Sinnlichkeit – Sprechen – Szenische Lesung

Erziehung → Musisch-ästhetische Erziehung

Experiment

Der Begriff wurde im 17. Jh. aus lat. *Experimentum* ‚Versuch, Probe; Erfahrung‘ entlehnt. E bezeichnet das aktive Eingreifen der empirischen Wissenschaften der Neuzeit in Naturvorgänge im Unterschied zu ihrer bloß passiven Beobachtung. Die Natur wird im E willentlich aus der Reserve gelockt, um hinter ihren Erscheinungen liegenden Wahrheiten der Naturgesetze auf die Schliche zu kommen (vgl. Heidelberger).

Während im Logischen Positivismus oder dem Kritischen Rationalismus (Karl Popper) des 20. Jhs. die kritische Funktion des E zur Überprüfung theoretischer Annahmen in Form der hypothetisch-deduktiven Methode betont wird, sahen Wissenschaftler des 17. (Francis Bacon, Isaac Newton) und des 19. Jhs. (John Stuart Mill) E als wissens-generierende Mittel der Theorieproduktion (Induktivismus). Ganz unabhängig vom epistemologischen Streit um Deduktion und Induktion können wir für das theatrale E festhalten, dass es Bedingungen erzeugt, die normalerweise nicht von selbst eintreten würden.

In jedem E durchläuft eine Kette von Ursachen unser Selbstbewusstsein, dessen erstes Glied – der Willensimpuls der experimentierenden Menschen – bekannt ist. Zu diesen Willensimpulsen gehört auch das bewusste Außerkraftsetzen willentlicher Impulse im ästhetischen Prozess.

Für die Durchführung der E stehen dem Naturwissenschaftler wie auch dem Theaterpädagogen verschiedene Methoden zur Verfügung: die Erfahrungserweiterung, die Phänomenstrukturierung und die Imitation der Phänomene bzw. Transformation.

Bei der *Erfahrungserweiterung* geht es darum, Erscheinungen für unsere Erfahrung hervorzurufen, die ohne eine Experimentalanordnung nicht denkbar wären. Der Vakuumpumpe der Physik würde auf theatraler Ebene das kommunikative Vakuum eines dem Alltag enthobenen Spielraumes, z. B. der Bühne entsprechen, in dem die kommunikativen Regeln tendenziell aufgelöst und durch die Spieler neu definiert werden können.

Die *Phänomenstrukturierung* versucht, den sinnlichen Zugang zu den Wirklichkeitserscheinungen zu verbessern. Dem Fernrohr oder Mikroskop entspräche in theatralen Prozessen die Konzentration auf den Körper, die Erhöhung der Sensibilität auf den Raum und das Verhalten der Mitspieler sowie die Techniken des Einfrierens (*Freeze*), der Zeitlupe (*Slow-motion*) oder des Spielens in einzelnen kurzen Handlungsabschnitten zwischen Wende- und Haltepunkten (*Takes*).

Während in der Physik durch die *Transformation* eine Beziehung zwischen zwei Phänomenen (beim Thermometer werden dem Wärmesinn zugängliche Phänomene in solche umgewandelt, die dem Gesichtssinn zugänglich sind) hergestellt wird, werden in theatralen Prozessen gefühlte, innere Haltungen in eine äußere Form gebracht und dadurch einem Mitspieler oder Zuschauer mitgeteilt. Sowohl in der Physik wie auch in der theatralen Arbeit können durch die Transformation irritierende Zufälligkeiten oder Außeneinflüsse

der jeweiligen Phänomene soweit wie möglich ausgeschaltet werden.

Die Übertragung naturwissenschaftlicher Experimentalforschung auf soziale Phänomene seit Anfang des 20. Jhs. ist unter dem Begriff der *Stimulus-Response-Versuche* der *Verhaltensforschung* bekannt geworden. Ausgehend von Tierversuchen wurden in Laborsituationen verschiedene Reiz-Reaktions-Ketten initiiert, die Schlussfolgerungen über das menschliche Lernverhalten geben sollten. Unter soziologischen Aspekten sind statistisch organisierte Befragungen und in neuerer Zeit die sog. *qualitative Sozialforschung* auf der Grundlage der exemplarischen Einzelanalyse ebenfalls als E anzusehen, da sie die soziale Realität nicht nur beobachten, sondern ihre Erscheinungsformen strukturieren und zu Äußerungen bringen, die ohne das sozialforscherische Interesse und Eingreifen nicht denkbar wären.

In all diesen Formen der sozialen E ist der aneignende subjektive Wille des Naturforschers als vermeintlich am Resultat uninteressierter, objektiver Drittstandpunkt enthalten. Der Experimentator nimmt sich – obgleich nicht unerheblicher, weil eingreifender Bestandteil der sozialen Wirklichkeit – aus dem experimentellen Vorgang heraus und erzeugt Wissen *über* andere.

Das von Bertolt → Brecht (1931) in *Der Dreigroschenprozess* beschriebene *soziologische E* soll die vermeintlich uninteressierte Distanz zu den sozialen Bewegungen überwinden, die es in Gang setzt, indem es den Forscher in den *experimentellen* Prozess einbettet. „Der Sehende selber lebt ebenfalls, und zwar innerhalb, nicht außerhalb der Vorgänge." (Brecht 510) Die wesentlichen Merkmale des soziologischen E – bestehende Anschauungen zu erschüttern; ihre Beziehung zu gesellschaftlichen Interessen zu verdeutlichen; praktisch relevante Erfahrungen zu generieren – finden sich auch in der *Lehrstückkonzeption* Brechts, die von Reiner → Steinweg nachträglich zusammenhängend als Theorie rekonstruiert wurde (vgl. Steinweg).

Das → Lehrstück als *soziales E* hat das Ziel, ausgehend von einer strengen Form, die Spieler durch die Nachahmung bestimmter Haltungen deren soziale Qualität körperhaft-sinnlich in Erfahrung und ins → Spiel zu bringen. Die wechselseitige Beeinflussung innerer und äußerer Haltungen bringt dabei die sozialen Verhältnisse, die im nichtmateriellen → *Gestus* verborgen sind, sowohl zur Anschauung als auch zum Anlass ihrer phantasievollen Überschreitung. Die sozialen Verhältnisse werden unselbstverständlich und damit reflektierbar in der Formensprache der Lehrstücke. Damit gewinnt der Gestus die experimentelle

Funktion der Erfahrungserweiterung und Phänomen-strukturierung zugleich. In seiner theatralen Gestal-tung impliziert der Gestus die Bewusstwerdung als auch die kennzeichnende, strukturierende Hervor-bringung der sozialen Verhältnisse, die in ihm schlum-mern. Hierzu bedient sich das Lehrstück als auch das Epische Theater der Methode der Unterbrechung, die im experimentellen Sinne den sozialen Gehalt der Gesten erst zur Erscheinung bringt und ihre Transfor-mation in sinnliche Gewissheiten auf der Bühne er-möglicht. Die Verfremdung des Spiels im Gestus des Zeigens (V-Effekt) leistet dabei zweierlei: Einerseits gerät der Spieler in ein dialektisches Verhältnis von experimentierendem Subjekt und dem vom E erfassten Gegenstand – andererseits veranlasst die verfremdende Transformation einen Blick auf die doppelte Sinn-schicht von Ausdruck und sozialer Bedeutung der gestisch-mimischen Darstellung (vgl. → Ritter).

Unter sprach- und geschichtsphilosophischen Ge-sichtspunkten sind die theatralen E Brechts von Walter Benjamin unter dem Begriff der „Dialektik im Still-stand" (→ Benjamin 28) interpretiert worden. Benja-min erkennt im experimentellen Prinzip der Unter-brechung einer gestischen Handlung die Möglichkeit eines augenblicklichen Heraustretens aus der Eigendy-namik einer fortlaufend erweiterten Naturaneignung und Selbstverbesserung des bürgerlichen Subjekts und damit einer Transzendierung seiner Seinsform durch den Rückblick auf die unabgegoltenen Opfer des zivilisatorischen Prozesses (vgl. Koch; Koch u. a.; → Ruping).

Das experimentelle Instrument der Unterbrechung und des Stillstands, verknüpft mit dem Mittel des Einspringens (*Jump-In*-Verfahren) in die demonstrier-ten Haltungen und ihre Weiterentwicklung durch die Beobachter der theatralen E, wurde von Augusto → Boal in seinem → *Theater der Unterdrückten* vor allem in den Formen des → *Statuen-* und → *Forumtheaters* zur Darstellung und Lösung sozialer Unterdrückungs-zusammenhänge weiterentwickelt (vgl. Boal). Insbe-sondere sind in Boals Arbeitstechniken die Methoden des Rollentausches, des Doppelns (Verstärkung von Spielerhaltungen durch die Nachahmung seitens ande-rer Spieler) und des Spiegelns, die von Jacob L. → Moreno in seinem Psychodrama-Konzept entwick-kelt wurden, eingegangen.

In der thp Theorie und Praxis wurden die Lehrstück-konzeption Brechts und das *Theater der Unterdrückten* Boals in den 1970er Jahren Ausgangspunkt und Grund-lage einer emanzipatorischen Erziehung und Sozialfor-schung mit theatralen Mitteln (vgl. Ruping 1991).

Zusammen mit der Übersetzung der interaktionis-tischen Rollentheorie, die ihren gedanklichen Ur-sprung in der Sozialpsychologie George Herbert Meads (vgl. Mead) findet, in die *Spiel-, Theater- und Interaktions-pädagogik*, wie sie von Hans-Wolfgang Nickel u. a. (vgl. Klewitz u. a.) entwickelt wurde, gewann das *theatrale E* eine Schlüsselfunktion für eine erkenntnis- und prozessorientierte ThP, die dem wohl immer noch häufig produkt- und textorientierten → Amateur- und → Schultheater gegenübersteht.

Der Einzug postmoderner Diskurse in die thp Theoriebildung in den 1990er Jahren erzeugte zusam-men mit ihren konstruktivistischen Grundannahmen eine gewisse Skepsis gegenüber den gesellschaftspoli-tisch orientierten sozialen E der ThP. Ihnen wurde der Eigenwert des ästhetisch-künstlerischen Gestaltungs-versuches gegenübergestellt.

Künstlertheorien und die ästhetischen E der Kunst, der Literatur und des Theaters, die mit den Mitteln der Selbstertappung und -überlistung dem dynamischen Mechanismus einer sich verewigenden zweckhaften Selbstverbesserung des Subjekts entkommen wollen, werden weniger als Instrumente der sozialen Emanzi-pation aufgefasst, sondern vielmehr als selbstreferentielle, autonome Elemente der jeweils besonderen indivi-dualästhetischen Selbstbildungsprozesse einer multi-plen Subjektidentität begriffen. Hierzu zählen auch alle E des Improvisationstheaters, mit denen die zivili-satorischen Spielblockaden in den Köpfen und Kör-pern der Spieler gelöst werden sollen (vgl. → Johnstone). Eine Vermittlung zwischen beiden Diskurspolen ver-sucht mit dem Begriff der „psychosozialen Erfahrung" Jürgen Weintz (vgl. Weintz) zu leisten, indem er das Zusammenspiel zwischen intra- und interpsychischen Selbstbildungsprozessen hervorhob.

Einen anderen Ansatz verfolgte das Konzept der diätetischen Askese als experimentelles Lebenskonzept, wie es Michel Foucault in seinem Spätwerk aufgezeigt hat. Unter dem Stichwort *Lebenskunst* – einem Begriff, der einerseits auf die Äußerung Brechts, dass das Theater zur größten Kunst, nämlich der Lebenskunst beizutragen habe, andererseits auf die Foucaultrezeption Wilhelm Schmids in seinem Buch *Philosophie der Lebens-kunst* rekurriert – sollen in thp-experimentellen Ver-fahrensweisen Möglichkeiten einer sinnstiftenden, ge-glückten Lebensführung in den entfremdeten Struktu-ren der Gegenwartsgesellschaft erkundet werden.

Skeptisch setzt sich Ulrike Hanke mit dem experi-mentellen Lebenskunst-Konzept auseinander. Die Ausrichtung des thp E auf die geglückte Lebensfüh-rung unterschlage die Negativität, die das Subjekt allererst hervorbringe. Es gehe eben auch um die Irritation des experimentierenden Menschen in der Spannung zwischen der Suche nach einem identischen Lebensgefühl und dem Bemerken der eigenen Ungleichartigkeit, die in jenem nicht aufgehen könne (vgl. Hanke).

Die Ausweitung des E-begriffs auf den industriell organisierten Lebensalltag der Menschen im 19. und frühen 20. Jh. wie sie von der Projektgruppe ‚Die Experimentalisierung des Lebens‘ (vgl. http://www.mpiwg-berlin.mpg.de/exp/index.html vom 04.02.2002) vorgenommen wird, überträgt die Kategorien der E-abläufe auf die vermeintlich arbiträr und kontingent erscheinenden Verwerfungen der Lebensorganisation im Industriezeitalter. Unter diesem Blickwinkel erscheinen z.B. die Großstädte als Experimentierfelder für die unterschiedlichsten Lebensversuche, die, losgelöst aus den traditionellen Raum-Zeit-Zusammenhängen der ursprünglichen Solidargemeinschaften von Verwandtschafts-, Nachbarschafts- und Arbeitsbeziehungen, ein Leben im Selbstentwurf möglich erscheinen lassen.

Alle thp E basieren auf dem Paradox, eine intendierte Subjektivität der Beteiligten mit den Mitteln der Subjektentgrenzung oder Intentionslosigkeit zu verfolgen (vgl. Wiese). Unter diesem Gesichtspunkt sind alle theatralen E scharf vom naturwissenschaftlichen Aneignungsinteresse unterschieden. So gestaltet sich in der Form des thp E ein menschlicher Gehalt, der dem Ursprung des E in der Naturwissenschaft und der ihr eigenen technologischen Rationalität entgegensteht und diese zu überschreiten versucht.

Benjamin, Walter: Das Kunstwerk im Zeitalter seiner technischen Reproduzierbarkeit. Frankfurt a. M. 1966; Ders.: Versuche über Brecht. Frankfurt a. M. 1978; Boal, Augusto: Theater der Unterdrückten. Frankfurt a. M. 1989; Brandes, Eva/Nickel, Hans-Wolfgang u. a. (Hg.): Beiträge zu einer Interaktions- und Theaterpädagogik. Berlin 1970; Brecht, Bertolt: Große kommentierte Berliner und Frankfurter Ausgabe, Bd. 21. Hg. v. Werner Hecht u. a. Frankfurt a. M. 1998; Bürger, Peter: Ursprung des postmodernen Denkens. Weilerswist 2000; Finke, Raimund/Haun, Hein: Die Lebenskunst und ich. In: Korrespondenzen, 2000, H. 37; Hanke, Ulrike: Auf der Spur des Subjekts im theatralen Prozess. In: Korrespondenzen, 2001, H. 39; Heidelberger, Michael: Die Erweiterung der Wirklichkeit im Experiment. In: http://www.information-philosophie.de/philosophie/experimente.html. 2001; Hentschel, Ulrike: Theaterspielen als ästhetische Bildung. Weinheim 1996; Johnstone, Keith: Improvisation und Theater. Berlin 1993; Klewitz, Marion/Nickel, Hans-Wolfgang (Hg.): Kindertheater und Interaktionspädagogik. Stuttgart 1972; Koch, Gerd: Lernen mit Bert Brecht. Frankfurt a. M. 1988; Ders./Steinweg, Reiner/Vaßen, Florian (Hg.): Assoziales Theater. Köln 1984; Mead, George Herbert: Geist, Identität und Gesellschaft. Frankfurt a. M. 1968; Ritter, Hans Martin: Das gestische Prinzip bei Bertolt Brecht. Köln 1986; Ruping, Bernd: Material und Methode. Zur Theorie und Praxis des Brechtschen Lehrstücks. Münster 1984; Ders. (Hg): Gebraucht des Theater. Die Vorschläge Augusto Boals. Erfahrungen, Varianten, Kritik. Lingen, Remscheid 1991; Schmid, Wilhelm: Philosophie der Lebenskunst. Eine Grundlegung. Frankfurt a. M. 1998; Steinweg, Reiner: Das Lehrstück. Brechts Theorie einer politisch-ästhetischen Erziehung. Stuttgart 1972; Weintz, Jürgen: Theaterpädagogik und Schauspielkunst. Butzbach-Griedel 1998; Wiese, Hans-Joachim: Auf der Suche nach dem Subjekt in der Theaterpädagogik. In: Korrespondenzen, 2001, H. 38.

Hans-Joachim Wiese

→ Improvisation – Konstruktivismus – Planspiel – Recherche

Fabel

Wenn die Geschichte des Begriffs auch auf die *Poetik* des Aristoteles zurück verweist, bleibt festzuhalten, dass dieser nicht die ‚F‘, sondern den des ‚Mythos‘ benennt: Neben der stofflichen Grundlage – die Geschichten der Tragödie sind (zumeist) in der mythischen Überlieferung aus der Homerischen Welt verortet – ist zugleich ein Konstruktionsprinzip benannt, wenn Aristoteles sagt: „Ich verstehe hier unter Mythos die Zusammensetzung der Handlungen [...]“ (§ 6); wenig später: „Ursprung und gewissermaßen Seele der Tragödie ist also der Mythos.“ (ebd.) Mit anderen Worten: Stoff wie Form werden mit dem Begriff des ‚Mythos‘ benannt. Darüber hinaus ist ein Selektionsprinzip intendiert. Denn in seiner Bestimmung als ‚Nachahmung der Handlung‘ bedeutet die Konzentration auf eine Handlung, dass diese aus dem Kontext mythischer Überlieferung herausgebrochen und mit dem aktuellen politischen Diskurs in Athen verbunden wird. Entsprechend können Umdeutungen an den Vorlagen vorgenommen werden, zumal das athenische Publikum solche Änderungen aufgrund seiner Kenntnisse nachvollziehen kann. Neben Stoff (Sujet) und Selektionsprinzip wird ein weiteres konstruktives Moment benannt, indem es Handlungsaufbau und Verknüpfung der Episoden bestimmt. „Wie also in den anderen nachahmenden Künsten eine Nachahmung sich auf einen Gegenstand bezieht, so muß auch der Mythos, da er Nachahmung von Handlung ist, Nachahmung einer einzigen und ganzen Handlung sein. Die Teile der Handlung müssen so zusammengesetzt sein, daß das Ganze sich verändert und in Bewegung gerät, wenn ein einziger Teil umgestellt oder weggenommen wird." (§ 8) Mit dieser Forderung nach einer einheitlichen Konzeption von Handlung ist zugleich ein Wirkungsaspekt (also eine rezeptionsästhetische Praxis) intendiert, denn nicht zuletzt hängt die Realisierung des Katharsis-Effekts entscheidend vom Handlungsaufbau des ‚Mythos' ab: Allein schon unter diesem Aspekt wird deutlich, dass sich im ‚Mythos' die ‚Seele der Tragödie' verbirgt, als hier der Ort ist, nicht nur als Inhalt nachahmende Handlung zu definieren, sondern mehr noch, diese so publikumswirksam zu organisieren, dass die kathartische Funktion erfüllt werden kann.

In Zeiten allerdings, in denen das Publikum über keine unmittelbare Kenntnis der mythischen Geschichten mehr verfügt, kann es auch mit dem ‚Mythos'-Begriff nichts mehr anfangen. Entsprechend beginnt sich nun in der Neuzeit der Begriff der F im literaturtheoretischen Diskurs durchzusetzen. Innerhalb der deutschen Literaturgeschichte beginnt die große Auseinandersetzung mit Aristoteles im *Versuch einer Critischen Dichtkunst vor die Deutschen* (1730) von Johann Christoph Gottsched, der die F für den Kern eines jeden Dramas hält und sich in den Darlegungen seines Begriffs eng an Aristoteles und dessen Interpreten Boileau hält. Wenn Gottsched dabei auch hier die Rezeptionsbestimmtheit deutlich in den Vordergrund rückt – „Dieser Knoten [oder Verwirrung als Auslöser des Handlungsaufbaus, d. Vf.] ist in der Fabel nöthig, die Aufmerksamkeit der Zuschauer zu erwecken und sie auf den Ausgang solcher verwirrten Händel begierig zu machen [...]" (§ 19) –, verfolgt Gottsched zugleich mit der F eine pädagogische Konzeption: „Die ganze Fabel hat nur eine Hauptabsicht; nämlich einen moralischen Satz; also muß sie auch nur eine Haupthandlung haben, um derentwegen alles übrige vorgeht." (§ 15)

Während Gotthold Ephraim Lessing in seiner Auseinandersetzung mit Aristoteles weder den Mythosnoch den F-begriff benutzt, verwendet diesen Jakob Michael Reinhold Lenz in seiner Realismus-Konzeption polemisch gegen den antiken Philosophen, wobei ‚F' und ‚Standpunkt' sich als Begriffe miteinander vermischen. Erbe dieser Auseinandersetzungen im 18. Jh. ist auch Bertolt → Brecht, der in *Kleines Organon für das Theater* einerseits die F mit dem demonstrativen Zeigen von Vorgängen (Gestus des Zeigens) verbindet, also als ‚Standpunkt' definiert, zum anderen als Organisationsprinzip des theatralischen Kunstwerks: „Die Auslegung der Fabel und ihre Vermittlung durch

geeignete Verfremdungen ist das Hauptgeschäft des Theaters. [...] Die Fabel wird ausgelegt, hervorgebracht und ausgestellt vom Theater in seiner Gänze [...]." (§ 70) Als „Herzstück der theatralischen Veranstaltung" (§ 65) gibt „die Fabel in ihrer Gänze die Möglichkeit einer Zusammenfügung des Widersprüchlichen; denn die Fabel ergibt, als begrenztes Geschehen, einen bestimmten Sinn, das heißt, sie befriedigt von vielen möglichen Interessen nur bestimmte" (§ 64). Für Brecht und Aristoteles ist dieser Begriff rezeptionsästhetisch besetzt: „Das große Unternehmen des Theaters ist die Fabel, die Gesamtkomposition aller gestischen Vorgänge, enthaltend die Mitteilungen und Impulse, die das Vergnügen des Publikums nunmehr ausmachen sollen." (§ 65) Mit anderen Worten: Brecht erweitert gegenüber Aristoteles den F-begriff, indem er ihn nicht mehr nur als dichterisches Organisationsprinzip versteht, sondern auf alle am theatralischen Vorgang Beteiligten (Regie, Bühnenbild, Musik, Schauspiel) bezieht. Was Aristoteles noch als selbstverständlich voraussetzen konnte, dass nämlich ein Dichter zum Mythos einen Standpunkt beziehen musste, das formuliert Brecht nun aus. Dabei wird Standpunkt nicht allein auf das Sujet bezogen, sondern auch auf die Gesellschaft, zu der der Künstler Stellung beziehen muss und der die Auslegungen der F bestimmt, wobei als Spannungsmoment das Herausarbeiten der Widersprüche im Verhalten einer Figur als zentrales Moment der F-auslegung hinzu kommt. Als verbindendes Element zwischen den verschiedenen Künsten kommt damit der F eine zentrale Bedeutung zu, weil sie alle wirkungsästhetischen Mittel nicht nur organisiert, sondern auch miteinander vernetzt. In diesem Sinne ist der F-begriff bei Brecht vergleichbar mit dem der ‚Überaufgabe' bei → Stanislawski, wobei dieser auch den F-begriff benutzt, aber nur als Beschreibung von Ereignisabläufen: „Die oberste Schicht bilden die Fabel, die Tatsachen und die Ereignisse des Stückes." (Stanislawski 236) Als ‚Lebenslinie' einer Inszenierung enthält hingegen die ‚Überaufgabe' die ‚Ziel'-Vorstellung fest: „Nach der Überaufgabe kann man nicht bloß gedanklich, nur mit dem Verstande trachten. Die Überaufgabe verlangt vollständige Hingabe, leidenschaftliches Streben und erschöpfendes Handeln. Jeder Abschnitt und jede einzelne Aufgabe sind nötig, weil sie handelnd ausgeführt werden müssen, weil sie näher an das Hauptziel des Werkes führen, das heißt an die Überaufgabe." (Stanislawski 273) Auch die Überaufgabe muss also alle Impulse enthalten, nur im Unterschied zu Brecht formuliert Stanislawski seinen Begriff nicht unter rezeptionsästhetischen, sondern allein unter produktionsästhetischen Gesichtspunkten.

Wenn in der gegenwärtigen Theaterdiskussion dem Begriff der F keine große Bedeutung mehr zukommt, so bleibt doch zu fragen, inwieweit dieser Begriff produktiv in der thp Praxis umgesetzt werden kann. Gerade in einer projektorientierten ThP kann die F von großem Nutzen sein, wenn dieser Begriff nicht zu einer bloßen Nacherzählung von Geschehnisabläufen verkommt, was weder von Aristoteles noch von Brecht intendiert war, sondern als Ordnungsprinzip verstanden wird, in dem sich Ziel bzw. Sinn eines → Projekts mit allen Impulsen und Mitteilungen verbinden, die während des Projekts entstanden sind. Zu diesem Ordnungsprinzip gehört auch, dass ein Standpunkt bezogen wird – zur Gesellschaft, zur → Gruppe, zu dem, was erzählt wird (werden soll). Gerade bei Arbeitsweisen, indem Projekte über thp Übungen und → Improvisationen entstehen und die wie bei Jugendclub- oder Seniorentheateraufführungen auf den authentischen Ausdruck existenzieller Befindlichkeiten zielen, ist es unerlässlich, F zu erstellen, in denen die Widersprüche, die Intentionen und Impulse aller Beteiligten, die Bestimmung des gesellschaftlichen Orts (Standpunkts) sowie die Zielvorstellung enthalten sind. Ohne die Definition eines Ziels bleibt eine thp Projektarbeit orientierungslos, wenn andererseits auch eine F nicht etwas Statisches ist, sondern sich im Verlaufe eines Probenprozesses immer mehr ausdifferenziert. Aber selbst dieser Prozess kann nur stattfinden, wenn vorab eine Zielsetzung formuliert worden ist. Dabei ist die F strikt von einer ‚Konzeption‘, die aber Bestandteil einer F sein kann, zu unterscheiden. Während letztere ein bloß gedankliches Konstrukt ist, umfasst die F emotionale Impulse, Widersprüche und vor allen Dingen eine Mitteilungsabsicht. Während sich eine Konzeption mit produktionsästhetischen Intentionen begnügen kann, umfasst eine F immer auch rezeptionsästhetische Aspekte, die auf eine bestimmte Wirkung beim Publikum zielen. Eine F bezieht nicht nur den Zuschauer als ‚Mitspieler‘ mit ein, sondern will dies geradezu – wie Brecht es fast paradigmatisch vorführt – herausfordern. Als Teil einer ‚Erziehung zu einer neuen Zuschaukunst‘ leistet die F einen entscheidenden Anteil. Und das wäre ja wohl auch eine genuine thp Aufgabe.

Aristoteles: Poetik. Stuttgart 1961; Brecht, Bertolt: Gesammelte Werke, Bd. 16. Frankfurt a. M. 1967; Gottsched, Johann Christoph: Versuch einer Critischen Dichtkunst vor die Deutschen. Darmstadt 1962; Lenz, Jakob Michael Reinhold: Werke und Schriften, Bd. 1. Hg. v. Britta Titel, Hellmut Haug. Stuttgart 1966; Rellstab, Felix: Handbuch Theaterspielen, Bd. 3: Theorien des Theaterspielens. Wädenswil 1998; Rötzer, Hans Gerd: Texte zur Geschichte der Poetik in Deutschland. Darmstadt 1982; Staehle, Ulrich: Theorie des Dramas. Stuttgart 1997; Stanislawski, Konstantin Sergejewitsch: Die Arbeit des Schauspielers an der Rolle. Berlin 1993.

MANFRED JAHNKE

→ Bildertheater – Dramaturgie

Fangauf, Henning

Geb. 1954. Studium der Germanistik und Geschichte. 1980–89 Dramaturg an verschiedenen deutschen Theatern. Stellvertretender Leiter des Kinder- und Jugendtheaterzentrums in der Bundesrepublik Deutschland, Arbeitsbereiche: Autorenförderung und Internationaler Austausch. F ist Mitglied des Interplay Europe e. V., der sich für junge AutorInnen dramatischer Literatur einsetzt und regelmäßig das internationale Autorenfestival *Interplay Europe* veranstaltet. Leitet regelmäßig Autorenwerkstätten des → Kinder- und Jugendtheaters. Arbeitsschwerpunkt ist die Spezifik dramatischer Texte für das Kinder- und Jugendtheater, auch für das → Darstellende Spiel in der Schule.

Reclams Kindertheaterführer. 100 Stücke für eine junge Bühne [Mitautor]. Stuttgart 1994.
Fangauf, Henning (Hg.): Blickwechsel. Fünf Stücke für ein Theater der Generationen. Wilhelmshaven 1997; Ders./ Sting, Wolfgang (Hg.): Schreibwerkstatt Kindertheater. Beiträge und Gespräche zur zeitgenössischen Dramatik. Hildesheim 1996.

GABI BEIER

Fastnachtspiel

Das F stellt den Beginn der weltlichen Dramatik in Deutschland dar. Gelegentlich wird damit das deutschsprachige weltliche Drama des Spätmittelalters und des 16. Jhs. überhaupt bezeichnet. Es ist als literarisch-theatralische Form greifbar ab 1430 und verschwindet nach 1600 wieder aus der Literatur. Besonders tradiert ist es in Nürnberg, es kommt aber auch in Sterzing (Südtirol), Lübeck, im Elsass und in der Schweiz (Luzern, Basel, Winterthur) vor.

Anlass des F ist die Feier der mittelalterlichen Fastnacht. Ist der Jahreslauf im Mittelalter weitgehend geprägt durch kirchliche Feste, so stellt die Zeit der Fastnacht eine besondere Periode der ‚Diesseitigkeit‘ dar. Die Fastnacht wird beendet mit dem Beginn des vierzigtägigen österlichen Fastens, einer Zeit intensiver kirchlich bestimmter Askese. Die ausgelassene Derbheit steht für Eckehard Catholy in unmittelbarem Zusammenhang mit der folgenden durch Strenge geprägten Fastenzeit. „Um der Fastenzeit einen möglichst strengen Charakter geben zu können, zeigt die Kirche sich in der vorausgehenden Zeit tolerant. [...] Die betonte Diesseitigkeit dieser Periode des Kirchenjahres leitet sich nicht zuletzt aus der Koinzidenz der Vorfastenzeit mit der Zeit des Vorfrühlings und seines Brauchtums her. [...] Derbe Ausgelassenheit beherrscht auch im 15. Jahrhundert noch den Zeitraum der Feiern. Inhaltlich läßt sie sich bestimmen durch die Betonung der animalischen und vitalen Seite des menschlichen Lebens: Trinken und Essen, das Sexuelle und das Fäkale sind die hauptsächlichen Inhalte einer oft wilden, oft ästhetisch gebändigten Ausgelassenheit" (Catholy 1966, 11f.).

Die Feiernden waren in der Fastnacht alle maskiert, sie nahmen an Umzügen teil und kamen zum Feiern zusammen. Das F fand während des geselligen Beisammenseins innerhalb der Fastnacht statt; Spielort war meist die Wirtsstube. Besonders die frühen F des 15. Jhs. haben durch die Aufführungsverhältnisse einen direkten, unmittelbaren Kontakt zum Publikum: Die Spielfläche ist inmitten der Zuschauer, es gibt kein Podium, keine Dekoration, nur gelegentlich einfache Gegenstände als Requisiten (vgl. Bastian 13). Ziel war im Allgemeinen ein Beitrag zur Fastnacht-Unterhaltung. Dieter Wuttke weist jedoch auf einige Ausnahmen hin. Er erwähnt neun Spiele, „deren erklärtes Ziel *nicht* ist, Beitrag einer leichten Fastnachtsunterhaltung zu sein. In ihnen kommt vielmehr eine gegenläufige Tendenz zu Wort: Sie wollen den Trubel durch ernste Besinnung unterbrechen" (Wuttke 424). Deshalb empfiehlt er auch folgende Beschreibung: „Das Fastnachtspiel ist diejenige Gattung des spätmittelalterlichen und frühneuzeitlichen weltlichen Dramas, das entweder als *belustigender* Beitrag zum Fastnachtreiben oder als bewußt *ernste* Unterbrechung des Fastnachtstrubels erdichtet wurde" (Wuttke 435).

Besonders in seiner frühen Form öffnete sich das F dem Publikum intensiv. Catholy sieht diese Öffnung in der ursprünglichen Funktion des F begründet (vgl. Catholy 1966, 64). Hagen Bastian, der sich in seiner Untersuchung auf die Zeit 1430–1500 und den Ort Nürnberg begrenzt, spricht direkt von der „spielerischen Aktivierung der Zuschauer" (Bastian 11). „Zielstrebig unternehmen sie es, das Interesse der Zuschauer für das szenische Geschehen anzuregen und sie zum

‚spielerischen' Mitdenken, Miträtseln, Mitentscheiden zu ermuntern." (Bastian 14)

Nach Catholy (1966) hat das F folgende Beziehungsstruktur zwischen Spieler und Zuschauer:

Ausgangspunkt für die Entwicklung des F ist der komische Einzelvortrag, aus ihm entwickelt sich das Reihenspiel, das schließlich ins Handlungsspiel übergeht; es gibt auch Mischformen aus Reihen- und Handlungsspiel.

Der *Einzelvortrag*: „Zunächst ist das Fastnachtspiel nichts weiter als eine einfache Aneinanderreihung komischer Einzelvorträge" (Catholy 1966, 26). Die Einzelvorträge wurden von ‚Praecursor', ‚Vorläufer' oder ‚Einredner' genannten Sprechern in gleichlautenden Wendungen angekündigt. Die Einzelvorträge konnten immer wieder auch durch das Publikum unterbrochen werden. Aufführende und Zuhörende lassen sich nicht grundsätzlich trennen (vgl. Catholy 1966, 19). „Der Charakter des geselligen Beisammenseins wird wesentlich durch die Gleichberechtigung und Aktivität aller Anwesenden bestimmt [...]. Die Mitwirkung der Zuhörer bei der Auflösung der Witze, Rätsel, Bilder, die sich vor allem im Lachen manifestiert, macht erst den Reiz einer solchen Darbietung für die Gesellschaft aus [...]. Da jeder Zuhörer selbst ein potentieller Darbietender ist, der im nächsten Augenblick in Aktion treten kann, gibt es keinen Unterschied zwischen ‚Aktiven' und ‚Aufnehmenden'" (ebd. 14).

Das *Reihenspiel*: Die Aneinanderreihung dieser Einzelvorträge und die Übernahme durch eine Gruppe führt zum Reihenspiel oder Revuespiel (vgl. Wuttke 419). In den einfachsten Reihenspielen ist die Aktivität der Zuhörenden nur wenig beschränkt. „Sie kommen zwischen den einzelnen – kurzen – Vorträgen durch Lachen, Klatschen, Zwischenrufe etc. zu ihrem Recht" (ebd. 27). Dennoch entsteht immer mehr ein Streben nach Autonomie der Spielenden; äußerlich lässt es sich erkennen in dem Bestreben, die Spielebene vom Publikum zu trennen.

„Eine Gruppe junger Männer – meist Handwerksgesellen – betritt den Raum, wo die Fastnachtspiel-Geselligkeit bereits in vollem Gange ist, führt ihr → Spiel vor und geht anschließend wieder davon, meist um in einem anderen fastnächtlich versammelten Kreis das gleiche Stück darzustellen [...]. Die Identität von Darbietenden und Zuhörenden ist also hier aufgehoben, die theatralische Grundsituation der Trennung von Bühne und Publikum prinzipiell angedeutet" (ebd. 19). Allzu scharf war die Trennung dennoch nicht, da es sich nicht um Berufsspieler handelte.

Das *Handlungsspiel*: Wird in den Reihenspielen allenfalls eine Geschichte erzählt, so wird im Handlungsspiel diese Geschichte oder die Aneinanderreihung von Vorkommnissen körperlich dargestellt. Das Handlungsspiel scheint insgesamt die geschlossenste Form zu sein; dennoch gibt es immer wieder Elemente, die auf die Aktivität der Zuschauer bezogen sind. „Es sind die gleichen Elemente, die die aktivierende Wirkung des Einzelvortrags ausmachen, vor allem Wortwitz, Bildrätsel, Schimpftirade und Priamel" (ebd. 37).

Hans Rosenplüt (15. Jh.) verwendet ausschließlich die Form des Reihenspiels, von dem jüngeren Hans Folz sind dagegen fast nur Handlungsspiele überliefert. Im Allgemeinen stand Reihenspiel neben Handlungsspiel; vielfach wurde auch eine Mischform aus beidem vorgeführt (vgl. Wuttke 419ff.). Hans Sachs greift die Tradition des Nürnberger F auf. Seine F des 16. Jhs. zeigen eine größere Gewichtung auf die Handlung hin. „An Stelle des vorwiegend erzählenden Einzelvortrags tritt bei Sachs der vergegenwärtigende, handlungsbezogene Dialog in den Mittelpunkt des Fastnachtspiels." (Catholy 1966, 56) Dennoch bleibt ein Teil zum Publikum gewandt. „Wie nahezu die Hälfte seiner Fastnachtspiele zeigt, ist Sachs jedoch auch der zum Publikum gewandte Stückschluß noch vertraut. Wo Hans Sachs am Ende seiner Fastnachtspiele die Spielsphäre verläßt und sich direkt zum Publikum wendet, ist dies zumeist in der lehrhaften Absicht begründet. Es handelt sich dabei um sentenziöse Verallgemeinerungen des Spielinhalts, um Ermahnungen und Belehrungen der Zuhörer" (Catholy 1966, 55). Sachs hatte eine feste Truppe, für die er schrieb. Diese Truppe zog zunächst zum Spielen umher; später hatte sie einen festen Ort und das Publikum kam zu ihr (vgl. Wuttke 433).

Das ‚regellose' Treiben der Fastnacht steht unter den Regeln der → Geselligkeit und den Regeln der ‚verkehrten Welt'. Theater inmitten dieses Trubels entwickelt sich aus diesen Umständen: Es ist derb, direkt, laut, kurz. Die von den Spielern propagierten Regeln sind eher das Publikum einschränkend (also eher Reduktions- als Animationsregeln), so wie die Spieler auch durch ihre Handlungen den Raum für einen Moment dem allgemeinen Tanz entziehen, in das die Stücke am Ende jedoch vielfach wieder einmünden. Die Entwicklung des F geht von geringerer zu stärkerer Regelung, zu größerer Autonomie der Spieler, zur stärkeren Zurückdrängung bzw. Dämpfung der Zuschauer. Grundsätzlich ist das F wohl zu verstehen als eine nur partiell festgelegte Aufführung, die immer wieder an der Öffnung zum Publikum interessiert ist

und sich dem jeweiligen Publikum anpasst (vgl. Catholy 1966, 49).

Bastian, Hagen: Mummenschanz. Sinneslust und Gefühlsbeherrschung im Fastnachtspiel des 15. Jahrhunderts. Frankfurt a. M. 1983; Catholy, Eckehard: Das Fastnachtspiel des Spätmittelalters. Gestalt und Funktion. Tübingen 1961; Ders.: Fastnachtspiel. Stuttgart 1966; Krohn, Rüdiger: Der unanständige Bürger. Untersuchungen zum Obszönen in den Nürnberger Fastnachtspielen des 15. Jahrhunderts. Kronberg (Ts.) 1974; Spiewok, Wolfgang: Das deutsche Fastnachtspiel. Ursprung, Funktion, Aufführungspraxis. Greifswald 1993; Wuttke, Dieter (Hg.): Fastnachtspiele des 15. und 16. Jahrhunderts. Stuttgart 1978.

DAGMAR DÖRGER
Mit Genehmigung der Autorin entnommen aus: Animationstheater. Frankfurt a. M. 1993.

→ Animation – Erlebnispädagogik – Karneval – Sinnlichkeit – Spaß – Spielleute – Theatralität – Volkskunst / Folklore – Volksstück – Volkstheater

Feedback

Das F-prinzip wurde 1946 vom Sozialpsychologen Kurt → Lewin als sozialwissenschaftliches Konzept entwickelt (vgl. Fengler 14). In der Kybernetik, der Lehre von den Regelprozessen, liegt der Ursprung des Begriffs F: Er bezeichnet den Vorgang der ‚Rückfütterung' bzw. Rückbindung zwischen zwei oder mehreren maschinellen Subsystemen (vgl. Geißner 1998, 43).

F „als kommunikative Prozesse, in denen Menschen einander beeinflussen oder versuchen, sich zu beeinflussen, sei es einseitig oder wechselseitig" (ebd. 10), hat sich in den Sozialwissenschaften als Methode fest etabliert. Hierin wird F durch das Bekenntnis zur bewussten und kontrollierten Subjektivität zur Methode erhoben. Nach dem Prinzip des sich selbst fortschreitenden Gruppenprozesses unterhalten sich die Forscher darüber, was sie an anderen Personen wahrgenommen haben, konfrontieren diese damit, erhalten wiederum Bericht über die Wahrnehmungen der Beobachteten selbst und deren Reaktionen auf die Mitteilungen der Forscher usw. (ebd. 15).

Die Methode des F ist als „eine Möglichkeit des sozialen Lernens in die Fachsprache der Gruppendynamik eingeführt worden, um Gruppenprozesse zu beobachten" (ebd. 44). Das Übungsinstrument F dient dazu, „über die Differenz von Selbst- und Fremdwahrnehmung zu lernen und dadurch Beziehungen zu bearbeiten" (ebd. 52). Es ist ein unverzichtbarer Bestandteil der gruppendynamischen Lernkonstellation, also auch der thp Werkstattsituation. Entscheidend ist die Deklaration der F-situation als solche, wenn nicht rein intuitiv, sondern methodisch und regelgeleitet, mit hohem Maß an Selbst-Reflexivität gearbeitet werden soll.

Denn F kann auch verstanden werden als Rückmeldung im Sinn von Echo, Reaktion, Beifall: „Habt ihr dagegen reichlich Beifall und Feedback, dann stellt euch der harten Frage, ob ihr zu simpel und bequem seid. Ein klatschendes Publikum ist nicht unbedingt ein Zeichen für gutes Theater, es kommt auch immer darauf an, wer da klatscht." (Batz u.a. 207) Diese Art Rückmeldung ist vage, indifferent, lässt verschiedene Deutungsmöglichkeiten zu. Im Gegensatz zu dieser impliziten Form von F weist sich explizite F-fähigkeit aus durch differenzierte Wahrnehmung, durch die Fähigkeit, diese Wahrnehmungen von Handlungen und Arbeitsergebnissen genau zu beschreiben, dessen Wirkung auf uns und unsere Reaktion auf diese Wirkung mitzuteilen (vgl. Slembek 61; vgl. Geissner 1982, 42f.).

Im thp Arbeitsfeld müssen nicht nur Hemmungen überwunden werden, um Darstellung zu wagen, es muss auch die Rolle des rückmeldenden Zuschauers erlernt werden. BeobachterInnen haben die wichtige Funktion, genau wahrzunehmen und das Wahrgenommene bzw. Assoziationen dazu genau zu beschreiben. Nur so können die SpielerInnen „etwas ‚in Erfahrung bringen' – über [sich] selbst als Teile dieser Gesellschaft, als Menschen, die von dieser Gesellschaft geprägt sind und sie prägen, und dazu brauchen wir ganz wesentlich die Wahrnehmungen der Mitspieler und ‚Beobachter'" (Steinweg 32). Die Fähigkeit, zwischen F und Kritik zu differenzieren, ist hier wesentlich, um Abwehrhaltungen, Entmutigung bzw. Spielhemmung zu vermeiden. Kategorien wie ‚gut' oder ‚schlecht' verringern die Lust, spielend auszuprobieren. (‚Theater'-)Kritik ist kontraproduktiv.

In der Lehrstückarbeit (kollektive Spielversuche mit ➜ Lehrstücken als Spielvorlage) gibt es keine feste Rollenvergabe: Alle spielen, kommentieren, führen Regie. Der Rollentausch, mit entlastender Funktion für die F-gebenden, ermöglicht es allen Beteiligten, „Phantasie in Bewegung zu bringen, Assoziationen ‚kommen zu lassen' und dabei den Bedeutungen, die Gesten und Haltungen im Alltag haben, nachzuspüren" (ebd.). Eine erweiterte und zugleich vertiefende Form des F in der thp Lehrstückarbeit sieht vor, dass SpielerInnen und BeobachterInnen alle erinnerbaren Details zu Körperhaltung, Gestik, Mimik, Intonation

usw. unmittelbar nach einem Spieldurchlauf notieren, anschließend erst schriftlich aus dem erinnerten Bild eine Haltung (zum Haltungsbegriff vgl. Scheller 64) entwickeln. Schließlich wird im F die geschaffene Haltung als Reflex auf den erlebten Spieldurchlauf mit vielfältigen Spieltechniken – also nicht allein mündlich – gezeigt: Imitation, ➜ Pantomime, Standbilder usw. „Im Vergleich von Selbstwahrnehmung und Fremdwahrnehmung wird die Differenz zwischen äußerer, körperlicher Haltung und innerer (den Absichten und Gefühlen des Spielers) deutlich." (Scheller 72)

Der Nähe des Begriffs F zur Techniksprache steht eine erweiterte und vertiefte Vorstellung der Bedeutung von F als Methode und deren Anwendung in der pädagogischen Theaterarbeit entgegen. F mit prinzipieller Wechselseitigkeit beeinflusst die schauspielkünstlerische Arbeit schöpferisch: „Meine Beziehung zu meiner Arbeit ist zunächst sicherlich weder eingleisig noch didaktisch. [...] Der Arbeit mit einem mir anvertrauten Schauspieler wohnt eine nicht mehr meßbare Intimität und Fruchtbarkeit inne. Er muß sich mit Aufmerksamkeit, Vertrauen und innerer Freiheit der Arbeit überlassen [...]. Sein innerer Wachstumsprozeß wird begleitet von Beobachtung, Verwunderung und dem Wunsch, sich helfen zu lassen; ich projiziere meinen Wachstumsprozeß auf ihn, besser begründe ihn auf ihm – so wird unser gemeinsames Wachsen zu einer Offenbarung [...] gemeint ist das Ziel der vollkommenen gegenseitigen Anerkennung zweier menschlicher Wesen." (Grotowski in Brauneck 421)

Batz, Michael/Schroth, Horst: Theater zwischen Tür und Angel. Handbuch für Freies Theater. Reinbek 1983; Brauneck, Manfred: Theater im 20. Jahrhundert. Programmschriften, Stilperioden, Reformmodelle. Reinbek 1982; Fengler, Jörg: Feedback geben. Strategien und Übungen. Weinheim, Basel 1998; Geißner, Hellmut: Sprecherziehung. Didaktik und Methodik der mündlichen Kommunikation. Königstein/Ts. 1982; Geißner, Ursula: ‚Ich lass mir das von Dir nicht sagen!'. Feedback – Das Selbstbild im Spiegel der Fremdbilder. In: Slembek, Edith/Geißner, Hellmut (Hg.): Sprechen und Verstehen 15. St. Ingbert 1998; Grotowski, Jerzy: Für ein armes Theater. Zürich 1986; Koch, Gerd u.a. (Hg.): Assoziales Theater. Spielversuche mit Lehrstücken und Anstiftung zur Praxis. Köln 1983; Scheller, Ingo: Arbeit an asozialen Haltungen. Lehrstückpraxis mit Lehrern und Studenten. In: Koch, a.a.O.; Slembek, Edith/Geißner, Hellmut (Hg.): Feedback – Das Selbstbild im Spiegel der Fremdbilder, a.a.O.; Steinweg, Reiner: Wahrnehmen, Verfremden, Verändern. Frankfurter Spieleinführung. In: Koch, a.a.O.

SIEGLINDE EBERHART

→ Beobachten / Beschreiben / Bewerten – Dialog – Gruppe – Kommunikation – Lebensbegleitendes Lernen – Lernen und Theater – ZuschauSpieler

Feldenkrais, Moshé

1904–1984. Physikstudium in Paris, 1938 erste Kernspaltung zusammen mit Marie Joliot-Curie. Neben der Tätigkeit in der britischen Admiralität neuro-, verhaltensphysiologische und neuropsychologische Forschungen. Seit Anfang der 1950er Jahre Leiter des wissenschaftlichen Forschungsinstituts des israelischen Militärs, Dozent an nordamerikanischen Hochschulen und in Frankreich, Israel sowie Großbritannien. Nach F entstehen Selbsterziehung und Selbstbewusstsein durch ein bewusstes Training aller geistigen wie körperlichen Funktionen.

Bewusstheit durch Bewegung. Der aufrechte Gang. Frankfurt a. M. 1968; Abenteuer im Dschungel des Gehirns. Der Fall Doris. Frankfurt a. M. 1977; Die Entdeckung des Selbstverständlichen. Frankfurt a. M. 1985; Das starke Selbst. Frankfurt a. M. 1989; Die Feldenkraismethode in Aktion. Paderborn 1990; Der Weg zum reifen Selbst. Phänomene menschlichen Verhaltens. Paderborn 1994.
Friedmann, Elly D.: Laban, Alexander, Feldenkrais. Paderborn 1989; Triebel-Thomé, Anna: Feldenkrais. München 1989; Leri, Dennis: Kopfmöbel. Über einige grundlegende Elemente der Feldenkrais-Methode. Karlsfeld 1997.
                                                                 Gabriela Naumann

Feldenkrais-Methode

Die F-M, benannt nach dem russisch-israelischen Physiker, Ingenieur und Judo-Lehrer Dr. Moshé → Feldenkrais (1904–1984), nutzt Mittel ökonomischer → Bewegung und verfeinerter Körperwahrnehmung, um als Lernstrategie in pädagogischen, therapeutischen, künstlerischen, sozialen und thp Bereichen wirksam zu werden. Entwicklungsphysiologisch beruht „das Prinzip des Selbstkennenlernens [...] auf dem Erkennen der Orientierung des Körpers" (Feldenkrais zit. n. Petzold 181). In seiner empirischen Forschung (zwischen 1940/80 in Frankreich, England, Israel, USA) war die oft negierte „Einheit von Geist und Körper eine konkrete Realität [...], ein untrennbares Ganzes. [...] Die Kontinuität der Geistesfunktion ‚wird' durch die entsprechenden motorischen Funktionen gestärkt." (ebd. 176)

Bewusstheit und Selbsterziehung schienen ihm unerlässlich, um Selbsterkenntnis, freies Handeln, Reife, Individualität und Kreativität zu entfalten. Drei Dinge

hielt er für prägend: Vererbung, Erziehung und Selbsterziehung. Die ersten beiden Komponenten seien vorgegeben, die dritte hänge vom Willen ab. Da Bewegung als Ursprung des Lebens nicht nur motorische Funktionen, sondern Denken und Fühlen begleitet, wählte er das ‚organische' Lernen, um die Orientierung im Feld der Schwerkraft, die das Kleinkind erwirbt, zu reorganisieren. Bewegungsmuster, durch Angst und Gewohnheit verfestigt, werden durch Umlernen erweitert.

Zwei Techniken werden vermittelt, um „Lernen zu lernen" (Shelhav-Silberbusch 129), Alternativen zu finden: In verbal angeleiteten Gruppen wird mit Bewegungen, angeregt vom Erbe der Onto- und Phylogenese, spielerisch experimentiert. Einzelsitzungen in ‚funktionaler Integration' nutzen im „‚Berühren, Bewegen [...], Be-Greifen und Be-Handeln" (Feldenkrais 1985, 25) die „nicht-verbale Sprache der Hände [...]. → Kommunikation durch die Sinne erreicht das Unbewußte unmittelbar" (ebd.). Beide Techniken schulen den kinästhetischen Sinn, verbessern Balance, Koordination, Muskeltonus, Plastizität des Gehirns. Im Gegensatz zu zielstrebigem Lernen gehen „somatopsychische Lernprozesse" (Steinmüller u.a. 8) mit Erfahrung einher. Sie bewirken „eine Weiterentwicklung der Strukturen und ihres Funktionierens" (Feldenkrais 1985, 65).

Wesentlich ist die Atmosphäre, in der leichte, fließende Bewegungen selbstständig erprobt werden. Das *Wie* ist entscheidend. „Eile stiftet Verwirrung" (ebd. 136), „Zielstrebigkeit führt zu Anstrengung" (Feldenkrais 1978, 180), „schwächt das Lernen" (ebd. 1985, 136). Prinzipien der Mechanik und Thermodynamik helfen, die Umkehrbarkeit von Bewegung als wichtigstem Faktor der Ökonomie, dynamische Haltung bewusst zu machen. Differenzieren und Variieren motorischer Fähigkeiten klären das Selbstbild. Für Künstler ist feines Nuancieren essenziell. „Denken, Gefühl, Körper – in vollkommener Harmonie" (Brook 29) sind unerlässlich, „um alles zu entfernen, was nicht [...] notwendig ist" (ebd. 20). Feldenkrais scheint für ThP und -studenten wie ‚erfunden' (vgl. Steinmüller u.a. 190 f.), um Programmierungen in Bewegungsgewohnheiten zu „‚dekodieren' und zu ‚neutralisieren'. [Der Schauspieler, d. Vfn.] lernt, nicht das *Was* zu ändern, sondern das *Wie*. Das erfordert das höchste Maß an Bewusstheit." (ebd.)

Brook, Peter: Das offene Geheimnis. Gedanken über Schauspielerei und Theater. Frankfurt a. M. 1998; Feldenkrais, Moshé: Bewußtheit durch Bewegung. Frankfurt a. M.1978; Ders.: Abenteuer im Dschungel des Gehirns. Frankfurt a. M.

1981; Ders.: Die Entdeckung des Selbstverständlichen. Frankfurt a. M. 1985; Petzold, Hilarion: Psychotherapie und Körperdynamik. Paderborn 1979; Shelhav-Silberbusch, Chava: Bewegung und Lernen. Die Feldenkrais-Methode als Lernmodell. Dortmund 1999; Steinmüller, Wolfgang u. a. (Hg.): Gesundheit – Lernen – Kreativität. Bern 2001.

IRENE SIEBEN

➜ Bewegungserziehung – Contact Improvisation – Körpersprache – Körper- und Bewegungsstudium – Leiblichkeit

Feldhendler, Daniel

Geb. 1947. Theaterpädagoge. Arbeits- und Forschungsschwerpunkt ➜ Psychodrama. Arbeitete mit Augusto ➜ Boal im Zentrum Cetitade/CTO in Paris. F war am Centre de Psychodramaturgie in Mainz an der Entwicklung einer Psychodramapädagogik beteiligt und unterrichtet am Institut für Romanische Sprachen und Literaturen der Johann-Wolfgang-Goethe-Universität Frankfurt a. M., wo er sein Konzept der relationalen Dramaturgie, der Verknüpfung von ➜ Dramaturgie und Psychodrama, in die Pädagogik der Fremdsprachenausbildung von Lehrern integriert.

Psychodrama und Theater der Unterdrückten. Frankfurt a. M. 1987.

GABI BEIER

Feministische Theaterpädagogik

Unter FT werden seit Mitte der 1980er Jahre thp Projekte von Frauen für Mädchen und Frauen verstanden. Die Arbeit bewegt sich im Spannungsfeld von feministischer (fem.) Sozial-/Kulturarbeit, Pädagogik/Bildungsarbeit und Kunst, definiert sich parteilich im Interesse der Frauen und Mädchen.

Das Adjektiv *feministisch* verweist auf eine kritische Perspektive in der Analyse des Geschlechterverhältnisses. Stereotype Rollenzuweisungen gelten als politisch-kulturelle Mechanismen zur Vereinseitigung und Unterordnung der Frauen im Interesse der Männer. FT stützte sich auf die Ergebnisse der Frauenforschung, die unter dem Einfluss der neuen deutschen Frauenbewegung und ihrer Forderung nach Emanzipation besonderes Augenmerk auf die Sozialisationswirkungen durch Schule (vgl. Schultz) und Sozialarbeit (vgl. Becker-Schmidt u.a.) legten. Der Terminus *feministisch* wird heute in Forschung und Praxis zunehmend durch den umfassenderen *Gender*-Begriff ersetzt, mit dem die Kategorie Geschlecht als soziales Konstrukt gedacht wird (vgl. Butler 1990; 1993) – damit verändern sich auch die epistemologischen Voraussetzungen für die thp Arbeit.

Fem. Forschungen der 1960er/70er Jahre zu kulturgeschichtlichen und literarischen Präsentationsformen (vgl. Bovenschen) des Weiblichen auch in der Bühnenkunst (vgl. Möhrmann) zeigten das Mädchen-/Frauenbild als Zerrspiegel männlicher Phantasien. Frauen galten als hysterisch, falsch, unkreativ und weder zu logischem Denken noch künstlerischem Handeln befähigt (vgl. Möhrmann 18). Sie wiesen darauf hin, dass die formalen Regeln ästhetischen Handelns als Ausschluss von Frauen konzipiert wurden (vgl. Bovenschen 244ff.). Daran schloss die FT an.

FT hatte mit den künstlerisch-kulturellen Konserven männlicher Imaginationen in Form von dramatischen Rollentexten, schauspielpädagogischen Systemen und den hierarchischen Arbeitsweisen der patriarchal strukturierten Institution Theater zu tun (vgl. Möhrmann 345). Das führte 1984 in der *Dramaturgischen Gesellschaft* zur Gründung der Arbeitsgruppe *Frauen im Theater* (FiT). In den alternativen Theatern und dem Gruppentheater wurde zwar der kollektiven Arbeitsweise und dem Schauspieler gegenüber dem Regisseur mehr Gewicht eingeräumt, es dominierten trotzdem die Männer. 1986 wurde von Frauen das internationale *Magdalena Projekt* mit Sitz in England gegründet. ‚FiT' wie ‚Magdalena Projekt' führten mit Theaterfrauen aller Sparten eigene Theaterprojekte durch, gründeten Laboratorien zur Forschung und Fortbildung. Dem ‚männlichen Blick' stellten sie den ‚weiblichen' gegenüber, um sich aus der Bevormundung zu befreien.

1990 fand an der Akademie Remscheid für Kulturelle Bildung die erste Fachtagung zur FT mit Frauen aus allen Bereichen der kulturellen Bildung, sozialen Kulturarbeit, freien Theaterszene und autonomen Frauenprojekten statt. Die Eingangsreferate und Projektberichte (vgl. Martens 1992) machten deutlich, dass auch in pädagogischen Projekten ‚Spurensuche' nach theatralem Ausdruck von Frauen, ebenso wie ‚kritisches Schürfen' nach für Frauen Brauchbarem im ästhetischen und pädagogischen Erbe betrieben werden musste (Martens 1989, 279), da nichts unhinterfragt übernommen werden konnte.

Fem. Theaterpädagoginnen waren in ihren Verbänden und Institutionen isoliert, in denen fem. Forschungsergebnisse ignoriert wurden (vgl. Bockhorst in Martens u. a.). Die Pädagoginnen hatten nicht nur mit Angriffen gegen ihre Unternehmungen, sondern auch gegen ihre Person zu kämpfen.

Die thp Projekte wurden von Frauen seit Anfang der 1980er Jahre in thp Aus- und Fortbildungseinrichtungen, VHS, Bildungsstätten der Gewerkschaften, der Kirchen, in Frauenkulturzentren, Jugendeinrichtungen und Ferienfreizeiten durchgeführt. Vom Bundesministerium für Bildung und Wissenschaft wurde von 1989 bis 1991 ein Modellprojekt (vgl. Honens u. a.) finanziert. Ausgangspunkt waren Fragen, Erfahrungen, Bedürfnisse der Theaterpädagoginnen wie sexueller Missbrauch, die Rolle als Hausfrau/Mutter, Selbst- und Fremdwahrnehmung, Lohn für Hausarbeit, Menstruation/Pubertät, Aufbruch und Entwicklung, das Verhältnis zu Jungen, Berufsentscheidung und Bewerbung.

Körper- und Stimmarbeit richtete die Wahrnehmung der Frauen/Mädchen auf sich selbst, die Deformationen durch männliche Zurichtung kamen in den Blick. Szenische → Improvisation legte Ängste, Bedürfnisse und Verletzungen frei und die Arbeit näherte sich therapeutischen Bereichen; die Auseinandersetzung mit Zitaten zur Rolle der Frau sowie Rollenarbeit zu klassischen Dramentexten (Schürfarbeit) konfrontierte mit männlichen Projektionen und erzwang neue Selbstbilder und anderes, nicht als authentisch erlebtes Verhalten auf der Bühne.

Pädagogische Arbeit zu Identität und Persönlichkeit überwogen, die theatralen Methoden/Formen waren Mittel. Um weibliche Isolation aufzuheben, Solidarität unter Frauen zu stärken, wurde der soziale/kommunikative Charakter des Theaterprozesses genutzt.

Die Theaterpädagoginnen experimentierten mit allem, was sie individuell an Wissen und Können verfügbar hatten und zu realisieren vermochten. ‚Spurensuche und Schürfarbeit‘ führten zu neuen Formen, dem postmodernen professionellen Theater nicht unähnlich. Der Schwerpunkt der Arbeit lag jedoch eindeutig auf dem pädagogischen/politischen, selten auf dem künstlerischen Gebiet. Zudem wurde die Rolle der Theaterpädagogin in diesen Projekten kritisch beleuchtet, um männliche Modelle autoritärer und manipulativer Regie/Spielleitung zu überwinden. Der theatrale/pädagogische Prozess wurde als Suchprozess aller gesehen. Das für diese Arbeit angemessene Vorgehen von Anleiten und eigenständig Entwickeln, musste jedes Mal neu gefunden werden. Die komplexe pädagogische Situation, der konkrete Kontext bildeten die Ausgangsbasis. Das ‚nicht mehr‘ brauchbare ‚Erbe‘ und das ‚noch nicht‘ entwickelte ‚Eigene‘ machten das Experiment notwendig. Es wurde deshalb kein verbindlicher Kanon bezüglich Arbeitsweisen und ästhetischen Ausdrucksformen angestrebt.

In den 1990er Jahren gab es Bemühungen um Vernetzung und Versuche, praktisch und theoretisch FT voran zu treiben. Es entstanden Frauen- und Mädchenkultur- und -theatertage. Es folgten Diplomarbeiten und regionale wissenschaftliche/pädagogische Tagungen. Zwischen den Erkenntnissen und Ansprüchen der fem. Theaterpädagoginnen und den Bedürfnissen ihrer Zielgruppen entstanden jedoch zunehmend Lücken. Die Praxis konnte mit den Ausdifferenzierungen der fem. Diskussion und Forschung nicht mithalten. Selten wurde mit neuen dramatischen Texten von Frauen experimentiert. Der fem. Anspruch wurde an der Basis als elitär kritisiert, reduzierte sich auf pädagogische/soziale Parteilichkeit.

Heute gibt es viele isolierte ThP-Projekte von Frauen für Frauen und Mädchen ohne expliziten fem. Kontext, da die alten Netze aufgelöst sind. Es gibt keine aktive Frauenbewegung mehr, in die diese Arbeit eingebettet sein könnte. Ergebnisse fem. Praxis in Wissenschaft, Kunst, Kultur und Bildung gehen ein in postmoderne Vielfalt. Der Öffentlichkeit und jungen Generation gilt die Frauenfrage als erledigt.

Becker-Schmidt, Regina/Knapp, Gudrun-Axeli: Geschlechtertrennung – Geschlechterdifferenz. Suchbewegungen sozialen Lernens. Bonn 1987; Bovenschen, Silvia: Die imaginierte Weiblichkeit. Exemplarische Untersuchungen zu kulturgeschichtlichen und literarischen Präsentationsformen des Weiblichen. Frankfurt a. M. 1979; Butler, Judith: Das Unbehagen der Geschlechter. Frankfurt a. M. 1990; Dies.: Körper von Gewicht. Die diskursiven Grenzen des Geschlechts. Frankfurt a. M. 1993; Dietze, Gabriele (Hg.): Die Überwindung der Sprachlosigkeit. Texte aus der neuen Frauenbewegung. Darmstadt, Neuwied 1979; Frauen im Theater (FiT). Dokumentation. [o. O.] 1985; Honens, Gisela/Willerding, Rita: Praxishandbuch feministische Theaterpädagogik. Frankfurt a. M. 1992; Martens, Gitta (Hg.): Feministische Theaterpädagogik. Grundlagen und Projekte. Remscheid 1992; Martens, Gitta/Bockhorst, Hildegard (Hg.): Feministische Kulturpädagogik. Projekte und Konzepte. Remscheid 1989; Möhrmann, Renate (Hg.): Die Schauspielerin. Zur Kulturgeschichte der weiblichen Bühnenkunst. Frankfurt a. M. 1989; Rendtorff, Barbara: Weibliches Prinzip – Weibliche Praxis. Grundlagen für eine feministische Bildungsarbeit. Gießen 1985; Rentmeister, Cillie: Frauenwelten – Männerwelten. Für eine neue kulturpolitische Bildung. Opladen 1985; Roeder, Anke (Hg.): Autorinnen. Herausforderungen an das Theater. Frankfurt a. M. 1989; Schultz, Dagmar (Hg.): Ein Mädchen ist fast so gut wie ein Junge, Bd. 1: Sexismus in der Erziehung. Berlin 1979.

GITTA MARTENS

Festival der Amateur- und Schultheater

F bezeichnet eine regelmäßig wiederkehrende kulturelle Großveranstaltung. F haben ihren Ursprung in den antiken kultischen Festen zu Ehren des Gottes Dionysos. Die höfischen Feste des Barocks dienten mit ihren pompösen Großinszenierungen der Machtdemonstration des jeweiligen Herrschers. Dabei waren die Akteure des Adels gleichzeitig auch die Zuschauer. Aus dieser Disposition leitet sich eine wesentliche Grundidee des F ab. Sie geht einher mit einer Theatertheorie, die die Trennung zwischen Akteur und Zuschauer aufheben möchte. Für Antonin → Artaud z. B. löst sich das Theater im Fest auf: Er kennt keinen Schauspieler und Zuschauer mehr, sondern nur noch den allseits präsenten Akteur.

Im Folgenden werden nur die Veranstaltungen berücksichtigt, die nach 1945 in Deutschland entstanden und die über den regionalen Rahmen hinaus für die Entwicklung des → Amateur- und → Schultheaters bis heute von Bedeutung sind. Die *Theaterwoche Korbach* wurde bereits 1948 gegründet. Sie ist damit das älteste kontinuierlich veranstaltete F im Bereich des Schul- und Amateurtheaters im deutschsprachigen Raum. Die Theaterwoche versteht sich als Forum für alle Ausdrucksformen auf der Bühne. In der Kombination von Aufführung, Theaterwerkstatt und Diskussion wird eine Grundstruktur vorgegeben, die für viele vergleichbare F gilt.

Mit den *Schultheaterwochen in Hamburg* (1956) und den *Bayrischen Schulspieltagen* (1957) wurde eine Bewegung von Schultheaterfestivals in Deutschland eingeleitet. Ihre Zielsetzung war es, die kameradschaftliche Begegnung zu fördern, dem Erfahrungsaustausch zu dienen und die Leistungen auf dem Gebiet des Schultheaters an den Gymnasien sichtbar zu machen (vgl. Jeske u. a.). Ein Wettbewerb liegt der *Braunschweiger Schultheaterwoche* zugrunde. 1969 wurden die ‚besten Laienspielgruppen‘ ausgewählt und als Preis erhielten die Theatergruppen die Gelegenheit, ihre Produktion im ‚Kleinen Haus des Staatstheaters Braunschweig‘ aufzuführen.

Das erste *SchülerTheaterTreffen* auf Bundesebene (heute *Theatertreffen der Jugend*) wurde vom 15. bis 27. Mai 1980 im Rahmen des (professionellen) Berliner TheaterTreffens veranstaltet. Ausrichter sind die Berliner Festspiele im Auftrag des Bundesministeriums für Bildung und Forschung. Auch dem *Theatertreffen der Jugend* liegt der Wettbewerbsgedanke zugrunde: Eine Jury, die sich aus Theaterpädagogen, Theatermachern und Kritikern zusammensetzt, wählt aus den bundesweiten Bewerbungen zehn beispielhafte Produktionen aus. Im Mittelpunkt des F stehen die Aufführungen der ausgewählten Gruppen. Darüber hinaus – so heißt es in der Ausschreibung zum 24. Theatertreffen der Jugend 2003 – bietet das Treffen ‚die Möglichkeit zu gemeinsamer praktischer Theaterarbeit, zu kritischer Auseinandersetzung mit den Aufführungen und zu Fachgesprächen‘.

Während das *Theatertreffen der Jugend* sich auch für außerschulische Jugendtheatergruppen geöffnet hat, versteht sich das *Schultheater der Länder* als das F der schulischen Theatergruppen. Die Bundesarbeitsgemeinschaft für das Darstellende Spiel in der Schule e.V. und die jeweiligen Landesarbeitsgemeinschaften laden Schultheatergruppen aller Schulformen ein, die sich unter einem wechselnden Motto jährlich in einer anderen Stadt treffen. Neben der Begegnung und Diskussion wird als Ziel des F die Förderung und Entwicklung des → Darstellenden Spiels als eigenständiges Unterrichtsfach genannt.

Die *Göppinger Theatertage* werden seit 1963 jährlich veranstaltet. Eingeladen werden Amateurtheatergruppen aus dem In- und Ausland. Kennzeichnend für das F ist die Präsentation vielfältiger Theaterformen von Kindern, Jugendlichen, Erwachsenen und Senioren und die Vergabe eines Förderpreises an eine Gruppe für ihre kontinuierliche und innovative Theaterarbeit. Das jährliche *Bundestreffen Jugendclubs* des BuT ist ein Arbeitstreffen von Jugendlichen, die sich in Theater-Spielclubs an professionellen Theatern engagieren.

Während auf nationaler Ebene durch den Bund Deutscher Amateurtheater (BDAT) ein *Deutsches Amateurtheaterfestival* gegründet wurde (2000), das alle zwei Jahre besonders hervorragende Leistungen im Bereich des Amateurtheaters präsentiert, gibt es bislang kein vergleichbares Theatertreffen der Kinder auf Bundesebene.

F mit ausgeprägtem internationalen Charakter werden ebenfalls vom BDAT veranstaltet. Sowohl das *Festival Europäischer Kulturen* in Paderborn, als auch die *Europäischen Amateurtheatertage* in Rudolstadt erheben den ‚Dialog zwischen den Kulturen‘ zum zentralen Thema ihrer Veranstaltungen. Im Bereich der internationalen Theaterarbeit mit Kindern kommt dem *Welt-Kindertheater-Fest* (WKT) eine besondere Bedeutung zu. Es wurde 1990 vom TPZ in Lingen ins Leben gerufen und findet seitdem alle zwei Jahre in der Zusammenarbeit mit dem weltweit agierenden Verband des Amateurtheaters (AITA/IATA) statt. Unter dem Leitgedanken ‚Kinder spielen und tanzen für

Kinder' werden zwischen 20 und 24 Kindertheatergruppen aus allen Kontinenten eingeladen. Integraler Bestandteil des WKT ist das Internationale Symposium, das die Teilnehmer zur interkulturellen Auseinandersetzung mit thp Methoden und Traditionen einlädt. Das WKT versteht sich als ein Fest der Begegnung der Kulturen und bietet mit seinem Programm die Möglichkeit, die Vielfalt als Erlebnis wahrzunehmen und die Andersartigkeit des kulturellen Verständnisses als Bereicherung zu erfahren.

Eine Besonderheit im internationalen Spektrum der Theaterarbeit mit Kindern und Jugendlichen sind die jährlich veranstalteten *Workshoptreffen der Europäischen Organisation EDERED* (European Drama Encounters/ Recontres Europénnes de Drama). Jedes Jahr im Sommer treffen sich hier Kinder oder Jugendliche aus 18 bis 24 Ländern zu Theaterwerkstätten in einem jeweils anderen europäischen Land. Die von den Teilnehmern gemeinsam erarbeiteten Ergebnisse werden am Ende der Veranstaltung öffentlich aufgeführt und zur Diskussion gestellt.

Des Weiteren existieren zahlreiche Genre- oder Zielgruppen-spezifische F wie z. B. *Das Fest der Sinne* – ein Festival für behinderte und nicht behinderte junge Menschen, veranstaltet vom Europäischen Zentrum der IATA/AITA, das *Senioren-Theater-Forum* in Scheinfeld des BDAT oder das *Internationale Fest der Puppen* organisiert vom TPZ Lingen, ein F, das seit mehr als zwanzig Jahren die künstlerische Entwicklung des Figuren-, Masken- und Material-Theaters begleitet, sowie *Scena – Theater und Religion* (seit 1998) ein F der BAG Spiel und Theater, das die Verbindung zwischen Kirche und Theater zum zentralen Thema einer F-Reihe gemacht hat.

In der Spiegelung der jeweiligen künstlerischen Zustände sind F heute ein Ort lebendiger Auseinandersetzung über die Qualitätsstandards im Schul- und Amateurtheater. In der ständigen Betrachtung und Reflexion der Arbeitsmethoden im Kontext der gezeigten Aufführungen wird ein Theorie-Praxis-Modell sichtbar, das sich für die ThP als sehr nützlich erweist, sofern der Wettbewerbsgedanke und der Leistungsvergleich zurücktritt zugunsten eines Modells, das die Begegnung und den fachlichen Austausch in den Mittelpunkt der Veranstaltung stellt. Als Orte der Begegnung und des Austauschs sind F so etwas wie ein Festmahl im thp Alltag, der sich in der Regel durch eine eher isolierte und individuelle Tätigkeit kennzeichnet.

Mit dem allseits präsenten Zuschauer, der als Spieler immer wieder in die Rolle des Betrachters wechselt, wird die Forderung von Artaud eingelöst, die Kluft zwischen Bühne und Zuschauer zu überwinden. Somit erweist sich das F als ein Theatermodell, das weit über die bloße Zusammenschau exemplarischer Aufführungen hinausgeht, indem es das gemeinsam erlebte Fest in den Mittelpunkt stellt. Fast alle hier genannten F kennzeichnen sich durch die Präsenz der Spielgruppen während der gesamten Veranstaltungszeit und der langen Verweildauer der Zuschauer während des F. Zweifelhaft ist allerdings, ob die teils erheblichen Kosten für solche Ereignisse im Bereich des Schul- und Amateurtheaters angesichts der Defizite in den öffentlichen Haushalten in Zukunft noch aufgebracht werden können. Es ist zu befürchten, dass die dichten F-Strukturen und reiche F-Kultur in den nächsten Jahren abbrechen werden.

Jeske, Marlis/Ruping, Bernd/Schöller, Eckard (Hg.): Geschichte(n) der Theaterpädagogik. Materialien zur 6. Bundestagung Theaterpädagogik in Lingen (Ems). Lingen 1992.
NORBERT RADERMACHER

→ Altentheater – Kulturelle Bildung – Soziokultur – Theaterarbeit aus Erfahrungen – Werkstatt

Figurentheater → Puppentheater / Figurentheater

Flitner, Andreas

Geb. 1922. Studium der Germanistik. Seit 1958 in Tübingen, seit 1991 in Jena Professor für Pädagogik. Aktive Mitarbeit (u. a. als Direktor 1991–93) bei der Umstrukturierung des Bereiches Erziehungswissenschaft an der Friedrich-Schiller-Universität Jena. Mitautor der Akademie für Bildungsreform, der Förderprojekte ,Praktisches Lernen' und ,Demokratisches Handeln' und des Forums ,Jugend – Bildung – Arbeit'. Forschungs- und Arbeitsschwerpunkte: Spielforschung und Spieltheorien, → Reformpädagogik, Schulmodelle, Bildungspolitik.

Soziologische Jugendforschung. Darstellung und Kritik aus pädagogischer Sicht. Heidelberg 1963; Wege zur pädagogischen Anthropologie. Versuch einer Zusammenarbeit der Wissenschaften vom Menschen. Heidelberg 1963; Brennpunkte gegenwärtiger Pädagogik. Studien zur Schul- und Sozialerziehung. München 1969; Spielen, Lernen. Praxis und Deutung des Kinderspiels. München 1972; Konrad, sprach die Frau Mama ... Über Erziehung und Nicht-Erziehung. Berlin 1982; Reform der Erziehung. Impulse des 20. Jahrhunderts. München 1992.

Flitner, Andreas (Hg.): Das Kinderspiel. Texte. München 1973; Ders./Scheuerl, Hans (Hg.): Einführung in pädagogisches Sehen und Denken. Texte. München 1967.

GABI BEIER

Fo, Dario

Geb. 1926. Schauspieler, Regisseur, Dramatiker, Theaterleiter; Nobelpreisträger für Literatur 1997. Begann 1958 gemeinsam mit Franca Rame, volkstümliche, meist sozialkritische Farcen zu schreiben. Gründete 1959 die Theatergruppe *La Compagnia Dario Fo – Franca Rame*, in der er bis 1967 Schauspieler und Regisseur war und für die er zahlreiche Volkskomödien und Farcen, die immer auch eine politische Polemik enthielten, schrieb. 1968–70 Leitung der Theatergruppe *La Nuova Scena* und Rückzug vom subventionierten Theater und vom Publikum des 'aufgeklärten Bürgertums'. Das als Freie Gruppe arbeitende Theaterkollektiv trat ausschließlich in Vorstädten, Arbeitersiedlungen, Gefängnissen und Gewerkschaftssälen auf, um politische Prozesse zu initiieren, die die Arbeiterklasse an die Macht bringen sollten. 1970 Spaltung der Gruppe. Gründung des Mailänder Theaterkollektivs *La Comune*, das sich in erster Linie an ein proletarisches Publikum wendete. F will mit seiner Theaterarbeit und seinen Stücken, die in der Tradition des → Volkstheaters und der Commedia dell'Arte stehen, Zweifel an bestehenden gesellschaftlichen Verhältnissen wecken und Veränderungen in Gang setzen.

Kleines Handbuch des Schauspielers. Frankfurt a. M. 1989. Gysi, Birgid: Dario Fo. Theater, Politik, Kultur. 2 Bde. Berlin 1990; Heer, Hannes (Hg.): Dario Fo über Dario Fo. Köln 1978; Jungblut, Helga: Das politische Theater Dario Fos. Frankfurt a. M. u. a. 1978; Klüver, Henning: Dario Fo. Hamburg 1998; Ortolani, Olivier: Dario Fo. Theater und Politik. Eine Monographie. Berlin 1985.

GABI BEIER

Folklore → Volkskunst / Folklore

Fort- und Weiterbildung für LehrerInnen

LehrerInnen erwarten erfahrungsgemäß von der LFB/LWB als *berufsfeldbegleitender Qualifizierung* ein qualitativ hochstehendes, aktuelles Fortbildungsangebot, das angesichts steigender fachlicher und methodischer Anforderungen sowie der Weiterentwicklung des Bildungswesens ihren jetzigen Kompetenzstand in ThP

sichert bzw. weiterentwickelt. In der LWB erwerben die LehrerInnen eine allgemeine und stufenbezogene Grundqualifikation, die die Voraussetzungen für die Arbeit mit den Inhalten und Methoden des → Darstellenden Spiels (DS) schafft; LFB deckt spezifische Bedarfe für aktuelle Aufgaben/Kurse/Curricula ab.

Diese Aktualisierung und Erweiterung der beruflichen Handlungskompetenz bezieht in erwachsenengemäßen Formen des Arbeitens und Lernens die persönliche Entwicklung von LehrerInnen, die Reflexion des Selbstverständnisses als SpielleiterIn/TheaterlehrerIn und damit mögliche Verhaltensänderungen mit ein.

Gerade die veränderten Lebenslagen von Kindern und Jugendlichen und ihre pädagogischen Implikationen (Shell-Jugendstudien), die Schulentwicklung (PISA-Studien) und vor allem der neue Stellenwert der → Ästhetischen Bildung als Förderung individueller kreativer wie sozialer Kompetenzen (→ Kulturelle Bildung) erfordern eine kontinuierliche Professionalisierung der LehrerInnen im Ausbildungsbereich DS/Theater/ThP wie auch im fächerintegrativen Arbeitsbereich Theater/Bildende Kunst/Musik/Literatur, zumal sich universitäre Ausbildungsgänge erst im Aufbau befinden (u. a. Greifswald, Frankfurt, Braunschweig, Hildesheim, Hannover, Nürnberg, München).

Qualifizierungsmaßnahmen für LehrerInnen sind von den föderalen Vorgaben der zuständigen LFB-Träger nach Ziel/Umgang/Ausstattung/Zeit/Arbeitsformen und Prüfungen abhängig. Maßnahmen der LFB/LWB verlangen grundsätzlich ein hohes Maß an theaterpraktischem Handeln, das Theorie integriert und den Transfer in die Schule gewährleistet. Die Reflexion der Praxis und ihre Bewertung begleiten den Unterricht. Ausbilder sind Unterrichtsprofis; Theaterexperten können für spezifische Aufgaben in das Konzept eingebunden werden. Vorausgesetzt ist die Bereitschaft zu gleichrangig strukturierter Kooperation.

LFB setzt auf teilnehmerorientiertes Arbeiten und Lernen in der Gruppe, auf Selbstaktivierung und eigene Erfahrung künstlerischer Praxis. Wirksamkeit und Nachhaltigkeit der durch Kürze und Intensität gekennzeichneten Maßnahmen in der Schulpraxis sind Effizienzkriterien.

Bei grundsätzlich freiwilliger Meldung kann das Programm-Angebot für ThP durch eine objektive Bedarfsorientierung der zuständigen Schul-Behörde/der LFB-Träger-Institution bzw. eine subjektive Bedarfsanmeldung einzelner oder Gruppen zustande kommen. Beispiele in Auswahl:

1. *Bausteine des Darstellenden Spiels*: WB-Maßnahme am Institut für Praxis und Theorie der Schule Schleswig-Holstein für den neuen Lehrplan *Darstellendes Spiel* der Sek. II (Wahlpflichtgrundkurs).

2. *Lehrgang Schultheater*: Qualifizierung des Fachlehrers *Darstellendes Spiel*, Institut für LFB Hamburg: 2-jährig (1. Jahr 234 Std., 2. Jahr 212 Std.; Gebühr; keine Prüfung) mit Blick auf die neuen ‚Rahmenpläne' der Sek. II. Der Fokus liegt auf der Spielleitung: Der DS-Lehrer ist Moderator (von Schüler-Ideen), Projektmanager (von der Prozessplanung bis zum → Feedback), Fachexperte (für Gestaltungsfelder/Spielformen/Methoden) und Beurteiler.

3. *Weiterbildung zum Spielleiter auf dem Gebiet des DS*: Thüringer Institut für Lehrerfortbildung, Lehrplanentwicklung und Medien: 2-jährig, 200 Std., als berufsbegleitende Zusatzqualifikation für Spielleiter im musisch-künstlerischen Wahlpflichtbereich des Gymnasiums. Neben der künstlerischen Kompetenz wird großer Wert gelegt auf Vermittlungskompetenz/ → Erlebnis- und → Gestaltpädagogik.

Wie DS unter den Bedingungen von Schule und Ausbildung realisiert werden kann, hängt von den verfügbaren Ressourcen und Rahmenvorgaben ab. Daher haben sich folgende Ebenen der LFB/LWB als *Organisationsmodelle* bewährt:

1. Thp Fortbildungsangebote am Ort, *schulintern bzw. im Schulhausverbund* einer Gemeinde (z. B. für Stadtstaaten Hamburg, Bremen, Berlin). Ziele/Vorteile: Intensiver persönlicher kontinuierlicher Kontakt: Gestaltungskräfte freisetzen, die der Schule/dem Schulverbund ein spezifisches musisches Profil geben, Kooperation im Kollegium durch Tandems/Teamgespräche/offene Unterrichtsformen/kollegiale Praxisberatung, ‚Managen' eines fächerintegrativen Schultheater-Projekts/Anbinden an Theater (Resolution 2001 des Rats für Darstellende Künste im Deutschen Kulturrat; BKJ-Projekt *Schlüsselkompetenzen für die Kunst des Lebens*).

2. *Regionale/zentrale Fortbildungsangebote* für DS/ThP haben sich in den Flächenstaaten als Foren des Erfahrungsaustausches/landesweiter LWB-Maßnahmen/ durch Konzentration von Ressourcen/Öffentlichkeitsarbeit bewährt. Ziele/Vorteile: Landesweit angebotene *zentrale Veranstaltungen* (z. B. von den Landesinstituten für LFB/LWB) greifen verallgemeinerbare Basiskompetenzen/Grundlagen der ThP/Innovationen auf, z. B. Eigenproduktionen/Schultheater nach literarischen Vorlagen/Regie/Musiktheater/‚Open-Air'-Theater.

Theaterprojekte/Fachtagungen/Workshops bei *regionalen Spieltagen* (von den LAGs durchgeführt)/Vernetzung mit regionalen Trägern von ThP (z. B. TPZ).

Zeit-Strukturen sind in der LFB: ein- bis mehrtägige Veranstaltungen im regelmäßigen Turnus während eines Schuljahres, 1-Wochen- bzw. Mehr-Wochen-Lehrgänge; in der LWB: 12–24 Monate für den Erwerb einer Zusatz-Qualifikation (in der Regel mit Zertifizierung), überregionale → Modellversuche/ BLK-Projekte.

An einer spezifischen Schnittstelle von pädagogisch-ästhetischer Projektarbeit wird es für die TeilnehmerInnen an einer LFB/LWB-Veranstaltung notwendig, in großer ‚Nähe zu den Künsten' eine Gestaltungsaufgabe in einem Freiraum zu realisieren. Erst diese ästhetische Kompetenz der Vermittler/Spielleiter schafft adäquate Situationen/Räume, um ästhetische Erfahrungs-, Lern- und Gestaltungsprozesse bei Schülern anzuregen, zu begleiten und auszuwerten. Entsprechend der unterschiedlichen Bedarfssituation der Länder wird gewichtet nach:

1. *Umgang mit gruppendynamischen Prozessen*: Gruppenbildung und -leitung/ → Kommunikation/ → Interaktion/Moderation/Konfliktlösungsstrategien.

2. *Stabilisieren der Selbst- und Sozialkompetenz*: Verstärkte Selbstwahrnehmung und -reflexion/bewusstes Freisetzen von Phantasie und Kreativität, Innovationsbereitschaft (trotz Beamtenstatus), Fähigkeit zur Kooperation (trotz ‚Einzelkämpfer'-Erfahrung), zur Konsensbildung in der Spielgruppe.

3. *Ausbau und Aktualisierung der Sach- und Methodenkompetenz*: Fachdidaktische Grundlagen (Gestaltungsfelder des Theaters)/Spielfähigkeit/dramaturgische und inszenatorische Arbeit/ → Regie/Projektarbeit mit Eigenproduktion-Adaption/Strukturieren komplexer Arbeitsabläufe/Präsentation der Ergebnisse.

4. *Vermittlungs- und Organisationskompetenz*: Bündel an Qualifikationen des Spielleiters, die von Motivationshilfe (Impulsgeber) und Konzeptentwicklung bis hin zur Akzeptanz/Durchsetzung von Qualitäts-Kriterien reicht; Anleitung zu arbeitsteiliger Gruppenarbeit, zur Gruppenregie.

5. *Unterrichtskompetenz*: Aufgaben des DS-Lehrers: Lehrplan-Umsetzung, Analyse und Evaluation von Spielprozessen, Anwenden von Beurteilungskriterien, Notengebung; Offenheit für kinder- und jugendnahe Spielprojekte von gesellschaftlicher Bedeutung, z. B. Begegnung zwischen den Kulturen, Geschlechter-Identitäten, Theaterspielen zwischen Ästhetik und Politik.

Offener Katalog der Erfahrungen/Kompetenzen (Ziele/ Inhalte der LFB/LWB):
- Erfahrungen im Umgang mit Gruppenprozessen,
- spielpraktische Erfahrungen in allen theatralen Gestaltungsfeldern,
- Erfahrungen mit Methoden der Themen- und Formfindung (z. B. mindmap, Metaplan),
- Erfahrungen mit freier/gelenkter → Improvisation, Anregen von Spiel-Experimenten,
- Erfahrungen im Inszenieren mit Untergruppen/mit dem → Ensemble,
- Erfahrungen mit der Entwicklung von Adaptionen/ Eigenproduktionen,
- Erfahrungen in der Umsetzung theatertheoretischer Ansätze/ästhetischer Reflexion,
- Erfahrungen mit der Spiel-Leitung,
- Erfahrungen in der Beurteilung von Spiel-Praxis.

Theater-LehrerInnen erfahren intensiv an sich und als Gruppe in ihren praktischen Arbeits- und Erprobungs-Arrangements, was eine ästhetisch-theatrale Gestaltung ausmacht, wie sie zustande kommt und vermittelt wird.

Ausgehend von subjektiven Theorien für Veränderungsprozesse bei LehrerInnen gilt für LFB/LWB in ThP der elementare Grundsatz des *Erfahrungslernens* mit den Modulen:

Praxisorientierung: als Reflexion der bisherigen Spiel-Praxis, Planen neuer, künftiger Spiel-Praxis nach den wahrgenommenen Defiziten (z. B. Baustein-Dramaturgie, Zusammenhang von szenischem Schreiben und Spielen);

Handlungsorientierung: Fertigkeiten, Fähigkeiten, etwa der Anleitung zur szenischen Darstellung müssen praktisch erprobt werden, auf den Transfer in die Schule hin angelegt;

Biographie-Orientierung: Berufsbiographische Komponenten einzubeziehen, setzt Energien/Kreativität frei, kann zur Reflexion/Modifikation des Rollenverständnisses als Spielleiter führen. Die ganze Person des Lehrers, sein Umfeld, seine Spiel-, Theater- und Medien-Biographie werden einbezogen; ein Spiel-Tagebuch kann ,critical events' der Spiel-Biographie bewusst machen;

Ergebnisorientierung: Bei *Innovation und Qualität* als Effizienz-Kriterien von LFB geht es um den gezielten Einsatz von physischer, psychischer und intellektueller Potenziale in einem eng begrenzten Zeitrahmen, auf dem Berufserfahrungshintergrund der LehrerInnen, um ein für Innovationen günstiges Klima zu schaffen und Qualitätsbewusstsein aufzu-

bauen (z. B. offene Lehr- und Lernformen/Qualitäts- und Kreativitätszirkel, fächerübergreifende Projektarbeit).

Gespräche mit Schultheatergruppen/Spielleitern, Interviews und Fragebögen, Videomitschnitt von Spielaktivitäten sowie → Supervision können intern wie extern genutzt werden (Schulentwicklung/Einführung eines neuen Lehrplans/Curriculums DS). Diese unterschiedlichen Instrumente/Ziele des Feedback können systemische LFB-Angebote verändern, erweitern, verknüpfen, zielgruppen- und bedarfsspezifischer konkretisieren.

Supervision als professionelle arbeitsfeldbezogene Beratung und Begleitung zur Weiterentwicklung personaler Fähigkeiten in ThP (Einzelner/Team) ermöglicht, die eigenen Denk-, Vorstellungs- und Verhaltensmuster zu reflektieren und vielleicht zu ändern sowie die Realisierung eines Theaterprojektes als gemeinsame Aufgabe anzugehen.

Soweit Abschlussprüfungen vorgesehen sind, ist nach der Einschätzung der Ergebnisse für die Schule zu fragen. – Ein Anwendungsnachweis von LFB in der *Unterrichtspraxis* hängt von einer eventuell weiterreichenden Betreuung, von Anschluss-LFB-Angeboten ab, und liegt empirisch erst in den Anfängen. Hierher gehört der Ausbau der Verbindungen zwischen den Fortbildungsinstitutionen untereinander, der Universität und der Fachverbände.

Im Zeitalter von TIMSS (1995) und PISA (2001) steht die ,empirische Wende' auch für DS an: Zielkriterien wie Kommunikationsfähigkeit/Flexibilität/ Kreativität/Transferfähigkeit u. a. sind im thp Handlungsfeld optimal aufgehoben, ihre konkrete Umsetzung in Spiel- und Theaterprojekten eine der vordringlichsten Aufgaben von LFB/LWB.

Wird mit Blick auf die rasche Veränderung unserer Lebens- und Arbeitsbedingungen eine lebenslange LehrerInnen-Fortbildung gefordert, so müsste dies eine engere Verzahnung der bisher getrennten drei Phasen der LehrerInnenbildung nach sich ziehen:

1. Die *1. Ausbildungs-Phase an der Hochschule*, mit dem Zielkonflikt, ihr Professionalisierungsanliegen auf Schule/Schultheater hin auszurichten, jedoch den Anspruch nicht aufzugeben, Alternativen zu dieser Wirklichkeit zu erproben, z. B. in den *Studiengängen/ Studienschwerpunkten ThP*, sollte mit der

2. Ausbildungsphase im *Seminar* (zentral/dezentral an Schulen) abgestimmt werden: Sie sieht sich der Leitvorstellung des ,guten Unterrichts' in DS verpflichtet.

3. Die Kooperation zwischen der *1. und der 3. Phase der LFB/LWB* ist ausbaufähig und hat Chancen, etwa bei gemeinsamen fächerintegrativen Projektvorhaben, bei der Unterrichtsforschung u. ä. Eine differenzierte Rückmeldung zwischen Fortbildung und Hochschule in das systematisch angelegte Ausbildungssystem der Bezugswissenschaften ist als Theorie-Praxis-Bezug neu zu definieren und systemische Studienangebote sind durch thp Anwendungsfelder zu modifizieren.

Die BAG für das Darstellende Spiel in der Schule e. V., Geschäftsstelle c/o Schultheater-Studio, Hammarskjöldring 17a, 60439 Frankfurt a. M. veranstaltet jedes Jahr in einem anderen Bundesland das ‚Schultheater der Länder' mit FT/Workshops und zusammen mit der Bundesakademie für kulturelle Bildung in Wolfenbüttel regelmäßige FT ‚Theaterpädagogik in der WB' mit allen zuständigen LFB-Referenten der Institute der Bundesländer. Der Deutsche Verein zur Förderung der Lehrerinnen- und Lehrerfortbildung e. V., Wilhelm-Vesper-Str. 27, 34393 Grebenstein, veranstaltet 2jährig die ‚Überregionale Fachtagung LFB' und gibt das *Forum Lehrerfortbildung* heraus.

Kaick, Barbara van/Lippert, Elinor/Lippert, Gerhard/Mieruch, Gunter (Hg.): Theater in der Schule. Hamburg 2000; Keuffer, Josef/Krüger, Heinz-Hermann u. a.: Schulkultur als Gestaltungsaufgabe. Partizipation – Management – Lebensweltgestaltung. Weinheim 1998; Kulturelle Bildung [Themenschwerpunkt]. In: Kulturpolitische Mitteilungen, 2001, H. 49.

GERHARD LIPPERT

→ Ausbildung – Didaktik – Lebensbegleitendes Lernen – Management – Methodik – Modellversuche – Musisch-ästhetische Erziehung – Projekt – Spielleitung

Forumtheater

F ist eine weltweit verbreitete Form des politisch-pädagogischen Mitspiel- und Improvisationstheaters, die von Augusto → Boal im lateinamerikanischen Kontext der 1970er Jahre entwickelt wurde und zum → *Theater der Unterdrückten* gehört. Mit F wurden Formen von sozialer und politischer Unterdrückung bewusst gemacht und Themen wie Macht- und Gewaltmissbrauch der Ordnungskräfte, Rassismus, Sexismus, unerträgliche Arbeitsbedingungen und niedrige Löhne als Ausdruck ökonomischer Abhängigkeit und Ausbeutung behandelt. F zielt(e) auf die Entwicklung einer kollektiven (Handlungs-)Perspektive gegenüber gesellschaftlichen Missständen. Es soll(te) „Proberaum für die Revolution", für Befreiung und Veränderung im „wirklichen Leben" sein und war mit Fragen der Umsetzung von Strategien, die im Forum ‚geprobt' wurden, mit der gesellschaftlich-politischen Praxis sehr eng verknüpft (vgl. Boal 1989 u. Boal in Frey 73).

Neben dem Einfluss von Boal war für das F die ‚Pädagogik der Unterdrückten' von Paulo → Freire (1982) maßgeblich. Durch eine enge Verbindung von Aktion und Reflexion sollten Menschen von ZuschauerInnen zu NeuschöpferInnen von Welt werden.

F ist eine öffentliche, theatrale Diskussion, in der das Publikum alternative Handlungen und Handlungsweisen zu einer vorgegebenen, vorgespielten Szenenfolge ausprobieren kann. Trotz unterschiedlicher stilistischer, ästhetischer und kultureller Ausprägungen weist F folgende *generelle Merkmale* auf (vgl. Boal 1992, 224ff.):

1. Eine F-Szene entwickelt sich aus einem Konflikt zwischen ‚Protagonist' (Unterdrücktem) und ‚Antagonist' (Unterdrücker), deren Haltungen und Ansichten im Szenenverlauf sichtbar werden. Am dramatischen Höhepunkt der Szene scheitert der ‚Protagonist' mit seinem Anliegen, der ‚Antagonist' behält die Macht. Neben den beiden Hauptakteuren kann es eine Reihe weiterer Rollen geben, die als *verlängerter* Arm des Antagonisten und als *powerless observer* die Macht des Antagonisten noch verstärken oder sich mit dem Anliegen des Protagonisten solidarisieren.

2. F folgt einem eigenen Aufführungssetting, bei dem die *Hauptrolle* das Publikum spielt, das vom Zuschauer zum Teilnehmer, Protagonisten und Verantwortungsträger des theatralen Geschehens wird, in dem es die unterdrückten, ohnmächtigen Figuren ersetzen und an ihrer Stelle die anfänglich vorgegebene dramatische Handlung verwandeln, mögliche neue Lösungen probieren und Veränderungsmöglichkeiten diskutieren kann (vgl. Boal 1989, 43). Die SchauspielerInnen trachten danach, die Szene den möglichst gleichen Verlauf nehmen zu lassen, während das Publikum versucht, dem Geschehen eine Wendung zu geben. Das F weist Gemeinsamkeiten mit den *fixierten Versionen* im Lehrstückspiel (vgl. → Steinweg 28ff.) auf, indem – ähnlich einem ‚soziologischen Experiment' – die gleiche, wiederholbare Szene mit immer neuen Haltungen und Handlungen konfrontiert wird.

3. Ein wesentliches Merkmal besteht in der Rolle des Spielleiters – dem *Joker* –, der auf die Einhaltung der Spielregeln achtet, zwischen dem Geschehen auf der Bühne und dem Publikum vermittelt, Einstiege zur

Diskussion stellt und damit das Publikum zu einem kontinuierlichen, kollektiven und dialektischen Reflexionsprozess und einer inhaltlichen Auseinandersetzung aktiviert.

4. Bestimmend für das F ist außerdem, dass es die Zuschauenden für Handlungen im wirklichen Leben stimuliert, bereichert und vorbereitet: „Der Zuschauer, der in einer Forumtheater-Sitzung fähig gewesen ist zu einem Akt der Befreiung, will diesen auch draußen, im Leben, vollbringen, nicht nur in der fiktiven Realität des Theaters" (Boal 1989, 68f.).

Ausgangspunkt für F-Szenen sind individuelle und kollektive Erfahrungen von Ohnmacht und Unterdrückung, von sozialen und politischen Konflikten bzw. Problemen. Mithilfe einer Reihe von Probetechniken (vgl. Boal 1992, 211f.) werden sie in einem ästhetischen Gestaltungsprozess zu einer verallgemeinerbaren, theatralen Szene oder Szenenfolge verdichtet. In der entwickelten Szene soll deutlich werden, worin der Konflikt, das Problem oder die Unterdrückung bzw. das Interesse und der Wunsch nach Veränderung bestehen. Diese Ausgangsszene wird auch das *Anti-Modell* genannt.

Durch den Prozess einer F-Aufführung führt der ,Joker'. Am Beginn steht ein gemeinsames → Warming-Up, in dem (schau-)spielerische Fähigkeiten der Beteiligten geweckt werden. Das anschließend gezeigte *Anti-Modell* wird zum Motor für das Mitspielen des Publikums, „das den schlechten sozialen Alltag, wie er vorgeführt wird, nicht mehr hinnehmen möchte" (Richter 1989, 76).

In der Forumphase, die nach Spielregeln verläuft (vgl. Boal 1992, 232ff.), wird die Szene nochmals vom Anfang an gespielt, bis ein/e ZuschauerIn *Stop!* ruft und damit das Spielgeschehen unterbricht. Die DarstellerInnen auf der Bühne frieren in ihren Handlungen ein. Der/die ZuschauerIn schlüpft in die Rolle des Protagonisten/der Protagonistin, spielt an der unterbrochenen Stelle weiter und zeigt seine/ihre Idee, während die restlichen SchauspielerInnen aus ihrem Rollenwissen heraus agieren. Lösungsvorschläge für die Szene werden durchagiert und in ihren Folgen transparent gemacht. Handeln und Erkenntnis entfalten sich in einem solchen *dramatischen Labor* gemeinsam. So können Ideen kritisch überprüft und versuchsweise in die Theater-Praxis umgesetzt werden. Dabei ist die *gute Debatte* und die ständige Suche nach Handlungsmöglichkeiten wichtiger als die *einzig* richtige Lösung (ebd. 230f.).

Als Abschluss der Forumphase können Lösungsansätze auf ihre Umsetzbarkeit hin diskutiert werden. In der Geschichte des F führte das auch zur spontanen Bildung von neuen Projekt-, Aktions- oder Selbsthilfegruppen, wenn das F nicht schon selbst Teil einer politischen Kampagne zur Lösung von sozialen oder politischen Problemen gewesen war (vgl. Richter 77). F versteht sich als *Werkzeug* von Empowerment und richtet sich besonders an Gruppen und Communities, die mit Krisen und Konflikten zu kämpfen haben und gesellschaftlich benachteiligt sind. Es stellt im → *Legislativen Theater* eine direkte Verbindung von betroffenen Bevölkerungsgruppen zu politisch-legislativen Entscheidungsträgern her (vgl. Boal 1998).

Kritik am F äußert sich aus verschiedenen Richtungen: So wird auf die Gefahr verwiesen, dass F in Klischees verhaftet bleibt, einfache Erklärungsmodelle entwickelt und gesellschaftliche Wirklichkeit nur reproduziert, anstatt „gesellschaftliche Konflikte und Widersprüche, deren Erscheinungsbild nicht eindeutig und offensichtlich ist" (→ Vaßen 277), sichtbar und veränderbar zu machen. Ähnlich argumentiert Koch (218): F könne zu „statisch/statuarisch" sein, indem es „historische Abläufe und Veränderungspotentiale, die schon im Leben und Agieren der Menschen miteinander gegeben sind", zu wenig ernst nimmt.

Die Kritik verweist auf eine wichtige Bedingung für gelingendes F: Damit F Strukturen gesellschaftlicher Wirklichkeit in ästhetisch ansprechender Weise sichtbar und bewusst macht, die zum Mitspielen provoziert und ermutigt, sind der erfahrene, kompetente und zeitintensive Umgang mit einer Reihe von Arbeits- und Probetechniken notwendig (vgl. Wrentschur 5; Piepel 126ff.). Unter dieser Prämisse eröffnet F das Entdecken und das Erleben neuer Handlungsmöglichkeiten gegenüber erstarrten, unveränderlich und einengend wirkenden Situationen und Strukturen (vgl. Neuroth 132).

Kritisch gegen das Konzept von F wird auch eingewendet, dass Konflikte z. T. individualisiert werden und das Nachdenken über politische Organisation(sformen), die ,Selbstverständigung' lernender Kollektive und das Finden breiterer gesellschaftlicher Lösungen eher begrenzt bleiben (vgl. → Ruping 1991, 74; Schutzman u. a. 145). Andererseits zeigen die Erfahrungen mit dem Legislativen Theater, dass F sich gut als Werkzeug für politische Beteiligung eignet.

Zu fragen ist, ob und unter welchen Rahmenbedingungen die Übertragung von im Theaterspiel neu entdeckten und erprobten Handlungsweisen in den Alltag gelingen kann. Bislang seltene Forschungen zu dieser Frage weisen in die Richtung des Gelingens (vgl. Baumann; Wrentschur 351ff.).

Baumann, Till: Von der Politisierung des Theaters zur Thea-
tralisierung der Politik. Theater der Unterdrückten im Rio
de Janeiro der 90er Jahre. Stuttgart 2000; Boal, Augusto:
Theater der Unterdrückten. Übungen und Spiele für Schauspieler und Nicht-Schauspieler. Frankfurt a. M. 1989; Ders.:
Games for Actors and Non-Actors. New York 1992; Ders.:
Legislative Theatre. Using Performance to make Politics.
London, New York 1998; Freire, Paulo: Pädagogik der
Unterdrückten. Bildung als Praxis der Freiheit. Reinbek
1982; Frey, Barbara: Das Theater der Unterdrückten in
Europa. Magisterarbeit, FB Kommunikationswissenschaf-
ten, FU Berlin 1989; Koch, Gerd: ,... gegen den Strich
bürsten!' Versuche mit Augusto Boals Theatervorschlägen.
Ein Bericht. In: Ruping, a.a.O.; Neuroth, Simone: Augusto
Boals ,Theater der Unterdrückten' in der pädagogischen
Praxis. Weinheim 1994; Piepel, Arnold: Handlungsmodelle
für die Zukunft – das Forumtheater. In: Ruping, a.a.O.;
Richter, Kurt-F.: Integrative Therapie. Gestaltarbeit mit
Forumtheater. Ein Versuch, Gestaltarbeit mit den Methoden
soziokultureller Großgruppenarbeit zu verbinden. In: Ge-
stalt und Integration. Zs. für ganzheitliche und kreative
Therapie, 1989, H. 2 – 1990, H. 1; Ruping, Bernd (Hg.):
Gebraucht das Theater. Die Vorschläge von Augusto Boal.
Erfahrungen, Varianten, Kritik. Lingen, Remscheid 1991;
Ders.: Vom szenischen Erkunden psychosozialer Befindlich-
keiten. Erfahrungen mit einem Workshop zum Theater der
Unterdrückten 1989. In: Ders., a.a.O.; Schutzman, Mady:
Brechtian Shamanism. The political therapy of Augusto
Boal. In: Schutzman/Cohen-Cruz, a.a.O.; Schutzman,
Mady/Cohen-Cruz, Jan (Hg.): Playing Boal. Theatre,
Therapy, Activism. London, New York 1995; Steinweg,
Reiner: Lehrstück und episches Theater. Brechts Theorie
und die theaterpädagogische Praxis. Frankfurt a. M. 1995;
Vaßen, Florian: Wider die Banalität des Alltags. Acht Punkte
zu Augusto Boal. Probleme und Möglichkeiten des ,Theaters
der Unterdrückten'. In: Ruping, a.a.O.; Wrentschur, Mi-
chael: Theaterpädagogische Wege in den öffentlichen
Raum. Zwischen struktureller Gewalt und lebendiger Betei-
ligung. Dissertation, Universität Graz 2000; Ders./ARGE
FORUMTHEATER (Hg.): Forumtheater in Österreich.
Praxis – Projekte – Gruppen. Wien 1999.

MICHAEL WRENTSCHUR

➜ Experiment – Gruppe – Lehrstück – Regenbogen
der Wünsche – Statuentheater – Theater der Unterdrückten – Theatersport – Theatre in Education –
Unsichtbares Theater – Zeitungstheater – Zielgruppe
– ZuschauSpieler

Foyergespräch ➜ Vor- und Nachbereitung

Fragment

In der Antike wird der Begriff F nur auf konkrete
Gegenstände bezogen, es gibt keine bewusst fragmentarische Kunst und er wird in Dichtungstheorien nicht
thematisiert. Eine Ausnahme bildet das Flickgedicht,
das sich aus Versen und Versteilen anderer Autoren
zusammensetzt. Im Mittelalter und der beginnenden
Neuzeit wird F zwar auch auf Geistiges bezogen, es
kommt aber nicht als positive ästhetische Kategorie
zur Geltung, auch wenn Unterbrechung und Diskon-
tinuität in Text und Rede als zulässig gelten. Zudem
lassen sich auch in mittelalterlichen Texten fragmentarische Strukturen aufweisen, was für Classen (1995)
ein Hinweis dafür ist, dass mittelalterliche Dichter die
Form des F im Sinne eines offenen Schlusses bewusst
zur Wirklichkeitsbewältigung nutzten. Zum Vorläufer einer Kunst des F werden Autoren wie Montaigne
und Pascal durch ihren essayistischen und aphoristi-
schen Stil, der die Vorläufigkeit aller Dinge betonen
soll. Trotzdem wird das Fragmentarische als das Defizitäre angesehen, so z.B. im einschlägigen Artikel in
Diderots *Encyclopédie* (1757, vgl. Ostermann 1996,
458).

Zu einem Perspektivenwechsel kommt es erst Mitte
des 18. Jhs., hier entsteht – zunächst in Deutschland –
eine absichtlich fragmentarische Literatur. Der fragmentarische Schreibstil wird bei Herder und Hamann
abgeleitet aus eschatologischer Deutung, die auf die
eigene, eingeschränkte Erkenntnissituation bezogen
wird, mithin auf das noch nicht Erkannte. Als
Gründungstext für die Vorstellung vom F als Kunstform gilt Winckelmanns *Beschreibung des Torso im Bel-
vedere zu Rom* (1759), denn „gerade indem Winckel-
mann ein Kunstwerk von beispielhaft fragmentarischer
Gestalt auf sein plastisches Ideal absoluter körperlicher
Vollkommenheit hin transzendiert, gelingt ihm die
praktische Vergegenwärtigung ästhetischer Bruchstück-
haftigkeit, die nach dem Ende der Ganzheitsästhetik
ihren eigenen Wert erhält" (Ostermann 1996, 980).

In der Frühromantik gelangt die Idee des F zum
Durchbruch. Mit dem Beharren auf die Relevanz des
Ästhetischen gewinnt das Argument für eine notwen-
dig fragmentarische Kunst und Poesie an Bedeutung
und so erklären F. Schlegel, Novalis, Schleiermacher,
A. W. Schlegel das F zur selbstständigen literarischen
Gestaltungsweise mit programmatischem Anspruch.
Eingebunden ist dies in einem Verständnis von Kunst
als per se fragmentarisch, da eine Vereinigung von
Kunst und Wissenschaft angestrebt wird, mit der Ten-
denz einer fortwährenden Annäherung an ein trans-

zendentales unerreichbares Universalganzes. Verknüpft mit den Theorien der deutschen Romantik ist die französische Lyrik des Symbolismus, der es aber nicht mehr um das unerreichbare Ideal geht, sondern die die Möglichkeit der Vollendung bezweifelt. Von da an entwickelt sich die Idee des F im Sinne einer bewusst gewählten Form in allen Bereichen der Kunst als Hinweis sowohl auf die Unabschließbarkeit des Produktions- als auch des Reproduktionsprozesses.

In der Ästhetik der Moderne wird das F zu einer der Zerrissenheit der Welt adäquaten Kunstform. War das F in der Poesie der Romantik gerichtet auf das absolute Ganze, wird es bei Bloch, → Benjamin und Adorno zum Verweis auf ein noch nicht Erreichtes. Durch das Fragmentarische erreicht Kunst ein Korrelat zur Welt, das F erhält Bedeutung durch die Relevanz zum Ganzen. Dagegen drückt F bei Nietzsche die destruktive Dynamik des Ästhetischen aus. F ist nicht Teil eines noch nicht fassbaren Ganzen, sondern dieses Ganze ist entweder nicht fassbar oder existiert nicht. Dies aufnehmend, dient es bei Foucault, Derrida, Paul de Man dem subversiven Effekt, die Ganzheit in Frage zu stellen.

Heute bezeichnet man mit F sowohl das unvollständig, bruchstückhaft Überlieferte als auch das bewusst unvollständig Gelassene, sei es nun aufgrund äußerer Umstände F geblieben oder gewollt als F konstituiert. Verstanden als Teil einer abwesenden Ganzheit bleibt F semantisch offen, es kann sich sowohl auf eine nicht mehr existierende als auch auf eine noch nicht existierende Ganzheit beziehen. Immer aber steht es im Zusammenhang zum Ganzen, ob es nun Totalität abstößt oder sich darauf bezieht und „im Bezug oder auch im erklärten Nicht-Bezug aufs Ganze bestimmt sich das Wesen des F je verschieden. Je nachdem dieser Bezug Zusammengehörigkeit und Nicht-Koexistenz meint oder Zusammengehörigkeit und Nicht-Koexistenz oder beides nicht, ergeben sich drei Bestimmungen des F" (Dällenbach u. a. 15). Entweder das F ist Teil des Ganzen und stellt die Vollständigkeit nicht in Frage oder es ist Teil eines Ganzen, dem es aber nicht mehr oder noch nicht angehört oder der Hiatus zwischen F und Totalität wird absolut gesetzt und hat daher weder Bezug nach außen noch auf sich selbst.

Entsprechend groß sind die Möglichkeiten, durch das F Homogenes als gebrochen zu zeigen, quasi die Beziehung zur Partialität der Moderne zu reflektieren, ästhetisch vermittelt z.B. durch die Technik der Montage, egal ob Ganzheit als Unmöglichkeit angesehen wird (Nietzsche) oder als in Zukunft erreichbar (Bloch). Dies zeigt sich vor allem in den Methoden der Lyrik,

für die das Fragmentarische konstitutiv wurde. War das F zunächst eine Bestimmung des Unvollendetseins wurde es in der weiteren Entwicklung auch formbestimmend. F-Charakter zeigt sich in der Musik durch Formen des Abbrechens und Unterbrechens und in der bildenden Kunst mittels des Torsomotivs. In der Prosa wird der Roman als Summe von Bruchstückhaftem gesehen, was dann in der filmischen Schnitttechnik nachvollzogen wird. Im Drama führt die Freisetzung von Handlungsimpulsen zu einer radikalen Infragestellung des auf Kausalität und Finalität ausgerichteten Handlungsmodells (z. B. absurdes Theater).

Durch das F wird die Offenheit des Werkes betont, das F steht gerade dadurch in Relation zur Realität, weil es selber einen Prozess entwirft und das kommunikative Verhältnis zwischen Fiktion und Realität betont, indem sich das Werk erst durch Rezeption aktualisiert. Das F fordert zur aktiven Arbeit auf, sowohl kunstintern als auch auf das praktische Handeln in der Gesellschaft bezogen, da sein Charakter auf Reaktion angelegt ist. Dies lässt sich auch auf die thp Arbeit übertragen. Anknüpfend an → Brechts Deklaration der Bühne zum Laboratorium und offenen Versuchsraum, stellt sich die Frage, wie gegenwärtig der Rezipient in einen Erfahrungsprozess versetzt werden kann. Das Brechtsche ‚Etwas fehlt' verweist auf Offenheit und damit auf den F-Charakter jeglicher Darstellung, die Bezüge zwischen dem auf der Bühne und dem im Alltag Erlebten herstellen will. Das F ermöglicht es, Stücke durch Gegen-Entwürfe dialektisch fortzusetzen, das F quasi zu versetzen. Deshalb sind bei Brecht epische Stücke fragmentarisch und bleiben Musik, Bühnenbild, Texte eigenständige Künste.

Gerade bei der Entwicklung von Zukunftsszenarien ergeben sich durch den F-Charakter Möglichkeiten, mit Versatzstücken Neues zu entwickeln.

Classen, Albrecht: Der Text, der nie enden will. Poetologische Überlegungen zu fragmentarischen Strukturen in mittelalterlichen und modernen Texten. In: Zs. für Literaturwissenschaft u. Linguistik, 1995, H. 99; Dällenbach, Lucien/ Hart Nibbrig, Christian L. (Hg.): Fragment und Totalität. Frankfurt a. M. 1984; Ostermann, Eberhard: Der Begriff des Fragments als Leitmetapher der ästhetischen Moderne. In: Athenäum. Jahrbuch für Romantik, 1991; Ders.: Fragment. In: Ueding, Gert (Hg.): Historisches Wörterbuch der Rhetorik. Tübingen 1996; Ueding, Gert: Fragment und Utopie. In: Der Monat, 1968, Juli; Vidal, Francesca: Kunst als Vermittlung von Welterfahrung. Zur Rekonstruktion der Ästhetik von Ernst Bloch. Würzburg 1994.

FRANCESCA VIDAL

→ Ensemble der Künste – Lehrstück – Werkstatt – Zukunftswerkstatt

Freies Volkstheater

Im Kontext der 1968er Bewegung werden auch die Formen des Straßentheaters und des Agitprop-Theaters der Weimarer Republik wiederentdeckt. Dabei dominiert die politische Absicht häufig über die ästhetische Form. Schauspieler mit und ohne Ausbildung spielen zusammen und organisieren sich selbst. An Stelle von Hierarchie und strikter Arbeitsteilung tritt oft das Kollektiv. Viele Theaterstücke werden gemeinsam entwickelt, inszeniert und gespielt. Erreichen will man das Volk außerhalb der städtischen Theater: Lehrlinge, Schüler, Arbeiter. Deshalb wird das Publikum aufgesucht, man spielt in Jugend- und Kulturzentren, Kneipen, Zelten, auf der Straße und knüpft so an die Tradition des alten Wandertheaters an. Man kann diese Entwicklung auch als Weiterführung und Erneuerung der Volksstück-Tradition ansehen. Aktuelle gesellschaftliche und politische Konflikte werden aufgegriffen, um Macht- und Interessenstrukturen aufzudecken. „Aus der Perspektive einer ‚Geschichtsschreibung von unten‘ werden historische Ereignisse und traditionelle Stoffe neu aufgerollt. [...] Nicht die Kunst-Sprache literarischer Werke, sondern die alltäglichen Sprachgewohnheiten der Zuschauer werden unter dem Diktum ‚Verständlichkeit‘ zum Material des Theaters. Nicht nur gezwungenermaßen versteht sich das freie als ein armes Theater. [...] In der Realität gefundene Situationen, z. T. erst durch Erforschung anderer Lebensmilieus, durch → Recherche verfügbar gemacht, werden Ausgangspunkt szenischer → Improvisationen. Und: zunehmend gewinnen Komik – und zwar in ihrer subversiven Form, die das von Angst befreiende Lachen hervorbringt – und die → Sinnlichkeit ausgelassener körperlicher Aktion an Bedeutung." (Volkstheater heute 7f.)

In den 1970er/80er Jahren entstanden so unterschiedliche Gruppen wie z. B. das *Hoffmanns Comic Theater*, die *Theatermanufaktur*, die *Rote Rübe*, das *Mobile Rhein Main Theater*, *Theaterwehr Brandheide*, der *Theaterhof Priessenthal* und das *Chawwerusch Theater*. Vorbilder für das Neue Volkstheater der Freien Theater waren u. a. → Brechts episches Theater, die Commedia dell'Arte und Theaterschaffende aus anderen Ländern wie *La Mama, San Francisco Mime Troupe* und *Bread and Puppet* aus Amerika. Dario → Fo zeigt in seinen Stücken (*Zufälliger Tod eines Anarchisten*; *Bezahlt wird nicht*) und Monologen (*Mistero Buffo*; *Geschichte einer Tigerin*), wie Theater einerseits unterhaltsam und komisch und andererseits trotzdem inhaltlich und parteiisch sein kann. Mit seinem Theater erreicht der Allroundkünstler, zusammen mit Franca Rame, ein Massenpublikum. Wie Fo bezieht sich auch Ariane Mnouchkine vom *Théâtre du Soleil* auf Formen der Commedia, ohne wie dieser direkt agitieren zu wollen. Ihre szenische Montage über das Revolutionsjahr *1789* wurde zum Vorbild für viele Volkstheaterprojekte.

Die Erfahrungen des Freien Theaters mit den Versuchen über ein Neues Volkstheater schlugen sich auch in der ThP nieder. Es entstanden verschiedenste Projekte, in denen sich Laien mit thp Mitteln mit historischen oder Alltagsthemen auseinander setzten und ihre Erfahrungen in Theaterstücken veröffentlichten (z. B. *Chawwerusch*). In den Städten und besonders auch auf dem Land gibt es eine große Anzahl von Theatervereinen, die die unterschiedlichsten Stücke erarbeiten und bei einem breiten Publikum auf reges Interesse stoßen (vgl. z. B. Mertz über Tiroler Volkstheater). Dabei finden sich im Repertoire nicht nur anspruchslose Schwänke. Die Theaterlandschaft hat sich auch in diesem Bereich gewaltig geändert, was aber bisher nicht adäquat dokumentiert wurde. Immer noch funktionieren, besonders in Deutschland, die Abgrenzungen zwischen Komik und Ernst, Unterhaltung und Inhalt, Dialekt und Hochsprache, Realität und Kunst, Amateur und Profi. Nach wie vor hat das → Volkstheater damit zu kämpfen, dass es sich ständig legitimieren muss, da es in Sprache, Inhalt und Form als minderwertig gegenüber dem ‚anderen‘ Theater angesehen wird.

Chawwerusch Theater: ‚Starker Duwak‘, ‚Wasser Weiber weiße Wäsch‘, ‚Nuff un nunner‘. Dokumentationen über Theaterprojekte und Spurensuche. Herxheim 1991–1998; Mertz, Peter: Wo die Väter herrschten. Volkstheater – nicht nur in Tirol. Wien 1985; Seym, Simone: Volkstheatertradition in Frankreich. In: Das Théâtre du Soleil. Ariane Mnouchkines Ästhetik des Theaters. Stuttgart 1992; Volkstheater heute. In: TheaterZeitSchrift, Berlin, 1987, H. 21.

WALTER MENZLAW

→ Volksbühne – Volksstück

Freinet, Célestin

1896–1966. Pädagoge. Entwickelte zu Beginn des 20. Jhs. ein reformpädagogisches Konzept (École moderne), das die Ablösung der Schulkaserne durch die Verbindung von Schule und Leben, von körperlicher und geistiger Arbeit, die pädagogische Kooperation von Schülern und Lehrern sowie der Lehrer untereinander beinhaltet und dessen Kern die ‚aktive Schule‘

bildet (Klassenzeitungen, Schuldruckerei, Korrespondenz zwischen Schulen, Sachblätter statt Schulbücher u.a.).

Die moderne französische Schule. Paderborn 1965; Pädagogische Werke. 2 Bde. Paderborn u.a. 1998–2000.
Freinet, Elise: Erziehung ohne Zwang. Der Weg Célestin Freinets. Stuttgart 1981; Hering, Jochen/Hövel, Walter (Hg.): Immer noch der Zeit voraus. Kindheit, Schule und Gesellschaft aus dem Blickwinkel der Freinetpädagogik. Bremen 1996; Wichmann, Jürgen: Célestin Freinet. Ein Wegbereiter der modernen Erlebnispädagogik? Lüneburg 1992.

GABI BEIER

Freire, Paulo

1921–1997. Rechtsanwalt, Pädagoge. Bis 1964 Professor für Geschichte und Philosophie in Recife (Brasilien); nach einem Staatsstreich ausgewiesen. UNESCO-Experte für Bildungsfragen in Chile. Seit 1968 Gastprofessor in Harvard, seit 1970 Sonderberater für Bildungsfragen beim Ökumenischen Rat der Kirchen in Genf. F setzte sich seit 1947 für die Alphabetisierung von Erwachsenen ein und entwickelte dazu neue, heute international bekannte Methoden. Im Mittelpunkt seines Konzepts stehen die Bewusstmachung des Lehrens als Problematisieren, die Erziehung zu Befreiung und gesellschaftlichem Wandel sowie das Lernen an und in der jeweiligen Lebenssituation. Auf der Grundlage seiner Pädagogik der Unterdrückten entwickelte Augusto → Boal sein → Theater der Unterdrückten.

Pädagogik der Unterdrückten. Bildung als Praxis der Freiheit. Reinbek 1973; Erziehung als Praxis der Freiheit. Stuttgart, Berlin 1974; Pädagogik der Solidarität. Für eine Entwicklungshilfe im Dialog. Wuppertal 1974.
Bendit, René: Von Paulo Freire lernen. Ein neuer Ansatz für Pädagogik und Sozialarbeit. München 1977; Dabisch, Joachim/Schulze, Heinz (Hg.): Befreiung und Menschlichkeit. Texte zu Paulo Freire. München 1991; Figueroa, Dimas: Paulo Freire zur Einführung. Hamburg 1989; Persie, Michael: Befreiung und Umkehr für die Zukunft. Paulo Freire, Theologie der Befreiung und praxisverändernde Bildung. München 1984; Schravesande, Joke (Hg.): Die Methode Paulo Freire. Eine Theorie kulturellen Handelns. Berlin 1976.

GABI BEIER

Gatti, Armand

Geb. 1924. Dramatiker, Regisseur, Journalist. Mitglied der Résistance, KZ-Haft in Neuengamme. 1959 Aufführung des Stückes Der Ochsenfrosch am Théâtre National Populaire. Internationale Anerkennung 1961 mit dem Spielfilm L'Enclos (Der Verschlag). Ab 1982 Leiter des staatlich geförderten Atelier de Création Populaire in Toulouse. G ist Vertreter des politischen, adressatenbezogenen Zeittheaters, mit dem Ziel, Einblicke in Mechanismen geschichtlicher Abläufe und Engagement für politisches Handeln zu schaffen. Sein Theater ist ein Theater der öffentlichen Plätze und des Beziehens von Positionen und eines der Trajekte und Konnexionen (vgl. Neumann-Riegner), das für soziale Gerechtigkeit und Befreiung von Erniedrigung steht (etwa Arbeit mit deklassierten Straßenjugendlichen und Langzeitarbeitslosen). Die Stücke besitzen keine lineare Erzähltechnik, sondern eine simultane, z.T. filmische Darstellung von innerem und äußerem Geschehen, Vergangenheit, Gegenwart und Zukunft.

Stücke. Berlin 1970; Kleines Handbuch der Stadtguerilla. München 1971; Rosa Kollektiv. Frankfurt a. M. 1974.
Klein, Peter-Jürgen: Theater für den Zuschauer, Theater mit dem Zuschauer. Die Dramen Armand Gattis als Mittel zu Initiierung humanen Verhaltens. Wiesbaden 1975; Kuppelwieser, D.: Armand Gatti – ein engagierter Theaterautor. Dissertation. Innsbruck 1986; Neumann-Riegner, Heinz: Das Prinzip Leben. Macht, Widerstand und Erinnerung im Werk Armand Gattis. Bonn 1993; Schoell, Konrad (Hg.): Literatur und Theater im gegenwärtigen Frankreich. Tübingen 1991.

GABRIELA NAUMANN

Gefängnistheater

Auch wenn bereits der Marquis de Sade während seiner Gefangenschaft in der Bastille Theater inszeniert haben soll, beginnt die Geschichte dessen, was unter thp Fragestellungen als G bezeichnet wird, erst in der Mitte des letzten Jhs. in den USA. Als Urvater des G gilt Herbert Blau, der 1956 im Hochsicherheitsgefängnis St. Quentin Samuel Becketts Warten auf Godot inszenierte. Die vielfachen Herr-Knecht-Verhältnisse und die Sinnlosigkeit des Wartens schienen den Gefangenen wie auf den Leib geschrieben. „Das ist doch mein Leben!" rief ein Gefangener beim Lesen des Textes (Blau auf dem Knastfestival in der Volksbühne Berlin, 2000). Blau fand zahlreiche Nachahmer: etwa Lars Norén in Schweden, Armando Punzo in Italien, Jan Jönson aus Schweden, der in den USA arbeitete, Mike Moloney in Irland.

Das bekannteste G-ensemble in Deutschland ist die Gruppe AufBruch, die 1996 in der Justizvollzugsanstalt (JVA) Tegel, einem der größten Gefängnisse Europas, gegründet wird. Geleitet wird die Gruppe vom Regisseur Roland Brus und dem Bühnenbildner Holger Syrbe. In der Arbeit von *AufBruch – Kunst Gefängnis Stadt* finden sich exemplarisch die verschiedenen Dimensionen, die die Arbeit im Gefängnis motivieren und bestimmen, miteinander verknüpft. (1.) die pädagogisch-therapeutische Dimension, (2.) die gesellschaftspolitische Dimension, schließlich (3.) die künstlerisch-ästhetische Dimension.

Die *pädagogisch-therapeutische Dimension* von Theater ist für G mit einer gewissen Vorsicht zu beschreiben. Das hat folgenden Hintergrund: Seit Inkrafttreten des Strafvollzugsgesetzes von 1977 ist die Resozialisierung der Hauptzweck des Strafvollzugs. An den hohen Rückfallquoten ist abzulesen, dass dieses Ziel keineswegs erreicht wird. Eine Gefängnisstrafe ist vielmehr häufig der Beginn einer lebenslangen kriminellen Karriere (Gefängnisse als ,Schule des Verbrechens'). Gefängnisse beschränken sich weitgehend auf ihre Verwahrfunktion. Die im Knast arbeitenden Künstler sollen eine Funktion erfüllen, die von der Institution Gefängnis selbst nur unzureichend geleistet wird. G muss sich also mit der Gefahr auseinandersetzen, als Legitimation missbraucht zu werden, öffentlichkeitswirksam Resozialisierungsbemühungen vorzuspiegeln, die real gar nicht unternommen werden.

Um den besonderen Charakter von G zu erkennen, sind Erkenntnisse über die gesellschaftliche Funktion der Gefängnisse unabdingbar. Der französische Philosoph Michel Foucault spricht von einer ,Ideologie des Gefängnisses'. Er weist darauf hin, dass Gefängnisse ihre angeblichen Funktionen nicht erfüllen. Das Gefängnis tut nicht, was es zu tun vorgibt. Weder werden die Häftlinge resozialisiert, noch kann es die Gesellschaft vor Verbrechen und Verbrechern schützen (vgl. Foucault).

Wenn Gefängnisse aber ihre Funktion nicht erfüllen, warum werden sie dann nicht abgeschafft? Weil das Versagen der Gefängnisse zumindest in Kauf genommen wird, da ihre wirkliche Funktion eine ganz andere ist. Laut Foucault produzieren die Gefängnisse ein überschaubares, polizeibekanntes und deshalb kontrollierbares Milieu der Delinquenz, differenzieren somit die Delinquenz von der Normalität. Diese Differenzierung ist zugleich konstituierend für unsere Vorstellung von Normalität. Die immer wieder geschürte Furcht vor den Delinquenten dient außerdem zur Legitimation der Einführung und Verschärfung von neuen Überwachungs- und Kontrolltechnologien. Foucault beschreibt die moderne Welt als Kerkerwelt mit dem Begriff des ,Panoptismus': Das Gefängnis als

Reinform einer die gesamte Gesellschaft überziehenden Disziplinarmacht.

Foucault geht weiter davon aus, dass in den ausgegrenzten Erfahrungen der Gefangenen ein privilegiertes Erfahrungswissen über die ,wahren' Zustände enthalten ist. Die Artikulation dieser Erfahrungen, das Sichtbarmachen der darin zum Vorschein kommenden Machtzusammenhänge, ist Aufgabe von G.

Aus den Erkenntnissen über die gesellschaftspolitische Dimension des Gefängnisses ergeben sich bestimmte Folgerungen für die *ästhetische* Dimension von G: Kunst soll aus dem ästhetischen Ghetto der Theaterinstitutionen herausgeholt werden und einen Platz in der öffentlichen Struktur der Stadt einnehmen. Sie macht verwitterte Spuren in der urbanen Landschaft wieder lesbar und den Menschen darin wieder sichtbar. Das Gefängnis ist eine Stadt in der Stadt, eine Gesellschaft in der Gesellschaft. Gleichsam wie in einem Zerrspiegel spiegelt sich im ,Drinnen', in den Schicksalen und Biographien der Gefangenen, den Regeln der Gefängnisgesellschaft das ,Draußen'. Dabei wird Verborgenes sichtbar gemacht. Kunst vermittelt hier Blicke von ,Draußen' nach ,Drinnen' nach ,Draußen', immer neu reflektiert, entsteht auf diese Weise am Ende ein neues, ein anderes Bild von Wirklichkeit.

Beim G begegnen die von außen kommenden Schauspieler, die Gefangenen und die Beamten einander in zunächst ungewohnten Rollen. Die mit der Theaterarbeit verbundene physische und psychische Nähe stellt eine große Herausforderung dar. Eingefahrene Herrschaftsrituale und starre Regeln werden in Frage gestellt und außer Kraft gesetzt. Es gilt, durch einen Körperpanzer aus Muskeln, Angst, Hass und Einsamkeit Zugang zu den Gefangenen zu finden. Der Probenraum muss sich zu einem geschützten Raum entwickeln und gegen allerlei Widrigkeiten behaupten, sowohl von Seiten der Gefangenen als auch der Institution, die sich häufig in ihrem Verwahralltag gestört fühlt. Bereits in diesen Auseinandersetzungen entfaltet die Arbeit ihre soziale, künstlerische und politische Dimension. Für die Gefangenen bedeutet Theater eine Abwechslung, eine Möglichkeit, um Hafterleichterungen zu erhalten, eine Verbesserung des sozialen Status im Gefängnis, aber auch die Gelegenheit, sich selbst in der Gefängnisgesellschaft neu zu deuten.

Als sehr hilfreich haben sich die Methoden des → *Theaters der Unterdrückten* von Augusto → Boal erwiesen. In den → Improvisationen erzählen die Spieler einander Geschichten aus dem eignen Leben, werden sich ihrer selbst bewusst und stellen Zusammenhänge zum aufzuführenden Stück her. Denn in künstlerisch verschlüsselter Form geht es in den Aufführungen immer wieder um die Spieler selbst, um ihre → Authentizität, ihre Geschichte. Wie wird man Verbrecher und warum? Wie ist der Alltag im Knast? Und was hat das alles mit dem Leben draußen zu tun?

Eine besondere Bedeutung kommt der Aufführung zu. Eine Aufführung außerhalb des Gefängnisses zu organisieren, ist natürlich mit außerordentlichen Schwierigkeiten verbunden. Um aber dennoch auf die Zusammenhänge von ‚Draußen' und ‚Drinnen' zu verweisen, hat *AufBruch* Parallelinszenierungen produziert, die zur gleichen Zeit im Gefängnis wie auch außerhalb stattfanden und aufeinander verwiesen. Zu den Aufführungen in der JVA kommen u. a. auch Familienangehörige und Freunde der Gefangenen. Die Gefangenen haben hier die Chance, ein Ausmaß an Anerkennung, Freiheit und Respekt zu erfahren, der im normalen Gefängnisalltag so gut wie unmöglich ist.

AufBruch. Selbstdarstellung [zu beziehen über: AufBruch, Pappelallee 15, 10437 Berlin]; Boal, Augusto: Theater der Unterdrückten. Frankfurt a. M. 1989; Cornel, Heinz/Maelicke, Bernd: Recht der Resozialisierung. Baden-Baden 2002; Foucault, Michel: Microphysik der Macht. Berlin 1976; Ders.: Überwachen und Strafen. Frankfurt a. M. 1994; Goffman, Erving: Asyle. Frankfurt a. M. 1972; Günther, Klaus: Kampf gegen das Böse? Zehn Thesen wider die ethische Aufrüstung der Kriminalpolitik. In: Kritische Justiz, 1994, H. 2; Jünschke, Klaus/Meertens, Christoph: Risikofaktor Innere Sicherheit. Argumente gegen den Law-and-Order-Staat. München 1994; Kaiser, Günther (Hg.): Kleines kriminologisches Wörterbuch. Heidelberg 1993; Radtke, Dirk: Knasttheater. Abschlussarbeit im Fach Theaterpädagogik an der Hochschule der Künste Berlin. Berlin 1998.

DIRK RADTKE

→ Theaterarbeit in sozialen Feldern – Zielgruppe

Geistliche Spiele

Die GS des Mittelalters und der frühen Neuzeit haben ihren Ursprung im Gottesdienst; sie sind aus den Wechselgesängen der Liturgie hervorgegangen. Es handelt sich um einfache, stoffgebundene Darstellungen biblischer Szenen, die zuerst in lateinischer Sprache, später in der jeweiligen Landessprache, in der Kirche vom Klerus dargestellt wurden (vgl. Rischbieter 495). Spielort war seit dem 13. Jh. auch der Kirch- bzw. Marktplatz. Die Osterfeier aus dem 10. Jh. ist die älteste Form des GS, später entwickelte sich daraus das umfangreichere Passionsspiel. In der Form

des Gottesdienstes gab es zwei Erscheinungen: den offiziell geplanten, vorgeschriebenen (also auch schriftlich fixierten und meist gesetzlich angeordneten) üblichen Ablauf (er wird vor allem von den Offiziellen, den Amtsträgern, den Klerikern bestimmt) sowie die aktuellen Vorkommnisse, die spontan entstehen und sich zum Teil brauchtumsmäßig verfestigen, zum Teil in den offiziell geplanten Ablauf integriert werden, zum Teil von der Institution bekämpft werden (sie sind vor allem vom ‚Volk', von den Laien geprägt, obwohl auch einzelne Kleriker als Personen daran beteiligt sind. Die Kirche als Institution ist nur sekundär, billigend oder verurteilend, damit befasst).

Der Gottesdienst, spezieller die katholische Messe, ist eine Beteiligungsform. Teile daraus sind ‚Spezialisten' vorbehalten (Klerikern), andere Teile werden von den Teilnehmern (Laien) oder von allen gemeinsam ausgeführt. Zu den gemeinsamen Teilen gehören: Lieder, Gebete, gemeinsame Bewegungen (Hände falten, aufstehen, knien, sich zu einem anderen Ort begeben). Schon 1898 hat Richard Heinzel in seiner *Beschreibung des geistlichen Schauspiels im Mittelalter* Zeugnisse für die ‚Beteiligung des Publikums' zusammengestellt (vgl. Heinzel 35, 61f., 86).

Der reale Ablauf des Gottesdienstes im späten Mittelalter bzw. in der frühen Neuzeit dürfte durchaus nicht nur würdig, heilig, sakral verlaufen sein (vgl. auch Greisenegger 14). „Man darf wohl annehmen, daß der Gottesdienst, vor allem dann, wenn er in der Kathedrale stattfand, ganz unabhängig von den wenigen Höhepunkten des liturgischen Festkreises oftmals in Spielen, Belustigungen und Gelächter endete, häufiger noch in Hymnen und Gesängen, begleitet von prozessionsartigen, rituellen, dem Ursprung nach sicherlich sehr alten Tänzen, über denen die Teilnehmer leicht jede Zurückhaltung vergaßen" (Heers 79). Also lässt sich zumindest zeitweilig eher von ‚Volksfestcharakter', von einer ‚Kernmesse' und nicht einer Messe sprechen. Dieser Volksfestcharakter wird durch eine Fülle von Zeugnissen belegt; er lässt sich auch in der sprachlichen Entwicklung des Wortes ‚Messe' ablesen. Es kommt aus der Schlussformel der katholischen Messe *missa* von *ite misa est*. „Urspr. Bezeichnung der kirchlichen Feier, ist es auch zur Bezeichnung des Festtages geworden, an dem eine Messe gelesen wurde [...], daher *Kirchmesse*, woraus *Kirmes*, *Kirms* und *Lichtmess*. Daraus seit dem 14. Jh. *Messe*, der an einem solchen Festtag abgehaltene Jahrmarkt, dann überhaupt größerer periodisch wiederkehrender Jahrmarkt [...]" (Paul 427).

Auch für das sich innerhalb der Messe entwickelnde
→ Spiel lässt sich Entsprechendes vermuten. Kindermann spricht von Engeln, die „als eine Art ‚Theater-
polizei‘ fungieren, sofern nicht Soldaten des Pilatus
oder gar Teufelsdarsteller dazu ausersehen sind, den
Darstellern, besonders dem Christus-Darsteller, den
Weg mitten durch die Publikumsschar zu bahnen.
Ruhestörer im Publikum wurden von Teufelsdarstel-
lern ‚ergriffen, vor aller Augen in die Hölle geschleppt
und dort nicht gerade sanft behandelt‘“ (Kindermann
29).

Zur Konkretion der Publikumswirkung ein Karfrei-
tagsspiel, von dem uns aus dem Jahr 1687 der Text und
eine ausführliche Beschreibung vorliegen (vgl. Hadamowsky):

„Als Darsteller sind in vielen Fällen die Steuerdiener
der Stadt Wien genannt; jedes der vier Stadtviertel
hatte je zwei Beamte, die für die Eintreibung der
Steuern zu sorgen hatten; sie scheinen die Träger der
Hauptrollen gewesen zu sein [...]. Ob die Steuerdiener
aus Tradition spielten oder – wie es öfters zu beobachten ist – die Stadt ihnen eine Aufbesserung der Besol-
dung zukommen lassen wollte, ist nicht zu entscheiden. Eine Art Gesamtorganisation scheint der Messner
von St. Stephan gehabt zu haben; er besorgte die
Statisten, die neben dem Gotteslohn des Ablasses das
‚Fruestuckh‘ aus ‚fleisch, prott, kraut und wein‘ als
irdische Kostzubesserung gern annahmen“ (Hadamowsky 18).

Die Steuerdiener haben also nachweislich nicht
alleine gespielt; selbst für die Besetzung der Hauptrollen (der von Hadamowsky abgedruckte Text zählt 15
Rollen auf) reichte ihre Zahl nicht aus; darüber hinaus
müssen wir aber mit einer Fülle von Nebenrollen
rechnen; für diese ‚Statisten‘ finden sich immer wieder
Belege in den Abrechnungen der Bruderschaften: Es
lassen sich drei Gruppen unterscheiden: (1.) die eigentlichen Veranstalter und Spieler der Hauptrollen, die
Steuerdiener; (2.) die Statisten, die fest umrissene
Aufgaben im Spiel haben, die dafür geprobt haben und
eine Gratifikation (in Geld und/oder Naturalien) erhalten; (3.) die Besucher des Spiels, die zuschauen und
mitwandern, aber an entscheidenden Momenten des
Spiels auch mitagieren.

Zum Prolog erfolgt mehrmals die übliche Mahnung
des Prologsprechers an die Zuschauer:
„Höret zu, und schweigt ein wenig still, / merckt
waß ich euch jetzt anzeigen will.“ (114) Als Beispiel für
die Mitwirkung des Publikums kann u.a. Folgendes
gelten: „Ach weinet Ihr Sünder ohne verdruß,/ nembt
Ewere händt, klopfft an die Brust, dieße wundten habt

ihr selbsten gemacht,/ O Sünder dieses wohl betracht
[...]“ (125). Zusammen mit dem Text werden auch
einige ‚Regieanweisungen‘ notiert: „Diese Comoedi
deß Passions und der Gottesdienst sambt denen gebräuchlichen ceremonien werden alßo eingerichtet,
daß Sie zu einiger Zeit interrumpirt und auffgehebt
werden, worauff dan die procession mit dem Hoch-
würdigen zu dem Heyligen grab erfolget, so von denen
Thumbherren, unterschiedlichen Cavallieren, Dähmen,
und dem gantzen Stadt Magistrat, sambt allen der
Bruderschafft Corporis Christi einuerleibten Brüdern
und schwestern, welche alle brennende fackhlen undt
kertzen in den händen tragen, begleitet wirdt“ (136f.).
Auch tätige Teilnahme ist erwünscht, das Publikum
soll z.B. „helffen allzugleich, beklagen unßern herrn
Jesu Christ“ (139). Dieses Klagen soll in Gesten und
Bewegungen, in Wort und Gesang deutlich werden:
„hebt alßo zu gesencken an“ (140). Deutlich lässt sich
unterscheiden, wann das Publikum zu Gedanken und
Gefühlen, wann es zu direkter körperlicher Beteiligung aufgefordert wird; einmal sollen die ‚hertzen‘
‚gedenckhen‘, dann sollen die Hände erhoben, an das
Herz geklopft werden, zu ‚gesencken‘ wird aufgefordert und zum abschließenden gemeinsamen Amen.

Das GS als Beteiligungsform übernimmt übliche
Verhaltensweisen aus dem Gottesdienst und setzt sie
zur Wirkungssteigerung ein. Die Beteiligungsregeln
werden, wie im Gottesdienst, verbal und durch Beispiel vermittelt; es gibt *Reduktionsregeln* (schweigt stille)
und *Animationsregeln* (sagt Amen, singt usw.). Provoziert wird eine körperliche Beteiligung, um die emotionale Beteiligung zu steigern. Es geht nicht darum,
eigene Ideen der Zuschauer einzubringen; Ziel des
mittelalterlichen Spiels ist die Betroffenheit der Zuschauer. Die Betroffenheit ist „Hilfsmittel zur Durchsetzung der eigentlichen Anliegen: der Bekehrung, der
Festigung im Glauben, des Gehorsams der weltlichen
und geistlichen Obrigkeit gegenüber“ (Greisenegger
77).

Catholy, Eckehard: Das Fastnachtsspiel des Spätmittelalters.
Gestalt und Funktion. Tübingen 1961; Greisenegger, Wolfgang: Die Realität in religiösen Theater des Mittelalters. Ein
Beitrag zur Rezeptionsforschung. Wien 1978; Hadamow-
sky, Franz: Mittelalterliches geistliches Spiel in Wien 1499–
1718. Wien 1981; Heers, Jacques: Vom Mummenschanz
zum Machttheater. Europäische Festkultur im Mittelalter.
Frankfurt a. M. 1986; Heinzel, Richard: Beschreibungen des
geistlichen Schauspiels im Mittelalter. Hildesheim, New
York 1977; Kindermann, Heinz: Das Theaterpublikum des
Mittelalters. Salzburg 1980; Muir, Lynette R.: The Biblical
Drama of Medieval Europe. Cambridge 1995; Neumann,

Bernd: Geistliches Schauspiel im Zeugnis der Zeit. Zur Aufführung mittelalterlicher religiöser Dramen im deutschen Sprachgebiet. München, Zürich 1987; Paul, Hermann: Deutsches Wörterbuch. Tübingen 1966; Rischbieter, Henning (Hg.): Theater-Lexikon. Zürich, Schwäbisch Hall 1983.

DAGMAR DÖRGER
Mit Genehmigung der Autorin entnommen aus:
Animationstheater. Frankfurt a. M. 1993.

→ Animation – Bibliodrama – Geselligkeit – Interaktion – Lernen und Theater – Magie – Mitspiel(theater) – Schuldrama – Theatralität – Volkstheater

Geschichte der Pädagogik

Wie haben Kinder und Jugendliche in früheren Zeiten gelebt? Unter welchen sozialen, ökonomischen und materiellen Bedingungen wuchsen sie konkret in die Gesellschaft hinein? Mit diesen Fragen beschäftigt sich die *Realgeschichte* der Pädagogik. Welche pädagogischen Vorstellungen, Ideen und Konzepte wurden entwickelt, gab es so etwas wie eine ‚Theorie‘ der Erziehung? Diese Fragen sind Gegenstand der *Ideengeschichte* der Pädagogik. Beide Ebenen hängen untrennbar zusammen.

Die GdP lässt sich in *sieben Epochen* einteilen, wobei diese Einteilung eher einer heutigen Orientierung als einer genauen historischen Differenzierung dient. Auch ist die übliche pädagogische Historiographie eurozentristisch, auf männliche Pädagogen fixiert und wenig international. Das alte Ägypten zum Beispiel, China, Mexiko oder Indien sind in deutschen Darstellungen nicht zu finden.

Erste Epoche: Die Antike (ab 500 v. Chr.) – Wichtige Wurzeln unseres pädagogischen Denkens liegen in dieser ersten Epoche, der griechisch-römischen Antike. Insbesondere der Begriff der *paideia* (Erziehung, Bildung) spielt eine zentrale Rolle. Bildung zielte (übrigens nur für die Söhne der freien Bürger!) auf die Bewältigung des Lebens in der *polis*, dem griechischen Stadtstaat, war also zuerst *politische* Bildung. Sie sollte nach Platon aber auch zur Erkenntnis des Wahren, Guten und Schönen führen mit der höchsten Idee eines guten und gerechten Lebens für alle. Eine wichtige Rolle spielte dabei die griechische Tragödie (weniger die Komödie), die *phobos* und *eleos* (Furcht und Mitleid) erwecken wollte. In der römischen Zeit rückten dann vor allem ‚Tugenden‘ in den Mittelpunkt, z. B. Tapferkeit, Mut und politisches Geschick sowie die Ausbildung in den ‚Sieben freien Künsten‘ (Grammatik, → Rhetorik, Dialektik, Astronomie, Geome-

trie, Arithmetik, Musiklehre – bis weit in das Mittelalter der Lehrplan des Abendlandes). Schulen für das Volk aber gab es nicht, Bildung war gedacht für die Elite. Überformt wurden diese antiken Bildungs- und Erziehungsvorstellungen im Mittelalter vor allem durch das Christentum.

Zweite Epoche: Das Mittelalter (bis zur Reformation) – Bildung und Erziehung galten vor allem dem klerikalen Nachwuchs. Nicht mehr die Erkenntnis des Guten war höchstes Bildungsziel, sondern die Einübung in die Nachfolge Christi, wobei Latein die Sprache des Klerus war. Kloster-, Dom- und Stiftschulen übernahmen diese Aufgabe. Erst mit dem wachsenden europäischen Handel wurden zunehmend ‚Deutsche Schreib- und Leseschulen‘ gegründet, die dem neu entstehenden Kaufmannsstand eine ‚moderne‘ Bildung (u.a. auch Fremdsprachen) vermittelten. Das Volk hingegen wuchs in die Gesellschaft hinein durch Übernahme von Sitten, Brauchtum und Religion. Umherziehende Theatergruppen dienten eher der Volksbelustigung, weniger der ‚Erziehung‘. Ein gewaltiger Einschnitt ergab sich in der GdP mit den Umbrüchen der Renaissance (Entdeckung neuer Kontinente, Erfindung des Buchdrucks u. a. m.), etwas später dann mit den Umwälzungen durch die Reformation (Luthers Gedanke des allgemeinen Priestertums), verbunden mit der Forderung erster (Katechismus-) Schulen für das Volk.

Dritte Epoche: Der Umbruch vom Mittelalter zur Moderne (1600–1700) – Die unvorstellbaren Wirren des Dreißigjährigen Krieges (1618–1648) führten zu Plänen einer radikalen Umgestaltung des Bildungs- und Erziehungswesens, z. B. bei Comenius (1592–1670). Zum ersten Mal wurden Ideen zum Aufbau eines Schulwesens entwickelt, das für alle Menschen die notwendige Bildung und Erziehung vermitteln sollte. Comenius wollte ‚alle alles umfassend‘ lehren (omnes, omnia, omnino) und entwickelte dazu eine ‚Große Didaktik‘ und den Plan eines gestuften Schulwesens für alle Kinder des Volkes (Vorläufer heutiger Gesamtschulideen), „das war gesellschaftspolitisch ein unerhört kühner, ja revolutionärer Anspruch" (Blankertz 35), obwohl Comenius stark religiös orientiert war. Doch es dauerte lange Zeit, bis diese Ideen zur Gestaltung des Bildungs- und Erziehungswesens in Ansätzen Wirklichkeit wurden. Die Aufklärung – auch das ‚Pädagogische Jahrhundert‘ genannt – warf ihre Schatten voraus.

Vierte Epoche: Die Aufklärung oder das Pädagogische Jahrhundert (1700–1800) – Große Denker wie z. B. Locke, Kant, Schiller, Bacon, Goethe, aber auch Rousseau, wenig später Pestalozzi, beschäftigten sich intensiv mit Fragen der Erziehung und Bildung. Die Zeit der großen Schauspiele mit nicht zuletzt pädagogisch-bildender Intention begann. Realgeschichtlich aber prägte eine sich stark verändernde alltägliche Wirklichkeit das Leben der Menschen. Dies zeigte sich in der Entstehung von drei großen Systemen: (1.) das ökonomische System, die beginnende kapitalistische Marktwirtschaft; (2.) das politisch-administrative System, vor allem als zentralisierte Institution des modernen Verfassungsstaates; (3.) das kulturelle System, vor allem die moderne Wissenschaft, Erziehung und Bildung. Der Glaube an die Machbarkeit der Verhältnisse und das Vertrauen in die Vernunft des Menschen waren fortan Grundlage der pädagogischen Ideen. Erziehung und Bildung gewannen eine widersprüchliche Funktion: Einerseits sollten sie Grundlage für den Fortschritt sein, andererseits Kampf gegen die negativen Folgen dieses Fortschritts. Die Romantik (etwa mit Froebel) suchte dabei in der Natur des noch unverstellten Kindes die Möglichkeit eines Neuanfangs gegen den Verlust des Menschlichen in einer sich entfremdenden Kultur.

Von nicht zu überschätzender Bedeutung für die GdP sind die Werke Rousseaus und Pestalozzis. Wollte Rousseau (z. B. in seinem Erziehungsroman *Émile*) den wahren Gang der Erziehung auf der Grundlage der ‚Natur des Menschen' skizzieren, entwarf Pestalozzi ein anthropologisch realistischeres Bild vom Menschen, das er zur Grundlage einer Neugestaltung der Gesellschaft durch Erziehung machen wollte. Vielfach wurden diese Ideen aufgenommen, z. B. in der Bewegung der Philanthropen mit ihren revolutionären Schulgründungen (Basedow, Rochow, Salzmann) oder auch in den Industrieschulen, die freilich Bildung des Menschen auf Nützlichkeit und Brauchbarkeit für das Leben in der Industriegesellschaft reduzierten. Aber die Gedanken von Rousseau und Pestalozzi wirken bis heute auf die Pädagogik ein.

Fünfte Epoche: Die deutsche Klassik − Erziehung und Bildung in der entstehenden bürgerlichen Gesellschaft (1800–1900) − Es gab wohl kaum eine Epoche, die eine solche Fülle pädagogischer Ideen zur Reform des Bildungswesens hervorgebracht hat wie die Zeit vor allem in Preußen nach den verheerenden Niederlagen in den napoleonischen Kriegen. Hier liegen die Wurzeln für die Entstehung unseres heutigen Bildungssystems. Von Herders Bemühung um eine Wiederbelebung der deutschen Volkskultur über Fichtes gewaltige *Reden an die deutsche Nation*, Herbarts Grundlegung eines modernen, didaktisch und lernpsychologisch begründeten (Frontal-)Unterrichts und Diesterwegs Mühen um

eine allgemeine Volksbildung bis zu den politisch-reaktionären Erlassen des Ministers Altenstein (das Volk solle sich in den von Gott gegebenen Grenzen bewegen) reicht die Dynamik dieser Zeit. Es war die Zeit der Entstehung der modernen Universität, des Gymnasiums, der Volksschule und wenig später auch der Realschule. Eine der wichtigsten Figuren dabei war Wilhelm von Humboldt, der mit seinen Ideen der allgemeinen Menschenbildung vor aller standesorientierten Nützlichkeit die Grundlage (freilich orientiert an den Bildungsidealen der griechischen Antike) eines modernen Allgemeinbildungsverständnisses schuf. Beeindruckend ist die Entwicklung der Elementarschulen (bis zum Ende des Jhs. besuchten fast alle Kinder eine Schule, nachdem sich die Schulpflicht seit Beginn des Jhs. langsam durchsetzte). Die Idee der Volksbildung war in das allgemeine Bewusstsein eingedrungen. Die Wirklichkeit der schulischen Bildung erstarrte aber bald mit der zunehmenden Institutionalisierung und der staatlichen Aufsicht. Das musste zu Protesten führen.

Sechste Epoche: Die Reformpädagogik − Protest gegen erstarrte Bildung und Erziehung (1900–1933) − Die (international verflochtene) → Reformpädagogik zu Beginn der 20. Jhs. war eher eine Bewegung unterschiedlichster Richtungen, zum Teil politisch motiviert, zum Teil kulturkritisch ausgerichtet, zum Teil pädagogisch orientiert. Gemeinsam war der Protest gegen erstarrte Formen, teilweise mit deutlich nationalistischen Untertönen, teilweise mit internationalen Tendenzen. Wichtigste Teile der Bewegung waren die ‚Kulturkritik', die Kunsterziehungsbewegung, die sozialpädagogische Bewegung (Reform des Jugendstrafvollzugs, Erneuerung der Fürsorge, neue Heimerziehungsideen), Frauenbewegung, die Jugendbewegung, Schulalternativen (Waldorfschulen, Landerziehungsheime, Arbeitsschulbewegung nach Gaudig und Kerschensteiner, Einheitsschulbewegung bis zu Peter Petersens Jena-Plan-Schulen u. a. m.) und Gründung der Volkshochschulen − um nur einige wenige Beispiele zu nennen. Die Reformpädagogik fand ihr Ende allerdings mit der ‚Gleichschaltung' in der HJ des Nationalsozialismus. Erziehung und Bildung im Nationalsozialismus degenerierten zu Rollenklischees von Jungen und Mädchen, eingebunden in eine entindividualisierende und rassistische Volks- und Gemeinschaftsideologie.

Siebte Epoche: Von der Nachkriegszeit bis zur Gegenwart − Nach einer an der materiellen Not der Kriegsfolgen orientierten Wiederaufbauphase gelten die 1950er Jahre allgemein als Epoche einer generellen Restauration.

Anders in der DDR. Hier wurde im gesamten Bildungswesen bewusst ein Traditionsbruch eingeleitet. Der Aufbau eines sozialistischen Einheitsschulsystems war in den 1970er Jahren im Wesentlichen abgeschlossen. Ziel war organisatorische und curriculare Einheitlichkeit, die sich auch auf ein gut ausgebautes System von Kinderkrippen, Kindergärten und -horten erstreckte. Unter der Leitidee einer ‚Erziehung zur sozialistischen Persönlichkeit‘ entwickelte sich jedoch ein Ungleichgewicht zwischen kollektiver Bindung und individuellen Entfaltungsmöglichkeiten. In der BRD kommt es erst in den 1960er und 1970er Jahren zu einem erheblichen ‚Modernisierungsschub‘, der sowohl die Erziehungspraxis (z. B. in einer liberalisierten Erziehung in den Familien) als auch das Bildungswesen (z. B. in der Einführung der Reformierten Oberstufe des Gymnasiums 1974) erfasste. Die 1980er Jahre sind dann geprägt vom ‚Diktat der leeren Kassen‘, nur einzelne Reformansätze wurden weitergeführt (z. B. in Gesamtschulen, in der Curriculumbewegung). Geprägt von den Folgeproblemen der Wiedervereinigung können die 1990er Jahre als Periode pragmatisch machbarer Reformen angesehen werden. In jüngster Zeit haben schließlich breit angelegte internationale Leistungsvergleichsstudien (TIMSS, PISA) zu einer erheblichen Diskussion um die Leistungsfähigkeit des deutschen Erziehungs- und Bildungswesens geführt.

Blankertz, Herwig: Die Geschichte der Pädagogik. Von der Aufklärung bis zur Gegenwart. Wetzlar 1982; Handbuch der Deutschen Bildungsgeschichte. 5 Bde. München 1987 ff.; Tenorth, Heinz-Elmar: Geschichte der Erziehung. Weinheim, München 1992.

HERBERT GUDJONS

→ Didaktik – Geschichte der Sozialpädagogik – Lebensbegleitendes Lernen – Lernen und Theater – Methodik – Theaterhistoriographie

Geschichte der Sozialpädagogik

Menschenfreunde haben zu allen Zeiten gefordert, Erziehung als eine allgemeine ‚Menschenbildung‘ zu verstehen und zu betreiben. Die Praxis sah meistens anders aus. Weder wurden ‚Erziehung‘ und ‚Bildung‘ als die beiden Seiten ein und derselben Sache gesehen, noch wurden allen Menschen alle Kenntnisse und Fertigkeiten vermittelt, wie Johann Amos Comenius (1592–1670) es in seiner *Grossen Didaktik* (1657) vergebens gefordert hatte. Erzogen werden Kinder auch heute noch überwiegend in ihren nach Klassen und Schichten, nach Herkommen und Einkommen getrennten Elternhäusern, gebildet werden sie unterschiedlich lange, unterschiedlich intensiv und mit unterschiedlichen Ergebnissen in unterschiedlichen Schulen eines allgemeinen Bildungssystems, dem in international vergleichenden Untersuchungen immer wieder bescheinigt wird, dass es unfähig oder unwillig wäre, ‚allgemeine Menschenbildung‘ zu betreiben.

Das Grundgesetz der BRD legte im Mai 1949 fest, Pflege und Erziehung der Kinder sei „das natürliche Recht der Eltern und die zuvörderst ihnen obliegende Pflicht. Über ihre Betätigung wacht die staatliche Gemeinschaft. Gegen den Willen der Erziehungsberechtigten dürfen Kinder nur auf Grund eines Gesetzes von der Familie getrennt werden, wenn die Erziehungsberechtigten versagen oder wenn die Kinder aus anderen Gründen zu verwahrlosen drohen" (GG Artikel 5 [2] und [3]).

Das Ideal einer pflichtgemäßen Erziehung von Kindern im Haushalt der Eltern setzt eine funktionierende Arbeitsteilung zwischen der hausarbeitenden Mutter und dem lohnarbeitenden Vater (oder umgekehrt) voraus – und dazu noch friedliche Zeiten, in denen ein stabiler Haushalt für die ‚ganze Familie‘ existiert und Eltern und Kinder sich nicht wechselseitig verloren gehen. Dort, wo diese Voraussetzungen nicht gegeben waren oder brüchig wurden, erfanden Gesellschaften das, was wir ‚Sozialpädagogik‘ nennen.

Friedrich Oberlin (1740–1826), ein Pfarrer im Elsass, wollte Fabriken in seinen Gemeinden ansiedeln, um Arbeitslosigkeit und Landflucht zu bekämpfen. Dazu musste er die Arbeitskraft von Frauen und Müttern mobilisieren. Wo aber blieben während der Fabrikarbeit der Mütter die Kinder? Oberlin organisierte Kinderbewahranstalten (auch Spielschulen genannt), damit die Mütter regelmäßiger Erwerbsarbeit nachgehen konnten. Evangelische Glaubensgemeinschaften griffen diese Praxis auf und organisierten die Ausbildung von ‚Kleinkinderschullehrerinnen‘.

Friedrich Fröbel (1782–1852), ein Schüler Johann Heinrich Pestalozzis (1746–1827), gründete 1840 in Thüringen den ersten ‚Kindergarten‘ zur Unterstützung der Erziehungstätigkeit nicht berufstätiger Mütter aus bürgerlichem und adeligem Haus. Er ging von einem romantischen, entwicklungspsychologischen Konzept aus, nach dem der Schulbildung eine frühe Pflege kindlicher Gestaltungskräfte durch freie (aber vorsichtig angeleitete) Tätigkeit im Spiel vorausgehen solle. Dazu erfand er die Spielgaben Ball, Würfel, Kugel und Reifen, die er über einen eigenen Versandhandel vertrieb. Um Kinder im ‚rechten Gebrauch dieser Spielgaben‘ zu schulen (und um auch deren

Mütter zu unterweisen) bildete Fröbel ‚Spielführerinnen‘ aus, orientierte sie aber im Gegensatz zu Oberlin nicht auf den Schuleintritt, sondern auf ein schulfernes, freies Spiel. Dieses Konzept einer ‚schulfernen Vorschulerziehung‘ setzte sich in Deutschland durch und führte u. a. dazu, dass Kindergärten nicht der Schulverwaltung angegliedert wurden, sondern einer eigenständigen Verwaltung von ‚Jugend, Freizeit und Sport‘.

Andere europäische Länder gingen entgegengesetzte Wege und suchten die Kindergärten als Einrichtungen der ‚Vorschule‘ enger auf die soziale und intellektuelle Situation des Schuleintritts zu orientieren. Das galt nicht zuletzt für die DDR, deren Kindergärtnerinnen unter Umständen die Befähigung zum Unterrichten in den ersten Klassen der Grundschule erwerben konnten.

Die neueren international vergleichenden Untersuchungen der OECD über die Leistungen 15-jähriger Schülerinnen und Schüler scheinen denen Recht zu geben, die eine frühzeitige Förderung der kognitiven Fähigkeiten von Kindern im Vorschulalter fordern. Unterstützt werden diese Forderungen durch die Notwendigkeit, angesichts zunehmender Berufstätigkeit auch von jungen Müttern die Zahl der Kindergartenplätze deutlich zu steigern, eine ‚zuverlässige‘ Grundschule einzurichten, die keinen Stundenausfall mehr kennt und die Schulen vom Halbtagsbetrieb auf einen Ganztagsbetrieb umzustellen, damit die Eltern während des ganzen Tages berufstätig sein können.

In der zweiten Hälfte des 20. Jhs. wären solche Forderungen, die damals von Schulreformern, Sozialdemokraten und Sozialisten immer wieder erhoben worden waren, am Widerstand konservativer und klerikaler Kreise gescheitert. Diese Kreise hielten weiterhin die Forderung aufrecht, dass die Erziehung der Kinder die vornehmste Aufgabe der Ursprungsfamilie wäre und dass kommunale Erziehungseinrichtungen und Maßnahmen die Erziehungskraft der Familie nicht schwächen – auch nicht in Konkurrenz zu ihr treten – dürfen. Im Konfliktfall seien Mütter darauf zu orientieren, ihre Berufstätigkeit für eine bestimmte Zeit der ‚Familienphase‘ zu unterbrechen. Andere mitteleuropäische Länder wie Italien und Frankreich sind einen solchen Weg nicht gegangen, sondern sie haben von vornherein auf einen massiven Ausbau sozialpädagogischer Einrichtungen und Maßnahmen nicht nur während des ganzen Jahres, sondern auch und besonders in den schulfreien Ferienzeiten gesetzt (Kinderkolonien und Ferienlager in der Trägerschaft von Kommunen und Firmen).

Die zweite historische Wurzel der Sozialpädagogik in Deutschland führt auf Findelhäuser und Erziehungsheime für Waisenkinder und von ihren Familien ‚verlassene‘ oder ‚verwahrloste Kinder‘ zurück – also auf Situationen, in denen Familienerziehung nicht stattfand, versagte oder dem Kinde körperlichen und seelischen Schaden zufügte. In einem Lande mit einer bestimmten christlichen Tradition, in der die Erziehung der Kinder (und deren Erziehung zum Glauben der Eltern) die erste und oberste Pflicht dieser Eltern war, galt die Erziehung außerhalb des Elternhauses von vornherein als ‚Fremderziehung‘ und ‚Ersatzerziehung‘. Insbesondere im 19. Jh. lag die sog. ‚Heimerziehung‘ vorwiegend in den Händen konfessioneller Trägervereine und hatte als Drill- und Dressur-Erziehung einen denkbar schlechten Ruf. In der ersten Hälfte des 20. Jhs. kam es zu Aufständen in einzelnen Erziehungsheimen. Die sozialdemokratische Presse nahm sich der Vorfälle an. Kommunistische Agitatoren versuchten, die rebellierenden Jugendlichen für ihre Sache zu gewinnen. Die Jugendämter, die eigentlich zur Aufsicht über die Erziehungsheime verpflichtet waren, zeigten sich hilflos. Auf der anderen Seite gab es interessante und wichtige Reformbestrebungen, die an Johann Heinrich Pestalozzi, an dem sowjetischen Reformpädagogen Anton Semjonowitsch Makarenko (1888–1939) oder dem polnischen Humanisten Janusz Korczak (1878–1942) orientiert waren. Die kulturrevolutionären Bestrebungen der deutschen Studenten- und Sozialarbeiterbewegung zwischen 1967 und 1975 stellten die starren Erziehungsprinzipien der traditionellen Heimerziehung und deren totalen Versorgungsanspruch (‚fürsorgliche Umzingelung‘) infrage und entwickelten experimentelle neue Formen der Ausgliederung eigenverantwortlicher Wohngemeinschaften aus der Totalversorgung in Großheimen und dem ‚betreuten Wohnen‘ unter interner oder externer Beratung durch SozialpädagogInnen. Auch die nach dem 2. Weltkrieg neu entstandenen ‚Kinderdörfer‘ (S.O.S. Kinderdörfer und Albert-Schweitzer-Kinderdörfer und Familienwerke) stellten eine neue Alternative zum traditionellen Erziehungsheim sowohl in organisatorischer als auch in sozialpädagogischer Hinsicht dar.

Die Ausbildung von ErzieherInnen und SozialpädagogInnen (die Begriffe decken sich teilweise, z. T. sind sie von Bundesland zu Bundesland verschieden) wird an Fachschulen, Fachhochschulen und Universitäten betrieben. Psychologie (vor allem → Entwicklungspsychologie), Erziehungswissenschaft und Sozialpädagogik, Soziologie und Rechtskunde gehören zum Kern-Curriculum. Eine besondere Rolle spielt die Beachtung der Bedeutung, welche Gleichaltrige für den Sozialisationsprozess von Kindern und Jugendlichen haben. Auch die zunehmende Bedeutung der Bilder-Medien spielt in der Ausbildung eine große Rolle und regt zu vielerlei interessanten → Experimenten mit spielerischen Gestaltungsmöglichkeiten, → Darstellendem Spiel, → Rollenspiel und → Psychodrama an. Es hat sich herumgesprochen, dass es falsch wäre, die ehemalige ‚Gängelungspädagogik' durch eine zeitgenössische ‚Laissez-faire-Pädagogik' zu ersetzen. Dann würden die Jugendlichen ihre Erzieher nämlich recht bald fragen: ‚Wofür wirst du eigentlich bezahlt?' – so jedenfalls der Titel eines ehemals sehr populären Erziehungsbuches von Götz Aly.

Aden-Grossmann, Wilma: Kindergarten. Eine Einführung in seine Entwicklung und Pädagogik. Weinheim 2002; Aly, Götz: Wofür wirst du eigentlich bezahlt? Berlin 1980; Freigang, Werner/Wolf, Klaus: Heimerziehungsprofile. Sozialpädagogische Porträts. Weinheim 2001; Mollenhauer, Klaus: Einführung in die Sozialpädagogik. Weinheim 2001; Müller, C. Wolfgang (Hg.): Einführung in die Soziale Arbeit. Weinheim 1995; Ders.: Wie Helfen zum Beruf wurde. Eine Methodengeschichte der Sozialarbeit. Bd. 1: 1883–1945. Weinheim 1999. Bd. 2: 1945–1995. Weinheim 1997.

C. WOLFGANG MÜLLER

→ Didaktik – Erlebnispädagogik – Geschichte der Pädagogik – Klassenfahrt als theaterpädagogische Aktion – Kulturelle Bildung – Lebensbegleitendes Lernen – Reformpädagogik – Zielgruppe

Geselligkeit

Das Grimmsche Wörterbuch belegt die gegenwärtige Bedeutung von G – „das gesellige zusammensein, der freundliche umgang und verkehr, sowie die neigung und fertigkeit dazu" – mit Zitaten aus dem 18. und frühen 19. Jh. Sie markieren die Epoche, in der der Begriff in Deutschland seine theoretische Ausprägung und seine bis heute exemplarische Konkretion erfuhr (Adam 4f.). Trotz einem breiten Variationsspektrum in den einzelnen Epochen und europäischen Kulturen sind verwandte Erscheinungsformen der G seit der Renaissance dokumentiert. Sie begleiten die Urbanisierung, das Erstarken des Bürgertums, die Ausdifferenzierung des sozialen Lebens in private und öffentliche Bereiche. Neben der alltäglich-spontanen G in Nachbarschaften, Gasthäusern und an anderen öffentlich zugänglichen Orten, neben traditionellen Formen ritualisierter und neuen Formen religiöser und ge-

heimbündlerischer G bildet sich in Adels- und Bürgerhäusern eine G des Gesprächs heraus, in dem neben pädagogischen und religiösen Themen ästhetische Gegenstände eine wichtige Rolle spielen. Als selbstzweckhaft ist diese G zu unterscheiden von Gruppierungen, deren Gemeinsamkeit in der Verfolgung eines äußeren Zwecks begründet ist.

Goethe hat der G gebildeter italienischer Adliger der Renaissance im *Torquato Tasso* ein literarisches Denkmal gesetzt; darin betont er zwei Merkmale: die dominierende Rolle der Frauen und ihre normative Funktion bei der Ausbildung angemessenen geselligen Verhaltens. Beide treffen auch auf spätere G-varianten zu. Die für Europa vorbildlichen Pariser Salons im 17. und 18. Jh. waren von Frauen gestaltete Rückzugsgebiete des vom absoluten Königtum entmachteten Adels und zugleich Übungs- und Bildungsräume für das Bürgertum. Sie waren Orte geistreichen Gesprächs, literarischer Spiele und Briefwechsel; es wurden Lesungen und Theateraufführungen arrangiert. Salons waren Inseln der Toleranz und sozialen Gleichberechtigung, nicht zuletzt, weil politisch brisante Gesprächsthemen ausgeblendet wurden. – Das durch den Dreißigjährigen Krieg verwüstete Deutschland kannte solch intellektuelle Eleganz nicht. Ständeübergreifende ‚Sprachgesellschaften' von Gebildeten und Gelehrten zielten auf die Förderung der deutschen Sprache und Literatur und trugen zur Herausbildung einer literarischen Öffentlichkeit bei. Die Bedeutung ästhetischer Spielformen belegt Georg Philipp Harsdörffers Werk *Frauenzimmer Gesprächsspiele* (1643–1647).

Im Konflikt mit ständischen Gesellschaftsformationen und starren Regelpoetiken entwickelten die Autoren der Empfindsamkeit und des Sturm und Drang zwanglosere Formen geselligen Umgangs. In Goethes Leben entfalten sie sich zu einem Spektrum räumlich wie zeitlich weit gespannter Freundschaftsbünde, Gespräche, Briefwechsel, Lektüre- und Theaterzirkel. Eine jüngere Generation von Autoren, so Friedrich und August Wilhelm Schlegel, ihre Frauen Caroline und Dorothea, Novalis, Tieck, Schelling und Schleiermacher, knüpfen zwischen 1798 und 1800 in Jena und Berlin so intensive wie flüchtige Freundschaftsverbindungen, in denen Eros, Literatur und Philosophie eine produktive Allianz eingehen. In dieser romantischen G, ähnlich wie in Frankfurter, Marburger, Heidelberger und Berliner Kreisen um die Geschwister Brentano, überlagern sich Literatur und Leben; für einen historischen Augenblick wird „die Poesie lebendig und gesellig und das Leben und die Gesellschaft poetisch" (Schlegel 182). Die romantische G ist verflochten mit der Geschichte der Berliner Salonkultur, an der gebildete Töchter der wohlhabenden jüdischen Familien größten Anteil haben. Die berühmtesten Salons, Foren und Fermente literarischen Lebens und ästhetischer Reflexion sind die der Henriette Herz und der Rahel Levin, später verheiratete Varnhagen. Formen geselliger Literaturrezeption und -produktion sowie musikalischer G bleiben in Deutschland weit ins 19. Jh. erhalten. Indes verlagern sich die Funktionen der Salons hin zur konventionellen Repräsentation einerseits, zur politischen Debatte andererseits. Um die Wende zum 20. Jh. entwickelt sich – neben exklusiven intellektuellen Salons z. B. des Kunstkritikers Julius Meier-Gräfe und um Stefan George – eine G künstlerischer → Avantgarden, für die das Café Treffpunkt und Produktionsstätte wird. Die Nationalsozialisten bereiten dieser künstlerischen G ein abruptes Ende.

Während der Emanzipationsbewegung um 1968 experimentieren junge Erwachsene mit Formen politisch subversiver G in Kommunen und Wohngemeinschaften; sie sind nicht dauerhafter als ihre romantischen Vorläufer, wirken aber wie diese als stimulierende Bilder einer G, in der Leben und Arbeit, Liebe, Freundschaft, künstlerische Produktion und philosophische Reflexion zu einer Synthese finden könnten. Spätere Versuche, z. B. in Berlin, eine neue Salonkultur zu etablieren, bleiben aufgrund der Weitläufigkeit und der Diversität der intellektuellen und künstlerischen Szenen marginal. An die Stelle der Salons und Cafés sind heute einerseits die von Verlagen und Literaturhäusern arrangierten Lesungen getreten, andererseits schnell wechselnde jugendkulturelle Initiativen; seit den 1980er Jahren gehören Schreibwerkstätten zum Programm vieler Bildungsinstitutionen.

Als Vorläufer eigentlicher G-Theorien können die in ‚Manierenschriften‘ festgelegten Normen des geselligen Verhaltens gelten (vgl. Elias). Eine ‚Theorie des geselligen Betragens‘ entfaltet Schleiermacher 1799 im Kontext der klassischen Ästhetik und der romantischen geselligen Praxis. Nachdem Kant (1790) das Schöne als Zweckmäßigkeit ohne Zweck und die ihm angemessene Rezeption als freies Spiel der Einbildungskraft bezeichnet, Schiller (1795) den Spieltrieb als die Energie im Menschen definiert hatte, deren Gegenstand die Schönheit ist, bezieht Schleiermacher G in den selben ästhetischen, von allen äußeren Zwecken freien Bereich des Lebens ein: „Der Zweck der Gesellschaft wird gar nicht als außer ihr liegend gedacht; [...] es kann also auf nichts anders abgesehen seyn, als auf ein freies Spiel der Gedanken und Empfindungen, wodurch alle Mitglieder einander gegenseitig aufregen und bele-

ben." (Schleiermacher 169f.) G in Schleiermachers Sinn verlangt nicht, dass das Individuum seine Eigentümlichkeit, seine ‚Manier‘ verleugnet: Nicht die Manier ist „der eigentliche Gegenstand des Schicklichen", „sondern der Stoff" (ebd. 174). Der aber gewinnt seinen Reichtum aus der Eigentümlichkeit der beteiligten Individuen. Notwendig ist, „daß jeder darnach strebe, das was er ist, an den Tag zu geben; seine unbequemen Eigenschaften in Schranken zu halten, das ist dann die Angelegenheit der Andern, und sie werden schon dafür sorgen" (ebd. 175). Nur dann ist der Begriff der ‚freien Geselligkeit‘ (ebd. 168f.) erfüllt, die „eine durch alle Theilhaber sich hindurchschlingende, aber auch durch sie völlig bestimmte und vollendete Wechselwirkung seyn soll" (ebd. 169).

Auch Georg Simmel (1999; 2001) definiert zu Beginn des 20. Jhs. G als ein dem Ästhetischen verwandtes Phänomen. Parallel zu einem ‚Kunsttrieb‘ könne man von einem ‚Geselligkeitstrieb‘ sprechen: Er löst „gleichsam in reiner Wirksamkeit aus den Realitäten des sozialen Lebens die Form des Miteinander, des bloßen Gesellschaftsprozesses als einen Wert und ein Glück heraus und konstituiert damit, was wir Geselligkeit im engeren Sinne nennen" (2001, 178). Simmel bezeichnet G als „Spielform der Vergesellschaftung und als [...] zu deren inhaltsbestimmter Konkretion sich verhaltend wie das Kunstwerk zur Realität" (180). Das Gelingen der G ist wie bei Schleiermacher abhängig von den Individuen, die sie bilden. Schärfer als Schleiermacher akzentuiert Simmel die Dimensionen der Persönlichkeit, die nicht in die gesellige Sphäre gehören: ihre ‚objektiven Bedeutungen‘, wie Reichtum und Gelehrsamkeit, sowie „das Allerpersönlichste des Lebens, des Charakters, der Stimmung, des Schicksals" (179).

Die Modernisierungsprozesse seit der zweiten Hälfte des 20. Jhs. haben den Abbau von Normen und Regeln im gesellschaftlichen Leben vorangetrieben. Die digitalen Medien verstärken diese Tendenz zum Informellen, indem ihr Gebrauch zu einer virtuellen G jenseits kontrollierbarer leibhafter Präsenz führt. Eine dieser Entwicklung angemessene Theorie der G steht noch aus (vgl. Seibert 1999).

G gelingt kraft des Eigensinns der sie bildenden Individuen, sie setzt aber auch Affekt- und Verhaltensmodellierungen voraus. Daher kommen ihr wichtige Funktionen im Bildungsprozess zu, die erst langsam ins Bewusstsein der Erziehungswissenschaft rücken (vgl. Sting). Affektmodellierung durch Internalisierung von Regeln und Vorbildern ist nach wie vor unerlässlich, auch wo informelle Umgangsweisen dominieren. Die

Rückkehr zu einem auf Anpassung gerichteten Normenkanon kann dafür der richtige Weg nicht sein, wohl aber die Förderung von Formen einer G, in der das Individuum das Ausbalancieren von Nähe und Distanz einüben und das Glück gelingender Wechselwirkungen im Gespräch, → Spiel und in ästhetischer Rezeption und Produktion erfahren kann. Die → Reformpädagogik suchte solche Formen im Wandern und Feiern, im Singkreis, im Laienspiel. Theoretischen Grund dieser ‚musischen‘ G legte u. a. der Entdecker der Schleiermacher-Schrift, Herman Nohl, dessen Interesse allerdings nicht der intellektuellen romantischen Spielart, sondern irrationaler Volkstümlichkeit und einer vagen gemeinschaftlichen Selbsttätigkeit galt (vgl. Mollenhauer). Im Rückgriff auf historische G und auf kritisch-reflexive reformpädagogische Ansätze entwickelten Mattenklott (1979) u.a. Ende der 1970er Jahre Modelle literarischer G in Schreibwerkstätten, die seitdem in außerschulische Bildungsrichtungen wie in Schule und Unterricht Eingang gefunden haben. Ein Pendant dazu ist die musikalische Gruppenimprovisation (vgl. von Kieseritzky u.a.). Besondere Bedeutung kommt dem Theaterspiel zu, das verschiedene künstlerische Sprachen integriert und im Wechselspiel zwischen Affekten und ihrem Ausdruck ebenso wie zwischen Individuen gesellige Bildung in leibsinnlicher Konkretion zu fördern vermag.

Adam, Wolfgang (Hg.): Geselligkeit und Gesellschaft im Barockzeitalter. Wiesbaden 1997; Elias, Norbert: Über den Prozeß der Zivilisation. Soziogenetische und psychogenetische Untersuchungen. 2 Bde. Frankfurt a. M. 1976; Harsdörffer, Georg Philipp: Frauenzimmer Gesprächsspiele. Nürnberg 1643–1647; Hoffmann-Axthelm, Inge: Geisterfamilie. Studien zur Geselligkeit der Frühromantik. Frankfurt a. M. 1973; Kant, Immanuel: Kritik der Urteilskraft. Hamburg 1963; Kieseritzky, Herwig von/Schwabe, Matthias: Musikalische Gruppenimprovisation. Musik spielend erfinden. In: Mattenklott, Gundel/Rora, Constanze (Hg.): Arbeit an der Einbildungskraft. Praxis Musisch-Ästhetischer Erziehung, Bd. 1. Baltmannsweiler 2001; Mattenklott, Gundel: Literarische Geselligkeit. Freies Schreiben in der Schule. Stuttgart 1979; Mollenhauer, Klaus: Zur pädagogischen Theorie der Geselligkeit. In: Erziehung und Emanzipation. Polemische Skizzen. München 1968; Schiller, Friedrich: Über die ästhetische Erziehung des Menschen in einer Reihe von Briefen. In: Fricke, Gerhard/Göpfert, Herbert G. (Hg.): Sämtliche Werke, Bd. 5. München 1959; Schlegel, Friedrich: Fragmente. In: Behler, Ernst u. a. (Hg.): Kritische Friedrich-Schlegel-Ausgabe, 1. Abt., Bd. 2. München u. a. 1958; Schleiermacher, Friedrich D. E.: Versuch einer Theorie des geselligen Betragens. In: Birkner, Hans-Joachim u. a. (Hg.): Friedrich Daniel Ernst Schleiermacher. Kritische Gesamtausgabe, 1. Abt., Bd. 2: Schriften aus der Berliner Zeit 1796–1799. Berlin, New York 1984; Seibert, Peter: Der literarische Salon. Literatur und Gesellschaft zwischen Aufklärung und Vormärz. Stuttgart, Weimar 1993; Ders.: Ästhetischer Geselligkeitsraum: Romantischer Salon, Literatencafé, Cyber-Kommunikation. In: Vietta, Silvio/Kemper, Dirk (Hg.): Ästhetische Moderne in Europa. Grundzüge und Problemzusammenhänge seit der Romantik. München 1998; Simmel, Georg: Grundfragen der Soziologie. Drittes Kapitel: Die Geselligkeit. In: Georg Simmel. Gesamtausgabe, Bd. 16. Frankfurt a. M. 1999; Ders.: Soziologie der Geselligkeit. In: Georg Simmel. Gesamtausgabe, Bd. 12. Frankfurt a. M. 2001; Sting, Stefan: Soziale Bildung. Pädagogisch-anthropologische Perspektiven der Geselligkeit. In: Zs. für Erziehungswissenschaft, 2002, H. 5, Beiheft 1.

GUNDEL MATTENKLOTT

→ Amateurtheater – Geschichte der Pädagogik – Kreatives Schreiben – Musisch-ästhetische Erziehung – Volkskunst / Folklore –Volkstheater

Gestaltpädagogik

In den 1950er/60er Jahren entstand in den USA die ‚Humanistische Psychologie‘. Sie hat sich als ‚Dritte Kraft‘ (vgl. Bugenthal) neben der Psychoanalyse und dem Behaviorismus zur einflussreichsten psychologischen Richtung des beginnenden 21. Jhs. entwickelt. Zu ihr zählen Konzepte wie die Gesprächspsychotherapie, die themenzentrierte → Interaktion, personenzentriertes Lernen, systemische Ansätze und die Gestalttherapie, auf deren Grundlagen die G basiert.

Aufgrund der Auswanderung deutscher PsychologInnen wie Charlotte Bühler, Ruth Cohn, Erich Fromm, Kurt Goldstein, Kurt Lewin, Fritz Perls u. a. nach Hitlers Machtergreifung entwickelte sich in den USA zwar eine amerikanische und doch eine europäisch geprägte humanistische Bewegung. Vom Geist der aufkeimenden Existenzphilosophie (Heidegger, Sartre) beeinflusst, gelangten die Konzepte schließlich zu ihrem Ausgangspunkt nach Deutschland zurück. Hier verbreiteten sie sich seit dem Ende der 1960er Jahre schnell und prägen heute die psychologische und pädagogische Debatte. Die Inhalte bestimmen europaweit viele Fort- und Weiterbildungsangebote. Auch unternehmerische Kommunikationsziele sind davon neu beeinflusst.

Die G beginnt 1977 ihren Weg mit dem Erscheinen des gleichnamigen Buches von Petzold/Brown, in dem der Begriff eingeführt wird und deutsche wie angloamerikanische Autoren über Erfahrungen der

Gestalttherapie in pädagogischen Kontexten berichten. Nach Cohn/Farau dient Gestalttherapie der Auflösung fehlgeleiteter und fixierter Strebungen, z. B. in den Kontaktvermeidungsmustern, während G sich auf die Erfüllung und Erweiterung des freien Potenzials bezieht, z. B. im variablen Handeln an der Kontaktgrenze.

G ist ein umfassendes Konzept ganzheitlicher Pädagogik, das die persönlichkeitsfördernden Ansätze und Methoden verschiedener Richtungen der Humanistischen Psychologie und Pädagogik mit der Tradition europäischer ➙ Reformpädagogik verbindet. Sie fragt, was es für die Entwicklung des Einzelnen bedeuten könnte, wenn Lehren und Lernen in einem ganzheitlichen Kontaktprozess auf den vier Ebenen ,Ich' (der Einzelne), ,Wir' (die Gruppe), ,E' (das Thema) und ,Globe' (die Um- und Mitwelt) stattfindet. Der Kern der G besteht darin, dass Lehrende wie Lernende optimale Kontaktmöglichkeiten entwickeln, und zwar in der Bezogenheit auf sich selbst, zu anderen, zu Situationen, Aufgaben und Zielen. Der wohlwollende und kritische Kontakt zu sich selbst sowie eine anteilnehmende Wahrnehmung nach außen begleiten alle G-Arbeitsschritte.

Die zentrale pädagogische Absicht verfolgt also das Ziel, befriedigende Beziehungen mit Menschen und zu Dingen im sozialen Umfeld herzustellen. Das bedeutet eine Verbesserung von Kontaktvoraussetzungen und von Beziehungsfähigkeit. Dabei hat ,Kontakt' mit der individuellen Disposition zu tun, wie eine Verbindung zur Außenwelt (Objektwelt) hergestellt werden kann. Die ,Beziehung' offenbart unter sozialen, kommunikativen und gruppendynamischen Aspekten, wie das Handeln eines Menschen zu anderen Menschen und Gegenständen vollzogen wird.

Fritz Perls (1883 in Berlin geboren) suchte die Anlehnung an Heideggers Konzept des ,In-der-Welt-Seins' und ,Mit-Seins' (vgl. Heidegger). Beide sehen den Menschen nicht nur mit einem ,Zentrum' oder einem ,Kern', sondern als ganze Person, dem ,Selbst', mit seiner Umwelt verbunden. Die ,Kontaktgrenze' ist keine Grenze *zwischen*, sondern eine Grenze *mit* der Außenwelt, d. h. der Mensch ist immer auch Teil der Umwelt. „An dieser Grenze ereignet sich das Leben in all seinen Erscheinungsformen." (Quittmann 119)

Im Augenblick, in dem sich diese Begegnung des Individuums (Subjekt) mit den Gegebenheiten der Umwelt (Objekte) ereignet, wird im Körper ein wichtiger Mechanismus in Gang gesetzt, der in seiner Wirkung die Qualität des Kontaktes bestimmt. Der Organismus unterliegt einem Prinzip, demzufolge er in einem ständigen Wechsel von Gleichgewicht und Ungleichgewicht seine Bedürfnisse befriedigt (Prinzip der Homöostase). „Dieser Kontakt entsteht immer im Zusammenhang mit dem jeweils stärksten Bedürfnis des Organismus, das in Form von ,Gestaltbildung' als ,Figur' aus dem ,Hintergrund' der verschiedenartigsten Bedürfnisse hervortritt." (Quittmann 119f.)

Also verlangen nicht gleichzeitig alle Bedürfnisse mit derselben Kraft nach einer Befriedigung. Vielmehr bildet sich eine (Bedürfnis-)Konstellation, die auch als ,Gestalt' definiert ist. Sie besteht aus den Bedürfnissen, die im ,Hintergrund' gehalten werden und *einem* Bedürfnis, das sich als ,Figur' in den ,Vordergrund' drängt. Dieses Bedürfnis bestimmt hauptsächlich die Qualität des Kontaktes an der ,Kontaktgrenze'.

Nicht nur die existenziellen Grundfragen wie Angst, Verzweiflung oder Scheitern, die nicht an die Kontaktgrenze gelassen werden, können jemanden belasten. Manchen Menschen fällt es schwer, Glück, Liebe und Freude als Figur im Vordergrund zu zeigen. Wer seinen im Hintergrund drängenden Bedürfnissen zu selten Gelegenheit gibt, sich als Figur im Vordergrund zu präsentieren, beachtet weder die eigenen Körpersignale ausreichend, noch reagiert sein Organismus im Einvernehmen mit den Gegebenheiten in der Außenwelt.

Die ThP ist prädestiniert, die Kontaktfähigkeit als Bestandteil unseres Lebensglücks und unserer Lebensenergie über das Medium des Spielens zu verbessern. Dabei sind einerseits die Reaktionen des inneren Erlebens auf die Außenimpulse wichtig und andererseits die Arbeit am Ausdruck, der auf der Basis unserer Wahrnehmungen schließlich das reale Kontaktverhalten steuert.

So eignet sich beispielsweise das verbreitete Improvisationstheater nach Keith ➙ Johnstone für die Realisierung von G-Zielen. Die Spielpartner sollen eine Grundhaltung aufbauen, in der sie sich gut wahrnehmen, sich gegenseitig unterstützen und so zu einem gemeinsamen Spiel kommen. Die für das Impro entscheidende Grundregel des ,Akzeptierens' kann gestaltpädagogisch als ,Gewahrsein' (*awareness*) begriffen werden, das unsere Kontakte prägt. Die spontanen Begegnungen fördern immer stärker die latenten Ausdrucksbedürfnisse aus dem Hintergrund zu Tage, um ihnen schließlich zur tragenden Figur im Vordergrund zu verhelfen.

Auch im Szenischen Spiel können G-Prinzipien angewendet werden, wenn die Erarbeitung einer Rolle mit dem Focus auf der Einfühlung in die Subjektivität einer Persönlichkeit passiert. „Einfühlung wird zu einer Vorgehensweise, die das Verhalten des Menschen verändert, indem es mit neuen Erfahrungen angereichert wird." (Ponick 72f.) „Im Einfühlungsprozeß kann ausgelotet werden, wie groß die Intensität des Bestrebens oder der Abwehr gegen diese Beziehung ist, beobachtet man die eigenen Gefühle darin." – so erläutert Ponick (ebd. 73) die Arbeitsweise Ingo Schellers.

Tiefgreifende Selbsterfahrung ist ein grundlegender Bestandteil von G-Weiterbildung. Nicht die Übernahme einer neuen Methode ist für SpielleiterInnen wichtig, sondern die Erweiterung und Vertiefung pädagogischer Wahrnehmung. Daraus kann eine verbesserte thp Qualität entstehen, die verstärkt auf die Entfaltung der gegenwärtigen Kontaktfähigkeiten von SpielerInnen achtet, um die Angst vor dem eigenen Ausdruck in einer neuen Gestalt zu überwinden.

Bürmann, Jörg/Heinel, Jürgen (Hg.): Früchte der Gestaltpädagogik. Bad Heilbrunn 2000; Bugenthal, James F. T.: Challenges of Humanistic Psychology. New York 1967; Burow, Olaf-Axel: Gestaltpädagogik. Paderborn 1993; Cohn, Ruth C./Farau, Alfred: Gelebte Geschichte der Psychotherapie. Stuttgart 1984; Heidegger, Martin: Sein und Zeit. Halle 1927; Hoffmann, Bernward/Wilhelm, Edgar u. a.: Ästhetik und Kommunikation. Paderborn 2003; Perls, Frederick S./Hefferline, Ralph F. u. a.: Gestalttherapie. München 2000; Petzold, Hilarion G./Brown, George Isac (Hg.): Gestalt-Pädagogik. München 1977; Ponick, Markus: Einfühlung im Szenischen Spiel. In: Korrespondenzen, 1999, H. 34; Quittmann, Helmut: Humanistische Psychologie. Göttingen 1985; Reichel, René: Das ist Gestaltpädagogik. Münster 1996; Scheller, Ingo: Szenisches Spiel. Handbuch für die pädagogische Praxis. Berlin 1998.

EDGAR WILHELM

→ Contact Improvisation – Gruppe – Körpersprache – Kommunikationstraining – Rollenspiel – Selbsterfahrung – Soziodrama – Theatertherapie

Geste

Mit ‚Gestikulation', ‚Geste' und → ‚Gestus' (bisweilen auch mit ‚Gebärde') werden wichtige Modalitäten des Theaters als Prozess bezeichnet. Für die didaktischen Spielräume der ThP ist die stets neu zu treffende Unterscheidung wichtig. Denn sowohl im künstlerischen Prozess des Theaters als auch im didaktischen der ThP ergibt sich die jeweilige Begrifflichkeit von G (thp Terminologie) aus der Konstellation der anderen Begriffe ‚Gestikulation', ‚Geste' ‚Gebärde', die Wortbedeutung von G (Signifikanz) aus der Konfigurierung im entsprechenden Wortfeld und die mit dem Wort bezeichnete Handlung aus ihrer Beobachtung (Signifikat) in der thp Praxis.

Theaterwissenschaftliche und thp Untersuchungen zeigen, dass eine begriffliche Erfassung des Gestischen so wenig abschließbar ist, wie die praktische Identifikation einer körperlichen Bewegung als gestische Form. In Vereinfachung anthropologischer (vgl. Wulf), anthropologisch-ästhetischer (vgl. zur Lippe), phänomenologischer (vgl. Flusser), kommunikationswissenschaftlicher (vgl. Hübler), soziologischer (vgl. Gebauer u. a.), semiotisch-theaterwissenschaftlicher (vgl. Fischer-Lichte) und thp Forschung und Theorie (vgl. Hanke) lässt sich G für die ThP als eine signifikante Form bestimmen, die eine wie auch immer kinetisch oder sprachlich motivierte Körperbewegung für einen Beobachter annimmt. Dieser Beobachter interpretiert als G eine im körperlichen Bewegungsfluss auftauchende Gestikulation, die für ihn als Form in Erscheinung tritt (die für ihn etwas anderes repräsentiert als die → Bewegung selbst). In diesem Kontext erscheint Gestus als eine überindividuell repräsentative und begreifbare Haltung in körperlicher Bewegung.

Sprach- und Körperbewegungen laufen im Spielprozess des Theaters gegeneinander, parallel zueinander, sind miteinander verschränkt und wechselseitige Repräsentanten (auch Stellvertreter). Das gelegentlich als ‚nonverbal' (Hübler 11ff.) bezeichnete Gestikulative kann in der G jedoch ebenso signifikant werden, wie die Stimme oder der Laut in einem Wort. Durch bewusste Sprachverwendung werden aus Wörtern Begriffe, durch bewusste Körperbeherrschung und Lenkung der G oder durch Erstarrung zur Wiederholungsfigur oder Attitüde entsteht aus G Gestus, ‚Gesten als solche', die von dem sie konstituierenden Prozess abstrahieren, indem sie seine Spuren tilgen. Theater wird als ‚lebendig' empfunden, wenn es den Prozess darstellt, in dem sich – gleichgültig ob in einer Figur oder in einer Konfiguration – ein bekannter Gestus durch gestikulative Störung in G auflöst, diese an den Rand ihrer Bedeutsamkeit und damit Signifikanz gebracht werden, daraus gestisch Neues Gestalt annimmt, um sich schließlich zu einem neuen Gestus zu verdichten, dessen zunehmender Verlust an Mehrdeutigkeit den Erneuerungsprozess stört und somit selbst eine Störung der Erstarrung, Chaotisierung der Ordnung hervorruft (vgl. Hanke 284ff.). Aus diesem Prozess der Sinngebung und Sinnstörung (der sich in Sprach- und Köperbewegungen und zwischen ihnen gleichermaßen abspielt) gewinnt das Theater seine ästhetischen und die ThP ihre didaktischen Spielräume.

Der Umgang mit G und Gestikulation im ästhetischen und pädagogischen Prozess beeinflusst massiv und grundlegend die Ausrichtung von Kunst und Erziehung. Als Beispiel sei die Zweck/Mittel-Relation einer primär funktionalistischen Orientierung (pädagogischer und ästhetischer Einsatz von gestischen Prinzipien zur Erreichung von politischen Zielen) im Verhältnis zu einer Teilhabe am Störungsprozess der Sinngebung genannt (Auflösung von z. B. Politiker-Gestus in Gestikulation mit der Chance auf eine neue G der Verständigung). Jede Pädagogik, die auf das Erreichen von Ausbildungszielen ausgerichtet ist, neigt zu einer curricularen Funktionalisierung des Sinngebungsprozesses als Formgebungsprozess. Deshalb ist in der ThP die Teilhabe an künstlerischen Prozessen (die eher einer Störung des gesellschaftlich Normativen und des Formenkanons der Bildung zuneigen) ein wichtiges Korrektiv ästhetischer Erziehung. Dieser Prozess ist ein notwendig unabgeschlossener, ist eine ständige Herausforderung an die ThP, sich ihrer Basis im Veränderungsprozess des Theaters und anderer performativer Künste stets neu zu vergewissern.

So zeigt das Beispiel → Brechts, dass die praktische Kritik des traditionellen durch das gestische Theater zunächst ein Störungsprozess ist (vgl. Ritter). Dieser aber kann sich selbst in einem Reflexionsprozess wieder zu einem Gestus verhärten, auf den dann performative Dekonstruktionen reagieren, die den Gestus des gestischen Theaters in gestikulative Prozesse auflösen: Das ‚gestische Prinzip‘ ist ein Konzept, das zum Begriff des Gestus führt, weil es darum geht, Gestisches in den Griff zu bekommen, seine gestikulatorische Störungsdimension zu kontrollieren und dadurch die sprachliche Dimension der G zu funktionalisieren (vgl. Hanke 284f.).

Von Bedeutsamkeit der G für den ästhetischen und pädagogischen Prozess im Kontext des Theaters waren Pädagogen und Poeten stets gleichermaßen überzeugt. Die Geschichte des Theaters und der ThP ist somit auch eine Geschichte der Idealisierung des Einsatzes von G zu Zwecken der Erkenntnis und Erfahrung dessen, wofür eine G steht, was sie repräsentiert oder ausdrückt. Diese Idealisierung reicht von der Shakespearschen Aufforderung zur Anpassung der Gebärde ans Wort und des Wortes an die Gebärde (vgl. Luehrs-Kaiser 44), über die seelisch-mimetische Relation zwischen Schüler und Lehrer in der gestischen ‚Arbeitssprache‘ mit der ‚Psychologischen Gebärde‘ (vgl. ‚echov 51ff.) bis zur Forderung nach der Erforschung des Animalischen durch körperlich-mimetische Gestikulation (vgl. → Grotowski 106ff.). In der Regel wird

also davon ausgegangen, dass es sich bei G und Gebärden um → Körpersprache und -schrift handelt, die gelesen werden kann und durch die (wenn auch nicht durch begriffliche Reflexion) Zugang zu dem erlangt werden kann, wofür sie steht. Rückt man in der ThP diesen Zug des Gestischen ins Zentrum der Aufmerksamkeit, so vergisst man leicht, dass ein anderer durchaus in den Brennpunkt des thp Interesses zu treten verdient: das Gestische, das keine Repräsentation ist. Für die ThP ist eine Auseinandersetzung mit Herausforderungen wie dem ‚Theater der Grausamkeit‘ → Artauds deshalb instruktiv, weil hier eine andere Kommunikation als möglich behauptet wird: „Das Theater ist ein leidenschaftliches Überströmen / eine entsetzliche Übertragung von Kräften / vom Körper / zum Körper." (vgl. Derrida 378)

Aufgabe der ThP ist es also heute, sowohl das sprachlich Vermittelnde als auch das triebhafte Störende der G in Brennpunkte von didaktischen Spielräumen zu rücken. Denn der theatralische Prozess der Sinngebung ist wesentlich einer, in welchem dem Triebhaften und seiner unbewusst sprachlichen und bewusst begrifflichen Bearbeitung durch G und Gestus Form verliehen wird; er ist einer, in dem Formen als störbar, veränderbar und zerstörbar in Erscheinung treten. Die ThP ist selbst eine solche Form. Wenn sie in Institutionen und Gesellschaften zum thp Gestus wird, dann kann die Erinnerung an die Ambivalenz des Theaterprozesses selbst ein wichtiges Korrektiv im Veränderungsprozess sein, in dem künstlerische performative Gestikulationen, die große gesellschaftliche G des Theaters und der didaktische Gestus der ThP zusammenwirken.

‚echov, Michail A.: Die Kunst des Schauspielers. Moskauer Ausgabe. Stuttgart 1990; Derrida, Jacques: Das Theater der Grausamkeit und die Geschlossenheit der Repräsentation. In: Ders.: Die Schrift und die Differenz. Frankfurt a. M. 1976; Fischer-Lichte, Erika: Semiotik des Theaters, Bd. 1: Das System der theatralischen Zeichen. Tübingen 1998; Flusser, Vilém: Gesten. Versuch einer Phänomenologie. Bensheim, Düsseldorf 1993; Gebauer, Gunter/Wulf, Christoph: Spiel – Ritual – Geste. Mimetisches Handeln in der sozialen Welt. Reinbek 1998; Grotowski, Jerzy: Das Training des Schauspielers. In: Ders.: Für ein armes Theater. Zürich 1986; Hanke, Ulrike: Didaktische Spielräume. Konfigurationen eines spiel- und theaterpädagogischen Curriculums für die Ausbildung von Sozialpädagogen. Frankfurt a. M. 1997; Hübler, Axel: Das Konzept ‚Körper‘ in den Sprach- und Kommunikationswissenschaften. Tübingen, Basel 2001; Lippe, Rudolf zur: Sinnenbewußtsein. Grundlegung einer anthropologischen Ästhetik. Reinbek 1987; Luehrs-Kaiser, Kai: Exponiertheit als Kriterium von Gesten.

In: Egidi, Margreth u. a. (Hg.): Gestik. Figuren des Körpers in Text und Bild. Tübingen 2000; Ritter, Hans Martin: Das gestische Prinzip bei Bertolt Brecht. Köln 1986; Wulf, Christoph: Geste. In: Ders. (Hg.):Vom Menschen. Handbuch historische Anthropologie. Weinheim, Basel 1997.

ULRIKE HANKE

→ Bewegung – Didaktik – Geschichte der Pädagogik – Leiblichkeit

Gestus

Das lateinische *gestus*, Partizip des Verbes *gerere* (tragen, sich benehmen), bezieht sich vor allem auf die physische Haltung oder die Bewegung des Körpers und genauer auf das Gebärdenspiel des Redners oder Schauspielers (das verwandte, althochdeutsche *gibarida* – etymologischer Stamm von ‚Gebärde‘ – bedeutet ‚Benehmen‘, ‚Aussehen‘, ‚Wesen‘). Insofern deutet lateinisch *gestus* auf alles, was mit Mimik zu tun hat (Gesichtsausdruck, Körperhaltung und → Körpersprache). Um 1500 kam zunächst das Wort ‚Geste‘ in Verbindung mit öffentlichen Spaßmachern ins Deutsche und um 1800 das Wort ‚Gestus‘, erweitert jetzt auf Tonfall und Verhalten im Allgemeinen. So ergab sich im Laufe des 17. und 18. Jhs. die → Rhetorik der Leidenschaften als eine Sprache der Gesten und die klassische Ausdruckskunst als die Gestik schlechthin. In diesem Zusammenhang unterscheidet man zwischen der Geste, einem konkreten Signal, wie z. B. das Kopfnicken, das eine innere Haltung durch eine körperliche Bewegung ausdrückt, und der weniger konventionalisierten Gebärde (auch Gebärdenspiel und Gebärdensprache), einer Bewegung, die Empfindung oder Willen ausdrückt.

Lessings *Hamburgische Dramaturgie* fasst G als Mittel des Schauspielers, das Symbolische oder das Allgemeine der Moral sinnlich bzw. anschaulich zu machen: „Es sind dieses, mit einem Worte, die individualisierenden Gestus" (*Viertes Stück* vom 12. Mai 1767). Nicht explizit dem Gestischen verwandt, aber gedanklich fortgeführt und ausgeweitet wird die schöne Bewegung von Schiller. Er sieht sie als Beweis moralischer Schönheit, als ein nicht intentionaler, sondern charakterlicher Ausdruck der Person (*Über Anmut und Würde*, 1793). Die Folgen dieser Entwicklung des ‚Ausdrucks‘ als Form eines inneren Erlebnisses, einer seelischen Erregung spitzten sich in expressionistischen Theaterinszenierungen zu, wo die → Geste das Wesen der Persönlichkeit oder Seele offenbaren sollte. Hier war der Ansatzpunkt für Bertolt → Brecht, dessen G als

kalkulierter Effekt die unmittelbare Gleichsetzung von Haltung und Ausdruck verhindern sollte. Seine Kritik der Klassik und des Expressionismus im Laufe der frühen 1920er Jahre ging allmählich mit seinem Interesse an einer entindividualisierten Psychologie einher. Vor allem ab 1927 wandte er sich einer ‚Soziologisierung‘ der Ästhetik zu, d. h. er konzentrierte sich auf eine Theorie der interpersonalen Beziehungen, die den Menschen in seiner gesellschaftlich bestimmten Funktionalität versteht. Insofern sind die Wurzeln des Gestischen in Brechts Neuformulierung des Subjekt-Begriffs zu suchen: Der G sperrt sich gegen die Innen-Außen-Spaltung des bürgerlichen Subjekts. Die Innerlichkeit als subjektkonstituierender Raum, wie sie das ganze postromantische Denken beherrschte, verschwindet. Den Menschen als ‚Objekt‘ zu sehen, ermöglicht es dem Stückeschreiber Brecht, innere Vorgänge oder Haltungen nach außen zu wenden, offen zu legen und durch Stilisierung bearbeitbar zu machen. So wird z. B. Macheath in der *Dreigroschenoper* zuerst durch die rein äußerliche Beschreibung charakterisiert und eingeführt (1. Akt, 1. Szene), bevor er überhaupt sichtbar wird, denn: „Auch der Mensch, und zwar der fleischliche Mensch, ist nur mehr aus den Prozessen, in denen er und durch die er steht, erfassbar" (GBA 24, 67). So war das, was im bürgerlichen Diskurs als Bewusstsein verstanden wird, schon immer draußen in der ‚Welt‘, d.h. eine Funktion der gesellschaftlichen Verhältnisse.

G zählt neben Verfremdung und Haltung zu den Hauptbegriffen in Brechts Theorie des epischen bzw. dialektischen Theaters, die direkt bei der Aufführungspraxis ansetzen. Die Vorführung des G, einer typisierten Verhaltensform, ermöglicht es, Vorgänge, die bislang als innerlich begriffen wurden, nach außen zu wenden und damit thp wie sozialanalytisch verfügbar zu machen. Er setzt Theaterereignis und Gesellschaft in Beziehung, indem er hinter beobachteten Vorgängen die strukturell bestimmten Ursachen andeutet. Am präzisesten lässt sich die Vorführung eines G als Zeigen der „Beziehungen von Menschen zueinander" (GBA 23, 188) verstehen. Von der Haltung, die, gleichfalls das sog. Innere nach Außen tragend, feste Dispositionen betrifft, unterscheidet sich der G dadurch, dass er soziale Verhältnisse in Bewegung zeigt. In der thp Praxis finden beide Begriffe oft synonym Verwendung. Der gleichfalls benachbarte Begriff der Verfremdung bezeichnet einerseits den Effekt der gestischen Stilisierung und andererseits die Voraussetzung für die soziologische Einsicht, auf die der Einsatz des G zielt.

Theatertheoretische Überlegungen finden sich bei Brecht vor allem in den Jahren 1929 bis 1932, als er im

Rahmen seiner Lehrstückpraxis radikale Antworten auf das bürgerliche Theater suchte, und wieder 1935 bis 1948 im Exil, als er die begrenzten Möglichkeiten einer bühnenpraktischen Arbeit mit theoretisierenden Überlegungen kompensieren konnte. Da Brecht sich vornehmlich auf eigene Erfahrungen bezog, verwandelten sich seine Begriffe der Praxis entsprechend, d. h. unter historischen Bedingungen und auf historische Bedingungen reagierend. Insofern ist es schwierig, eine feste, stimmige Definition für sie im Nachhinein zu abstrahieren. Gerade der Begriff des G, der nach Elisabeth Hauptmanns Tagebucheintragung vom 23. 3. 1926 wohl schon im Rahmen von Brechts Überlegungen zu dem Stück *Mann ist Mann* mündlich verwendet wurde (vgl. *Sinn und Form*. Brecht-Sonderheft 2, 1957, 243), oder allgemeiner „das sogenannte *gestische Prinzip*" (GBA 22.1, 556), ist nicht so systematisch ausgearbeitet wie etwa der später ausformulierte Begriff der Verfremdung. Gewonnen aus der dialektischen Theaterpraxis um 1930 (vgl. *Die dialektische Dramatik*, GBA 21, 435), hat er G zuerst als übergreifende Kategorie der Kunst und der Sprache ausführlich erörtert, und zwar im grundlegenden Aufsatz *Über reimlose Lyrik mit unregelmäßigen Rhythmen* (GBA 22.1). Allmählich wurde er die Grundlage für eine bald polemische, bald pragmatische Reflexion über das Theater, und Brecht selber benutzte ihn so inflationär, dass das Gestische – als Teil seiner theoretischen Auseinandersetzung mit der offenen Form des nicht mimetischen Realismus – für seine ganze Bühnenpraxis stehen könnte. In diesem Zusammenhang scheint G ein flexibel einsetzbares Wort für das komplexe Zusammenführen von theatralischen Mitteln und gesellschaftlichem Anspruch zu sein.

Das Inventar von körperlicher Gestik, Tonfall und Blicken betont das Sinnliche, das, was sichtbar, hörbar und fühlbar ist, aber „selbstverständlich handelt es sich um gesellschaftlich bedeutsame Gestik, nicht um illustrierende und expressive Gestik" (GBA 22.1, 158; vgl. die Beispiele in *Über gestische Musik*, 329ff.). Das Inventar weitet sich zu einer Montage aus, die musikalische Elemente (Liedtexte, das Vortragen der Lieder, die Musik), die Sprache (die Wahl der Worte, die Sprechweise), die Bühnenausstattung (Gebrauch von Requisiten, Kostüm, Maske) und die Bühnenarchitektur (Licht, Dekors) einschließen kann. Nach seinem Besuch in Moskau im März 1935, wo er das Gastspiel des chinesischen Schauspielers Mei Lan-fang erlebte, begann Brecht, den Begriff G im Rahmen seiner umfassenden erkenntnistheoretischen Überlegungen mit anderen Begriffen wie dem Epischen, dem V-Effekt,

der → Fabel und dem Realismus schlechthin zu verbinden. Ihn interessierte im asiatischen Theater das Repertoire stabiler, unterscheidbarer Bedeutungsrelationen, die über Generationen weiter gereicht werden, nicht jedoch sein Konventionalismus, der in Starre, Geschichtslosigkeit und Künstlichkeit ausartete. Gerade der Zeige-Charakter, „das doppelte Zeigen" oder das Zeigen des Zeigens im chinesischen Theater schien ihm nützlich, um die Distanz zwischen Schauspieler und Figur sowie zwischen Schauspieler und Zuschauer zu schaffen. Da der Schauspieler es weiß und auch zeigt, dass ihm zugesehen wird, wird die Illusion des ungesehenen Zuschauers hier gebrochen (vgl. *Über das Theater der Chinesen*, GBA 22.1, 126). Diese Wirkung des Zeigens gehört zum Ziel des G.

Die intentionale Seite des Gestischen verknüpft einen konkreten Vorgang mit einer abstrakteren Form des Handelns, das ins Exemplarische und Typische übergeht. Die Trennung zwischen Schauspieler und Figur produziert z. B. einen intellektuellen und emotionalen Raum, in dem der kritische Beobachter auf bekannte Typen und Geschichten trifft. Hier entstehen Möglichkeiten für eingreifendes Denken, für Alternativen und Veränderungen. Im skandinavischen Exil fand Brecht Gelegenheit, Gedanken und Notizen auf dieser Grundlage für eine zusammenfassendere Darstellung seiner Theatertheorie zu sammeln. Was das Gestische betrifft, entwarf er *Die Straßenszene* (1938, untertitelt mit *Grundmodell einer Szene des epischen Theaters*, GBA 22.1, 370ff.), in der eine alltägliche Situation – der Augenzeuge eines Verkehrsunfalls demonstriert für die Umstehenden, was passiert ist – zu Überlegungen führt, wie Schauspieler und Regisseur die gesellschaftliche Funktion des ‚Gesamtapparatus' deutlich machen können. In der ThP lässt der Begriff in seiner formalen und politischen Resonanz eine Kritik der Repräsentation artikulieren.

Benjamin, Walter: Was ist das epische Theater? 1. Fassung 1931, 2. Fassung 1939. In: Ders.: Gesammelte Schriften II. Frankfurt a. M. 1977 [darin Abschnitt V: Der zitierbare Gestus]; Brecht, Bertolt: Werke. Große kommentierte Berliner und Frankfurter Ausgabe. 30 Bde. u. Registerbd. Hg. v. Werner Hecht u. a. Frankfurt a. M. 1989–2000 [GBA]; Cohen, Robert: Brechts Furcht und Elend des III. Reiches und der Status des Gestus. In: Brecht-Jahrbuch 24, Waterloo/Canada 1999; Engelhardt, Jürgen: Gestus und Verfremdung. Studien zum Musiktheater bei Strawinsky und Brecht/Weill. München, Salzburg 1984; Heinze, Helmut: Brechts Ästhetik des Gestischen. Versuch einer Rekonstruktion. Heidelberg 1992; Jameson, Frederic: Lust und Schrecken der unaufhörlichen Verwandlung aller Dinge. Brecht und die Zukunft. Hamburg 1998 (darin Teil 2:

Gestus); Pavis, Patrice: Der Gestus bei Brecht. In: Brecht-Jahrbuch 23. Berlin 1997; Ritter, Hans Martin: Das gestische Prinzip bei Bertolt Brecht. Köln 1986; Schumacher, Ernst: Das Gestische in der darstellenden Kunst des Ostens und Westens. In: Ders.: Schriften zur darstellenden Kunst. Berlin 1978.

MARC SILBERMAN

→ Avantgarde – Bühnenbild – Bühnenräume – Bühnentechnik – „Didaktisches Theater" – Dramaturgie – Lehrstück – Modellspiel / Modellstück – Schau- und Zeigelust – Selbsttäuschungstheorie und Bewusstheitstheorie – Theaterlied – Theatralität

Gieselmann, Fritz

1907–1975. Jurastudium, Studium der deutschen Sprache und der neueren Sprachen. Neben dem Studium Schauspielausbildung. Seit 1933 Arbeit als Lehrer. Nach Rückkehr aus sowjetischer Kriegsgefangenschaft systematischer Aufbau eines → Schultheaters in Schleswig-Holstein. Die Schüler sollten im → Spiel und in der Auseinandersetzung mit dem Text ihre individuellen Fähigkeiten und Bedürfnisse erkennen und formulieren lernen. G verstand Schultheater hauptsächlich als literarisches Theater und als Forum demokratischer Öffentlichkeit, auf dem Spieler und Zuschauer miteinander und über das Stück in eine politische Auseinandersetzung eintreten.

Das Drama der Gegenwart und die Schule. In: Die Pädagogische Provinz, 1961, H. 7/8; Die Erneuerung des Schultheaters aus der epischen Form des Dramas. In: ebd., 1964, H. 12; Strukturelement in neuen Dramen: Das Spiel im Spiel. In: ebd., 1966, H. 12.
Dormagen, Paul/Gieselmann, Fritz (Hg.): Handbuch zur modernen Literatur im Deutschunterricht. Prosa, Drama, Hörspiel. Frankfurt a. M. 1963. Harms, Peter A.: Lehrtheater Lerntheater. Analysen, Kriterien, Beispiele. Eine Gedenkschrift für Fritz Gieselmann. Münsterdorf 1978.

GABI BEIER

Giffei, Herbert

1908–1995. Germanist, Historiker, Philosoph, Theaterpädagoge. Begann 1932 mit der Einführung des → Schultheaters an Reformschulen. Ab 1949 systematische thp Arbeit, hauptsächlich auf dem Gebiet des musikalisch-choreografischen Theaters. Für G ist Theaterarbeit ein Werkstatt-Prozess, aus dem heraus er auch eigene Stücke entwickelte.

Prinz Piccolo oder Die Legende von dem ganz großen Reich und dem winzig kleinen Land. Eine musikalische Komödie.

Kassel, Basel [o.J.]; Der Eseltreiber von Teramo. Ein musikalisches Bewegungsspiel in 3 Reigen. Kassel, Basel 1958; Martin Luserke und das Theater. Recklinghausen 1979; Martin Luserke. Ein Wegbereiter der modernen Erlebnispädagogik? Lüneburg 1987.
Giffei, Herbert (Hg.): Theater machen. Ein Handbuch für die Amateur- und Schulbühne. Ravensburg 1982.

GABI BEIER

Gindler, Elsa

1885–1961. Um 1910 eine der ersten Schülerinnen Hedwig Kallmeyers im ‚Seminar für Harmonische Gymnastik'. Seit 1917 Ausbildung von Gymnastiklehrerinnen. Infolge schwerer Krankheit legte G zunehmend Wert auf ganzheitliche Arbeit, auf die Verbindung von körperlicher und geistiger Bewegung. Die Bewusstheit für den eigenen Körper sollte Ausgangs- und Endpunkt jeder Bewegung und jeder Tätigkeit sein. Körperliches Geschehen sei von der seelischen Situation des Menschen nicht zu trennen und nur aus der jeweiligen Art des Eingeordnet-Seins des Menschen in seine Umwelt zu verstehen und zu beeinflussen. Damit prägte sie wesentlich die gymnastische Bewegung in den ersten Jahrzehnten des 20. Jhs. 1924 Begegnung mit Heinrich → Jacoby (langjährige Zusammenarbeit). 1925 Mitbegründung des ‚Deutschen Gymnastikbundes'. Ab 1933 Verzicht auf jede öffentliche Anerkennung und Förderung. G unterrichtete bis 1960, auch während des 2. Weltkrieges, in Berlin.

Die Gymnastik des Berufsmenschen. In: Gymnastik, 1926, H. 3.
Ehrenfried, Lily: Atmen, Bewegen, Erkennen. Elsa Gindler und Frieda Goralewski. Berlin 1986; Ludwig, Sophie: Elsa Gindler. Von ihrem Leben und Wirken. Wahrnehmen, was wir empfinden. Hamburg 2002; Zeitler, Peggy (Hg.): Erinnerungen an Elsa Gindler. Berichte, Briefe, Gespräche mit Schülern. München 1991.

GABI BEIER

Gipser, Dietlinde

Geb. 1941. Dr. phil. Studium der Soziologie, Psychologie, Kriminologie und Sozialpädagogik. Beschäftigte sich zunächst als Sozialpädagogin mit Paulo → Freires Pädagogik der Unterdrückten, kam dann über die praktische Theaterarbeit und Augusto → Boals → Theater der Unterdrückten zum → Psychodrama, das neben der Frauenforschung zu ihren Lehr- und Forschungsschwerpunkten als Professorin für Sonderpädagogische Soziologie an der Universität Hannover zählt.

Mädchenkriminalität. Soziale Bedingungen abweichenden Verhaltens. München 1975.
Gipser, Dietlinde/Stein-Hilbers, Marlene (Hg.): Wenn Frauen aus der Rolle fallen. Alltägliches Leiden und abweichendes Verhalten von Frauen. Weinheim, Basel 1980; Dies./Kunze, Sabine: Katzen im Regen. Das Drama mit dem Psychodrama. Hamburg 1989; Dies./Böttger, Andreas/Laga, Gerd: Vorurteile? Einstellungen von Lehrerinnen und Lehrern gegenüber Menschen mit Behinderungen. Eine zeitvergleichende empirische Studie. Hamburg 1995.
Haubner, Angela u. a. (Hg.): Warum spielt der Mensch … Theater? Streifzüge durch die Pädagogik mit Inszenierungen von Alltag und Gesellschaft. Festschrift zum 60. Geburtstag von Dietlinde Gipser. Hannover 2001.

GABI BEIER

Goffman, Erving

1922–1982. 1942–52 Studium der Soziologie in Toronto und Chicago, Ph.D. 1962–68 Professor für Soziologie und Anthropologie an der University of California in Berkeley. 1969–82 Benjamin Franklin-Professur, University of Pennsylvania, Philadelphia. 1981 Präsident der Amerikanischen Gesellschaft für Soziologie (ASA). G entwickelt eine Theatermetaphorik zur Beschreibung menschlicher Verhaltensweisen, die über die Verwendung des Begriffs ‚Rolle' weit hinaus geht: *The Presentation of Self in Everyday life* (deutscher Titel: *Wir alle spielen Theater*). Im Zentrum stehen die Erforschung von *face-to-face*-Interaktionen in alltäglichen Situationen sowie von Interpretationsschemata, die menschliches Handeln und Verstehen bestimmen.

Stigma. Frankfurt a. M. 1962; Wir alle spielen Theater. Die Selbstdarstellung im Alltag. München 1969; Verhalten in sozialen Situationen. Gütersloh 1971; Interaktion: Spaß am Spiel. Rollendistanz. München 1973; Das Individuum im öffentlichen Austausch. Frankfurt a. M. 1974; Rahmen-Analyse. Ein Versuch über die Organisation von Alltagserfahrungen. Frankfurt a. M. 1977; Interaktionsrituale. Über Verhalten in direkter Kommunikation. Frankfurt a. M. 1986; Interaktion und Geschlecht. 1994.
Hettlage, Robert/Lenz, Karl (Hg.): Erving Goffman – ein soziologischer Klassiker der zweiten Generation? Bern, Stuttgart 1991; Reiger, Horst: Face-to-Face-Interaktion. Ein Beitrag zur Soziologie Erving Goffmans. Frankfurt a. M. u.a. 1992; Willems, Herbert: Rahmen und Habitus. Zum theoretischen und methodischen Ansatz Erving Goffmans. Vergleiche, Anschlüsse, Anwendungen. Frankfurt a. M. 1997.

GABRIELA NAUMANN

Grotowski, Jerzy

1933–1998. Regisseur, Theaterleiter und Theatermethodiker. 1951–55 Studium an der Schauspielschule in Kraków (Polen); 1956 Assistent an der staatlichen Theaterschule in Kraków (Regie-Diplom 1960). G übernimmt 1959 zusammen mit Ludwik Flaszen das Theater *13 Rzedów* (13 Reihen) in Opole und baut es zu einem Laboratorium für experimentelles Theater aus. 1965 wird die Bühne nach Wrocʻaw unter dem Namen *Laboratorium der 13 Reihen* verlegt, 1984 aufgelöst. Anschließend Lehrtätigkeit in den USA, Leitung des *Centro di Lavoro* in Pontedera (Italien).1997 Lehrstuhl für die Anthropologie des Theaters am Collége de France. G entwickelte die Konzeption ‚Armes Theater': Personale und szenische Technik des Schauspielers stellen den Kern des Theaters dar, dessen Realisierung ohne Bühnenbild, Beleuchtung, Kostüm oder Schminke erfolgt.

Das Arme Theater. Velber 1970; Für ein Armes Theater. Zürich, Schwäbisch Hall 1986.
Grotowski, Jerzy/Brook, Peter/Carrière, Jean-Claude: Georg Iwanowitsch Gurdjieff. Berlin 2001.
Falke, Christoph (Hg.): Über das Workcenter of Jerzy Grotowski. Köln 1996; Richards, Thomas: Theaterarbeit mit Grotowski an physischen Handlungen. Berlin 1996; Schwerin von Krosigk, Barbara: Der nackte Schauspieler. Die Entwicklung der Theatertheorie Jerzy Grotowskis. Berlin 1986.

GABRIELA NAUMANN

Gruppe

Das seit dem 18. Jh. bezeugte Substantiv G ist der Bildenden Kunst entlehnt und bezieht sich auf (wirkungsvolle) Anordnung von Personen und Gegenständen. Mit dem Begriff G als einer zentralen sozialpsychologischen Kategorie werden integrierte soziale Strukturen (z. B. Familien, Spielgruppen, Arbeitsteams, Theaterensembles) bezeichnet, deren Mitglieder durch → Kommunikation, Werte, Normen und Regeln, Rollen und Funktionen in einer interdependenten Beziehung stehen. Während die Soziologie G als eigenständige soziale Gebilde unabhängig von den jeweiligen Mitgliedern unter Aspekten ihrer Entstehung, ihrer Organisationsformen, Regeln, gesellschaftlichen Verflechtungen und Veränderungen untersucht (vgl. Simmel), sind mit der Ausdifferenzierung der sog. Bindestrich-Psychologien und der damit sich entwickelnden Sozialpsychologie (vgl. Hofstätter) G als Vermittlungsinstanz zwischen Gesellschaft und Individuum Gegenstand von Forschungen und Analysen geworden. Dabei richtet sich das Augenmerk der Sozialpsychologie zum einen auf die Binnenstruktur zum anderen auf Veränderungen und Veränderungsbedingungen dieser Strukturen.

Kurt → Lewin hat nach seiner Emigration (1933) in die USA im Rahmen von Feldforschung untersucht, welche Wirkung „die soziale Gruppe auf das Erziehungssystem ausübt" (Lewin 1953, 22). Mit den unter dem Label ‚Führungsstilexperimente' bekannt gewordenen und bis heute weitgehend anerkannten Befunden konnte ein Zusammenhang zwischen autoritärem und demokratischem (später ergänzt um *laissez faire*) Führungsstil eines G-leiters und dem sozialen Verhalten der G-mitglieder nachgewiesen werden. Ebenfalls auf Lewins Forschungen gehen Entwicklung und Analyse der Bedeutung von *feed back* für die Dynamik von G-prozessen zurück, und er etablierte damit *action research* (Handlungsforschung) als eine über die Analyse hinausgehende, auf Veränderung zielende Forschungsrichtung (vgl. Lewin 1969).

Seit Mitte der 1960er Jahre finden die Befunde von G-forschung und G-dynamik Anwendung etwa in der Erwachsenenbildung (vgl. Brocher), der Schulpädagogik (vgl. Spangenberg), der Sozialpädagogik (vgl. Geißler u. a.; Schmidt-Grunert), der Therapie (vgl. zusammenfassend Heigl-Evers), der → Supervision, der Organisationsentwicklung und -beratung und des → Managements (vgl. Fürstenau; Schreyögg, A.; Schreyögg, G.). Die 1970 gegründete Zeitschrift *Gruppendynamik. Zeitschrift für angewandte Sozialpsychologie* erscheint seit 2000 entsprechend dem weiteren Anwendungsgebiet unter dem Titel *Gruppendynamik und Organisationsberatung*.

In T(rainings)-G (minimal strukturierte G, im Bereich der intra- und interpersonalen Selbsterfahrung) wurden → Interaktionen von G-mitgliedern systematisierend – dabei weitgehend deskriptiv – untersucht. Besondere Beachtung findet heute in pädagogischen und therapeutischen Professionen das Wissen über Entwicklungsphasen, Rollen und Funktionen, Werte und Normen sowie Leitung, um G-prozesse methodisch (*feed back*, Interaktionsübungen) in Richtung auf ein gewünschtes Ziel zu beeinflussen, Blockaden aufzuheben, Beziehungen zu klären oder Transferleistungen in den Alltag zu ermöglichen (vgl. z. B. Brocher; Vopel; Gudjons u. a.). Beispielsweise wird mit *feed back*-Übungen angestrebt, die Selbst- und Fremdwahrnehmung der Teilnehmer zu erweitern und sog. ‚blinde Flecken' zu reduzieren (vgl. modellhaft Luft). In Organisationsentwicklung und -beratung wird der Leistungsvorteil von Gruppen hinsichtlich Problembewältigung und Aufgabenkomplexität sowie bezüglich der Vermittlung und Etablierung von Normen und Werten (*corporate identity*) als zentral angesehen. Moderationstechniken (vgl. Metaplan) gewinnen hier zunehmend an Bedeutung (*train the trainer*) und sind darauf ausgerichtet, Konflikte um Arbeitsvollzüge, Entscheidungskompetenzen oder Zielvorstellungen in Unternehmen kommunikativ und rational, sozial befriedigend sowie (vermeintlich) demokratisch zu lösen.

Kritik an der G-dynamik und dem bis heute zumindest praktisch anhaltenden G-boom (vgl. Puch; vgl. auch die diversen G-angebote in regionalen Zeitschriften wie Frauen-/Männer-G, Trommel-G, esoterischen G) fokussiert deren potenziell manipulativen Charakter (vgl. Horn). Dagegen verweisen ihre Verfechter auf deren der Demokratie und individuellen Emanzipation bereits historisch verpflichteten Charakter. Mit der zunehmend methodistisch verkürzten Anwendung des Wissens um G und ihre Dynamik bleiben jedoch jene Bereiche auf der Strecke, die sich den Subjekten, ihren je spezifischen Kommunikationsbarrieren, ihrer intrapsychischen und interindividuellen Abwehr zuwenden, oder auch solche Zielvorstellungen, die Rollenflexibilität und individuelle kommunikative und interaktive Kompetenzerweiterung als zentral beschrieben haben (vgl. Brocher; Däumling u. a.; Fritz). Dennoch bleibt festzuhalten, dass G als sozialisatorische Instanzen in den unterschiedlichsten Lebensaltern und -bereichen individuelle Entwicklungsprozesse fördern (oder auch hemmen) können, so dass eine reflexive Anwendung gruppendynamischer und -pädagogischer Kenntnisse sinnvoll ist. Dies gilt auch für die ThP. Darüber hinaus gibt es gerade im Bereich der Interaktionsübungen ein breites Repertoire, das wechselseitig praktisch nutzbar ist (vgl. Koch u. a.).

Antons, Klaus: Praxis der Gruppendynamik. Übungen und Techniken. Göttingen 2000; Bernstein, Saul/Lowy, Louis (Hg.): Untersuchungen zur Sozialen Gruppenarbeit in Theorie und Praxis. Freiburg 1975; Bion, Wilfried R.: Erfahrungen in Gruppen. Frankfurt a. M. 1991; Brocher, Tobias: Gruppendynamik und Erwachsenenbildung. Braunschweig 1979; Däumling, Alf M. u. a.: Angewandte Gruppendynamik. Stuttgart 1974; Fritz, Jürgen: Emanzipatorische Gruppendynamik. München 1974; Fürstenau, Peter: Institutionsberatung. In: Gruppendynamik, 1970, H. 3; Geißler, Karlheinz/Hege, Marianne: Konzepte sozialpädagogischen Handelns. München 1999; Gudjons, Herbert/Pieper, Marianne/Wagener, Birgit: Auf meinen Spuren. Das Entdecken der eigenen Lebensgeschichte. Reinbek 1996; Heigl-Evers, Annelise (Hg.): Sozialpsychologie, Bd. 2: Gruppendynamik und Gruppentherapie. In: Kindlers Psychologie des 20. Jahrhunderts. Weinheim, Basel 1984; Hofstätter, Peter R.:

Gruppendynamik. Kritik der Massenpsychologie. Hamburg 1993; Horn, Klaus: Gruppendynamik und der ,subjektive Faktor'. Repressive Entsublimierung oder politisierende Praxis. Frankfurt a. M. 1973; Koch, Gerd u. a.: Theatralisierung von Lehr-Lernprozessen. Berlin, Milow 1995; Lewin, Kurt: Die Lösung sozialer Konflikte. Bad Nauheim 1953; Ders.: Feldtheorie und Sozialwissenschaften. Bern 1969; Luft, Joseph: Einführung in die Gruppendynamik. Stuttgart 1991; Metaplan (Hg.): Fibel zur Metaplantechnik. Quickborn 1994; Puch, Hans-Joachim: Inszenierte Gemeinschaften. Gruppenangebote in der Moderne. In: Neue Praxis, 1991, H. 7; Pühl, Harald: Angst in Gruppen und Institutionen. Frankfurt a. M. 1994; Sader, Manfred: Psychologie der Gruppe 1991. Weinheim, München 2002; Schmidbauer, Wolfgang: Wie Gruppen uns verändern. Selbsterfahrung, Therapie und Supervision. München 1994; Schmidt-Grunert, Marianne: Soziale Arbeit mit Gruppen. Eine Einführung. Freiburg i. Br. 1997; Schreyögg, Astrid: Coaching. Eine Einführung für Praxis und Ausbildung. Frankfurt a. M., New York 1996; Schreyögg, Georg: Organisation. Grundlagen moderner Organisationsgestaltung. Wiesbaden 2000; Simmel, Georg: Soziologie. Untersuchungen über die Formen der Vergesellschaftung. Frankfurt a. M. 1996; Spangenberg, Kurt: Chancen der Gruppenpädagogik. Gruppendynamische Modelle für Erziehung und Unterricht. Weinheim 1974; Vopel, Klaus W.: Interaktionsspiele. 6 Bde. Hamburg 1978; Wellhöfer, Peter R.: Gruppendynamik und soziales Lernen. Stuttgart 2001

Gruppe & Spiel. Zs. für Gruppenpädagogik und soziales Lernen [6 Hefte jährlich]; Gruppendynamik und Organisationsberatung. Zs. für angewandte Sozialpsychologie [4 Hefte jährlich]; Gruppenpsychotherapie und Gruppendynamik [4 Hefte jährlich].

RITA MARX

→ Didaktik – Entwicklungspsychologie – Geschichte der Pädagogik – Geschichte der Sozialpädagogik – Kommunikation – Methodik – Warming Up

Happening

Das H als eine handlungsorientierte Aktionskunstform, in welcher das Publikum zum aktiven oder stillen Mitgestalter des Kunstwerks avanciert – von engl. to happen: passieren, sich ereignen –, ist Ende der 1950er Jahre aus Formen der Aktionsmalerei (japanische Gutaigruppe, Jackson Pollock) und multimedialen Experimenten des Komponisten John Cage mit Zufall, Alltagsgeräuschen und Improvisation hervorgegangen. H können in alltäglicher Umgebung (Keller, Natur, Straße) oder in Galerien, Museen und Theatern stattfinden. H-künstlerInnen legen mittels offener oder feingliedriger Aktionsnotationen den räumlich-zeitlichen und materiellen Rahmen für

Handlungen fest, welche meist von nicht-professionellen SpielteilnehmerInnen improvisatorisch ausgeführt werden. Im H wird keine Rolle gespielt, sondern der Akt faktischen Handelns und Erlebens jenseits symbolischer oder mimetischer Evidenz betont. Der ,Rohzustand' des Agierens und die ,laienhafte' Teilnahme des Publikums bewirken eine gewisse Unbestimmtheit der Handlungen, die je nach Aktionspartitur und mentaler Ausrichtung der Teilnehmer spielerisch, experimentell oder aggressiv ausfallen. Das H ist mehr als das → „Als-ob" des Spiels und weniger als der vollzogene Tatbestand im wirklichen Leben, sondern ein von KünstlerInnen stimuliertes Interaktionsszenario, welches die körperlichen, sozialen, politischen und ästhetischen Empfindungen der Teilnehmenden testet und sensibilisiert. Im H wird die sonst nur KünstlerInnen vorbehaltene individuelle ästhetisch-praktische Erfahrung kollektiv und damit kommunizier- und mitteilbar. Das H, das in den 1960er Jahren seine Blütezeit erlebte, wurde von Fluxus und Performance Art abgelöst. H-protagonisten sind u. a. Allan Kaprow, Al Hansen, Claes Oldenburg, Carolee Schneemann, Jean-Jacques Lebel, Wolf Vostell, Hermann Nitsch.

Schilling, Jürgen: Aktionskunst. Luzern, Frankfurt a. M. 1978; Schröder, Johannes L.: Identität Überschreitung/Verwandlung. Münster 1990.

MARIE-LUISE LANGE

→ Authentizität – Improvisation – Performance – Theatralisierung (von Lehr- und Lernprozessen)

Hochschuldidaktik

H ist die Lehre von Bildungsinhalten und ihrer Vermittlung in Institutionen des tertiären Sektors und hat eine methodische Nähe zur Erwachsenenbildung, aber auch zur Psychologie (Analyse von Lernprozessen) und Soziologie (Analyse der Bildungsinstitutionen und gesellschaftlichen Rahmenbedingungen). H war en vogue in den 1970er Jahren. Hochschuldidaktische Arbeitsstellen, die sich zum Teil zu Zentren mausern konnten, schossen aus dem Boden wie Pilze nach einem warmen Herbstregen, und der Herbstregen war die Finanzierung des Hochschulausbaus. Bildungsreform hatte in der BRD oberste politische Priorität.

H wurde konzipiert als Ausbildungsreform und wissenschaftlich fundierte Studienreform, die diese Aufgaben durch Lehre und Forschung wahrzunehmen hat (vgl. Webler u.a.). Sie war ihrem eigenen Anspruch nach keine bloße Service-Einrichtung oder nur Stätte hochschulpädagogischer Beratung und Fortbildung für HochschullehrerInnen und TutorInnen, sondern Entwicklungs- und Innovationszentrum. Als ein wichtiges Studienreformkonzept galt das Projektorientierte Studium.

Bereits gegen Ende der 1970 Jahre war nicht nur als Reaktion auf die bildungspolitische Großwetterlage ein Paradigmenwechsel notwendig. Das Hochschulrahmengesetz von 1976 zeigte Wirkung: erhöhter Prüfungsdruck für die Studierenden, Heraufsetzung der Lehrdeputate und höhere Prüfungslasten für die Lehrenden, verstärkter Qualifikationsdruck auf den wissenschaftlichen Nachwuchs ließen die Kooperanten der H – und auf solche war sie mit ihrer partizipativen Strategie angewiesen – wegbrechen. Die Kapazitätsverordnung benachteiligte zudem solche Veranstaltungsformen, die hochschuldidaktischen Zielsetzungen entsprach (Team-Teaching, interdisziplinäre Kooperation in der Lehre, Betreuung von Praktika und Exkursionen bekamen einen Anrechnungsfaktor kleiner als 1).

Aus dem Konzept einer umfassenden strukturellen Studienreform wurde die Implementierung studienreformerischer Phasen in die bestehende Struktur (vgl. Tätigkeitsberichte des IZHD Hamburg).

Die Studieneingangsphase konnte im Einklang mit hochschulpolitischen Intentionen am nachhaltigsten reformiert werden. Der Zustrom studierwilliger Menschen floss ungehindert in die Universitäten und machte zumindest Orientierungsangebote in den Fachbereichen notwendig. Die *Orientierungseinheiten*, die nach und nach in fast allen Bereichen eingeführt werden konnten, bewahrten zudem wenigstens punktuell Elemente des projektorientierten Studiums, das als Ganzes nicht durchsetzbar blieb: Soziales Lernen, Reflexion des Hochschulbetriebs, erste Erkundungen der Berufspraxis.

Evaluation als wissenschaftliche Begleitung von Reformversuchen wurde ein Schwerpunkt der hochschuldidaktischen Arbeit, obgleich sie mit knapper werdenden Investitionen in den Bildungsbereich eher zur Auslese als zur Förderung von umfassenden Studienreformvorhaben diente. Dieses Feld wurde der H entzogen, als Evaluation zu Beginn der 1990er Jahre in eigenen Institutionen etabliert wurde.

Der *Aufbau hochschuldidaktischer Fortbildung* begann ebenfalls in den 1980er Jahren. Hochschuldidaktische Aus- und Fortbildung bestimmte nach und nach programmatisch die H und machte die Qualität der Lehre zum zentralen Topos (vgl. Huber 1980).

Obgleich die Evaluation von Studiengängen und Fachbereichen in Eigenregie der Hochschulen Mängel in der Lehre benennbar und in seiner Verbreitung deutlich machte, blieb die Nachfrage nach hochschuldidaktischer Fortbildung durch Lehrende gering, insbesondere von statushohen Gruppen der Hochschulen, an denen die H selbst angesiedelt war. Demgegenüber war das Interesse an überregionaler und internationaler – organisiert in Tagungen, Konferenzen und Symposien – Thematisierung der Lehrqualität und ihren Verbesserungsmöglichkeiten groß. Die Arbeitsgemeinschaft für Hochschuldidaktik (AHD) und die Gewerkschaft für Erziehung und Wissenschaft z.B. waren auf dieser Ebene erfolgreich und konnten sowohl hochkarätige Referenten wie Teilnehmer mobilisieren. Ganz entscheidend waren hierfür die Einbettung des Diskurses über Lehrqualität in die vorhandenen strukturellen und personellen Möglichkeiten an den Hochschulen, die Analyse der hochschulpolitischen Entwicklung, insbesondere des Verhältnisses von Staat und Hochschule und der internationale Brückenschlag.

Eine Bündelung der an vielen Stellen in den Hochschulen gewachsenen Initiativen zur Qualitätsverbesserung und -entwicklung zu einer Agentur der Hochschulentwicklung bietet eine Perspektive für eine H, die sich dann nicht mehr nur auf die Lehre, sondern auch auf die Forschung beziehen müsste, sowohl als Gegenstand wie als eigene Aufgabe (vgl. Knoll). Interdisziplinarität und Internationalität, das Lernen der Studierenden, die Qualifizierung des wissenschaftlichen Nachwuchses für internationale, vernetzte Wissenschaftsproduktion und die Erforschung transdisziplinärer Wissenschaftskommunikation könnten (teilweise wieder) focussiert werden. Hochschulforschung und -entwicklung am Ort und als Beratungsangebot überregional und vernetzt wären die zukunftsweisenden Kennzeichen einer H, die als zentrale Aufgabe die Förderung von Kreativität begreift.

H mit Bezug zur Forschungsentwicklung könnte Gestaltungskraft zurück gewinnen und aus dem nachrangigen Verhältnis zur Hochschulentwicklung, in das es durch die Vorrangstellung der Aus- und Fortbildung für HochschullehrerInnen geraten ist, heraustreten (vgl. Voegelin).

Der methodische Schwerpunkt hochschuldidaktischer Forschung liegt auf empirischen Analysen mit starker Betonung der Praxisrelevanz bzw. der Aktionsforschung. Die exemplarische Entwicklung, Erprobung und wissenschaftliche Begleitung von theoretisch konzipierten Reformelementen bestimmen ein Großteil der Forschungsvorhaben. Sie richten sich aber auch auf die grundlegenden Bedingungen und Prozesse von Studium und Lehre, besonders in den Themenfeldern der Berufs- und Hochschulsozialisationsforschung.

In der hochschuldidaktischen Lehre dominieren entsprechend teilnehmerorientierte und experimentelle Konzepte mit microteaching und praktischem Lernen z. B. als Simulationen im Bereich der Verhaltensmodifikation, Fallbesprechungen und Gruppendiskussionen in Seminaren, zur Persönlichkeitsentwicklung und Projektarbeit zur Integration von Theorie, praktischem Lernen und gruppendynamischem Training (vgl. Handbuch Hochschullehre). Der Einsatz neuer → Medien ist zu einem eigenen hochschuldidaktischen Feld geworden, auf dem der Einsatz vielfältiger – über den Computer vernetzter – Medien erforscht und vermittelt wird (vgl. Schulmeister).

Erfahrungs- und problemlösendes Lernen haben auch Einfluss auf die Lehrgestaltung: Ein Zweistundenrhythmus verbietet sich bei praktischen Erprobungen von Lehrsequenzen und allen Formen theatralischer Arbeit. Mehrtägige Blockveranstaltungen sind oftmals Kennzeichen der hochschuldidaktischen Aus- und Fortbildung.

H ist unmodern, unmoderner als Theater in der Hochschullehre. Vielleicht hängt das mit der über die Jahre zunehmenden Verengung des Begriffs der H zusammen; wobei diese Verengung schon eine Reaktion auf die Desavouierung der H war. So will scheinen, wir befinden uns in einem circulus vitiosus, den zu durchbrechen eine Durchleuchtung notwendig macht.

Obgleich die Fortbildung von Hochschullehrern und -lehrerinnen eine rechtlich prekäre Stellung hat und es – anders als in anderen Professionen – keine Verpflichtung in diese Richtung gibt, geht der Trend von einzelnen Fortbildungsseminaren zu Studiengängen mit vorgeschriebenen Lerneinheiten, Wochenstunden und Zertifizierung.

Die Theatralisierung von Lernprozessen gewinnt an Bedeutung – vor allem durch die Vernetzung der vorhandenen verstreuten Initiativen und ihre zunehmend internationale Ausrichtung (vgl. Bülow-Schramm; Koch).

Bülow-Schramm, Margret (Hg.): Theater mit der Lehre? Theater in die Lehre. Hamburg 1996; Handbuch Hochschullehre. Hg. v. Fachverlag für Wiss. Information. Bonn 2001; Huber, Ludwig (Hg.): Hochschuldidaktische Fortbildung für Hochschullehrer. Hamburg 1980; Ders.: An- und Aussichten der Hochschuldidaktik. In: Zs. für Pädagogik, 1999, H. 1; Knoll, Jörg: Hochschuldidaktik. In: Hanft, Anke (Hg.): Grundbegriffe des Hochschulmanagements. Neuwied, Kriftel 2001; Koch, Gerd (Hg.): Theatralisierung von Lehr-Lernprozessen. Berlin, Milow 1995; Schulmeister, Rolf: Grundlagen hypermedialer Lernsysteme. Bonn u. a. 1996; Tätigkeitsberichte des Internationalen Zentrums für Hochschuldidaktik: Hochschuldidaktik in Hamburg. Jürgen Bruhn, Wolfgang Schütte, Rolf Schulmeister, 1970–1981. Hamburg 1982; Margret Bülow-Schramm, Winfried Kahlke, Günter Ottersbach, 1982–1988. Hamburg 1989; Voegelin, Ludwig: Hochschulentwicklung – auch eine Aufgabe der Hochschuldidaktik? In: Entwicklung der Hochschule, studentischer Protest. Hat die Hochschuldidaktik dazu etwas zu sagen? Bremen 1989; Webler, Wolf-Dietrich/Wildt, Johannes: Wissenschaft – Studium – Beruf. Hamburg 1979.

MARGRET BÜLOW-SCHRAMM

→ Deutsch als Fremdsprache – Didaktik – Experiment – Lebensbegleitendes Lernen – Projekt – Reformpädagogik – Theatralisierung (von Lehr- und Lernprozessen) – Werkstatt

Höhne, Gisela

Geb. 1949. Dr. phil. Schauspielerin, Theaterwissenschaftlerin, Regisseurin. Seit 1987 Theaterarbeit mit geistig behinderten Menschen. Gründete 1991 (zusammen mit Klaus Erfurth) in Berlin den Verein *Sonnenuhr*, ein Integrationsprojekt für Menschen mit geistiger Behinderung; darin die Theatergruppe *RambaZamba*, die sie leitet und der behinderte und nichtbehinderte, professionelle und Laienkünstler angehören, mit denen sie zahlreiche, auch im Ausland erfolgreiche, Inszenierungen erarbeitet.

Medea – Der tödliche Wettbewerb. In: Kämmerer, Annette/Schuchardt, Margret/Speck, Agnes (Hg.): Medeas Wandlungen. Studien zu einem Mythos in Kunst und Wissenschaft. Heidelberg 1998; Spiel und Subversivität. In: Ruping, Bernd (Hg.): Theater, Trotz & Therapie. Ein Lies- und Werkbuch des Theaterpädagogischen Zentrums der Emsländischen Landschaft e. V. und des Studiengangs Theaterpädagogik der Fachhochschule Osnabrück, Standort Lingen. Bentheim 1999.,Woher nehmen wir das Recht, ein leidfreies Leben zu fordern?'. Ein Gespräch mit Angela Winkler und Gisela Höhne, Gründerin des Berliner Theaters RambaZamba über Genforschung, Kunst und Behinderung. In: Theater heute. Das Jahrbuch 2001.

GABI BEIER

Hoffmann, Christel

Geb. 1936. Dr. phil. 1959–63 Dramaturgin an den Städtischen Bühnen Leipzig. 1963–70 Chefdramaturgin, 1974–79 Chefdramaturgin und stellvertretende Intendantin für künstlerische Fragen am ‚Theater der Freundschaft' Berlin (heute ‚carrousel Theater an der Parkaue'). 1979–86 Fachmethodikerin für Darstellende Kunst im Pionierpalast Berlin. 1986–90 wissenschaftliche Mitarbeiterin des Büros für internationale Fragen des Kinder- und Jugendtheaters der DDR. 1990 Direktorin des Kinder- und Jugendtheaterzentrums der DDR. Seit 1990 pädagogische Mitarbeiterin des Kinder- und Jugendtheaterzentrums in der Bundesrepublik Deutschland, Arbeitsgebiet Aus- und Weiterbildung, Honorarprofessorin an der FH Osnabrück, Standort Lingen. Engagement für die ThP in den neuen Bundesländern. Arbeitsschwerpunkte sind Spielweise, → Inszenierung und → Dramaturgie von Theater für Kinder- und Jugendliche sowie Formen des Theaters in der Erziehung und Bildung von Kindern und Jugendlichen.

Theater für junge Zuschauer. Berlin 1976; Die Pfosten sind, die Bretter aufgeschlagen, und jedermann erwartet sich ein Fest. Theater von Aischylos bis Brecht. Theatergeschichte für Kinder. Berlin 1984; Spielen und Theaterspielen. Theaterspielbuch für Kinder. Berlin 1989.
Hoffmann, Christel (Hg.): Kinder- und Jugendtheater der Welt. Berlin 1978; Dies. (Hg.): Darstellendes Spiel auch in der Grundschule? Protokolle aus Lehrerfortbildungen an Theatern. Frankfurt a. M., Berlin 1998; Dies./Brandt, Jutta/Seezen, Hannelore: Arbeitserfahrungen aus Werkstätten und zum darstellenden Spiel. Leipzig 1986; Dies./Israel, Annett (Hg.): Theater spielen mit Kindern und Jugendlichen. Konzepte, Methoden und Übungen. Weinheim, München 1999.

GABI BEIER

Hoffmann, Klaus

Geb. 1939. Studium der Theaterwissenschaft und Germanistik. Leiter des ‚Zentrums für Medien Kunst Kultur' im Amt für Gemeindedienst der Evangelisch-lutherischen Landeskirche Hannover. Vorsitzender des Arbeitskreises Kirche und Theater e. V. in der EKD und der BAG Spiel und Theater. Künstlerischer Leiter des internationalen Festivals SCENA ‚Theater und Religion'. Sein Interesse gilt der Untersuchung des Zusammenhangs zwischen Theater und religiösem Kult und (als praktische Konsequenz) der Nutzung von Kirchenräumen als Theaterräume.

Bildungsprozesse in der spiel- und theaterpädagogischen Arbeit. In: Korrespondenzen, 1998, H. 32.
Hoffmann, Klaus (Hg.): Therapie. Hannover 1988; Ders. (Hg.): Spielraum des Lebens – Spielraum des Glaubens. Entdeckungen zur Spielkultur bei Ernst Lange und Spiel und Theater in der Kirche heute. Hamburg 2001.
Ders./Krieger, Uwe (Hg.): Theater, Religion, Therapie. Hannover 1987.

GABI BEIER

Illusion im Theater

Die Perspektivbühne des höfischen oder barocken Theaters (1600–1750) versucht ein Höchstmaß an Illusionswirkungen zu erreichen (lateinisch *illudere* – täuschen). Das Barocktheater des Absolutismus und der Gegenreformation setzt sich auf diese Weise den realistischen Tendenzen des (frühbürgerlichen) Renaissancetheaters entgegen. Das Barocktheater strebt danach, mit seinen Illusionswirkungen Staunen und Bewunderung beim Publikum zu erregen und arbeitet zu diesem Zweck mit Kulissen, Soffitten und der Bühnenform des Guckkastens.

Als illusionistisches Theater im engeren Sinne wird das Theater des beginnenden bürgerlichen Zeitalters bezeichnet, in dem das Bühnengeschehen Wirklichkeit vortäuschen soll. Siegfried Melchinger schlägt diesen Begriff für das Theater der Epoche von 1750 bis 1910 vor, in der das europäische Theater versucht, die Distanz zwischen einer dem Zuschauer vertrauten Alltagswelt und der Wirklichkeit des → Spiels so weit wie möglich zu verringern. Höhepunkt dieser Suche nach I der Wirklichkeitsnähe sind die fast photographisch nachgebildeten zeitgenössischen Milieus im naturalistischen Theater (vgl. Melchinger).

In der *Querelle des anciens et des modernes* Ende des 17. Jhs. stellen sich die ‚Modernen' (Bernard Le Bouvier Sieur de Fontenelle, Abbé Du Bos, Denis Diderot) gegen die bis dahin maßgebliche konservative Auffassung, die das klassische antike Muster der Handlungsstilisierung als unüberbietbares Modell jeder künstlerischen Darstellung kodifiziert hatte. Die klassizistische Bühne folgte dabei dem Gebot der *imitatio naturae* und will die I einer unbedingten Naturwahrheit der Kunsterscheinungen präsentieren (vgl. Klinger).

Die Position der ‚Alten' in der *Querelle* bezieht sich jedoch nie auf die empirische Natur, sondern auf eine schöne menschliche Natur (*belle nature*), wie sie nach dem Ideal einer höfischen Gesellschaft vorgestellt ist, charakterisiert durch Vernunft (*raison*), Geschmack (*goût*) und Wohlanständigkeit (*bienséance*). Während sich die klassische Ästhetik der ‚Alten' unter Berufung auf das Vorbild der klassischen Antike auf zeitlose und abstrakte Begriffe (von Natur, Vernunft und Wahrheit) bezieht, betonen die ‚Modernen' eine Auffassung der *imitatio naturae*, die den Schein oder die I (der Wirklichkeit) ‚naturalistisch' versteht und den Wirklichkeitsbereich erweitern will. Die Nachahmung in den darstellenden Künsten soll eine Natur zeigen, die das Niedrige nicht ausschließt. Die Darstellung soll so wahrscheinlich sein, dass sie den Zuschauer zwar nicht glauben lässt, er beobachte eine wirkliche Handlung auf der Bühne, aber ihn zeitweise ganz in die I hineinziehen kann.

Diderot polemisiert gegen die Tragödien der französischen Klassik, deren verwickelte, gedrängte und unwahrscheinliche Handlung die I zerstöre, während die Antike selbst der *pure nature* nahe sei und nichts die Entfaltung der I störe. Diderot setzt immer ästhetischen Schein voraus und argumentiert nicht für eine naturalistische Aufhebung der Kunst. Vielmehr plädiert er für die Abschaffung einer überkommenen verbrauchten Form der Illusionierung und deren Ersetzung durch neue zeitgemäße Formen, die dem ‚modernen' Empfinden entsprechen.

Richard Wagner strebt eine Steigerung der Illusionswirkungen des Bühnengeschehens an, jedoch nicht im Sinne einer Ähnlichkeit von Alltagswelt und Bühnenwirklichkeit, sondern im Sinne suggestiver Wirkung. Seine reformerischen Vorschläge (z. B. das unsichtbare Orchester, d. h. Absenkung des Orchestergrabens, um die optische Illusionswirkung nicht zu beeinträchtigen) werden von den → Avantgarden um 1900 (in einem Vorgriff auf das heraufkommende Kino) aufgenommen und weiterentwickelt. Die I steht dabei im Dienste von halluzinatorischen Wirkungen beim Zuschauer, der sich ungestört von distanzierenden Momenten ganz den ästhetischen Reizen einer künstlichen und symbolischen Bühnenwelt hingeben können soll. Edward Gordon Craig und Adolphe Appia imaginieren in ihren Theorien (die in der Praxis zu ihrer Zeit jedoch kaum realisiert werden) ein Theater der totalen psychischen Affektion, dessen Wirkung der eines Traums gleichen soll.

Ende des 19. Jhs. erreicht das Bestreben nach einer I der Ähnlichkeit zur Alltagswirklichkeit ihren Gipfelpunkt. Das symbolistische Theater im Umkreis der Darmstädter Reformästhetik um 1900, ebenso wie Max Reinhardt zu Beginn des 20. Jhs., stellen dem ein Theater entgegen, das mit alltagsferner, stimmungsvoller Festlichkeit die Sinne bezaubern soll. Diese andere Auffassung der Illusionierung zielt auf eine Befreiung von den Fesseln der Alltagsrealität und auf die Erweiterung der Vorstellungskraft.

Gegen derartige illusionistische Wirkungen richtet sich das Epische Theater von Erwin → Piscator und Bertolt → Brecht, die damit eine Position gegen das bürgerliche Theater begründen. Brechts Kritik der Illusionswirkungen konzentriert sich systematisch auf deren betäubende und Reflexion verhindernde Folgen. Sein anti-illusionistischer Impetus zielt darauf, zu verhindern, dass sich das Theater in suggestiven und ‚hypnotisierenden' Illusionswirkungen erschöpft. Dagegen mobilisiert er verfremdende und stilisierende Mittel, die eine harmonisierende ästhetische Kontinuität durchbrechen sollen. Durch genau gesetzte Brüche soll der Zuschauer immer wieder ‚ernüchtert' und zum Denken gebracht werden. Trotz Brechts Betonung distanzierender Mittel und seiner Ablehnung der illusionsfördernden Einfühlung verzichtet er in seiner Theaterpraxis und Schauspielerarbeit nicht auf die elementaren Techniken der Einfühlung und Verkörperung.

Im theoretischen Diskurs um die Frage von Einfühlung und I weisen Diderot und Abbé Du Bos die platte I zurück, die in einer Verwechslung von Theater und Wirklichkeit besteht, ästhetisch sei solch eine vollkommene Täuschung nicht anstrebenswert. Diderot definiert als ästhetisch sinnvolle I die „Als-ob"-I, bei der die Zuschauer nicht einer wirklichen Handlung beiwohnen, sondern sich einbilden, ihr beizuwohnen. Diese Art der I ist für Diderot eng mit der Wahrheit der Darstellung verknüpft, d.h. durch genaue Nachahmung der empirischen Realität wird eine weitgehende I erweckt, die den Zuschauer die Kunst vergessen lässt, so dass er im Schein die Natur als das Wahre erfahren kann.

Dieser Illusionsauffassung, die sich in der Entwicklung des bürgerlichen Theaters durchgesetzt hat, liegen drei wesentliche Orientierungen zugrunde. Das Theater will nicht mehr überpersönliche gesellschaftliche Normen repräsentieren, sondern das Gefühl des Einzelnen. Die idealisierende Darstellung tritt zurück und wird von einer *illusion de la réalité* ersetzt, die nachgeahmte Natur wird zunehmend die Lebenswirklichkeit der eigenen Erfahrung. Das Theater soll die ‚Welt, in der wir leben' bis zur Täuschung und so echt wie möglich nachahmen.

Grundsätzlich ist I im theatertheoretischen Diskurs eine wirkungsästhetische Kategorie und immer auf die Rezeption durch ein Publikum bezogen. I ist somit Bedingung eines jeden Theaters, ob es auf die Ähnlichkeit zur Alltagswelt abzielt oder auf eine zeichenhafte

Darstellung, die von der Erfahrungswelt des Zuschauers abstrahiert. Die Illusionswirkung wird durch ein wahrnehmungsästhetisches Kontinuum bedingt, das den Zuschauer in die Bühnenwelt eintauchen lässt. Solange die Bühnenwirklichkeit bruchlos aufrechterhalten wird, entsteht eine Bühnenwelt, die zeitweise so aufgefasst wird, als handelte es sich um ‚Wirklichkeit‘. Eine planmäßige Unterbrechung der ästhetisch organisierten Kontinuität kann auf verschiedenen Ebenen erfolgen (z. B. Wechsel der Darstellungsmittel oder des -stils, Sichtbarwerden des Zuschauerraums oder der Bühne selbst usw.) und bewirkt eine Unterbrechung der I durch Einschaltung von Distanz und Bewusstsein.

So bezieht sich Aristoteles auf eine alltagsferne, sich stilisierender Mittel bedienende Tragödie, deren Wirkung von heftigem ‚Jammer‘ und ‚Schrecken‘ durch I-wirkungen ermöglicht werden. Auch im heute noch gespielten Nô-Spiel Japans wird der Zuschauer, trotz des stark hervortretenden „Als-ob“-Charakters des Spiels stark berührt. Die Zuschauer tauchen in die vorgestellte Welt ein, die zwar imaginär bleibt, doch ganz real empfundene Gefühle auslöst.

Mit Hilfe der I gelingt es dem Zuschauer, ‚wie in Wirklichkeit‘ auf das vom Theater angebotene ‚Leben‘ zu reagieren. Der „Als-ob“-Charakter des Spielvorgangs tritt zeitweise zurück zugunsten eines illusionären ‚Eintauchens‘ in das Geflecht von Figuren, Vorgängen und Spannungen auf der Bühne. Die zeitweise I ist die Voraussetzung für die ästhetische Erfahrung. Durch Abstraktion von der ‚vollständigen‘ realen Welt wird ein ‚regressives‘ Intensivwerden der Bühnenwirklichkeit möglich. Erst durch das Weglassen einiger Bestandteile der Wirklichkeit gewinnt die verdichtete und konzentrierte Darstellung ihre Wirksamkeit. Die I bringt den Zuschauer in ‚lebendigen‘ Kontakt mit ‚seinen‘ Faszinationen und lässt ihn seine Konflikte spüren. Der die I unterbrechende ‚Bruch‘ oder Widerspruch und die gezielt eingesetzte Verfremdung ermöglichen die psychische Verarbeitung der in der I erlebten Spannungen.

Bis zu einem gewissen Grad muss sich I entfalten, um von anti-illusionistisch verfremdenden Mitteln gebrochen werden zu können. Ein zu einseitiges Betonen der Illusionswirkungen führt zum Verlust der Reflexionsmöglichkeit, ebenso wie ein zu einseitiges Betonen der Distanz und Nüchternheit zu Indifferenz und Desinteresse des Zuschauers führen kann. I und Distanz, Suggestion und Bewusstsein, Faszination und Reflexion sind komplementäre Faktoren eines rezeptionsästhetisch komplexen Zusammenhangs und müssen stets gemeinsam und in ihren Wechselwirkungen betrachtet werden.

Eine zu weitgehende Illusionswirkung rekultifiziert und remythisiert die Kunstsphäre des Theaters. Eine rationalistische Haltung, die nicht wagt, die Regression der I zuzulassen, verbleibt in allzu großer Nähe zur empirischen Realität und vermag nicht zu berühren. Die Regression, wie sie sich in der I vollzieht, ist eine Voraussetzung der Kunstwirkung. Problematisch und kontrovers ist der Grad der zugelassenen Tiefe der Regression. Ein ‚rückkehrloses‘, d. h. reflexionsloses Abtauchen in entwicklungspsychologisch überwundene Stadien verhindert die Bearbeitung der Fixierungen und ‚bannenden‘ Faszinationen, erst die ‚Rückkehr‘ aus der Regression bereitet den Boden für die Aufarbeitung dessen, was im künstlerischen Vorgang erlebt wurde und dadurch zur ästhetischen Erfahrung wird.

Alewyn, Richard/Sälzle, Karl: Das große Welttheater. Reinbek 1959; Bircher, Martin (Hg.): Inszenierung und Regie barocker Dramen. Stuttgart 1976; Diderot, Denis: Ästhetische Schriften. Frankfurt a. M. 1968; Dieckmann, Herbert: Die Wandlung des Nachahmungsbegriffs in der französischen Ästhetik des 18. Jahrhunderts. In: Jauss, Hans Robert (Hg.): Nachahmung und Illusion. München 1963; Klinger, Cornelia: modern/Moderne/Modernismus. In: Barck, Karlheinz u. a. (Hg.): Ästhetische Grundbegriffe. Historisches Wörterbuch in 7 Bdn., Bd. 4. Stuttgart, Weimar 2002; Melchinger, Siegfried: Theater der Gegenwart. Frankfurt a. M. 1956; Stockreiter, Karl: Narzißmus und Kunst. Das erotische Bündnis der ästhetischen Illusion. Wien 1992.

PETER STAATSMANN

→ Bühnenbild – Dramaturgie – Ensemble der Künste – Selbsttäuschungstheorie und Bewusstheitstheorie – Theaterhistoriographie – Zimmertheater – Zuschau-Spieler

Improvisation

Spezifische Traditionen der Theatergeschichte stehen im engen Zusammenhang mit der I. Formen wie die Commedia dell'Arte, das Straßentheater, die Kunst der → Spielleute verwenden in erster Linie improvisatorische Mittel. Dabei wurde etwa in den *lazzi* der Commedia dell'Arte eine hohe artistische Qualität erzielt. Charakteristisch für all diese Formen ist die Augenblicksarbeit des Theaters, d. h. dass die jeweilig konkrete Situation (Ort, Zeit, Publikum, gesellschaftliche und politische Situation) einbezogen wird. I ist von dem lateinischen Wort *improvisus* abgeleitet und bedeutet ‚unvorhergesehen', auch ‚überraschend', ‚nicht geplant'. I ist „das spontane, freie Spiel ohne oder mit nur sehr umrisshaft skizzierter Vorgabe" (Brauneck 411). Charakteristisch für die I ist, dass die Prozesse der Handlungsgestaltung (Regie), der Textfindung (AutorIn) und der Darstellung (Schauspiel) zusammenfallen. Eng verbunden mit der I ist das Stegreifspiel. Es entsteht wie die I im Prozess des Spielens.

Die Kunst der schauspielerischen I wurde lange vom fixierten Literaturtheater zurückgedrängt. Seit Ende der 1960er Jahre hat die I jedoch vor allem in freien Theatergruppen eine starke Renaissance erlebt. Die Wiege des modernen I-Theaters ist Chicago. Seit sich die ersten I-Theatergruppen gegründet haben, wurden viele unterschiedliche Formen des I-Theaters entwickelt – → Mitspieltheater, → Theatersport, Harold, → Playback-Theatre. Ausgehend von den USA und Kanada breitete sich das I-Theater in Frankreich, Dänemark, den Niederlanden und Deutschland aus. I-Theater hat sich seit den 1990er Jahren aufgrund der zahlreichen begeisterten ZuschauerInnen auch in Deutschland „auf der Grundlage eigener Spielformen und -techniken [als] eine eigenständige Improvisationstheaterszene etabliert" (Trescher 1). Es gibt ein Netzwerk von I-Gruppen, es finden I-Meisterschaften statt, und in vielen Städten wurde I zu einem festen Bestandteil der Freien Theaterszene. Somit ist die I aus der Verbannung zurückgekehrt und hat sich vom Diktat der ‚hohen Literatur' befreit.

I steht im engen Zusammenhang mit *Spontanität*, die allein allerdings noch keinen kreativen Prozess befördern kann. Spontanität ist die „Fähigkeit und Bereitschaft des Individuums zu freiwilligen und selbstbestimmten Handlungen, die auf keine äußere Anstöße zurückgehen" (Schaub u. a. 528). Ziel ist, die menschliche Spontanität freizusetzen und gleichzeitig in das gesamte Lebensgefüge des Menschen sinnvoll zu integrieren. Wird Spontanität freigesetzt und gleichzeitig integriert, so entsteht Kreativität.

Die Theaterpädagogin Viola → Spolin beschreibt Spontanität als einen „Moment der persönlichen Freiheit, in dem wir mit der Realität konfrontiert sind, sie wahrnehmen und erforschen und angemessen handeln. In dieser Realität funktionieren die Aspekte unserer Persönlichkeit als ein organisches Ganzes. Es ist ein Zeitpunkt der Entdeckung, der Erfahrung und des kreativen Ausdrucks." (Spolin 18)

Spontan-reflexhaftes Handeln kann unglaublich viel Spaß machen. Doch sobald ein/e SpielerIn spürt, dass er/sie spontan ist, ist er/sie es schon nicht mehr. Dixon vergleicht Spontanität mit dem Auftauchen eines Hirsches im Wald: Es ist unmöglich, einen längeren Blick auf ihn zu werfen, „denn sobald wir uns der Besonderheit des Moments bewusst werden, ist der Hirsch wieder im dichten Unterholz verschwunden" (Dixon 31). Spontanität bedeutet, im Moment zu sein. Die SpielerInnen müssen (lediglich) bereit sein und akzeptieren, was auch immer entstehen will. Die Fähigkeit, spontan zu spielen, wächst und verbessert sich stetig. Im spontanen Spiel kommt es automatisch zu einem gewissen Verlust des Ichs. Die SpielerInnen vergessen soziale Herkunft und Erscheinungsbild. Spontanität bedeutet, Kontrollmechanismen aufzugeben und sich einzulassen. „Wenn wir spontan sind, agieren wir offen und erlauben etwas Wahrem, sich zu zeigen." (ebd. 32)

I ist in unterschiedlichen Bereichen anzutreffen:

1. Im *Theater* und in der *Schauspielausbildung*: Seit der Jahrhundertwende ist die I als Trainingsmethode ein grundlegendes Mittel in der Schauspielausbildung. „Ziel ist, dass der Student die Improvisation als spontanes Spiel erlernt, nicht als Selbstzweck, sondern als das Erlernen des schauspielerischen Schöpfungsaktes in seiner Dialektik von Improvisieren (Spontanität) und Fixieren (Disziplin)." (Ebert 81)

In der Arbeit des Schauspielers und der Schauspielerin nimmt I im Probenprozess eine wichtige Zwischenform ein. Das Stück ist zunächst „eine Aneinanderreihung von Worten, die der Schauspieler und des Theaters bedarf, um aus einem mit Potential angefüllten Stück Literatur eine lebendige Aufführung zu machen" (Dixon 20). Gerade in der Erarbeitung ihrer Rolle improvisieren die SchauspielerInnen Szenen aus dem Umfeld des Textes, um so Zugang zum Thema und zu den Figuren zu bekommen. I wird hier als Mittel genutzt, um den Text lebendig zu machen.

2. I als *eigene Spielform*: Steht die I vor einem Publikum im Mittelpunkt des Bühnengeschehens, so spricht man von I-Theater, was bedeutet, dass niemand weiß (weder SchauspielerIn noch ZuschauerIn), was als nächstes geschehen wird. Ausgangspunkt für die improvisierte Szene sind Vorgaben aus dem Publikum. Für die ZuschauerInnen präsentiert sich ein Schaffensprozess, den sie selbst beeinflussen können. Der Wesenskern des I-Theaters besteht in dieser Prozessorientierung. Es will ein Publikum unterhalten und besitzt keinen Bildungsanspruch im konventionellen Sinne. Die Unterhaltung besteht u. a. darin, „dass Spieler sich ohne jede Vorbereitung auf die Bühne begeben und versuchen, dort kreativ zu sein" (Trescher 13). I-Theater stellt nicht die großen Probleme der Gesellschaft in den Mittelpunkt, vielmehr werden alltägliche

Dinge verhandelt, die der Zuschauer wiedererkennt, durchschaut, bei denen er mitreden kann (vgl. ebd. 92).

3. I in der *Spiel- und ThP*: I gilt als Basisform der Spiel- und ThP. Sie ist von unschätzbarem Wert, da sie oft ungeahntes kreatives Potenzial aktiviert. Die Spiel- und ThP arbeitet mit Laien und Amateuren. I in der Spiel- und ThP dient als ein Hilfsmittel, um zu persönlichem Ausdruck zu finden. Die SpielerInnen lernen, mit ihren Ausdrucksmitteln eigene Sichtweisen zu vermitteln. Bei den I-Übungen stehen Selbsterfahrungsaspekte im Vordergrund. I kommt dem Wunsch der SpielerInnen nach, so schnell und so viel wie möglich zu spielen. Die gefundenen Themen sind oft nah am Erleben. Über die spielerische Darstellung von zunächst real Erlebtem und daraus entwickelten Phantasien erlangen die SpielerInnen eine bewusstere Übersicht über einen Teil ihrer persönlichen Welt und sich selbst. Sie erfahren, dass ihre gesamte Umwelt Stoff für das Theater liefern kann und dass ihre Geschichte spielens- und erzählenswert ist.

Die Spiel- und ThP unterscheidet zwischen I als Methode der Stückerarbeitung (Themenfindung, → Recherche, Theatralisierung) und I als eigener Spielform (I-Theater).

Augusto → Boal verwendet I als einen Grundbaustein für seine aufklärerische Arbeit. Für ihn dienen I-Übungen und -spiele dem emotionalen und darstellerischen ‚Aufwärmen‘ für Spieler und Zuschauer sowie der inhaltlichen und argumentativen Erarbeitung.

Die Theaterpädagogin Viola Spolin verwendet I als Mittel, um Kinder und Erwachsene durch Selbsterkenntnis und persönliche Erfahrung zu kreativem Ausdruck zu bringen. Ihr Hauptwerk *Improvisationstechniken für Pädagogik, Therapie und Theater* (1963, im Original ohne Hinweis auf Pädagogik und Therapie: Improvisation for the Theatre) stellte eine erste umfassende Methodik dar, mit deren Hilfe es gelingen konnte, freie I zu spielen und legte den Grundstein für das I-Theater der Gegenwart. Ihre Spiele und Übungen sind fester Bestandteil sowohl im professionellen als auch im nichtprofessionellen I-Theater.

Der von Keith → Johnstone in den 1970er Jahren entwickelte → Theatersport ist die wohl derzeit bekannteste Form des I-Theaters. Theatersport ist auf professionellen Bühnen und im Amateurbereich gleichermaßen anzutreffen. Mit Johnstones Spieltechniken, Schauspielübungen und Prinzipien versuchen die SpielerInnen, zu mehr Spontanität und Kreativität zu gelangen. Die Prinzipien des Theatersports ermöglichen es, dass gemeinsam und spontan Geschichten entwickelt werden können.

Die thp Ansätze von Boal, Spolin und Johnstone zielen darauf ab, möglichst vielen Menschen I zu ermöglichen. Ganz allgemein formuliert geht es ihnen um die Entfaltung von kreativem Potenzial und um persönliches Wachstum. Johnstone möchte I-Theater vor allem auf einer Bühne vor Publikum ermöglichen, während die Show für Spolin und Boal eher eine untergeordnete Rolle spielt. Alle drei Theaterpädagogen verstehen die Freisetzung des kreativen Potenzials, die Befreiung des Ichs von internalisierten Zwängen und die Erweiterung des Blickfeldes in der Dialektik von Selbst- und Fremdwahrnehmung als einen Lernprozess.

Batz, Michael/Schroth, Horst: Theater zwischen Tür und Angel. Reinbek 1993; Boal, Augusto: Theater der Unterdrückten. Frankfurt a. M.1989; Ders.: Der Regenbogen der Wünsche. Methoden aus Theater und Therapie. Seelze (Velber) 1999; Brauneck, Manfred/Schneilin, Gérard (Hg.): Theaterlexikon. Reinbek 1986; Dixon, Randy: Im Moment. Theaterkunst Improtheater – Reflexionen und Perspektiven. Planegg 2000; Ebert, Gerhard: Improvisation und Schauspielkunst. Berlin 1979; Johnstone, Keith: Theaterspiele – Spontanität, Improvisation und Theatersport. Berlin 1998; Ders.: Improvisation und Theater. Berlin 2000; Lenzen, Dieter (Hg.): Pädagogische Grundbegriffe, Bd. 2. Reinbek 1998; Leutz, Grete: Psychodrama. Berlin, Heidelberg, New York 1974; Pfeffer, Maria: Die wollen ja immer nur spielen … Eine Entdeckungsreise – ausgehend von der Praxis, hin zur Theorie. Diplomarbeit an der Alice-Salomon-Fachhochschule. Berlin 2001; Schaub, Horst/Zenke, Karl G. (Hg.): Wörterbuch Pädagogik. München 2000; Siegemund, Anke: Improvisationstheater – eine Methode in der Sozialen Arbeit zur Entfaltung der Persönlichkeit. Diplomarbeit an der Alice-Salomon-Fachhochschule. Berlin 2001; Spolin, Viola: Improvisationstechniken für Pädagogik, Therapie und Theater. Paderborn 1997; Trescher, Roland: Die Zuschauer im Improvisationstheater der Gegenwart. Magisterarbeit an der Ludwig-Maximilians-Universität. München 1995.

ANKE SIEGEMUND

→ Authentizität – Clownerie – Forumtheater – Spaß – Stegreif – Theater als öffentliche Institution

Initiation

Auffällig und interessant für die Theaterforschung wurde das Phänomen I seit der Herausbildung der westlichen Ethnologie/ethnographischen Anthropologie im 19. Jh. Zumindest bis in die zweite Hälfte des 20. Jhs. wurden *vorwiegend* Erscheinungen vormoderner, insbesondere außereuropäischer ‚archaischer‘

(‚primitiver') Gesellschaften unter der weit gefächerten Bedeutung I gesehen. An die lateinischen Wörter *initio/ initia/ initiare* angelehnt, die u. a. auf das ‚Einweihen' in/den ‚Beginn' religiöser (mystischer) Verfassungen/Situationen zielten, meinte I das sehr weite Feld von religiös, mythisch, magisch geprägter Handlungen/Vorgänge/Tätigkeiten, die männliche und weibliche Mitglieder einer Gemeinschaft oder sozialer Gruppen in Altersklassen, Bünde/Assoziationen und soziale Funktionen ‚einführten' oder genauer ‚überführten'. Einen solchen Prozess verallgemeinernd, bedeutet I dann den sehr umfangreichen Bereich von Vorgängen/Handlungen, in denen Subjekte eine Transformation ihres gesellschaftlichen Status erfahren/praktizieren. Anders ausgedrückt: Es sind Aktionen, die Individuen/soziale Gruppen vorbereiten für den Eintritt oder/und sie unmittelbar einführen/ ‚überführen' in andere, für sie neue, spezifische Wirkungsfelder und soziale Aufgaben/‚Rollen'. Die Zeiträume, in der sich solche allgemeinen ‚I-tätigkeiten' vollziehen, können sehr kurz sein, ihre Formen sehr einfach. Besonders die I vormoderner Kulturen erstreckten sich über längere Perioden, und sie verliefen in der Regel in mehreren Phasen. Der Verlaufsprozess wurde verglichen mit der Struktur einer nach Aristoteles ‚klassisch' interpretierten → Dramaturgie (siehe z. B. Victor → Turners Theorie des ‚sozialen Dramas'). Es umfasst(e) u. a. Zeiten und spezielle Handlungen der ‚Herauslösung' der Initianden aus ihrem bisherigen sozialen Status, gefolgt von Handlungen, in denen sie eine schwer zu definierende ‚Zwischenzeit' oder genauer einen Übergangsstatus durchleb(t)en, räumlich oft streng abgesondert von ihrer Gemeinschaft, da dieser Übergangsstatus nicht zu den normalen Bestandteilen der entsprechenden sozialen Gliederungen zu zählen ist und anderes als deren ‚normales' Verhalten erfordert bzw. bedeutet. Schließlich geht es um Aktionen, in denen die Einzuweihenden die neue soziale (kulturelle) Funktion oder gesellschaftliche ‚Rolle' unmittelbar zu beobachten/zu ‚studieren' haben und sie einübend praktizieren, oft ‚dramatisiert', um sich dann zugleich, für sie ‚neu', als ein ‚anderes' Mitglied der betreffenden Gemeinschaft zu bewegen/ zu verhalten.

Die enorme gesellschaftliche Bedeutung von Transformationshandlungen/‚Übergangsaktionen' generell diskutierend, hat Arnold van Gennep 1909 in seinem noch heute in vielem gültigen Buch *Les rites des passage* die I als eine der wesentlichsten Übergangsriten bestimmt. Sie ist ein gleichsam universaler gesellschaftliche Vorgang, der sich jeweils anders in mannigfachen Formen und spezifischen Kontexten ereignet. Gennep beschrieb z.B. die Beschneidungstätigkeiten der Massai in Ostafrika als eine typische I, die das gleichsam ‚neutrale' männliche Kind zum Mann, zum Krieger macht(e): „Alle Kandidaten versammeln sich – ohne Waffen. Sie bestreichen ihren Körper mit weißer Tonerde und ziehen zwei bis drei Monate von Kral zu Kral. Dann rasiert man ihnen den Kopf und tötet einen Ochsen [...] am Tag darauf fällt jeder Kandidat einen Baum [...], den die Mädchen vor seiner Hütte aufrichten. Am nächsten Morgen gehen die jungen Männer in die Kälte hinaus und waschen sich mit kaltem Wasser [...]. Hierauf findet die Beschneidung statt. Die Beschnittenen ziehen sich in eine besondere Hütte zurück, und jeder von ihnen liegt auf der Ochsenhaut, auf die sein Blut bei der Beschneidung geflossen ist. [...] Wenn sie dann wieder zum Vorschein kommen, necken sie die Mädchen, tragen oft Frauenkleidung und bemalen sich das Gesicht mit weißem Ton. [...] Wenn ihre Wunde verheilt ist, werden ihre Köpfe erneut geschoren, und sobald ihre Haare lang genug sind, um in Zöpfchen geflochten zu werden, sind sie *morani*, d. h. Krieger." (Gennep 87f.) Gennep musterte dann die I in der griechischen Antike, in der man die „gleiche Abfolgeordnung – mit ihrer Dramatisierung des Todes und der Auferstehung der Novizen" (ebd. 91) sowohl bei der Aufnahme in den Orphizismus als auch bei der Einweihung in den Dionysos-Kult antreffe. Danach ging er über zur Analyse der im Prinzip strukturell gleichen Praktiken der I im Christentum. So sieht er auch die Messe als „eine in regelmäßigen Abständen erneuerte Initiation" (ebd. 96f.).

Ein wichtige Komponente bei solchen vormodernen I ist die Unterweisung oder Einweisung in normatives soziales Verhalten, in Arbeits- und allgemeine Praktiken, die das Leben in dem neuen Status erfordern. Hier wird der theatrale Charakter der I besonders deutlich. Anfang des 20. Jhs. beobachtete Gerhard Lindblom bei den Akamba, Ackerbauern in Kenia, dass die einübende → Mimesis eines Viehraubs einen wesentlichen Bestandteil der I darstellten. Solche Raubzüge waren offensichtlich wichtige Aufgaben des Mannes. Gelbe runde Früchte, bei denen ‚Viehhirten' (männliche Darsteller) standen, markierten das Vieh. Die Jungen waren wie für einen Kriegszug ausgestattet mit Bogen, Pfeilen und einem Behälter, der Nahrung für die Reise enthielt. Als sie sich den Früchten, die die Raubbeute markierten, näherten, bewarfen sie die ‚Viehhirten' mit einer Frucht, was Abwehrhandlungen der Angegriffenen bedeutete und von den Angreifern entsprechende Gegenreaktionen erforderte (vgl. Fiebach 30).

Hugh Stayt, der in den 1920er Jahren bei den Bavenda Südafrikas weilte, beschrieb u. a. die I als eine „Schule" zur allgemeinen Vorbereitung auf die Heirat, „wo Jungen und Mädchen, die gewöhnlich getrennt sind, zusammengebracht werden. Mit Hilfe von Symbolen und Metaphern lehrt man sie gemeinsam, die wahre Bedeutung von Ehe und Kindergebären zu verstehen [...]." (Stayt 111f., übersetzt von und zit. n. Fiebach 31) Eine Unterweisung fand als → Puppentheater statt. Drei Figuren, aus Holz geschnitzt, stellten für die Einzuweihenden einen Mann, seine Frau und einen Junggesellen dar. „Drei Frauen bewegten die Puppen und sprachen für sie in dem folgenden Drama: Der Ehemann verläßt seine Hütte. Sofort tritt der Junggeselle ein und, die Frau allein vorfindend, spricht: Wo ist dein Mann? Die Frau: Mein Mann ist ausgegangen. Junggeselle: Oh! Er kehrt lange nicht zurück, so daß ich mit dir schlafen kann. Frau: Nein, du darfst nicht. Es ist das Haus meines Mannes." Am nächsten Tag kommt der Junggeselle wieder, als der Mann aus ist. Dieses Mal, da ihr Ehemann weit weg ist, wird sie überredet. Sie kocht für den Eindringling, und sie haben Geschlechtsverkehr. Der Ehemann kommt zurück, klopft an die Tür, und der Junggeselle beruhigt die Frau: „Keine Sorge, ich muß ihm in Vieh zahlen. Ehemann (in die Hütte tretend): Was machst du hier? Junggeselle (sein Verbrechen eingestehend): Ich werde dir in Vieh zahlen. Ehemann: Ja, du mußt mir Vieh zahlen." (Stayt 120f., übersetzt von und zit. n. Fiebach 31f.) Das Drama vermittelte die Lehre: Es gibt Unheil beim Ehebruch, und der Junggeselle muss Buße zahlen. Der Verführer/Ehebrecher war wohl gerade als Junggeselle dargestellt worden, weil die als junge Männer aus der I Hervorgehenden oft noch sehr lange unverheiratet blieben.

I als ,Übergangsaktion' oder ,Einweihungsvorgang', um nicht Genneps Ritenbegriff zu benutzen, praktizieren heutige moderne Gesellschaften in mannigfachen Formen und Funktionen. Sie reichen von Einsegnungen und Jugendweihen bis zu den Zeremonien, die Politiker in neue Ämter und Wissenschaftler/ Künstler als Mitglieder in Akademien/Vereinigungen einführen. Kürzer und ohne die oft sehr komplizierten Dramaturgien und Inszenierungspraktiken der I vormoderner Kulturen, sind ihre theatralen Aspekte jedoch in der Regel weniger interessant.

Mit dem Blick auf die zahlreichen ,alten' Beispiele hat die I aber eine nicht zu unterschätzende Bedeutung für die heutige thp Forschung und Praxis. Nimmt man sie allgemein als den Vorgang oder die Vorgangsreihe, in der Individuen/Gruppen sich sinnlich tätig auf eine

neue/andere soziale Funktion, einen gesellschaftlichen Status oder eine kulturelle Rolle vorbereiten und in diese praktisch ,einüben', so wie sie sich besonders in vormodernen Gesellschaften als historisch signifikante theatrale Praktiken zeigten/vollzogen, ist sie ein nicht uninteressantes Modell für vielfältige Praktiken des → Rollenspiels, in denen sich Individuen/Gruppen in spezifische (neue, andere) Haltungen und bestimmende Verhaltensweisen ,einüben' (können), die Arbeits- und Lebensbereiche erforderlich machen, in die sie in heutigen gesellschaftlichen Kontexten eintreten, wechseln oder die sie besser beherrschen (internalisieren) wollen/müssen (vgl. u. a. Myerhoff).

Fiebach, Joachim: Die Toten als die Macht der Lebenden. Zur Theorie und Geschichte von Theater in Afrika. Berlin 1986; Gennep, Arnold van: Übergangsriten [Les rites des passage]. Frankfurt a. M., New York, Paris 1999; Lindblom, Gerhard: The Akamba in British East africa. Uppsala 1920; Myerhoff, Barbara: Rites of Passage. Process and Paradox. In: Turner, Victor (Hg.): Celebration. Studies in Festivity and Ritual. Washington, D.C. 1982; Stayt, Hugh A.: The Bavenda. London 1931; Turner, Victor: Dramas, Fields, and Metaphors. Symbolic Action in Human Society. Cornell UP Ithaca, London 1974.

JOACHIM FIEBACH

→ Ritual

Institution Theater → Kunsttheater

→ Theater als öffentliche Institution

Inszenierung

Der I-begriff tritt in der ersten Hälfte des 19. Jhs. – im Zuge von längeren Probenzeiten und einem sich wandelnden Regieverständnis – auf. Die Fokussierung des In-Szene-Setzens einer literarischen Vorlage erfährt in der praktischen wie theoretischen Beschäftigung mit dem Theater schnell ein so starkes Gewicht, dass für das 20. Jh. die Geschichte des Theaters als seine I-geschichte(n) gelesen werden kann. Der Begriff der I umfasst den Vorgang und die Gestalt einer Theateraufführung. Ausgehend von einem Text oder einem Thema findet eine Auseinandersetzung statt, die in der Veröffentlichung des Ergebnisses vor Publikum münden soll. I beschreibt dabei zum einen die Aufführung als relativ exakt wiederholbares Resultat der Probenarbeit, zum anderen den Weg vom schriftlich fixierten Text oder einer thematischen Vorgabe zur allmählichen Herausbildung der realen, sichtbaren Bühnenhandlung. Bei der Arbeit an einer I handelt es sich folglich um die „planhafte *Herstellung* einer szenischen *Darstellung* auf der Grundlage und im Medium verschiedener *Vorstellungen* über ein jeweils bestimmtes Handlungsmuster" (Hofmann 224; Hv. v. Vfn.).

In der – weit über zweitausend Jahre währenden – Theatergeschichte sind Aufführungen sehr wohl ohne intentionale I-arbeit zustande gekommen. Vom Ende des 19. Jhs. bis in die Gegenwart lassen sich folgende Überlegungen zur I eines literarischen Textes anstellen: Jede Umsetzung einer Vorlage für die Bühne basiert auf deren Interpretation durch den Regisseur und das Kollektiv aller an der I beteiligten künstlerischen Mitarbeiter. Die Analyse des ausgewählten Stückes und/oder die thematische → Recherche führen zu einer I-idee, welche in einem I-konzept skizziert und mit Hilfe von theatralen Zeichen in Spielvorgänge übersetzt werden muss. Während der Aufführung wiederum interpretiert der Zuschauer das ihm gezeigte Geschehen aus seiner Perspektive und komplettiert erst die eigentliche I. Die Intention des Regisseurs, was er und wie er etwas erzählen möchte, findet seinen Niederschlag in der szenischen Gestalt und beeinflusst das Rezeptionsverhalten des Zuschauers. In der Art der Bearbeitung des dramatischen Textes oder Themas entsteht so ein neues Produkt, der szenische Text, welcher als eigenständiges Werk gegenüber der dramatische Vorlage zu behandeln ist. Beide Gruppen, die Produzenten und die Rezipienten der Aufführung, stehen in einem dialektischen Geflecht von möglichen Angeboten und Auslegungen sowohl des dramatischen als auch des szenischen Textes. Die I-arbeit verlangt deshalb von beiden Seiten rezeptive und produktive Leistungen. Dieser, von Patrice Pavis als *Metatext* bezeichnete „Schlüssel zu den Bühnenoptionen der Aufführung", manifestiert sich als eine Art Kommentar der Zuschauer auf die Bestandteile einer Produktion, hervorgerufen durch die je konkreten Formen, welche die Theatermacher für den Zuschauer zur Ansicht bringen (vgl. Pavis 1982, 351f.). Die Ausarbeitung von Aktionen und Interaktionen des szenischen Systems entsteht nie losgelöst von Vorannahmen über das Publikum. Schon die Auswahl des dramatischen Textes oder Themas und dessen Bearbeitung sind abhängig vom jeweiligen gesellschaftlichen und historischen Kontext, in welchem eine konkrete I realisiert wird. Innerhalb des künstlerischen Herstellungsprozesses steht dann die „ausdruckshafte Verkörperung des Sinns einer Szene oder Szenenfolge" (Brauneck 31) im Vordergrund. Das Ziel, Analogien zur Wirklichkeit in poetischer Form zu verdichten, erfordert die Organi-

sation des theatralen Materials zu Zeichen, die in sich eine ästhetische Verdichtung der Wirklichkeit bergen. Konzeptionelle Strategien im inhaltlichen und formalen Aufbau des szenischen Textes begründen sich – neben intensiver Stückanalyse, theatergeschichtlicher und theatertheoretischer Recherche – im spezifischen Zugriff auf den dramatischen Text. Pavis beschreibt für den Umgang mit klassischem Text in zeitgenössischen I verschiedene szenische Realisierungsformen, die in unterschiedlichen Schattierungen vorzufinden sind. So stellt die Anknüpfung an die erste Aufführung des Stückes, vergleichbar mit deren archäologischer Rekonstruktion, den ‚Buchstaben des Textes' (Pavis 1985, 19f.) in den Mittelpunkt. Diese Art, an die Vergangenheit anzuknüpfen, ist heute kaum mehr von Interesse; viel häufiger wird versucht, die → Fabel des Dramas so zu verdoppeln, dass die in ihr enthaltenen Widersprüche Sichtweisen von gestern und heute erzählen (ebd.). Neben diesen an historischen Lesarten interessierten Regiearbeiten finden sich Ansätze, die weniger dezidiert eine Verknüpfung über die Geschichtlichkeit des literarischen Textes prononcieren. So dient teilweise das Drama als Rohmaterial, auf dessen Basis eine mehr oder weniger stark vom Original abweichende Neufassung des Werkes erstellt wird. Diese radikalste Methode der Aktualisierung bezeichnet Pavis auch als ein „selbständiges Schreiben auf der Basis eines alten Themas" (ebd. 22), das vielerlei Spielarten erlaubt bis hin zum völligen Verschwinden des klassischen Originals. Das Öffnen des dramatischen Textes für das szenische → Experiment hingegen orientiert sich auf die Leerbzw. Fragestellen, die dieser dem Leser zeigt. Es nutzt diese als eine Reihe möglicher Sinngebungen, die sich widersprechen, aufeinander antworten und nebeneinander existent bleiben können, so dass die Vielfalt potenziellen Sinns im fortwährenden Wechsel möglicher Bedeutungsräume das Bühnengeschehen installiert. Dringt dieses Befragen des Textes noch tiefer, so kann es zu einer Auflösung der homogenen Fabel kommen, um in der Reibung an Diktion und → Rhetorik des dramatischen Textes in die von ihm ausgelösten Diskurse einzudringen und darüber den szenischen Text zu generieren. Das Ziel der I kann in der Suche nach einer tieferen Gemeinsamkeit zwischen Schauspielern und Zuschauern liegen, die – über alle ideologischen und dramaturgischen Widersprüche erhaben – beide Seiten miteinander verbindet. Pavis' Versuch, verschiedenartige I-ansätze im Umgang mit klassischem Text aufzuschlüsseln, orientiert sich an seinem Bemühen, typlogische Formen der szenischen Realisation theoretisch zugänglich zu machen. Er selbst betont, dass damit weder eine Vollständigkeit erzielt werden kann, noch in der empirischen Realität des Theaters diese theoretischen Trennlinien so vorgefunden werden. In der praktischen Regiearbeit zeigt sich vielmehr eine Kombination einzelner Ansätze, deren subtile Dialektik die I beherrschen, indem sie immer wieder neu(en) Sinn aus dem dramatischen Text aufnehmen und diesen im szenischen Text produzieren (ebd. 27). Von entscheidender Relevanz, so mit Text spielen zu können, sind insbesondere jene Stellen, aus denen heraus sich für den zeitgenössischen Leser Fragen an den Text selbst formulieren. Solche – wie sie die Rezeptionsästhetik der 1970er Jahre im Rückgriff auf die Phänomenologie Roman Ingardens nannte (vgl. Iser) – ,Unbestimmtheitsstellen' markieren Punkte, an denen die Ambiguität und Polysemie des literarischen Textes hervortritt und sinngebende Zeichen für die I im Theater der Gegenwart herauskristallisiert werden können. Dieses im Text selbst angelegte potenziell unendliche Wechselspiel des Zeigens und Verbergens von Sinn macht ihn zu „eine[r] Art Treibsand und zugleich Sanduhr: will der Leser die eine Seite erhellen, verdunkelt er die andere" (Pavis 1988, 30). Für die Bühnenpraxis ist dieses Oszillieren des Textes wesentlicher Motor: Sowohl die Zuschauer als auch die Darsteller spielen mit dem Erkennen und Verwerfen von Sinngehalten in der szenischen Präsentation.

Grundsätzlich gilt für die I, dass die ästhetische Sprengkraft des Ausgangsstoffes übersetzt werden muss in das Zeichen- und Symbolsystem des Theaters. Die Materialität der Theaterkunst fordert eine Transformation von schriftsprachlichem Ausdruck in die Oralität des Sprechens sowie von der Körperlichkeit des Darstellers in seine → Bewegung. Visuelle und auditive Elemente geben dem szenischen Text eine Form, die sich innerhalb von Raum und Zeit entfaltet. Unter den visuellen Elementen lassen sich raumbezogene Zeichen wie Dekoration, Requisiten und Beleuchtung nennen, aber auch Maske, Frisur und Kostüm der Schauspieler gehören dazu. Für den Kern der inszenatorischen Arbeit sind die visuellen Vorgänge in gestischen, mimischen und proxemischen Zeichen ausschlaggebend für die Bühnenhandlung. Akustische Zeichen sind neben Geräuschen und Musik die linguistischen und paralinguistischen Zeichen, welche durch die Darsteller hervorgebracht, die I prägen (vgl. Fischer-Lichte, Bd.1, 28). Wie sich diese einzelnen Bereiche jeweils zueinander verhalten und welche konkrete Gestalt sie auf der Bühne annehmen, ist entscheidend für das Erschließen des szenischen Textes. Das Spiel der visuellen und akustischen Elemente

verwandelt die Interpretation des Dramas/Themas zu einem Imaginationsraum für Darsteller und Zuschauer; dabei sind Koordination und Komposition der verschiedenen Teile ausschlaggebend für den Sinngebungsprozess der I. Inszenieren heißt dann auch ,Bewegungen im Raum zu ordnen' und ,Räume durch Bewegung zu strukturieren', so dass gleichzeitig Außen- wie Innenräume sichtbar werden (vgl. Brauneck 35). Durch diese Räume öffnen sich Welten, die Wirklichkeit in verdichteter Form widerspiegeln.

In dieser szenischen Arbeit findet sich mehr und anderes wieder, als es Idee und Konzept eines Regisseurs entwickeln können. Das unbewusste Denken und die Intuition aller am künstlerischen Prozess Mitwirkenden gehen ein in die I, die trotz aller notwendigen konzeptionellen und arbeitspraktischen Strategien immer „ein Abenteuer, eine Entdeckungsfahrt in imaginierte Lebenssituationen" bleiben wird, „von dem Augenblick an, wo ein Schauspieler die Bühne betritt, wo der Raum zum Spielraum wird" (ebd. 34).

Brauneck, Manfred: Theater im 20. Jahrhundert. Programmschriften, Stilperioden, Reformmodelle. Reinbek 1982; Fiebach, Joachim: Kommunikation und Theater. Diskurse zur Situation im 20. Jahrhundert. In: Ders.: Keine Hoffnung, keine Verzweiflung. Versuche um Theaterkunst und Theatralität. Berlin 1998; Fischer-Lichte, Erika: Semiotik des Theaters, Bd. 1: Das System der theatralischen Zeichen. Bd. 3: Die Aufführung als Text. Tübingen 1983; Iser, Wolfgang: Unbestimmtheit als Wirkungsbedingung literarischer Prosa. Konstanz 1970; Pavis, Patrice: Klassischer Text und szenische Praxis. Überlegungen zu einer Typologie zeitgenössischer Inszenierungsformen. In: Thomson, Christian W.: Studien zur Ästhetik des Gegenwartstheaters. Heidelberg 1985; Ders.: Semiotik der Theaterrezeption. Tübingen 1988.

MIRA SACK

→ Bühnenräume – Bühnentechnik – Darstellende Kommunikation – Ensemble – Regie – Rezeptionsforschung – Theaterhistoriographie – ZuschauSpieler

Interaktion

I gilt als Bezeichnung für alle Vorgänge, die im zwischenmenschlichen Bereich ablaufen. Es ist das Geschehen zwischen zwei oder mehreren Personen, die wechselseitig aufeinander reagieren, sich gegenseitig beeinflussen und steuern. Voraussetzung für eine funktionierende I ist eine gewisse gegenseitige Voraussehbarkeit des Handelns, eine gewisse Übereinstimmung in Werten und Normen.

I ist im Theater ein wichtiger Faktor: Die Erarbeitung eines Stückes verlangt die differenzierte Analyse interaktiven Geschehens zwischen den Figuren. In der → Inszenierung findet zwischen den Akteuren auf der Bühne verbale und nonverbale I statt. I existiert aber auch zwischen Bühne und Zuschauerraum: Aktionen provozieren Reaktionen, Geschehen verlangt Resonanz.

Von Interesse für die thp Arbeit ist I einerseits bezüglich der Analyse von Lehr-Lernprozessen und Gruppenführungsstrukturen, andererseits hinsichtlich des Einsatzes des Mediums Theater in der (schulischen) Erziehung.

Der Begriff der I basiert auf psychoanalytischen und gruppentherapeutischen Erfahrungen, aber auch auf Erkenntnissen aus Erziehungswissenschaft und Kommunikationsforschung. Auf der psychoanalytisch/gruppendynamischen Ebene ist es vor allem die von Cohn (1975) entwickelte Methode (TZI) zum lebendigen Lernen in → Gruppen (themenzentrierte I). Die Person des Lernenden wird als eine ‚psychosomatische Ganzheit‘ betrachtet, die sich als eine Einheit von Wahrnehmung, Fühlen und Denken in wechselseitiger Verbundenheit mit ihrer sozialen Umwelt darstellt. Jede Lernsituation wird zuerst durch drei gleichrangige, gruppeninterne Faktoren bestimmt: das *Ich* des Lernenden, das *Wir* der Gruppe und das *Es*, den Lerngegenstand. Hinzu kommt als vierte Komponente die Umwelt (*Globe*). Sind diese Faktoren in einer dynamischen Balance, kann Angst reduziert, eine offene und vertrauensvolle Haltung zum Menschen gefördert und damit humanes Lernen ermöglicht werden.

In der Verknüpfung von I mit → Kommunikation sind es v. a. die Kommunikationstheorien von Watzlawick und Habermas, die Erkenntnisse über interaktive Prozesse erbracht haben: Kommunikation ist ohne I nicht denkbar – wer dem anderen Informationen mitteilt, setzt voraus, dass er kommunikationsfähig ist, beeinflusst und steuert ihn zugleich. Ebenso ist I ohne Kommunikation unmöglich – wer mit dem anderen in Beziehung tritt, übermittelt ihm zugleich Informationen. Soziales Lernen ist auf I angewiesen, hingegen ist nicht jede I sozial erwünschtes Lernen.

Wenn unter I-prozessen alles subsumiert wird, was sich zwischen Lehrenden und Lernenden, unter (voneinander) Lernenden, im Spannungsbereich des sozialen Umfeldes und im Lerngegenstand selbst abspielt, so wird deutlich, dass I sich durch eine hohe Komplexität von verbalen und nichtverbalen Signalen, von kognitiven und emotiven Elementen auszeichnet. Seit Ende der 1960er Jahre war auch die Untersuchung dieser

Bereiche Gegenstand intensiver Forschung (vgl. Nickel 1976). Für die Beschreibung und Erklärung von I-prozessen ist eine Reihe von unterschiedlichen Modellen entwickelt worden, die jeweils bestimmte Aspekte des Geschehens fokussieren:

Der *dimensionsanalytische Aspekt* untersuchte vor allem Lehrverhalten (vgl. Tausch u. a.), der *sozialpsychologisch-kognitive Aspekt* die interpersonale Wahrnehmung (vgl. Jahnke), in den letzten Jahren erweitert durch den Einbezug emotiver Elemente (Sympathie, Angst, Erleben usw.). Ein weiterer Aspekt konzentriert sich auf die Analyse des sprachlichen Geschehens im Lehr-Lernprozess und wird als *konversationsanalytische Konzepte* zusammengefasst. Schließlich bildet ein weiteres Denkmodell die Idee des Unterrichts als soziale Situation, basierend auf soziologischen Theorien wie *Symbolischer Interaktionismus* und *handlungstheoretische Konzepte*. Dabei wird die Lehr-Lern-Situation als ein sozialer Ort des Aushandelns von Bedeutungen, von Routinen, → Ritualen – kurz: von Wirklichkeit im Sinne des je persönlich erfahrenen Lebenszusammenhangs – verstanden (vgl. Heinze).

Im Zusammenhang mit thp I sind insbesondere Untersuchungen der Lehr-/Lernsituation von Interesse. R. und A.-M. Tausch formulierten im Rahmen ihrer Forschungsarbeit über Erziehungsverhalten folgende ‚Grundwerte menschlichen Zusammenlebens‘: Selbstbestimmung und Achtung der Person, Förderung der seelischen und körperlichen Funktionsfähigkeit, Förderung des Zusammenlebens in sinnvollen sozialen Ordnungen. Aus diesen Grundwerten lassen sich Verhaltensmaßstäbe ableiten, die für interaktives Geschehen bzw. für ein positives Lehr- und Lernklima förderlich sind:

Lehrende leben in der I vor allem Achtung, Wärme und Rücksichtnahme. Sie demonstrieren einfühlendes, nichtwertendes Verstehen, zeigen sich im Umgang mit Schülern *echt* und aufrichtig, sie versuchen nicht, den Schülern eine Rolle vorzuspielen und ihre wahren Empfindungen und Gedanken vor ihnen zu verbergen. Sie beeinflussen die Schüler im Unterricht durch fördernde, zum Lernen anregende Aktivitäten, ohne den Schülern ihr Verhalten im Einzelnen vorzuschreiben und ihnen alle Möglichkeiten für selbstbestimmtes Handeln zu rauben.

Im Bedingungsgeflecht des Gruppengeschehens müssen alle Mitglieder gleichberechtigt sein. Wo einer bestimmt, hat die Gruppenaktivität keinen Platz mehr. Wenn Ruth Cohn von Gruppenleitung spricht, meint sie nicht eine anordnende Instanz, sondern vielmehr eine Integration: Der Gruppenleiter ist Teil, übernimmt aber gleichzeitig die Verantwortung für das Gleichgewicht in der Gruppe. Aktive I lässt also alle Beteiligten gleichwertig miteinander und voneinander lernen und hilft dabei, wesentliche soziale Kompetenzen wie Teamfähigkeit, Rücksichtnahme, Kommunikations- und Kritikfähigkeit zu entwickeln und sich damit auch aktiv mit Begrenzungen, Regeln und Richtlinien auseinander zu setzen bzw. diese sinnstiftend zu erstellen.

Wer sich mit I-pädagogik und sozialem Lernen beschäftigt, dem fällt die Vielzahl theaternaher Begriffe auf: verbale und nonverbale Kommunikation, Gestik und Mimik, Aktion und Reaktion, Rollenverhalten und situationsgerechtes Handeln.

Es erstaunt wenig, dass sich ThP und I-pädagogik gegen- und wechselseitig angeregt und aufeinander Bezug genommen haben. Insbesondere in den 1970er Jahren boomten die verbindenden Publikationen aus den beiden Bereichen: Erinnert sei an die mehrbändige Ausgabe der *Interaktionsspiele für Kinder und Jugendliche* (Vopel 1976), an Gudjons *Spielbuch der Interaktionserziehung* (1987) wie an Nickels (1976) Untersuchungen zu Spiel, Theater und I oder Ehlerts (1986) Versuch, die beiden Wurzeln der ThP – Theater und Pädagogik – in Verbindung zu bringen und die gesellschaftsanalytischen und -kritischen Ansätze von Luhmann, → Feldenkrais und → Freire mit den großen Theatertheoretikern und -reformern → Grotowski, → Brecht, → Stanislawski und → Boal zu verknüpfen.

Die ThP stellte sich in den Dienst einer emanzipatorischen und mitunter auch politisch-gesellschaftlichen Erziehung zu Eigenverantwortung und Selbstkompetenz. Die I-erziehung umgekehrt trug bei zur Veränderung der Theaterarbeit in Richtung Gruppenprozess, brachte ein neues Verständnis der ‚Regieführung' und der Ausgestaltung von Teamarbeit und gemeinsamer spielerischer → Recherche theatraler Stoffe. Das Medium Theater unterstützte Erziehung, theatrale Elemente wie Rollenspiel, schauspieltechnische Wahrnehmungs- und Sensibilisierungsübungen oder integrierte Spiele zur Gruppenbildung in die pädagogische Arbeit, während die I-pädagogik zur Analyse gruppendynamischer Prozesse beitrug.

Theatrale Formen wurden pädagogisiert, → Spiel Mittel zum Zweck. Auch → Darstellendes Spiel und I-erziehung in der Folge der 1968er Jahre wurden instrumentalisiert: Jugendtheatergruppen und professionelles Kindertheater gingen Hand in Hand in ihrem emanzipatorischen Anspruch, eine Welt zu schaffen, die besser – oder zumindest anders – war als die bestehende, was sowohl politisches Bewusstsein, Rollenverhalten als auch gruppendynamische Prozesse anbelangte. Zu vermuten ist, dass sich hinter der *Selbstlosigkeit* eines Spielleiters nicht selten auch klare gesellschaftskritische Ziel- und Wertvorstellungen verbargen.

Seit Anfang der 1990er Jahre hat der Begriff der I im thp Bereich an Bedeutung verloren. Inhaltlich, insbesondere was Gruppenleitung, Lehr- und Rollenverständnis anbelangt, hat er sich weitgehend institutionalisiert – sowohl autoritäre Regieführung als auch künstlerische Selbstverwirklichung des Leiters scheinen in der professionellen thp Praxis weitgehend überwunden. Hinsichtlich der politisch-emanzipatorischen Ebene haben sich die Gewichte einer heutigen ThP verschoben: Es geht nicht mehr in erster Linie um gesellschaftliche Veränderung und Reflexion von Gruppenverhalten und Selbstwahrnehmung; im Vordergrund steht heute eher das Spiel an sich, die Lust am Fantasieren und die Anregung persönlicher Kreativität – die Behauptung des homo sapiens als homo ludens also. So sind gruppendynamische Prozesse – Klassenzusammenhalt, Gesprächskultur, Gewaltlosigkeit – zwar nach wie vor anstrebenswerte Dimensionen thp Arbeit, doch wird Theater nicht mehr dazu gebraucht, diese Ziele zu erreichen. Theater und Spiel sind sich vielmehr selbst genug, und wenn dabei und beiläufig eine Gruppe zusammenwächst, wenn offene Kommunikation und Selbstbestimmung funktionieren, so nimmt man dies als erwünschte Nebenwirkung gern in Kauf. Ein positives Gruppenklima ist ohnehin unabdingbare Komponente für das Gelingen eines künstlerischen Gemeinschaftswerkes. Anstelle des Begriffs ‚Interaktionsspiele' wird heute lieber von Einstimmungsübungen und → Warming-Up gesprochen. Wenn realitätsbezogene Alltagserlebnisse von Jugendlichen auf die Bühne kommen, so geht es dabei primär um Geschichten und weniger um die Analyse sozialen Lebens. Vielleicht ist es das gewachsene Selbstvertrauen der ThP, dass künstlerische Prozesse immer und ganz selbstverständlich auch fruchtbar sind für Selbstwert, persönliche Kompetenz und Gemeinschaftsfähigkeit.

Theaterpädagogen sehen sich zu Beginn des 3. Jahrtausends eher als Künstler, denn als Pädagogen, Theater als Kunstform eher als ihr Medium, denn Erziehung mittels theatraler Elemente. Wenn ThP es trotzdem schafft, etwas zur Selbstfindung, zur Ganzwerdung und zur gesellschaftlichen Wahrnehmung der Lernenden – zur Selbst-, Sozial- und Sachkompetenz – beizutragen, so ist damit außer dem Begriff selbst also eigentlich nichts verloren.

Cohn, Ruth C.: Von der Psychoanalyse zur themenzentrierten Interaktion. Stuttgart 1975; Ehlert, Dietmar: Theaterpädagogik. Lese- und Arbeitsbuch für Spielleiter und Laienspielgruppen. München 1986; Gudjons, Herbert: Spielbuch Interaktionserziehung. Schriften zur Beratung und Therapie im Raum der Schule und Erziehung, Bd. 1. Bad Heilbrunn 1987; Habermas, Jürgen: Vorbereitende Bemerkungen zu einer Theorie der kommunikativen Kompetenz. In: Habermas, Jürgen/Luhmann, Niklas: Theorie der Gesellschaft oder Sozialtechnologie – was leistet die Systemforschung? Frankfurt a. M. 1971; Heinze, Thomas: Unterricht als soziale Situation. Zur Interaktion von Schülern und Lehrern. München 1976; Jahnke, Jürgen: Interpersonale Wahrnehmung. Stuttgart 1975; Nickel, Hans-Wolfgang: Überlegungen zur Struktur von Spiel und Theater. In: Zs. für Pädagogik, 1975, H. 3; Ders.: Spiel-, Theater-, Interaktions-Pädagogik. Recklinghausen 1976; Tausch, Reinhard/Tausch, Anne-Marie: Erziehungspsychologie. Begegnung von Person zu Person. Göttingen 1977; Vopel, Klaus W.: Interaktionsspiele für Jugendliche. Lebendiges Lernen und Lehren. Hamburg 1981; Watzlawick, Paul: Menschliche Kommunikation. Formen, Störungen, Paradoxien. Bern, Stuttgart, Wien 1974.

ROGER LILLE

→ Authentizität – Kommunikationstraining – Lebensbegleitendes Lernen – Regie – Rhetorik – Sprechen – Theatralisierung (von Lehr- und Lernprozessen) – Theatre in Education

Interfaces

Seit den 1960er Jahren ist der Begriff vor allem im Bereich der Computertechnik gebräuchlich. I bezeichnen allgemein die Schnittstellen zwischen verschiedenen Systemen, also z. B. die zwischen Mensch und Maschine sowie die zwischen verschiedenen Programmen oder Geräten. Über I wird der Datenaustausch zwischen den Systemen so organisiert, dass deren unterschiedliche Kodierungen kompatibel zueinander werden.

Hier steht vor allem die Entwicklung von Schnittstellen zwischen Mensch und Computer im Vordergrund. Diese sollen es dem Menschen ermöglichen, in Echtzeit in die Befehlsverschaltungen und Adressierungen innerhalb der Rechenvorgänge der digitalen Informationsverarbeitung einzugreifen. Die Technikgeschichte dieser I hängt eng mit der von Norbert Wiener initiierten Entwicklung des Computers zusammen. Computer wurden von ihm zum einen als automatisierte Maschinen und zum anderen als sich selbst organisierende, ‚intelligente‘ Systeme aufgefasst, die mittels Feedbackschleifen ‚Erkenntnisse‘ aus dem eigenen und aus anderen Systemen integrieren. Dieser

Ansatz führte 1951 zur Herstellung des ersten I, mit dem in Echtzeit und vermeintlich unmittelbar in die Rechenvorgänge des Computers eingegriffen werden konnte. Der seit 1945 für die Flugsimulation und die Flugabwehr entwickelte und mit einer hohen Rechengeschwindigkeit ausgestattete Whirlwind-Computer wurde nicht mehr über Lochstreifen und -karten gesteuert, sondern über die Manipulation graphischer Darstellungen auf einem Monitor mit Hilfe eines Lichtstiftes. Die graphischen Punkte stellten (feindliche) Flugzeuge dar, die mit Hilfe der Signale des Users aus dem Lichtstift zum Abschuss markiert werden konnten. Seit den 1970er/80er Jahren teilt sich die Erforschung und Gestaltung von I mit zunehmender Beschleunigung der Rechner und Erhöhung von deren Speicherkapazität in verschiedene Typen auf, wie z. B. Monitordarstellungen als graphische Benutzeroberfläche (*graphical user interface*, GUI), Maus und Tastatur, I wie Datenbrillen zur Immersion in virtuelle Realitäten, I-systeme zur Manipulation von Ereignissen in über digitale Technik verrechneten realen Räumlichkeiten.

Für den Bereich Theater/→ Performance sind seit den 1980er Jahren vor allem die letztgenannten I-systeme von Interesse. Sie dienen dazu, interaktive Bühnen oder Environments herzustellen. Dabei werden über spezielle Sensoren Daten aus dem Aktionsraum oder vom Körper des Performers abgeleitet und innerhalb des digitalen Systems oder der digitalen Apparaturen zur Steuerung einer Ausgabe verrechnet (z.B. Sound, Video, Licht). Typisch sind die raumbezogene und die körperbezogene Sensorik.

Die raumbezogene Sensorik: (1.) Eine Reihe von Sensoren liefert Informationen über ‚Anwesenheit an einem Ort‘ im Raum: Trittmatten (Kontaktschalter), Lichtschranken, Ultraschallsensoren, Infrarotsensoren (Wärmesensoren). (2.) Kamerasysteme liefern Daten über ‚Veränderung im Bild/Raum‘: Kamerasysteme bestehen aus einer digitalen Kamera, die einen Aktionsraum aufzeichnet und die aufeinander folgenden Kamerabilder auf Veränderungen in korrespondierenden Bildpunkten (Pixeln) untersucht. Die Unterschiede von Bild zu Bild, die z. B. durch einen sich bewegenden Akteur entstehen, werden als Information ausgewertet (z. B. Anwesenheit an bestimmten Stellen im Raum, Schnelligkeit der Bewegung, Beschleunigung, Bewegungsrichtung). Diese Daten werden an eine Software weitergeleitet, die sie verrechnet und damit in Echtzeit Befehle auslöst, indem z.B. bei einer bestimmten Bewegung ein bestimmter Ton ausgelöst wird. Systeme sind u. a. · Very Nervous System, BigEye,

Die körperbezogene Sensorik: (1.) Kameragestütze Motion-Capturing-Systeme: Auffällige Markierungen werden an Gelenken der Akteure angebracht. Der Aktionsraum wird von mehreren Kameras gefilmt. Die Auswertungssoftware erkennt die Markierungen und errechnet die relative Position dieser Punkte zueinander. Die resultierenden Daten symbolisieren die Bewegungen der Akteure und können verwendet werden, um beliebige Figuren zu animieren. Diese Verfahren arbeiten zum Großteil nicht in Echtzeit. Sie werden oft für Animationen in Videospielen oder für die Herstellung von Animationen, die auf die Bühne projiziert werden, verwandt. (2.) Andere Sensoriksysteme ermöglichen, dass Informationen über die relative Lage von Körperteilen des Performers abgeleitet werden und in Echtzeit verrechnet werden können. Body Suits und verwandte Systeme messen die Beugungswinkel an Gelenken. Elektromagnetische Sensoren liefern Informationen von Position und Ausrichtung von Gliedmaßen im Raum. (3.) Biofeedbacksensoren: verschiedene Arten von Sensoren leiten Messsignale aus dem Inneren des Körpers ab, die unterhalb der bewussten Wahrnehmungsschwelle des Menschen liegen und nicht oder nur bedingt bewusst zu kontrollieren sind (Herzschlag, Hautspannung, Gehirnwellen). Diese Daten werden visualisiert und operationalisiert, d. h. sie werden zur Beeinflussung eines digital verrechenbaren und steuerbaren medialen Outputs eingesetzt (Ton, Videobild, Licht). In den Installationen/ Performances wird eine Feedbackschleife zwischen Organismus und technischen Apparaturen hergestellt, mit der beide zu einem integralen Funktionssystem verbunden werden.

Durch die Anwendung von I verändert sich das tradierte theatrale Setting in zwei Punkten grundlegend. Zum einen wird durch die I Interaktivität zum Mittelpunkt künstlerischer Gestaltung. Zum anderen wird das Unvorhersehbare zum grundlegenden dramaturgischen Prinzip.

Charakteristika der interaktiven Bühne bzw. Performances sind u. a.: (1.) In interaktiven Performances wird die Aktivierung der Zuschauer bis hin zur Aufhebung der ‚Zuschauerrolle' angestrebt, d. h. der Zuschauer wird zum Mitmacher. (2.) Betont wird das Machen von Erfahrung vor dem Anschauen von Erfahrungen. (3.) Betont wird der Prozess vor dem Produkt, d. h. ein Kunstwerk entsteht erst durch die Aktionen aller an einer Performance Beteiligten und löst sich mit der Performance wieder auf. (4.) Durch die Interaktivität kommt es zur Betonung des Performativen, d. h. Welt und Existenz werden als ständiger Wandel begriffen, so dass sich Leben durch das permanente Neu-Bestimmen von Identitäten und von Grenzen zwischen Wirklichkeiten auszeichnet. (5.) Es kommt zur Aufhebung von linearen Strukturen und Ordnungen zugunsten von offenen Strukturen wie Hypertextualität und nonlineare Erzählungen. (6.) Die interaktiven Performances werden häufig wie ein Dialog zwischen Mensch und technischen Apparaten gestaltet, so dass der Eindruck entsteht, der Mensch sei Teil eines integralen Funktionsmechanismus, bestehend aus biologischem und technischem System, wobei letzteres dazu fähig ist, das biologische System in seinen angenommenen Begrenzungen zu erweitern.

Im Zentrum der kritischen Befragung von I und sog. interaktiven Performances stehen drei Fragen. *Erstens* wird gefragt, ob die vom Computer über die I regulierten Performances tatsächlich als Interaktionen bezeichnet werden können. Der verkürzte Handlungsbegriff des Interaktionsparadigmas in der ‚Medienwelt' wird kritisiert. Kommt der Rezipient nicht mehr in den Genuss, sein Tun auch zu betrachten und auf sein subjektives Verstehen zurückzuführen, kann die sog. Interaktion zur ‚Interpassivität' führen.

Zweitens wird gefragt, ob die strukturelle Kopplung von Technologischem und Biologischem tatsächlich funktioniert. Handelt es sich um vergleichbare Systeme? Oder kommt es beim performativen Umgang mit I nicht vielmehr zu einer *Anthropomorphisierung* der Maschinen und Medien, durch die die ‚Verhaltensweisen' der technischen Apparaturen mit denen der Menschen analog gesetzt werden und umgekehrt.

Drittens werden die Gestaltungsformen der I kritisch betrachtet. Werden die I so gestaltet, dass sie verschwinden – d. h. vom Anwender nicht mehr als Vermittler bemerkt werden –, kann es zu einer Verwischung der Grenzen zwischen beiden Bereichen kommen. Zudem wird durch diese Gestaltungsweise unterschlagen, dass I als Überwachungstechnologien entwickelt wurden und werden. Eine Form der reflexiven Gestaltung der digitalen Schnittstellen sind die *kulturellen I*. Hier wird die Schnittstelle so gestaltet, dass deutlich wird: Die Bedeutungszuschreibungen der Benutzer sind kulturell geformt.

Vor diesem Hintergrund sind Inszenierungen mit Technologien und Medien im Bereich Theater/Performance dann von Interesse, wenn sie verschiedene Wahrnehmungsformen vergleichbar machen oder wenn sie die Nachvollziehbarkeit der von den I vorgeschriebenen Handlungsformen erlauben.

Dinkla, Söke: Pioniere der interaktiven Kunst von 1970 bis heute. Ostfildern 1997; Halbach, Wulf R.: Interfaces. Medien- und kommunikationstheoretische Elemente einer Interface-Theorie. München 1994; Leeker, Martina (Hg.): Maschinen, Medien, Performances. Theater an der Schnittstelle zu digitalen Welten. Mit einer CD-ROM v. Irina Kaldrack u. Martina Leeker: Interfaces – Interaktion – Performance. Zur Anwendung digitaler Technik im Theater. Berlin 2001; Matussek, Peter: Performing Memory. Kriterien für einen Vergleich analoger und digitaler Gedächtnistheater. In: Fischer-Lichte, Erika/Wulf, Christoph (Hg.): Theorien des Performativen. In: Paragrana. Zs. f. Historische Anthropologie, 2001, H. 1; Roch, Axel/Siegert, Bernhard: Maschinen, die Maschinen verfolgen. Über Claude Shannon und Norbert Wieners Flugabwehrsysteme. In: Schade, Sigrid/ Tholen, Georg Christoph (Hg.): Konfigurationen. Zwischen Kunst und Medien. München 1999.

IRINA KALDRACK / MARTINA LEEKER

→ Animation – Happening – Interaktion – Kommunikation – Lernen und Theater

Interpretation → Szenische Interpretation

→ Szenische Interpretation (DaF) → Szenische Interpretation von Musiktheater

Interview → Narratives Interview

Jacoby, Heinrich

1889–1964. 1907 Beginn des Musikstudiums in Straßburg. 1909–13 Kapellmeister und Regievolontär am Straßburger Stadttheater. Leitung der Lehrerbildung für Musik an der ‚Neuen Schule für angewandten Rhythmus‘ in Dresden-Hellerau, Leitung der musikalischen Erziehung an der Odenwaldschule in Ober-Hambach. Seit 1924 Privatgelehrter in Dresden und Berlin, 1933 Emigration in die Schweiz. Er arbeitet in unterschiedlichen Arbeitsgemeinschaften mit Menschen verschiedener Nationalitäten und Berufe. Zusammenarbeit mit Elsa → Gindler. J wendet sich gegen traditionelle Begabungsvorurteile und entwickelt eine Methodik des Erarbeitens und Ausprobierens (z. B. durch Improvisationskonzerte) als Gegensatz zum formalen Lernen.

Jenseits von ‚Begabt‘ und ‚Unbegabt‘. Hamburg 1980; Jenseits von ‚Musikalisch‘ und ‚Unmusikalisch‘. Hamburg 1984; Musik, Gespräche, Versuche. Hamburg 1986; Erziehen, Unterrichten, Erarbeiten. Hamburg 1989.
Ballod, Georg: Empfinden, was dem Leben dient. Zur Aktualität der Erkenntnisse über den Menschen im Werk von Albert Schweitzer und Heinrich Jacoby. Mannheim 2000; Biedermann, Walter: Ohne Pfeil und Bogen. Ganzheitliche

Pädagogik bei Heinrich Jacoby. Schaffhausen 1998; LeBrün-Hölscher, Heike: Musikerziehung bei Heinrich Jacoby. Münster 1987.

GABRIELA NAUMANN

Jaques-Dalcroze, Émile

1865–1950. Musikerzieher und Gymnastiklehrer. Entwickelte zunächst am Genfer Konservatorium im Rahmen der Musikpädagogik ein System der Umsetzung von musikalischen Rhythmen in Körperbewegung. Erste öffentliche Aufführungen 1905 in Solothurn. 1911 Übersiedlung nach Hellerau bei Dresden, wo er die ‚Bildungsanstalt Jaques-Dalcroze‘, eine Schule für rhythmische Gymnastik, gründete. In Hellerau drei international beachtete Schultheater-Inszenierungen mit Adolphe Appia, in deren Mittelpunkt das Gemeinschaftserlebnis von Zuschauern und Akteuren stand. J ist der Begründer der rhythmischen Gymnastik als einer von den Ideen der Lebensreformbewegung und der künstlerischen → Avantgarde getragenen Bewegungslehre.

Rhythmik als Erziehungsmittel für die Kunst. [o.O.] 1904; Was die rhythmische Gymnastik Ihnen gibt und was sie von Ihnen fordert. In: Der Rhythmus. Ein Jahrbuch, Bd. 1. Jena 1911; Rhythmus, Musik und Erziehung. Basel 1921.
Giertz, Gernot: Kultus ohne Götter. Émile Jaques-Dalcroze und Adolphe Appia. Der Versuch einer Theaterreform auf der Grundlage der rhythmischen Gymnastik. München 1975; Gobbert, Joachim: Zur Methode Jaques-Dalcroze. Die rhythmische Gymnastik als musikpädagogisches System. Wege und Möglichkeiten der plastischen Darstellung von Musik durch den menschlichen Körper. Frankfurt a. M. u.a. 1998; Storck, Karl: Émile Jaques-Dalcroze. Seine Stellung und Aufgabe in unserer Zeit. Stuttgart 1912.

GABI BEIER

Jenisch, Jakob

Geb. 1922. Schauspieler, Regisseur, Dramaturg, Theaterpädagoge. Lehrte u.a. an der Folkwanghochschule Essen und an der Fachhochschule Osnabrück, Standort Lingen. J vertritt in der Tradition → Stanislawskis und → Strasbergs eine auch für Laien relevante psychologisierende Schauspielpraktik, in der der Darsteller über den → Dialog mit sich selbst zu seiner Rollenfigur findet.

Szenische Spielfindung. Gruppenspiele und Improvisationen. Köln 1991; Der Darsteller und das Darstellen. Grundbegriffe für Praxis und Pädagogik – Ich selbst als ein anderer. Berlin 1996; Regisseur und Darsteller. Der Nah- und Fernhorizont. In: Korrespondenzen, 1997, H. 29/30.

GABI BEIER

Johnstone, Keith

Geb 1933. Theaterautor, Schauspiellehrer. 1956–66 Leitung der Autorenwerkstatt am Royal Court Theatre/London, war dort als Regisseur und stellvertretender Direktor tätig und unterrichtete u. a. an der Royal Academy of Dramatic Art. Seit 1971 Professor an der Universität von Calgary/Kanada, Gründung der Improvisationsgruppe ‚Theatre Machine‘, später Präsident und künstlerischer Leiter des ‚Loose Moose Theatre‘. Leitung von Workshops an europäischen Schauspielschulen und Universitäten. J gilt als der Erfinder des → Theatersports. Seine Zielsetzung: Förderung von Kreativität und Motivation der SchauspielerInnen; Öffnung des Theaters nach außen, Aufhebung der Trennung zwischen Publikum und Bühne, Verknüpfung von Existenzfragen mit Schauspiel.

Improvisation und Theater. Berlin 1993; Theaterspiele. Berlin 1998.

GABRIELA NAUMANN

Jugendbegegnungen

Seit der Gründung der BRD konstituiert sich ein großer Teil der pädagogischen Arbeit im Bereich der internationalen J durch staatliche Fördermittel. Es gibt nur wenige Veranstaltungen, die nicht durch das jeweilige Jugendwerk, Mittel aus dem Kinder- und Jugendplan des Bundes, EU-Sonderprogramme oder andere öffentliche Mittel finanziert werden. Bereits seit dem Bundesjugendplan von 1950 ist dabei für die Vergabe staatlicher Gelder das Subsidiaritätsprinzip (Nachrangigkeit) bestimmend. Der Staat tritt vordergründig nicht selbst tätig in Erscheinung, sondern nur als Förderer und Wächter. Es gibt zwar gerade in diesem Bereich auch staatliche Aktivitäten, v. a. auf kommunaler Ebene. Diese treten aber in den letzten Jahren zunehmend in den Hintergrund. Die eigentlichen Akteure sind innerhalb dieser Diktion die kirchlichen, gewerkschaftlichen und in der Praxis vor allem viele kleine freie Träger.

Von Anfang an gilt, dass die Förderung Instrument der Politik ist. Exemplarisch zeigt das die Gründung des Deutsch-Französischen Jugendwerks (DFJW): In der gemeinsam Erklärung von Adenauer und de Gaulle zum Vertrag über die deutsch-französische Zusammenarbeit vom 22. Januar 1963 steht, „dass insbesondere die Jugend sich dieser [der deutsch-französischen, d. Vf.] Solidarität bewusst geworden ist, und dass ihr eine besondere Rolle bei der Festigung der deutsch-französischen Freundschaft zukommt" (DFJW 8). Das DFJW ist heute zu einer auch inhaltlich bestimmenden Institution im Bereich des Internationalen Jugendaustausches geworden. Das liegt nicht zuletzt an der durch einen bilateralen Fonds gespeisten finanziellen Ausstattung, die auch zeigt, welche Bedeutung die beiden Regierungen dem Jugendaustausch zumindest bis in die 1980er Jahre beimessen.

In den 1990er Jahren verstärkt sich eine Tendenz der Rücknahme von Mitteln im pädagogischen Bereich. Charakteristisch ist dabei, dass vor allem die Regelfinanzierung, besonders von Personalstellen, gekürzt wird. Gleichzeitig gibt es eine Zunahme von kurz- und mittelfristigen Sonderprogrammen auf EU-, Bundes-, Länder- und kommunaler Ebene. Mittlerweile ist die Zahl dieser Programme kaum noch überschaubar; Civitas, Entimon, !respect, Xenos sind dafür nur einige Beispiele. Für die Politik sind solche Programme attraktiv, da sie den Eindruck schneller Handlungsfähigkeit vermitteln. Für diejenigen, die ein Projekt ins Leben rufen wollen, hat das weitreichende Folgen: Nicht nur der Zeitaufwand, der mit der Bearbeitung der Anträge und deren Abrechnung verbunden ist, sondern vor allem ein erheblicher Rechtfertigungszwang sind zu registrieren. Förderkriterien, die eher politisch als pädagogisch begründet sind, müssen erfüllt werden, Experimente und Scheitern sind kaum noch zulässig. Gerade das ‚Scheitern‘ ist aber ein zentraler Begriff in der interkulturellen Pädagogik: „Was als ‚Scheitern‘ interpretiert werden müsste, kann bedeuten, dass Prozesse angestoßen worden sind, in denen es zentral um Interkulturelles geht." (Nicklas 32) Auch das Gebot der Abgrenzung vom Tourismus, das nahezu dogmatisch in den Förderbedingungen wiederholt wird, führt eher dazu, dass die offenen, spontanen Anteile einer J in der pädagogischen Vor- und Nachbereitung verschwiegen oder bewusst fehlinterpretiert werden.

„Interkulturelle Kompetenz besteht nicht nur aus Wissen, sondern auch aus Persönlichkeitsmerkmalen, wie Empathie, die Fähigkeit, zeitlich parallel auftretende unterschiedliche Erwartungen auszuhalten (Ambiguitätstoleranz), Offenheit, Kommunikationsfähigkeit in unterschiedlichen Settings, Flexibilität im Umgang mit Rollen, Stresstoleranz, Konfliktfähigkeit, Kreativität bei Konfliktlösungsversuchen." (Friesenhahn 35) Dieses Zitat erschließt, warum die ThP für den Internationalen Jugendaustausch eine so große Rolle spielt. Wenn es darum geht, nicht Informationen zu vermitteln, sondern interkulturelle Kompetenz als Persönlichkeitsmerkmal zu entwickeln, ist die ThP neben der Spielpädagogik in J eine Methode von zentraler Bedeutung.

Das Spektrum reicht von spezifisch thp Begegnungen bis hin zur Übernahme einzelner Elemente und Methoden der ThP in den Kontext der interkulturellen Pädagogik. Aus dieser Zusammenarbeit ergibt sich eine Reihe interessanter Fragen, von denen es hier um die nach der Diskrepanz zwischen den Ansprüchen, die von außen an solche Projekte herangetragen werden, und der Praxis und ihren Möglichkeiten geht.

Zum wichtigsten Arbeitsmittel bei der Finanzierung von Jugend- und Kulturprojekten hat sich das Internet entwickelt. Allerdings wechseln die Adressen und die Angebote sehr schnell. Als zuverlässige Informationsquellen haben sich folgende Seiten erwiesen: www.dfjw.org (DFJW); www.dpjw.org (Deutsch-Polnisches Jugendwerk); www.tandem.org (Koordinierungsstelle für den Deutsch-Tschechischen Jugendaustausch); www.ijab.de (Internationaler Jugendaustausch- und Besucherdienst der Bundesrepublik. Hier geht es u. a. weiter zu den Seiten von Jugend für Europa, dem Informationsserver Eurodesk sowie DIJA [Datenbank für Internationale Jugendarbeit] mit ausführlichen Informationen über Fördermöglichkeiten.). Auf den Bereich Jugend bzw. Kultur zugeschnitten sind die Datenbanken Financial Pool Jugend und Financial Pool Kultur (auf CD-ROM zu beziehen über die Stiftung Demokratische Jugend, Infoservice: www.infoservice-nbl.de).

Die Fähigkeit, Förderprogramme zu finden, zu lesen und zu nutzen, gehört mittlerweile zu den Schlüsselqualifikationen in der internationalen Jugendarbeit. Abgesehen davon, dass sich ein ganzer Berufsstand um diesen Bereich gebildet hat, bis hin zum freiberuflichen EU-Mittel-Berater, stellt sich hier die Frage der Wechselwirkung zwischen Inhalt, Form, Zielen und Methoden eines Projektes einerseits und den Förderkriterien andererseits.

Die Förderkriterien legen pädagogische Formen fest, die als Begegnung definiert und als förderungswürdig eingestuft werden. „Nur bestimmte Maßnahmetypen erhalten eine finanzielle Förderung, wodurch eine für die internationale Jugendarbeit typische Abhängigkeit der finanziellen Förderung von bestimmten ‚pädagogisch-organisatorischen Settings‘ entsteht. [...] Eine solche Einengung, so die Kritiker, verhindert Innovation in konzeptioneller und institutioneller Hinsicht und muss mit Hinblick auf die Ergebnisse der Jugendforschung und Jugendpädagogik als obsolet bezeichnet werden." (Thimmel 62)

So entsteht der Zwang, auch J mit kultureller, offener Ausrichtung inhaltlich aufzuladen: mit Bezug auf harte Themen wie Arbeitslosigkeit, Diskriminierung, europäische Integration. Das Verhältnis zwischen der ThP und der interkulturellen Jugendarbeit war nie spannungsfrei, es gab immer Vorwürfe der politischen Beliebigkeit, Sinnlosigkeit und der Orientierung an bildungsbürgerlichen Werten. Die derzeitige Fördersituation verstärkt diesen Konflikt: Die Bereitschaft, sich auf ein Risiko einzulassen, sinkt sowohl bei den Verantwortlichen als auch bei den in der internationalen Jugendarbeit tätigen Pädagogen. Aber internationale J und ThP haben eines gemeinsam: Sie sind immer ein Experiment, ein Abenteuer mit ungewissem Ausgang abseits ausgetretener Pfade. Das ist kein Mangel, sondern eine Qualität.

Bundesverband Deutscher Stiftungen e. V. (Hg.): Verzeichnis der Deutschen Stiftungen. Neuausgabe. Darmstadt 1994; Deutsch-Französisches Jugendwerk (Hg.): Abkommen. Paris, Bad Honnef 1998; Die Eine Welt e. V.: Treffpunkt Eine Welt. Berlin [erscheint jährlich, Bezug: 030/858 95 03]; Friesenhahn, Günter J.: Suchbewegungen. Soziale Arbeit und Internationalität. In: Sozialarbeit, 1995, H. 21; Internationaler Jugendaustausch- und Besucherdienst der Bundesrepublik Deutschland (IJAB) e. V. (Hg.): Forum Jugendarbeit International 2002. Qualitätsentwicklung in der Internationalen Jugendarbeit. Münster 2001; Kurz, Steffen: Die Organisation von internationalen Jugendbewegungen. Ein Leitfaden. Diplomarbeit an der Alice-Salomon-Fachhochschule. Berlin 1999; Müller, Burkhard/Pagès, Max: Existentielle Animation. Gedanken (nicht nur) zur Neuorientierung internationaler Jugendbegegnungen. In: Hessische Stiftung Friedens- und Konfliktforschung (Hg.): Friedensanalysen für Theorie und Praxis 10. Schwerpunkt: Bildungsarbeit. Frankfurt a. M. 1979; Nicklas, Hans: Scheitern und Gelingen. Zur Spezifität interkultureller Lernprozesse und ihrer Folgen für die Evaluation. In: Deutsch-Französisches Jugendwerk (Hg.): Evaluation internationaler Begegnungen. Arbeitstexte Nr. 12. Bad Honnef 1996; Otten, Hendrik/Treuheit, Werner (Hg.): Interkulturelles Lernen in Theorie und Praxis. Ein Handbuch für Jugendarbeit und Weiterbildung. Opladen 1994; Stiftung Demokratische Jugend (Hg.): Financial Pool Jugend. Die Datenbank zum Finanzierungswissen für Jugendarbeit. Berlin 2001; Dies.: Financial Pool Kultur. Fundraisinginstrument für die Kulturarbeit. Berlin 2001; Thimmel, Andreas: Pädagogik der Internationalen Jugendarbeit. Geschichte, Praxis und Konzepte des Interkulturellen Lernens. Schwalbach/Ts. 2001.

STEFFEN KURZ

→ Erlebnispädagogik – Zielgruppe

Jugendclubs an Theatern

Seit dem 20. Jh. sind Beispiele von Kinder- und Jugendarbeit an Theatern im Sinne einer ästhetischen Erziehung bekannt (Natalia Saz, Moskau etwa 1920).

Bertolt → Brecht hat die Forderung nach ästhetischer Erziehung durch das Theater um den politischen Faktor erweitert. In diesem Zusammenhang hat er auch die Kluft zwischen Laienbühne und Berufsbühne, zwischen ‚spielendem Publikum‘ und Berufsschauspielern in Frage gestellt. Wenn Tätige zu Betrachtenden werden und umgekehrt, so Brechts Überlegung, werde der Unterschied zwischen Philosophie und Politik aufgehoben.

In den Theatern der DDR kannte man Jugendfreizeiteinrichtungen seit den frühen 1960er Jahren, z. B. auf Initiative Thomas Braschs an der Volksbühne Berlin.

In der BRD wurde in den späten 1960er und frühen 1970er Jahren eine deutliche Politisierung im Theater spürbar, das Publikum wurde verstärkt ins Bühnengeschehen einbezogen. In diese Zeit fällt auch die Gründung des ersten Theater-Jugendclubs im Jahre 1969 in Köln von Hansgünther Heyme. Er trug den Namen ‚Jugend-Club Kritisches Theater‘ (JKT). Anknüpfend an die Tradition der Foyer-Gespräche im ‚Berliner Ensemble‘ (BE) fanden hier vornehmlich Diskussionen mit Regisseuren statt. In den 1980er Jahren setzte Heyme die Jugendclubarbeit als Schauspieldirektor am Staatstheater in Stuttgart fort. Hier kam es allerdings zu Inszenierungen, die mit großem Aufwand an Sachmitteln auch im regulären Spielplan zu sehen waren. In die Mitte der 1980er Jahre fällt der Beginn einer breiteren Streuung des Phänomens der aufführenden Jugendclubs an Stadt-, Staats- und Landestheatern. Zum Katalysator der Bewegung wurde das Treffen ‚Jugendclubs an Theatern‘, das erstmals 1990 von den Theaterpädagogen Herbert Enge und Marlis Jeske am ‚Thalia Theater‘ Hamburg ins Leben gerufen wurde. Dokumentiert werden diese Treffen regelmäßig in ‚Korrespondenzen‘ (zuletzt: 2002, H. 41). Jugendclubs und nationale Jugendclubtreffen gibt es in der BRD, der Schweiz und in vergleichbaren Ansätzen auch in Österreich.

Vereinzelt sind Jugendclubproduktionen auch im regulären Spielplanbetrieb der Theater integriert und ersetzen oder konkurrieren die Sparte → Kinder- und Jugendtheater (z. B. Stadttheater in Ulm).

Der Theater-Jugendclub kann eine eigene Abteilung im Theaterbetrieb darstellen, die in der Regel von Theaterpädagogen geleitet wird. Die Jugendclubarbeit an einem Theater ist abzugrenzen von Kinder- und Jugendengagements an Bühnen im Sinne einer Statisterietätigkeit sowie von der Sparte Kinder- und Jugendtheater. Auch theatrale Publikumsorganisationen wie Servicebetriebe aus Volkshochschule oder der Schul-

gruppenarbeit der ThP beschreiben andere Arbeitsbereiche. Der Jugendclubidee liegt der Gedanke der Beteiligung des spielenden Publikums als ästhetischem Zusatzprogramm im Gesamtangebot zugrunde. Im weitesten Sinne kann er als Beitrag zum ungeschriebenen Generationenvertrag im Theater gerechnet werden, eine Bemühung also, das Theaterinteresse in die folgende Generation zu tragen.

→ Zielgruppe sind junge Menschen zwischen 14 und 25 Jahren. Von altersgemäß vergleichbaren Schultheatergruppen unterscheidet sich die Spielpraxis der Jugendclubs vor allem dadurch, dass hier Theaterarbeit eher in Laborsituationen bzw. aus dem kreativen Chaos heraus angegangen wird, während in schulpädagogischer Arbeit eher ein strukturiertes, formendes Inszenieren anzutreffen ist.

Das Betätigungsangebot selbst kann alle künstlerischen, technischen und administrativen Bereiche des Theaterschaffens für interessierte Jugendliche zugänglich machen. Zum Beispiel Theater-Workshops unter Anleitung von Schauspielern, Theaterpädagogen, Dramaturgen, Assistenten aus dem professionellen Theaterbereich. In der Regel liegt der Schwerpunkt der Angebote auf Schauspiel-Jugendclubs. Bekannt sind auch Jugendclubs z. B. zu Bühnenbildgestaltung, Theaterkritik, Autorenwerkstätten, Jugend-Tanz-Ensembles.

Die Produkte der Jugendclubarbeit sind, ähnlich der Arbeit von Schultheatergruppen, zumeist das Ergebnis eines schöpferischen Dialogs zwischen den Jugendlichen und einer erwachsenen Leitungspersönlichkeit zu theatralen Themen. In seltenen Fällen überlassen die Theater die Jugendclubarbeit ganz der Initiative der Jugendlichen (gelegentlich an der Volksbühne Berlin).

Enge, Herbert/Jeske, Marlis/Schneider, Wolfgang (Hg.): Jugendclubs an Theatern. Frankfurt a. M. 1991; Frank, Martin: Erfinden kann man nur die eigene Wirklichkeit. In: Hoffmann, Christel/Israel, Annett (Hg.): Theater spielen mit Kindern und Jugendlichen. Weinheim, München 1999; Jugendclubs an Theatern. Dokumentation des 7. Bundestreffens am Theater im Zentrum. Stuttgart 1996; Trobisch, Nina: Arbeitsmethoden im Vergleich. In: Ebd.

MARTIN FRANK

→ Arbeitsfelder der Theaterpädagogik – Dramaturgie – Kulturelle Bildung – Projekt – Rezensionen von theaterpädagogischen Aufführungen – Theaterpädagogischer Dienst – Vor- und Nachbereitung – Werkstatt

Jugendtheater

→ Kinder- und Jugendtheater

Kabarett

Frankreich ist das Ursprungsland für „das fröhliche Kind einer elften Muse, die es in losen Liebschaften mit dem Theater, dem Varieté, der politischen Tribüne gezeugt" hat, wie Friedrich Hollaender es formulierte (zit. nach Otto u. a. 9). Der Begriff geht auf das französische *Cabaret* (Speisenplatte, später eine Bezeichnung für Schenke, Kneipe) zurück. Vorläufer des K waren die Music-Halls in England, die sich aus unterhaltenden Darbietungen in Wirtshäusern Mitte des 19. Jhs. zu einer Vergnügungsindustrie entwickelten. Im Mittelpunkt ihrer Programme standen Songs, dazu kamen Tänze und Artistik. In Frankreich waren es die Cafés-Concerts, große Vergnügungsetablissements, in denen das Chanson dominierte, dargeboten von Stars wie Yvette Guilbert. Die deutsche Variante dieser Unterhaltungsform war das Varieté, das stärker auf die Artistik orientierte, aber auch Soubretten, Tänzerinnen und Humoristen einbezog. Das erste K war das von dem Maler Rodolphe Salis 1881 gegründete ‚Chat Noir' in Paris, eine Künstlerkneipe, die zur Unterhaltung der Gäste improvisierte Vorträge von Künstlern, v. a. Chansons und Gedichte, bot. Der Chansonnier Aristide Bruant übernahm nach Salis das Lokal und eröffnete sein ‚Le Mirliton', in dem er seine Chansons über das Lumpenproletariat vortrug. Aus diesem Cabaret artistique entwickelte sich das K, das Brettl im deutschsprachigen Raum. Der erste war der Schriftsteller Ernst von Wolzogen mit seinem 1901 in Berlin eröffneten ‚Überbrettl', dem im gleichen Jahr Max Reinhardts ‚Schall und Rauch', ebenfalls in Berlin, und die ‚Elf Scharfrichter' (u. a. mit Frank Wedekind) in München folgten. Diese literarischen K boten lockere Mischungen aus Chansons und Bänkelliedern, Gedichten, Einaktern, Parodien und Tänzen. Das ‚Schall und Rauch' wandte sich mit seinen Theater- und Literaturparodien an ein kundiges Publikum, seine Serenissimus-Satiren richteten sich gegen das Wilhelminische Kaiserreich. Insgesamt herrschte aber ein eher unpolitischer Vergnügungsbetrieb vor. Die bedeutendsten K der Kaiserzeit außerhalb Deutschlands waren der ‚Simplicissimus' in Wien, berühmt durch die Doppelconférencen von Karl Farkas und Fritz Grünbaum, und das ‚Cabaret Voltaire' von Hugo Ball in Zürich. Nach dem 1. Weltkrieg knüpfte man verstärkt an die zeitkritischen Tendenzen der ersten französischen Cabarets an, es entwickelte sich das politisch-literarische K, z. B. Rosa Valettis ‚Cabaret Größenwahn' , das zweite ‚Schall und Rauch' von Reinhardt, Trude Hesterbergs ‚Wilde Bühne', das ‚Kabarett der Komiker' mit seinen Conférenciers Kurt Robitschek, Paul Morgan, Max Adalbert, die ‚Katakombe' mit Werner Finck und Erich Carows ‚Lachbühne' in Berlin, ‚Die Retorte' in Leipzig (u. a. mit Erich Weinert). Autoren waren u.a. Walter Mehring, Kurt Tucholsky, Klabund, Erich Kästner, Joachim Ringelnatz. Eine besondere Form waren die K-→ Revuen Rudolph Nelsons, Marcellus Schiffers und Friedrich Hollaenders, in denen witzige, aber auch kritische Chansons, Conférencen und Sketche das Publikum unterhielten. In Österreich waren ‚Der liebe Augustin' und ‚Literatur am Naschmarkt' (u. a. mit Jura Soyfer), in der Schweiz das Züricher ‚Cabaret Cornichon' bedeutende Neugründungen. Mit der faschistischen Machtergreifung war auch das politische K zum Tode verurteilt. Im Exil lebte es mit einigen Bühnen weiter, am bekanntesten wurde die ‚Pfeffermühle' in Zürich mit Erika Mann und Therese Giehse. Nach dem 2. Weltkrieg verstärkten sich die in den 1920er Jahren verflachten und in den 1930er Jahren verbotenen politischen Tendenzen des K wieder, es entstand das politisch-satirische K, so die Nachkriegskabaretts ‚Schaubude' in München, ‚Die Rampe' in Leipzig und später z. B. ‚Die Stachelschweine' und ‚Die Wühlmäuse' in Berlin, die ‚Münchner Lach- und Schießgesellschaft', die ‚Kleine Freiheit' in München, das ‚Floh de Cologne' in Köln, das ‚Kom(m)ödchen' in Düsseldorf, in Berlin das RIAS-K ‚Die Insulaner' und das ‚Reichskabarett', aus dem das GRIPS-Theater entstand. In der DDR waren am bekanntesten ‚Die Distel' in Berlin, ‚Die Pfeffermühle' und das Studentenkabarett ‚academixer' in Leipzig, die ‚Herkuleskeule' in Dresden und das Armeekabarett ‚Die Kneifzange'. Zeitgleich traten Solokabarettisten wie Hanns Dieter Hüsch, Dietrich Kittner, Wolfgang Neuss, Franz Josef Degenhardt, Jürgen von Manger mit wachsendem Erfolg auf.

Neben dem politisch-literarischen und politisch-satirischen K existierte immer das artistische K, das v.a. in Nachtclubs geboten wird und aus einer Mischung von artistischen, tänzerischen und betont frivol-unterhaltenden Gesangsdarbietungen besteht. Es stellt eine kleine Form des Varietés, der Revue ohne literarische oder satirische Ambitionen dar.

Die charakteristischen Merkmale des K sind die lose Nummernfolge unterschiedlicher Darbietungen und die satirische Behandlung von Zeitthemen: „Im Unterschied zum traditionellen Theater, das durch die Einheit der Handlung bestimmt wird, beruht die Kabarettvorstellung auf einer Folge von Brüchen, sie gewinnt ihre Kraft aus einer Montage ganz unterschiedlicher Nummern. Für die Zuschauer gibt es dadurch immer neue Überraschungen. Keine Läuterung wie im klassischen Theater, sondern Erschütterung, Beunruhigung" (Richard 242). Diese Einheit der Vielfalt hat das K mit Unterhaltungsformen wie Varieté, Zirkus und Revue gemeinsam. Die wesentliche Unterscheidung besteht im satirischen Moment: „Satire verfremdet die Wirklichkeit, und aus dieser Verfremdung entsteht Komik [...]. Die im Kabarett behandelten Gegenstände sind ja nicht an sich komisch. Die Art der Darstellung ist es. Man behandelt ernste Dinge, als wären sie komisch [...]. Kompliziertes wird lächerlich vereinfacht, Einfaches ebenso lächerlich kompliziert dargestellt." (Peter Ensikat in Gebhardt 100)

Ende der 1960er Jahre schien sich in der BRD das traditionelle politisch-satirische K überlebt zu haben und eine allgemeine Publikumszustimmung zu den etablierten K ihre politische Wirkungslosigkeit zu beweisen. Zahlreiche K lösten sich auf, es entstanden neue Formen wie Politrockgruppen (‚Floh de Cologne'), Solokabarettisten setzten sich zunehmend durch. Heute gibt es neben den Solisten (z. B. Matthias Beltz, Martin Buchholz, Lisa Fitz, Josef Hader, Gerhard Polt, Mathias Richling, Harald Schmidt) bzw. Gruppen (z. B. Missfits, Wenzel & Mensching, Pachl/ Rating, Biermösl Blosn) nach wie vor das Ensemblekabarett, v. a. in den neuen Bundesländern. Fernsehkabarett bietet der ‚Scheibenwischer' mit Dieter Hildebrandt, Werner Schneyder, Bruno Jonas u. a. Als Mischform zwischen Satirikern und Humoristen sind die Comedy-Künstler, Comedians seit den 1990er Jahren dominant. Eine Reihe von Komikern (z. B. Karl Dall, Jürgen von der Lippe, Mike Krüger) setzten sich – anfangs auf der Kleinkunstbühne, dann auch in größeren Hallen und v. a. im Fernsehen – durch und lösten einen wahren Boom aus. Zu den bekanntesten gehören heute Tom Gerhardt, Rüdiger Hoffmann, Hape Kerkeling, Michael Mittermeier, Stefan Raab, Helge Schneider, die Stars der RTL-Show ‚Samstag Nacht'. „Mit den Comedians etablierte sich [...] eine Komik der Infantilisierung durch verspielte, bisweilen offen alberne Unsinnsspäße bis zur alkohol-fäkalisch-sexuellen Einfärbung" (Budzinsky u. a. 66). Sie erheben nicht wie Kabarettisten den Anspruch, mit Satire die Welt verändern zu wollen, setzen sich aber in der Mehrzahl auch kritisch mit Zeiterscheinungen auseinan-

der und gehen damit über bloße Blödeleien hinaus. So existiert gegenwärtig eine große Bandbreite von politisch-satirischen K, Solokabarettisten und Gruppen bis zu den Comedians und nach wie vor das Amüsierkabarett der Nachtclubs, die ganz unterschiedliche Erwartungshaltungen des Publikums bedienen.

Appignanesi, Lisa: Das Kabarett. Stuttgart 1976; Budzinsky, Klaus: Die Muse mit der scharfen Zunge. München 1961; Ders./Hippen, Reinhard: Metzler Kabarett Lexikon. Stuttgart, Weimar 1996; Gebhardt, Horst (Hg.): Kabarett heute. Berlin 1987; Hösch, Rudolf: Kabarett von gestern. Berlin 1969; Ders.: Kabarett von gestern und heute. Berlin 1972; Kühn, Volker: Das Kabarett der frühen Jahre. Berlin 1984; Ders.: Die zehnte Muse. 111 Jahre Kabarett. Köln 1993; Otto, Rainer/Rösler, Walter: Kabarettgeschichte. Berlin 1977; Richard, Lionel: Cabaret Kabarett. Von Paris nach Europa. Leipzig 1993.

GISELA WINKLER

→ Circus / Circus-Didaktik – Clownerie – Revue – Rhetorik – Spaß – Theater als öffentliche Institution – Theaterlied

Karneval

K ist zunächst eine Periode im (christlich) jahreszeitlichen Kalender, nach Region und geschichtlichen Epochen verschieden festgelegt. Variiert der Zeitpunkt des Beginns – der ominöse 11.11., 11 Uhr 11, Dreikönigsfest, Sant'Antonio Abate (17. Januar), Maria Lichtmess (2. Februar) –, so ist das Ende eindeutig fixiert: Rosenmontag, K-dienstag, Aschermittwoch. Das Datum des K-dienstags hängt in jedem Falle von Ostern und demzufolge vom Mondkalender ab. Ostern wird auf den ersten Sonntag festgelegt, der auf den ersten Vollmond des Frühlings folgt, d. h. ab 21. März; der K variiert mit den Mondphasen. Seit 1096 beginnt die Fastenzeit vierzig Tage vor Ostern am Aschermittwoch.

Von K im eigentlichen Sinne kann man – unbeschadet des Namens (K, Fasnacht, Fastnacht, Fasching) – erst seit den Zeiten der Jahreseinteilung sprechen: Er fiel da zwischen das Ende des alten und den Anfang des neuen Jahres, und da man dies nur nach dem Mond bestimmte, was 360 Tage ergab, deckte das Phänomen ‚das Loch im Kalender' (sog. 5. Jahreszeit). Damit war der zeitliche Inselcharakter und vermutlich auch die bewusst eingesetzte ‚Ventilfunktion' gegeben.

K ist also (im ‚Westen') eine zeitlich begrenzte Periode, charakterisiert durch die öffentliche Zurschaustellung all jener Verhaltensweisen, die in der Fastenzeit untersagt, die aber auch während des übrigen Jahres von kirchlichen und weltlichen Autoritäten reglementiert wurden, was ständige Reformen erforderlich machte.

Den tiefsten Einschnitt im historischen Verlauf stellten protestantische Reformation und katholische Gegenreformation dar, die erste auf Abschaffung, die zweite auf ‚Reinigung‘ bedacht. Aber schon die Festlegung des Korso-K 1466 durch Papst Paul II. in Rom – wie er später von Goethe und Byron beschrieben worden ist – oder die in den ersten Jahrzehnten des 19. Jhs. in Westeuropa erfolgten Gründungen von K- und Faschingsvereinen – heute vielfach als ‚Ursprung‘ ausgegeben – stellen solche Reformabschnitte dar. Die *discorsi contro il carnevale* durchziehen fast die gesamte Neuzeit.

Die Notwendigkeit disziplinierender Reformen ergab sich insbesondere aus drei Gründen:

1. K war immer eine Angelegenheit simpelster, aber wichtiger (vor allem auch materieller) Lebensfragen. Die Zeit des K ist eine ‚magische Zeit außerhalb der Zeit‘, in der sich alles verändert und verkehrt, in der sich das Innerste nach außen wendet und umgekehrt. Die Zeit des K ist eine Zeit des Paradoxen, in der sich Gegensätze vereinen, Unordnung zu Ordnung wird und umgekehrt, Dissonanz zu Harmonie und umgekehrt, in der Norm, Gesetz, Tabu nicht gelten. K ist auch – ursprünglich mit dem archaischen sozialen Fest verbunden – eine Zeit des materiellen Überflusses, der überwältigenden Gefühle von Jubel bis Zorn, der überschäumenden Lebensfreude, des Lachens, der Verdrängung von Angst und Furcht, des Fruchtbaren und Kreativen, in der die Länder von Cuccagna (aber auch Cocuce) florierten.

2. K war – wenigstens anfänglich – auch eine Sache von (heiliger) Gewalt und (rituellem) Opfer, von Aggressivität, wobei lange Zeit die heikle Frage antisemitischer Züge eine besondere Rolle spielte. Es handelt sich dabei um das komplizierte Phänomen des (gesellschaftlichen) Sündenbocks, und es spricht viel dafür, den personifizierten K, den K-könig in dieser Hinsicht zu sehen.

Die Geschichte des K und d. h. eben seiner Reformen, scheint sich um den Übergang von der Verfolgungs- und Gewalttätigkeit in Bezug auf den Sündenbock zur allmählichen Zersetzung bzw. Ersetzung durch theatral-spielerische Simulation zu drehen.

3. Der K hat im Verlaufe seiner langen Geschichte die verschiedenartigsten Traditionen, Bräuche, Riten usw. aufgenommen und umgestaltet, so vor allem Riten und Bräuche des Jahreswechsels und Elemente des archaischen sozialen Festes. Man unterscheidet zwischen einem älteren (agrarischen) und einem neueren (urbanen) K; die vielfachen Parallelentwicklungen haben zu erheblichen Verklitterungen der heterogensten Elemente geführt. Der ältere agrarische K mit dem Prinzip der einfachen konstanten Verkehrungen war relativ ‚frei‘, d. h. wenig strukturiert, charakterisiert durch öffentliche Bankette mit übermäßigem Essen und Trinken, allgemeinem Singen und Tanzen, Rollen- und Kleidertausch, erotischen Exzessen.

Der neuere urbane K mit dem Prinzip der sozialen prozesshaften Verkehrungen und Themen von sozialem und politischem Belang, beeinflusst von den spätmittelalterlichen weltlichen und kirchlichen Narrenfesten, hat einen stärker organisiert-strukturierten Charakter, veranstaltet von Korporationen, Vereinen, Jugendvereinigungen, Stadtvierteln usw.

Es gab im Wesentlichen drei Typen von organisiert-strukturierten Veranstaltungen, die im K immer wiederkehrten: (1.) maskierte Umzüge, möglichst mit Wagen oder Karren, besetzt mit verkleideten Personen; (2.) Wettstreite aller Art: Reiterturniere, Pferderennen, Ringläufe, Wettrennen (sehr früh auch Fußballspiele); (3.) → Inszenierungen theatral-burlesker Spektakel: → Fastnachtspiele, Farcen, Kämpfe zwischen *Quaresima* und *Carnevale*.

Am Ende des K fand in der Regel eine theatral-spektakuläre Aufführung statt, bei der die Personifizierung des K sich eines fingierten Prozesses unterziehen musste, mit fingiertem Schuldbekenntnis und fingiertem Testament: K wurde zum Tode verurteilt, auf alle möglichen Arten hingerichtet; er erhielt eine karnevaleske Leichenfeier, in deren Verlauf er fröhliche Urständ hielt.

Die zeitliche Anordnung und d. h. die Mitwirkung beim (agrarischen) Jahresanfang machte den K zu einem Ritus des Übergangs im Sinne der Theorien von Arnold van Gennep (vgl. Gennep) und Victor → Turner (vgl. Turner) mit preliminaler, liminaler und postliminaler Phase. Die erste Phase bedeutet die Lösung vom alltäglichen Leben und ist vom Erscheinen der Masken geprägt. Sie bringen Chaos und Konfusion in die Gesellschaft, mit dem Ziel, das Reich der Gleichheit zu errichten, wo es nicht mehr möglich ist, zwischen einem Sachverhalt und einem anderen zu unterscheiden. Die Masken vereinigen das, was normalerweise getrennt ist; sie erlauben, nicht mehr zwischen Mann und Frau, Tier und Mensch, Lebenden und Toten, Schönen und Hässlichen, Reichen und Armen, Klugen und Dummen zu unterscheiden.

K ist so gesehen nicht nur eine Verkehrung, sondern vor allem eine Vermischung der Welt.

In der zweiten (liminalen) Phase explodiert die Gewalt mit Kämpfen zwischen Gruppen und Fraktionen, man bewirft sich mit Steinen, bedient sich der Stöcke und Fäuste, der Wurfgeschosse aller Art (heute sind es Bonbons und Karamellen), verbaler und physischer Beleidigungen u.a.m.

Nach Beseitigung des Übels – der Zuweisung an den Sündenbock K – beginnt ein neuer vitaler Zyklus und die karnevaleske Gewalt verwandelt sich in die Erneuerung der (alten) sozialen Ordnung und die Stärkung der überlieferten Werte.

Emmanuel Le Roy Ladurie hat mit seiner Rekonstruktion des K von Romans ein eindrucksvolles Modell dieses historischen Sachverhalts geliefert und damit u. a. auch die weitverbreitete K-theorie von Michail Bachtin als romantizistisch relativiert.

Die bedeutendsten Beispiele für den Wandel vom Opfer der heiligen Gewalt zum szenisch-spektakulären Spiel bieten die K von Rom und Venedig. In Rom lässt sich dieser Prozess von den blutigen *ludi carnevaleschi* des Testaccio, wo Stiere und Schweine geopfert wurden – die ältesten Nachrichten stammen von 1143 – und wofür die jüdische Gemeinde ihren Tribut zahlen musste, über die unblutigen Feste des 15. Jhs. mit eigenartigen Spottläufen, von denen einer immer Juden vorbehalten war, bis zu den vielfältigen theatralspektakulären Veranstaltungen des 15./16. Jhs. verfolgen. 1565 werden die Stierjagden in den Straßen Roms verboten, die letzte Beschreibung der Spiele des Testaccio stammt von 1545. Der Lauf zur Verspottung der Juden wurde erst 1668 durch Papst Clemens IX. verboten; er wurde gewissermaßen ersetzt durch eine spezielle karnevaleske Spielart, die sog. *giudiata*, eine von den Stadtvierteln organisierte Inszenierung mit von Ochsen gezogenen Wagen, begleitet von langen Kantilenen und abgeschlossen mit einem Ball. Protagonist der Aktion war immer ein Jude, der damit endet, stranguliert oder aufgehängt zu werden. Die ersten sicheren Zeugnisse über die *giudiata* stammen aus dem 17. Jh. und bezeugen kombinierte Formen mit anderen gleichartigen Aufführungen, wie z. B. der *zingaresca*, gegen Zigeuner gerichtet. Die Fremdenfeindlichkeit solch spezifischer K-veranstaltungen ist bemerkenswert, wenn sie auch eine allmähliche Abschwächung der Verfolgungsgewalt aufweisen und sich zu komischen Aktionen transformieren. Modell dafür ist etwa die *giudiata* vom Ende des 17. Jhs. *Ebreo finto conte*: Der junge Mosè raubt dem Liebesrivalen Tognino Juwelen. Entdeckt und festgenommen, wird Mosè in eine große Presse gesteckt und in endlosen Windungen zu Tode gepresst. Bevor er aushaucht, macht er noch sein

Testament, in dem er empfiehlt, sich vor den jüdischen Damen zu hüten. Die *giudiata* florierte in Rom – trotz wiederholter Proteste der jüdischen Gemeinde – während des 18. und 19. Jhs.; das letzte Zeugnis stammt von 1871.

In Venedig wurden bis zu Beginn des 16. Jhs. am K-donnerstag ein Stier und zwölf Schweine geopfert. Die 13 Tiere und 300 Brotlaibe waren der Tribut, der jedes Jahr vom Patriarchen von Aquilea geleistet werden musste in Erinnerung an die 1162 erlittene militärische Niederlage gegen Venedig. Im Zentrum der vor dem Dogen, den ausländischen Gesandten und den Mitgliedern der *Signoria* jahrhundertelang veranstalteten Zeremonie stand die feierliche und formelle Verurteilung der Tiere zum Tode, ihre öffentliche Jagd auf der Piazza und die Hinrichtung mit anschließender Verteilung des Fleisches an die Menge, die am Spektakel lachend und singend teilnahm. 1525 beseitigte der Rat der Zehn die offizielle Staatszeremonie, erlaubte aber weiterhin das Tiergemetzel. Unter der Regierung des Dogen Andrea Gritti (1523–1538) setzte sich dann die Tendenz durch, die vulgären Elemente des K durch andere Unterhaltungsformen zu ersetzen, wie z. B. Maskeraden, Bälle, Feuerwerke, Festumzüge und – vor allem – theatrale Aufführungen.

Protagonisten der Aktivitäten in dieser Richtung waren in Venedig (und Umgebung) die *Compagnie della Calza*, Festbrigaden junger Nobili, private Vereinigungen, die jedoch von der republikanischen Regierung unterstützt, zugleich aber rigoros kontrolliert wurden. Ihr Wirken lässt sich bis 1565 nachweisen und ihr Verschwinden steht im Zusammenhang mit der Durchsetzung des berufsmäßigen Theaters im Stile der Commedia dell'Arte. Das (theater-)historische Hauptverdienst der *Compagnie della Calza* liegt darin – ähnlich wie in Mailand –, ein kommunikatives Theatralitätsgefüge organisiert zu haben, bei dem bezeichnenderweise Formen von speziellen *ludi carnevaleschi* und der Commedia dell'Arte – „die neue Königin des Karnevals" (Bernardi 2000, 982) – außerhalb blieben, wollten die Letzteren doch die Ideale des archaischen Festes und des K ausdehnen, und zwar *per tutta la durata dell'anno*. Der venezianische K verlor so nach und nach den Sinn der ursprünglichen Ritualität; er hörte auf, die interne soziale Dynamik zu repräsentieren, um sich zu einem großen Spektakel nicht mehr für die Einheimischen, sondern für Touristen zu verwandeln. Man hat in dieser Hinsicht – und dies ist verallgemeinerbar – von einer ‚Kommerzialisierung' des K gesprochen (vgl. Burke) und von seiner „glorreichen Agonie" (Bernardi 2000, 983).

Die Durchsetzung von professionellem Theater ist das wohl eklatanteste Zeichen des Zivilisationsprozesses des K, d. h. für die Ersetzung der Riten von Gewalt und Normübertretung durch spielerische Formen von Unterhaltung und Spektakel.

Abgeschafft von den Protestanten, ausgeleert von politischen Inhalten durch die Französische Revolution, veräußerlicht mit dem Beginn der industriellen Revolution und der Konsumgesellschaft hat sich in vielen Regionen der K dennoch eine bemerkenswerte Attraktivität erhalten. Die teilweise beträchtlichen Unterschiede in den heutigen Erscheinungsformen – etwa zwischen Basel und Köln, Mainz und Wasungen, Venedig und Viareggio, von Rio de Janeiro ganz zu schweigen – lassen sich nur historisch begreifen.

Bernardi, Claudio: Carnevale, Quaresima, Pasqua. Rito e dramma nell'Europa moderna. 1500–1900. Milano 1995; Ders.: Il carnevale delle buone maniere. In: Storia del teatro moderno e contemporaneo, Bd. 1. Diretta da Roberto Alone e Guido Davico Bonino. Torino 2000; Burke, Peter: Scene di vita quotidiana nell'Italia moderna. Bari 1988; Chiabo, Myriam/Doglio, Federico (a cura di): Il carnevale: dalla tradizione arcaica alla traduzione colta del Rinascimento. Atti del XIII Convegno Internazionale del Centro studi sul teatro medievale e rinascimento. Roma 31.5 –5.6.1989. Viterbo 1990; Gennep, Arnold van: Les rites de passage. Paris 1909; Le Roy Ladurie, Emmanuel: Le Carneval de Romans. De la Chandeleur au mercredi des Cendre. 1579–1580. Paris 1979 [deutsch: Karneval in Romans. Stuttgart 1982]; Orloff, Alexander: Karneval. Mythos und Kult. Wörgl 1980; Rang, Florens Christian: Historische Psychologie des Karnevals. In: Die Kreatur, 1926/27; Turner, Victor: Vom Ritual zum Theater. Frankfurt a. M. 1989.

RUDOLF MÜNZ

→ Happening – Performance – Ritual – Theatralität – Volkskunst / Folklore – Volkstheater

Kinder- und Jugendtheater

Das intellektuell literarisch geprägte Berufstheater des 20. Jhs. im deutschsprachigen Raum verabsäumte es lange Jahre, Theater für Kinder und Jugendliche als Aufgabe zu begreifen. Nur ein deutlich gewachsenes Publikumsinteresse in jüngster Zeit und die gelegentliche Herausbildung von bemerkenswerten bild- und analogiereichen poetischen Übersetzungen rückte einzelne Theaterensembles und regieführende Persönlichkeiten des KuJ immer wieder in den Blick einer Theateröffentlichkeit.

KuJ ist die Bezeichnung für Theateraufführungen professioneller SchauspielerInnen, die sich absichtsvoll und vorzugsweise an Kinder oder Jugendliche wenden, erkennbar an Stoffwahl und Spielweise, Aufführungsort und Aufführungszeit. Das Spiel der Kinder selbst, das Imaginieren von Situationen und das Imitieren anderer, ist zwar, neben dem Ritus und der Versammlung, Ursprung und Wesen des Theaters und wird oft ebenfalls als Kindertheater bezeichnet, ist hier allerdings nicht gemeint (vgl. → Fo).

Dabei hat sich unübersehbar in Deutschland im letzten Quartal des 20. Jhs. eine Theaterkunst des KuJ auf hohem ästhetischen Niveau entfaltet. Ein sichtbarer Ausdruck sind ihre → Festivals, zumeist mit internationalem Charakter. Das Arbeitstreffen des Freien Theaters ist das Festival *Spurensuche*, andere beachtete Treffen finden statt in Nordrhein-Westfalen (*Traumspiele*), in Stuttgart das internationale KuJ-Festival *Schöne Aussicht*, in Nürnberg (*Panoptikum*), in Halle die Werkstatttage des KuJ und vor allem in Berlin das alle zwei Jahre stattfindende KuJ-Treffen, veranstaltet vom Kinder- und Jugendtheaterzentrum in der Bundesrepublik Deutschland mit Sitz in Frankfurt am Main.

Das KuJ im deutschsprachigen Raum stellt in ästhetischer Ausformung und im Umfang eine neuere Entwicklung der Theaterkultur dar, entwickelt aus den pädagogischen Bewegungen der 1970er Jahre. Die ersten Theater mit dieser Aufmerksamkeit für ein jugendliches Publikum und mit der damit verbundenen Erprobung neuartiger Themenstellungen und Spielweisen (unter anderen das *Theater im Marienbad* in Freiburg, *Ömmes und Oimel* in Köln, die *Theaterwerkstatt* in Hannover, *Rote Grütze* und *Grips* in Berlin) sind analog zu Formen des politischen Theaters und des Straßentheaters als Freie Gruppen begründet worden, von SchauspielerInnen auf der Suche nach alternativen Arbeitsweisen zum herkömmlichen Stadttheaterbetrieb und nach neuen gesellschaftlichen Herausforderungen. Andere Theater, initiiert von Schul- und Sozialpädagogen, behaupteten Theater für Kinder und Jugendliche als interessanteres Mittel pädagogischer und gesellschaftspolitischer Aktivität. In den 1980er Jahren etablierte sich KuJ mit kleineren und konzentrierten → Ensembles an den Stadt- und Staatstheatern und vor allem an Landesbühnen als Sparte oder aber als integrierter Bestandteil des Schauspiels. Neugründungen eigenständiger kommunaler Theater kamen hinzu, dann die KuJ der damaligen DDR. Dort war bereits 1946 als erstes KuJ das *Theater der Jungen Welt* in Leipzig gegründet worden; es folgten 1949 das *Theater der jungen Generation* in Dresden, 1950 das *Theater der Freundschaft* in Berlin, 1952 das *Theater der Jungen Garde* in Halle und 1969 das *Theater für junge Zuschauer* in

Magdeburg. Sie verstanden sich als Fortführung des seit den frühen 1920er Jahren in der jungen Sowjetunion systematisch betriebenen Aufbaus der KuJ (1920 erste Gründung in Moskau unter Natalja Saz). Wsewolod → Meyerhold hatte dort *Alinur* nach *Sternenkind* (Märchen von Oscar Wilde) inszeniert. Saz gab auch Sergej Prokowjew den Auftrag, etwas Musikalisches für Kinder zu komponieren, woraus das musikalische Märchen *Peter und der Wolf* (1936) entstand.

Theater für Kinder und Jugendliche heute ist mittlerweile ein Theater wie jedes andere Theater auch. Es ist wie alle Kunst Ausdruck seiner Zeit. Befassen sich nun Erwachsene mit der Kunst für Kinder, spiegelt diese auch die Vorstellungen der Erwachsenen von einer Kinderwelt wider, zu oft mit den entsprechenden diminutiven Verharmlosungen. Lange Jahre war das Theater für Kinder reduziert auf das die Lebenswirklichkeit von der Bühne verbannende ,Weihnachtsmärchen' der Schauspielhäuser (*Peterchens Mondfahrt* von Gerd von Bassewitz, uraufgeführt 1912). Ungebrochenes Interesse dagegen rufen nach wie vor die Märchenbearbeitungen nach Grimm, Andersen, Hauff und anderen hervor, die aus dem Wechselspiel von moralischer Warnung (,Geh nicht in den Wald!'), anarchischer tragödienbehafteter Stoffe (,Und dann warfen die Kinder sie in das Feuer ...') und dramatischem Geschehen ihre Faszination und mythische Kraft nicht verloren haben. Romantische wie sozialrealistische Motive gleichermaßen prägten das westdeutsche KuJ der 1950er/60er Jahre mit Theaterstücken nach Motiven von Charles Dickens (*Ein Weihnachtslied*), Erich Kästner (*Emil und die Detektive*) oder Friedrich Forster (*Robinson soll nicht sterben*). Die zeitgemäße Fortsetzung dieser Kindertheaterkultur, nach wie vor als Unterhaltungstheater für Kinder auf der großen Bühne konzipiert, passt sich eher den musiktheatralen Entwicklungen des Musicals an (*Das Dschungelbuch* von Walt Disney nach Rudyard Kipling, *Katzen* von Agneta Elers-Jarleman als Kinderfassung des Musicals *Cats*). Nur im besten Fall vermag es diese Theaterkunst, Anwalt der Heranwachsenden zu sein, ihnen Würde zu verleihen, Respekt für sie einzufordern und ihnen attraktive Sinnesreize zu bieten.

Für das die Theaterkultur der 1980er/90er Jahre prägende emanzipatorische, sozialrealistische Theater, beginnend mit den pädagogischen Bewegungen der 1970er Jahre, ist stilbestimmend das Berliner *Grips Theater* und sein Autor Volker → Ludwig (*Linie 1*). Weniger kabarettistisch, poetischer ist das Berliner Freie Theater *Rote Grütze*, vor allem mit den Theaterstücken zur sexuellen Aufklärung (*Was heißt hier Liebe*

und *Darüber spricht man nicht*). Autoren wie Lutz Hübner (*Das Herz eines Boxers*), Igor Bauersima (*norway today*) und Kristo Sagor (*Dreier ohne Simone*) nehmen heute diese Linie auf und führen sie weiter. Der Titel des Jahrbuchs der ASSITEJ *Grimm und Grips* spiegelt die Spannungsfelder des zeitgenössischen KuJ wider (www.assitej.org).

Mitte der 1980er Jahre bereits erschöpften sich die Funktionalisierungen des Kindes zum ausschließlich zu erziehenden und zu belehrenden Objekt und des Theaters als Mittel zum Zweck. Das KuJ entdeckt das Theater als Kunst und emanzipiert sich vom Primat des Pädagogischen. Die ästhetische Bewertung einer phantasievollen theatralen Vielfalt und attraktiven Vorführung gerät mehr in den Blick. ,Kunst für Kinder' wird der Gesellschaft als Pflicht abverlangt und als deren Recht eingefordert. „Dieses Kindertheater stellt Probleme, Träume, Ängste und Sehnsüchte dar und nimmt sie ernst. Es ist eine Anschauung des Lebens, Spiegel der Zeit und Anstoß zu einem spielerischen Umgang mit der Wirklichkeit. Dieses Kindertheater ist ein Theater der Freundlichkeit, der Wärme, der Lust, der Aufmüpfigkeit und des Zorns, ein Theater der Gefühle. Es soll Mut machen zum Leben, Toleranz vorführen, Weltaneignung ermöglichen und durch künstlerische Haltungen Stellungnahmen provozieren." (Schneider 22)

Die Besonderheiten und Herausforderungen eines Theaters für Kinder und Jugendliche werden neu bestimmt. Die Unmittelbarkeit des Verhältnisses zwischen Schauspieler und den zuschauenden Kindern und Heranwachsenden verlangt eine andere Aufmerksamkeit der Darstellungskunst für sein unmittelbar reagierendes Publikum. Die Ausprägungen und sich verändernden Wahrnehmungsstrategien einer von visuellen Medien umfassend beeinflussten Lebensumwelt der Zuschauenden fordern eine sorgfältigere Ausformulierung theatraler Wirkungsweisen. Das KuJ entwickelt das → Erzähltheater zur Blüte und – beeinflusst von Märchentraditionen und der Rolle des Erzählers – eine sich direkt an die Zuschauenden wendende, mit sparsamen theatralen Mitteln umgehende Theaterform. Märchenstoffe und Mythen, poetische und sagenhafte Geschichten prägen das Theater für Jüngere. Bearbeitungen der großen Stoffe der Theaterliteratur erforschen – für Kinder zwar einfachere, aber nicht vereinfachende – Sichtweisen auf klassische Werke der Erwachsenenliteratur und lassen diese neu lebendig werden. Theaterstücke wie *Der Kleine Prinz von Dänemark* von Torsten Letser, *Medeas Kinder* von Per Lysander und Suzanne Osten und *Metamorphosen* von Nils

Gredeby heben zudem hervor, dass der Spielplan der bundesdeutschen KuJ ein internationaler ist und Stücke und Stückbearbeitungen aus den Niederlanden und aus den skandinavischen Ländern das deutsche KuJ nachhaltig beeindrucken.

Nicht mehr nur die Vorstellungen der Erwachsenen und deren literarisch tradierte Motive und Erzählungen, sondern die Erfahrungswelt der Kinder und Jugendlichen selbst wird – weniger bewertend, mehr beschreibend – Gegenstand künstlerischer Betrachtung. Das Theater begibt sich zu den Orten der Kinder selbst, ‚Schulhofgeschichten‘ erzählen europäisches Theater in einem umfangreichen Austauschprogramm, Theater findet im Schulbus statt und in der Turnhalle, → ‚Theater im Klassenzimmer‘ entwickelt sich zur spannungsreichen Form (z. B. *Mirad, ein Junge aus Bosnien* von Ad de Bont). Die große Kunst des Figurentheaters und des → Puppentheaters, Weiterentwicklungen aus der reichen Theaterkultur der ehemaligen DDR – dies alles ist Herausforderung für die künstlerisch handwerkliche Weiterentwicklung des KuJ.

Das zeitgenössische Schauspiel und das KuJ nähern sich heute einander an. KuJ werden zu Jungen Theatern und die Grenzen zwischen dem Theater für Kinder, für Jugendliche und dem der Erwachsenen durchlässiger. ‚Cross over‘, das Interesse der Theater an den Betrachtungen der anderen Künste, an Musiktheater, an der Bildenden Kunst, das Tanztheater, die Einbeziehung des Figurentheaters und des Erzähltheaters sind lebendiger Ausdruck einer Entwicklung der Darstellenden Kunst, die unnötige Spezialisierungen überwindet und als „Rohstoff von Öffentlichkeit" (Haß 23) sich zu einem Ort der Versammlung, des Austausches von Gedanken und Haltungen und der gemeinsamen Entdeckungen der Generationen weiterentwickeln wird.

Fo, Dario: Wer hat eigentlich das Theater erfunden? In: Stiekel, Bettina (Hg.): Kinder fragen, Nobelpreisträger antworten. München 2002; Haß, Ulrike: Zum Verhältnis von Theater, Pädagogik und Theaterpädagogik. In: Richard, Jörg (Hg.): Theaterpädagogik und Dramaturgie im Kinder- und Jugendtheater. Frankfurt a. M. 1990; Hentschel, Ingrid: Kindertheater. Die Kunst des Spiels zwischen Phantasie und Realität. Frankfurt a. M. 1988; Internationale Vereinigung des Theaters für Kinder und Jugendliche. Sektion Bundesrepublik Deutschland (Hg.): Grimm & Grips. Jahrbuch für Kinder- und Jugendtheater. Frankfurt a. M. 1987/88 ff.; Kinder- und Jugendtheaterzentrum in der Bundesrepublik Deutschland (Hg.): Reclams Kindertheaterführer. Stuttgart 1994; Kirschner, Jürgen (Hg.): Stücke und Literatur zum Kinder- und Jugendtheater. Frankfurt a. M. 1998; Richard, Jörg (Hg.): Theaterpädagogik und Dramaturgie im Kinder- und Jugendtheater. Frankfurt a. M. 1990; Ders. (Hg.): Jugend-Theater. Frankfurt a. M. 1996; Schneider, Wolfgang (Hg.): Kindertheater nach 1968. Neorealistische Entwicklungen in der Bundesrepublik und in West-Berlin. Köln 1984; Ders. (Hg.): Kinder- und Jugendtheater in der DDR. Frankfurt a. M. 1990; Ders.: Zur Geschichte des Kindertheaters in Deutschland. In: Reclams Kindertheaterführer. Stuttgart 1994.

THOMAS LANG

→ Jugendclubs an Theatern – Märchen – Vor- und Nachbereitung – Zielgruppe

Kinderspiel

Mit K werden alle Spiele bezeichnet, die besonders im Kindesalter gespielt werden. Insofern ist der Begriff eine nähere Bestimmung von → Spiel. Eine Abgrenzung zu anderen nebengeordneten Bedeutungen im Sinne von ‚Spiele, die nicht im Kindesalter gespielt werden‘ existiert nicht explizit. Es gibt lediglich Spiele, die eher im Erwachsenenalter gespielt werden (Karten- und Brettspiele mit komplizierten Regelwerken) oder dann anders gespielt werden (Kampf-, Mannschafts- und Schauspiele). Peter Thiesen (15) weist darauf hin, dass sich die Spielplätze der Erwachsenen und Kinder erst nach dem Mittelalter voneinander entfernten.

Die Entwicklung der Bedeutung der beiden Ursprungsbegriffe *Spiel* und *Kinder* prägen den Begriff K. Diese unterliegen einem starken historischen Wandel. Dass Kinder spielen, ist zu allen Zeiten dokumentiert worden. Man findet K der Griechen, der Römer usw. (vgl. Thiesen 13). Unterschiede gibt es in der jeweiligen Interpretation und Einordnung von K, in der Frage nach dem Sinn und Zweck des Spiels im Kindesalter. Schon Aristoteles war davon überzeugt, dass Spiel auch ein Erziehungsmittel ist: „Die meisten Spiele und Belustigungen müssen in der Nachahmung von ernsthaften Dingen bestehen, die später eintreten." (zit. ebd. 13) Mächtigste Kritikerin der Spiele und ‚Lustbarkeiten‘ war im Mittelalter die Kirche, die diese als Erfindung des Teufels anprangerte. Comenius' Rat von 1633, „dass die Kinder täglich auf den Gassen oder sonst zusammenkommen und miteinander spielen" (zit. ebd. 16), galt als revolutionär. Comenius war dann einer der ersten, die das Theaterspiel – zunächst als Methode im Sprachunterricht – in das schulische Curriculum einbezogen. Seine spielende Schule (*schola ludus*) sollte die Schüler stärken und zu einer Schule des Lebens beitragen (vgl. Braanaas 245).

Anfang des 19. Jhs. wird besonders über Schiller die ästhetische Dimension des Spiels in die Theorien einbezogen und sein Selbstzweck und Eigenwert hervorgehoben (vgl. Schiller). Damit und mit der Differenzierung der Geisteswissenschaften wird die bis dahin verbreitete Dichotomie von Spiel und Ernst aufgebrochen. Psychologie, Pädagogik und Soziologie unterstreichen mit umfangreichen Ergebnissen und Schriften bis heute die Entwicklungsrelevanz des K (vgl. → Scheuerl; → Flitner). Wenig rezipiert, gleichwohl eine herausragende Rolle für die ThP spielt Wygotski (34), der gezeigt hat, dass Kinder im darstellenden Spiel über sich hinauswachsen (ZPD: *Zone of proximal development*).

Mit der → Reformpädagogik begann zeitgleich eine breitere Entwicklung von Modellen zur Spielförderung. Hier nehmen sowohl *spielpädagogische* als auch thp Konzeptionen ihren Ausgang.

Für die ThP, die die → *Theatralität* als Gattungsspezifik des Menschen bespielt (vgl. → Ruping 9), ist K im Rahmen des → Darstellenden Spiels zudem ein grundlegender Modus der Erfahrung. Beide, K und Theater, haben ihre Wurzeln im rituellen Fest und in Kultformen früherer Zeiten: „Viele alte Kinderspiele [...] waren ursprünglich nichts anderes als dramatisch dargestellte Szenen alter Göttersagen, die sich allmählich zu verweltlichten Spielformen entwickelten, wie z. B. Prinzessin erlösen oder die goldene Brücke." (Thiesen 11)

Meist gründet sich der thp Bezug zur Theatralität von Kindern auf die Signifikanz des sozial-realistischen → Rollenspiels im Kindesalter. Diesem Spiel wird eine entwicklungspsychologisch hohe Bedeutung zuerkannt. Dass das sozial-realistische Spiel nur eine Form unter vielen anderen ist, wird dabei leicht übersehen. Es hat mit seiner Manifestation in Spielen mit fester Rollenaufteilung (Vater-Mutter-Kind) und der direkten Nach- oder Vorahmung einer Realität (auch über Puppen oder Figuren) nur den prägnantesten Bezug zum traditionellen Theater.

Für eine Theaterkunst mit Kindern oder für Kinder ist es jedoch entscheidend, die geselligen Spielformen der Kinder unter einer nicht-funktionalen, ästhetischen Perspektive zu untersuchen. Faith Guss interpretiert eine auf Märcheninhalten basierende Spielbewegung als einen offenen form- und bedeutungssuchenden Prozess: „Über Vertauschungen und Umkehrungen stellen sie den kulturell überlieferten Status quo auf den Kopf. So gestalten die Spieler ihre kulturellen und emotionalen Erfahrungen neu." (Guss 165, Übers. d. Vfn.) Sie findet in dieser Spielbewegung

neben der klassischen linearen Form auch nicht-lineare fragmentarische Dramaturgien, epische und simultane Formen. Formen des K decken sich so mit manchen ästhetischen Formen im zeitgenössischen Theater: schlagartiges Ein- und Aussteigen in/aus Rollen, Bedienen mehrerer Rollen simultan im Wechsel, Spielen mit imaginären Rollen, Darstellen von Vergangenem, ironische Brechung, Darstellung von Alternativen, Transparenz von Umbau, Vorbereitung und Spiel, Überzeichnung, Wiederholung und Rhythmisierung.

In der Theaterarbeit mit Kindern wird diese ästhetische Qualität von K oft unterschätzt, besonders dort, wo die *ästhetische Funktion* des Spiels nicht dominiert. Die Dominanz der ästhetischen Funktion und damit die Trennung o. g. Spielmerkmale von seiner Funktionalität im Alltag markiert den Übergang vom K zur *Darstellenden Kunst*. Dabei betont Christel Hoffmann (17), dass der Anknüpfungspunkt für diesen Übergang „stets das natürliche Spielvermögen der Kinder sein [sollte, d. Vfn.] und nicht die Nachahmung irgendeiner Form des professionellen Theaters".

Das Geschick besteht für die ThP darin, in der Vielfalt der geselligen Spielformen von Kindern die ästhetischen Qualitäten und deren Verfremdungskraft zu sehen und in einem gemeinsamen Prozess mit den Kindern eine Kinderkunst entstehen zu lassen.

Braanaas, Nils: Barn, ungdom og teater – fra antikken til det 19. aarhundre. Trondheim 2001; Flitner, Andreas (Hg.): Das Kinderspiel. München 1987; Guss, Faith G.: Ritual, Performance and Children's ,Play-drama'. In: Rasmussen, Björn/ Kjölner, Torunn/Rasmusson, Viveka/Heikkinen, Hannu (Hg.): Nordic Voices in Drama, Theatre and Education. Bergen 2001; Hoffmann, Christel: Die Kunst des Spielleiters. In: Hoffmann, Christel/Israel, Anett (Hg.): Theater spielen mit Kindern und Jugendlichen. Konzepte, Methoden und Übungen. Weinheim 1999; Ruping, Bernd: Stadt Land Fluss – Verortungen der Theaterpädagogik. Die Brauchbarkeit des Ästhetischen. In: Korrespondenzen, 2001, H. 38; Scheuerl, Hans (Hg.): Theorien des Spiels. Weinheim 1975; Schiller, Friedrich: Über die ästhetische Erziehung des Menschen, in einer Reihe von Briefen. In: Ders.: Sämtliche Werke. Historisch-kritische Ausgabe in 20 Teilen, Bd. 18. Hg. v. Güntter, Otto/Witkowski, Georg. Leipzig 1910/11; Thiesen, Peter: Klassische Kinderspiele. Neu entdeckt für Kindergarten, Hort, Grundschule und Familie. Weinheim 1993; Wygotski, Lew Semjonowitsch: Das Spiel und seine Rolle für die psychologische Entwicklung des Kindes. In: Ästhetik & Kommunikation, 1973, H. 11.

KAROLA WENZEL

→ Entwicklungspsychologie – Kinder- und Jugendtheater – Märchen – Ritual

Klassenfahrt als theaterpädagogische Aktion

Im Klassenverband mit allen SchülerInnen – und nicht nur den theaterbegeisterten – auf einer Woche Klassenfahrt Theatererfahrungen sammeln und diese werden in ein Theaterstück umgesetzt: Losgelöst von Schule und Alltag setzen Klassenfahrten gruppendynamische Prozesse in Gang. Mit den gemeinschaftlichen und kreativen Mitteln der ThP werden solche Prozesse unterstützt. Der Höhepunkt der Woche ist am Donnerstag die Welturaufführung der gemeinsam ausgedachten und entwickelten Theaterstücke.

K liegt der Gedanke zugrunde, dass jede und jeder Theater spielen kann. Die Woche ist so aufgebaut, dass immer alle aktiv sind, sei es in Gruppen- und Partnerübungen oder als SpielerInnen bzw. ZuschauerInnen bei Bühnenspielen. Es steht weniger der Text als vielmehr Figurenarbeit und der Spaß, Geschichten zu erzählen im Vordergrund. Die TeilnehmerInnen werden dazu angeregt, sich gegenseitig differenziert wahrzunehmen, sich zu respektieren, sich zuzuhören und zu tolerieren. Im gemeinsamen Spiel bauen die SchülerInnen Hemmungen ab, schlüpfen in andere Rollen und entwickeln und verwirklichen ihre (fantastischen) Geschichten. Alle SchülerInnen erhalten die Möglichkeit, sich nach ihren Fähigkeiten einzubringen und die nötige Unterstützung, um den Schritt auf die Bühne zu wagen. Diese außerschulische thp Arbeit vermag Bereiche abzudecken, in denen nicht Leistung und Zensuren im Vordergrund stehen, sondern Einfallsreichtum und Vielfalt. Dabei werden soziale und persönlichkeitsbildende Kompetenzen geschult, die auch im (Arbeits-)Leben eine wichtige Rolle spielen.

Dieses Klassenfahrtprogramm bietet für alle Altersgruppen an:
Theaterwerk Albstedt www.Theaterwerk.de

ALEXANDRA FISCHER / IRIS HÖRTZSCH

→ Didaktik – Geschichte der Pädagogik – Geschichte der Sozialpädagogik – Kulturelle Bildung – Lebensbegleitendes Lernen – Mitspiel(theater) – Theaterarbeit in sozialen Feldern – Theatralisierung (von Lehr- und Lernprozessen) – Zielgruppe

Klassenzimmer → Theater im

Klassenzimmer

Kluge, Alexander

Geb. 1932. Jurist, Filmemacher, Schriftsteller, Medientheoretiker, TV-Produzent. Gilt mit seinem international erfolgreichen Spielfilm *Abschied von gestern* (1966) als Vordenker des Autorenkinos und verlieh damit der Bewegung des Neuen Deutschen Films einen wesentlichen Impuls. K entwickelte für seine Filme ein Montageprinzip, das den Zuschauer zu Assoziationen und Interpretationen provozieren und eine Revolutionierung der Gefühle hervorrufen soll. Durch Mehrdeutigkeit von Situationen, Auflösung der Handlungseinheit und ‚Verrätselung' der Figuren wird die Identifikation mit der Rolle sowohl für die Darsteller als auch für die Zuschauer erschwert. Menschliches Schicksal soll nicht als Einzelschicksal erkannt werden, sondern repräsentativ wirken und den Zwangscharakter gesellschaftlicher Verhältnisse zum Ausdruck bringen.

Schlachtbeschreibung. Olten, Freiburg i. Br. 1964; Lernprozesse mit tödlichem Ausgang. Frankfurt a. M. 1973. Kluge, Alexander (Hg.): Bestandsaufnahme – Utopie Film. 20 Jahre neuer deutscher Film. Frankfurt a. M. 1983. Ders./Negt, Oskar: Der unterschätzte Mensch. Gemeinsame Philosophie in zwei Bdn. Frankfurt a. M. 2001. Bechtold, Gerhard: Sinnliche Wahrnehmung von sozialer Wirklichkeit. Die multimedialen Montage-Texte Alexander Kluges. Tübingen 1983; Grüneis, Olaf: Schauspielerische Darstellung in Filmen Alexander Kluges. Essen 1994; Kötz, Michael/Höhne, Petra: Die Sinnlichkeit des Zusammenhangs. Zur Filmarbeit von Alexander Kluge. Köln 1981; Lewandowski, Rainer: Alexander Kluge. München 1980. *Filme*: Brutalität in Stein. 1959; Abschied von gestern. 1966; Die Artisten in der Zirkuskuppel: ratlos. 1968; Gelegenheitsarbeit einer Sklavin. 1973; Deutschland im Herbst. 1978 [mit anderen]; Die Patriotin. 1979; Die Macht der Gefühle. 1983; Der Angriff der Gegenwart auf die übrige Zeit. 1985; Vermischte Nachrichten. 1986.

GABI BEIER / GABRIELA NAUMANN

Körper- und Bewegungsstudium

Ein künstlerisches KuB als Teil einer thp Ausbildung und -methodik ist nur in Verbindung mit der historisch-kulturellen Bedingtheit des Körpers, der → Bewegung und der entsprechenden Theaterästhetik zu denken. In Abhängigkeit zur Professionalisierung des Theaters seit dem Hellenismus und mit Einsetzen des Berufsschauspielertums im 16. Jh. wird den einzelnen konstitutiven Theaterelementen speziellere Aufmerksamkeit gewidmet; so auch dem Körper und der Bewegung. Systematische Aufzeichnungen über den Körper und den Bewegungsstil im antiken Theater sind nicht überliefert – lediglich eine Schrift des Lucian über den pantomimischen Tanz liegt vor. Das Lehrbuch des Pylades über die Tragödienpantomime ging verloren (Boehn 44). Man geht davon aus, dass es eine Trennung von Schauspiel, Tanz und Gesang im heutigen Sinn damals nicht gegeben hat. Drastische → Sinnlichkeit und groteske Übertreibung im Mimos, in der griechischen und römischen Komödie und die damit verbundene Betonung der Körperlichkeit bilden einen vermeintlichen Gegensatz zur textorientierten, eher statuarischen Tragödie (vgl. Simhandl 31f.). Die Wandelbarkeit und Unterschiedlichkeit der Auffassungen von Körper und Bewegung auf dem Theater setzt sich fort im geistlichen Theater des frühen Mittelalters, das als körperfeindlich eingeschätzt wird, und einer erotisierenden und körperbetonten Spielweise in der Commedia dell'Arte (vgl. z. B. Esrig). Man geht davon aus, dass das handwerkliche Instrumentarium in der praktischen Arbeit weitergegeben wurde (vgl. Lang). Franciscus Lang entwickelte ein System von vorgeschriebenen Haltungen und Bewegungen, das dem damaligen höfisch-barocken, mechanistischen Körper- und Bewegungsverständnis in Bezug auf theatrale Sprechvorgänge entsprach. Des Weiteren finden sich bei Goethe *Regeln für Schauspieler*, Paragraphen zur *Stellung und Bewegung des Körpers auf der Bühne*, die – wie bei Lang – vermeintlich zeitlosen, allgemeingültigen Anspruch erhoben und sich einer normativen Ästhetik verpflichtet fühlten. Im Zuge der Retheatralisierung im Rahmen der Gegenbewegung zum naturalistisch-illusionären Theater werden Anfang des 20. Jhs. körper- und bewegungsbetonte Theatertraditionen wiederbelebt (Körper- oder Mimentheater, Commedia dell'Arte, asiatisches Theater; vgl. Baumbach; Leeker).

Diese heterogenen Ansätze beziehen so unterschiedliche Vorstellungen von Körper und Bewegung aus der Reformbewegung und -pädagogik (Natürlichkeit) mit ein oder nehmen Impulse aus dem asiatischen Theater (Nô, balinesisches Theater) mit seiner extremen Stilisierung auf.

Verschiedene Theaterkonzeptionen schreiben dem Körper des Mimen jetzt wieder eine besondere oder zentrale Wirkungsfunktion zu. Diese haben durch ein intensives KuB eigene ‚Bewegungssysteme' hervorgebracht und bis heute nachhaltig die Körper- und Bewegungsästhetik, auch die des Literaturtheaters, stark beeinflusst (vgl. Hoffmeier u. a.). Hierzu zählen insbesondere: die Biomechanik von Wsewolod → Meyerhold, das ‚Training' von Jerzy → Grotowski (‚plastic elements'), die Theateranthropologie von Eugenio → Barba und der ‚poetische Körper' von Jacques → Lecoq (dramatische Akrobatik, Bewegungstechnik usw.).

KuB meint die systematische Entwicklung von schauspielerischen Fähigkeiten und Fertigkeiten auf der Basis eines wachsenden Körper- und Bewegungsbewusstseins (vgl. → Ludwig; → Feldenkrais) zur Förderung einer körperexpressiven Spielweise in und durch Bewegung in Anlehnung an o. g. Theaterkonzeptionen.

Von KuB als einer intentionalen künstlerischen Bewegungserziehung spricht man in der ThP seit ca. 1900 (z. B. → Stanislawski 1963 *Bewegungsstudien*; → Buchwald-Wegeleben 1981 *Bewegungsstudium*) und meint damit die an Schauspielentwürfen enger oder weiter orientierte, meist an Kunsthochschulen oder Privatschulen organisierte, systematische, künstlerische Körper- und Bewegungsausbildung in Studienfächern der Darstellenden Künste. Hinzu kommen ‚Laboratorien', z. B. Barbas ISTA oder Grotowskis Workcenter in Pontedera, die wegweisende theateranthropologische Beiträge zur Körper- und Bewegungsforschung geleistet haben.

Auch wenn Stanislawski, → Brecht u. a. dem Sprechtheater verpflichtet sind, haben sie eine starke Körperlichkeit/ → Leiblichkeit im Spiel eingefordert und vorangetrieben. Stanislawski weist der ‚Arbeit an sich selbst im schöpferischen Prozess des Verkörperns' programmatisch einen hohen Stellenwert in seinem System zu. Die ‚Physische Handlung' (vgl. Richards; Hoffmeier) mit dem Ziel, das ‚Körperleben' einer Figur zu schaffen sowie das ‚Gestische Prinzip' Brechts (vgl. Ritter) können als ästhetische Orientierungskategorien für die Bewegungspädagogik in den Darstellenden Künsten herangezogen werden (vgl. Jurké 1998). → Artauds sprachskeptische, radikale ‚Gefühlsathletik', die den ‚dynamischen Ausdruck im Raum' und Fragmente einer ‚Theorie vom Atem' beinhaltet (vgl. Artaud), sind ebenso wichtige Leitbilder für eine theoretisch wie praktisch fundierte, künstlerische Theater-Bewegungslehre wie die ‚Technik der Bewegungen' des in der Mimetradition stehenden Jacques Lecoq (vgl. Lecoq 96ff.). Verschiedene Ansätze der Bewegungserziehung wie z. B. die von → Laban, Feldenkrais und → Gindler können bedingt als Ergänzung hinzugezogen werden.

Die dichotomische Sichtweise (Mimos–Tragödie, Bewegung–Text) beruht möglicherweise auf dem cartesianischen Denken und der damit einhergehenden Verkürzung und Vereinfachung komplexer Phänomene. Die sich hieraus ergebende unklare Forschungslage weist auf ein noch einzulösendes Forschungsdesiderat (vgl. Leeker 2001, 411).

Um in der thp Praxis ein kritisches körper- und bewegungshistorisches Bewusstsein zu entwickeln, sollte ein KuB als Teil ästhetischer Bildung begriffen werden und – will sich die ThP nicht erneuten Instrumentalisierungsvorwürfen aussetzen – auch bildungstheoretisch befragt werden (vgl. Hentschel).

Mythisch anmutende Auffassungen von naturgegebenen Körperzuständen, esoterische Verwässerungen und Heilserwartungen durch unwiederbringbare ganzheitliche Vorstellungen von Körper/Geist und Leib/Seele führen auch in der ThP zu diffusen, unreflektierten Körperpraktiken.

Artaud, Antonin: Das Theater und sein Double. Frankfurt a. M. 1979; Barba, Eugenio: Ein Kanu aus Papier. In: Flamboyant, 1998, H. 7/8; Baumbach, Gerda: Hölle, Teufel, Spielleute. In: Hentschel, Ulrike u. a. (Hg.): Theater als Ausdrucksform von Jugendlichen. Berlin 1992; Bochow, Jörg: Das Theater Meyerholds und die Biomechanik. Berlin 1997; Boehn, Max von: Der Tanz. Berlin 1925; Buchwald-Wegeleben, Hildegard: Bewegung. In: Ebert, Gerhard/Penka, Rudolf (Hg.): Schauspielen. Berlin 1981; Esrig, David (Hg.): Die italienische Commedia dell'Arte. Nördlingen 1985; Feldenkrais, Moshé: Die Entdeckung des Selbstverständlichen. Frankfurt a. M. 1987; Goethe, Johann Wolfgang von: Gesammelte Werke. Zürich 1977, Bd. 14; Grotowski, Jerzy: Für ein Armes Theater, Zürich 1986; Hentschel, Ulrike: Theaterspielen als ästhetische Bildung. Über einen Beitrag künstlerischen produktiven Gestaltens zur Selbstbildung. Weinheim 2000; Hoffmeier, Dieter: Stanislawskij. Auf der Suche nach dem Kreativen im Schauspieler. Stuttgart 1993; Ders./Völker, Klaus (Hg.): Werkraum Meyerhold. Berlin 1995; Jurké, Volker: Zum künstlerischen Körper- und Bewegungsstudium. In: Vaßen, Florian u.a. (Hg.): Wechselspiel: Körper Theater Erfahrung. Frankfurt a. M. 1998; Ders.: Spieler und Raum im Kontext einer künstlerischen Bewegungslehre. In: Körberstiftung/BAG Darstellendes Spiel (Hg.): Theater in der Schule. Hamburg 2000; Ders.: Der Körper lügt! Zur Bedeutung der Körperarbeit in der Theaterpädagogik. In: Korrespondenzen, 2002, H. 40; Lang, Franciscus: Dissertatio de actione scenica (1727). Hg. u. übers. v. A. Rudin. Bern 1975; Lecoq, Jacques: Der poetische Körper. Berlin 2000; Leeker, Martina: Mime, Mimesis und Technologie. München 1995; Dies. (Red.): Hellerauer Gespräche. Theater als Medienästhetik oder Ästhetik mit Medien und Theater? In: Dies. (Hg.): Maschinen, Medien, Performances. Berlin 2001; Ludwig, Sophie (Hg.): Elsa Gindler – von ihrem Leben und Wirken. Hamburg 2002; Richards, Thomas: Theaterarbeit mit Grotowski an physischen Handlungen. Berlin 1996; Ritter, Hans Martin: Das Gestische Prinzip bei Bertolt Brecht. Köln 1986; Simhandl, Peter: Theatergeschichte in einem Band. Berlin 1996.

VOLKER JURKÉ

→ Atmung – Geste – Gestus – Karneval – Lebensbegleitendes Lernen – Pantomime – Reformpädagogik – Statuentheater – Theatralität

Körpersprache

Was das Grimmsche Wörterbuch unter dem Stichwort *körperlich* nur andeutet (‚körperliche vorzüge, fehler, gebrechen, gesundheit, fertigkeiten, bewegung, ausbildung'), das Wahrig-Wörterbuch von 1968 noch immer nicht kennt und der fachwissenschaftliche Diskurs selbst heute kaum erwähnt, präsentiert das Internet inzwischen mit fast 35 000 Eintragungen: Die Vielfalt an Informationen, Ratschlägen, Workshops, Buchtipps und Experten (u. a. Molcho, Birkenbihl) zum Stichwort K deuten auf eine schillernde Praxis und einen explosionsartigen Gebrauch des Begriffs innerhalb weniger Jahre.

Als Phänomen ist die K allerdings schon in der antiken → Rhetorik reflektiert worden, in der u. a. Anweisungen zum Gesichts- und Körperausdruck, zum Gebrauch von Stimme und → Gesten gegeben werden. Seit der Antike ist auf die Analogie zwischen Körper und Seele hingewiesen, in der modernen Ausdruckspsychologie das Gesten- und Gebärdenspiel schließlich umfassend untersucht worden. Noch im 18. Jh. sucht die Physiognomik von der äußeren Gestalt auf den Charakter zu schließen, während die Pathognomik allein dem Mienen- und Gebärdenspiel zugesteht, auf die Gefühls- und Seelenlage des Menschen zu verweisen. Inzwischen ist davon auszugehen, dass der *mimische* Ausdruck der Grundemotionen des Menschen (Glück, Trauer, Angst, Ärger, Ekel, Interesse, Überraschung) samt seiner Interpretation in allen Kulturen gleich ist (wobei die soziale Anwendung beträchtliche Unterschiede aufweist), der *gestische* Ausdruck samt seiner Interpretation hingegen im Verlauf der Sozialisation – also kulturspezifisch – erworben wird (vgl. Ekman u. a. 1974).

K äußert sich im kinetischen, haptischen und räumlichen Verhalten; ihre Zeichen lassen sich deuten auf der *Subjektebene* (sagen z. B. etwas über Verfassung, Gefühle), *Objektebene* (sagen z. B. etwas über die Einstellung zu einer Sache) und *Interaktionsebene* (beeinflussen die → Kommunikation z. B. durch Erwartungshaltungen). Im Wesentlichen ist K in drei Kategorien unterteilbar: *Embleme* (sprachersetzende, bedeutungsbekannte Zeichen; sprachlich übersetzbar), *Illustratoren* (sprachbegleitende, meist ikonisch kodierte Zeichen; schwer übersetzbar) oder *Adaptoren* (erlernte Verhaltensmuster, deren Bedeutung ikonischer Natur ist oder im Akt des Tuns aufgeht; praktisch nicht übersetzbare Zeichen) (vgl. Ekman u. a. 1981). Obwohl sie im Kommunikationsprozess mit ca. 70 % eine wesentliche und mitunter dominante Rolle spielen, bleibt das Senden und Empfangen körpersprachlicher Signale meist unbewusst; ihre neuronale und hormonelle Wirkungsebene ist nicht nur schneller als die Wortsprache, sondern auch eindringlicher. Selbst als signifikante Bewegung lässt sich der Ausdruck durch die Absicht nicht allein erklären; was zum Ausdruck kommt, geht in der zugrunde liegenden Sprachbedeutung nicht vollständig auf, bedarf häufig der Erklärung, mitunter gar der wortsprachlichen Korrektur. Auf der Ebene des Körpers meist intuitiv produziert, auf der Ebene des Empfängers in der Regel unbewusst gedeutet, rekurriert K auf Erinnerungsspuren, auf einverleibtem sozialen Wissen sowie auf kulturellen Stereotypen.

Plessner, Merleau-Ponty oder Buytendijk haben den wesentlich durch den Körper und seine Bewegung vermittelten Austauschprozess des Menschen mit sich selbst und seiner Umwelt beschrieben, die paradoxe Natur von Körper-Haben und Leib-Sein herausgearbeitet; diese Erkenntnisse sind um das Konzept der → Mimesis (vgl. Wulf u. a.) erweitert worden. Mit dem Begriff embodiment (vgl. Csordas) wird die poststrukturalistische Sicht des Körpers als Repräsentant gesellschaftlicher Verhältnisse (vgl. z. B. Foucault) mit der phänomenologischen Perspektive des In-der-Welt-Seins verbunden. Gegenüber der semiotischen Behandlung des Körpers beachtet eine performative das Wechselverhältnis zwischen Einschreibung und Konstruktion und beschreibt Identität als eine durch leibliche Zeichen performativ hergestellte Konstruktion (vgl. Butler). Mit der Entdeckung und Beschreibung der männlichen und weiblichen K (vgl. Wex) entwickelte sich zugleich die Vorstellung, dass die K nicht einfach nur gegeben, sondern beeinflussbar und veränderbar ist – gegenüber der repräsentativen Funktion betont die Idee Körper entwerfen (vgl. Flusser) inzwischen insbesondere die expressive Dimension der K.

In die Zeichentheorie ist die K unter dem Begriff ‚nonverbale Kommunikation' eingegangen. Neben der syntaktischen (die Logik betreffend) und semantischen (die Bedeutung betreffend) unterscheidet die Semiose die pragmatische Ebene der Kommunikation; hier werden hörbare, sehbare, riechbare oder spürbare Einflussfaktoren wie Körperbewegung, Körperhaltung, Blickverhalten, Gesten, Gebärden, Körperausdruck, Gesichtsausdruck, Mimik, Sprechweise, Stimme, Stimmungssignale oder Erscheinungsbild berücksichtigt und Phänomene wie Intersubjektivität, Erfahrung,

Kontext, Rückkopplung, Partikularität, Sprachgestus und das faktische Handeln untersucht. Als Teil der analogen Kommunikation regelt und beeinflusst (ersetzt oder unterwandert mitunter) die K die auf Inhalte zielende digitale Kommunikation (vgl. Watzlawik u. a.).

Auch in der Semiotik des Theaters spielen körpersprachliche Zeichen eine wichtige Rolle: Der Schauspieler erzeugt (1.) durch sein Handeln visuell wahrnehmbare kinesische Zeichen (mimische, gestische und proxemische, d.h. die Raumposition betreffend) und akustische Zeichen (linguistische, paralinguistische und Geräusche) und (2.) durch seine äußere Erscheinung entsprechende Zeichen auf der Ebene der Maske (Gesicht und Gestalt), der Frisur und des Kostüms (vgl. Fischer-Lichte). Bis auf die linguistischen Zeichen haben alle mit der Signalwirkung des Körpers, im weitesten Sinne also mit der K zu tun: das Lächeln, Zwinkern, die Faust, der angespannte Körper, die trippelnden Schritte, der distanzhaltende Körper, die Tonlage, Pause, Satzmelodie, das geschminkte Gesicht, der Buckel, die Punkfrisur, der Anzug, die Nacktheit usw. – ohne K (die auch wirkt, wenn der Schauspieler nichts tut) gibt es kein Theater. Ganz im Gegenteil: Das Theater spielt mit den körpersprachlichen Zeichen der Kultur, setzt sie in den theatralen Rahmen, denotiert ihre primäre Funktion und zeigt sie (u. U. verfremdet, verdichtet, verschoben) buchstäblich noch einmal.

In der ThP findet die K insbesondere im → Rollenspiel, → Psychodrama, Improvisations- und → Statuentheater und szenischen Spiel Beachtung. Vor dem Hintergrund von → Stanislawskis Praxis der Einfühlung oder → Brechts Arbeit am → Gestus wird die Beziehung zwischen (sprachlicher) Intension und Körperverhalten, die Beziehung zwischen Haltung und Handlung reflektiert (vgl. → Steinweg). Die Arbeit an Haltungen (vgl. → Scheller) erkundet das Zusammenspiel innerer Vorstellungen, Interessen, Einstellungen und Gefühlen mit äußerem sprachlichen und körperlichen Ausdrucks- und Handlungsmodalitäten und befragt die soziale Wirkung von K. Nicht nur evozieren Vorstellungen oder Gefühle entsprechende Körperhaltungen, sondern auch umgekehrt erzeugen bestimmte Körperhaltungen oder -bewegungen entsprechende Gefühle und Vorstellungen (beim Produzenten, wie auch beim Zuschauer). Mit dem Fokus auf die K wird das gesellschaftspolitische Anliegen der ThP (vgl. → Boal) gestärkt und Theater insgesamt als kommunikativer Akt verstanden (vgl. → Ritter).

Der Blickwechsel, der mit dem cultural turn seit Mitte des letzten Jhs. vorgeschlagen wird, bestimmt inzwischen auch die thp Praxis. Gegenüber der semiotischen Einstellung, die die K in der Art eines lesbaren Textes behandelt, sucht die pragmatische Einstellung die Wirkung zu erforschen. K wird weniger unter dem Aspekt des Ausdrucks (als entzifferbare Zeichen eines verborgenen Charakters) verstanden als unter dem Aspekt des Eindrucks gesehen – etwas, was in Kommunikationssituationen also auf der basalsten Ebene der Wahrnehmung wirkt und die leibliche Anwesenheit von Sender *und* Empfänger (auf diffuse und gerade nicht gerichtete Weise) zuallererst überhaupt spürbar macht. K wird hier nicht als identifizierbares Zeichen, sondern als *Erzeugende von Atmosphären* (vgl. Böhme) verstanden. Mit der Erforschung des performativen Potenzials wird nicht nur die ‚Materialität‘ des Körpers, sondern auch seine ‚kommunikative‘ Performanz ins Spiel gebracht, zuletzt werden auch die *Räume im Dazwischen* (vgl. Seitz) ausgelotet. Der Fokus verlagert sich von der Körper-*Sprache* zur Körper-*Inszenierung.*

Aristoteles: Physiognomonica. Übersetzt v. Sabine Voigt. Berlin 1999; Birkenbihl, Vera F.: Signale des Körpers. München 1991; Boal, Augusto: Theater der Unterdrückten. Frankfurt a. M. 1979; Böhme, Gernot: Aisthetik. Vorlesungen über Ästhetik als allgemeine Wahrnehmungslehre. München 2001; Butler, Judith: Das Unbehagen der Geschlechter. Frankfurt a. M. 1991; Csordas, Thomas J. (Hg.): Embodiment and Experience. Cambridge 1994; Ekman, Paul/Friesen, Wallace V./Ellsworth, Phoebe: Gesichtssprache. Wien u. a. 1974; Ders./Friesen, Wallace V.: The Repertoire of Non-verbal Behavior. In: Kendon, Adam (Hg.): Nonverbal Communication, Interaction, and Gesture. The Hague 1981; Fischer-Lichte, Erika: Semiotik des Theaters, Bd. 1: Das System der theatralen Zeichen. Tübingen 1994; Flusser, Vilém: Vom Subjekt zum Projekt. Bensheim 1994; Foucault, Michel: Überwachen und Strafen. Frankfurt a. M. 1977; Grimm, Jacob und Wilhelm: Deutsches Wörterbuch. München 1991; Molcho, Samy: Körpersprache. München 1986; Ders.: Die Körpersprache der Kinder. München 1999; Ritter, Hans Martin: Das gestische Prinzip bei Bertolt Brecht. Köln 1986; Scheller, Ingo: Arbeit an Haltungen, oder: Über den Versuch, den Kopf wieder auf die Füße zu stellen, In: Scholz, Rudi/Schubert, Peter (Hg.): Körpererfahrung. Die Wiederentdeckung des Körpers. Reinbek 1982; Seitz, Hanne: Räume im Dazwischen. Bewegung, Spiel und Inszenierung im Kontext ästhetischer Theorie und Praxis. Bonn 1996; Steinweg, Reiner: Brechts Modell der Lehrstücke. Frankfurt a. M. 1976; Wahrig, Gerhard: Deutsches Wörterbuch. Gütersloh, Berlin 1968; Watzlawick, Paul/Beavin, Janet H./Jackson, Don D.: Menschliche Kommunikation. Bern u.a. 1969; Wex, Marianne: ‚Weibliche‘ und ‚männliche‘ Körpersprache als Folge patriarchaler Machtverhältnisse. Hamburg 1979; Wulf, Christoph/Gebauer, Gunter: Mimesis. Reinbek 1992.

Hanne Seitz

→ Authentizität – Bewegung – Bewegungserziehung – Feministische Theaterpädagogik – Improvisation – Körper- und Bewegungsstudium – Konstruktivismus – Leiblichkeit – Pantomime – Performance – Scham – Schau- und Zeigelust – Sinnlichkeit – Sprechen – Szenische Interpretation – Werkstatt

Kommunikation

Jedes Verhalten, auch Schweigen, hat Mitteilungscharakter. Man kann also, wie Paul Watzlawick sagt, nicht nicht kommunizieren. Ein Mensch wird als kommunikativ bezeichnet, wenn er sich mitteilsam verhält und gern in den Austausch mit anderen Menschen tritt. Interpersonale K wird als Mitteilung, Unterredung, Verständigung untereinander und zwischenmenschlicher Verkehr definiert. Als solches ist Schauspiel-Theater ein kommunikativer Prozess, in dem sich zwei bis viele Menschen in eine intensive K untereinander begeben. Das Theater erlaubt in spezifischer Weise eine direkte lebendige Auseinandersetzung. Dem Zuschauer wird „die Welt als eine ihm und seiner Aktivität zur Verfügung stehende" (Brecht 1964, 195) gezeigt. Durch „die bewußte Organisation der Interaktion zwischen Bühnen-Schauspiel und Publikum sowie die Beeinflussung, Formung und Aktivierung des Zuschauers" begann sich das Theater zu Anfang des 20. Jhs. „von der internen zur externen theatralen" K (Faulstich 340f.) zu entwickeln, und zwar zu einem „medialen Gesamtkörper" (ebd.), in dem „der Mensch nicht nur als Produzent und Rezipient bestimmter symbolisch vermittelter Nachrichten fungiert, sondern als deren zentrales Medium" (ebd.).

Der Zuschauer wird spielerisch permanent in die Dialektik von Spielen und Zuschauen und von Ernst und Spiel (vgl. ebd.) verwickelt. So entfaltet Theater seine „Produktivität als Erfahrungs(spiel)raum" (ebd.). Dieser Aspekt des Theaters ist dann entscheidend, wenn es darum geht, kommunizieren zu lernen, sich zu verständigen, soziale Verhaltensweisen zu entwickeln und kreativ in schwierigen Situationen reagieren zu können.

ThP und K beziehen sich auf den Menschen, seine vielfältigen Beziehungen und wechselseitigen Übermittlungen von Informationen, seine unterschiedlichen Vorgehens- und Verhaltensweisen und seine natürliche Begabung, in spielerischer und ritueller Nachahmung und Übung zu lernen. Nachahmen (*ämen:* ausmessen, nachmessend gestalten) und Imaginieren der Realität sind die Grundvorgänge im Theater.

Für die Entwicklung von ausdrucks- und gestaltungsfähigen Menschen als Übermittlungsträger (der menschliche Körper, seine Sprache, Stimme, Gestik, Mimik, seine Bewegung im Raum usw., vgl. Lehmann 880f.) hat das Theater ein Übungsrepertoire hervorgebracht, das in der ThP genutzt wird und der Ausbildung der K zur Verfügung steht.

Das Theater, die ThP und die K-wissenschaft modellieren die interpersonale K.

Auch in der K-wissenschaft spricht man in Bezug auf kommunikatives Handeln von dramaturgischen Handlungsmodellen (z. B. Habermas). Der aus der K kommende Begriff K-fähigkeit bezeichnet die Fähigkeit und innere Bereitschaft, mit anderen in K zu treten. Das bedeutet, Beobachten – die Psychologie entwickelte K-modelle, die beispielsweise wie das Theater auf Beobachtung basieren – und Handeln zu können (Drama/drama = Handlung/Geschehen), bewusst tätig zu werden, überzeugt zu sein und Verantwortung zu übernehmen im Verlauf einer Handlung bzw. K. Dazu gehört die Fähigkeit, sein Handeln, seinen K-prozess zu planen, seine Rede auszuformen, die Körpersprache zu bedenken und spannungsreich zu gestalten. K-schwierigkeit bezeichnet die Unfähigkeit, einen solchen Prozess einzugehen, zu planen und zu gestalten. In der Dramatik finden sich derartige Figuren, die in ihren Lebensabläufen in solcherlei Schwierigkeiten geraten, entsprechend aktions- und reaktionsunfähig unweigerlich in Konflikte und Katastrophen treiben, sie bearbeiten, bewältigen oder darin umkommen. Während die K-wissenschaft K-modelle und Untersuchungsmethoden entwickelt, um Konfusionen, Störungen und Konflikte beherrschbar zu machen und zu überwinden, werden im Theater Schwierigkeiten und Probleme auf ihre Mechanismen hin untersucht, um sie darstellen zu können. Das Theater und die Dramaturgie bedienen sich einiger Techniken und Übungen, um Geschehnisse, Vorgänge, Absichten und Handlungsstrategien zu untersuchen. Sie werden beobachtet, nachgeahmt, vergrößert, verdoppelt, zurückgedreht, wiederholt, zugespitzt und verfremdet u.a.m.

Das Theaterspielen führt mit seiner suggestiven Kraft „Spieler wie Zuschauer in emotionale Räume, die im alltäglichen Leben ausgeblendet oder verdrängt sind", die im vielfältigen Spiel der Zeichen (wie Klang, Körperlichkeit, Geruch, Licht usw.) „die Erinnerungen wiederentdecken oder die Phantasie neu entstehen lassen" (Faulstich 341). Worte werden in ihren vielfältigen Sinnzusammenhängen gezeigt und körperliche Impulse und Signale bewusst wahrgenommen. Der spielende Mensch wird z. B. angeregt, sich in andere Menschen hineinzuversetzen, zu verstehen, wie sich verschiedene Handlungsweisen, Haltungen und Entscheidungen begründen, indem er sie selbst ausprobiert, sozusagen verkörpert und mit den eigenen Verhaltensweisen und -ideen vergleicht.

Solche Übungen können im K-training modifiziert angewendet werden. Theaterspielen eignet sich gut, um die Metaebene oder Meta-K zu verdeutlichen. D. h., zu verstehen, welches Thema hinter einem Text verhandelt wird, was der Körper und die Stimme erzählen, was eigentlich geschieht; im Theater bezeichnet als: Untertext, Subtext, auch ‚zwischen den Zeilen lesen'. Die K auf der Metaebene hilft, eine K-situation zu verstehen und zu bewältigen. Habermas sieht in der Fähigkeit zur Meta-K eine entscheidende kommunikative Kompetenz.

Beim Spielen „braucht es sich keineswegs nur um die Wiedergabe gesellschaftlich positiv zu bewertender Handlungen und Haltungen zu handeln; auch von der (möglichst großartigen) Wiedergabe asozialer Handlungen und Haltungen kann erzieherische Wirkung erwartet werden" (Brecht 1978, 177). Der dramatische Dialog verläuft eben „gerade nicht kooperativ, sondern vielmehr antagonistisch" (ebd.). „Nicht die konkrete Befolgung der Gesprächsprinzipien ruft Mitzuverstehendes hervor, sondern ihre Verletzung" (Eicher u. a. 151). Das „Unmögliche" (Golpon), die Verletzung der Regeln geben Anlass zur Reflexion. Die ThP nutzt die Kraft des nonkonformen und konfrontativen Verhaltens, indem Verhaltensmuster durch überlegtes Andersspielen der Kritik unterzogen und alternative Verhaltensmöglichkeiten eingeübt werden. Damit ist das Theater ein praktischer und guter Ratgeber für die Entwicklung von K-kompetenzen.

Brecht, Bertolt: Schriften zum Theater, Bd. 3. Berlin, Weimar 1964; Ders.: Lehrstücke. Leipzig 1978; Bussmann, Hadumod (Hg.): Lexikon der Sprachwissenschaft. Stuttgart 1990; Delhees/Karl H.: Soziale Kommunikation. Opladen 1994; Eicher, Thomas/Wiemann, Volker (Hg.): Arbeitsbuch Literaturwissenschaft. Paderborn 2001; Faulstich, Werner (Hg.): Grundwissen Medien. München 1998; Fradkin, Ilja: Bertolt Brecht. Weg und Methode. Leipzig 1977; Golpon, Hedwig/Prinz, Susanne: Darstellen und Gestalten. Milow 1998; Habermas, Jürgen: Zur Theorie des kommunikativen Handelns. Handlungsrationalität und gesellschaftliche Rationalisierung, Bd. 1. Frankfurt a. M♪ 1987; Johnstone, Keith: Improvisation. Berlin 1995; Koch, Gerd u. a. (Hg.): Assoziales Theater. Köln 1983; Lehmann, Hans-Thies: Theater. In: Brauneck, Manfred/Schneilin, Gérard (Hg.): Theaterlexikon. Reinbek 1986; Schulz von Thun, Friedemann: Miteinander reden. Reinbek 1998;

Watzlawick, Paul/Beavin, Janet H./Jackson, Don D.: Menschliche Kommunikation. Formen, Störungen, Paradoxien. Bern, Stuttgart, Toronto 1993.

HEDWIG GOLPON

→ Beobachten / Beschreiben / Bewerten – Darstellende Kommunikation – Hochschuldidaktik – Interaktion – Kommunikationstraining

Kommunikationstraining

Wenn wir davon ausgehen, dass Kommunikation den Austausch zwischen Menschen meint, und feststellen, dass die Gestaltung menschlicher Beziehungen Grundmuster sozialen Lebens ist, dann wäre K lebenslanges Einüben aktiver Beziehungsgestaltung. Die aktuelle Bedeutung des Begriffs ist jedoch viel spezieller. Sie zielt auf alle Ansätze professioneller Herstellung ganz spezifischer Verhaltensweisen bei Fachkräften der unterschiedlichsten Sparten. Gemeinsame Basis der verschiedenen Trainings ist der Bezug auf die jeweiligen Beziehungsstrukturen im Handlungsfeld, sei es bei Lehrern, bei Schülern, zwischen Lehrern und Schülern, bei Managern, bei Verkäufern oder auch bei Menschen, die schlicht ihre vermeintlichen Beziehungsdefizite aufbessern wollen.

Die Inhalte der angebotenen Trainings reduzieren sich bei aller Vielfalt auf eine überschaubare Menge von Grundelementen. Immer wiederkehrende Kategorien sind: Redetraining/ → Rhetorik, Gesprächsführung, nonverbale → Kommunikation/ → Körpersprache, Wahrnehmungsschulung, Rückmeldung/ → Feedback, Gruppendynamik, Konflikte, Kooperation, Teamentwicklung, Moderation, Mediation, Coaching, Führung. Ein typischer Werbetext für ein Training: ,Bei dieser Schulung erhalten die Teilnehmer Einblick in die Regeln der Kommunikation, die jeder Mensch eigentlich unbewusst anwendet. Kommunikation ist ein komplexes Handeln, das sich auf mehreren Ebenen vollzieht und die Beziehung zu dem Kommunikationspartner gestaltet. Neben der verbalen Ebene sind nonverbale Signale wie die Körpersprache sehr wichtig. Die Teilnehmer lernen eigenes und fremdes Verhalten wahrzunehmen und zu deuten, offen in Gesprächen zu sein und in Stress- und Konfliktsituationen angemessen zu handeln. Anhand praktischer Übungen erarbeitet sich die → Gruppe zusammen mit ihren Trainern wichtige Inhalte, um sie dann in Übungen, zum Beispiel in → Rollenspiel und Konfliktgespräch, umzusetzen und anzuwenden.'

Der Gebrauchswert solcher Trainings liegt offensichtlich in der Einübung sozialer Kompetenzen. Konnte man unter den Produktionsbedingungen der Industrialisierung noch auf ,naturwüchsige' soziale Fähigkeiten vertrauen, erfordert die postmoderne Konsumgesellschaft zunehmend bestimmte Schlüsselqualifikationen, die als sog. *soft skills* auf die jeweiligen Erfordernisse zugeschnitten sind. Neben den Ausbildungsgängen für Kommunikationsspezialisten wie Psychologen oder Sozialpädagogen, die in der Regel an Hochschulen stattfinden, hat sich ein weitgefächerter professioneller Markt etabliert. Allein die deutschsprachige Internetpräsenz einschlägiger Angebote liegt bei etwa zwanzigtausend.

Ob es um die kommunikative Persönlichkeitsentfaltung, um die Verständigung von Experten (z. B. Hotline-Beratern) mit Laien oder um die Umsatzsteigerung im Telefonmarketing geht, das Versprechen steht: ,Selbstverständlich erstellen wir für Sie ein individuelles, für Ihr Unternehmen passendes Angebot. Im xy-Training lernen Sie, Menschen mit Ihren Worten zu erreichen, zu überzeugen und zu begeistern, so dass Ihre Zuhörer am Ende sagen: ,Gekauft!'"

Die Preise für Teilnehmende reichen von Unkostenbeiträgen (in sozialen Tätigkeitsbereichen) bis zu astronomischen Summen im Managementtraining, bei einem geschätzten Mittelwert von 400 Euro pro Tag, was bei entsprechenden Gruppengrößen zu beträchtlichen Honoraren für die Trainer führen kann.

Die angewendeten Techniken entstammen vielen Disziplinen. Wurzeln finden sich in der experimentellen Sozialpsychologie (vgl. → Lewin), der Soziometrie und dem → Psychodrama (vgl. → Moreno), der Psychotherapie, der Spieltheorie und den Organisationswissenschaften. In mehreren Wellen verbreiteten sich nach dem Krieg auch in Europa die Impulse aus den USA: das ,sensitivity-training', die ,personal growth'-Bewegung, das kleine und das große ,encounter', die Gruppendynamik bis hin zu den aktuellen Formen der Organisationsentwicklung. Die Humanistische Psychologie (vgl. Rogers) liefert für viele dieser Ansätze den ideologischen Überbau.

ThP betreibt K mittels theatraler Gestaltung menschlicher Beziehungen. Sie bringt Menschen in Beziehung zu sich selbst und in die Interaktion mit anderen, auf verbaler, emotionaler und körperlicher Ebene und macht so Grundmuster sozialen Lebens experimentell, spielerisch und künstlerisch erfahrbar.

Derart Sozial-Erfahrene werden zu ExpertInnen für Kommunikation.

Lewin, Kurt: Die Lösung sozialer Konflikte. Bad Nauheim 1953; Moreno, Jacob L.: Die Grundlagen der Soziometrie. Opladen 1996; Rogers, Carl R.: Therapeut und Klient. Frankfurt a. M. 2001; Schulz von Thun, Friedemann: Miteinander reden. Reinbek 2001; Vopel, Klaus/Kirsten, Rainer: Kommunikation und Kooperation. Ein gruppendynamisches Trainingsprogramm. Salzhausen 2001.

HEINER ZILLMER

→ Bewegungserziehung – Feedback – Fort- und Weiterbildung für LehrerInnen – Körper- und Bewegungsstudium – Kommunikation – Rollenspiel – Spiel – Übungsfirma – Werkstatt

Konstruktivismus

K wird sowohl als eine Sammelbezeichnung für eine Richtung moderner Kunst, die etwa ab 1910 in Russland entstand, gebraucht, als auch für eine aktuelle erkenntnistheoretische Orientierung. Um diese soll es im Folgenden gehen. Obwohl K insbesondere seit den 1980er Jahren verstärkte Beachtung in Philosophie und Wissenschaft gewonnen hat, lassen sich u.a. bereits bei Philosophen wie Immanuel Kant, Friedrich Nietzsche, bei Psychologen wie Jean Piaget oder bei Soziologen wie Peter L. Berger und Thomas Luckmann konstruktivistische Positionen finden. In den an sozialer Praxis orientierten Wissenschaften wie Pädagogik, Sozialarbeit und Psychotherapie haben insbesondere seit den 1990er Jahren konstruktivistische Positionen zugenommen (vgl. etwa Kersting; Kleve; Reich).

Der K geht von der Prämisse aus, dass wir nie mit der Wirklichkeit an sich umgehen, sondern stets mit Erfahrungswirklichkeiten, die durch biologische, psychische und soziale Kontexte strukturiert werden (vgl. Bardmann u. a. 11). Der K versteht sich als eine Kognitionswissenschaft und ersetzt die erkenntnistheoretische Frage nach den Inhalten oder Gegenständen der Kognition (Erkenntnis, Beobachtung) durch die Frage nach dem *Wie* der Erzeugung von Erkenntnis und konzentriert sich auf den Erkenntnisvorgang mit seinen Wirkungen und Resultaten; er gilt weiterhin als ein interdisziplinäres Erkenntnisprogramm (vgl. Schmidt). Daher kann nicht von einer einheitlichen Theorie gesprochen werden. Dennoch beziehen sich viele konstruktivistische Arbeiten auf die Systemtheorie, die in gewissen Grenzen eine einheitliche begriffliche Grundlage für konstruktivistische Ansätze bietet. Insbesondere Niklas Luhmann hat eine Theorie entworfen, die unterschiedliche konstruktivistische Ansätze integriert. Der Startpunkt dieser Theorie ist eine

Differenz(setzung), und zwar die Unterscheidung von System und Umwelt. Systeme werden dreifach differenziert: in biologische, psychische und soziale Systeme. Aus der Neurobiologie von Humberto Maturana und Francisco Varela hat Luhmann das Konzept der *Autopoiesis* übernommen, das zum Ausdruck bringt, dass alle drei Systemklassen sowohl die Elemente, aus denen sie bestehen – *Zellen* (biologische Systeme), *Gedanken* (psychische Systeme) und *Kommunikationen* (soziale Systeme) –, als auch die Informationen, die ihnen eine Orientierung in der Umwelt ermöglichen, selber konstruieren. Aus der Umwelt können keine Informationen direkt aufgenommen werden. Umweltprozesse regen biologische, psychische und soziale Systeme jedoch zur Konstruktion von Informationen und damit von Wirklichkeit an. Informationen sind demnach keine objektiven Tatsachen, sondern Unterschiede, d. h. Veränderungen in den Systemumwelten, die zu Unterschieden, d. h. zu Zustandsveränderungen in den Systemen führen können (Bateson). Biologische, psychische und soziale Systeme bilden füreinander jeweils Umwelten, sie stehen zugleich jedoch in einem Verhältnis der Ko-Produktion, sind mithin in ihrer Operationsweise jeweils aufeinander angewiesen. Wirklichkeitskonstruktionen werden insbesondere durch die Operationen des psychischen Systems (Gedanken) und des sozialen Systems (→ Kommunikation) vollzogen – obwohl biologische Systeme ebenfalls kognitive Systeme sind, also unterscheiden können, ansonsten würde beispielsweise der Magen nicht nur die Nahrung, sondern auch sich selbst verdauen. Psychische und soziale Systeme konstruieren Wirklichkeit auf der Basis von *Sinn*, sie sind sinnhaft aneinander gekoppelt, repräsentieren jedoch zwei unterschiedliche Wirklichkeitsbereiche. Da die Konstruktionen der psychischen und der sozialen Wirklichkeiten auf unterschiedlichen Operationen basieren, können die Inhalte des einen Wirklichkeitsbereiches nicht direkt in Inhalte des anderen übersetzt werden. An den Grenzen des Psychischen wird das Kommunizierte gebrochen und jeweils individuell unterschiedlich verstanden; während an den Grenzen des Sozialen das Gedachte gebrochen wird und sich in die Regeln der Kommunikation einbindet. Der K ist also – kommunikationstheoretisch bzw. hermeneutisch betrachtet – *verstehenskritisch*, geht er doch von der Unwahrscheinlichkeit des absoluten Verstehens aus und postuliert: „Sage mir, was du denkst, und ich denke mir, was du meinst!" (Bardmann 85)

Seit den 1980er Jahren werden verstärkt konstruktivistische Positionen heran gezogen, um sozialpraktisches

Handeln zu reflektieren. So interessiert der K sich als *Beobachtung zweiter Ordnung* dafür, wie Beobachter beobachten, wie sie – aufgrund welcher Handlungen – das konstruieren, was sie konstruieren. Interessant ist dann, was sie ausblenden mussten, was sie nicht sehen können, wenn sie so sehen, wie sie sehen, also der ‚blinde Fleck‘ der Beobachtungen. Das Interesse für den blinden Fleck zeichnet den K als eine Basistheorie für die Begründung von Selbstreflexionsprozessen aus. Denn Beobachtung zweiter Ordnung ist die Reflexion der Beobachtung durch dieselben Beobachter (aus einer *zeitlich* späteren Perspektive) oder durch andere Beobachter (aus einer *sozial* anderen Perspektive). Des Weiteren geht Heinz von Foerster, ein Begründer des K, von der Prämisse aus: „Willst du erkennen, lerne zu handeln." Erkennen und Handeln sind demnach verkoppelt und verweisen aufeinander. Diese Idee wird sich im Reframing, in der ‚sanften Kunst des Umdeutens‘ (vgl. Watzlawick) zunutze gemacht. Wirklichkeit wird verstanden als eine sinnhaft gedachte oder kommunizierte Konstruktion, die um-gedeutet, um-gerahmt werden kann. Ereignisse erscheinen als völlig verschieden in Abhängigkeit von den gedanklichen und kommunikativen Kontexten, von denen sie jeweils gerahmt werden. Ein aktives Einsetzen des Umdeutens wird in Pädagogik, Psychotherapie und Sozialarbeit betrieben, um Klienten alternative Denk- und Handlungsmöglichkeiten zu eröffnen. Schließlich liefert der K eine theoretische Begründung für die praktische Erfahrung, dass biologische, psychische und soziale Systeme nur bedingt fremd gesteuert und nicht instruktiv beeinflusst werden können. Das Modell der Autopoiesis bestätigt, dass Systemänderungen zwar von der Umwelt angeregt, aktiviert, initiiert, aber niemals determiniert werden können. Das heißt beispielsweise für die Praxis der sozialen Hilfe (Sozialarbeit/Sozialpädagogik), ein altes Motto (endlich) wissenschaftlich erklären zu können, dass nämlich *Hilfe* immer nur *Hilfe zur Selbsthilfe* sein kann.

Genauso wie der K gefeiert wird als anti-sozialtechnologische Befreiungsphilosophie, die es erlaubt, die Illusionen des Glaubens an die Möglichkeiten der Objektivität und der zielgerichteten Planung komplexer biologischer, psychischer und sozialer Prozesse zu verabschieden, erfährt er scharfe Kritik (vgl. Nüse). Demnach treibt der K auf eine unlösbare Paradoxie zu, die seine eigene Glaubwürdigkeit in Frage stellt und die er selbst nicht auflösen kann, ohne sich selbst aufzulösen: Wenn Systeme ihre Wirklichkeiten konstruieren (z. B. auch die Wissenschaft als soziales System), dann ist auch der K und seine wissenschaftliche

Basis eine Konstruktion, eine Erfindung. Die Einnahme einer konstruktivistischen Position erscheint damit *als eine mögliche* subjektive oder soziale Entscheidung *unter anderen*, aber lässt sich nicht im Sinne klassischer Wissenschaftlichkeit begründen. Genau dies ist der Hauptvorwurf gegen den K: Er unterminiert die klassischen Vorstellungen von Wissenschaftlichkeit und gehört damit zu jenem postmodernen Wissen (vgl. Lyotard), das Prinzipien wie Objektivität, Wahrheit und Widerspruchsfreiheit zumindest infrage stellt bzw. gänzlich ablehnt.

Bardmann, Theodor. M. u. a.: Das gepfefferte Ferkel. Lesebuch für Sozialarbeiter und andere Konstruktivisten. Aachen 1992; Ders.: Wenn aus Arbeit Abfall wird. Frankfurt a. M. 1994; Bateson, Gregory: Geist und Natur. Frankfurt a. M. 1982; Foerster, Heinz von: Wissen und Gewissen. Frankfurt a. M. 1993; Kersting, Heinz J.: Kommunikationssystem Supervision. Aachen 1992; Kleve, Heiko: Konstruktivismus und Soziale Arbeit. Aachen 1996; Luhmann, Niklas: Die Wissenschaft der Gesellschaft. Frankfurt a. M. 1990; Lyotard, Jean-François: Das postmoderne Wissen. Wien 1994; Maturana, Humberto/Varela, Francisco: Der Baum der Erkenntnis. München 1987; Nüse, Ralf: Über die Erfindungen des Radikalen Konstruktivismus. Weinheim 1991; Reich, Kersten: Systemisch-konstruktivistische Pädagogik. Neuwied 2000; Schmidt, Siegfried J.: Der Diskurs des Radikalen Konstruktivismus. Frankfurt a. M. 1987; Watzlawick, Paul: Die Möglichkeit des Andersseins. Bern 1977.

HEIKO KLEVE

→ „Als-ob" – Didaktik – Geschichte der Pädagogik – Lebensbegleitendes Lernen

Krappmann, Lothar

Geb. 1936. Soziologe. Mitarbeiter des Max-Planck-Instituts für Bildungsforschung Berlin. Honorarprofessor im Wissenschaftsbereich Erziehungswissenschaft und Grundschulpädagogik der Freien Universität Berlin. Arbeitsschwerpunkt: soziale und sozialkognitive Entwicklung von Grundschulkindern (Interaktionstheorie und -pädagogik).

Soziologische Dimensionen der Identität. Strukturelle Bedingungen für die Teilnahme an Interaktionsprozessen. Stuttgart 1971.
Krappmann, Lothar/Oswald, Hans: Alltag der Schulkinder. Beobachtungen und Analysen von Interaktionen und Sozialbeziehungen. Weinheim, München 1995; Ders./Peukert, Ursula (Hg.): Altersgemischte Gruppen in Kindertagesstätten. Reflexionen und Praxisberichte zu einer neuen Betreuungsform. Freiburg i.Br. 1995; Ders./Lepenies, Annette (Hg.): Alt und Jung. Spannung und Solidarität zwischen den Generationen. Frankfurt a. M., New York 1997.

GABI BEIER

Kreatives Schreiben

KS ist eine Form des Schreibens, die vor allem durch ihre assoziativen Grundtechniken wie *brainstorming, clustering, freewriting* und *mind-mapping* geprägt ist und sich u. a. deswegen für die Förderung von Leistungen eignet, die – wie das bei der ThP der Fall ist – im Schnittpunkt künstlerisch-ästhetischer und wissenschaftlicher Arbeit erbracht werden (vgl. Böttcher). Die Funktion des KS für diesen Arbeitsschnittpunkt besteht im Aufschließen neuen Materials, um Annäherung daran zu ermöglichen, aber auch im *Fremdmachen* von bereits bekanntem Material, um produktiv-kritischen Abstand zu erzeugen, vor einem erneuten Zugriff darauf. KS unterstützt den *spielerischen Umgang* mit Ideen und Material, indem es Verknüpfungen schaffen hilft zwischen dem Diskurs des jeweiligen Gegenstandes und anderen Diskursen. Dieses verschriftlichte → *Spiel* befördert produktive Arbeitshaltung, Leistungsmotivation und positives Erleben der eigenen Tätigkeit – Aspekte, die im Zusammenspiel zu einem Grundgefühl entfesselter Kreativität beitragen können, das Mihaly Czikszentmihalyi als *flow* bezeichnet. Das KS, oft in Kombination mit Elementen der Theaterarbeit, hat u. a. wegen des o. g. Wirkungspotenzials seit vielen Jahren einen festen Platz im sog. Kreativitätstraining gefunden.

Die wohl bekannteste Grundtechnik des KS (zumindest im deutschsprachigen Raum) ist das *clustering*, das Gabriele Rico auf den Erkenntnissen der Hirnforschung aufbauend als eine Möglichkeit entwickelt hat, begriffliches und bildliches Denken fruchtbringend miteinander zu verknüpfen.

Der assoziative Charakter der Grundtechniken des KS stellt sich vor allem durch die extrem begrenzte Arbeitszeit und die Forderung nach stetigem Schreibfluss ein. Das Ziel für alle eingangs genannten Techniken besteht im Produzieren von Text*quantität* – dem Aufspüren, Entwickeln und Vernetzen von Ideen – und nicht im Herstellen von Text*qualität* im Sinne wissenschaftlicher und/oder künstlerischer Präsentation von Ideen.

Diese Aufmerksamkeitsverschiebung von der Ideenpräsentation zum eigentlichen Hervorbringen von Ideen entlastet die SchreiberInnen von einem oft als blockierend erlebten Druck sprachlich-formaler Anforderungen (z. B. die Einhaltung von Textsortenmerkmalen, sprachlichen Konventionen des jeweiligen Fachdiskurses bzw. von stilistischen und grammatisch-orthografischen Regeln). Befreit vom ,inneren Zensor', entstehen mit Hilfe dieser Techniken in nur wenigen

Minuten Einzelwortlisten (*brainstorming*), so genannte Wort-Igel (*clustering*), lose Textstrukturen (*freewriting*) bzw. Ideennetze (*mind-mapping*).

Abgesehen von der Nützlichkeit der o. g. Grundtechniken des KS für das Verfassen von Spielvorlagen, können diese Techniken auf unterschiedliche Weise in den *Prozess* von Theaterarbeit integriert werden: vorbereitend (z. B. Festhalten von Befindlichkeit), prozessbegleitend (z. B. Entwickeln von Spielideen) oder reflektierend (z. B. Zusammenfassen von Szenarien, Entwickeln von Alternativen). Hierbei kommt es darauf an, den *Arbeitscharakter* des Geschriebenen klar zu vereinbaren, d. h. zu klären, dass zur Selbstverständigung bzw. zum Austausch im Team über die anliegende Theaterarbeit geschrieben wird. KS in diesem Kontext ist Mittel zum Zweck und nicht eigentliches Ziel im Sinne des Erstellens publizierbarer Texte.

Werden die Grundtechniken des KS bewusst im Verbund praktiziert, erhöht sich nicht nur deren individuelles Assoziationspotenzial, sondern schafft außerdem für die Schreibenden die Möglichkeit, sich ihren Einfällen binnen kürzester Zeit sowohl auf der Einzelwortebene als auch auf der Ebene des Wortverbundes bzw. auf der Satzebene zu nähern. Hinzu kommt der kreativitätsfördernde Aspekt, dass verschiedene grafische Strukturen (Listen, Igel, Netze) die Schreibenden visuell stimulieren und somit eine zusätzliche Vorstellungsebene für den Umgang mit Ideen zur Verfügung steht. Wenn es zum Beispiel während der Probenarbeit darum geht, Spielideen zu entwickeln, zu reflektieren oder vorhandene Lösungsansätze mit Alternativen zu kontrastieren, dann kann dies mit Hilfe unterschiedlicher Schreibtechniken geschehen, um der → Gruppe auf diese Weise verschiedene Zugriffe auf das vorhandene Material zu ermöglichen. Dieses Herangehen an ein und denselben Gegenstand über unterschiedliche Schreibtechniken wird außerdem der Hypothese der empirischen Schreibforschung gerecht, dass ein direkter Bezug zwischen Lern-/Arbeitsstil und der Art und Weise des Schreibhandelns besteht.

Die folgenden Methoden des KS – *Imitieren, Adaptieren* und *Improvisieren* – unterstützen das bewusste Konstruieren literarischer und nicht-literarischer Texte (vgl. Bräuer) und können Theaterarbeit und KS sinnvoll ergänzen. Einige Anregungen: In Vorbereitung auf eine Stückproduktion können Dialogmuster aus der Spielvorlage *imitiert* werden, indem die beteiligten DarstellerInnen, dem entsprechenden Textmuster folgend, Dialoge aus ihrem Alltagsleben entwerfen und auf diese Weise ein Gefühl für Sprache und Handlungsstruktur des Stücks entwickeln. Um dieses ,Gefühl für die Szene' durch Kontrastierung weiter zu konkretisieren, könnte das vorhandene Spielmuster auf andere Rollen oder Umstände *adaptiert* werden (z. B. die Redemuster-Verwendung eines Pfarrers für eine Punker-Szene). Ist auf diese Weise Souveränität im Umgang mit einem sprachlichen Muster erreicht worden, gelingt es zumeist leichter, auf veränderte Spielsituationen (z. B. bei der Erarbeitung eines Alternativentwurfs in der Probenarbeit) schnell durch *Improvisation* zu reagieren. Auch dieses Improvisieren kann durch Schreibarbeit vorbereitet werden, indem (z. B. begleitend zur Probenarbeit) regelmäßig von den SpielerInnen Alternativentwürfe zu bestehenden szenischen Arrangements skizziert werden.

Die aufgeführten Beispiele verdeutlichen eine natürliche Nähe zwischen Theaterarbeit und KS: (1.) Sowohl der spielerische (vgl. *Imitieren, Adaptieren, Improvisieren*) als auch der grafische Charakter des KS (vgl. *brainstorming, clustering, mind-mapping*) erinnern an das Symbolische der Körpergesten im kindlichen Spiel (vgl. Piaget; Wygotski), die auch zu einem wesentlichen Kommunikationsträger zwischen (Theater-) Spielenden werden. (2.) Das Experimentelle, Vorläufige, Sich-Vergewissernde des KS (vgl. *brainstorming, freewriting*) ist mit dem inneren Monolog beim Kleinkind vergleichbar, durch den es eigenes Handeln antizipiert, durchspielt – ähnlich wie im ,inneren Monolog' der individuellen Erarbeitung einer Szene.

Aufgrund dieser natürlichen Affinität kann auch die Theaterarbeit das KS produktiv ergänzen: Textentwürfe und Schreibwerkstätten werden zu *Spiel*flächen, auf denen die Schreibenden die Tragfähigkeit von Ideen und deren textlicher Darstellung erproben. Schreiben wird zum Experimentier-Medium für Spielideen und Rollenvorstellungen. Gerd Koch nennt diesen Vorgang → *Theatralisierung von Lehr-Lernprozessen* – Erkenntnisprozesse, wie sie jeder Textarbeit immanent sein sollte.

Textkritik lässt sich u. a. auf folgende Weise *inszenieren*: Zwei Spieler (A und B), MitarbeiterInnen einer Redaktion, nehmen vor den Augen des außerhalb der Szene befindlichen Autors Stellung zu dessen Textentwurf. A erklärt, warum der Text angenommen werden sollte, B stellt die Gründe für dessen Ablehnung dar. Beide einigen sich schließlich darauf, dem Autor konkrete Überarbeitungsvorschläge als Voraussetzung für eine Publikation zu unterbreiten (vgl. Bräuer).

Beim Umgang mit literarischen Texten (z. B. in Schule oder Studium) ergänzen sich KS und Theaterarbeit auf besonders günstige Weise. Die produktions-orientierte Deutschdidaktik hat dazu seit den 1980er Jahren viele Ideen entwickelt (vgl. Belgrad u. a.). Die Analyse- und Interpretationsarbeit der SchülerInnen im Umgang mit literarischen Texten kann durch das Imitieren, Adaptieren oder Improvisieren von Schlüsselsequenzen zu neuen Einsichten verhelfen. Beim Durchspielen prägen sich Handlungsabfolgen ein, werden Handlungsmotive nachvollziehbar, und das Erleben der Figurencharaktere initiiert die emotionale Auseinandersetzung mit den Rollen. Diese veränderte individuelle Bedeutsamkeit der Auseinandersetzung mit einem Text (im Vergleich zur traditionellen Leserezeption) regt nicht zuletzt das eigene Verfassen von Texten an, die u. U. auch als Spielvorlagen für die Bühne genutzt werden können.

James Moffett, ein US-amerikanischer Pädagoge, hat schon in den 1960er Jahren vorgeschlagen, das Zusammenspiel von Theaterarbeit und KS als gestaltendes Prinzip bei der Entwicklung von Curricula zu nutzen, indem die theatralen Aspekte von Unterrichtsthemen und Textsorten konsequent als Lehr- und Lernfelder genutzt werden.

Belgrad, Jürgen/Melenk, Hartmut (Hg.): Literarisches Verstehen, literarisches Schreiben. Positionen und Modelle zur Literaturdidaktik. Baltmannsweiler 1996; Böttcher, Ingrid: Kreatives Schreiben. Grundlagen und Methoden. Berlin 2000; Bräuer, Gerd: Schreibend lernen. Grundlagen einer theoretischen und praktischen Schreibpädagogik. Innsbruck 1998; Czikszentmihalyi, Mihaly: The Psychology of Optimal Experience. New York 1990; Koch, Gerd u. a.: Theatralisierung von Lehr-Lernprozessen. Berlin, Milow 1995; Moffett, James: Teaching the Universe of Discourse. Portsmouth 1983; Piaget, Jean: Nachahmung, Spiel und Traum. Die Entwicklung der Symbolfunktion beim Kinde. Stuttgart 1969; Rico, Gabriele L.: Garantiert schreiben lernen. Reinbek 1984; Werder, L. v.: Lehrbuch des kreativen Schreibens. Berlin, Milow 2001[4]; Werder, L. v.: Einführung in das Kreative Schreiben. Berlin, Milow 2003[3]; Werder, L. v.: Brainwriting & Co. Berlin, Milow 2002; Wygotski, Lew S.: Denken und Sprechen. Frankfurt a. M. 1971.

GERD BRÄUER

→ Deutsch als Fremdsprache – Deutschunterricht – Hochschuldidaktik – Improvisation

Kulturelle Bildung

KB von Kindern und Jugendlichen ist zugleich ein Bestandteil jedes Sozialisationsprozesses und eine Querschnittsaufgabe zahlreicher Politikfelder wie der Schul- und Kulturpolitik. Insbesondere ist KB von Kindern und Jugendlichen als Schwerpunkt der Jugendhilfe/Jugendarbeit im Sozialgesetzbuch (SGB)

VIII § 11 Abs. 3 gesetzlich verankert. Sie stellt damit den zentralen übergeordneten Begriff für alle theater- und kunstpädagogischen Angebote dar, soweit sie der Jugendarbeit zuzurechnen sind. Jugendarbeit wendet sich an alle jungen Menschen im Alter von 6 bis 27 Jahren, wird von den Kindern und Jugendlichen freiwillig wahrgenommen und zeichnet sich durch Angebots- und Methodenvielfalt aus. Förderung von individueller Entwicklung, sozialer Verantwortung, Selbstorganisation, allgemeine Bildung, Prävention und Integration sind zentrale Ziele. Die Angebote der Jugendarbeit orientieren sich an der Lebenswelt und den sozialen Räumen junger Menschen. Träger von Jugendarbeit sind Jugendverbände und Jugendinitiativen, freie gemeinnützige und kommunale Träger.

Jugendarbeit unterscheidet sich von anderen Bereichen der Jugendhilfe und der Sozialarbeit dadurch, dass Kinder und Jugendliche in ihren Stärken, Interessen und Bedürfnissen wahrgenommen und defizitorientierte Zielgruppendefinitionen vermieden werden.

KB von Kindern und Jugendlichen folgt einem ganzheitlichen Verständnis von allgemeiner Bildung. Sie zielt auf kognitives, emotionales und soziales Lernen *mit allen Sinnen*. Im Unterschied zur Schule sieht sie ihre Aufgabe weniger zentral in der Vermittlung kognitiven Wissens. Die Orientierung am situativen Kontext und der hohe Rang von Selbstorganisation erfordern eher als der schulische Unterricht ein offenes Curriculum. Bezogen auf die einzelnen kulturellen Gestaltungsbereiche wie Musik, Bildende Kunst, Tanz, Theater oder Medienarbeit ergibt sich, dass diese KB nicht in erster Linie der Vermittlung künstlerischer Fähigkeiten und Fertigkeiten oder der Heranziehung künstlerisch-professionellen Nachwuchses dient, sondern junge Menschen in ihrer individuellen und sozialen Handlungsfähigkeit stärken möchte. Andererseits betont die KB, dass *Bildung* und *Erziehung* immer auch ein Bearbeiten von Inhalten und Gegenständen einschließt.

Die Begriffe ‚Kultur‘ und ‚Bildung‘ eröffnen ein facettenreiches Bedeutungsspektrum. ‚Kultur‘ meint sowohl die Gesamtheit der durch Menschen geschaffenen materiellen und immateriellen Artefakte als auch – in soziologisch-ethnologischer Tradition – die unterschiedlichen ‚Lebensweisen‘ und – in spezifisch deutscher Tradition – das Feld des vom Alltag unterschiedenen Bereiches der Kunst. Der Begriff der ‚Bildung‘ ist sowohl dem humanistischen Ideal von allgemeiner, umfassender Bildung, der sozialistischen Zielvorstellung einer ‚allseitig gebildeten Persönlichkeit‘ als auch der Praxis schulischer Wissensvermittlung verbunden.

KB von Kindern und Jugendlichen umreißt damit eine Bandbreite differierender Konzeptionen, die jeweils der Präzisierung hinsichtlich konkreter Ziele, → Zielgruppen und Methoden bedürfen.

Für Jugendarbeit verbinden sich mit den Begriffen ‚Kultur‘ und ‚Bildung‘ unterschiedliche, auch widersprüchliche Handlungsentwürfe. Die in der Folge der Jugendbewegung Anfang des 20. Jhs. entstandene *musisch-kulturelle Bildung* dient besonders der Förderung von Gemeinschaft, z. B. durch gemeinsames Musizieren und Tanzen (‚Volkstanz‘). *Außerschulische Bildung* nach 1945 zielt als politische Jugendbildung auf die Förderung demokratischen Bewusstseins und setzt hierzu auch kultur- und thp Methoden ein. *Kulturpädagogik* zielt auf die Vermittlung von gestalterischem kunstbezogenen Handlungswissen und entwickelt seit den 1970er Jahren Konzepte der Nutzung künstlerischer Verfahren für pädagogische Zwecke. *Soziale Kulturarbeit* setzt künstlerische Mittel gezielt für soziale und politische Ziele ein. Unter den Begriffen der *Jugendkulturarbeit* und *kulturelle(n) Jugendarbeit* bündeln sich in den 1980er Jahren Bestrebungen, die Offene Jugendarbeit durch profilierte künstlerisch-gestalterische Angebote attraktiver zu machen und auch stilorientierte Jugendszenen angemessen zu fördern. In der gegenwärtigen bildungspolitischen Diskussion um *Schlüsselkompetenzen* und um die notwendigen Folgerungen aus den Defiziten der Institution Schule bietet die ganzheitlich orientierte KB von Kindern und Jugendlichen vorwärts weisende Perspektiven.

Auf Bundesebene ist das Trägerspektrum dieser KB in der ‚Bundesvereinigung Kulturelle Jugendbildung‘ (BKJ, www.bkj.de) organisiert, in zahlreichen Bundesländern bestehen ‚Landesvereinigungen Kulturelle Jugendbildung‘ (LKJ).

Bielenberg, Ina/Zacharias, Wolfgang (Hg.): Kultur Jugend Bildung – Kulturpädagogische Schlüsseltexte 1970–2000. Remscheid 2001; Bundesvereinigung Kulturelle Jugendbildung (Hg.): Kultur Macht Schule – Schule und Jugendkulturarbeit in Kooperation. Remscheid 1997; Engelmann, Jan (Hg.): Die kleinen Unterschiede – der cultural-studies-reader. Frankfurt a. M., New York 1999; Koch, Gerd (Hg.): Kultursozialarbeit. Eine Blume ohne Vase? Frankfurt a. M. 1989; Pleiner, Günter/Hill, Burkhard (Hg.): Musikmobile, Kulturarbeit und populäre Musik. Opladen 1999.

WOLFGANG WITTE

→ Ästhetische Bildung – Entwicklungspsychologie – Erlebnispädagogik – Geschichte der Pädagogik – Geschichte der Sozialpädagogik – Jugendclubs an Theatern – Kinder- und Jugendtheater – Lebensbegleitendes Lernen – Projekt

Kultursozialarbeit

K ist ein vergleichsweise neuer (Unterrichts-)Gegenstand (an Hochschulen innerhalb der Ausbildung zur Sozialpädagogik oder Sozialarbeit bzw. in der Ausbildung von ErzieherInnen an Fachschulen). Das Verständnis von K leitet sich berufsgeschichtlich aus der Tradition der KindergärtnerInnen-Ausbildung ab. Im Mittelpunkt stand dort die Ausbildung der Persönlichkeit der Erzieherin: Sie selber sollte ein pädagogisch entfaltetes Medium für die Kinder sein (Lernen am Modell). Um die Berufsrolle kreativ zu stärken, wurde der Umgang mit künstlerischen Fächern, Praktiken usw. an die Seite der kognitiven Ausbildung gestellt. Innerhalb der → Didaktik und/oder → Methodik der Erziehung sollte eine Qualifikation technischer Art *miterworben* werden: In dieser Weise ausgebildete Personen sollten im sozialen Feld etwa eines Kindergartens Grundzüge des Gestaltens und ästhetischen Kommunizierens vermitteln. Über ästhetische Sozialisation und/als Persönlichkeitsentwicklung sollte die Berufsrolle (auch) gestaltet werden. Das ist ein vom traditionellen Ausbildungsmodus (z. B. des Kunstunterrichts) sehr zu unterscheidendes Ziel, weshalb auch methodisch-didaktische Überlegungen und Schriften aus der Schulpädagogik hier nur begrenzt eingesetzt werden können (vgl. aber Beispiele einer neuen *Art* zu unterrichten in Jank u. a.).

Drei weitere historische Ansätze von Bildung und Erziehung haben die Herausbildung von K ebenfalls beeinflusst: (1.) Es ist die kultur- und sozialpädagogische Tradition vom Ende des 19. Jhs., die im Gefolge der Jugendbewegung eine Reform des (nicht nur schulischen) Lehrens und Lernens anstrebte (vgl. Koch 1989b; Mollenhauer; Heydorn). (2.) Der Kulturbegriff erweiterte sich seit den 1970er Jahren immer mehr ins Soziale, Alltägliche, Kommunikative (Stichworte wie → Soziokultur, Kultur für alle, *Bürgerrecht Kultur* [vgl. Glaser u. a. 1983], *Die Wiedergewinnung des Ästhetischen* [vgl. Glaser u. a. 1974], Stadtteilkultur, kommunale Kulturpolitik wurden gängig); die 1976 gegründete Kulturpolitische Gesellschaft e. V. (www.kupoge.de) wurde zum kulturpolitischen und -theoretischen Sprachrohr dieses Paradigmenwechsels (vgl. ihre Zeitschrift *Kulturpolitische Mitteilungen*). Kulturwissenschaften etablierten sich, kulturtheoretische Sichtweisen näherten sich sozialen, medialen sozialpädagogischen, sozialwissenschaftlichen Sichtweisen an (vgl. Hiltmann 1989a, 12ff.), z. T. ‚ersetzte‘ der Begriff der Kultur den der Gesellschaft. Mit einem erweiterten Kulturverständnis konnten Wertigkeiten, Feinheiten (vgl.

Bourdieu), das sog. Nebenbei, verschiedene Lebensweisen in Erkenntnis- und Praxisverfahren eingeführt werden. *Culture* sei *ordinary* – also: alltäglich bis gar ‚ordinär‘ – hieß es im hier wegbereitenden englischen Sprachgebrauch des Birminghamer *Institut for Contemporary Cultural Studies* (vgl. Williams; zur z. T. gleichlaufenden Diskussion in der DDR vgl. Berger u. a.; Harder; Hund u. a.; zur kulturpolitisch linken Position von Tretjakow bis Benjamin vgl. exemplarisch Müller 170ff.). (3.) Innerhalb praktizierter Sozialarbeit und Sozialpädagogik (die historisch auch eine Kritik an traditionellen schulischen Lernformen ist) fand zugleich eine Berücksichtigung subjektiver, ästhetischer Bedürfnisse mehr Raum: lebensweltliche Orientierung (vgl. Meyer-Drawe), Pädagogik der → Geselligkeit, Lebensstil-Orientierung, Respekt von Selbstthematisierung der Subjekte. ‚Lebensgewinnungsprozesse‘ (Marx) wurden initiiert (vgl. Koch 1991b). Das Modell eines künstlerischen Produzierens, was ja Eigensinn *und* sozialen Austausch zu entfalten in der Lage ist (vgl. → Dewey), bot sich für kulturpädagogische Lehr-Lernprozesse an. Es *muss* an Potenzen/Kompetenzen der Subjekte angeschlossen werden; nicht allein Defizite *sollten* zum Anlass sozial-kultureller Arbeit genommen *und* subjekt-nahe und gruppenbezogene Angebote eingerichtet werden. Eine Entregelung pädagogisch-sozialer Prozesse hin zu kultureller Dynamisierung (vgl. zu diesem aus der sog. Dritten Welt stammenden Ansatz, für den auch → Boal und → Freire stehen, exemplarisch Gerhards u. a.) fand statt. Sozial-kulturelle Arbeit in verschiedenen Institutionen und Lernorten (vgl. Koch 1987) – nicht nur in Jugendeinrichtungen (dort hatte solch ein Ansatz von K schon quasi naturwüchsige Tradition), sondern auch in anderen Handlungs- und Erfahrungsorten der sozialen Arbeit – geschah als eine Art sozial-ästhetischer Rekonstruktion des Lehrens und Lernens (vgl. Hiltmann 1989b, 18ff.; Koch 1985; Fuchs).

Die Ausbildung von ExpertInnen der K geschieht vornehmlich an (Fach-)Hochschulen, Akademien in privater oder öffentlicher Trägerschaft, durch Angebote von Landesvereinigungen und der Bundesvereinigung für kulturelle Jugendbildung. Die Methode eines wirklichkeitsnahen (ästhetischen) Lernens in → Projekten wird in der Regel genutzt (vgl. Selle); sie verbindet Theorie mit Praxis, wobei *theoria* hier ganz herkömmlich als Anschauung und Reflexionsvermögen sowie Struktur- oder Transferwissen rezipiert wird. Und Praxis meint eine reflexive Praxis, die sich nicht auf das pure technische Vermögen reduzieren lassen will. Das integrative Ausbildungskonzept soll dazu dienen, eine spätere Berufspraxis nicht reaktiv anpassend zu gestalten, sondern aktiv zu generieren, Perspektiven zu entwickeln, Kriterien und Abgrenzungsmöglichkeiten zur Verfügung zu haben und eine einfallsreiche Weiterentwicklung des Berufsfeldes zu ermöglichen (vgl. Koch 1989a). Es werden keine isolierten künstlerischen Fächer unterrichtet, sondern sie stehen im Konzept einer kultursozialarbeiterischen Phantasie und Denkweise: → Experiment statt formaler Systematik stiftet die variationsreiche Struktur solcher Bildungsprozesse. Das verlangt hohe Anforderungen an Lehrende wie Lernende. Unentschieden ist, ob die AusbilderInnen aus künstlerischen oder sozialpädagogischen Berufen/Qualifikationen kommen sollten (vgl. Koch 1991a). Empfohlen wird, dass auch die Lehrenden sich immer wieder neuen Praxis-Feld-Zumutungen stellen, also außerhalb der Ausbildungsstätten tätig sind (analog zur Theorie-Praxis-Anbindung der Auszubildenden). Soziales Lernen und ästhetische Erfahrung (vgl. den Themenschwerpunkt gleichen Namens in *Korrespondenzen*) sollen verbunden werden.

Berger, Manfred u.a. (Hg.): Kulturpolitisches Wörterbuch. Berlin 1978; Bourdieu, Pierre: Die feinen Unterschiede. Frankfurt a. M. 1987; Dewey, John: Kunst als Erfahrung. Frankfurt a. M. 1988; Fuchs, Max: Bildung, Kunst, Gesellschaft. Remscheid 2000; Gerhards, Christiane u. a. (Hg.): Volkserziehung in Portugal. Reinbek 1976; Glaser, Hermann u. a.: Die Wiedergewinnung des Ästhetischen. München 1974; Ders. u. a.: Bürgerrecht Kultur. Frankfurt a. M. u. a. 1983; Harder, Jürgen: Klassenkampf und ‚linke‘ Kunsttheorien. Berlin 1978; Heydorn, Heinz-Joachim: Über den Widerspruch von Bildung und Herrschaft. Frankfurt a. M. 1970; Hiltmann, Gabriele: Kulturarbeit und die Neubestimmung des Kulturbegriffs. In: Koch, Gerd (Hg.): Kultursozialarbeit. Frankfurt a. M. 1989a; Dies.: Kulturarbeit in der Sozialarbeit zwischen Anerkennung und Ablehnung. In: ebd., 1989b; Hund, Wulf. D. u. a.(Hg.): Beiträge zur materialistischen Kulturtheorie. Köln 1978; Jank, Birgit u. a. (Hg) Ganz Aug' und Ohr. Obertshausen 1994; Koch, Gerd (Hg.): Experiment: Politische Kultur. Frankfurt a. M. 1985; Ders.: Einige Ideen zum Bildungsbegriff innerhalb einer Pädagogik der Lernorte. In: Neumann, Dieter u. a. (Hg.): Soziales und politisches Lernen. Frankfurt a. M. 1987; Ders.: Kulturpädagogik – Kulturarbeit. In: Lenzen, Dieter (Hg.): Pädagogische Grundbegriffe, Bd. 2. Reinbek 1989a; Ders. (Hg.): Kultursozialarbeit. Frankfurt a. M. 1989b; Ders.: KulturSozialArbeit – soziale Arbeit mit der Clownsnase?! In: Kulturbehörde Hamburg (Hg.): Hauptsache Kultur. Hamburg 1991a; Ders.: Theaterpädagogische Prozesse als ‚Lebensgewinnungsprozesse‘. In: Ruping, Bernd u. a. (Hg.): Widerwort und Widerspiel. Lingen, Hannover 1991b; Meyer-Drawe, Käte: Lebenswelt. In: Lenzen, Dieter (Hg.): Päda-

gogische Grundbegriffe, Bd. 2. Reinbek 1989; Mollenhauer, Klaus: Kultur. In: ebd.; Müller, Michael: Die Verdrängung des Ornaments. Frankfurt a. M. 1977; Selle, Gert: Das ästhetische Projekt. Unna 1992; Soziales Lernen und ästhetische Erfahrung [Themenschwerpunkt]. In: Korrespondenzen, 1995, H. 23/24/25; Williams, Raymond: Innovationen. Frankfurt a. M. 1977.

GERD KOCH

→ Arbeitertheater – Arbeitsfelder der Theaterpädagogik – Avantgarde – „Didaktisches Theater“ – Erlebnispädagogik – Geschichte der Pädagogik – Geschichte der Sozialpädagogik – Hochschuldidaktik – Jugendbegegnungen – Kulturelle Bildung – Lebensbegleitendes Lernen – Musisch-ästhetische Erziehung – Reformpädagogik – Sinnlichkeit – Zukunftswerkstatt

Kunsttheater

Das aus dem Griechischen abgeleitete Wort Theater bezeichnet als Sammelbegriff alle für Zuschauer bestimmten Darstellungen, dazu gehören Musik, Tanz, Gesang, aber auch Zirkus, Varieté u. ä. Vom Wortsinn her meint es den Platz der Zuschauer (*theaomai*: schaue!, *theatron*: Schauspielplatz, Schaustätte; auch mit Raum zum Schauen, Ort des Zuschauens übersetzt). Insofern enthält das Wort schon den Verweis auf die konstitutive Rolle des Zuschauers für das → Medium Theater. Theater wird häufig mit dem Schauspiel identifiziert, das traditionell auf einem Drama basiert. So ist Theatertheorie über Jahrhunderte hinweg im Wesentlichen Dramentheorie gewesen und hat sich als eigenständig erst im Zusammenhang mit der → Theaterwissenschaft im 20. Jh. etabliert. In der Alltagssprache steht Theater für übertriebenes, effektheischendes, unangemessenes oder unwahrhaftiges Verhalten (‚Mach kein Theater!‘). Theater bezeichnet aber auch den Bau (Theaterarchitektur) und die kulturelle Institution (Gesamtheit des Theaterbetriebs) sowie eine spezielle Kunstgattung. Heute wird es im Rahmen einer zunehmend medien- und kulturwissenschaftlich orientierten Theaterwissenschaft als spezielles *Medium* begriffen.

Theater wird in der Regel ausgehend von der abendländischen Theatergeschichte beschrieben und definiert, wo das Theaterwesen seine größte Spezialisierung und Differenzierung gefunden hat und sich die Entwicklung von den kultischen Ursprüngen bis zur institutionalisierten Form des Stadt- und Staatstheaters gut rekonstruieren lässt. Nicht in allen Kulturen kennen wir als K spezialisiertes und institutionalisiertes Theater. Jedoch ist die lebendige figurative Darstellung (→ Mimesis) in unterschiedlichen Ausprägungen offenbar ein transkulturelles Phänomen. Ausgehend von der Kreisform einer potenziellen Einheit von Darstellenden und Zuschauenden sind theatrale Darstellungen Bestandteil ritueller Praxis und als solche häufig verbunden mit Unterhaltungselementen wie Gesang, Tanz, Maskenspiel und Scherz (vgl. Schechner). Die hochspezialisierten Entwicklungen zum K hin sind in Japan (Nô-Theater, Kabuki), China (Pekingoper) und Indien (Kathakali) zu beobachten. Dabei ist die enge Verbindung mit Gesang und Tanz auffällig, die offenbar nur in der europäischen Theatergeschichte (Sprechtheater) aufgelöst worden ist. Inzwischen gilt als erwiesen, dass auch noch die antiken Tragödien gesungene Dichtungen waren. Hier wurde das musikalische Element im Laufe der Entwicklung zum literarisch bestimmten Theater akzidentiell, während die asiatische Schauspielkunst noch heute wesentlich auf Musik und Rhythmus basiert.

In allen Kulturen findet man den runden Tanzplatz als Ort ritueller und darstellender Praxis, der sich in der jeweiligen Entwicklung hin zum K in unterschiedliche Bühnenformen transformiert, die jeweils das Verhältnis von Spielenden und Zuschauenden strukturieren und gestalten. Theateraufführungen finden im Rahmen von Festen oder aus dem Alltag herausgehobenen Feierlichkeiten kultischen Charakters statt. Der Versammlungs- und Festcharakter lässt sich auch heute noch an den meisten institutionalisierten Theaterveranstaltungen (Festivals und Festspiele) bis hin zu bestimmten Kleidungsgewohnheiten feststellen.

Als Ursprung des abendländischen Theaters wird das antike Griechenland begriffen, wo es eine vierfache Bestimmung erfährt als: Festspieltheater, Dionysoskult, Massentheater und Freilichttheater. Die Bühne des antiken griechischen Theaters war ursprünglich der Platz vor dem Tempel des Dionysos, auf dem sich im Zentrum auch die Opferstätte befand. Die Römer trugen schließlich mit der Entwicklung der Gewölbearchitektur zur endgültigen Ablösung von den in der Natur befindlichen Kultstätten bei. Die zunehmende Trennung von Bühne und Kultstätte ging einher mit der Literarisierung des Dramas. Die sprachliche Mobilität entsprach der räumlichen. Auch die → geistlichen Spiele des Mittelalters fanden zunächst im sakralen Raum statt, bevor sie sich auf weltliche Märkte und Plätze erstreckten. Erst zusammen mit den festen Theaterbauten Ende des 16. Jhs. in Europa entstand auch die Guckkastenbühne mit ihrer Trennung von Zuschauerraum und Bühne, wie wir sie aus den neuzeitlichen von der Religion und dem Kultus emanzipierten Theaterformen kennen. Sie markiert die Trennung von Schauspielern und Zuschauern, die schließlich ihren Höhepunkt im psychorealistischen Illusionstheater des 20. Jhs. finden sollte.

Nicht nur die Übergänge vom → Ritual zum Theater sind fließend, auch die vom Spiel zum → Darstellenden Spiel und schließlich zum Theater. Obwohl gerade im thp Bereich immer wieder auf der Öffnung des Theaters hin zu allen Formen spielerischer, mimetischer, ritueller und alltäglicher Praxis bestanden wird, scheint eine eingrenzende Definition des Theaters als K angebracht. Sie hilft dabei, die prozessorientierte Spiel-Pädagogik von der ThP abzugrenzen und das Verhältnis von Kunst und Pädagogik zu bestimmen (vgl. die praktischen Vorschläge von Christel → Hoffmann).

Die einfachste Definition des Theaters ist: Menschen spielen Menschen öffentlich etwas vor. Diese lange gültige Minimaldefinition lässt sich angesichts der neuen Entwicklungen im Theater nicht mehr halten. Theater findet häufig auch ohne Rollenzuweisung statt, so dass hier Peter → Brooks aus den 1960er Jahren stammende – gerade für die → Experimente der freien Theaterszene wesentliche – Definition zutreffend ist: „Ich kann jeden leeren Raum nehmen und ihn eine nackte Bühne nennen. Ein Mann geht durch den Raum, während ihm ein anderer zusieht; das ist alles, was zur Theaterhandlung notwendig ist." (Brook 19) Damit ist den neueren Theaterformen entsprochen, die die Rolle des literarischen Textes einschränken zugunsten der → Theatralität.

Theater als Medium vollzieht sich als stillschweigende → Kommunikation von Schauspielern und Zuschauern. Als Demonstration wird schon von → Stanislawski folgende Übung variiert: Ein Spieler sitzt mehrere Minuten auf einem Stuhl auf der Bühne. Er hatte vorher die den Zuschauern nicht bekannte Anweisung erhalten, nichts zu tun als dort ruhig zu sitzen. Die Zuschauer erzählen anschließend, was sie alles ,gesehen', gefühlt und erlebt haben, während sie dem ‚Schauspiel' beiwohnten. Dieselbe Übung wird von Manfred Wekwerth verwendet, um das Wesen eines theatralen Vorgangs zu demonstrieren. Die Übung eignet sich hervorragend, um in die Spezifik der Theaterkunst einzuführen.

In Abgrenzung gegen andere Medien, die auch mit Mitteln des darstellenden Spiels arbeiten (wie Film, Fernsehen), ist für Theater die Gegenwärtigkeit von Produktion und Rezeption, die Einmaligkeit der Kommunikation von Schauspielern und Zuschauern in räumlich-zeitlicher Einheit entscheidend und zwar im selben physikalischen Raum.

Die systematische Behandlung des Theaterbegriffs bereitet heute Schwierigkeiten, da hier sowohl soziologische als auch anthropologische und ästhetische Dimensionen zum Tragen kommen. Auch als K betrachtet kann auf die interdisziplinäre Behandlung nicht verzichtet werden. So basiert es auf der *anthropologischen* Fähigkeit zur Fiktionalisierung (vgl. Iser) und Darstellung, die offensichtlich in allen Kulturen anzutreffen ist, wenn sie dort auch ihre jeweils unterschiedlichen Ausprägungen erfährt. Die dialogische Spannung des Mediums Theater – dass es sich zwischen zwei Polen, Zuschauer und Spieler, vollzieht – ist gewissermaßen in der anthropologischen Exzentrizität der menschlichen Existenz vorgebildet. Der Mensch ist geradezu als das Wesen zu definieren, das sich selbst zusieht, indem es auf Distanz zu sich gehen kann (vgl. Plessner). Jedes intendierte Darstellungsverhalten (auch die Fähigkeit des Spielens) setzt diese Distanz verbunden mit der Imagination voraus. In der Form des Theaters vollzieht sich diese Betrachtung kollektiv. Theater als institutionalisierte Kunst kann betrachtet werden als Modus, indem sich eine Gesellschaft jeweils selbst betrachtet und reflektiert.

Soziologisch gesehen ist Theater eine Form öffentlichen symbolischen Handelns, das unterschiedliche soziale Funktionen erfüllt (und der Etablierung kultureller Werte und ihrer Bestätigung ebenso wie ihrer Infragestellung dienen kann). In der soziologischen Perspektive ist es kaum möglich, Unterschiede zwischen Ritual, Theater und anderen Formen kultureller Performanz festzumachen. In soziologischer und theaterethnographischer Perspektive bildet das Theater nur einen Pol innerhalb eines Theatralitätskontinuums, das verschiedene Formen kultureller Performanz umfasst (vgl. Balme). Von daher scheint es unabdingbar, Theater als Institution im Hinblick auf ästhetische Maßstäbe zu betrachten.

Die *ästhetische* Perspektive fragt nicht nach der Indienstnahme und Funktion von Theater, sondern nach den Aspekten, die sich dieser entziehen. Die Spiel- und Wahrnehmungsmodi des Theaters stehen zwar in Wechselwirkung mit gesellschaftlich jeweils ausgeprägten und in Veränderung begriffenen Formen der Wahrnehmung und der Repräsentation, erschöpfen sich aber nicht in dieser Bezugnahme. Ästhetische Distanz betont das Herausgehobensein aus unmittelbaren gesellschaftlichen Bezügen und Funktionen. Sie reklamiert eine andere Form von Wahrheit als sie in den übrigen Wissensdisziplinen und Handlungsfeldern anzutreffen ist.

Theater war bis zur Erfindung und Verbreitung von Film und Fernsehen das einzige Medium sinnlich bewegter Vergegenwärtigung entfernter oder transzendenter Vorgänge. Unzweifelhaft hat es bereits im 20. Jh. als kulturelle Institution an Bedeutung eingebüßt; es wird zum speziellen Medium bestimmter Bevölkerungsgruppen und Schichten, wobei sich in Theaterskandalen immer noch der Anspruch auf Öffentlichkeit und Allgemeinverbindlichkeit der theatral inszenierten und repräsentierten Weltsicht bekundet.

Interessant ist gegenwärtig, inwieweit das Theater sich als Medium gegen die anderen Unterhaltungsmedien behaupten kann. Welche Rolle kann ein durch Medienvielfalt, Eventkultur und Probleme der Finanzierbarkeit von Seiten der öffentlichen Hand weitgehend marginalisiertes Theater heute einnehmen? Im Rahmen dieser Fragestellung erhält die Frage der Abgrenzung des K von anderen Formen der Theatralität erhöhte Brisanz, wird doch hier seine Existenzberechtigung formuliert.

Artaud, Antonin: Das Theater und sein Double. Frankfurt a. M. 1969; Balme, Christopher: Einführung in die Theaterwissenschaft. Berlin 1999; Brook, Peter: Der leere Raum. Möglichkeiten des heutigen Theaters. München 1975; Burkert, Walter: Griechische Tragödie und Opferritual. In: Ders.: Wilder Ursprung. Opferritual und Mythos bei den Griechen. Berlin 1990; Fischer-Lichte, Erika: Geschichte des Dramas. 2 Bde. Tübingen 1990; Freud, Sigmund: Psychopathische Personen auf der Bühne. In: Ders.: Studienausgabe, Bd. 10. Frankfurt a. M. 1982; Gadamer, Hans-Georg: Die Aktualität des Schönen. Kunst als Spiel, Ritual und Fest. Stuttgart 1977; Greiner, Bernhard: Die Komödie. Tübingen 1992; Grotowski, Jerzy: Für ein armes Theater. Zürich, Schwäbisch Hall 1986; Hoffmann, Christel: Die Rolle des Spielleiters. In: Dies./Israel, Annett (Hg.): Theaterspielen mit Kindern und Jugendlichen. Weinheim, München 1999; Iser, Wolfgang: Das Fiktive und das Imaginäre. Frankfurt a. M. 1991; Lehmann, Hans-Thies: Postdramatisches Theater. Frankfurt a. M. 1999; Meier, Christian: Zur Funktion der Feste in Athen im 5. Jahrhundert v. Chr. In: Haugh, Walter/Warming, Rainer (Hg.): Das Fest. München 1989; Meyer, Petra Maria: Theaterwissenschaft als Medienwissenschaft. In: Forum Modernes Theater, Bd. 12/2. Tübingen 1997; Nietzsche, Friedrich: Die Geburt der Tragödie aus dem Geiste der Musik. Stuttgart 1952; Plessner, Helmuth: Die Frage nach der Conditio humana. In: Ders.: Gesammelte Schriften, Bd. 8: Conditio humana. Frankfurt a. M. 1983; Schechner, Richard: Theater-Anthropologie. Spiel und Ritual im Kulturvergleich. Reinbek 1990; Schramm, Hilmar: Theatralität und Öffentlichkeit. Vorstudien zur Begriffsgeschichte von ‚Theater‘. In: Barck, Karlheinz u. a.: Ästhetische Grundbegriffe. Studien zu einem historischen Wörterbuch. Berlin 1990; Simhandl, Peter: Bildertheater. Bildende

Künstler des 20. Jahrhunderts als Theaterreformer. Berlin 1993; Ubersfeld, Anne: Lire le theatre. Paris 1978; Vattimo, Gianni/Welsch, Wolfgang (Hg.): Medien – Welten – Wirklichkeiten. München 1998; Wekwerth, Manfred: Schriften. Arbeit mit Brecht. Berlin 1973.

INGRID HENTSCHEL

→ Bühnenbild – Bühnenräume – Circus / Circus-Didaktik – Darstellende Kommunikation – Dramaturgie – Illusion im Theater – Performance – Tanzpädagogik – Theater als öffentliche Institution – Theaterhistoriographie – Volkstheater – ZuschauSpieler

Kurzenberger, Hajo

Geb. 1944. Theaterwissenschaftler; Dramaturg und Regisseur an verschiedenen Theatern Deutschlands und der Schweiz. Seit 1980 Professor für Theaterwissenschaft/Theaterpraxis an der Universität Hildesheim. Arbeitsschwerpunkte: Theater im 20. Jh., Chorisches Theater und → Authentizität als Darstellungsform.

Horváths Volksstücke. Beschreibung eines poetischen Verfahrens. München 1974; Theater als Chor. In: Lüttge, Dieter (Hg.): Kunst – Praxis – Wissenschaft. Bezugspunkte kulturpädagogischer Arbeit. Hildesheim u. a. 1989; Spiellust contra Schauspielkunst? Über die szenische Arbeit mit Laien und professionellen Schauspielern. In: Freizeit-Pädagogik, 1991, H. 1; Taboris authentische Rollenspiele. In: Text + Kritik. Zs. für Literatur, 1997, H. 1.
Kurzenberger, Hajo (Hg.): Praktische Theaterwissenschaft. Spiel – Inszenierung – Text. Hildesheim 1998; Ders./Matzke, Frank (Hg.): Interkulturelles Theater und Theaterpädagogik. Hildesheim 1994.

GABI BEIER

Laban, Rudolf von

1879–1958. Tänzer, Choreograf, Tanzpädagoge, Tanztheoretiker. Gründete 1910 seine erste Schule in München, die zum Ausgangspunkt des deutschen Ausdruckstanzes wurde. 1911–17 Aufenthalt in der Künstler- und Lebensreformer-Kolonie auf dem Monte Veritá, wo er seine Raumharmonielehre als ein von der klassischen Tanztechnik unabhängiges, umfassendes Bewegungssystem, dessen Grundlage das Verhältnis des Körpers zum Raum ist, entwickelte. Gleichzeitig Arbeit an einer diesem Raum-Tanz-Modell adäquaten Tanzschrift, der noch immer gebräuchlichen Kinetographie. In den 1920er Jahren arbeitete L mit Bewegungschören, für die er sowohl Laien als auch professionelle Tänzer einsetzte. Gründung zahl-reicher Laban-Schulen in Europa, auch durch seine Schüler (u. a. Mary Wigman, Kurt Joos). 1937 Emigration nach England, wo er seine Bewegungsstudien vertiefte und für Tanzerziehung, Tanztherapie und Arbeitspsychologie nutzbar machte.

Die Welt des Tänzers. Stuttgart 1920; Choreographie. Jena 1926; Gymnastik und Tanz. Oldenburg 1926; Tanztheater und Bewegungschor. In: Gentges, Ignaz (Hg.): Tanz und Reigen. Berlin 1927; Ein Leben für den Tanz. Dresden 1935; Der moderne Ausdruckstanz in der Erziehung. Eine Einführung in die kreative tänzerische Bewegung als Mittel zur Entfaltung der Persönlichkeit. Wilhelmshaven u. a. 1981; Kunst der Bewegung. Wilhelmshaven 1988; Choreutik. Grundlagen der Raumharmonielehre des Tanzes. Wilhelmshaven 1991.
Böhme, Fritz: Rudolf von Laban und die Entstehung des modernen Tanzdramas. Berlin 1996.

GABI BEIER

Lacis, Asja

1891–1971. Schauspielerin, Regisseurin. Seit 1914 Schauspiel-, Regie-, später Filmstudium in Moskau. 1918–19 Theaterarbeit mit Heimkindern in Orel. 1920–22 Leitung eines Theaterstudios in Riga. 1922–24 Aufenthalte in Berlin und München, 1924 Begegnung mit Walter → Benjamin. 1925–26 Regisseurin eines gewerkschaftlichen Agitprop-Theaters in Riga. Politische Verfolgung. 1928–30 Arbeit in der Filmabteilung der sowjetischen Handelsvertretung in Berlin. 1931–33 in der Sowjetunion Regieassistentin und Dolmetscherin bei Erwin → Piscators Film Der Aufstand der Fischer von St. Barbara. 1938 Verhaftung, bis 1948 Arbeitslager in Kasachstan. 1948–57 Chefregisseurin im lettischen Walmiera. Neben der Vermittlung zwischen dem sowjetischen und dem deutschen Theater, insbesondere dem proletarisch-revolutionären Theater, engagierte sich L für das Kindertheater als Mittel der proletarischen Erziehung, in dessen Zentrum das improvisierende → Spiel stand.

Revolutionär im Beruf. Berichte über proletarisches Theater, über Meyerhold, Brecht, Benjamin und Piscator. München 1971.
Reich, Bernhard: Im Wettlauf mit der Zeit. Berlin 1970; Schedler, Melchior: Kindertheater. Geschichte, Modelle, Projekte. Frankfurt a. M. 1972.

GABI BEIER

Laientheater → Amateurtheater

Lampenfieber

Der Begriff L bürgerte sich Mitte des 19. Jhs. ein. Er stand zunächst für die Aufregung des Schauspielers, öffentlich aufzutreten. Man sagte vom Schauspieler, dass er vor die Lampen, d. h. auf die Bühne trete. Später weitete sich die Bedeutung des Begriffs L aus. Heute wird hiermit ganz allgemein die Aufregung bezeichnet, die mit einem öffentlichen Auftritt – sei es im Vorfeld oder währenddessen – verbunden ist (vgl. Paul 380).

L geht mit bestimmten körperlichen, emotionalen und kognitiven Reaktionsweisen einher: Herzklopfen, Zittern, ‚weiche Knie‘, Schwindel, beschleunigte Atmung, Magenbeschwerden, Muskelverspannungen, Angst, Nervosität, Angespanntsein, Schlaflosigkeit, die Beeinträchtigung der Denk- und Konzentrationsfähigkeit sowie das Versagen der Stimme können charakteristische Symptome sein. Tarr-Krüger (16) definiert L als einen „von Angst und psychovegetativer Spannung und Unruhe geprägte[n] Zustand vor und auch noch während eines Auftritts". L kann als quälend, aber auch als stimulierend erlebt werden. Ein entscheidender Faktor ist hier die Intensität bzw. das Erregungsniveau, das erreicht wird. Ist das L sehr stark, dann kann ein Auftritt zur Tortur werden: Aus der Angst-Lust (dem ‚thrill‘) wird dann schlicht Angst oder sogar Panik, woraus mehr als nur ein emotionales Problem für den Betroffenen resultiert – starkes L hat eine kontraproduktive Wirkung; es kann verhindern, dass sich die Fähigkeiten eines Akteurs entfalten und zeigen können. Dies wiederum kann dazu führen, dass sich das herstellt, was befürchtet wird: zu versagen, durchzufallen – sich zu blamieren.

Der Schauspieler, der öffentlich auftritt, begibt sich in eine exponierte Position. Dies ist häufig wörtlich zu nehmen: Wer auf einer Bühne steht, der ist hervorgehoben und gut sichtbar; ein Effekt, der durch gekonnte Beleuchtung noch gesteigert wird. Wer auftritt, der tritt vor andere und hebt sich heraus. Im L kämpft der Akteur gegen die Risiken des Exponiertseins.

Naht ein Auftritt, so wird dieser oft unwillkürlich in Vorstellungen vorweggenommen. Der Akteur dreht gewissermaßen verschiedene Filme, in denen dieselbe Ausgangshandlung einen unterschiedlichen Verlauf nimmt. In manchen sieht er sich als ‚Held‘, als jemand, dem es gelingt, das Publikum für sich einzunehmen. In die Vorstellung drängen sich u. U. aber auch Phantasien, die eine mögliche Blamage vorwegnehmen, Szenen, in denen ein Missgeschick passiert, Fehler gemacht und in irgendeiner Weise versagt wird. L ist mit Situationen verbunden, in denen man sich dem Urteil und der Bewertung anderer ausgesetzt sieht. Es ist Ausdruck der bangen Ungewissheit, ob man den Erwartungen, die man an sich stellt bzw. an sich gestellt sieht, auch gewachsen ist. Wäre man dies nicht, dann stünde man im gleißenden Licht der Öffentlichkeit als jemand, der exponiert und zugleich degradiert ist.

L ist Ausdruck eines konflikthaften intrapsychischen Geschehens: Dem Wunsch, etwas darzubieten und für diese Darbietung Beifall zu erhalten (zu ‚glänzen‘), steht die Angst, damit durchzufallen, zu versagen und sich lächerlich zu machen, gegenüber. Die Auftrittssituation selbst ist daher mit einem Gemisch aus Attraktion und Vermeidung verbunden, einem inneren Hin- und-hergerissen-Sein, ob die entsprechende Situation eingegangen oder doch lieber vermieden werden sollte. Möglicherweise ist im Begriff L dieser Zusammenhang bereits angedeutet: Man fiebert den Lampen entgegen und fürchtet sie zugleich, denn misslingt die Darbietung, droht glühende → Scham. Starkes L kann aber auch Ausdruck eines (unbewussten) Konfliktes sein, in dem im weiteren Sinne exhibitionistische Strebungen mit dem Verbot derselben ringen (→ Schau- und Zeigelust).

Paul, Hermann: Deutsches Wörterbuch. Tübingen 1981; Schorn, Ariane: Zur Psychologie des Lampenfiebers. In: Freie Assoziation. Psychoanalyse, Kultur, Organisation, Supervision. 1999, H. 3; Tarr-Krüger, Irmtraut: Lampenfieber. Ursachen, Wirkung, Therapie. Stuttgart 1993.

ARIANE SCHORN

→ Authentizität – Theatertherapie – Warming Up

Lang, Thomas

Geb. 1949. Theaterpädagoge, Regisseur. 1984–98 Leiter des Braunschweiger → Kinder- und Jugendtheaters *theaterspielplatz*. Seit 1998 Leiter des Fachbereichs Theater an der Bundesakademie für kulturelle Bildung in Wolfenbüttel. Lehrbeauftragter am Institut für Medien- und Theaterwissenschaft der Universität Hildesheim. Langjähriger Leiter der Braunschweiger Altentheatergruppe *Altweibersommer*. Vorstandsmitglied der ASSITEJ. Vorstandsmitglied im Beirat des Landes Niedersachsen zur Förderung des Freien Theaters.

GABI BEIER

Lask, Berta

1878–1967. Dramatikerin, Erzählerin. Mitbegründe-
rin des Bundes proletarisch-revolutionärer Schriftsteller. 1933 Emigration in die Sowjetunion, 1953 Rückkehr nach Berlin (DDR). L schrieb neben Romanen
Stücke in der Tradition des Agitprop-Theaters, die –
beeinflusst vom russischen futuristischen Theater und
vom Film – den Charakter von → Revuen tragen und
den Arbeiter als Protagonisten auf die Bühne bringen.

Rufe aus dem Dunkel. Berlin 1921; Weihe der Jugend.
Berlin 1922; Thomas Münzer. Berlin 1925; Giftgasnebel
über Sowjetrußland. Berlin 1927; Leuna 1921. Berlin 1927;
Otto und Else. Berlin 1956.
Grünberg, Karl: Berta Lask. In: Neue Deutsche Literatur,
1954, H. 1.

GABI BEIER

Lebensbegleitendes Lernen

Verstehen traditionelle Vorstellungen das Lernen als
eine Abfolge von begrenzten Lernphasen, so wird das
LL als kontinuierlicher Prozess über die gesamte Spanne des Lebens angesehen. LL beruht auf der Fähigkeit
und der Einsicht von Individuen, sich immer wieder
lernend auf neue Anforderungen einzustellen. Durch
Aufnahme, wertendes Interpretieren und Integrieren
neuer Informationen und Eindrücke, werden
menschliche Erkenntnisse und Handlungskompetenz
entwickelt, verbessert und erweitert (vgl. Dohmen
1998). Offene Zugänge zur Bildung und zum Lernen,
durchlässige Bildungswege und vernetzte Bildungsinstitutionen fördern und verstärken LL und berücksichtigen außerdem die individuell unterschiedlichen
Lern- und Bildungserfahrungen.

Erste bildungspolitische Vorstellungen zum LL gehen auf die späten 1960er und 1970er Jahre zurück. In
dem von der UNESCO initiierten Faure-Bericht (1972)
zu internationalen Bildungsreformansätzen wird erstmalig der Leitbegriff *lifelong learning* gebraucht und
synonym mit *lifelong education* und *education permanente*
verwendet. Die kontinuierliche Entwicklung menschlicher Fähigkeiten und Kompetenzen hält dieser Bericht für erforderlich zur Bewältigung wachsender
internationaler sozialer, ökologischer und gesellschaftlicher Probleme. *Lifelong learning* umfasst dabei vor-
und nachschulische Bildungsprozesse, das organisierte,
das partiell organisierte und das unorganisierte Lernen,
situatives Lernen und Lernen im alltäglichen Lebenszusammenhang.

In Deutschland wurde das Konzept des LL frühzeitig
von dem Philosophen Georg Picht und dem Ökono-
men Friedrich Edding (vgl. Picht u. a.) aufgenommen.
In deren Konzeptionen resultiert LL aus der Notwendigkeit für die Individuen, sich einem beschleunigten
Wandel in beruflichen Anforderungen und einer wachsenden Mobilität anzupassen. Erstmalig wird die Erwachsenenbildung als Teil des Bildungswesens berufs-
und lebensbegleitend definiert. Diese Positionen haben Eingang in die offiziellen Dokumente der Bildungspolitik gefunden. So wird der ,ständigen Weiterbildung' im Strukturplan für das Bildungswesen des
Deutschen Bildungsrats (51ff., 197ff.) eine große Bedeutung beigemessen.

Einen neuen Aufschwung hat die Debatte zum LL ab
Mitte der 1990er Jahre durch die Veröffentlichung
nahezu zeitgleicher Dokumente der EU und der OECD
erhalten. 1995 erschien der Delor-Bericht, es folgten
das Weißbuch der EU-Kommission *Lehren und Lernen*
und der OECD-Bericht (1996) zum lebenslangen
Lernen. Insbesondere die OECD entwickelt ein Modell des LL für das gesamte Bildungswesen, das auf
einer Erneuerung der Schulen, einer Zunahme ,non-
formaler Arrangements' und auf flexiblen Übergängen
zwischen Lernen und Arbeiten aufbaut.

Infolge dieser vornehmlich europäischen Diskussion bestimmt auch in Deutschland das LL die Leitlinien
einer modernen Bildungspolitik (vgl. Dohmen 1996).
Als wesentlicher Beitrag zur Strukturierung des LL
wird aus bildungspolitischer und berufspädagogischer
Perspektive die stärkere Verzahnung und Neustruktu-
rierung von Aus- und Weiterbildung gesehen (vgl.
Sauter). Die Erstausbildung hat das Ziel, Berufsfähigkeit
herzustellen, indem sie berufliche Handlungskompetenz
als Integration von fachlichen, sozialen und methodischen Kompetenzen vermittelt und einübt. Dagegen
ist Weiterbildung der Förderung und Erhaltung von
Arbeitsmarkt- und Beschäftigungsfähigkeit verpflichtet. In Aus- und Weiterbildung umfasst das LL nicht
nur Lernprozesse im Bereich des organisierten Lernens, sondern auch das informelle Lernen in und
außerhalb der Erwerbsarbeit.

Um LL zu fördern, wird das informelle Lernen als
besonders geeignet angesehen (vgl. Dohmen 1996,
29ff.; 1998, 18ff.). Darunter wird ein Lernen verstanden, das nicht planmäßig in Schulen und anderen
Bildungsinstitutionen, sondern eher beiläufig, meist
mit anderen Tätigkeiten verbunden, oft unbewusst
und unausdrücklich am Arbeitsplatz, im Alltag und im
Lebenszusammenhang stattfindet. Dieses tastende, nach

Verständnis suchende Lernen scheint selbstbestimmter, situations- und anwendungsbezogener und stärker auf Lernbedürfnisse und Erfordernisse von Erwachsenen zugeschnitten zu sein.

Allerdings sind dem informellen Lernen insbesondere in beruflichen Zusammenhängen und im Arbeitsalltag deutliche Grenzen gesetzt, da es von der Existenz sinnlicher, kognitiver, emotionaler und sozialer Erfahrungsmöglichkeiten abhängig ist. Unternehmerische Geschäfts- und Organisationsprozesse und ihre Orientierung an betriebswirtschaftlichen Effizienzkriterien lassen häufig nicht genug Handlungsspielräume zum informellen Lernen und zur Weiterentwicklung.

Soll das informelle Lernen zur Grundlage des LL werden, muss es in Lernarrangements mit konstanten Lernbedingungen und definierten Zielen eingebunden werden. Ansonsten bleibt das Lernen zufällig und situativ, und Lernende vermögen nicht, übergeordnete Zusammenhänge zwischen einzelnen Problemen herzustellen. Im Zentrum der Diskussionen steht derzeit die Suche nach Lernkulturen, die der Bedeutung des informellen Lernens für das Erwachsenenlernen Rechnung tragen und gleichzeitig eine Verknüpfung mit formellem und intentionalem Lernen in und außerhalb der Arbeit ermöglichen. Lernkulturen müssen eine subjektive Reflexion über das eigene informelle Lernen fördern, um so Individuen zu befähigen, Lern- und Arbeitsprozesse bewusster, zielorientierter und selbstständiger zu organisieren und zu gestalten. Die Lehrenden schaffen als Berater und Mitgestalter von Lernprozessen Voraussetzungen, Denk- und Lernprozesse auszulösen. In zukunftsorientierten Lernkulturen geht es weder um Belehrung, noch um Selbstlernen, sondern um die möglichst hilfsbereite Aufbereitung von Lernumgebungen (vgl. Arnold 1999b, 12).

In der Suche nach Lernkulturen zur Förderung des LL trifft sich der berufspädagogische wiederum mit dem erwachsenenpädagogischen Diskurs einer ‚lebensbegleitenden Bildung‘. Hier steht die ‚bedürfnisorientierte Bildungsarbeit‘ im Mittelpunkt (vgl. Tietgens 1994), die das Streben des Subjektes nach Selbstübereinstimmung, biographischer Kontinuität und Integration unterstützt. Angesichts der Individualisierungsfolgen gesellschaftlicher Modernisierung ist der Einzelne mit der Aufgabe konfrontiert, Brüche in der Lebensführung und Differenzerfahrungen mit lebensgeschichtlichem Sinn zu verbinden. Insofern beinhaltet die lebensbegleitende Bildung eine Synthesearbeit zwischen Selbst- und Weltbild, die eine Realitätsprüfung einschließt (vgl. Brödel 4). Die Voraussetzung dafür ist das Erlernen von reflexiven Fähigkeiten des Einzelnen.

Die Vernetzung einzelner Bereiche des Bildungssystems mit dem Alltagsleben, die im Konzept des LL angestrebt wird, birgt nicht nur positive Effekte für die Einzelnen. Das Konzept basiert auch auf dem Motiv, kostengünstig Ressourcen der Lebenspraxis für gesellschaftliche und wirtschaftliche Erfordernisse nutzen zu können (Brödel 5). Die damit verbundene Entgrenzung von Arbeit und Erwerbsleben schafft die Möglichkeit, öffentliche Bildungs- und Lernangebote zugunsten selbstorganisierter Lernmöglichkeiten zu verringern und diese allein in die Verantwortung des Individuums zu legen.

Arnold, Rolf/Gieseke, Wiltrud (Hg.): Die Weiterbildungsgesellschaft, Bd. 1: Bildungstheoretische Grundlagen. Neuwied, Kriftel 1999a; Ders.: Vom autodidactic zum facilitative turn – Weiterbildung auf dem Weg ins 21. Jahrhundert. In: Arnold/Gieseke, a.a.O., 1999b; Ders.: Lernkulturwandel. Begriffstheoretische Klärungen und erwachsenenpädagogische Illustrationen. In: DIE (Hg.): Literatur- und Forschungsreport Weiterbildung. Thema: Neue Lernkulturen,. Nr. 44, Dezember 1999c; Brödel, Rainer (Hg.): Lebenslanges Lernen – lebensbegleitende Bildung. Neuwied, Kriftel 1998; Delor, Jacques: Lernen für morgen. Bildung im 21. Jahrhundert. In: UNESCO Kurier, 1996, H. 4; Deutscher Bildungsrat (Hg.): Empfehlungen der Bildungskommission – Strukturplan für das Bildungswesen. Stuttgart 1970; Dohmen, Günther: Das lebenslange Lernen. Leitlinien moderner Bildungspolitik. Bonn 1996; Ders.: Zur Zukunft der Weiterbildung in Europa. Lebenslanges Lernen für Alle in veränderten Lernumwelten. Bonn 1998; Europäische Kommission: Lehren und Lernen. Auf dem Weg zur kognitiven Gesellschaft – Europäisches Jahr des Lebensbegleitenden Lernens. Luxemburg 1995; Faure, Edgar u. a.: Learning to be. The world of Education Today and Tomorrow. Paris 1972; Geißler, Harald: Entgrenzung des Lernens zwischen linearer und reflexiver Modernisierung der Weiterbildung. In: Brödel, a.a.O.; Kade, Jochen/Seitter, Wolfgang: Bildung – Risiko – Genuss. Dimensionen und Ambivalenzen lebenslangen Lernens in der Moderne. In: Brödel, a.a.O.; Knoll, Joachim A. (Hg.): Lebenslanges Lernen. Erwachsenenbildung in Theorie und Praxis. Hamburg 1974; Ders.: ‚Lebenslanges Lernen‘ und internationale Bildungspolitik. Zur Genese des Begriffs und dessen nationale Operationalisierungen. In: Brödel, a.a.O.; OECD (Hg.): Lifelong Learning for All. Meeting of the Education Committee at Ministerial Level. Paris 1996; OECD: Bildungspolitische Analyse. Bildung und Berufliche Qualifikationen. Paris, 2001; Picht, Georg/Edding, Friedrich: Leitlinien der Erwachsenenbildung. Braunschweig 1970; Sauter, Edgar: Aus- und Weiterbildung. Das neue Verhältnis alter Schwestern. Ein Beitrag zur Strukturierung des lebenslangen Lernens. In: Ausbilder-

Handbuch 45, Erg.-Lfg., August 2001; Tietgens, Hans: Lebenslauforientierung als handlungsleitendes Konzept für die Erwachsenenbildung. In: Wiater, Werner (Hg.): Erwachsenenbildung und Lebenslauf. Mündigkeit als lebenslanger Prozess. München 1994; Ders.: Anthropologische und bildungstheoretische Implikationen lebenslangen Lernens. In: Arnold/ Gieseke, a.a.O.

AGNES DIETZEN

→ Autobiographisches Theater – Geschichte der Pädagogik – Lernen und Theater – Reformpädagogik – Übungsfirma– Unternehmenstheater – Zielgruppe

Lecoq, Jacques

1921–1999. Pantomime und Schauspiellehrer. 1948–50 Dozent am Universitätstheater Padua, seit 1952 Leiter der Theaterschule des *Piccolo teatro* Mailand mit Giorgio Strehler und Armand → Gatti. 1956 Gründung der *École Internationale de mime et de théâtre* mit Unterricht in → Improvisation, Maskenspiel, Komödie, Tragödie, Verkörperung des Clowns. L verbindet die Schule Decroux mit Elementen der Commedia dell'Arte und transformiert die Pantomimetechniken in Theaterarbeit und Schauspielinszenierungen. Ihm geht es um die Dynamik konkreter Empfindungen, deren Fixpunkte es präzise zu erfassen gilt.

Der poetische Körper. Eine Lehre vom Theaterschaffen. Berlin 1999.
Köller, Thomas: Die Schauspielpädagogik Jacques Lecoqs. Frankfurt a. M. u. a. 1993; Matthies, Roland: Wege zu einer Schauspielausbildung – Wege zu einem neuen Theater? Frankfurt a. M. 1996.

GABRIELA NAUMANN

Legislatives Theater

Begonnen hat das politisch-theatrale Experiment des LT 1992 mit einer Wahlkampagne des *Centro do Teatro do Oprimido* (CTO-Rio) für die brasilianische Arbeiterpartei PT (*Partido dos Trabalhadores*). Dabei entschied sich Augusto → Boal für die Kandidatur zum Abgeordneten des Stadtparlaments von Rio de Janeiro. Nach seiner Wahl entwickelte er von 1992 bis 1996 zusammen mit MitarbeiterInnen aus dem Theater- und Rechtsbereich das Projekt des LT.

Ziel des LT ist es, mit Hilfe des Kommunikationsmediums Theater Partizipationsmöglichkeiten in politischen Prozessen zu schaffen. Damit erreicht das → Theater der Unterdrückten im LT eine neue Dimension: Neben der szenischen Reflexion alternativer Handlungsstrategien wird die Transformation politisch-struktureller Rahmenbedingungen angestrebt. Die Intervention in der theatralisierten Realität wird zum Ausgangspunkt für die Entwicklung eines neuen Gesetzes, „das den Unterdrückten als Instrument zu ihrer Verteidigung dient" (Boal zit. in Baumann 23). Das Theater selbst wird zur *transitiven Demokratie* (vgl. Boal 22), in welcher die BürgerInnen durch den Abgeordneten Gesetze initiieren. Die theatrale Sprache ermöglicht es den BürgerInnen, auf einer anderen Kommunikationsebene als gewöhnlich an politischen Prozessen teilzunehmen.

Die konkrete Umsetzung des LT findet an der sozialen Basis statt. Von der Straße in das Parlament führt der Theaterweg mit der Kernmethode des → Forumtheaters: BürgerInnen inszenieren in Theatergruppen öffentliche Forumtheateraufführungen zu alltäglichen Unterdrückungserfahrungen. Die Interventionen der zuschauenden BürgerInnen werden in einem Team von Rechtsexperten und Theaterleuten (sog. Stoffwechselzellen) evaluiert, zu Gesetzesentwürfen weiterentwickelt und in den parlamentarischen Prozess eingebracht (ebd. 93f.). In umgekehrter Richtung führt der Kabinettsweg vom Parlament auf die Straße: In inszenierten Parlamentssitzungen werden Gesetzesvorschläge anderer Abgeordneter von der Bevölkerung auf der Straße diskutiert. Während Boals Amtszeit sind 13 Gesetzesvorschläge von insgesamt über 30 Theatergruppen verabschiedet worden. Das wichtigste Gesetz schreibt den ZeugInnenschutz bei der Verbrechensbekämpfung vor (ebd. 104).

Seit 1998 führt das CTO-Rio das Projekt des LT ohne politisches Mandat, mit privater Unterstützung, weiter. Neben anderen brasilianischen Städten gibt es auch in Europa verschiedene Versuche, das LT zu adaptieren. Hier stellt sich v. a. die Frage nach der Akzeptanz dieser theatralen Sprache in der politischen Kultur Europas. Die Verknüpfung von Theaterarbeit und gesetzesgebender Ebene ist dabei die größte Herausforderung. Insbesondere die zentrale Rolle des Jokers, der den Dialog zwischen Bühne und Publikum moderiert, bedarf in diesem Zusammenhang einer stärkeren Reflexion (vgl. Kempchen 134ff.).

Balby, Cleide Negrão: Augusto Boal – Theatertheorie und Praxis unter besonderer Berücksichtigung des ‚Legislativen Theaters'. Magisterarbeit. München 1997; Baumann, Till: Von der Politisierung des Theaters zur Theatralisierung der Politik. Theater der Unterdrückten im Rio de Janeiro der neunziger Jahre. Stuttgart 2001; Ders./Kastner, Barbara/ Kempchen, Doris: Theatre goes politics – es geht weiter. In: Korrespondenzen, 1999, H. 34; Boal, Augusto: Legislative Theatre. Using Performance to make Politics. London 1998;

CTO-Rio (Hg.): Metaxis. In: The Theatre of the Oppressed Review/CTO-Rio. Rio de Janeiro. 2001, H. 1; Kempchen, Doris: Wirklichkeiten erkennen, enttarnen, verändern. Dialog und Identitätsbildung im Theater der Unterdrückten. Stuttgart 2001; Paulo-Freire-Gesellschaft (Hg.): Szenen verändern – Joker aus Rio unterwegs. Zs. für befreiende Pädagogik, 2000, H. 25/26.

www.ctorio.com.br; www.joker-netz.de.

DORIS KEMPCHEN

→ Regenbogen der Wünsche – Statuentheater – Unsichtbares Theater – Zeitungstheater – Zielgruppe – ZuschauSpieler

Lehrstück

L ist ein von Bertolt → Brecht eingeführter thp Spieltyp mit Musik, der unter Verzicht auf Indoktrination das Potenzial zur Veränderung gesellschaftlicher Strukturen stärken soll und für den er ein eigenes Textgenre entwickelte, das nicht mit den Vorlagen für das ‚epische Theater' identisch ist.

Anfang der 1980er Jahre, etwa fünf Jahre nachdem die ersten Praxisversuche mit dem L eingesetzt hatten, wurden diese in den Zusammenhang der damals aktuellen Theoriediskussionen gestellt: Theorie der Politischen Bildung v. a. von Oskar Negt, des Alltagsbewusstseins von Thomas Leithäuser u. a., der sozialen Lebenswelt von Alfred Schütz und Thomas Luckmann, des symbolischen Interaktionismus von George Herbert Mead und der ‚szenische' Ansatz der Psychoanalyse von Alfred Lorenzer. Der Impuls, die lange wenig beachteten L als Instrument emanzipativer Pädagogik zu nutzen, hatte sich indessen aus der Beschäftigung mit Brecht ergeben: „Das Lehrstück lehrt dadurch, daß es gespielt, nicht dadurch, daß es gesehen wird." „Die Große Pädagogik [...] hebt das System Spieler und Zuschauer auf. Sie kennt nur mehr Spieler, die zugleich Studierende sind." „Indem die jungen Leute im Spiele Taten vollbringen, die ihrer eigenen Betrachtung unterworfen sind, werden sie für den Staat erzogen." (zit. n. → Steinweg 1976, Nr. 145, 29, 53)

Die neuere L-Forschung hatte 1964 begonnen, indem die Konsequenzen dieser und vieler ähnlicher Sätze für die Deutung der L-Texte durchdacht wurden. Ergebnis: Das Verdikt der marxistischen wie der bürgerlichen Literaturkritik, das L sei eine letztlich misslungene, spröde und ‚mechanistische' (oder vulgärmarxistische) Übergangserscheinung auf dem Weg zum ‚reifen' epischen Theater, ist aufzuheben: Die in den L-*Texten* vergeblich gesuchte Individualität ersteht in der Realisation durch die L-*Spieler*! Das Spiel

stellt ihre sozialen und politischen Erfahrungen, ihre Emotionalität in all ihren Nuancen und Farben, ihre Lebensfragen und ihr Denken in den Mittelpunkt. Der Text bietet den Rahmen, die Folie für die Subjektivität der Spieler, sie selbst sind der Mittelpunkt der ‚Übung', als die Brecht das L bezeichnet. Alle Sinnbezüge der Texte erschließen sich aus diesem Punkt. Diese vielfältigen Bezüge können hier nicht dargestellt werden (vgl. Steinweg 1972; 1995a).

Seit den 1970er Jahren entspann sich eine lebhafte Debatte zur L-Theorie (u. a. Steinweg 1976; → Ruping), die bis in die 1990er Jahre fortgeführt wurde. Eine neue Debatte entstand, als Krabiel 1993 den Versuch vorlegte, den L-Typus noch einmal ganz anders zu bestimmen, nämlich als Musikgenre (vgl. u. a. Steinweg 1995a; 1995b; → Vaßen 1996; Hartung 2003).

Die große Herausforderung der 1970er/80er Jahre war indessen nicht die Theorie, sondern die thp Praxis mit dem L, und zwar in doppelter Hinsicht: War es trotz der seit 1930 fast vollständig veränderten politischen Rahmen- und Rezeptionsbedingungen – die *Maßnahme* z. B. wurde für *Arbeiterchöre* geschrieben – möglich, den ‚trockenen' L-Texten einen elektrisierenden Funken im Sinne ‚politischer Bildung' zu entlocken? Und wie war es möglich, das *Ineins* von ‚Taten' und ‚Betrachtung' zu *organisieren*, das den pädagogischen Kern des L-Ansatzes ausmacht?

Als erster stellte sich einer der großen Regisseure und Brechtschüler dieser Aufgabe: 1975 führte Benno → Besson zusammen mit Karge/Langhoff mit achtzig Werktätigen einer Fabrik in Terni (Italien) ein Seminar zu *Die Ausnahme und die Regel* durch. Der Versuch wurde mit interessanten Ergebnissen unter den ganz anderen politischen Bedingungen der DDR einige Monate später mit Mitarbeitern von zwei Großbetrieben wiederholt. Fast gleichzeitig führte der holländische Regisseur Paul Binnerts bei einer als Lernprozess angelegten Arbeit mit der *Maßnahme* ein durchgehendes ‚Stilprinzip' als konstitutives Element des L-Prozesses ein. Hans Martin → Ritter initiierte in Berlin die Integration von Versuchen mit dem L in die Ausbildung von Lehrern, und an drei Jugendbildungsstätten in Hessen und Berlin wurden Versuche mit L als Methode der außerschulischen *Lehrlingsbildung* durchgeführt.

Wie aber ein Spielprozess insbesondere mit Jugendlichen, in dem L-Texte im Mittelpunkt stehen, so strukturiert werden kann, dass nachhaltige Erkenntnisprozesse und Haltungsänderungen in Gang gesetzt werden, und wie solche Erkenntnisprozesse im L-Kurs bei jungen Leuten verlaufen, das konnte erst in einem

mehrjährigen, von der ‚Berghof Stiftung für Konfliktforschung' geförderten thp Forschungsprojekt ermittelt werden, das im Zusammenhang der Auseinandersetzung mit ‚Gewalt' als zentralem Gegenstand der
politischen Bildung stand (vgl. Heidefuß u. a.). Dabei
stellte sich u. a. heraus, dass der L-Text allein nicht
ausreicht, um selbstreflexive Prozesse in Gang zu setzen, sondern dass dafür spezielle Aktivitäten zur Körper-
aktivierung und vor allem spezifische Regeln erforderlich sind, die den Spielprozess strukturieren (u. a.
→ Feedback jedes Teilnehmers zu jeder Spielszene
über die Wahrnehmungen und damit verbundene
Bedeutungen; keine Bewertung des Spiels; strenge
Abfolge von unabgesprochenen, abgesprochenen und
‚fixierten' Spielversionen, bei denen gezielt mit alter-
nativem Verhalten experimentiert wird; strenges Festhalten am Text; Verzicht auf psychologisierende Deutung – vgl. Steinweg 1995a, 23ff.).

Dieses Forschungsprojekt wurde jedoch nicht isoliert verfolgt, sondern war eingebettet in eine Vielzahl
von unterschiedlichen Ansätzen, die seit Ende der
1970er Jahre an vielen Orten entwickelt und erprobt
wurden: in Berlin (Hans Martin Ritter, Gerburg de
Atencio, später auch Gerd Koch), in Hamburg (Gerd
Koch), in Hannover (Florian Vaßen, Ralf Schnell), in
Münster (Martin Jürgens, Arnold Windeler, Bernd
Ruping) in Oldenburg (Ingo → Scheller) entwickelten
sich Zentren des L-Spiels. Der *ästhetische* Faktor hat in
diesen Ansätzen unterschiedliches Gewicht, das *Ziel* ist
aber immer ein *pädagogisch-politisches*: die Entwicklung
eines Lernzusammenhangs, der Erlebnis und Reflexion, → Sinnlichkeit und Abstraktion, Theorie und Praxis aufs Engste miteinander verbindet. Alle L-Ansätze
arbeiten mit dem – bereits von Brecht geforderten –
Rollentausch als ein Mittel, unterschiedliche Perspektiven auf die soziale und ästhetische Wahrnehmung zu
gewinnen und die Routine des Alltagshandelns und
der Alltagswahrnehmung aufzulösen.

Die meisten Ansätze beschränken sich auf *Kurzzeit-
pädagogik* (ein Wochenende, maximal eine ganze
Woche). In dieser Zeit wäre die spielerische Erarbeitung eines *ganzen* L allenfalls *ohne* gemeinsame Reflexion möglich. Nur mit einzelnen Szenen zu arbeiten,
ist – neben dem meist notgedrungenen Verzicht auf die
→ lehrstückbegleitende Musik – eine gravierende Veränderung gegenüber der von Brecht intendierten L-
Praxis.

1980 wurde von den genannten Zentren die bis
heute aktive Gesellschaft für Theaterpädagogik gegründet. Der Band *Assoziales Theater. Spielversuche mit
Lehrstück und Anstiftung zur Praxis* (vgl. Koch u. a.)

dokumentiert die Experimente und Diskussionen in
dieser ersten Phase der Gesellschaft und die Vielfalt der
methodischen und didaktischen Zugänge. *Assoziales
Theater* spielt auf den ‚bösen Baal den Asozialen' an,
von Brecht in manchen Manuskripten mit Doppel-s
geschrieben, vor allem aber auf einen Vorgang, der für
das Lernen im L konstitutiv ist: Es ist so gut wie
unmöglich, eine L-Szene auch nur dreimal zu spielen,
ohne dass sich – meistens sehr konkrete – Assoziationen an erlebte Wirklichkeit einstellen, meistens an
konfliktive, gewaltsame oder gewaltträchtige Situationen, also Asozialität. Das L-Spiel verbindet das *Persönliche*, d. h. die individuelle Erfahrung in Konflikten des
unmittelbaren Handlungs- und Lebenszusammenhangs
mit dem *Politischen*, d.h. mit Konflikterfahrungen in
Institutionen, im Beruf, in politischen Gruppierungen,
mit politischen Gegnern oder sozial Mächtigen.

L-Experimente zielen auf die Differenz zwischen
Bewusstsein, Ideologie und *Haltung* (Brecht spricht
von ‚Ideologiezertrümmerung'). Entscheidend ist das
‚Betrachten' der im Spiel sichtbar werdenden Haltungen und die damit entstehende *Selbstdistanz*. ‚Betrachten' heißt zunächst – und auch dies ist eine Neuerung
gegenüber Brechts eigener Aufführungspraxis –, dass
Beobachter und Mitspieler ihre Wahrnehmungen und
die damit verknüpften Erinnerungen/Bedeutungen
mitteilen. Das distanzierende Betrachten der eigenen
Haltungen findet aber zusehends auch unmittelbar im
Akt des Spielens statt. Man sieht sich selber zu.

Dadurch kann sich eine Haltung – mit Brecht eine
komplexe Einheit von geistigen und *körperlichen* Momenten – verändern, die in konfliktiven Situationen
das Handeln steuert, was über politische An- und
Absichten weit hinaus geht. Im L nehmen die TeilnehmerInnen selbst *körperlich* eine Haltung ein und fühlen
aus dieser Haltung heraus, sozusagen mit aktivierter
→ Sinnlichkeit (vgl. Steinweg 1979; Heidefuß u. a.). In
diesem Prozess wird es möglich, Haltungen nachhaltig
zu verändern, die uns daran hindern, unsere subjektiven politischen oder sozialen Ziele zu realisieren.

L-Spiel wurde und wird seit den 1970er Jahren in
den unterschiedlichsten Zusammenhängen eingesetzt:
als Mittel der kollektiven Selbstreflexion von Sozialar-
beitern, in der Gefangenenarbeit, in der außerschulischen politischen Bildung mit Jugendlichen, zunehmend auch mit Erwachsenen, in der Friedenserziehung,
in politologischen und germanistischen Einführungs-
veranstaltungen, als Instrument des interkulturellen
Dialogs – Spielen in mehreren Sprachen gleichzeitig –
(vgl. Maringer u.a.) und im Kontext der Trainings für
einen gewaltreduzierenden Umgang mit Konflikten.

Nachfolgend werden mit Ausnahme weniger Grundtexte nur die Arbeiten aufgeführt, die nicht in der Bibliographie bei Steinweg 1995a bzw. in den Lehrstück-Bibliographien in Koch/Steinweg/Vaßen und Fornoff/Vaßen angegeben sind.

Brecht, Bertolt: *Der Lindberghflug* (1929, später umbenannt in *Der Ozeanflug*, 1948); *Das Badener Lehrstück vom Einverständnis* (1929); *Der Jasager/Der Neinsager* (1930); *Der böse Baal der Asoziale* (1930, posthum veröffentlichtes Fragment); *Die Maßnahme* (1930/31); *Die Ausnahme und die Regel* (1932–1939); *Die Horatier und die Kuriatier* (1934).
Fornoff, Roger/Vaßen, Florian: Lehrstückbibliographie. In: Korrespondenzen, 1994, H. 19/20/21; Hartung, Günter: Geschichte des Brechtschen Lehrstücks. In: Ders.: Der Dichter Bertolt Brecht. Leipzig 2003; Heidefuß, Wolfgang/Petsch, Peter/Steinweg, Reiner: Weil wir ohne Waffen sind. Ein theaterpädagogisches Forschungsprojekt zur Politischen Bildung. Nach einem Vorschlag von Bertolt Brecht. Frankfurt a. M. 1986; Koch, Gerd/Steinweg, Reiner/Vaßen, Florian (Hg.): Assoziales Theater. Spielversuche mit Lehrstücken und Anstiftung zur Praxis. Köln 1984; Krabiel, Klaus-Dieter: Brechts Lehrstücke. Entstehung und Entwicklung eines Spieltyps. Stuttgart, Weimar 1993; Maringer, Eva/Wrentschur, Michael: Ja nemam kabat. Mrznu. Lehrstückspiel zum Thema Gewalt in der interkulturellen Jugendarbeit. In: Korrespondenzen, 1995, H. 23/24/25; Steinweg, Reiner: Das Lehrstück. Brechts Theorie einer politisch-ästhetischen Erziehung. Stuttgart 1972; Ders. (Hg.): Brechts Modell der Lehrstücke. Zeugnisse, Diskussion, Erfahrungen. Frankfurt a. M. 1976; Ders.: Neues vom alten Brecht, oder: Friedensarbeit und Sinnlichkeit. In: antimilitarismus information, 1979, H. 7; Ders.: Lehrstück und episches Theater. Brechts Theorie und die theaterpädagogische Praxis. Frankfurt a. M. 1995a; Ders.: Re-Konstruktion, Irrtum, Entwicklung *oder* Denken fürs Museum. In: Brecht-Jahrbuch, Bd. 20. Madison 1995b; Vaßen, Florian: Brecht und die absolute Wahrheit des Herrn Kra oder Auf einen groben Klotz gehört ein grober Keil. In: Korrespondenzen, 1996, H. 27.
REINER STEINWEG

→ Hochschuldidaktik – Kommunikationstraining – Szenische Interpretation

Lehrstückbegleitende Musik

LM hat sich vor allem in Verbindung mit → Brechts → Lehrstücken prägend und öffentlichkeitswirksam ausgebildet. Wie bestimmend Brecht die Rolle der Musik dabei sah, zeigt die Tatsache, dass er führende Komponisten des 20. Jhs. zur Mitarbeit aufforderte. Über Kurt Weill, Paul Hindemith, Hanns Eisler, Paul Dessau und Kurt Schwaen flossen Tendenzen der neuen Musik in die Lehrstücke mit ein: durch Weill die Auseinandersetzung mit Formen des Jazz, der

populären Musik und der Kammer- bzw. → Schuloper, durch Hindemith die Gemeinschafts-, Sing- und Spielmusik außerhalb des professionellen Konzertbetriebs, durch Eisler die Auseinandersetzung mit der Oratorienform und der vorklassischen Musik sowie ihre Einbindung in Formen proletarischer Kampfmusik, durch Dessau die Zwölftontechnik und durch Schwaen der Versuch, eine komplexe Musik für Kinder zu schreiben, ohne ‚kindertümelnd‘ zu sein.

Auch zahlreiche andere Komponisten haben vor allem Ende der 1920er Jahre LM geschrieben, darunter Ernst Toch zu *Das Wasser* (Alfred Döblin), Hermann Reutter zu *Der neue Hiob* (Robert Seitz), Paul Dessau zu *Das Eisenbahnspiel* (Robert Seitz), Paul Höffer zu *Das schwarze Schaf* (Robert Seitz) oder Wolfgang Fortner zu *Cress ertrinkt* (Andreas Zeitler). Die Zahl der musikbegleiteten Lehrstücke wuchs sprunghaft an und hatte zur Folge, dass der Gattungsbegriff des musikbegleiteten Lehrstücks in Beliebigkeit und Unschärfe auf andere Kunstgattungen – auch Oper und Schauspiel – übertragen wurde und eine breite Diskussion in den Medien nach sich zog (vgl. Kolland 1978). Auch nach 1945 wurde zu Lehrstücken Musik komponiert, wie 1956 zu Brechts *Die Ausnahme und die Regel* durch Dieter de la Motte.

Brechts Lehrstücke enthielten von Anbeginn Musik als integrierenden Bestandteil. So zeigt die Entstehungsgeschichte der *Maßnahme*, wie Brecht und Eisler in enger, kritischer Produktionsgemeinschaft Text und Musik entwickelten. Die Lehrstücke sind ausnahmslos Modelle eines spezifischen Musik-Theaters, das es in dieser Konstellation bisher nicht gab. Neuere Versuche, das Lehrstück den traditionellen vokalmusikalischen Genres zuzurechnen (vgl. Krabiel 4), sind ebenso problematisch, wie die seitens der Literatur- und → Theaterwissenschaft lange praktizierte Ignorierung oder Vernachlässigung der musikalischen Dimension. Denn dieser Lehrstücktypus konstituiert sich weder in literarischer, theatralischer oder musikalischer Prägung, sondern vielmehr als ein sich durch alle Teile bedingender und miteinander verschränkter Komplex, ganz im Sinne von Brechts Ensemble-Gedanken der Künste.

Zu Brechts erstem Lehrstück, das zunächst den Titel *Lehrstück* trug, schrieb Hindemith die Musik. Er kam 1926 mit der aus der Wandervogel-Bewegung hervorgegangenen Jugendbewegung zusammen und zielte darauf ab, das dort gepflegte Repertoire von Barock- und Volksmusik durch eine qualitativ hochstehende, zeitgenössische Laienmusik zu erweitern. Diese ‚Aufwertung‘ des musizierenden Laien durch Hindemith traf mit Brechts Absichten zusammen, → Zielgruppen jenseits des kommerziellen Kunstbetriebs anzusprechen. Hindemiths Partitur entsprach diesem Bedürfnis: Er ließ Stärke wie Besetzung des Orchesters offen und differenzierte nur zwischen hohen, mittleren und tiefen Stimmen. Traditionell vorgeschrieben ist lediglich das Fernorchester, d. h. Musikübertragung z. B. mittels Rundfunk. Durch Unstimmigkeiten zwischen Brecht und dem Komponisten – nicht zuletzt wegen nachträglicher Eingriffe Brechts in die Textstruktur – besteht seit 1958 ein Aufführungsverbot der Musik.

Während sich das *Lehrstück* – später *Badener Lehrstück vom Einverständnis* benannt – noch auf Darbietungsformen des Theaters oder Konzertsaals bezog, sollte der von Hindemith und Weill zunächst gemeinsam vertonte *Lindberghflug* die technischen Verbreitungsmöglichkeiten des Rundfunks nutzen. Brecht beabsichtigte einen Gebrauch des Radios jenseits konventioneller Programmvermittlung und bot mit einem auf Interaktivität zielenden Dialog zwischen dem Rundfunk (dem Musik-, Geräusch- und Textlieferanten) und dem Hörer (der simultan Teile des Lehrstücks singen und sprechen soll) einen weit in die Zukunft greifenden Modellversuch an. Wie beim *Badener Lehrstück* trat auch hier die Situation ein, dass die von Weill und Hindemith gemeinsam vertonte Fassung zur weiteren Aufführung nicht freigegeben wurde. Eine von Weill im Herbst 1929 vertonte Fassung wird aber bis heute aufgeführt, sei es im Konzert, als TV-Film oder als CD-Aufnahme. Auch *Der Jasager* mit Weills Musik, ein Werk, das der Komponist als ‚Schuloper' bezeichnete, wird immer wieder gespielt. Sehr erfolgreich ist auch *Die Ausnahme und die Regel* als das im In- und Ausland meistgespielte Lehrstück, wozu Dessau 1948 die Musik schrieb.

Die intendierte Praktikabilität der Lehrstücke und ihrer Musik stand immer wieder im Widerspruch zu den Aufführungsverboten des *Badener Lehrstücks*, des *Lindberghflugs* und der *Maßnahme*. Dabei spielten spätere Textänderungen (welche die musikalische Ausführung partiell oder gänzlich undurchführbar machten), ästhetische wie politische Gründe eine Rolle. Das Aufführungsverbot der Erben und der Vertrieb des Notenmaterials durch Verlage gibt diesen Lehrstücken bis heute einen geschlossenen und ‚offiziellen' Kunstcharakter mit Copyright-Absicherung. Dieser erschwert oder verhindert das ursprünglich von Brecht beabsichtigte Eingreifen der Spielenden in Musik und Text im Sinne einer aktualisierenden Anpassung, Vereinfachung und Streichung von Text- und Musikpassagen.

Weiterhin hat die Unkenntnis der Musik zu Brechts Lehrstücken ihren tatsächlichen Schwierigkeitsgrad lange verschleiert. So enthalten die Kompositionen Weills, Hindemiths, Eislers, Dessaus und Schwaens spieltechnische Anforderungen, die nur von semiprofessionellen Laien oder Berufsmusikern bewältigt werden können. Auch die Chöre der *Maßnahme* beziehen sich auf den hohen Standard der Arbeitermusikbewegung der Weimarer Republik, der mit dem Machtantritt der Nationalsozialisten zerschlagen wurde. Nach dem 2. Weltkrieg ist dieses Niveau nicht mehr erreicht worden. Das hat zur Folge, dass heute die LM überwiegend durch gut ausgebildete MusikerInnen aufgeführt wird.

Dümling, Albrecht: Laßt Euch nicht verführen. München 1985; Knopf, Jan (Hg.): Brecht-Handbuch, Bd. 1. Stuttgart, Weimar 2001; Kolland, Dorothea (Hg.): Musik und Gesellschaft 1930/31. Arbeitsblätter für soziale Musikpflege und Musikpflege. Reprint. Berlin 1978; Dies.: Musik und Lehrstück. In: Gellert, Inge/Koch, Gerd/Vaßen, Florian (Hg.): Maßnehmen. Bertolt Brecht/Hanns Eislers Lehrstück *Die Maßnahme*. Köthen 1999; Krabiel, Klaus-Dieter: Brechts Lehrstücke. Entstehung und Entwicklung eines Spieltyps. Stuttgart 1993; Lucchesi, Joachim: ‚Das Stück wirkt mit der Musik ganz anders!' In: Gellert, a.a.O.; Lucchesi, Joachim/Shull, Ronald: Musik bei Brecht. Frankfurt a. M. 1988; Rienäcker, Gerd: Musik als Agens. In: Gellert, a.a.O.; Weill, Kurt: Musik und musikalisches Theater. Mainz 2000.

JOACHIM LUCCHESI

→ Arbeitertheater – Chorisches Sprechen / Sprechchor – Ensemble der Künste – Reformpädagogik – Schulmusical – Theaterlied

Leiblichkeit

Die Einführung eines Leibbegriffs geht auf die im 19. Jh. beginnende Auseinandersetzung über das dualistische Selbstverständnis (Unterscheidung von Geist und Körper bzw. Leib und Seele) des Menschen zurück. Zu Beginn des 20. Jhs. erlebte sie mit der entstehenden Philosophischen Anthropologie, der Phänomenologie und dem Pragmatismus einen ersten Höhepunkt. Wirkungsgeschichtlich bis heute bedeutsam ist die in der Philosophischen Anthropologie entwickelte Unterscheidung von ‚Leib' und ‚Körper', eine Unterscheidung, die in der deutschen Alltagssprache bereits angelegt ist: Während der Begriff des Körpers unterschiedliche Körper umfassen kann, den menschlichen ebenso wie physikalisch bestimmte Körper (z. B. Flugkörper), bezieht sich der Begriff des Leibes immer auf Lebendiges.

Die Theorie der L zielt darauf, die genuine Leiberfahrung der Menschen ernstzunehmen. Wenn sich auch die näheren Bestimmungen des Begriffs ‚Leib' in den verschiedenen philosophischen Ansätzen unterscheiden, so implizieren sie doch alle, dass unser leibliches und nicht das geistige Verhältnis zur Welt für unsere Weltwahrnehmung konstitutiv ist. Damit treffen sich Phänomenologie, Philosophische Anthropologie und Pragmatismus in dem Ziel, ein nicht bloß instrumentelles Verhältnis zum eigenen Körper zu denken und den cartesischen Dualismus zu überschreiten. Die ‚Ordnung des Lebens' und die ‚Ordnung der Vernunft' sollen dabei gerade nicht voneinander getrennt, sondern im Sinne einer „spezifischen Ordnung der Vernunft im Bereich des leiblichen Lebens" (Waldenfels 22) verbunden werden.

Maurice Merleau-Ponty hat den Leib als „unsere Verankerung in der Welt", „unser Mittel überhaupt, eine Welt zu haben" bezeichnet (Merleau-Ponty 174ff.). Im Zentrum seiner Überlegungen steht die Konzeption einer Doppeldeutigkeit des Leibes als Welthabe und Weltstiftung. Dadurch ist der Leib Ding unter Dingen *und* Träger des Ich. Hans Joas hat diese Konzeption als zwei *Weisen* von Körperlichkeit gedeutet, wodurch Merleau-Ponty versuche, das Verhältnis von Geist und Körper, Intentionalität und L von vornherein nichtdualistisch zu fassen. Hermann Schmitz versteht unter dem (eigenen) Leib des Menschen das, „was er in der Gegend seines Körpers von sich spüren kann" (Schmitz 12). Gernot Böhme bestimmt den Leib als „Natur, die wir selbst sind" (Böhme 77).

Die Einführung eines Leibbegriffs steht bis heute unter dem Verdacht, einen Zugang zum Körper in seiner ‚Natürlichkeit' oder Nicht-Zeichenhaftigkeit zu beanspruchen. Doch haben die vielfältigen Diskussionen um den Körper seit Ende der 1970er Jahre deutlich gemacht, dass der Körper – und auch der Leib – nicht als Teil einer unveränderlichen Natur verstanden werden kann. Wurde mit der ‚Wiederkehr des Körpers' (vgl. Kamper u. a.) zunächst auch die Frage einer möglicherweise neuen → Authentizität aufgeworfen, so dominierte im Anschluss an die Arbeiten Foucaults seit den 1980er Jahren die Vorstellung vom Körper als Objekt und Einschreibefläche kultureller Muster, Normen und Disziplinierungen. Die im Gefolge dezidiert poststrukturalistischer Ansätze einsetzende Debatte um Konstruktion und Dekonstruktion des Körpers verabschiedete endgültig die Möglichkeit authentischer Erfahrungen. Sie brachte aber auch die Lebendigkeit des Körpers hinter einer weitgehend als

Text gedachten und damit tendenziell körperlosen Welt zum Verschwinden (linguistic turn). Übrig blieb ein Körper als Effekt von diskursiv verfassten Zeichenpraktiken, der im Wesentlichen als passives Konstrukt gedacht wurde. Damit stehen sich in den Diskussionen um ‚den' Körper mittlerweile sehr polarisierte Auffassungen gegenüber.

Ein Brückenschlag zwischen radikaler Dekonstruktion und einem bloßen Beharren auf leiblich-körperlichen Erfahrungen kann durch die Rückbesinnung auf Ansätze, wie sie Helmuth Plessner, Merleau-Ponty und Hermann Schmitz auf verschiedene Weise ausgearbeitet haben, ermöglicht werden. Diese Autoren haben die Bedeutung der menschlichen L für die Orientierung in der Welt herausgestellt, ohne die Historizität von Erfahrungen leugnen zu müssen. Das dadurch eröffnete Spannungsfeld lässt sich mit Plessner auch als Dialektik von Leib-Sein und Körper-Haben bestimmen.

In soziologischer Richtung hat Pierre Bourdieu mit seinem Habitus-Konzept den Körper zur Grundlage der Welterschließung in Form von Gedanken, Wahrnehmungen und Handlungen gemacht. Er zeigt, inwiefern das Subjekt gesellschaftliche Strukturen einverleibt und welche Bedingungen dafür erfüllt sein müssen. Die Individuen entwickeln demnach eine subjektive Entsprechung zu diesen Strukturen, indem sie unter anderem soziale Fähigkeiten, praktisches Wissen sowie Wahrnehmungs- und Bewertungsmuster im Habitus amalgamieren und diesen inkorporieren. So verlaufen im Körper immer Prozesse der Subjektivierung *und* der Objektivierung: Er handelt als Teil der sozialen Welt, die wiederum in ihm körperlich geworden ist. Daraus ergibt sich schließlich auch die Hervorhebung performativer Vollzüge für das Gelingen kultureller → Kommunikation, da hier Bedeutung (Referenz) in Abhängigkeit von Handlungen entsteht. Damit tritt die ‚Kreativität des Handelns' in den Vordergrund.

Nur mit Blick auf das Wechselverhältnis zwischen der Leibgebundenheit jedweder Handlung auf der einen und der historischen, sozialen und geschlechterspezifischen Konstruktion des Körpers auf der anderen Seite ist die fundamentale Bedeutung, die dem Körper als Grund jeglicher Kultur zukommt, angemessen zu erfassen. Die doppelte Verfasstheit des menschlichen Körpers lässt sich am Modell des Theaters beispielhaft illustrieren: Die Körper einer Schauspielerin oder eines Tänzers produzieren *und* sind Zeichen. Sie sind Zeichen-Körper, semiotische Körper, sie tragen Bedeutung gewissermaßen wie ein Kleid. Zugleich aber sind sie → Medium und L, Signifikanten, die niemals ganz im Zeichen aufgehen bzw. ihre Zeichenfunktion immer schon überschritten haben.

Der Körper als Leib ist nämlich niemals nur Produkt, sondern immer auch Akteur in kulturellen Prozessen. Verkleidung, → Inszenierung oder Bebilderung des Körpers hat mit seiner spezifischen Leibhaftigkeit zu rechnen. Seine Eigendynamik hervorzuheben bedeutet, ihn tatsächlich als ,Körper von Gewicht' (vgl. Butler) zu verstehen, ein Gewicht, das sich in seiner leibgebundenen Gegenwärtigkeit der Vereinnahmung, Disziplinierung und Fragmentierung des Körpers durch die Macht der Diskurse entgegenstellt. So wäre eine Rede über den Körper zu ermöglichen, die nicht immer schon in den Dichotomien von Natürlichkeit und Künstlichkeit, Wirklichkeit und Inszenierung, Innen und Außen oder Männlichkeit und Weiblichkeit gefangen ist.

Böhme, Gernot: ,Leib: Die Natur, die wir selbst sind'. In: Ders.: Natürlich Natur. Über Natur im Zeitalter ihrer technischen Reproduzierbarkeit. Frankfurt a. M. 1992; Bourdieu, Pierre: Sozialer Sinn. Kritik der theoretischen Vernunft. Frankfurt a. M. 1993; Butler, Judith: Körper von Gewicht. Die diskursiven Grenzen des Geschlechts. Berlin 1995; Fischer-Lichte, Erika: Auf dem Wege zu einer performativen Kultur. In: Paragrana, 1998, H. 7; Dies./Fleig, Anne (Hg.): Körper-Inszenierungen. Präsenz und kultureller Wandel. Tübingen 2000; Joas, Hans: Die Kreativität des Handelns. Frankfurt a. M. 1992; Kamper, Dietmar/Wulf, Christoph (Hg.): Die Wiederkehr des Körpers. Frankfurt a. M. 1982; Laqueur, Thomas: Auf den Leib geschrieben. Die Inszenierung der Geschlechter von der Antike bis Freud. Frankfurt a. M. 1992; Merleau-Ponty, Maurice: Phänomenologie der Wahrnehmung. Berlin 1966; Métraux, Alexandre/Waldenfels, Bernhard (Hg.): Leibhaftige Vernunft. Spuren von Merleau-Pontys Denken. München 1986; Plessner, Helmuth: Gesammelte Schriften, Bd. 4: Die Stufen des Organischen und der Mensch. Einleitung in die philosophische Anthropologie. Hg. v. Günter Dux, Odo Marquard u. Elisabeth Ströker. Frankfurt a. M. 1981; Schmitz, Hermann: Der Leib, der Raum und die Gefühle. Ostfildern vor Stuttgart 1998; Waldenfels, Bernhard: Das leibliche Selbst. Vorlesungen zur Phänomenologie des Leibes. Frankfurt a. M. 2000.

ANNE FLEIG

→ Atmung – Bewegung – Körper- und Bewegungsstudium – Körpersprache – Lernen und Theater – Sinnlichkeit

Lernen und Theater

Was gibt Theater zu lernen? Ein Nichtfachmann auf diesem Gebiet, der Computerspezialist Joseph Weizenbaum, schreibt dazu in seinem weit verbreiteten Buch über ,die Macht der Computer und die Ohnmacht der Vernunft': „Früher hat man die Geisteswissenschaften, vor allem die Literatur, als Quellen der geistigen Nahrung und Erkenntnis angesehen, während sie heute fast nur noch unter dem Aspekt ihres Unterhaltungswertes wahrgenommen werden. Die alten Theater der Griechen und des Orients, die Bühne Shakespeares, Ibsens und Tschechows – das waren regelrechte Schulen. Der angebotene Lehrstoff sollte Erkenntnisse über die Gesellschaft vermitteln, die dort dargestellt wurden." (Weizenbaum 32f.)

Wie das, möchten wir fragen. Ein *Lehrstoff*, der nicht im Aggregatzustand von Lehrsätzen, von begrifflich oder zahlenmäßig formulierten allgemeinen Erkenntnissen daherkommt, sondern in Szenen, die lebendige Menschen hier und jetzt, im flüchtigen zeitlichen Vorübergang an einem bestimmten Ort anderen Menschen leibhaft vorspielen – ein solcher Lehrstoff, ein solches Lernen hat durchaus ,schräge' Züge. Zumal diese Szenen von Mehrdeutigkeiten, von Unbekanntheiten, von Überraschungen geradezu triefen.

Kann es da überhaupt in einem ernsthaften Sinn etwas zu *Lernen* geben? Denn wer etwas gelernt hat, der ist doch auf einem Gebiet souverän geworden, so unser Alltagsverständnis. Er hat Unsicherheiten überwunden, er beherrscht eine Kompetenz, eine Materie. Die Welt verliert kraft des Lernens etwas von ihrer Sperrigkeit; man bekommt sie in den Griff.

Und Theater scheint ja in unserer Kultur auch deshalb eine so rätselhafte und widerborstige Einrichtung zu sein, weil es gar nichts zum Fortschritt der Erkenntnis, zur ökonomischen oder sozialen Fortentwicklung beisteuert, sondern weil es – ganz im Gegenteil – ein Lernen in der Gegenrichtung zu inszenieren scheint. Denn man erwäge nur, was da an einem beliebigen Theaterabend auf den Brettern exekutiert wird, einerlei, ob es von Sophokles, Shakespeare, Kleist, Schnitzler oder von Beckett stammt. Da gehen immer wieder Geschichten in Szene, die die Akteure in Verwirrungen und Katastrophen geraten lassen – und die den Zuschauern zumuten, mitzuerleben, dass diese Akteure in Situationen kommen, in die sie, die Zuschauer, überhaupt nicht kommen mögen, ganz abgesehen davon, dass die Handlungen oft in völlig anderen Welten, als denen des Alltags der Zuschauer, spielen. Hier findet ein Lernen in der Gegenrichtung statt: Alles, was Souveränitätsverluste zeitigt, wird nicht etwa überwunden, sondern stark gemacht, ja ins Extrem gesteigert. Verwirrungen, Missverständnisse, Fehlkalkulationen, Konflikte zwischen und in den Menschen, Zusammenbrüche von Regeln und Institutionen – kein Theaterabend ohne solche Beben, seien sie nun tödlich-tragischer oder komischer, das Lachen provozierender Natur. Und man wird nicht sagen können, dass der Zuschauer so belehrt das Theater verlässt, wie ein Schüler oder ein Student seine Lehrstunde. Die Geschichten haben allesamt Widerhaken und reißen Wunden auf. Und die Spieler sind keine Lehrkörper. In ihren Gesten und Stimmen kommen Ängste, Hoffnungen, Entzückungen zum Vorschein, die der normale Erwachsene unter der Decke des Anstandes und der Konvention verborgen zu halten gelernt hat. Und die, wenn sie dann doch einmal in der imaginären Theaterrealität zum Zug kommen, rätselhaft faszinieren können.

Ein Lernen gegen den Strich erscheint da möglich. Und man könnte jeden Abend wieder ins Nachsinnen darüber verfallen, was denn da eigentlich vor sich geht, wenn tausend Menschen zwei Stunden lang gebannt einem Geschehen folgen, das nun wirklich nichts mit ihrem tatsächlichen Leben zu tun hat. Sei es, dass da ein imaginärer König einer imaginären Stadt grauenhafte Konsequenzen daraus zieht, dass er blind war für seine eigene Lebenspraxis – als Gatte seiner Mutter. Sei es, dass zwei Alte in Mülltonnen ihr leeres Leben verplaudern. Wie können solche hoch unproduktiven, solche oft genug auch höchst unwahrscheinlichen Geschehnisse – wenn sie einem theatralisch auf den Leib rücken – zünden, erregen, bewegen? Der Hinweis auf den Unterhaltungs- oder Bildungswert hilft hier nicht viel weiter.

Arthur Schnitzler wurde kritisiert, dass er aus seinem Theaterstück *Professor Bernhardi* kein Tendenzstück gegen den seinerzeit auch in Wien verbreiteten Antisemitismus gemacht habe – wo doch das Theater eine sinnlich wirksame Waffe im Kampf gegen bestimmte Einstellungen sein könne. Seine Antwort wirft Licht auf das ‚schräge‘ Lernen, das sich nicht auf verwertbare Doktrinen einspuren lässt, sondern solche Tendenzen geradezu unterminiert: „Es war nicht meine Absicht (und liegt wohl auch kaum im Bereich künstlerischer Möglichkeiten), eine Frage zu lösen [...]. Denn ich empfinde es als meinen Beruf, Menschen zu gestalten, und ich habe nichts zu beweisen, als die Vielfältigkeit der Welt. Eine Handlung so zu führen, dass jede an ihr beteiligte oder nur an sie anstreifende Figur ihr innerstes Wesen preiszugeben genötigt ist, darin liegt am

Ende das Geheimnis aller dramatischen Energie" (Brief an Richard Charmutz vom 4. 1. 1913). Die Lernprozesse, die dramatische Energie auslösen kann, wären demnach Demontagen von vorschnellem stereotypem Alltagswissen – das Menschen und Situationen schnell einordnet und einschätzt, ohne sich auf deren Unbekanntheiten und Vieldeutigkeit einzulassen. Gadamer schrieb, auch im Zusammenhang mit der Erfahrung, die die Tragödie freigeben kann, von der „Wunschbesessenheit des menschlichen Gemütes" (Gadamer 339), das in dogmatische Urteile flüchtet, um sich nicht von der immer schmerzlichen und unpassenden Wirklichkeit treffen lassen zu müssen. Es handelt sich bei Schnitzler um Beweise anderer Art, als sie in Lehrsälen und Lehrbüchern vorgeführt werden (womit gegen die Bedeutung auch dieser Art, zu Erkenntnissen zu kommen, gar nichts gesagt ist).

Was kann ein ‚schräges‘ Lernen bringen, das nicht auf die Gewinnung stabiler und konsistenter Erkenntnisse aus ist, sondern auf deren Erschütterung? Was fordert es von den Beteiligten – seien es Akteure im Spiel, seien es im Zuschauen Teilhabende?

Fast ein Jahrhundert nach Schnitzler hat sich eine andere dramatische Autorin, Gerlinde Reinshagen, Gedanken darüber gemacht, wozu Theaterlernen gut sein kann in einer Welt, die ohnehin schon ein gerüttelt Maß an Verwirrung und Unübersichtlichkeit zeitigt: „Was gäbe es speziell in unserer Medienumwelt an Bedrohung, was hätte unser Theater zu schützen? Es wären dies in erster Linie unsere Sinne. Das Hören, das Sehen, das Fühlen. Unsere Merkfähigkeit. Unser Erinnerungsvermögen. Die nicht betäubte, sondern wache Aufmerksamkeit für Bilder, Geräusche, Bewegungen, Worte. Das, was in den Goliath-Medien längst verloren ging: unsere fast schon verkümmerte Fähigkeit des langsamen Schließens, das allmähliche Verfertigen von Gedanken beim Sehen, das Erfühlen der lebendigen Geste, das Erkennen und Begreifen von Sprache beim Hören. Das Lachen. Das Weinen. Die Entwicklung und Erhaltung einer Spannung, die allein aus dieser anderen Art von Kommunikation erwächst. Es wird dies eine Spannung sein, die zu erleben womöglich erst wieder gelernt werden muss. Nicht etwa durch Erklärung des Bühnengeschehens, durch didaktische Interpretation, sondern allein durch Schärfung der Aufmerksamkeit, durch geduldiges Hinhorchen, Hinschauen. Zu hören, wie bei Horvath ein Satz verebbt; zu sehen, wie sich Tasso, der Dichter, verneigt; zu fühlen, wie sich die Sprache Dantons mit der Nähe zum Tod verändert. Das will eine neue Art von Geduld [...]. Vielleicht ist die Bühne der letzte Ort, wo all dies noch wirklich stattfinden kann. Es geht um unsere Augen, unser Hirn und unsere Ohren, um jedes unserer stumpf gewordenen Organe, die – zum Überleben gebraucht – dringend zugespitzt werden müssen" (Reinshagen).

Bohrer, Karl Heinz: Die Furcht vor dem Unbekannten. In: Merkur, 1979, H. 4; Gadamer, Hans-Georg: Wahrheit und Methode. Tübingen 1975; Lehmann, Hans-Thies: Über die Wünschbarkeit einer Kunst des Nichtverstehens. In: Merkur, 1994, H. 5; Reinshagen, Gerlinde: Neun Sätze zum Theater. In: Süddeutsche Zeitung, 24. 1. 1992; Rumpf, Horst: Traumwelt Oper? Über eine schräge Spiel-Art von Menschenforschung. In: Zwischenschritte. Beiträge zu einer morphologischen Psychologie, 2001; Seel, Martin: Ästhetik des Erscheinens. München 2000; Weizenbaum, Joseph: Die Macht der Computer und die Ohnmacht der Vernunft. Frankfurt a. M. 1980.

HORST RUMPF

→ Ästhetische Bildung – Didaktik – Drama in Education – Geschichte der Pädagogik – Musisch-ästhetische Erziehung – Theater als öffentliche Institution

Lesung → Szenische Lesung

Lewin, Kurt

1890–1947. Studium der Medizin, Biologie und Philosophie. 1914 Promotion. 1921–33 Assistent am Psychologischen Institut der Universität Berlin. 1921 Habilitation, 1927 Außerordentlicher Professor. 1933 Emigration in die USA. Professor an verschiedenen Universitäten. L befasste sich zunächst mit Willens- und Motivationspsychologie, später wurden Wissenschaftstheorie, → Entwicklungs- und Erziehungspsychologie sowie Sozialpsychologie seine Arbeitsschwerpunkte. Er beschäftigte sich u. a. mit experimenteller Gruppenforschung und prägte den Begriff der Gruppendynamik. Seine Forschungen sind u. a. Grundlage für Jacob L. → Morenos Arbeiten zum → Psychodrama.

Weiss Lewin, Gertrud (Hg.): Kurt Lewin: Die Lösung sozialer Konflikte. Ausgewählte Abhandlungen über Gruppendynamik. Bad Nauheim 1953; Kurt Lewin Werkausgabe. 4 Bde. Bern, Stuttgart 1981–83. Kind, Taís Doriléa: Verhaltensänderung in der Gruppenarbeit. Dargestellt an den Konzepten von Kurt Lewin und Frank Buchmann. Göttingen 1991 [Diss.]; Lück, Helmut E.: Kurt Lewin als Entwicklungspsychologe. Hagen 1983; Ders.: Kurt Lewin. Eine Einführung in sein Werk. Weinheim, Basel 2001; Marrow, Alfred J.: Kurt Lewin. Leben und Werk. Stuttgart 1977; Schönpflug, Wolfgang (Hg.): Kurt Lewin. Person, Werk, Umfeld. Historische Rekonstruktio-

nen und aktuelle Wertungen aus Anlass seines hundertsten Geburtstags. Frankfurt a. M. u. a. 1992.

GABI BEIER

Lippert, Elinor

Geb. 1931. Theaterpädagogin. Seit 1959 Spielleiterin. Seit 1972 Referentin für Lehrerfortbildung. 1989–95. 1. Vorsitzende der BAG für das → Darstellende Spiel in der Schule. 1992–99 Projektleiterin des Interdisziplinären Studienschwerpunkts Spiel- und Theaterpädagogik an der Universität München. Lehrbeauftragte am Institut für Didaktik der Deutschen Sprache und Literatur/Institut für Theaterwissenschaft an der Ludwig-Maximilians-Universität München. Produktionsleiterin des BLK-Projektes ,Spiel- und Theaterpädagogik multimedial'.

Georg Büchner, Leonce und Lena als Unterrichtsspiel und Schülertheater. Stuttgart 1989. Lippert, Elinor (Hg.): TheaterSpielen. Bamberg 1998; Dies./ Lippert, Gerhard/Mieruch, Gunter (Hg.): Theater in der Schule. Hamburg 2000; Dies./Tschamler, Herbert/Frenzel, Günter u. a.: Spiel- und Theaterpädagogik multimedial. Übungen – Training – Spielformen. 4 CD-ROM. Bonn 2002.

GABI BEIER

Ludwig, Sophie

1901–1997. Schülerin und langjährige Mitarbeiterin von Heinrich → Jacoby und Elsa → Gindler, nach deren Prinzipien sie fast bis zu ihrem Tod in Berlin unterrichtete. Gründerin der Heinrich-Jacoby/Elsa-Gindler-Stiftung, die dem Zweck dient, Dokumente beider Arbeit der Öffentlichkeit zugänglich zu machen und die wissenschaftliche und praktische Auseinandersetzung mit ihr zu fördern.

Elsa Gindler. Von ihrem Leben und Wirken. Wahrnehmen, was wir empfinden. Hamburg 2002.

GABI BEIER

Ludwig, Volker

(eigentl. Eckart Hachfeld)
Geb. 1937. Intendant und Dramatiker. Studium Germanistik und Kunstgeschichte in Berlin und München. 1965 Gründung des Reichskabaretts Berlin. 1966 Gründung des Theaters für Kinder im ,Reichskabarett' (seit 1972 GRIPS-Theater), wichtigstes deutschsprachiges Kindertheater der Nachkriegszeit. L ist bis heute Leiter und Hauptautor, z.B. der musikalischen → Revue Linie 1 (1986).

Ludwig, Volker/Michel, Detlef/Heymann, Birger: Das
hältste ja im Kopf nicht aus. Ein Theaterstück für Hauptschü-
ler, Realschüler, Berufsschüler, Sonderschüler, Gymnasias-
ten und deren Geschwister, Freunde, Eltern, Lehrer, Erzieher und Ausbilder. Ravensburg 1985; Ders./Michel, Detlef:
Eine linke Geschichte. Theaterstück mit Kabarett. Berlin
1980.
Ludwig, Volker u. a. (Hg.): Das GRIPS-Theater. Geschich-
te und Geschichten, Erfahrungen und Gespräche aus einem
Kinder- und Jugendtheater. Berlin 1979; Ders. u. a. (Hg.):
Kabarett mit K. 70 Jahre große Kleinkunst. Berlin 1989.
Fischer, Gerhard: GRIPS. Geschichte eines populären Thea-
ters. München 2002; Fischer-Fels, Stefan (Hg.): Das Grips-
Buch. Theater-Geschichten. Berlin 1994; Ders. (Hg.): Der
Schriftsteller Volker Ludwig. Kabarettautor, Liedtexter,
Stückeschreiber. Berlin 1999; Simon, Odile (Hg.): Das
Grips-Buch. Theater-Geschichten, Bd. 2: 1994–1999. Ber-
lin 1999.

GABRIELA NAUMANN

Luserke, Martin

1880–1968. Pädagoge, Erzähler, Theatertheoretiker.
1904–06 Studium der Mathematik und Philosophie.
1906 Mitbegründer, ab 1910 Leiter der reformpädagogischen Freien Schulgemeinde Wickersdorf. Gründete 1925 die ‚Schule am Meer‘ auf der Nordseeinsel
Juist, die 1934 von den Nationalsozialisten geschlossen
wurde. L ist einer der bedeutendsten Reformpädagogen der Weimarer Republik. Er entwickelte das
Laientheater, für das er auch Stücke schrieb und das er
als auf Selbsterkenntnis und Bewusstwerdung zielen-
des Bewegungsspiel verstand.

Shakespeare-Aufführungen als Bewegungsspiele. Stuttgart
1921; Jugend- und Laienbühne. Bremen 1927; Das Laienspiel. Revolte der Zuschauer – für das Theater. Heidelberg
1930; Der Teufel mit den drei goldenen Haaren. Ein Spiel
nach dem Grimmschen Märchen. Kassel, Basel 1949; Die
kleine Flöte. Kassel, Basel 1949; Blut und Liebe. Ein Ritter-
Schauer-Drama. Weinheim 1953; Pan, Apollon, Prospero.
Ein Mittsommernachtstraum, die Wintersage und der Sturm.
Zur Dramaturgie von Shakespeare-Spielen. Hamburg 1957.
Giffei, Herbert: Martin Luserke und das Theater. Recklinghausen 1979; Ders.: Martin Luserke. Ein Wegbereiter der
modernen Erlebnispädagogik? Lüneburg 1987.

GABI BEIER

Märchen

Das Volks-M hat heute Einzug gehalten in beinahe
alle Bereiche der Kultur – von der Literatur bis zur
Pop-Musik, von der Werbung bis zum satirischen
Comic. Subtile Adaption, triviale Verballhornung und
platter merkantiler Missbrauch liegen bruchlos neben-

einander und verweisen auf die Präsenz von M bzw.
M-motiven im öffentlichen Bewusstsein.

Die Forschungsliteratur (volkskundliche, literatur-,
sprach- und medienwissenschaftliche, strukturanalyti-
sche, psychologische, pädagogische, theologische, philosophische, sozialhistorische) ist heute nur noch von
Spezialisten zu überblicken. Die *Enzyklopädie des Märchens* stellt das umfassendste, den neuesten Forschungsstand repräsentierende Nachschlagewerk zu allen rele-
vanten Fragen der M-forschung dar. Die von Bolte/
Polívka 1913 bis 1932 edierten *Anmerkungen zu den
Kinder- und Hausmärchen der Brüder Grimm* geben einen
umfassenden Überblick über weltweit verbreitete Varianten der Grimmschen M. Das zweibändige *Märchenlexikon* von Walter Scherf gibt Auskunft über die
wichtigsten Erzähltypen der europäischen und außereuropäischen M.

Die 1956 gegründete Europäische Märchen-
gesellschaft (EMG), mit fast 3 000 Mitgliedern in den
1990er Jahren zu einer der größten literarischen Vereinigungen Deutschlands angewachsen, führt in ihren
jährlichen (internationalen) Kongressen und Tagungen Fachleute und Enthusiasten zusammen und stellt
ein Diskussionsforum zu aktuellen Tendenzen der M-
und Erzählforschung dar. Die von der EMG initiierten
Seminare und Fortbildungskurse, in denen die Erzähl-
ausbildung einen zentralen Platz einnimmt, verbindet
theoretische und erzähl-praktische Aspekte der Auseinandersetzung mit dem Volks-M.

Die M-Stiftung Walter Kahn, die z.Z. insbesondere
pädagogisch intendierte M-Projekte fördert, gibt den
Märchenspiegel, eine Vierteljahreszeitschrift für internationale M-Forschung und -pflege, heraus und vergibt
jährlich den Walter-Kahn-Preis an Personen und Institutionen, die sich auf wissenschaftlichem oder künstlerischem Gebiet besondere Verdienste um das Volks-M
erworben haben, sowie den Lutz-Röhrich-Preis für
herausragende studienabschließende Arbeiten auf dem
Gebiet der Erzählforschung und/oder M-kunde.

Im Rahmen der ThP nimmt das M einen bevorzugten Platz im → Darstellenden Spiel mit Kindern ein.
Dies erklärt sich aus seinen gattungsspezifischen Besonderheiten: Die Handlung ist einsträngig aufgebaut,
entwickelt sich um einen meist existenziellen Konflikt,
die Figuren sind Typen, keine differenzierten Charaktere und auf polare Handlungsstrategien festgelegt. In
seiner Dramaturgie folgt das Volks-M beinahe obliga-
torisch dem von Gustav Freytag entworfenen Schema
des klassischen Dramas: Exposition – erregendes Mo-
ment/Schürzung des Knotens – aufsteigende Handlung – Peripetie – absteigende Handlung – retardieren-

des Moment – Lösung. Damit lassen sich M in eine Abfolge von drei bis fünf Akten einteilen, die für Kinder in ihrer Überschaubarkeit gut gestaltbar sind. Der naive Umgang mit dem Wunderbaren macht logische Erklärungen oder Motivierungen verzichtbar; die Unbestimmtheit der Handlungsorte und -zeiten und deren abrupter Wechsel erlauben es, Wahrscheinlichkeit durch Phantastik zu ersetzen, die alle Überzeugungskraft für sich hat, weil sie nicht mit den Gesetzen der empirischen Realität in Übereinstimmung gebracht werden muss.

Das anthropomorphe Weltbild des M legt es nahe, alle Orte, Gegenstände und unter Umständen auch Requisiten von den Kindern selbst darstellen zu lassen; dies erleichtert die kreative Einbeziehung größerer Kindergruppen ins → Spiel.

Thematisch gruppiert sich das M um zentrale Konfliktpotenziale, die mit der kindlichen Entwicklung korrelieren: Ablösung, Angst vor Liebesverlust und Versagen, Identitätssuche, Partnerbindung. Damit kann die Beschäftigung mit dem M für Kinder auch zur Aufarbeitung unbewusster Spannungen werden.

Im Rahmen der interkulturellen Erziehung bietet das M eine sinnvolle Möglichkeit des Vergleichs mit und der Integration von Sujets und Motiven aus fremden Kulturen.

Im schulischen und außerschulischen Bereich bieten sich die unterschiedlichsten Formen des kreativen Umgangs mit M an: Malen, Zeichnen, Druck- und Collagetechniken, → Schatten-, Figuren-, → Papier- und Tischtheater, Erzähl-, Masken- und Musiktheater, Klang- und Musikcollagen, Hörspiel, Vorlesen und textgebundenes oder freies Erzählen.

Bolte, Johannes/Polívka, Jiří: Anmerkungen zu den Kinder- und Hausmärchen der Brüder Grimm. 5 Bde. Hildesheim 1982; Born, Monika: Kognitiver und kreativer Umgang mit Märchen in Erziehung und Unterricht. In: jugendbuchmagazin, 1988, H. 4; Enzyklopädie des Märchens. Handwörterbuch zur historischen und vergleichenden Erzählforschung. Begr. v. Kurt Ranke. Berlin, New York (seit 1977), bisher 8 Bde.; Freytag, Gustav: Die Technik des Dramas. Stuttgart 1983; Mattenklott, Gundel: Kinder machen Theater. Berlin 1983; Meißner, Elisabeth: Wir spielen Märchen. Ethik und Theater. Leipzig 2002; Riemann, Sabine: Märchen und Spiel. In: Grundschule, 1995, H. 12; Röth, Dieter: Kleines Typenverzeichnis der europäischen Zauber- und Novellenmärchen. Hohengehren 1998; Sahr, Michael: Um der Kinder und Märchen willen! Kallmünz 1995; Scherf, Walter: Das Märchenlexikon. 2 Bde. München 1995; [Themenhefte zum Umgang mit Märchen in der Schule:] Grundschulunterricht, 1994, H. 12 u. 1997, H. 3; Praxis Deutsch, H. 47 u. 103; Deutsch in der Grundschule, 1999, H. 3; Die Grundschulzeitschrift, 2000, H. 134; Wardetzky, Kristin: Das Märchen als Spiel. In: Praxis Spiel + Gruppe, 1994, H. 4; Dies.: Erzählen und Darstellen. In: Mattenklott, Gundel/ Rora, Constanze: Arbeit an der Einbildungskraft. Praxis Musisch-Ästhetische Erziehung, Bd. 2. Hohengehren 2001; Dies./Zitzlsperger, Helga (Hg.): Märchen in Erziehung und Unterricht heute, Bd. 1. Rheine 1997. Bd. 2. Hohengehren 1997; Zitzlsperger, Helga: Kinder spielen Märchen. Weinheim, Basel 1994.

KRISTIN WARDETZKY

→ Kinder- und Jugendtheater – Phantasie – Puppentheater / Figurentheater

Magie

Im alltäglichen Sprachgebrauch wird das Wort M zur Bezeichnung nicht erklärbarer, wundersamer Ereignisse benutzt, im erweiterten Sinne auch zur Beschreibung besonders schöner, zauberhafter Momente, auch zur Kennzeichnung der künstlerischen Produktion und des Kunsterlebens. Seinem griechischen Wortursprung nach ist M mit *Zauberei* gleichzusetzen und kennzeichnet eine von Aberglauben durchdrungene Handlung, die Einfluss auf Natur und Mensch nehmen und Macht ausüben will. Im magischen Weltbild (im Gegensatz zum religiösen oder wissenschaftlichen) wird bestimmten Worten, Gesten, Zahlen, Formeln, Bildern, Schriften, Zeichen, Stoffen, Gegenständen, Gerüchen, Tönen oder Riten eine Handlungsvollmacht zugeschrieben, mit der die Kräfte der Natur beschworen, mobilisiert und beeinflusst werden sollen. Ursächlich mit der rituellen Praxis sog. primitiver Völker in Verbindung gebracht, wird das Wort M häufig auch zur Kennzeichnung einer vorwissenschaftlichen, außerrationalen ‚Geisteshaltung‘ verwendet und das magische Weltbild als eine Vorstufe der Menschheitsgeschichte verstanden. Kritik an dem ethnozentristisch verengten Blick innerhalb der Anthropologie und Ethnologie übt insbesondere Lévi-Strauss, wenn er nicht das Denken der Wilden, sondern das *wilde Denken* betont, das mit der *rationalen Erkenntnis* untrennbar verbunden ist, sich jedoch den sinnlich wahrnehmbaren Erscheinungen – im Unterschied zur analytischen Methode – in der Art eines Bastlers nähert (vgl. Lévi-Strauss). Ob sog. Naturvölker mit ihrer exakten Naturbeobachtung oder moderne Naturwissenschaftler mit ihrer Ursachenforschung – inzwischen wird davon ausgegangen, dass der Mensch, sobald er beobachtet, experimentiert und klassifiziert, von seinem Glauben genauso besessen ist wie vom Zufall abhängig; auch die Physiker halten (bisweilen den Tatsachen zum Trotz) an ihren Ideen fest und finden auch etwas heraus (vgl. Feyerabend).

Im Gegensatz zum rationalen, auf Fortschritt bauenden Denken liegt dem magischen Denken ein zyklisches Weltverständnis zugrunde: *Mimetisches Handeln* (vgl. Gebauer u. a.) erneuert die kosmische Ordnung, und jede Störung (Krankheit, Krieg, Tod, mangelnde Fruchtbarkeit, fehlender Regen) bedarf besonderer ritueller oder magischer Handlungen, die das Gleichgewicht wieder herstellen. M beruht im Wesentlichen auf der (letztlich äußerst abstrakten) Vorstellung, dass Zeichen Dingliches bewirken können. Der Körper wird hier nicht als geschlossene Entität, sondern als anderen Körpern oder Umwelten gegenüber offen gedacht, so dass gute wie schlechte Kräfte in ihn einzudringen vermögen und er durch *weiße M* oder *schwarze M* beeinflussbar ist. Der Ethnologe Frazer unterscheidet zwei Praktiken: (1.) die auf Ähnlichkeit beruhende *imitative M*, die von der Vorstellung ausgeht, dass Ursache und Wirkung identisch sind, ähnliche Handlungen also Gleiches bewirken und (2.) die auf Kontiguität beruhende *kontagiöse M*, die von einem (meist willkürlich hergestellten) Zusammenhang zwischen Zeichen und Wirkung ausgeht, somit Dingen, die einmal in einem Zusammenhang zueinander standen, weiterhin (auch aus der Ferne) Wirkkraft zuspricht (vgl. auch Freud). Der Unterschied zwischen einer praktischen und einer magischen Handlung ist, dass letztere nicht an ihrer objektiven Wirkung gemessen wird. Ihrer Logik zufolge liegt der Zweck der Handlung bereits im Handeln selbst, entsprechend bricht die magische Sicht also auch dann nicht zusammen, wenn sie ‚objektiv' nicht funktioniert (vgl. Bateson). Das magische Bewusstsein kennt keine Subjekt-Objekt-Spaltung, der Handelnde folgt einer scheinbar äußeren Notwendigkeit (z. B. einem Naturgesetz) und handelt (z. B. in Trance) *als ob* er determiniert sei.

Auch heute noch machen insbesondere Schocks, Krisenzeiten, Leiden oder Sinnprobleme anfällig für den Glauben an Teufel, Geister, Wunderheiler, Talismane, geheime Vorzeichen und nähren den Wunsch, den eigenen Willen auf Dinge und Personen zu übertragen oder selbst ein anderer sein zu wollen. Während in archaischen Gesellschaften Grenzüberschreitungen und *liminales Schwellenerleben* (in Übergangsriten etwa) zur öffentlichen Praxis gehören und kollektiv eingebunden sind (vgl. Turner; Douglas), werden sie in der modernen Gesellschaft tabuisiert und (bis auf wenige Ausnahmen wie im Sport oder Spiel) individualisiert oder in den ‚geistigen' Bereich etwa von Religion oder Kunst verwiesen. Auf das Weiterleben magischer Prak-

tiken in dem *dämonischen Charakter des Seelenlebens* hat die Psychoanalyse aufmerksam gemacht. Die *Allmacht des Wunsches* ist in der Traumarbeit oder im Primärprozess genauso gegenwärtig wie in der neurotischen, phobischen oder paranoischen Symptombildung. Das magische Denken prägt die Wirklichkeit des → Spiels, die halluzinatorische, darstellende (nachahmende), projizierende Wunscherfüllung und insbesondere auch die *magischen Jahre des Kleinkindes* (vgl. Fraiberg); es wirkt auf das Unbewusste wie auf die Wahrnehmung.

Mit der Re-Inszenierung des Dionysos-Kults in der griechischen Antike hat das Theater die Menschen vom magischen Bann zu befreien versucht. Die kosmische Ordnung wird nun als göttliche angesehen und steht der menschlichen fortan unversöhnlich gegenüber. Zur Wiederbelebung der Platonischen Idee, dass der Mensch in der Begegnung mit der äußeren Natur auch ohne göttliche Hilfe (oder Strafe) erkennen kann, studieren die Renaissance-Gelehrten u.a. auch antike und arabische Geheimschriften. Die *natürliche M* wird von der Zauberei abgegrenzt und von namhaften Gelehrten wie Ficino, Bruno oder Paracelsus als Teil der *scientia* angesehen, die die Geheimnisse der Natur sehen und die Wesensverwandtschaft aller Dinge und Erscheinungen (auch mit Hilfe der Alchimie) ergründen kann. Erst mit der Durchsetzung der modernen Naturwissenschaften, die nicht mehr *Wirkungen* beschreiben (oder beschwören), sondern *Ursachen* erforschen, gerät die M endgültig ins Abseits; die neuen Zeichen und Formeln zeugen von einer entmystifizierten Weltanschauung, mit der die Erscheinungen der Natur rational erklärbar werden. Was sich der Berechnung und objektiven Überprüfung entzieht, wird als Sinnesverwirrung oder Irrglaube abgetan, überlebt in praktizierenden Geheimzirkeln und an den Rändern der Gesellschaft; das magische Erleben wird in den Bereich der Einbildung oder aber an die Künste verwiesen und selbst hier zivilisiert und gebändigt.

Im Zeitalter der Vernunft verliert das Theater seine in der Materialität liegende geistige Wirksamkeit. Der Schauspieler ist nicht mehr der Zauberer, der zwischen dem Wirklichen und dem Überwirklichen vermittelt; er soll zwar von seiner Figur besessen sein, doch zugleich die Zeichen dieser Besessenheit verbergen (also als Schauspieler verschwinden) und mit der Figur identisch werden (vgl. Barthes). Wenn auch schon mit dem christlichen Sündenfall der *Name* aus seiner ihm *immanenten Magie* heraustritt, um als Wort etwas außer sich selbst mitzuteilen, also *von außen magisch* zu werden (vgl. → Benjamin), so hat doch erst das moderne Schauspiel (insbesondere im 19. Jh.) der Eigenmächtigkeit des Wortes endgültig Einhalt geboten. Kritiker wie → Artaud sehen das Theater als ‚blutleere' und ‚fleischlose' Erzählkunst, die keine Transzendenz mehr kennt. Inspiriert durch die Körperlichkeit und M des balinesischen Theaters kämpfte er für ein *alchimistisches Theater*, das die Stufen der niederen Materie, des Rausches und der Ekstase zur Freilegung einer verfeinerten Wahrnehmung durchlaufen und Worte wieder zu Taten machen soll (vgl. Artaud). In der Auseinandersetzung mit der außereuropäischen Theatertradition und durch die Protestaktionen der 1960er Jahre angetrieben, wird nach den Ursprüngen des Theaters gesucht und die magische und beschwörende Wirkung des theatralen Ereignisses erprobt – Theaterschaffende wie → Grotowski, → Brook, → Barba, → Schechner, das Living Theatre, die Wooster Group oder San Francisco Mime Troupe entdecken das Theater als *Ort der Erfahrung* (bisweilen auch der spirituellen Erfahrung, wie im Übrigen auch Beuys, Nitsch oder Stockhausen in den anderen Künsten).

Theater wie M sind zuletzt eine Kunst des Hervorbringens; sie beruhen auf der (durch den → Konstruktivismus inzwischen anerkannten) Tatsache, dass Menschen durch ihre Ideen tatsächlich Ereignisse beeinflussen, hervorbringen und diese durchaus auch wahrnehmen können. Schon vor 100 Jahren hat Panizza auf das Wundersame und Unfassbare der Wahrnehmung aufmerksam gemacht, die mit ihren Bildern buchstäblich ‚Spukgestalten' herstellt. Denn was bleibt, so fragt er, nach Abzug der Sinne? „Etwas zweifellos Vorhandenes: der Geist, das Kreatorische, der Dämon in der Natur" (Panizza 164). Die M des theatralen Geschehens beruht jedoch weniger auf der Tatsache, dass der Zuschauer etwas nicht Vorhandenes tatsächlich sehen kann (anstelle einer Holzpuppe eine belebte Figur, anstelle des Schauspielers den leibhaftigen Hamlet), seine „Als-ob"-Setzung und sein *make-believe* also wirklich funktioniert, sondern dass es *believed-in*-Theater (vgl. Schechner 1999) sein kann. Während das *Erhabene* des Kunsterlebens eine innere Distanz schafft, zieht *M* mitten in das Lebens hinein. Seine magische Kraft erfährt das Theater vor allem dann, wenn es das klassische Setting verlässt, die Personen, Dinge oder der Raum nicht mehr nur für etwas anderes stehen, sondern diese sich durch die Kraft der Aktion von der Wirklichkeit einholen lassen. Wenn also die Doppelnatur des Schauspielers, *not-himself* und zugleich *not-not-himself* (vgl. Schechner 1985) zu sein, und die Doppelnatur der Handlung, zugleich real und symbolisch zu sein, selbst ins Spiel kommen und die Materialität der Zeichen, die unmittelbare ‚Ansprache' also, den

theatralen Rahmen sprengen – was insbesondere die Performance-Künste provoziert haben.

Auch im thp Kontext vermag Theater buchstäblich zu einem *Ort der Magie* zu werden, insbesondere mit Blick auf die produktionsästhetische Seite. Die emphatische Fähigkeit des Menschen, sich Menschen, Dingen und Welten zu nähern, baut nicht nur auf imitative oder kontagiöse M, sie wird buchstäblich Wirklichkeit; die Möglichkeit, einen anderen zu spielen, ist zuletzt die essentielle Erfahrung, dieser andere für Momente auch zu sein. Und es ist gerade der nicht kontrollierbare Moment im Akt der Verwandlung (oder im Umgang mit Dingen oder anderen Menschen), dieses pathische ‚Ergriffensein' im Spiel, dieses von Worten, Dingen, Handlungen Fortgetragen-Werden, das die M als dem Leben evident zugehörig erscheinen lässt, wenn auch vom Bewusstsein uneinholbar. Mit der als magisch erlebten Präsenz findet das thp Anliegen insbesondere auch eine kritische Antwort auf die zunehmend ‚magisch' erlebte Theatralisierung und Mediatisierung des gesellschaftlichen Alltags, macht ihn, wenn auch nicht durchschaubar, so doch handhabbar.

Artaud, Antonin: Das Theater und sein Double. Frankfurt a. M. 1983; Barthes, Roland: Ich hab das Theater immer geliebt, und dennoch gehe ich fast nie mehr hin. Schriften zum Theater. Berlin 2002; Bateson, Gregory: Ökologie des Geistes. Frankfurt a. M. 1985; Benjamin, Walter: Sprache und Geschichte. Stuttgart 1992; Caillois, Roger: Die Spiele und die Menschen. Frankfurt a. M. 1982; Douglas, Mary: Ritual, Tabu und Körpersymbolik. Frankfurt a. M. 1981; Dürr, Hans Peter: Traumzeit. Über die Grenze zwischen Wildnis und Zivilisation. Frankfurt a. M. 1978; Feyerabend, Paul: Die Natur als ein Kunstwerk. In: Welsch, Wolfgang (Hg.): Die Aktualität des Ästhetischen. München 1993; Fraiberg, Selma: Die magischen Jahre in der Persönlichkeitsentwicklung des Vorschulkindes. Reinbek 1984; Freud, Sigmund: Totem und Tabu. Frankfurt a. M. 1975; Gebauer, Gunter/Wulf, Christoph: Spiel, Ritual, Geste. Mimetisches Handeln in der sozialen Welt. Reinbek 1998; Jappe, Elisabeth: Performance, Ritual, Prozeß. München 1993; Lévi-Strauss, Claude: Das wilde Denken. Frankfurt a. M. 1969; Malinowski, Bronislaw: Magic, Science and Religion. Garden City 1954; Panizza, Oskar: Der Illusionismus und die Rettung der Persönlichkeit. In: Ders.: Die kriminelle Psychose. München 1978; Schechner, Richard: between theatre & anthropology. University of Pennsylvania 1985; Ders.: ‚Believed-in'-Theater. In: Caduff, Corinna/Pfaff-Czarnecka, Joanna (Hg.): Rituale heute. Theorien – Kontroversen – Entwürfe. Berlin 1999; Turner, Victor: Vom Ritual zum Theater. Frankfurt a. M. 1995.

HANNE SEITZ

→ Ästhetische Bildung – Ästhetischer Wert – „Als-ob" – Happening – Leiblichkeit – Objekttheater – Off-Theater – Performance – Ritual

Maier, Scotch

(eigentlich Hansjörg Maier)
Geb. 1944. Studium der Germanistik, Anglistik, Theaterwissenschaft. Schauspielausbildung. Seit 1970 Theater mit Lehrlingen. Seit 1972 Dozent für Theater am wannseeFORUM für Jugendarbeit e.V. 1975 Mitarbeit am experimentellen Lehrstückversuch *Die Ausnahme und die Regel*. 1975, 1979 und 1983 Besuch der Sommerschule bei Jacques → Lecoq in Paris. 1980 Brüder-Grimm-Preis des Landes Berlin zur Förderung des → Kinder- und Jugendtheaters. 1980–82 Dramaturg an den Kammerspielen der Schauburg München, Mitarbeit an Opernprojekten in der freien Szene Salzburg. 1980–85 Leiter des → Modellversuchs ‚Kulturarbeit in der Köllnischen Heide'. 1988 *Medea Projekt*; Beginn einer Serie von dreiwöchigen europäischen Theaterprojekten im wannseeFORUM (bis 1996).

Bemerkungen zur Theaterarbeit mit Jugendlichen. Berlin 1996.
Maier, Hansjörg/Praml, Willy: Lehrlingstheater und proletarische Öffentlichkeit. Berichte, Texte, Materialien zur proletarischen Kulturarbeit. Frankfurt a. M. 1974; Ders./Praml, Willy/Schüler, Mathias: ‚Die Ausnahme und die Regel' – präsentiert von einer einmaligen Theater-Gruppe. In: Steinweg, Reiner (Hg.): Auf Anregung Bertolt Brechts. Lehrstück mit Schülern, Arbeitern, Theaterleuten. Frankfurt a. M. 1978.

GABI BEIER

Man, Hendrik de

1885–1953. Dr. phil. Studium der Geschichte, Psychologie und Nationalökonomie in Leipzig, Wien, Gent. Tätig in Publizistik und Arbeiterbildung; ethischer Sozialist; Professor für Sozialpsychologie (Akademie der Arbeit Frankfurt a. M.). Sozialismus ist M „Kulturbewegung", „Motivationslehre" (Peski 17), Formung des Willens. Am 1. Mai 1932 wird sein – einziges – sozialistisches Festspiel *WIR!* (M: → „Lehrstück", „Lehrmittel", „erzieherisches Experiment", „kultisches Lehrspiel") mit 20 000 Anwesenden (als aktive Einheit von ‚Spielern' und ‚Zuschauern') in Frankfurt uraufgeführt – mit Filmeinblendungen – Musik: Ottmar Gerster. M: „Die These von der Souveränität der Kunst gilt für die Kulturschöpfung, die These von der Klassenbedingtheit für den Kulturverbrauch" (Theaterkrise ... 15).

Der Sozialismus als Kulturbewegung. Berlin 1926; Theaterkrise als Kulturkrise. Berlin 1931; Wir! Ein sozialistisches Festspiel. Berlin 1932; Gegen den Strom. Memoiren eines europäischen Sozialisten. Stuttgart 1953.
Koch, Gerd: Zweimal Lehrstücke: Bertolt Brechts und Hendrik de Mans Vorstellungen kulturell-politischen Lernens in den zwanziger und dreißiger Jahren. In: Hufer, Klaus-Peter u.a. (Hg.): Sozialwissenschaftliche und bildungstheoretische Reflexionen. Glienicke u. a. 1998; Ders.: Wie sich die Bilder nicht gleichen: Hendrik de Mans Lehrstück WIR und Brecht/Eislers DIE MASSNAHME. In: Gellert, Inge u. a. (Hg.): Massnehmen. Köthen u. a. 1999; Pels, Alice: ‚Wir' – un Festspiel socialiste. In: la vie ouvrière, 1932, H. 3; Peski, Adriaan M. van: Hendrik de Man. Ein Wille zum Sozialismus. Tübingen 1963.

GERD KOCH

Management

Es gibt kein spezifisches thp M. Alle wesentlichen Merkmale finden sich im allgemeinen Kultur-M. M-Fragen als Strukturfragen sind von den aktuell tätigen TheaterpädagogInnen erst relativ spät aufgegriffen worden. Sie haben in der Regel eine andere Logik als die künstlerische und/oder pädagogische Arbeit und werden oft als hinderlich in der praktischen künstlerischen Ausübung des Berufs gewertet. In thp Bildungsgängen wird thp M häufig vernachlässigt. Mit zunehmender Integration der ThP in die verschiedenen gesellschaftlichen Wirkungsfelder und mit der neuerlichen Etablierung des Berufsbildes der Theaterpädagogin/des Theaterpädagogen professionalisiert sich auch die Haltung der in der ThP tätigen Menschen im Hinblick auf thp M. M- und Organisationsfragen sowie juristisches und Verwaltungsdenken rücken stärker in das Blickfeld der ThP, etwa beispielhaft durch Berücksichtigung solcher Stichworte: Gesetzliche Verankerung des Berufs, berufliche Entwicklung, Ausbildung und Berufsabschlüsse, Anerkennung von unterschiedlichen Qualifikationssegmenten, Erweiterung des Qualifikationsprofils, tarifliche Einordnung, Sozialversicherung, Selbstständigmachen, politische Haltung, Netzwerke, institutionelle Arbeitsstrukturen, Fördermöglichkeiten, europäische Vernetzung (EU-Projekte), Finanzierungsmodelle und Notwendigkeiten des Qualitätsmanagements, Vorhalten von Angeboten der Kinder- und Jugendbildung nach dem Kinder- und Jugendhilfegesetz (KJHG § 11).

Die institutionellen Arbeitsstrukturen für TheaterpädagogInnen sind oft die von gemeinnützigen und eingetragenen Vereinen (e.V.). Weitere Formen der Trägerschaft: GmbH, gemeinnützige GmbH, Gesellschaft des bürgerliches Rechts (GbR). Alle Formen der Institutionalisierung unterliegen unterschiedlichen steuerrechtlichen Bedingungen sowie verschiedenen Bestimmungen der finanziellen Haftung und Verantwortungsstrukturen. Um Zuschüsse aus den Jugendetats zu bekommen, ist die Anerkennung als Träger der Freien Jugendhilfe zu beantragen (nach § 75 KJHG).

Basiert die Institutionenstruktur auf einem Arbeitgeber-/Arbeitnehmer-Verhältnis, ist die Mitgliedschaft in einer Berufsgenossenschaft als Arbeitgeberversicherung gesetzlich vorgeschrieben.

Als Veranstalter kultureller Dienstleistungen und Aktivitäten hat eine Institution Abgaben (GEMA, Künstlersozialkasse) für künstlerische Leistungen zu zahlen (auch innerhalb der Kinder- und Jugendarbeit). Die Nichtbeachtung dieser Bedingungen kann teuer werden, da rückwirkende Prüfungsmöglichkeit besteht.

Die Versicherung für selbstständige TheaterpädagogInnen in der Künstlersozialkasse ist möglich, wenn der Lebensunterhalt überwiegend durch thp bzw. künstlerische Arbeit verdient wird.

Es gibt noch keine Absicherung durch Tarifverträge. An Theatern wird entsprechend den Tarifverträgen in der Regel nach NV-Solo bezahlt, bei sonstigen Einrichtungen entsprechend BAT oder per Haustarif zwischen BAT VI und IVa.

Finanzierungen thp Arbeit können in dreifacher Weise geschehen: (1.) Durch institutionelle Förderung über Gemeinden und Länder, in der Form der Teilfinanzierung über Betriebs- und Personalkostenzuschüsse. (2.) Projektkostenzuschüsse finanzieren in der Regel kein (fest-)angestelltes Personal, sondern nur HonorarmitarbeiterInnen. Die Nutzung von betriebseigenem Material (etwa Ton- und Lichttechnik) wird oft nicht vergütet, kann aber von Fall zu Fall als Eigenmittel gegengerechnet werden. Projektkostenzuschüsse können bei EU-, Bundes-, Landes- und kommunalen Institutionen, z. B. Kulturämtern, Jugendämtern, Schulämtern, beantragt werden – auch bei Stiftungen und Fonds. Aber: Jeder Geldgeber hat eigene Bedingungen zur Beantragung und Abrechnung der Zuschüsse; und manche Geldgeber schließen sich gegenseitig aus! Hier entsteht während der Beantragung und Abrechnung ein hoher Arbeits- und Zeitaufwand, der oft nicht vergütet wird. Einige Grundregeln der sog. kameralistischen (Verwaltungs-)Haushaltsführung sowie des betriebswirtschaftlichen Denkens müssen beherrscht und angewendet werden. Es gibt Software-Programme, die diese Arbeit erleichtern. (3.) Sponsoring als Finanzierungsquelle ist meist

namentlich in der Suche nach Sponsoren sehr aufwändig. Sponsoring ist ein Geschäft auf Gegenseitigkeit, das vertraglich fixiert wird. Eine Sponsoring-Anbahnung ist um so leichter, je näher, stärker die persönliche Beziehung zwischen Sponsor und Projekt, Institution bzw. MitarbeiterInnen ist. Spenden von Firmen etwa sind vom Sponsoring zu unterscheiden (Spendenbescheinigungen an gemeinnützige Vereinigungen sind für den Spender steuerabzugsfähig).

Eine nicht sehr häufig auftretende Möglichkeit, finanzielle Zuwendungen für Projekte bzw. die allgemeine Arbeit zu bekommen, kann darin liegen, aus den Bußgeld-Töpfen der Gerichte eine Mittel-Zuweisung zu erhalten. Man kann einen Antrag stellen, auf eine der Listen für potenzielle Empfänger bei den Gerichten eingetragen zu werden.

Zur Erleichterung des thp M ist es nützlich, sich an örtlichen, regionalen und überregionalen Netzwerken zu beteiligen. Netzwerk-Partner können sein: andere kulturelle Einrichtungen (Theater, Schulen, Bürgerzentren, Kulturhäuser, thp Zentren), Verbände der Wohlfahrtspflege, Dachorganisationen wie der Paritätische Wohlfahrtsverband (z. T. auch nützlich für Buchhaltung und Abrechnungen in steuerlicher Hinsicht), Bundesverband Theaterpädagogik e. V. (BuT), Landes- und Bundesarbeitsgemeinschaften, kirchliche Verbände. Die Mitgliedschaft in Dachverbänden ist für die Ermöglichung mancher Finanzierung notwendig (Antragstellung über Dachverband).

Für die Erstellung und/oder Nutzung von Gebäuden, in denen ThP stattfindet, sind zahlreiche Vorschriften (wegen der Haftung und des Schutzes vor Unfällen) zu beachten: Brandschutz, Schutz bei Elektroinstallationen (nach VDE), Licht- und Tontechnik (vgl. Keller), Unfallverhütungsvorschriften (über Berufsgenossenschaften), Offenhalten von Fluchtwegen, Nutzung und Sicherung von Getränkeabfüllanlagen, Maschinenbetrieb für den Bühnen- und Requisitenbau, Nutzung von Spezialfahrzeugen wie Bühnenwagen. Diese Vorschriften sind zusammengefasst in den Landesbauordnungen, Versammlungsstättenverordnungen usw. Besondere Vorschriften gelten bei der Nutzung von sog. ‚Fliegenden Bauten' wie Theaterzelten. Berücksichtigung des Umweltschutzes bzw. Umweltmanagement etwa beim Theater Nürnberg (uwe_gedig@th.stadt.nuernberg.de) (vgl. Gramm) kommen hinzu.

Qualitäts-M wirkt innerbetrieblich und nach außen (etwa gegenüber Geldgebern). Es beschreibt (d.h. fixiert) gesicherte Kommunikations- und Entscheidungskreisläufe um das Qualitätsfeedback zu sichern. Das thp

Angebot soll damit kundenfreundlicher gestaltet werden und Verbesserungen können sichtbar, messbar werden. Qualität soll gesichert und verstetigt werden. Hier besteht die Gefahr der Reduktion auf pure Zahlenwerke, statt zusätzlich qualitative Aussagen für einen ‚Wirksamkeitsdialog' (vgl. Projektgruppe) zu machen, der Qualität sichern, entwickeln und verhandeln hilft. Aus Überlegungen und Ergebnissen des Qualitätsmanagements entstehen Bedarfsanmeldungen für die institutionelle und personale Qualifikationsprofil-Erweiterung (Fortbildung von MitarbeiterInnen, Ausdifferenzierung des Angebots in thp Einrichtungen). Qualitäts-M macht für die MitarbeiterInnen und Leistungen oft zusätzliche Arbeit und Kosten, der Erfolg ist jedoch im Verhältnis zum Aufwand oft zweifelhaft. Bei öffentlicher Finanzierung werden zunehmend Grundsätze des Qualitäts-M verlangt.

Das Kultur-Management umfasst alle Sparten des kulturellen bis sozialen Lebens (Sozial-Management). Es ist ein Netzwerkdenken und -handeln, das qualitative und quantitative Elemente integriert.

Bundesvereinigung Kulturelle Jugendbildung (Hg.): Schriftenreihe zum Kulturmanagement. Remscheid [erscheint unregelmäßig]; Gramm, Rolf: Götterdämmerung nur im Energiespar-Modus. In: Frankfurter Rundschau, 18. 6. 2002; Handbuch Kulturmanagement. Loseblattsammlung. Bonn [erscheint unregelmäßig]; Keller, Max: Faszination Licht. München 1999; Leitfaden Sponsoring und Eventmarketing. Loseblattsammlung. Bonn [erscheint unregelmäßig]; Projektgruppe WANJA (Hg.): Handbuch zum Wirksamkeitsdialog in der Offenen Kinder- und Jugendarbeit. Münster 2000; Rahmenrichtlinien des Bundesverbandes Theaterpädagogik (BuT) [Bezug über BuT, Genterstr. 23, 50672 Köln]; Zacher, Joachim/Zacher, Michael: Soziale Sicherheit für Künstler und Publizisten. Das Handbuch zur Künstlersozialversicherung. Starnberg 2000.

UWE SCHÄFER-REMMELE

→ Arbeitsfelder der Theaterpädagogik – Fort- und Weiterbildung für LehrerInnen – Kulturelle Bildung – Unternehmenstheater – Zielgruppe

Martens, Gitta

Geb. 1950. Studium der Politik- und Theaterwissenschaft, Germanistik und Pädagogik. Berufliche Praxis in Theatern, Schulen, Bildungs- und Jugendarbeit. Ausbildung zur → Psychodrama-Leiterin. Seit 1981 Dozentin an der Akademie Remscheid für musische Bildung und Medienerziehung, seit 1991 Leiterin des Fachbereichs Theater. Entwicklung, Leitung und Durchführung eines Curriculums ThP in Form berufsbegleitender Fortbildungen. Arbeitsschwerpunkte sind neben der thp Ausbildung, in der Interdisziplinarität einen großen Raum einnimmt, u. a. ThP in sozialer Kulturarbeit, Schule, Therapie, Frauen- und Mädchenarbeit, feministische Kultur- und ThP, musikalische Grundlagen der Theaterarbeit. Eigene künstlerische Tätigkeit u. a. als Schauspielerin und Regisseurin.

Martens, Gitta (Hg.): Feministische Theaterpädagogik. Grundlagen und Projekte. Remscheid 1992; Dies. (Hg.): Feministische Tanz- und Musikpädagogik. Remscheid 1993; Dies./Bockhorst, Hildegard (Hg.): Feministische Kulturpädagogik. Projekte und Konzepte. Remscheid 1989.

GABI BEIER

Medien / Medium

Ursprünglich verband man mit einem M eine magisch-kultische Tradition im Sinne der Übertragung spiritueller Kräfte. Reste davon haben sich im Spiritismus erhalten: Ein M garantiert hier den spiritistischen Prozess. Im Theater finden wir eine ähnliche Bedeutung des menschlichen Körpers als einem Ausdrucksmedium. Das Wort *Medien*, der Plural von *Medium*, ist heute umgangssprachlich gebräuchlich, um elektronische Apparaturen/Techniken, häufig auch nur das Fernsehen, zu bezeichnen. Der Ausdruck *neue Medien* markiert dann alle medientechnischen Entwicklungen nach dem Fernsehen – vom Videorecorder bis zum Internet. Die Singularform *Medium*, vom lat. *Medium*, der substantivierten Form des lat. Adjektivs *medius* – ‚der in der Mitte befindliche, der mittlere' –, etymologisch sehr stark verwandt mit Mitte, steht allgemein für Vermittlung, Mittler, Mittel, aber auch Versuchsperson.

Mit der Entwicklung der modernen Gesellschaft wird die Pluralform zunehmend für die Benennung der Übertragung von Nachrichten resp. Informationen genutzt. M stehen für Meinungen vermittelnde Einrichtungen, was heute einschließt, dass die öffentliche Meinung alles als M betrachtet, was sie ermöglicht und hervorbringt. Die (mediale) Öffentlichkeit nennt sich selbst *Medien*gesellschaft. Überdeckt wird mit einem solchen M-begriff der allgemeinere Umstand, dass jede menschliche Beziehung, jeder *soziale* Kontakt auf den Gebrauch von M angewiesen ist, nur über M funktioniert und aufgrund von M wirklich ist. Denn die Grundstruktur der M ist paradox und tautologisch: Um über M zu sprechen, muss ein M benutzt werden. M setzen M voraus. Ein M selbst kann nicht übertragen werden, sondern dient der Übertragung.

Ein M stellt die Elemente zur Verfügung, die unter bestimmten Formungen einen Laut, ein Schriftzeichen, ein Fernsehbild oder eine Theateraufführung ergeben.

Der moderne M-begriff vereint von vornherein widersprüchliche und heterogene Inhalte. Auf der einen Seite werden – vom Alphabet über den Buchdruck bis zum Computer – M als Vermittler von Kommunikation definiert. Das umfasst sowohl die Speicherung als auch die Übertragung von Informationen. Wichtige Vertreter einer solchen M-auffassung sind u. a. Vilém Flusser, Jacques Derrida und Friedrich Kittler. Dagegen steht ein M-begriff, der alle Technik vom Rad bis zur Digitalkamera unter M verbucht. Diese M-konzeption versteht M als Erweiterung oder Ergänzung von menschlichen Körperteilen und -bedingungen, einschließlich neuronaler Funktionen. Wichtigster Vertreter dafür ist Marshall McLuhan, der in M *extensions of man* sieht. Vergleichbare Überlegungen finden sich auch in der Anthropologie von Arnold Gehlen. McLuhan ist der Auffassung, dass M technische Artefakte sind, die es den Menschen ermöglichen, ihre Umwelt aufgrund von M als eine soziale Wirklichkeit erlebbar, erfahrbar und kommunizierbar zu machen.

Zwei grundsätzliche Konzepte von M können aus diesen Annahmen gezogen werden: M sind – Wittgenstein paraphrasierend – aus einer *anthropologischen* Sicht alles, was der Fall ist, denn für Menschen kann alles zum Träger von Sinn resp. Bedeutung werden und somit ein M im Sinne von ‚ein Mittler sein'. Aus einer *sozialen* Dimension sind M dagegen all jene Sachverhalte, Tatsachen oder Techniken, die Sozialität zwischen Menschen herstellen und reproduzieren und damit Kultur ermöglichen. Das können M, weil sie a priori für Menschen Informationen (Sinn) ‚transportieren' bzw. enthalten. M generalisieren, was sie kommunizieren sollen, weil in ihrer Verwendung stets ein produziertes Verständnis reproduziert wird und nicht jeweils neu ausgehandelt werden muss. Das würde jede soziale Evolution ausschließen bzw. blockieren. M sind anthropologisch Mittel der Welterzeugung und der menschlichen Handlungsorientierung, andererseits jene sozialen Techniken, die Menschen zur Kommunikation benutzen (natürliche Sprache, den eigenen Körper) und erfinden (Schrift usw.). Dabei umfasst und bestimmt der kommunikative Aspekt den anthropologischen. M sind letztendlich immer Kommunikationsmittel, Mittel zur Herstellung einer sozialen Ordnung bzw. von sozialen Systemen. Was Menschen sind, sind sie durch Anschluss an und Gebrauch von M,

weil M ihnen die Teilnahme an → Kommunikation und damit an Vergemeinschaftung ermöglichen. Menschliche Lebewesen als soziale und *kulturelle* Wesen sind daher selbst ‚mediale Ereignisse' (vgl. Hörisch).

Erst die Benutzung von M gestattet die Produktion eines kollektiven Wissens; und erst M lassen Handlungskoordination zu, ohne M keine Weitergabe von Wissen. M sind es wiederum, die das kollektive Wissen von Generation zu Generation tradieren. Kulturgeschichte ist aus dieser Perspektive M-geschichte. Die Evolution der M ist eine notwendige *und* hinreichende Bedingung des Aufbaus immer komplexerer Kulturen. M werden eingesetzt, um ganz bestimmte soziale Wirklichkeiten zu konstruieren. Generell gilt daher, dass M die Strukturen menschlicher Wahrnehmung präformieren und sie damit den Raum einer Kultur festlegen. Die Grenzziehungen einer oralen Kultur verlaufen völlig anders als die literaler Kulturen, was nicht nur durch die Begrenztheit des Speichermediums bei oralen Kulturen der Fall ist, das individuelle Bewusstsein resp. das psychische System eines menschlichen Lebewesens, sondern am Vermögen der menschlichen Stimme selbst liegt. Wirklichkeitskonstruktionen sind in ihrer Struktur von den zu ihrer Herstellung eingesetzten M abhängig. Oralität konstruiert eine andere soziale Welt als die Literalität, durch das Internet entsteht wiederum eine völlig andere kulturelle Realität.

Eine nach wie vor anschauliche Einteilung und Definition von M nahm Harry Pross (1972) vor. Er unterschied primäre, sekundäre und tertiäre M. Danach sind primäre M zwischenmenschliche Verständigungsmittel ohne technische Hilfsmittel. Sie sind an den menschlichen Körper gebunden und meinen vor allem die in nonverbale Kommunikation eingebundene mündliche Rede. Unter die ‚menschlichen Elementarkontakte' fallen nach Pross Körperhaltung, Kopf- und Beinstellung, Mimik und Gestik und natürlich die verbale Sprache in der ganzen Breite ihrer Ausdrucksmöglichkeiten bis zum Gesang. Bedingung der Kommunikation ist nur die leibliche Anwesenheit der Sprechenden und Hörenden. Zu den Primärmedien gehören nach Pross auch der Tanz und das Theaterspiel. → Theatralität wäre dann eine spezifische Form bzw. Formung von Primärmedien. Primärmedien dominierten in allen Kulturen bis zur Erfindung des Buchdrucks und stellen nach wie vor die elementare Grundlage aller Kommunikation dar. Sekundäre M erfordern technische Mittel, um Kommunikationsangebote zu produzieren. Man benötigt Papier, einen Stift, Druckerschwärze, Leinwand, Farben, Ton, einen Photoapparat usw., um M zu erstellen: Briefe,

Bücher, Bilder, Skulpturen, Photographien. Mit den sekundären M löst sich der Sinn und die Bedeutung von den biologischen Trägern der Primärmedien. Während diese an Raum und Zeit gebunden sind, sind jene dabei, den Raum zu überwinden. Tertiäre M erfordern nun sowohl bei der Herstellung und Übertragung wie beim Empfang der Informationen bzw. Nachrichten technische Apparaturen. Grammophon, Kino, Radio und Fernsehen, der PC; in dieser Abfolge ist auch die Evolution der M erkennbar.

Die Entwicklung der M beginnt mit der Nutzung der menschlichen Stimme zwecks zwischenmenschlicher Verständigung. Gebunden an den Körper, sind es sinnhafte stimmliche Laute, auf deren Grundlage eine soziale Gemeinschaft von biologischen Lebewesen sich als kulturelle Gemeinschaft bilden kann, Mythen und → Rituale hervorbringt, ein Wissen von Welt aufbaut und weitergibt. Die Beobachtung und Erklärung von M muss daher bei der Oralität, der Mündlichkeit, der Körperlichkeit beginnen und nicht erst bei der Erfindung der Schrift oder gar des Buchdrucks. Die M-evolution zeigt, dass mediale Innovationen wie zum Beispiel der Buchdruck oder das Fernsehen die vorangegangenen M nicht verdrängen oder einfach löschen können. Diese passen sich vielmehr den ‚neuen‘ M an. ‚Man spricht wie gedruckt!‘ Diese Einheit versucht das Wort Multimedialität zu erfassen. Im Fernsehen beobachten wir Gesprächsrunden – ein elektronisches Bildmedium lässt uns an uralter Oralität teilnehmen, wenn wir auf eine Diskette schauen, können wir nicht den gespeicherten Text lesen und eine CD erklingt erst im CD-Player. Das heißt, dass M nur in einem Verbund oder Netzwerk von M auftreten. Die moderne M-landschaft ermöglicht Menschen, medientheoretisch in einem *global village* zu wohnen. Gegenwärtige M-technologien lassen den Erdraum medial auf die Größe eines mittelalterlichen Marktplatzes schrumpfen, wo jeder mit jedem gut erkennbar kommunizieren kann (nicht muss! – im Gegensatz zu der mittelalterlichen Situation).

M brauchen selbst ein zu formendes M. Sie greifen überwiegend auf zwei Formen von Wahrnehmungsmedien zurück: nämlich auf *akustische* und *optische* M; haptische oder olfaktorische spielen eine eher untergeordnete Rolle. Die menschliche Stimme benötigt die Luft, Schrift einen Stift und ein Stück Papier, das Theater kommt ohne Körper nicht aus, die Photographie greift auf chemische Stoffe zurück usw. M sind ohne ein bestimmtes M nicht denkbar. M dienen der Kommunikation, sie sind vornehmlich Kommunikationsmittel; sie dürfen aber nicht als nur materielle Hülle

oder energetisch-stoffliche Grundlage angesehen werden. Die gravierende Bedeutung der M für die Gesellschaft bzw. Kultur hat McLuhan auf die einprägsame Formel ‚The media is the message‘ gebracht. M, nach McLuhan eben jene *extensions of man*, werden aus seiner Sicht erst dann richtig verstanden, wenn man von ihrem Inhalt absieht und fragt, was sie für eine Gesellschaft funktional und strukturell bedeuten. McLuhan betont den determinierenden Einfluss der M auf die Kultur: ohne Buchdruck keine Reformation und auch keine Erklärung der Menschenrechte, und ohne elektronische M auch kein Zusammenbruch des Staatssozialismus.

Bolz, Norbert: Am Ende der Gutenberg-Galaxis. Die neuen Kommunikationsverhältnisse. München 1995; Faßler, Manfred/Halbach, Wulf (Hg.): Geschichte der Medien. München 1998; Faulstich, Werner: Die Geschichte der Medien. 3 Bde. Göttingen 1987ff.; Flusser, Vilém: Medienkultur. Frankfurt a. M. 1998; Hörisch, Jochen: Der Sinn und die Sinne. Eine Geschichte der Medien. Frankfurt a. M. 2001; Kittler, Friedrich: Grammophon Film Typewriter. Berlin 1986; Leeker, Martina (Hg.): Maschinen, Medien, Performances. Theater an der Schnittstelle zu digitalen Welten. Berlin 2001; McLuhan, Marshall: Die magischen Kanäle – Understanding Media. Dresden, Basel 1993; Merten, Klaus u a. (Hg.): Die Wirklichkeit der Medien. Eine Einführung in die Kommunikationswissenschaft. Opladen 1994; Ong, Walter J.: Oralität und Literalität. Die Technologisierung des Wortes. Opladen 1987; Pross, Harry: Medienforschung. Film, Funk, Presse, Fernsehen. Darmstadt 1972; Schanze, Helmut (Hg.): Handbuch der Mediengeschichte. Stuttgart 2001; Schmidt, Siegfried J.: Kognitive Autonomie und soziale Orientierung. Konstruktivistische Bemerkungen zum Zusammenhang von Kognition, Kommunikation, Medien und Kultur. Frankfurt a. M. 1994.

GÜNTER KRACHT

→ Geste – Interfaces – Kommunikation – Magie – Objekttheater – Theaterhistoriographie

Methodik

Abgeleitet aus dem griechischen Wort *methodiké*, der ‚Kunst des planmäßigen Vorgehens‘; dem entspricht das Wort Methode, griechisch *méthodos*, das ‚Nachgehen‘ oder ‚der Weg zu etwas hin‘.

Dass die Beschäftigung mit planmäßigen Vorgehensweisen, wie es mit dem Fremdwort ‚Methode‘ seit dem 17. Jh. bezeugt ist, sich unabhängig von irgendwelchen Zielen selbst thematisiert, verweist auf die zur gleichen Zeit einsetzende Emanzipation des Denkens von seinen Inhalten und deutet voraus auf die sich später verselbstständigende technologische Rationalität, wie sie von Horkheimer und Adorno in *Dialektik der Aufklärung* untersucht wurde.

In der Pädagogik erscheinen die Lehr-, Lern- und Unterrichtsmethoden stets gebunden an intentionale Lernprozesse, was ihnen den Charakter einer unschuldigen Zweck-Mittel-Relation verleiht, in der die an Lernprozessen beteiligten Menschen zum Zwecke des Erwerbs von Fähigkeiten und Fertigkeiten geradezu handwerklich ihre Mittel sortieren und in eine sinnvoll abgestufte Zeitplanung bringen. Die äußerst unfruchtbare pädagogische Diskussion über eine mögliche Abgrenzung von → Didaktik und M verweist letzten Endes nur darauf, dass die Bestimmung der Lernziele selbst Mittel eines übergeordneten Zwecks ist, der in diesen Erörterungen aber nur selten genannt wird: die Erfassung von Leistungsfähigkeiten und Leistungsbereitschaft als Charakter der Menschen, die mit diesen Inhalten konfrontiert werden.

Die scheinbare Selbstverständlichkeit einer methodischen Organisation von Lernprozessen zerbricht an der Stelle, wo sich in ihnen ganz unterschiedliche und womöglich gegensätzliche Interessen anmelden. Wo der Wille der Schüler als Störung im Unterricht auftritt und dadurch den Erziehungsauftrag des Lehrers gefährdet, wird Unterrichtsmethodik zu einer Wissenschaft der Disziplinierung. Während das traditionelle Erziehungsprinzip von Strafe und Lob eher unwissenschaftlich den sich ankündigenden abweichenden Willen der Zöglinge einfach scheitern ließ, arbeitet die wissenschaftliche M mit weit subtileren Mitteln. Zunächst wird das im Willen zum Ausdruck kommende Interesse durch die Umbenennung in ‚Motivation' von seinen eigentlichen Inhalten getrennt. Es handelt sich nun um eine ganz prinzipielle Antriebs- und Neugierhaltung als innere Eigenschaft von Menschen. Motivation als grundsätzliche Bereitschaft, im Unterricht mitzuwirken, hat sich als ‚abstrakter Trieb' von allen eigenen Zielen emanzipiert und kann dementsprechend auf alle beliebigen Unterrichtsinhalte gelenkt werden. Die hier vorausgesetzte oder zu erzeugende Gleichgültigkeit gegenüber den Inhalten des Lernens und Lehrens hängt eng mit den Abstraktionen des schulischen Leistungsideals zusammen und seiner Funktion der Zuordnung unterschiedlicher Zukunftsaussichten durch den Vergleich abstrakt quantifizierter Schülerleistungen z. B. in Form von Zeugnissen.

Die Instrumentalisierung der Unterrichtsinhalte für die vergleichende Leistungsbewertung ist die eigentliche Funktion der M. Ihr wesentliches Ziel besteht darin, den Schülern die Unterrichtsziele – auch die der Leistungsbewertung – als Inhalte ihrer eigenen Interessen erscheinen zu lassen. Erst wenn dies gelingt, ist das wertvolle Ziel einer ‚intrinsischen Motivation' erreicht.

Die Erzeugung einer gegenstandslosen Leistungsbereitschaft bringt allerdings neue Probleme mit sich, die sich in einem instrumentellen Bezug der SchülerInnen zum Unterricht äußern. Die geforderte abstrakte Leistungsbereitschaft erzeugt ebenso gegenstandslose Lernwiderstände, die als geheucheltes Interesse, als prinzipielles Gelangweiltsein oder als grundsätzliche, ungerichtete Opposition in Form jugendkultureller Geschmacklosigkeiten auftreten.

Hier entsteht also ein neues Arbeitsfeld der M, das sie selbst geschaffen hat. Diese methodisch erzeugten Haltungen sind für die thp Arbeit völlig unbrauchbar – sie blockieren die Phantasiebewegungen, verhärten die Körper, unterdrücken die Affekte und verhindern das impulsgebende Zusammenspiel. Für eine M der ThP wäre zunächst festzuhalten, dass es sie nicht geben kann, weil jeder Versuch, die einzelnen Unterrichtsentscheidungen in Beziehung zu einem vorgewussten, außerhalb liegenden Ziel zu setzen, in Widerspruch zur notwendigen Freisetzung des Spielmaterials der SchülerInnen führen würde. Die Arbeitsweise der ThP ist eben paradox und lässt sich mit den zweckrationalen Denkformen der Didaktik und M nicht aufschlüsseln, da sie gerade an der Nichtintentionalität der theatralen Lernprozesse interessiert ist.

TheaterpädagogInnen versuchen die ungegenständlich absichtsvolle Ästhetik der restriktiven Alltagstheatralität der SpielerInnen in Form von Impuls-Übungen und → Improvisationen solange zu durchbrechen, bis sich die Wahrnehmung und Aktivität der Lerngruppe auf die Wirklichkeit zwischen den Zeichenfunktionen ihrer → Interaktion richten kann. Diese Entdeckung einer Differenz zwischen Sinn und Erscheinung ist mit der Betrachtung von Vexierbildern vergleichbar, bei der die Aufmerksamkeit ständig zwischen Figur und Hintergrund als gemeinte Form hin- und herspringt.

Durch die Provokation der Differenzwahrnehmung umschreiten der Spielleiter und seine → Gruppe ein negatives Ziel, das er und die Spieler noch gar nicht kennen, bis sich ein kommunikatives Vakuum zwischen den restriktiv besetzten Zeichen weitet und einen suspensiven Kern der ästhetischen Spielmomente freigibt, deren Material wiederum in den Verstellungen der Wirklichkeit liegt.

Im Unterschied zur strategisch-operativen Unterrichts-M arbeitet ThP taktil-testend in Form offener → Experimente. Ihr Ziel ist negativ definiert; es geht um die Aufhebung der Verstellungen entfremdeter

Alltagsinteraktion als Voraussetzung dafür, dass sich etwas Unverstelltes in den Entstellungen der Ästhetik zeigt. Es handelt sich hierbei um die Anbahnung einer Schwellenerfahrung, deren eigentlicher Sinn darin liegt, dass die Schwelle überhaupt überschritten wird, unabhängig davon, was dahinter liegen mag.

Der paradoxen Identität von Didaktik und M des theatralen Lernens entspricht das Paradox der unplanbaren Unterrichtsplanung. Für das offene Experiment seines Unterrichts muss der Theaterpädagoge jederzeit seine präformierte Intentionalität aufgeben können. Er synthetisiert in seiner Spielleiterhaltung zwei gegensätzliche Positionen. Einerseits muss er als ‚zulassender Pädagoge‘ die Spielbewegungen seiner SchülerInnen zum Zuge kommen lassen, andererseits als ‚teilnehmender Pädagoge‘ ein hohes Maß an Interesse für das, was sich zeigt, aufbringen. In der Unterrichtsform des *Teaching in Role* kommt diese Synthese vielleicht am deutlichsten zum Ausdruck. Im Verhalten und in den Arbeitsweisen des Spielleiters objektiviert sich so die der Gegenwartsgesellschaft merkwürdig erscheinende Dialektik einer eben nicht ‚methodischen‘, instrumentalisierten Pädagogik – die ja dann auch schon keine mehr ist.

Die Erfahrung, die ThP vermittelt, kann nicht veräußert werden. Sie ist im Sinne Walter → Benjamins eine strikte Erfahrung, deren Evidenz nur erlauscht werden kann (vgl. Benjamin). Diese Form der Erfahrung ist auch nicht mit einem methodischen Kalkül herzustellen. Sie ergibt sich im Erzählstrom gegenwärtiger Interaktion des theatralen Spiels. Im gleichen Sinne sind die Arbeitsweisen der ThP nicht methodisch verfügbar, sondern unauflöslich verbunden mit den im Spiel ermöglichten Lebensäußerungen.

Benjamin, Walter: Der Erzähler. In: Ders.: Über Literatur. Frankfurt a. M. 1969; Funkkolleg Erziehungswissenschaften, 3 Bde. Frankfurt a. M. 1970; Heimann, Paul/Otto, Gunter/Schulz, Wolfgang: Unterricht – Analyse und Planung. Hannover 1965; Holzkamp, Klaus: Schriften 1: Normierung, Ausgrenzung, Widerstand. Hamburg, Berlin 1997; Horkheimer, Max/Adorno, Theodor W.: Dialektik der Aufklärung. Frankfurt a. M. 1947; Huisken, Freerk: Erziehung im Kapitalismus. Hamburg 2001; Klafki, Wolfgang: Studien zur Bildungstheorie und Didaktik. Weinheim 1971; Lenzen, Dieter: Von der Erziehungswissenschaft zur Erziehungsästhetik. In: Ders. (Hg.): Kunst und Pädagogik. Erziehungswissenschaft auf dem Weg in die Ästhetik? Darmstadt 1990; Mersch, Dieter: Was sich zeigt – Materialität, Präsenz, Ereignis. München 2002; Meyer, Hilbert: Unterrichtsmethoden I und II. Frankfurt a. M. 1987.

HANS-JOACHIM WIESE

→ Ästhetische Bildung – Geschichte der Pädagogik – Kulturelle Bildung – Spielleitung – Theatralität

Meyerhold, Wsewolod Emiljewitsch

1874–1940. Schauspieler, Regisseur, Theaterleiter. 1898–1902 Mitglied des von → Stanislawski und Nemirowitsch-Dantschenko gegründeten Moskauer Künstlertheaters (MCHAT). Seit 1905 experimentelle Theaterarbeit mit den Ausdrucksmitteln des symbolistischen Theaters (bewusst stilisierte Bewegungsformen, kunsthafte rhythmische Diktion), die ihn zu seinem Konzept des ‚bedingten Theaters‘ führte. Arbeit als Regisseur an verschiedenen Theatern (Komissarshewskaja-Theater, Petersburger Hoftheater). 1913 Gründung eines eigenen Studios, wo M neben → Pantomimen und anderen experimentellen Aufführungen auf der Basis traditioneller Spielformen (Commedia dell'Arte, Kabuki, Balagan) ein eigenes Schauspielkonzept entwickelte. Erarbeitung des Grundgerüsts der → Biomechanik. 1920 Ernennung zum Leiter der Theaterabteilung in Lunatscharskis Kommissariat für Volksbildung. Ausrufung des ‚Theateroktobers‘ (Forderung radikaler Reformen bis hin zur Schließung aller bürgerlich-akademischen Theater; Gründung des ‚Ersten Theaters der RSFSR‘). 1921 Entlassung. Seit 1923 Leitung verschiedener eigener Theater, wo er mit seinen ‚konstruktivistischen‘ Inszenierungen zunehmend der Kritik durch Stalins Kulturapparat ausgesetzt war. 1939 Verhaftung. 1940 Hinrichtung. M ist neben Stanislawski der bedeutendste Repräsentant der russisch-sowjetischen Theateravantgarde im 20. Jh.

Schriften. Berlin 1979.

Bochow, Jörg: Meyerholds letzte Briefe. In: Theater der Zeit, 1994, H. 2; Feldman, Oleg (Hg.): W. E. Meyerhold. Nasledije. Moskau 1998; Gladkow, Aleksandr: Meyerhold. Moskau 1990; Rudnizki, Konstantin: Reshisser Meyerhold. Moskau 1969; Scherel, Aleksandr (Hg.): Meyerholdowski Sbornik. Moskau 1992.

JÖRG BOCHOW / GABI BEIER

Mimesis

In der griechischen Philosophie bezeichnete *mimeisthai* den Prozess der Nachahmung und wurde von Aristoteles als kreativer Schaffensakt, von Platon jedoch als bloße Nachahmung der Erscheinungswelt gewertet, der keine Teilhabe an der Idee oder Wahrheit der Erscheinungen wie etwa in der *Methexis* zukommt.

In der Renaissance gewinnt die M in der bildenden Kunst den Charakter eines schöpferischen Vorgangs mit starken Eigenanteilen des nachahmenden Subjekts, das seinen Blick auf den besonderen Ausdruck der nachgeahmten Tatbestände legt. Die ersten künstlerischen Selbstbildnisse können als Zeichen des zunehmenden Bewusstseins einer subjektiven Selbstschöpfung im mimetischen Prozess angesehen werden.

Auf der Grundlage der Phantasiebegabung des Menschen erscheint es sinnvoll, den Begriff der Nachahmung um den der ‚Vorahmung' zu erweitern. Die mimetische Antizipation noch nicht gestalteter Wirklichkeiten im Spiel, in der Kunst und der planenden Arbeit setzt nach- und ‚vorahmende' Tätigkeit von Menschen in das dialektische Spannungsverhältnis sozialer Lebensprozesse und ihrer Geschichtlichkeit. Mimetische Aneignungsformen von Wirklichkeit – sei es vergangener oder zukünftiger – haben ihren Ursprung im Übergangsfeld des Heraustretens des Menschen aus den Naturzusammenhängen und der damit verbundenen Sichtweise der Welt als etwas Anzueignendes. Sie ist verknüpft mit der Dialektik der Arbeit als besonderer Naturzusammenhang des Menschen, nimmt aber als Zeichensystem Merkmale der anzueignenden Welt in sich auf – im Unterschied zu den symbolhaften, nur rationalen Abbildungsformen der Welt.

Insofern die eigentlichen bedürfnisbefriedigenden konkreten Gebrauchswerteigenschaften der Umwelt in ihrer symbolischen Repräsentation nicht mehr enthalten sind, sich ihre Aneignungsform immer stärker von der biologischen Organisation der menschlichen Arbeit entfernt, verliert auch das Subjekt seine menschliche Grundorientierung und folgt der abstrakten Wertvorstellung einer technologischen Rationalität, die auf eine stete, evolutive Perfektionierung der Naturaneignung als ‚Selbstzweck' hinausläuft. Das Selbstbewusstsein der Subjekte entsteht nun aus dem ungegenständlichen, quantifizierenden, von Bedürfnissen abstrahierenden Vergleich mit anderen Tauschsubjekten. Die Subjekte definieren sich unter Absehung von ihrer bedürftigen und notwendigen Einbindung in den gesellschaftlich-arbeitsteiligen Prozess der Naturaneignung nur noch unter den Aspekten des Tausches bzw. der Über- oder Unterlegenheit im Tauschakt. Der Tauschpartner wird stets nur als Mittel für den eigenen Wertausdruck (also als Äquivalentform) genommen; seine Eigenschaften als Bündnispartner in der gemein-

samen Aneignung von Wirklichkeit zwecks Bedürfnisbefriedigung sind zusammen mit den mimetischen Anteilen in der Verständigung über die gemeinsamen Zwecke verloren gegangen. Karl Marx kennzeichnet diesen Prozess als Warenfetisch oder Mystifikation des Tauschverhältnisses. In seinen Frühschriften taucht dieser Entfremdungsgedanke unter dem Aspekt der Spiegelung auf (vgl. Marx 279ff.).

In der Tauschwertabstraktion sieht Marx den Verlust der Selbstanteile des jeweils anderen in der aneignenden, auf Verfügung zielenden Form des abstrakten Wertvergleichs der konkreten Arbeit der Tauschpartner. Ihre konkreten Beziehungen spiegeln sich in einem Quidproquo der Warenwerte, denen keine konkrete Eigenschaft mehr mimetisch anhängt. In der Geldform wird jede mimetische Beziehung zur stofflichen Wirklichkeit aufgehoben. In der Geldform wäre auch mit dem mimetischen Bezug jeder Sinn für das Enigmatische der menschlichen Existenz aufgehoben. Unter diesem Aspekt erhält die M die Qualität, das prinzipiell Andere des Gegenübers nachzuempfinden, ohne es seiner Einmaligkeit zu berauben (vgl. Lévinas). Wesentlich für die besondere Qualität dieser Erfahrungsvorgänge ist, dass einerseits nicht Ausdruck und Darstellung auseinanderfallen und andererseits die Spaltung von erkennendem Subjekt und zu erkennendem Objekt aufgehoben wird.

Vor allen Trennungen und Differenzierungen besteht eine Gemeinsamkeit zwischen Natur und Mensch, die heute sogar von den naturwissenschaftlichen Erkenntnissen über die Entstehung der Erde und des Lebens bestätigt wird (vgl. Gebauer u. a.).

Dem Verlust der expressiven Funktion und der Festschreibung des neuen Logozentrismus setzt Walter → Benjamin die inhärenten Widersprüche des abstrahierenden Sprachgebrauchs entgegen. So verbleiben selbst in den Abstraktionen universeller Schrift*bilder* Rudimente des sprachlichen → Gestus und stets verlangt die Schrift die zurückübersetzende Konkretisierung durch die mimetische Imaginationsfähigkeit. Dem entspricht etwa die Beobachtung der Hirnforschung, dass linear-sequenzielle wissenschaftliche Aussagen selbst von den Wissenschaftlern immer wieder ins Dialogische zurückübersetzt werden müssen. Benjamins Überlegung geht nun in die Richtung, dass auch die universellste Sprache nicht ihren mimetischen Ursprung leugnen kann, in der Sprache der Moderne also in komprimiertester Form eine konkrete Geschichte des Menschen verborgen liegt, die auf ihre Wiederaneignung durch mimetische Rezeption wartet, wobei in der Abstraktion auch die Bindung der M an die → Magie (den Mythos) überwunden wäre, demnach also eine Aussicht auf die unverstellte Geschichte bieten würde.

In der Semiotik werden mimetische Zeichen unter dem Begriff *Ikon* zusammengefasst, einer Zeichenklasse, die dadurch definiert ist, dass das Zeichen figural-qualitative Merkmale der bezeichneten Tatbestände aufweist und dadurch entschlüsselt werden kann. Da die mimetischen Zeichen eine enge, wenn auch durch den Interpreten vielfach gebrochene (z. B. ironische, verzerrende, abstrahierende) Beziehung zum bezeichneten Tatbestand haben, operieren sie stets mit dem → ästhetischen Wert oder der Ausdrucksqualität des Bezeichneten selbst. Im mimetisch-theatralen Spiel entstehen dadurch höchst komplexe Verhältnisse, z. B. zwischen dem Rollenträger und der Rollenfigur, die in der ThP ganz bewusst zur Sozialisation und Individuation der Spieler eingesetzt werden (vgl. Fischer-Lichte; Weintz; Jenisch).

Die ThP findet in der M wohl ihr wichtigstes Arbeitsprinzip, wobei sie gerade auf die psychologisch-intermedialen Interaktionsformen zurückgreift. Nicht nur in der → Rollenarbeit, sondern auch bei der Entwicklung reflektierender Impulsketten in der Improvisationsarbeit kommen die verschiedenartigsten Spiegelungs- und Nachbildungsformen zum Tragen, in denen die Spieler ein permanentes Zwischenstadium von entgrenzender Teilhabe und begrenzender Impulsgebung entwickeln müssen. Die in solcher Situation ermöglichte *Gegenwartsidentität* des gemeinsamen → Spiels überschreitet latent die im Alltag verdinglichten Tauschverhältnisse der Spielsubjekte und lässt ästhetische Augenblicke entstehen, denen für Zuschauer wie auch Beteiligte eine gewisse → Magie anhaftet und die den eigentlichen Zauber der theatralen Arbeit ausmachen.

In diesen Momenten ist in einer negativen, leeren Form das im Alltagsprocedere unabgegoltene Versprechen auf ein Menschsein jenseits des konkurrenzhaften Aneignungsdenkens der technologischen Rationalität angedeutet, da über die mimetischen Operationen der Spieler die Besonderheit der Impuls vermittelnden Spielangebote nicht in Eigenes umgewandelt, sondern beantwortet werden. Das empfangene Andere bleibt als solches im Spiel – es wird nicht kommentiert, verändert, interpretiert, sondern gilt den Spielern als reiner Ausdruck, auf die sie die richtige Antwort finden können.

Benjamin, Walter: Über das mimetische Vermögen. In: Ders.: Sprache und Geschichte – Philosophische Essays. Stuttgart 1992; Fischer-Lichte, Erika: Semiotik des Theaters. Eine Einführung, Bd. 1: Das System der theatralischen Zeichen. Tübingen 1983; Gebauer, Gunter/Wulf, Christoph: Mimesis. Kultur – Kunst – Gesellschaft. Reinbek 1992; Jenisch, Jakob: Der Darsteller und das Darstellen. Grundbegriffe für Praxis und Pädagogik. Berlin 1996; Lévinas, Emmanuel: Die Spur des Anderen. Untersuchungen zur Phänomenologie und Sozialphilosophie. Freiburg, München 1999; Marx, Karl: Ökonomisch-philosophische Manuskripte. Leipzig 1970; Weintz, Jürgen: Theaterpädagogik und Schauspielkunst. Ästhetische und psychosoziale Erfahrung durch Rollenarbeit. Butzbach-Griedel 1998; Wulf, Christoph: Ästhetische Wege zur Welt. Über das Verhältnis von Mimesis und Erziehung. In: Lenzen, Dieter (Hg.): Kunst und Pädagogik. Erziehungswissenschaft auf dem Weg zur Ästhetik? Darmstadt 1990.

HANS-JOACHIM WIESE

→ Authentizität – Didaktik – Lernen und Theater

Minidrama

M sind im thp Kontext entstandene experimentelle Kleinformen, genauere Bezeichnung: *Mini-* und *Monodramen*. Das sind kurze Stücke mit wenig Aufwand, die durch professionelle SchauspielerInnen oder TheaterpädagogInnen in Schulklassen oder für kleine Gruppen gespielt werden können. Sie sind eine Form des → Mitspieltheaters, da sie immer die aktive Einbeziehung des Publikums intendieren.

M sind im Fach Schulspiel seit 1977 an der Pädagogischen Hochschule (PH) Berlin (seit 1980 Institut für Spiel- und Theaterpädagogik an der Hochschule der Künste, Berlin; seit 2001 Universität der Künste) entstanden und erarbeitet worden. Die Grundidee ging von Hans-Wolfgang → Nickel aus, dem Begründer des Faches Schulspiel an der PH. Mit einer konstanten StudentInnengruppe wurden verschiedenste Formen und Programme entwickelt und immer wieder ausprobiert, verändert und neu erprobt. Der Höhepunkt ihrer Nutzung/Anwendung reichte bis weit in die 1980er Jahre hinein; heute finden nur noch vereinzelte Formen Anwendung (z.B. die *Tiergeschichten* im Rahmen sozialpädagogischer Ausbildung). Eine Intensivierung und Ausweitung hat das ,Autorenspiel' erfahren, das im Rahmen von zuschauerbezogenem Improvisationstheater von der Erfurter Gruppe *Impro Vision* umfassend untersucht und variiert wird.

M sind als eine Form von → Kinder- und Jugendtheater für die Schule konzipiert, für eine Schulklasse und für eine oder zwei Schulstunden – sie sind aber genauso für Kinder- und Jugendgruppen außerhalb der Schule geeignet. Gespielt werden sie von einem/r

(Mono-Drama-) oder wenigen (Mini-Drama-)DarstellerInnen. Damit stellen sie eine Form dar, die zwischen Schule und professionellem Theater steht: Einerseits werden die Mittel und Formen des Theaters genutzt, andererseits machen sie sich die Gegebenheiten der Schule als Vorteile zu eigen.

M lassen Gemeinsamkeiten in ihrer theoretischen Konzeption und ihrer praktischen Durchführung erkennen. Es handelt sich um eine Form von armem, direktem Theater. Gemeinsame Charakteristika sind: kein (Scheinwerfer-)Licht, kaum Requisiten, kaum Kostüme. Die Grundausstattung besteht aus einem alltäglichen Ort (Klassenraum in der Schule), einem oder mehreren SpielerInnen, ZuschauerInnen (eine Schulklasse, eine Jugendgruppe). Die Ziele sind je nach Programm unterschiedlich (z. B. Förderung von Kreativität, Spontaneität, Selbstbewusstsein). Hauptanliegen ist immer die intensive Mitwirkung der ZuschauerInnen und eine partielle Aufhebung der traditionellen Arbeitsteilung.

Zwei ausgewählte M sollen die Form verdeutlichen. *Beispiel 1*: *Tiergeschichten*, ein M für die 3. Klasse; 2 DarstellerInnen; Dauer: 1 Schulstunde (45 min.). Es handelt sich um vier (z. T. vorbereitete) Geschichten, mit deren Ablauf die Aktionsform bzw. die Teilnahme der SchülerInnen aufgebaut wird. In der ersten Geschichte hören die SchülerInnen nur zu; in der zweiten Geschichte nennen sie dem Erzähler oder der Erzählerin mehrere Tiere, die diese(r) in die Geschichte einbezieht. Vor der dritten Geschichte wählen die SchülerInnen zwei Tiere als Grundhandlungsträger aus, die dann von den DarstellerInnen gespielt werden. Auch vor der vierten Geschichte benennen sie die Haupthandlungsträger; im weiteren Verlauf werden jedoch alle SchülerInnen in die Geschichte aktiv spielerisch mit einbezogen; das Ende der Geschichte ist offen, intendiert ist ein gemeinsames Agieren der Kinder gegen einen ‚Tyrannen'.

Beispiel 2: *Autorenspiel*, für SchülerInnen von der 7. Klasse an und mindestens 2 SpielerInnen; Dauer: 1 bis 2 Schulstunden. Hierbei handelt es sich um eine völlig offene Improvisationsform, da die SchülerInnen im Verlauf des Programms über fünf Stationen ein Stück entwerfen. Dabei geben die SchülerInnen die Anweisungen, die von den SpielerInnen umgesetzt werden. Mitspiel ist nicht intendiert, wird aber auch nicht ausgeschlossen.

Insbesondere die letzte Form ist in ihrer ‚offenen Strukturiertheit' vielfältig einsetzbar und kann auch heute noch als Grundlage für weitere Formen von Improvisationstheater dienen.

Dörger, Dagmar: Mini- und Mono-Dramen. Eine Anleitung zu theatralen Kleinformen. Wilhelmshaven 1985.

DAGMAR DÖRGER

→ Darstellendes Spiel – Drama in Education – Erzähltheater – Geschichte der Pädagogik – Geschichte der Sozialpädagogik – Improvisation – Interaktion – Lernen und Theater – Schultheater – Theater im Klassenzimmer – Theatralisierung (von Lehr- und Lernprozessen)

Mirbt, Rudolf

1896–1974. Mitbegründer und einer der Hauptträger der sog. Laienspielbewegung. Schrieb eigene Stücke und gab verschiedene Laienspielzeitschriften heraus. 1923–39 Herausgeber der *Münchener Laienspiele*, seit 1947 der *Bärenreiter-Laienspiele*. Sein Zugang zum → Darstellenden Spiel führt über die Sozialpädagogik; Auseinandersetzungen mit menschlichen Haltungen sind für ihn Spielanlässe.

Möglichkeiten und Grenzen des Laienspiels. München 1928; Von der eigenen Gebärde. Ein Laienspielbuch in 26 Beispielen. München 1951; Laienspiel und Laientheater. Vorträge und Aufsätze aus den Jahren 1923–1959. Kassel u. a. 1960. Mirbt, Rudolf/Gentges, Ignaz/Leibrandt, Reinhard/Sasowski, Bruno (Hg.): Das Laienspielbuch. Berlin 1929. Amtmann, Paul/Kaiser, Hermann (Hg.): Darstellendes Spiel. Jugendspiel, Schulspiel, Volksspiel, Freilichtspiel, Studentenbühne, Amateurtheater. Kassel, Basel 1966; Kaiser, Hermann (Hg.): Begegnungen und Wirkungen. Festgabe für Rudolf Mirbt und das deutsche Laienspiel. Kassel, Basel 1956.

GABI BEIER

Mitspiel(theater)

Theatergeschichte lässt sich (auch) beschreiben als eine fortschreitende Domestizierung (Kultivierung) des Publikums. Wichtige Etappen dieser Entwicklung sind z. B. sehr klar ablesbar im Wirken des Intendanten Goethe am Weimarer Hoftheater und in der Vertreibung des Harlekins von der Bühne durch die Neuberin in Zusammenarbeit mit dem Literaturprofessor Gottsched (1737). Positiv wirkt sich diese Entwicklung aus als Literarisierung, Intensivierung, Stringenz der theatralen Mittel; verbunden damit ist die zunehmende Wichtigkeit zunächst des Autors, dann des Regisseurs, die mit der Entmachtung des Schauspielers einhergeht. Was dabei verloren geht, wurde z.B. von Rudolf Münz und wird gegenwärtig unter anderen von Gerda Baumbach ans Licht gebracht.

M lässt sich verstehen als eine Gegenbewegung, die die vornehme Langeweile aus den etablierten Häusern vertreiben will und das Publikum dazu animiert, sich über Sehen und Hören, über das Mitspiel im Kopf, das Mitdenken und Mitfühlen hinaus während der Aufführung zu artikulieren und die Aufführung direkt mitzugestalten, also Themen, Rollen, Inhalte, Entwicklungen ganz oder in Teilen zu bestimmen oder auch mitzuspielen (Rollen zu übernehmen). Die Entwicklung wurde zumeist von SchauspielerInnen und RegisseurInnen oder TheaterlehrerInnen getragen, kaum von Autoren. Eine Ausnahme ist Paul Pörtner mit seinen Mitspielstücken für Erwachsene (*Scherenschnitt*, 1963). M ist insbesondere nach der Studentenbewegung der 1968er Jahre im Kindertheater in der BRD diskutiert und entwickelt worden. Der Begriff ist heute vor allem noch im Kindertheater gebräuchlich. Dabei benennt er präzise nur *eine* Beteiligungsmöglichkeit; der umfassendere und klarere Begriff Animationstheater bezeichnet allgemein die Zielvorstellung aller Animationsformen (*animieren*: beleben, anregen, in Stimmung bringen – schon seit Ende des 16. Jhs. aus dem Französischen; *Animationstheater*: ein Begriff des 20. Jhs.).

In diesem Sinne gehören zum M-/Animationstheater eine Fülle unterschiedlicher Formen bzw. bedeutungsverwandter Begriffe: → Forumtheater (→ Boal); → Mini-Monodramen (Dörger/→ Nickel); → Playback-Theatre (Fox); → Theatersport und andere Formen von Improvisationstheater mit lizenzgeschützten Markenbezeichnungen wie Gorilla-Theater (→ Johnstone); offene, zuschauerbezogene Improvisationstheaterformen; → Theatre in Education (TiE); animazione (ital.); animation (frz.).

Alle Formen brauchen eine *Kontaktperson* zwischen Bühne und Publikum, die die → Kommunikation zwischen SpielerInnen und Publikum initiiert, regelt und steuert; sie ist oft als SpielleiterIn, ModeratorIn erkennbar. Häufig übernimmt diese Funktion auch eine(r) der mitspielenden SchauspielerInnen. Bedingung für eine Beteiligung des Publikums ist die Improvisations- und Kontaktfähigkeit der SchauspielerInnen. Anders als beim Autorentheater übernehmen die SchauspielerInnen *Erfindung* und *Gestaltung* und müssen überdies in ihrer Rolle kommunikativ-helfend agieren können.

Theatersport animiert das Publikum zum Zurufen von Stichwörtern, zum akustischen Bewerten der Szenen oder Werfen von Gegenständen (Rosen, Schwämme); es tendiert weniger zur Animation des Zuschauers als zur Befreiung des Schauspielers von Autor und Regisseur und hat dazu inzwischen eine Fülle von Formen entwickelt, vielfach von Musik (mit-)getragen. Typisch ist der (gespielte) Wettkampfgedanke, die Ermittlung eines Siegers; die Punktevergabe erfolgt meist durch die Zuschauer. Zusätzlich steuern sie isolierte Partikel bei, die sich mit nur einem Begriff, einem Wort formulieren lassen und sich auf Schauplätze, Gefühle, Genres, Berufe, Alter, Namen, manchmal auch auf Eigenschaften usw. beziehen; sie sind wenig mehr als ein Startpunkt für die Erfindungen der SpielerInnen. Das theatersportnahe, spielerorientierte Improvisationstheater geht also nicht weit in der → Animation (Einbeziehung) des Publikums, verzichtet zum Teil ganz auf eine Publikumsbeteiligung. Andere Entwicklungen des freien, zuschauerbezogenen *Improvisationstheaters* legen den Hauptakzent auf die Beteilung des Publikums und entwickeln dafür jeweils neue, den jeweiligen Zuschauern und der Intention der Veranstaltung entsprechende Formen (→ Theater der Versammlung, Universität Bremen; ImproVision, Fachhochschule Erfurt).

Das *Kindertheater* nutzt eine weite Spanne von der verbalen Animation des Kaspers (‚Seid ihr alle da?‘) bis zum Mitspielen vieler oder aller Zuschauer. Frühe Versuche finden sich schon 1927 bei Natalia Saz im Moskauer Kindertheater, ‚Spielstück‘ genannt.

Am weitesten in der Einbeziehung des Publikums (der SchülerInnen) gehen Formen des englischen *Theatre in Education* und die *Mini-Monodramen*. Je nach Lernziel haben sie unterschiedlichste Formen entwickelt.

Das → *Unsichtbare Theater* lässt sich als eine verdeckte Animationsform beschreiben; das Publikum wird zwar (manchmal sehr heftig) einbezogen, weiß aber nicht, dass es sich dabei um eine Inszenierung handelt.

Das *Forumtheater* beginnt mit einer Vorführszene zu einem Problem, zu einer spezifischen Situation des Publikums. Diese Vorführszene beruht meist auf intensiven Recherchen; sie wird bis zu einem Konfliktpunkt geführt und dann mit Hilfe des Publikums spielerisch und in Diskussionen verändert und entwickelt.

Beim *Playback-Theatre* stellen Geschichten, die von einzelnen ZuschauerInnen vor dem Publikum erzählt werden, den Spielstoff dar, der von den SpielerInnen (playback) improvisiert inszeniert wird (improvisierte Musik hat dabei wichtige Funktionen).

Formen der italienischen, französischen, österreichischen *animazione, animation, Animation* haben in der Regel spiel- und thp Charakter; sie schließen Theater *von* Kindern und Jugendlichen (oder anderen Bezugsgruppen) ein, aber kaum Vorführungen von professionellen SchauspielerInnen *für* diese Bezugsgruppen.

Mitspielformen (Animations-Bestandteile) finden sich immer auch in *kultisch-liturgischen* und *religiösen* → *Ritualen* (Gesang, Tanz, Gebet der Gemeinde, Responsorien: Wechselgesänge); das gilt vielfach auch für politische Versammlungen. Hier wird meist der Begriff der *Agitation* im Sinne eines politischen Einwirkens auf Bewusstsein und Stimmung von Volksmassen benutzt. In diesem Sinne haben vor allem die Agitprop-Theater nach dem 1. Weltkrieg bereits viele Formen von Publikums-Agitation/-Animation erprobt (Unsichtbares Theater, → Zeitungstheater usw.). Mit anderen Mitteln arbeiten die Massenspiele (ab 1920 in der Sowjetunion, bei den Massenfestspielen der Gewerkschaften in Leipzig, in → Labanschen Bewegungschören, um 1930 als Teil sozialdemokratischer Sportfeste, nach 1933 in den → Thingspielen des Nationalsozialismus); verwandt sind heutige religiöse und pseudoreligiöse Umzüge und Aufmärsche (→ Karneval). Noch spürbar wird in diesen Formen, wie Theater sich ursprünglich aus gemeinsamem Tun entwickelt hat (der Bockschor der griechischen Tragödie, der Komos der Komödie); deutlich wird aber auch, dass die Publikumsbeteiligung nicht eo ipso emanzipatorisch, aufklärend oder ästhetisch bildend ist, sondern weiterhin in der Verantwortung der konzipierenden und improvisierenden SpielerInnen bleibt.

Baumbach, Gerda: Seiltänzer und Betrüger? Parodie und kein Ende. Tübingen 1995; Boal, Augusto: Theater der Unterdrückten. Frankfurt a. M. 1986; Dörger, Dagmar: Mini- und Mono-Dramen. Wilhelmshaven 1985; Dies.: Animationstheater. Frankfurt a. M. 1993; Ebert, Jürgen/Korn, Ulla/Nickel, Hans-Wolfgang (Hg.): Improvisation 1. Grundlagen und neuere Entwicklungen. In: LAG-Materialien Spiel und Theater, H. 31. Berlin 1993; Fox, Jonathan: Renaissance einer alten Tradition. Playback-Theater. Köln 1996; Johnstone, Keith: Theaterspiele. Spontaneität, Improvisation und Theatersport. Berlin 1998; Münz, Rudolf: Das andere Theater. Studien über ein deutschsprachiges teatro dell'arte der Lessingzeit. Berlin 1979.

DAGMAR DÖRGER

→ Animation – Arbeitertheater – Improvisation – Kinder- und Jugendtheater – Lehrstück – Psychodrama – Szenische Interpretation – ZuschauSpieler

Modellspiel / Modellstück

Das M-spiel gehört in den Zusammenhang Brechtscher Theaterkonzeptionen der letzten Jahre. In einem Gespräch über *Politische Programme* (1956) erwähnt → Brecht „kleine mobile Truppen [...], die Program-

me einstudieren könnten [...], kleine Sachen [...] möglichst mit örtlichen Themen, über Schwierigkeiten an den Orten selber" (zit. n. Hecht 175). Partner wäre ein einheitliches, z. B. „nach Arbeitstätigkeiten zusammengesetztes Publikum" (GW 16, 736). Manfred Wekwerth hat diese Vorstellung weiter entwickelt und neben Vermittlungsformen wie der Historie, der Parabel, der → Clownerie die des M-spiels beschrieben: „Das wichtigste Individuum ist der Zuschauer selbst. Seine Initiative ist der Auslöser der Veranstaltung und seine praktische Aktivität die Folge. [...] Das Modellspiel könnte sich mit Fragen einzelner Betriebe befassen, mit neuen Stücken und Vorgängen, aber es könnte auch alte Stücke als Modelle für bestimmte Fragen vorführen." (Wekwerth 346f.)

In manchem ist das M-spiel Wekwerths ein Entwurf dessen, was Augusto → Boal mit dem → Forumtheater entwickelt und praktiziert hat. Die Grundstruktur ist ähnlich: Eine Protagonistengruppe steht einer Zuschauergruppe gegenüber, das Stück – ,scheinbar konventionelles Theater' – wird vorgespielt und unter Anteilnahme der Zuschauer verändert, z. B. durch neue Konfliktlösungen, durch Übernahme von Protagonistenfunktionen und die Demonstration von Verhaltensvarianten. Diese Beteiligung folgt bestimmten Spielregeln und spielleitenden Impulsen der Schauspieler (vgl. Boal 56f. u. 82f.). Unterschiede liegen im Spielsystem und in der Funktion der *Modellszene* (Boal) oder des M-stücks. Das M-stück ist nicht so sehr auf Konfliktlösung ausgerichtet, ebenso wenig ist es Vorbild im Sinne des Lernens am Modell. Der Modellbegriff orientiert sich vielmehr an dem, was Brecht in seiner Erörterung des ,K-Typus und P-Typus' mit dem Modell des ,Planetariums' (gegenüber dem des ,Karussells') beschreibt (vgl. GW 16, 540ff.): M-stück und M-spiel *untersuchen* vor allem: „theater nur für lehrzwecke, einfach die bewegungen der menschen (auch der gemüter der menschen) zum studium modelliert, das funktionieren der menschlichen beziehungen gezeigt, damit die gesellschaft eingreifen kann" (AJ/ 12. 2. 39). Das rückt das M-spiel und das M-stück in die Nähe des → Lehrstücks. Die dort von Brecht geforderte Rolle „hochqualifizierter Muster" für die *Nachahmung* und „die Kritik, die an solchen Mustern durch überlegtes Andersspielen ausgeübt wird" (GW 17, 1024) gilt hier exemplarisch – für das *dramaturgische* Muster des M-stücks ebenso wie für das *spielerische* Muster der Schauspieler.

Das M-spiel setzt ein qualifiziertes Schauspielerensemble voraus, das mit Institutionen und gesellschaftlichen Gruppen kooperiert und unabhängig ist

von kommerziellen Zwängen. Während der bundesweiten → Modellversuche *Künstler und Schüler* (1976–
1980) – nach niederländischen und englischen Vorbildern – waren diese Bedingungen im Organisations-
rahmen von Schulen kurzzeitig gegeben. An das M-
spiel angelehnte Versuche gab es in Berlin, Bremen
und Köln. Institutionalisiert wurden das *MOKS-Thea-
ter* in Bremen und das *Werkstatt-Theater Köln*. Auch im
Rahmen des Faches ‚Schulspiel‘ an der ehemaligen
Pädagogischen Hochschule Berlin (heute: Institut für
Theaterpädagogik an der Universität der Künste Berlin) gab es diese Ansätze. In mancher Hinsicht lassen
sich auch Aktivitäten mobiler Kindertheatertruppen,
die Vorführ- und Mitspieltheaterelemente verbinden,
als M-spiele im weiteren Sinn verstehen.

Berliner Modellversuch Künstler und Schüler. In: Das Pro-
jektebuch. Berlin 1979; Boal, Augusto: Theater der Unterdrückten. Frankfurt a. M. 1979; Brecht, Bertolt: Arbeitsjournal. Frankfurt a. M. 1973; Ders.: Gesammelte Werke.
Frankfurt a. M. 1967 [GW]; Der Bundesminister für Bildung
und Wissenschaft (Hg.): Modellversuch ‚Künstler und Schüler‘. Abschlußbericht. BMBW-Werkstattberichte. Bonn
1980; Hecht, Werner (Hg.): Brecht im Gespräch. Frankfurt
a. M. 1975; Ritter, Hans Martin: ‚Aus Nichts wird nichts‘.
Textmaterial nach einem Fragment von Bertolt Brecht. In:
Steinweg, Reiner (Hg.): Auf Anregung Bertolt Brechts:
Lehrstücke mit Schülern, Arbeitern, Theaterleuten. Frankfurt a. M. 1978; Ders.: Modellstück – Modellspiel. Versuche
mit Masken. Berlin 1980; Wekwerth, Manfred: Schriften.
Arbeit mit Brecht. Berlin 1973.

Hans Martin Ritter

→ Interaktion – Lehrstück – Lernen und Theater –
Mitspiel(theater) – Übungsfirma – Unternehmenstheater – ZuschauSpieler

Modellversuche

M im engeren Sinn werden als Einzelvorhaben der
grundlegenden bzw. differenzierenden Qualifizierung
in der ThP aus den Bereichen Schule/Hochschule/
außerschulische Erwachsenenbildung, Einrichtun-
gen/Verbände für ThP verstanden – mit dem Ziel der
Erschließung neuer Wahrnehmungs- und Ausdrucksmöglichkeiten in Theater/Musik/Tanz/Neuen Medien und neuer Ausbildungsmodule für die künstlerische thp Arbeit. Die Maßnahmen-Träger sind in der
Regel Zuwendungsempfänger mit klar vorgegebenen
Aufgaben/Projektabläufen/Ressourcendispositio-
nen/Evaluationsnachweisen, z. B. Bund-Länder-
Kommission für Bildungsplanung und Forschungsför-
derung, Landes-Ministerien für Wissenschaft/For-
schung/Kultur/Schule, Forschungseinrichtungen/

Fördermittelträger des Bundes und der Länder/zentra-
ler Verbände/Vereine der ThP für eine in der aktuellen Bildungspolitik verankerte, auf einen gezielten
berufspraktischen Bedarf ausgerichtete innovative
Maßnahme der Aus- und Weiterbildung in ThP.

Im Folgenden werden M auch im weiteren Sinn
verstanden als eine über gängige Regelstudienangebote
(ThP als integriertes Teil-Angebot) hinausreichende
zielgruppenspezifische Ausbildungs- und Forschungs-
maßnahme mit innovativen Zielsetzungen und deren
systemischer Erprobung. → Darstellendes Spiel (DS)/
ThP braucht wie Kunst und Musik als wissenschaft-
lich-künstlerisches Fach einen universitären grundständigen Studiengang bzw. Zusatzstudiengang mit
künstlerischen, fachwissenschaftlichen und fachdidaktischen Studieninhalten (interessant für verschiedene Ausbildungsrichtungen: Lehramt/Diplom-
pädagogik/Kunstpädagogik/Bachelor/Magister, z. B.
mit den Fächern Theater-, Film- und Medienwissenschaft), was organisatorische, finanzielle, personelle
sowie curriculare und seminardidaktische Anstrengungen in M erforderlich macht. An der Schnittstelle
Fachstudium/Forschung und theaterpraktische Arbeit
ist es die vordringlichste Aufgabe der M, Modelle zu
entwickeln, die den Einbau der ästhetischen Bildung in
ein herkömmliches universitäres Studium bzw. erprobte Maßnahmen der beruflichen Qualifizierung/
Fort- und Weiterbildung fördern.

Die M können Auswirkungen auf die hochschuldidaktische Qualifikation der Dozenten zur Folge haben,
da geeignete Lehr-, Lern- und Arbeitsformen zu entwickeln einen entscheidenden Teil der Versuchsan-
ordnung ausmacht. Damit trägt der M auch zur Profilbildung des Trägers (Univ./FH u. a.) bei und vermag
die Institution weiter zu entwickeln.

Die vermittelten Qualifikationen berechtigen u.a.
für eine Unterrichtätigkeit im DS je nach den föderalen Vorgaben der Bundesländer für Schulstufe und
Jahrgang, für Qualifikationen in unterschiedlichen thp
Berufsfeldern.

M unterscheiden sich von regulären universitären
Ausbildungsangeboten durch

– offene Arbeitsstrukturen im Rahmen vorgegebener
  Ziele, vor allem der thp Theoriebildung;
– ein enges Theorie-Praxis-Verhältnis, die Verknüpfung von Praxis- und Forschungsfeldern;
– Interdisziplinarität als fächerübergreifende Prozesse
  und Produkte des Lehrens, Lernens und Gestaltens;
– spezifische Lehr-, Lern- und Gestaltungsformen,
  Projektarbeit, in der Regel im Team;
– Praktika/Orientierung an Berufsfeldern.

M sind für Antragsteller attraktiv in ihrem klar von der Zeit, den Zielgruppen, den Ressourcen und dem Ausbildungspersonal her ausdefinierten Aktionsfeld mit einer offenen Erprobungsstruktur, die es erlaubt, Ziele/Methoden dem fortschreitenden Arbeitsprozess anzupassen und gegebenenfalls zu ändern (Flexibilisierung und Individualisierung).

Modularisierung (vertikal) bietet je nach Ausbildungsstand/feldspezifischer Erfahrung/persönlichem Interesse die Chance eines individuell zugeschnittenen Lern- und Qualifizierungsweges, in der Kombination von obligatorischen und freien Angeboten (im Besonderen: Theorie und Praxis der → Kommunikation/ → Interaktion/ → Improvisation und des Kreativitätstrainings).

Die *Kooperation* verschiedener Ausbildungsträger (horizontal) erlaubt zusätzlich individuelle Schwerpunktbildungen im Bereich schulischer wie außerschulischer Handlungsfelder (z. B. Theater/Wirtschaft/ Erwachsenenpädagogik) mit Kindern/Jugendlichen/ Erwachsenen: mehrere Fachbereiche der Univ./FH; mehrere Hochschulen mit ihrem spezifischen Angebotsprofil; freie Ausbildungsträger im Verbund; Einbeziehen der regionalen/urbanen Kulturszene/der Theater; Internationalisierung, als Austausch von Ausbildungsmodulen mit Partner-Hochschulen/Verbänden, als Qualitätssicherung (bereits mit Skandinavien, den Niederlanden, England, USA: ‚dramatic workshops/creative writing‘).

Die Ausbildungsangebote mit ihrer Breite von sich selbst tragenden Arbeitsgruppen eines überschaubaren ‚Kreativhauses‘ bis zur Massenuniversität mit ausdifferenziertem Wissensmanagement setzen im Kern Selbststeuerung/Beweglichkeit der Studierenden/Zielgruppen voraus. Träger von Einzelvorhaben/Studienangeboten sind u. a.:

Institut für Medien und Theaterwissenschaften, Universität Hildesheim: *Projektsemester* (seit 1992, jedes 2. Jahr, in allen künstlerisch-wissenschaftlichen Fächern: Theater/Film/Musik/Kunst/Populäre Kultur/ Literatur; u. a. 1994 *Café Deutschland*, 1996 Goethes *Faust II*, 1998 *Neun Reisen: Theatertheorie szenisch* und 2000 *Babylon*). Projekt als Lehr- und Lernform in der Verschränkung von Theorie und Praxis, mit einer Vorbereitungsphase (wissenschaftlich/künstlerisch, 1–2 Jahre im Voraus), einer Produktionsphase (Spiel/Kulturorganisation/Seminararbeit), der Aufführungs- und Nachbereitungsphase (u. a. Projektdokumentation).

Entwicklung und Erprobung eines Studiengangs ThP, FH Osnabrück/Standort Lingen (als Vollzeitstudium 4semestrig, als Teilzeitstudiengang 6semestrig, seit 1998; 79 SWS, Diplomprüfung): Auf die vielschichtigen Bedürfnisse der sozialpädagogischen, schulischen, amateurtheatralen Berufsfelder bezogene Ausbildung in den Essentials der ThP, mit Verzahnung der Lernbereiche in Projekten.

ThP als Instrument des sozialen Lernens, Forschungsprojekt der FH Osnabrück (Institut für ThP, Lingen, 2000–2002) zur Entwicklung und Erprobung des Zusatzstudiengangs ThP. Die erarbeiteten Daten dienen der wissenschaftstheoretischen wie fachdidaktischen Grundlegung des Studiengangs und damit den Einsatz- und Entwicklungsmöglichkeiten der ThP in schulischen/soziokulturellen Praxisfeldern.

Verbund Braunschweig (HBK/TU)/Hannover (Univ./HS für Musik und Theater)/Hildesheim (Univ.): Teilstudiengang DS für das Lehramt an Gymnasien (Erweiterungsprüfung, 4semestrig, 64 SWS/ grundständiger Stg., 8semestrig, ab WS 2002/2003), mit einer regionalen Aufteilung nach Schwerpunkten.

Universität Greifswald: M *Darstellen und Gestalten* (1998)/HS für Musik und Theater Rostock (4semestrig, 30 SWS). Der M des Landes/der BLK sollte der Verankerung einer grundlegenden theaterübergreifenden ästhetischen Handlungskompetenz als Persönlichkeitsbildung der Schüler dienen (vgl. Golpon u. a. 51ff.). Vgl. dazu den als Verbund mit Greifswald geplanten *Studiengang Spiel- und ThP* an der Ludwig-Maximilians-Univ. (LMU) München, der dann 1993– 2002 als interdisziplinärer *Studienschwerpunkt Spiel- und ThP* des ITW/PI geführt wurde, sowie das neu eingerichtete Erweiterungsstudium *Darstellendes Spiel* an der Univ. Erlangen-Nürnberg (ab WS 2002/2003, 4semestrig, 44 SWS), für Studierende vor/nach Erwerb der Lehramtsbefähigung aller Schularten/Fächerverbindungen und für Lehrer.

An der LMU München ist ab WS 2002/03 ein 4semestriges Erweiterungsstudium *Darstellendes Spiel* für Studierende aller Lehrämter/LehrerInnen geplant, mit einem Studienplan (Fachpraxis/-theorie/-didaktik/ Praktikum).

Die Univ. Frankfurt a. M. baut ein *Weiterbildungsangebot ThP* auf (4semestrig, 48 SWS).

Im schulischen/außerschulischen Bereich sind beispielhaft zu nennen:

TPZ Hannover/IGS Mühlenberg/Kulturamt Hannover: Wege – *Drogi* (1997), ein deutsch-polnisches Kinderkulturprojekt, als interkulturelles Lernen. Gemischte deutsch-polnische Kleingruppen erarbeiten z. B. eine interaktive begehbare Ausstellung (*Ein Reise-*

tag). Weitere Projekte: *Die gefährlichste Zeit im Leben* (Internationales Jugendprojekt 2000), *Nathan der Weise* mit israelischen und arabischen Jugendlichen, *Kafkas Verwandlungen* (2002/03) als Identifikationsobjekt und Projektionsfläche. Vgl. auch einen der ersten umfassenden M *Herkommen – Hingehören* (Kultusministerium Thüringen/Hessen; BMBWFT 1996–98): Schulische und außerschulische Ost-West-Theatergruppen bereiten szenisch ihre unterschiedlichen politisch-gesellschaftlichen wie persönlichen Assoziationen auf mit den inzwischen wohlvertrauten Differenzierungen nach dem ästhetisch-künstlerischen Bereich (außerschulisch) und den sozialisationsorientierten Zielsetzungen (schulisch).

Verbände/Vereine/Interessengruppen bieten eigenständige, zielgruppenspezifische FB- und WB-Lehrgänge/Kurse an; etwa die ‚Landesarbeitsgemeinschaften für Darstellendes Spiel‘ in den Bundesländern. Beispiel: Die dreijährige berufsbegleitende thp Grundausbildung zum Spielleiter in Baden-Württemberg, flächendeckend von Reutlingen bis Ulm, mit einem Praxisprojekt im 3. Jahr; umfassend der ‚Bundesverband Theaterpädagogik e. V.‘ (BuT Köln), etwa mit dem Sozialkulturprojekt *Domino – Zivilcourage im Rampenlicht* auch als Multiplikatorenfortbildung in internationalen workshops zu Gewalt, Rechtsextremismus u.a.

Voraussetzungen/→ Zielgruppen: In der Regel erweisen sich heterogene Zielgruppen, z. B. aus unterschiedlichen Studiengängen (Lehrer/Studierende der Pädagogik/Theaterwissenschaft/Sozialpädagogik/Kunst/Schüler der Erprobungsschulen) als sehr produktiv, denn sie haben die Chance, sich zu ergänzen, zur Reflexion der eigenen Praxis im Vergleich anzuregen. Synergieeffekt: Zugangsprüfungen dienen der Selbsteinschätzung/der grundsätzlichen Eignung.

Umfang/Inhalte/Aufbau: Verankerung der Spielpraxis in fachwissenschaftliche (Kommunikationswissenschaft/Theaterwissenschaft/Kulturwissenschaften u. a.), fachdidaktische und pädagogische Grundlagen ist unverzichtbar, wenn auch die Motivation zu eigener künstlerischer Gestaltung vorherrschend ist. In meist modularer Form werden die wissenschaftlichen, künstlerischen und methodisch/organisatorischen Anteile je nach Ausbildungsprofil gewichtet: Fachwissenschaft/Fachpraxis/Fachdidaktik (auf der Grundlage der Bildungskonzeption des BuT und des Kerncurriculums ThP der BAG Spiel und Theater. Dabei werden neue Bedürfnisse und damit innovative Erprobungs- und Forschungsvorhaben fokussiert: So soll beispielhaft das FP bei der FH Osnabrück *ThP als*

Instrument des sozialen Lernens sinnliche Erkenntnisprozesse im/durch Spiel in der Schule erkunden; über das szenische Spiel im Dienst von Soziallernleistungen bis hin zum Theaterspiel als szenischer Sozialforschung hinaus spielt die Analyse des zentralen Subjektbegriffs eine entscheidende Rolle: ‚Subjektentgrenzung‘ im Sinne einer offenen Erlebnishaltung und damit ‚Gegenwartsidentität‘ als spezifische Erfahrung ästhetisch-theatraler Gestaltungsmomente. Ausgangspunkt des FP ist dennoch die ästhetische Funktion der Theaterarbeit, die jedoch offen konzipiert ist, in der intersubjektiven Suche nach theatraler Stimmigkeit.

Lehr- und Lernformen/Projekt-Ablauf: Mischformen aus theoriegeleiteter Praxis/praxisgeleiteter Theorie wurden projektspezifisch erprobt: Seminare/Vorlesungen mit Praxisanteil; interdisziplinäre Projekte; theaterpraktische Ausbildung; Praktika in verschiedenen thp Handlungsfeldern. Eigeninitiative, Selbstorganisation und Selbstqualifizierung sind hier gefragt.

Projektarbeit im schulischen/außerschulischen Bereich kostet sehr viel Zeit und Energie, die beteiligten Jugendlichen setzen sich nicht nur mit dem Thema/mit eigenen Ideen auseinander, sondern erfahren sich – wie auch ihre Partner – neu und anders. Gespräche, Diskussionen, intensive Stellungnahmen wie → Recherchen aktivieren die Teilnehmenden in der gemeinsamen Arbeit am Projekt und nutzen damit einen Freiraum der Selbstgestaltung.

Evaluation/Qualitätssicherung: In der Regel sichern Zertifikate die Effizienz/Qualität/Nachhaltigkeit der Ausbildung/der Projektarbeit. Prüfungen/Abschlüsse testen die erforderlichen Fach-, Gestaltungs- und Vermittlungskompetenzen: z. B. ein Teilnahmezertifikat mit Mindestanforderungen an die aktive Mitarbeit; eine wissenschaftliche Prüfung (Klausur, mündliche Prüfung) für die Fach-Qualifikation; Präsentation eines Spiel-Projekts mit schriftlichem Konzept/Kolloquium.

Probleme in der Hochschul-Ausbildung sind u. a.: Bewegung, Aufbruch, Kampf um neue Studiengänge in ThP sind den M zu verdanken, deren gebündelte Schubkraft zur Etablierung und Verstetigung der thp Ausbildung wesentlich beitragen. Sie ermöglichen es, Erfahrungen und Erkenntnisse zu sammeln. Abstimmung der Ausbildungseinheiten innerhalb des Modulsystems nach obligatorischen Angeboten/Kursen/Seminaren und frei wählbaren Ausbildungseinheiten (freie Träger/weitere Hochschulinstitute) machen eine individuelle Bedarfsanalyse/Selbsteinschätzung in thp Theorie/Praxis notwendig. Dabei können große zeitliche Abstände zwischen den Ausbildungseinheiten anfallen (Semesterferien/Bündelung nach Wochenenden u. ä.).

Eine Balance zwischen eigener spielpraktischer Arbeit, Fachtheorie und pädagogisch-didaktischer Grundlagenarbeit muss gewährt bleiben: die ‚Praxisgier‘, die Forderung nach verwertbarem Spiel-Knowhow (z. B. Stückangebote) ist sehr groß, die konkrete Umsetzungsarbeit in die Unterrichtspraxis in thp Berufsfelder in der Regel gering ausgeprägt (eher bei Studierenden/Ablehnung von ‚Vorlesungen‘; Theoriemüdigkeit bei Berufserfahrenen/Lehrern usw.).

Probleme im schulischen/außerschulischen Bereich: M leben stark von ihrer Aktualität und ihrem Zeitbezug – daher können sie einem kurzlebigen Kontext aufsitzen und in ihrer Problematik rasch veralten (z. B. Ost-West/Umwelt/Dritte Welt).

Als Desiderat bleibt eine kategorienbezogene empirische Erschließung und Aufbereitung der bisher realisierten M als Zwischenbericht des Qualifikations- und Diskursstandes in ThP wie vor allem als Motivationshilfe für eine flächendeckende M-Antragsstrategie für anstehende Innovationen in ThP (Beispiel: ThP und die neuen Medien. Vgl. die 4 CD-ROM des BLK-Projekts *Spiel- und Theaterpädagogik multimedial* an der LMU München, 2000–2002).

Bundesverband Theaterpädagogik. Bildungskommission. Entwurf und Redaktion Bernd Ruping, Harald Schneider. In: Korrespondenzen, 1994, H. 19/20/21; Golpon, Hedwig/Prinz, Susanne (Hg.): Darstellen und Gestalten. Berlin, Milow 1998; Hentschel, Ulrike/Koch, Gerd: Kerncurriculum Theaterpädagogik. In: Korrespondenzen, 1995, H. 23/ 24/25.

GERHARD LIPPERT

→ Ausbildung – Didaktik – Geschichte der Pädagogik – Hochschuldidaktik – Lebensbegleitendes Lernen – Lernen und Theater – Management – Methodik – Spielleitung – Theaterarbeit in sozialen Feldern

Montessori, Maria

1870–1952. Ärztin, Pädagogin. Begründerin einer weltweit verbreiteten Erziehungsmethode, die auf der anthropologischen Grundthese beruht, dass jedes Kind einen eigenen ‚Bauplan‘ in sich trägt, der sich durch vitale Triebkräfte in individuellen sensitiven Phasen auf ein bestimmtes Ziel hin entwickelt. Im Zentrum der M-Methode stehen die Erziehung der Sinne und der → Bewegung, die als Voraussetzung für die intellektuelle Entwicklung des Kindes angesehen werden.

Kinder sind anders. Stuttgart 1952; Die Entdeckung des Kindes. Freiburg i. Br., Basel, Wien 1969; Kleine Schriften Maria Montessoris. 5 Bde. Freiburg i.Br., Basel, Wien 1988–1998; Ausgewählte Texte. München 1990.
Böhm, Winfried (Hg.): Maria-Montessori-Bibliographie 1896–1996. Internationale Bibliographie der Schriften und der Forschungsliteratur. Bad Heilbrunn 1999; Frey, Andreas (Hg.): Zur Pädagogik von Maria Montessori. Landau 1996; Ludwig, Harald (Hg.): Erziehen mit Maria Montessori. Ein reformpädagogisches Konzept in der Praxis. Freiburg i.Br., Basel, Wien 1997; Steibel, Rita: Die Sinneserziehung nach Maria Montessori. Eine didaktisch-pädagogische Einführung. Eichstätt 1995; Weiss, Edgar: ‚Hilf mir, es allein zu tun‘. Maria Montessori und ihre Pädagogik. Kiel 1994.

GABI BEIER

Moreno, Jacob Levy

1892–1974. Psychiater, Soziologe, Schriftsteller, Theatermacher. Erarbeitete in den 1920er Jahren Theorie und Praxis des → Psychodramas. 1921 Gründung eines Stegreiftheaters in Wien. Gründer und Direktor eines Psychodramainstituts in den USA. Ausgehend von den Improvisationsfähigkeiten der MitspielerInnen verzichtet M auf eine Textvorlage; an die Stelle der Bühne soll das Leben treten.

Grundlagen der Soziometrie. Wege zur Neuordnung der Gesellschaft. Köln 1954; Gruppenpsychotherapie und Psychodrama. Einleitung in Theorie und Praxis. Stuttgart 1959; Ausgewählte Werke. Paderborn 1981; Auszüge aus der Autobiographie. Hg. v. Jonathan D. Moreno. Köln 1995.
Deimig, Sylke-Kristin: Das Stegreiftheater von Jacob Levy Moreno. Berlin 1991; Marschall, Brigitte: ‚Ich bin der Mythe‘. Von der Stegreifbühne zum Psychodrama Jacob Levy Morenos. Wien, Köln, Graz 1988; Petzold, Hilarion (Hg.): Angewandtes Psychodrama in Therapie, Pädagogik, Theater und Wirtschaft. Paderborn 1978; Rosenhagen, Günter: Sozialpädagogik und Psychodrama. Frankfurt a. M. 2001.

GABRIELA NAUMANN

Müller, Heiner

1929–1995. Schriftsteller, Regisseur, Theaterleiter. In den 1950er Jahren Redakteur an verschiedenen Zs.; *Der Lohndrücker*; 1958/59 Dramaturg am Maxim-Gorki-Theater, Berlin. War ab 1961 nach dem Verbot seines Stücks *Die Umsiedlerin oder Das Leben auf dem Lande* und seinem Ausschluss aus dem Schriftstellerverband bis in die 1970er Jahre hinein aus der kulturellen Öffentlichkeit der DDR wesentlich ausgegliedert; *Bau*; *Philoktet*; *Ödipus Tyrann*. 1965 Selbstmord seiner Frau Inge M (*Todesanzeige*). → Lehrstücke *Mauser*; *Horatier*. 1970–77 Dramaturg am Berliner Ensemble

(BE); *Zement*; *Macbeth*. Sukzessive Reintegration und internationale Beachtung; *Leben Gundlings*; *Hamlet-maschine*. 1975 erste USA-Reise. 1977–82 Dramaturg an der → Volksbühne Berlin; *Auftrag*; *Quartett*; *Bildbeschreibung*. Zusammenarbeit mit Robert Wilson, Luigi Nono u.a.; neue Lehrstücke *Wolokolamsker Chaussee I–V*; 1987–91 Regisseur am Deutschen Theater, Berlin; 1990 Präsident der Akademie der Künste, Berlin (Ost); 1992–95 Mitglied des Direktoriums des BE, 1995 Künstlerischer Leiter des BE. Zahlreiche wichtige Theaterpreise, u.a. Büchner-Preis 1985, Europäischer Theaterpreis 1991. M gilt als wichtigster deutschsprachiger Theaterautor seit → Brecht: „Ich habe da angefangen, wo Brecht aufgehört hat." Für die ThP sind insbesondere auch seine an Brecht anschließenden und ihn kritisierenden Lehrstücke von Bedeutung.

Rotwelsch. Berlin 1982; Gesammelte Irrtümer. Interviews und Gespräche. Frankfurt a. M. 1986; Krieg ohne Schlacht. Leben in zwei Diktaturen. Eine Autobiographie. Köln 1994; Werke. Hg. von Frank Hörnigk. 5 Bde. Frankfurt a. M. 1998–2002.
Hauschild, Jan-Christoph: Heiner Müller oder Das Prinzip Zweifel. Eine Biographie. Berlin 2001; Schmidt, Ingo/Vaßen, Florian: Bibliographie Heiner Müller. Bielefeld 1993; Dies.: Bibliographie Heiner Müller, Bd. 2: 1993–1995. Bielefeld 1996.

MARIANNE STREISAND

Müller-Poland, Rudi

(auch Müller, Rudi)
1924–1997. Kunst- und Theaterpädagoge, Regisseur. Schultheaterprojekte und -produktionen seit 1947. Regte 1954 die Musischen Wochen der Berliner Schulen an, die er 1958–64 mitorganisierte. 1965 Gründung der *Perpendikel-Theaterwerkstatt* für Schüler und Studenten, vermutlich eine der ersten Freien Gruppen in Westberlin. 1974–76 curriculare Vorbereitungen für das Fach → Darstellendes Spiel in der gymnasialen Oberstufe, ab 1977 Leiter der Lehrerweiterbildungskurse für dieses Fach. 1979 Gründung des Arbeitskreises Darstellendes Spiel in der Schule (Westberlin). 1981 Gründungmitglied der Bundesarbeitsgemeinschaft für das Darstellende Spiel in der Schule. Ab 1984 Honorarprofessor an der Hochschule (jetzt Universität) der Künste, Berlin.

Spiel und Theater als kreativer Prozeß. Theaterpädagogische Grundlagen und Verfahren. Exemplarische Beispiele kreativer Theaterarbeit. Berlin 1972; Aufgaben der Regie. In: Giffei, Herbert (Hg.): Theater machen. Ein Handbuch für

die Amateur- und Schulbühne. Ravensburg 1982; Darstellendes Spiel als Unterrichtsfach der gymnasialen Oberstufe. In: Giffei, a.a.O.
Müller, Rudi (Hg.): Wie beginnen wir ein Theaterprojekt? Praktische Untersuchungen möglicher Verfahren. Berlin 1982.
Gail, Nöck: A message for you, Rudi. In: Korrespondenzen, 1998, H. 31.

GABI BEIER

Musical → Schulmusical

Musikspiele

Als M im *weiteren* Sinne lassen sich alle Spiele bezeichnen, die musikalische Elemente enthalten. In traditionellen Kinderspielen (Reigenspiele, Fangspiele usw.) sind häufig musikalische Elemente (Melodie, Rhythmus) enthalten (vgl. Peesch). Die Übergänge zwischen Kinderlied und → Kinderspiel sind fließend.

M im *engeren* Sinne stellen eine seit den 1970er Jahren durch zahlreiche Veröffentlichungen belegte eigene Spielgattung dar, die tänzerische, instrumentale, stimmliche und darstellerische Aktionen umfasst. Sie geht einerseits zurück auf musik- und tanzpädagogische Ansätze der 1920er Jahre (Orff Schulwerk, vgl. Haselbach; Holzheuer), andererseits ist sie beeinflusst von der auditiven Wahrnehmungserziehung, einem heterogenen Feld unterschiedlicher musikpädagogischer Ansätze in den 1970er Jahren, denen es um die Einbeziehung neuer Musik, demokratisierte Formen des Musizierens und einen gegenüber akustischen Alltagsphänomenen geöffneten Musikbegriff geht (vgl. Meyer-Denkmann; Küntzel-Hansen). Ein weiterer Einfluss liegt in dem sozialpädagogischen Interesse an wettbewerbsfreien Spielen, in denen die Teilnehmer sich selbst in der → Interaktion mit anderen und der Gruppe erfahren können (vgl. Wagner; Holthaus).

Eine Systematisierung der verschiedenen M-formen fällt schwer, da jeder Autor seiner eigenen Einteilung folgt. Häufig ist eine Orientierung an den verwendeten Materialien zu beobachten (Spiele mit der Stimme, Trommelspiele u. ä.) oder an den Tätigkeiten (Improvisationsspiele, Entspannungsspiele u.ä.) bzw. an einer Kombination aus Material und Tätigkeit (Tanzspiele mit Requisiten u.ä.). M lassen sich überdies auch allgemeinen spielpädagogischen Kategorien (Interaktionsspiele, Lernspiele usw.) zuordnen. Gelegentlich werden M zur Variierung der Spielidee offener Spielaktionen eingeführt und in ihrer Regel-struktur im Verlauf des Spiels von den Kindern selbst bestimmt (vgl. Wagner). Eine analytische Einteilung der M, die sich an spielpsychologischen Klassifizierun-gen von Piaget, Chateâu u.a. orientiert, gibt Rora.

Die meisten M-sammlungen sind auf einen sozial-pädagogischen Rahmen bezogen und für die Grup-penarbeit in sozialpädagogischen Einrichtungen ge-dacht. Der Altersschwerpunkt liegt auf dem Vorschul- und frühen Grundschulalter. Nicht selten ist aber der Altersbezug sehr offen formuliert und reicht vom Vorschul- bis zum Erwachsenenalter (vgl. Friede-mann; Holthaus). Die mit dem Einsatz von M verbun-denen pädagogischen Ziele liegen in den Bereichen der Sinneserziehung, Konzentration, Kooperation, Darstellung und Ausdruck, Kreativität. M scheinen geeignet, um unabhängig von musikpädagogischen Zielen im engeren Sinne den Gruppenprozess zu beeinflussen und die Spieler für die Interaktion mitein-ander zu sensibilisieren.

Zugleich lassen sich mit den M allgemeine ästheti-sche Prinzipien thematisieren: Wahrnehmung und Gestaltung von Spannungsverläufen, von Kontrasten, von Variationsprinzipien; Ausdruck von Gefühlen und Stimmungen; Konvergenz und Divergenz gleichzeiti-ger Aktionen. Die spielerischen Gestaltungvorgänge weisen Analogien zu künstlerischen Produktions-prozessen auf.

Friedemann, Lilli: Trommeln – Tanzen – Tönen. 33 Spiele für Große und Kleine. In: Rote Reihe, 69. Wien 1983; Haselbach, Barbara: Orff Schulwerk. Elementare Musik- und Bewegungserziehung. In: Bannmüller, Eva/Abraham, Anke (Hg.): Grundlagen und Perspektiven ästhetischer und rhythmischer Bewegungserziehung. Stuttgart 1990; Holt-haus, Klaus: Klangdörfer. Musikalische und soziale Vorgänge spielerisch erleben. Boppard u. a. 1993; Holzheuer, Ros-marie: Praxishilfen zur Musik- und Bewegungserziehung für Kindergarten und Grundschule, H. 1: Sensibilisierung; H. 2: Gestaltung. Donauwörth 1980; Küntzel-Hansen, Margrit: Musikspiele. Seelze-Velber 1993; Meyer-Denkmann, Ger-trud: Klangexperimente und Gestaltungsversuche im Kin-desalter. In: Rote Reihe, 11. Wien 1970; Peesch, Reinhard: Das Berliner Kinderspiel. Berlin 1957; Rora, Constanze: Ästhetische Bildung im Musikalischen Gestaltungsspiel. Augsburg 2001; Wagner, Horst: Spielen mit Musik. Musika-lische Spielaktionen für Kinder. Berlin u. a. 1992.

CONSTANZE RORA

→ Geschichte der Pädagogik – Geschichte der Sozial-pädagogik – Geselligkeit – Gruppe – Improvisation – Interaktion – Kinder- und Jugendtheater – Kulturelle Bildung – Mitspiel(theater) – Schulmusical – Sprechen – Sprecherziehung – Szenische Interpretation von Musiktheater – Tanzpädagogik – Theaterlied

Musisch-ästhetische Erziehung

Das *Etymologische Wörterbuch des Deutschen* (1989) defi-niert ,musisch' als „die Kunst betreffend, künstlerisch gebildet, empfänglich für Kunsteindrücke" und ver-weist auf das griechische „musikós, zu den Musen-künsten gehörig". Als Musenkunst galt griechisch die ,musiké', die Einheit von Dichtung, ihrem Vortrag im Gesang, Instrumentalmusik und Tanz. Dies sind die Künste der Musen, Göttinnen mit den Aufgaben, die Götter und vor allem Zeus und sein Schöpfungswerk zu preisen, die Menschen durch ihre Kunst zu trösten und einzelne mit der Fähigkeit zu Dichtung und Gesang zu begaben.

Die reformpädagogische Bewegung des frühen 20. Jhs. belebte den Begriff ,musisch' mit eigenem Pathos und schrieb der musischen Erziehung eine zentrale Funktion im Bildungsprozess zu. Im *engeren* Sinn betraf musische Erziehung die Musik- und Bewegungskünste, die jetzt definiert wurden als ein → Ensemble von instrumentalem und vokalem Musizieren, bei Bevor-zugung des Chorlieds, von Laienspiel und Volkstanz. Musische Erziehung im *weiteren* Sinn umfasste im Verständnis der Kunsterziehungsbewegung seit 1900 die breite, den Einzelkünsten vorgelagerte Förderung künstlerischer bzw. protokünstlerischer Anlagen des Kindes. In den 1920er und 1930er Jahren sowie erneut nach dem 2. Weltkrieg belegen die programmatischen Schriften der musischen Erziehung, dass sie nicht nur eine Addition verschiedener auf die Künste bezogener Unterrichtsbereiche sein sollte, sondern die Gestaltung des Lebens als ein Einklang von Gesinnung, Haltung und Darstellung (vgl. Flitner). Musische Erziehung sollte den Grund legen und einen Übungsraum schaf-fen für eine Gesellschaft, in der Sittliches sich angemes-sen sinnlich darstellen würde. Ist hier das Musische ein wichtiger, aber nicht unbedingt notwendiger Spiel-raum zur Übung und Vorbereitung für die ernsteren Bereiche des Sittlichen und Religiösen, gewinnt es bei anderen Autoren hypertrophe Bedeutung. In seinem Zeichen sollten Kunst und Leben zu einer Ganzheit verschmelzen, zu einer Insel des Heils als Kontrapunkt zur Zerstreuung und Fragmentarisierung des moder-nen Lebens. Regressive, zum Teil völkisch orientierte und offen antidemokratische Tendenzen leisteten der Vereinnahmung der musischen Erziehung durch die nationalsozialistische Pädagogik Vorschub (vgl. Krieck).

Ansätze zur theoretischen Fundierung der musischen Erziehung nach 1945 (vgl. z. B. Haase) schreiben die rückwärtsgewandten, kulturkritischen und antimodernen Traditionen fest.

Die einfluss- und folgenreichste Kritik am pathetischen Überschwang der musischen Erziehung formulierten Theodor W. Adorno (seit 1952) und Heinz-Klaus Metzger (seit 1956). Sie kritisierten die regressiven Züge eines Bildungskonzepts, das angesichts der Entfremdungsprozesse in der Moderne in ein ‚Schutzgebiet von Irrationalität‘ (Adorno 63) und den Kult diffuser Ganzheitlichkeit flüchtet. Adorno legte dar, wie die musische Erziehung mit Gemeinschaftskult und Modernekritik in alle Fallen der nationalsozialistischen Ideologie getappt war. Zwar konzedierte er, die musische Erziehung sei ein Versuch, gegen Fragmentarisierung und Spezialisierung die ‚Idee des Humanen‘ zu retten – aber der falsche (ebd. 111). Adorno und Metzger stellen auch die Feindlichkeit der Jugendmusikbewegung gegen die Musik der Moderne heraus, die sie mit den Nationalsozialisten teilt, und ihre generelle Kunstfeindlichkeit. Sie kritisieren das Kunstsurrogat, mit dem die musische Erziehung ihre Zöglinge abspeist (vgl. Metzger 46f.). Tatsächlich will die musische Erziehung Heilung des Lebens sein, nicht Einführung in die Welt der Kunst. Sie erfindet eigene ‚musische‘ Spielarten zu pädagogischen Zwecken: Das Laienspiel distanziert sich schroff vom Berufstheater, die Musikpädagogik von der Musik-Avantgarde. Die Kunsterziehung, in den ersten Jahrzehnten des Jhs. noch in engem Kontakt zur Kunst ihrer Zeit, beschränkt sich später auf Techniken und Formensprache einer selbst konstruierten Volks- und Kindertümlichkeit zwischen Linolschnitt, Wachsmalkreiden und Blaudruck.

In den 1960er Jahren griffen jüngere Musik- und Kunstpädagogen die Kritik Adornos und Metzgers auf, und die musische Erziehung wurde nach und nach durch sachlichere, im Anspruch begrenzte Unterrichtskonzeptionen ersetzt (‚Formaler Kunstunterricht‘, ‚Ästhetische Erziehung‘, ‚Visuelle Kommunikation‘, ‚Auditive Wahrnehmungserziehung‘). Anfang der 1980er Jahre mit ihrer Renaissance reformpädagogischer Ideen wurde der Begriff ‚musisch‘ in der Formulierung *musisch-ästhetische Erziehung* reaktiviert. So wird seitdem ein Lernbereich im vorfachlichen Unterricht der Primarstufe bezeichnet, der die verschiedenen Kunstfächer integriert. Konzeptionen einer solchen MäE wurden in Baden-Württemberg, in Bremen (heute ‚Lernbereich Ästhetik‘) und in Berlin ausgearbeitet,

auch an den Universitäten Potsdam und Bielefeld sind entsprechende Modelle entstanden.

In der Geschichte der musischen Erziehung zeichnen sich als Eigentümlichkeiten ab: die problematische Beziehung zwischen der Kunst und einer als kunstähnlich konzipierten pädagogischen Eigenwelt; die Neigung zur Verschmelzung von Kunst und Leben in Konzeptionen, die den ästhetischen Bereich zur Grundlage jeder Erziehung erklären, ihn damit einerseits überfordern, andererseits seine Konturen verwischen; der dem historischen Prozess der Ausdifferenzierung der Künste und Wissenschaften gegenläufige Versuch, alle Künste in einer Unterrichtskonzeption zusammenzuführen, deren ‚Ganzheitlichkeit‘ über die Institution hinausstrahlen und ein Bollwerk gegen die Fragmentierung der Moderne sein sollte. Die neueren Konzeptionen der MäE sind der musischen Tradition insofern verpflichtet, als sie die künstlerischen Fächer in einem vorfachlichen Gesamtunterricht zusammenführen, der die leibsinnliche und emotionale Entwicklung des Kindes fördern soll. Die antiintellektuellen Affekte der musischen Erziehung teilen sie im Allgemeinen nicht. Sie knüpfen an ästhetische Theorien an, die das Wahrnehmungs- und Empfindungsvermögen des Menschen als ein eigenes, die Kognition fundierendes Erkenntnisvermögen verstehen, im 20. Jh. an Wahrnehmungstheorie, Anthropologie, Phänomenologie (vgl. z. B. Plessner 1923; Merleau-Ponty).

Die Beziehung zwischen Kunst und Pädagogik wird in der MäE unterschiedlich aufgefasst. Meike Aissen-Crewett (1987) plädiert für eine Aufhebung zwischen Kunst und Alltag und beschwört Beuys’ ‚erweiterten Kunstbegriff‘; später zentriert sie ihre Konzeption um den Begriff ‚ästhetisch-aisthetischer Wahrnehmung und Erkenntnis‘ (2000). Gottfried Bräuer betont die Orientierung an den leibsinnlichen Erfahrungen und am Alltag des Kindes und setzt das Werkverstehen als einen von vier Aspekten ästhetischer Elementarerziehung neben ‚Organerfahrungen, Kunstmitteln und Gestaltungsprinzipien‘. Die von Matthies, Polzin und Schmitt entwickelte Konzeption (1987) ist alltagsorientiert, ohne die Besonderheit der einzelnen Künste, die „Wahrnehmung isolierter künstlerischer Werke [und Leistung]“ (vgl. Matthies u. a. 33f.) zu vernachlässigen. Gundel Mattenklott (1998) betont, dass die MäE „im schulischen Erziehungs- und Lernprozess die Kunst im umfassenden Wortsinn (alle Künste umfassend) als proprium des Menschen zur Geltung bringt“. Indem sie die Selbstzweckhaftigkeit der Kunstgebilde ins Spiel bringt, bürge MäE „für die Erfahrung der eigenen Selbstzweckhaftigkeit und der der anderen im symbolischen Spiegel der Kunstgebilde" (vgl. Mattenklott 31).

Seit Mitte der 1980er Jahre sind viele Vorschläge für die Unterrichtspraxis entwickelt worden: isolierte und integrierte Sinnesübungen, musikalische und szenische Improvisationen, Gestaltungsaufgaben und Begegnungen mit Kunstwerken (u. a. im Museum). Bevorzugt werden offene und projektartige Unterrichtsformen. Die Lerninhalte sind nicht systematisiert, sie werden nach assoziativen und situativen Kriterien ausgewählt und sind flexibel gegenüber individuellen, regionalen und kulturellen Besonderheiten; sie riskieren dafür die Beliebigkeit. Mattenklott (1998) schlägt eine offene Ordnung der Inhalte vor: Sechs Gegenstandsbereiche: ,Der Leib und die Sinne − Elementare ästhetische Erfahrungen − Bauformen der Künste − Die Theaterkünste − Das Naturschöne − Zwischen Alltag und Kunst' entsprechen Kapiteln ästhetischer Theorien seit dem 18. Jh. (ebd. 39). Die Gegenstandsbereiche ordnen sich nicht zu einem entwicklungsorientierten Ansteigen des Anspruchsniveaus, sie sollen im Sinn eines spiraligen Curriculums wiederholt und vertieft werden.

In der Grundschule werden die MäE-Modelle nur zögernd umgesetzt. Sie stoßen einerseits auf den Widerstand von Kunst- und Musikpädagogen und ihren Fachverbänden, die Dilettantismus wittern, andererseits ist ihre Realisierung gerade wegen des mangelnden Sachverstandes vieler Lehrpersonen erschwert, die ohne entsprechende Ausbildung Kunst und Musik unterrichten. Die aktuellen Diskussionen über Kerncurricula lassen befürchten, dass der fundamentalen Bedeutung des ästhetischen Lernens nicht Rechnung getragen und seine notwendig offenen Unterrichtsstrukturen seinen Abbau beschleunigen könnten.

Die Konzeptionen der MäE führen die im 20. Jh. immer wieder diskutierten Überlegungen zum künstlerischen Vermögen aller Menschen, seiner Bildungsbedeutung und seiner Förderung durch Erziehung und Unterricht fort. Für drei grundsätzliche Fragen bieten sie variierende Lösungswege an: Wie ist die Beziehung zwischen ästhetischen Wahrnehmungen und Erfahrungen einerseits und andererseits der Kunst, über lange Zeiträume der Inbegriff des Ästhetischen, zu denken? Mit welchen Konsequenzen für ästhetische Erziehung und Unterricht? Wie ist die Balance zwischen den Zielen und Inhalten des musisch-ästhetischen Gesamtunterrichts und den fachlichen Ansprüchen der einzelnen Künste mit ihren je spezifisch anzueignenden Materialien, Mitteln, Verfahren, ihrer Geschichte, ihren Werken, ihrem Eigensinn herzustellen? Welche Bedeutung kommt dem ästhetischen Lernen im gesamten Bildungssystem zu, was sind seine allgemeinen und spezifischen Beiträge zum Bildungsziel des mündigen, selbst denkenden und selbst Verantwortung tragenden Menschen?

Adorno, Theodor W.: Dissonanzen. Musik in der verwalteten Welt. Göttingen 1963; Aissen-Crewett, Meike: Musisch-Ästhetische Erziehung in der Grundschule. In: Grundschule, 1987, H. 7/8 bis 1990, H. 10; Dies.: Ästhetisch-aisthetische Erziehung. Zur Grundlegung einer Pädagogik der Künste und der Sinne. Potsdam 2000; Autorenkollektiv des Zentralinstituts für Sprachwissenschaft: Etymologisches Wörterbuch des Deutschen. Berlin 1989; Bräuer, Gottfried: Zugänge zur ästhetischen Elementarerziehung. In: DIFF (Hg.): Musisch-Ästhetische Erziehung in der Grundschule. Grundbaustein 1. Tübingen 1989; Flitner, Wilhelm: Die musische Bildung und die Zeitlage. In: Die Musikpflege, 1931, H. 2; Haase, Otto: Musisches Leben. Hannover 1951; Kossolapow, Line: Musische Erziehung zwischen Kunst und Kreativität. Ideologiegeschichte künstlerischer Selbstaktualisierung im Industriezeitalter. Diss. Tübingen 1975; Krieck, Ernst: Musische Erziehung. Leipzig 1933; Mattenklott, Gundel: Grundschule der Künste. Vorschläge zur Musisch-Ästhetischen Erziehung. Baltmannsweiler 1998; Matthies, Klaus/Polzin, Manfred/Schmitt, Rudolf (Hg.): Ästhetische Erziehung in der Grundschule. Integration der Fächer Kunst/Musik/Sport. Frankfurt a. M. 1987; Merleau-Ponty, Maurice: Phänomenologie der Wahrnehmung. Berlin 1966; Metzger, Heinz-Klaus: Musik wozu. Literatur zu Noten. Frankfurt a. M. 1980; Plessner, Helmuth: Die Einheit der Sinne. Grundlinien einer Ästhesiologie des Geistes. Bonn 1923; Ders.: Anthropologie der Sinne. In: Philosophische Anthropologie. Frankfurt a. M. 1970; Straus, Erwin: Vom Sinn der Sinne. Ein Beitrag zur Grundlegung der Psychologie. Berlin, Göttingen, Heidelberg 1956.

GUNDEL MATTENKLOTT

→ Amateurtheater − Entwicklungspsychologie − Fragment − Geschichte der Pädagogik − Reformpädagogik − Sinnlichkeit − Volkskunst / Folklore

Nachbereitung → Vor- und Nachbereitung

Narratives Interview

Als Gesprächsmethode in der ThP kann die offene Befragung in Form des biographischen Interviews gewählt werden. Beim NI als Methode der biographischen Forschung und der *oral history* wird die Frage-Antwort-Struktur aufgelöst. Ausgangspunkt ist die Aufteilung eines Interviews in mehrere Phasen.

In der ersten Phase, Haupterzählung genannt, sollte der Interviewte nicht vorab auf bestimmte Fragen festgelegt werden, lediglich eine zentrale Anfangs- themenstellung soll eine Erzählung des Interviewpart- ners in Gang setzen. Folglich muss zuerst ein Thema bestimmt werden, das den Befragten dazu bewegt, persönlich erlebte oder von Augenzeugen übermittelte Geschichten zu erzählen. Bei einem biographischen Interview gilt das Interesse der Lebensgeschichte oder es richtet sich auf einen zeitlichen und thematischen Ausschnitt der Biographie des Befragten. Als Grund für das Zusammentreffen wird die Durchführung eines Interviews mit lebensgeschichtlichem Schwerpunkt benannt. Der Gesprächspartner wird vorinformiert, damit Fragen oder Bedenken geklärt werden können. Bei dieser sensiblen Interviewform ist der Beziehungs- aspekt zwischen dem Interviewten und dem Inter- viewer und die Vertrauensatmosphäre von herausra- gender Bedeutung.

Das Interview wird mit einem Bandgerät aufge- zeichnet und vollständig im Original-Ton transkribiert (einschließlich des Einfügens von non-verbalen Äuße- rungen, etwa Lachen, Pausendauer). Der Interviewte wird angeregt, sich in der Erzählweise an dem be- schreibbaren und erzählbaren Zusammenhang der er- lebten Ereignisse zu orientieren. Um der Angst des Interviewten entgegenzutreten, dass es sich um eine risikoreiche Vermittlung vertraulicher Informationen oder gar um ein Verhör handelt, sollte ein Leitthema gefunden werden, das der Befragte ohne Bedenken übernehmen kann. Der Erzählanstoß ist so gestaltet, dass er den Interviewpartner zu einer Stegreiferzählung bewegt. Während der meist länger dauernden Haupt- erzählung sollte der Interviewer dem Befragten als *produktiv zuhörender Erzählpartner* gegenübersitzen. Er hat seine Zuhörerrolle (aktiv) auszuüben, aber ohne Weisungen zu geben und er sollte in keinem Fall (bewusst) steuernd auf die lebensgeschichtliche Erzäh- lung einwirken. Und selbstverständlich muss der Inter- viewpartner schon vorher davon wissen, dass der Inter- viewer nur mit ‚Hm' oder mit einem Kopfnicken auf Ausführungen reagiert. Das unterscheidet diese diffe- renzierte Interviewform von in den Medien gesehenen Abfrage-Interviews.

Nachdem der Interviewte die Haupterzählung deut- lich abgeschlossen hat, folgen in der zweiten Phase des NI die Nachfragen. Sie sollten der Erläuterung des Sachverhalts und der Motivation zur Fortsetzung einer Erzählung dienen. Durch die Trennung von Erzählungs- und Nachfragephase hat der Interviewer die Möglichkeit, ihm ungenau erscheinende Sachver-

halte und Widersprüche zu thematisieren und den Interviewpartner nun dazu zu bewegen, die erzählte Geschichte durch eine ausführliche Darstellung einzel- ner Punkte zu konkretisieren. Der Interviewer sollte dabei nur ‚Wie (kam es)?'- und ‚Was geschah (dann)?'- Fragen, nicht jedoch ‚Warum?'-Fragen oder Einstel- lungs- und Meinungsfragen stellen. Zur Verdeutli- chung einiger Sachverhalte der Lebensgeschichte soll- ten die Nachfragen immer am vorher schon Erzählten, das beiden bekannt ist, anknüpfen.

Als eine dritte Phase schließt sich die Bilanz als Ergänzung der eigentlichen Interviewkommunikation an. Hierbei wird das Aufnahmegerät abgeschaltet, so dass der Befragte und der Interviewer in ein Alltags- gespräch zurückkehren können.

In den Gedächtnisprotokollen, die der Interviewer unmittelbar nach den abgeschlossenen Interview-Tei- len fertigt, notiert er seine Gefühle und seine Eindrü- cke über die Person und über die Befragungssituation. Solche in einem Forschungstagebuch zusammengetra- genen Wahrnehmungen werden zur Auswertung des Interviews mit herangezogen.

Die erste und zentrale Frage beim NI lautet: ‚Was haben die Befragten erlebt?' und dann erst: ‚Was möchten sie bezeugen, was ist ihre Botschaft?' Eine ‚Botschaft' ist mehr als das, was sich für den Befragten selbst im Fluss des Erzählens als seine Intention heraus- bildet. Eine ‚Botschaft' steckt auch in den Mustern der Erzählung.

Es geht beim NI vornehmlich um einen historisch bestimmten Blick etwa auf eine Altersphase der Be- fragten und um die Frage der subjektiven und sozialen Integration ihrer Erfahrungen in ihr aktuelles Leben, wobei die Thematisierung von Balancen und Brüchen, Diskontinuitäten und Kontinuitäten großes Gewicht bekommt. Es geht auch um Formen der Selbst(re)- konstruktion von Biographien als historischem Phäno- men und um einen intergenerativen Dialog, welcher als soziale Praxis das Recht auf eine individuell unver- wechselbare Geschichte gegenüber politischer Defini- tionsmacht würdigt.

Im Erzählen seiner Geschichte kehrt der Erzählende erinnernd in die Vorstellung der Ereignisse zurück und verleiht ihnen im Zuge des Erzählens deren subjektiv biographischen sowie aktuellen Sinn. Erlebnisse, Er- fahrungen und Schlüsse schichten sich zu einem Erinnerungsbestand auf, aus dem in der thp Arbeit geschöpft werden kann.

Baacke, Dieter/Schulze, Theodor: Pädagogische Biogra- phieforschung. Weinheim, Basel 1985; Flick, Uwe u. a. (Hg.): Qualitative Forschung. Reinbek 2002; Fuchs, Werner: Biographische Forschung. Opladen 1984; Glinka, Hans-Jürgen: Das narrative Interview. Weinheim, München 1998; Gudjons, Herbert/Pieper, Marianne/Wagener, Birgit: Auf meinen Spuren. Das Entdecken der eigenen Lebensgeschichte. Hamburg 1996; Hansen-Schaberg, Inge (Hg.): ‚Etwas erzählen'. Hohengehren 1997; Hermanns, Harri: Das narrative Interview in berufsbiographisch orientierten Untersuchungen. Kassel 1981; Hof, Christiane: Erzählen in der Erwachsenenbildung. Neuwied 1995; Riemann, Gerhard: Das Fremdwerden der eigenen Biographie. München 1987; Rosenthal, Gabriele: Erlebte und erzählte Lebensgeschichte. Frankfurt a. M. 1995; Schmidt, Birger: Biographieforschung. Spurensicherung auf der Insel Fehmarn – Großeltern als Zeitzeugen. Diplomarbeit. Alice-Salomon-Fachhochschule. Berlin 1993; Ders.: Biographische Selbstreflexion. Ost-West-Paarbeziehungen und die erzählte Geschichte des Lebens. Diplomarbeit. TU Berlin 1998; Schütze, Fritz: Biographieforschung und narratives Interview. In: Neue Praxis, 1983, H. 3.

BIRGER SCHMIDT

→ Autobiographisches Theater – Dialog – Erzähltheater – Kommunikation – Konstruktivismus – Kreatives Schreiben – Recherche – Selbsterfahrung – Spurensuche – Theaterarbeit aus Erfahrungen

Nickel, Hans-Wolfgang

Geb. 1933. Dr. phil. Studium der Theaterwissenschaft, Pädagogik, Kulturgeschichte und Germanistik. 1959 Gründung der Berliner Lehrerbühne, Leiter bis 1966. 1961–64 tätig als Lehrer. Seit 1964 Dozent an der PH Berlin (später HdK/UdK). Aufbau des Faches Schulspiel; internationales Engagement. Seit 1974 Professor für Spiel- und ThP. Langjährige Leitung der LAG Spiel und Theater Berlin e. V. N gehört zu den Begründern der Spiel-ThP in der BRD und den Wegbereitern des Faches → Darstellendes Spiel und entwickelt „aus dem Rollenspiel unterschiedliche Formen des Mitspiels und des Mitspieltheaters: etwa die ‚Mini-Mono-Dramen', Formen des Erzähltheaters" (Ritter 59).

Rollenspielbuch. Theorie und Praxis des Rollenspiels. Recklinghausen 1972; Interaktionstraining mit Schülern und Erwachsenen. Karlsruhe 1973; Spiel und Theater mit Eltern und Kindern. Karlsruhe 1975; Was ist Schulspiel? Zürich 1985; Singapore – ein Modell. Spiel und Theater in einem Entwicklungsland. Berlin 1990. Nickel, Hans-Wolfgang/Klewitz, Marion (Hg.): Kindertheater und Interaktionspädagogik. Stuttgart 1972; Ders. (Hg.): Spiel-, Theater-, Interaktions-Pädagogik. Ausbildungs- und Arbeitsmöglichkeiten in einem neuen Berufsfeld. Berlin 1976; Ders./Schneegass, Christian (Hg.):

Symposion Spieltheorie. Berlin 1998; Ders. (Hg.): Symposion Theatertheorie. Berlin 1999.
Ritter, Hans Martin: Hans-Wolfgang Nickel und die Spiel- und Theaterpädagogik. In: Korrespondenzen, 1998, H. 32.

GABI BEIER

Objekttheater

Die Wurzeln von O sind theatergeschichtlich von denen des Theaters im Allgemeinen kaum zu unterscheiden. Dienten wahrscheinlich die ersten gezielten Animationen von Materialien (Felle, Äste, Laub) der Beschwörung und dadurch erhofften Verbesserung der Jagd-/Beutechancen, so wurden einzelne, oft wiederkehrende Abläufe oder besondere Episoden auch bald zu → Ritualen, die zur Vorbereitung und Einstimmung auf die Jagd bzw. zu anderen Anlässen gezeigt oder miteinander durchgeführt wurden. Verschiedene Einflüsse wie Feuer, Rauch, Aroma und nicht zuletzt Töne und Geräusche wurden ganz gezielt zur Erhöhung der sinnlichen Wirkung verwendet. Verschiedene Initiationsrituale und Beisetzungsriten hielten in den Kulturen Einzug. Mit der Entwicklung von Religionen entstanden differenzierte Symbole, die als Bilddarstellungen, Plastiken, Reliquien in komplexen Zeremonien, in ritualisierten Abläufen, unter verschiedenen sinnlichen Einflüssen inszeniert wurden und werden. Hinzu kamen unterschiedliche Demonstrationen von Macht in Form symbolischer Akte: Verbrennungen, Feuerwerke, Krönungsakte, Ritterkämpfe, Militärparaden, Flugschauen; später wird ein roter Teppich ausgerollt, leblose Gegenstände, Dinge, Objekte, Materialien sind in Szene gesetzt. Ihre Wirkung ist hervorgehoben, sie sind mit Bedeutung versehen worden und erzählen eine Geschichte.

Als O in weiterem Sinne sind sowohl die Wasserfontänen in einem Springbrunnen, das Enthüllen eines Denkmals, aber auch der Wetterhahn auf dem Dach, eine Weihnachtspyramide, sogar das Herunterlassen eines Rollos im Schlafzimmer zu verstehen, wenn damit eine Geschichte verbunden wird. Bertolt → Brecht meint, dass die wichtigste Voraussetzung der Entwicklung der Theaterkunst die Entwicklung der Kunst des Zuschauens sei – in der alltäglichen Theaterarbeit fordert er deshalb auch ‚die Kunst der Beobachtung' (vgl. Brecht 136ff.). Je mehr es gelingt, natürliche und alltägliche Vorgänge unter theatralem Aspekt zu betrachten, desto leichter können Dinge gefunden werden, die sich als kreatives Material eignen, um inszeniert zu werden.

→ Puppentheater stellt eine Nahtstelle zum menschlichen Schauspiel dar. Je abstrakter die verwendeten Elemente sind, desto mehr handelt es sich um O. Beispielsweise gab es im Weimarer Bauhaus viele Bereiche, die als O in engerem Sinne bezeichnet werden können. Kostüme hatten teilweise derart großen Aufwand und Verfremdungseffekt, dass sie fast als bewegte Skulpturen, Plastiken zu verstehen sind: „Ob hier Kostüm oder Schablone für ein Mechanisches Ballett vorgeführt wird, lässt sich kaum sagen" (Fiedler 135). Die Arbeiten von Oskar Schlemmer, z. B. das *Triadische Ballett*, seien in diesem Zusammenhang besonders erwähnt als → Experimente zur Beziehung zwischen Requisit, → Bühnenbild und Darsteller. Geometrische Figuren bewegen sich zu Tönen/Musik, treten untereinander in Beziehung. Der Darsteller tritt dabei teilweise derart in den Hintergrund, dass er fast nur zum Animateur der Kostüme/Requisiten wird.

Im Russland der 1910/20er Jahre gibt es neue Theaterformen, die sich ebenfalls stark der Verfremdung von Dingen und Formen bedienen. Wassily Kandinsky und Wsewolod → Meyerhold haben insbesondere die Grenzen zwischen Bildender und Darstellender Kunst aufzuheben gesucht.

In den 1980er Jahren war die Gruppe ‚Mummenschanz' aus der Schweiz als O in Europa unterwegs. Eine ihrer Szenen zeigt einfach und klar, was O sein kann: Ein riesiger Schukostecker auf Beinen betritt von rechts die Bühne, geht bis zum Bühnenrand. Seine überdimensionalen ‚Stielaugen' glotzen, untermalt von sentimentaler Musik, minutenlang ins Publikum. Plötzlich erscheint auf der anderen Bühnenseite eine Steckdose und schaut den Stecker an. Es folgt ein scheinbar nicht enden wollendes Spiel gegenseitiger Zuwendung, Abwendung, Annäherung und erneutem Zurückziehen. Zug um Zug werden eine Vielzahl menschlicher Sehnsüchte und Ängste in diesen beiden *für einander bestimmten* Dingen erzählt. Zum Schluss kommen sie zueinander: Ganz langsam gehen sie in der Bühnenmitte aufeinander zu; man möchte weinen – dann treffen die jeweiligen Kontakte endlich ineinander und es geht ein wunderbares helles Licht im Saal (!) an. Nach einigem Hin und Her und Aus und An kulminiert die Szene in einem Feuerwerk der Lichteffekte und endet im Black – Happyend.

Auch die Performancekünstler und Gruppen, die in den 1970er/80er Jahren in Erscheinung treten, bedienen sich vielfach der Mittel des O- oder Materialtheaters. Erde, Steine, Wasser und vieles andere wurde auf die Bühne, auf Schauplätze geholt. In der ThP kann

und sollte dieses Spiel mit Dingen und Material vielfältige Anwendung finden, etwa als:

→ Improvisation mit Tüchern (Ausdruck verschiedener Naturereignisse und Gefühlszustände);

Miniaturtheater (auf einer kleinen Bühne – z. B. einer Streichholzschachtel – entsteht eine Szene, ein Tanz mit unterschiedlichen Hülsenfrüchten, die mit Pinzetten geführt werden);

→ Zeitungstheater (aus Zeitungen werden Requisiten und Kostümteile gefertigt und es wird zu Musik damit improvisiert; es wird Papiermusik gemacht, die aufgezeichnet und für andere Szenen verwendet werden kann);

Alltagsgegenstände werden verfremdet (ein Tanz von Stühlen oder eine Szene zwischen Bügeleisen und Telefon; die Dinge erhalten einen Charakter, eine Rolle, eine Figur: Wie bewegen sie sich, wer ist der Chef und warum? Die Analogie zur → Fabel wird deutlich!);

Gestalten von und Improvisieren mit Objekten (aus Pappmaché, Draht, Karton, Abfall u. a. werden zu einem, möglichst in der Gruppe gefundenen, Thema, z. B. ‚rund und eckig', ‚schief und gerade' Objekte hergestellt und diese in gestaltetem Raum bewegt);

Bühnenentwurf (zu einem Thema gestaltet jeder ein schuhkartongroßes Bühnenbild; die Bühnenbilder werden gegenseitig mit entsprechender Musik und anderen ‚Sinnesreizen' präsentiert; ausgewählte Räume werden gemeinsam mit ‚Leben' gefüllt, Dinge darin fangen an sich zu bewegen, es gibt einen Lichtwechsel, einzelne Bühnenelemente verändern sich, beginnen zu erzählen);

Schatzkästlein (in einem Kästchen finden sich kleine ‚Schätze', etwa ein Räucherkegel, ein Knopf, ein Stein, ein Zahnrad: Wie kommen gerade diese Dinge in diese Kiste? Wie ist die Vorgeschichte, wie geht's weiter?).

Auf einem Festival in Roskilde (Dänemark) wurde einst ein Bus ‚gegrillt' (dies nur als Beispiel für extreme Verfremdung – eventuell begibt man sich gemeinsam mit einer Gruppe auf die Suche nach Möglichkeiten, Gegenständen in ungewöhnlichem Kontext zu neuer Bedeutung zu verhelfen, z. B. indem ein Sofa auf einen hohen Berg gestellt wird).

Immer wieder ist zu beobachten, dass die Hemmschwelle beim Umgang mit Materialien und Gegenständen viel geringer ist als beim szenischen Spiel in einer Rolle. Das Verständnis für die darzustellende Situation vorausgesetzt, sind die Spieler viel eher bereit, sich einem O-Spielvorgang zur Verfügung zu stellen. Gesten der Verlegenheit, des Überagierens und Effekthascherei sind viel weniger zu befürchten. Theaterbegriffe wie Aktion und Reaktion, Zug um Zug sind sehr leicht und deutlich zu etablieren. Außerdem schult dieser nahe Umgang mit den Dingen natürlich – wie bei Brecht gefordert – den Blick auf die Realität. Bestehende Rezeptionsmuster werden hinterfragt. Fantasie oder Lust an Einflussnahme und Kreativität werden geweckt.

Zudem bietet der ‚etwas andere‘ Umgang mit Dingen und Material den Effekt, dass sich ein individuelleres Wertbild entwickeln kann und insbesondere Jugendliche tendenziell von Moden, schnelllebigen Trends und kurzlebigen Produkten unabhängiger werden. Nehme ich die Dinge, ihre Eigenschaften und Eigenarten differenzierter wahr, kann ich den Wert der Dinge, die mich umgeben, besser einschätzen, wertschätzen. Falls diese Sensibilität auch auf sich und die Betrachtung der Mitmenschen abfärbt, ist das nicht schädlich.

Brecht, Bertolt: Rede an dänische Arbeiterschauspieler über die Kunst der Beobachtung. In: Ders.: Über Theater. Leipzig 1969; Fiedler, Janine/Feierabend, Peter: Bauhaus. Köln 1999.

Olaf Kaden

→ Happening – Magie – Minidrama – Mitspiel(theater) – Performance – Puppentheater / Figurentheater – Theater als öffentliche Institution – Theatralität

Off-Theater

Die Wurzeln des OT liegen in der New Yorker Off- und Off-Off-Broadway-Bewegung, es ist heute eine international verbreitete, neben den staatlich subventionierten und kommerziell ausgerichteten Theatern existierende Theaterform. Zum Off-Broadway, der sich in den ersten Jahren des 20. Jhs. zu entwickeln begann und in den 1950er Jahren seine Blütezeit erlebte, zählen die kleinen Theater abseits der großen kommerziellen Bühnen am New Yorker Broadway und Times Square, die nicht mehr als 300 Zuschauern Platz bieten und (infolgedessen) nicht an eine Mindestgage für die Darsteller gebunden sind. Der Off-Broadway war zunächst eine Theaterbewegung der New Yorker Intelligenz, die künstlerisch bedeutsame Stücke finanziell unaufwändig und ohne kommerziellen Anspruch auf die Bühne bringen wollte. Es entstanden Gruppen wie die ‚Washington Square Players‘ und die ‚Provincetown Players‘, die teilweise auch

Amateure beschäftigten und häufig trotz des künstlerischen Erfolges nur wenige Jahre bestanden, weil gerade der Erfolg viele Autoren, Schauspieler, Regisseure und Ausstatter an die großen Theater oder nach Hollywood brachte. Zahlreiche Stücke zunächst noch unbekannter, später weltberühmter Autoren wie Tennessee Williams oder Edward Albee erlebten im Off-Broadway ihre Uraufführung. Daneben kam es jedoch auch zur Aufführung selten gespielter, vergessener oder am Broadway durchgefallener Stücke. Ab den 1960ern wurde der Off-Broadway zunehmend die kleinere Version des Broadway und konzentriert sich heute auf kommerziell orientierte Aufführungen von Klassikern bzw. von Stücken bereits etablierter junger Autoren.

Die Funktion des Entdeckens und Experimentierens hatte bereits in den 1960ern der Off-Off-Broadway übernommen. Man wollte sich ausdrücklich vom kommerziellen Theater am Broadway, aber auch vom Off-Broadway, der sich in seinem kommerziellen Anspruch kaum noch vom Broadway unterschied, distanzieren. Die Aufführungen des Off-Off-Broadway fanden nicht mehr im herkömmlichen Theaterraum, sondern in Cafés, Kirchen, Lofts oder Warenhäusern hauptsächlich in der New Yorker Lower Eastside und in Greenwich Village in der Regel vor nicht mehr als 100 Zuschauern statt. Die → Inszenierungen waren häufig politisch motiviert und entstanden durch kollektives Experimentieren, auch unter Einbeziehung des Publikums. Kennzeichnend für den Off-Off-Broadway sind die seit Beginn der 1960er Jahre wie Pilze aus dem Boden schießenden Theatergruppen/-kollektive (z. B. ‚La Mama Experimental Theatre Club‘, ‚Judson Poets Theatre‘, ‚Open Theatre‘, ‚Performance Group‘, ‚Wooster Group‘, ‚Bread and Puppet Theatre‘, ‚Living Theatre‘), in denen sich professionelle mit nicht-professionellen Künstlern und Theatermachern zusammenfanden, um vor allem Grenzen herkömmlicher (Schauspiel-)Inszenierungen und damit auch Genregrenzen zu sprengen. Bildende Kunst, Tanz, Musik, Film wurden wesentliche Elemente der häufig nur wenige Male gezeigten Aufführungen. Junge amerikanische Autoren wie Ed Bullins, Rosalyn Drexler, Israel Horowitz oder Sam Shepard wurden dadurch bekannt und fanden in den 1970er Jahren sogar Verlage, die ihre Stücke herausgaben.

Unter dem Einfluss dieser Bewegung und im Zusammenhang mit der politischen Entwicklung gründeten sich in den 1960er Jahren in ganz Europa freie Theatergruppen, die bei aller Disparität im künstlerischen Ansatz doch eines gemeinsam hatten: Sie wollten außerhalb der staatlich subventionierten Bühnen in einem nichthierarchisch organisierten Miteinander von Künstlern und Laien Aufführungen erarbeiten, in deren Zentrum nicht der literarische Text, sondern die Übermittlung einer (politischen) Botschaft stand. Je nach (Theater-)Tradition und spezieller politischer Situation fanden sich diese Gruppen vorwiegend in den europäischen Metropolen zusammen. Wichtige Gruppen sind die 1962 gegründete ‚Lindsay Kemp Company‘ (hervorgegangen aus dem ‚Fringe Theatre‘ in Edinburgh/Großbritannien), Jérôme Savarys ‚Théâtre panique‘ bzw. ‚Grand Magique Circus‘ und Ariane Mnouchkines ‚Théâtre du Soleil‘ (Frankreich), ‚Nuova Scena‘ und ‚La Commune‘ unter der Leitung von Franca Rame und Dario ➜ Fo (Italien). Wesentlich für den Austausch dieser Gruppen waren internationale Treffen wie das ‚Edinburgh Festival‘ oder das ‚Holland-Festival‘. In beiden Teilen Deutschlands ging der Impuls für das OT besonders von den Studentenbühnen aus. Gruppen wie die ‚Studiobühne‘ in Erlangen, ‚die andere bühne‘ in West-Berlin oder die ‚neue bühne‘ in Frankfurt a. M. sind in den 1960er Jahren in der BRD Vertreter eines experimentellen, politisch eingreifenden Theaters. Ende der 1960er Jahre entstanden im Zusammenhang mit der politischen Entwicklung zahlreiche Straßentheater, unter deren Einfluss sich wiederum neue Theatergruppen gründeten, z. B. die ‚Theatermanufaktur‘ (seit 1973) und das ‚Zan Pollo Theater‘ (seit 1976) in West-Berlin, die ‚Pantomimenbühne‘ (seit 1968) und die Gruppe ‚Zinnober‘ (seit 1980) in Ost-Berlin. In den 1970er/80er Jahren nahm die Anzahl freier Theatergruppen rasant zu. Längst dominierte nicht mehr das Sprechtheater, es gab auch freie Opern- und Tanztheatergruppen. Kinder- und Jugendtheatergruppen entstanden (nach dem Vorbild des Berliner ‚Grips-Theaters‘), im Zuge der feministischen Bewegung Ende der 1970er Jahre gründeten sich Frauentheatergruppen (das ‚Aachener Frauenkabarett‘, 1978; ‚Die Witwen‘, 1979). Daneben gab es Lehrlingstheater (‚Rote Steine‘, ‚Rote Nelke‘ in West-Berlin), Studenten-Kabaretts, Theaterkollektive (bestehend aus Schauspielschülern; z. B. ‚Rote Rübe‘ 1970 in München), Theater der Bürgerinitiativen (die ‚Theaterwehr Brandheide‘ mit Anti-Atomkraft-Stücken; das ‚Mobile-Rhein-Main-Theater‘ mit Stücken für gewerkschaftliche Aktionen), Volks-, Animations- und Mitspieltheater.

Seit Beginn der 1990er Jahre besteht das OT in der BRD (wie auch in Europa) weniger aus freien Gruppen, als vielmehr aus freien Produktionen. Regisseure suchen sich ihr ➜ Ensemble für die beabsichtigte Insze-

nierung und eine (abhängig von den finanziellen Mitteln meistens sehr kurze) Aufführungsserie zusammen (stagione-Prinzip bzw. ‚pick-up-company‘). Die Abgrenzung zum Staats- und Stadttheater ist zwar noch vorhanden, es ist jedoch eine immer stärkere wechselseitige Beeinflussung zu erkennen, z. B. setzen sich zunehmend Kooperationsmodelle zwischen Off- und staatlich subventioniertem Theater durch. Künstler aus den Staats- und Stadttheatern sind immer häufiger als Gäste im OT anzutreffen; auch der umgekehrte Fall tritt, wenn auch seltener, ein. Mittlerweile gibt es sogar an den staatlich subventionierten Bühnen Bemühungen, die organisatorischen Strukturen denen des OT anzugleichen, um einerseits in Anbetracht der degressiven finanziellen Unterstützung überhaupt weiter existieren zu können, andererseits aber auch künstlerisch flexibler zu sein. Für Inhalt und Form der OT-Produktionen wird die geringe finanzielle Ausstattung (Projektmittel der Länder und Kommunen, teilweise private Sponsoren) immer mehr prägend. So gibt es immer wieder Entdeckungen z. B. bei Kammeropern, einem aufgrund der wenigen beteiligten Sänger und Musiker häufig gewählten Genre in der Off-Oper. Auch junge Autoren tragen diesem Trend Rechnung und schreiben Stücke für kleinere Personage. Darauf reagieren wiederum die OT-Festivals und veranstalten Reihen wie das ‚Solo-Duo-Festival‘ (Theater am Halleschen Ufer, Berlin) oder den Wettbewerb ‚Das beste deutsche Tanzsolo‘ im Rahmen des alljährlich in Leipzig stattfindenden Festivals für zeitgenössisches europäisches Theater ‚euro-scene‘.

Banham, Martin (Hg.): The Cambridge Guide to World Theatre. Cambridge u.a.1988; Büscher, Barbara/Schlewitt, Carena (Hg.): Freies Theater. Deutsch-Deutsche Materialien. Hagen 1991; Fröhlich, Pea: Das nicht-kommerzielle amerikanische Theater. Lampertheim 1974; Krug, Hartmut/ Kranz, Dieter u.a.: Schwerpunkt Oper off. In: Die Deutsche Bühne, 2001, H. 6.

GABI BEIER

➜ Experiment – Freies Volkstheater – Happening – Interaktion – Kabarett –Mitspiel(theater) – Performance – Projekt – Szenische Lesung – Theater als öffentliche Institution – ZuschauSpieler

Oper ➜ Schuloper

Pädagogik ➜ Geschichte der Pädagogik

Pantomime

Im englischen und französischen Sprachraum werden die Begriffe *Mime* und P teilweise synonym verwendet, wobei häufig der weiter gefasste Begriff der *Mime* bevorzugt wird. In Frankreich wird mitunter der Begriff *P blanche* (Weiße P) benutzt, um den Stil zu bezeichnen, der mit dem stummen, weißgesichtigen Pierrot verbunden ist. Diese Form wird in Deutschland bisweilen auch als ‚klassische‘ P (vgl. Hesse u.a. 64) bezeichnet. Die P (griechisch: ‚alles nachahmend‘) war allerdings im Verlauf ihrer Geschichte eher eine stilistisch vielfältige Form gestischen und mimischen Spiels mit offenen Rändern hin zu Musik, Tanz, Gesang und Sprache (vgl. Leabhart).

Die P erlebte eine erste Blütezeit in Rom vom ersten vorchristlichen Jh. bis etwa in das fünfte Jh. u. Z. hinein. Starke pantomimische Anteile gab es auch in der Commedia dell'Arte seit dem 16. Jh. In der ersten Hälfte des 19. Jhs. konzentrierte sich die Entwicklung der P im Bereich des Jahrmarktstheaters, insbesondere der Schaubuden am Pariser Boulevard du Temple, die nicht die Erlaubnis zur Aufführung von Sprechstücken besaßen. Von herausragender Bedeutung ist dabei Jean-Gaspard Deburau (1796–1846), der die aus der Commedia-Tradition übernommene Figur des Pierrot auf einzigartige Weise verkörperte.

Der Stummfilm im frühen 20. Jh. beruhte ebenfalls zum großen Teil auf Darstellungskonventionen, die dem Repertoire der P entnommen sind und von Darstellern wie Charlie Chaplin, Buster Keaton u. a. weiterentwickelt wurden (vgl. Rosenstein).

Von besonderer Bedeutung für die Weiterentwicklung der P ist die pädagogische Tätigkeit von Étienne Decroux (1898–1991), der seine Konzeption als *mime corporel* bezeichnete. Aus seiner Schule ging Marcel Marceau (geb. 1923) hervor, der seinerseits wiederum eine ganze Generation von Pantomimen geprägt hat, teilweise auch Ladislav Fialka (1931–1991) in Prag, der speziell das aus Solisten bestehende Pantomimen-Ensemble des ‚Theater am Geländer‘ in Prag aufbaute (vgl. Kaftan). Durch die Lehrtätigkeit des Decroux-Schülers Jean Soubeyran (geb. 1921) fand die P auch in Deutschland weitere Verbreitung und insbesondere durch die praxisnahen Bücher Werner Müllers Eingang in die ThP.

Der Unterricht in P gliedert sich im Wesentlichen in zwei Bereiche: *Imaginative Körpertechnik* und *dramatische Improvisation*. Im Bereich der imaginativen Körpertechnik geht es neben anatomischen Aspekten wie Körperhaltung, Körperachse, Zentrum (vgl. Kaftan 1998, 104f.) um die grundlegenden Techniken der Illusionserzeugung: Arbeit mit fiktiven Gegenständen, Flächen und Gegenkräften. „Das Objekt entsteht aus der → Geste des Schauspielers heraus." (Soubeyran 22) In der dramatischen → Improvisation steht die Entwicklung der schöpferischen Persönlichkeit im Mittelpunkt. Sie vollzieht sich in der Auseinandersetzung mit Übungen zur Sinneswahrnehmung, Atmosphäre, Zeit, zu Gemütsbewegungen, Raum und Rhythmus (vgl. ebd. 66ff.).

Die P wird in der ThP zumeist als ein wichtiger Teilaspekt des übergeordneten Themas Körpertheater diskutiert. Das enge Konzept der klassischen P wird dagegen häufig kritisch gesehen. Jacques → Lecoq z. B. behauptet, diese Technik sei „eine ‚Sackgasse‘ des Theaters in dem Sinne, dass man sich nur durch Perfektionismus zu retten vermag" (Lecoq 141). Ein ähnlicher Vorbehalt gegenüber der P findet sich auch bei Hesse/Schlünzen (vgl. 64). Die Bedenken richten sich allerdings vorrangig gegen die Verabsolutierung eines überkommenen Stilideals, bei dem die Gefahr der unkreativen und schablonenhaften Nachahmung bestünde. Die grundlegende Bedeutung von P und Mime für eine vom Körper und seinen Bewegungen ausgehende ThP wird damit nicht in Frage gestellt.

Anger, Marie-Luise: Geometrie der Bewegung. Berlin 1998; Hesse, Ulrich/Schlünzen, Wulf: Theater mit dem Körper. In: BAG Darstellendes Spiel (Hg.): Theater in der Schule. Hamburg 2000; Kaftan, Jiří: Die abgebrochene Epoche der Prager Pantomime. In: Korrespondenzen, 1996, H. 26; Ders.: Bemerkungen eines Lehrers der Pantomime. In: Vaßen, Florian u.a. (Hg.): Wechselspiel: KörperTheaterErfahrung. Frankfurt a. M. 1998; Leabhart, Thomas: Modern and Post-modern Mime. New York 1989; Lecoq, Jacques: Der poetische Körper. Berlin 2000; Müller, Werner: Pantomime. München 1979; Nickel, Frank Ulrich: Pädagogik der Pantomime. Weinheim 1997; Rosenstein, Hans Georg: Seine Majestät – der Körper. In: Vaßen, a.a.O.; Soubeyran, Jean: Die wortlose Sprache. Zürich 1984.

MICHAEL ZIMMERMANN

→ Bewegung – Bewegungserziehung – Körpersprache – Körper- und Bewegungsstudium – Leiblichkeit – Statuentheater – Tanzpädagogik

Papiertheater

Das P (auch Kindertheater, Tischtheater, Zimmertheater, englisch *Toy Theatre*) ist ein Modelltheater, das im 19. und noch zu Beginn des 20. Jhs. als Spielzeug in vielen Bürgerstuben in Mitteleuropa zu finden war und das sich in Bühnengestaltung, Repertoire und

Bühnentechnik bewusst an die Bühne des 19. Jhs. anlehnte. Als Material für Theater, Dekorationen und Figuren wurden auf Karton geklebte und ausgeschnittene Drucke verwendet, die Bilderbogen-Verlage in großer Vielzahl produzierten. Durch einen geschickten Aufbau der flachen Teile im Raum entstand ein beachtlicher dreidimensionaler Eindruck.

Das Repertoire des historischen P reichte von der Oper und dem Schauspiel des großen Theaters bis hin zum Märchen. Das P war aber nicht nur Bildungsinstrument und liebenswertes Symbol im 19. Jh., sondern ist heute eine wichtige Quelle für die → Theaterwissenschaft. Oft waren die Bilderbogen den → Inszenierungen der großen Bühnen nachempfunden. Begünstigt durch das Druckverfahren der Lithographie und die Verbürgerlichung des Theaters entwickelte sich das Spielzeug bis zum Ende des 19. Jhs. zu einem häufig genutzten → Medium. Nach dem 1. Weltkrieg stagnierte das Interesse am P in Deutschland, bis in den 1970er Jahren sein Charme und Zauber wieder entdeckt wurden. In anderen europäischen Ländern, insbesondere in England und Dänemark, wird die Produktion von Theaterbilderbogen von den Verlagen bis in unsere Tage fortgeführt.

Sehr beliebt ist das P bei Pädagogen, da es Raum lässt für Phantasie und Kreativität von Schülern und Lehrern. Nach jeder Aufführung des P können die Zuschauer hinter die Kulissen schauen und erhalten so einen Einblick in die Wirkungsweise von Theater. Aufgrund seiner Einfachheit regt P alle Altersgruppen an, Theater selber zu machen und zu (be)spielen. Zu einem vorgegebenen Text oder Thema kann in kürzester Zeit eine komplette Theaterinszenierung von der Idee bis zur Aufführung entstehen, obwohl nicht zu vergessen ist, dass der Bühnenbau Ausdauer und technisches Geschick verlangt.

Welche Auswirkungen eine P-aufführung haben kann, zeigte Peter → Brook in einem Interview. Er äußerte, er habe den stärksten Theatereindruck seines Lebens mit acht, neun Jahren gehabt, als er eine Aufführung für Kinder, in einem Theater aus Papier im Stil des 19. Jhs. gespielt, gesehen habe (vgl. Brook).

P-ausstellungen, Präsentationen, SammlerInnen und SpielerInnen gibt es in Deutschland, Dänemark, England, Frankreich, den Niederlanden, Österreich, Spanien und in den USA. P-tage finden jährlich in Preetz (Holstein), zur Adventszeit in Berlin im Stadtmuseum, im März in Waiblingen und im Hanauer Schloss Philippsruhe statt.

Baldwin, Peter: Toy Theatres of the World. London 1992; Brook, Peter: Zeitfäden. Frankfurt a. M. 1999; Garde, George: Theatergeschichte im Spiegel der Kindertheater. Kopenhagen 1971; Grünewald, Dietrich: Vom Umgang mit Papiertheater. Berlin 1993; Pflüger, Kurt/Herbst, Helmut: Schreibers Kindertheater. Pinneberg 1986; Röhler, Walter: Große Liebe zu kleinen Theatern. Hamburg 1963; Speaight, George: The History of the English Toy Theatre. London 1969; Zwiauer, Herbert/Trumler, Gerhard: Papiertheater. Bühnenwelt en miniature. Wien 1987. www.invisius.de; www.papiertheater.de; www.papiertheater-forum.de

REGINE MAHLER / RÜDIGER KOCH

→ Bildertheater – Bühnenbild – Bühnenräume – Geschichte der Pädagogik – Lernen und Theater – Spiel – Theaterhistoriographie

Paris, Volkhard

Geb. 1944. Schauspieler, Theaterpädagoge. Gründete 1969 in Westberlins Märkischem Viertel ein → Kinder- und Jugendtheater, in dem sieben Jahre lang Improvisationstheater gespielt wurde. Nach einem Pädagogik-Studium (Diplom) und einer Dozententätigkeit an einer Erzieherfachschule leitet P seit 1979 den Fachbereich Theater an der Jugendkunstschule Unna (JKSU), wo er seit 1982 auch für die Spielleiterausbildung verantwortlich ist.

Paris, Volkhard/Ebert, Helme: Warum ist bei Schulzes Krach? Kindertheater, Märkisches Viertel, Rollenspiel, politisches Lernen. 2 Bde. Berlin 1976; Ders./Bunse, Monika: Improvisationstheater mit Kindern und Jugendlichen. Organisation, Spielgeschichten, Spielanleitung. Reinbek 1994.

GABI BEIER

Performance

Im angelsächsischen Raum meint P zunächst Aufführungen von Theater, Tanz, Artistik, Vortrag, politische Zeremonie. Das Bedeutungsspektrum von P hat sich jedoch in den letzten fünfzig Jahren stark ausdifferenziert; P ist heute sowohl in Kunst, Wissenschaft und Alltag anzutreffen. Sein Bezug zur sprachwissenschaftlichen Performanz, welche die vielfältigen sinnlichen Reize bei der Vermittlung einer sprachlichen Botschaft als im Leiblichen verstrickte ‚verkörperte Sprache' (John L. Austin, Paul Zumthor) spürbar werden lässt, ist evident. Die Sozial- und Kulturwissenschaften untersuchen öffentliche Ereignisse wie z. B. → Rituale, Feste, → Spiele, politische Zeremonien, in denen Mitglieder einer Gemeinschaft ihr kulturelles Selbstverständnis formen als ‚cultural performances' (Milton Singer). Im Sinne des Ethnologen Victor → Turner eröffnen diese P dem Publikum einen Spielraum (liminales Feld), in dem alles mit allem in Relation gesetzt wird. In ihm ereignen sich Transformationsprozesse, welche zur Zerstörung alter Ordnungen und zur (authentischen) Neuordnung führen. Im Medien- und Showgeschäft bezeichnet P eine perfektionierte Inszenierungs- und Hochleistungsdarbietung. In der Bildenden Kunst hat sich Ende der 1960er Jahre P als körper- und handlungsbezogene Aktionskunstform (P-Art) herausgebildet. In der Aktionstradition der dadaistischen, futuristischen und surrealistischen → Avantgarde stehend, entwickelte sich P-Art in unmittelbarer Nachfolge von Fluxus und → Happening, die mit ihren oft provokativen Aktionen in den 1960er Jahren die Kunstszenen aufgerüttelt hatten. P-Art ist ein prozessästhetisches Ereignis. Sie vollzieht sich im *unmittelbaren*, präsentischen Handeln des Künstlers im ‚Echt-Zeit-Raum‘ (Charles). P sind intermediale ‚bilderzeugende Handlungen‘ (Boris Nieslony). In ihnen geschieht die ‚Transformation einer Situation‘ (Lyotard), an der das Publikum meist beobachtend, seltener aktiv-handelnd teilnimmt. P-Art bündelt die ästhetischen Komponenten von Bildender Kunst, Musik- und Geräuscherzeugung, Theater, Fotografie, Film, Tanz, Varieté und zunehmend auch der digitalen Medien mit den sinnlichen Qualitäten der alltäglichen Lebenswelt. Indem Körper und → Bewegungen, Sprache und Geräusche, Raum und Zeit sowie Licht- und Farbeffekte miteinander interagieren, entstehen oft unmerkliche Übergänge zwischen Kunst und Alltag. Das in der P betonte ‚Reale des Augenblicks‘ und die ständige Grenzüberschreitung zwischen ‚Acting‘ und ‚Non-Acting‘ (Michael Kirby) macht P im Anschluss an → Artauds ‚Theater der Grausamkeit‘ und die Theaterexperimente des amerikanischen ‚Living Theatres‘, → Schechners ‚Performance Group‘, der ‚Wooster Group‘ u.a für das Theater interessant, denn sie stellte „ein Motiv in Frage, das die Diskussion über Theater als eine Gestalt von Fiktionalität lange beherrscht hat: die Illusion" (Lehmann 185) und fordert die → Interaktion des Zuschauers heraus.

Als Fortsetzung dieses Prozesses gibt es heute im Bereich Theater/P/Medienkunst/Kybernetik ein neues Format intermedialer P, in welchen Zuschauer und Künstler mit den → Interfaces digitaler klang-, bild- und bewegungserzeugender Maschinen interagieren. ‚Performativität‘ wird hier zu einer „Kulturtechnik, mit der durch den Wirkmechanismus von Eigentätigwerden der Medien, Fremdwerden der Subjekte und Re-Inauguration eines Subjekts durch Inszenierung

überhaupt ein Subjektbegriff erzeugt wird" (Leeker 360f.).

Trotz unterschiedlicher Implikationen im Einzelnen bezieht sich der Kern des Begriffs P auf das Flüchtige, Fließende, sich in Veränderung befindliche, das sich in Prozessen und Ereignissen äußert. In sie eingelassen sind die oszillierenden Momente von → Spiel und → Inszenierung wie von Zufall und Transformation. Performative Akte sind die Verkörperung dynamischer, sich ständig verschiebender, allsinnlicher und sehr komplexer Erzeugungs- und Erfahrungsprozesse.

In ihnen erfolgen Überlagerungen verschieden deutlich wahrnehmbarer Handlungs-, Zeichen- und Sprachebenen, welche zu verkörperten Sinnüberschüssen führen. Ihre Wirklichkeit liegt im Vollzug und im Sich-Öffnen für die Erfahrung einer intensiven Präsenz.

Die P besitzt ihre anthropologischen Wurzeln in archaischen Gemeinschaften, in denen kulturelle Inhalte in → Ritualen, Tänzen und Gesängen sowie über die Weitergabe von Mythen mündlich und leiblich überliefert wurden. Ihr Zentrum ist der Körper. In der P-Art spielen die Agierenden keine dramengebundene Rolle, sondern verwirklichen eigene Handlungsideen. Ihre Darstellungstechniken reichen von improvisierten, experimentellen, einmaligen Handlungen (frühe P von Marina Abramovic/Ulay, Chris Burden, Vito Acconci, Bruce Nauman) bis zu multimedial inszenierten, wiederholbaren Aktionen (Laurie Anderson, Lili Fischer, Ulrike Rosenbach).

P als Ereigniskunst kann zwei gegensätzliche Ausrichtungen besitzen: die auf dem Gesamtkunstwerk-Gedanken Richard Wagners beruhende Synthese von Einzelkunstrichtungen zu einem sich ergänzenden Sinnganzen (Bühnensynthesen von Kandinsky, Schlemmers *Triadisches Ballett*) oder das heterogene und dissoziative Nebeneinander von ästhetischen und außerästhetischen Strukturelementen, die sich gegenseitig störend Brechungen, Lücken und Risse im Verständnis der Rezipierenden hervorrufen. Während das erste Verfahren auf ein rezeptives Verhalten der Sammlung und Konzentration referiert, provoziert das zweite ein dezentriertes Wahrnehmen, in welchem der Rezipient verschiedene sinnliche Eindrücke wie Folien übereinanderlegt, woraus sich ein vielschichtiger, häufig in keine Sinnlogik zu fassender Gesamteindruck ergibt. Frühe Beispiele für dissoziative P-Verfahren lieferten die Experimente des Komponisten John Cage, insbesondere das 1952 am Black Mountain College aufgeführte *untitled event*, in welchem sieben Akteure faktisch nebeneinander getanzt, vorgelesen, Musik gemacht, Wasser in Eimer gegossen u. a. m. haben. Im Mittelpunkt stand der reale Vollzug der Handlungen als Nebeneinander von Dichtung, Tanz, Bildender Kunst, Musik und nicht das Erzählen fiktiver Geschichten. P dieser Art übermitteln keine bestimmten Bedeutungen, sondern eröffnen dem Zuschauer einen sinnlich-geistigen Spielraum (liminales Feld), in welchem er, mit allen möglichen Bedeutungsrelationen experimentierend, Sinn für sich selbst konstituieren muss. P-Art kann zu jeder Zeit, an jedem Ort und mit jedem Material realisiert werden. Ihre Grenze zum faktischen Leben ist offen. Als *Expanded P*, einem in den 1980er Jahren geprägten Begriff, sprengte sie ihre bis dahin beinah klassisch gewordenen Präsentationsformen, um spontan und nichtinstitutionalisiert im Alltag aufzutreten. Damit erfüllte sich, was der Fluxuskünstler Robert Fillou in den 1960er Jahren so ausdrückte: „Es gibt in der Kunst kein Zentrum mehr. Kunst ist dort, wo du lebst!" und was in der Philosophie Ende des 20. Jhs. als ‚Ästhetik der Existenz' (Foucault) und als ‚Lebenskunst' (Wilhelm Schmid) bzw. als Kunst mit ‚offenen Handlungsfeldern' und ‚Lebenskunstwerk' wieder auftritt.

Wird jedoch P als Aufführungsform einer Idee begriffen, kann diese eine soziale, eine religiöse, eine rein experimentelle, auf den Umgang mit dem Körper, mit Materialien und elektronischen Medien, Raum und Zeitstrukturen, der alltäglichen Lebenswelt, auf Interaktion mit anderen Akteuren oder eine alles komplex in sich bergende Ausrichtung besitzen. In vielen P wird versucht, die Darstellungs- und Präsentationsfunktion des agierenden Körpers (*Acting*) durch ein Höchstmaß an faktischem Improvisationsverhalten (*Non Acting*) zu reduzieren. Dadurch soll die Einmaligkeit und Offenheit im Bezug auf die semantische und syntaktische Determiniertheit von Elementen des ästhetischen Ereignisses betont werden.

Die konzeptionellen Intentionen der P-Künstler sind heterogen. In den 1970er Jahren dominierte in den P die Aufmerksamkeit für subjektive psychische und existenzielle Probleme des Individuums, die Suche nach → Authentizität, das Experimentieren mit der Körperphysis und die Thematisierung der Geschlechterrollen. In den 1980er Jahren rückte die Betonung der gemeinsamen experimentellen Haltung gegenüber Kunst und Leben (Bildung von Netzwerken), die den Umgang mit den neuen Medien und das Verständnis, Kunst als Kommunikation zu sehen, einschloss, ins Zentrum des P-Geschehens. Seit den 1990er Jahren wird P zunehmend als Sprach-, Handlungs- und

Kommunikationslabor begriffen, in welchem nicht mehr nach dem subjektiven Kern des Selbst gefragt wird, sondern die Schnittstellen von Körper und Medien, von Bild und Sprache, von Praxis und Theorie menschlicher Wahrnehmung untersucht werden. Neben das selbstverausgabende, subjektiv-existenzielle Handeln tritt das szenische Erzählen, in welchem sich Selbstironie mit Forschergeist, Theoriekenntnis mit Spieltrieb paaren. P-Art wird zu einer Art Experimentalpoesie, die sich nicht scheut, ihre Fragestellungen in der Nähe von philosophischen, kommunikations- und neurowissenschaftlichen, soziologischen u. a. Theorien zu stellen. Die P-Künste waren modellbildend für die verstärkte Hinwendung des postdramatischen Theaters zur ungesicherten Sphäre des augenblicksbezogenen Ereignisses, zum Realen. In diesem Prozess verschiebt sich die referentielle Funktion des Theaters stärker in Richtung auf Performativität und Selbstreflexivität. Sein von der Ästhetik der Ununterscheidbarkeit geprägtes Spiel zwischen ‚inszeniertem' Konstrukt und ‚realer' Kontiguität, Repräsentation und Präsenz verunsichert traditionelle Rezeptionsweisen. Da „die *Art der Situation* über die Signifikanz von Handlungen entscheidet" (Lehmann 176), muss der Zuschauer seine eigenen Wahrnehmungspositionen entwickeln. Dabei wird die Beobachtung der eigenen Wahrnehmung als Prozess ständiger Zeichenverschiebung und Konstruktion und Dekonstruktion von Sinn mitthematisiert. Seit den 1970er Jahren stehen in den Geistes- und Sozialwissenschaften die komplexen sinnlichen Handlungs- und Interaktionssettings des Performativen als wissenschaftliches Modell (P-Modell) für die Untersuchung von Phänomenen in Kunst, Geschichte und Gesellschaft neben dem bis dahin gültigen logozentrischen Textmodell.

Charles, Daniel: Zeitspielräume. Berlin 1989; Dreher, Thomas: Performance Art nach 1945. München 2001; Goldberg, Rose Lee: Performance Live art since the 60s. London 1998; Jappe, Elisabeth: Performance Ritual Prozess. München, New York 1993; Lange, Marie-Luise: Grenzüberschreitungen – Wege zur Performance. Königstein 2002; Leeker, Martina (Hg.): Maschinen, Medien, Performances. Berlin 2001; Lehmann, Hans-Thies: Postdramatisches Theater. Frankfurt a. M. 1999; Schilling, Jürgen: Aktionskunst. Luzern, Frankfurt a. M. 1978; Seitz, Hanne (Hg.): Schreiben auf Wasser. Essen 1999.

                                                        Marie-Luise Lange

→ Action Theater – Diskotheater – Ensemble der Künste – Experiment – Kabarett – Lehrstück – Leiblichkeit – Medien / Medium – Mitspiel(theater) – Objekttheater – Prozess und Produkt

Pflegedidaktik und Theaterpädagogik

Die Pflegedidaktik ist im Rahmen der Pflegepädagogik erst seit einem guten Jahrzehnt im bundesdeutschen Hochschulsektor etabliert. Das erweiterte Pflegeverständnis ist verankert im Gesundheitsstrukturgesetz (GSG), im Pflegeversicherungsgesetz (PflVG) und im Krankenpflegegesetz (KrPflG) und ergibt sich aus dem demographischen Wandel, dem medizinisch-technischen Fortschritt, der Differenzierung der ambulanten Versorgung, der Beratung bzw. Schulung von Betroffenen und Laien sowie aus Managementaufgaben (Case-Management und Diagnosis related groups – DRGs).

Vor dem Hintergrund eines lebensweltlichen Verständnisses von Pflege gewinnen die personalen und sozialen Kompetenzen der Pflegenden eine besondere Bedeutung. Hinzu kommt die Forderung nach einer teilnehmer-, problem- und handlungsorientierten Ausrichtung der Pflegeausbildung, die den konkreten Pflegealltag und auch die alltägliche Belastung der professionell Pflegenden mit einbezieht.

Daher wächst den erlebnis- und handlungsorientierten Verfahren der Spiel- und ThP – wie z. B. → Rollenspiel, → Soziodrama, → Forumtheater, Introspektives Theater oder → Playback Theatre – eine besondere Rolle zu, denn sie tragen – in einem vom Alltag freigestellten Raum – nicht nur zur Sensibilisierung und Horizonterweiterung der Betroffenen bei, sondern unterstützen auch die Suche nach alternativen Lösungswegen. Zudem bieten sie im Wechsel von Aktion, Betrachtung und (Selbst-)Reflexion auch hilfreiche Impulse bei der Auseinandersetzung mit pflegespezifischen Tabuthemen wie z. B. Schmerz, Nacktheit, Tod, Gewalt, Ausscheidung und Sexualität.

Oelke, Ute/Scheller, Ingo/Ruwe, Gisela: Tabuthemen als Gegenstand szenischen Lesens in der Pflege. Bern 2000; Plaumann, Ute: Umrisse einer Fachdidaktik Pflege. Frankfurt a. M. 2000; Weintz, Jürgen: Theaterpädagogik und Schauspielkunst. Ästhetische und psychosoziale Erfahrung durch Rollenarbeit. Butzbach-Griedel 2002.

UTE PLAUMANN

→ Angst und Kunst – Geschichte der Sozialpädagogik–Hochschuldidaktik – Rehabilitation – Theaterarbeit in sozialen Feldern – Theatralisierung (von Lehr- und Lernprozessen) – Theatre in Education – Übungsfirma – Unternehmenstheater – Zielgruppe

Phantasie

‚Stell dir vor, es sei ...‘ – und was immer die drei Punkte füllt, es erscheinen aus dem eigenen Repertoire Bilder und Vorstellungen, gebildet aus Erinnerungen und eigener Erfahrung. Eine Grundfunktion der menschlichen Psyche ist die Fähigkeit, innere Vorstellungen in der Form von Bildern und Symbolen zu produzieren, die momentan in der umgebenden Wirklichkeit nicht vorhanden oder wahrnehmbar sind. Eine Vielfalt von Begriffen versucht dieses Phänomen zu bezeichnen und zu erklären. In der allgemeinen Psychologie wird die *Einbildungskraft* (vgl. Rubinstein 407ff.) im Zusammenspiel von Wahrnehmung, Gedächtnis und Denken gesehen, die wiederum nicht als einheitliche psychische Kategorien gelten, sondern jeweils als komplexe Erscheinungsformen elementarer psychischer Vorgänge. So gewiss die Bilder unserer P auf Sinneseindrücken basieren, so sicher wirkt diese auf den Prozess der sinnlichen Wahrnehmung ein (selektive Wahrnehmung). Das Gedächtnis ist nicht allein Speicher für Erinnerungen, es gestaltet aktiv Inhalte und Formen früherer Erlebnisse. P bezeichnet insbesondere diesen umwandelnden, neugestaltenden Aspekt der Erinnerung, in dem alle inneren Milieus und psychischen Instanzen wirksam sein können. Aktuelle Gefühlslagen wie Angst oder Hoffnung formen die Gebilde unserer P ebenso wie Wünsche, vitale Interessen und bewusste Handlungsziele. Geht die Nähe zu tatsächlich wahrgenommenen Situationen verloren, spricht man auch von Illusionen, wobei nicht selten mitschwingt, es handele sich um falsche Bilder der Wirklichkeit. Die Bewertung der schöpferischen Leistungen unserer P hängt aber wesentlich vom Kontext und Wertsystem ab. Für den Einzelnen ist sein Vorstellungsvermögen und seine persönliche Sammlung innerer Bilder unverzichtbarer Bestandteil des eigenen Selbst und wichtiges Handlungsregulativ. Auf den Gestaltungstendenzen der P basieren alle gesellschaftlichen Erscheinungen. Die inneren Bilder gewinnen Gestalt in der Außenwelt: durch Sprache in der Literatur, durch die bildende Hand in der Kunst, durch konstruktive Tätigkeiten in der Technik, durch visionäre Programme in der Politik, metaphysische Systeme in der Religion und durch lebendiges Spiel im Theater.

P-spiele sind Übungsformen zur bewussten Gestaltung inneren Erlebens. In pädagogischen und psychologischen Feldern gibt es dazu eine Vielzahl von Übungsangeboten (vgl. z. B. Vopel). Für Kinder wie für Erwachsene gibt es seit alters her → Märchen, die

Bilder menschlicher Erfahrungen transportieren. Moderne Bildlieferanten sind die → Medien, insbesondere das Fernsehen. Aber wie bei den Märchen ist es die P-tätigkeit der Zuhörer und Zuschauer, die aus den technisch übermittelten optischen und akustischen Reizen wieder Bilder und Bildsequenzen zusammenbaut. Aus der psychoanalytischen Sicht Lacans konstituiert sich Subjektivität in der → Interaktion von Imaginärem, Symbolischem und dem Realen (vgl. Lacan). Das Imaginäre, die Basis unserer P, bildet sich in der dualen Beziehung zum Anderen, in der relationalen Spiegelung des Ich. Und genau diese Beziehung fehlt, wenn aus elektronischen Signalen Erlebnisse geformt werden. Erst in der zweiseitigen → Kommunikation, im Mitteilen vor Zuhörern/Zuschauern mit Rückkanal, wie im Theater, entfaltet sich die regulative Kraft der P, die uns befähigt, das sog. Faktische zu überschreiten und neue Wirklichkeiten zu schaffen.

Evans, Dylan: Einführendes Wörterbuch zur Lacanschen Psychoanalyse. Wien 2000; Lacan, Jacques: Schriften, Bd. 3. Weinheim, Berlin 1994; Rubinstein, S(ergej) L.: Grundlagen der Allgemeinen Psychologie. Berlin 1961; Vopel, Klaus W.: Zwischen Himmel und Erde. Phantasiereisen für Sucher. Salzhausen 2001.

HEINER ZILLMER

→ Autobiographisches Theater – Beobachten / Beschreiben / Bewerten – Entwicklungspsychologie – Magie – Psychodrama – Sinnlichkeit – Zukunftswerkstatt – ZuschauSpieler

Piscator, Erwin

1893–1966. Regisseur, Theaterleiter. Gründete 1919 in Berlin das *Proletarische Theater*. 1924 Inszenierung von Alfons Paquets Stück *Fahnen* an der Berliner → Volksbühne, für das P den Begriff Episches Theater prägte; darunter verstand er in erster Linie politisches Theater. Anlässlich der Reichstagswahlen 1924 inszenierte P seine erste große → Revue (*Revue Roter Rummel*). Diese dramaturgische Form erlaubte es, schnell und direkt auf politische Tagesereignisse zu reagieren. 1927 eröffnete P mit der Uraufführung von Ernst Tollers Stück *Hoppla, wir leben!* in Berlin seine erste eigene Bühne, die erste Piscator-Bühne, wo u.a. Bertolt → Brecht zu seinen Mitarbeitern gehörte. 1929 gründete er die zweite, 1931 die dritte Piscator-Bühne. 1931 Emigration, zunächst in die Sowjetunion, 1936 nach Paris, 1939 in die USA. 1951 Rückkehr nach Deutschland. 1962–66 Intendant der Freien Volksbühne Berlin, wo er vor allem Uraufführungen

der Dokumentarstücke von Rolf Hochhuth, Heinar Kipphardt und Peter Weiss herausbrachte. Für P ist Theater ein weltanschauliches, politisches Instrument, um die Wirklichkeit zu verändern. Aus dieser Funktion ergeben sich die künstlerischen Mittel, wie die Nutzung des Montageprinzips und der Einsatz der → Bühnentechnik (Film- und Diaprojektionen, Etagenbühne, laufende Bänder).

Das politische Theater. Berlin 1929; Schriften. 2 Bde. Berlin 1968; Theater der Auseinandersetzung. Ausgewählte Schriften und Reden. Frankfurt a. M. 1977; Theater, Film, Politik. Ausgewählte Schriften. Berlin 1980; Zeittheater. ,Das politische Theater' und weitere Schriften von 1915–1966. Reinbek 1986.
Fiebach, Hans-Joachim: Von Craig bis Brecht. Studien zu Künstlertheorien des 20. Jahrhunderts. Berlin 1975.

GABI BEIER

Planspiel

Erfahrungsorientiertes *learning by doing*, wie es im Spielen stattfindet, und das Grundmodell der Aktionsforschung haben sich in den letzten Jahrzehnten als die erfolgreichste Methode der Wissensvermittlung bewährt. Dieser methodische Ansatz knüpft wie kein anderer an den Bedürfnissen und den Vorkenntnissen der Teilnehmer an. Diese Verfahren holen die Teilnehmer dort ab, wo sie sich tatsächlich befinden.

Es gibt die Mitspieler (Akteure), es gibt Regeln, und es gibt ein Bezugssystem. Diese drei Elemente benötigt ein → Spiel, um eine symbolische Welt zu gestalten, in der die Spieler handeln (spielen) können. Schach und ,Monopoly' etwa zeigen als Bezugssysteme zwei verschiedene Spielbretter; jedes stellt für sich eine andere Umwelt dar.

Managementplanspiele setzen sich aus den gleichen Elementen zusammen wie Freizeitspiele. Im Bereich der Managementspiele muss man allerdings ergänzen, dass es um die Vermittlung von Managementwissen geht. Je realistischer der Hintergrund und das Bezugssystem eines P gestaltet sind, desto mehr werden sich die Spieler auf positive Art damit beschäftigen, und desto mehr werden sie über den Lerngegenstand lernen. Managementplanspiele verfolgen immer auch diesen weitergehenden Zweck der Vermittlung von Wissen, das später in der Realität auch angewendet werden kann. Zu diesem Zweck müssen Spiele die Möglichkeit bieten, Dinge, auch neue Dinge, auszuprobieren. Sie ähneln in diesem Sinne einem Flugsimulator. Managementspiele entsprechen in ihrer

Strukturierung der operativen, strategischen oder normativen Ebene und den damit jeweils verbundenen spezifischen Aufgaben- und Problemstellungen.

Diese Spiele thematisieren auf der operativen Ebene entweder im Bereich der Produktion oder im Bereich der Verwaltung die Organisationsprozesse und Dispositionssysteme oder das Leistungs- und Kooperationsverhalten in Bezug auf konkrete Arbeitsaufträge. Die Mitarbeiter sind Produktionsmitarbeiter, Gruppenleiter, Meister oder angestellte Sachbearbeiter.

Auf der strategischen Ebene geht es dagegen um die Verbesserung des Problemverhaltens und des Problemlösens. Es geht um symbolisches Handeln in einer symbolischen Umgebung. Der Gegenstand sind strategische Fragen und Programme und deren Abbildung in Organisationsstrukturen und in Managementsystemen. Dies ist die Welt der Leitenden Angestellten, die damit befasst sind, die normativen Konzepte des Vorstands in strategische Programme umzusetzen.

Die normative Ebene umfasst alle Fragen der langfristigen Zukunftssicherung eines Unternehmens. Dies sind die Bereiche der Managementphilosophie, der Unternehmensverfassung, der Unternehmenspolitik und der Unternehmenskultur. In der Realität sind Vorstände und Aufsichtsräte mit diesen Fragen befasst. Der operativen Ebene des Managements entspricht die Gruppe der mechanistischen Spiele, bei denen der Ablauf der Produktions- und Arbeitsprozesse weitgehend vorgeschrieben ist. Die Gruppe der Brettplanspiele gehört hierzu. An der Schnittstelle zwischen der operativen und der strategischen Ebene lassen sich die Computerplanspiele einordnen. Die Gruppe der *Free-Form-Games* entspricht den Aufgabenstellungen im Bereich des strategischen und des normativen Managements.

Neben der Vermittlung rein fachlicher Aspekte lässt sich ein solches Managementplanspiel mit Aspekten der Führungspsychologie verbinden. Gegenstand sind dann nicht mehr nur betriebswirtschaftliche Inhalte, sondern das Führungsverhalten und das Verhalten im Team. Durch eine solche Ergänzung werden realistische Entscheidungssituationen mit all ihren sozialen Bezügen und Konsequenzen in einem Unternehmen abgebildet.

Die Teilnehmer eines offenen *Free-Form-Game* werden in eine weitgehend offene Problemlandschaft gestellt und der Spielleiter fragt: ‚Welche Probleme erkennen Sie und was wollen Sie tun?‘ Diese Spiele haben Inhalte des strategischen bis normativen Managements zum Gegenstand.

Solche Spiele helfen, mit komplexen und mehrdeutigen Situationen im Bereich der strategischen und normativen Ebene des Managements umzugehen. *Free-Form-Games* benötigen als Bezugssystem lediglich ein Szenario. Der Computer spielt keine zentrale Rolle. Es existieren nur einige wenige formale Regeln, die den Ablauf des Seminarverlaufs betreffen. P-designer solcher Spiele gehen davon aus, dass die Teilnehmer über ein partielles Verständnis der dargestellten Sachverhalte verfügen und dass die unterschiedlichen Vorstellungen und Ideen der Teilnehmer zueinander in Konkurrenz treten werden. Die Regeln werden erst im Verlauf der Spiele von den Teilnehmern selbst entwickelt. Die Teilnehmer organisieren sich selbst. Über den gruppendynamischen Verlauf entwickelt sich eine tragfähige Interpretation des angebotenen Spielmaterials. Dabei konstruieren die Teilnehmer ihre eigene Managementkultur und sie rekonstruieren in der Spielsituation ihren eigenen Managementhintergrund und ihre Annahmen darüber, wie z. B. ein Unternehmen unter den im Szenario angegebenen Vorzeichen zu führen ist. Die Qualität dieser Spiele ist abhängig von dem Genauigkeitsgrad, mit dem sie die Realität des Managements widerspiegeln, denn erst dadurch wird die notwendige Akzeptanz bei den Spielern erreicht.

Zusammenfassend kann man sagen, dass Managementplanspiele eine lange und erfolgreiche Tradition haben: P schlagen eine Brücke zwischen der trockenen Situation in einem Unterrichtsraum und der Praxis in der Realität. Sie vermitteln nicht nur fundiert Theorie, sondern stellen Handlungssituationen zur Verfügung, in der die Anwendungsmöglichkeiten von Wissen praktisch erkundet werden können.

BBJ-Consult (Hg.): Berufsbildung und Arbeit als eine Aufgabe der Jugend- und Sozialhilfe (Planspiel ‚Sanierung einer Obdachlosensiedlung‘). Berlin (o. J.); Graf, Jürgen: Simulierte Realitäten. Planspiele für den Chef von morgen. Bonn 1991; Gust, Mario: Planspiele in der beruflichen Bildung. Abriss zur Auswahl, Konzeptionierung und Anwendung von Planspielen. Mit einer Planspiel-CD-ROM von Ulrich Blötz. Bielefeld 2001; Magenheim-Hörmann, Thomas: Früh übt sich, wer ein hartgesottener Manager werden will. In: Frankfurter Rundschau, 13. 12. 2002.

MARIO GUST

→ Gruppe – Kommunikationstraining – Projekt – Spielleitung – Übungsfirma – Unternehmenstheater – Zukunftswerkstatt

Playback Theatre

1975 gründete Jonathan Fox gemeinsam mit seiner Lebenspartnerin Jo Salas in New Paltz (New York, USA) die erste Truppe *Playback Theatre* – eine Form des Improvisationstheaters, bei dem persönliche Erfahrungen und erlebte Geschichten erzählt, dann aus dem → Stegreif szenisch umgesetzt und zurückgespielt werden (,played back'). Ziel ist, den zwischenmenschlichen → Dialog zu fördern und Menschen dadurch in Verbindung zu bringen. Zunächst in den USA, dann in Australien und Neuseeland weiterentwickelt, wird PT inzwischen weltweit praktiziert. 1988 wurde es von Fox im deutschsprachigen Raum eingeführt; zuerst in Schaffhausen (Schweiz) auf Einladung von Annette Henne (Gründerin PT Schweiz), 1991 entstand in der BRD die erste Truppe mit dem PT Köln (Gründerin Marlies Arping). Die sprunghafte Entwicklung der deutschsprachigen Bewegung ist im Internet zu verfolgen (www.playbacktheater.de). 1990 wurde mit dem *International Playback Theatre Network* (IPTN) eine weltweite Möglichkeit zum Austausch geschaffen (www.playbacknet.org). Die Zeitung *Interplay* dieses internationalen Netzwerkes erscheint mehrsprachig. Seitdem finden abwechselnd in Amerika, Europa und im Pazifikraum regelmäßig internationale Kongresse, seit 1994 auch jährlich eine Tagung der deutschsprachigen Gruppen statt. 1992 gründete Fox die *School of Playback Theatre* (USA). 1997 wurde auf Initiative von Heinrich Dauber an der Gesamthochschule Kassel das erste internationale Symposium organisiert. Dort wird inzwischen ein Forschungsarchiv betreut (Playbacktheater@uni-kassel.de).

PT kann in jedem Raum aufgeführt werden. Es gibt eine klare Struktur, in der ausgehend von Stimmungen, kleinen und großen Erlebnissen des Alltags, Geschichten erzählt werden, die für den Einzelnen und die Gemeinschaft bedeutsam sind. Ein Teil des Raumes wird zur Bühne, wo die Spieler dem Publikum gegenüber sitzen. Davor, rechts von der Spielfläche, umgeben von Instrumenten, findet ein Musiker Platz; links stehen zwei Stühle: einer für den Leiter (*conductor*), der andere für den Erzähler (*story teller*) aus dem Publikum, der auf strukturierte Fragen des Leiters hin von einem Erlebnis berichtet. Nach dem Interview übergibt der Leiter an die Spieler, die die Geschichte dann mit speziellen dramaturgischen Mitteln aus dem Stegreif so darstellen, dass die Essenz der Erzählung erlebbar wird. Der Erzähler kommentiert danach die entstandene szenische Umsetzung. Weitere Erzähler folgen und die Geschichten verbinden sich zu einem roten Faden (vgl. Fox u. a. 1999b, 9).

PT ist zu einem Mittel sozialer Veränderungen geworden: Menschen, die das Bedürfnis haben, einander zuzuhören, können sich über ihre Erfahrungen austauschen. Damit wird die Vision von einem Theater Wirklichkeit, das der heutigen Gesellschaft etwas von der integrativen sozialen Funktion des Geschichtenerzählens und ästhetischer → Rituale früherer Zeit zurückbringt (vgl. Salas 1998, 9). Beeinflusst u. a. vom Studium oraler Traditionen, vom amerikanischen Experimentaltheater der 1960er Jahre und vom → Psychodrama, versteht Fox das PT als Wiederbelebung der vorschriftlichen Tradition des → Volkstheaters in der Bildung und Festigung kultureller Gemeinschaften. Dabei gelten folgende Werte: Jeder hat eine erzählenswerte Geschichte und soll damit am sozialen Diskurs teilnehmen können. Jede Gemeinschaft hat eine eigene Weisheit, die aus gemeinsamer kultureller Erfahrung resultiert. Jeder verfügt über eine angeborene Kreativität mit der Fähigkeit zum → Spiel und zur → Interaktion. Auf dem Hintergrund positiver Teilhabe in einer akzeptierenden Gemeinschaft kann Veränderung jenseits unmittelbarer Sorgen und Nöte gefördert werden.

Heute findet PT u. a. im Erziehungs- und Sozialwesen, in der Theater- und Kulturarbeit statt, auch als → Unternehmenstheater. Es wird zunehmend zum Instrument der Konfliktbearbeitung in sozialen und gesellschaftlichen Brennpunkten: in Krisengebieten und dort, wo soziale → Kommunikation und Partizipation mittels sozial konstruktiver Interaktion wiederhergestellt werden sollen.

Fox, Jonathan: Acts of Service. New Paltz 1994; Ders.: Renaissance einer alten Tradition – Playback Theater. Köln 1996; Fox, Jonathan/Dauber, Heinrich (Hg.): Gathering Voices. New Paltz 1999a; Dies.: Playback Theater. Wo Geschichten sich begegnen. Bad Heilbrunn 1999b; Salas, Jo: Improvising Real life. Iowa 1993; Dies.: Playback-Theater. Berlin 1998.

DANIEL FELDHENDLER

→ Erzähltheater – Experiment – Forumtheater – Geschichte der Pädagogik – Geschichte der Sozialpädagogik – Gruppe – Konstruktivismus – Mitspiel(theater) – Narratives Interview – Regenbogen der Wünsche – Rehabilitation

Playing Arts

PA ist die Verbindung von Kunst und Leben durch → Spiel. Spiel wird hier im Sinne von *Bewegung* verstanden (*playing* im Unterschied zu *game, gamble, perform* und *act*). Die im Namen angesprochenen Künste meinen durchaus alle Vorstufen der Kunst (*arts* wie in *martial arts* im Unterschied zu *fine art*). PA ist gattungsübergreifend, ist eine Spielbewegung, die sich als ästhetische Selbstbildung versteht. Ohne direktive Anleitungen geht es um das selbstbestimmte Aufnehmen der eigenen Spur in Wechselbeziehung mit anderen. Die Einzelnen schaffen in diesem Prozess immer wieder stimmige Formen, um sie in Wechselspielen, wie dem Performance PARC, miteinander zu teilen und auszutauschen. Durch die Rückmeldungen auf die Wechselspiele entstehen weiterführende Ideen. Die Entfaltung des Eigenen endet nicht mit der gemeinsamen Spielsituation, sie setzt sich fort und führt zu eigenen Praxisvorhaben in den jeweiligen Lebens- und Arbeitssituationen.

Merkmale von PA-Prozessen sind: (1.) *Freiwilligkeit*: Nur was ich selbst will, beflügelt mich und führt zu motiviertem Engagement; (2.) *Zweckfreiheit*: Nur ohne Zweckbindungen kann sich Spiel in seiner Ursprünglichkeit entfalten; (3.) *Offenes Ende*: Das kreative Abenteuer des Spiels kann erst entstehen, wenn man nicht weiß, was dabei herauskommt; (4.) *Autonomie*: Spiel ist unverfügbar, lässt sich weder erzwingen, noch verhindern, ähnlich wie Träume, Kunst, Liebe, Spiritualität; (5.) *Teilhabe*: Die Playing Artists, ebenso wie die Mentoren, setzen sich selbst immer wieder aufs Spiel, sind selbst schöpferisch handelnd tätig und zeigen etwas davon.

PA entstand aus dem Dialog von Kunst und Spiel, der seit Mitte der 1980er Jahre im Rahmen der spiel- und thp Ausbildung der AG Spiel in der Ev. Jugend e. V. und dem Burckhardthaus Gelnhausen unter Federführung von Christoph Riemer aufgenommen wurde. Claude Debussys Motto „Ein Kunstwerk schafft Regeln, aber Regeln schaffen noch kein Kunstwerk" führte zur Befragung moderner und zeitgenössischer Kunstwerke.

Im Dialog mit Benedikt Sturzenhecker und anderen entwickelte sich die Konzeption und Praxis der internationalen ‚Sommerateliers' in Gelnhausen. Im Reizklima von Kunst und Kultur entstanden – gattungsübergreifend – bemerkenswerte Prozesse und Ergebnisse, egal, welche Vorkenntnisse vorhanden waren. Die Impulse des ‚Neuen Lernens', wie sie Reinhard Kahl in seinen Filmen *Das Schwinden der Sinne* (1992),

Lob des Fehlers (1995) oder auch in *Die Dritten kommen – eine Schule erfindet sich neu* (2001) schildert, öffnen für Workshops, Ateliers, Laboratorien den Weg zu ästhetischen Selbstbildungsprozessen. Vor allem beeindruckte die Vielfalt und der Eigen-Sinn der am Ende entstandenen Praxisvorhaben. Zusammen mit dem Institut für Spielforschung und Spielpädagogik an der Universität Mozarteum/Salzburg, insbesondere durch das Engagement von Rainer Buland und der AG Spiel, wird seit 1997 jährlich der *PA-Award* durch eine Fachjury vergeben.

Ob nun für wenige Stunden, einen ganzen Tag, ein Wochenende oder mehrere Tage – PA-Prozesse gehen meist von folgenden Schritten aus: (1.) *Impulsfeld*: Aus der Aktualität von Musik, Film, Video, Theater, Tanz, Literatur, bildender Kunst, → Performance, neuen → Medien – aber auch durch Materialien und technische Hilfsmittel – werden kurze Beispiele wie auf einem Markt vorgestellt, besser ‚zelebriert'. (2.) *Resonanzpunkte aufspüren*: Die Teilnehmenden sind ermuntert, eigene Resonanzpunkte im Vorgestellten aufzuspüren, aber ebenso, ‚blitzartige Einfälle' zu notieren, die in direkter Zusammenhangslosigkeit zu stehen scheinen. Jede/jeder stellt seine eigenen ‚Zutaten' zusammen. (3.) *Die eigene Spur aufnehmen*: Aus den Resonanzpunkten kristallisiert sich (im Dialog mit anderen) der Einstieg in das eigene ästhetische Handeln heraus, wie bei der Ausgangsidee für die Zubereitung eines Essens. (4.) *Eine stimmige Form schaffen*: Mit dem, was man kann, was man kennt und worauf man neugierig ist, beginnt das schöpferische Spiel im ästhetischen Handeln. Was herauskommt, ist oft anders als geplant, wie beim Herstellen einer Speise. (5.) *Das Entstandene im Wechselspiel mit anderen teilen*: Auch wenn der Prozess eine zentrale Rolle spielt (und nicht das Produkt): Um das erlebte Spiel mit anderen teilen zu können, wird in Zeichenhandlungen oder performativen Gesten etwas aus dem schöpferischen Prozess ins Wechselspiel mit anderen gebracht. Am Performance PARC sind alle Teilnehmenden beteiligt, treten mit ihren wiederholbaren performativen Gesten in Wechselbeziehungen, reagieren mit den jeweiligen Zeichenhandlungen aufeinander. Das komplexe Feld des gemeinsamen schöpferischen Handelns wird ansatzweise deutlich. In Aktion und Reaktion, in den Wiederholungen, im teilnehmenden Beobachten schwingt etwas von der Gemeinsamkeit, die zwischen den Einzelprozessen entsteht. Wenn es gelingt, wird daraus etwas ‚Drittes', das mehr ist als die Addition der Einzelspiele. (6.) *Rückmeldungen führen zu neuen Impulsen*: Im Anschluss an den Performance PARC werden gegenseitig Rückmeldungen gegeben, um das ästhetische Handeln zu erweitern. Fremdwahrnehmungen öffnen und ergänzen die Selbstwahrnehmungen und es entstehen weiterführende Ideen und Impulse (was wäre mein nächster Schritt?). Diese reflexive Aneignung ist notwendiger Bestandteil von PA-Prozessen. (7.) *Wortreihungen/Gruppentexte*: Am Ende solcher Gespräche besteht die Möglichkeit, den eigenen schöpferischen Weg noch einmal abzuschreiten, um Wörter, die dabei direkt und indirekt auftauchten, zu sichten und sich für einen Begriff zu entscheiden. In freier Reihenfolge werden die Wörter des Tages mitgeteilt und am Ende als Gruppentext noch einmal verlesen. Solche Wortreihen dokumentieren sowohl die Einzelprozesse als auch das Gruppengeschehen. Dieser Bogen verweist in der Regel auf weiterführende Impulse, um den nächsten Schritt der eigenen Spur aufzunehmen.

Hinzu kommen ‚Querschüsse‘ aus der Aktualität der Künste. Dieser ‚kalkulierte Zufall‘ führt häufig zu verblüffenden Koinzidenzen. Selbst das aktuelle TV-Programm, wie in ‚Kulturzeit‘ auf 3sat (einer täglich neuen Kultursendung) passt zum Teil beeindruckend genau zu den PA-Prozessen.

Die *Mentoren* regen Parallelprozesse an und begleiten sie. Manchmal ist es notwendig zu ermutigen, manchmal zu klären und manchmal zu bremsen. Häufig geht es um ganz praktische Fragen, um Materialbeschaffung bzw. was man macht, wenn das Gewünschte nicht zu bekommen ist. Die offenen schöpferischen Prozesse führen dazu, dass die Teilnehmenden häufig eigenständig und vergnügt ihren Dingen nachgehen und keinen Beratungsbedarf haben. In diesen Zeiten sind die Mentoren mit eigenen Spielvorhaben befasst, die sie auch den anderen zeigen. Die Mentoren sind so als selbst spielende Menschen sichtbar und setzen sich immer wieder aufs Spiel.

Je nach Zeitumfang steht am Ende der Spielprozesse die Möglichkeit, den aufgenommenen Weg noch einmal abzuschreiten, anhand von Spuren, entstandenen Formen, Aufzeichnungen usw. Diese Sammlungen von Spuren werden wechselseitig wahrgenommen und befragt, z. B. nach der Grunddynamik und nach Schlüsselmomenten. Daraus lässt sich die Frage entwickeln: Wie spielt das eigene Spiel? In einem nächsten Schritt führt dies zu Übertragungsmöglichkeiten auf die eigene Alltagspraxis. Der Gruppe gegenüber formuliert der/die Einzelne ein anschließendes selbstgewähltes Spielvorhaben. Es werden Verbündete gesucht, um sich gegenseitig zu unterstützen, um Zeitpunkte zu verabreden, das Entstandene auszutauschen und zu ‚zelebrieren‘. Dabei ist das ‚Lob des Fehlers‘ eine zentrale Kategorie, denn das riskierte Vorhaben, das nicht zu dem wurde, was man sich wünschte, ist genauso wichtig und richtig wie das geglückte.

Playing und Performing Arts: Das beschriebene Konzept ist gattungsübergreifend angelegt, es lässt sich auf Einzelfelder wie Tanz, Maske, Theater und Performance ebenso übertragen wie auf → Bibliodrama. Zu dem Wechselspiel von Playing und Performing Arts wurden verschiedene Projekte im Burckhardthaus durchgeführt. Der Text wird ebenso zum Impulsfeld wie das Videobeispiel aus zeitgenössischer Theaterarbeit oder aus dem Zusammenhang der Performances. In diesem angereicherten Milieu spüren die Teilnehmenden ihre Resonanzpunkte auf, um in Spontanteams dafür spielend, experimentierend Formen zu entwickeln. Orientierung ist dabei nicht das klassische Regietheater, sondern sind szenische Montagen und Collagen. Sie entstehen aus den Improvisationen mit erarbeiteten Ausdrucksformen und inszenieren sich inmitten eines sich selbst bewegenden Energiefeldes. Die Publikumsbegegnungen am Ende zeigen, in welchem Maß eine für die Gruppe, den Text/das Thema und die Situation entsprechende Darstellungsform entstanden ist.

Wie sich PA derzeit organisiert: Als Spielbewegung steht die fortlaufende Veränderung durch das Er-Finden von Praxisvorhaben im Vordergrund. Die Idee wird ständig neu gefasst durch Reflexion von Projekten; das jährliche PA-Symposion ermöglicht die aktuelle ‚celebration‘ dieser Spielbewegung. Wer sich mit eigenen wie gemeinsamen Spielvorhaben beteiligt, sich auf Merkmale von PA bezieht sowie an den Diskursen teilnimmt, wird legitimiert, sich für ein Jahr Playing Artist zu nennen. Dieser Titel kann jedes Jahr durch die Teilnahme am Symposion erneuert werden.

Im *Newsletter* und auf der Homepage (www.playing-arts.de) gibt es Anregungen, Hinweise und Erfahrungsaustausch. Das Internationale *Sommeratelier* ‚PA Kitchen‘ am Burckhardthaus ist Ort der gattungsübergreifenden Versuche eigenen ästhetischen Handelns. In Langzeitprogrammen (über zwei Jahre) wird am Burckhardthaus die Praxis eigener und mit anderen zu entwickelnder Spielvorhaben erprobt. Seit 2002 ist PA eine geschützte Marke und wird von legitimierten VertreterInnen praktiziert. Eine Mentorenausbildung qualifiziert zur Begleitung von PA-Prozessen.

Riemer, Christoph/Sturzenhecker, Benedikt (Hg.): Das Eigene entfalten. Gelnhausen 2000; Dies. (Hg.): Playing Arts. Gelnhausen 2002.

CHRISTOPH RIEMER
→ Ästhetische Bildung – Performance

Praml, Willy

Geb. 1941. Studium der Germanistik und Geschichte. P arbeitet seit 1971 in der freien Theaterszene in Frankfurt a. M., wo er u. a. die freie Gruppe *Theater Willy Praml* leitet. Neben seiner vielfältigen Regietätigkeit entwickelt er als Dozent für Theaterarbeit und Kulturpädagogik Theaterprojekte mit den unterschiedlichsten Bevölkerungsgruppen wie Lehrlingstheater, Theater mit ausländischen Jugendlichen, Dorftheater.

Praml, Willy/Fiege, Jürgen (Red.): Klassenspezifische Erziehung. Beiträge zur Sozialisation von Arbeiterkindern. Darmstadt 1973; Ders./Maier, Hansjörg: Lehrlingstheater und proletarische Öffentlichkeit. Berichte, Texte, Materialien zur proletarischen Kulturarbeit. Frankfurt a. M. 1974; Ders./ Lecke, Detlef (Hg.): Verortungen. Theaterexperimente & Spurensicherung. LandEntdeckungen & DorfErneuerung. Fulda 1992.

GABI BEIER

Private Moment

Gemeint ist ein möglichst *authentisches* Spiel, im Sinne lebens-interpretativer und simulativ-psychosozialer Schauhandlungen des darstellenden Subjekts, das die → Interaktion mit dem Publikum einfließen lässt. Spielende sollen unter den jeweiligen Bedingungen der Szene und den Voraussetzungen der Rollenfigur den inneren Monolog jeweils mit sich, wie den äußeren Dialog mit dem Publikum trainieren. PM ist durch die Arbeiten des amerikanischen Schauspielpädagogen Lee → Strasberg, auch *the method*, bekannt geworden. Hier bedeutet PM einen Trainingskanon spielvorbereitender Konzentrationsübungen für die Bühnenpräsentation. Ziel dieser zeitlich aufwändigen Übungen ist, die Anwesenheit des Publikums zu erspüren und dem auftretenden Präsentationsdruck vorzubeugen und im Sinne der Rollenverabredungen standzuhalten. Nach Strasberg soll diese Übung einen außergewöhnlich intim-persönlichen Moment des Schauspielmenschen so ansprechen, dass dieser/diese mit der jeweiligen Handlung sofort aufhören würde, wenn eine zweite Person den Raum beträte.

Ein weiteres Arbeitsziel dieser Übungen verlangt vom Spielenden, den Spielzustand des Intim-Persönlichen unverkrampft zu erreichen und einen möglichst ungezwungenen, natürlichen Zugang zur Rollendarstellung zu finden.

Der auch bei erfahrenen SchauspielerInnen bisweilen zu beobachtende Hang zur übertriebenen Darstellung – verbunden mit der Angst, nicht über die sog. Rampe zu kommen – oder andererseits eine nicht gewollte oder eher erzwungene authentische Spielform finden zu müssen, kann so erfahrbar und korrigiert werden. Es sind die absichtlich nach außen tretenden Spielarten unreflektierter Schauspielkonvention, die die *method* Strasbergs auf diese Weise zu eliminieren sucht. Andererseits ist es nicht Ziel dieses Schauspieltrainings, den Schauspielmenschen als privates Subjekt zu entblößen, sondern die darstellerischen Mittel der dreiseitigen → Kommunikation zwischen sich, der Rolle und dem Zuschauer immer wieder neu zu gestalten.

Strasberg entdeckte, dass ein gewisser psychischer Druck, der häufig durch die Anwesenheit eines Publikums auftritt, ein gezieltes, irritationsfreies Heraustreten des Rollenträgers zur Rollengestaltung empfindlich stören kann. Aus dem Gefühl der Verunsicherung beziehen sich Schauspieler schnell auf bereits vorgedachte Rollenanalysen, Spielweisen, Konventionen und Intentionen.

PM soll das sog. Blockieren beim Einzelnen entdecken helfen und die Selbstreflexion der Spielenden in Stresssituationen anregen, so dass diese zu eigenen spielerischen Lösungen finden können. Strasberg bewertete die gewohnheitsmäßigen Verhaltensweisen des Privatmenschen ,SchauspielerIn' als außergewöhnlich hemmende Momente bei der Suche nach einer adäquaten Rollengestaltung.

Methodisch lassen sich alle Trainingsvarianten des PM als Dispositionsübungen für das darstellende Verhalten verorten, da so entscheidende Arbeitsbegriffe, wie das Sich-Befinden auf der → Bühne, die Konzentration, der Zustand von Entspannung und Spannung und die Reflexion der eigenen privaten Gewohnheiten des Schauspielenden, die für das Spiel der Rolle unbrauchbar wären, evaluiert werden können.

Der gesamte Übungskomplex ist bereits in der russischen Schauspielpädagogik u. a. bei → Stanislawski und Wachtangow angelegt und zählt zu den von ihnen bereits zu Beginn des letzten Jhs. eingeführten Arbeitsbegriffen des sog. ,inneren und äußeren Befindens auf der Bühne'. Die Übungen finden sich jeweils ausgeführt in den Curricula der Studios und dienten der Vorbereitung (→ Warming Up) zu Rollenproben oder als inaugurierender Bestandteil des gesamten Ausbildungsprozesses. Entsprechend beschreibt Stanislawski die Arbeit des Schauspielers als ein sich selbst reflektierendes Beobachtungsverfahren: „Der Schauspieler lebt, er weint und lacht auf der Bühne, doch weinend und lachend beobachtet er sein Lachen und Weinen. Und in diesem Dazwischen, in diesem Gleichgewicht zwischen Leben und Spiel liegt die Kunst." (Stanislawski 279ff.)

Blank, Richard: Schauspielkunst in Theater und Film. Berlin 2001; Hoffmeier, Dieter (Hg.): Stanislawski. Ausgewählte Schriften. Berlin 1988; Hull, Loriane S.: Strasberg's method as a thaught. Woodbridge 1985; Schauspielhaus Bochum (Hg.): Das Schauspielerseminar Lee Strasberg. Bochum 1978; Simhandl, Peter (Hg.): Stanislawski-Lesebuch. Berlin 1992; Stanislawski, Konstantin S.: Werke, Bd. 1 u. 2. Berlin 1983; Ders.: Die Arbeit des Schauspielers an sich selbst im schöpferischen Prozeß des Erlebens, Bd. 1. Berlin 2002; Strasberg, John: Accidentally on purpose. New York u.a. 1996; Strasberg, Lee: Schauspielen und das Training des Schauspielers. Berlin 1988; Ders.: Strasberg at the actors studio. Tape-recorded sessions. New York u. a. 1991; Ders.: Ein Traum der Leidenschaft. München 2000; Trobisch, Stephen: Theaterwissenschaftliche Studien zu Sinn und Anwendbarkeit von Verfahren zur Schauspieler-Ausbildung. Frankfurt a. M. u. a. 1993; Wachtangow, Jewgeni B.: Schriften. Berlin 1982.

ANDREAS POPPE

→ Authentizität – Improvisation – Kreatives Schreiben – Mimesis – Rollenarbeit – Rollenspiel – Scham – Schau- und Zeigelust – ZuschauSpieler

Produkt → Prozess und Produkt

Projekt

Thp Arbeit als künstlerische und soziale Praxis findet im außerschulischen Bereich fast ausschließlich, in der Schule neben Kurs- oder Arbeitsgruppenarbeit zum großen Teil, in Form von P und P-arbeit statt. P- und Theaterarbeit ergänzen sich, da pädagogische und ästhetische Zielsetzungen und Verfahren Hand in Hand greifen. P-arbeit im Theaterbereich heißt, ein klar umrissenes Thema in einem zeitlich begrenzten künstlerischen Produktionsprozess als Gruppenarbeit zu einem präsentablen Ergebnis zu bringen. Künstlerisch-ästhetische P-arbeit unterscheidet sich von pädagogisch-sozialen P in ihrem Fokus auf ein künstlerisches → Medium und die davon abgeleitete ästhetische Praxis (vgl. Selle). Dennoch lassen sich in den strukturellen Ablauf- und Planungsschemata Parallelen zu pädagogischen P-verläufen feststellen. Denn P-arbeit als themenzentrierte und ergebnisorientierte Methode gemeinschaftlichen Lernens lässt sich in verallgemeinerbare Phasen wie die *fünf Arbeitsphasen* oder ‚Komponenten' nach Frey (1996) einteilen:

(1.) P-initiative (die Idee zu einem P wird geboren); (2.) P-skizze erstellen (Auseinandersetzung mit der P-initiative in einem vorher vereinbarten Rahmen); (3.) P-plan (Entwicklung der P-initiative zum Betätigungsfeld, d. h. Thema, Arbeitsvorhaben, Arbeitsschritte, Betätigungsfelder abstimmen); (4.) P-durchführung (Realisierung der geplanten Aktivitäten); (5.) Beendigung des P (bewusster Abschluss des P als Ergebnispräsentation).

Das schließt in den einzelnen Phasen unterschiedliche Formen der sachlichen und sozialen → Interaktion ein, um die Interessen und Fähigkeiten der Beteiligten einzubeziehen, und endet mit einer Evaluation nach Abschluss des P.

P-arbeit zeichnet sich seit → Deweys und Kilpatricks Laborschule der 1920er Jahre und ihrer Wiederentdeckung in Europa in den 1970er Jahren als besondere, das schulische Lernen reformierende Lernmethode aus, die im Sinne von *learning by doing* dialogisches, selbstbestimmtes und tätigkeitsorientiertes Lernen fordert und fördert. Folgende Merkmale charakterisieren seit den 1970er Jahren das P als Lehr- und Lernmethode (vgl. Otto) und sind in der aktuellen schulpädagogischen P-debatte weithin akzeptiert (vgl. Bastian u.a. 1986; Bastian u.a. 1997): Bedürfnisorientierung, Situationsbezug, Selbstorganisation, Interdisziplinarität, Produktorientierung, kollektive Realisierung und gesellschaftliche Relevanz.

Anhand dieser P-merkmale lassen sich die Möglichkeiten und Chancen der P-arbeit für die thp Arbeit charakterisieren: (1.) Das P als ganzheitliche Lernform verbindet inhaltlich-thematisches, soziales und sinnlich-ästhetisches Lernen. In der Auseinandersetzung mit Thema und künstlerischem Medium laufen vielfältige Selbst-, Differenz-, Gruppen- und Bildungserfahrungen ab. Im Theaterprojekt beweist sich Theater als *die* soziale Kunstform. (2.) Das P stärkt durch seine Interessen- und Situationsorientierung den Einzelnen und die → Gruppe und fordert bzw. fördert durch seine kollektive Realisierung Kreativität, Solidarität und Selbstorganisation. (3.) Das P führt Denken und Tun, Wahrnehmen und Gestalten handlungsorientiert zusammen. Thematische und dramaturgische Erwägungen werden durch theaterpraktische Versuche ergänzt und reflektiert, bis ein aussagekräftiges szenisches Produkt entsteht (*learning by doing*). (4.) Das P, insbesondere das Theaterprojekt, zeichnet sich durch Interdisziplinarität aus, da neben den verschiedenen künstlerischen Medien und Elementen wie Musik, → Bühnenbild, Tanz, Neue Medien auch pädagogisch-soziale und kommunikative Wirkungen thematisiert und bedacht werden. (5.) Das P als ästhetische Produktionspraxis vermittelt Einblicke in den

künstlerischen Arbeitsprozess und subjektive Bildungs-
erfahrung zugleich. Spielerisches Experimentieren,
Selbst- und Fremderfahrung in der Gruppe, Weltaneignung, also die theaterspielend erreichbaren Bildungsziele, werden intensiver vergegenwärtigt, wenn
es nicht nur um das → Spiel, sondern auch um das
Gestalten eines Kunstprodukts geht, das wiederum
Mitteilungscharakter hat und somit Ausdrucksverhalten
und → Kommunikation schult. (6.) Das P ist für die thp
Arbeit und Vermittlung ideal, da Gegenstand (das
künstlerische Medium), Arbeitsweise (kollektive Gruppenarbeit) und Vermittlung integrativ und nicht losgelöst voneinander erfahren werden. Durch das Theatermachen können die sozialen und didaktischen Möglichkeiten des Theaters selbst erfahren und vermittelt
werden. Die im P angelegte Arbeits- und Lernintensität,
Ernsthaftigkeit und Motivation werden durch die
Produktionsorientierung gebunden, da das Lernen nicht
Selbstzweck bleibt, sondern durch die Aufführung
Öffentlichkeit herstellt und kulturelle Partizipation
ermöglicht; von gesellschaftlicher Relevanz kann in
Bezug auf Themen und Öffentlichmachung geredet
werden. (7.) Darüber hinaus – neben der individuellen
Ausdrucksschulung, dem sozialen Lernen und der
ästhetischen Praxis – stellt das P ein didaktisches Modell dar, wie schulische und außerschulische Theaterarbeit an der Hochschule und in der Fort- und Weiterbildung vermittelt werden kann.

Zahllose Beispiele aus der schulischen und außerschulischen Theaterprojektarbeit belegen die Relevanz der Lern- und Arbeitsform P für den thp Bereich.
Nach dem Lehrlingstheater der 1970er Jahre und dem
Theater der Erfahrungen ab den 1980er Jahren findet
sich heute eine differenzierte P-arbeit mit vielfältiger
Themen- und Zielgruppenorientierung (Jugend-, Se-
nioren-, Obdachlosen-, Behinderten-, → Gefängnistheater usw.).

Als Beispiel für ein universitäres Lehr- und Lern-
projekt mit bis zu 100 Studierenden, die ein gemeinsames Theater-Großprojekt realisieren, lässt sich das P-
semester des Studiengangs Kulturwissenschaften und
ästhetische Praxis der Universität Hildesheim anfüh-
ren. Themen waren u. a. Franz Kafkas *Amerika*, Goethes *Faust II*, Babylon, Theatertheorie szenisch. Das P
gliedert sich in *vier Phasen*: eine Vorbereitungsphase,
eine Produktionsphase, eine Aufführungsphase und
eine Nachbereitung.

In der *Vorbereitungsphase*, die über ein Jahr währt,
wird die P-idee geboren und vorstrukturiert. Die
Lehrenden und diplomierte oder höhersemestrige Studierende, die dann als GruppenleiterInnen fungieren,

besprechen Thema und Auswahl der Texte. Der Gegenstand, ein Thema, ein Stoff, ein Stück oder Roman,
soll künstlerisch und wissenschaftlich anspruchsvoll
genug sein, um den erheblichen Einsatz von Arbeits-
und Lebenszeit zu rechtfertigen.

Die *Produktionsphase* dauert zehn Wochen mit drei
P-tagen pro Woche. Jede Arbeitsgruppe (ca. 10 bis 12
Studierende) setzt sich aus Menschen mit unterschiedlichen Talenten und Vorerfahrungen zusammen. Alle
anfallenden Arbeiten der wissenschaftlich-dramaturgi-
schen Textaufbereitung, der Entwicklung eines von
den Gruppenleitern vorstrukturierten Spielkonzepts,
der szenischen Erarbeitung und Gestaltung eines Produkts, der Raum-, Licht-, Kostümgestaltung und der
allgemeinen P- und Aufführungsorganisation werden
vom Kollektiv diskutiert und realisiert. Nicht die
herausragende Einzelleistung zählt und trägt, sondern
die ‚herausragende Gruppenleistung‘.

Die *Aufführungsphase* fordert und fördert eine quasi-
professionelle Einstellung und Leistung. An 14 Abenden zwei Aufführungen pro Abend vor zahlender
Öffentlichkeit zu spielen, vermittelt trotz Schonraum
Universität einen Einblick in das Theatergeschäft und
rechtfertigt in der künstlerischen und individuellen
Erfahrung und Bestätigung der P-teilnehmer den Ar-
beitsaufwand.

In der *Nachbereitung* wird sowohl der Arbeitsprozess
als auch das künstlerische Produkt, vor allem aber die
Vermittlungs- und Lernsituation P-semester kritisch
diskutiert und ausgewertet.

P- und produktionsorientierte Theaterarbeit zeichnen sich dadurch aus, dass sie neben einem präsentablen Ergebnis für alle Beteiligten Lernerfahrungen
schafft, die weit über das Produkt hinausreichen. Das
Ergebnis, das als Theaterkunst wirken muss, ist Ergebnis einer Gruppenarbeit, die die einzelnen Gruppenmitglieder über adäquate Themen, Ästhetik und Arbeitsweise einbezieht. Die Lernerfahrungen sind theater-
praktischer, theaterästhetischer, sozialer und kommunikativer Art.

In diesem Sinne umfasst produktionsorientierte
Theaterarbeit den ganzen Weg der künstlerischen
Arbeit von der Auswahl und dramaturgischen Strukturierung des Materials, der Er- und Bearbeitung des
Materials als Gruppenarbeit, den sozialen Interaktionen dabei bis zur Formung eines ästhetischen Produkts
und zur Realisierung einer Aufführung. Erst mit der
Präsentation und Evaluation kommen das P und die
ästhetische Erfahrung zum Abschluss (vgl. Dewey).

P als Lernform und ästhetische Praxis verbindet
Pädagogik und Kunst. Theaterprojektarbeit wirkt dann

pädagogisch, wenn sie künstlerisch ernst genommen wird. Im P löst sich das Paradox der Kunstvermittlung zeitweise auf. Kunst und Pädagogik beziehen sich aufeinander, ohne sich künstlerisch zu begrenzen oder pädagogisch vereinnahmen zu lassen. Die didaktischen Möglichkeiten der Theaterprojektarbeit, das Lernen mit und durch Theater in Schule, Ausbildung und ThP sind noch längst nicht ausgeschöpft.

Bastian, Johannes/Gudjons, Herbert (Hg.): Das Projekt-buch. Hamburg 1986; Bastian, Johannes/Gudjons, Herbert/ Schnack, Jochen/Speth, Martin (Hg.): Theorie des Projekt-unterrichts. Hamburg 1997; Dewey, John: Kunst als Erfah-rung. Frankfurt a. M. 1988; Ders./Kilpatrick, William Heard: Der Projekt-Plan. Weimar 1935; Frey, Karl: Die Projektmethode. Der Weg zum bildenden Tun. Weinheim, Basel 1996; Gromes, Hartwin/Kurzenberger, Hajo (Hg.): Theatertheorie szenisch. Reflexion eines Theaterprojekts. In: Medien und Theater, Bd. 8. Hildesheim 2000; Otto, Gunter: Das Projekt. Merkmale und Realisationsschwierig-keiten einer Lehr-Lern-Form. In: Kaiser, Annemarie/Kaiser, Franz-Josef (Hg.): Projektstudium und Projektarbeit in der Schule. Bad Heilbrunn 1977; Selle, Gert: Das ästhetische Projekt. Plädoyer für eine kunstnahe Praxis in Weiterbildung und Schule. Unna 1992; Sting, Wolfgang: Hamlet – der Stoff für ein theaterpädagogisches Projekt. In: Korrespondenzen, 1997, H. 28/29.

WOLFGANG STING

→ Didaktik – Ensemble der Künste – Experiment – Geschichte der Pädagogik – Hochschuldidaktik – Methodik – Reformpädagogik – Vor- und Nachbe-reitung

Prozess und Produkt

Das Begriffspaar enthält einen markanten Wider-spruch und ist in den 1970er Jahren, als sich die neue Spiel- und ThP konstituierte, Kern einer thp Debatte gewesen, die nicht ohne Polemik geführt wurde. Die Orientierung an den PuP der Theaterarbeit war mit-unter eine Frage der Ausschließlichkeit. Das hatte mit dem sozial- und gesellschaftskritischen Anliegen einer neu antretenden Generation zu tun, die sich von einem am Spielplan der Stadttheater orientierten → Schul- und → Amateurtheater abzusetzen suchte. Unter dem Einfluss soziologischer, sozialpsychologi-scher oder auch gesellschaftspolitischer Theoreme wie der Rollentheorie, des Interaktionismus, der Grup-pendynamik oder auch der Gesellschaftstheorie des Marxismus formierte sich die Spiel- und ThP z. T. programmatisch unter dem übergeordneten Begriff der Interaktionspädagogik und verstand Spiel und Theater als Experimentier- und Lernfeld von sozialem

und gesellschaftlichem Verhalten: „Theaterspielen wird heute bei der Kenntnis der Entwicklung des Kindes, der Interaktionsprozesse in unserer Gesell-schaft, der Konflikte und ihrer Lösungschancen einzu-setzen haben." (Klewitz u. a. 13) Diese Debatte um PuP blieb nicht auf die Spiel- und ThP beschränkt. Die Aufwertung der Qualität von Prozessen wirkte auch in die Schauspielausbildung und in das professio-nelle Theater hinein und veränderte dort die Arbeits- und Aufführungsformen. Entscheidende Impulse ka-men wiederum auch aus dem professionellen Theater selbst, vor allem aus Ansätzen in den USA, in denen – wie etwa beim *Living Theatre* – Lebensformen und politische Aktionen in der Gesellschaft sich mit ästhe-tischen und nicht zuletzt theatralen Ausdrucksformen mischten.

Unter dieser Schicht der Debatte lag noch eine ältere aus Zeiten der deutschen Laienspielbewegung. Das Begriffspaar ,Spiel und Theater' stammt aus dieser Schicht der Debatte. Hier wurde nach *Spielaltern* un-terschieden, welche Altersstufen eher in *Spielprozessen* für sich und welche schon in *Aufführungen* vor einem Publikum zu agieren imstande seien (vgl. Haven). Das dahinter stehende Prinzip hat in Lehrplänen und Curricula der Schulen seinen Niederschlag gefunden, galt aber auch für den außerschulischen Bereich und bildet sich begrifflich z. B. in der Unterscheidung zwischen *Schulspiel* und → *Darstellendem Spiel* ab. Auch hier herrschte zu Zeiten wechselseitige Polemik – nicht zuletzt über die ästhetische oder auch pädagogi-sche Kompetenz der Beteiligten. Andererseits blieb die aufführungsorientierte Seite des Darstellenden Spiels oder des Schultheaters nicht unbeeinflusst von den Entwicklungen und Ergebnissen der sozial- und gesell-schaftspolitischen Debatte.

Der Gegensatz von PuP ist aber bereits im älteren Laienspiel der Weimarer Zeit aufzufinden (vgl. → Mirbt). Er wird hier gesehen in den ästhetischen Konventionen des Berufstheaters und seiner Produkte gegenüber den menschen- und gemeinschaftsbildenden Wirkungen des Laienspiels. Aber auch innerhalb der älteren Laienspielbewegung selbst ist der Gegensatz wirksam – so in den eher auf die *Spielgemeinschaft* gerichteten Intentionen Rudolf Mirbts und der form-bewussten Theaterpraxis Martin → Luserkes. Schließ-lich spielt dieser Widerspruch in der Sache auch schon in den frühen mittelalterlichen Passionsspielen eine Rolle, die von einer gesamten Stadtbevölkerung und durch die ganze Stadt hindurch aufgeführt wurden. Hier kann man einerseits von einem dominierenden Prozesscharakter sprechen, andererseits handelt es sich

auch wiederum um die gemeinsame Produktion jährlich wiederkehrender großer Theaterereignisse. Am
eindeutigsten erscheint der Widerspruch heute in der
Gegenüberstellung von Berufstheater, das seine Produktion an ein Publikum verkauft, und den neueren
Formen des angewandten Spiels oder Theaters, die dies
ausdrücklich nicht tun, sondern Erfahrungs- und Lernprozesse der Beteiligten zum Ziel haben – wie → Rollen-
und → Planspiele, das Managementtraining oder das
→ Psychodrama.

Die Polarität von PuP erscheint vor allem als ein
Gegensatz von psychosozialem Prozess und ästhetischem Produkt. Auch der 3. Internationale Kongress
Spielpädagogik der aita/iata 1978 auf der Begegnungs-
stätte Scheersberg bei Flensburg setzte an diesem Punkt
an, musste aber einsehen, dass das Problem so nicht in
allen Dimensionen zu erfassen ist. Entwicklungen in
den anderen Künsten, etwa die Diskussion und Infragestellung des Werkcharakters in der Kunst, die Entstehung neuer ästhetischer Aktionsformen wie
→ Happening oder → Performance in der Bildenden
Kunst, die → Aleatorik in der Musik oder die → Improvisation generell: Hier erscheint der Widerspruch im
Kunstereignis selbst. Das Theater muss sich zu diesem
Zweck nicht erst neu definieren; es ist in sich sowohl
Prozess als auch Produkt, und das eine nur durch das
andere.

Löst man den Produktbegriff von der Aufführung
ab, an die er üblicherweise gebunden ist, so zeigt sich,
dass es auf der ästhetischen Ebene von Theaterarbeit
immer um Produkte geht – von der komplexen Form
der Aufführung über einzelne szenische Vorgänge bis
hin zu Details: einem Situationsbild, einer → Geste,
einem Tonfall. Andererseits bleibt auch dem ausge-
formtesten Produkt der Prozesscharakter immanent.
→ Stanislawski spricht im Titel seiner beiden Grundla-
genwerke zur *Arbeit des Schauspielers an sich selbst* vom
‚Prozess des Erlebens‘ bzw. ‚Prozess des Verkörperns‘
und hat diese Prozesse ähnlich wie auch Michail
→ ‚echov, → Strasberg oder – unter anderen Aspekten
– → Brecht bzw. auch Eugenio → Barba eingehend
analysiert. Diese Prozesse betreffen keineswegs nur die
Probenphase, sondern steuern die Abläufe schauspielerischer Produktion überhaupt.

Dass die Entstehung von PuP im Theater sich
wechselseitig bedingt, gründet letztlich darin, dass der
„Schauspieler in zwiefacher Gestalt auf der Bühne"
steht (Brecht GW 16, 683), dass er sein eigenes Instrument und sein eigenes Material ist. Das zwingt ihn zu
einem „zwiespältigen Dasein" (Stanislawski 289) und
zu einem fortlaufenden Prozess der Balance „zwischen

Leben und Spiel" (ebd.) oder zwischen den Aktionen
des Spielers und denen seines Produkts: der Bühnenfigur. Für Brecht ist dieser Prozess gar ein ‚Kampf‘, in
dem „einander feindliche Vorgänge [...] sich in der
Arbeit des Schauspielers vereinigen" (Brecht GW 16,
683). ‚echov versteht ihn als Dialog zwischen dem
‚schöpferischen Ich‘ und dem ‚geschaffenen Charakter‘, der ‚Rollengestalt‘ (vgl. Tschechow 79ff.). Erst die
Tatsache, dass innerhalb der Produktion von Schauspielern solche Prozesse ablaufen, macht ihre Produkte
für den Zuschauer betrachtenswert, denn sie regt ihn
zu eigenen Produktionsprozessen an. Sie bedeuten
nicht zuletzt auf beiden Seiten das Wiederaufleben
psychischer und sozialer Erfahrungen und ihr Aufscheinen im ästhetischen Produkt. Damit wäre die
ursprüngliche Polarität wiederhergestellt, allerdings als
notwendiger Wechselbezug: Jede ästhetische Tätigkeit
zehrt von den wirklichen Erfahrungen und zieht aus
ihnen ihre Kraft und ihre Wirkung. Das Betrachten
stimuliert und verbindet sie. Nur dies begründet, dass
Akteure wie Zuschauer auch über die eigentliche
Aufführung hinaus Erfahrungen sozialer und gesellschaftlicher Art machen können.

Für die Spiel- und ThP liegt dieser Wechselbezug im
Zentrum der Aufmerksamkeit. Da es hier in der Regel
um Produktionsprozesse von → Gruppen geht, sind es
gerade auch die sozialen Beziehungen in diesen Gruppen, die im ästhetischen Produkt aufscheinen und so
bearbeitet werden. Nickel hat 1978 für den o.g. Kongress
Spielpädagogik ein offenes mehrfunktionales Beziehungsdreieck zwischen Gruppe–Sache–Vermittlung entwickelt, das die ursprüngliche Polarität in drei Fixpunkte
und die Prozesse zwischen ihnen auflöst. Es wird
deutlich, wenn man für die *Sache* z. B. ‚Formen des
Spiels und des Theaters‘, für die *Gruppe* die ‚Akteure‘
und für die *Vermittlung* die ‚Aufführung vor Publikum‘
setzt. Für Nickel zielt eine gute spiel- und thp Praxis
auf ein ausbalanciertes Verhältnis der drei Elemente.
Das eigentliche spiel- und thp Produkt wäre dann
dieses *Gleichgewicht*. Aber natürlich könnte auch jeder
einzelne Eckpunkt zum Zielpunkt werden und
Produktcharakter annehmen: neben der Produktion
für andere auch die Untersuchung von Formen des
Spiels oder Theaters, ein Thema oder die Entwicklung
der Gruppe selbst. Darüber hinaus lässt sich aus Nickels
Beziehungsdreieck ableiten, dass die Polarität zwischen PuP abstrakt bleibt, wenn sie nur linear als Bezug
zwischen Spiel oder Theaterarbeit und Aufführung
gedacht wird. Thp gedacht verläuft sie auf einem
Umweg über mehrere Ecken und bildet sich dort
jeweils neu und anders aus. In den Prozessen zwischen

den Eckpunkten des Beziehungsdreiecks ereignet sich, auch wenn es immer um Produkte oder letztlich um eine Aufführung geht, das Eigentliche. Ein thp Modell, das diese Fragen sozusagen dialektisch behandelt und löst, ist das → Lehrstück, wie es sich ,auf Anregung Bertolt Brechts' (vgl. → Steinweg) in den letzten Jahrzehnten entwickelt hat. Es setzt auf Prozesse zwischen den Spielern und steuert sie über Produkte – Textmuster und Modelle szenischer Aktion wie Haltungen, Gesten, Situationsbilder. Es stellt sich dem gesellschaftlichen Sachverhalt und bearbeitet ihn als Theater; es sucht den Zuschauer in der Spielgruppe selbst auf oder bezieht ihn von außen als Publikum ins Spiel ein.

Barba, Eugenio: Bemerkungen zum Schweigen der Schrift. Schwerdte 1983; Brecht, Bertolt: Gesammelte Werke. Frankfurt a. M. 1967; Haven, Hans: Darstellendes Spiel. Düsseldorf 1970; Klewitz, Marion/Nickel, Hans-Wolfgang (Hg.): Kindertheater und Interaktionspädagogik. Stuttgart 1972; Mirbt, Rudolf: Laienspiel und Laientheater. Kassel 1960; Nickel, Hans-Wolfgang: Spiel-, Theater-, Interaktionspädagogik. Recklinghausen 1978; Ritter, Hans Martin: Prozesse – Produkte. In: Ders. (Hg.): Spiel- und Theaterpädagogik als Modell. Berlin 1990; Stanislawski, Konstantin S.: Die Arbeit des Schauspielers an sich selbst im Prozeß des Erlebens, Bd. 1. Berlin 1980; Steinweg, Reiner: Auf Anregung Bertolt Brechts. Lehrstücke mit Schülern, Arbeitern, Theaterleuten. Frankfurt a. M. 1978; Strasberg, Lee: Ein Traum der Leidenschaft. München 1988; Tschechow, Michael: Werkgeheimnisse der Schauspielkunst. Zürich 1979.

HANS MARTIN RITTER

→ Ausbildung – Experiment – Geschichte der Pädagogik – Interaktion – Konstruktivismus – Modellspiel / Modellstück – Off-Theater – Reformpädagogik – Theater als öffentliche Institution – Unternehmenstheater – ZuschauSpieler

Psychodrama

Das P geht auf Jacob Levi → Moreno (1889-1975) zurück; Moreno entwickelte auch das → Soziodrama als eine dem P verwandte Form. P gilt als ,therapeutisches Theater'. Das Verhältnis von Kunst, Bildung und Therapie ist im P aber keineswegs eindeutig in Richtung Therapie entschieden. Es muss allerdings die Differenz beachtet werden zwischen P als ,therapeutischem Theater' und als Therapieform. Das P-Theater hat Moreno mit professionellen Schauspielern aus dem Stegreiftheater entwickelt. Erst in Verbindung von drei Elementen – nämlich der Gruppenpsychothera-

pie, der Soziometrie und dem P – hat er sein eigentlich therapeutisches Konzept geformt.

P als Theaterform kann als radikale Variante des zeitgenössischen nichtschriftlichen Theaters angesehen werden (vgl. Fox 1996). Es steht damit in einer Traditionslinie, die das Kunstverständnis der literarischen Kultur mit dem Anspruch an Objektivität, intellektueller und ästhetischer Distanz sowie der Ausformung von Theater zu kommerziellen Zwecken problematisiert und bewusst relativiert.

Morenos Anspruch war zunächst, das Theater vom Text (,Konserve') und den Schauspieler zur Spontaneität und schöpferischen Arbeit zu befreien. Später will er den ,Kreator' in jedem Menschen wecken. Morenos Zivilisationskritik richtet sich auf verschiedene Entfremdungserscheinungen der Modernen (vgl. Kaufmann), insbesondere Zweckrationalität, Verlust von Bindungen und eine Verdinglichung zwischenmenschlicher Beziehungen. Moreno will die Spontaneität der Menschen beleben und Begegnungen ermöglichen (vgl. Buber). Durch Theater können seiner Meinung nach entsprechend heilsame Erfahrungen gemacht und Veränderungen eingeleitet werden.

P entwickelte sich deshalb folgerichtig zum Laientheater unter professioneller Anleitung. Es kommt ohne Text und Autor aus, setzt auf die → Gruppe (→ Ensemble), lebt von der → Improvisation, braucht Spontaneität und will → Authentizität statt ästhetische Perfektion. Allerdings wird der Autor durch zwei andere ,Rollen' ersetzt, die des Protagonisten und des Spielleiters/Direktors. Die Trennung zwischen Schauspieler und Zuschauer ist ,gelockert'. Zuschauer werden zu → ,ZuschauSpielern' (vgl. → Boal). Sie können jederzeit in das Bühnen-Spiel eingreifen oder in dieses einbezogen werden. P schöpft aus dem Leben der Beteiligten, die im Spiel zu einem deutlicheren und klaren Bewusstsein ihrer Lage finden. Nicht die Aufführung ist das Ziel, sondern der Weg.

Die Kontroverse, ob Handeln vor dem Gefühl steht oder umgekehrt, ist bei Moreno entschieden: Gefühle lösen Handeln aus und Handeln Gefühle. Die psychodramatische Bühnenarbeit aber setzt ,außen' an, durch die Bestimmung von Bühne und Zuschauer- bzw. ZuschauSpieler-Raum, durch die Einrichtung der Szene, Einführung in Rollen, szenische Aktion, Wiederholungen, Verzögern, Beschleunigen, Einfrieren, Doppeln, Rollenwechsel oder Rollentausch usw. Über diese ,äußeren' Handlungen und Aktionen werden Gefühle und Befindlichkeiten hervorgerufen, den Spielern spürbar, ausgedrückt, schrittweise und ,achtsam' verstärkt und dadurch das zunächst Unverfügbare verfügbar.

‚Katharsis' zur ‚Befreiung' von Gefühlen kann bei Spielern und Zuschauern erlebt, soll aber nicht ‚provoziert' werden (vgl. Leutz). Möglicherweise liegt hier die Grenze zum ‚eigentlich' Therapeutischen. Die Betonung der heilsamen Wirkung kathartischen Erlebens mag jedenfalls ein wesentlicher Grund für die Einordnung des P als ‚therapeutisches' Theater und teilweise seine Ablehnung sein. Allerdings wird das Phänomen der Katharsis auch positiv gewürdigt (vgl. Cole; Fox 1996). Grenzen zur Therapie gelten auch im literarischen Theater als fließend. → Schechner (1990) beispielsweise bezeichnet den Unterschied zwischen einem psychologischen und künstlerischen Schauspiel als nur graduell.

Nach seinen Literatur- und Theaterexperimenten in Wien vor allem zwischen 1920 und 1930 versucht Moreno in den USA im Kunstbereich Fuß zu fassen. Diese Versuche sind offenbar wenig erfolgreich (vgl. Fox 1993, 7ff.). Morenos Theaterarbeit mit Benachteiligten und Mitgliedern sozialer Randgruppen dagegen zeigt Erfolge, die durchaus beitragen, das P als ‚Dramatherapie' weiter zu entwickeln und in diesem Bereich sozialer und psychiatrisch-therapeutischer Arbeit zu verankern. Insgesamt ist P als Therapie seit den 1960er Jahren ein wachsender und seit den 1980er Jahren ein sich organisierender Bereich. Darüber hinaus hat sich das P auch in ‚Formaten' wie Beratung und → Supervision (vgl. Buer), (Weiter-)Bildung und Unterricht etablieren können (vgl. Wittinger).

Trotz ausdrücklicher Abgrenzungsbemühungen vom P als ‚Therapie' auf Seiten des Theaters, auch aufgrund unzureichender Kenntnisse der Methoden, werden bei genauerer Kenntnis vielfach Auffassungskorrekturen erkennbar oder auch psychodramaähnliche Elemente in eigene Theater-Konzeptionen aufgenommen (vgl. Boal; Brook 1968; Schechner 1973; 1990; Spolin). Umgekehrt hat sich das P Morenos theoretisch und praktisch differenziert und weiter entwickelt, nicht zuletzt durch Verbindungen zu anderen Verfahren, die mit der Person der Leiter und Dramadirektoren, ihrer spezifischen Herkunft aus Theater, Therapie, ThP und anderen pädagogischen Bereichen verknüpft sind.

Ahrends, Günter (Hg.): Konstantin Stanislawski. Neue Aspekte und Perspektiven. Tübingen 1992; Anderson, Walt (Hg.): Therapy in the Arts. New York 1977; Boal, Augusto: Theater der Unterdrückten. Übungen und Spiele für Schauspieler und Nicht-Schauspieler. Frankfurt a. M. 1996; Brook, Peter: The Empty Space. London 1968; Ders.: Leaning on the Moment. In: Parabola, 1979, H. 4; Bruner, Jerome: Actual Minds, Possible Worlds. Cambridge 1986; Buber, Martin: Ich und Du. In: Ders.: Das dialogische Prinzip. Heidelberg 1984; Buer, Ferdinand (Hg.): Morenos therapeutische Philosophie. Opladen 1999; Chalkin, Joseph: The Prensence of the Actor. New York 1974; Cole, David: The Theatrical Event. Middeltown/Ct. 1975; Fox, Jonathan (Hg.): The Essential Moreno – Writings on Psychodrama, Group Method and Spontaneity. New York 1987; Ders.: Der Einfluß des Stegreiftheaters in New York. In: Jahrbuch für Psychodrama, psychosozialePraxis und Gesellschaftspolitik. Opladen 1993; Ders.: Renaissance einer alten Tradition. Playback Theater. Köln 1996 [Originalausgabe: Acts of Service. Spontaneity, Commitment, Tradition in the Non-Scripted Theater. New York 1986]; Hare, Paul A.: Bibliography of the Works of J. L. Moreno. In: Group Psychotherapy, 1989, H. 38; Heilpern, John: Peter Brooks Theater-Safari. Hamburg1979; Johnstone, Keith: Improvisation und Theater. Berlin 1993; Jürgens, M./Buer, F.: Das Theater mit dem Psychodrama. Theaterästhetische Betrachtungen. In: Buer, Ferdinand (Hg.): Jahrbuch für Psychodrama, Psychosoziale Praxis und Gesellschaftspolitik. Opladen 1993; Kaufmann, Franz-Xavier: Religion und Modernität. Sozialwissenschaftliche Perspektiven. Tübingen 1989; Leutz, Grete: Das klassische Psychodrama nach J. L. Moreno. Berlin 1974; Marineau, Rene F.: Jacob Levy Moreno 1889-1974. Father of Psychodrama, Sociometry, and Group Psychotherapy. London 1989; Moreno, Jacob Levy: An die Leser zum Aufstand gegen die Autoren. In: Der Neue Daimon, 1919; Ders.: Das Stegreiftheater. Potsdam, Berlin 1923 [erweiterte engl. Auflage: The Theatre of Spontaneity. New York 1947]; Ders.: Rede über die Begegnung. Potsdam 1924; Ders.: Soziometrie als experimentelle Methode. Paderborn 1981; Moossen, Inge: Theater als Kunst. Sinn und Unsinn des Stanislawski-Systems. Frankfurt a. M. 1993; Schechner, Richard: Environmental Theater. New York 1973; Ders.: Theater-Anthropology. Spiel und Ritual im Kulturvergleich. Reinbek 1990; Schmidt-Ranson, Ina: Brechts Lehrstücke in ihrer Beziehung zum Therapeutischen. In: Petzold, Hilarion, G. (Hg.): Dramatische Therapie. Stuttgart 1982; Schribner, Sylvia/Cole, Michael: The Psychology of Literacy. Cambridge 1981; Spolin, Viola: Improvisationstechniken. Paderborn 1983; Wittinger, Thomas: Psychodrama in der Bildungsarbeit. Mainz 2000.

BEATRIX WILDT

→ Autobiographisches Theater – Dialog – Erzähltheater – Forumtheater – Geschichte der Pädagogik – Mitspiel(theater) – Pflegedidaktik und Theaterpädagogik – Rollenarbeit – Soziodrama – Stegreif – Theatertherapie – ZuschauSpieler

Puppentheater / Figurentheater

Abgesehen vom P als Institution wird mit dem Begriff P hier eine spezifisch theatralische Form kultureller Kommunikation (Taube 20f.) bezeichnet, die durch besondere Tätigkeiten von Personen (Puppenspieler) mit gewissen als *Puppen* zu bezeichnenden Gegenständen bestimmt ist. Da *Puppe* (von lat. *pupa*: Mädchen, Puppe) nur plastische Figuren bezeichnet, wird in der Forschung zunehmend der Terminus F verwendet. Die besonderen Tätigkeiten verwirklichen sich vor allem im Vorstellen des Gebrauchs oder der Funktion von Puppen (Figuren) und ihren Eigenschaften, d. h. im direkten Handeln der Träger des Puppenspiels wie im (in)direkten Handeln der Rezipienten mit Puppen.

Gegenüber anderen Zielfeldern kultureller → Kommunikation (wie etwa Schauspiel, TV-Spiel, Hörspiel) wirkt im P die Erkenntnis von der sinnbildenden Funktion der Kommunikation für die Verknüpfung eines stofflichen, leblosen Gegenstandes (ein Plastikspielzeug, Apfel, eine Büchse usw.) mit der lebendigen, subjektiven Tätigkeit des Puppenspielers (vgl. Kavrakova-Lorenz 231). Im Ergebnis dieser Verknüpfung (→ Animation) entsteht ein Bild bzw. eine erlebbare subjektbezogene Figur, die weder mit dem Gegenstand, noch mit dem Spieler identisch, sondern ein Anderes ist, das in der Vorstellung des Rezipienten wirkt und im Kommunikationsprozess weiteren Sinn erfährt. Auf die Eigenart dieser Tätigkeiten wird rekurriert, um einen möglichst weiten Gegenstandsbereich zu erschließen. In der Folge stellt das P in der künstlerischen Kommunikation nur einen Aspekt dar, und es können noch andere Aspekte im pädagogischen (rhetorischen und/oder rehabilitativen) Kontext betrachtet werden. Damit erweist sich das Handeln mit der Puppe nicht als Endziel des Kommunikationsprozesses, sondern als → Medium eines gemeinsamen humanen Anliegens, einer Intention, eines handlungsleitenden Interesses.

Im Theaterbereich wird noch allgemein unterschieden zwischen dem ‚reinen P‘, dem ‚multimedialen‘ Theater der Schauspieler und Puppen sowie einem Theater der Mischformen, in dem u. a. Puppen als darstellerisches Element verwendet werden (vgl. Trilse-Finkelstein u. a. 703).

In der *künstlerischen Kommunikation* bedeutet P, (1.) dass der (oft) text(re)produzierende Spielende – im „Prozess der *Verlebendigung* im Vorfeld der Sinngebung" (Kavrakova-Lorenz 232) – Gegenstände als Material gebraucht; (2.) dass der Spieler ihnen und ihren Eigenschaften Bewegung, (unmittelbar oder medienvermittelt) Sprechausdruck, gar ‚Haltung‘ ver-

leiht; (3.) dass der Spieler die Puppe gewissermaßen in ein ‚Subjekt‘ umwandelt, das Zeichen gibt und (4.) dass diese ‚Umwandlungsfähigkeit‘ (ebd. 233) Sinnbildung bewirkt.

„[...] diese seltsamen Bewegungen, diese feinen oder schnarrenden Puppenstimmchen, die denn doch wirklich aus ihrem Munde kamen – es war ein unheimliches Leben in diesen kleinen Figuren, das gleichwohl meine Augen wie magnetisch auf sich zog" (Storm 323). Die emotional kommunikative Bereitschaft der Rezipienten wird aktiviert, auf das Puppenspiel einzugehen, und es werden ihnen besondere Phantasieleistungen abverlangt. Kann sich ein Rezipient der Puppe selbst, der Puppe und den Bewegungen, der Puppe und der Melodie noch verweigern, so fällt das beim Zusammenwirken von Puppe und Sprechausdruck schwer; hier ist die tägliche Notwendigkeit – in dialogische Prozesse zu treten – so groß, dass sich dem kaum jemand entziehen kann. In welchem Maße das gelingt, hängt mit von den künstlerischen Fähigkeiten und Fertigkeiten des Puppenspielers ab, die Eigenart der Puppenbewegung und die dem Text innewohnenden Denkbewegungen auch im Sprechen auszudrücken, d. h. seine Spielrolle(n) sprecherisch zu differenzieren und auch flexibel zu gestalten (vgl. Barthel 28ff.).

Goethe (49) hat in seinen Kinderjahren erlebt, wie vielseitig die Anregungen sind, die von der Beschäftigung mit dem P ausgehen: „[...] so hat doch diese kindliche Unterhaltung und Beschäftigung auf sehr mannigfalte Weise bei mir das Erfindungs- und Darstellungsvermögen, die Einbildungskraft und eine gewisse Technik geübt und befördert, wie es vielleicht auf keinem andern Weg in so kurzer Zeit, in einem so engen Raume, mit so wenigem Aufwand hätte geschehen können". Tatsächlich befähigt der mediale Charakter der Puppe das Kind etwa zu praktisch-sinnlichen Tätigkeiten als modellbildende. Dazu gebraucht das Kind einen Gegenstand (Puppe, Figur) auf besondere Weise, indem es den – mit spezifischen Funktionen für die ‚Quasi-Realität‘ seines Spieles – ‚thetisch‘ ausstattet (vgl. Kavrakova-Lorenz 237). Mit den Gegenständen erleben Kinder so ganze Lebensräume oft sehr emotional und sind dabei Denkspieler und (oft) ‚Sprechspieler‘ (vgl. Geißner 57).

Auch PädagogInnen sollten hier die Imagination – gebildet aus den eigenen, angelesenen oder den übernommenen Erfahrungen – als „Erlebnispotential dieser (Rollen-)Spiele" (Steinmann 216) anerkennen und sie für die Entwicklung in der *rhetorischen Kommunikation* (Gesprächs- und Redefähigkeit) von Kindern und Jugendlichen häufiger nutzen. In der *rehabilitativen*

Kommunikation wird von einer Mutter-Kind-Behandlung berichtet, in der versucht worden ist, Konflikte zwischen Mutter und Kind mit Hilfe des P zu lösen (Deidenbach zit. bei Fiedler u. a. 214f.). Eltern können hier tatsächlich lernen, wie Situationen spielerisch herstellbar sind, in denen das sprachauffällige Kind ohne Anspannung spricht. Wie in künstlerischen Aufführungen und Sprechspielen lässt sich P so gestalten, dass Anforderungen an das Hören, Hörverstehen und Hörhandeln sowie an das Sprechdenken des Kindes sukzessiv verändert und gesteigert werden: Vorlesen, Nachsprechen, Mitsprechen, Fragen, Informieren, Klären, Streiten; Sprechausdruck.

Innerhalb der *künstlerischen Kommunikation* verfügt das P über einen großen Stil-, Themen-, Formen- und Technikbereich, der vom Kasper-Theater bis zur Darstellung weltliterarischer Stoffe, von der Varieté-Nummer bis zur Oper, vom → Schatten- bis zum Masken-Theater reicht und sich oft vermischt, so dass es mitunter schwierig ist, eine genaue Bestimmung des P im Ensemble der gesellschaftlichen und kommunikativen Entwicklung vorzunehmen.

Die Anfänge des wahrscheinlich aus Persien importierten europäischen *Handpuppenspiels*, bei dem die meist nur aus Kopf und Körper bestehende Puppe von den Fingern des Spielers bewegt wird, belegen den volksnahen Charakter dieser Gattung. Im Mittelpunkt der seit dem 17. Jh. regelmäßig auf Messen und Jahrmärkten auftretenden kleinen → Ensembles steht die lustige Person, die *Pulcinella* in Italien, der *Polichinelle* in Frankreich, der *Punch* in England, der *Jan Klaassen* in Holland, der *Tschantees* im Flämischen. In Deutschland wird der *Meister Hämmerlein* vom italienisch beeinflussten *Putschenelle*, dem *Pickelhäring* und dem *Hans Wurst* abgelöst, die im 18. Jh. zu beliebten Helden von rund 30 fahrenden Ensembles erwachsen. Um 1800 übernehmen die P den von Johann Laroche im Wiener → Volkstheater geschaffenen *Kasperl*, für den Franz Graf Pocci in der zweiten Jh.hälfte Stücke von literarischem Rang schreibt. Im 20. Jh. wird die Schöpfung der 1921 von Max Jacob gegründeten ‚Hohnsteiner Puppenspiele' in Hartenstein/Erzgebirge, der mit seinem gemütvollen Humor oft nachgeahmte Kasper, zur erfolgreichsten Handpuppenfigur in Deutschland.

Nach dem 2. Weltkrieg ist das P auch für Erwachsene (zunächst in der DDR) von breiter Bedeutung. Unter dem Eindruck der künstlerischen Erfolge des 1931 in Moskau geschaffenen Staatlichen P von Sergej W. Obraszow sind – neben einigen privaten – in mehreren Städten (darunter Berlin, Dresden, Gera, Halle/S., Magdeburg, Naumburg, Wittenberg und Zwickau) staatliche P eingerichtet worden. Besonderes Interesse erfuhr hier u. a. das Staatliche P Neubrandenburg Ende der 1970/80er Jahre, das mit überregional beachteten Inszenierungen für Erwachsene (u. a. Heiner Müllers *Die Umsiedlerin*) hervortrat; aus diesem P erwuchs in den 80er Jahren auch die erste freie Theatertruppe der DDR, *Zinnober*.

In der BRD sind erst seit den 1970er Jahren größere Aktivitäten auf dem Gebiet des P zu verzeichnen. Seitdem sorgt das Entstehen zahlreicher kleiner und kleinster Häuser für eine Vielfalt von Spielformen (vgl. Sucher 169f.).

Das moderne Theater ist vom P in seinen verschiedenen Ausprägungen auf vielfache Weise beeinflusst worden; andererseits hat das moderne P zahlreiche Anregungen vom Theater empfangen und weiter ausgebildet (vgl. Brauneck u. a. 815). Inzwischen vereint das P ‚multimedial' Produktions- und Darstellungsweise mehrerer künstlerischer und künstlerisch-technischer Disziplinen; d. h. modernes P „[...] organisiert und verknüpft alle anderen Ausdrucksformen bzw. Künste zu einer ganzheitlichen kommunikativen Gestalt mit synergetischer Beschaffenheit und ästhetischer Funktion" (Kavrakova-Lorenz 231).

Mit der künstlerischen Aufwertung des P geht die Bemühung um seine organisatorische Förderung und Sicherung einher. Gegenwärtig sind die Puppenspieler in nationalen (u. a. ‚Deutscher Bund für Puppenspiel', ‚Verband Deutsche Puppentheater') und internationalen Vereinigungen (‚Union Internationale des Marionettes'; seit 1969 ‚Union Internationale de la Marionette') organisiert. In zahlreichen Ländern existieren spezielle Publikationsorgane, Forschungseinrichtungen (z. B. das ‚Deutsche Institut für Puppenspiel'), Spezialsammlungen (u. a. in Dresden, München, Detroit, Lyon und Moskau) und es gibt eine Ausbildung an Fach(hoch)schulen für Puppenspieler.

Barthel, Henner: Puppenspiel und Sprechen. In: Haase, Martina/Meyer, Dirk (Hg.): Von Sprechkunst & Normphonetik. Hanau/Halle (Saale) 1997; Brauneck, Manfred/Schneilin, Gérard (Hg.): Theaterlexikon, Bd. 1. Reinbek 2001; Fiedler, Peter/Standop, Renate: Stottern. Weinheim 1994; Geißner, Hellmut: Sprechen. In: Schoch, Agnes u.a.: Grundlagen der Schauspielkunst. Hannover 1965; Goethe, Johann Wolfgang v.: Aus meinem Leben. Dichtung und Wahrheit. In: Trunz, Erich (Hg.): Johann Wolfgang v. Goethe. Werke. Hamburger Ausgabe in 14 Bdn., Bd. 9. München 1988; Kavrakova-Lorenz, Konstanza: Das Puppenspiel als synergetische Kunstform. In: Wegner, a.a.O.; Kleist, Heinrich v.: Über das Marionettentheater. In: Brandt, Helmut (Hg.): Kleists Werke in 2 Bdn., Bd. 1. Weimar 1961; Obraszow, Sergej W.: Was und Wie im Puppentheater.

Leipzig 1974; Steinmann, Peter K.: Figurentheater – Totales Theater. In: Wegner, a.a.O.; Storm, Theodor: Pole Poppenspäler. In: Goldammer, Peter (Hg.): Storms Werke in 2 Bdn., Bd. 1. Weimar 1963; Sucher, C. Bernd (Hg.): Theaterlexikon, Bd. 2. München 1996; Taube, Gerd: Puppenspiel als kultur-historisches Phänomen. Tübingen 1995; Trilse-Finkelstein, Jochanaan Ch./Hammer, Klaus (Hg.): Lexikon Theater International. Berlin 1995; Wegner, Manfred (Hg.): Die Spiele der Puppe. Köln 1989.

HENNER BARTHEL

→ Kinder- und Jugendtheater – Rehabilitation – Schattentheater – Theater als öffentliche Institution – Theatertherapie – Volkskunst / Folklore

Radermacher, Norbert

Geb. 1946. Studium der Germanistik, Kunstwissenschaft und Philosophie. Arbeit als Gymnasiallehrer in Lingen (Ems), wo er 1980 das Konzept für den Aufbau des Theaterpädagogischen Zentrums entwickelte, das er seitdem leitet. Inszeniert Stücke mit Kindern, Jugendlichen und Erwachsenen und leitet Theaterkurse und → Werkstätten, in denen die Teilnehmer in spielerischen Prozessen an das Theater herangeführt werden. Besonderes Engagement in internationaler Arbeit, v. a. im kulturellen Jugendaustausch. R leitet das Europäische Zentrum der International Amateur Theatre Association, die europäische Koordinierungsstelle des Weltverbandes für das → Amateurtheater und ist Präsident des Bundes Deutscher Amateurtheater e. V.

Radermacher, Norbert (Hg.): Berufsfelder der Theaterpädagogik in Europa. Lingen 2001.

GABI BEIER

Recherche

Seit dem 18. Jh. ist der Begriff im Deutschen gebräuchlich und bezeichnete ursprünglich: (1.) Suche nach, Nachforschung, Ermittlung; (2.) (wissenschaftliche) Forschung; (3.) Streben nach Vorteilen, Vollkommenheit; (4.) feiner Geschmack; in der Gegenwart ausschließlich in den zwei erstgenannten Bedeutungsvarianten.

Die verbreiteteste Anwendung findet der Begriff im Journalismus. In diesem Zusammenhang ist nach Haller Recherchieren ein Verfahren „im weiteren Sinne [...] zur adäquaten Abbildung realer, d. h. sinnlich wahrgenommener Wirklichkeit mit den Mitteln der Sprache" und „im engeren Sinne [...] zur Beschaffung und Beurteilung von Aussagen, die ohne dieses Verfahren

nicht preisgegeben, also nicht publik würden" (Haller 215).

Unter R werden vielfältige journalistische Aktivitäten zusammengefasst. Diese reichen von der *Themenformulierung* (orientiert an der Relevanz einer Information), über die *Materialbeschaffung* (methodisches Befragen von Experten bzw. Augenzeugen, orientiert vor allem an den vier ersten ‚w'-Fragen – ‚wer', ‚was', ‚wann', ‚wo' –, mit deren Hilfe der Sachverhalt geklärt wird) bis zur *Auswertung* der R (Überprüfung und Erweiterung der Informationen z. B. durch Heranziehen von Archivmaterialien, Berichten, Gutachten, Experten, orientierend an den ‚w'-Fragen ‚wie' und vor allem ‚warum', mit deren Hilfe eine Deutung unternommen wird) (vgl. Haller 15ff.).

Die Übernahme des Begriffes in den Kontext des Theaters nahm ihren Anfang zu Beginn des 20. Jhs. im Zusammenhang mit der Entstehung des Zeitstückes. Dieses entwickelte sich in den 1920er Jahren „aus der Kritik an zeitlos-überzeitlichen Problemstellungen des traditionellen Bühnenwerkes" (Brauneck u. a. 1119) und orientierte sich in starkem Maße am „Enthüllungsjournalismus eines Egon Erwin Kisch" (ebd.). Ziel dieses Theaters, das sich als ‚Gebrauchskunst' verstand, war eine Aktivierung der Zuschauer durch die mittels des Theaters wirkungsintensivierte „Entfesselung der Tatsachen" (ebd.), was eine starke Orientierung an Form und Inhalt der (Zeitungs-)Reportage sowie an der R als deren Grundlage zur Folge hatte. Berühmte Beispiele sind *Revolte im Erziehungshaus* von Peter Martin Lampel (1928) und *§ 218* von Carl Credé (1929) in der Inszenierung durch Erwin → Piscator. Die weitestgehende Übertragung der weiteren wie engeren Bedeutung des R-begriffes ins Theater findet sich auch im ‚dokumentarischen Theater' der 1960er Jahre (Rolf Hochhuth, Heinar Kipphardt, Peter Weiss). Dort wurde im Unterschied zum Zeitstück auf authentisches Geschichtsmaterial zurückgegriffen, mit dem Ziel, „die durch journalistische Recherche zu ermittelnden historischen Fakten [...] ohne ‚Beschädigungen' des Inhalts in eine bühnengerechte Dramenform zu bringen" (Brauneck u.a. 278). Diese enge Bindung an die sprachdominierte Bedeutung des Begriffes (R im weiteren Sinne nach Haller) wird im Theater seit den 1960er/70er Jahren, bedingt u.a. durch die in der jüngeren Theatergeschichte nachweisbaren ‚Performatisierungsschübe' (vgl. Fischer-Lichte) weitestgehend aufgegeben. Auf diese Weise wird R auch als *spielerisches* Verfahren relevant und die Reichweite der Suche auf sprachliches, kinästhetisches, akustisches, visuelles und haptisches Zeichenmaterial in seiner jeweiligen Bedeutung *und* spezifischen ‚Materialität‘ ausgedehnt.

Der Begriff der R wird zunehmend gebraucht, um im Theater (aber auch in Tanz- und modernen Musikproduktionen) eine Arbeitsweise zu charakterisieren, die nicht von einem fertigen Stücktext bzw. einer Partitur ausgeht, sondern das Material für die betreffende Produktion erst sucht, sammelt bzw. produziert. Dabei kann die R, vergleichbar eher mit der journalistischen Vorgehensweise, aber auch der ‚Feldforschung‘ in der Ethnologie, im Vorfeld der eigentlichen Produktion stattfinden und in einen (Autoren-)Text münden (vgl. Koch). Beispiele hierfür sind die Arbeitsweise des emanzipativen → Kinder- und Jugendtheaters (Grips Theater Berlin) und daraus hervorgegangener Theaterformen, des → Unternehmenstheaters u. a. In eher performativ ausgerichteten Formen verschwimmt die Grenze zwischen R und Produktion. So kann der Such- und Forschungsprozess mit Hilfe von (verschiedenen) Rahmungen zum eigentlichen Produktionsprozess werden und bis in die Aufführung hinein sichtbar bleiben (vgl. Inszenierungen bei Pina → Bausch, Frank Castorf bzw. Live-Art bei Forced Entertainment, Gob Squad, She She Pop).

Im thp Zusammenhang wird der Begriff durch seine Loslösung von der singulären Tätigkeit eines Autors interessant. Er findet demzufolge zur Charakterisierung von Verfahren in der ‚Sammelphase‘ (vgl. Steinl) des Materials innerhalb einer Eigenproduktion Verwendung. Dabei wird als entscheidend herausgestellt, dass es bei der Vielfalt der R-möglichkeiten um die Themenformulierung, Sammlung und Deutung des Materials aus der Perspektive der jeweils produzierenden Gruppe heraus gehen soll (vgl. Nickel; Lippert).

Die zunehmende Verwendung des Begriffes begründet sich auch im Charakter des Materials in der Medien- bzw. Inszenierungsgesellschaft: Wie in der Definierung des journalistischen Verfahrens im engeren Sinne deutlich wird, ist die R zu verstehen als „eine Ersatzhandlung für den Vor-Ort-Berichterstatter, [...] [als] Second-hand-Journalismus" (Haller 215). Dies korrespondiert mit der sich verändernden Qualität der Erfahrung vor allem junger SpielerInnen, die immer weniger durch das direkte Erleben von Ereignissen geprägt ist als durch deren Vermittlung über die neuen Medien. Aus der Einbeziehung des Materials dieser ‚second-hand-experience‘ (Forced Entertainment) ergeben sich methodische und formale Konsequenzen für die R wie für die Eigenproduktion insgesamt, die sich u.a. in einer aus der engen Beziehung zwischen

Theater und neuen Medien resultierenden Vermischung der Gattungsgrenzen zeigt.

Brandstetter, Gabriele/Bormann, Hans-Friedrich: An der Schwelle. Performance als Forschungslabor. In: Seitz, Hanne (Hg.): Schreiben auf Wasser. Performative Verfahren in Kunst, Wissenschaft und Bildung. Essen 1999; Brauneck, Manfred/Schneilin, Gérard (Hg.): Theaterlexikon. Begriffe und Epochen, Bühnen und Ensembles. Reinbek 1992; Etchels, Tim: Certain Fragments. Contemporary Performance and Forced Entertainment. London 1999; Fischer-Lichte, Erika: ‚Ah, die alten Fragen ... ‘ und wie die Theatertheorie heute mit ihnen umgeht. In: Nickel, Hans-Wolfgang (Hg.): Symposion Theatertheorie. LAG-Materialien 39/40, Berlin 1999; Gumbrecht, Hans Ulrich/Pfeiffer, K. Ludwig (Hg.): Materialität der Kommunikation. Frankfurt a. M. 1988; Haller, Michael: Recherchieren. Ein Handbuch für Journalisten. München 1991; Kluge, Friedrich: Etymologisches Wörterbuch der deutschen Sprache. Berlin, New York 1999; Koch, Gerd: TheaterSpiel als szenische Sozialforschung. In: Belgrad, Jürgen (Hg.): TheaterSpiel. Hohengehren 1997; Langenscheidts Großwörterbuch Französisch. Hg. v. Erich Weis. Berlin, München, Wien, Zürich 1978; Lippert, Elinor: Geschichte(n) spielen. In: Theater in der Schule. Hg. v. der Körber-Stiftung u. der BAG Darstellendes Spiel. Hamburg 2000; Nickel, Hans-Wolfgang: Spielleitung im Jugendamateurtheater. In: Ritter, Hans Martin (Hg.): Spiel- und Theaterpädagogik. Ein Modell. HdK, Institut für Spiel und Theaterpädagogik 1990; Steinl, Winfried: Textgebundene Eigenproduktion. In: Theater in der Schule, a.a.O.

Ute Pinkert

→ Authentizität – Experiment – Happening – Narratives Interview – Performance – Prozess und Produkt – Spaß – Tanzpädagogik – Theaterarbeit in sozialen Feldern

Reformpädagogik

R bezeichnet eine breite Offensive zwischen Kinderpsychologie und Kulturkritik für die Erneuerung der Erziehung, die um 1890 mit einer radikalen Schulkritik einsetzte, nach 1918 auch neu erschlossene pädagogische Handlungsfelder, insbesondere die Sozialpädagogik und die Volksbildung, bestimmte und 1933 mit der Machtergreifung der Nationalsozialisten tendenziell beendet wurde.

R artikulierte sich in verschiedenen europäischen Ländern, aber auch in den Vereinigten Staaten als Programm für eine *Neue Erziehung*, die die *Entwicklung des Kindes* und das Recht auf ein *Eigenleben der Jugend* zum Ausgangspunkt erzieherischen Handelns machte.

Der pädagogische Aufbruch im letzten Drittel des 19. Jhs. hatte zwei Wurzeln: Zum einen wurde die R stark durch die neue Kinderpsychologie und die experimentelle Pädagogik beeinflusst, die eine Fundamentalkritik am didaktischen Materialismus, den Methoden der Lehrerfrage, des Memorierens und am pädagogischen Drill begründete. Die Eigentätigkeit der Schüler sowie die Berücksichtigung der Entwicklungsabhängigkeit der geistigen Arbeit sollten dagegen die Grundprinzipien einer erneuerten Pädagogik werden.

Die andere Wurzel der reformpädagogischen Offensive, die kultur- und lebensreformerisch inspirierte Kritik der gesellschaftlichen Modernisierung, nahm die Entfremdungszwänge der modernen Arbeits- und Lebensverhältnisse in den Blick. Mit dem künstlerischen Expressionismus suchte die Kunsterziehung die Erneuerung der Kultur in den vitalen Potenzialen der verschütteten Persönlichkeit. Der verflachenden Tätigkeit des Verstandes müssten das Gefühl, die Phantasie und die irrationalen Kräfte des Menschen übergeordnet werden, so Julius Langbehn, der mit seinem Buch *Rembrandt als Erzieher* (1890) neben Ellen Key (*Das Jahrhundert des Kindes*, 1900) zu einem der wichtigsten Stichwortgeber der R wurde.

Bereits vor dem Krieg, verstärkt aber nach 1918, wurde die stark expressionistische, persönlichkeitspädagogische Ausrichtung der Pädagogik ‚vom Kinde aus‘ durch eine ausgeprägte Gemeinschaftsorientierung relativiert. Die Erfahrung des verlorenen Krieges spielte hier ebenso eine Rolle wie das Eindringen ehemaliger Jugendbewegter in die pädagogischen Berufe.

Ungeachtet der großen Unterschiede zwischen den einzelnen reformpädagogischen Konzepten lassen sich doch gemeinsame pädagogische Prinzipien identifizieren: Die neue Pädagogik sollte vom Kind ausgehen und im Vertrauen auf seine Entwicklungspotenziale die Entfaltung seiner schöpferischen Potenziale unterstützen. Als formale Bildungskonzeption ging es ihr in erster Linie um die Entwicklung von generellen Fähigkeiten und weniger um die Vermittlung eines bestimmten stofflichen Korpus. Die Eigenaktivität des Kindes im Lernprozess, die Anschaulichkeit der Präsentation, der Anregungsgehalt des Lernmaterials und die kreative, künstlerische und handwerkliche Arbeit standen im Mittelpunkt. Und schließlich wurde mit dem Einfluss der Jugendbewegung die bildende Wirkung der Gemeinschaft betont.

Entlang der skizzierten pädagogischen Grundprinzipien lassen sich fünf zentrale methodische Innovationen unterscheiden: *Kunsterziehung*: Die Kunsterziehungsbewegung begann als Reform des Zeichen- und Werkunterrichts. Als Mentor der Kunsterziehung gilt der Direktor der Hamburger Kunsthalle, Alfred Lichtwark. Stand zunächst die Erziehung zur Genussfähigkeit im Vordergrund, so wurden mit der Ausweitung auf den → Deutschunterricht, Musik, Gymnastik und Tanz auch zunehmend die schöpferische Aktivität des Kindes betont.

Selbsttätigkeit und Selbsterziehung: Die Pädagogik ‚vom Kinde aus‘ hatte den didaktischen Grundsatz begründet, dass es darum gehe, die in der kindlichen Persönlichkeit im Keim enthaltenen Kräfte durch eine zurückhaltende, unterstützende Pädagogik zu lösen und zu entfalten. Maria → Montessori hat diesen didaktischen Grundsatz im Prinzip des ‚bildenden Spiels‘ verdichtet. Die Entwicklung und Ausdifferenzierung zunächst der allgemeinen Empfindungsfähigkeit, später der kognitiven Kompetenz, wird durch das Angebot entsprechenden Materials angeregt.

Arbeitsschule: Im Mittelpunkt der Arbeitsschulkonzeption steht die Tätigkeit des Kindes und der Ernsthaftigkeitscharakter der Lernaufgabe. Differenzen zeigen sich allerdings bei einer genaueren Betrachtung des Arbeitsbegriffs: War für die Konzeption des Leipziger Lehrervereins die Förderung der kognitiven Entwicklung durch Aktivierung zentral, so stellte Georg Kerschensteiner die praktische, handwerkliche Tätigkeit in den Mittelpunkt, und Hugo Gaudig akzentuierte die selbsttätige geistige Erarbeitung von Bildungsgütern. Jenseits dieser Differenzen unterschieden sich die deutschen Arbeitsschulkonzeptionen wiederum deutlich von der Erziehung zur industriellen Produktion, wie sie Pawel P. Blonskij propagierte. Parallelen zur Arbeitsschule lassen sich auch in der Pädagogik Célestin → Freinets finden, in der Dalton-Plan-Methode Helen Parkhursts oder in der Projektmethode John → Deweys und William H. Kilpatricks.

Gesamtunterricht: Mit dem Gesamtunterricht verbindet sich eine fundamentale Kritik am fächerspezifischen und lehrplangebundenen Unterricht. Gesamtunterricht knüpft an die natürlichen Interessen und Initiativen des Kindes an und bezieht seinen heimatlichen Lebensraum ein. Das Fragerecht des Kindes und das Gespräch mit Kindern waren Grundprinzipien der Arbeit Berthold Ottos. Einen anderen Akzent setzte der Leipziger Lehrerverein, der seit 1911 in zahlreichen Versuchsklassen ein Konzept des gebundenen, d.h. systematisch geplanten Gesamtunterrichts praktizierte.

Gemeinschaftserziehung: Dem gemeinschaftlichen Arbeiten und Lernen wurde eine erzieherische Wirkung sui generis zugesprochen. Die Landerziehungsheime von Hermann Lietz, die Freien Schulgemeinden Gustav Wynekens, die Jena-Plan-Pädagogik Peter Petersens, die Hamburger Gemeinschaftsschulen, die neue Sozialpädagogik und die ‚neue Richtung‘ in der Volksbildung, alle stellten die bildende und versittlichende Wirkung der Gemeinschaft ins Zentrum.

Nachdem die Geschichtsschreibung der R lange von der Deutung Herman Nohls beherrscht wurde, legten differenzierte historische Einzelstudien die Einseitigkeit von Nohls Kanonisierung und seines Phasengesetzes der pädagogischen Bewegung offen. Die kritische Rekonstruktion verschiedener reformpädagogischer Konzeptionen und Leitbegriffe (Gemeinschaft, Volk, Leben) aus dem Kontext der antimodernistischen Kulturkritik und Lebensreform hat auch die These vom vollständigen Abbruch der R im Jahre 1933 in Frage gestellt und die subpolitische Färbung verschiedener Ansätze deutlich gemacht (vgl. Rülcker u. a.). Die Datierung der R auf den Zeitraum zwischen 1890 und 1933 wird insbesondere von Jürgen Oelkers mit dem Argument, dass moderne Pädagogik schon immer R gewesen sei, in Zweifel gezogen (vgl. Oelkers). In Abgrenzung zu Oelkers weist Heinz-Elmar Tenorth allerdings auf die zentrale Bedeutung der modernisierungsinduzierten Zäsur um 1890 hin. Diese habe erst zur Ausbildung einer zentrale Probleme der modernen Gesellschaft bearbeitenden R geführt (vgl. Tenorth).

Die Erforschung der pädagogischen Reformoffensive zwischen 1890 und 1933 ist noch lange nicht abgeschlossen. Sowohl im Hinblick auf die konkrete Unterrichtspraxis als auch auf die programmatische Selbstverortung der Aktivisten im zeitgenössischen Reformdiskurs liegen bislang nur wenige Einzelstudien vor.

Depaepe, Marc: Zum Wohl des Kindes? Pädologie, pädagogische Psychologie und experimentelle Pädagogik in Europa und den USA 1890–1940. Weinheim 1993; Nohl, Herman: Die pädagogische Bewegung in Deutschland und ihre Theorie. Frankfurt a. M. 1988; Oelkers, Jürgen: Reformpädagogik. Eine kritische Dogmengeschichte. Weinheim, München 1989; Rülcker, Tobias/Oelkers, Jürgen (Hg.): Politische Reformpädagogik. Bern u. a. 1998; Scheibe, Wolfgang: Die reformpädagogische Bewegung. Eine einführende Darstellung. Weinheim, Basel 1994; Tenorth, Heinz-Elmar: Geschichte der Erziehung. Einführung in die Grundzüge ihrer neuzeitlichen Entwicklung. Weinheim, München 1988.

FELICITAS THIEL

→ Bewegungserziehung – Didaktik – Entwicklungspsychologie – Geschichte der Pädagogik – Geschichte der Sozialpädagogik – Lernen und Theater – Projekt – Prozess und Produkt – Sportpädagogik – Tanzpädagogik – Übungsfirma – Volkskunst / Folklore

Regenbogen der Wünsche

Bis zum Ende der 1970er Jahre zielte Augusto → Boals → ‚Theater der Unterdrückten‘ vorrangig auf die Auseinandersetzung mit sichtbaren Formen von politisch-sozialer Repression. Da Boal aber aufgrund seines langen Europa-Aufenthalts (ab 1978) und seiner Kontakte zu therapeutischen Einrichtungen häufig mit Formen internalisierter Unterdrückung (wie Selbstzweifel, Einsamkeit, Kontaktarmut, Kommunikationsschwierigkeiten usw.) konfrontiert wurde, entwickelte er seit Mitte der 1980er Jahre Methoden, bei denen die (inneren) Konflikte des einzelnen Subjekts ins Zentrum des Spiels rückten. Diese sog. ‚prospektiven‘ (auslotenden) und ‚introspektiven‘ (nach innen gewandten) Techniken fasste Boal dann ab 1990 – auch in Buchform – unter dem Namen RdW zusammen.

Solche Techniken wollen unter Beteiligung der gesamten → Gruppe subjektive Wahrnehmungen, Erlebnisse, Interessen, Konflikte oder Blockaden ausloten, die (vermeintlichen) Erwartungen des sozialen Umfelds kritisch in Betracht ziehen und Beziehungsmuster aus verschiedenen Blickwinkeln beleuchten. Der Protagonist soll durch das eigene Spiel wie durch Beobachtungen und szenische Beiträge seiner Mitspieler (→ ZuschauSpieler) Anregungen erfahren, die eigene Sicht zu differenzieren, verschüttete Ressourcen aufzuspüren, Bedürfnisse klarer zu formulieren und alternative Verhaltensstrategien zu erproben. Blinde Flecke im eigenen Selbstbild können so ausgeleuchtet und eingeschliffene → Rituale überprüft werden. Dabei geht es nicht um vorschnelle Lösungen, sondern um das Erkennen der Muster, aufgrund derer bisherige Lösungen scheitern. Die ‚new techniques‘ aus dem RdW sind jedoch nicht nur für Gruppenprozesse, sondern auch für eine Theater- und → Rollenarbeit geeignet, die den körpersprachlichen Ausdruck differenzieren oder die Annäherung an eine Bühnenfigur durch identifikatorische Spielweisen erleichtern will (vgl. auch → Ruping 61 ff.).

Bei den auslotenden Methoden ragen insbesondere die Techniken ‚Bild und Gegenbild‘, ‚Kaleidoskopbild‘ und ‚Rashomon‘ heraus. Allen drei Übungsformen ist gemeinsam, dass sie die Perspektive des Protagonisten durch die Assoziationen, Visionen und Aktionen der übrigen ZuschauSpieler erweitern wollen.

Die introspektiven Techniken sind komplexer und zielen eher auf den Problemkern. So präsentiert beim ‚Analytischen Bild‘ der Protagonist einen Alltagskonflikt, zu dessen Lösung er – rückwirkend betrachtet – gerne auf eine andere Weise beigetragen hätte. Die ZuschauSpieler demonstrieren anschließend Haltungen, die sie im Spiel des Protagonisten beobachtet haben. Dieser wählt aus den verschiedenen Varianten die ihm adäquat erscheinenden Haltungen für die im Anschluss erfolgende Re-Improvisation der Szene aus, wobei die Mitspieler darauf achten, dass er dabei nicht wieder auf die unerwünschten Verhaltensweisen zurückgreift.

Bei der Übung ‚Regenbogen der Wünsche‘, die der Sammlung an neuen Übungen auch den übergeordneten Namen gab, hat der Protagonist die Möglichkeit, seine diffusen Emotionen und Bedürfnisse zu ordnen. Dabei soll er mit Hilfe seiner Mitspieler – im Hinblick auf den zur Debatte stehenden Konflikt – das Spektrum seiner (zum Teil konfligierenden) Wünsche ausloten sowie sein zentrales Interesse erkunden. Dieser Klärungsprozess soll bewusstere und gezieltere Handlungsweisen ermöglichen, die im Rahmen erneuter → Improvisationen erprobt werden können.

‚Das Bild des Antagonisten‘ will innerhalb eines Konflikts den Blick für die Gegenseite, für den Antagonisten schärfen. Ausgangspunkt für die szenischen Improvisationen sind hier die Standbilder aller Akteure zu einem bestimmten Thema, die Assoziationen der Protagonisten zu ihren jeweiligen Gegenspielern sowie Ergänzungen der Mitspieler im Hinblick auf das Verhaltensrepertoire des Antagonisten.

Beim ‚Polizisten im Kopf‘ richtet der Protagonist – ausgehend von gegenwärtigen Blockaden im Umgang mit anderen – den Blick auf sein soziales Umfeld oder seine Vergangenheit. Konkrete Personen oder Repräsentanten von Institutionen (wie Verwandte, Freunde, Lehrer, Priester), die die Umgangsweise mit einer Problemkonstellation offenbar beeinflussen, sollen aufgespürt und in eine räumliche Konstellation gebracht werden. Dabei soll sich der Protagonist bei der erneuten szenischen Auseinandersetzung auf einer surrealen Ebene mit den blockierenden oder störenden Instanzen auseinandersetzen – auch mit Hilfe der Mitspieler, die als Antikörper oder Hilfs-Ich agieren. Dieses Format ist zweifellos das intensivste innerhalb der neuen Techniken. Seine Anwendung sollte ausschließlich unter der Anleitung einer erfahrenen → Spielleitung erfolgen und der zur Debatte stehende Konflikt weder den Hauptakteur noch die mitspielende Gruppe überfordern.

Viele der neueren Techniken Boals können auch im Rahmen einer künstlerisch ausgerichteten thp Arbeit mit Gewinn eingesetzt werden. So lassen sich einige der prospektiven Bilder-Techniken hervorragend nutzen zur Differenzierung der körpersprachlichen Mittel, während die introspektiven Methoden Anregungen bieten bei der Annäherung an eine Bühnengestalt über analoge biographische Aspekte. Es ist daher nicht verwunderlich, dass Boal Ende der 1990er Jahre bei seiner Arbeit mit der britischen Royal Shakespeare Company vorrangig auf Techniken aus dem RdW zurückgegriffen hat.

Die Techniken der RdW sind zur Zeit noch in der Erprobungsphase. Daher gibt es nur wenige veröffentlichte Rückmeldungen über ihren konkreten Einsatz. Aufgrund ihrer Komplexität erscheinen sie für den Rahmen routinierter thp Prozesse nur bedingt geeignet, zumal sie sich bei der bloßen Lektüre nur schemenhaft erschließen. Ausgehend von eigenen Erprobungen des Autors im Bereich der → Hochschuldidaktik (Germanistik und Sozialpädagogik) sowie im Rahmen der Fortbildung von Multiplikatoren (Schwerpunkte: Gewaltprävention, Konfliktmanagement und Rollenarbeit) wird aber deutlich, dass sich die neuen Techniken – bei behutsamem und gruppenadäquatem Einsatz – sowohl für Prozesse der Selbsterforschung und intensiven Kommunikation in Gruppen hervorragend eignen als auch für eine auf das innere Erleben abzielende Theaterarbeit.

Boal, Augusto: Theater der Unterdrückten. Übungen und Spiele für Schauspieler und Nicht-Schauspieler. Frankfurt a. M. 1989; Ders.: Der Regenbogen der Wünsche. Methoden aus Theater und Therapie. Bearb. v. Jürgen Weintz. Seelze-Velber 1999; Ders.: Legislative theatre. Using performance to make politics. London 1999; Feldhendler, Daniel: Psychodrama und Theater der Unterdrückten. Frankfurt a. M. 1992; Ders.: Augusto Boal und Jakob Levy Moreno. Theater und Therapie. In: Ruping 1991; Gorius, Maria/Weintz, Jürgen/Wilkens-von Hein, Friederike: Mut zur Demokratie. Über eine Multiplikatorenfortbildung zu den neuen Boal-Techniken. In: Korrespondenzen, 2002, H. 40; Institut für Jugendarbeit des Bayrischen Jugendrings in Gauting (Hg.): Theater macht Politik. Die Methoden des Theaters der Unterdrückten in der Bildungsarbeit. Gauting 1995; Neuroth, Simone: Augusto Boals Theater der Unterdrückten in der pädagogischen Praxis. Weinheim 1994; Off-Theater (Hg.): Der Regenbogen der Wünsche. Videoprotokoll eines Workshops mit Augusto Boal zu den neuen Techniken. VHS-Format. Neuss 2000; Ruping, Bernd (Hg.): Gebraucht das Theater. Die Vorschläge von Augusto Boal. Erfahrungen, Varianten, Kritik. Lingen, Remscheid 1991; Ruping, Bernd/Weintz, Jürgen: Das Theater der Unterdrückten ist wirklich Theater. In: Korrespondenzen, 1999, H. 34; Thorau, Henry: Augusto Boals Theater der Unterdrückten in Theorie und Praxis. Rheinfelden 1982; Ders.: Durch Millionen Mikrorevolutionen die Makrorevolutionen der Zukunft vorbereiten. Augusto Boals Theater der Unterdrückten und J. L. Morenos Psychodrama. In: PsychoDrama, 1991, H. 1; Weintz, Jürgen: Theaterpädagogik und Schauspielkunst. Ästhetische und psychosoziale Erfahrung durch Rollenarbeit. Butzbach-Griedel 2002; Wilckens-von Hein, Friderike/Gorius, Maria: Der Regenbogen der Wünsche. Die ‚neueren' Techniken Augusto Boals in der theaterpädagogischen Praxis. In: Korrespondenzen, 2002, H. 41; Zeitschrift für befreiende Pädagogik der Paulo-Freire-Gesellschaft. Es braucht Mut, glücklich zu sein, 1995, H. 10.

JÜRGEN WEINTZ

→ Kommunikation – Playback Theatre – Psychodrama

Regie

Obwohl der Begriff R im deutschsprachigen Raum erstmals 1819 eine lexikalische Erwähnung auch in Bezug auf seine Relevanz für das Theater gefunden hat, ist diese Instanz selbst wesentlich älter. Ihre zentralen Aufgaben gründen in der Vermittlung zwischen Kunst und Mensch(en).

R (zu frz. *régie* – Verwaltung, Leitung, zu lat. *regere* – lenken, herrschen) umfasst heute in erster Linie die verantwortliche Leitung und künstlerische Gestaltung einer → Inszenierung.

Wie und was vermittelt werden soll, unterliegt jedoch wechselnden Vorstellungen und Ansprüchen an Theater. In der Antike teilten sich im Prinzip Stadtverwaltung, private Geldgeber und Stückautor die R-verantwortung – Stückauswahl, Schauspieltraining und Inszenierungsarbeit lagen in verschiedenen Händen. Als zentraler Mittelsmann zwischen dem literarischen Werk und dessen Umsetzung für die Bühne fungierte in der Regel der Dichter selbst. Seine Autorität und Autorschaft reichte hinein in Inszenierung und Aufführung, bei der er sich auch als Darsteller Geltung verschaffen konnte. Mit Aufkommen der geistlichen und weltlichen Spiele des Mittelalters, in welchen ein Priester oder Pädagoge als sog. ‚Spielordner' eingesetzt war, bis hin zu den als Spielleitern fungierenden Schauspielern der wandernden Theatertruppen, veränderten sich die Aufgaben der R stetig. Die vermittelnde Auseinandersetzung zwischen Text, Spielqualität der Darsteller und szenischer Umsetzung wich einer eher auf ideologische und/oder organisatorische Führung ausgerichteten Aufsichtsperson und verspielte somit mehr und mehr den Anspruch an eine künstlerische Leitung. Gleichwohl entdeckt man in dieser Zeit den pädagogischen Einfluss des verantwort-

lichen Spielleiters auf die Theatertruppe und Fragen nach der Schauspielerführung begleiten von nun an die weiteren Überlegungen.

Erst im 18. Jh. werden vermehrt Stimmen laut, die sich stark machen für einen kompetenten und allein verantwortlichen Aufführungsleiter als ordnende Instanz. Ausgelöst durch neue schauspielerische Anforderungen beginnt die Suche nach dem Spielleiter, der seine Darsteller zu „lebendigster theatralischer Verkörperung" erziehen soll, über eine „gestaltende Phantasiefähigkeit" und ein „theoretisches Wissen über Wesen, Quellen und Äußerungsweisen von Leidenschaften" verfügt (Lang 1727; zit. nach Trappel 49). Eine breit gefächerte künstlerische und theoretische Bildung wird nun als Voraussetzung empfunden, zwischen dem Geist der Aufklärung und der Hervorbringung von Kunst vermitteln zu können.

Die Position der R als ausschlaggebende Einflussgröße auf die konkrete Gestalt der Aufführung gewinnt mit der Entstehung fester Theater zunehmend an Gewicht. 1791 wird Goethe am Hoftheater in Weimar erster deutscher Theaterdirektor und Regisseur, weitere Ernennungen folgen. Langsam zeichnen sich Ansätze zu längeren und intensiveren Probenzeiten mit dem Ziel einer einheitlichen Spielführung ab. Die noch überwiegend dramaturgisch orientierte Vermittlung zwischen Text und Bühne erreicht eine neue Dimension mit den Regiearbeiten von Georg II. von Sachsen-Meiningen, der die endgültige „Anerkennung des Regisseurs als dem integrationsbegabten künstlerischen Kristallisationspunkt im Theater" erwirkt (ebd.). Neben seiner richtungsweisenden Inszenierungsarbeit wird hier erstmals die Vermittlung als eine auf mehreren Ebenen zum Tragen kommende Leistung des Regisseurs deutlich. Dieser hat sowohl visionäre Impulse in der Bearbeitung eines Stoffes für die Bühne und damit auch für den Zuschauer zu setzen, als auch eine integrative und leitende Position im Probenprozess der Schauspieler einzunehmen. Nach dem Vorbild von Georg II. und den Meiningern findet der Naturalismus auf die Bühne, begleitet von neuen technischen Möglichkeiten; die möglichst perfekte Wiedergabe der Wirklichkeit wird zum Ziel aufgeklärter Regiearbeit. Eine analytische Durchdringung der Rollen, die Umsetzung wissenschaftlicher Erkenntnisse in die Praxis und das Ensemblespiel öffnen neue Dimensionen der R. In der zweiten Hälfte des 19. Jhs. genießt der Regisseur als unter künstlerischen Vorzeichen wirkende Persönlichkeit allgemeinen Respekt. Als Voraussetzungen für diesen Beruf werden nun literarische, theatergeschichtliche und wissenschaftliche Bildung angesehen. Der Regisseur sollte theoretische und praktische Kenntnisse der Schauspielkunst in sich vereinigen und die Fähigkeit besitzen, aus den ihm anvertrauten Schauspielern ein → Ensemble zu bilden. Das wegweisende Potenzial der Theaterregie kommt aber erst durch das Auftreten einiger Reformer schlagartig zu Bewusstsein: Mit der Überwindung des naturalistischen Theaters in den Inszenierungen Max Reinhardts offenbaren sich Kraft und Magie individueller künstlerischer Zielsetzungen. Mit Adolphe Appia und Gordon Craig findet eine Annäherung zwischen Bildender Kunst und Theater auf der Bühne statt und löst die illusionistische Spielweise ab, die auf der anderen Seite von der russischen Theateravantgarde um Wsewolod E. → Meyerhold, Alexander Tairow, Jewgeni B. Wachtangow durch einen freien Umgang mit Textvorlagen, neuen körperlichen Ausdrucksweisen und verschiedenen Montagetechniken das Theater und den Regisseur in ein völlig neues Licht rücken. Wie im russischen ‚Theateroktober' offenbart das epische Theater Bertolt → Brechts das Potenzial der dialektischen Spannung zwischen Theater und gesellschaftlicher Erfahrung, so dass sich die unterschiedlichsten Ströme und Bewegungen im Theater zu Beginn des 20. Jhs. wechselseitig befruchten. Deutlich tritt ans Licht, welche visionäre Kraft von Regisseuren ausgehen kann und wie schwer es fällt, einheitliche Stile, Interpretationen oder Verfahrensweisen für die R zu behaupten.

In Deutschland bricht diese lebendige und lebhafte Entwicklung mit der Machtübernahme der NSDAP in sich zusammen. 1936 findet man in Meyers Lexikon unter dem Stichwort R ideologisch geprägte Aussagen, die den Regisseur zum ‚Erzieher der Spielgemeinschaft' degradiert, der darauf zu achten hat, dass bei einer Theateraufführung ‚keine Stars mit virtuosen Eigenheiten den Gesamteindruck stören' – die ‚Überbetonung von subjektivistischer und experimentierender Regie auf dem deutschen Theater vor 1933' wird als deutlicher Hinweis auf deren ‚Entartung' abgetan (ebd.). Nach Ende des 2. Weltkrieges wird im Osten Deutschlands die „merkwürdige Aura der Harmlosigkeit" (Brecht, 11. 11. 48, 458) von aus dem Exil heimkehrenden, stilistisch sehr unterschiedlichen Regisseuren wie Wolfgang Langhoff, Wolfgang Heinz oder Brecht durch ein Anknüpfen an das politische Engagement der 1920er Jahre angefochten; in den 1960er/beginnenden 1970er Jahren setzten Brecht-Schüler wie u.a. Heiner Müller, Manfred Wekwerth oder Benno Besson (der zugleich in der romanischen Tradition eines virulenten Volkstheaters wurzelte) die Theatermethoden des ‚Meisters' allmählich (und mo-

difiziert) auf dem DDR-Theater durch. Im Westen Deutschlands wird langsam neu an die Einflüsse zu Beginn des Jhs. angeknüpft, in vollem Umfang wird R aber erst im Zuge der politischen Umbruchstimmung der 1960er Jahre wieder zum Experimentierfeld für eigenwillige und subjektive Interpretationen von Themen und Stoffen. Der freie Umgang mit allen Elementen der Bühne und eine kritische Perspektive auf die gesellschaftliche Entwicklung erlaubt Regisseuren und Ensembles eine freie Entfaltung verschiedener Regiestile und -formen, so dass seitdem pluralistische Auffassungen und Praktiken der R nebeneinander existieren und sich in wechselseitiger Reibung beeinflussen und verändern.

In der systematischen Forschung über das R-handwerk lösen Einzelabhandlungen zu herausragenden Regisseuren die Versuche ab, allgemeingültige Vorgehensweisen und Gestaltungsstrategien festzusetzen. Galt es 1921 noch, einen omnipotenten R-spezialisten zu fordern, der „das Beherrschen aller dramaturgischen und bühnenbildnerischen Aufgaben, breite, allgemeine, insbesondere philosophische Bildung, Dichterqualitäten, musikalisches Empfinden, ästhetischen und architektonischen Geschmack, Menschenkenntnis, Autorität und einen makellosen Charakter" (vgl. Hagemann 66) in sich vereint, so erscheint in der zweiten Hälfte des 20. Jhs. die Theorie der R als eine Geschichte von einzelnen Regisseuren, die durch ihre individuelle künstlerische Kompetenz zum zentralen Kapital der Inszenierung werden und sich nicht in Stile oder Schulen subsumieren lassen (vgl. Schwarz). Der Regisseur gilt als die künstlerische Schaltstelle innerhalb des Theaters, dessen Visionen sich sowohl dem Zuschauer als auch dem Ensemble vermitteln müssen. Auf der Suche nach neuen Erkenntnis- und Darstellungsweisen lebt die R von Einflüssen der Gegenwart auf unser Denken und Handeln. Die mannigfaltigen Widersprüche der menschlichen Existenz unter Bezugnahme auf den herrschenden Zeitgeist kritisch auf der Bühne zu spiegeln, verlangt nach Gleichnissen und Metaphern, die ästhetische Sprengkraft für den Zuschauer bergen. Dadurch bahnen sich immer wieder neue Gedanken zur R den Weg, welche die Einflüsse der Zeit, die Entwicklung in Wissenschaft, Politik und Kunst verarbeiten und daraus neue Formen für die Bühne generieren. Der Regisseur muss, gleichgültig ob er mit historischen oder zeitgenössischen literarischen Texten arbeitet, analytische und sinnliche Komponenten so miteinander verschmelzen, dass eine eigenständige Interpretation erkennbar wird. Der Ausgangspunkt für diesen Übersetzungsvorgang, dem essenziellen Kern der künstlerischen Arbeit, sind die vom Regisseur an einen Stoff formulierten Fragen, anhand derer er sich subjektive Zugänge zu dem vorliegenden Material schafft und diesem darüber „etwas Neues, objektiv Wirkendes abgewinnt" (vgl. Rühle 116). Diese Fragen und die damit einher gehende szenische Phantasie des Regisseurs münden in ein Inszenierungskonzept, welches handlungsleitend ist für die Proben mit den Darstellern und die Zusammenarbeit mit allen übrigen beteiligten Mitarbeitern. In dieser kollektiven, praktisch auf die Probe gestellten R-Vision erfährt das Konzept seine szenische Umsetzung und je nach Vorgehensweise des Regisseurs haben die Beteiligten mehr oder weniger Einfluss auf das konkrete Bühnenergebnis. Die R hat dabei die Produktivität des gesamten Ensembles zu wecken und zu organisieren. Das menschliche und pädagogische Geschick des Regisseurs im Beschreiten von Wegen und Umwegen bei der Suche nach einer künstlerischen Gestalt ist mitentscheidend für die Qualität des Ergebnisses, der Vermittlung zwischen Kunst und Mensch.

Brecht, Bertolt: Arbeitsjournal 1938–1945. Berlin, Weimar 1977; Dietrich, Margret (Hg.): Regie in Dokumentation, Forschung und Lehre. Salzburg 1975; Dresen, Adolf/Zabka, Thomas: Dichter und Regisseure. Bemerkungen über das Regie-Theater. Göttingen 1995; Fischer-Lichte, Erika: Geschichte des Dramas. Epochen der Identität auf der Bühne von der Antike bis zur Gegenwart. 2 Bde. Tübingen 1990; Hagemann, Carl: Regie. Die Kunst der szenischen Darstellung. Berlin 1921; Hürlimann, Martin (Hg.): Atlantisbuch des Theaters. Zürich 1966; Löffler, Peter: Regie. In: Hürlimann, a.a.O.; Melchinger, Ulrich: Zur Geschichte der Regie. In: Hürlimann, a.a.O.; Müller, Rudi: Aufgaben der Regie. In: Giffei, Herbert (Hg.): Theater machen. Ravensburg 1982; Röhrig, Michael: Regie im deutschen Sprechtheater. Historische Entwicklung – Berufsbild – zeitgenössische Methoden. Dissertation. München 1979; Rühle, Günther: Anarchie in der Regie? Theater in unserer Zeit. Frankfurt a. M. 1982; Schwarz, Helmut: Regie. Idee und Praxis moderner Theaterarbeit. Bremen 1965; Trappl, Wilhelm: Der Begriff ‚Regie' als Lexikon-Stichwort. In: Dietrich, a.a.O.

MIRA SACK

→ Spielleitung – Theater als öffentliche Institution – Theaterhistoriographie – Theatralität – Volkstheater

Rehabilitation

Ziel der R ist die Minderung, Aufhebung oder Abwehr einer Behinderung, einer Benachteiligung. Schwerpunkte der R liegen im medizinischen, berufs-

fördernden und beruflichen Bereich, da angenommen wird, dass dann auch die private und gesellschaftliche R gesichert ist. Dem steht die nach wie vor bestehende Diskriminierung von Behinderten entgegen. Thp → Projekte könnten einen Beitrag zur Normalisierung leisten. Beispielhaft in Deutschland ist in Hannover das *Projekt Theater Klatschmohn*, neben dem *Sommertheater Pusteblume* in Köln. Das *Projekt Theater Klatschmohn* will behinderten gemeinsam mit nichtbehinderten Jugendlichen die Möglichkeit geben, ihr musisch-kreatives Können einer breiten Öffentlichkeit vorzustellen. Jährlich wird dazu ein Theaterfestival organisiert. Das *Projekt Theater Klatschmohn* ist ein Kooperationsprojekt von Sonderschulen aus dem Großraum Hannover (Koordination: Sabine Hartmann, Uschi Bartke, Norbert Lichtenberg), dem Theaterpädagogischen Zentrum Mühlenberg (Hans Zimmer) und dem Fachbereich Erziehungswissenschaften der Universität Hannover (Dietlinde → Gipser, Karlheinz Jetter, Wolfgang Praschak).

Behinderte Menschen werden in vielen Lebensbereichen benachteiligt. Der musisch-kreative Bereich hingegen bietet ihnen viele Gelegenheiten, ihre eigenständigen Fähigkeiten zu erproben und zum Ausdruck zu bringen. Lange schon wird wertvolle Arbeit in vielen Schulen Niedersachsens – so auch an Sonderschulen – durch Theaterspielen in vielfältiger Form geleistet. Bisher blieb es aber nur einem kleinen Kreis von Eltern und Freunden vorbehalten, das Können und die Freude der Kinder und Jugendlichen bei ihren Aufführungen zu bestaunen.

Das *Projekt Theater Klatschmohn* entstand – angeregt von LehrerInnen – 1998. Das Festival dauert in der Regel drei Tage. Es können theatrale Darstellungen bewundert werden wie Schwarzlichttheater, Figuren- und Maskenspiel, Ausdruckstanz, Jonglage, Akrobatik, Märcheninszenierungen, Bewegungstheater und szenisches Spiel. Rund 2 000 Menschen besuchen die fünf Aufführungen an den drei Tagen, vormittags und abends, an denen etwa 300 Kinder und Jugendliche aus Schulen und anderen Institutionen ihre theatralen Produktionen zeigen. In den Pausen und nach den Vorstellungen wird die Zeltstadt genutzt: die Erlebnis-Gastronomie, das Spielezelt, das Schminkzelt, das Entspannungszelt und die Tiere, Pferd und Esel, Schafe, Gänse, Meerschweinchen, Enten zum Anfassen und Streicheln.

Rund vierzig Studierende am Institut für Sonderpädagogik bereiten das Projekt zusammen mit den Schulen und dem TPZ ein Jahr lang vor, weitere sechzig arbeiten an den drei Tagen mit: Bühnenumbau, Gruppenbetreuung, → Animation, Gastronomie, Schminken, Spiele – eine wertvolle Erfahrung im Studium, eine geglückte Verbindung von Theorie und Praxis. Als Anerkennung erhalten alle aktiv Beteiligten das begehrte Klatschmohn-T-Shirt. Zahlreiche Sponsoren unterstützen das Projekt.

Studierende hatten schon im ersten Jahr das Klatschmohn-Lied getextet und komponiert; die Kinder und auch die Erwachsenen haben das Lied schnell gelernt. Daraus ist jetzt ein Schlager geworden und wenn alle mit schnellen Klatschrhythmen das Lied begleiten, ist das Ausdruck gemeinsamer Freude. – So wird der Gedanke von Normalisierung und R zu einer hoffnungsvollen Praxis.

Kleiner, Inez: ProjektTheater Klatschmohn. Examensarbeit. Universität Hannover 2000; ProjektTheater Klatschmohn. Texte und Bilder. Mit CD-ROM [erhältlich über Dietlinde Gipser]. Hannover 2002.

DIETLINDE GIPSER

→ Erlebnispädagogik – Lernen und Theater – Pflegedidaktik und Theaterpädagogik – Sinnlichkeit – Zielgruppe

Reiss, Joachim

Geb. 1952. Lehrer für → Darstellendes Spiel, Theaterpädagoge. Leiter des → Schultheater-Studios in Frankfurt a. M. Vorsitzender der BAG für das Darstellende Spiel in der Schule e. V. Leiter des Fachs Darstellendes Spiel am Hessischen Landesinstitut für Pädagogik (HeLP), wo er für die landesweiten Projekte sowie die Fort- und Weiterbildung im Darstellenden Spiel zuständig ist. Sein Hauptaugenmerk gilt der praktischen Etablierung und konzeptionellen Weiterentwicklung des Fachs Darstellendes Spiel an den Schulen, wobei er besonderen Wert auf fächerübergreifende Projekte legt. Mitinitiator des TheaterBuch-Versands. (theaterbuchversand@gmx.net)

Theater in der Schule lernen? In: Hoffmann, Christel/Israel, Annett (Hg.): Theater spielen mit Kindern und Jugendlichen. Konzepte, Methoden und Übungen. Weinheim, München 1999.
Reiss, Joachim/Susenberger, Bernd/Wagner, Günter: Handreichungen zum darstellenden Spiel. Wiesbaden 1994.

GABI BEIER

Revue

Die R ist eine offene theatralische Form mit langer theaterhistorischer Tradition über Europa hinaus (vgl. Fiebach 131ff.; Huang-Hung 273) und für die ThP

von zentraler Bedeutung. Sie ist ein synthetisches Genre, das verschiedenste performative Formen aufnehmen und insofern in besonderem Maße an die Erfahrungen und Fähigkeiten von SpielerInnen anknüpfen kann. Charakteristisch bei aller Vielfalt ihrer historischen Prägungen ist die mögliche Herabsetzung der Grenzen zu anderen, auch außertheatralischen Kommunikationsformen, in die sie eingelassen werden kann (Fest, Jahrmarkt, Salon, Versammlung/Meeting, Straße). Sie ist eine theatrale Gebrauchsform, die vorrangig zu Zwecken der unterhaltsamen Geselligkeit, weltanschaulich-politischen Verständigung und Aufklärung eingesetzt wurde. Ihre → Dramaturgie ist den Potenzialen der darstellenden Künste zu direkter → Kommunikation zwischen Darstellern und Zuschauern verpflichtet (Schau, Einzüge, Paraden, Attraktionen, Masken, Allegorien, Typagen). R-formen können „Rezeption in der Zerstreuung" (Benjamin u. a. 1039) in besonderer Weise organisieren. Der abgelenkte Zuschauer wird nicht als ein zu Belehrender behandelt, es wird zumeist an die vorhandenen Fonds sozialer, politischer, kultureller Erfahrungen, Kenntnisse und Interessen angeknüpft; sie bilden den Stoff. Häufig existiert eine Affinität zu komischer, satirischer Behandlung der Gegenstände, emanzipatorische Impulse werden über Unterhaltung kommuniziert.

Daneben gab es vom französischen Jahrmarktstheater des 18. Jhs. bis zum 20. Jh. auch stärker literarisierte Formen der R. So stellte Bertolt → Brecht für die 1930er Jahre fest, dass die „Revueform literarisiert" worden sei und einige wertvolle Verfahren bereitstelle für das „Bedürfnis nach naivem, aber nicht primitivem, poetischem, aber nicht romantischem, wirklichkeitsnahem, aber nicht tagespolitischem Theater" (Brecht 13). Kennzeichnend für die literarisierten Formen ist die Auflockerung einer kausal-final gebauten Fabelstruktur zugunsten lose gefügter Szenen, eines episodischen Aufbaus. Die organisierende Rolle geht vom thematischen Bezug aus, oft als ‚roter Faden' bezeichnet. R arbeitet zumeist mit überhöhten Formen der Figurengestaltung, unterschieden von Darstellungsmethoden und dramaturgischen Mustern, die auf eine Durchführung von Rollen, individuellen Charakteren und ihrer Entwicklung hin angelegt sind.

So ist das populäre, mit den Jahrmärkten verbundene, in revueartigen Dramaturgien gearbeitete Theater auch von den künstlerischen → Avantgarden zu Beginn des 20. Jhs. im Zuge einer ‚Retheatralisierung' (Georg Fuchs) des Theaters als Traditionslinie gewürdigt worden. Wsewolod → Meyerhold hatte in seinem berühmten Aufsatz *Balagan* (das russische Jahrmarkts-theater) bereits 1912 auf die Bedeutung der nicht-literarischen Traditionen – der Spektakel, der Jon-gleurs und → Pantomimen, der Masken, Harlekine und des Jahrmarktes – hingewiesen. Sein Interesse galt Formen, die „Tiefe und Konzentration, Kürze und Kontraste" realisieren konnten (vgl. Meyerhold 93). Seine Arbeiten nach der Revolution im Rahmen des ‚Theateroktober', insbesondere in der Kooperation mit Wladimir Majakowski bei der Inszenierung von *Mysterium buffo. Drama in 6 Akten mit Zirkus und Feuerwerk* zeigen die Möglichkeiten eines politischen R-theaters.

Dass sich das R-theater auffällig als → Amateurtheater entwickelte und bis heute ein bevorzugtes thp Genre bildet, ist in den 1920er Jahren in Sowjetrussland wie in Deutschland zu beobachten. Die besondere Eig-nung zu operativem Gebrauch (u.a. schnelle Ein- und Umstellungen auf Themen, Publikum, Kommunika-tionsstrategien) wurde für die politische Agitation und Propaganda in den Agitprop-Bewegungen genutzt. Die berühmten ‚Blauen Blusen' (so benannt nach ihrem ‚Kostüm', dem blauen Arbeitsdress) gingen 1924 aus dem Moskauer staatlichen Institut für Journalistik hervor, riefen weitere Truppen im ganzen Land und – nach einem Gastspiel 1927 – auch in Deutschland hervor. Ihr Ausgangspunkt war die Darbietung einer „lebenden Zeitung" (vgl. Hoffmann u. a. 241).

Theaterhistorisch bedeutend in der deutschen poli-tischen R ist v. a. Erwin → Piscators *R.R.R.* [*Revue Roter Rummel*] (1924) und *Trotz alledem* (1925). Mit *R.R.R.* unternahm Piscator, der schon im *Proletarischen Theater* (1920/21) mit R-dramaturgien experimentier-te, unter dem Eindruck der „Auflösung der bürgerli-chen Dramenform", einen Beitrag zum Wahlkampf der KPD. Er beobachtete den Erfolg der bürgerlichen R als Massenphänomen und verwies gleichzeitig auf Kommunikationsformen politischer Art in den ‚Bun-ten Abenden', die er im Rahmen der Internationalen Arbeiterhilfe (IAH) organisiert hatte (vgl. Piscator 60ff.). R interessierte ihn als operatives Genre zu aktueller Aussage („Vieles war roh zusammengehauen, der Text völlig unprätentiös, aber gerade das erlaubte bis zum letzten Augenblick die Einschaltung der Ak-tualität.", ebd. 61). Dazu montierte er (mit dem Autor Felix Gasbarra) einen temporeichen Nummernwechsel, der die Aufmerksamkeit des Publikums mit allen sinn-lichen Mitteln beanspruchte, „unter skrupelloser Ver-wendung aller Möglichkeiten: Musik, Chanson, Akro-batik, Schnellzeichnung, Sport, Projektion, Film, Sta-tistik, Schauspielerszene, Ansprache" (ebd.). Piscator

arbeitete in *R.R.R.* mit einer in der R-dramaturgie häufig verwendeten Technik, der Conférence. Die Conférenciers nehmen eine besonders publikumsnahe Position ein, können als ‚Geschichten-Erzähler' fun-gieren. Differenz und Vielfalt dieser Funktion wird sichtbar, betrachtet man den Arlequin der französi-schen *Comédie Italienne*, der Spielmacher und Philo-soph ist, im Gegensatz zum wortlosen ‚Fräulein Num-mer' in den modernen bürgerlichen Schaurevuen der 1920/30er Jahre. Piscator leitete seine Conférence aus der alten Operette mit ihren *commère* und *compère* (einer Art klatschendem Paar) her. Er besetzte sie mit den sozialen Masken des Proleten und Bourgeois, „die durch eine locker gefügte Handlung verbunden, den Ablauf des Ganzen vorwärtstrieben und die einzelnen Bilder interpretierten" (ebd. 62). Sie betraten die Bühne in einem lauten Streit aus der Mitte des Publi-kums und verkörperten das Thema (Klassenkampf). Damit hatte Piscator einen Typus der politischen R kreiert, der in der Weimarer Republik vor allem in Spieltrupps des Kommunistischen Jugendverbandes (KJVD) fortgesetzt wurde (vgl. Hoffmann u.a. 185ff.). Hier wurde die soziale Typage erweitert (Junker, General, Pfaffe) und ein optisches, verkürzendes Signalement ganz im Sinne der ‚Schaubude' bevor-zugt.

Schon um 1900 hatte es ein (an Paris orientiertes) R-theater in Berlin gegeben (*Metropoltheater*), dessen Dra-maturgie einem thematischen Jahresrückblick verpflich-tet war. Darin wurden Schauplätze, Ereignisse, Perso-nen, Bildungsgüter als optische Versatzstücke ironisch ‚revuesiert'. Es gab bunte, belebte Aufzüge, Kostüm-schau, schnellen Wechsel der Orte und Milieus, aus-giebigen Einsatz des Balletts (vgl. Schneidereit 134ff.). Nach dem 1. Weltkrieg ist ein sprunghaftes Anwach-sen von R-produktionen in europäischen Metropolen wie auch in Nordamerika zu beobachten. Mochten die R ursprünglich nationale Besonderheiten besessen haben, spielten diese nun inhaltlich keine Rolle mehr. Resultat dieser Entwicklung war, dass die R „ohne viel Änderung und Zutat unter den Hauptstädten der Erdkugel ausgetauscht werden" (Kutscher 130) konn-te. Dieser Umbau der R zu einer international standar-disierten Form des bürgerlichen Unterhaltungstheaters illustriert auch Auswirkungen der Internationalisie-rung von Kapitalprozessen auf das Geschäftstheater. Gleichzeitig sind die auf die ‚reine' Schau gestellten R der 1920er Jahre Ausdruck des von der Großstadt geprägten Umbaus der Wahrnehmungsweisen. Den neuen sinnlichen Oberflächen (Straße, Warenhaus, Kino usw.), dem visuellen Erscheinungsbild der Dinge, den neuen Geschwindigkeiten musste eine „Alphabetisierung" des Sehens folgen, die die „anschwellenden Wirklichkeiten" (Léger 124) bewältigen helfen konnte. Die arrangierte Warenwelt, die eine schnelle → Rhetorik des Reizes entwickelt hatte (die „gewaltige Bühnenregie des Lebens", Léger ebd.), fand ihre Entsprechung in den R-produktionen von Erik Charell, Hermann Haller und James Klein. Titel wie *Schön und schick* („eine Revue vom Auto und seinen Chauffeuren und Fahrgästen"), *An alle* und *Achtung Welle 505* verweisen auf ein Massenpublikum, das von dem Spektakel vor allem der Ausstattung angezogen werden sollte. Zu den stereotypen Gestaltungsmitteln dieser R gehörten die aus der amerikanischen Praxis tradierten Girl-Truppen (z. B. die *Tiller Girls* der Haller Revuen), die, in ihrer uniformen Ausstaffierung, den „Massenartikel in das Triebleben des Großstädters eingeführt" (Benjamin 87) haben. Die Zurschaustellung schöner Oberflächen, der unbekümmerte ‚Verbrauch' von Formen, Inhalten, Milieus in thematischer Zurichtung auf ein Massenpublikum hat ausgangs der 1920er Jahre zu einem (von Kritikern zeitig diagnostizierten) Ende dieser Form geführt (vgl. Léger 130).

R-formen in ihrer Bewegtheit, Verwandlungsfähigkeit, Virtuosität, Improvisationskraft und Bildhaftigkeit sind von vielen Theaterpraktikern und -theoretikern als vielfältige Verfahren bereitstellende Gattung gewürdigt worden. Besonders nachdrücklich haben Walter → Benjamin und Bernhard Reich die R als Modernisierungsmedium gefeiert. Am Beispiel einer fiktiven Londoner *Hamlet*-Aufführung im Jahr der ‚Erstaufführung' stellen sie auch Shakespeare in die R-tradition: „Eigentlich sind das alles ja keine Stücke, sondern nur zwei oder drei handlungsführende Hauptszenen, um diese sind dann eine Reihe von Einlageszenen gruppiert [...]. Im übrigen treibt in ihnen der Schauspieler sein Wesen und der Dichter ist abgesetzt." (Benjamin u.a. 170ff) Damit sei auch eine Freiheit des Zuschauers verbürgt, der nach Belieben kommen und gehen kann und seine ‚Glanznummer' favorisiert. Die rhetorische Frage ihres gemeinsamen Aufsatzes *Revue oder Theater* wird ganz eindeutig zugunsten der R beantwortet.

Benjamin, Walter: Das Paris des Seconde Empire bei Baudelaire. Berlin 1971; Ders./Reich, Bernhard: Revue oder Theater. In: Brauneck, Manfred (Hg.): Theater im 20. Jahrhundert. Reinbek 1986; Brecht, Bertolt: Über das Volksstück. In: Berliner Ensemble. Helene Weigel (Hg.): Theaterarbeit. Berlin, Frankfurt a. M. 1961; Fiebach, Joachim: Theater in Afrika. Berlin 1986; Hoffmann, Ludwig/ Hoffmann-Ostwald, Daniel: Deutsches Arbeitertheater 1918–1933. Berlin 1972; Huang Hung: Das chinesische Theater. In: Kindermann, Heinz (Hg.): Fernöstliches Theater. Stuttgart 1966; Jaquot, Jean: Vorstellung. Rahmen und Ziele einer Forschung. In: Les Fêtes da la Renaissance, Bd. 3. Paris 1975; Klemperer, Victor: Geschichte der französischen Literatur im 18. Jahrhundert. Halle 1966; Klingler, Oskar: Die Comédie Italienne in Paris nach der Sammlung Gherardi. Dissertation. Zürich 1901; Kutscher, Arthur: Grundriß der Theaterwissenschaft. München 1936; Léger, Fernand: Conférence über die Schaubühne. In: Einstein, Carl/Westheim, Paul (Hg.): Europa Almanach. Potsdam 1924; Majakowski, Wladimir: Das Schwitzbad. Berlin 1982; Ders.: Mysterium buffo. Leipzig 1963; Meyerhold, Wsewolod: Balagan. In: Meyerhold, Tairow, Wachtangow. Theateroktober. Leipzig 1967; Piscator, Erwin: Das politische Theater. Berlin 1968; Schneidereit, Otto: Berlin, wie es weint und lacht. Berlin 1972.

CHRISTA HASCHE

→ Arbeitertheater – Fragment – Freies Volkstheater – Geselligkeit – Theater als öffentliche Institution – Theaterhistoriographie

Rezensionen von theaterpädagogischen Aufführungen

Ein mangelndes Interesse an thp Aufführungen durch eine kritisch-vermittelnde Öffentlichkeit (Presse) lässt sich nicht feststellen. Im Überblick sind zwei Haupttendenzen im Rezensionswesen der regionalen Presse auszumachen: (1.) Lokalredaktionen produzieren eher reportagenhafte Berichte, die sich aber selten wertend mit der → Gruppe oder dem zu besprechenden → Projekt auseinandersetzen. Oder (2.) die Kulturredaktionen senden freie Mitarbeiter, die – wenn sie es überhaupt tun und sich nicht hinter die Inhaltlichkeit des ‚Was hat stattgefunden?' zurückziehen – die gesehene Aufführung nach künstlerischen Kategorien bewerten. Dabei liegt die Gefahr nahe, dass dabei unbewusst die Wertungskriterien für das professionelle Theater auf dieses Genre übertragen werden, ohne dabei die thp Voraussetzungen des jeweiligen Projekts zu reflektieren. Beide Formen der Berichterstattung lassen Spielleiter und ihre → Ensembles oft unbefriedigt. Im ersten Falle, in dem auf eine Wertung des Gesehenen verzichtet wird, erscheint die eigene Arbeit zu wenig gewürdigt; im zweiten – besonders, wenn Defizite in der künstlerischen Umsetzung wahrgenommen werden – erscheint in den Rezensionen der thp ‚Projektgedanke' zu wenig berücksichtigt. Zwei Argumentationsfiguren werden dabei von den Spielleitern benutzt: Auf der Ebene der Rollenerarbeitung wird immer wieder darauf verwiesen, dass man sehen müsse, welche Fortschritte mit den Spielern im Verlauf eines Probenprozesses bis hin zur Aufführung erreicht worden seien. Auf der Ebene des Projekts werde von den Kritikern zu wenig berücksichtigt, dass man doch den Entstehungsprozess in die Rezension miteinbeziehen müsse. So berechtigt diese Kritik auch aus thp Sicht erscheint, so zeichnet sich doch darin auch ein Defizit in deren Überlegungen über den Status einer Aufführung ab. Denn in diesen Argumentationsfiguren spiegelt sich zugleich der prinzipielle Dualismus thp Arbeit zwischen projekt- oder produktbezogener Arbeit. Eine Aufführung nimmt aber grundsätzlich den Status eines Produkts an, in dem das ‚Projekt' aufgehoben ist, zumal, wenn es über den Rahmen der Institution hinaus eine Öffentlichkeit erreichen will. Damit entfällt der Schirm eines pädagogischen Schutzraums und ästhetische Wertungskriterien können angewandt werden.

Es scheint innerhalb der thp Szene zu wenig Bewusstsein darüber zu bestehen, dass auch eine thp Aufführung – insbesondere, wenn veröffentlichte Theatertexte inszeniert werden – innerhalb einer Aufführungstradition situiert ist, d. h. ihre Konzeption innerhalb einer Geschichte von professionellen und thp Aufführungen (insbesondere auch des → Schultheaters) steht. Damit können die berühmten W-Fragen des Was, Wie und Warum in Anwendung gebracht werden, im übrigen Fragen, die jeder Theaterpädagoge für seine Arbeit zum Maßstab verantwortlichen Handelns macht.

Andererseits wird jeder Rezensent, der seine Tätigkeit ernst nimmt, sich fragen, inwieweit sich in der zu besprechenden Aufführung die Lebenswirklichkeit der Spielenden widerspiegelt. Mit dieser Fragestellung ist impliziert, dass weniger die einzelne → Rollenarbeit im Zentrum einer thp Rezension steht. Allerdings findet sich in einer großen Anzahl von Kritiken – insbesondere von Jugendclubaufführungen – gerade eine solche professionelle Schauspielerkritik. Nicht zufällig spiegeln sich in dieser auch die Intentionen ihrer thp Macher, die in ihrer Arbeit professionelle Maßstäbe anlegen, wie sich insbesondere in Produktionen zeigt, die mit gezielten Castings eine typengerechte Besetzung anstreben.

Aufführungen hingegen, die nicht vom künstlerischen Ehrgeiz ihrer Macher geprägt sind, gehen von der Gruppe der Spielenden selbst aus. Hier steht der kollektive Spielprozess im Zentrum. Für einen Rezensenten sind solche Aufführungen insofern ‚schwerer'

zu besprechen, als er nachspüren muss, wie die Gruppe zu ihrem Thema gekommen ist. In dieser Fragestellung spiegelt sich nicht nur die Suche nach der → Authentizität der gewählten Themen und Formen, d.h. in wie weit sich in der Aufführung die wirklichen Interessen und Erfahrungen der Spieler spiegeln, sondern ebenso, in wie weit in der Aufführung die Integration des einzelnen Spielers in die Gruppe geglückt ist. Für diese thp Form der Theaterarbeit ist es dabei gleichgültig, ob ein Stück oder ein selbst entwickeltes Projekt zur Aufführung kommt: In beiden Fällen steht die Frage nach dem Arbeitsprozess im Zentrum. Da aber ein Rezensent nicht an diesem Probenprozess teilhaben kann, sondern das ‚Produkt' zu besprechen hat, bleibt ihm häufig nur übrig, sich entweder auf eine Kritik der Konzeption zu konzentrieren oder aber sich auf eine Beschreibung der gewählten Formen – oft thp Übungsfolgen, die der Aufführung eine Form geben – und Texte zu beschränken und nur dort eine Wertung einzuschieben, wo offensichtlich eine Gruppe von ihrem Spielleiter über- oder unterfordert oder die Aufeinanderfolge thp Spielformen dramaturgisch mangelhaft miteinander verknüpft wurde.

Gleichgültig, ob als Abfolge revuehaft strukturierter Szenen oder ob als auf die Möglichkeiten der Gruppe zugeschnittene Adaption eines Stücks, vermitteln die in der Gruppe selbst entwickelten Projekte sich innerhalb der medialen Strukturen des Theaters: Texte, Licht, → Bewegung, musikalische und visuelle Strukturen prägen auch thp Aufführungen. Zu wenig wird dabei oft die dramaturgische Verknüpfung verschiedener Textsorten und thp Ausdrucksformen reflektiert. Aber selbst, wo ein Projekt sich in der Abfolge assoziativ strukturierter Szenen organisiert, muss ja die Spannung und das Interesse des Publikums auf das ‚Produkt' gerichtet und damit eine Art dramaturgischer Leitfaden gesponnen werden – und hier tun sich in der Tat kritikwürdige Punkte auf, die darauf zurückzuführen sind, dass der Transfer von der Selbsterfahrung einer Gruppe zu einer geformten Geschichte für den Zuschauer nicht gelingt. Sicher muss hier nun konstatiert werden, dass die Mehrzahl der Rezensionen thp Aufführungen in der Regionalpresse gar nicht erst zu diesen Fragestellungen vordringt, sondern sich hinter der Beschreibung von Inhalten versteckt.

Aber auch hier gilt, ähnlich den Erfahrungen der → Kinder- und Jugendtheater, dass Theaterpädagogen nicht nur ihr Publikum, sondern auch ihre Kritiker erziehen können – durch die Kontinuität ihrer Arbeit und durch informierende Hintergrundberichte. Dabei ist nicht zu übersehen, dass das Theaterrezensionswesen in der regionalen Presse allgemein reduziert wird. Oft werden nur noch vierzig bis sechzig Druckzeilen für eine Inszenierung von den Redaktionen zur Verfügung gestellt, ein Platz, der kaum genügen kann, alle aufgezeigten Fragestellungen zu berücksichtigen (aber dies betrifft nicht nur thp Aufführungen, sondern das Theater allgemein). In der überregionalen Presse finden sich kaum Berichte über thp Aktivitäten. In den Fachzeitschriften hingegen lassen sich oft zusammenfassende Berichte über Theatertreffen (Theatertreffen der Jugend, Schultheater der Länder, Bundestreffen der Jugendclubs) lesen, in denen neben der Besprechung von einzelnen Aufführungen zugleich grundsätzliche Fragen thp Diskussion aufgegriffen werden.

Jahnke, Manfred: Lassen sich Jugendclub-Aufführungen rezensieren? In: Ders.: Kinder- und Jugendtheater in der Kritik. Frankfurt a. M. 2001.

MANFRED JAHNKE

→ Jugendclubs an Theatern – Prozess und Produkt – Recherche – Rhetorik – Texte und Autoren – Theaterarbeit in sozialen Feldern

Rezeptionsforschung

R hat ihre Bedeutung in den 1940er Jahren in den USA und in den 1960er Jahren in der BRD im Rahmen der Medienwissenschaften erlangt. Sie stellt die methodisch kontrollierte Untersuchung der sinnlichen Wahrnehmung und kognitiven/emotionalen Verarbeitung medialer Angebote durch eine definierte Rezipientengruppe dar. Im Unterschied zu den Medienwissenschaften blieb es bisher bei vereinzelten Versuchen der → Theaterwissenschaft, die Aufführung als ‚Objekt einer dritten Welt' (Popper) zu untersuchen, also als Verarbeitungsleistung des Zuschauers, in der der theatrale Vorgang seine Identität erhält und verändert. Obwohl seit Ende der 1960er Jahre der Zuschauer in den Definitionshorizont der Theatertheorien rückte, fand er allenfalls in theatergeschichtlichen Studien (vgl. Fischer-Lichte) oder als impliziter Zuschauer theoretisches Interesse (als ‚primärer Spieler' vgl. bei Wekwerth oder im Sinne der Rezeptionsästhetik der Konstanzer Schule – vgl. Pavis). Als empirischem Zuschauer blieb ihm die Aufmerksamkeit der Wissenschaft bisher weitgehend versagt, und dies trotz der Tatsache, dass keine der traditionellen Kunstgattungen in ihren Produktionszusammenhängen so unmittelbar an ihren Adressaten gebunden ist wie das Theater. Diese Zurückhaltung erklärt sich aus der Sache selbst: Die Erforschung der geistig-emotionalen

Aktivität des Zuschauers gehört nicht in den unmittelbaren Gegenstandsbereich der Theater-, sondern in den der Sozialwissenschaft(en) und der Psychologie. Nur im interdisziplinären Austausch mit diesen Bezugswissenschaften kann R ihre methodologischen Implikationen und ihre methodischen Instrumentarien entwickeln. Solche Grenzüberschreitungen hat die Theaterwissenschaft bisher kaum unternommen.

Empirische R im engeren Sinne ist abzugrenzen von der historisch oder soziologisch orientierten Publikumsforschung. Erstere fragt nach der Veränderung des Publikumsverhaltens im Laufe der → Theatergeschichte. Letztere erhebt soziodemografische Daten zur Publikumsstruktur. Die umfangreichsten soziologischen Studien kamen bisher aus dem von Roger Deldime geleiteten Zentrum für Theatersoziologie in Brüssel und der Theaterhochschule ‚Hans Otto' Leipzig in Verbindung mit dem Institut für Jugendforschung Leipzig.

Bereits in den frühen 1970er Jahren setzte der Münchner Theaterwissenschaftler Heribert Schälzky in einer Art Laboruntersuchung unterschiedliche Messverfahren ein, um die intuitiv-affektiven Verarbeitungsleistungen des Zuschauers mit ‚objektiven' Methoden zu erfassen. Diese Versuche wurden insbesondere von Vertretern der geisteswissenschaftlichen Hermeneutik in Zweifel gezogen.

Ebenfalls in den 1970er Jahren wurde an der Österreichischen Akademie der Wissenschaften ein Institut für Publikumsforschung gegründet, das historische, methodologische und experimentelle Ansätze der Zuschauerforschung systematisch überprüfte, weiterentwickelte und Ergebnisse der internationalen Forschung in zwei Symposien (Venedig 1975, Wien 1976) der Fachöffentlichkeit vorstellte (vgl. Kindermann 1977). An der Wiener Universität ist das 1945 gegründete Institut für Theater-, Film- und Medienwissenschaften ansässig, das empirische Forschungsschwerpunkte einzelner Mitarbeiter unterstützt.

In den am Theaterwissenschaftlichen Institut der Universität Amsterdam (Leitung Henri Schoenmakers) initiierten empirisch-theoretischen Studien und in dem 1981 ins Leben gerufenen Forschungszentrum des Theaterwissenschaftlichen Instituts der Universität Stockholm (Leitung Willmar Sauter) wurden unterschiedliche quantitative und qualitative Verfahren zur Erfassung des theatralen Kommunikationsprozesses entwickelt, die auf die Analyse des spezifischen theaterästhetischen Urteils des Zuschauers gerichtet sind und damit auf die Entwicklung eines Theatralitätsbegriffs, der Hermeneutik, Semiotik und Empirie verknüpft.

Über die Verbindung von soziologischen und rezeptionspsychologischen Erhebungen richten sich die in den 1970er/1980er Jahren durchgeführten Leipziger Studien (vgl. Dreßler; Dreßler u. a.) auf pädagogisch intendierte Fragestellungen: Wie kann mittels der Erkenntnisse über theatrale Rezeptionsprozesse der Kunstsinn, die ‚Zuschaukunst' eines breiten (auch bildungsfernen) Publikums gefördert werden?

Ein Forum zur Diskussion rezeptionstheoretischer und -psychologischer Forschungsprojekte im Bereich des Theaters ist die ICRAR (International Committee for Reception and Audience Research, eine Unterorganisation der University Commission of the International Federation for Theatre Research; gegr. 1955) und die Fachgruppe Rezeptionsforschung in der Deutschen Gesellschaft für Publikums- und Kommunikationswissenschaft.

Die im Rahmen der ThP angesiedelte R war ein Spezifikum des DDR-Kinder- und Jugendtheaters. Im Ost-Berliner ‚Theater der Freundschaft' wurde seit Beginn der 1970er Jahre unter Leitung von Kristin Wardetzky systematisch und langfristig das Rezeptionsverhalten von Kindern und Jugendlichen in umfangreichen Studien erforscht. Basierend auf dem spieltheoretisch begründeten Konzept vom aktiven Zuschauer, von der Rezeption als kreativem Prozess, wurden spezielle quantitative und qualitative, insbesondere auch projektive und non-verbale, aus der Psychodiagnostik abgeleitete Verfahren entwickelt und eingesetzt. Neben dem Erfassen der Reaktion auf eine konkrete Inszenierung ging es um die Erforschung von allgemeinen Gesetzmäßigkeiten der kindlichen Theaterrezeption, der Langzeitwirkung von Theatererlebnissen und der lebensweltlich erworbenen Erfahrungen der jungen Zuschauer, die den Rezeptionsprozess (mit) konstruieren. Die Anlage der Untersuchungen musste dem Alter des jeweiligen Publikums entsprechen wie auch den Besonderheiten der zu untersuchenden → Inszenierung. Gleichzeitig hatte sie strenge sozialwissenschaftliche Forschungsstandards zu erfüllen, und die Ergebnisse mussten innerhalb des Künstlerensembles so vermittelt werden, dass sie zur Quelle der Inspiration für neue Theatervorhaben werden konnten. Die Reichweite und die den künstlerischen Prozess befruchtenden Potenziale dieser Untersuchungen waren gebunden an das spezifische Theatersystem der DDR: Die → Ensembles arbeiteten über einen längeren Zeitraum zusammen, die Fluktuation war gering (was auch zu Stagnation und Überalterung führte), die Spielleiter hatten die Möglichkeit, über längere Zeit ein Ensemble künstlerisch zu formen, eine bestimmte

Ästhetik zu entwickeln und bestimmte Spielplanlinien auch experimentell zu erproben.

Mit der Veränderung der Theaterlandschaft wurde die thp R zu einer marginalen Erscheinung, realisiert im Rahmen kleinerer Projekte, die keine nennenswerte Aufmerksamkeit über das jeweilige Spielensemble hinaus fanden (unveröffentl. Untersuchungen von Bettina Groß im carrousel-Theater Berlin; Marianne Brentzel/Silvia Kühnel am Kinder- und Jugendtheater Dortmund; eine von Martin Selge betreute Untersuchung zu *Krabat* am Theater Aalen; Mira Sack).

Charlton, Michael/Barth, Michael: Interdisziplinäre Rezeptionsforschung. Ein Literaturüberblick. Freiburg 1995; Deldime, Roger/Pigeon, Jeanne: La memoire du jeune spectateur. Bruxelles 1988; Dreßler, Roland: Zur Rezeptionsforschung der Theaterwissenschaft. In: Material zum Theater, Nr. 130, Berlin 1980; Ders./Wiedemann, Dieter: Von der Kunst des Zuschauens. Berlin 1986; Fischer-Lichte, Erika: Die Entdeckung des Zuschauers auf dem Theater. Paradigmawechsel auf dem Theater des 20. Jahrhunderts. Tübingen, Basel 1997; Kindermann, Heinz: Das Theater und sein Publikum. Referate der Internationalen theaterwissenschaftlichen Dozentenkonferenzen in Venedig 1975 und Wien 1976. Wien 1977; Kirschner, Jürgen/Wardetzky, Kristin: Kinder im Theater. Dokumentation und Rezeption von Heleen Verburgs ‚Winterschlaf'. In: Schriftenreihe der Bundesvereinigung Kulturelle Jugendbildung, Bd. 25. Frankfurt a. M. 1993; Pavis, Patrice: Semiotik der Theaterrezeption. Tübingen 1988; Rössler, Patrick/Hasebrink, Uwe/Jäckel, Michael (Hg.): Theoretische Perspektiven der Rezeptionsforschung. München 2001; Sack, Mira: Weiter-Spielen als produktive Form der Theaterrezeption. In: Neuß, Norbert (Hg.): Ästhetik der Kinder. Interdisziplinäre Beiträge zur ästhetischen Erfahrung von Kindern. Frankfurt a. M. 1999; Sauter, Willmar (Hg.): New Directions in Audience Research. Advances in Reception and Audience Research 2. Utrecht 1988; Schälzky, Heribert: Empirisch-qualitative Methoden in der Theaterwissenschaft. München 1980; Schoenmakers, Henri (Hg.): Performance Theory – Reception and Audience Research 1–3. Utrecht 1986; Ders.: The Spectator in the Leading Role: Developments in Reception and Audience Research with Theatre Studies: Theory and Research. In: Sauter, Willmar (Hg.): Nordic Theatre Studies: Special International Issue. New Directions in Theatre Research. Proceedings of the Xth FIRT/IFTR Congress. Stockholm 1990; Wardetzky, Kristin: Psychologisch-pädagogische Untersuchungen zur Aneignung von Theater durch Kinder der Klassen 2 bis 8. Dissertation A. Humboldt Universität zu Berlin 1983; Wekwerth, Manfred: Theater und Wissenschaft. Berlin 1972; Winter, Rainer: Der produktive Zuschauer. Medienaneignung als kultureller und ästhetischer Prozeß. München 1995.

KRISTIN WARDETZKY

→ Amateurtheater – Recherche – ZuschauSpieler

Rhetorik

Die R erlebte ihre erste Hochphase in der sophistischen Aufklärung (Protagoras, Gorgias, Isokrates), die die Rede als ein in gesellschaftlichen Figurationen universell einsetzbares Mittel ansah. Die Sophisten entwickelten erste Argumentationstechniken. Dagegen sah Platon in der sophistischen R eine bloße Scheinkunst, die zur Wahrheitsfindung untauglich sei. Mit seinem Verdikt gegen die R lieferte er die Grundlage jeglicher Kritik an R bis in die heutige Zeit. Widersprochen wurde ihm von seinem Schüler Aristoteles, der R als gleichberechtigtes Gegenstück zur philosophischen Dialektik behandelte und das bis heute wichtigste Lehrbuch schrieb, in dem die Prinzipien rhetorischer Argumentation erläutert werden.

Zeugnisse über die weitere Entwicklung der R haben wir erst wieder aus der römischen Zeit, seit ca. 90 v. Chr. Das älteste − nach seinem Adressaten benannte − erhaltene Lehrbuch *Rhetorica ad Herennium* behandelt die Produktionsstadien und Hauptgattungen der Rede. Mit den Lehrgebäuden von Cicero und Quintilian, die den Redner und seine sprachlichen Qualitäten in den Vordergrund stellen, wird die R neben der Philosophie zum „wirkungsmächtigsten Bildungssystem der europäischen Geschichte umgestaltet" (Ueding 2002, 8).

Im christlichen Mittelalter wird die R für die Bibelauslegung und Predigtlehre rezipiert (v. a. Augustinus *De doctrina christiana*); in den Zeiten von Renaissance und Humanismus prägte sie das gesamte gesellschaftliche Leben einschließlich Schule und Universität. Zur Zeit der Aufklärung entstanden muttersprachliche Lehrbücher und damit national differenzierte Ausrichtungen der R. Mit der Französischen Revolution und der Entwicklung einer kritischen Publizistik wurde der Schwerpunkt wieder auf die politische Bedeutung gelegt. Bis heute nicht geklärt sind die Gründe für ihren Verfall Ende des 18. Jhs.

Als wissenschaftliche Disziplin erlebt sie in den 1930er Jahren im angloamerikanischen Bereich (new rhetoric) einen neuen Aufschwung, in den 1950er Jahren im französischen und erst ab 1960 im deutschsprachigen Bereich. Mittlerweile gibt es ein Interesse an R in allen wissenschaftlichen Bereichen, gilt sie „als eine auf Beobachtung und Reflexion gegründete Erfahrungswissenschaft, die […] zwar keine Erkenntnis vermittelt, dafür aber eine von allen Wissenschaften in Anspruch genommene Disziplin der sprachlichen Kommunikation ist" (Ottmers 6).

R meint die Theorie und Praxis der menschlichen Beredsamkeit in ihren mündlichen, schriftlichen und durch Medien vermittelten Formen. Dass sie sowohl Theorie als auch praktische Redekunst ist, wird gekennzeichnet durch die Begriffe Theorie und Angewandte R, die zusammen die Allgemeine R bilden. „Als wissenschaftliche Disziplin beschäftigt sich die Rhetorik mit der Analyse sprachlicher oder der Sprache analoger Kommunikation (körperlicher Beredsamkeit), die wirkungsorientiert, also auf die Überzeugung des Adressaten hin ausgerichtet ist (persuasive Kommunikation)." (Ueding 2002, 1)

Ihr sytematisches Prinzip beruht auf den Stadien der Rede: In der Inventio geht es um die Zuordnung zur Redegattung und das Auffinden der Argumente (Topik). Gegliedert wird der Stoff in der Dispositio; Hilfe bietet hier die Lehre von den vier Redeteilen (exordium, narratio, argumentatio, conclusio). Im dritten Stadium, der Elocutio, werden stilistische Fragen behandelt, also etwa Figuren, Tropen, Sprachrichtigkeit und Angemessenheit. Auch hier hat die R umfangreiche Theorien entwickelt. Im Stadium der Memoria wird die Rede mittels mnemotechnischer Regeln eingeprägt, um schließlich in der Actio durch Mimik, Gestik und Sprechtechnik verwirklicht zu werden.

Ein breites Publikum verbindet mit R den Bereich der Schulungen und Trainings, die zumeist auf niedrigem wissenschaftlichen Fundament aufbauen. Entscheidender für die Entwicklung der R ist ihre Bedeutung in der rhetorischen Argumentationstheorie in der Jurisprudenz und der Philosophie, die Adaption der Topik und der Textinterpretation in der Literaturwissenschaft, die Entwicklung einer R der Massenmedien, das Verständnis als Bildungssystem und Theorie wirkungsbezogener → Kommunikation in der Tübinger R und innerhalb der Theorie und Praxis der mündlichen Kommunikation in der Sprechwissenschaft.

Knape, Joachim: Was ist Rhetorik? Stuttgart 2000; Ottmers, Clemens: Rhetorik. Stuttgart, Weimar 1996; Ueding, Gert: Klassische Rhetorik. München 2000; Ders.: Moderne Rhetorik. München 2000; Ders.: Was ist Rhetorik? http://www.uni-tuebingen.de/Rhetorik/definition/rhetorik.htm. 07.02.2002.

FRANCESCA VIDAL

→ Dramaturgie − Erzähltheater − Geste − Kommunikationstraining − Medien / Medium − Sprechen − Sprecherziehung − Unternehmenstheater

Richard, Jörg

Geb. 1942. Dr. phil. Professor für Kulturwissenschaft an der Universität Bremen. In den 1970er Jahren Theaterpädagoge am Westberliner Grips-Theater. Aktuelle Forschungs- und Arbeitsschwerpunkte sind Kulturarbeit und -politik, Theatertheorie und zeitgenössisches → Kinder- und Jugendtheater, für das er auch Stücke schreibt.

Kulturarbeit machen. Kulturbegriff, Jugendkultur, Kulturpolitik, Animation, kulturelle Sozialarbeit, Kulturpädagogik, Kultur selber machen, Theaterarbeit. Regensburg 1984. Richard, Jörg (Hg.): Theaterpädagogik und Dramaturgie im Kinder- und Jugendtheater. Dokumentation zur internationalen Tagung der ASSITEJ e.V. in Bremen 1989. Frankfurt a. M. 1990; Ders. (Hg.): Kindheitsbilder im Theater. Frankfurt a. M. 1994; Ders. (Hg.): Jugend-Theater. Frankfurt a. M. 1996; Ders. (Hg.): Theater im Generationenverhältnis. Frankfurt a. M. 1999.

GABI BEIER

Ritter, Hans Martin

Geb. 1936. Studium der Musik, Germanistik, Theaterwissenschaft und Sprecherziehung. Theaterarbeit mit Schülern und Studierenden. Auseinandersetzung mit → Brechts → Lehrstück. Eigene künstlerische Tätigkeit u. a. als Pianist, Sänger, Schauspieler und Bühnensprecher. R ist Mitinitiator der Modellversuche Künstler und Schüler und gehört zu den Mitbegründern der ThP in Deutschland. Lehrte seit 1973 an der PH Berlin (später HdK/UdK), später Professor an der Hochschule für Musik und Theater Hannover. Arbeitsschwerpunkte: → Sprecherziehung, die er als Körperarbeit begreift, indem er konsequent das Prinzip der Einheit von Sprech- und Körperaktion verfolgt, sowie das → Theaterlied.

Ausgangspunkt: Brecht. Versuche zum Lehrstück. Recklinghausen 1980; Spiel, Theater, Animation. Berlin 1984; Das gestische Prinzip bei Bertolt Brecht. Köln 1986; Wort und Wirklichkeit auf der Bühne. Münster 1997; Sprechen auf der Bühne. Ein Lehr- und Arbeitsbuch. Berlin 1999; Der Schauspieler und die Musik. Szenisches Lied, Bühnenlied, Melodram. Ein Lehr- und Arbeitsbuch. Berlin 2001. Ritter, Hans Martin (Hg.): Spiel- und Theaterpädagogik. Ein Modell. Berlin 1990; Ders./Bruckner, Frank/Richard, Jörg: Die gemeinsame Vorphase des Modellversuchsprogramms Künstler und Schüler. Bericht über Konzeption, Planung, Durchführung und Ergebnisse eines vom 22. November 1976 bis zum 31. Januar 1977 dauernden Kompaktseminars für 35 Künstler in der Akademie Remscheid für Musische Bildung und Medienerziehung. Bonn 1978.

GABI BEIER

Ritual

Das Feld der Phänomene, die man unter der Bezeichnung und dem Begriff R fassen kann, *genau* definierend zu umgrenzen, ist, wie die zahlreiche Versuche der letzten Jahrzehnte zeigten, praktisch unmöglich. Es gibt lediglich ein, auf einer hohen Abstraktionsebene liegendes, wesentliches Merkmal, das Erscheinungen ‚ritualer Art' gemeinsam haben: Sie sind Vorgänge, ein Tätigsein, ein Durchführen, Fälle des ‚Performativen', um die heutige Diskussionen kreisen, Praktiken (vgl. Bell) oder Handlungen (*action*, vgl. Humphrey u. a.), und in diesem Sinne wohl immer auch ein Machen von etwas. Das gilt auch für die unübersehbare Menge all jener höchst *banalen* alltäglichen und öffentlich-kommunikativen Verrichtungen, die man umgangssprachlich vergröbert R nennt – *stereotyp wiederholte* Tätigkeiten wie das morgendliche Zähneputzen, die ständige Wagenwäsche manischer Autobesitzer oder das immer wieder gleiche folgenlose Daherreden wichtigtuerischer Politiker. Auf diese Erscheinungen und Kriterien ihrer Ausgrenzung aus der Menge ‚ritueller Aktivitäten' wird hier aber nicht weiter eingegangen. Es geht um den sehr weiten Bereich von Vorgängen, die wichtig für die Strukturierung und Bewegung je historisch konkreter Lebenswelten und gesellschaftlicher Gefüge sind und die man unter der Bezeichnung R gruppiert und erklärt.

Für solche Phänomene dürfte, jeweils abgewandelt, gelten, dass sie eine relativ besondere *Produktion* sind in dem Sinn, wie Claude Lévi-Strauss das Verhältnis zwischen dem *mythischen Denken* und *seines entsprechenden R* kennzeichnete. Indem das R → Gesten und Gegenstände verwendet, konnotiere es ein Ideen- und Vorstellungssystem. Es vollziehe nicht Gesten, handhabe nicht Gegenstände wie im täglichen Leben, um praktische Ergebnisse zu erzielen, die aus Kettenoperationen entstehen, sondern ersetze vielmehr ihren analytischen Ausdruck durch die Gesten und die Dinge selbst. So spreche das R sehr viel (vgl. Lévi-Strauss 789). Lévi-Strauss betont das kulturelle *Produzieren*. Das R entspreche „unmittelbar weder der Welt noch selbst der Erfahrung der Welt; es entspricht der Art und Weise, wie der Mensch die Welt denkt" (Lévi-Strauss 800).

Was aber unterscheidet nun R von anderen Produktionen oder Handlungen dieser Art? Und *inwieweit* und *wie* ‚sagen' sie etwas, sind daher kommunikative Tätigkeiten mit zumindest einer potenziell semantischen und referentiellen Dimension? Die Antworten auf diese Fragen sind teilweise äußerst unterschiedlich. Das ist bedingt durch die Ambivalenz jener Praktiken, die als R zu nehmen wären. Mit ihnen verbindet sich die Vorstellung einer Aktion, die in verschiedenen Abständen (Zeiten) in der selben oder wenig veränderten Grundstruktur verläuft – eben rituell. Frühere Deutungsversuche betonten deshalb, R würden immer wieder auf die gleiche Weise ausgeführt. So wären sie eine sehr konservative, das Immer-Gleiche bewahrende Praxis, im Gegensatz zu Produktionen, die gerade darauf zielen, innovativ zu sein. Besonders ausgeprägt manifestierten das die im weiteren Sinn mythisch-religiös-magischen Tätigkeiten als bestimmende Kräfte vormoderner Gesellschaften. Sie setzten sich so wesentlich von kulturellen Produktionen einer Moderne ab, für die ständige Veränderbarkeit und das Dynamisch-Innovative charakteristisch sind. Theater-/ Kunstforscher verstehen daher unter R heute oft noch allein stereotyp immer gleich wiederholte sakrale Tätigkeiten wie die Liturgie in christlich geprägten Geschichten und Praktiken wie → Initiationen bzw. den mythisch gedachten und so realisierten Umgang mit Toten in nicht-westlichen traditionellen Gesellschaften. Das ganze Problem „ritual arose as a discrete phenomenon to the eyes of observers in that period in which ‚reason‘ and the scientific pursuit of knowledge were defining a particular hegemony in Western intellectual life" (Bell 6). Es sei, in diesem historischen Kontext, deshalb nicht mehr sinnvoll, am besonderen Konstrukt R festzuhalten, wie Jack Goody argumentierte (vgl. Goody 25ff.).

Auch eine Mehrheit der Anthropologen/Ethnologen betonte bis in die zweite Hälfte des 20. Jhs., dass das ‚Wesen‘/die Funktion von R sei, Gemeinschaft zu bilden bzw. zu festigen und gegebenenfalls soziale Widersprüche, Konflikte, Spannungen zu überwinden und aufzuheben. Nicht zuletzt aber in traditionellen Kulturen können R gerade gesellschaftliche Konflikte und Klüfte öffentlich bloß- und ausstellen und so heftige Auseinandersetzungen zwischen sozialen Kasten und Klassen, den Geschlechtern und den verschiedenen Altersgruppen vorantreiben (vgl. Lincoln). R als Ritualisierung verschiedener Handlungen ist ein Typ/ Prozess kultureller → Performance, in dem sich historisch veränderbare sozialpolitische Beziehungen realisieren, in denen hegemoniale Macht-Situationen als auch soziale Konflikte, Widerstand und Subversion gegen hegemoniale Machtansprüche performativ verhandelt werden (vgl. Lincoln; Bell 216f.; Comaroff u. a.). Desgleichen verändern sich die Formen des R in der Zeit; R werden nicht einfach ohne Umstellungen ihrer Strukturelemente wiederholt. Sie sind daher

weder (nur) streng konservativ, in sich geschlossen, sondern im Prinzip beweglich, veränderbar, offen für anderes und kulturell Neuartiges (generell vgl. Comaroff u. a.; für spezielle Fälle u. a. Biebuyck 84ff.).

Spätestens seit den 1970er Jahren werden nicht nur religiös-mythisch-magische Praktiken, sondern auch ganze Klassen weltlicher sozialer und politischer Tätigkeiten als R behandelt. So sah David L. Kertzer 1988 die generelle Vernetzung von R, Politik und Macht nicht zuletzt im Hinblick auf zeitgenössische politische öffentliche Aktivitäten (vgl. Kertzer; Wilenitz). 1977 argumentierten Sally Moore und Barbara Myerhoff, das religiöse R bewege „die andere Welt, auf diese hier einzuwirken (affect)"; eine säkulare Zeremonie „bewege diese Welt und nur diese Welt". Daher unterlägen den „zwei Darstellungen (performances)" zwei ganz verschiedene Kausalitätserklärungen. „Doch gerade diese Differenz beleuchtet (brings out) eine bedeutende Ähnlichkeit zwischen religiösen und weltlichen R. Beide zeigen das Unsichtbare. Das religiöse R zeigt die Existenz der anderen Welt durch das Vorstellen von Versuchen, sie zu bewegen. Analog dazu zeigt eine weltliche Zeremonie [...] die Existenz gesellschaftlicher Beziehungsgeflechte (die Regierung, die Partei usw.) oder Ideen und Werte, die im Wesen meistens unsichtbar sind. Sie objektiviert [...] sie. Sie stellt Symbole ihrer Existenz aus, und durch implizite Referenz behauptet sie ihre ‚Realität‘ und agiert (enact) diese aus." (Moore u.a. 14; vgl. Hughes-Freeland)

In der weiten Sicht zeigt sich, wie unscharf, bis hin zum Paradoxen, das Begreifen der Phänomene ist, die unter R zu sehen wären. Bemüht, das Spezifische von ritualen Aktionen im Unterschied zu allen anderen zu bestimmen, betonen Caroline Humphrey und James Laidlaw z. B., jede Handlungsart könne ritualisiert werden. Es komme deshalb auf die Art und Weise an, wie Aktionen als R fungieren: „We do not claim that our analysis explains everything about every event and practice which might reasonably called ‚ritual‘. We shall argue below [...] that no useful theory of the whole range of such phenomena is possible, and that the term ‚ritual‘ does not pick out a class of events or institutions in an analytically useful way (although it remains useful as an informal descriptive term). We suggest instead that ritual is a distinctive way in which an action, probably any action, may be performed. Thus a ‚theory of ritual‘ is an account of the transformation of action by ritualization." (Humphrey u. a. 2). R seien Praktiken, die gleichsam als solche objektiv für Subjekte in einer Tradition der Ritualisierung stehen. Individuen (Gruppen) belegen diese mit Intentionen

(Bedeutungen), die nicht unbedingt in dem ritualisierten Handlungsschema selbst enthalten sind. Das Ritualisierte sei ein Vorgegebenes, ein Objekt, dessen Strukturlogik der Praktizierende sich unterwerfe, indem er es selbst mit Deutungen wieder fülle. Die Symbolhaftigkeit sei nicht entscheidend für R.

Genau diese Eigenart betonen die Comaroffs, zugleich wissend, wie fließend die Grenzen zwischen R und anderen Typen bedeutungsgenerierender Tätigkeiten (signifying practice) sind (vgl. Comaroff u. a.).

Von der symbolischen Kraft des R ausgehend, suchen Klaus-Peter Köpping und Ursula Rao das *Spezifische* von Ritualen gegenüber anderen Formen von ‚sygnifying practice‘ auszumachen. Sie sehen es in der transformativen Wirkung, die sich während des und durch das rituale Geschehen (Mit-Machen) für die Teilnehmer/Akteure ergebe. „Die rituelle Performanz bereitet durch die Formalismen des hochreflektierten Handelns [...] eine Transformation vor, die wie rituelle Masken nicht etwa die Wahrheit verdecken oder nur vortäuschen, indem sie sie repräsentieren. Vielmehr wird eine ‚andere‘ Realität zum Vorschein gebracht. Es ist diese andere, nämlich die theatrale oder rituelle Realität, die die ‚wirkliche‘ Welt nicht nur darstellt, sondern *ist*“ (Köpping u.a. 24).

Erfahrungen mit anderen Typen ritualisierter Darstellungen, gerade auch mit ritualen Masken wie im Fall der Egungun-Tätigkeiten der Yoruba, zeigen die Einseitigkeit eines solch allgemein definierenden Ansatzes (vgl. Drewal). Die enorme Unschärfe der Trennlinien zwischen als R gesehenen Vorgängen und anderen Handlungen machte Ronald Grimes in einem ‚Schema‘ anschaulich. Er nannte u. a. folgende Eigenschaften, die jeweils anders oder nur partiell in konkreten R zusammengehen können: „performed, embodied, enacted, gestural“, „dramatic, ludic (playlike)“, „mystical, transcendent, religious (not secular or merely empirical)“, „adaptive, functional (not obsessional)“, „neurotic“ und „conscious, deliberate (not unconscious or preconscious)“ (Grimes 14) – also die ‚widersprechenden‘, höchst differenten Komponenten, die Ritualisierung ausmachen (können).

Grimes und Köpping/Rao sehen, wie andere Spezialisten, die dramatische, spielerische und theatrale Dimension von R. Besonders Richard → Schechner als Theatermacher und -theoretiker sowie Victor → Turner als Anthropologe haben seit den 1970er Jahren die Überschneidungen und generelle Verwandtschaft zwischen Theater, Performance und R zu fassen gesucht und dabei sich zugleich um eine Bestimmung ihrer Differenzen bemüht (vgl. u.a. Schechner 1977; Schechner 1985; Turner 1982; Fiebach). Aus dem Studium *konkreter* Fälle von Ritualisierungen kann die thp Praxis durchaus wichtige Anregungen erhalten. R bzw. ‚rituales Theater‘ können offensichtlich Konzepte und praktische Arbeit von Theaterpädagogen bestimmen, wie der Einfluss der Koteba-Tradition in Mali auf Angelika Wehr-Koitas spieltheoretischen Ansatz zeigt (vgl. Wehr-Koita).

Bell, Catherine: Ritual Theory, Ritual Practice. New York, Oxford 1992; Biebuyck, Daniel: Lega Culture. Art, Intiation, and Moral Philosophy among a Central African People. Berkeley, Los Angeles, London 1973; Comaroff, Jean/Comaroff, John (Hg.): Modernity and Malcontents. Ritual and Power in Postcolonial Africa. Chicago 1993; Drewal, Margaret Thompson: Yoruba Ritual. Performers, Play, Agency. Bloomington 1992; Fiebach, Joachim: Rituale als diskursive Schauspiele des Ambivalenten. In: Mitteilungen aus der kulturwissenschaftlichen Forschung, 1996, H. 37; Goody, Jack: ‚Against Ritual‘. Loosely Structured Thoughts on a Loosely Defined Topic. In: Moore u.a., a.a.O.; Grimes, Ronald L.: Ritual Criticism. Case Studies in Its Practice. Essays on Its Theory. Columbia 1990; Hughes-Freeland, Felicia (Hg.): Performance, Media, Ritual. London 1998; Humphrey, Caroline/Laidlaw, James: The Archetypal Actions Of Ritual. A Theory of Ritual illustrated by the Jain Rite of Worship. Oxford 1994; Kertzer, David L.: Ritual, Politics, and Power. New Haven, London 1988; Köpping, Klaus-Peter/Rao, Ursula: Einleitung. Die ‚performative Wende‘: Leben – Ritual – Theater. In: Dies. (Hg.): Im Rausch des Rituals. Gestaltung und Transformation der Wirklichkeit in körperlicher Performanz. Münster, Hamburg, London 2000; Lévi-Strauss, Claude: Mythologica, Bd. 4/2. Frankfurt a. M. 1990; Lincoln, Bruce: Discourse and the Construction of Society. Comparative Studies of Myth, Ritual, and Classification. New York, Oxford 1989; Moore, Sally F./Myerhoff, Barbara G. (Hg.): Secular Ritual. Amsterdam 1977; Schechner, Richard: Essays on Performance Theory 1970–1976. New York 1977; Ders.: Between Theater and Anthropology. Philadelphia 1985; Turner, Victor: From Ritual to Theatre. The Human Seriousness of Play. New York 1982; Wehr-Koita, Angelika: Koteba – Kreis der Schnecke. Darstellung eines traditionellen afrikanischen Kotebatheaters als soziales Ordnungssystem. Ein Beitrag zur interkulturellen Kommunikation in Form einer Spieltheorie [im Druck]; Wilenitz, Sean (Hg.): Rites of Power. Symbolism, Ritual, and Politics Since the Middle Ages. Philadelphia 1999.

JOACHIM FIEBACH

→ Kommunikation – Magie – Performance – Theatralität

Rollenarbeit

Der Begriff R wurde durch Konstantin S. → Stanis-lawskis *Die Arbeit des Schauspielers an der Rolle* (1909–37) im 20. Jh. populär. R bezeichnet – als konstitutives Element des Theaters – die Auseinandersetzung des Schauspielers mit einer Bühnenfigur im Rahmen von Probenarbeit und Aufführung. R kann ihren Aus-gangspunkt in einem fremden, literarischen Text oder selbst entwickelten Szenario haben. R umfasst als miteinander verwobene Ebenen die Rollenanalyse sowie den Prozess des Erlebens und Darstellens, der von der improvisatorischen Annäherung bis zur Fixie-rung der gefundenen Spielvorgänge und Haltungen reicht (vgl. Weintz 190f., 197ff.). Dabei werden von Anfang an die für die Aufführung wesentlichen Zei-chenebenen wie Requisiten/Objekte, Musik/Klang, Kostüm/Maske oder Bühnenraum unterstützend ein-bezogen.

Nach Stanislawski dient die Rollenanalyse als erster Schritt dazu, Umfeld, Biographie und Innenleben der Figur zu befragen, um dem Spiel Sinn, Folgerichtigkeit oder auch Widersprüchlichkeit zu verleihen (vgl. Stanislawski 1988, 40f.; 1993, Bd. 2, 161ff.; Brecht, SzT, Bd. 6, 202, 216; Bd. 4, 21f.). Bei der Rollen-analyse sind nach Peter Simhandl zwei unterschiedli-che Wege denkbar: Beim deduktiven Rollenaufbau trägt der Akteur vorab alle zur Verfügung stehenden Informationen zu Stoff und Rolle zu einer komplexen Rollen-Biographie zusammen. Beim – häufig bevor-zugten – induktiven Rollenaufbau geht der Darsteller nicht von einer Gesamtvorstellung aus, sondern das Rollenbild entsteht mosaikartig im Verlauf der Proben (Simhandl 1990, 47f.).

R stellt nach Stanislawski den Schauspieler vor die Doppelaufgabe des Erlebens und Darstellens der Figur. Er muss einerseits zum Zwecke der Glaubwürdigkeit auf analoge eigene Erfahrungen oder Beobachtungen zurückgreifen. Andererseits hat er – um einseitige Selbstdarstellung zu vermeiden, aber auch um den künstlerischen Anforderungen zu genügen – das Aus-gangsmaterial durch gezielte Eingriffe zu verdichten. Die beiden Pole des Erlebens und Darstellens, der Identifikation und der Demonstration gelten zwar nicht als hintergehbare Bestandteile jedweder R, aller-dings werden sie von den Vertretern der illusionisti-schen bzw. der anti-illusionistischen Theaterauffassung unterschiedlich akzentuiert, auch wenn sich im Spät-werk der jeweiligen Exponenten Stanislawski und → Brecht Übereinstimmungen feststellen lassen.

Stanislawski verlangte vom Theater die detailgenaue Rekonstruktion der Wirklichkeit. Wirklichkeitstreue und Lebensechtheit des Spiels sollten durch Nachah-mung und Einbringen korrespondierender Eigen-erfahrungen garantiert werden. Sein Credo: „Die Rolle muss man erleben, das heißt analog mit ihr Gefühle empfinden" (Stanislawski 1988, 63). Die Idee einer vierten Bühnenwand sollte den Darstellern ungestör-tes, natürliches Spiel ermöglichen und den Zuschauern die Wahrhaftigkeit des Bühnenvorgangs suggerieren.

Wichtige R-Prinzipien nach Stanislawski sind:
- Die Frage: „Wie würde ich persönlich mich verhal-ten, wenn ich mich in der Situation der darzustellen-den Figur befände?" (Stanislawski 1993, Bd. 2, 167).
- Die Analyse der vorgeschlagenen Situationen wie → Fabel, Ereignisse, Zeitalter oder Ort der Hand-lung, die durch Fragen nach dem Wann, Wo oder Warum erschlossen werden können (vgl. Stanislaw-ski 1993, Bd. 1, 358; Bd. 2, 341–343).
- Die Auseinandersetzung mit dem Subtext, also mit dem zwischen den Textzeilen verborgenen emotio-nalen Gehalt und Beziehungsgeflecht (vgl. Stanislaw-ski 1993, Bd. 2, 62f.).
- Die Technik des emotionalen Gedächtnisses, also der Rückgriff auf – im Gedächtnis gespeicherte – eigene Empfindungen oder Beobachtungen, die den Empfindungen der Figur entsprechen (vgl. Stanislaw-ski 1993, Bd. 1, 199ff., 216).
- In seinem Spätwerk betont Stanislawski als wesent-liche Ergänzung die Bedeutung des Verkörperns bzw. der physischen Handlung, das Herangehen an die Figur „vom Äußeren, also vom Körper aus" (Stanislawski 1988, 37f.).

Die anti-illusionistische Strömung, die von Brecht, → Meyerhold und Craig bis zu Coquelin, Ricconi und Diderot reicht, plädiert hingegen für den Primat des Darstellens gegenüber dem Erleben, also für die rationale Distanz zur Rolle, die kritische Selbstbe-obachtung im Spiel und die bewusste Konstruktion der Bühnenvorgänge. So zielte vor allem Brechts episches Theater auf die bewusstseinsfördernde Ver-deutlichung der Distanz zwischen Spieler und Figur. Brecht sah das Prinzip der Einfühlung nur im frühen Probenstadium als zulässig an. Der Schauspieler „ist nicht Lear, Harpagon, Schwejk, er zeigt diese Leute [...]. Er führt ihre Verhaltensweise vor, so gut es ihm seine Menschenkenntnis erlaubt, aber er versucht nicht, sich (und dadurch anderen) einzubilden, er habe sich hiermit restlos verwandelt" (SzT, Bd. 3, 159).

Die Durchbrechung der Illusion sollte durch Verfremdungs-Effekte erzielt werden. Diese sollten die Modellhaftigkeit des Geschehens transparent machen sowie der Figur das Vertraute nehmen, ihr also den „Stempel des Auffallenden, des der Erklärung Bedürftigen, nicht Selbstverständlichen" (GW, Bd. 16, 553) verleihen. Brecht nennt als V-Effekte das Aussteigen aus der Rolle mit direkter Publikumsansprache, den Einsatz von Masken und Filmmaterial, die Rede von der Figur in der dritten Person oder das Mitsprechen von Kommentaren und Regieanweisungen. Weitere typische Verfremdungstechniken sind z. B. die Beschleunigung oder Verlangsamung des Spiels, die Übertreibung der körpersprachlichen Mittel oder die Mechanisierung der Abläufe.

Letztlich zielt die Debatte um Illusion versus Desillusion ins Leere, denn bei der R greifen die Dimensionen der Identifikation und der Konstruktion stets ineinander. Schließlich glaubt kein Schauspieler wirklich an die Identität mit der Figur. Allerdings versucht er genau dies seinem Publikum zu suggerieren. „Sein Verhalten beruht auf dem steten Oszillieren zwischen Realitätsbewusstsein und Fiktionsbewusstsein, [...] zwischen Sich-Verlieren und Bei-sich-Sein" (Simhandl 1992, 9). Theaterreformer wie Tairow, Wachtangow oder → Barba haben sich daher bemüht, ein praxisnahes, integratives Modell zu entwickeln, das die beiden Pole stärker aufeinander bezieht.

Da es aber selbst dem professionellen Schauspieler schwer fällt, auf Dauer „Gefühle, Erlebnisse, Leidenschaften der von ihm verkörperten Rollen aus seinem privaten mentalen und psychischen Fundus zu bestreiten" (Lazarowicz 44), sollten im thp Kontext die Techniken der Einfühlung dosiert sowie immer in Verbindung mit Techniken der Distanzierung eingesetzt werden. So kann an die Stelle des inneren Erlebens das außen ansetzende Verkörpern und an die Stelle der Selbst- die Fremdbeobachtung treten. Zudem sollten die Akteure aus einer Phase intensiver Einfühlungsarbeit ‚herausbegleitet' werden durch verfremdendes Spiel, durch Entspannungsübungen oder durch Reflexion.

R fußt also auf der Bereitschaft des Akteurs, die komplexe Biographie einer Rolle zu erarbeiten. Sie verlangt die Fortschreibung des nur grob definierten Rollenrahmens durch die Berücksichtigung von Emotion und Motivation der Figur, die Einbeziehung ihrer Herkunft, ihres Lebenswegs und ihres Umfeldes, die Ergänzung ihrer verschiedenen sozialen Rollen, die Kreation eines inneren Antityps sowie das Aufspüren von Widersprüchen im Hinblick auf Charaktereigenschaften oder Handlungsmotive.

Auch aufgrund dieser vielschichtigen Herangehensweise unterscheidet sich R grundlegend vom → Rollenspiel. Ein weiteres Unterscheidungsmerkmal ist ihre künstlerisch orientierte Zielsetzung. Während beim Rollenspiel der Fokus auf der spontanen, nicht-öffentlichen Erprobung von Möglichkeiten der Alltags-, Problem- und Konfliktbewältigung innerhalb der spielenden → Gruppe liegt, ist für die R die Antizipation des Zuschauers von elementarer Bedeutung, denn sie zielt auf die expressive Gestaltung einer Bühnenwirklichkeit und die damit verbundene Unterhaltung eines fremden Publikums (vgl. Weintz 316ff.). Thp angeleitete R ermöglicht den Darstellern spezifische (inter-)subjektive und künstlerische Erfahrungen: Die einfühlende Auseinandersetzung mit einer Bühnenfigur kann zur intensiven Auseinandersetzung mit der eigenen Person anregen. Diese Arbeit an eigenen und fremden Lebensaspekten ermöglicht die Differenzierung des eigenen Selbstbildes. Der künstlerische Konstruktionsprozess wiederum bietet die Möglichkeit der Objektivierung und Veröffentlichung individueller Erfahrungen sowie der Distanzierung von eigenen Befangenheiten.

Bei der R im professionellen Rahmen stellt der Akteur seine physischen und psychischen Ressourcen in den Dienst einer wirkungsvollen Darstellung. Schon in der Ausbildung vollzieht sich die Instrumentalisierung seiner gesamten Person. Thp angeleitete R kann zwar ebenso ihr Augenmerk auf künstlerische Gestaltung und Publikumswirkung legen; sie ist aber auch Teil eines pädagogischen Prozesses und stellt daher an die Spielleitung die Anforderung, die individuellen Voraussetzungen und Auswirkungen auf die Akteure selbst zu bedenken, das Spiel (auch) als legitimen Ort der Selbsterforschung zu begreifen und die Akteure im Spannungsfeld von Stabilisierung und Neuorientierung adäquat zu begleiten.

Ahrends, Günter (Hg.): Konstantin Stanislawski. Neue Aspekte und Perspektiven. Tübingen 1992; Bernd, Christine: Bewegung und Theater. Lernen durch Verkörpern. Frankfurt a. M. 1988; Brecht, Bertolt: Schriften zum Theater. 7 Bde. Frankfurt a. M. 1963 (SzT); Ders.: Gesammelte Werke in 20 Bdn. Frankfurt a. M. 1967 (GW); Hentschel, Ingrid/Hoffmann, Klaus/Vaßen, Florian (Hg.): Brecht & Stanislawski und die Folgen. Anregungen für die Theaterarbeit. BAG Spiel und Theater. Berlin 1997; Lazarowicz, Klaus: Spontaneität oder ‚Training und Drill'. In: Ahrends, a.a.O.; Rellstab, Felix: Theorie des Theaterspiels nach Stanislawski und Brecht. In: Ahrends, a.a.O.; Simhandl,

Peter: Der darstellerische Schaffensprozess. In: Ritter, Hans Martin (Hg.): Spiel und Theaterpädagogik. Ein Modell. Berlin 1990; Ders.: Stanislawski-Lesebuch. Zusammengefasst u. kommentiert v. Peter Simhandl. Berlin 1992; Stanislawski, Konstantin S.: Das Geheimnis des schauspielerischen Erfolgs. In: Brauneck, Manfred: Klassiker der Schauspielregie. Reinbek 1988; Ders.: Die Arbeit des Schauspielers an der Rolle. Berlin 1988; Ders.: Die Arbeit des Schauspielers an sich selbst. 2 Bde. Berlin 1993; Strasberg, Lee: Schauspielen und Training des Schauspielers. Hg. v. Wolfgang Wermelskirch. Berlin 1988; Weintz, Jürgen: Theaterpädagogik und Schauspielkunst. Ästhetische und psychosoziale Erfahrung durch Rollenarbeit. Butzbach-Griedel 2000.

JÜRGEN WEINTZ

→ Authentizität – Improvisation – Konstruktivismus

Rollenspiel

Das R ist seit den 1970er Jahren in Beratung und Weiterbildung eine beliebte Praxis (vgl. → Broich), kaum aber eine in sich geschlossene Methode. Seit ihrem Entstehen wurden viele unterschiedliche Ansätze und Techniken erarbeitet, die sich nur schwer demselben Etikett unterordnen lassen. Sehr verbreitet ist eine Form des R, in der die Teilnehmer dazu aufgerufen sind, einen vorgegebenen Spielplan möglichst genau zu erfüllen: Die Rollen sind festgelegt, die → Dialoge musterhaft vorgegeben und die Interpretationsspielräume minimiert. Mit diesen vorgegebenen R sollen den Teilnehmern standardisierte Rollen- und Handlungsmuster vermittelt werden mit dem Ziel, kommunikative und situative Anforderungen optimal zu erfüllen (vgl. Birkenbihl). Diesem Verständnis vom pädagogischen R steht unter Bezug auf das → Psychodrama (vgl. → Moreno) eine Auffassung der Methode entgegen, in der bei der Erfüllung der Spielanforderung auf feste Rollenmuster verzichtet wird (vgl. Mävers u. a.; Brenner u. a.; Lensch; Schaller). Die Spieler sind im Rahmen des Spiels frei, ihren eigenen Interessen und Bedürfnissen zu folgen mit der Einschränkung, das individuelle Spiel auf die Mitspieler abzustimmen, also in einem Gruppenprozess sozial zu synchronisieren.

Drei Formen des pädagogischen R lassen sich unterscheiden: das Protagonistenspiel, das Großgruppenspiel und das literarische R. Im Protagonistenspiel berichtet ein Gruppenmitglied von einer als belastend erlebten Situation, um sie dann mit den anderen Teilnehmern szenisch zu rekonstruieren und in Varianten weiterzuspielen. Die Gruppenmitglieder helfen bei der szenischen Aktualisierung des Konflikterlebens durch die Übernahme von Zuspielerrollen und bieten durch ihre Rückmeldungen und Vorschläge Wege zur Bewältigung und Lösung des Problems. Im Großgruppenspiel wird ein Motiv (z. B. ‚Traumschiff‘) durch Vereinbarung in der → Gruppe oder Vorgabe durch den Leiter von der gesamten Gruppe gespielt. Hier gibt es keinen Erfahrungsvorsprung eines einzelnen Gruppenmitglieds, sondern es werden Themen gewählt, die für die psychosoziale, moralische oder kulturelle Entwicklung der Gruppe als maßgeblich gelten können. Im literarischen R dient eine Textvorlage als Ausgangspunkt des Spiels. Die Agierenden eignen sich die literarisch angedeuteten Rollen durch Rollenwahl, Einstimmungsinterview und Spiel an, wobei sie individuelle, kollektive und kulturell vorgegebene Ausdrucksmittel bei der Rekonstruktion des Spielverlaufs und des Sinngehaltes der textuellen Vorlage nutzen.

Gemeinsam ist diesen Grundformen des pädagogischen R ihre Zielsetzung: Sie sollen die anschauliche, personenbezogene Darstellung bedeutsamer inter- und intrapersonaler Situationen erleichtern und in einem Schutzraum alltagsenthobene, exemplarische Erfahrungen schaffen, um kommunikative, kulturelle oder psychosoziale Probleme spielerisch zu bearbeiten und im Rahmen der bestehenden Verhaltensmöglichkeiten oder unter Erweiterung der bisherigen Handlungsspielräume Lösungswege zu gestalten. Beim Protagonistenspiel werden drei Zielrichtungen unterschieden: Im klärenden oder psychodramatischen R geht es darum, aktuell erlebte Handlungseinschränkungen vergangener psychosozialer Situationen aus der Individualgeschichte (Rollenrestriktionen) wiederzubeleben und aufzuklären; im trainierenden R darum, künftige Situationen übend vorwegzunehmen, indem die erwarteten Schwierigkeiten thematisiert und in Form eines antizipierenden Probehandelns ausgeräumt werden; und im wunscherfüllenden R darum, Sehnsüchte, Hoffnungen und alternative Lebenswege spielerisch zu entwerfen und zu erproben (vgl. Mävers u. a.).

Ein konkretes Beispiel: In einem Seminar ‚Verhandlungstraining‘ berichtet die Referentin einer Krankenkasse, dass sie regelmäßig Probleme bekommt, wenn es am Verhandlungstisch mit den Vertragspartnern laut und unsachlich zugeht. Für diese Erfahrung benennt sie eine konkrete Situation, in der es ihr so ergangen ist. Diese Situation wird nachgestellt: Die Referentin baut den Verhandlungsraum auf, besetzt die Rollen der Verhandlungteilnehmer mit Personen aus der Gruppe (Zuspieler) und stimmt jeden einzelnen auf seine Rolle ein. Dann rekonstruiert sie den Gesprächsverlauf aus der Erinnerung, indem sie per Rollentausch auf den

Plätzen der beteiligten Personen deren Beiträge nach-
spricht und so den Zuspielern ihren Part vorspielt. Auf
diese Weise wird die reale Situation Schritt für Schritt
nachgestellt bis zu dem Punkt, an dem sie für die
Protagonistin schwierig wird.

Die Verhandlungsführer der Krankenkasse streiten
also mit den Vertretern der Ärzte um die Honorar-
ordnung. Der Verhandlungsführer der Gegenseite
schreit unsere Vertragsreferentin an: ‚Sie sind doch
völlig inkompetent, sie haben doch keine Ahnung, wie
es in den Praxen aussieht, die gehen alle am Stock!‘ An
dieser Stelle greift der Trainer ein und fragt die Referentin: ‚Wie geht’s Ihnen?‘ – ‚Ich möchte am liebsten
rauslaufen!‘ – ‚Gut, machen Sie das!‘ Vor der ‚Tür‘: ‚Ich
fühle mich völlig hilflos. Hier draußen kann ich aber
überhaupt nichts machen.‘ – ‚Was würden Sie denn am
liebsten tun?‘ – ‚Zurückschreien, aber das kann ich
nicht.‘ – ‚Was könnten Sie denn?‘ – ‚Ich könnte ihm
die Meinung sagen, ganz ruhig und sachlich, jedenfalls
würde ich das gern.‘

Gemeinsam werden verschiedene Möglichkeiten
diskutiert und in der Szene von den anderen Teilnehmern und von der Protagonistin so lange ausprobiert,
bis sie das neue Verhalten als ihres annehmen kann. Die
Referentin beendet die Situation mit einem Gefühl des
Gelingens, mit dem Eindruck einer geglückten, auf sie
zugeschnittenen und von einer Gruppe getragenen
Variante. In unserem Beispiel: ‚Herr Dr. A., ich möchte nicht, dass Sie in diesem Ton mit mir sprechen, das
steht Ihnen nicht zu.‘

Beim literarischen R (vgl. Freudenreich u.a.; Scheller;
Lensch) fällt die Ähnlichkeit zum → Bibliodrama (vgl.
Martin; Warns u. a.) auf. Im Vergleich zu den anderen
beiden Hauptformen erscheint das literarische R einerseits spezieller, weil es als einzige Submethode an
ein das Spiel vorstrukturierendes → Medium, den Text,
gebunden ist, andererseits aber komplexer, weil es
ohne Elemente und Techniken der beiden anderen
Formen nicht vorstellbar ist. Fragt man sich, wie sich
die situative Spielgestaltung, das R, zur textuellen
Vorlage verhält, so sind zwei Varianten denkbar: Auf
der einen Seite steht die akribische Erfüllung der
Textvorlage, um die Wiedergabe der wörtlichen Reden und die szenische Darstellung von Handlungs-
beschreibungen. Die Spieler sind Marionetten der
textuellen Rollenentwürfe. Auf der anderen Seite
fungiert der Text als narrativer Impuls zu einem freien
Spielgeschehen. Darüber hinaus besteht die Option,
dass die Spieler in einer Art kollektivem Schaffungs-
prozess Handlungsketten knüpfen, die ihrem Thema
eine dramatische Gestalt verleihen und ihre Ideen in

eine erfahrbare Form verwandeln. Lehnen sich die
Spieler bei ihrer Rollengestaltung zu eng an die textuelle
Vorlage an, besteht die Gefahr, eigene Sinnbildungen
bei der Spielgestaltung zu vernachlässigen, die inter-
pretative Leistung, die der Leser-Spieler beim Verstehen des Textes und im Spiel vollbringt, zu suspendie-
ren. Entfernen sie sich zu weit von der Textvorlage, ist
es schwer, Textverstehen und Handlungsentwürfe mit
den Mitspielern zu synchronisieren, denn im literarischen R wird auf die diskursive Auseinandersetzung
über Gegenstand und Sinn der Textvorlage weitgehend verzichtet. Diese Einigungsprozesse verlaufen
vielmehr implizit und eingebettet in das Spielgeschehen.
Was dann im Spiel entsteht, hat immer einen eigenständigen Charakter. Das zustande gekommene Spiel
stellt ein kulturelles Produkt dar, das die Sinnpotenziale
des Textes nicht nur einlöst, sondern auch punktuell
überschreitet. Drei Ebenen fließen dabei zusammen:
die Individualdynamik der Spieler, also die Interessen,
Bedürfnisse und Konflikte, die Welt- und Selbstsicht,
die dem Spieler an der literarischen Rolle sichtbar
werden und sein eigenes Lebenskonzept berühren
oder von ihm abweichen; die Beziehungsdynamik,
d. h. die Begegnungen der Spieler, in denen sich die
Rollenträger mit ihren Rollen auf doppelte Weise
zueinander figurieren; schließlich die Dynamik der
Erzählung selbst, in der sich die Rahmenbedingungen
der Erzählung, das Thema und die Moral der Geschichte zusammenschließen und eine zeitlich-drama-
tische Struktur bilden.

Zwei Formen des literarischen R lassen sich unterscheiden: das *konstruierende* und das *rekonstruierende* Spiel. Bei
ersterem geht es um die Entfaltung einer Spieldynamik,
die sich die Kreativität der Spieler zunutze macht und
das Spiel über die Textgrundlage hinausführt. Die
Literaturvorlage dient als Auslöser eines Spiels, in dem
die Akteure nach Handlungs- und Entscheidungsalter-
nativen suchen und das Textgeschehen umschreiben.
Bei dieser Spielform handelt es sich im eigentlichen
Sinne um ein Stegreifspiel mit einer literarischen Impuls-
vermittlung.

Das rekonstruierende literarische R erfordert, dass
sich die Spieler in die zeitlichen Abläufe, die Handlungsorte, die Handlungen und die textuell konturierten
Rollen einfinden. Es „ist als gemeinschaftlicher Versuch anzusehen, das geschriebene Wort durch Einfühlung […] zu ‚reanimieren‘, aus der Betäubungshaltung
passiv-rezeptiven Kulturkonsums in eine aktive Haltung sinnlich-konkreter Textdeutung, erlebter Hermeneutik überzuwechseln. Es findet keine nur gedankliche Auseinandersetzung mit dem Text statt,

sondern die Textvorlage, [...] ergänzt und ausgefüllt durch eine subjektiv-authentische Deutung der jeweiligen Rolle, wird in dieser individuell aktualisierten Form zur Grundlage dessen, wofür Dichtung eigentlich gedacht ist, nämlich zur Grundlage einer Erweiterung des Welterkennens im Zusammenhang mit Selbsterkenntnis." (Mävers u. a. 22)

Der *Ablauf* eines rekonstruierenden literarischen R ist von *fünf Phasen* geprägt: der *Rollenwahl*, dem *Szenenaufbau*, der *Einstimmung*, dem *Spielablauf* und dem *Abschluss*, der die Reflexion über den Spielablauf und das Erleben der Mitspieler beinhaltet. Zunächst wird der Text vorgetragen (z. B. *Der Wolf und die sieben Geißlein*). Anschließend ermuntert der Spielleiter die Teilnehmer, Rollen zu übernehmen, verabredet eine Einstiegsszene für das Spiel und veranlasst die Spieler, die ‚Bühne' – also Andeutungen des Spielortes – mit einfachen Mitteln aufzubauen. Ab diesem Zeitpunkt werden die Spieler vom Leiter mit den Namen und Attributen ihrer Rollen angesprochen und in sog. Einstimmungsinterviews zu ihren Rollen befragt. Auf diesem Wege finden sich nicht nur die interviewten Spieler in ihre Rollen hinein, auch die Mitspieler und Zuschauer prägen sich die anderen Akteure ein und gewinnen einen ersten Eindruck von der Rolleninterpretation der Mitspieler. Dann beginnt das eigentliche Spiel an einem zuvor definierten Ort und zu einem definierten Zeitpunkt der bekannten Handlung. Dabei ist es keineswegs ausgeschlossen, dass sich der Handlungsfaden teilt und an mehreren Orten gleichzeitig verläuft oder aber an verschiedenen Orten beginnt und später zusammenkommt. Bestimmte Szenen können allerdings durch den Leiter dadurch herausgehoben werden, dass andere Handlungsfäden ‚eingefroren' und erst nach Ablauf einer Sequenz wieder ‚aufgetaut' werden und ihre Fortsetzung finden.

Diese und andere Techniken geben dem Leiter die Möglichkeit, das Spiel zu fokussieren, zu beschleunigen oder zu verlangsamen, Rollendistanz oder -einfühlung zu verstärken, also mit einer pädagogischen Zielsetzung ins Spielgeschehen einzugreifen, um auf den Ebenen der Individual-, Beziehungs- und Erzählungsdynamik einen Erkenntnisgewinn oder eine Abrundung zu erzielen. Zum Abschluss des Spiels verlassen die Akteure die ‚Bühne' und kehren in die Runde zurück, wo das Nachgespräch eröffnet wird.

Birkenbihl, Michael: Rollenspiele schnell trainiert. München 1992; Brenner, Inge/Clausing, Hanno/Kura, Monika/Schulz, Bernd/Weber, Hermann: Das Pädagogische Rollenspiel in der betrieblichen Praxis. Hamburg 1996; Broich, Josef: Rollenspiel-Praxis. Köln 1999; Freudenreich, Dorothea/Sperth, Fritz: Stundenblätter. Rollenspiele im Literaturunterricht. Stuttgart 1983; Fritz, Jürgen: Theorie und Pädagogik des Spiels. Weinheim, München 1991; Lensch, Martin: Das pädagogische Rollenspiel als erlebnisaktivierende, szenische Trainings- und Beratungsmethode. In: e & l – erleben und lernen, 2000, H. 6; Ders.: Spielen, was (nicht) im Buche steht. Die Bedeutung der Leerstelle für das literarische Rollenspiel. Münster 2000; Mävers, Wolfram/Volk von Bialy, Helmut: Rollenspielpädagogik. Entwicklungsperspektiven für ein erlebensgegründetes Lern-Lehr-Verfahren. In: Pädagogisches Rollenspiel, 1995, H. 29/30; Martin, Gerhard Marcel: Sachbuch Bibliodrama. Stuttgart, Berlin, Köln 1995; Moreno, Jakob L.: Gruppenpsychotherapie und Psychodrama. Stuttgart 1959; Schaller, Roger: Das große Rollenspiel-Buch. Weinheim, Basel 2001; Scheller, Ingo: Szenische Interpretation. In: Praxis Deutsch, 1996, H. 136; Warns, Else N./Fallner, Heinrich: Bibliodrama als Prozeß. Bielefeld. 1994.

MARTIN LENSCH

→ „Als-ob" – Authentizität – Deutsch als Fremdsprache – Erzähltheater – Interaktion – Kommunikation – Kommunikationstraining – Lehrstück – Narratives Interview – Pflegedidaktik und Theaterpädagogik – Playback Theatre – Stegreif – Szenische Interpretation – Theatre in Education – Unternehmenstheater – Übungsfirma – Zielgruppe

Roscher, Wolfgang

Geb. 1927. Studium der Musik- und Kulturphilosophie, Literaturwissenschaft, Theologie, Pädagogik und Komposition. 1951 Promotion, danach Arbeit als Komponist und Musikkritiker, Kirchen- und Schulmusiker in Bayern. Seit 1960 Ordinarius für Musikerziehung an der PH (heute Universität) Hildesheim. Seit 1981 Dozent für Musikpädagogik am ‚Mozarteum' Salzburg, seit 1982 Leitung des Instituts für Integrative Musikpädagogik und Polyästhetische Erziehung. 1986 Gründung der Zs. *Polyaisthesis. Beiträge zur Integration der Künste und der Wissenschaften und zu ihrer Umsetzung in die pädagogische Praxis*. 1991–95 Rektor des ‚Mozarteums' Salzburg. Sein pädagogisches Interesse gilt der Vermittlung der Ziel- und Wertvorstellungen einer kultur- und friedenserzieherischen sinnlichen ‚Mehrwahrnehmung' (polyaisthesis). Er gilt als Begründer der polyästhetischen Erziehung.

Roscher, Wolfgang (Hg.): Polyästhetische Erziehung. Klänge, Texte, Bilder, Szenen. Theorie und Modelle zur pädagogischen Praxis. Köln 1976; Ders. (Hg.): Integrative Musikpädagogik. Neue Beiträge zur polyästhetischen Erziehung. Theorie und Rezeption. Wilhelmshaven 1983; Ders. (Hg.):

Erfahren und Darstellen. Wege musikalischer und gesamt-
künstlerischer Bildung heute. Innsbruck 1984; Ders. (Hg.):
Integrative Musikpädagogik. Neue Beiträge zur polyästhetischen Erziehung. Praxis und Produktion. Wilhelmshaven
1984; Ders. (Hg.): Sinn und Widerspruch musikalischer
Bildung. Beiträge zu ‚poiesis‘ und ‚aisthesis‘ heute. München, Salzburg 1993.

GABI BEIER

Ruping, Bernd

Geb. 1954. Dr. phil. Studium der Germanistik, Philosophie und Soziologie. 1984 Promotion über das
→ Brechtsche → Lehrstück. 1987–97 zunächst Fachbe-
reichsleiter, dann wissenschaftlicher Leiter und stellvertretender Direktor des Theaterpädagogischen
Zentrums der Emsländischen Landschaft e. V. in Lingen (Ems). Engagement für die Etablierung der ThP
als Studiengang. Seit 1998 Professor für → Darstellende Kommunikation und ThP an der Fachhochschule Osnabrück, Standort Lingen. Arbeitsschwerpunkt ist die Verknüpfung der thp → Ausbildung mit
der schulischen und soziokulturellen Infrastruktur der
Region.

Das große Teen-Sexbuch. Frankfurt a. M. 1982; Material
und Methode. Zur Theorie und Praxis des Brechtschen
Lehrstücks. Münster 1984.
Ruping, Bernd (Hg.): Gebraucht das Theater. Die Vorschläge von Augusto Boal. Erfahrungen, Varianten, Kritik. Remscheid, Lingen 1991; Ders. (Hg.): Theaterkunst und Kinderspiel. Theater mit Kindern in Europa. Münster, Hamburg
1992; Ders. (Hg.): Theater, Trotz & Therapie. Ein Lies- und
Werkbuch des Theaterpädagogischen Zentrums der Emsländischen Landschaft e. V. und des Studiengangs Theaterpädagogik der Fachhochschule Osnabrück, Standort Lingen.
Bentheim 1999; Ders./Schneider, Wolfgang (Hg.): Theater
mit Kindern. Erfahrungen, Methoden, Konzepte. Weinheim, München 1991; Ders./Vaßen, Florian/Koch, Gerd
(Hg.): Widerwort und Widerspiel. Theater zwischen Eigensinn und Anpassung. Lingen, Hannover 1991; Ders./Zim-
mer, Hans (Hg.): Theaterprojekte mit Kindern. Seelze-
Velber 1989.

GABI BEIER

Sartre, Jean-Paul

1905–1980. Philosoph, Schriftsteller. 1924–28 Studium der Philosophie in Paris. Arbeit als Lehrer. Ab
1939 Sanitäter im 2. Weltkrieg. 1940/41 in deutscher
Gefangenschaft. In der Folgezeit Engagement in der
Résistance. 1943 erstes Bühnenwerk Die Fliegen, das
bereits Überlegungen zur menschlichen Handlungs-
freiheit und zur Eigenverantwortlichkeit reflektierte.

Weitere Stücke, Romane und Schriften, in denen S
seine existenzialistische Philosophie weiterentwickelte. S gilt neben Albert Camus als Begründer des
französischen Existenzialismus. S war zunächst davon
überzeugt, dass der Kommunismus unerlässlich für
den gesellschaftlichen Fortschritt ist. In den 1960er
Jahren änderten sich jedoch seine politischen Über-
zeugungen. 1964 Veröffentlichung des autobiogra-
fisch geprägten Werkes Die Wörter, mit dem er seinen
Einsatz für einen politischen und gesellschaftlichen
Wandel für gescheitert erklärte. 1964 Ablehnung des
Literaturnobelpreises. 1968 endgültige Abkehr vom
Kommunismus. Seinem Theaterkonzept liegt der Ge-
danke des ‚Situationstheaters‘ zugrunde, „das alle
Situationen zu erforschen habe, die der menschlichen
Erfahrung am vertrautesten sind" (Zimmermann 99).
S vertritt ein engagiertes, in gesellschaftliche Prozesse
eingreifendes Theater.

Gesammelte Werke. In Zusammenarbeit mit dem Autor und
Arlette el Kaim-Sartre. Hg. v. Vincent von Wroblewsky. 35
Bde. Reinbek 1986ff.; Gesammelte Werke in Einzelaus-
gaben. In Zusammenarbeit mit dem Autor und Arlette el
Kaim-Sartre. Hg. v. Traugott König. 52 Bde. Reinbek
1978ff.
Cohen-Solal, Annie: Sartre. Reinbek 1988; Hayman,
Ronald: Sartre. Leben und Werk. München 1988; Lévy,
Bernard-Henri: Der Philosoph des 20. Jahrhunderts. Mün-
chen 2002; Zimmermann, Rainer E.: Aspekte verallgemei-
nerter Ästhetikproduktion. In: Korrespondenzen, 1997, H.
29/30.

GABI BEIER

Scham

Die etymologische Bedeutung des Begriffes S verweist
auf einen zentralen Aspekt der Psychodynamik des S-
affekts: S geht auf die indogermanischen Wurzel kam/
kem zurück, was soviel wie verbergen, bedecken oder
verhüllen bedeutet (vgl. Kluge). Das vorangestellte ‚s‘
(skam/skem) fügt die reflexive Bedeutung hinzu (sich
bedecken, verhüllen).

S ist ein schmerzhaftes Gefühl. Wer sich schämt, der
sieht sich den Blicken anderer in einer Situation ausgesetzt, in der – zumindest im Erleben des Betroffenen –
etwas sichtbar wird, was nicht für das Licht der Öffentlichkeit bzw. für die Augen anderer bestimmt ist.
Daher der mit der S verbundene (Schutz-)Impuls,
nicht mehr hinzusehen, den eigenen Blick zu senken,
seine eigene Unsichtbarkeit zu wünschen.

Das Theaterspiel ist prädestiniert für S-konflikte, da
es das Sich-Zeigen, Sich-Darstellen und Aus-sich-
Herauskommen erfordert. Mit ihm geht einher, was

konstitutive Bedingung von S-affekten ist: exponiert zu sein. Wer sich exponiert, läuft Gefahr, etwas zu zeigen und sichtbar werden zu lassen, was abgelehnt oder belächelt zu werden droht. Dies können besonders intime und verletzbare Aspekte der Persönlichkeit sein. Zumeist jedoch evozieren solche Situationen S, in denen wir das Gefühl haben, uns in einer unangemessenen oder defizitären Art und Weise zu zeigen.

S setzt die Fähigkeit voraus, sich selbst zum Objekt der Anschauung und Beurteilung machen zu können. Diese Fähigkeit entwickelt sich, wenn dem Kind mit etwa zwei Jahren bewusst wird, dass es von außen/ anderen beobachtet und bewertet werden kann und es lernt, von sich selbst Abstand zu nehmen und sich gleichsam von außen zu betrachten. Bei der S steht das Ansehen auf dem Spiel. Jeder hat ein in Teilen bewusstes und in Teilen unbewusstes Bild davon, wie er sein und auf welche Weise er gesehen werden möchte. S verweist auf dieses Idealbild des eigenen Selbst, gegen das das Subjekt beschämend abfällt. Sie resultiert aus der Diskrepanz zwischen dem Idealbild des eigenen Selbst und dessen mangelhafter Realisierung. Stolz entsteht, wenn diese Spannung aufgehoben zu sein scheint. Sind die Ansprüche des Ich-Ideals besonders hoch und den Möglichkeiten/Fähigkeiten eines Akteurs nicht angemessen, haben S-konflikte einen guten Nährboden.

Grundsätzlich lassen sich *drei Formen* der S unterscheiden: Das Gefühl selbst, die Angst vor einer Bloßstellung (S-angst) und die (Haltung der) S-haftigkeit, die der schmerzlichen Erfahrung von S/Beschämung durch besondere Vorsicht und Zurückhaltung vorbeugen will (vgl. Wurmser). Die ThP wird mit all den genannten Formen konfrontiert, sie stößt in der S auf einen Gegenspieler, der die Arbeit behindern oder sogar gefährden kann. Da S-ängste und -konflikte meist in maskierter Form auftreten, sind sie schwer zu erkennen; sie können sich hinter ganz verschiedenen Verhaltensweisen verbergen. Masken der S können Hemmung, Vermeidung, Spott, Albernheit oder auch vermeintliche Unverschämtheit sein. S-ängste können sich auch in → Lampenfieber ‚übersetzen‘.

S-affekte können sich auf den Akt des Sich-Zeigens und/oder auf spezifische Inhalte einer Darstellung beziehen. Ist im zweiten Fall das Spezifische, was zum Ausdruck gebracht wurde, Quelle der S, so ist es im ersten Fall der Umstand, dass überhaupt etwas zum Ausdruck gebracht bzw. ‚zur Schau gestellt‘ wurde. S-konflikte/-ängste können den Wunsch und das Vermögen eines Akteurs, sich im Theaterspiel zu exponieren, sich zu zeigen und das Publikum zu ‚fesseln‘ hintertreiben. S-ängste haben jedoch auch eine wich-

tige Funktion: Sie weisen uns auf die Gefahr einer potenziellen Bloßstellung hin und warnen uns davor, ‚leichtsinnig‘ Strebungen der Zeigelust nachzugeben. Sie hemmen die Bereitschaft, unser Intimstes zu entäußern, und schützen insofern den Kern unserer Persönlichkeit.

Kluge, Friedrich: Etymologisches Wörterbuch der deutschen Sprache. Berlin 1975; Schorn, Ariane: Scham und Entfremdung. In: Journal für Psychologie, 1998, H. 1; Wurmser, Leon: Das Problem der Scham. In: Jahrbuch der Psychoanalyse, Bd. 13. 1981; Ders.: Die Maske der Scham. Berlin u. a. 1997.

ARIANE SCHORN

→ Schau- und Zeigelust

Schattentheater

In der Ästhetik des S wird das → Medium zur Botschaft, der Schatten zum Ort produktiver → Phantasie, denn Schatten verleihen den Dingen in ihrer Spiegelung/Doppelung eine Dimension des Mysteriösen, bereits sichtbar in den ersten menschlichen Kunstspuren, den schemenhaften Silhouetten vorgeschichtlicher Höhlenbilder. Der Schatten gilt als Sitz der Seele, sein Verlust wird interpretiert als existenzielle Bedrohung. Der Schattenraum, vor allem in mythisch verwurzelten Kulturen, schafft Verbindung zur Welt der Toten, so die Legende aus China, 2. Jh. v. Chr. Hier entstand das Figurenschattenspiel, ab 11. Jh. schriftlich belegt, und wurde im ostasiatischen Raum zur bedeutendsten Volks- und höfischen Kunst, zentrale Instanz zur Schaffung kultureller Identität. Die Kunst des S korrespondiert mit östlicher Philosophie einer intuitiv-erfahrbaren räumlichen Einheit von Gegensätzen, Leben und Tod, Synthese von Bejahung und Verneinung, Phänomene, die im westlichen Denken zeitlich getrennt wahrgenommen werden. So liegt in Platons Höhlengleichnis die Wahrheit hinter den Schatten, intellektuell zu durchdringen auf dem Weg zur Erkenntnis. Das westliche Bild vom Schatten bleibt das Fremde, bedrohlich, weil rational nicht fassbar; vielleicht daher das S lediglich als spielerische Unterhaltung in Form von Silhouettentheater auf Jahrmärkten, in Familien; Ausnahme blieben spektakuläre S-Performances (Seraphin 1770 in Versailles, *Cabaret du Chat Noir* am Montmarte 1887); Lotte Reinigers kunstvolle Silhouettenfilme ab 1919.

Die radikale Neu-Orientierung der Kunst zu Beginn des 20. Jhs. schuf in der Konstruktion antinaturalistischer Bildmuster ohne Zentralperspektive sowie in der gleichberechtigten Handhabung von Farbe, Form und Figur der Bühnenkunst neue Wahrnehmungsräume. Die Bildende Kunst hatte die → Regie übernommen wie im zeitgenössischen → Bildertheater – ein Prozess, der zur Rezeption des S als Kunstform auch im westlichen Kulturkreis führte.

Durch Integration des S in den Kanon thp Methoden wird intellektuelles Sprechtheater ergänzt durch eine eher imaginativ-emotionale Aneignung von Wirklichkeit; denn durch die Reduktion des plastischen Körpers zur zweidimensionalen Fläche, verborgen hinter der Schattenwand agierend, verdichtet sich die „Als-ob"-Realität des Theaters zur Abstraktion, wird zum Projektionsraum eigensprachlicher Phantasie der Rezipienten. Schattenfiguren in ihrer Formvereinfachung, schnell aus Pappe geschnitten, mitunter kunstvoll montiert, oder menschliche Schatten, deren → Körpersprache/Gestik stilisiert, werden in einem bewussten schauspielerischen Akt parallel zur Schattenwand geführt; Einsatz der Lichtquellen, auch farbig, Overheadprojektor/Film/Dia-Einblendungen je nach ihrer Nähe/Distanz zu den Objekten mit verändernder Wirkung auf die Bildersprache/Atmosphäre des S – in seiner Bandbreite von der Inszenierung sozialkritischer Satiren, poetischer Fabeln bis zum absurden Spiel von Farbklecksen, Tönen, Wortfetzen, visuellen Landschaftsbildern setzt S erfundene oder gefundene Geschichten in einen fernen Raum, geheimnisvoll, und, die Wirklichkeit verfremdend, schafft es theatrale Zeichen neu, eigenwillig, Räume öffnend für tiefere Schichten des Seelischen.

Canacakis, Jorgos/Haehnel, Gerd/Sauerland, Georg/Söll, Florian: Wir spielen mit unserem Schatten. Hamburg 1986; Reusch, Rainer: Schattentheater. 2 Bde. Schwäbisch Gmünd 2001; Rüster, Barbara: Schattentheater. In: Korrespondenzen, 1995, H. 23/25; Schönewolf, Herta: Play with Light and Shadow. London 1968; www.schattentheater.de.
BARBARA RÜSTER

→ Aleatorik – Geste – Magie – Mimesis – Objekttheater

Schau- und Zeigelust

Sigmund Freud identifizierte die SuZ als Triebstrebungen, die zu uns Menschen gehören und somit Teil unserer conditio humana sind (vgl. Freud). Kleine Kinder geben hiervon Zeugnis, bei ihnen lässt sich zuweilen eine unverkennbare Freude daran beobachten, sich zu zeigen und darzustellen. Sie genießen es,

‚aufzutreten' und im Mittelpunkt zu stehen; neugierig schauen sie und verlangen Einblicke. Diese kindliche Unbefangenheit währt zumeist nur kurz. Sie wird eingeschränkt und umgeformt mittels einer Emotion, die wir → Scham nennen. Scham kann als eine Gegenmacht, als ein im Individuum wirksam werdender seelischer Damm verstanden werden, der gesellschaftlich nicht tolerierte Äußerungen der SuZ negativ sanktioniert. Sie ist, psychologisch betrachtet, eine Reaktionsbildung auf SuZ.

Exhibitionistische und voyeuristische Strebungen werden in unserer Kultur nur bedingt toleriert, sie werden in der ontogenetischen Entwicklung unterdrückt und/oder in gesellschaftlich legitimierte Bahnen gelenkt. Insbesondere im Bereich der Kultur und Kunst werden zahlreiche Möglichkeiten geboten, der SuZ nachzugeben. So erlaubt das Theaterspiel, (sublimiert) exhibitionistische Impulse auszuleben: Einem Schauspieler ist es erlaubt, im ‚Rampenlicht' zu stehen, sich lustvoll zu exponieren und das Publikum mit seinem Schau-Spiel beeindrucken zu wollen. Das Theater ist ein Ort, der einen gewissen Exhibitionismus legitimiert und braucht (ebenso wie es auch von den voyeuristischen Strebungen des Publikums lebt). Es ist ein gesellschaftlicher Raum, der aufgrund seiner Struktur und Funktion vieles erlaubt, was sonst verpönt ist. In diesem Umstand liegt ein großer Reiz, der mehr oder weniger bewusst auch ein Motiv des Theaterspielens sein kann. Das Theaterspielen erlaubt, sich in einer Weise zu verhalten, die einem im wirklichen Leben u. U. peinlich wäre oder dort negativ sanktioniert würde. Den Schauspielern bietet die Behauptung Schutz, dass man ja als Schauspieler nicht sich selbst dar- und ausstellt, sondern nur eine vom Autor geschaffene Figur. Das Risiko jedoch, das hiermit verbunden ist, ist die Scham bzw. die Sanktion der Beschämung, die im → Lampenfieber vorweggenommen wird.

SuZ ergänzen und brauchen sich: Zeigelust will Schaulust erregen, Schaulust wiederum möchte etwas gezeigt bekommen/enthüllt sehen, was Befriedigung verspricht. Im Zentrum dieser Dynamik steht das Sinnesorgan Auge bzw. der Blick. Wer gerne Theater spielt, der kann sich (auch lustvoll) der Schaulust des Publikums darbieten. Ein solcher Akteur möchte etwas zeigen, was das Publikum fasziniert und diesem Bewunderung abnötigt. Dies macht deutlich, dass es nicht zuletzt auch um eine narzisstische Gratifikation geht, die gesucht wird: um den Wunsch gesehen zu werden und Anerkennung zu finden.

Freud, Sigmund: Drei Abhandlungen zur Sexualtheorie, Bd. 5, Frankfurt a. M.; Schorn, Ariane: Verbotene Blicke, begehrt und gefürchtet. In: Psychosozial. Schwerpunkt Schau- und Zeigelust, 2000, H. 4.

ARIANE SCHORN

→ Angst und Kunst – Sinnlichkeit

Schechner, Richard

Geb. 1934. Gründete 1967 die *Performance Group* in New York, der er bis 1980 als Regisseur vorstand. Die Gruppe arbeitete auf der Grundlage der von S entwickelten Prinzipien des Environmental Theatre, dessen oberstes Ziel die Nichtunterscheidung zwischen Leben und Kunst war. Dazu gehörten die Aufhebung der Trennung zwischen Darstellern und Publikum, das Verlassen des klassischen Theaterraums, die Absage an die Dominanz des Textes und die Aufgabe der herausgehobenen Position des Darstellers. Seit 1983 leitet S, der nach wie vor Theater als eine gemeinschaftliche Ausdrucksform begreift, zahlreiche Performance-Workshops in Europa, Indien und den USA. S ist Professor für Performance Studies an der Universität von New York und Herausgeber der führenden amerikanischen Theaterzeitschrift *The Drama Review*.

Ritualtheater. In: Heilmeyer, Jens/Fröhlich, Pea: NOW. Theater der Erfahrung. Material zur neuen amerikanischen Theaterbewegung. Köln 1971; Environmental Theatre. New York 1973; Between Theater and Anthropology. Philadelphia 1985; Theater-Anthropologie. Spiel und Ritual im Kulturvergleich. Reinbek 1990.

GABI BEIER

Scheinfirma → Übungsfirma

Scheller, Ingo

Geb. 1938. Dr. phil. Studium von Germanistik, Theaterwissenschaft und Sport, danach als Lehrer für Deutsch, Kunst und Sport tätig. 1983 Promotion zum Thema eines erfahrungsbezogenen Unterrichts, 1996 Habilitation über Szenisches → Spiel und → Szenische Interpretation. Seit 1974 Hochschullehrer an der Carl-von-Ossietzky-Universität Oldenburg mit den Lehr- und Forschungsschwerpunkten Szenisches Spiel und Szenische Interpretation als Lernform.

Erfahrungsbezogener Unterricht. Theorie, Praxis, Planung. Oldenburg 1980; Szenische Interpretation. Frank Wedekind ,Frühlings Erwachen'. Vorschläge, Materialien und Dokumente zum erfahrungsbezogenen Umgang mit Literatur und Alltagsgeschichte(n). Unter Mitarbeit von Elke Siems. Ol-

denburg 1989; Szenische Interpretation. Georg Büchner ,Woyzeck'. Vorschläge, Materialien und Dokumente zum erfahrungsbezogenen Umgang mit Literatur und Alltagsgeschichte(n). Unter Mitarbeit von Elke Siems. Oldenburg 1989; Wir machen unsere Inszenierungen selber. Szenische Interpretation von Dramentexten. Verlaufspläne und Materialien für einen erfahrungsbezogenen Umgang mit Literatur und Alltagsgeschichte(n). Oldenburg 1989; Friedrich Schillers ,Wilhelm Tell', szenisch interpretiert. Stuttgart u. a. 1992; Das Leben der Vornehmen ist ein langer Sonntag... das Leben des Bauern ist ein langer Werktag. Georg Büchner ,Leonce und Lena'. Vorschläge, Materialien und Verfahren zur szenischen Interpretation. Unter Mitarbeit von Jörg Lagemann. Oldenburg 1995; Unsichtbares Theater der Gewalt. Heinrich von Kleist ,Der zerbrochene Krug'. Vorschläge, Materialien und Verfahren zur szenischen Interpretation. Unter Mitarbeit von Jörg Lagemann. Oldenburg 1995; Szenisches Spiel. Handbuch für die pädagogische Praxis. Berlin 1998.
Scheller, Ingo/ Schumacher, Rolf (Hg.): Das szenische Spiel als Lernform in der Hauptschule. Oldenburg 1984; Ders./ Bartels, Adolf/Loose, Gert/Kötter, Winfried (Hg.): Das szenische Spiel als Lernform in der Sonderschule. Oldenburg 1987.
Ponick, Markus: Einfühlung im Szenischen Spiel. Gedanken aus Anlass eines Symposiums zu Ingo Schellers 60. Geburtstag. In: Korrespondenzen, 1999, H. 34.

GABI BEIER

Scheuerl, Hans

Geb. 1919. Dr. phil. Studium der Erziehungswissenschaft, Philosophie, Psychologie und Kunstgeschichte. Ab 1958 Professor an der Pädagogischen Hochschule Osnabrück, an der Universität Erlangen und an der Universität Frankfurt a. M. 1969–84 Professor für Erziehungswissenschaft an der Universität Hamburg. 1968–72 Vorsitzender der Deutschen Gesellschaft für Erziehungswissenschaft. Langjähriger Mitherausgeber der *Zeitschrift für Pädagogik*. Forschungs- und Arbeitsschwerpunkte sind Theorie des → Spiels und → Geschichte der Pädagogik.

Beiträge zur Theorie des Spiels. Weinheim, Berlin 1955; Die exemplarische Lehre. Sinn und Grenzen eines didaktischen Prinzips. Tübingen 1958; Pädagogische Anthropologie. Eine historische Einführung. Stuttgart u. a. 1982; Geschichte der Erziehung. Ein Grundriss. Stuttgart u. a. 1995; Das Spiel. Untersuchungen über sein Wesen, seine pädagogischen Möglichkeiten und Grenzen. 2 Bde. Weinheim, Berlin 1990–1997.
Scheuerl, Hans (Hg.): Lust an der Erkenntnis. Die Pädagogik der Moderne. Ein Lesebuch. München 1992; Ders./Flitner, Andreas (Hg.): Einführung in pädagogisches Sehen und Denken. Texte. Weinheim, Basel 2000.

Keil, Werner (Hg.): Pädagogische Bezugspunkte. Exemplarische Anregungen. Festschrift für Hans Scheuerl. Regensburg 1995.

GABI BEIER

Schneider, Wolfgang

Geb. 1954. Dr. phil., Prof. für Kulturpolitik und Kulturverwaltung an der Universität Hildesheim, dort Gründungsdirektor des Instituts für Kulturpolitik. 1989–97 Initiator/Leiter des Kinder- und Jugendtheaterzentrums der BRD; 1990–98 Präsident von EUNETART (European Network of Art Organisations for Children and Young People); seit 1997 Vorsitzender der ASSITEJ Deutschland (Association International du Theatre pour l'Enfance et la Jeunesse); 1999–2002 Vizepräsident/Präsident der UNESCO-Organisation für Kindertheater. Sein Engagement gilt einer ‚Kultur des Sozialen‘, der Förderung von vielfältigen experimentellen Formen des Theaters und dem Recht von Kindern und Jugendlichen auf kulturelle Bildung. Für zahlreiche Veröffentlichungen zur Kultur- und Gesellschaftspolitik, Kinder- und Jugendkultur erhielt S den Alfred-Kerr-Preis.

Schneider, Wolfgang (Hg.): Kinder- und Jugendtheater in Berlin. Frankfurt a. M. 2000.
Ders./Ruping, Bernd (Hg.): Theater mit Kindern. Erfahrungen, Methoden, Konzepte. Weinheim, München 1991; Ders./Hoffmann, Hilmar (Hg.): Kulturpolitik in der Berliner Republik. Köln 2002.

KATHRIN MESS

Schroth, Horst

Geb. 1948. Kaufmännische Lehre, Studium der Betriebswirtschaftslehre, Geschichte und Sozialwissenschaften (FH-Abschluss). Während des Studiums Arbeit am Theater, ab 1975 in Hamburg in Freien Gruppen tätig. Engagement für → Schul- und → Amateurtheater. 1976 Beginn der Zusammenarbeit mit Michael → Batz, mit dem S 1977 das *Theater zwischen Tür und Angel*, die älteste Freie Gruppe Hamburgs, gründet. Erste Kabarett-Produktionen 1982/83 (u. a. mit Batz), seit 1987 nur noch Kabarett. 1991 und 1999 ‚Deutscher Kleinkunstpreis‘ in der Sparte Kabarett.

Batz, Michael/Schroth, Horst: Theater zwischen Tür und Angel. Handbuch für Freies Theater. Reinbek 1983; Dies.: Theater grenzenlos. Handbuch für Spiele und Programme. Reinbek 1985.

GABI BEIER

Schuldrama

Historisch ist mit S das protestantische S des 16. und 17. Jhs. gemeint. Es steht in der Tradition des humanistischen Dramas, besonders hinsichtlich der Aufführungsbedingungen und der Trägerschaft. Ursprünglich an den Universitäten entstanden, wird es von Lehrern und Studenten getragen, wie etwa 1497 die Aufführung von Johannes Reuchlins *Henno* an der Universität Heidelberg. Die Bühnensprache ist Latein. Musikalische Einschübe sind schon fester Bestandteil der Aufführungen.

Mit Ende der frühhumanistischen Phase – ca. Ende der 20er Jahre im 16. Jh. – hat sich das lateinische Drama fest an den Lateinschulen etabliert. Ein Lehrer studiert mit den Schülern zumeist die Aufführung ein, wobei die Schulung in der lateinischen Sprache wie auch Anweisungen für richtiges Benehmen im Mittelpunkt der Probenarbeit stehen. Diese direkte didaktische Funktion vermittelt sich in engem Zusammenhang mit der Aufgabe der Lateinschule, die herrschenden Eliten für Kirche und Kommune auszubilden. Neben den Dramen u. a. von Reuchlin oder Konrad Celtes, die sich häufig mit biblischen Stoffen auseinandersetzen, werden insbesondere die Stücke des Terenz als ‚Muster bürgerlicher Bildung‘ in Szene gesetzt, seltener der ‚derbe‘ Plautus und nur ausnahmsweise einmal eine griechische Tragödie. Wenn die Aufführungen anfangs im Freien stattfinden, wo ein Podest aufgestellt wird, so wechselt man mit der Zeit in die Säle. Anfangs wird auf der sog. ‚Badezellen‘- oder ‚Terenzbühne‘ gespielt, einer flachen Reliefbühne, auf der die Handlungsorte nebeneinander aufgestellt und durch einen Vorhang zum Publikum hin abgeschlossen werden können. Entsprechend der didaktischen Funktion steht in der Spielweise die Deklamation einschließlich einer zeichenhaften Gebärdensprache im Vordergrund. Zwischen den zumeist fünf Akten sind jeweils musikalische Einlagen eingeschoben, teils instrumental, teils chorisch. Eröffnet wird die Aufführung mit einem Prolog, der mit dem *argumentum* nicht nur eine knappe Inhaltsangabe vorstellt, sondern oft auch Hinweise gibt, wie das Publikum die Handlung verstehen soll. Zu den Vorstellungen, zu denen ein Eintrittsgeld erhoben wird, ist in Residenzen der Hof eingeladen, in Städten die Bürgerschaft, so dass die Aufführungen zu einem wichtigen kulturellen Begegnungsort werden. Zum Zeitpunkt der Reformation hat sich das humanistische Drama vielerorts fest etabliert, wobei mittlerweile der Prolog auch in deutscher Sprache stattfinden kann, aber in der Aufführung wird nach wie vor Latein gesprochen. Der Reformator Martin Luther selbst hat sich für die Beibehaltung des S ausgesprochen. In seinen Tischreden merkt er an: „Comödien zu spielen soll man um der Knaben in der Schule willen nicht wehren, sondern gestatten und zulassen, erstlich daß sie sich üben in der lateinischen Sprache, zum andern, daß in Comödien fein künstlich erdichtet, abgemahlet und fürgestellt werden solche Personen, dadurch die Leute unterrichtet und ein Iglicher seines Amts und Standes erinnert und vermahnet werde, was einem Knecht, Herrn, jungen Gesellen und Alten gebühre, wol anstehe, was er thun soll." (Luther 431) Wenn Luther derart auch das Theater als Instrument einer moralischen Erziehung definiert, umgeht er zugleich die Verurteilung des Theaters als unmoralisch durch die Kirchenväter wie Augustinus, denn „grobe Zoten und Buehlerey" könne man auch in der Bibel nachlesen. Indem Luther im Theater derart eine Möglichkeit sieht, die reformatorischen Grundsätze zu propagieren, spezifiziert er nur die Grundlagen des humanistischen Dramas und kann dessen Spielpraxis adaptieren.

In der Entwicklung des protestantischen S kann man *drei Schwerpunkte* ausmachen: der Wittenberger Kreis um Luther und Philipp Melchanthon, Sachsen mit den Zentren Breslau und Zwickau sowie das Straßburger S um Johannes Sturm. Durch die Umstellung von der Badezellen- auf eine Raumbühne, in der sich die Schüler nun durch den Raum zu bewegen haben, eröffnen sich andere Inszenierungsmöglichkeiten. Eine weitere Neuerung ist, dass nun teilweise auch in deutscher Sprache gespielt wird (die erste nachgewiesene fand 1507 in Augsburg statt); seit 1518 wird an Orten, wo zwei S-aufführungen im Jahr in Szene gesetzt werden, zu Fastnacht eine deutschsprachige Inszenierung angeboten. Gleichwohl gilt nach wie vor das Primat des Lateinischen, wie eine Zwickauer Schulordnung aus dem Jahre 1523 belegt: An jedem Mittwoch soll „dernach eyn Comedien Terentii, den sie gar außwendigk können, zur sterckung des gedechtnus, besserung deß aussprechens und all anderen geschicklichkeiten, yn gegenwart aller, geretzytirt werden". Nach wie vor bildet Terenz eine wesentliche Stütze des Spielplans. Wenn auch nach wie vor biblische Stoffe im Repertoire von zentraler Bedeutung sind, so findet nun eine klare Abgrenzung vom mittelalterlichen religiösen Theater statt. Die Stoffe werden im Sinne einer moralischen Schaubühne verbürgerlicht. Vereinzelt wird das Theater auch direkt der Propaganda unterstellt, so erzählt Thomas Naogorg in seiner *Tragoedia nova Pammachius* (1538) die Geschichte des Christentums bis zur Reformation. Mit der Zeit übernehmen die S innerhalb einer Kommune durch ihren regelmäßigen Spielbetrieb eine Art Stadttheaterfunktion, ohne die pädagogische Grundorientierung aufzugeben. Um eine möglichst breite Publikumswirkung zu erreichen, sucht man nun nach großen Räumen. So verfügt das Straßburger S über eine im Freien aufgeschlagene Bühne von sieben Meter Tiefe und dreißig Meter Breite, später kommen noch eine Hinter- und eine Oberbühne hinzu. Langsam machen sich auch die neue in Italien entwickelte Theaterarchitektur geltend sowie barocke Vorläufereinflüsse, wie der Einsatz von Maschinen und aufwändigen Kostümen. Für die Ulmer Lateinschule entwickelt Joseph Furtenbach die sog. ‚Telaribühne' nach italienischem Vorbild: Hier wird die Bühne schon ganz nach der neuen Zentralperspektive als Kulissenbühne eingerichtet, für die die *Telari* (perspektivisch angeordnete Säulen, die gedreht werden können) eine schnelle Verwandlung ermöglichen. Eine besondere Entwicklung nimmt das protestantische S in Breslau, wo zwei Gymnasien – das Elisabeth- und das Magdalenengymnasium – miteinander wetteifern. Sowohl Andreas Gryphius, der Einflüsse der ‚Nederlandsche Schouwburg' aufnimmt, als auch Daniel Caspar von Lohenstein, der sich in seinen Tragödien Gestaltungsmittel des Jesuitentheaters aneignet, haben ihre Komödien und Tragödien an diesen Schulen aufführen lassen. Zugleich gehören sie zu den wesentlichen Vertretern der Barockdramatik, die mit ihrem klaren Formwillen – wenn in der Aufführungspraxis auch nach wie vor ihre Spiele von den *Reyen*, den musikalisch strukturierten Zwischenspielen, unterbrochen werden – auch das Drama als literarische Gattung in Deutschland mitbegründet haben. Mit der nun einsetzenden Professionalisierung durch Wandertruppen und durch die Gründung von Hofbühnen verliert gegen Ende des 18. Jhs. das protestantische S an gesellschaftlicher Bedeutung, ohne jedoch ganz zu verschwinden.

Asmuth, Bernhard: Daniel Caspar von Lohenstein. Stuttgart 1971; Borcherdt, Hans Heinrich: Das europäische Theater im Mittelalter und in der Renaissance. Reinbek 1969; Brauneck, Manfred: Die Welt als Bühne. 1. Bd. Stuttgart 1993; 2. Bd. Stuttgart 1996; Fischer-Lichte, Erika: Kurze Geschichte des deutschen Theaters. Tübingen 1993; Kaminski, Nicola: Andreas Gryphius. Stuttgart 1998; Kindermann, Heinz: Das Theaterpublikum der Renaissance, 2. Teil. Salzburg 1986; Knudsen, Hans: Deutsche Theatergeschichte. Stuttgart 1959; Luther, Dr. Martin: Werke. Kritische Gesamtausgabe. Tischreden in 6 Bdn., Bd. 1. Weimar 1912.

MANFRED JAHNKE

→ Bibliodrama – Deutschunterricht – Didaktik – Drama in Education – Geschichte der Pädagogik – Lehrstück – Lernen und Theater – Schultheater – Spielleute – Theater im Klassenzimmer – Theaterhistoriographie – Theatre in Education

Schulmusical

Die Geschichte des deutschen S, bei dem durch Gesang, Tanz und szenische Darstellung eine durchgehende Handlung dargestellt wird, beginnt mit ersten Kompositionen um 1970 und entwickelt sich explosionsartig Ende der 1980er Jahre. Dieser Boom hält bis heute an. Zur Vorgeschichte gehört die Entwicklung des kommerziellen, vorwiegend amerikanischen Musicals und dessen Rezeption in Deutschland. Diese Entwicklung vollzieht sich ab 1900 als „Geschichte der schrittweisen Integration" (Schmidt-Joos 48) so heterogener Elemente wie amerikanischer Minstrel-Show und europäischer Operettentradition, später des Jazz und der Rock-Pop-Musik. Schmelztiegel der Elemente ist der New Yorker Broadway, ab 1960 auch London. Mit der Premiere und dem sensationellen Erfolg von Andrew Lloyd Webbers *Cats* 1986 in Hamburg wird das Musical in Deutschland gesellschaftsfähig.

Durch Adornos Kritik der ‚musikpädagogischen Musik' (vgl. Adorno) waren in den 1960er Jahren schulische Theateraufführungen als musisches Tun verdächtig geworden. In den 1970er Jahren vollzieht sich in der Musikpädagogik eine Wende von der kunstwerklichen Objektorientierung zu eher subjektorientierten Konzeptionen, wie u. a. die Konzeptionen des handlungsorientierten, des erfahrungserschließenden und des schülerorientierten Musikunterrichts. Schlagwörter wie *ganzheitliches Lernen*, *Produktorientierung* und *Projektlernen* werden zu Idealen auch des Musikunterrichts. In dieser veränderten (musik-) pädagogischen Situation herrschen nach dem Erfolg von *Cats* äußerst günstige Bedingungen für eine schulische Adaption der Gattung Musical.

Systematisch lässt sich S einerseits begrifflich bestimmen, andererseits zeigt das Epitheton *Schul* an, dass hier der Gegenstand *Musical* in den Bereich pädagogischer Intentionalität und der sie ordnenden Systematik gerät. Kann Musical begrifflich leicht zusammen mit Oper, Operette usw. unter den Oberbegriff *Musiktheater* subsumiert werden, ist es andererseits unmöglich, die Spezifik des Musicals zu benennen. Weder Sujet, noch Entstehungsort der Gattung oder verwendeter Musikstil lassen sich als trennscharfe Kriterien verwenden. In

der musikpädagogischen Fachliteratur wird einfach von *Musical* gesprochen (vgl. Reiß u. a. 1996). Schulische Musicalaufführungen werden häufig im Untertitel als S angekündigt. Ob sich der Begriff S als *terminus technicus* für die gemeinte Sache durchsetzen wird, bleibt abzuwarten.

In der Musikpädagogik unterscheidet man fünf musikalische Verhaltensweisen, die in einem handlungsorientierten Musikunterricht zugleich die Zieldimensionen pädagogischer Intentionalität sind, nämlich Produktion (Erfinden von Musik), Reproduktion, Rezeption, Reflexion und Transposition (Umsetzen von Musik in ein anderes Medium). Musicalinszenierungen bieten in diesem Sinne zahlreiche Handlungsanlässe. Über die musikalischen Ziele hinaus verspricht man sich die Verwirklichung allgemeinpädagogischer Ziele wie Selbstständigkeit, Zuverlässigkeit und Kooperationsbereitschaft (vgl. Erwe 6; Beckmann 44; Bührig 1994, 39).

Methode: S werden in der Regel nicht im Fachunterricht, sondern in schulischen Arbeitsgemeinschaften (vgl. Bührig 1994), manchmal in Projektwochen (vgl. Abel 198) erarbeitet bzw. vorbereitet. Die Verknüpfung von Literatur, Musik, Tanz, darstellender und bildender Kunst sprengen schulische Fachgrenzen und führen fast zwangsläufig zu fächerübergreifendem Unterricht (vgl. Erwe 6). Die Arbeitsteiligkeit eröffnet zahlreiche Differenzierungsmöglichkeiten, wodurch individuelle Handlungskompetenzen berücksichtigt werden können. Das Gesangsideal des Musicals kommt den Hörgewohnheiten heutiger Jugendlicher und ihrer musikalischen Sozialisation durch Pop-Musik entgegen (vgl. Erwe 5).

Gelegentlich wird von der Schul-Inszenierung großer Broadway-Musicals berichtet. Dies dürfte aber eher die Ausnahme sein, weil solche Musicals für professionelle Sänger, Tänzer und Darsteller geschrieben sind. Für den pädagogischen Gebrauch veröffentlichte Musicals sind für jugendliche Laiendarsteller konzipiert und überfordern nicht die musikalischen Möglichkeiten. Besonders geeignet sind hier englische Stücke (vgl. Schoenebeck 1997, 6). Über das Repertoire informieren kommentierte Stückeverzeichnisse (vgl. Reiß u. a. 1990; Reiß u. a. 1996). Um sich der Schulsituation optimal anzupassen, wird auch ganz auf vorgegebenes Material verzichtet (vgl. Bührig 1993, 30). Musikpädagogisch bedeutsam sind Versuche, mit Schülern selbst Musicals zu komponieren (vgl. Abel; Riemenschneider u. a.). Methodische Anregungen zur Produktion von Musik gibt Mechthild von Schoenebeck (1984).

Prinzipiell besteht die Gefahr eines Rückfalls in musisches Tun, mit seinem unkritischen Werkeln, irrationalem Gemeinschaftserlebnis und Verzicht auf Reflexion. Pädagogisch ebenso fragwürdig ist eine Pseudoprofessionalisierung mit einer Tendenz zum Marktgängig-Monumentalen (vgl. Schoenebeck 1997, 5), wie er bei der Inszenierung von Standardwerken zu beobachten ist. Chancen auf ästhetischen Erfahrungsgewinn werden vertan, wenn sich der Musikstil einseitig am gängig Populären orientiert. S lassen sich in der Schule nur arbeitsteilig realisieren. So wichtig die sich daraus ergebenden Differenzierungsmöglichkeiten auch sind, es macht einen Unterschied, ob jemand das → Bühnenbild gestaltet oder eine Solopartie singt. Es ergibt sich eine Tendenz, z. B. gute Sänger immer wieder als Sänger einzusetzen. Solche Förderung eines Talents ist durchaus wünschenswert. Ebenso wichtig aber ist kompensatorisches Lernen, bei dem individuelle Schwächen in der musikalischen Handlungskompetenz abgebaut werden. Dafür dürfte in einem Musicalprojekt kaum Zeit sein. Musicalprojekte sind für LehrerInnen zeit- und arbeitsintensiv. Diese Mehrarbeit wird meist in ihrer Freizeit geleistet. Hier bedarf es einer realistischen Arbeitszeitermittlung, die den Rahmen starrer Deputatsgrenzen sprengen wird.

Abel, Jörg Michael: Wir komponieren ein Musical. Dokumentation und Reflexion eines Schülerprojekts. In: Musik und Bildung, 1990, H. 4; Adorno, Theodor W.: Thesen gegen die musikpädagogische Musik. In: Heise, Walter/Hopf, Helmut u. a. (Hg.): Quellentexte zur Musikpädagogik. Regensburg 1973; Bartosch, Günter: Die ganze Welt des Musicals. Wiesbaden 1981; Beckmann, Gerd: Schülerorientiertes Musiktheater – Musical. In: Musik und Bildung, 1991, H. 2; Bührig, Dieter: Warum denn nicht gleich ‚Anatevka‘? Ein gewöhnlicher Schulchor führt ungewöhnliche Stücke auf. In: Musik und Unterricht, 1993, H. 20; Ders.: Lebensweltbezug in der AG-Arbeit? Projektunterricht! In: Musik und Bildung, 1994, H. 4; Erwe, Hans-Joachim: Das Musical. Populäres Musiktheater in der Schule. In: Musik und Unterricht, 1995, H. 30; Hombach-Voßen, Hildegard: Musiktheater – wie macht man das? Anregungen zum praktischen Arbeiten. In: Musik und Unterricht, 1997, H. 44; Reiß, Gunter/Schoenebeck, Mechthild von: Schülertheater mit Musik. Ein kommentiertes Stückeverzeichnis. Frechen 1990; Dies./Helms, Dietrich: Musicals ... nicht nur für Kinder. Ein kommentiertes Stückeverzeichnis. Regensburg 1996; Riemenschneider, Horst/Wisskirchen, Hubert: Lisetta und *Zwei* vier *Eins.* Kinderoper – von Kindern. In: Musik und Unterricht, 1993, H. 20; Schmidt-Joos, Siegfried: Das Musical. München 1965; Schoenebeck, Mechthild von: Aspekte der musikalischen Arbeit in der Musical-Werkstatt. In: Musik und Bildung, 1984, H. 6; Dies.: Eselsohren, leere Ränge und Styropor-Mauern. Eine Anstiftung zum Musiktheater. In: Musik und Unterricht, 1990, H. 5; Dies.: Musiktheater in der Schule. Der Königsweg der ästhetischen Erziehung? In: Musik und Unterricht, 1997, H. 44; Ziegenbalg, Ute: Das internationale Musical. Herdecke 1994.

MATTHIAS FLÄMIG

→ Schuloper – Schultheater – Szenische Interpretation von Musiktheater

Schuloper

Gleich zu Beginn ihrer ‚Karriere‘, in der Zeit des Humanismus (16. Jh.) und der Gegenreformation (16.–18. Jh.), übernimmt die S ihre im historischen Kontext gesamtkulturell wichtigste Rolle, denn sie ist wesentlich an der Ausformung der Gattung Oper beteiligt. Im Bemühen um die Aufführung antiker Dramen sehen insbesondere die deutschen Humanisten ein entscheidendes Mittel zur Erziehung der bürgerlichen deutschen Jugend: Die Verbindung der Bildungsideale ‚Virtus und Eloquentia‘ mit biblischen Stoffen diene der Erziehung zur ‚Pietas‘. Aufgeführt wurde in deutscher und lateinischer Sprache. Musik ist kaum überliefert, aus den Regieanweisungen geht jedoch hervor, dass geistliche Melodien, Odenkompositionen sowie instrumentale Zwischenaktmusiken üblich waren. Die Pflege und Entwicklung des Dramas lag seit der Reformation in Händen der Schulen. Die Schulbühnen professionalisierten und verselbstständigten sich; der ästhetisch anspruchsvolle und repräsentative Aufführungsstil überforderte zunehmend die evangelischen Lateinschulen. Das → Schuldrama war die zentrale Form des Musiktheaters in Deutschland. Die Verbindung zeitgenössischer Laienmusik mit szenischen Elementen ermöglichte Generationen von Schülern und Studenten einerseits und breiten Schichten der Bevölkerung andererseits Anteilnahme an Theater, das sonst exklusiven Kreisen an den Fürstenhöfen vorbehalten war.

Ebenso wichtig war das gegenreformatorische Jesuiten- und (später) Benediktinertheater, das zeitweise, wie etwa in Wien und Salzburg – in den Klosterschulen angesiedelt – die Funktion eines Hoftheaters übernahm. Veränderung der Bildungsziele, Säkularisation und Entwicklung des professionellen Theaters setzten dieser Phase des Schultheaters im ausgehenden 18. Jh. ein Ende.

Im 19. Jh. entstand eine Flut von Kinderopern, die für die professionelle Opernbühne oder für den bürgerlichen Salon konzipiert waren, ihre Sujets waren meist dem Märchen- und Fabelreich entlehnt. Der schulische Musikunterricht, der vornehmlich dem Choralgesang als disziplinierendes Erziehungsmittel gewidmet war, sowie die mangelnde musikalische Qualifikation der Pädagogen bot keinen Raum für S. Gegen Ende des Kaiserreiches wurden zum Zwecke der patriotischen Erziehung repräsentative Kinder- und Jugendfestspiele entwickelt, in denen die beliebte Gattung der ‚Lebenden Bilder‘, begleitet von der pathetischen Rezitation nationalistischer Texte, gepflegt wurde.

Eine entscheidende neue Phase erlebte die Schul- und Kinderoper mit der Reform der Musikpädagogik in der Weimarer Zeit. → Reformpädagogik (Kretzschmar, Kestenberg), Jugendmusikbewegung (Jöde, Hensel) und Laienspielbewegung (→ Luserke, Eduard Zuckmayer) entwickelten neue Formen von Laienmusizieren (Singwochen, Musikantengilden, ‚Offenes Singen‘), suchten neues Repertoire (sowohl alte Musik wie neue ‚Gemeinschaftsmusik‘), entwickelten neue musikpädagogische Modelle (Musikschulen) und prägten eine grundsätzlich neue Musikpädagogik mit einem neuen Berufsbild des Musiklehrers; neue Ausbildungsgänge und Lehrpläne wurden erarbeitet. Viceversa stellten sich Komponisten wie Hindemith, Eisler, Weill oder Křenek der Frage von gesellschaftlicher Nützlichkeit ihrer Musik und suchten eine Perspektive der Neuen Musik in der ‚Gebrauchsmusik‘, die auch für Laien reproduzierbar sein sollte.

Für die Schul- und Kinderoper war die Abkehr vom bürgerlichen Ausstattungsstück Programm. Das eigene szenische Spiel der Kinder sollte ein Spiel der Kinder sein, der Vorführaspekt war sekundär. Alles – Bühnenbild, Kostüme, Instrumentarium, Darstellung – sollte in der Hand der Kinder sein und die Themen aus der Lebenswelt der Kinder entwickelt werden. Musikalisches Material der Gegenwart wurde ebenso verwandt wie die Grundhaltung am moralisch-pädagogischen Gestus einer Pädagogik, die eine idealisierte antispießbürgerliche Jugendkultur ins Zentrum zu stellen versuchte.

Diese Entwicklung vollzog sich parallel und in Reaktion auf die Entwicklung des → Lehrstückes von → Brecht mit Musiken von Weill und Hindemith, das vielen der von der Jugendmusikbewegung geprägten Musikpädagogen zu aggressiv und politisch war. Waren für die (musikalischen) Lehrstücke die Baden-Badener Musiktage 1928 und 1929 wichtige Stationen, so löste ihre Fortsetzung, die ‚Tage für Neue Musik‘ in Berlin, 1930 durch Auftragsarbeiten des Zentralinstituts für Unterricht und Erziehung, eine

Welle von neuen S aus. Zum einen wurde dort unter der Bezeichnung ‚S‘ der *Jasager* von Brecht und Weill uraufgeführt und unangefochten zum neuen Prototyp erklärt (die Trennung der Gattung S von der des ‚Lehrstücks mit Musik‘ wird hier obsolet), zum anderen wurde Hindemiths *Wir bauen eine Stadt*, Dessaus *Das Eisenbahnspiel*, Tochs *Das Wasser* (Text von Döblin), Reutters *Der neue Hiob*, Fortners *Cress ertrinkt* und Höffers *Das schwarze Schaf* vorgestellt.

In der Zeit des Nationalsozialismus wurde diese Entwicklung in Deutschland nicht fortgesetzt, war sie doch ein Produkt der ‚Systemzeit‘, der Weimarer Republik. Im deutschsprachigen Ausland komponierte Hans Krása in Prag 1938 die bemerkenswerte Kinderoper *Brundibar*, die in der Lehrstücktradition steht, sie wurde 1942 uraufgeführt. 1943 wurde sie im KZ Theresienstadt rekonstruiert und von Kindern im KZ gespielt. Krása wurde 1944 in Auschwitz umgebracht.

Nach 1945 wurden in beiden Teilen Deutschlands die Entwicklungen vor 1933 aufgegriffen und weitergeführt, in der BRD geprägt durch die ‚Junge Musik‘, die Ideale der Jugendmusikbewegung weiterführte, in der DDR orientiert an dem Vorbild Lehrstück. Wichtige Werke stammen von Bresgen (*Der Igel als Bräutigam, Der Mann im Mond*), Werdin (*Des Kaisers neue Kleider*) oder Siegfried Borris (*Die Rübe*) – alle BRD – oder Schwaen, Siegfried Bimberg, Ruth Zechlin, Katzer (*Das Land Bum-Bum*) – alle DDR, und Medek, DDR/BRD.

War in anderen Ländern wie Großbritannien, USA, Frankreich, Sowjetunion nie eine Trennlinie zwischen Kinderoper/Kindermusiktheater und S gezogen worden, so brachen auch in Deutschland Ende der 1960er Jahre mit der Öffnung der Schule in die Gesellschaft die institutionellen Grenzen zwischen Schul- und Kinderoper zusammen. Aktiv waren ebenso außerschulische Institutionen wie Musikschulen und freie Initiativen, doch auch Institutionen der ‚großen Kunst‘ luden Kinder zum Mitmachen ein. Ausschlaggebend für die Entwicklung von musiktheatralen Aktivitäten mit Kindern war allein die Kapazität der jeweiligen Institution.

Entscheidende Impulse für die musikalische Weiterentwicklung des Genres kamen – wie in den 1920er Jahren – von Komponisten, die sich (im Kontext der ‚68er‘) erneut die Frage nach der gesellschaftlichen Relevanz von Musik stellten und sich (auch) für die Arbeit für Kinder entschieden. Das zeichensetzende Werk für diese Entwicklung war die Kinderoper *Pollicino* von Hans Werner Henze, 1980 uraufgeführt im Cantiere Internazionale d'Arte in Montepulciano, die musikalische → Avantgarde mit Volksmusikelementen koppelt und vordergründige Pädagogik durch Gesellschaftskritik im Märchenmantel ersetzt. In der Folge entstanden viele neue Musiktheaterwerke für Kinder, von Kindern (oft in der Kombination Kinder/wenige Erwachsene) aufführbar, so die Arbeiten des Münchner Komponisten Wilfried Hiller (in Zusammenarbeit mit Michael Ende) wie *Tranquilla Trampeltreu* (1981), *Norbert Nackendick* (1982), *Das Traumfresserchen* (1991), Violetta Dinescus *Der 35. Mai* (nach Erich Kästner, 1986) oder Jens Peter Ostendorfs *Bruch – ein Ding mit Musik* (1977) und *Der falsche Prinz* (1989). Wichtige Impulse kamen aus dem englischsprachigen Raum (Britten, Peter Maxwell Davies), ebenso die Öffnung in den Bereich Musical.

Der Begriff S lässt sich nicht gattungsspezifisch fassen. Er umfasst eine Vielzahl von musiktheatralen Formen – vom humanistischen → Schultheater der Renaissance bis zum von Kindern selbst entwickelten Theater mit Musik. Er ist nur mühsam abgrenzbar vom Lehrstück mit Musik oder vom ‚Schülermusical‘, das sich an der spezifischen Musiksprachlichkeit des Musicals orientiert und in der aktuellen Praxis zunehmend das traditionelle ‚E-Musik‘-orientierte Musiktheater verdrängt. Da jedoch zahlreiche Komponisten der Gegenwart Eingrenzungen ihrer Musiksprache auf einen spezifischen Kanon von Klanglichkeit und Form ablehnen und traditionelle Gattungsgrenzen mit Lust überschreiten, kann etwa die Verwendung von Jazz-, Rock-, Pop- oder Weltmusikelementen nicht als Abgrenzungsmerkmal herhalten. Eine Nähe ist am ehesten mit der Gattung Singspiel festzustellen, die ähnlich wie das breite Spektrum des Musiktheaters in der Schule Anteile von Gesang, Rezitativ, Sprache, Instrumentalspiel, Mimik, Gestik, Tanz und → Bewegung aufweist.

Eine praxisorientierte Begriffseingrenzung kann nur über die Eignung für den Aufführungsort Schule und über die Aufführbarkeit durch nicht professionell ausgebildete Kinder und Jugendliche erfolgen, in deutlicher Abgrenzung des Musiktheaters *für* Kinder und Jugendliche, zu dem sich immer wieder, wenn auch nicht ausreichend, die professionellen Musiktheater bereit finden. Dies lässt eine große Bandbreite an Möglichkeiten offen, die von den Bedingungen abhängig sind, die die jeweils konkrete Schule zulässt: Der musikalische Leistungsstand, die Leistungsfähigkeit von Schülern wie Lehrern, die Möglichkeiten der Kooperationen innerhalb und außerhalb der Schule, die Einbeziehung des Freizeitbereichs, und nicht zuletzt sind die finanzielle und personelle Ausstattung der Schule ausschlaggebend.

Die heutige Praxis von musiktheatraler Arbeit an Schulen verbietet eine Begriffsdefinition über pädagogische Inhalte; ein ‚lehrreicher Inhalt‘, der in verschiedenen Phasen der historischen Entwicklung immer wieder ausschlaggebend war, wird nicht als verbindliche Bedingung angesehen.

Musiktheater in der Schule bietet Lehrern und Schülern die Chance, ergebnisorientiert, leistungsorientiert und doch spielerisch, multimedial und damit fächerübergreifend zu arbeiten und so vielfältige Fähigkeiten der Schüler aufzugreifen und weiterzuentwickeln sowie Erfolgserlebnisse zu vermitteln, die andere Formen von schulischer Leistungsorientiertheit nicht erreichen können. Insbesondere fehlende Sprachkompetenz lässt sich durch kreativ-künstlerische Kompetenz kompensieren.

Eine Verabsolutierung des ‚Selbstgeschneiderten‘ (durch Schüler oder Musiklehrer) birgt jedoch die Gefahr der ästhetischen Reduzierung; die über die eigene Praxis hinausweisende Auseinandersetzung mit hohem ästhetischen und handwerklichen Anspruch und mit einem Kunstwerk, d.h. die Erarbeitung einer ‚komponierten‘ S sollte nicht aufgegeben werden – dies allerdings fordert immer wieder neu Komponisten heraus.

Henze, Hans Werner: Musik und Politik. Schriften und Gespräche 1955–1984. München 1984; Jöde, Fritz/Boettcher, Hans (Hg.): Musik und Gesellschaft. Arbeitsblätter für soziale Musikpflege und Musikpolitik. Mainz 1930/31 (Reprint hg. v. Dorothea Kolland. Berlin 1978); Kolland, Dorothea: Die Jugendmusikbewegung. ‚Gemeinschaftsmusik‘ – Theorie und Praxis. Stuttgart 1979; Regler-Bellinger, Brigitte: Kinder- und Jugendmusiktheater. In: Musik in Geschichte und Gegenwart. Kassel 1999; Dies.: Internationales Musiktheater für Kinder und Jugendliche. Frankfurt a. M. 1990; Reiß, Gunter/von Schoenebeck, Mechthild: Musiktheater für Kinder und Jugendliche. Bonn 1988.

DOROTHEA KOLLAND

→ Chorisches Sprechen / Sprechchor – Gestus – Lehrstückbegleitende Musik – Schulmusical – Sprechen – Szenische Interpretation von Musiktheater

Schultheater

Das S in seiner tradierten Verankerung in der Pädagogik zeigt Entwicklungslinien von der moralischen und humanistisch-rhetorischen Erziehung (protestantisches S in Norddeutschland, Jesuitentheater in Bayern und Österreich) hin zu einem volkstümlichen Spektakel in deutscher Sprache, wie auch von der Einweisung in die bürgerliche Lebenspraxis (Aufklärung) zur

Gestaltung der Lebenskunst in der Moderne (Wilhelm Schmid). → Reformpädagogik und Jugendbewegung mit Laienspiel und Landschulheim um 1900 suchen nach jugendnahen kreativen Ausdrucks- und Darstellungsformen in Eigenproduktionen (Martin → Luserke, Rudolf → Mirbt u. a.). Jugendtheater steht immer im Zusammenhang mit dem Theaterleben der Gesellschaft (vgl. → Nickel) und ist von (kultur-)politischen Rahmenbedingungen abhängig, z. B. in der Zeit des Wiederaufbaus nach 1945: Nachholen ausländischer Dramatik/Renaissance → Brechts/Vorliebe für humane ,Essentials'. In den 1970er/80er Jahren, mit dem gesellschaftspolitischen Anstoß von 1968, prägen Subjektorientierung, Öffnung hin auf den politischen Lebenskontext auch das S; gefragt sind Eigenproduktionen, die dem aktuellen Problembewusstsein der Jugendlichen Ausdruck geben; dazu die produktive Auseinandersetzung mit dem professionellen Kinder- und Jugendtheater. In den frühen 1990er Jahren stand die Integration der Spiel-Landschaft der neuen Bundesländer ins Haus, eine produktive Begegnung gegenseitiger Selbstvergewisserung, manifest geworden in den ostdeutschen Treffen der ,Schultheater der Länder' (Rostock 1996, Dresden 1997, Mühlhausen 1999, Magdeburg 2000, Berlin 2001, Cottbus 2002).

Theaterspielen unter den Bedingungen der Institution Schule zielt auf Theatermachen in der Schule von Schülern für Schüler. In Abgrenzung zum professionellen → Kinder- und Jugendtheater, Freien Theater, → Amateurtheater ist das Theater in der Schule (kulturföderalistisch bedingt auch: → Darstellendes Spiel/Schülertheater/Schulspiel/Darstellen und Gestalten/Theater) Schulfach und Kunstform zugleich. Es bietet den Schülern Möglichkeiten, ihre spezifischen Ausdrucksbedürfnisse, ihre Inhalte wie auch ihre soziale Lernbereitschaft in eigener künstlerischer Gestaltung wahrzunehmen.

Eindeutig sind die Rahmenvorgaben in der Schule auf Lernen und Leistung mit inhaltlichen und zeitlichen Effizienzkriterien ausgerichtet; allerdings wird im Selbstverständnis der Theatermacher S gerne als kreativer Freiraum gegen die Verschulung verteidigt. Aus diesem Nischenplatz heraus führen solche Lehrpläne, die den pädagogisch-ästhetischen Stellenwert des Theaterspielens als Teil → ästhetischer Bildung (vgl. Hentschel) auf der Ebene der Lernbereiche und Inhalte wie auch der Methoden und der Bewertung festschreiben. Die Bandbreite geht von den besonderen Spiel-Chancen der Grundschule über ,Szenisches Lernen' als Modul des Fachunterrichts bis zum ,Darstellenden Spiel' als Abiturfach in Sekundarstufe II (Hamburg/

Bremen) und tragen damit zur verbindlichen Qualitätssicherung bei, die der Profilbildung des S als eines künstlerischen Faches neben Musik und Kunsterziehung gerecht wird. Die Forderung eines ,subjektiven Curriculums' (vgl. Kösel) zeigt deutlich den Anspruch auf Schülerorientierung im Erwerb von Basis-Qualifikationen als ästhetische und soziale Kompetenzen. Auch das Lehrer-Schüler-Verhältnis erfährt damit eine neue Gewichtung.

Im Umfeld der Schule (Eltern, Gemeinde, Verbände, Wirtschaft u. a.) unterstützt man S gerne als einen Beitrag zur Schulkultur und die Aktivitäten der Theatergruppe(n) werden eingebunden in die Ausgestaltung des von der Schulgemeinde verantworteten Schulprofils.

Ein Theaterlehrer braucht thp Professionalität, wie sie die seit den 1970er Jahren massiv geforderte Lehrerfort- und Weiterbildung (an zentralen/regionalen Instituten der Lehrerfortbildung der Länder) anbietet, vor allem die erst allmählich greifende Hochschul-Ausbildung, die sich z. B. in den Studiengängen für Theaterpädagogik/Darstellendes Spiel in Hannover/Hildesheim/Braunschweig und Erlangen-Nürnberg inzwischen etabliert hat.

Das S speist sich in seinen aktuellen Inhalten aus zwei unterschiedlichen Richtungen, die aber unter dem Zugriff aktiver Schülerbeteiligung zu ähnlichen Präsentationsformen kommen. So werden literarische Vorlagen gern als Steinbruch aus der Perspektive jugendlicher Suche nach Identität genutzt und können genauso wie Eigenproduktionen die Lebensumwelt der Spieler artikulieren und darstellen.

Das Ringen um eine schülernahe Präsentationsform bedeutet auch ein Ringen um zeitgemäße Qualitätskriterien, in produktiver Anverwandlung zeitgenössischen Theaters. Anders als im beruflichen Theater zählt hier der Spielprozess in der Gruppe, als Garant für ein glaubhaftes Spielprodukt, das von der Aura des Authentischen lebt.

Es bleibt das Verdienst der Landesarbeitsgemeinschaften als freiwillige Interessengruppierung in den Bundesländern, bundesweit vernetzt durch die ,Bundesarbeitsgemeinschaft für das Darstellende Spiel in der Schule', S-treffen auf lokaler, regionaler und überregionaler Ebene in Gang gebracht zu haben, als Arbeitstreffen mit Aufführungen, Fachtagungen und Werkstätten. Mit dem S der Länder seit 1985 wurde ein Forum der lebendigen Auseinandersetzung geschaffen, das in der Vernetzung der Länder Impulse zur Konsolidierung und Weiterentwicklung des aktuellen S setzt. Das Forschungsprojekt *Das Darstellende Spiel an den*

Schulen (2 Bde., München 1992) konnte auf der Grundlage differenzierter empirischer Erhebungen die notwendige Einrichtung eines regulären Schulfachs mit universitärer Ausbildung der Fachlehrer auf breiter Basis untermauern (vgl. auch: ‚Internationale Theaterwoche Korbach‘ ab 1949/50; ‚Theatertreffen der Jugend‘, Berlin, seit 1980; Internationale Theaterwerkstatt Scheersberg seit 1957 u. a.).

S sollte sich zu einem öffentlich wirksamen Faktor im Kontext der Schulkultur etablieren, als Sprachrohr von Schülern für Schüler. Das anarchische Kreativpotenzial, als spannungsreiches Verhältnis zwischen dem Realen und dem Imaginären, eingebunden in die pädagogische Verantwortung des Theaterlehrers, kann die Gewähr dafür sein, dass Theaterspielen als ein Event der Schul-Kultur auch im schulischen Umfeld als integrierter Teil der Jugendkultur wahrgenommen wird. Im Kern geht es dabei um eine Weiterentwicklung der ästhetischen Bildung, in der ernsthaft praktizierten Schülerbeteiligung am theatralen Gestaltungsprozess, die zur Selbstqualifizierung (Kernkompetenzen) beiträgt und damit mehr Verantwortung für schulische Entwicklungsprozesse freisetzt. Mit der jugendnahen Inszenierung unserer Wirklichkeit, auch mit den Neuen Medien, kann dort Sprengkraft entstehen, wenn die ästhetische Erziehung als bildungspolitische Herausforderung angenommen wird und authentische Schülerbeteiligung mit eigenwilligen Theaterformen auf sich aufmerksam macht.

Orte thp Bildung: Bundesarbeitsgemeinschaft Spiel und Theater. Falkenstr. 20, 30449 Hannover; Bundesarbeitsgemeinschaft für das Darstellende Spiel in der Schule. Hammarskjöldring 17a, 60439 Frankfurt a. M. (Joachim Reiss); Kinder- und Jugendtheaterzentrum in der BRD. Schützenstr. 12, 60311 Frankfurt a. M. (Dr. Gerd Taube); Bundesverband Theaterpädagogik. Genter Str. 23, 50672 Köln.

Belgrad, Jürgen (Hg.): TheaterSpiel. Ästhetik des Schul- und Amateurtheaters. Hohengehren 1997; Bubner, Klaus/Mangold, Christiane: Schule macht Theater. Braunschweig 1995; Das Darstellende Spiel an den Schulen. Teil A: Forschungsprojekt. Teil B: Expertagung. Für die BAG für das Darstellende Spiel in der Schule hg. v. Elinor Lippert und Heribert Schälzky. München 1992; Giffei, Herbert (Hg.): Theater machen. Ein Handbuch für die Amateur- und Schulbühne. Ravensburg 1982; Hentschel, Ulrike: Theaterspielen als ästhetische Bildung. Weinheim 2000; Koch, Gerd u. a. (Hg.): Theatralisierung von Lehr-Lernprozessen. Berlin, Milow 1995; Kösel, Edmund: Die Modellierung von Lernwelten. Elztal-Dallau 1997; Kulturelle Bildung und Lebenskunst. Ergebnisse und Konsequenzen aus dem Modellprojekt ‚Lernziel Lebenskunst‘. Remscheid 2001;

Leeker, Martina (Hg.): Maschinen, Medien, Performances. Theater an der Schnittstelle zu digitalen Welten. Berlin 2001; Lippert, Elinor (Hg.): TheaterSpielen. Bamberg 1998; Nickel, Hans-Wolfgang: Schultheater. In: Brauneck, Manfred/Schneilin, Gérard (Hg.): Theaterlexikon. Reinbek 1992; Rellstab, Felix: Theaterpädagogik, Bd. 4: Handbuch Theaterspielen. Wädenswil 2000; Theater in der Schule. Hg. für die Körber Stiftung Hamburg und die BAG Darstellendes Spiel in der Schule v. Barbara van Kaik, Elinor Lippert, Gerhard Lippert, Gunter Mieruch. Hamburg 20001; Vaßen, Florian/Hoffmann, Klaus (Hg.): Theater und Schule. Konzepte und Materialien. Hannover 1995.

ELINOR LIPPERT

→ Ausbildung – Erzähltheater – Festival der Amateur- und Schultheater – Theater im Klassenzimmer – Unternehmenstheater

Schweitzer, Johann

(auch: Jean Baptist von)
1833–1875. Dr. jur., Rechtsanwalt, Politiker, Autor, Verleger. 1861/62 Präsident des Arbeiterbildungsvereins in Frankfurt a. M.; ab 1864 Redakteur und Mitbesitzer, ab 1868 alleiniger Eigentümer der Zs. *Social-Demokrat*, 1867–71 Präsident des Allgemeinen Deutschen Arbeitervereins, 1867–71 Mitglied des Norddeutschen Reichstags, legte im März 1872 alle politischen Funktionen nieder, Ausschluss aus dem ADAV. Von thp Interesse innerhalb seiner vielseitigen Tätigkeit sind seine in der Zs. *Social-Demokrat* publizierten und in Arbeiterbildungsvereinen häufig aufgeführten dramatischen Texte, die das Ziel einer politischen und nationalökonomischen Bildung und Weiterbildung der Arbeiter verfolgten. Seine politischen Positionen unterschieden sich von den Orientierungen durch Marx, Engels und Wilhelm Liebknecht innerhalb der SPD und führten schließlich zum Bruch. Seine szenischen Texte wie *Ein Schlingel. Eine nationalökonomisch-sociale Humoreske* (1867) trugen wesentlich zur Popularisierung von Marx’ Mehrwerttheorie unter deutschen Arbeitern bei (Abonnenten-Zahl des *Social-Demokrat* 1867: 3 000, Auflagenhöhe der deutschen Erstausgabe des *Kapital*, Bd. 1: 1 000).

Lucinde oder Capital und Arbeit. Ein social-politisches Zeitgemälde. 3 Bde. Frankfurt a. M. 1863–64; Eine Gans. Dramatisches Gespräch über die Erweiterung des weiblichen Arbeitsmarktes. In: Agitator, 1870, H. 1 [Nachdruck in: Frühes deutsches Arbeitertheater 1847–1918. Eine Dokumentation von Friedrich Knilli u. Ursula Münchow. Berlin 1970]; Ein Schlingel. Eine nationalökonomisch-sociale Humoreske. In: Social-Demokrat, 1867, H. 11 [Nachdruck in:

Textausgaben zur frühen sozialistischen Literatur in Deutschland, Bd. 3. Hg. v. Ursula Münchow. Berlin 1964]. Politische Aufsätze und Reden von Johann Baptist von Schweitzer. Hg. v. Franz Mehring. Berlin 1912; Die Gewerkschaftsfrage. Aufsätze von Jean Baptist Schweitzer. Hg. v. Friedrich Hertneck. Berlin 1928.
Mayer, Gustav: Johann Baptist von Schweitzer und die Sozialdemokratie [mit Bibliographie der dramatischen und Prosawerke]. Jena 1909; Streisand, Marianne: Schweitzer, Johann. In: Barck, Simone u. a. (Hg.): Lexikon sozialistischer Literatur. Stuttgart, Weimar 1994.

MARIANNE STREISAND

Selbsterfahrung

Im Rahmen des ‚Psychobooms‘ der letzten zwanzig Jahre wurde S zu einem wichtigen Thema zumeist mittelschichtorientierter Psychogruppen und der Esoterik-Szene, gekennzeichnet durch die Ausblendung gesellschaftlicher Bezüge. Vor diesem Hintergrund und emanzipatorisch gedacht, ist es sinnvoller von *biographischer Selbstreflexion* zu sprechen. S heißt ursprünglich, sich in Anwesenheit gewährender Anderer auf die eigene Person zu besinnen und in der aktiven Auseinandersetzung mit den Anderen sich besser kennen zu lernen. Besonders wichtig für ein Gelingen dieser → Interaktion ist das Prinzip der authentischen und offenen, von Empathie getragenen sozialen Rückmeldung. S soll einen Prozess in Gang setzen, der gezielte Veränderungen an sich selbst sowie an der Umwelt ermöglicht.

Die biographische Selbstreflexion, wie sie insbesondere von Herbert Gudjons u. a. 1994 herausgearbeitet worden ist, stellt den Versuch dar, durch Aktualisierung und Reflexion eigener vergangener Erfahrungen sich die eigene Biographie auf dem Hintergrund gesellschaftlicher Bedingungen anzueignen. Biographische Selbstreflexion bezieht sich auf das von Jürgen Habermas entwickelte Konzept der Selbstreflexivität: „Ein Akt der Selbstreflexion, der ein Leben ändert, ist eine Bewegung der Emanzipation" (Habermas 261). Theoretische Bezüge für die Praxis der biographischen Selbstreflexion lassen sich zu der auf die bereits 1918 in die Soziologie von Thomas und Znaniecki eingeführten biographischen Methode herstellen sowie zu den Erkenntnissen des symbolischen Interaktionismus, wonach die Identität der Gesellschaftsmitglieder in Interaktion entsteht und sich verändert, wobei diese aktiv die Bedingungen ihrer Sozialisation mitbeeinflussen, dass Gesellschaft in Interaktion entsteht und dass Gesellschaft nur insoweit besteht, als sie in Interaktion realisiert wird.

Hier setzen thp Methoden an. Besondere Bedeutung für eine Verwendung des szenischen Spiels in diesem Zusammenhang gewinnt das ebenfalls von Gudjons u. a. verwendete Konzept des ‚Körpergedächtnisses‘, das auf der Basis der psychosomatischen Medizin und verschiedenen Richtungen der Körpertherapie davon ausgeht, dass sich die lebensgeschichtlichen Erfahrungen eines Menschen auch auf der physischen Ebene des Körpers spiegeln. Dieses Körpergedächtnis gilt es ebenfalls zu aktivieren, um Veränderungsprozesse zu ermöglichen.

Eine weitere Grundlage für die Arbeit mit theatralen Prozessen bildet die Auseinandersetzung mit dem von Jacob → Moreno erfundenen → Psychodrama, in dem durch szenisches Spiel die biographische Reflexion sowohl auf psychischer wie auf physischer Ebene erfolgt (vgl. Gipser u. a.). Der theatrale Forschungsund Handlungsprozess ist zugleich ein Bewusstwerdungsprozess. Paulo → Freire hat in seiner *Pädagogik der Unterdrückten* (1971) mit der problemformulierenden Methode einen Ansatz entwickelt – auf den sich Augusto → Boal mit seinem → *Theater der Unterdrückten* (1976, dt. 1979) bezieht –, der die Prozesse wechselseitiger Beeinflussung von Handlung, Sprache und Bewusstsein beschreibt und für die Emanzipation nutzbar macht. Unterdrückung erzeugt eine ‚Kultur des Schweigens‘, indem die Menschen ihres Wortes, ihres Ausdrucks und ihrer Kultur enteignet werden. Die Wiederaneignung schöpferischer Kompetenz im Prozess der Handlung und der Reflexion beendet im Gestalten neuer Haltungen und Bedeutungen die Resignation und die Passivität. Der Entwurf neuer Wirklichkeit bedarf der Ergänzung durch Handlungsentwürfe, die den Weg zur praktischen Umsetzung aufzeigen. Unter Einbeziehung der von Boal entwickelten Techniken des → Forumtheaters (vgl. Gipser) werden neue Handlungsentwürfe erprobt. Das langjährige HochschulProjekt *Der brüchige Habitus* (vgl. Bülow-Schramm u.a.) arbeitet erfolgreich mit Boals Methoden. Mit der Entwicklung von Phantasie und Kreativität wächst auch der Mut, sich in realen Situationen anders zu verhalten. So gesehen wird emanzipatorische S hauptsächlich von jenen betrieben, die sich mit sich selbst und aber auch mit den Verhältnissen, in denen sie sozialisiert worden sind und leben müssen, nicht abfinden können und wollen.

Boal, Augusto: Theater der Unterdrückten. Frankfurt a. M. 1979; Bülow-Schramm, Margret/Gipser, Dietlinde (Hg.): Der brüchige Habitus. Empirische Erforschung kooperativer Handlungsmöglichkeiten von StudentInnen und HochschullehrerInnen. Hannover 1991; Freire, Paulo: Pädagogik der Unterdrückten. Stuttgart 1971; Gipser, Dietlinde: Das Forumtheater. Spielend Wege des Handelns entwerfen und wählen. In: Datta, Asit (Hg.): Lehrspiele – Lernspiele. Hannover 1986; Dies./Kunze, Sabine: Katzen im Regen. Das Drama mit dem Psychodrama. Hamburg 1989; Gudjons, Herbert/Pieper, Marianne/Wagener, Birgit: Auf meinen Spuren. Das Entdecken der eigenen Lebensgeschichte. Hamburg 1994; Habermas, Jürgen: Technik und Wissenschaft als ‚Ideologie‘. Frankfurt a. M. 1968.

DIETLINDE GIPSER

→ Authentizität – Autobiographisches Theater – Hochschuldidaktik – Kommunikation – Leiblichkeit – Rollenspiel – Szenische Interpretation – Theaterarbeit aus Erfahrungen – Theatertherapie

Selbsttäuschungstheorie und Bewusstheitstheorie

Im Zusammenhang mit der Emanzipation des Bürgertums von den Zwängen der feudal-absolutistischen Herrschaft sowie mit der geistigen Offensive der Aufklärung, hat sich um die Mitte des 18. Jhs. das bürgerliche Drama und in Verbindung damit die neue Erscheinungsform des Illusionstheaters herausgebildet. Mit seiner pädagogischen Grundintention, mit seiner Fundierung auf der dramatischen Literatur und seiner realistisch-psychologischen Spielweise ist diese Theaterform bis zum Ende des 19. Jhs. die dominierende gewesen. Die beiden Vordenker des neuen Theaters, Denis Diderot und Gotthold Ephraim Lessing, haben ihre Konzeptionen in Opposition gegen das höfische Theater und die klassizistischen Tragödien von Pierre Corneille und Jean Racine entwickelt. Um die Illusionierung sicherzustellen, bekämpfen sie vor allem die direkte Wendung der Schauspieler an das Publikum. Nach ihrer Auffassung muss das Bühnengeschehen als eine in sich geschlossene Welt erscheinen. Beim Zuschauer soll die Illusion erweckt werden, dass er der Wirklichkeit selbst gegenübersteht.

Um diesen Anspruch zu erfüllen, reicht es nicht mehr, dass der Schauspieler – wie das im höfischen Theater und auch im → Volkstheater der Wandertruppen der Fall war – bestimmte Darstellungskonventionen handwerksmäßig beherrscht. Es müssen Talente und Begabungen hinzukommen, welche ihn befähigen, die der Interpretation bedürftige neue bürgerliche Dramatik mit ihren komplexen Charakteren zu deuten und auf individuelle Weise zu verkörpern. Das Schauspielen war zu einem theoretischen und pädagogischen Problem geworden.

Im Mittelpunkt der Diskussion stehen zwei Essays: *L'Art du théâtre* (1750) von Francesco Riccoboni und *Le Comédien* (1747) von Pierre Rémond de Sainte-Albine. Beide behandeln die für das neue bürgerliche Theater absolut zentrale Frage, ob der Schauspieler die Gefühle der von ihm dargestellten Figur empfinden soll oder nicht. Die beiden Autoren vertreten entgegengesetzte Standpunkte. Die Grundthese von Sainte-Albine (229) lautet: „Wollen die tragischen Schauspieler uns täuschen, so müssen sie sich selbst täuschen. Sie müssen sich einbilden, daß sie wirklich sind, was sie vorstellen; eine glückliche Raserei muß sie überreden, daß sie selbst diejenigen sind, die man verrät, die man verfolgt. Alsdann [...] werden sie zu unumschränkten Gebietern über unsere Seelen.“ Sainte-Albine vertritt also die Auffassung, dass die Illusionierung des Zuschauers nur durch die Identifikation des Schauspielers mit der von ihm dargestellten Figur möglich ist.

Dieser als *Selbsttäuschungstheorie* bezeichneten Ansicht eines theaterfremden Literaten steht die *Bewusstheitstheorie* des aus einer Komödiantenfamilie stammenden und selbst als Schauspieler erfahrenen Riccoboni gegenüber. Auch dessen Schrift hat Lessing übersetzt. Ihre Hauptthese lautet: „Ausdruck nennt man diejenige Geschicklichkeit, durch welche man den Zuschauer diejenigen Bewegungen, worein man versetzt zu sein scheint, empfinden läßt. Ich bin niemals der Meinung gewesen, daß man darein versetzt ist, habe vielmehr allzeit als etwas Gewisses angenommen, daß wenn man das Unglück hat, tatsächlich zu empfinden, man außerstande ist, zu spielen.“ (Riccoboni 90)

Ihre überzeugendste Formulierung hat der Bewusstheitstheoretiker, der Dramatiker, Kritiker und Philosoph Denis Diderot gegeben. In seinem 1767 entstandenen, jedoch erst 1830 publizierten Dialog *Paradox über den Schauspieler* finden sich Sätze wie diese: „Ich verlange [von einem Schauspieler] sehr viel Urteilskraft; für mich muß dieser Mensch ein kühler und ruhiger Beobachter sein, ich verlange daher von ihm Scharfblick, nicht aber Empfindsamkeit [sensibilité]. [...] Was mich in meiner Meinung stärkt, ist vor allem die Unausgeglichenheit der Darsteller, die aus der Seele heraus spielen. Erwarten sie von ihnen keinerlei Einheitlichkeit; ihr Spiel ist abwechselnd kraftvoll und schwächlich, feurig und kalt, flach und erhaben. Sie werden morgen an der Stelle versagen, an der sie heute glänzten; dagegen werden sie an der Stelle glänzen, an der sie am Abend zuvor versagt haben. Spielt dagegen ein Schauspieler aus der Überlegung heraus, auf Grund des Studiums der menschlichen Natur, in beharrlicher Nachahmung eines idealen Modells, aus der Einbildungskraft und aus dem Gedächtnis, so wird er aus einem Guß, in allen Vorstellungen ein und derselbe und immer gleich vollkommen sein. [...] Alles hat er abgewogen, miteinander abgestimmt, einstudiert und in seinem Kopf zurechtgelegt." (Diderot 484) Das von Diderot behauptete Paradox besteht also wesentlich darin, dass der ganz und gar ‚gefühllose Mensch' der beste ‚Darsteller von Gefühlen' sein kann.

Einen zwischen Selbsttäuschungstheorie und Bewusstheitstheorie vermittelnden Standpunkt nimmt Lessing ein. Er fordert die Einheit von Verstand und Gefühl. Als Methode dahin zu kommen, hält er den Weg von außen nach innen ebenso für gangbar, wie den von innen nach außen; in der *Hamburgischen Dramaturgie* heißt es: „Ein Akteur (der nur nach einem guten Vorbilde spielt) soll zum Beispiel die äußere Wut des Zornes ausdrücken; ich nehme an, dass er [...] die Gründe dieses Zorns weder hinlänglich zu fassen, noch lebhaft genug sich vorzustellen mag, um seine Seele selbst in Zorn zu setzen: Und ich sage; wenn er nur die allergröbsten Äußerungen des Zorns einem Akteur von ursprünglicher Empfindung abgelernet hat und getreu nachzuahmen weiß, [...] so wird dadurch unfehlbar seine Seele ein dunkles Gefühl von Zorn befallen, welches wiederum in den Körper zurückwirkt, und da auch diejenigen Veränderungen hervorbringt, die nicht bloß von unserem Willen abhängen. [...] Kurz: er wird ein wahrer Zorniger zu sein scheinen." Egal, welchen Weg der Schauspieler geht, das Resultat muss jedenfalls für Lessing eine Mischung aus ‚Begeisterung und Gelassenheit', aus ‚Feuer und Kälte' sein, in der je nach Beschaffenheit der Situation, „bald dieses, bald jenes hervorsticht" (Lessing 36). Lessing erkennt also den Akt des Schauspielers als einen grundsätzlich aus emotionaler Identifikation und kontrollierendem Bewusstsein zusammengesetzten Prozess. Vor dem Hintergrund dieser Erkenntnis erweist sich der Streit zwischen den Vertretern der Selbsttäuschungstheorie und denen der Bewusstheitstheorie als einer um ‚des Kaisers Bart'.

Bender, Wolfgang: Schauspielkunst im 18. Jahrhundert. Stuttgart 1992; Diderot, Denis: Paradox über den Schauspieler. In: Ders.: Ästhetische Schriften, Bd. 2. Berlin, Weimar 1967; Lessing, Gotthold Ephraim: Hamburgische Dramaturgie. In: Lessings Werke, 5. Teil. Berlin, Leipzig, Wien, Stuttgart [o.J.]; Riccoboni, Francesco: Die Schauspielkunst. In: Lessings Werke, 12. Teil, a.a.O.; Sainte-Albine, Pierre Rémond de: Der Schauspieler. In: Lessings Werke, 12. Teil, a.a.O.

PETER SIMHANDL

→ Authentizität – Illusion im Theater – Theaterhistoriographie

Seniorentheater → Altentheater

Sinnlichkeit

S, d. h. die Fähigkeit zur Perzeption, das Wahrnehmungsvermögen, kann als Haltung bezeichnet werden, unter deutlichem Einsatz der Sinne sich selber sowie der Welt zu begegnen und darüber Wissenszugang zu erlangen (vgl. Zimmer). Eine Strukturierung des Wahrnehmungsprozesses kann erfolgen nach den einzelnen Sinnessystemen, den Erkenntnistätigkeiten, Sinnesorganen, Rezeptoren, Reizen oder nach den gewonnenen Informationen. Zur Bestimmung von Empfindungen gehören vor allem Qualität, Intensität sowie Dauer.

Seit den 1980er Jahren erlebt die S eine Renaissance in den Sozial- und Geisteswissenschaften. Zum Lebensprinzip erhoben, avanciert sie als integraler Bestandteil des Ästhetischen zu einem zentralen, interdisziplinär verhandelten Thema. So sind S und Körperlichkeit stärker als bisher in ihrer Bedeutung für Sozialisierungs- und Bildungsprozesse anerkannt und wirken nicht nur in der traditionellen Verbindung von Pädagogik und Ästhetik, der Kunstpädagogik, sondern auch in der außerschulischen Jugendarbeit, Erwachsenenpädagogik, Sozialpädagogik, Gesundheitserziehung, Sport- und Ökopädagogik, interkulturellen Erziehung, Medienpädagogik, in der allgemeinen (Schul-)Didaktik. Daneben sind Praxis-Orte entstanden, in denen ästhetische, nonverbale Tätigkeit im Vordergrund steht, z.B. im Kontext sozialer Kulturarbeit oder Museumspädagogik.

Wahrnehmung und Erkenntnis – Seit der Antike wird die Bedeutung der Wahrnehmung für das Erlangen von Erkenntnis erforscht (vgl. Hügli u. a.). Ergebnisse gestaltpsychologischer Forschung (z. B. Ehrenfels, Wertheimer, Köhler, Koffka) kennzeichnen sinnliche Wahrnehmung als nicht elementaristisch-reizhaft, sondern als ganzheitlich gestaltet. Trotzdem unterliegen Sinnesentscheidungen und -präferenzen der Selektion. Auch Medien wie Sprache, Schrift, Zeichen und Signale, Fernsehen und Computer strukturieren die Wahrnehmung. Umstritten ist, ob es eine reine (ungedeutete, theoriefreie) Wahrnehmung gibt oder ob alle Wahrnehmung bereits vorstrukturierte Sinneserfahrung von etwas ist. Ungeklärt sind auch Hierarchie, Bedeutung und Struktur der Wahrnehmungsfelder der einzelnen Sinne im Erkenntnisprozess.

Soziologie der Sinne – Aus soziologischer/anthropologischer Sicht bleibt es (vgl. Kamper u.a. 10) bis in Wahrnehmungsprozesse offen, „ob der Körper modellhaft Zeugnis für eine ‚natürliche' Sprache oder eine ‚geschichtliche' Schrift ablegt". Daraus resultiert auch die Frage, ob die – historischen und sozialen Sinnstiftungen ausgesetzten – menschlichen Sinne gemäß der poststrukturalistischen Perspektive passiv erleiden oder in der Lage sind, handelnd Einfluss zu nehmen. Die Ansätze des *sensate body* und *embodiment* (vgl. u. a. Synnott; Csordas) bemühen sich um das Zusammenbringen beider Positionen und kreieren ein Verständnis einer aktiven Beziehung zwischen sinnesbezogenem Körper und Mitwelt. Gleichwohl werden die Sinne als neues Forschungsfeld entdeckt, das sinnliche Wissenszugänge sowie soziokulturelle und sinnliche Implikationen untersucht und die ‚Sinne im Konkurs der Geschichte' (vgl. Kamper u. a.) bis zum ‚ästhetischen Aufbruch' (vgl. Probst) verfolgt. Die (Über-)Betonung der Sinne ruft Wehrlosigkeit und Leiden hervor, verweist aber auch auf ihre Optionen: Geht es um gesellschaftliche Inbetriebnahme letzter Körperressourcen oder um Befreiung von traditionellen Sinnstrukturen? Für Wolfgang Welsch ist die Postmoderne durch eine Dialektik von Ästhetischem und Anästhetischem gekennzeichnet. Die Überbetonung des Ästhetischen schlägt um in Anästhetik und erzeugt Empfindungslosigkeit und Desensibilisierung – Zustände, die unter Umständen mit Erfordernissen aktueller Realität korrespondieren. Es scheint keinen Indikator dafür zu geben, dass sich unsere sinnliche Ausstattung auf der Ebene der Physiologie verschlechtert hat oder dass die sinnliche Qualität der Umwelt geringer geworden wäre, auch nicht im städtischen Bereich. Als ungenügend sieht er jedoch die Anpassung der Sinne an die Anforderungen der gegenwärtigen Umwelt (vgl. Welsch).

Anschaulichkeit und Pädagogik – Horst Rumpf präsentiert in *Die übergangene Sinnlichkeit* die Schule als institutionellen Ausdruck des cartesianischen Weltbildes, die formal-abstrakte Bildung in den Vordergrund stellt und – indem sie den Körper aus Lehr- und Lernprozessen aussperrt – die Ablösung partikulärer S betreibt (vgl. Rumpf). Ansätze zu Bedeutung und Effekten medialer Anschaulichkeit (vgl. Postman) und zu einer sich möglicherweise neu konstituierenden Beziehung zwischen digitaler Technologie und Körperlichkeit (vgl. Leeker) stehen dieser zivilisationskritischen Perspektive kontrovers gegenüber. S als Platzhalter einer auf Anschauung basierenden Pädagogik verweist auf die → Didaktik von Comenius, Rousseau, Pestalozzi, Fröbel. Mit der Zielstellung, die Funktionstüchtigkeit einzelner Sinnesorgane zu trainieren, um dadurch die Verstandestätigkeit zu erweitern, repräsentieren diese jedoch eher rationalistische statt erfahrungsorientierte Tradition. Reformpädagogen, die gegen die Reduktion von S aufbegehren, verharren z. T. in der Dichotomie sinnlicher Erfahrung und geistiger Erkenntnis. Die Gestaltbarkeit der Welt zu erfahren; Experimentierfreudigkeit wecken, um das Ausmaß ästhetischer Wirkungen zu erleben; die Variationsbreite der Wahrnehmungen, Ausdrucksweisen sowie Genussmöglichkeiten zu erkennen – so benennt Hartmut von Hentig Ziele ästhetischer Erziehung; dies könnten gleichfalls Perspektiven einer neuen körper- und sinnesbezogenen Pädagogik sein (vgl. Hentig).

Ausblick – Von sinnlicher/ästhetischer Kompetenz wird Selbstentfaltung, Ausbildung von Ich-Identität, Vorantreiben der Emanzipation des Menschen erwartet, die das Alltagsverhalten (z. B. Konsumverhalten) bewusst und veränderbar macht und Erfahrungsgrenzen transzendiert. Bemühungen, das Alltagsleben genuss- und lustvoll zu gestalten, die daraus resultierende Ästhetisierung der Lebensumwelt, in der sich soziale Milieus aus dem Lebensstil konstituieren, die hedonistische Ausrichtung in Jugendkulturen sind Ausdruck für die Herausbildung von S als Lebensprinzip. Das Gelingen des sinnlichen Weltzugangs und die entstehenden Effekte sind jedoch abhängig von der Entwicklung von Perzeptions- und Reflexionskompetenz.

Csordas, Tom (Hg.): Embodiment and Experience. In: Cambridge Studies in Medical Anthropology, Vol. 2. Cambridge 1994; Engel, Gisela/Notz, Gisela (Hg.): Sinneslust und Sinneswandel. Zur Geschichte der Sinnlichkeit. Berlin 2001; Hentig, Hartmut von: Ergötzen, Belehren, Befreien. Schriften zur ästhetischen Erziehung. Wien 1985; Hügli, Anton/Lübcke, Paul (Hg.): Philosophielexikon. Reinbek 1997; Kamper, Dietmar/Wulf, Christoph (Hg.): Das Schwinden der Sinne. Frankfurt a. M. 1984; Koch, Gerd/Naumann, Gabriela/Vaßen, Florian: Ohne Körper geht nichts. Lernen in neuen Kontexten. Milow 1999; Leeker, Martina: Like Angels. Wohl bekomms dem Körper in den S(t)immulatoren vom Flug bis zum Sex. In: Koch, a.a.O.; Postman, Neil: Das Verschwinden der Kindheit. Frankfurt a. M. 1983; Probst, Peter: Von der somatischen Wende zum ästhetischen Aufbruch. In: Koch, a.a.O.; Rumpf, Horst: Die übergangene Sinnlichkeit. München 1981; Synnott, Anthony: The Body Social. Symbolism, Self and Society. London 1993; Welsch, Wolfgang: Ästhetisches Denken.

Stuttgart 1990; Zimmer, Renate: Handbuch der Sinneswahrnehmung. Freiburg 1995.

GABRIELA NAUMANN

→ Ästhetische Bildung – Ästhetische Kompetenz – Erlebnispädagogik – Leiblichkeit – Musisch-ästhetische Erziehung – Reformpädagogik – Selbsterfahrung – Spaß

Sozialarbeit → Geschichte der Sozialpädagogik
→ Kultursozialarbeit → Theaterarbeit in sozialen Feldern

Sozialpädagogik → Geschichte der
Sozialpädagogik → Theaterarbeit in sozialen Feldern

Soziodrama

Das S nach Jacob → Moreno gehört ebenso wie das von ihm entwickelte → Psychodrama in die Kategorie des nicht textgebundenen Theaters (vgl. Fox). S ist konzipiert als ,eingreifende' Theaterpraxis und will Veränderungen in → Gruppen und Inter-Gruppenbeziehungen herbeiführen. Das heißt, in der dramatischen Aktion sollen Gruppenbeziehungen aufgedeckt, Probleme verdeutlicht und Lösungen gesucht bzw. erarbeitet werden. Die Gruppe ist demnach also das ,Subjekt', das auf die Bühne gestellt wird, nicht der Einzelne.

Unter Gruppe versteht Moreno eine nach bestimmten Merkmalen klassifizierbare und sich von anderen Gruppen unterscheidende konkrete Ansammlung von Menschen. Allerdings geht es ihm nicht um soziologische (,Oberflächen'-)Merkmale von Gruppen. Vielmehr versucht er, die emotionale und oft unbewusst wirksame ,Tiefenstruktur' einer Gruppe zu erreichen und darüber das Potenzial und eine Dynamik für Veränderungen. Zur Untersuchung dieser Tiefenstruktur und die sich darüber abbildenden Beziehungsmuster und Rollen (vgl. Petzold u.a.) in und zwischen Gruppen entwickelte Moreno die Soziometrie (vgl. Moreno 1981) als ein spezielles Verfahren. Sie kann im Rahmen des S auch als ,soziometrische Aktion' durchgeführt werden und darüber soziodramatische Qualität gewinnen. Entsprechend geht es nicht um Befindlichkeiten und Wirklichkeitskonstruktionen von Einzelnen, sondern um die Herstellung einer ,inter-subjektiven Wahrheit' in und zwischen Gruppen und die gemeinsame Arbeit an sozialen Veränderungen (vgl.

Moreno 1943; 1946). Dennoch gilt für das S wie auch für das Psychodrama, dass emotionale Erfahrungen, Verstehen und rationale Einsicht der Einzelnen entscheidend für Veränderungen sind.

Soziometrie und S (wie auch Psychodrama) können unter bestimmten Format-Bedingungen auf unterschiedliche Weise verknüpft werden. Das heißt, es kommt auf die jeweilige institutionelle Rahmung der einzelnen Verfahren an. Theater, Unterricht, Therapie und Beratung können als unterschiedliche Formate gelten, denen Verfahren beispielsweise wie S oder Psychodrama flexibel anzupassen sind. Die Unterscheidung zwischen Formaten und Verfahren stammt nicht von Moreno (vgl. Wildt). Er hat sein Augenmerk vielmehr auf die Entwicklung der Verfahren gelegt in der Vorstellung, ,radikal' Theater zu machen, unter welchen Bedingungen auch immer. Auch eine Abgrenzung zwischen S und Psychodrama ist bei Moreno nicht in jedem Fall möglich, es gibt immer wieder Überschneidungen. Offenbar ist es häufig eine Frage des Fokus, ob eine Situation bzw. Produktion psychodramatisch oder soziodramatisch aufgefasst wird. Moreno verweist darauf, dass das Kollektive im Privaten erscheint und gesellschaftliche und soziale Ereignisse den Einzelnen zutiefst betreffen.

Moreno selbst hat vielfach mit Angehörigen sog. Randgruppen psychodramatisch gearbeitet. Dazu gehört etwa die Arbeit mit (jüdischen) Flüchtlingen, mit Prostituierten, straffälligen Jugendlichen und später vor allem mit psychisch bzw. psychiatrisch Kranken, also mit Menschen, zu deren Problemen soziale Stigmatisierungsprozesse und gesellschaftliche Ausgrenzungsprozesse beitragen. Die soziodramatischen Aspekte dieser Arbeit hat Moreno immer wieder betont.

Verfahrenstechnisch ist die soziodramatische Arbeit durchaus vom Psychodrama zu unterscheiden (vgl. Geisler). Die Gruppe bzw. die Gruppen arbeiten zu einem ,Thema', das mit der ,Tiefenstruktur' der Gruppe in Beziehung steht. In der soziodramatischen Bühnenarbeit bringen die verschiedenen Gruppen ihre ,Sichtweise', ihr Anliegen, ihre Lage und Betroffenheit auf die Bühne. Es gibt die Möglichkeit ,in Gruppe', aber auch als Einzelne ,in Stellvertretung' zu agieren. Dabei werden – wie im Psychodrama – Rollentausch, Rollenfeedback, Wiederholung, Einfrieren, Beschleunigen, Spiegeln usw. methodisch eingesetzt und Besonderheiten der Gruppenaktion Rechnung getragen. Beispielsweise ist beim S mit einer gesteigerten Dynamik zu rechnen, insbesondere dann, wenn Konfliktlagen aktuell sind und ,echte' Kontrahenten auf der Bühne agieren. Dabei geht es vor allem um Aufklärung

und Lösungsversuche aus unterschiedlichen Interessen-
lagen und Rollenperspektiven. Hier liegt im Übrigen
ein gravierender Unterschied zum protagonistenzen-
trierten Psychodrama, wo der Protagonist im Mittelpunkt steht (vgl. Geisler u. a.), dagegen gibt es Gemeinsamkeiten etwa zum Theateransatz von Augusto
→ Boal, insbesondere ‚Blockaden‘ wegzuräumen, die
sozialen und gesellschaftlichen Veränderungen im Wege
stehen (vgl. → Feldhendler).

Buer, Ferdinand (Hg.): Morenos therapeutische Weltord-
nung. Opladen 1999; Feldhendler, Daniel: Psychodrama und
Theater der Unterdrückten. Frankfurt a. M. 1989; Fox,
Jonathan: Morenos Stegreiftheater in New York. In: Jahr-
buch für Psychodrama, psychosoziale Praxis und Gesell-
schaftspolitik. Opladen 1994; Geisler, Friedel: Zwischen
Kulturen und Welten. Soziodrama nur ein Arrangement der
psychodramatischen Bildungsarbeit. In: Wittinger, Thomas
(Hg.): Psychodrama in der Bildungsarbeit. Mainz 2000;
Geisler, Friedel/Görmar, Frank: Der Rollentausch mit dem
Feind. In: Jahrbuch, a.a.O., 1996; Moldowsky, Stan:
Sociodrama Session at the Mansfield Theatre. In: Group
Psychotherapy, Psychodrama and Sociometry, 1950, H. 3;
Moreno, Jacob L.: Soziodrama. Beacon 1943; Ders.: Psycho-
drama 1. Beacon 1946; Ders.: Soziometrie als experimentelle
Methode. Paderborn 1981; Ders.: Auszüge aus der Autobio-
graphie. Köln 1995; Petzold, Hilarion/Mathias, Ulrike:
Rollenentwicklung und Identität. Paderborn 1982; Wildt,
Beatrix: Wie psychodramatisch verfahren an der Universität?
In: Wittinger, a.a.O.

BEATRIX WILDT

→ Dialog – Gefängnistheater – Rollenspiel – Supervision – Theatertherapie – Zielgruppe

Soziokultur

S ist eine programmatische Bezeichnung für Diskurse,
Inhalte, Praxis- und Organisationsformen, die einen
‚erweiterten‘, d. h. nicht auf künstlerische Aspekte
eingeengten Kulturbegriff proklamieren. Man kann
folgende *vier Bedeutungen* von S unterscheiden:

1. S als programmatische Offensive zur Neubestimmung der Kulturpolitik. Hier beschreibt S einen
Reformanspruch, der Ende der 1960er/Anfang der
1970er Jahre geltend gemacht wurde und sich gegen
die bis dahin eher restaurative Kulturpolitik im Westen
Nachkriegsdeutschlands wandte. Den Begriff S brachten Hermann Glaser und Karl Heinz Stahl 1974 in die
deutsche Debatte ein (vgl. Glaser u. a.). Es ging ihnen
darum, die Gesellschaft durch Kultur zu demokratisie-
ren und mit einem Kulturverständnis zu brechen, das
die Welt des Geistes adelte und zur eigentlichen Kultur
erhob, zu einem bürgerlich-idealistischen Reich, das

sich von den Niederungen bloßer Zivilisation ab-
wandte. Diese Kulturauffassung wurde auch als affir-
mativ bezeichnet (vgl. Marcuse). Mit Kultur demokrati-
sieren hieß – und dazu diente das präfixoide ‚Sozio-‘ –,
sie ganzheitlich zu fassen, sie mit dem Leben zu
versöhnen, Chancengleichheit zu entwirklichen und
Mitbestimmung zu ermöglichen; weg von einer elitä-
ren Hegemonialkultur des schönen Scheins, hin zu
pluralisierten Formen ästhetischer Praxis mit einer
„Kultur für alle“ und „von allen“ (vgl. Hoffmann).
Jegliche Kultur solle S sein. Jener Entwurf partizipativer
S bricht auch mit dem Mentalitätsmuster, das die
autonome bürgerliche Kultur trug, mit dem ‚unpoliti-
schen Kulturmenschen‘. → Kommunikation, ein
Schlagwort dieser Stunde, müsse die Einseitigkeit auf-
brechen, in der man neutral bleibt. Ästhetisches Lernen, gezielter Umgang mit Informationen, Kritikfähigkeit, die Vermittlung von Ethik und Ästhetik: Dies
sind Themen, deren umfassende Bewältigung zum
Rückgewinn eines „Behagens in der Kultur“ führen
sollte, wenn „die Mitbestimmung des Individuums
durch Mitbestimmung in und an der Gemeinschaft [...]
in den Spielräumen der Kultur“ (Glaser u.a. 141)
eingeübt werde. Diese eng an den S-Diskurs gebundene Kulturpolitik, die sich umfassend als Gesellschaftspolitik begreift, wird als ‚Neue Kulturpolitik‘ bezeichnet (vgl. Röbke).

2. S als angewandte (Kultur-)Praxis bewegungsorientierter und kritischer Milieus, die in eine flächendeckende Etablierung selbstverwalteter Soziokultureller
Zentren und Initiativen mündete. Diese parallel zur
Herausbildung neuer kulturpolitischer Präferenzen
entstandenen Einrichtungen, die zunächst mehrheitlich als Kommunikationszentren firmierten, organisierten sich 1979 erstmals bundesverbandlich und bilden spätestens seitdem eine überwiegend akzeptierte
Kultursparte (vgl. Kämpf 29ff.). S in diesem Sinne
beschreibt basis- und nutzerorientierte Einrichtungen
vor allem selbstorganisierter Angebote und Kurse aller
Kunst- und Kulturformen, die verschiedene Altersgruppen, soziale Schichten und Nationalitäten ansprechen (vgl. Husmann u.a.). Wichtigste Eigenschaft ist
die hohe Eigenaktivität und Selbstreflexivität, die
Soziokulturelle Zentren zu entwicklungsoffenen,
gemeinwesenorientierten Institutionen macht. Sie begreifen sich als ‚von unten‘ etabliert (vgl. Schulze) und
bieten eine bewusste Alternative zu profitorientierten
oder kommunalen Einrichtungen.

3. S als experimentelle oder kulturpädagogische
Methode, in klassischen Feldern des Kulturbetriebs
(etwa Theater, Museen) oder anderen Bereichen neue

Formen der kulturellen Produktion und Vermittlung umzusetzen. Mit Hilfe der S wurde nicht nur eine inhaltliche Klammer zur Zusammenführung unterschiedlicher Ansätze aus den Bereichen Kultur, Bildung, Soziales und Freizeit etabliert, sondern auch ein neues, freieres Gestaltungsprinzip kultureller Arbeit. S wirkt so als Richtungsimpuls für zielgruppenspezifische, beteiligungsorientierte oder spartenübergreifende Vermittlung etwa in Jugendkunstschulen, im Bereich der ThP, der Erwachsenenbildung, in Bürger- und Freizeithäusern oder Geschichtswerkstätten. Dabei steht S für kreatives, selbstmotiviertes Lernen, Denken über einen abgegrenzten Gegenstand hinaus und erweiterten Kontextbezug (z. B. Umwelt, Stadtentwicklung, Rolle Benachteiligter). Maßstab dafür sind die innovativen Arbeitsformen der S, wie sie in der Regel in Soziokulturellen Zentren praktiziert werden: Projektmethode, Offene Bereiche, Werkstätten, Veranstaltungen zwischen Konsum und Partizipation, Kursangebote, Gemeinwesenarbeit und Begegnung/Gastronomie (vgl. Baer u. a. 154 ff.). Diese Arbeitsformen verfolgen insbesondere folgende Ziele: umfassende Partizipation, ganzheitliche Aneignung, Abbau von Zugangshemmnissen, offenere und flexiblere Planung und Durchführung von Vorhaben, Herstellung gesellschaftlicher Relevanz und individueller Handlungsfähigkeit.

4. S als Leitbegriff zur Umstrukturierung der DDR-Breitenkultur und Begünstigung der Entstehung einer freien, demokratischen Kulturszene ab 1990. In diesem Zusammenhang wird häufig auch eine bestimmte Kulturpraxis der DDR retrospektiv als ‚soziokulturell‘ oder Vorläufer gegenwärtiger S bezeichnet. Zwar gab es eine kulturelle Praxis, die mit einem nachhaltig wirksamen ‚weiten‘ Kulturbegriff operierte, doch handelte es sich um zentralistische Strukturen der Planung und Steuerung, die eine selbstbestimmte, von staatlicher Kontrolle unabhängige Kulturarbeit nicht zuließen. Träger dieser breiten Kulturarbeit waren die Einheitsgewerkschaft FDGB und die Jugendorganisation FDJ; bekannt ist dieses Wirken unter dem Begriff des ‚kulturellen Volksschaffens‘ (vgl. Groschopp). Es gab folglich weder eine basisdemokratische Organisation, die den Aufbau einer Initiative ‚von unten‘ ermöglicht hätte, noch einen kritischen kulturpolitischen Diskurs. Nach der politischen Wende wurde der inzwischen auch von der Bundesregierung (vgl. Deutscher Bundestag) nobilitierte S-Begriff durch Akteure und Verantwortungsträger eingebracht, um struktur- und förderpolitische Rahmenbedingungen, aber auch inhaltliche Entwicklungen im Osten adäquat zu unter-

stützen. Dabei trafen sich kulturpolitische Bemühungen und akteurbezogene Erfahrungen und Absichten (vgl. Karstein).

S kann semantisch nicht eindeutig bestimmt werden, obwohl das präfixoide ‚Sozio-‘ auf ‚sozial‘ hinweist. Die Sozialwissenschaft kennt zwar eine Adjektivform ‚soziokulturell‘ mit der Bedeutung ‚die soziale Gruppe und ihr kulturelles Wertsystem betreffend‘. Diese Dimension trägt jedoch nicht oder nur teilweise die Bedeutungen des Substantivs S, das auch in Sprachlexika nicht verzeichnet ist. Man muss insofern von einem Neologismus ausgehen, mit dem gesellschaftliches Leben und kultureller Ausdruck in eine unauflösbare, vitale Beziehung gesetzt werden sollen. Aufkommen und Gebrauch des Begriffes stützen diese Auffassung und qualifizieren ihn als Fachbegriff der Kulturarbeit und Kulturpolitik.

Baer, Ulrich/Fuchs, Max: Arbeitsformen der Soziokultur. In: Sievers, Norbert/Wagner, Bernd (Hg.): Bestandsaufnahme Soziokultur. Stuttgart 1992; Deutscher Bundestag: Antwort der Bundesregierung auf die Große Anfrage der SPD vom 25. 4. 1990. Drucksache 11/6971; Glaser, Hermann/Stahl, Karl Heinz: Die Wiedergewinnung des Ästhetischen. Perspektiven und Modelle einer neuen Soziokultur. München 1974; Groschopp, Horst: Gab es in der DDR Soziokultur? In: Arbeitsgruppe Soziokultur im Freistaat Sachsen (Hg.): Soziokultur in Sachsen. Dresden 1994; Hoffmann, Hilmar: Kultur für alle. Frankfurt a. M. 1981; Husmann, Udo/Steinert, Thomas: Soziokulturelle Zentren. Hagen 1993; Kämpf, Andreas: Positionen. In: Bundesvereinigung Soziokultureller Zentren (Hg.): www.soziokultur.de/20 – Bundeskongress soziokultureller Zentren. Dokumentation. Essen 2000; Karstein, Uta: Ferner Osten? Biografische Zugänge zur Ostdeutschen Soziokultur. Potsdam 2002; Knoblich, Tobias J.: Das Prinzip Soziokultur – Geschichte und Perspektiven. In: Aus Politik und Zeitgeschichte, B 11/2001; Marcuse, Herbert: Über den affirmativen Charakter der Kultur. In: Kultur und Gesellschaft, Bd. 1. Frankfurt a. M. 1965; Röbke, Thomas (Hg.): Zwanzig Jahre Neue Kulturpolitik. Erklärungen und Dokumente 1972–1992. Hagen 1993; Schulze, Joachim: Soziokulturelle Zentren – Stadterneuerung von unten. Essen 1993.

TOBIAS J. KNOBLICH

→ Amateurtheater – Arbeitsfelder der Theaterpädagogik – Geschichte der Sozialpädagogik – Kultursozialarbeit – Zielgruppe

Spaß

S ist kein Vergnügen, sondern halbierter Affektzustand, der unmittelbar umschlagen kann in Schreck und Entsetzen. Wenn etwas passiert, mischen sich S der Zuschauer und Schrecken der Opfer in würgender Panik. *Panem et circenses* heißt ja auch: Alles zum Fraß fürs Volk. Vergnügen dagegen hat ein emotionales Gegenstück im ,Winter unseres Missvergnügens', mit dem es im Fundus der Gefühle verbunden ist wie Freude mit Trauer, Frohsinn mit Betrübnis, Humor und Lachen mit bitterem Ernst.

Was ist die Kehrseite des S? – nicht einmal die Ernüchterung nach dem Rausch, sondern bestenfalls verkaterte Langeweile. ,Frust', nix los – das ist die Lustlosigkeit der um jeden Preis Lustigen. – In den 1950er Jahren gab es in der Werbung die Propaganda des ,Genuss[es] ohne Reue', verglichen mit S geradezu ein Abenteuer. Denn Genuss ist vielversprechend, aber Reue auch; S indes verspricht nichts. Selbst wer ,Spaß am Ficken, Fressen, Saufen' sagt, wertet damit selbst grobe Triebgelüste ab und verkürzt sie auf den gierigen Augenblick. ,Spaß muss sein' – ein rabiates, gefühlloses Kommando nicht nur gegen Kummer, Ärger und Überdruss, sondern auch gegen Freude, Lachen und Vergnügen.

Der Prototyp und noch nicht zum Konsumenten reduzierte Akteur der S-gesellschaft ist jener ,Homme du plaisir' de Sades gewesen, dessen antimoralische Maxime war, andere Menschen als Werkzeuge seiner Lust zu betrachten und zu benutzen. Im Unterschied zum Affektzustand heutiger S-Gewalttäter und schadenfroher Zuschauer war das ,plaisir' jedoch ein Denkabenteuer und kein Verbrechen (vgl. Hartwig 147). Es bestand im selbstgefährlichen Genuss der Gewalt, in der Imagination lüsterner Unterwerfung und erzwungener Lust. In der heutigen S-gesellschaft ist die Sache jedoch zusammengeschurrt auf lärmigen Genuss und auf das Konsumieren vorfabrizierter Schrecken – sozusagen Vollkasko-S ohne Täterrisiko.

Zum S taugt alles – ,nur so zum Spaß, egal was', während Freude, Lust, Vergnügen, Heiterkeit nicht beliebig erzeugbar sind. S kann man kaufen, Freude muss man mitbringen oder sich von ihr anstecken und überwältigen lassen, d. h. Freude bedarf ihrer eigener Gründe, während zum S alles taugt.

Ich will S, wir wollen S – S ist so etwas wie gute Laune auf Knopfdruck, die den ,Frust' vertreiben soll. Frust ist, so scheint es, der Feind des S und das Schreckgespenst der Pädagogik. Alles ist recht, um Frust zu bekämpfen. Frust aber ist zäh und viskos wie Teig. Deshalb hat schon verloren, wer gegen Frust kämpft, weil dieser Kampf selber frustrierend ist. Was aber ist *Frust*? Das Wort steht für Ärger, Zorn, Enttäuschung, Kummer, Schmerz, Wut, Schuld, Unglück, Verlust – man lasse Schulkinder wie Studierende während einer Viertelstunde aufschreiben, was alles im Jargon auf ,Frust' verkürzt wird, und die Sprache der Gefühle lebt wieder auf. Deshalb passt zu Frust rabiater S – denn auch S ist rabiates Kürzel und grober Ersatz für anderes, das ihm fremd bleibt und sich ihm entzieht.

S und Frust sind, so könnte man meinen, Regressionen auf einen frühen, undifferenzierten Zustand von Lust oder Unlust. Aber das ist schon zu viel der Ehre, denn Regression setzt immerhin eine gewisse Höhe und Vielfalt der Gefühle voraus, von der man wieder herunter möchte oder muss. Hier ist es aber so, dass der Aufstieg gar nicht erst versucht wird. S und Frust sind mithin emotionale und sprachliche Kümmerlinge, nämlich Kürzel der Unfähigkeit oder des Unwillens, Gefühle genauer zu erfahren, zu begreifen und zu äußern. Wenn man sagt: Ich ängstige oder freue mich, gibt man sich dem Gefühl hin, versucht es zu fassen und mitzuteilen – jedenfalls sind es offene und bewegliche Zustände. Angst wie Freude können so groß werden, dass man sie allein nicht mehr erträgt. Frust und S dagegen sind Kapselbefehle, d. h. sie schießen durch den Kopf, um anderes nicht zuzulassen und Gefühle zu hindern. Sie funktionieren wie Rabattmarken: Sie werden angesammelt und bringen wenig, verglichen mit dem, was dafür in Kauf genommen werden musste. Sie sind Widersprüche in sich selbst.

Mit einem Wort, als thp Faustregel: Gegen Frust hilft kein S und S bringt nur Frust.

Brunotte, Ulrike: Angstlust und Ritual. Probleme des Erwachsenwerdens und die Rolle der Initiation. In: Freibeuter 60, Berlin 1994; Debord, Guy: Die Gesellschaft des Spektakels. Berlin 1996; Hartwig, Ina: Aufklärung der Gewalt (in der Literatur). In: Kursbuch 147, Berlin 2002; Sofsky, Wolfgang: Die Zuschauer. In: Ders.: Traktat über die Gewalt. Frankfurt a. M. 1996.

HERMANN PFÜTZE

→ Angst und Kunst – Animation – Authentizität – Clownerie – Magie – Theatralität

Spiel

Im S begegnet der Mensch der Welt *anders* – spielend nämlich. Der Versuch, dieses Andere zu definieren – in Opposition zu Arbeit, Ernst oder Wirklichkeit –, scheitert an der Widersprüchlichkeit des Phänomens: Denn das S erfordert bisweilen harte Arbeit, kann zutiefst ernst werden und kennzeichnet meist etwas, was *wirklich* stattfindet. „It is a mood, an activity, an eruption of liberty; sometimes it is rule-bound, sometimes free. It is pervasive. It is something everyone does as well as watch others engage in." (Schechner

2002, 70) Das S mag keinem äußeren Zweck als der Zerstreuung, Erheiterung oder Anregung dienen, gleichwohl ist die Fähigkeit zu spielen eine absolute Notwendigkeit für die kindliche Entwicklung, ist etwa das Durchspielen von Möglichkeiten eine unabdingbare Voraussetzung für die Problembewältigungsstrategie. Wenn sogar in der Mathematik die Wahrscheinlichkeit komplexer Verläufe durch S-theorien berechnet und optimiert wird, kein physikalisches → Experiment ohne S-strategie auskommt, dann wird augenscheinlich, dass S offenbar mehr als nur Lernhilfe oder Kompensation ist (zur Übersicht vgl. → Nickel u. a.; Baatz u. a.). Es ist nicht nur kulturgeschichtlich besonders relevant (vgl. u. a. Dix), sondern geradezu die Voraussetzung von Kultur, ja weitergehend noch ein „Naturphänomen, das von Anbeginn den Lauf der Welt gelenkt hat" (Eigen u. a. 17). Ebenso wie der *Homo ludens* (vgl. Huizinga) gegebene Ordnungen und gesellschaftliche Regelwerke auslegt, sich strategisch oder taktisch verhält und so auch Veränderungen herbeiführt, so nutzt auch die Natur das S zwischen Begrenzung (Naturgesetze) und Zufall, um Wachstum und neue Ordnungen hervorzubringen. Ohne S gäbe es nur Wiederholung und keine auf Wandel beruhende Irreversibilität.

Der Begriff ist so klar wie seine Bedeutung verschwommen – im Alltag ist die Rede von: die Finger im S haben (bewusst steuern); das S der Farben (was sich von selbst ereignet); etwas ist einfach nur Spielerei, man setzt sich aufs S, treibt ein (gar falsches) S, bewältigt etwas spielend oder taucht in ein S ein. Als einer der wenigen Begriffe überhaupt trägt der S-begriff sein eigenes Gegenteil in sich. Womöglich ist es gerade seine Unbestimmtheit, die ihn nicht nur für den widersprüchlichen Gebrauch im Alltag, sondern auch für nahezu alle Wissenschaften tauglich macht. Die unterschiedlichen Phänomene, die mit S beschrieben werden (in der Ästhetik, Ökonomie, Pädagogik usw.), gehören nicht aufgrund einer gemeinsamen Ursache zusammen, sondern aufgrund semantischer Überschneidungen und meinen allesamt ein spezifisches Zusammenspiel zwischen *Notwendigkeit und Freiheit,* zwischen Regel und Regelbruch. Wie in der Mechanik das S zwischen Maschinenteilen vorausgesetzt ist, so der *S-raum des Verhaltens* (vgl. Waldenfels) beim Menschen. Die S-bewegung selbst ist fassbar als ein oszillierendes, grundloses *Hin- und Herschwingen* (vgl. Gadamer) zwischen gegensätzlichen Polen: zwischen Chaos und Ordnung (vgl. Cramer u.a.), Zufall und Regel (vgl. Eigen u. a.), Stoff- und Formtrieb (vgl. Schiller), pathischem und gnostischem Verhalten (vgl. Buyten-

dijk), *paidia* und *ludus* (vgl. Caillois) usw. Wichtig am S scheint nicht das Ergebnis zu sein, sondern die vorausgehende Bewegung, in der eine *anthropologische Disposition* (vgl. Iser) evident wird, die sich überhaupt nur *als* S entfalten kann. Und dabei macht es offenbar keinen Unterschied, ob der Mensch dieses Potenzial durch sein eigenes Tun (im S) erfährt, in der Natur (am Naturschauspiel) erlebt, am Artefakt (in der Kunst) sieht oder bei anderen (im Schauspiel) beobachtet – wesentlich ist, dass angesichts solcher Ereignisse das (an sich undarstellbare) anthropologische Potenzial spürbar, wahrnehmbar und erfahrbar wird.

Besonders der deutsche Idealismus hat dem S herausragende Bedeutung zugesprochen. Für Schiller gibt es keinen anderen Weg, den Menschen vernünftig zu machen, als über den S-trieb. Weil der Mensch „nur da ganz Mensch [ist], wo er spielt" (Schiller 63), das Leben selbst aber kein S ist, wird der Weg des *Ästhetischen* unabdingbar. In der Romantik, insbesondere aber bei Nietzsche, wird diese auf das Subjekt bezogene Bedeutung (im Rückgriff auf Heraklits Vorstellung der Zeit als ein spielendes Kind) zum Weltprinzip und das S der Natur zum Vorbild auch für die Kunst erklärt.

Für die Pädagogik ist das S ein wichtiges *Ausdrucksmittel* der Persönlichkeit; in den Lerntheorien wird vor allem sein Beitrag zur Entwicklung der Identität und der Ich-Funktionen hervorgehoben (vgl. u.a. Chateau). Entsprechend unterschiedlich wird die Bedeutung gewichtet (in der Kognitionstheorie Piagets, im affektiven Modell Eriksons oder z. B. in der Theorie der Erfahrung von → Dewey). Entsprechend verschieden (je nach Fokus auf Funktion, Tätigkeit oder Wirkung) fallen die Klassifizierungsmerkmale in den S-theorien aus (vgl. u. a. Schäfer) – etwa Bewegungs-, Leistungs-, Darstellungs- und Schaffensspiele (vgl. → Scheuerl), solche, die mit der sensoriellen, motorischen und psychischen Aktivität oder mit Funktion, Struktur oder Imagination zu tun haben (vgl. Chateau). Entsprechend breit ist auch das Spektrum spielpädagogischer Ansätze, zu denen u.a. auch ThP gehört (vgl. Kreuzer). Auch wenn *Nachahmung* eine zentrale Rolle spielt, beginnt S erst dort „wo die Assimilation über die Akkommodation dominiert" (Piaget 193), das spielende Kind sich also weniger der Realität anpasst (wobei diese Fähigkeit vorausgesetzt ist), als dass es über diese frei verfügt und sie dabei auch entstellt – man denke etwa an die magische Aufladung der *Übergangsobjekte* (vgl. → Winnicott). Dieser Annahme folgend wird das symbolische Handeln, das im S zwar überhaupt erst entsteht, im S selbst vor allem zur Herstellung *fiktiver Welten* genutzt.

Noch bis zur Mitte des letzten Jhs. wird die Besonderheit des S in seiner Autonomie gegenüber dem Leben betont – eine Handlung, die frei von Notwendigkeit ist, die „als ‚nicht so gemeint' und außerhalb des gewöhnlichen Lebens stehend empfunden wird und trotzdem den Spieler völlig in Beschlag nehmen kann" (Huizinga 20). Auch in S-theorien, die differenzierter zwischen Handlung/Haltung und Geschehen unterscheiden, kommt die Andersheit zum tragen: „Wir spielen nur mit dem, was *pathisch* in unserer Gegenwart ist." (Buytendijk 129) Ein Spieler mag (gnostisch eingestellt) ein Ziel verfolgen, aber sobald die Grenze überschritten wird, herrschen andere Gesetze als in der Alltagspraxis: Das Subjekt wird von dem, was es in Gang bringt, unwillentlich *ergriffen*; denn „was am Spiel zweckfrei, unendlich, scheinhaft, ambivalent, geschlossen und gegenwärtig ist, ist das Spielgeschehen" (Scheuerl 191).

Das S in Opposition zum Alltag zu sehen, ist offenbar bedeutsam in einer Welt, die auf Ordnung, Sicherheit und Aufklärung baut – als das *Andere der Vernunft* (vgl. Böhme u. a.), als Kompensation oder Flucht gegenüber dem *Prozess der Zivilisation* (vgl. Elias), als Spiegel oder Transzendenz des ‚wahren Lebens' in der Kunst. Doch die Umbrüche im 20. Jh. haben die Vorstellung stabiler und beherrschbarer Ordnungen erschüttert und insbesondere die Natur- und Sozialwissenschaften deutlich gemacht, dass der Zufall nicht die Ausnahme, sondern eher die Regel ist. Die Grenze zwischen Alltag und S wird neu bedacht, das S-geschehen differenzierter ausgelotet. Die *Karte-Territorium-Relation* (vgl. Bateson) wird entdeckt, die im S sowohl gleichgesetzt (wie im Primärprozess) als auch geschieden (wie im Sekundärprozess) ist. Mit Blick auf die *paradoxe Natur* des S wird die Besonderheit des Rahmens hervorgehoben, mit dem eine Handlung (durch die metakommunikative Aussage: ‚das ist S'), obwohl sie wirklich stattfindet, nicht das ist, als was sie bezeichnet wird (vgl. Bateson 241ff.). Wenngleich die Zeichen nicht buchstäblich verstanden werden, erscheint das S bisweilen wirklicher als die Wirklichkeit (so auch im Theater), weniger weil das → „Als-ob" vergessen wird, sondern weil man daran glauben will.

Auf der Bedeutungsebene mag das S also der Alltagslogik gegenüberstehen, auf der Organisationsebene besteht dem Alltag gegenüber ein geradezu *mimetisches Verhältnis* (vgl. Gebauer u. a.). Der Blick auf das S ist so auch für die Kulturwissenschaft (vgl. u. a. Geertz), Theateranthropologie (vgl. Schechner) oder Alltagstheorie (vgl. u. a. Shusterman) von besonderem Interesse, geben doch Kinder-, Sport-, Glücks-, Schauspiele u. ä. Auskunft über die von einer Gesellschaft bevorzugten Kulturtechniken, zeigen z. B. wie Entscheidungen getroffen oder Hierarchien strukturiert werden. In seiner viel beachteten Spieltheorie unterscheidet Roger Caillois vier grundlegende *Organisationsprinzipien*, durch die die anthropologische Disposition (hier benannt als entgrenzendes Vermögen von *paidia* gegenüber dem kontrollierenden von *ludus*) zum Ausdruck kommen kann. Indem S vorgeben, in welcher Weise und mit welchem Ziel zu handeln ist, heben sie Fähigkeiten und Einstellungen hervor, die auch in der Alltagswirklichkeit von Bedeutung sind: So zeigen etwa die auf Regeln und Leistung beruhenden Wettbewerbsspiele (*agon*) oder die auf Zufall und Schicksal (oder dem Geschick eines anderen) beruhenden Glücksspiele (*alea*), wie Entscheidungen getroffen werden; Erfahrungen mit Grenzüberschreitung hingegen bieten die auf Verwandlung der Person gründenden Darstellungsspiele (*mimicry*) oder die auf Veränderung des Zustands beruhenden Rauschspiele (*ilinx*) (vgl. Caillois 21ff.).

Obwohl es sich der Alltagsbedeutung auf bisweilen paradoxe Weise widersetzt, geschieht S auch *inmitten* der Alltagspraxis und bringt überraschend neue Möglichkeiten und Perspektiven hervor. Vor dem Hintergrund der *exzentrischen Doppelnatur* (vgl. Plessner), derzufolge der Mensch sich zu dem, was er ist, immer erst machen muss, wird das ‚schauspielerische' Vermögen als für das soziale Leben überhaupt entscheidend angesehen: „Wir alle spielen Theater." (vgl. → Goffman) Der Spagat des Spielverständnisses reicht von → Mimesis bis Subversion. Mit Blick auf das Individuum wird einerseits etwa die *Kunst des Handelns* hervorgehoben, deren (meist unbewusstes) Simulationsvermögen die Lage im richtigen Moment zum eigenen Vorteil wenden kann (vgl. Certeau). Mit Blick auf die Gesellschaft macht andererseits die untergründige *Homologie* (vgl. Bourdieu) die vorherrschenden S zu einer Art *Detektor* für gesellschaftlichen Wandel – die derzeit bevorzugten Risikosportarten wären somit als Reflex auf die deregulierten Märkte anzusehen (vgl. Alkemeyer u. a.).

Mit ihrem Interesse an der Person hat die Pädagogik übersehen, dass S-strukturen immer schon übernommen sind, dem *Innenleben* also ein Modell gegeben ist, mit dem das gesellschaftlich Gegebene verarbeitet und zu etwas Eigenem transformiert wird. Wenn auch die vorherrschenden Prinzipien allesamt der sozialen Praxis entstammen, so geht S in dieser Zeigefunktion (schon aufgrund der offenen Sinnproduktion) keineswegs auf. Als Wiederholung ist das *restored behavior* niemals das Gleiche (vgl. Schechner 1985). Wie in der

Schwellenphase des → Rituals, bedingt auch im S das *between* und *betwixt* der *Liminalität*, dass die Muster nicht einfach nur übernommen, sondern bearbeitet, neugeordnet, übertrieben, verdichtet, fragmentiert, verfremdet werden: „Und aus den unvorhergesehenen Kombinationen vertrauter Elemente entsteht Neues." (→ Turner 40) Im S kommen also nicht nur subjektive Befindlichkeiten zum Ausdruck oder individuelle Fähigkeiten zur Anwendung – es ist darüber hinaus eine genuin *performative Praxis*, in der das *Leben der Kultur* selbst dargestellt und verändert wird. Vor diesem Hintergrund erzeugt es keine ‚andere' Welt, sondern ist Welterzeugung schlechthin. Die unter laborähnlichen Bedingungen ausgetragenen oder vorgespielten ‚Versuche' sind nicht *per se* folgenlos für die Alltagspraxis; sie zeigen zumindest nachträglich Wirkung – bisweilen auch unmittelbar, wenn etwa (mit Blick auf grenzüberschreitende → Performances) der Rahmen selbst zur Disposition steht und der Bedeutungskontext offen bleibt.

Wenn davon auszugehen ist, dass die Unterscheidung zwischen S und Nicht-S inmitten *multipler Oppositionen* (vgl. Gebauer u. a.) und situationsgebundener Rahmungen geschieht, also verhandelbar und relativ bleibt, das Leben womöglich insgesamt ein S ist, „dessen Zweck darin besteht, die Regeln herauszufinden, wobei sich die Regeln andauernd verändern und immer unentdeckbar bleiben" (Bateson 52), so gebührt gerade dem thp S-anliegen besondere Aufmerksamkeit. Nicht nur, weil das Organisationsprinzip *mimicry* voll und ganz zur Anwendung kommt (explizit im darstellenden oder im szenischen S, im erweiterten Sinne auch im *acting out* von Konfliktsituationen wie im → Rollenspiel), sondern insbesondere, weil im weitesten Sinne S *geschieht*: Hier werden Wirkungs- und Wahrnehmungsebenen erforscht, Wirklichkeiten (in der Produktion und → Improvisation ästhetischer Ereignisse) auseinander genommen, modelliert und zugunsten anderer Möglichkeiten überschritten, Widersprüche (etwa zwischen Selbst-/Fremdwahrnehmung, einfühlender Identifikation/distanzierender Reflexion, Sich-Verlieren/Bei-Sich-Sein) anerkannt und voll (u. U. auch gegeneinander) ausgespielt (vgl. u. a. Seitz 259ff.). Wenn auch die Vielfalt der → Warming Up-, Kennenlern-, Kommunikations-, Kooperations-, Darstellungs-, Phantasie- oder Bewegungsspiele (vgl. z. B. Baer oder explizit für die ThP u. a. → Spolin) sich in der Praxis bisweilen auch in der bloßen Anleitung erschöpft und zur Beschäftigung wird, so will die ThP doch mehr als nur S (*games*) spielen. Sie ist als S (*play*) eine die Wirklichkeit und das Selbst entfaltende elementare Lebensbewegung, die immer dann gefragt ist (oder sich ungefragt einstellt), wenn Grenzen oder Differenzen zu überbrücken, im Sinne des *deep play* (vgl. Geertz) eben auch Risiken auszuloten sind. In den *Räumen im Dazwischen* (vgl. Seitz) treffen verschiedene Wirklichkeiten aufeinander. Die → *playing arts* überschreiten dann konsequenter Weise auch die Grenze der einzelnen ästhetischen Zugriffe, integrieren Bewegung, Tanz, Theater, Bildende Kunst, Musik und neuerdings auch Computertechnologien. Wenn die Entgrenzung des Ästhetischen im gesellschaftlichen Alltag durch die Hervorhebung von *Wettbewerb, Zufall, Inszenierungsgeschick* und *Erlebnisorientierung* dem S gegenwärtig geradezu paradigmatische Wirkung zuschreibt, so bietet die ThP hier nicht nur ein Übungsfeld, auf dem (probeweise und geschützt) der Umgang mit Konkurrenz, Instabilität, Offenheit, Sinn- oder Identitätsverlust usw. möglich wird. S wird immer auch *Korrektur* und *Kritik* sein wollen und so Huizingas Gedanken geradezu umstülpen – nicht als Behauptung einer Gegenwelt, sondern als Konstruktion *von* Welt: „Wir ‚sind' und wir ‚machen' es anders." (Huizinga 20)

Alkemeyer, Thomas/Gebauer, Gunter: Tiefenstrukturen als Vermittlungen zwischen Spielen und Alltagswelt. In: Fischer-Lichte, Erika/Lehnert, Gertrud (Hg.): [(v)er]Spiel[en] Felder – Figuren – Regeln. In: Paragrana, Bd. 11, H. 1. Berlin 2002; Baatz, Ursula/Müller-Funk, Wolfgang (Hg.): Vom Ernst des Spiels. Über Spiel und Spieltheorie. Berlin 1993; Baer, Ulrich: Spielpraxis. Einführung in die Spielpädagogik. Seelze 1995; Bateson, Gregory: Ökologie des Geistes. Frankfurt a. M. 1985; Böhme, Hartmut/Böhme, Gernot: Das Andere der Vernunft. Frankfurt a. M. 1979; Bourdieu, Pierre: Die feinen Unterschiede. Kritik der gesellschaftlichen Urteilskraft. Frankfurt a. M. 1987; Buytendijk, Frederik J. J.: Wesen und Sinn des Spiels. Das Spielen des Menschen und der Tiere als Erscheinungsform der Lebenstriebe. Berlin 1933; Caillois, Roger: Die Spiele und die Menschen. Frankfurt a. M. 1982; Certeau, Michel de: Die Kunst des Handelns. Berlin 1988; Chateau, Jean: Spiele des Kindes. Stuttgart 1974; Cramer, Friedrich/Kaempfer, Wolfgang: Die Natur der Schönheit. Frankfurt a. M. 1992; Dix, Ruth: Das Buch vom Spiel. Gelnhausen 1981; Eigen, Manfred/Winkler, Ruthild: Das Spiel. Naturgesetze steuern den Zufall. München 1985; Elias, Norbert: Über den Prozeß der Zivilisation. 2 Bde. Frankfurt a. M. 1977; Gadamer, Hans-Georg: Wahrheit und Methode. Tübingen 1986; Gebauer, Gunter/Wulf, Christoph: Spiel, Ritual, Geste. Mimetisches Handeln in der sozialen Welt. Reinbek 1998; Geertz, Clifford: Dichte Beschreibung. Beiträge zum Verstehen kultureller Systeme. Frankfurt a. M. 1995; Goffman, Erving: Wir alle spielen Theater. Die Selbstdarstellung im Alltag. München 1997; Huizinga, Johan: Homo Ludens. Vom Ursprung der Kultur im Spiel. Hamburg 1956; Iser, Wolfgang:

Das Fiktive und das Imaginäre. Frankfurt a. M. 1991; Kreuzer, Karl Josef (Hg.): Handbuch der Spielpädagogik. 4 Bde. Düsseldorf 1984; Lippe, Rudolf zur u. a.: Kultur des Spiels – Spiel der Kultur. Eine Diskussion. In: Baatz, Ursula/Müller-Funk, Wolfgang (Hg.): Vom Ernst des Spiels. Berlin 1993; Nickel, Hans-Wolfgang/Schneegass, Christian (Hg.): Symposion Spieltheorie. LAG-Materialien. Berlin 1998; Piaget, Jean: Nachahmung, Spiel und Traum. Die Entwicklung der Symbolfunktion beim Kinde. Stuttgart 1975; Plessner, Helmuth: Die Stufen des Organischen und der Mensch. Berlin 1975; Riemer, Christoph/Sturzenhecker, Benedikt (Hg.): Das Eigene entfalten. Anregungen zur ästhetischen Bildung. Gelnhausen 1999; Schäfer, Gerd E.: Spiel, Spielraum und Verständigung. München 1986; Schechner, Richard: between theater & anthropology. University of Pennsylvania 1985; Ders.: Performance Studies. An Introduction. London, New York 2002; Scheuerl, Hans: Das Spiel. Weinheim 1979; Schiller, Friedrich: Über die Ästhetische Erziehung des Menschen. Stuttgart 1965; Seitz, Hanne: Räume im Dazwischen. Bewegung, Spiel und Inszenierung im Kontext ästhetischer Theorie und Praxis. Essen 1996; Shusterman, Richard: Kunst leben. Frankfurt a. M. 1994; Spolin, Viola: Improvisationstechniken für Pädagogik, Theater und Therapie. Paderborn 1985; Turner, Victor: Vom Ritual zum Theater. Der Ernst des menschlichen Spiels. Frankfurt a. M. 1995; Waldenfels, Bernhard: Der Spielraum des Verhaltens. Frankfurt a. M. 1980; Winnicott, Donald W.: Vom Spiel zur Kreativität. Stuttgart 1989.
www.akademieremscheid.de; www.playing-arts.de

HANNE SEITZ

→ Ästhetische Bildung – Bewegungserziehung – Darstellende Kommunikation – Geschichte der Pädagogik – Gestaltpädagogik – Lernen und Theater – Magie – Psychodrama – Spaß – Theatralität

Spielleitung

Spiel steht der sprachlichen Herkunft nach für „Kurzweil, unterhaltende Beschäftigung, fröhliche Übung [...] meist jedoch bedeutet ,spielen' ein Spiel treiben, musizieren, mimisch darstellen" (Duden 1989, 690). *Leitung* lässt denken an ,anleiten', ,mit etwas vertraut machen, beibringen, einführen'. Als sinn- und sachverwandte Wörter für *Spielleiter* wird einzig auf Regisseur verwiesen (vgl. Duden 1986, 618). Das Standard-Wörterbuch Englisch übersetzt *Spielleiter* als Quizmaster (im Fernsehen) und als Tourneur (im Roulett). Auch hier ein Verweis zum Regisseur (vgl. Duden/Oxford). Im Niederländischen, als Schmelztiegel des mitteleuropäischen Sprachraumes, wird der *Spielleiter*, niederländisch *spelleider*, definiert „als iemand, die een spel, toneelstuk enz. leidt" (als jemand, der ein Spiel,

Theaterstück usw. leitet – vgl. Kramers Pocketwoordenboeken).

Berufsständisch dokumentiert sich auch die S einzig im Kontext des Berufstheaters und verweist hier auf die Wirkungs- und Arbeitsfelder der Schauspielregie (z. B. Oberspielleiter, Spielleiter in Stadt- und Staatstheatern). S im Selbstverständnis der ThP fokussiert die Anleitung darstellender Spiel- und Gestaltungsprozesse im Kontext des → Darstellenden Spiels (theatrale Methoden und Gestaltungsformen zum Zwecke des Erlebens und Gestaltens von Welt), des Darstellenden Verhaltens (theatrale Methoden und Gestaltungsformen als Mittel zur Selbstverständigung und Selbstbildung) und der Darstellenden Kunst (vgl. Wiese u. a.). Hier verbindet sich das Spiel im Sinne einer unterhaltenden respektive unterhaltsamen Beschäftigung als Mittel der Aneignung von Welt mit der ästhetischen Gestaltung von Wirklichkeit im Kontext des Schauspiels.

Eine in diesem Selbstverständnis aufgehobene Form der S dokumentiert sich im Kontext des Darstellenden Spiels zu Anfang des vergangenen Jhs. in der Arbeit Asja → Lacis', dargelegt und begründet im Programm eines proletarischen Kindertheaters von Walter → Benjamin. Lacis schreibt: „Ich war überzeugt, dass man die Kinder durch das Spiel wecken und entwickeln könne. Einfach wäre es gewesen ein passendes Kinderstück finden, die Rollen verteilen, mit den Kindern proben und die Aufführung fertigstellen. [...] Die Kinder spüren unablässig einen fremden Willen, der sie leitet und zwingt – den Willen des Regisseurs. Auf diesem Weg hätte ich mein Ziel nicht erreichen können – ihre ästhetische Erziehung, die Entwicklung ihrer ästhetischen und moralischen Fähigkeiten." (zit. n. Brenner 26)

„Das improvisierte Spiel war für die Kinder Glück und Abenteuer. Das Stück öffentlich aufzuführen wurde erst dann diskutiert, als die Arbeit in den einzelnen Sektionen zur Synthese drängte. Da entstand die Forderung eines kollektiven Tuns [...] und der Wunsch, das Spiel auch den Kindern der ganzen Stadt zu zeigen. Die öffentliche Aufführung wurde zu einem Fest. [...] Unsere Methode hatte sich bewährt. Wir erhielten den Beweis, dass es richtig war, die Leiter gänzlich zurücktreten zu lassen. Die Kinder glaubten, dass sie alles selber machten – und spielend schafften sie es. Ideologie wurde den Kindern nicht aufgedrängt und nicht eingedrillt, sie eigneten sich an, was ihren Erfahrungen entsprach." (Hoffmann 85)

Dazu Benjamin im Programm eines proletarischen Kindertheaters: „Die Aufführungen dieses Theaters sind nicht wie die der großen Bourgeoisietheater das eigentliche Ziel der angespannten Kollektivarbeit, die in den Kinderklubs geleistet wird. Hier kommen Aufführungen nebenbei, man könnte sagen: aus Versehen zustande, beinahe als ein Schabernack der Kinder, die auf diese Weise einmal das grundsätzlich niemals abgeschlossene Studium unterbrechen." (Benjamin 81)

Theatrale Methoden und Gestaltungsformen des Darstellenden Spiels und des Darstellenden Verhaltens als methodisches Prinzip im Schaffensprozess der Darstellenden Kunst lassen sich im frühen 20. Jh. ansatzweise in der S von Rudolf → Mirbt und Martin → Luserke im Kontext der Laienspielbewegung ausmachen. „Als Teil der Jugendbewegung definiert sich die Laienspielbewegung aus der kritischen Ablehnung gegenüber einem am klassischen Bildungskanon orientierten → Schultheater, das die theatrale Darstellung als einen Teil der Unterweisung über das literarische Drama begreift, sowie in Distanz zum Vereins- und Dilettantentheater, das sich dem Schwank und der Komödie sowie der Nachahmung des professionellen Theaters verschrieben hatte, ohne über ausreichende darstellerische Mittel zu verfügen." (ebd. 79)

S im Sinne der ThP bedarf neben der ästhetischen auch der psychosozialen Spielleiterkompetenz (vgl. Weintz 353f.). „Innerhalb der Rollenarbeit muss die Spielleitung die Akteure ermutigen, gleichzeitig *sie selbst* zu sein und *über sich* hinauszugehen. Dies kann nur geschehen, indem Spieler und Spielleitung die dem Stoff/Text angemessenen Emotionen, Motivationen und Aktionen durch Selbsterforschung einfühlend herausarbeiten und den adäquaten Spielvorgang durch handelndes Erproben und im steten Wechsel von Improvisation, Fixierung und Variation allmählich zu strukturieren versuchen." (ebd. 354)

Verwandte Arbeitsweisen finden sich in den Konzepten professioneller Schauspiel-Lehrer: „Brechts Spielleitung war viel unauffälliger als die der bekannten Regisseure. Er vermittelte denjenigen, die ihm zusahen, nicht den Eindruck, als wolle er mit den Schauspielern ,etwas gestalten, was ihm vorschwebte'; sie waren nicht ,seine Instrumente'. Vielmehr suchte er mit ihnen zusammen die Geschichte, welche das Stück erzählte, und verhalf jedem zu seinen Stärken." (→ Brecht 760)

Chantal Guerrero sagt zur Regiearbeit von George → Tabori: „Er betont dagegen seine anregende und betreuende Funktion gegenüber den Schauspielern und dem Geschehen. ,Ich mache ja kaum Regie. [...] Ich bin [...] nur ein Ideenlieferant und Animateur.'" (Guerrero 27)

Was hier Regie-Haltungen in der inszenatorischen Arbeit widerspiegelt, wird in der ThP, die sich in aller Regel an nicht-professionelle Darsteller richtet, zur *condition sine qua non*, denn „Im theaterpädagogischen Prozess arbeiten die Spieler mit theatralischen und anderen Mitteln immer auch an ihren eigenen persönlichen Herkünften, Befindlichkeiten und Potentialitäten. Daher muss selbst der Theaterpädagoge, der ehrgeizige ästhetische Ziele verfolgt, die Reflexion von Spieler und Gruppensituation sowie seines eigenen Leitungsverhaltens in seine Arbeit einbeziehen, denn ästhetisch-theatralische Arbeit mit Gruppen ist auch psychosoziale Gruppenarbeit." (Weintz 359)

Eine Strukturierung theatraler Lernprozesse findet sich im Kernzielemodell von Lidwine Janssens. Darin unterscheidet sie fünf Kompetenzbereiche, aus denen sich zugleich das notwendige didaktische Anforderungsprofil für eine adäquate S ableiten lässt. So steht am Anfang die Aktivierung und das Training des Vorstellungsvermögens, gefolgt von der Übersetzung der Vorstellung in eine Lebensäußerung (Stimme, Haltung, → Bewegung, Mienenspiel). Hier spricht Janssens vom ,dramatischen Instrument' und meint damit den Körper als Ausdrucks- und Gestaltungsmittel. Die → Interaktion, das Zusammenspiel, ist der dritte Bereich, in dem es gilt, Vorstellungen und Äußerungen mit Mitspielern zu teilen und in ein produktives Miteinander zu überführen. Die ,absichtsvolle Gestaltung' spielerischer bzw. ästhetischer Prozesse als Darbietung für Zuschauer sowie die ,Reflexion' spielerischer und/oder ästhetischer Prozesse nennt Janssens als letzte Kompetenzbereiche (vgl. Janssens 18f.).

In dialektischer Spannung zu diesen Kompetenzen, die sich an die Schrittfolgen eines thp Prozesses binden, betonen Hans-Joachim Wiese u.a. eine für S unabdingbare Aufmerksamkeit für die ,ästhetischen Momente', die querliegen zu den Planungen und Zielvorgaben und sich weniger als Wegmarken, denn als Ereignis Raum und Zeit verschaffen (vgl. Wiese u. a.).

„In einem gewissen Sinne muss der Theaterpädagoge den Spielraum absichtslos betreten, er muss empfänglich bleiben für die Ereignisse des Spielgeschehens."

Neben der absichtsvollen Verwandlung von Körper, Räumen und Zeiten zum Zwecke der ästhetischen Gestaltung tritt hier die ,existentielle Selbstreferenz' der Beteiligten, die ,sich zeigt' als individuelle oder Gruppen-Bewegung und so das Geschehen vor und neben den Begriffen und Plänen färbt und wahrhaftig macht (vgl. Wiese u. a.). Dem dienen nicht zuletzt die thp Eingangs-Rituale der Erwärmungen, Übungen und Spiele als Mittel der Subjektentgrenzung, der Eroberung von Spielräumen, in denen sich etwas absichtsvoll und unversehens zugleich ereignen soll.

Demnach bildet sich zwischen dem Kompetenzspektrum des Impulsgebens, Auf-den-Weg-Bringens und Begleitens, des Festhaltens und Verknüpfens und dem Kompetenzbereich für das im Moment Einfallende, Zufallende, Sich-Zeigende die Identität von S im thp Prozess. Diese Identität konkretisiert sich weniger in der handwerklichen Geschicklichkeit, denn in der Haltung des Spielleiters, der sich wach und geschmeidig zwischen den Polen des Planens und Festhaltens und des Loslassens und Findens zu bewegen versteht.

Im semi- oder nichtprofessionellen Theaterbetrieb (Freie Theatergruppen, → Schul- und → Amateurtheater) verbinden sich zudem mit S weitere Aufgabenfelder in sämtlichen Bereichen des Produktions- und Veranstaltungsmanagements.

Benjamin, Walter: Über Kinder, Jugend und Erziehung. Frankfurt a. M. 1969; Brecht, Bertolt: Neue Technik der Schauspielkunst. In: Ders.: Gesammelte Werke. Schriften zum Theater 2. Frankfurt a. M. 1990; Brenner, Hildegard (Hg.): Asja Lacis. München 1976; Duden. Das Herkunftswörterbuch. Mannheim 1989; Duden. Die sinn- und sachverwandten Wörter. Mannheim 1986; Duden/Oxford. Standardwörterbuch Englisch. Mannheim 1989; Guerrero, Chantal: George Tabori im Spiegel der deutschsprachigen Kritik. Köln 1999; Hentschel, Ulrike: Theaterspielen als ästhetische Bildung. Weinheim 1996; Hoffmann, Christel: Theater für junge Zuschauer. Berlin 1976; Janssens, Lidwine: De Kunst Van Het Spelen. Amsterdam 1999; Kramers Pocketwoordenboeken. Nederlands. Amsterdam 1986; Weintz, Jürgen: Theaterpädagogik und Schauspielkunst. Butzbach-Griedel 1999; Wiese, Hans-Joachim/Günther, Michaela/Ruping, Bernd: Darstellendes Spiel und Darstellendes Verhalten als Grundlage theatraler Gestaltung. In: Korrespondenzen, 2003, H. 42.

JÖRG MEYER

→ Lampenfieber – Methodik – Regie – Theatralisierung (von Lehr- und Lernprozessen)

Spielleute

Die geschichtliche Entwicklung der S beginnt nicht erst bei den fahrenden Gauklern im frühen Mittelalter. Bereits der antike *minus* dichtete, sang und tanzte. Weitere antike Vorfahren der S sind die *ioculatores*, die Gaukler.

Die S, zu denen Spaßmacher, Dichtersänger, Musikanten, schauspielende Truppen zählen, werden neben ambulanten Gewerbetreibenden, Landstreichern, Bettlern und Zigeunern zum fahrenden Volk gezählt.

In sozialer Hinsicht ist es die Kategorie ‚Nichtsesshaftigkeit‘, unter der die genannten Gruppen subsumiert werden. S, wie auch andere unbehauste, mobile Randgruppen, unterstanden keinem Herrn, was im damaligen, personengebundenen Gesellschaftssystem neben häufiger Armut einer Recht- und Schutzlosigkeit gleichkam.

Dargeboten wurden die Künste vor einfachem Volk auf öffentlichen Plätzen und Jahrmärkten, bei Hofe und zu feierlichen Anlässen der bürgerlichen Patrizier (Hochzeiten). Vielfache Belege von ihren Auftritten sind durch Klagen der Kirche erhalten geblieben. Diese sah in den derb-sinnlichen Vorführungen eine Gefahr für den gottwohlgefälligen, keuschen Lebenswandel. Die bereits im Frühchristentum erfolgte soziale und sittliche Stigmatisierung der S wurde über die Jahrhunderte auf Konzilen und Synoden immer wieder bekräftigt und erneuert. Im 12. Jh. wurde der ‚Unehrlichkeitsverruf‘ festgeschrieben (vgl. Schubert 116). Trotz der kirchlichen Verurteilung der S verlangte die städtische und höfische Gesellschaft nach Unterhaltung. Auch Bischöfe und Äbte (meist selbst Abkömmlinge von Adelsgeschlechtern) hielten – ebenso wie weltliche Fürsten – S aus.

Der merkwürdige Widerspruch zwischen Beliebtheit der Vorführkünste und Ablehnung der sie ausführenden S wurde schon vom römisch-christlichen Schriftsteller Tertullian im 2. Jh. aufgezeigt: „Welche Verkehrtheit! Man liebt die Leute und beeinträchtigt sie; man entehrt sie und zollt ihnen Beifall; den Künstler brandmarkt man, seine Kunstfertigkeit hält man hoch. Welch wunderliches Urteil: jemand kommt in Verruf durch das, worin sein Verdienst besteht." (zit. n. Bachfischer 7)

Im Spätmittelalter gehören S auch zum Heeresaufgebot: Der Rhythmus erzwingt das Marschieren; laute, lärmende Musik soll Mut machen im Kampf. Die Militärmusik hat hier ihren Ursprung. Mit dem ausgehenden 15. Jh. werden die angesehenen S fester an den Hof gebunden (Hofkantoreien und -kapellen). Die einfachen S werden in den Städten „bedingt Sesshafte" (Schubert 175), sog. Stadtpfeifer, die temporär und regional mobil bleiben.

S ist ein „Sammelbegriff für fahrende Leute, die vom Unterhaltungsbedürfnis der Menschen leben" (Schubert 15). Die soziale Spannweite zwischen dem höfischen und dem gemeinen *spilman* lässt jedoch keine fest umrissene Typisierung zu. Die soziale Einordnung nach der Vorstellung des ständischen Prinzips erscheint allzu vereinfachend. Keineswegs alle fahrenden S waren gesellschaftlich stigmatisiert. Um 1200 tritt der soziale Typus des höfischen S in Erscheinung. Was Lebensform, Kunstfertigkeit und soziale Existenz angeht, ist er nicht zu vergleichen mit den Gauklern auf Jahrmärkten und Bauernhochzeiten. Oswald von Wolkenstein (ritterlicher Herkunft und wohlhabend) führte lange Jahre das Leben eines S. Auch Walther von der Vogelweide verdiente nach dem Tod seines Gönners Friedrich von Österreich als fahrender Dichter und Sänger sein Brot und erhielt 1220 von Kaiser Friedrich II. ein Lehen (vgl. Rump 32f.).

Der Ausdruck S bezeichnet „nicht eine Lebensform, sondern eine Erwerbsform; [...] von den Bedürfnissen der höfischen Welt, der Städte und der Dörfer ausgehend, werden die Existenzmöglichkeiten der Mimen, Sänger und Joculatoren im jeweiligen sozialen Kontext verständlich" (Schubert 152).

Bachfischer, Margit: Musikanten, Gaukler und Vaganten. Spielmannskunst im Mittelalter. Augsburg 1998; Hartung, Wolfgang: Die Spielleute. Eine Randgruppe in der Gesellschaft des Mittelalters. In: Vierteljahresschrift für Sozial- und Wirtschaftsgeschichte, Beih. 72. Wiesbaden 1982; Hauser, Arnold: Sozialgeschichte der Kunst und Literatur. München 1975; Rump, Hans-Uwe: Walther von der Vogelweide in Selbstzeugnissen und Bilddokumenten. Reinbek 1974; Schubert, Ernst: Fahrendes Volk im Mittelalter. Bielefeld 1995.

SIEGLINDE EBERHART

→ Theaterwissenschaft – Volkstheater

Spolin, Viola

1906–1994. Theaterpädagogin und -direktorin, Schauspielerin. 1924–26 Studium an der Neva Boyd's Group Work School/Chicago. 1927–30 Lehrerin und Supervisorin für Dramatik am Chicago *Works Progress Administration's Recreational Project*, 1946 Gründung der *Young Actors Company* in Hollywood. Seit 1955 Leiterin des *Playwright's Theater Club*/Chicago. 1960–65 Workshop-Leiterin der *Second City Company* ihres Sohns Paul Sills, mit dem sie 1965 das *Game Theater*/Chicago gründet. Seit 1976 künstlerische Leitung des *Spolin Theater Game Center* in Hollywood. Anknüpfend an die Improvisationstechniken der Commedia dell'Arte entwickelt S das heutige Improvisationstheater. Ihre ‚theater games', die sich durch Körperlichkeit, Spontaneität, Intuition, Einbeziehung des Publikums, Transformation auszeichnen, verwandeln Theatertechniken in Spielformen und schaffen einen kreativen Zugang zur Schauspielerei.

Improvisationstechniken für Pädagogik, Therapie und Theater. Paderborn 2002.

Spolin, Viola/Sills, Paul: Improvisation for the Theatre. A Handbook of Teaching and Directing Techniques. Evanston 1999.
Koudela, Ingrid D.: Brecht in Brasilien. Utopie des Theaters oder Theaterpädagogik? In: Steinweg, Reiner: Lehrstück und episches Theater. Frankfurt a. M. 1995.

GABRIELA NAUMANN

Sportpädagogik

S geht auf bildungstheoretisch orientierte Konzepte der Leibeserziehung und der Theorie der Leibeserziehung zurück, die reformpädagogische Erziehungsprinzipien beinhalteten (z. B. ‚Natürlichkeit') oder/ und einem unveränderbaren Kanon von Leibesübungen nachhingen. Gesellschaftliche Entwicklungen und dynamische Veränderungen des Sports wurden nur wenig aufgegriffen.

Der rapide wachsende Sport wurde den bis dahin in der Leibeserziehung eigenständigen Formen Spiel, Tanz, Gymnastik und Turnen begrifflich übergeordnet (vgl. Bernett). In der Folge wandelte sich die Leibeserziehung und ihre Theorie in Sportwissenschaft und die dazugehörige S und etablierte sich als reguläres Studienfach an den Universitäten.

Seit ca. 1980 ist eine Wiederbelebung und Weiterentwicklung bzw. Neuschöpfung der auf Selbstwahrnehmung, Ausdruck, Expressivität, Gestaltung und Darstellung orientierenden Grundformen zu verzeichnen. Der Sport sieht sich mit einer zunehmenden, vielfältigen, auch nicht-sportlichen Bewegungskultur konfrontiert, die ebenfalls in die Bildungsinstitutionen drängt. Hinzu kommen verschiedene, normative sportdidaktische Konzepte wie z. B. der Körpererfahrung und der Handlungsfähigkeit (vgl. Kurz 1977; 2000), die die Frage nach der Bildung in und durch → Bewegung wieder ins öffentliche Bewusstsein rücken und die Fachdiskussion bestimmen (vgl. Prohl; Beckers). Diese ist eingebettet in den Bildungsdiskurs der Erziehungswissenschaften.

Nach 1990 stehen Sportwissenschaft und S vor der Aufgabe, sich mit den Folgen der Auflösung und Umstrukturierung der Sportwissenschaft aus beiden deutschen Staaten kritisch auseinanderzusetzen. Des Weiteren sehen sie sich in der Rolle, sich an den Universitäten weiter zu etablieren und dem Sport als weltweites Bildungs- und Kulturgut (vgl. Grupe) noch mehr Anerkennung zu verschaffen. Die skeptische S (vgl. Thiele) plädiert in postmoderner Orientierung für eine Perspektivenvielfalt und die aktive Integration neuer Bewegungskulturen.

Unstrittig scheint zu sein, dass der ‚Bewegungskompetenz als Bildungsdimension' (vgl. Klafki) ein unverzichtbarer Platz in der allgemeinen Bildung zukommt.

S versteht sich als die Wissenschaft der Bildung und Erziehung im und durch Sport. S wird in Abhängigkeit des jeweiligen Sport-, Erziehungs-, Unterrichts-, Bewegungs- und Bildungsverständnisses verschieden aufgefasst und ist Teilgebiet von erziehungswissenschaftlicher und sportwissenschaftlicher Forschung. S bezieht sich aber auch konkret auf den Sportunterricht und ist im Kern als Sportdidaktik und -methodik anzusehen.

Die S ist überwiegend am Schulsport ausgerichtet. Die neuere sportpädagogische Lehre und Forschung bezieht auch angesichts eines wachsenden Bedeutungsverlusts außerschulische und nicht-sportliche Körper- und Bewegungsphänomene und angrenzende gesellschaftliche Bereiche (z. B. Gesundheit) mit ein. Sie steht vor der Legitimationsprobleme einschließenden Aufgabe (vgl. Lenzen) eines umfasenderen Konzepts der → Bewegungserziehung in unserer Gesellschaft und formuliert daher wieder vermehrt bildungstheoretische Fragestellungen mit Blick auf den ganzen Menschen in seiner → Leiblichkeit und Bewegung.

Vermittlungs- und Methodenfragen z. B. im Vereins- oder Leistungssport unterscheiden sich hinsichtlich der Sinngebung des sozialen Lernens oder der Leistungsoptimierung als dominante Handlungsperspektive gegenüber (schul-)pädagogischen Perspektiven (vgl. Ministerium ...; Kurz 2000). Schon länger wird statt von ‚Sport' von ‚Bewegung, Spiel und Sport' gesprochen. Neue, sich verändernde Lebenswirklichkeiten machen die Integration einer zunehmenden Anzahl nicht-sportlicher Komponenten einer vielfältigen Bewegungskultur notwendig. Vermehrter fächerverbindender Projektunterricht (Bewegungstheater u. ä.) wäre – auch unter diesem Gesichtspunkt – zu wünschen.

Wichtige gemeinsame sportpädagogische und thp Problemfelder sind Bildung, Körper- und Bewegungsstudium, Leiblichkeit, Körperlichkeit (vgl. Jurké 1997; 2002), ästhetische Bildung und ihre Theorie (vgl. Hentschel). ‚Pädagogische Perspektiven' (vgl. Kurz 2000) wie die der Verbesserung der Wahrnehmungsfähigkeit, des Körperausdrucks und der Bewegungsgestaltung sind genuin thp und dem Theater immanent. Sie verweisen auf eine offene, erweiterte S, die ästhetische und künstlerische Gestaltungsprozesse integriert.

Neben dieser fachdidaktischen Ebene gibt es weitere Schnittflächen in anthropologischen und kulturwissenschaftlichen Forschungsfeldern wie ‚Leib', → ‚Inszenierung' und ‚Performativität'.

Einerseits nimmt die S wieder verstärkt das Thema der ästhetischen und aisthetischen Erziehung und Bildung auf. Anderseits ist nach wie vor ein – angesichts der zunehmenden Thematisierung ästhetischer Bildung – dominanter und einengender Sportbegriff (Hochleistungssport) immer weniger zu rechtfertigen, weil damit einseitig Ressourcen in der Sportwissenschaft und S absorbiert werden, mit all seinen problematischen Auswirkungen auf den krisenhaften Schulsport.

S und andere sportwissenschaftliche Teildisziplinen bleiben da problematisch, wo sie funktional-mechanistisch die äußere Seite von Bewegungsprozessen überbetonen und normativen Vorgaben des Hochleistungssports nachhängen. Angemessener wäre, sich der historischen Wandelbarkeit und gesellschaftlichen Verantwortung als bildendes → Medium bewusst zu sein.

Die Begriffsentwicklung tendiert zum Terminus ‚Bewegungs- und S'. Eine kritische Wiederaufnahme des ‚Leibdiskurses' in der ThP und S scheint geboten. Eine systematische Nutzung der sportpädagogischen und thp Forschung und der Forschungsergebnisse angrenzender Wissenschaftsbereiche steht noch aus.

Beckers, Edgar: Renaissance des Bildungsbegriffs in der Sportpädagogik? In: Prohl, a.a.O.; Bernett, Hajo: Grundformen der Leibeserziehung. Schorndorf 1965; Grupe, Ommo: Vom Sinn des Sports. Kulturelle, pädagogische und ethische Aspekte. Schorndorf 2000; Hentschel, Ulrike: Theaterspielen als ästhetische Bildung. Über einen Beitrag künstlerischen produktiven Gestaltens zur Selbstbildung. Weinheim 2000; Jurké, Volker: Die Feldenkraismethode, ihr theoretischer Hintergrund und ihre mögliche Bedeutung für die ästhetische Bildung. In: Spectrum Sportwissenschaften, Wien 1997, H. 1; Ders.: Der Körper lügt! Zur Bedeutung der ‚Körperarbeit' in der Theaterpädagogik. In: Korrespondenzen, 2002, H. 40; Klafki, Wolfgang: Bewegungskompetenz als Bildungsdimension. In: Prohl, a.a.O.; Kurz, Dietrich: Elemente des Schulsports. Schorndorf 1977; Ders.: Pädagogische Perspektiven für den Schulsport. In: Körpererziehung, 2000, H. 50; Lenzen, Dieter: Sport, Bewegung oder was? In: Sportunterricht, 2000, H. 49; Ministerium für Schule, Weiterbildung, Wissenschaft und Bildung NRW (Hg.): Richtlinien und Lehrpläne für die Sekundarschule/Gymnasium/Gesamtschule in NRW – Sport. Frechen 1999; Prohl, Robert (Hg.): Bildung und Bewegung. Hamburg 2001; Thiele, Jörg: Skeptische Sportpädagogik. Überlegungen zu den pädagogischen Herausforderungen der Postmoderne. In: Spectrum der Sportwissenschaften, 1997, H. 1.

Volker Jurké

→ Didaktik – Geschichte der Pädagogik – Geschichte der Sozialpädagogik – Lernen und Theater – Projekt – Reformpädagogik – Rehabilitation – Tanzpädagogik – Theatralität

Sprachtherapie

Im Laufe des 20. Jhs. ging die S aus verschiedenen Strömungen hervor. Seit 1916 entwickelte sich im Zuge der → Reformpädagogik die ganzheitlich orientierte, körperlich, geistige und künstlerische Aspekte einbeziehende Atem-, Sprech- und Stimmtherapie nach Schlaffhorst–Andersen und aus dem medizinischen Bereich heraus in den 1960er Jahren die Logopädie. Die Sprachheilpädagogik etablierte sich seit den 1970er Jahren als eigenständiges Fach aus dem Studienfach Pädagogik.

S im engeren Sinne kann nur von TherapeutInnen aus jenen Berufsgruppen durchgeführt werden, die von den Krankenkassen dazu autorisiert sind. Neben den oben genannten Berufsgruppen gehören in eingeschränktem Maße außerdem die Sprachheillehrer, klinischen Sprechwissenschaftler und die klinischen Linguisten dazu. Erkrankungen der Sprache, des → Sprechens und der Stimme stehen im Zentrum der Therapien. Kinder mit Problemen in der korrekten Lautbildung (Dyslalie) oder der allgemeinen Sprachentwicklung (u. a. Dysgrammatismus) sowie PatientInnen mit Sprachstörungen nach Schlaganfallserkrankungen (u.a. Aphasie) bilden die größte PatientInnengruppe. Menschen mit Stimmerkrankungen (Dysphonien) sowie stotternde Kinder, Jugendliche und Erwachsene (Balbuties) sind ebenfalls häufig in den Praxen vertreten. Die verschiedenen Ausbildungsgänge sowie die Akzeptanz der Krankenkassen gegenüber einzelnen Berufsgruppen sind Wandlungen unterworfen. Die aktuellen Informationen können über das Internet bei den jeweiligen Berufsverbänden erfragt werden. Ein kurzer Überblick über die verschiedenen Berufsgruppen findet sich unter www.sprachheilpaedagogik.de.

Eine Verbindung zwischen ThP und S wird im Folgenden in Bezug auf Therapiemethoden und auf Ausbildungsaspekte hergestellt. Aus der Vielzahl von therapeutischen Feldern sind die beiden folgenden in ihrer Verbindung zur ThP im engeren Sinne relevant: die *Stimmtherapie* und die *Therapie von Kommunikationsstörungen* (hier vor allem die *Stottertherapie*). Stimmtherapie ist in allen sprecherischen/sängerischen Berufen dann sinnvoll, wenn – unabhängig von allgemeinen Stimmerkrankungen – die berufsspezifischen gestalterischen Anforderungen stimmlich nicht zu bewältigen sind. Auch TheaterpädagogInnen können in ihren stimmlichen Ausdrucksfähigkeiten deutlich beeinträchtigt sein. Die Stimme klingt u. U. heiser, verhaucht oder ermüdet nach längerem Sprechen. Eventuell ist sie nicht flexibel genug, um ausdrucksvoll in Höhen und Tiefen variieren zu können; sie wirkt brüchig oder monoton. Halsschmerzen, das ständige Bedürfnis, sich zu räuspern und allgemeine Abgespanntheit können die Folge sein, ohne dass notwendigerweise ein organischer Befund vorliegt. Durch gezielte und möglichst individuell abgestimmte Stimmarbeit können gestalterische Intention mit körperlicher Flexibilität unter Einbeziehung der Koordination von Stimme, Atmung und Artikulation verbunden und trainiert werden. Die Anforderungen an Dynamik, Lautstärke, Ausdruckskraft usw. können so mit physiologisch schonender Stimmfunktion in Einklang gebracht werden. Konzeptionell zur Verfügung stehen für diese Form der Stimmtherapie vor allem integrative Methoden. Zu nennen sind die funktionale Stimmbildung (vgl. Rohmert) und die Atem-, Sprech- und Stimmtherapie nach Schlaffhorst–Andersen (vgl. Saatweber). Spezifisch sind hier u. a. jeweils die Verbindung von sprecherischer und sängerischer Arbeit. Marianne Spiecker-Henke stellt in *Leitlinien der Stimmtherapie* die Stimme in ihrer Vernetzung mit Anatomie, Emotion, Persönlichkeitsstruktur oder umgebender Welt dar. Im Rahmen der unterschiedlichen Ausbildungen stehen einzelne dieser Konzepte im Mittelpunkt, wie z. B. das sprecherzieherische Konzept nach Coblenzer/Muhar oder das psychologisch orientierte Konzept von Stengel/Strauch.

Die *Therapie von Kommunikationsstörungen* (Poltern, Mutismus und Stottern): Während die Stimmtherapie unterstützende Maßnahmen für TheaterpädagogInnen bereithält, verhält es sich hier konzeptionell umgekehrt. Es gibt therapeutisch relevante Verfahren, insbesondere die Stottertherapie nach van Riper, in deren Verlauf in der Regel unspezifisch verwendete Rollenspielverfahren eingesetzt werden. Diese dienen dazu, den stotternden Menschen auf Übungen ‚in vivo‘ (im wirklichen Leben) vorzubereiten. Telefongespräche, Restaurantbesuche usw. werden dafür zunächst im Schutz einer therapeutischen Praxis geprobt. Je nach individuellem Vermögen der TherapeutInnen – meist ebenfalls unspezifisch – kann → Rollenspiel in allen S-Bereichen zum Einsatz kommen. In der Kindersprachtherapie kann dies etwa zur Festigung eines Lautes als Rollenspiel ,Einkaufen‘ stattfinden. Der sprachgestörte Aphasiepatient erlernt möglicherweise nonverbale

Verständigungsmethoden, um sich pantomimisch zu verständigen.

Eine dritte Verbindung zwischen ThP und der S existiert im Bereich der sprachtherapeutischen Ausbildungen. Auch hier kommen meist unspezifische thp Methoden zur Anwendung: In Rollenspielen werden vor allem die für die Kinder-S/Aphasietherapie notwendigen Eltern- und Angehörigengespräche geübt. Thp Methoden finden z. T. auch beim Erlernen von Kommunikationsmodellen für den späteren Umgang mit PatientInnen ihren Platz.

Unter dem Gesichtspunkt der Verbindung von ThP und den S-Berufsgruppen nehmen die Atem-, Sprech- und StimmlehrerInnen eine besondere Rolle ein. In der Stimmausbildung werden medizinisch-physiologische Kenntnisse mit künstlerisch ambitioniertem Gestaltungs- und Ausdruckswillen verbunden. Das Hauptaugenmerk liegt auf der ganzheitlichen körperlichen Sprech- und Stimmgestaltung. Körperlichkeit – Rhythmus, Atembewegung, Ganzkörperspannung – wird in ihrer Verbindung zur Stimm- und Artikulationsbewegung ausgelotet. Der einzelne Laut/Ton wird über das Wort/Lied je nach Anliegen therapeutisch wirkend und/oder gestalterisch intentional zum Ausdruck gebracht. Dieser Zugang hat in der Atem-, Sprech- und Stimmausbildung große Bedeutung.

S, die sich im letzten Jh. aus medizinischen, pädagogischen und künstlerischen Quellen entwickelt hat, hat z. Z. zu einem eher unübersichtlichen Neben- und Miteinander verschiedener Berufsgruppen geführt. Es gibt Bestrebungen, diese Pluralität sinnvoll zu strukturieren. Eine Einbeziehung von thp Kompetenzen wäre sinnvoll, ist berufspolitisch jedoch nicht in unmittelbarer Aussicht, da die Zulassung bei Krankenkassen im Mittelpunkt steht.

Coblenzer, Horst/Muhar, Franz: Atem und Stimme. Anleitung zum guten Sprechen. Wien 2002; Riper, Charles van: Die Behandlung des Stotterns. Köln 1999; Rohmert, Gisela: Grundzüge des funktionalen Stimmtrainings. Köln 1989; Saatweber, Margarete: Einführung in die Arbeitsweise Schlaffhorst–Andersen. Atmung, Stimme, Sprache, Haltung und Bewegung in ihren Wechselwirkungen. Idstein 1994; Spiecker-Henke, Marianne: Leitlinien der Stimmtherapie. Stuttgart 1997; Stengel, Ingeburg/Strauch, Theo: Stimme und Person. Personale Stimmentwicklung, personale Stimmtherapie. Stuttgart 1996.
www.dba-ev.de: Deutscher Bundesverband der Atem-, Sprech- und StimmlehrerInnen e. V. (dba); www.dbl-ev.de: Deutscher Bundesverband für Logopädie e. V. (dbl); www.dbs-ev.de: Deutscher Bundesverband der Sprachheilpädagogen e. V. (dbs); www.dgs-ev.de: Deutsche Gesellschaft für Sprachheilpädagogik e. V. (dgs); www.bundesverband-klinische-linguistik.de: Bundesverband Klinische Linguistik (BKL); www.dgss.de: DGSS – Deutsche Gesellschaft für Sprechwissenschaft e. V.

ALKE BAUER

→ Atmung – Bewegungserziehung – Rhetorik – Sprecherziehung – Theatertherapie

Sprechchor → Chorisches Sprechen / Sprechchor

Sprechen

In frühen, aus dem Kultischen herausgewachsenen Theaterkulturen – auch im griechischen Theater – ist das S unablöslicher Teil eines Gesamtausdrucks von Wort, Gesang und Tanz. Die in heutigem Verständnis überhöhte Sprechweise orientiert sich an Körperbewegung, Rhythmus und Versmaß. Daneben existieren jedoch immer auch improvisatorische Theaterformen, die Alltagssprache und Alltagston verwenden, etwa der *Mimos* der Griechen. Aus diesen Traditionen und Gegensätzen leitet sich die Verssprache im klassischen Theater ab bis hin zu Bertolt → Brecht und Heiner → Müller und – damit verbunden – die enge Bindung des europäischen Theaters an die Literatur, aber auch die wiederkehrende Annäherung der Theaterliteratur an den Alltagston der Sprache bis hin zur improvisierten Rede auf der Bühne. Die Traditionen im nicht-professionellen Theater spiegeln das: so die überwiegend versgebundene Sprache des frühen Laienspiels oder die improvisatorischen Spiel- und Theaterformen seit den 1970er Jahren. Das → Lehrstück und die Lehrstückarbeit zeigen in dieser Hinsicht einen dialektischen Bezug zwischen der gestischen Verssprache der Originale Brechts und den Einspielungen und Varianten ‚eigener Erfindung‘ (vgl. Brecht, 17, 1024).

Wissenschaftliche Untersuchungen zum S standen lange Zeit im Schatten der Untersuchungen der Sprache und ihrer Struktur. Aber schon Wilhelm von Humboldt kennzeichnet die Sprache „ihrem wirklichen Wesen" nach als „eine Tätigkeit (Energeia)", als „die sich ewig wiederholende Arbeit des Geistes, den Laut zum Ausdruck des Gedankens fähig zu machen" (Humboldt 44). Die neuere Linguistik beschreibt das in dem Begriff des *Sprechakts*, der jeder Äußerung in einer bestimmten Situation zugrunde liegt. Für das S in szenischen Zusammenhängen noch aufschlussreicher ist der Gedankengang Goethes im *Faust*. Der erste Satz des Johannesevangeliums ,Im Anfang war das Wort.' lautet in der Übersetzung *Fausts* nach den Zwischenstufen *Sinn* und *Kraft* schließlich: „Im Anfang war die Tat." Im Prozess des S kehrt diese gedankliche Schrittfolge sich um: Beginnend mit der *Tat*, gewinnt die Äußerung über die Momente von *Kraft* und *Sinn* schließlich im *Wort* die Qualität der *Tat*. Letztlich ist die Auffächerung der Begriffe bei Goethe allerdings als gedankliche Auffächerung einer *Einheit* aufzufassen, in der alle Begriffe und die Erscheinungen hinter ihnen sich wechselseitig bedingen.

Dem S liegen also immer *Handlungen* in bestimmten Situationen und Sinnzusammenhängen zugrunde; zugleich hat das S selbst die Qualität einer Handlung, die bereits im *Ansatz* zum S, im Atemimpuls, beginnt (vgl. Barba 31ff.). Dieser Handlungsaspekt des S ist in jedem szenischen Ereignis von Belang, insbesondere wenn das Theater auf Literaturtexte zurückgreift. Denn das S auf der Bühne ist keineswegs das mehr oder weniger ,gute' S eines Literaturtextes. Die Worte müssen vielmehr, bevor sie ausgesprochen werden, neu gedacht und empfunden werden und sich neu in Handlung und Situation verankern, sie müssen neu *gelebt* werden. Für den Weg dahin geben die Schauspieltheorien differenzierte Hinweise. → Stanislawski führt den wichtigen Begriff des *Untertextes* ein, „das nicht offen ersichtliche, aber innerlich spürbare geistige Leben der Rolle, das beständig unter den Worten des Textes strömt" und unmittelbar aus der unaufhörlichen Reihe der *Vorstellungsbilder* entsteht (vgl. Stanislawski 1981, 2, 62). Der Wortlaut wird so unterschwellig in eine nie abreißende ,innere Rede' (vgl. Wygotski) aufgelöst. Im *Untertext* entsteht der ,Sinn eines Werkes'. Brecht sieht „die Sprache als Werkzeug des Handelns". „Er brachte nur Haltungen in Sätze und ließ durch die Sätze die Haltungen immer durchscheinen. Eine solche Sprache nannte er gestisch." (Brecht, 12, 458) Mit dem Begriff des *Gestischen* akzentuiert Brecht zugleich, dass alles S ein Handeln in Bezug auf andere Menschen ist. Eine Grundfrage für jede Äußerung durch Worte ist also, was den Handelnden antreibt und was er in anderen Menschen bewirken will. Ähnlich liegt für Stanislawski jeder Äußerung das Moment des ,Ich will – was? – tun!' zugrunde (vgl. Stanislawski 1981, 1, 131). Auch Michail ⟨ echov mit seiner Vorstellung der ,psychologischen Geste' und der ,Gestalt hinterm Wort' (vgl. Tschechow 1979; 1990) und in anderer Weise → Artaud suchen nach dieser elementaren Schicht unter dem reinen Wortlaut, „handelt es sich doch fürs Theater nur darum, wie Gefühle und Leidenschaften miteinander kontrastieren und der Mensch mit dem

Menschen im Leben" (Artaud 77). Es „kommt vor allem darauf an, die Unterwerfung des Theaters unter den Text zu durchbrechen und den Begriff einer Sprache zwischen Gebärde und Denken wiederzufinden. Diese Sprache ist nur durch die Möglichkeiten des dynamischen Ausdrucks im Raum zu definieren." (ebd. 95) „Sie geht vielmehr von der *Notwendigkeit* des Wortes als vom bereits gebildeten Wort aus." (ebd. 118) Das S in szenischen Zusammenhängen hat also – vor allem, wenn es von literarischen Texten ausgeht, aber grundsätzlich auch in jeder szenischen Wiederholung improvisierter Sprechhandlungen – einen weiten Umweg zu machen. Dieser Umweg führt von dem mehr oder weniger vorgegebenen Wortlaut zurück in den Raum des Denkens und Fühlens, zu den Motivationen und Handlungsimpulsen in einer Situation und in Beziehung zu anderen Menschen. Erst von daher führt der Weg über die Ausprägung eines von diesen Momenten bewegten körperlichen *Schemas* (vgl. Barthes), einer Haltung, einer → Geste, wieder zum gesprochenen Wortlaut, zur äußersten und feinsten Spitze der Verkörperung einer Intention.

Artaud, Antonin: Das Theater und sein Double. Frankfurt a. M. 1969; Barba, Eugenio: Bemerkungen zum Schweigen der Schrift. Schwerdte 1983; Barthes, Roland: Fragmente einer Sprache der Liebe. Frankfurt a. M. 1988; Brecht, Bertolt: Gesammelte Werke in 20 Bdn. Frankfurt a. M. 1967; Goethe, Johann Wolfgang: Sämtliche Werke. Zürich 1977; Humboldt, Wilhelm von: Über die Verschiedenheit des menschlichen Sprachbaus. Darmstadt 1949; Ritter, Hans Martin: Das gestische Prinzip bei Bertolt Brecht. Köln 1986; Ders.: Dem Wort auf der Spur. Köln 1989; Ders.: Wort und Wirklichkeit auf der Bühne. Münster 1997; Ders.: Sprechen auf der Bühne. Berlin 1999; Stanislawski, Konstantin S.: Die Arbeit des Schauspielers an sich selbst, Bd. 1: Erleben. Bd. 2: Verkörpern. Berlin 1981; Tschechow, Michael: Werkgeheimnisse der Schauspielkunst. Zürich 1979; Ders.: Die Kunst des Schauspielers – Moskauer Ausgabe. Stuttgart 1990; Wygotski, Lew S.: Denken und Sprechen. Frankfurt a. M. 1971.

HANS MARTIN RITTER

→ Atmung – Rhetorik – Sprachtherapie – Sprecherziehung

Sprecherziehung

S gliedert sich traditionellerweise in den elementaren Bereich der Sprechbildung (Atem- und Artikulationsschulung und Stimmbildung), die → Rhetorik oder Rhetorische Kommunikation, die Sprechkunst oder Ästhetische Kommunikation und Aspekte der Sprechtherapie. In die elementare *Sprechbildung* spielen verschiedentlich Einflüsse der Gesangsausbildung hinein, die sich historisch früher entwickelt hat. In der *Rhetorik* knüpft die S an antike Vorgaben an. Auch das Theater, vor allem das pädagogische Theater, exemplarisch das protestantische → Schuldrama oder das Jesuitendrama im 16./17. Jh., hat immanent sprecherzieherische, vor allem rhetorische Bildungsmomente vertreten und ist darüber hinaus – in Deutschland seit dem Ende des 18. Jhs. – für die Ausbildung einer allgemeinen, überregional gültigen Hochsprache von Bedeutung. Die *Sprechkunst* umfasst die Rezitation und das → Sprechen auf der Schauspielbühne. In seinen *Regeln für Schauspieler* hat Goethe beide Ausdrucksformen klassisch unterschieden: Die *Rezitation* beschreibt er als den Vortrag, „der zwischen der kalten und ruhigen und der höchst aufgeregten Sprache in der Mitte liegt. Der Zuhörer fühle immer, daß hier von einem dritten Objekte die Rede sei. [...] Der Rezitierende [...] verleugnet sein Naturell, seine Individualität dadurch nicht." Das *schauspielerische Sprechen* „dagegen verlangt, daß ich mich ganz in die Lage und Stimmung dessen versetze, dessen Rolle ich deklamiere [...], so daß ich jede leidenschaftliche Regung als wirklich gegenwärtig mit zu empfinden scheine" (Goethe, 14, 75ff.). Entscheidende Impulse für die Entwicklung der S im engeren Sinn und zur Etablierung des Fachs an den Universitäten zu Anfang des 20. Jhs. gehen von der → Reformpädagogik und der Lehrerbildung aus. In Deutschland sind daran zunächst wesentlich Vertreter des Theaters beteiligt.

Die S für das Theater hat neben den elementaren Problemen der Sprechbildung vor allem Fragen des *Sprechausdrucks* und der *Rollengestaltung* im Blick und die Kommunikationsprozesse zwischen den Partnern bzw. den Figuren auf der Bühne und dem Publikum. Wichtige Aspekte sind die doppelte räumliche Ausrichtung jeder Äußerung, damit verbunden die Tragfähigkeit und Durchschlagskraft der Stimme und die Deutlichkeit und Verständlichkeit des Gesagten und schließlich die Fähigkeit, Momente der szenischen Situation differenziert zu spiegeln. Die ‚Überaufgabe' der S – mit → Stanislawski zu reden – ist darüber hinaus der rhetorische Aspekt des Theaterereignisses: die besondere Form des *Gesprächs* zwischen Bühne und Parkett. Die zentrale Herausforderung ist das Sprechen in der szenischen Situation und die fiktive Wirklichkeit aller Figuren und Handlungen und damit aller Äußerungen und ihrer Motive. Von daher ist die S immer mit dem ganzen schauspielerischen Akt und den Fragen des → Spiels und der Darstellung verbunden (vgl. Klawitter u. a.; Ritter 1999; 2002).

Die S hat in ihren methodischen Ansätzen grundsätzlich zu berücksichtigen, dass Sprechen Teil einer Handlung und zugleich selbst Handlung und Körperaktion ist, dass diese Handlung unter dem Aspekt doppelter Aufmerksamkeit erfolgt und sich in fiktiven Situationen ereignet. Es ist notwendig, diese Aspekte bereits in den elementaren Prozessen der Sprechbildung, der Atem- und Artikulationsschulung und der Stimmbildung zu berücksichtigen. Die adäquate Methodik ist von daher in einem radikalen Sinn ganzheitlich. Sie ist handlungsorientiert, setzt an Körperaktionen im Raum und am Moment des Gestischen, dem Partner- und Publikumsbezug an und nicht zuletzt an Vorstellungen und Phantasiewelten. Letztlich haben sich alle technischen oder auch handwerklichen Aspekte des Sprechens unmerklich in die szenische Situation einzufügen. Die schauspieltheoretischen Überlegungen Stanislawskis, → Brechts und Michail → ˋechovs oder auch die Theateranthropologie Eugenio → Barbas geben für diese Fragen wichtige sprecherzieherische Impulse.

Der erste Anstoß zum Theaterereignis geht häufig vom Literaturtext aus. Die Sprache ist vorgegeben, während sie in natürlichen Situationen eine Folgeerscheinung der Handlungsmotive und der Prozesse des Erlebens und Denkens ist. Die S hat die Aufgabe, den Weg zu diesen Motiven und Prozessen neu zu öffnen und die geäußerten Worte in ihnen zu begründen. Der Text wird also nicht in erster Linie interpretiert, sondern im Handeln, Denken, Erleben neu verankert. Es ist sinnvoll, diesen Prozess über situatives Spiel mit frei improvisierter Rede oder auch mit phantasiesprachlichen Elementen zu eröffnen. Daneben hat die spontane szenische → Improvisation, das freie Spiel mit Situationen und Rollen, für unmittelbare Verbindung von situativem Handeln und Rede auch sprecherzieherisch einen Eigenwert.

Ein besonderer Aspekt im Umgang mit Theaterliteratur ist die Arbeit an Versen. In natürlichen Sprechabläufen entsteht der Sprechrhythmus unmittelbar aus der Heftigkeit des Affekts, aus der Zielbestimmtheit des Denkens und durch die wechselnde Präsenz der Vorstellungen. Das ist prinzipiell auch für das Sprechen von Versen zu bewahren. Allerdings ergibt sich aus der Konfrontation mit den verschiedenen Versmaßen immer auch ein Widerspruch zwischen den Akzenten des Sinns und denen des Verses. Dominiert der Versrhythmus zu sehr, so zerstört er das situative Moment des Sprechens, dominiert die Situation, so zerfällt das Versmaß. Fruchtbar wird der Widerspruch insbesondere, wenn die formalen Momente der Verssprache zur

Steigerung situativer Momente führen (vgl. Ritter 1999, 155ff.).

In der traditionellen Schauspielausbildung gehört die S – ähnlich wie die Körperarbeit – vielfach noch zu den *technischen* Fächern, die Zulieferarbeit für die szenische Arbeit leisten. Sie beschränkt sich dabei vielfach auf die Probleme der elementaren Sprechbildung. Die umfassendste Darstellung dieses Verständnisses von S leistet Egon Aderholds *Sprecherziehung des Schauspielers*. In dieses Verständnis fügen sich auch die zahlreichen sprechtechnischen Übungsbücher ein. Das älteste dieser Art – in vielem überholt, aber immer noch häufig zitiert und verwendet – ist der *Kleine Hey*. Dem gegenüber stehen Konzeptionen einer integrativen und komplexen S, die sich am Begriff des *Gestischen* orientieren oder generell die schauspielerische Praxis als Ganzes und in ihren inneren Wechselbezügen sehen (vgl. z. B. Klawitter u. a.; Ritter). Sie sind nicht nur für ein modernes Verständnis von Schauspielausbildung relevant, sondern sind im Rahmen thp Arbeit mit nicht-professionellen Spielern in jedem Fall einem vor allem technischen Verständnis von S vorzuziehen. Erst mit diesem komplexen Verständnis fügt sich die S schließlich – über das Einüben in sprachliche und ästhetische Normen hinaus – in neuzeitliche Konzepte einer ästhetischen Bildung.

Aderhold, Egon: Sprecherziehung des Schauspielers. Berlin 1993; Bayerische Theater Akademie (Hg.): Integration von Sprecherziehung, Liedgestaltung und Körperarbeit in der Ausbildung zum Schauspieler. München 1998; Dies. (Hg.): Rollenunterricht, Sprecherziehung, Stimmbildung und Körperarbeit in der Ausbildung zum Schauspieler. München 2000; Geißner, Hellmut: sprechen. In: Klöden, Georg von (Hg.): Grundlagen der Schauspielkunst. Velber 1965; Goethe, Johann Wolfgang: Sämtliche Werke. Zürich 1977; Klawitter, Klaus/Minnich, Herbert: Sprechen. In: Ebert, Gerhard/Penka, Rudolf: Schauspielen. Handbuch der Schauspiel-Ausbildung. Berlin 1991; Meyer-Kalkus, Reinhart: Stimme und Sprechkünste im 20. Jahrhundert. Berlin 2001; Ritter, Hans Martin: Wort und Wirklichkeit auf der Bühne. Münster 1997; Ders.: Sprechen auf der Bühne. Ein Lehr- und Arbeitsbuch. Berlin 1999; Ders.: Bühnenrollen. Grundfragen einer Sprecherziehung des Schauspielers. In: Barthel, Henner (Hg.): Zum Wissenschaftsverständnis der Sprechwissenschaft. München 2002; Wolf, Edith/Aderhold, Egon: Sprecherzieherisches Übungsbuch. Berlin 1989.

HANS MARTIN RITTER

→ Atmung – Sprachtherapie

Spurensuche

Spuren werden meistens nicht absichtlich hinterlassen. Sie sind scheinbar wertlose temporäre Abfallprodukte vergangener Ereignisse. Der geübte Spurensucher kann die Spuren wie eine geschriebene Information lesen und aus dem Teil (der Spur) auf das Ganze schließen (vgl. Ginzburg). Der Jäger kann aus den Spuren Größe und Verfassung des Beutetieres bestimmen. Der Kriminalist sucht nach diversen Spuren und sichert sie (nimmt ihnen also ihre Flüchtigkeit), um eine Straftat zu rekonstruieren und aus den Indizien mit Hilfe von Zeugen den Straftäter zu überführen. Die Historiker nutzen verschiedene Quellen, um aus ihnen Rückschlüsse auf die Vergangenheit zu ziehen, wobei lange Zeit vor allem dem geschriebenen Wort und der ‚großen Geschichte‘ Bedeutung beigemessen wurde. Mit dem veränderten politischen Bewusstsein, schärfte sich in den 1970er Jahren auch in der BRD das Interesse an der Geschichte jener Menschen, deren Lebensrealität bisher nicht oder nur unzureichend dokumentiert worden war: Arbeiter, Frauen, Verfolgte des Nazi-Regimes und andere. Es entstanden Projekte, vor allem auch Geschichtswerkstätten, die damit begannen, Spuren des Alltags- und Arbeitslebens sowie sozialer und politischer Bewegungen in Stadtteilen und vor allem auch in der Provinz (vgl. Lecke) zu suchen und zu sichern. Auch in der Schule und in der Jugend- und Erwachsenenbildung wird S als Methode verstärkt eingesetzt. Dabei geht es darum, Geschichte erfahrbar zu machen, Interesse an regionalen Themen zu wecken sowie generationsübergreifende Kontakte in Gang zu setzen. Während der S kann den Befragten bewusst werden, dass sie selbst historisch gestaltende Menschen sind und ihre subjektiven Erfahrungen auch für andere von objektivem Interesse sein können.

Mit erfragter Geschichte setzt sich in der modernen Geschichtswissenschaft die *Oral History* auseinander, eine Methode, die nicht zwangsläufig an einen bestimmten Gegenstand (Geschichte von unten) gebunden ist. In der ‚Oral History‘ spielt das Interview mit Betroffenen, der Bericht über erlebte Geschichte, eine zentrale Rolle. Nachdem sich die/der Fragende in das jeweilige Thema eingearbeitet hat, wird die/der Befragte durch Fragen, Fotos, Gegenstände, Gerüche u. ä. dazu angeregt, sich erinnernd mit der eigenen bzw. der allgemeinen Geschichte auseinander zu setzen. Die Befragten vergegenwärtigen sich im Interview vergangene, möglicherweise längst vergessen geglaubte oder verdrängte Ereignisse. Ihre Haltungen und Sichtweisen des Erlebten können sich im Verlauf des Gesprächs verändern. Dabei ist die/der Fragende nicht Therapeut oder Agitator, sondern sozusagen ‚Kriminalist', der die Spuren eines Lebens sichtbar werden lässt und sie sichert. Dokumentiert wird nicht nur der Inhalt des Gesprächs und dessen typisch assoziativer Verlauf, sondern auch Sprache, Dialekt und Gestik (vgl. Vorländer 131ff.).

S wird in der Schauspielarbeit, vor allem aber auch in der ThP häufig bewusst oder auch unbewusst angewendet. Theater selbst ist eine Art S: Aus einzelnen Spuren einer Figur und einer Geschichte entsteht durch Rekonstruktion ein Ganzes. Der Wirklichkeit entnommene Spuren können für die Entwicklung eines Theaterstückes von großer Bedeutung sein. Diese Spuren können auch der eigenen Lebensgeschichte entnommen, also selbst erinnerte Geschichte sein. Im Gegensatz zum geschichtswissenschaftlichen Interesse an der Objektivierbarkeit des Erzählten, besteht das Interesse des Theaterschaffenden an der S gerade in der Besonderheit des Individuellen, in aller Widersprüchlichkeit. Verwandte Methoden sind: → Recherche, Benutzung von Quellen (z. B. Briefe, Tagebücher) und die biographische Methode.

Auf der Grundlage der durch Spurensicherung gesammelten Geschichten entstanden verschiedene Theaterprojekte (vgl. Chawwerusch; → Praml), in denen Figuren, Themen, Episoden aufgegriffen und künstlerisch gestaltet wurden. Zentrale Themen waren z. B. Faschismus, Minderheiten (Juden, Flüchtlinge, ‚Fremdarbeiter'), Krieg, Wiederaufbau, Arbeiter- und Industriegeschichte, Handwerk, dörfliches Leben, Frauengeschichte, Aus- und Einwanderung, Strukturveränderungen. Diese Theaterproduktionen sprachen ein breites Publikum an, deren Themen ja auch im Stück verhandelt wurden. Häufig wirken in thp Projekten die Interviewer auch als Schauspieler mit.

Als Beispiel für die Umsetzung von S in ein Theaterprojekt sollen hier kurz die Arbeitsschritte für das Stück *Starker Duwak* (vgl. Chawwerusch) skizziert werden.

Das Projekt wurde in dem Großdorf Herxheim (ca. 10 000 Einwohner) bei Landau in der Pfalz durchgeführt, das lange durch Tabakanbau und -verarbeitung geprägt war. Initiiert wurde es durch Chawwerusch, einem vor Ort ansässigen professionell arbeitenden freien Theater.

Projektierung: Es wurde eine Projektgruppe gegründet, die sich mit erlebter Geschichte auseinander setzen wollte. Als Aufgabenstellung setzte sich die Gruppe die Veränderung der Hauptstraße als Ort des öffentlichen Lebens während der vergangenen Jahrzehnte; und zwar festgemacht an der Veränderung der Lebensrealität innerhalb ausgewählter Häuser in dieser Straße (Wirtschaft mit ehemaligem Tanzsaal, ehemalige Synagoge, Rathaus u. ä.).

Spurensuche: Fragestellungen wurden entwickelt und Interviewpartner ausgesucht. Im Interview wechselten sich Alltags- und Familiengeschichte sowie die Beschreibung der Auswirkungen öffentlicher Ereignisse ab. Dabei zeigte sich, dass die Erzählung nicht nur aus heiteren Anekdoten bestand, sondern auch sehr dramatische und bewegende Momente erinnert und teilweise wieder durchlebt wurden. Die Befragungen wurden von jeweils zwei Personen vorgenommen: eine führte das Interview, die andere protokollierte das Ergebnis und Erzählverhalten.

Spurensicherung: Die Gespräche wurden dokumentiert und durch → Recherche ergänzt. Dabei wurden Informationen beigefügt oder auch Widersprüche deutlich. Die Ergebnisse wurden in der Projektgruppe diskutiert.

Dokumentation: Als erster Schritt der Veröffentlichung wurde eine Ausstellung erarbeitet, in der die Veränderung der Hauptstraße durch Fotos, Gegenstände und Text dokumentiert wurde. Die Besucher der Ausstellung gaben ihrerseits Rückmeldung, ergänzten und kontrastierten die vorhandenen Informationen.

Theaterstück: Nachdem die Finanzierung sichergestellt war, schrieb ein Team aus Theatermachern und Mitgliedern der Projektgruppe aus dem vorhandenen Material ein Theaterstück; ergänzende Interviews wurden geführt. Das Theaterstück wurde mit etwa fünfzig Mitwirkenden inszeniert. Dabei wirkten Mitglieder der Projektgruppe und interessierte Einwohner mit. So war die Probenarbeit auch eine Auseinandersetzung mit der eigenen Geschichte. Das Theaterstück wurde mehrmals mit großem öffentlichen Interesse unter freiem Himmel gezeigt. Darüber kam es wieder zu regen Gesprächen zwischen Zuschauern, die die Geschichten teilweise miterlebt hatten, und Spielern sowie Machern.

Abschluss: Der Prozess des immerhin etwa fünf Jahre dauernden → Projektes wurde reflektiert und dokumentiert.

Chawwerusch Theater: *Starker Duwak*; *Wasser Weiber weiße Wäsch*; *Nuff un nunner*. Dokumentationen über Theaterprojekte und Spurensuche. Herxheim 1991–1998; Ginzburg, Carlo: Spurensicherung. Sherlock Holmes, Freud, Morelli – und die Wissenschaft auf der Suche nach sich selbst. In: Freibeuter, 1980, H. 3 u. 4; Lecke, Detlev (Hg.): Lebensorte als Lernorte: Handbuch Spurensicherung. Reinheim 1983; Praml, Willy: Theater im Dorf. In: Herrenknecht,

Albert/Lecke, Detlef (Hg.): Jahrbuch Provinzarbeit 1. München 1981; Vorländer, Herwart: Oral History, mündlich erfragte Geschichte. Göttingen 1990.

WALTER MENZLAW

→ Authentizität – Autobiographisches Theater – Kultursozialarbeit – Narratives Interview

Stanislawski, Konstantin Sergejewitsch

1863–1938. Schauspieler, Regisseur, Theaterdirektor, Theoretiker. Schauspiel- und Gesangsunterricht bei Fedor Komissarschewski. 1898 gründete er zusammen mit Wladimir I. Nemirowitsch-Danschenko das Moskauer Künstlertheater (MChT, seit 1919 MchAT). Entscheidender Durchbruch mit Tschechows *Die Möwe* (Dezember 1898). Nach der Oktoberrevolution Leitung des Opernstudios am Staatlichen Bolschoi Theater. S wurde weltberühmt mit seiner Schauspieltheorie der ‚produktiven Einfühlung‘: Mit Hilfe der ‚Psychotechniken‘ gelingt den Schauspielern das Ausfüllen der Bühnenfigur mit eigenem Erleben. Prinzip der → Inszenierung ist eine möglichst detailgetreue Darstellung der Realität auf der Bühne; die Handlung ist eingebunden in die ‚Überaufgabe‘ als der Inszenierung zugrunde liegende Leitidee.

Das Geheimnis des schauspielerischen Erfolges. Zürich 1938; Ethik. Berlin 1950; Mein Leben in der Kunst. Berlin 1951; Die Arbeit des Schauspielers in der Rolle. Hg. v. Kristi Grigorij Vladimirovi. Berlin 1955; Theater, Regie und Schauspieler. Hamburg 1958; Die Arbeit des Schauspielers an sich selbst. 2 Bde. Berlin 1961 u. 1963.
Ahrends, Günther (Hg.): Konstantin Stanislawski. Neue Aspekte und Perspektiven. Tübingen 1992; Hentschel, Ingrid/Hoffmann, Klaus/Vaßen, Florian (Hg.): Brecht & Stanislawski und die Folgen. Berlin 1997; Hoffmeier, Dieter: Stanislawskij. Auf der Suche nach dem Kreativen im Schauspieler. Stuttgart 1993; Jansen, Karin: Stanislawski – Theaterarbeit nach System. Frankfurt a. M. 1995; Rellstab, Felix: Stanislawski-Buch. Einführung in das ‚System‘. Wädenswil, Zürich 1976; Torpokov, Vasilij O.: Stanislawski bei der Probe. Berlin 1997.

GABRIELA NAUMANN

Starallüren

Der Begriff *Star* ist eine im 19. und 20. Jh. aus dem Englischen übernommene Bezeichnung für gefeierte Bühnen- oder Filmpersönlichkeiten und bedeutet eigentlich *Stern*, indogermanisch abgeleitet aus dem Wort *ster*. ‚am Himmel Ausgestreutes‘. Der Begriff wurde im Laufe des 20. Jhs. auch auf Spitzensportler, -musiker und -politiker übertragen. Der Begriff *Allüren* bedeutet im gegenwärtigen Sprachgebrauch soviel wie ‚Umgangsformen‘ und kann aus dem französischen Wort *allure* (Gang, Benehmen) abgeleitet werden. Weitere Wortfelder bilden das Wort *aller* (gehen) und *Allee* (Baumgang, -straße). Das zusammengesetzte Wort S hat einen kritisch-ironischen, abwertenden Akzent und bezeichnet ein übertrieben selbstbewusstes, wenn nicht sogar arrogantes Auftreten von Menschen, denen der Status eines Stars eigentlich nicht zukommt.

In der Filmkunst Hollywoods tritt der Schauspielertypus des Stars seit Beginn des 20. Jhs. am deutlichsten hervor. Der Filmstar überstrahlt das arbeitsteilig hervorgebrachte, hochdifferenzierte Filmkunstwerk und wird zum Garanten für den Publikumserfolg. Nach Walter → Benjamin antwortet der Film auf das mit seiner technischen Reproduzierbarkeit einhergehende „Einschrumpfen der Aura mit einem künstlichen Aufbau der *personality* außerhalb des Ateliers“ (Benjamin 32). Der daraus folgende Starkult erhebt die Schauspieler zu fast mythologischen Figuren, die trotz der fortdauernden Metamorphose in den wechselnden Rollen der Filme eine künstlich-medial erzeugte Identität in der Person des Rollenträgers suggerieren (vgl. Tyler).

Die mit einer solchen Personalisierungsideologie verbundene Geschichts- und Biographielosigkeit (vgl. Straschek 9ff.) widerspricht allen Zielsetzungen einer ThP, die im Gegenteil in der → Rollenarbeit und dem Schauspiel die konkrete und produktive Auseinandersetzung der Spieler mit ihrem biographischen und sozialen Material als pädagogischen Prozess in Gang setzen will. Ebenso konträr verhalten sich die sozialen Lernziele der ThP zu den Hierarchisierungen des Starsystems.

Die vielfältige Orientierung identitätssuchender Jugendlicher an den Simulakren des Starkultes haben Max Horkheimer und Theodor W. Adorno treffend dadurch erklärt, dass Individuation in der Gegenwartsgesellschaft nur als Selbsttäuschung möglich ist: „[...] die Liebe zu jenen Heldenmodellen nährt sich von der geheimen Befriedigung darüber, daß man endlich der Anstrengung der Individuation durch die freilich atemlose der Nachahmung enthoben sei“ (Horkheimer u.a. 140).

„Klar, diese neue Art ist leichter geworden. Sie könnte ihr Leben, ihr fliehendes, sonst nicht bestehen“ (Bloch 35) stellte Ernst Bloch schon für den sozial entwurzelten Typus des Angestellten der Weimarer Republik fest. Bloch sieht in dem Starkult das individuelle Aufbegehren des lebenden Menschen „gegen die Abhängigkeit und Entwürdigung des laufenden Bandes" und so bildet er sich „am Film, läßt den Sinn für Gesten zur bloßen Filmperson zusammenschießen" (ebd.).

Der Starkult, die Orientierung und Projektion individueller Hoffnungen und Selbstentwürfe auf die gefeierten Ausnahmesubjekte der Kulturindustrie bildet also eine ideologische Grundorientierung für die Selbsttäuschungen der Subjekte, die die Praxisformen der Tauschverhältnisse in der Gegenwartsgesellschaft nicht erfolgreich ausfüllen können. Die fehlende Aussicht auf eine Teilhabe am gesellschaftlichen Reichtum wird dabei als Mangel der eigenen Subjektivität interpretiert und dementsprechend als defensiver Idealismus der eigenen Besonderheiten, als Mittel und Schranke kultiviert, die in ihrer individuellen Besonderheit – nach dem Vorbild der Stars – im zwischenmenschlichen Bereich auf Anerkennung drängen.

Schon um der schieren Aufmerksamkeit willen, die sich bei jeder Extravaganz leicht einstellt, verfallen Jugendliche darauf, ihre Allüren zum Siegel ihrer von der Masse abstechenden Lebenshaltung zu machen.

Die ThP muss mit diesen Persönlichkeitskonzepten rechnen, ihre Äußerlichkeit erkennbar werden lassen und ihre Klientel in Arbeitszusammenhänge führen, die gegen die ‚Atemlosigkeit' der wechselnden Profilierungsmoden das soziale und geschichtliche Subjektsein als Möglichkeit der Selbstdefinition der Individuen im Spiel aufscheinen lassen. Dabei bedient sich die ThP zwangsläufig aber auch der Methoden der → Inszenierung und Aufführung, in denen die Spieler gerahmt und ausgestellt werden. Die damit verbundene Aufwertung und Distinktion der Spieler innerhalb ihrer Milieus führt dabei schnell zu den sog. S, mit denen die Spieler ihre reale Subjektbeschränkung kompensieren.

ThP, die produktorientiert auf den vordergründigen Schauwert ihrer Arbeit in der Öffentlichkeit ihres Milieus ausgerichtet ist, befördert geradezu den Hang zu S. Die ungebrochene Einfügung kulturindustriell assimilierter Muster der Jugendkulturen in die Arbeitszusammenhänge der ThP und die damit verbundene Ausbeutung bereits vorhandener Starimitationsfähigkeiten der Spieler führen zwangsläufig zu den S, die sie ja im Grunde genommen bereits implizieren. Diesem fatalen Effekt einer nach außen erfolgsorientierten ThP liegt selbst wiederum ein Zwangsverhältnis der thp Arbeit zugrunde.

In den Erziehungsinstitutionen der Gegenwartsgesellschaft besteht zumeist ein gewisser Druck, die Erziehungsleistungen der ThP vor Auftraggebern und Mitarbeitern zu dokumentieren. Das Leitbild einer erfolgreichen Dokumentation ist dabei in der Regel immer noch die an professionellen Kulturerzeugnissen orientierte Aufführung. Der pädagogische Negativeffekt der S stellt diese Orientierung grundsätzlich in Frage und sollte die ThP anregen, die Kriterien der Dokumentation ihrer Arbeit neu zu entwickeln. Sie wird dies nicht ohne Widerstand seitens der Klientel und ihrer Auftraggeber leisten können.

Benjamin, Walter: Das Kunstwerk im Zeitalter seiner technischen Reproduzierbarkeit. Frankfurt a. M. 1972; Bloch, Ernst: Erbschaft dieser Zeit. Frankfurt a. M. 1979; Garncarz, Joseph: Die Schauspielerin wird Star. Ingrid Bergman – eine öffentliche Kunstfigur. In: Möhrmann, Renate (Hg.): Die Schauspielerin. Zur Kulturgeschichte der weiblichen Bühnenkunst. Frankfurt a. M. 1989; Horkheimer, Max/Adorno, Theodor W.: Dialektik der Aufklärung. Frankfurt a. M. 1971; Straschek, Günter Peter: Handbuch wider das Kino. Frankfurt a. M. 1975; Tyler, Parker: Mythos und Magie in den Filmen Hollywoods. In: Verband des deutschen Filmclubs e. V. (Hg.): Der amerikanische Film 1930–1939. Berlin 1968.

                                          Hans-Joachim Wiese

→ Amateurtheater – Authentizität – Kinder- und Jugendtheater – Rollenspiel – Zielgruppe

Statuentheater

S (‚Image Theatre') wurde 1973 von Augusto → Boal als Technik des → ‚Theaters der Unterdrückten' (‚Teatro do Oprimido'/TdU) im Rahmen seiner Arbeit in einem Alphabetisierungsprojekt in Peru entwickelt.

Als Instrument der szenischen Untersuchung sozialer und politischer Zusammenhänge ist das S mit dem Brechtschen → Lehrstück verwandt. Beiden gemein ist die ‚Stillstellung des Geschehens' durch ‚Unterbrechung der Abläufe' in Raum und Zeit (vgl. → Benjamin 519ff.). „Während das Lehrstücktheater die durch Stillstellung aufgedeckte Verhältnismäßigkeit menschlicher Handlungen und Verhaltensweisen als *textliches Muster* präsentiert und einem *spielenden Kollektiv* zur Konkretisierung aufgibt, ist die *Erzeugung des Spielimpulses und Untersuchungsgegenstandes* bei Boal schon Sache der Spielenden und ihres Spielleiters. Sie produzieren die Muster ihrer gesellschaftlichen Verstricktheit im Tableau, das dann als neuer Spielanlass von allen Beteiligten ‚sozialisiert' wird – über *Identifikation, Wiedererkennen oder Resonanz.*" (Ruping 2002, 1; vgl. auch Ruping 1984)

Boal kreiert eine „Antithese zur monologischen Aktion" (Wiegand 61), indem er einen zwischenmenschlichen, solidarischen → Dialog im ästhetischen Raum initiiert. Der ästhetische Raum entsteht bei Boal durch die Definition einer ‚Plattform' (Boal 1999, 27) als Bühne. Seine drei wesentlichen Eigenschaften sind Teil der Boalschen Grundlagentheorie, die auch im S umgesetzt wird:

Plastizität (Boal 1999, 30ff.): Mit Hilfe der Bühnen-Verabredung kann die physikalische Materialität eines Raumes bzw. eines Gegenstandes allein durch Behauptung einer anderen Bedeutung in die Bühnenrealität jedes vorgestellten Raumes und Gegenstandes verwandelt werden. Entsprechend erhalten im S Erinnerungen und Vorstellungen von Unterdrückung Plastizität in der ästhetischen Form des Tableaus. Eine dargestellte → Geste wird darin als eine bestimmte soziale Haltung behauptet und als solche im Rahmen der Bühnensituation ‚für wahr' genommen. Die bezeichnete Unterdrückung ist in der räumlichen und zeitlichen Realität der Übungssituation jedoch nicht wirklich vorhanden.

Dichotomie (Boal 1999, 32ff.): Die Plastizität des ästhetischen Raumes bedingt die Mehrdeutigkeit des Daseins eines Darstellers auf der Bühne. Der Schauspieler behauptet eine Rollenfigur, ist dabei gleichzeitig er selbst und somit fähig zur Selbstbeobachtung.

Der Darsteller im S verkörpert seine Figur in ihrer sozialen Grundhaltung und agiert in der szenischen Auseinandersetzung in deren Handlungsradius, wie er selbst ihn sich vorstellt. Er nimmt also die Perspektive seiner Rollenfigur ein und bleibt dennoch Beobachter der Handlungen seiner Figur im → Spiel (vorausgesetzt sein reales Selbst gewährt eine Distanz zur Rolle).

Telemikroskopie (Boal 1999, 38ff.): Die Darstellung im ästhetischen Raum erscheint konzentrierter, zugespitzter als vergleichbare Handlungen in der Realität. Handlungen, Beziehungen, Körperhaltungen können fokussiert, gleichsam ‚herangezoomt' werden, so dass dahinter die entsprechenden sozialen Haltungen erkennbar werden. Die ‚Stillstellung des Geschehens' im S verdichtet soziale Haltungen auf eindeutige Gesten (Körperhaltungen) und Beziehungsstrukturen (Blickrichtungen, Position der Figuren zueinander). Die Einigung der → Gruppe auf ein Realbild konzentriert die individuellen Vorstellungen in einer kollektiven Essenz der Darstellung und verweist auf die gesellschaftliche und politische Dimension der dargestellten Situationen.

Methodisch gliedert sich das S in *drei Arbeitsphasen* (vgl. Boal 1989, 71ff.):

1. *Realbild*: Die Mitwirkenden bilden Statuengruppen zu einem Thema der Unterdrückung, das für die angesprochene Gruppe relevant ist. Im dialogischen Prozess zwischen Vorschlag, Korrektur und Modifizierung der dargestellten Bilder einigt sich die Gruppe auf ein *Realbild*, das alle akzeptieren, da es die wichtigsten Aspekte der kollektiven Vorstellung von Unterdrückung vereint.

2. *Idealbild*: Die spect-actors finden ebenfalls dialogisch zu einem Statuenbild, das die Auflösung der Unterdrückungssituation darstellt; „the image of ideality, the world as it could be" (Boal 1992, 2).

3. *Übergangsbild*: In dieser Phase steht die szenische Auseinandersetzung mit der Leerstelle zwischen *Real-* und *Idealbild* im Mittelpunkt. Zunächst werden wiederum verschiedene Statuengruppen aufgebaut, die eine Entwicklung vom Ausgangs- zum Schlussbild zeigen (*Image of the Possible Transition*). Schließlich folgt die szenische Umsetzung des Überganges durch die Darsteller: Sie agieren (jetzt in Bewegung) mit den anderen Statuen/Rollenfiguren aus der individuellen Verkörperung ihrer Rollen heraus mit dem Ziel, die Lösung des Idealbildes zu erreichen. Insbesondere diese → Improvisation birgt die Erkenntnismöglichkeit der Beteiligten über die konstitutive Macht des Zusammenwirkens sozialer Haltungen in Unterdrückungssituationen: „In den Rollenphantasien bricht sich das Wünschbare am Machbaren" (Eggers u. a. 85).

→ Methodik und → Didaktik des TdU bewegen sich im thp Spannungsfeld zwischen pädagogischer Zweckgebundenheit und ästhetischem Spielrahmen. Während Boals angewandte ‚Pädagogik der Unterdrückten' (→ Freire) in der Methode des → Forumtheaters wohl notwendig zur Anwendung kommen muss, weil hier das Erkenntnisinteresse der → ZuschauSpieler die Gestaltungsform evoziert, wurde und wird S in der ThP vielseitig modifiziert. S ist als ‚Standbild-Methode' (→ Scheller 59ff.) weit verbreitet, wird häufig jedoch ohne den sozialpolitischen und pädagogischen Überbau des TdU praktiziert (vgl. Anwendungsvarianten in Ruping 1993). Zum einen werden nicht zwangsläufig Gewalt- und Unterdrückungsstrukturen thematisiert; zum anderen obliegt es selbst dann dem fachlichen Selbstverständnis des thp Spielleiters, ob die Gestaltung sich anhand der Untersuchung von gesellschaftlichen Haltungen (vgl. das ‚gestische Prinzip' bei → Brecht; → Ritter 15ff.) oder von individuell-persönlichen Verhaltensweisen vollzieht.

Benjamin, Walter: Was ist das epische Theater? Eine Studie über Brecht. In: Ders.: Aufsätze, Essays, Vorträge. Gesammelte Schriften, Bd. 2/2. Frankfurt a. M. 1991; Boal,

Augusto: Theater der Unterdrückten. Übungen und Spiele für Schauspieler und Nicht-Schauspieler. Frankfurt a. M. 1989; Ders.: Games for Actors and Non-Actors. London, New York 1992; Ders.: Legislative Theatre. Using performance to make politics. London, New York 1998; Ders.: Der Regenbogen der Wünsche. Methoden aus Theater und Therapie. Seelze 1999; Eggers, Carsten/Fink, Jan-Dirk/Thrun, Jessica: Der Übergang als Aufgabe. Das Statuentheater. In: Ruping 1993, a.a.O.; Feldhendler, Daniel: Psychodrama und Theater der Unterdrückten. Frankfurt a. M. 1992; Freire, Paulo: Pädagogik der Unterdrückten. Bildung als Praxis der Freiheit. Reinbek 1998; Herzog, Sybille: Augusto Boals Zentrum des Theaters der Unterdrückten in Paris. Theaterarbeit in der Erwachsenenbildung. Münster 1997; Ritter, Hans Martin: Das gestische Prinzip bei Bertolt Brecht. Köln 1986; Ruping, Bernd: Material und Methode. Zur Theorie und Praxis des Brechtschen Lehrstücks. Münster 1984; Ders. (Hg.): Gebraucht das Theater. Erfahrungen, Varianten, Kritik. Münster 1993; Ders.: Statuentheater zwischen Boal und Brecht [unveröffentlichtes Manuskript]. In: Institut für Theaterpädagogik. Materialien zur Theaterpädagogik. Lingen 2002; Scheller, Ingo: Szenisches Spiel. Handbuch für die pädagogische Praxis. Berlin 1998; Wiegand, Helmut: Die Entwicklung des Theaters der Unterdrückten seit Beginn der achtziger Jahre. Stuttgart 1999.

MICHAELA GÜNTHER

→ Gestus – Körper- und Bewegungsstudium – Körpersprache – Lehrstück – Rollenspiel – Selbsterfahrung – Spielleitung – Stillstand

Stegreif

Die seit Ende des 16. Jhs. in Deutschland agierenden englischen Komödianten und italienischen Commedia dell'Arte-Truppen beeinflussten den Spielstil der deutschen Wandertruppen in der Haupt- und Staatsaktion sowie die Entwicklung der Wiener S-komödie (vgl. Asper 7, 122). Diese Truppen bezogen ihre schauspielerischen Fertigkeiten u. a. aus der Disziplin des S-spiels. Noch im 20. Jh. sind Theaterarbeiten (u. a. von Giorgio Strehler) nachhaltig von der Idee des S beeinflusst. Strehler stellt sich die Frage nach dem Ursprünglichen des Theaters und macht den Versuch, die lebendige Wirklichkeit der S-komödie im Theater der Gegenwart zu erneuern (vgl. Strehler).

Der Begriff S ist heute lediglich in der Fügung ‚aus dem Stegreif' gebräuchlich. Er geht zurück auf die ältere Benennung für ‚Steigbügel' – althochdeutsch *stegareif*, mittelhochdeutsch *steg(e)reif* mit der Grundbedeutung ‚ohne vom Pferd abzusteigen' (Duden 3716). (Fast) ohne Vorbereitung wird aus dem Augenblick heraus improvisiert.

Ein Charakteristikum des historischen S-spiels ist die unliterarisierte Spielanweisung: Die Kanevas (kurze Fabel- und Handlungsanmerkungen sowie Angaben zu komischen Situationen), Repertoires (Sammlungen von Monologen, Dialogen, die auf diverse Situationen anwendbar sind) und Lazzi (Anlagen von komischen Zwischennummern) bilden einen klar umrissenen Rahmen, den die Komödianten extemporierend füllen. In historischer Sicht steht S im Kontext der deutschen Wanderbühnen in enger Verbindung mit der komischen Person. Die Stücke werden von den → Ensembles zwar nicht zur Gänze extemporiert (vgl. Asper 6), aber der Komiker der Haupt- und Staatsaktion tritt in der Funktion des Kurzweilers aus der theatralischen Illusion und kommentiert aus dem S die Handlung. Festgeschriebene → Dialoge und Extempore ergänzen sich in (handlungsfremden), kurzen, variationsreichen Intermezzi, meist mit erotisch-obszönem Inhalt (vgl. Müller 115). Der Reformer Johann Christoph Gottsched tritt in der Mitte des 18. Jhs. für eine ästhetisch-ethische Neuorientierung des deutschen Theaters ein, in der die S-komödie keinen Platz mehr hat. Nach dem Tod Joseph Stranitzkys (1726), dem Erfinder der Hanswurst-Gestalt, erlebt die Wiener S-burleske unter Gottfried Prehauser und Johann Josef Felix von Kurz ihre Blütezeit. Der von Gottsched begonnene ‚Hanswurst-Streit', der sich auch auf Wien ausdehnt, zielt auf die Abschaffung des S-theaters. 1770 wird in Wien unter dem Zensor Sonnenfels ein Extemporierverbot erlassen (vgl. Hein 22).

Wird das Spiel aus dem S nicht verkürzt auf ein Trainingsmittel, durchbricht diese Theaterform zwangsläufig auch heute noch Grenzen. S bzw. → Improvisation liegt abseits des Genormten: „Sie riecht nach dem Exotischen, dem Unerwarteten, dem verführerisch Illegalen oder Unmoralischen. Kein Wunder daher, dass man ihr so oft mit Misstrauen und/oder Denunziation begegnet." (Walden 15)

S-spiel ist heute in einem methodischen Ansatz der thp Arbeit als Widerstand gegen eine Normierung der Ausdrucksmittel begreifbar. S will sich nicht auf vorgegebene Texte verlassen, sondern konzentriert sich auf im Verlauf des Spiels freiwerdende Inspiration. Dadurch wird S offener für das Risiko, es ist abhängig von der Kreativität und der Spontaneität seiner SpielerInnen. Eine weitere Voraussetzung für ein Gelingen des S-spiels ist die Inspiration: „Ich konzentriere mich [im Schauspielunterricht, d. Vfn.] auf Beziehungen zwischen Fremden und darauf, die Vorstellungskraft zweier Menschen so zu verbinden, dass sie gesteigert und nicht geschmälert wird." (Johnstone 39) Der Einsatz des ganzen künstlerischen und persönlichen Vokabulars und die Vermeidung von Kontrolle (d. h. sich in Gefahr begeben, öffentlich etwas zu riskieren) lässt die Spielenden entdecken, „warum dieses vierhundert Jahre alte Relikt seine Kraft behalten hat, warum es gegenwärtig bleibt" (Walden 17). Ausgeprägtes Gruppenbewusstsein (für die Mitspieler zu arbeiten) und die Gewissheit, nicht fehlerlos sein zu müssen, macht den Gegensatz der Auffassung zum auf Konkurrenz beruhenden Spiel deutlich. Keith → Johnstone entwickelt Ende der 1950er Jahre aus einem besonderen Improvisationsstil die, auch im deutschsprachigen Raum populär gewordenen, sog. ‚theatre sports' (vgl. Gohlke 32).

S, auf der historischen (Wander-)Bühne professionellen SpielerInnen vorbehalten, steht heute in einem neuen gesellschaftsrelevanten thp Kontext und hat so einen Bedeutungswandel durchgemacht: Festgelegter Handlungsablauf, stark typisierte Rollen und ein Repertoire stehender komischer Aktionen (wie ehemals im S-spiel der Commedia dell'Arte gebräuchlich) stehen im Gegensatz zu einem gegenwärtigen thp Ansatz. Elisabeth Scherf nutzte die methodischen Möglichkeiten des S im → Schultheater (vgl. Scherf). Ohne textliche Vorgaben und solche zum Spielverlauf werden spielerische Freiräume erwirkt. Sie verfolgte das pädagogische Ziel, über die Entwicklung einer gestischmimischen Gestaltungsvielfalt, über die Sensibilisierung der Sinne und den Umgang mit Sprache zum Theaterspiel hinzuführen. Ihr Grundkonzept betont den Prozesscharakter des S, das Fehlen von Bewertung schauspielerischer Einzelleistung, die Notwendigkeit von Solidarität. Den Spielenden die Führung zu überlassen, als Spielleiterin genau zu beobachten, inhaltliche, räumliche und personale Strukturierungshilfen anzubieten und in der Themenvorgabe sich an Konflikten zu orientieren, lässt diese zu einem soziodramatischen (‚Dramatisierung gesellschaftlicher Verhältnisse anhand konkreter Erfahrung Einzelner'; ebd. 111) S-spiel gelangen, das erlaubt, die Lebensverhältnisse spielend zu reproduzieren und umzugestalten.

Asper, Helmut G.: Hanswurst. Studien zum Lustigmacher auf dem deutschen Theater im 17. und 18. Jahrhundert. Emsdetten 1980; Duden. Das große Wörterbuch der deutschen Sprache in 10 Bdn., Bd. 8. Mannheim u. a. 1999; Gohlke, Jörg: Theatersport? Impro? Improvisationstheater? In: Korrespondenzen, 2001, H. 39; Hein, Jürgen: Das Wiener Volkstheater. Darmstadt 1997; Hille, Hermann H.: Improvisationstheater. In: Spiel und Theater, 1993/94, H. 151; Johnstone, Keith: Improvisation und Theater. Berlin 2000; Müller [Eberhart], Sieglinde: Die Haupt- und Staatsaktion. Untersuchung einer Theatergattung am Beispiel der Wanderbühnenhandschrift ‚Der stumme Printz Atis' unter Berücksichtigung der musikdramatischen Vorlagen und Edition der bisher unveröffentlichten Handschrift. Dissertation. Innsbruck 1990; Scherf, Elisabeth: Aus dem Stegreif. Soziodramatische Spiele mit Arbeiterkindern. In: Kursbuch 34. Hg. v. Hans Magnus Enzensberger u. Karl Markus Michel. Berlin 1973; Strehler, Giorgio: Für ein menschlicheres Theater. Geschriebene, gesprochene und verwirklichte Gedanken. Hg. v. Sinah Kessler. Frankfurt a. M. 1977; Walden, Stanley: Ein paar Gedanken über Improvisation – George Tabori. Ich wollte meine Tochter läge tot zu meinen Füßen und hätte die Juwelen in den Ohren: Improvisationen über Shakespeares ‚Shylock'. Hg. v. Andrea Welker u. Tina Berger. München 1979.

SIEGLINDE EBERHART

→ Ästhetische Bildung – Karneval – Märchen – Playback Theatre – Theatralität – Volkstheater – ZuschauSpieler

Steiner, Rudolf

1861–1925. Dr. phil. Naturphilosoph, Pädagoge. Seit 1902 Beschäftigung mit der Anthroposophie. S gründete 1913 die Anthroposophische Gesellschaft und veranlasste die Gründung der Freien Hochschule für Geisteswissenschaft, das Goetheanum, in Dornach (Schweiz), wo er auch seine Mysteriendramen aufführte und die Eurythmie entwickelte (ein Bewegungskonzept, das eine Verbindung zwischen Sprache, Musik und → Bewegung herzustellen versucht). 1919 eröffnete S auf der Grundlage seiner anthroposophischen Ideen die erste Waldorf-Schule (benannt nach dem Auftraggeber, der Zigarettenfabrik Waldorf Astoria AG).

Rudolf Steiner Gesamtausgabe [Schriften, Vorträge, Künstlerisches Werk]. Dornach 1955/56ff.; Ausgewählte Werke. 10 Bde. Frankfurt a. M. 1985.
Badewien, Jan: Anthroposophie. Eine kritische Darstellung. Konstanz 1985; Ders.: Die Anthroposophie Rudolf Steiners. München 1994; Bardt, Sylvia: Eurythmie als menschenbildende Kraft. Erfahrungen aus der pädagogischen Praxis. Stuttgart 1998; Beckmannshagen, Fritz: Rudolf Steiner und die Waldorfschulen. Wuppertal 1984; Bloch, Ernst: Geheimniskrämerei als Großbetrieb. In: Ders.: Erbschaft dieser Zeit. Frankfurt a. M. 1973; Lindenberg, Christoph: Rudolf Steiner. Eine Biografie. Stuttgart 1997; Schirn Kunsthalle Frankfurt (Hg.): Okkultismus und Avantgarde von Much bis Mondrian. Ostfildern 1995.

GABI BEIER

Steinweg, Reiner

Geb. 1939. Dr. phil. Studium der Literaturwissenschaft, Geschichte, Psychologie. Beschäftigung mit
→ Brechts → Lehrstück. Zweitstudium der Sozialwissenschaften mit Schwerpunkt Friedensforschung.
1974–88 Mitarbeiter der Hessischen Stiftung Frie-
dens- und Konfliktforschung Frankfurt a. M. Redakteur der Reihe *Friedensanalysen*. Seit 1988 freier Mitarbeiter des Österreichischen Studienzentrums für Frie-
den und Konfliktlösung, Außenstelle Linz. Für S ist
das Lehrstück ein Mittel zur politisch-ästhetischen
Erziehung, als solches bindet er es in seine Arbeiten
zur Friedensforschung und -erziehung ein.

Das Lehrstück. Brechts Theorie einer politisch-ästhetischen
Erziehung. Stuttgart 1972; Lehrstück und episches Theater.
Brechts Theorie und die theaterpädagogische Praxis. Frank-
furt a. M. 1995.
Steinweg, Reiner (Hg.): Bertolt Brecht ‚Die Maßnahme'.
Kritische Ausgabe mit einer Spielanleitung von Reiner
Steinweg. Frankfurt a. M. 1972; Ders. (Hg.): Brechts Modell
der Lehrstücke. Zeugnisse, Diskussionen, Erfahrungen.
Frankfurt a. M. 1976; Ders. (Hg.): Auf Anregung Bertolt
Brechts: Lehrstücke mit Schülern, Arbeitern, Theaterleuten.
Frankfurt a. M. 1978; Ders. (Red.): Friedensanalysen. Für
Theorie und Praxis, Bd. 10: Schwerpunkt: Bildungsarbeit.
Frankfurt a. M. 1979; Ders. (Red.): Faszination der Gewalt.
Politische Strategie und Alltagserfahrung. Frankfurt a. M.
1983; Ders./Heidefuß, Wolfgang/Petsch, Peter: Weil wir
ohne Waffen sind. Ein theaterpädagogisches Forschungs-
projekt zur Politischen Bildung. Nach einem Vorschlag von
Bertolt Brecht. Frankfurt a. M. 1986.
                                                    GABI BEIER

Stillstand

Der S eines Geschehens erzeugt bei den Beteiligten
einen Eingriff in ihr Zeitempfinden und versucht, ihre
Aufmerksamkeit auf einen Punkt der fiktiven Gegenwart in ihrer → Leiblichkeit zu fokussieren. Das aus
zwei eng zusammengehörigen Wortfeldern gebildete
Substantiv (still: *stehend, unbeweglich* und Stand: *Ort des
Stehens*) hat hier die Bedeutung der Vergegenwärtigung einer augenblicklichen Befindlichkeit.

„Das Daß und Jetzt, der Augenblick, worin wir sind,
wühlt in sich und empfindet sich nicht." (Bloch 334)
„Der Augenblick, dieses sonderbare Etwas, liegt zwischen der Bewegung und der Ruhe, keiner Zeit
angehörig; und in ihm, aus ihm geht das Bewegte in die
Ruhe über und das Ruhende zur Bewegung." (Parme-
nides zit. n. Bloch 340) Ernst Bloch nennt diesen
gelebten Augenblick „dunkel", nur „vom Pulsschlag

her wird der seelische Augenblick im Klopfen seines
Jetzt erfahren" (ebd.). Die Aufhellung dieses Dunkels
erfordert, wenn es denn nicht wieder in die Zeitlichkeit der Subjektivität entweichen soll, einen philosophischen Lyrismus letzter Grenze. Als vollkommener
Zustand wurde er in dem Begriff *nunc stans* der Mystik,
dem *carpe diem* der lateinischen Dichtkunst und Goethes Satz „Verweile doch, du bist so schön" in der
klassischen Literatur angedeutet.

Als ekstatische Zeitlichkeit bildet die „Einheit des
‚Außer-Sich'" in den Entrückungen von Zukunft,
Gewesenheit und Gegenwart nach Martin Heidegger
„die Bedingung der Möglichkeit dafür, daß ein Sei-
endes sein kann, das als sein ‚Da' existiert. Das Seiende,
das den Titel Da-sein trägt, ist *gelichtet*. [...] *Die ekstatische Zeitlichkeit lichtet das Da ursprünglich*. Sie ist das
primäre Regulativ der möglichen Einheit aller wesen-
haften existenzialen Strukturen des Daseins." (Heidegger 250f.)

Der S oder das stillgestellte Geschehen ist damit
vergleichbar dem Staunen vor dem nackten ‚Dass'. Im
Vorgang des ‚Entlebens' von dem unmittelbaren ‚Erleben' – also seiner zunehmenden Vergegenständlichung in den Operationen der ‚Sorge' – löst sich die
Einheit der Situation auf. „Man ist aus dem unmittelbaren Sein herausgefallen und findet sich als jemand
vor, der ‚Gegenstände' hat, unter anderem auch sich
selbst als einen Gegenstand, Subjekt genannt." (Safranski 124) So, wie dem Augenblick des S keine Zeitlichkeit zukommt, so entbehrt der stillgestellte Mensch
jeglicher Subjektivität.

Das Zurückschreiten der Subjekte von den Formen
des theoretischen ‚Entlebens' oder des sich in den
Lebensverhältnissen ‚Festlebens' auf eine Erlebnisform,
in der die Begriffe in die Anschauung zurück verwandelt werden, besagt für Heidegger nicht „absolute
Unterbrochenheit des Lebensbezuges, keine Entspannung des Entlebten, keine theoretische Fest- und
Kaltgestelltheit eines Erlebbaren, sondern sie ist der
Index für die höchste Potentialität des Lebens. Sie ist
ein *Grundphänomen*, das gerade in *Momenten besonders
intensiven Erlebens* sich ereignet." (Safranski 125)

Walter → Benjamin hat die Vorstellung des sichtbaren messianischen Augenblicks der jüdischen Religion
als Moment höchster Präsenz und Gegenwärtigkeit für
den Aufriss eines historistisch-evolutiven Geschichts-
bewusstseins eingesetzt. Es geht ihm um die Mobilisierung der geschichtlichen Motive der konkreten Menschen, um die „unmittelbare messianische Intensität
des Herzens, des inneren einzelnen Menschen [die]
durch Unglück, im Sinne des Leidens hindurchgeht"

(Benjamin 1978b, 96). Eben diese Verknüpfung von konkreten Motiven und der wissenschaftlichen Analyse geschichtlicher Prozesse erkennt Benjamin in den Methoden der ‚Dialektik im Stillstand‘ (Benjamin 1978c, 28) des epischen Theaters Bertolt → Brechts wieder.

Die Unterbrechungen des theatralen Spiels im epischen Theater bilden durch die Reflexion der eingefrorenen Haltungen und Gesten eine Verknüpfung der individuellen Motive mit den sozialen Interessen der geschichtlichen Vorgänge. „Im Staunenden erwacht das Interesse; in ihm allein ist das Interesse an seinem Ursprung da." (ebd. 20)

Was bei Benjamin als eine Art Dezisionismus erscheint, bezeichnet er selbst als positives ‚Barbarentum‘ (Benjamin 1991b, 215). Erst im Eingeständnis der tatsächlichen Erfahrungsarmut öffnet sich ein künstlerischer Spielraum, der in der ThP den Umschlag einer künstlichen Auratisierung des Bühnengeschehens in authentische Haltungen der Spieler ermöglicht. Erfahrung kann sich in der Gegenwartsgesellschaft nur noch unter den Bedingungen „verminderter Aufmerksamkeit" (Axel Honneth zit. n. Heil 65) ereignen. Die ThP erreicht solche Zustände durch aleatorische Techniken wie dem ‚Freeze-Kommando‘ des Spielleiters, extremen Beschleunigungen oder Verlangsamungen des Spielgeschehens, bei denen die Reflexion der Spieler auf ein außerhalb der gegenwärtigen Aktion liegendes Darstellungsinteresse unterbrochen wird.

Man kann diese Arbeitsweisen als Konkretion der ästhetischen Theorie Benjamins verstehen: Ein auratisches Erfahrungskontinuum ist in den fraktalen Strukturen der Industriegesellschaft unmöglich geworden. In den künstlerischen Avantgardebewegungen des 20. Jhs. erkennt Benjamin den rückhaltlosen „Wille[n] zum Authentischen" (Benjamin 1991a, 560), der in den bewussten und selbstreflektierten Erfahrungsmodi der traditionellen Kunst nicht mehr möglich ist.

Das Verfahren der Stillstellung des Geschehens ist somit der Ausgangspunkt der ThP zur Gewinnung von spielerischen Haltungen, in denen sich die Spieler unwillkürlich ertappen, um die künstlichen Auratisierungen des Text- und Regietheaters zu umgehen.

Benjamin, Walter: Geschichtsphilosophische Thesen. In: Ders.: Zur Kritik der Gewalt und andere Aufsätze. Frankfurt a. M. 1978a; Ders.: Theologisch-politisches Fragment. In: ebd., 1978b; Ders.: Was ist das epische Theater? – Studien zu Brecht. In : Ders.: Versuche über Brecht. Frankfurt a. M. 1978c; Ders.: Berichte. In: Ders.: Gesammelte Schriften, Bd. 4/1. Frankfurt a. M. 1991a; Ders.: Erfahrung und Armut. In: Ders.: ebd., Bd. 2/1. 1991b; Bloch, Ernst: Prinzip Hoffnung, Bd. 1. Frankfurt a. M. 1978; Heidegger, Martin: Sein und Zeit. Tübingen 2001; Heil, Susanne: ‚Gefährliche Beziehungen‘. Walter Benjamin und Carl Schmitt. Stuttgart 1996; Lévinas, Emmanuel: Die Spur des Anderen. Untersuchungen zur Phänomenologie und Sozialphilosophie. Freiburg, München 1999; Merleau-Ponty, Maurice: Phänomenologie der Wahrnehmung. Berlin 1965; Mersch, Dieter: Was sich zeigt – Materialität, Präsenz, Ereignis. München 2002; Safranski, Rüdiger: Ein Meister aus Deutschland – Heidegger und seine Zeit. Frankfurt a. M. 2001; Weber, Thomas: Erfahrung. In: Opitz, Michael/Wizisla, Erdmut (Hg.): Benjamins Begriffe, Bd. 1. Frankfurt a. M. 2000.

HANS-JOACHIM WIESE

→ Aleatorik – Authentizität – Geste – Gestus – Toc

Story Dealer

„Angenommen alle Kontinente sind entdeckt, die Sterne zu weit weg, der Alltag zubetoniert mit Aufgaben und Pflichten, die Freizeit zugeklebt von Süßigkeiten – welche Hoffnungen blieben da, diesem geschlossenen Universum noch zu entkommen?" Diese Zeilen stammen aus dem Manifest der SD, geschrieben in den späten 1980er Jahren. Die anfangs lose Gruppe engagierter Künstler, Soziologen, Pädagogen und Psychologen, die Kinderreisen des Bezirksamtes Kreuzberg in Berlin unter dem Label ‚Phantastische Reisen‘ durchführten, war zu einem Kern geschmolzen, der sich seither mit Aktionen im öffentlichen Raum beschäftigt und im Berliner Telefonbuch (2002) unter ‚Agentur für Wirklichkeitsherstellung‘ zu finden ist.

Ähnlich dem → ‚Unsichtbaren Theater‘ Augusto → Boals fehlt bei SD-Aktionen die Trennung zwischen Bühnen- und Publikumsraum. Die Aktionen sind charakterisiert durch erfundene, aufs → Spiel gesetzte Wirklichkeit mit offenem Horizont. Grundlage ist ein Stoff, dessen Erleben vom Mitteilen und – um verständlich zu sein – von der sprachlichen Organisation in Form von Geschichten, also der Story lebt. Da sich im Prozess einer Geschichte alle Anwesenden zu Akteuren entwickeln, die sich in die inszenierte Geschichte verstricken und sie vermittels ihres Handelns weiterschreiben, gibt es keine Zuschauer mehr. Zur bekanntesten, auf Medien orientierte Aktion wurde die 1996 am Berliner Kurfürstendamm abgehaltene ‚Dritte Weltmeisterschaft im Sub-City-Fishing‘. Hier lässt sich eine gewisse Nähe zu den an Dada anknüpfenden Situationisten feststellen. In Anlehnung an Prinzipien des → Happenings stehen im Zentrum weiterer Aktionen der SD die bildnerische und körperliche Ausdruckskraft ihres Klientel (Tanz- und Mal-rituale), in denen Mythen und Symbole den Ausgangs-punkt für einen kollektiven Schöpfungsakt bilden (ein Bild/eine Choreographie).

SD-Aktionen sind geprägt von Kunst- und Theater-theorien der → Avantgarde-Bewegung (vgl. Duchamp; → Artaud) und zielen auf die Aufhebung der Grenzen zwischen Kunst und Leben, Bühne und Publikum. Ihre Aktionen sind für Außenstehende oftmals von realen Ereignissen nicht mehr unterscheidbar. Sie ge-rinnen, unter dem philosophischen Segel des → Kon-struktivismus, zu Realität.

Dieser Ansatz ist seit den ‚Phantastischen Reisen‘ provokativ und deshalb umstritten, zumal kritisch hinterfragt wird, inwieweit die Präfigurierung der SD ein ästhetisches Handeln außerhalb der ‚Spielwissenden‘ überhaupt zulässt. Im aufklärerischen Sinne fehlt jeder Hinweis auf die ‚wirkliche Wirklichkeit‘, es sei denn, man betrachtet genauso kritisch die Annahme, dass eine – wie auch immer – ausgewiesene Veranstaltung die Einsehbarkeit der tatsächlichen Wirklichkeit ver-größere.

Artaud, Antonin: Das Theater und sein Double. Frankfurt a. M. 1989; Boal, Augusto: Theater der Unterdrückten. Frank-furt a. M. 1979; Duchamp, Marcel/Lebel, Robert: Von der Erscheinung zur Konzeption. Köln 1972; Geisslinger, Hans: Imagination der Wirklichkeit. Frankfurt a. M., New York 1992; Ders. (Hg.): Überfälle auf die Wirklichkeit. Berichte aus dem Land der Story Dealer. Heidelberg 1999.

KIRSTEN HENSE

→ „Als-ob“ – Happening – Ritual – ZuschauSpieler

Strasberg, Lee

1901–1982. Schauspieler, Regisseur und Theater-leiter. Schauspielausbildung am *American Laboratory Theatre*, 1930 gemeinsam mit Harold Clurman und Cheryl Crawford Gründung des *Group Theatres*, das er bis 1937 als Direktor leitete. Nach der Trennung vom Group Theatre arbeitet S in Hollywood, ab 1951 als künstlerischer Leiter des *Actor's Studio* in New York, wo er seine berühmte Methode (‚The Method‘) ent-wickelte. Zusätzlich leitet er ab 1971 eine Schauspiel-schule in Los Angeles sowie zahlreiche Seminare im Ausland. Mit ‚The Method‘ knüpft S an die frühen psychotechnischen Verfahren Konstantin → Stanis-lawskis an: Die Gefühlswelt der Figur soll sich eng mit den SchauspielerInnen verbinden; mit Hilfe der Akti-vierung des ‚affektiven Gedächtnisses‘ und ausgehend von persönlich Erlebtem entsteht ‚Lebensechtheit‘ bei der Darstellung.

Der Traum der Leidenschaft. Die Entwicklung der ‚Metho-de‘. Eine Theorie der Schauspielkunst. Berlin, München 1988; Schauspielen und das Training des Schauspielers. Ber-lin 1988.
Blank, Richard: Schauspielkunst in Theater und Film: Stras-berg, Brecht, Stanislawski. Berlin 2001; Schauspielhaus Bo-chum (Hg.): Lee Strasberg. Das Schauspielseminar. Bochum 1979; Trobisch, Stephen: Theaterwissenschaftliche Studien zu Sinn und Anwendbarkeit von Verfahren zur Schauspieler-Ausbildung. Frankfurt a. M. 1993.

GABRIELA NAUMANN

Strzelewicz, Boleslav

(auch: Bernhard)
1857–1938. Holzbildhauer, Sänger, Schauspieler, Lei-ter der ersten professionellen Spielgruppe der Sozial-demokratie, hervorgegangen aus der Theaterarbeit von Amateuren in ‚Bunten Abenden‘. S gründete u. a. 1894 die *Gesellschaft Vorwärts* (auch ‚Strzelewicz-Truppe‘ genannt), die als Wandertheater ganz Deutschland bereiste und mit selbst gefertigten Texten und Couplets Wahlagitation für die SPD machte. S schloss sich 1920 der KPD an, gründete 1924 die *Rote Truppe* (ein Schauspielerensemble mit Willy Ost, Tochter Gertrud S u. a., Ausstattung oft von Otto Griebel, der auch eine transportable ‚Bühne im Koffer‘ herstellte), die in den 1920er Jahren im sächsischen Raum äußerst populär war und in Revueform sozial-kritische, tagespolitische und unterhaltende Program-me teilweise vor Massenpublikum aufführte.

35 Künstlerfahrten unter deutscher Monarchie und Repu-blik. Dresden [o. J.].
Beck, Heino: Bernhard Strzelewicz. In: Kunst im Aufbruch. Katalog. Dresden 1980; Frühes deutsches Arbeitertheater 1847–1918. Eine Dokumentation von Friedrich Knilli u. Ursula Münchow. Berlin 1970; Streisand, Marianne: Strzelewicz, Bernhard. In: Barck, Simone u. a. (Hg.): Lexi-kon sozialistischer Literatur. Stuttgart, Weimar 1994.

MARIANNE STREISAND

Supervision

S als das Über-Etwas-Sehen entstammt als eigenstän-diger Aufgabenbereich dem Feld der sozialen Arbeit, die damit die Notwendigkeit anerkannte, dass (ein unvermeidbares) persönliches Verstricktsein in Prob-leme einer auf → Kommunikation und interpersonale Beziehungsarbeit ausgerichteten Tätigkeit Hilfe und Unterstützung von Außen bedarf. Seit 1989 hat sich S zunehmend als eigenständige berufliche Tätigkeit mit festgelegten Standards (Deutsche Gesellschaft für

Supervision) in der BRD etabliert. S befasst sich mit beruflichen Beziehungen und Konflikten von Einzelnen, Gruppen, Teams und Organisationen im Spannungsfeld von Persönlichkeit, beruflicher Rolle, Klientel und Organisation (Fall-, Gruppen-, Team-S, Coaching, Organisationsberatung). S dient der Erweiterung der beruflichen Handlungskompetenz, der Klärung der beruflichen Rollen, Kompetenzen und Aufgaben im Rahmen des organisatorischen Umfeldes sowie der Reflexion der Dynamik zwischen den am Prozess Beteiligten. Um die Komplexität intrapsychischer, interpersoneller, rollenspezifischer und institutioneller Prozesse beruflicher Handlungsvollzüge und Konfliktlagen angemessen erfassen und in entwicklungsfördernde Interventionen umsetzen zu können, sollte S einem mehrperspektivischen, theorie- und methodenpluralen Modell (psychoanalytisch, gruppendynamisch, organisationstheoretisch) folgen. Nur teilweise kann Intervision, d. h. eine kollegiale S, S ersetzen.

Berlardi, Nando: Supervision, von der Praxisberatung zur Organisationsentwicklung. Paderborn 1994; Brauner, Klaus: ‚Wenn Organisationen sich verändern ...'. Zur Dynamik organisationalen Wandels und den Folgen für die Supervision. In: Wege zum Menschen, 2001, H. 8; Buer, Ferdinand: Lehrbuch der Supervision. Der pragmatisch-psychodramatische Weg zur Qualitätsverbesserung professionellen Handelns. Münster 1999; Daniels, Helga: Annäherung an Supervision. In: Korrespondenzen, 1997, H. 29/30; Geißler, Karlheinz A./Hege, Marianne: Konzepte sozialpädagogischen Handelns. Weinheim, Basel 2001; Pühl, Harald (Hg.): Handbuch der Supervision. Berlin 1990; Schreyögg, Astrid: Supervision, Didaktik und Evaluation. Paderborn 1991; Schreyögg, Georg: Organisation. Grundlagen moderner Organisationsgestaltung. Wiesbaden 1998.

KLAUS BRAUNER † / RITA MARX

→ Angst und Kunst – Authentizität – Entwicklungspsychologie – Gestaltpädagogik – Lebensbegleitendes Lernen

Szenische Interpretation

Das Konzept wurde in den 1970er Jahren im Rahmen von Projekten der Einphasigen Lehrerausbildung an der Universität Oldenburg entwickelt und wird inzwischen im Unterricht vieler Schulen praktiziert. Es entstand als Antwort auf Fragen, die sich im Rahmen eines ‚erfahrungsbezogenen Literaturunterrichts' stellten (vgl. Scheller 1981): Wie sind individuelle Vorstellungen und emotionale Besetzungen, die literarische Texte im Leseprozess provozieren und mit denen

Unbestimmtheits- und Leerstellen konkretisiert und gedeutet werden, so darstellbar, dass sie zur Basis des Aushandelns von Bedeutungen im Unterricht werden können? Mit welchen Verfahren können sich Jugendliche aus bildungsfernen Milieus gestisch, d. h. körper-, gruppen- und situationsbezogen, mit den literarisch entworfenen sozialen Situationen und Menschen auseinandersetzen und Jugendliche aus eher bildungsbewussten Milieus angeregt werden, abstraktes Denken und Sprechen an konkrete, sinnlich wahrnehmbare Situationen und Menschen und das eigene körperliche Handeln zurück zu binden? Und schließlich: Wie kann das alles im alltäglichen Unterricht stattfinden? In zahlreichen praktischen Versuchen mit Studierenden, SchülerInnen und LehrerInnen wurde eine Interpretationsweise entwickelt, bei der literarische Texte im szenischen → Spiel, d. h. durch die sprachlichen und körperlichen Handlungen der SpielerInnen in den literarisch vorgegebenen Rollen und Situationen, dargestellt und gedeutet werden. Ausgangs- und Bezugspunkt bei der Entwicklung des Konzepts waren weniger Erfahrungen mit dem → Darstellenden Spiel und dem Theater als mit → Brechts → Lehrstücken und den Versuchen, bei der spielerischen Aneignung und Nachahmung der in diesen Texten vorgegebenen Handlungsmuster eigene, auch asoziale Phantasien, Emotionen und Verhaltensweisen zu entdecken und in ihren gesellschaftlichen Voraussetzungen und Wirkungen zu reflektieren (vgl. Koch u. a.). In der Folge entstand dann eine durch Einfühlungstechniken angereicherte und ergänzte epische Spielweise, mit der auch andere Dramenszenen – später auch ganze Dramen, Romane, Kurzgeschichten und Opern – szenisch analysiert werden konnten. Da im Unterricht gespielt werden sollte, mussten bei der Planung, Organisation, Vorgehensweise und Leitung von Spiel- und Reflexionsprozessen immer auch die institutionellen Rahmenbedingungen von Schule und Hochschule berücksichtigt werden. Dabei wurden schauspiel- und thp (→ Stanislawski, → Strasberg, → Artaud, Brecht, → Boal, → Johnstone u. a.), aber auch psycho- und soziodramatische Ansätze (→ Moreno, Petzold u. a.) aufgegriffen und szenische Verfahren (Körper- und Sprechübungen, Rollenschreiben, Rollengespräche, Standbilder, szenische → Improvisationen) erprobt und weiterentwickelt, mit denen das sinnliche, emotionale, körperliche und szenische Gedächtnis von SchülerInnen im Unterricht so angeregt werden konnten, dass sie Leer- und Unbestimmtheitsstellen in Texten mit eigenen Erlebnissen, Phantasien, körperlichen und sprachlichen Handlungen konkretisieren, sich in Rollen und Szenen einfühlen und sich im Spiel so verhalten konnten, wie sie das ähnlich auch in analogen Realszenen taten. Mit einfachen szenischen Verfremdungs- und Reflexionsverfahren – Gedanken-Stops, Rollenbefragungen, Standbildern, Beziehungsstatuen, Stimmenskulpturen – sollte dann das szenische Spiel angehalten und gezeigte und erlebte Situationen, Haltungen und Beziehungen nachgeahmt, fixiert, ausgestellt, kommentiert und diskutiert werden (vgl. Scheller 1989, 1996, 1998).

Bei SI werden literarische Texte (Opern, Filme u. a.) durch die Haltungen und Handlungen der Beteiligten im Wechsel von Spiel, Beobachtung und Reflexion gedeutet. Angestrebt ist nicht eine Aufführung, diese kann aber szenisch vorbereitet werden. Je nach Vorlage, Intention und Zeit können inhaltliche und methodische Schwerpunkte gesetzt werden. Bei eher theaterbezogenen Interpretationsansätzen (vgl. Kunz; Schau) steht die szenische Darstellung im Mittelpunkt, während es bei dem pädagogisch motivierten Konzept von Scheller u. a. immer auch um die Erfahrungen und Haltungen geht, die die SchülerInnen beim Spiel im Schutze der Rolle machen bzw. zeigen. Bei Scheller übernehmen alle Beteiligten Rollen, fühlen sich Schritt für Schritt in diese ein und geben ihnen eine bestimmte Gestalt und Haltung. In diesen Rollen agieren sie anschließend in den vorgegebenen Szenen und sozialen Dramen und beobachten und reflektieren das szenisch Dargestellte. Neben der Reflexion aus der Rolle heraus, die sicherstellen soll, dass sich die SpielerInnen in ihren Rollen wechselseitig als Teile eines sozialen Systems sehen und bewerten, wird das szenische Geschehen immer wieder auch von außen aus der Beobachterperspektive gespiegelt und gedeutet, natürlich auch aus der Spielerperspektive.

Dieser Ansatz ist inzwischen in zahlreichen Materialien und Unterrichtsmodellen zu Dramen (vgl. Scheller 1987, 1987a, 1989, 1992 , 1996), Prosatexten (vgl. Scheller u. a.; Grenz u. a.) und Opern (vgl. Nebhut u. a.; Brinkmann; Stroh; Kosuch u. a.; Brinkmann u. a.) dokumentiert. Auch wenn dabei unterschiedliche Akzente gesetzt werden, hat sich insgesamt etwa folgende Verlaufsform herausgebildet (zu den Verfahren vgl. Scheller 1998): Nach der ersten Rezeption werden in Kleingruppen bzw. im Plenum Szenen als Standbilder dargestellt und gedeutet, mit denen sich die Beteiligten positiv bzw. negativ identifizieren. Danach wird über Improvisationen und Habitusübungen der historische milieu- und geschlechtsspezifische Lebenszusammenhang und Habitus der Menschen erkundet, um die es im Text geht, bevor die

Rollen aller Personen, die im Text direkt oder mittelbar eine Rolle spielen, verteilt werden. Alle übernehmen eine Rolle, schreiben (unter Auswertung von Rollentexten und Textstellen) Rollenbiographien, interviewen sich gegenseitig in Rolleninterviews, erarbeiten und präsentieren Kleidung, Körper- und Sprechhaltungen, sprechen in der Rolle über momentane Probleme, zeigen im Spiel, wie sich ihre Figuren in Situationen des Alltags (z. B. in Arbeitssituationen) verhalten, und mit Statuen, in welchen Beziehungsnetzen sie stehen. Die erarbeiteten Personen repräsentieren anschließend bei der Interpretation der im Text entworfenen Szenen und Ereignisse das soziale System, in dem sie durch ihre Handlungen und Erwartungen soziale Dramen in Gang setzen, vorantreiben und lösen. Szenen dieses Dramas werden nun arbeitsteilig in Kleingruppen für die SI vorbereitet, etwa indem sie szenisch gelesen, Leerstellen geklärt, physische und psychische Handlungen begründet und Handlungsverläufe improvisiert werden. Im Plenum werden sie danach – möglicherweise durch Rollenberichte, Tagebücher usw. – miteinander verknüpft, nacheinander szenisch interpretiert: Der Handlungsort wird mit Hilfs-Objekten aufgebaut und detailliert beschrieben, die SpielerInnen begeben sich an den Ort, an dem sich ihre Figuren vor Beginn der Szene aufhalten und sprechen in Rollengesprächen mit dem Spielleiter über ihre momentane Befindlichkeit und Motivation. Das anschließende Spiel, bei dem die SpielerInnen den Text vom Blatt ablesen, wird immer wieder von außen durch Gedanken-Stops unterbrochen, die den Personen die Gelegenheit geben, ihre momentanen Gedanken auszusprechen. Nach dem Spiel äußern sich die SpielerInnen in Rollengesprächen über ihre Wahrnehmungen, Erlebnisse und Einschätzungen, bevor BeobachterInnen aus der Rollen- und/oder Beobachterperspektive das Geschehen, die Haltungen, Handlungen und Beziehungen mit Hilfe von Standbildern, Statuen, Improvisationen, Stimmenskulpturen usw. zeigen, spiegeln, ausstellen und diskutieren. Am Schluss wird das szenisch erarbeitete soziale Drama rückblickend, möglicherweise aus der Perspektive unterschiedlicher Figuren, rekonstruiert, auf den Punkt gebracht und mit Hilfe von Standbildserien demonstriert.

SI werden inzwischen mit unterschiedlichen Akzenten in den Fächern Deutsch, Kunst, Musik, Geschichte, Werte und Normen und Religion in allen Schulformen und Schulstufen durchgeführt. Sie können unter den räumlichen, zeitlichen, personellen und Interaktionsbedingungen der Schule nur durchgeführt werden, wenn LehrerInnen bereit und in der Lage sind, sich als Planer, Moderatoren und Spielleiter auf das Verfahren einzulassen. Das ist nicht einfach, erfordert ein Rollenverständnis und Verhaltensweisen, die im sonstigen Unterricht nicht üblich sind. Denn sie müssen nicht nur durch die Textauswahl, durch Rollen- und Situationsvorgaben und durch die Entscheidung, welche Aspekte des Textes mit welchen Verfahren erarbeitet werden sollen, inhaltliche Schwerpunkte setzen. Sie müssen auch den Interpretationsprozess zielorientiert steuern, szenische Verfahren demonstrieren und begleiten und nicht zuletzt in wechselnden Rollen als Animateure, Mitspieler, Gesprächspartner und Hilfs-Ichs aktiv in den Spiel- und Reflexionsprozess eingreifen. Und sie müssen durch klare Entscheidungen, Strukturierungen, Interventionen und Regeln Sicherheiten geben, so dass die SchülerInnen bereit und in der Lage sind, eigene Wahrnehmungen, Vorstellungen, Empfindungen und Verhaltensweisen zu aktivieren, sich in Rollen, Spielhandlungen und szenische Reflexionshandlungen einzubringen, zu agieren und zu reflektieren. Das muss und kann beim eigenen Spiel, in Spielleitertrainings, aber auch Schritt für Schritt in der Unterrichtspraxis erlernt werden.

Brinkmann, Rainer: Szenische Interpretation von Opern – Die Hochzeit des Figaro. Begründungen und Unterrichtsmaterialien. Oldershausen 1992; Ders./Megnet, Katharina: Szenische Interpretation von Opern – Die Dreigroschenoper. Begründungen und Unterrichtsmaterialien. Oldershausen 1998; Grenz, Dagmar/Siems, Elke: Szenisches Interpretieren von Kinderliteratur. In: Grundschule, 1999, H. 4; Koch, Gerd/Steinweg, Reiner/Vaßen, Florian (Hg.): Assoziales Theater. Spielversuche mit Lehrstücken und Anstiftung zur Praxis. Köln 1984; Kosuch, Markus/Stroh, Wolfgang Martin: Szenische Interpretation von Musiktheater – West Side Story. Begründungen und Unterrichtsmaterialien. Oldershausen 1997; Kunz, Marcel: Spieltext und Textspiel. Szenische Verfahren im Literaturunterricht der Sekundarstufe II. Velber 1997; Nebhuth, Ralf/Stroh, Wolfgang Martin: Szenische Interpretation von Opern – Carmen. Begründungen und Unterrichtsmaterialien. Oldershausen 1990; Schau, Albrecht: Szenisches Interpretieren. Ein literaturdidaktisches Handbuch. Stuttgart 1996; Scheller, Ingo: Erfahrungsbezogener Unterricht. Königstein 1981; Ders.: Szenische Interpretation – Georg Büchner. Woyzeck. Vorschläge, Materialien und Dokumente. Oldenburg 1987; Ders.: Szenische Interpretation – Frank Wedekind. Vorschläge, Materialien und Dokumente. Oldenburg 1987a; Ders.: Wir machen unsere Inszenierungen selbst. Szenische Interpretation von Dramentexten, Bd. 1: Theorie und Verfahren. Bd. 2: Verlaufspläne und Materialien. Oldenburg 1989; Ders.: Friedrich Schillers ‚Wilhelm Tell‘ – szenisch interpretiert. Stuttgart 1992; Ders.: Szenisches Spiel. Handbuch für die pädagogische Praxis. Berlin 1998; Ders.

u. a.: Szenische Interpretation. Themenheft Praxis Deutsch, 1996, H. 136; Stroh, Wolfgang Martin: Szenische Interpretation von Opern – Wozzeck. Begründungen und Unterrichtsmaterialien. Oldershausen 1994.

INGO SCHELLER

→ Autobiographisches Theater – Deutsch als Fremdsprache – Deutschunterricht – Drama in Education – Geschichte der Pädagogik – Interaktion – Kommunikation – Lernen und Theater – Psychodrama – Spielleitung – Statuentheater – Szenische Interpretation (DaF) – Szenische Interpretation von Musiktheater – Theater im Klassenzimmer

Szenische Interpretation (DaF)

Verschiedene Varianten der thp Erarbeitung von literarischen Texten sind möglich. Dies ist eine verkürzt dargestellte Variante. – Der Ausgangspunkt der gemeinsamen Erarbeitung ist der Titel des literarischen Textes, ein Klappentext und eventuelle Bilder, zu denen Assoziationen in der Lernergruppe gesammelt werden (*advance organizer*). Vor dem Hintergrund der lernereigenen soziokulturellen Biographie entstehen Erwartungen an den Text und es wird das Interesse geweckt, sich mit dem Text zu beschäftigen.

Der Text bzw. Textausschnitt (bei längeren Texten) wird als Ganzes gelesen (kursorisches Lesen) und in Gruppen werden in knapper Form die folgenden Fragen für ein erstes Szenengerüst beantwortet: Wer sind die handelnden Personen? Was passiert? Wo und wann spielt die Handlung? In der anschließenden Arbeitsphase suchen die Lernenden in Gruppen arbeitsteilig nach Attributen und Aussagen zu den einzelnen Protagonisten (äußeres Erscheinungsbild, Einstellungen, Haltungen) in dem Text (selektives Lesen). Man achte darauf, dass jeder der Protagonisten mehrfach bearbeitet wird. Die Ergebnisse werden verglichen, eventuell korrigiert oder erweitert.

In Kleingruppen werden nun nach den Vorgaben Skulpturen von den Protagonisten modelliert. Alle Lernenden betrachten, vergleichen und versprachlichen ihre Wahrnehmungen der Körperhaltungen. Diese Form der Wortschatzarbeit über Körperteile und Körperhaltungen wird i. d. R. als interessant empfunden.

Im Anschluss werden Rollenbiographien in der Ich-Form zu den einzelnen Protagonisten geschrieben (Einzelarbeit). Auf dem anschließenden ‚heißen Stuhl‘ wird die Rollenbiographie vorgetragen. Alle anderen Zuhörer können Fragen stellen oder auch widersprechen. Rückgriffe auf den Text sind dabei ausdrücklich erwünscht.

Eine weitere Einfühlungsübung besteht darin, Bewegungsabläufe zu inszenieren: sich auf einen Stuhl setzen, wieder aufstehen und zur Tür gehen. Um das Beziehungspotenzial der Protagonisten zu erarbeiten kann man auch Begegnungen (mit und ohne Sprache) durchspielen. Um das szenische Potenzial zu vertiefen, ist es oft sinnvoll, auf die sprachliche Ausgestaltung vorerst zu verzichten.

In Plenararbeit (Halbkreis/‚Bühne' am offenen Ende) wird das erste Bild gemeinsam entwickelt. Es empfiehlt sich, den gesamten Text in überschaubare Bilder zu gliedern, was für die spätere Gruppenarbeit wichtig ist, um Textaufkommen für die Lernenden begrenzt zu halten. Alle Rollen sind mehrfach besetzt; den Protagonisten werden eindeutige Requisiten zugeordnet, die bei Spielerwechsel weitergereicht werden können. Ausgangspunkt ist wieder das Szenengerüst: wer, wann, wo, was? Der Text ist für das entstehende Bild ein wichtiger Zuträger; individuelle Interpretationen können sofort durch Spielerwechsel (Requisitenwechsel) ausprobiert und gezeigt werden; das endgültige Bild entsteht durch kollektive Aushandlung innerhalb der Gruppe.

Der in Bilder gegliederte Text wird anschließend arbeitsteilig an Kleingruppen gegeben. Ein Regisseur kann eingebaut werden (Textpräsenz). Die Lehrkraft sollte unterstützen, wenn es gewünscht wird. Bei diesem Arbeitsschritt können Wortschatzprobleme auftauchen, da die Arbeit eng am Text verläuft. Über das Erspielen sind sie oft wesentlich leichter zu beheben als durch ein Wörterbuch.

Bei der sich anschließenden Präsentation (Halbkreis) aller Gruppen wird ein erster Durchlauf des Stückes gezeigt. I. d. R. muss dann noch entschieden werden, ob ein Erzähler gebraucht wird, der die notwendigen nicht-dialogischen Teile übernimmt oder ob und wie diese Teile szenisch dargestellt werden.

In vielen Erfahrungsberichten aus der Praxis werden die positiven Elemente thp Arbeit hervorgehoben; die Verbesserung sprachpraktischer Kompetenz, die Entwicklung interkultureller Kommunikationsfähigkeit und vor allem der Motivationsgewinn beim Fremdsprachenlernen. Trotz dieser positiven Resonanz fehlt es im deutschsprachigen Raum noch immer an thp Didaktisierungen für die Literaturvermittlung im DaF-Unterricht.

Bräuer, Gerd/Strathausen, Carsten: Brechts Kleinbürgerhochzeit. Ein Beispiel für die Arbeit mit dramatischen Texten im Unterricht Deutsch als Fremdsprache. In: Zielsprache Deutsch, 1995, H. 2; Schewe, Manfred: Fokus Lehrpraxis. Für einen integrierten, dramapädagogischen Deutsch als Fremdsprache-Unterricht für Fortgeschrittene. In: Info DaF. Informationen Deutsch als Fremdsprache, 1988, H. 4; Ders. (Hg.): Drama und Theater in der Schule und für die Schule. Beiträge zur Einführung in die britische Drama- und Theaterpädagogik. Oldenburg 1990; Ders.: Fremdsprache inszenieren. Zur Fundierung einer Lehr- und Lernpraxis. Oldenburg 1993; Ders./Wilms, Heinz: Texte lesen und inszenieren. Alfred Andersch: Sansibar oder der letzte Grund. München 1995.

ELLEN TICHY

→ Deutsch als Fremdsprache – Deutschunterricht – Kreatives Schreiben – Szenische Interpretation – Szenische Interpretation von Musiktheater

Szenische Interpretation von Musiktheater

SIvM ist ein thp Ansatz, den es seit 1985 gibt. Die reformpädagogische Schuldiskussion der 1970er Jahre stellte die Schüler mit ihren Erfahrungen, Wünschen, Problemen und Ängsten verstärkt in den Mittelpunkt. Daraus erwuchsen verschiedene schülerorientierte Konzeptionen, von denen die erfahrungserschließende Musikerziehung (vgl. Nykrin) als Grundlage angesehen werden kann.

Wolfgang Martin Stroh (1985, 153) bezieht Ingo → Schellers (1981) Erfahrungsbegriff auf den Musikunterricht und schafft damit die Grundlage für die Verankerung des Szenischen Spiels im Lehrplan. An der Universität Oldenburg findet diese Konzeption auch unter Musikstudierenden große Beachtung. Brechts und Weills *Dreigroschenoper* ist das erste Werk, das aufgrund seiner einfachen (musikalischen) Struktur Möglichkeiten der Einbeziehung von Songs, die den agierenden Kollektiven zugeordnet sind, bietet (vgl. Brinkmann 1995; Brinkmann/Megnet). Es folgen Mozarts *Don Giovanni* (Brinkmann, unveröffentlicht), Bizets *Carmen* (Nebuth/Stroh 1990) und Mozarts *Die Hochzeit des Figaro* (Brinkmann 1992).

Nicht nur das Hören der Musik wird geübt, sondern zahlreiche musikalische Tätigkeiten (Stroh 1984) werden innerhalb der SIvM angewendet: Einfühlung durch Musik, Singen, Singhaltungen, Musik-Stop-Verfahren, Bewegungen und Bilder zu Musik, Szenisches Lesen und Spiel zu Musik, musikalisch-szenische Improvisation. Musikalische Grundkenntnisse oder Fähigkeiten werden nicht vorausgesetzt, aber natürlich bestimmen die Fähigkeiten der SpielerInnen das Niveau, auf dem die SIvM sich entwickelt.

Die SIvM besteht aus fünf Phasen: Vorbereitung, Einfühlung, szenisch-musikalische Arbeit (Haltungen,

Bilder, Spiel, → Improvisation, Präsentation), Ausführung und Reflexion. Für jede dieser Phasen gibt es verschiedene Methoden, die miteinander kombiniert werden können.

Die *Vorbereitungsphase* besteht aus Übungen zum Aufwärmen und Spielvorbereitungen, die auch in anderen Zusammenhängen genutzt werden. Die *Einfühlungsphase* ermöglicht den Zugang zu Rollen, historischen Zeiträumen, fremden Orten und zur Musik eines Werkes. Den SpielerInnen werden Materialien zur Verfügung gestellt (Rollenkarten, historische Gemälde, Landkarten usw.) oder sie hören ein Musikstück in Verbindung mit einer konkreten Hör- oder Bewegungsaufgabe (Phantasiereise, historischer Tanz, Gehhaltung zu Musik usw.). Die Rollenübernahme ermöglicht die Betrachtung des Werkes aus einer Perspektive von innen, die zunächst begrenzt erscheint. Im weiteren Verlauf der *szenisch-musikalischen Arbeit* wird aber durch die Spiel- und Reflexionsverfahren ständig ein Perspektivwechsel angeboten und gefordert. Die *Ausführungsphase* ermöglicht den Ausstieg aus einer Szene oder Rolle und macht den SpielerInnen die Differenz zwischen eigener Person und Rollenidentität bewusst. Hier setzt auch die *Reflexionsphase* an, in der die Erlebnisse des Spiels ausgewertet und in Beziehung zu den SpielerInnen, zur Spielgruppe, zur Gegenwart und zur Problematik des Stücks gesetzt werden.

Während anfangs nur Opern szenisch interpretiert wurden, setzte nach wenigen Jahren die Anwendung der Methodik auf Musicals, Operetten, programmatische und absolute Musik, Lieder und Gebrauchsmusik ein. Immer geht es der SIvM nicht um das Genre selbst, sondern um die Aneignung von komplexeren Stücken der fiktionalen und ‚wirklichen‘ Realität.

„Als Interpretationsmethode steht sie in Konkurrenz zu anderen Methoden der Interpretation, im Falle der fiktionalen Realitäten denjenigen der Philologie, Literatur- oder Musikwissenschaft, der Hermeneutik, der didaktischen Interpretation, der Exegese usw. Als Interpretationsmethode ist die szenische Interpretation ‚gemäßigt konstruktivistisch‘, da die Interpretation von den SpielerInnen selbst erarbeitet und da die Bedeutung eines Stücks fiktionaler Realität nicht ‚herausgefunden‘, sondern aufgrund der individuellen Lebenserfahrung ‚konstruiert‘ wird. Diese Konstruktion findet unter Anleitung einer PädagogIn statt, die nicht die zu konstruierenden Bedeutungen, sondern nur die ‚Spielregeln‘ des Konstruierens vorgibt.“ (Brinkmann/Kosuch u. a. 7).

Nahm die SIvM ihren Ausgangspunkt im Musikunterricht der allgemeinbildenden Schule, so wurde sie später von Opernhäusern erkannt als Möglichkeit, musiktheaterpädagogische Angebote zur Vorbereitung von Werken des Spielplans zu formulieren. Die Aufbauarbeit wurde zunächst von Markus Kosuch an der Staatsoper Stuttgart (Erlebnisraum Oper) geleistet, wo die Kooperation zwischen Oper, Lehrerfortbildung und Schulen des Landes Baden-Württemberg zu einem intensiven Austausch geführt hat. An der Berliner Staatsoper Unter den Linden ist ein weiteres Zentrum der institutionellen Kooperation unter der Leitung von Rainer O. Brinkmann entstanden, wo mittlerweile eine *Ausbildung zum/zur SpielleiterIn für Szenische Interpretation von Musiktheater* als berufsbegleitende Fortbildung besucht werden kann. Auch andere Opernhäuser im deutschsprachigen Raum (Komische Oper Berlin, Bayerische Staatsoper München, Sächsische Staatsoper Dresden) bieten mittlerweile SIvM als Nachwuchs bildende Maßnahme an.

Auf der europäischen Ebene hat sich ein Zusammenschluss der pädagogischen Abteilungen der Opernhäuser gebildet, die RESEO (Réseau européen des services éducatifs des maisons d'opéra). Auch hier hat sich die SIvM durchgesetzt als eine Methodensammlung, die in vielen verschiedenen Ländern in der Vermittlung von Musiktheater praktikabel ist. Ein Forschungsprojekt in Kooperation mit der Universität Oldenburg veranstaltet Fortbildungen an Opernhäusern der Teilnehmerländer und evaluiert die Ergebnisse im europäischen Kontext. Übersetzungen des Methodenkatalogs ins Englische und Französische sind 2001 fertig gestellt worden. Weiter Informationen über dieses Projekt findet man unter www.reseo.org .

Die langjährige Zusammenarbeit in Lehre und Forschung führte die Urheber der SIvM 2001 zur Gründung des *Instituts für Szenische Interpretation von Musiktheater (ISIM)*, das Service-Leistungen wie Konzepterstellung, LehrerInnen-Fortbildung, Evaluation und Beratung bietet. Aktuelle Informationen zum Forschungsstand, zur Literatur und zu Fortbildungen sind abzufragen unter www.musiktheaterpaedagogik.de.

Brinkmann, Rainer O.: Die Hochzeit des Figaro. Begründungen und Unterrichtsmaterialien. Oldershausen 1992; Ders.: Einfühlung in soziale Muster am Beispiel der Dreigroschenoper von Bertolt Brecht und Kurt Weill. In: Korrespondenzen, 1995, H. 23/24/25; Ders./Megnet, Katharina: Die Dreigroschenoper. Begründungen und Unterrichtsmaterialien. Oldershausen 1998; Ders./Kosuch, Markus/Stroh, Wolfgang Martin: Methodenkatalog der Szenischen Interpretation von Musiktheater. Oldershausen 2001; Kosuch, Markus/Stroh, Wolfgang: Szenische Interpretation von Musiktheater – West Side Story. Begründungen und Unterrichtsmaterialien. Oldershausen 1997; Nebhuth, Ralf/Stroh, Wolfgang Martin: Mozarts Figaro – Erfahrungen mit Szenischer Interpretation. In: Musik und Bildung, 1990, H. 5; Dies.: Szenische Interpretation von Musiktheater – Carmen. Begründungen und Unterrichtsmaterialien. Oldershausen 1990; Nykrin, Rudolf: Erfahrungserschließende Musikerziehung. Konzepte – Argumente – Bilder. Regensburg 1978; Scheller, Ingo: Erfahrungsbezogener Unterricht. Königstein 1981; Stroh, Wolfgang Martin: Szenisches Spiel im Musikunterricht. In: Musik und Bildung, 1982, H. 6; Ders.: Zur Psychologie musikalischer Tätigkeit. Marohl 1984; Ders.: Umgang mit Musik in erfahrungsbezogenen Unterricht. In: Bastian, Hans Günter (Hg.): Umgang mit Musik. Laaber 1985; Ders.: Szenische Interpretation von Musiktheater – Wozzeck. Begründungen und Unterrichtsmaterialien. Oldershausen 1994; Ders.: ,Ich verstehe das, was ich will!' Handlungstheorien angesichts des musikpädagogischen Paradigmenwechsels. In: Musik und Bildung, 1999, H. 3.

RAINER O. BRINKMANN

→ Bibliodrama – Didaktik – Methodik – Musikspiele – Schulmusical – Schuloper – Theaterlied – Warming Up

Szenische Lesung

Die SL ist eine Veranstaltungsform, in der die Gestaltung eines Themas oder die Bearbeitung von Texten (auch beides) verfolgt wird. Sie kann als Theaterform mit sparsamen Mitteln eingestuft werden, bei der das Auswendiglernen durch die Darsteller nicht erforderlich ist. Gestaltungsfragen und der Adressatenbezug zum Publikum wie auch zu den Darstellern stehen stärker im Vordergrund als bei der ,klassischen Lesung'. SL haben oft, aber nicht zwingend, einen aktuellen Bezug.

Die SL um ein ausgewähltes Thema eignet sich für eine erfahrungsbezogene Erarbeitung, die eigene Erlebnisse der Teilnehmer zum Ausgangspunkt nimmt. Dadurch kann ein energetischer Bezug zum Thema entstehen, der nachhaltige Entwicklungsmöglichkeiten für die Teilnehmer bewirkt und dessen körperliche Resonanz sich später leichter auf das Publikum überträgt.

Der Bezug zum Thema bekommt ein „vielperspektivisches" (Koch 117) Spektrum, wenn die Teilnehmer ihren persönlichen Zugang erklären und ihn dann auch aufschreiben. Die unterschiedlichen Wahrneh-

mungen können die spätere Lesung schon vorstrukturieren. Auch die ersten beobachtbaren Emotionen eröffnen entscheidende Aspekte für die weitere Arbeit. Die thematischen Auseinandersetzungen, die nach Klärung suchen, bieten den Darstellern von SL gute Anlässe für weitergehende persönliche Erfahrungen. Nach dem Erarbeiten dieser Grundhaltungen sind die Variationen über das Thema wichtig. Überraschende inhaltliche Seiten und unterschiedliche Stimmungslagen können gestaltet werden. Dafür stehen neben den eigenen Texten etwa folgende Textarten zur Verfügung: Literarische Prosatexte, Sachtexte (von Experten, Parteien, Randgruppen usw.), dialogische Texte, lyrische Texte, Lieder und Musik, Werbetexte, Witze und Anekdoten, Interviews und Quellentexte, Filmausschnitte sowie verschiedenes Bildmaterial. Die Raumgestaltung kann die Variationen unterstützen.

Die SL, die sich ausschließlich der Bearbeitung von Texten widmet, konzentriert sich meistens auf einen Autor oder auf sinnverwandte Autoren. Auch dafür gibt es aktuelle Anlässe. SL mit der Konzentration auf literarische Texte sollten im thp Zusammenhang nicht auf den persönlichen Bezug ihrer Darsteller verzichten. Auch wenn die Figuren nicht so umfassend ausgearbeitet sind wie im Theaterstück, so bietet nach Ritter „eine sich differenzierende Erzählhaltung vor allem durch das Einbringen des gestischen Moments in Tonfall, mimischen Details, Gesten, Körperhaltung usw." wichtige Deutungsmöglichkeiten. „In verschiedener Hinsicht bewege ich mich bei einer so angelegten Realisierung von Texten in einem Zwischenbereich zwischen Rede und Theater, [...] der vor dem Hintergrund des erzählerischen Grundgestus allerdings immer zitiert und ausgewählt und niemals in seiner gewohnten Kontinuität erscheint." (Ritter 1987, 69)

Hackel, Elisabeth: Lesebühne der Kulturen in Berlin-Karlshorst. In: Korrespondenzen, 2002, H. 41; Koch, Gerd: Einige ,vermischte' Anmerkungen zur Methode der szenischen Lesung. In: 60 Jahre Gesetz für Jugendwohlfahrt 1922–1982. Bonn 1982; Ritter, Hans Martin: Das gestische Prinzip bei Bertolt Brecht. Köln 1986; Ders.: Szenisches Erzählen. In: Theaterpädagogik, 1987, H. 6; Schwendter, Rolf: Lesetheater. Wien 2002; Wilhelm, Edgar: Die ,szenische Lesung' als Theaterform. In: Korrespondenzen, 1998, H. 32.

EDGAR WILHELM

→ Dialog – Erzähltheater – Sprechen – Szenische Interpretation

Tabori, George

Geb. 1914. Dramatiker, Regisseur, Filmemacher. 1932/33 Studium in Berlin, danach Übersetzer und Journalist in Budapest. 1936 Emigration nach London. 1943–47 Arbeit bei der BBC. 1947–50 Arbeit als Drehbuchautor in Hollywood und New York. Bekanntschaft mit → Brecht, durch den T zum Theater kam. 1951/52 Filmarbeit in Italien und Frankreich. Seit 1951 eigene Stücke und Stückbearbeitungen, seit 1956 eigene Theaterinszenierungen, zunächst in New York, seit 1971 v. a. in Deutschland. 1975–79 Arbeit am Bremer Theater, dort Gründung und Leitung des Bremer Theaterlabors. 1987–90 Leitung des Theaters *Der Kreis* in Wien, das als Theaterlabor im Sinne des Actor's Studios von Lee → Strasberg betrieben wurde. 1992 Georg-Büchner-Preis. Im Zentrum seiner Stücke steht immer wieder die Auseinandersetzung mit dem Faschismus und dem Holocaust (*Die Kannibalen*, 1968; *Pinkville*, 1970; *Mutters Courage*, 1979; *Das Jubiläum*, 1983; *Mein Kampf*, 1986). T vertritt die Ansicht, dass jeder Darsteller alles, was er für eine Rollenfigur braucht, als gelebte Biographie in sich trägt (Theater des Erinnerns). Dabei steht das Prozesshafte im Mittelpunkt der Theaterarbeit und nicht das Ergebnis.

Spiele. Köln 1984; Meine Kämpfe. München, Wien 1986; Betrachtungen über das Feigenblatt. Frankfurt a. M. 1993; Theaterstücke. 2 Bde. München, Wien 1994.
Bayerdörfer, Hans-Peter/Schönert, Jörg: Theater gegen das Vergessen. Bühnenarbeit und Drama bei George Tabori. Tübingen 1997; Haas, Birgit: Das Theater des George Tabori. Vom Verfremdungseffekt zur Postmoderne. Frankfurt a. M. u. a. 2000; Höyng, Peter: Verkörperte Geschichtsentwürfe. George Taboris Theaterarbeit. Tübingen 1998; Koch, Gerd/Zulechner, Felix: Von Tabori lernen. In: Koch, Gerd u. a. (Hg.): Ohne Körper geht nichts. Berlin, Milow 1999; Ohngemach, Gundula: George Tabori. Frankfurt a. M. 1989; Welker, Andrea (Hg.): George Tabori. Dem Gedächtnis, der Trauer und dem Lachen gewidmet. Porträts. Wien u. a. 1994; Dies./Berger, Tina (Hg.): George Tabori. Ich wollte, meine Tochter läge tot zu meinen Füßen und hätte die Juwelen in den Ohren. Improvisationen über Shakespeares Shylock. Dokumentation einer Theaterarbeit. München, Wien 1979.

GABI BEIER

Tanzpädagogik

Der künstlerische Ausdruck, mit dem sich T befasst, entfaltet (wie auch das → Spiel) eine grundlegend menschliche, ‚anthropologische Disposition' (Wolfgang Iser). Der Tanz ist daher wohl zu Recht als ‚Mutterkunst' (Kurt Sachs) bezeichnet worden: Im Maskentanz wurden Tiere, im Labyrinth-Tanz kosmische Verläufe, im Spiraltanz Wachstumsprozesse nachgeahmt – die ‚ästhetische → Geste' (André Leroi-Gourhan) ermöglicht dem Menschen, die Zeitlichkeit wahrgenommener Ordnungen nicht nur auf mimetische Weise zu wiederholen, sondern sie dabei auch zu formen, zu rhythmisieren und so den natürlichen Wechsel von Spannung und Entspannung, von Bewegung und Innehalten auf transzendente (und magische) Weise zu überschreiten. Während weitbewegte Tänze (ruckartig, springend, ekstatisch) der entgrenzten Energie von *paidia* (Roger Caillois) nachgehen, folgen engbewegte Tänze (stampfend, gehalten, nach innen gerichtet) der kontrollierten Energie von *ludus*. Die Gestaltung von *Zeit* (schnell/langsam, legato/staccato, pulsierend/betont usw.), *Raum* (rund/fortschreitend, weit/eng, auf/ab usw.) und *Kraft* (schwer/leicht, weich/hart, gespannt/locker usw.) realisiert im Laufe der Zeit grundlegende Form- und Raumprinzipien (vgl. Seitz 135ff.) und bringt im Sinne des reinen Vergnügens wie auch der ästhetischen Stilisierung eine reichhaltige Tanztradition hervor.

Vor diesem Hintergrund mag verwundern, dass die akademische Welt dem Tanz wie auch der T erst jüngst breitere Beachtung zuteil werden lässt: Die (bereits Anfang des 20. Jhs. geschriebene) *Grundlegung einer Tanzwissenschaft* (vgl. Junk) ist nun veröffentlicht, neuere Untersuchungen zur Tanzgeschichte (vgl. z. B. Klein; Postuwka) oder Tanzanalyse (vgl. z. B. Brandstetter) bieten inzwischen weitreichende Einblicke, und die *dance studies* (vgl. z. B. Carter) untermauern die kulturwissenschaftliche Bedeutung, mit der auch die T auf eine breitere Anerkennung hoffen kann.

Tänze und das durch sie entstehende *Körperbild* sagen etwas über das vorherrschende Interesse einer Gesellschaft – während etwa der aristokratische Schreittanz (gegenüber dem ungeformten mittelalterlichen Spring- und Hüpftanz) von einer ausgeprägten Raumkontrolle und Körperdisziplinierung zeugt, reflektieren die gegenwärtigen rhythmischen Einzeltänze eher die Entgrenzung von Raum und Zeit (und damit die globalisierte und individualisierte Kultur). Indem ein bestimmtes Bewegungsverhalten als Tanz klassifiziert wird, zeigt die Kultur oder eine bestimmte soziale Gruppe das Interesse, sich genau durch dieses Bewegungsverhalten hervorzutun (bzw. unterscheiden zu wollen). Der Tanz hat daher wesentlich *Zeigefunktion*. Weder Bühnentänze noch ‚Volkstänze' entstehen zufällig, sondern verarbeiten alltäglich wahrgenommene Bewegungen, wiederholen und spitzen sie zu (karikieren auch) und konstituieren auf diese Weise zuallererst (buchstäblich zwischen → Mimesis und Variation), was eine Kultur als ‚natürlich‘ ansieht. So ist das eigentlich Subversive etwa an Rock ’n’ Roll, Breakdance, Rave oder auch Queering, dass sie bestimmte Bewegungsmuster auf je besondere Weise hervorheben, der ‚Lauf der Dinge‘ aber, dass sie in der Folge zunehmend als ‚normal‘ empfunden werden.

Erste Ansätze zu einer T (die nicht auf den Kunsttanz zielen) gründen auf den reformpädagogischen Bemühungen und der Freikörperkultur des ausgehenden 19. Jhs. Vor dem Hintergrund der *Ausdruckslehre* (Jean Delsarte), der *Rhythmusschulung* (Émile → Jaques-Dalcroze), der *Raum- und Antriebslehre* (Rudolf von → Laban) entwickelt sich der *deutsche Ausdruckstanz* und mit ihm eine breite *Laientanzbewegung*. Es sind vor allem Frauen (u. a. Mary Wigman, Gret Palucca), die von der Sehnsucht nach einem befreiten Körper ergriffen sind, sich dem *free flow* von Emotion und Motion überlassen und im dramatischen Rückgriff auf die transzendente Kraft des Tanzes den Einklang mit Natur und Kosmos suchen. Während der Nationalsozialismus den neuen Utopien ein jähes Ende setzt (und sie z. T. vereinnahmt), entwickelt sich die T vorerst im angloamerikanischen Raum weiter. Hier wendet sich die Neo-Avantgarde (u. a. Trisha Brown, Yvonne Rainer, Steve Paxton) sowohl von der dramatisch-expressiven Geste des German Dance ab (wie ihn Martha Graham weiterentwickelt) als auch von dem Formalismus des Modern Dance (wie ihn George Balanchine gründet). Im *free dance* soll die Trennung zwischen Kunst und Alltag, zwischen Laien- und Profitanz, auch zwischen Tanz und Nicht-Tanz aufgehoben werden (vgl. Banes). Auseinandersetzungen mit anderen Kulturen (vom balinesischen Tanz über Afro-Dance bis zum japanischen Butoh), mit ‚fremden‘ Bewegungstechniken (Yoga, Tai Chi, Martial Arts) oder mit kinästhetischen Methoden und mentalen Verfahren sollen die Kreativität und physische Aussagekraft erweitern. Vielfältige an Personen gebundene Individualstile prägen die T seit Mitte des letzten Jhs. (die z. T. auch esoterisch vereinnahmt worden sind), doch die Praxis, die in eigenen Schulen oder Workshops vermittelt wird, bleibt häufig nur ‚Eingeweihten‘ vorbehalten, wie z. B. der *life-/art-process* von Anna Halprin (eine Pionierin der amerikanischen T), der erst seit einiger Zeit überhaupt veröffentlicht und damit allgemein zugänglich ist (vgl. Halprin).

Während sich in den angloamerikanischen Ländern (abseits der professionell ausgerichteten T) schon früh die *Movement and Dance Education* (vgl. z. B. Mertz) etablieren, bleibt im konservativen Nachkriegsdeutschland selbst das eigene reformpädagogische Erbe verschüttet. Erst allmählich wird die erzieherische Dimension des Tanzes wiederentdeckt (vgl. Laban 2001), werden Untersuchungen zu den dynamischen Qualitäten von Schwerkraft, Raum, Zeit und Bewegungsfluss neu aufgelegt (vgl. Laban 1988). Entscheidende Impulse für die Entwicklung der T in Deutschland gibt dann insbesondere die subjektorientierte Frage- und Montagetechnik des *Tanztheaters* von Pina → Bausch (vgl. Hoghe; Seitz 233ff.).

Vor dem Hintergrund der seit geraumer Zeit diagnostizierten ‚Wiederkehr des Körpers‘ (Dietmar Kamper) hat sich die T in der außerschulischen Kinder- und Jugendarbeit, im Erwachsenenbildungs- und Freizeitbereich inzwischen etabliert. Im Unterschied zur Bildenden Kunst oder Musik gehört sie (anders als etwa in den Niederlanden) nicht zu den allgemeinbildenden Fächern, hat sich jedoch innerhalb der tänzerischen Gymnastik und der ThP auch an der Schule eine gewisse Geltung verschafft. Während sich (abseits der Hochkultur des Bühnentanzes) die ‚Tanzwut‘ in Clubs, in der Szene und auf den Straßen entfacht und eine expressive Workshop-Kultur hervorbringt, steht die akademische Profilierung der T (samt ihrer Qualitätskontrolle) immer noch aus – dies obwohl an Tanzakademien und in der → Sportpädagogik inzwischen Studiengänge eingerichtet und didaktische Ansätze längst vorliegen (vgl. z. B. Fritsch 1988).

Als jüngste Disziplin der → Ästhetischen Bildung richtet die T ihr Interesse (neben der Vermittlung von Tanzstilen wie Afro, Tango, Flamenco, Breakdance usw.) vornehmlich auf die Möglichkeiten der ‚präsentativen Symbolbildung‘ (Susanne Langer). Sie will Kreativität, Imagination und Expression entfalten und dabei auch einverleibte Spuren bewusstmachen – wie in der Bewegungspädagogik soll ‚Bewusstheit durch Bewegung‘ (Moshé → Feldenkrais) entstehen. Routinierte Bewegungen und unbewusstes Verhalten sollen sichtbar, Körpererinnerungen wach, Körpersprache bewusst werden. Mit ihrer Sensibilisierung für nichtsprachliche → Kommunikation kommt der T (auch vor dem Hintergrund multi- und interkultureller Gesellschaften) besondere Bedeutung zu. Während sich das Augenmerk zunächst auf Empfindung, Erfahrung, Mitteilung, als *Ausdruck* des Subjekts gerichtet hat, zeigt sich die T zunehmend an Wirkung, Gewandtheit, Flexibilität, an der → *Performance* des Subjekts interessiert.

Etliche Anleitungsbücher und Praxisbeschreibungen sind inzwischen auch in Deutschland erschienen: zur Arbeit mit Kindern (vgl. z. B. Haselbach 1993; Bärwinkel u. a.; Denk), mit Erwachsenen (vgl. z. B. Haselbach 1979; Fritsch 1985; Seitz; Fleischle-Braun), mit therapeutischem Fokus (vgl. z. B. Willke u. a.; Peter-Bolaender; Reichel) oder mit Blick auf vielfältige Improvisationstechniken (vgl. z. B. Franklin; Kaltenbrunner). Die Kluft zwischen Theoretikern und Praktikern ist nach wie vor groß, der Praxis fehlt die wissenschaftliche Reibung – als ob sie von etwas handeln würde, was man eben tanzen (muss), aber nicht aussprechen kann (oder will). Mit Blick auf die gegenwärtige Tanzkultur (im Alltag und in der Kunst) dürfte hier in Zukunft noch einiges zu erwarten sein.

Bärwinkel, Angelika/Seitz, Hanne u.a.: Bewegungsspiele mit Kindern. In: Weiß, Kersti (Hg.): Bewegungsspiele mit Kindern. Weinheim 1994; Banes, Sally: Terpsichore in Sneakers. Post-Modern Dance. Middletown 1986; Brandstetter, Gabriele: Tanz-Lektüren. Körperbilder und Raumfiguren der Avantgarde. Frankfurt a. M. 1995; Carter, Alexandra (Hg.): The Routledge Dance Studies Reader. London, NewYork 1999; Denk, Barbara: Tanz der Kinder. Improvisierte Bewegungsspiele als Lebenskunst. Weinheim 2001; Fleischle-Braun, Claudia: Der Moderne Tanz. Geschichte und Vermittlungskonzepte. Butzbach 2001; Franklin, Eric N.: Befreite Körper. Das Handbuch zur imaginativen Bewegungspädagogik. Kirchgarten 1999; Fritsch, Ursula (Hg.): Tanzen. Reinbek 1985; Dies.: Tanz, Bewegungskultur, Gesellschaft. Verluste und Chancen symbolisch-expressiven Bewegens. Frankfurt a. M. 1988; Halprin, Anna: Moving Toward Life. Hanover, London 1995; Haselbach, Barbara: Improvisation, Tanz, Bewegung. Stuttgart 1979; Dies.: Tanzerziehung. Stuttgart 1993; Hoghe, Raimund: Pina Bausch – Tanztheatergeschichten. Frankfurt a. M. 1986; Junk, Viktor: Grundlage der Tanzwissenschaft. Hildesheim 1990; Kaltenbrunner, Thomas: Contact Improvisation. Bewegen, tanzen und sich begegnen. Aachen 2001; Klein, Gabriele: FrauenKörperTanz. Eine Zivilisationsgeschichte des Tanzes. Weinheim 1992; Laban, Rudolf von: Die Kunst der Bewegung. Wilhelmshaven 1988; Ders.: Der moderne Ausdruckstanz in der Erziehung. Wilhelmshaven 2001; Mertz, Annelise (Hg.): The Body Can Speak. Essays on Creative Movement Education with Emphasis on Dance und Drama. Carbondale, Edwardsville 2002; Peter-Bolaender, Martina: Tanz und Imagination. Verwirklichung des Selbst im künstlerischen und pädagogisch-therapeutischen Prozeß. Paderborn 1992; Postuwka, Gabriele: Moderner Tanz und Tanzerziehung. Analyse historischer und gegenwärtiger Entwicklungstendenzen. Schorndorf 1999; Reichel, Auguste: Tanz dich ganz. Kreativ tanzen und bewegen. Impulse für kreative Tanzpädagogik und Bewegungspädagogik und bewegte Gesundheitsbildung. Wien 1999; Seitz, Hanne: Räume im Dazwischen. Bewegung, Spiel und Inszenierung im Kontext ästhetischer Theorie und Praxis. Essen

1996; Willke, Elke/Hölter, Gerd/Petzold, Hilarion (Hg.): Tanztherapie. Theorie und Praxis. Paderborn 1991.

HANNE SEITZ

→ Bewegung – Bewegungserziehung – Contact Improvisation – Initiation – Leiblichkeit – Magie – Reformpädagogik – Ritual – Stillstand

Tasche, Elke

1927–1991. Dramaturgin, entwickelte am Zentralhaus für Kulturarbeit (Leipzig) und vornehmlich an der Berliner Volksbühne (Leitung Benno → Besson) Praxisanregungen für die dramaturgische Arbeit des → Amateurtheaters, die von *probierts doch mal* bis *nach der Premiere* reichen. Mit Besson, Manfred Karge und Matthias Langhoff arbeitete sie mit Werktätigen zum → Lehrstück *Die Ausnahme und die Regel*. Das gemeinsame Finden von Lesarten im Amateurtheater (als ‚Arbeitsmotiv' für ‚Spielarten') ist T wichtig. Potenzielle Zuschauer sollen schon früh an theatralen Arbeitsprozessen beteiligt werden. Sozialen Fragen stellte T sich ebenso wie ästhetischen (exemplifiziert an Euripides, Goldoni wie an → Brecht und Heiner → Müller).

Das Seminar ‚Die Ausnahme und die Regel' mit Partnerbetrieben der Volksbühne (Berlin/DDR). In: Steinweg, Reiner (Hg.): Auf Anregung Bertolt Brechts: Lehrstücke mit Schülern, Arbeitern, Theaterleuten. Frankfurt a. M. 1978; Was ist eigentlich ein Clown? Gedanken über die lustige Person im Amateurtheater. In: Clowneske Mittel im Amateurtheater. Leipzig 1984; Amateurtheater – was ist das? Leipzig 1984; Versuch zu schreiben. Leipzig 1988; Wir finden die Lesart. Leipzig 1991.

GERD KOCH

Texte und Autoren

Das Verhältnis von Autoren und ihren Texten einerseits und dem Theater andererseits stellt sich in seiner Geschichte von Zeit zu Zeit als problematisch, mitunter als kontrovers dar. Immer wieder versucht das Theater, die Fesseln des Textes abzustreifen, sich von der Literatur zu emanzipieren und seine eigenständig schöpferische, nicht nur reproduzierende und interpretierende Position zu behaupten. Als Ausdruck dafür kann heute im professionellen Theater der Trend zur ‚Dekonstruktion' tradierter Theatertexte gewertet werden. Castorf, Marthaler, Kriegenburg sind Namen, die dafür stehen.

Zugleich mit dieser Entwicklung ist jedoch eine intensive Autorenförderung durch die Theater zu beobachten. Kaum ein Theater, das sich pro Spielzeit nicht mit einer Uraufführung schmückt. Auf verschiedensten Veranstaltungen werden neue Stücke vorgestellt: *Heidelberger Stückemarkt* und *Bonner Biennale* sind als prominente Beispiele zu nennen. Jedoch nur ein geringer Teil der präsentierten Stücke findet seinen Weg ins Repertoire.

Dass die fachgerechte Herstellung von Theatertexten auch gelehrt werden kann, ist eine Erkenntnis, die sich relativ spät, zumindest im Westen Deutschlands, durchgesetzt und auch institutionalisiert hat. Seit den frühen 1980er Jahren unterhält die Hochschule der Künste (heute Universität der Künste) in Berlin eine Autorenwerkstatt, die in den 1990er Jahren zu einem viersemestrigen Studiengang umgewandelt worden ist. Frühe Ergebnisse der Arbeit finden sich dokumentiert in der Zeitschrift *Theaterpädagogik* vom November 1984. Zur Begründung der Notwendigkeit solcher Ausbildung heißt es: „Der für das Theater schreibende Autor übt in gewissem Sinne einen Theaterberuf aus" (3) und deshalb müsse er auch die Gegebenheiten des Theaters kennen(-lernen). Solch eine Bemerkung, die fast wie eine Entschuldigung klingt, legt Zeugnis ab für das komplizierte Verhältnis des Theaters zu seinen Autoren, wiewohl diese häufig genug selber Theaterleute sind oder waren – angefangen bei Shakespeare über Molière zu → Brecht, → Tabori oder → Fo. Im heutigen → Kinder- und Jugendtheater ist Volker → Ludwig als Leiter und Hauptautor des *Grips-Theaters* Berlin zu nennen.

Ähnliches wie im Schreiben für das ‚Erwachsenentheater' ist für das Kinder-und Jugendtheater zu vermerken. Auch hier wird der Autorenförderung und der Stückentwicklung mittlerweile große Bedeutung beigemessen. Einen wichtigen Beitrag dazu leistet das Frankfurter *Kinder- und Jugendtheaterzentrum in der Bundesrepublik Deutschland*, das sich seit seiner Gründung, schon mit dem 1. Frankfurter Autorenforum 1969, der AutorInnen-Förderung für das Kinder- und Jugend-Theater gewidmet hat (vgl. Taube 6). Unter Federführung des Zentrums werden alle zwei Jahre der *Deutsche Kindertheaterpreis* und der *Deutsche Jugendtheaterpreis* ausgelobt.

Auch im weit gefächerten Handlungsfeld der ThP wird dem Theatertext zunehmend mehr Bedeutung beigemessen. Dies kommt in Autorenwettbewerben wie *Spielbar – neue Stücke für das Amateurtheater* der Landesarbeitsgemeinschaft Spiel Berlin (LAG) im Jahre 2000 oder dem Autorenwettbewerb für das Kinder-

und Jugendtheater des BDAT (Bund deutscher Amateurtheater) im Jahr 2001 zum Ausdruck. Bei beiden Wettbewerben sind jeweils auch (Amateur-)Theaterverlage (Deutscher Theaterverlag/Impuls Theater Verlag) an der Jury beteiligt.

Die Nützlichkeit des Theatertextes als Autorentext für die ThP findet nicht immer Anerkennung. Für die in den 1970er Jahren aus dem Geiste der (Sozial-)Pädagogik sich entwickelnde ThP, wie auch für die gleichzeitig entstehende ‚Freie Szene' (‚Freie Gruppen'), gehören Inszenierungsarbeit und Stückentwicklung zusammen. „Was euch wirklich betrifft, könnt ihr auch in eurer Sprache ausdrücken; wenn nicht, müßt ihr es dringend üben." (→ Batz u. a. 258) – heißt es in dem weit verbreiteten ‚Handbuch für Freies Theater' *Theater zwischen Tür und Angel*. Und dort setzt man mit Pathos fort: „Laßt bloß keine Spezialisten eure Sprache, eure Texte verwalten; die Zinsen sind allemal vergiftet." (258f.)

Der Reform- und Theaterpädagoge Martin → Luserke, selbst Autor von Theaterstücken für das → Amateurtheater, formuliert etwas anders: „Eine Spielgruppe sollte sich ihre Stücke also jedesmal wenigstens einigermaßen zurechtdichten." (Luserke, Nachwort 1) Und weiter heißt es dort: „Auch inhaltlich kann der Text gemeinsam vorgeformt werden; erst die wörtliche Rede ist dann Meisterarbeit." (7) Beim Feinschliff kommt der trainierte Autor mit seiner technischen und künstlerischen Kompetenz zum Einsatz.

Dass der Theater-Autor aktiver Teilhaber des Theaterprozesses ist, ja an seinem Anfang steht, war schon dem Zittauer ‚Schulrector' und Stückschreiber Christian Weise (1642–1708), der seine Theaterstücke in pädagogischer Absicht schrieb, sehr bewusst: „Die Schule ist ein Schattichter Ort," schrieb er, „da man dem rechten Lichte gar selten nahe kömmt." Mit Hilfe des Theaters aber könne es gelingen, das Tageslicht der Realität in die Schule hereinzulassen. Und er fährt fort: „Über diß wie könnte ich einen zukünftigen Cavalier von meiner hand wegziehen lassen / wenn er zwar das Gemüthe mit Lateinischen Gedancken hingegen aber die Zunge mit keiner anständigen Beredsamkeit / viel weniger das Gesichte und den Leib zu keiner Leutseligen Mine disponirt hätte?" (Weise 114f.) Die körperlich-geistige Auseinandersetzung mit dem Theatertext, seine Umsetzung in Spiel, bilde den ganzen Menschen und gehe über die Entwicklung des rein Kognitiven der Lateinschule hinaus.

Bewusst oder unbewusst stehen manche AutorInnen des professionellen Kinder- und Jugendtheaters in dieser Tradition und verbinden mit ihrer Arbeit ähnliche Ziele. Zielgerichtet und im Auftrag schreiben sie für das Theater *mit* Kindern und Jugendlichen, wobei die Grenzen zum Theater *für* Kinder und Jugendliche durchaus fließend sein können. Mitunter bedingt die eine Arbeit auch die andere. Anja Tuckermann (Berlin) oder Wolfgang Mennel (Stuttgart) z. B. arbeiten mit und für Jugendgruppen, entwickeln deren Stoffe und schreiben ihre Theatertexte für sie – und für sich selbst; etwa Mennels Stück *Wohin die Reise geht*, geschrieben für eine Jugendgruppe von 12 Darstellern.

Ein anderes Beispiel: Für eine Klasse von 28 Kindern entwickelte Hans Zimmer einen Theatertext, indem er die Kinder nach ihren Rollenwünschen befragte. Thematisch ging es um Märchen. Die mitspielenden 11–12jährigen wünschten Flaschengeister und Kobolde, Hexe, Fee, Frosch, Prinz und Prinzessin, Ritter und Hofdamen zu spielen. Die folgende Diskussion in der Schulklasse erbrachte den Ort der Handlung, Improvisationen mit den gefundenen Rollen führten zu einzelnen Szenen. Das Stück, das der Autor dann für die Gruppe schrieb und das alle Rollenwünsche erfüllte, hieß *Streitsalz und Versöhnungszucker oder Die Insel der Kobolde* (unveröffentlicht). „Die praktische Theaterarbeit mit Kindern- und Jugendlichen und das Schreiben dafür waren und sind die besten Voraussetzungen für das Schreiben fürs professionelle Kinder- und Jugendtheater." So stellt Zimmer, der in beiden Arbeitsfeldern gleichermaßen arbeitet, den Zusammenhang her (vgl. Taube 166).

Der praktische Arbeitszusammenhang mit der Zielgruppe erbringt also doppelten Gewinn:

Die Spielenden erhalten haltbare Texte. Der Begriff ‚haltbar' bezieht sich nun weniger auf ihre (Überlebens-)Dauer, die ist kaum zu ermessen, als auf ihre Tragfähigkeit, ihre handwerkliche Substanz und Übertragbarkeit auch auf andere Spielgruppen. Diese liegt in der → Dramaturgie, in starken Situationen, in den offenen oder verborgenen Konflikten und im verknappten → Dialog, der dem Tonfall der Spielenden aber nahe bleibt.

Die Schreibenden recherchieren, sammeln Material, hören und notieren die O-Töne, schreiben aber durchaus ihre eigenen Stücke, die ihnen eigene Literatur. Sie schreiben für die, mit denen sie arbeiten und von denen sie lernen. Aber die Schreibenden schreiben auch aus eigenem Recht und zu eigenem Zweck. So wird der Autor/die Autorin ein starker Partner, vielleicht ein starker Kontrahent der Spielenden. Spannung entsteht zwischen den Spielenden und ihren Erfahrungen, Sichtweisen und Sprachen, die der Schreibende aufschreibt, verarbeitet, baut und formt.

Der Autor kann in der Zusammenarbeit mit der Spielgruppe nicht Sekretär sein. Zwar schreibt er die Texte, wie Tuckermann erzählt, die Jugendliche geschrieben haben im Prozess der Arbeit, auch einmal ab, aber: „Manchmal schreibe ich beim Abtippen einfach einen Satz dazu – als Geschenk. Das wird natürlich entdeckt, gestrichen, geändert, erweitert oder genauso behalten." (Tuckermann 87) Mitunter wird der neue, vom Autor vorgelegte Text, so Zimmers Erfahrung, mit Verwunderung zur Kenntnis genommen. „Das haben wir wirklich selber geschrieben?" Es ist tatsächlich das Eigene, wenn auch vielleicht auf den dramatischen Kern oder auf die enthaltene Pointe hin zugespitzt. Der Autor folgt den künstlerischen Intentionen der Jugendlichen, er verändert, er unterstützt, er bearbeitet, aber er zensiert nicht.

Autorenarbeit unterscheidet sich von der Arbeit des Theaterpädagogen, auch wenn beide im selben Umfeld tätig sind und ähnliche Ziele verfolgen. Aber der Weg des Autors im Arbeitsfeld der ThP zielt (über Thema, Reflexion von Erfahrungen und Beobachtungen oder über → Improvisation) auf den Text, den es zu finden, den es zu fixieren gilt. Der Text ist die Vermittlungsinstanz, der Verständigungsweg, das Arbeitsmittel, das Werkstück und das Ziel des Autors. Ist dieses Ziel erst erreicht, kann zum Theater zurückgekehrt werden. Der Autor, der vielleicht auch Theaterpädagoge oder Spielleiter ist, beginnt nun mit der szenischen Arbeit. Die Inszenierungsarbeit aber beinhaltet die erneute Prüfung des gerade erst gefundenen Textes auf seine Theatertauglichkeit hin.

Autorenwerkstatt ‚Szenisches Schreiben'. In: Theaterpädagogik, H. 5. Hochschule der Künste. Berlin 1984; Batz, Michael/Schroth, Horst: Theater zwischen Tür und Angel. Reinbek 1983; Hoffmann, Christel/Ziller, Gudrun (Hg.): Die Luft knurrt und ruft Mut. Ein Lesebuch. Frankfurt a. M. 2001; Luserke, Martin: Ritter Ruthland und der Schrecken von Lüth. Meldorf 1951; Taube, Gerd (Hg.): Stück-Werk 2. Arbeitsbuch. Berlin 1998; Tuckermann, Anja: Jugendliche schreiben. In: Hoffmann u. a., a.a.O.; Weise, Christian: Schauspiel vom Niederländischen Bauer. Stuttgart 1984; Zimmer, Hans: Hinundzurückhansimglück. Berlin 2001; Ders.: Hat's schon angefangen? Boppard 2002; Ders.: Ratten in der Stadt. Weinheim 2002; Ders.: Wahre Freunde. Berlin 2002.

HANS ZIMMER

→ Dramaturgie – Inszenierung – Mitspiel(theater) – Off-Theater – Recherche – Reformpädagogik – Regie – Schuldrama – Spielleitung

Theater als öffentliche Institution

Die Entstehung des eurogenen Theaters kennzeichnet eine unvergleichliche Institutionalisierung. Die alljährlich stattfindenden dionysischen Kultfeste, zu denen im Athen des 5. vorchristlichen Jhs. Theateraufführungen geboten wurden, waren staatliche, von Seiten der Polis organisierte und sanktionierte Veranstaltungen. Gesetzliche Regelungen bestimmten die Bereitstellung von Personal, die Finanzierung durch private Geldgeber und die Durchführung des Theaterfestes. Unter großer öffentlicher Anteilnahme – es darf unter den Zuschauern annähernd mit der gesamten mündigen Bürgerschaft Athens gerechnet werden – boten Laien im heutigen Sinne, nämlich Personen eben jener Bürgerschaft, die Schauspiele. Über die kultisch-rituelle Anlage hinaus waren diese Veranstaltungen Akte öffentlicher Selbstpräsentation und politisch-anthropologischer Selbstvergewisserung der Polis. In ihnen wurde parallel zum philosophischen und politischen Diskurs die Entwicklung des antiken autonomen Menschenbildes theatral verhandelt (vgl. Lehmann; Meier).

TaöI meint die öffentliche (staatliche, höfische usw.) Einrichtung von Theater. In Erweiterung des Begriffs Theaterbetrieb, welcher die personelle und technische, also innere Einrichtung eines Theaters bedeutet, ist TaöI auch über das Verhältnis zur Öffentlichkeit, für die es bestimmt ist, definiert.

Vom Mittelalter bis zum Humanismus kann nicht von TaöI gesprochen werden. Dem → Geistlichen Spiel der Kirche oder dem humanistischen → Schuldrama fehlten Charakteristika wie die eines festen oder stehenden → Ensembles oder geregelter Finanzierung. Nur das Elisabethanische Theater Englands (ca. 1595–1620) kannte bereits neben privaten auch öffentliche stehende Bühneneinrichtungen. Deren Schauspiele standen allen Ständen offen.

Im Absolutismus und mit der Aufklärung erfolgte durch die Einrichtung höfischer Bühnen, von Hof- und Stadttheatern, die bis heute im Wesentlichen vorhandene Einbindung des Theaters in das europäische Staatenwesen. Mit der Gründung der Comédie Française 1680 durch Ludwig XIV. war das älteste neuzeitliche Staatstheater überhaupt entstanden. Das absolutistische Höfische Theater wendete sich an ein aristokratisches Publikum. Seine Aufgaben bestanden in der Allegorese und Glorifizierung des monarchischen oder fürstlichen Herrschers und in der Darstellung höfischer Ideale wie Liebe und Ehre. Mit dem engen Öffentlichkeitsspektrum dieser Bühnen waren auch Existenz und Sicherheit der Theaterbetriebe und damit der Ensembles eng an die Person des amtierenden Fürsten gebunden.

Mit der Aufklärung und korrespondierend der Ausbildung des Bürgerlichen Trauerspiels kamen Forderungen nach wirtschaftlich und inhaltlich unabhängig operierenden Bühnen auf. Der subventionierte Bühnenbetrieb sollte „den Schauspielern selbst die Sorge nicht überlassen [...], für ihren Verlust und Gewinst zu arbeiten" (Johann Elias Schlegel zit. n. Lessing, Bd. 4, 8). Die Zwecke des festen Bühnenbetriebes sollten in der Förderung kulturnationalen Einheitsempfindens der sich entwickelnden bürgerlichen Gesellschaft, in der Emanzipation der Kunst und in der ästhetisch-moralischen Bildung des erhofften breiten Zielpublikums bestehen (vgl. Lessing, Bd. 3, 17. Brief oder Schiller 818ff.). Von paradigmatischer Bedeutung waren die Einrichtung des Deutschen Nationaltheaters 1767 bis 1769 in Hamburg und das ab 1791 unter der künstlerischen Leitung Goethes und Schillers stehende Weimarer Hoftheater. Das Weimarer Theater sah sich v. a. der Ausbildung des autonomen Kunstwerkes im Dienste der Idealisierung von Freiheit und Humanität verpflichtet (vgl. Schiller 570ff.). Mangelnde öffentliche Resonanz verhalf diesen Bühnen aber kaum zur Breitenwirkung.

Den bis ins 19. Jh. fortbestehenden Stadt- und Hofbühnen gelang es nicht, sich aus der Bedingtheit durch höfische oder polizeiliche Kontrolle zu befreien. Schon deshalb konnten sie ihren postulierten freiheitlichen Bildungsauftrag nur unzureichend erfüllen. Entwürfe zur Verankerung des Theaters im öffentlichen Bildungssystem (Stein-Hardenbergsche Reformen) oder zu einem Theatergesetz, das den sozialen Status der Bühnenkünstler und das Verhältnis des Theaters zum Staat geregelt hätte, blieben unausgeführt. Deshalb bildeten sich am Ende des 19. Jhs. zahlreiche Theatervereine, die Vorstellungen von modernen, zeitgenössischen und als kritisch empfundenen Dramen in gemieteten Theaterräumen als geschlossene Mitgliederversammlungen unternahmen und so die Theaterzensur umgingen; zuerst 1887 das ‚Théâtre-Libre' unter André Antoine in Paris, in Deutschland 1889 die ‚Freie Bühne' unter Otto Brahm.

Erst mit dem Zusammenbruch der Monarchie und Errichtung der Weimarer Republik wurde die öffentliche Aufgabe des Theaters in Deutschland staatlich anerkannt. Die ehemaligen Hoftheater der Landesherren wurden von den Ländern als Rechtsnachfolger und die Stadttheater von Kommunen und Städten übernommen. An diese Art der Institutionalisierung knüpfte man in der BRD wie DDR nach dem Nationalsozialismus und der dort in der Reichstheaterkammer erfolgten Gleichschaltung der Theater wieder an.

Anders als in Ländern wie der Schweiz oder den USA, wo das Theatersystem im Wesentlichen aus privaten Gründungen hervorgegangen war und damit heute in verschiedenen privaten Rechtsträgern organisiert ist, ist das institutionalisierte Theater in Deutschland oder Österreich bis jetzt ein hauptsächlich staatliches System aus Stadt- und Landestheatern. Jüngere Formen institutionalisierten Theaters sind die seit den 1960er Jahren bestehenden → Kinder- und Jugendtheater und die → Jugendclubs städtischer Bühnen.

Für die seit Jahren bestehende Krise des institutionalisierten Theaters in Deutschland, die 1993 in einem ersten Aufsehen erregenden Fall zur Schließung des ‚Schillertheaters‘ in Berlin führte, werden v. a. finanzielle Gründe angeführt. Grundlegender als die Finanzmisere der Kommunen dürfte aber eine andauernde Legitimisierungs- und Akzeptanzkrise des Theaters sein. Der bis heute oft formulierte Bildungsauftrag des Theaters – einer moralisierend-aufklärerischen Auffassung meist kritisch gegenüber – bleibt in der positiven Setzung häufig unklar oder skeptisch (vgl. Iden). Es besteht kaum eine allgemeine, das öffentliche Theatersystem mehrheitlich tragende Auffassung, welcher Art dieser Bildungsauftrag vornehmlich sei – ob individueller, gesellschaftlicher, kultureller, politisch-emanzipatorischer usw. – und wie er wirke.

Brauneck, Manfred: Die Welt als Bühne. Geschichte des europäischen Theaters. 4 Bde. Stuttgart, Weimar seit 1993; Iden, Peter (Hg.): Warum wir das Theater brauchen. Frankfurt a. M. 1995; Körner, Roswitha/Pauli, Manfred: Theatersystem. In: Brauneck, Manfred/Schneilin, Gérard (Hg.): Theaterlexikon. Begriffe und Epochen, Bühnen und Ensembles. Reinbek 1986; Lehmann, Hans-Thies: Theater und Mythos. Die Konstitution des Subjekts im Diskurs der antiken Tragödie. Stuttgart 1991; Lessing, Gotthold Ephraim: Briefe, die neueste Literatur betreffend. In: Lessings Werke in 5 Bdn., Bd. 3. Berlin, Weimar 1988; Ders.: Hamburgische Dramaturgie, a.a.O., Bd. 4; Meier, Christian: Die politische Kunst der griechischen Tragödie. München 1988; Michael, Friedrich/Daiber, Hans: Geschichte des deutschen Theaters. Frankfurt a. M. 1990; Schiller, Friedrich: Was kann eine gute stehende Schaubühne eigentlich wirken? In: Ders.: Sämtliche Werke. Hg. v. Gerhard Fricke u. Herbert G. Göpfert, Bd. 5. München 1993; Ders.: Über die ästhetische Erziehung des Menschen in einer Reihe von Briefen, a.a.O.

Markus Eckstein

→ Ästhetische Bildung – Bühnentechnik – Dramaturgie – Kunsttheater – Lernen und Theater – Theaterhistoriographie – Zimmertheater

Theater der Unterdrückten

Der Brasilianer Augusto → Boal, Begründer des TdU, ging 1971 ins Exil nach Buenos Aires (Argentinien). Dort entwickelte er (subversive) Techniken des politischen → Volkstheaters, mit deren rudimentären Formen er zwar schon in Brasilien gearbeitet hatte, die er aber nun immer gezielter einsetzte, systematisierte und theoretisch-ideologisch untermauerte (vgl. Boal 1977), z. B. das → Unsichtbare Theater (port. Teatro Invisível). Von seinem argentinischen Exil aus arbeitete er in vielen Ländern Lateinamerikas. So übernahm er 1973 in Lima (Peru) bei der Alphabetisierungskampagne ALFIN (Operación de Alfabetización Integral), die sich an der Pädagogik seines Landsmanns Paulo → Freire orientierte, den Auftrag, in der Sprache des Theaters zu alphabetisieren. Wie prägend diese Arbeit war, zeigt, dass die Benennung von Boals Theater auf Freires Pädagogik der Unterdrückten (port. Pedagogia do Oprimido) zurückgeht. Nach einem zweijährigen Aufenthalt in Lissabon (Portugal) lebte Boal von 1978 bis 1986 in Paris, wo er das erste Centre de Théâtre de l'Opprimé (CTO) gründete (weitere sollten folgen) und von wo aus er bei Theaterfestivals in ganz Europa seine Theatertechniken vorstellte und in der Workshop-Euphorie der 1970er/80er Jahre einen regelrechten Boal-Boom auslöste. 1986 kehrte Boal nach Brasilien in seine Heimatstadt Rio de Janeiro zurück. Hier gründete er das Centro do Teatro do Oprimido (CTO), engagierte sich für die brasilianische Arbeiterpartei (PT), für die er als Abgeordneter in das Stadtparlament von Rio de Janeiro einzog und entwickelte das → Legislative Theater (port. Teatro Legislativo), welches mit den Techniken des TdU u. a. Gesetzesvorlagen zum Wohl und Schutz des Menschen, vor allem sog. mehrheitlicher Minderheiten, szenisch erarbeitet und ins Parlament einbringt oder ihre Umsetzung theatralisch hinterfragt.

Boal ist auch einer der bekanntesten brasilianischen Theaterautoren. Seine Stücke wurden in zahlreiche Sprachen übersetzt (u. a. Revolução na América do Sul, dt. Revolution auf südamerikanisch; Histórias da nuestra América, dt. Geschichten aus unserem Amerika). Sein Exilstück Murro em ponta de faca (dt. Mit der Faust ins offene Messer) erlebte in Deutschland über dreißig Inszenierungen.

Retrospektiv klassifiziert Boal seine gesamte Theaterarbeit, auch die als Regisseur und Dramatiker am Teatro de Arena, als TdU, vom Fotorealismus der späten 1950er Jahre, in der die Wirklichkeit der Slumbewohner, Arbeitslosigkeit, soziales Elend thematisiert wurden, bis hin zu den Polit-Musicals der 1960er Jahre, z. B. *Arena conta Zumbi* (dt. *Arena erzählt Zumbi*), die Geschichte des Negersklaven Zumbi, der im 17. Jh. die freie Negerrepublik Palmares gegründet hatte, die sich mehr als 60 Jahre gegen alle Unterwerfungsversuche durch die portugiesischen Kolonialherren behauptete. Der Versuch, die für den Inhalt adäquaten Darstellungsmittel zu finden, bedeutete für das *Teatro de Arena* in der ästhetischen Praxis eine Absage an das alte Theater mit all seinen Regeln und Vorschriften. Das implizierte auch die Abschaffung des ,Privateigentums an der Rolle'. Die Schranken zwischen Protagonist und Chor fielen, alle Schauspieler spielten alle Rollen. Wichtiger allerdings war die Annäherung an den Zuschauer. Dies versuchte Boal durch die Einführung eines *Jokers* (port. *Coringa*) zu erreichen. Er stand den Zuschauern so nahe wie den Personen im Stück, er war der Chor der griechischen Tragödie, der das Verhalten des Protagonisten analysierte, er war Erzähler und Conférencier. Er sollte Zeitgenosse und Nachbar sein. Er konnte die Handlung unterbrechen, Szenen wiederholen lassen, die Zuschauer nach ihrer Meinung fragen. Hier liegen die Wurzeln des → Forumtheaters (port. *Teatro Foro*).

Schon damals hatte das → Ensemble viele Abstecher in die Stadtrandgebiete und ins Hinterland unternommen, um die Betroffenen selbst zu erreichen – Anfang der 1960er Jahre getragen von der großen Volkskulturbewegung, den *Centros Populares de Cultura* der Nationalen Studentenvereinigung UNE. Man berief sich auf → Brecht, der gefordert hatte, das ,Theater des wissenschaftlichen Zeitalters' müsse in die ,Vorstädte' getragen werden. Doch beschränkte sich Boal nicht mehr bloß auf ,Vorspielen', immer häufiger wurden mit Bauern und Arbeitern Stücke gemeinsam erarbeitet und gespielt. Man kann Boals *Poetik des Theaters der Unterdrückten* (port. *Poética do Teatro do Oprimido*) als konsequente Fortsetzung von Brechts Poetik ansehen. Brecht hat zwar vom ,eingreifenden Theater' gesprochen, aber ein unmittelbares Eingreifen des Zuschauers hat er kaum praktiziert. Hier setzt Boal an. Brecht begnüge sich damit, dem Zuschauer zur Reflexion zu verhelfen, während er, Boal, den Zuschauer zur Aktion auffordere. Das TdU überschreitet die Grenzen von Fiktion und Realität, von Bühne und Zuschauerraum, verlängert das Theater in die Realität als Probe auf die Realität, als Zukunftsprobe. So gibt es im Boalschen Theater nicht mehr die Trennung zwischen Zuschauer und Schauspieler, sondern nur noch Zuschauer-Schauspieler: „Zuschauer, was für ein häßliches Wort. Zuschauer sein heißt unterdrückt sein! Im Theater wie im Leben!" Ziel ist, den politisch entmündigten Menschen zum Handeln, zum Eingreifen zu bewegen, zum *actor* zu machen, und darunter versteht Boal nicht nur den Schauspieler im Theater, sondern den Akteur im Leben. „Des Menschen Schicksal ist der Mensch" – diesen Satz Brechts zitiert Boal immer wieder, er gewinnt bei ihm Appellcharakter. So wird Brechts Forderung nach der ,Umwälzung der Gesellschaft' bei Boal zum programmatischen Kampfaufruf. Die Anfänge des TdU sind im Zeichen des lateinamerikanischen Befreiungskampfes zu verstehen, Methode und Techniken sind für Boal jedoch übertragbar und anwendbar in allen Gesellschaftssystemen.

Wesentliche Prinzipien verbinden Boal auch mit der pädagogischen Arbeit seines Landsmanns Paulo Freire. Für Freire waren Erziehung und Bildung herkömmlicher Art „Abrichtung auf die Welt, so wie sie ist" (Thorau 1982, 60). Seiner Kritik an der ,depositären' Erziehung, die in den Menschen Kulturkonserven ablagere, ja sie selbst zu Kulturkonserven mache, entspricht Boals Kritik am bürgerlichen Theater und seinen Institutionen. Boal will den Unterdrückten vom Objekt zum Subjekt machen, ist sich darin mit Freire einig: „Der Begriff des Subjekts bezeichnet den, der wissend handelt, im Gegensatz zum Objekt, an dem gehandelt wird." (Thorau 1982, 63) Oberstes Prinzip von Freires Pädagogik wie für Boals Theater ist die Bewusstmachung (port. *conscientização*). Diese bedeutet für Boal die Einheit von Reflexion und Aktion. Boals Theater ist in Analogie zu Freires Erziehung der Befreiung ein Theater, das *mit* den Unterdrückten und nicht *für* sie gestaltet werden müsse. Boal will dem Volk das Theater zurückgeben, ihm, in marxistischer Terminologie, die ,Produktionsmittel des Theaters übereignen'. Die Eroberung des Theaters beginnt mit der Bewusstmachung der sozialen und beruflichen Deformationen, der Verkümmerung, Automatisierung, Mechanisierung von Bewegungsabläufen. Es folgt die Wiederaneignung der eigenen expressiven Möglichkeiten, zunächst nonverbal (→ *Statuentheater*, port. *Teatro Imagem*), dann verbal. Dabei kommt der spielerisch-emanzipatorischen Komponente große Bedeutung zu, denn Theater soll Spaß machen. Zudem geht es Boal nicht um Akrobatik und schauspielerische Perfektion. Theater könne grundsätzlich jeder machen, es bestünden weder Klassen- und Rassen-, noch Konfessions-, Alters- oder Geschlechtergrenzen. In der *Simultanen Dramaturgie* (port. *dramaturgia simultânea*) werden die Noch-nicht-Schauspieler zu Dramatikern ihrer eigenen Geschichten, die von Schauspielern improvisierend dargestellt werden, wobei die ,Dramatiker' aber jederzeit korrigierend eingreifen können. Doch geht es im TdU nicht um → ‚Theatersport‘ im Sinne von Keith → Jonestone, sondern immer um Veränderung einer für den Protagonisten negativen in eine positive Situation (ausgehend von dieser Technik entwickelte Jonathan Fox sein → *Playback Theatre*).

Im *Forumtheater* und der Vorstufe *Selbstbehauptung* (port. *Quebra de Repressão*) wird der Autor gleichzeitig zum Regisseur und Hauptdarsteller und bestimmt den Verlauf seiner Geschichte, um in einem nächsten Schritt aus dem Theater hinauszugehen, um die Realität zu gestalten und zu verändern. Eines der provokativsten Kapitel aus Boals theoretischer und praktischer Theaterarbeit ist das → *Unsichtbare Theater* (port. *Teatro Invisível*), das den politisch und schauspieltechnisch (selbst-)bewussten Akteur voraussetzt. In Europa vollzog sich der Wandel von Boals TdU unter dem Einfluss des Zeitgeistes (u. a. durch → *Morenos* → *Psychodrama*; vgl. Thorau 1991) hin zu einer thp Methode zur Stärkung des allseitig entwickelten Individuums. Standen in Lateinamerika staatliche Gewalt, Folter und die Unterdrückung der Meinungsfreiheit und Missachtung der Menschenrechte im Vordergrund, so sind es in Europa die verinnerlichte Gewalt (‚Der Polizist im Kopf‘, frz. *Le flic dans la tête*) und die ganzheitliche Verwirklichung des Menschen (→ ‚Regenbogen der Wünsche‘, port. *arco iris do desejo*). Bekannte Techniken wurden dem TdU anverwandelt (u. a. Elemente bioenergetischer Körperarbeit, → Feldenkrais’ ‚Aufrechter Gang‘, nonverbale Körperkontaktübungen aus dem *Encounter* und *Sensitivity-Training*, Psychodrama- und Gestalttechniken). Da Boal sein Theater ohne normative Regeln als *work in progress* versteht, arbeitet er einzelne Kapitel seiner theoretischen Schriften auch immer wieder um, erweitert sie, ändert die Terminologie. Das macht den Umgang mit seinen Schriften manchmal nicht einfach. Inhaltlich, aber auch formal, hat sich das TdU auf seinem Weg von Lateinamerika nach Europa und wieder zurück verändert. War Boals Theaterarbeit in Lateinamerika noch geprägt vom politisch-theoretischen Diskurs des Befreiungskampfes der 1960er Jahre, so rückten mit der europäischen Erfahrung immer häufiger und unter Aneignung soziopsychologischer Diskurse Umwelt, Geschlecht, Ethnien, Familie und Arbeit ins Zentrum von Reflexion und Theater-Praxis, deren Maxime man heute mit Jacob Levy Moreno so beschreiben könnte: mit ‚Mikrorevolutionen die Makrorevolutionen der Zukunft‘ vorbereiten. Zurück in Brasilien widmen sich Boal und seine vielen Multiplikatoren – auch in Zusammenarbeit mit der ‚Kirche der Befreiung‘ – vor allem der politischen und staatsbürgerlichen Aufklärung und (Selbst-)Bewusstseinsbildung von Slumbewohnern, Straßenkindern und Landlosen.

Boal, Augusto: Técnicas latinoamericanas de teatro popular. Uma revolução copernicana ao contrário. Lisboa 1977; Ders.: Theater der Unterdrückten. Hg. u. übersetzt v. Marina Spinu u. Henry Thorau. Frankfurt a. M. 1979; Ders.: Stop, c’est magique! Rio de Janeiro 1980; Ders.: Mit dem Faust ins offene Messer. Frankfurt a. M. 1981; Ders.: Arena erzählt Zumbi. Wien 1985; Ders.: Theater der Unterdrückten. Übungen und Spiele für Schauspieler und Nicht-Schauspieler. Hg. u. übersetzt v. Marina Spinu u. Henry Thorau. Frankfurt a. M. 1989; Ders.: Teatro Legislativo. Rio de Janeiro 1998; Ders.: Der Regenbogen der Wünsche. Methoden aus Theater und Therapie. Hg. u. bearb. v. Jürgen Weintz. Seelze 1999; Ders.: Hamlet e o filho do padeiro [Autobiographie]. Rio de Janeiro 2000; Feldhendler, Daniel: Psychodrama und Theater der Unterdrückten. Frankfurt a. M. 1987; Fox, Jonathan/Dauber, Heinrich (Hg.): Playbacktheater – wo Geschichten sich begegnen. Internationale Beiträge zur Theorie und Praxis des Playbacktheaters. Bad Heilbrunn 1999; Freire, Paulo: Pädagogik der Unterdrückten. Reinbek 1973; Moreno, Jacob Levy: Die Grundlagen der Soziometrie. Opladen 1974; Ruping, Bernd (Hg.): Gebraucht das Theater. Die Vorschläge Augusto Boals: Erfahrungen, Varianten, Kritik. Lingen, Remscheid 1991; Sala, Jo: Playback-Theater. Berlin 1998; Thorau, Henry: Das Unsichtbare Theater des Augusto Boal. In: Baumgarten, Michael/Schulz, Wilfried (Hg.): Die Freiheit wächst auf keinem Baum. Berlin 1979; Ders.: Augusto Boals Theater der Unterdrückten in Theorie und Praxis. Rheinfelden 1982; Ders.: Durch Millionen von Mikrorevolutionen die Makrorevolutionen der Zukunft vorbereiten. Augusto Boals Teatro do Oprimido (Theater der Unterdrückten) und Jacob Levy Morenos Psychodrama. In: Psychodrama, 1991, H. 1.
                                                                              HENRY THORAU

→ Arbeitertheater – Lehrstück – Theaterarbeit aus Erfahrungen – Theaterarbeit in sozialen Feldern – Theatralisierung (von Lehr- und Lernprozessen) – Zielgruppe – Zukunftswerkstatt – ZuschauSpieler

Theater der Versammlung

Wie können verschiedene Wissensformen, zwischen denen sich Hierarchien und Abgrenzungsstrategien herausgebildet haben, auf produktive und gesellschaftlich relevante Weise neu in Beziehung gesetzt werden? Im TdV erproben PerformerInnen gemeinsam mit Hochschulangehörigen so unterschiedlicher Studiengänge wie Bildungsforschung, Ethnologie, Informatik, Jura, Psychologie oder Wirtschaftswissenschaften ‚Verkehrswege‘ zwischen künstlerischen und theoretischen Zugängen zur Wirklichkeit, die auch in und von außeruniversitären (Aus-)Bildungszusammenhängen beschritten werden können: deshalb die Bezeichnung ‚Theater der Versammlung zwischen Bildung, Wissenschaft und Kunst'.

Ansätze und Methoden zu dieser Konfrontation der Arbeitsweisen entwickelte 1992 bis 1995 ein → Modellversuch, der von der Bund-Länderkommission für Bildungsfragen eingerichtet und an der Universität Bremen durchgeführt wurde (vgl. Beck u. a.). Eine untersuchende Form der Theaterarbeit mündet in ‚grenzüberschreitende' Veranstaltungsdramaturgien und eine kontext- und dialog-orientierte Aufführungspraxis in den Bereichen (Hoch-)Schule, Beruf und Wirtschaft, Gesundheit, Kultur. Beeinflusst von Forschungsrichtungen, wie sie in den USA z. B. von Dwight Conquergood oder Richard → Schechner in den Performance Studies vertreten werden, verbindet das TdV Feldforschung als ‚teilnehmende Beobachtung', künstlerische Produktion und theoretische Analyse mit Eingriffen in die Inszenierungen der Realität.

Beck, Johannes/Holkenbrink, Jörg/Kehl, Anne (Hg.): Tragt Masken, schont das eigene Gesicht. Performance zwischen Bildung, Wissenschaft und Kunst. Bremen 1996; Conquergood, Dwight: Performance Studies. Interventions and Radical Research. In: The Drama Review, 46. 3. 2002; Schechner, Richard: Performance Theory. New York 1988.
JÖRG HOLKENBRINK

→ Didaktik – Hochschuldidaktik – Performance

Theater im Klassenzimmer

Lange Zeit galt in der bundesdeutschen Kinder- und Jugendtheaterszene als unumstößliches Dogma, dass – um die Wirkung des Theatererlebnisses zu steigern – die Schulen zu den Theatern zu kommen haben. Nach einzelnen Stücken wie *Schussel und Dussel* des Niederländers Ad de Bont oder das → ‚unsichtbare Theater' *Mohammed* des Dänen Peter Seligmann in den 80er Jahren hat sich Ende der 90er Jahre des letzten Jhs. eine breite Bewegung hin zu mobilen Produktionen entwickelt, die als TiK den Schulen angeboten werden. Die Gründe hierfür sind ein vielfältiger Mix, z. T. spielen ökonomische Aspekte hinein, so, wenn z. B. die Burghofbühne Dinslaken mangels eigener Spielräume grundsätzlich in Klassenzimmern auftritt, oder aufgrund der Kleinheit der → Ensembles wie z. B. beim JungenForumUlmerTheater. Zum Teil aber spiegelt sich in diesen → Projekten der Wunsch der Macher, sich mit der unmittelbaren Lebenswelt seiner Zuschauer auseinander zu setzen. Nicht zuletzt ist das TiK auch Ausdruck eines neuen Selbstbewusstseins

der ThP an den Theatern, denn als Genre ist das TiK grundsätzlich in thp Aktionen eingebettet – von einfachen Problemdiskussionen bis hin zu einem ganzen Set an Spielübungen und -aktionen. Dass sich hier ein ureigenes Feld für die ThP an den Theatern auftut, resultiert aus der grundsätzlichen Problemorientiertheit des TiK. Häufig werden Schulprobleme als Stoff aufgegriffen oder es werden Biographien erzählt, in denen sich Probleme jugendlicher Identitätsfindung oder Gesellschaftsorientierung – wie z. B. die Findung einer jungen Frau, die Geschichte eines Säufers oder eines angeblich AIDS-Infizierten – widerspiegeln. Zu den wichtigsten ästhetischen Bedingungen des TiK gehört, dass keine Theateratmosphäre geschaffen wird, also nicht mit Scheinwerfern usw. gearbeitet oder ein eigenes Bühnenbild verwandt wird. Benutzt werden hingegen die Gegenstände des Klassenzimmers, Schultische, Stühle, Wandtafel u. a. Dieser Verzicht auf ein theatralisches Ambiente dient einerseits der Fokussierung auf das behandelte ‚Problem', bedingt andererseits aber hohe Forderungen an die darstellerischen Qualitäten der bzw. des Schauspieler(s): Er muss nicht nur zur direkten → Kommunikation mit seinem Publikum in der Lage sein (im TiK gibt es keinen Ort, wo er sich verstecken könnte), sondern ebenso in voller Wachheit auf die Reaktionen seiner Zuschauer eingehen können. Schließlich ist hier das wichtigste Kriterium für die Schauspielkunst die Wahrhaftigkeit der Darstellung. Gerade in den Einpersonenstücken, die innerhalb des Spielplans des TiK die große Mehrzahl bilden und sich darüber hinaus oft der ‚Erzähltheater'-Form bedienen, ist es absolute Notwendigkeit, die Illusion zu erzeugen, dass hier der Schauspieler gerade ‚seine' Geschichte erzählt. Diese Wahrhaftigkeit, in der zwar die Differenz zwischen Person und Rolle im Prozess aufrechterhalten wird, korrespondiert damit, dass auffällig oft in den Aufführungen mit Mitteln eines ‚unsichtbaren Theaters' von Augusto → Boal gearbeitet wird. Allerdings werden diese Mittel als Fiktion gesetzt, eine vollständige Umsetzung scheitert am deutschen Schulsystem: Das Geld für die Eintrittskarten wird vorher eingesammelt, so dass das TiK seinen ‚Überraschungseffekt' bei den Zuschauern verliert. Die Mehrzahl der TiK-Produktionen sind Erzähltheaterstücke, in denen ein Schauspieler ‚seine' Geschichte erzählt, daneben gibt es – seltener – auch Zwei- oder gar Dreipersonenstücke, die aber auch in ihren Strukturen narrativ geprägt sind. Das TiK wendet sich an alle Schulstufen. Wenn dabei die reinen ‚Problem'-Stücke sich eher an Schüler der Sekundarstufe I und II wenden, so verzichtet das TiK auch in der Grundschule nicht auf ‚Probleme‘, aber sie werden auffälligerweise spielerischer – und damit theatralischer – umgesetzt. Hierzu gehört, dass Kinder durch Spielübungen in den Prozess der Aufführung direkt miteinbezogen werden, aber auch vorgeführt wird, welche lebenspraktischen Orientierungen in → Märchen liegen können.

Mittelstädt, Eckhard (im Auftrag der ASSITEJ): Grimm & Grips 16. Jahrbuch für Kinder- und Jugendtheater 2002/03. Frankfurt a. M. 2002 [mit den Vorträgen und Aufsätzen zum 1. Festival ‚Theater im Klassenzimmer‘ in Dresden im Februar 2002; in Vorbereitung]; Staatsschauspiel Dresden / Theater Junge Generation Dresden/Landesbühne Sachsen (Hg.): Theater im Klassenzimmer. Ein Festival. Dokumentation von Caren Fischer. Dresden 2002 [Bezug über ASSITEJ, Schützenstr. 12, 60311 Frankfurt a. M.].

MANFRED JAHNKE

→ Authentizität – Erzähltheater – Minidrama – Mitspiel(theater) – Prozess und Produkt

Theaterarbeit aus Erfahrungen

Erfahrungen in der Theaterarbeit (speziell mit älteren Menschen) meinen selbst Erlebtes, Beobachtetes, Erzähltes und auch Angelesenes. Bei der Erarbeitung von Szenen und Programmen geht es darum, möglichst viel Material in Form von interessanten → Improvisationen, subjektiven Eindrücken und Streitgesprächen zu bekommen. Das Wort → Authentizität taugt nur mäßig zur Beschreibung der Vorgänge im Probenraum und auf der Bühne, denn meistens sind die Produktionen eine Mischung aus Erdachtem und Erfahrenem. Historischer, politischer oder persönlicher Wahrheitsgehalt sind ebenso wichtig, wie ein unterhaltsames und zugleich spannendes Theaterstück auf die Bretter zu bringen.

Je nach Themenstellung und Programmform sind Erfahrungen in unterschiedlicher Weise gefragt. Beim Blick in die Vergangenheit, z. B. Kriegs- oder Nachkriegszeit, Ost-West-Konflikt oder Mauerfall fließen viele biographische Elemente in die Stückentwicklung ein. Bei einer → Revue oder einem Nummernprogramm spiegelt sich das Erlebte in zugespitzten Konflikten, Figuren oder Konstellationen. In einer Sciencefiction werden heutige politische wie persönliche Positionen mit viel Phantasie in die Zukunft verlängert. Wie deutlich sich Erfahrungsanteile positiv in einer Produktion ausdrücken, hängt von sehr vielen Komponenten ab: Thema, Genre, Arbeitsmethode, Lei-

tung, Gruppenkonstellation, Fähigkeiten der DarstellerInnen, organisatorischer Rahmen und eine Portion Glück. Die Kehrseite der Medaille kann ein Überfluss an Erfahrungsmenge sein. Sinnvoll ist es, den Erfahrungsschatz der SpielerInnen als Material zu nehmen und dann für das jeweilige Vorhaben zu bearbeiten.

Das methodische Vorgehen muss variantenreich sein, und zwar im Hinblick auf Arbeitsstrukturen, Gruppenkonstellation und -dynamik, organisatorischen Rahmen, inhaltliche Schwerpunkte, Leitungsstil. Die Steuerung dieser Prozesse ist ein Balanceakt, denn die DarstellerInnen sollen eigene Erlebensbereiche kreativ bearbeiten und durchaus auch für sie brenzlige Themenfelder beackern, aber sie sollen nie den → Spaß dabei verlieren. Diese Begeisterung soll später auch gekonnt über die Rampe gebracht werden können. Aufgabe der Leitung ist es, gleichzeitig flexibel und zielorientiert zu arbeiten sowie abzuwägen zwischen eigenen Stückvorstellungen und den Interessen der Gruppenmitglieder.

Als brauchbar haben sich etwa (beim *Theater der Erfahrung* – www.theater-der-erfahrungen.de) solche methodischen ‚Essentials‘ erwiesen:

- organisatorische Voraussetzungen: geschützter Rahmen, ruhiger Probenraum, klare Leitungsstruktur, übersichtlicher Zeitplan, durchsichtige Finanzierung;
- Kontinuität und Verlässlichkeit in der Gruppe: Kein *hire and fire*, sonst kommt man nicht an schwierige Themenfelder heran;
- kreatives Wechselspiel zwischen Theorie und Praxis: konzipieren, ausprobieren, auswerten, weiter konzipieren, ausprobieren, auswerten;
- Rhythmusbrechung: Für jede Produktion und jede → Gruppe muss ein neuer Zugang entwickelt werden, nie auf den Lorbeeren ausruhen, sondern immer wieder neue Reibungsflächen suchen;
- Konzentration auf das Theatergeschehen: Nicht zu viel Platz geben für die Besprechung von Gruppendynamik;
- Leistungsdruck nur in Maßen: Produktionen erst dann in die Öffentlichkeit bringen, wenn alle SpielerInnen dahinterstehen.

Bittner, Eva/Kaiser, Johanna: Graue Stars. Freiburg 1996; Wartemann, Geesche: Theater der Erfahrung. Hildesheim 2002.

JOHANNA KAISER / EVA BITTNER

→ Altentheater – Projekt – Recherche – Spielleitung – Zielgruppe

Theaterarbeit in sozialen Feldern

Theater arbeitet in sozialen Feldern, sobald es den Anspruch erhebt, mit den Mitteln des Theaterspielens in den Lebensalltag zu intervenieren: Es ist daher nicht definierbar über Gattungszuordnungen oder scharf abgrenzbare Spielformen. TisF (engl. *Theatre work in social fields*) fasst gleichermaßen in die Vergangenheit und in die Zukunft. Der Ausgangspunkt ist die → Recherche, eine Standortbestimmung in unterschiedlicher Hinsicht: Wer spielt wo was für wen? Was sind die Anliegen der Menschen, die spielen? Was wollen sie denen, die gegebenenfalls zuschauen, mitteilen? Anders als im traditionellen Theaterbetrieb ist für die TisF niemals die Aufführung der zentrale Punkt des Interesses. Wichtig ist die → Gruppe der Spielenden mit ihren Bedürfnissen, Problemen, Fragestellungen. Diese sind nicht in erster Linie theatralischer oder künstlerischer Natur. Mittelpunkt der TisF sind zwei sozial- und gesellschaftspolitische Punkte: zum einen das Lernen für die Spielenden, zum anderen das Potenzial zur Veränderung für das Umfeld.

TisF leistet einen wichtigen Beitrag zum Erlernen von im formalen Bildungssystem schwer anzueignenden Kompetenzen im sozialen und kommunikativen Bereich. In einer sich ständig verändernden Welt ist es für den Einzelnen immer wieder notwendig, eine neue Passung zwischen den eigenen Vorstellungen und der Realität herzustellen, um erfolgreich handeln und kommunizieren zu können. Die Lebensbewältigung erfordert zunehmend große Ich-Stärke und hohe soziale Kompetenz, die Fähigkeiten zu Flexibilität und kreativer Problemlösung. All dies ist lernbar auf dem Weg über künstlerische Prozesse, besonders in einer von Grund auf kommunikativen Kunst wie Theater. Insbesondere traditionell bildungsferne und u. a. dadurch von gesellschaftlicher Ausgrenzung bedrohte Menschen erleben die Theaterarbeit als Beitrag zur Verbesserung ihrer Lebensqualität.

TisF interveniert immer in das Umfeld, in dem sie stattfindet. In Anlehnung an Augusto → Boals Begriff ist TisF eine Art → Volkstheater, also ein Theater, das die Welt aus der Perspektive des Volkes sieht, das heißt im Wandel begriffen, mit allen Widersprüchen und der Bewegung dieser Widersprüche, Wege zur Befreiung (vgl. Boal 17) aufzeigend. Befreiung im Sinne einer heutigen TisF reflektiert auf den Einzelnen und sein Lebensumfeld. Sie macht Situationen bewusst und ermutigt zu Selbstbewusstsein und zu Veränderung. Sie ist integrativ und damit beständig in Grenzbereichen angesiedelt. Etwa in der Theaterarbeit mit Menschen mit geistigen Behinderungen scheint der Grat

zwischen fröhlichem Selbstbewusstsein und denunzierendem Ausstellen schmal. In solchen Grenzbereichen gesellschaftlicher Erfahrung liegt auch die Chance für die TisF: Tabus zu brechen und behutsam mit ihnen umzugehen, nicht auf dem Weg von wissenschaftlichen Theorien oder politischen Diskussionsrunden, sondern auf dem Weg einer sinnlichen Spielerfahrung, in die die o. g. Fragestellungen einfließen.

TisF steht in Praxis und Theorie an der Schnittstelle zwischen Bildung, Theaterarbeit und Sozialem. Ihr Werkzeug ist das des Theaters: Training, Proben, Aufführungen oder Lecture Demonstrations. Die Methoden werden notwendigerweise ergänzt und vervollständigt durch die Arbeitsweisen von Sozialarbeit, Sozialpädagogik, unterschiedlichen Therapieformen und Erziehungswissenschaft. Die Menschen, die als Spielleiter TisF betreiben, sind von ihren Ausbildungen und professionellen Lebensläufen her ebenso unterschiedlich. Theatermacher arbeiten mit thp Mitteln ebenso wie Sozialarbeiter oder Erzieher. Systematische grundständige Berufsausbildungen für den speziellen Arbeitsbereich finden sich bereits ansatzweise in Theater- bzw. ThP-Ausbildungen verschiedener europäischer Länder. Im Rahmen des GRUNDTVIG-Programms der Europäischen Kommission wird bis Februar 2004 unter Einbindung eines internationalen Expertenteams ein Curriculum vorbereitet und als Pilotlehrgang in Graz (Österreich) durchgeführt, das erstmals die praktischen und theoretischen Ansätze aus den verschiedenen Ländern verbinden wird.

Die Formen der TisF sind vielfältig. Einige Beispiele: Der im englischsprachigen Raum vielvertretene Ansatz des → ‚Devising Theatre‘ etwa, wie er beispielsweise im Dartington College of Arts gelehrt wird, macht methodisch keinen Unterschied zwischen der Theaterarbeit mit professionellen Schauspielern und etwa mit Menschen mit körperlichen Behinderungen. Er greift die Themen auf, die in der Gruppe aktuell sind und integriert das künstlerische Ergebnis in den vorhandenen Lebensraum. In Slowenien gibt es eine lange Tradition von Theaterarbeit mit Menschen mit Behinderungen – besonders im Bereich der Arbeit mit Gehörlosen hat TisF dort eine stark integrative Funktion. Weitere Beispiele sind Theatergruppen in Gefängnissen, im Bereich der Psychiatrie, der Altenarbeit, der kirchlichen Gemeindearbeit, der Jugendarbeit, der Arbeit mit MigrantInnen.

TisF bedeutet also, dass von der Theaterkunst ausgehend psychosoziale Prozesse initiiert werden, die zur personalen Entwicklung und Identitätsbildung beitragen, soziale Kompetenz und soziale Einfühlung vergrößern. Dies geschieht, indem sprachlich-kommunikative Fähigkeiten erhöht und die differenzierte Wahrnehmung und Deutung geschult wird. Rollenqualifizierung und Kooperationsfähigkeit werden ebenso gestärkt wie die Auseinandersetzung mit den eigenen Rollen- und Selbstkonzepten. Dies forciert das Verstehen und Durchschauen komplexer Zusammenhänge, und zwar sowohl bei den Spielenden als auch bei den Zusehenden.

TisF hat mindestens einen Zweck mehr als den Kunstgenuss, manchmal auch völlig andere Zwecke. TisF will eingreifen, bewegen. Das bedeutet zuallererst die Aufhebung der Trennung zwischen Kunst und Alltag. Theater in diesem Sinne soll also kein abgehobenes Genusserlebnis sein. Aus den Menschen, aus ihren Lebenserfahrungen und ihren Visionen, bezieht TisF ihre Kraft, ihre Themen und ihre Berechtigung. Ganz im Sinne der ↙echovschen Theatervision, die den rationalen Techniken eine Absage erteilte und auf der Suche war nach dem Theater „als ganzheitlicher und in allen seinen Gliedern lebendiger Organismus", müssen es Menschen sein, „die begreifen, dass schöpferische Aktivität überall und immer möglich ist" (↙echov 362).

Artaud, Antonin: Das Theater und sein Double. Frankfurt a. M. 1969; Barker, Howard: Arguments for a theatre. Manchester 1989; Boal, Augusto: Theater der Unterdrückten. Übungen und Spiele für Schauspieler und Nicht-Schauspieler. Frankfurt a. M. 1989; Cattanach, Ann: Drama for people with special needs. London 1992; ↙echov, Michail A.: Leben und Begegnungen. Autobiographische Schriften. Stuttgart 1992; Hornbrook, David: Education and dramatic art. Oxford 1989; Nickel, Hans-Wolfgang (Hg.): Symposion Theatertheorie. Berlin 1999; Read, Alan: Theatre and everyday life. An ethics of performance. London, New York 1993; Stanislawski, Konstantin Sergejewitsch: Die Arbeit des Schauspielers an der Rolle. Berlin 1993.

SIEGLINDE ROTH

→ Ästhetische Bildung – Darstellende Kommunikation – Gefängnistheater – Geschichte der Sozialpädagogik – Kommunikation – Lebensbegleitendes Lernen – Soziokultur

Theaterexpedition

T, traditionsreich als Verfahren und Abenteuer verbunden mit den Namen → Artaud, → Barba, → Brecht, → Brook, → Grotowski und anderer, ist mehr als Gastspiel. T ist, mit Eugenio Barbas Wort, ‚Tauschhandel': Das Theater nimmt Bilder, Atmosphäre, Materialien, Geschichte(n) und Personen des bereisten Ortes in sich auf und gibt sie am Ende verändert, verfremdet, bereichert in einer festlichen Aufführung an den Ort zurück.

T ist Einheit von Vorbereitung, Reise, → Recherche, Anknüpfung neuer Beziehungen, Produktion, Aufführung, Fest (gathering, → Diskotheater) und Erinnerung: in pädagogischer Hinsicht eine nicht zu überschätzende Chance zum Erwerb grundlegender Kompetenzen der → Interaktion und Problemlösung und zugleich auch eine Chance zum interkulturellen → Lernen mit Brückenschlägen zur gezielten politischen Bildung.

Jeder Ort, ländlich oder städtisch, In- oder Ausland, Zentrum oder Peripherie der ‚Zivilisation', taugt für eine Expedition. Im besten Fall aber bezieht sich die Wahl des bereisten Orts auf die Themen und die *nature of the performance* (vgl. Staniewski) der laufenden Produktion. Der Charakter der Produktion bestimmt dann die Aufmerksamkeiten der Recherchen: Die geographische, soziale und kulturelle Landschaft des bereisten Orts und die ‚Landschaft des Textes' (vgl. → Maier) werden überblendet.

Das Theater verlässt den ihm kulturell zugewiesenen Raum und stellt sich in reale Umgebungen. Auf der Suche nach ungenutzten Theaterräumen, nach den ‚Katakomben' im Sinne George → Taboris, probt die → Gruppe an verschiedenen Orten in der Stadt, im Dorf, draußen im Umland. Jeder Raum, jede Begegnung, jede Alltagsszene kann im Sinne des ‚dritten Theaters' (vgl. Barba) als Theater betrachtet werden und wird potenziell zum Anlass von ethnographischer Recherche, von Lernen und Spiel. Die Grenze zwischen Freizeit und Probe, zwischen Theater und Leben wird durchlässig: Die Probe wird permanent. Fundstücke – Requisiten, Kostüme, Text-, Bild- und Tondokumente – werden in die Produktion eingebaut. Die weiteren Aufführungen bewahren den *genius loci* der bereisten und bespielten Orte in Spiel und Bild auf.

T ist – wie alle Kunst (vgl. → Dewey) – immer auch überraschendes Abenteuer und Entführung: an einen unbekannten ‚dritten Ort', in eine verrückte, ‚nichtlineare', mal stillstehende, mal rasende Zeit. Überraschungen erzwingen schnelles, bewegliches Reagieren. Praxis und Problemlösungen liegen zu einem großen Teil außerhalb der vorab aufstellbaren Pläne. Um so mehr Sorgfalt muss auf das Planbare, auf die Logistik verwandt werden. Die eigene Produktion, die Theatergruppe und ihre Mitglieder, ihre Alltagsnatur erscheinen sich selbst in fremdem Licht, Gruppe und AkteurInnen entdecken sich selbst als fremdes Terrain.

Es lösen sich auf praktischem Wege die statischen Begriffe des ‚Eigenen‘ und des ‚Fremden‘ auf.

Das intensive Zusammenleben über Tage oder Wochen hin, der Wechsel von Zerstreuung und Konzentration, von reinem → Spaß und erschöpfender Arbeit mit nicht selten ‚ekstatischem‘ Charakter machen die T zum Meilenstein, oft zum Wendepunkt, immer zum Merkzeichen in der Geschichte der Gruppe und der einzelnen AkteurInnen. Auf den ‚Expeditionen ins Andere‘ (Gerhard Hess über ‚Diskotheater Metropolis‘) entwickeln die AkteurInnen, im Erfolgsfall, ihren Zusammenhalt und ihre dialogische, bewegliche und offene Identität.

T im hier dargelegten methodischen Sinn für das Jugendtheater wurde vom ‚Diskotheater Metropolis‘ seit 1997 in Kooperation mit seinen polnischen Partnern erarbeitet.

Barba, Eugenio: Jenseits der schwimmenden Inseln. Reinbek 1985; Brook, Peter: Wanderjahre. Schriften zu Theater, Film und Oper 1946–1987. Berlin 1989; Czertok, Horacio: Teatro Nucleo. Expeditionen zur Utopie. Frankfurt a. M. 2002; Dewey, John: Kunst als Erfahrung. Frankfurt a. M. 1988; Hardt, Ulrich: Die Expeditionen ‚Gardzienice‘. Eine polnische Theaterwerkstatt auf der Suche nach einer ‚eigenen‘ Sprache. Theaterwissenschaftliche Magisterarbeit. Berlin 1990; Hardt, Ulrich/Kreutzer, Michael: Diskotheater Metropolis. Sonderprojekt am JugendKunst- und Kulturzentrum Schlesische 27 in Berlin-Kreuzberg. In: Bundesvereinigung Kulturelle Jugendbildung (Hg.): Kulturarbeit und Armut. Konzepte und Ideen für die kulturelle Bildung in sozialen Brennpunkten und mit benachteiligten jungen Menschen. Tagungsdokumentation. Remscheid 2000; Hentig, Hartmut von: Bildung. Ein Essay. Weinheim, Basel 1999; Hess, Gerhard: Expeditionen ins Andere. In: SpielArt, 1999, H. 14; Kurzenberger, Hajo/Matzke, Frank (Hg.): Interkulturelles Theater und Theaterpädagogik. Dokumentation der Tagung und des Festivals an der Universität Hildesheim und in der Kulturfabrik Löske. November 1993. Hildesheim 1994; Maier, Scotch: Text als weitläufige Landschaft. In: Ders.: Bemerkungen zur Theaterarbeit mit Jugendlichen. Berlin 1995; Staniewski, Wlodzimierz: For a New Environment of the Theatre. In: The Theatre in Poland, 1988, H. 1.

ULRICH HARDT / FRANZ HÖDL /
MICHAEL KREUTZER

→ Dialog – Theaterarbeit aus Erfahrungen

Theaterhistoriographie

T bedeutet einmal *Historie des Theaters*, d. h. die Gesamtheit und Abfolge aller Theaterereignisse; zum anderen meint er *Historiographie des Theaters*, also die geordnete und interpretierende Aufzeichnung dieser Ereignisse.

Vorformen der Historiographie des Theaters finden sich in Europa seit dem Hellenismus. Den Ausgaben griechisch-antiker Tragödien waren sogenannte *hypothéseis* vorangestellt, die knappe Informationen über Inhalt, Geschichte und Aufführung der edierten Stücke gaben. Für die Zeit von der Antike bis zur Aufklärung existiert T jedoch nur im editorischen oder poetologisch-dramaturgischen Kontext. Schriften wie die *Poetik* des Aristoteles (zw. 367–347 v.Chr.) oder Gotthold Ephraim Lessings *Hamburgische Dramaturgie* von 1767–1769 lassen sich zwar aus der Sicht des neuzeitlich rekapitulierenden Betrachters auch als historische Dokumentationen lesen. Ihre aus der Analyse zeitgenössischer oder vergangener Theaterereignisse entwickelten Theoreme dienen jedoch der Begründung und Systematisierung theatraler Normentwürfe. T als historische Disziplin, die nicht normativ über ihren zu untersuchenden Gegenstand hinaus will, entwickelt sich erst im 19. Jh. mit der Ausbildung der positiven Einzelwissenschaften. Dort ist sie zunächst innerhalb von Philologie und Altertumswissenschaft beheimatet und sehr an klassischen Themen wie ‚Antikes Theater‘ oder ‚Shakespeare‘ orientiert. Als eigenständige historische Teildisziplin existiert die T erst mit der Gründung des ersten theaterwissenschaftlichen Instituts 1923 in Berlin.

T hat Theaterhistorie zum Gegenstand. Die Theaterhistorie besteht in einer Fülle von Phänomengruppen wie Literaturtheater, Tanztheater, Oper, → Pantomime, Dramen, Dramatiker, Darsteller, Regisseure, → Inszenierungen, Aufführungen, Theatertheorien, → Bühnen, Kostüme, Rezipienten, Theaterkritik usw. Diese Phänomenkomplexe müssen von der T verstanden und geordnet werden, auch in Ergänzung mit anderen Disziplinen wie Philologie, Kultur-, Kunstwissenschaft oder Soziologie. Probleme bereitet dabei nicht nur die Mannigfaltigkeit des Materials, sondern auch eine Analogie der T zur allgemeinen Historiographie: Beide verfügen ausschließlich über Dokumente, nicht über Monumente. Die T hat es mit Theater*ereignissen*, nicht mit fixierbaren und tradierbaren Artefakten zu tun (vgl. Fischer-Lichte 1993, 11). Der Gegenstand des Theaterhistorikers existiert also „streng genommen […] gar nicht. Die Aufführung, verstanden als ein Prozess, der sich zwischen mindestens zwei leibhaftig anwesenden Personen abspielt, verschwindet mit ihren Teilnehmern.“ (Simhandl 9) Die Aufgabe totalisierender und teleologischer Geschichtsmodelle, also übergeordneter und sinnstiftender Auffassungen vom Gang der Geschichte, macht darüber hinaus jeden Versuch einer Darstellung von T „zu einem Wagnis" (Brauneck XIX). Erweiterungen der Kunstform und des Begriffs ,Theater' im → Happening oder im rhetorischen Gebrauch oder durch die ThP – dort wurde das Begriffsfeld ,Theater' u. a. um die nicht dokumentierbare Fülle nicht öffentlichen Experimentierens erweitert – führen letztlich gar zum „Abschied [...] von der Fiktion, dass ein gewisser Konsens gegeben sei hinsichtlich des Objektes [und des Begriffes] ,Theater'" (Fischer-Lichte 1993, 4).

Ungeachtet dieser Aporien existiert dennoch eine Vielzahl von Versuchen, T umfassend und allgemein darzustellen. Neben nationalen oder europäischen T gibt es selbst Darstellungen von Welt-T (vgl. Gregor; Berthold; Gronemeyer). Allgemeine T sind jedoch meist in Umgehung der angeführten Schwierigkeiten an den historisch etablierten, im literarischen Stadttheater dokumentierten Theaterereignissen orientiert (vgl. Fischer-Lichte 1993, 7). Die Verbindung von Schauspielführer und T (vgl. Hensel) ist symptomatisch für eine desiderat verfahrende T. Gattungsspezifische (Geschichte des dramatischen Theaters, des → Puppentheaters usw.), systematische (Sittengeschichte des Theaters, Rezeptionsgeschichte), personal orientierte (Theater Max Reinhardts, Piscatorbühne) oder epochenspezifische Untersuchungen (Geschichte des Antiken Theaters, Barocktheater) kommen der Notwendigkeit von „Partialität als Bedingung der Möglichkeit von Theatergeschichtsschreibung" (Fischer-Lichte 1993, 8) zwar näher, indem sie aus einem als bekannt vorausgesetzten Untersuchungsfeld ,Theater' einen partikularen Bereich sondieren. Den Begriff ,Theater' selbst unterziehen sie allerdings in der Regel keiner Inhalt und Methode der Untersuchung gerierenden Definition.

T enthebt sich ihrer Aporien, wenn sie neben den Bedingungen der Möglichkeit von Theatergeschichtsschreibung auch auf die Bedingungen der Möglichkeit von *Theater* rekurriert. Wie die allgemeine Geschichte, so beruht auch die „Schauspielkunst auf jenem existentiellen Gebundensein an ,Körper-Sein und Körper-Haben, mit dem wir Menschen fertig werden müssen, wenn uns das Leben gelingen soll'" (Plessner zit. n. Brauneck XVIII). Dass ein „jeder ist, aber sich nicht hat, genauer gesagt, sich nur im Umweg über andere und anderes als ein Jemand hat" (Plessner 72ff.) konstituiert fernerhin die historische menschliche Existenz als handelnd und kommunikativ. Der Umweg zum Selbst über Andere und als ein Anderer entspricht nun genau der Struktur theatralen Handelns. Theater und

Geschichte sind insofern analog; im Theater wird sich immer ein affirmativer oder distinktiver Reflex auf die reale und objektive Geschichte aussprechen. Insofern also die historische Menschheit „in einem Verfasser und Schausteller ihres eigenen Dramas" (Marx 135) ist, so sind auch die, welche Theater spielen, gleichermaßen „Inbegriff und die kurzen Chroniken der Zeit" (Shakespeare 411). Die anthropologische Konstituierung des historischen Menschen als Handelnder und Kommunizierender restringiert analog die T auf die Betrachtung der Geschichte der *mímesis* von Handlung und → Kommunikation. Diese Restriktion öffnet alle Bereiche des Begriffsfeldes ,Theater' einer gleichwertigen Betrachtung. Mit ihr lassen sich weitere methodische und systematische Eingrenzungen gewinnen, die das Phänomenfeld ,Theater' einer (nicht einen bestimmten Kulturkanon voraussetzenden) historischen Untersuchung öffnen, und wie sie z. B. im Zusammenhang der semiologischen Analyse des Theatersystems schon vorliegt (vgl. Fischer-Lichte 1983). Den Verengungen der Wahrnehmung eines auf die Institution Theater eingeschränkten Theaterbegriffs entgeht eine T mindestens seit den 1970er Jahren (vgl. Fiebach u. a.), die theatral relevante Tätigkeiten und Haltungen in einem weiten Sinne in Geschichte und Gegenwart untersucht und u. a. → Theatralität, → Rituale, → Performance als legitimen und integralen Bestandteil der T begreift.

Dem praktizierenden Theaterpädagogen bietet die T eine Fülle von Mustern, Modellen, Bildern und Spielvarianten zum Fundus eigener Gestaltung. Für die ThP ist die T dort von übergeordnetem Interesse, wo sie sich speziell mit der Geschichte des Theaters als Medium ästhetischer Bildung (Persönlichkeitsbildung von Individuen oder Gruppen) befasst. Im Rahmen systematischer Einzeluntersuchungen teils dargelegt (Hentschel), gibt es eine umfassende T für Theaterpädagogen in diesem Sinne bislang nicht. In ihr ginge es weniger um die *téchne* (Praxis, Technik) von Theaterspiel (so Rellstab) als um seine *d namis* (Fähigkeit, Vermögen, Veränderbarkeit).

Berthold, Margot: Weltgeschichte des Theaters. Stuttgart 1968; Brauneck, Manfred: Die Welt als Bühne. Geschichte des europäischen Theaters. 4 Bde. Stuttgart, Weimar seit 1993; Fiebach, Joachim/Münz, Rudolf: Thesen zu theoretisch-methodologischen Fragen der Theatergeschichtsschreibung. In: Wiss. Zs. der Humboldt-Universität zu Berlin, 1974, H. 3–4; Fischer-Lichte, Erika: Semiotik des Theaters. 3 Bde. Tübingen 1983; Dies.: Kurze Geschichte des deutschen Theaters. Tübingen, Basel 1993; Gregor, Joseph: Weltgeschichte des Theaters. Zürich 1933; Gronemeyer,

Andrea: Theater. Köln 1995; Hensel, Georg: Spielplan. Der Schauspielführer von der Antike bis zur Gegenwart. 2 Bde. München 1992; Hentschel, Ulrike: Theaterspielen als ästhetische Bildung. Über einen Beitrag produktiven künstlerischen Gestaltens zur Selbstbildung. Weinheim 1996; Marx, Karl: Das Elend der Philosophie. In: Ders./Engels, Friedrich: Werke. Berlin 1958; Plessner, Helmuth: Conditio Humana. In: Mann, Golo/Heuß, Alfred (Hg.): Propyläen Weltgeschichte. Eine Universalgeschichte, Bd. 1. Berlin, Frankfurt a. M. 1991; Rellstab, Felix: Theorien des Theaterspielens. In: Handbuch Theaterspielen, Bd. 3. Wädenswil 1998; Shakespeare, William: Hamlet. In: Fried, Erich: Shakespeare. 3 Bde. Frankfurt a. M. 1995; Simhandl, Peter: Theatergeschichte in einem Band. Berlin 1996.

MARKUS ECKSTEIN

→ Kunsttheater – Mimesis – Rhetorik – Theater als öffentliche Institution – Theaterwissenschaft

Theaterlied

Das T ist eine Erscheinung des europäischen Theaters. In archaischen und den sich daraus ableitenden Theaterkulturen – auch der griechischen – bilden Musik, Tanz und Wort eine Einheit. Im Gegensatz dazu unterbricht das T den szenischen Vorgang oder ist in ihn eingebettet. Lieder dieser Art finden sich bereits in den spätmittelalterlichen → geistlichen Spielen. Anknüpfungspunkte sind zum anderen die *Spielmannslieder* der frühen Neuzeit, das frühe *Bänkellied* oder die Kultur des *Lautenliedes* im England der Shakespearezeit. In den Anfängen des professionellen europäischen Theater, in der Commedia dell'Arte oder im elisabethanischen Theater folgen die Lieder vielfach folkloristischen Vorbildern oder sind selbst Volkslieder. Sie spiegeln die Kultur des Singens im Alltag. Diese Einflüsse bestimmen auch das T in Deutschland – etwa in den Stücken Goethes, Büchners, auch noch bei Horváth. Die intensivste Reflexion und die Weiterentwicklung des T zum *Bühnenlied* erfolgt im Umraum des Brechtschen Theaters, nicht zuletzt durch die Mitwirkung bedeutender Komponisten wie Kurt Weill, Hanns Eisler oder Paul Dessau, aber auch unter dem Einfluss des Wedekindschen *Brettlliedes*, des *Kabarettliedes* und des Agitprop-Theaters. Vergleichbare Erscheinungen finden sich noch heute – vor allem im → Kinder- und Jugendtheater.

Das T in seiner einfachsten Form ist das *szenische Lied*. Es wächst unmittelbar aus der szenischen Handlung heraus und ist durch sie motiviert. Es hat situative oder charakterisierende Momente und kann lyrische,

epische oder auch argumentative Züge tragen. Dramaturgisch kann es den Einstieg in eine Szene, ihr Resümee oder auch Höhe oder Wendepunkte markieren. Im *Bühnenlied* verstärkt sich der Aspekt der Einlage und damit der Unterbrechung szenischer Vorgänge. Der Schauspieler tritt aus dem Geschehen oder sogar aus der Figur heraus und wendet sich dem Publikum zu. Das Lied wird zu einem eigenständigen szenischen Ereignis. Im szenisch arrangierten *Liedprogramm* wird häufig nur noch gesungen und aus dem Singen heraus agiert. Das T gewinnt hier absolute Dominanz, zugleich verliert es seine dramaturgische und theatralische Qualität als spezifisches Ereignis im Theatervorgang.

Im T tritt der Schauspieler in der Regel nicht als Sänger auf; er singt als *Schauspieler*. Bestimmend für seine Art zu singen ist das gestische Moment. Der Impuls zum Singen zielt nicht vor allem auf gesangliche Darbietung, sondern ist eine besondere Form der Zuwendung. Das gestische Moment liegt gelegentlich schon in der Komposition selbst: in der melodischen Diktion, im Rhythmus, in der motivischen Struktur, der Harmoniebewegung oder in Vorgaben für Stil und Tonfall des Singens. Das schauspielerische Singen ist somit eine unter anderen Spielarten des Singens. Es braucht die Nähe zum → Gestus des Sprechens und zum Sprechton – nicht zuletzt, um den Widerspruch und den plötzlichen Bruch zwischen Singen und Sprechen im Lied selbst zu realisieren. Die Stimme muss – wie schön auch immer – vor allem lebensecht klingen. Der singende Schauspieler hat damit nicht nur eine andere Motivation als ein klassischer Sänger oder auch ein Schlagersänger, sondern eine andere Professionalität. Die Kluft zwischen dem schauspielerischen Singen und dem klassischen Gesang in der Oper oder auf dem Konzertpodium kann sehr weit sein. Der Bezug zum Chanson, zur Unterhaltungsmusik oder zum Jazz ist deutlich enger. Das hat seine Rückwirkung auf die gesangliche Ausbildung. Stilformen des Kunstgesangs, aber auch des Schlagers, des Jazz oder der Rockmusik, sind für den Schauspieler nicht eigentlich Ausbildungsgegenstand, es sei denn als Gegenstand der Imitation. Das gilt auch für Formen des Singens in thp Zusammenhängen.

Ritter, Hans Martin: Der Schauspieler und die Musik. Berlin 2001.

HANS MARTIN RITTER

→ Chorisches Sprechen / Sprechchor – Musikspiele – Musisch-ästhetische Erziehung – Schulmusical – Schuloper

Theaterpädagogischer Dienst

Der TD versteht sich als ein ambulantes (finanziell ungesichertes) Angebot, das eine Brücke zwischen der Welt des Theaters und dem vor allem jungen Publikum schlägt. Mit dem ersten 1998 in Berlin gegründeten und bis heute einzig gebliebenen TD wurde ein dem Museumspädagogischen Dienst, der seit zwanzig Jahren kunstvermittelnd arbeitet, nachgebildetes Angebot geschaffen: Einführung ins Handwerk als ZuschauerInnen, Vermittlung eines aufgeschlossenen Theaterverständnisses und Begeisterung generell für das Theater zu wecken. Das geschieht mittels eines sog. Drei-Säulen-Programms, das sich an Schulklassen (ab 8. Klasse) wendet:

Inszenierungsbegleitende Angebote, wobei aktuelle → Inszenierungen der Bühnen spielpraktisch vor- oder nachbereitet werden; *Dramatik im Unterricht* zeigt Wege von bewährter Dramatik zur szenischen Umsetzung in lebendiges Bühnengeschehen auf; *Allgemeine Workshops* zu Themenfeldern wie ‚Bretter, die die Welt bedeuten‘ oder ‚Einstieg Oper‘ sollen Neugier auf Kunstgattungen wecken und das Interesse für theatrale Ausdrucksmittel fördern.

Im Zentrum solcher vierstündigen Workshops stehen sinnliche Erkundungen mit Spiel und Darstellung, Raum und Kostüm, Text oder Musik. Durch assoziatives Arbeiten, Einbindung vergleichbarer Situationen von heute wird ein Zugang zum Stück bzw. Thema verschafft, und die selbstgemachten Erfahrungen, die durch Körper, Kopf und Gefühl lebendig werden, sind erste kreative Schritte zur Entwicklung einer ‚Zuschaukunst‘ (vgl. Brecht 710). Für LehrerInnen werden Fortbildungsmöglichkeiten geboten.

Ab Januar 2002 gibt es das ‚Theater des Monats‘, wo jeden Monat mit einem anderen Theater eine intensive Zusammenarbeit besteht und neben den gemeinsam entwickelten thp Workshops auch Gesprächsangebote, Bühnenführungen, Proben- und Generalprobenbesuche offeriert werden.

Brecht, Bertolt: Gesammelte Werke in 20 Bdn., Bd. 16. Frankfurt a. M. 1967; Trobisch, Nina/Cieslik, Claudia: TheaterLeben. Schul- und Theaterjahr 2000/2001. In: MD Berlin Theaterpädagogischer Dienst 2000.

ANJA SCZILINSKI

Theatersport

Der Engländer Keith → Johnstone entwickelte in den 1960er Jahren den T. Die Begeisterung der Zuschauer bei Wrestling-Veranstaltungen inspirierte Johnstone, die Wettkampfform für das Theater zu übernehmen. In der Auseinandersetzung mit Erzähltechniken entwickelte er im Rahmen seiner Schauspielkurse am *Royal Court Theatre* in London T-spiele und -übungen und trat mit seiner Schauspielklasse vor ein Publikum. 1971 ging Johnstone nach Kanada und arbeitete als Professor an der *University of Calgary*. Hier setzte er seine Idee des T (des inszenierten Wettkampfes) in dem von ihm gegründeten *Loose Moose Theatre* öffentlich vor Publikum um.

Mittlerweile wird T auf der ganzen Welt gespielt. Der internationale, offizielle Ansprechpartner für T ist das *International Theatresports Institute* in Kanada (www.intl.-theatresports.ab.ca).

T ist ein geschützter Begriff, den nur die Improgruppen für ihre Arbeit benutzen dürfen, die eine Lizenz erworben haben. Mit dieser Lizenz verpflichten sich die Gruppen, T genau in der von Johnstone konzipierten Form durchzuführen. In Deutschland spielen auch Gruppen ohne Lizenz T.

Zwei Theaterteams treten im Rahmen einer Wettkampfinszenierung gegeneinander an und improvisieren abwechselnd und auch gemeinsam um die Gunst des Publikums. Die Akteure erfinden aus dem → Stegreif, inspiriert durch Publikumsvorgaben (knappe Anhaltspunkte wie Spielorte, Gegenstände, Genres, Themen usw.), lebendig und amüsant einmalige Szenen und Geschichten. Die Zuschauer entscheiden nach jeder Spielrunde, etwa durch das Hochhalten von Abstimmkarten, welches Team die Punkte für die beste Umsetzung bekommen soll. Am Ende siegt das Team mit den meisten Punkten.

T ist neben der *Improshow*, dem *Maestro*, der *Langform* usw. nur eine Form des Improvisationstheaters (Impro). Gerungen wird mit Worten, → Gesten, → Pantomime, mit schnellen Ideen, viel Feingefühl und Kreativität, ohne Kostüm, ohne Kulissen, allerhöchstens mit einem Stuhl und einem Requisit aus dem Publikum. Es ist ein assoziatives → Spiel, in dem weder Darsteller noch Zuschauer wissen, was im nächsten Moment auf der Bühne passiert. T-Szenen sind in der Regel 3 bis 15 Minuten lang. Ein Musiker, oft ein Pianist, gestaltet die Szenen gleichberechtigt mit den Schauspielern.

Theatersportler sind Autoren, Regisseure und Schauspieler in einem. Sie füllen die Figuren und deren Handlungen mit den Impulsen ihrer eigenen Phantasie und schöpfen abhängig voneinander ihre Figuren und den Geschichtsverlauf. Dabei gilt: Je größer die Präsenz, das Erlebnisspektrum und die Ausdrucksmöglichkeiten, die individuellen Bezüge auf Gedanken und Empfindungen, das Wissen um ‚Johnstonsche‘

Geschichtsstrukturen und Improtechniken sind, und je stärker der Mut des einzelnen Schauspielers ist, seine Phantasie einzusetzen, desto farbiger, differenzierter und spannender gestalten sich die improvisierten Geschichten für das Publikum.

Der T-Zuschauer bekommt eine neue Rolle: Er soll wie im Sport anfeuern, applaudieren, buhen und kommentieren. Der einer → Improvisation eigene ungewisse Ausgang garantiert die Aufmerksamkeit der Zuschauer, denen bewusst ist, dass die Darsteller jederzeit im Spiel, bei dem es keine Probensituation gibt, scheitern können. Zusätzlich weckt das Nennen der Vorgaben das Interesse der Zuschauer, die wissen wollen, was die Akteure aus dem von ihnen zugerufenen Begriff auf die Bühne ,zaubern' werden. Die Bewertungsaufgabe (das Abstimmen) vergrößert abermals die Aufmerksamkeit des Publikums. Vielerorts wird das Publikum vor Showbeginn ,aufgewärmt' und einige T-Gruppen bitten, bei Gefallen bzw. Nichtgefallen einer Szene nasse Schwämme oder Rosen auf die Bühne zu werfen. Die meisten Gruppen locken einen festen Fankreis immer wieder zu sich ins Theater. Die Stimmung und → Interaktion, die im T gewünscht ist, nimmt der Zuschauer als ein besonderes Erlebnis wahr und führt ihn näher an die Ereignisse auf der Bühne heran (vgl. Wellmann).

In Deutschland gründete sich 1988 mit *Emscherblut* (Dortmund) die erste T-Gruppe. 2001 spielten 60 von den 100 Improgruppen Matches, also T; Tendenz ansteigend. Seit der 1. Deutschen Meisterschaft 1993 organisieren sich die Gruppen formal über die von dem Emscherblütler Bernd Witte ins Leben gerufene *Impro-Liga*, die aber keine Tabellen führt. In der Liga sind professionell- bzw. semiprofessionell arbeitende Gruppen sowie Amateurgruppen zu gleichen Teilen vorzufinden. Das Internet ist neben dem seit 1993 im Quartal erscheinenden Rundbrief das Haupt-Austauschmedium der aktiven Gruppen. Hier (www.buschfunk.de) findet man die Kontaktadresse der Gruppen aus der Impro-Liga, den Impro-Rundbrief, Informationen über Veranstaltungen, Spielformen, Diskussionsforen usw. Anders als z. B. zentralistisch in Frankreich bewerkstelligt in Deutschland die jeweilige Heimmannschaft lokal in Selbstorganisation die Ausrichtungen von Matches, Turnieren oder deutschen Meisterschaften (bis 2001 waren es vier). Beinahe jede Gruppe besitzt ihr eigenes Rahmenformat der Wettkampfinszenierung (z. B. mit oder ohne Schiedsrichter). Der Auffassung, Qualität durch einen vorgegebenen Rahmen mit Schiedsrichtern, die das Publikum erziehen, zu sichern, steht die Meinung entgegen, dass T als künstle-

rische Gestaltungsform, wenn sie lebendig sein und sich weiterentwickeln will, nicht an nur einer Formatvorlage kleben bleiben kann. Die Vielfältigkeit der neuen Formen in Anlehnung an die Normierung nach Johnstone macht die Qualität des deutschen T aus. Die abweichenden deutschen Spielweisen werden augenscheinlich geduldet, aber von Johnstone nicht gutgeheißen.

Viele der von Johnstone niedergeschriebenen Impro- und Theaterspiele, -Übungen und -Techniken gehören schon längst zum thp Repertoire. Johnstone stellt einen großen Katalog von Möglichkeiten zur Verfügung. Der Bogen reicht von zahlreichen Übungen und Spielen, die sich mit der für das Improvisieren notwendigen Einstellung befassen und die das Geschichtenerfinden (Regeln und Hilfestellungen), die Darstellungsfähigkeit, Präsenz, Spontaneität, → Phantasie, Risikofreude und das Zusammenspiel auf lustvolle Weise trainieren und erklären. Improvisationstheatertechniken wie ,Status' und ,das Zuweisen von Eigenschaften', um nur zwei zu nennen, sind gute Techniken, um ernsthafte Szenen zu improvisieren bzw. die Beziehungen zwischen den Figuren interessanter und realistischer zu gestalten.

T bietet sowohl den Zuschauern als auch den Darstellern die Möglichkeit, Theater neu zu erleben.

Andersen, Marianne Miami: Theatersport und Improtheater. Planegg 1996; Johnstone, Keith: Improvisation und Theater. Berlin 1995; Ders.: Theaterspiele. Spontaneität, Improvisation und Theatersport. Berlin 1998; Senft, Haro/Fritzen, Gerald: Wie das Leben spielt. Dokumentarfilm. Video [o. O. o. J.]; Vlcek, Radim: Workshop Improvisationstheater. Übungs- und Spielesammlung für Theaterarbeit, Ausdrucksfindung und Gruppendynamik. München 1997; Wellmann, Tina: Formen und Möglichkeiten des Theatersports. Die Betrachtung einer neuen Theaterform in Deutschland. Magisterarbeit im Fach Deutsche Literaturwissenschaft. Universität Hannover. März 1999.

TINA WELLMANN

→ Diskotheater – Erzähltheater – Spaß – Sportpädagogik – Zielgruppe – ZuschauSpieler

Theatertherapie

Unter T wird meist verstanden, dass Darstellungs- und Ausdrucksweisen der Bühne auf therapierende Prozesse angewandt werden. „Gemeinsam ist ihnen die szenische Rekonstruktion von Vergangenheit, die Katharsis, und das vorbereitende Einüben von Situationen" (Petzold 1982, 7). Probe- und Ersatzhandeln im Spiel werden seit Jahrtausenden zur Beeinflussung benutzt (Schamanismus, Mysterienspiel). T ist: (1.) Teil der Psychotherapie (Methode der Persönlichkeitsentwicklung oder zur Entdeckung persönlichen Erlebens); (2.) Sozialtherapie und Pädagogik (Wahrnehmung und Ausdruck erlernen, Gruppenverhalten erproben); (3.) Freizeitangebot (Ästhetisches im Therapiebereich) (vgl. Kern 76f.). Tanzen, Singen und Instrumentenspiel gehören zu den Mitteln: Musiktherapeutische Verfahren (vgl. van Deest) leiten zu Körpertherapien über (vgl. Petzold 1992).

Eine über die Katharsis hinausgehende Theorie und Praxis der T entwickelte zuerst V. L. Iljine 1908 (Moskau). Bis auf die kurze Zeit der Oktoberrevolution blieb das Therapeutische Theater im klinischen Bereich: → Improvisation innerhalb einer Rahmenhandlung soll neurotische Menschen zum Spielen neuer Handlungsmuster leiten. *Theater* spielt, wer die biographischen Anteile seiner Lebensrolle weitgehend ersetzt durch die re- und projizierende (Selbst-)Darstellung in einer Spielrolle. Dabei können → Regie oder Therapie leiten: Die ästhetische und/oder therapeutische Rückmeldung oder Analyse und Kritik liefern Ansätze für die → Inszenierung. Wird beim situativ-szenischen Handeln die Erwi(e)derung (Spielpartner oder Zuschauer) nicht nur zum Hilfsmittel, sondern zur Berührung, dann erst wird das → Spiel wahrhaftig-dialogisch. Spielen: (1.) für imaginierte Partner wirkt monologisch; (2.) mit realen Partnern und aus ihnen wirkt dialogisch; (3.) der Rollenerwartungen anderer wirkt scheindialogisch; (4.) der eigenen Rollenerwartungen wirkt scheinmonologisch. Jede dieser Formen kann therapierende Sekundär- und Primärfunktion erfüllen.

Leben therapierend inszenieren: Im → Psychodrama Jacob → Morenos wird die Lebenswelt als Bühne verstanden. Urszene ist die totale Verbundenheit intrauteriner Entwicklung. Trennungserfahrungen entstehen aus traumatisierenden Brutpflegepraktiken. Rollenzuschreibungen und Rollenverkörperungen konstituieren eine Identität der Person aus Leib und Szene in der Zeit. Bei ähnlichen Lebenssituationen werden vergessene Szenen (unbewusst) reaktualisiert zu ,vitaler Evidenz'. Die Neu-Inszenierung einer ,Alternativerfahrung' als Konfliktlösung sichert ein neues Handlungsmuster: „[...] diese Aufrollung des Lebens im Schein [...] bestätigt den Satz: jedes wahre zweite Mal ist die Befreiung vom ersten" (Moreno 77). Entscheidend ist die Szenenfolge, ihr Sinnbezug im Lebenslauf. Achtsames Wahrnehmen von Kleinigkeiten (z. B. regressiver Stimmklang) holt Szenen in die Gegenwart. Heutige Methoden sind Doppel-Ich, Rollentausch,

Gestalt-Awareness-Training, Imaginations- und Visualisierungstechniken. TherapeutIn und Gruppe fühlen mit (Sharing), konstituieren die Metaszene im Rück- und Vorgriff. Phasen: Initialisierung (Aufwärmen, Erinnern oder Stimulieren), Aktion (Spielen, Wiederholen oder Explorieren), Integration (Besprechen, Durcharbeiten oder Integrieren, szenisches Verstehen), Neuorientierung (Spielen, Verändern oder Erproben). Ein identifizierendes Ausagieren reinszeniert die Konflikte, macht den Schmerz spürbar, kann Voraussetzung sein für den nächsten Schritt: Ein distanzierendes, gestisches Sprechen stellt die Konflikte und Rollenbrüche dar, ermöglicht eine Neuordnung des Verstehens (*Reframing* bei → Goffman 143ff.).

Theater therapierend inszenieren: „→ Artaud lieferte uns, durch sein Martyrium, einen leuchtenden Beweis vom Theater als Therapie." (→ Grotowski 116f.) Artauds expressiv-exploratives *Theater der Grausamkeit* (gegen sich selbst!) gibt Grotowski die Methode: leibgebunden, bezogen auf Widerstand und Lust der Spielenden, mit dem Ziel einer aufrichtigen Selbsthingabe, einem ,totalen Akt', der in jeder → Geste eine Erfahrung offenbart. Zunächst werden alle Hindernisse (Gewohnheiten) beseitigt, die eigener Kraft und Freiheit im Weg stehen. Regie und Spielende müssen sich im Handeln der anderen wiedererkennen, sich verständigen. Kontrollierte, artikulierte Bloßlegung aller Schichten der Persönlichkeit und Selbstaufgabe führen zu einer Grenzüberschreitung wie in der Liebe, zur Konfrontation mit den Zuschauern, zur Selbsterkenntnis, zur Therapie. Grotowskis Übungen (125–224) sind in situative, personale Kontexte eingebunden: „Irgendetwas reizt sie, und sie reagieren darauf: das ist das ganze Geheimnis. Reiz, Impuls, Reaktion" (Grotowski 207).

Therapie theatralisch inszenieren: „Manchmal nehme ich meine Fehler während des Trainings und komponiere sie in ein Stück Tanztheater mit hinein" (Weißmann 75).

Alltag therapierend inszenieren: In der Darstellung von Sexualität, Macht und Gewalt in Mustern und Ritualen wird der Alltag sekundär therapierend genutzt (z. B. kompensierendes Imponiergehabe, Autofahrstile).

Theater theatralisch inszenieren: Die autonome Wahrheit der Szene kann als distanziertester Teil eines *Reframings* (Goffman) genutzt werden, der den Überblick zur Neuordnung der Handlungsweisen ermöglicht: Eine innere Leere schreit nach Füllung durch sinnstiftendes Gestalten in direkter Handlung, Projektion bzw. Übertragung. „Die Schauspieler sollen sagen, was sonst kein Mensch sagt, denn es ist ja nicht Leben. Sie sollen Arbeit zeigen." (Jelinek 157) Ein für sich stehendes *Theatertheater* therapiert nicht-invasiv, nicht-manipulativ, nur aufzeigend, im Sinne gespielter Bibliotherapie.

Heilung theatralisch inszenieren: Die „Konfrontation von maskiertem Alltagsverhalten und authentischem Verhalten auf der Bühne." – „Das Abreißen der Lebensmaske", die Gestaltwerdung „ungelebter Anteile [...] heißt [...] komplexer und heiler werden" (Klosterkötter-Prisor).

Der Heil(en)sanspruch des *healing* übersteigt den einer Therapie, die bestenfalls Privat- und Berufsrollen in die Lebensrolle integrieren kann. Der Traum auf der Bühne illusioniert den Alltag der Rollenzwänge.

Theater mit behinderten Menschen: Es gründet auf besonderen Bedürfnissen, Wahrnehmungen und Fähigkeiten, weicht aber sonst in nichts ab. Das Berliner Theater *RambaZamba* zielt auf Publikum; Therapie ist Nebenprodukt. → Höhne beobachtet bei geistig behinderten Menschen dadaistische → Phantasie, gespeist aus „den dünnen Nahtstellen zu ihrem Unbewussten". Herkömmliche Werte werden „invertiert und parodiert" (Höhne zit. n. Ruping 75ff.).

Theatertherapeutische Forschung und Lehre: Schöpferische Prozesse können Suchtverhalten ersetzen (Kern 79ff.): Von 46 drogentherapeutischen Einrichtungen boten (1996) 31 Psychodrama und/oder Theaterspiel an. Das Angebot gilt als soziothp. Maßnahme (23), weniger als psychothp. (9). An der FH Ottersberg gibt es das Studium zum Diplom-Kunsttherapeuten auf dem Gebiet des Schauspiels (vgl. Matthies in Ruping 145ff.). An der FH Hildesheim wird Integrative ThP als Studiengang angeboten (vgl. Klosterkötter-Prisor).

Beispiel für Methodenintegration: TanzTheaterTherapie (Weißmann) als Bedürfnisbefriedigung nach Leben: Frühkindliche Interaktionen setzen sich in Bewegungsmustern fest, die erneut ausgelebt und beschrieben werden sollen. Von der künstlerisch-spielerischen Darstellung aus kann therapierende Wirkung entstehen.

Leitgedanken (Weißmann nach → Winnicot): (1.) Beobachten-Beschreiben-Reinszenieren; (2.) Entfalten-lassen der Szene des Selbst; (3.) körperliches Mit-gehen und Bejahen des anderen, bewusstes Mitfließen wie bei der Geburtshilfe. Für Therapierende gilt: „1. Patienten manchmal lieb zu haben wie Babys. 2. Kreatives Leben ist wichtiger als Freiheit von der Neurose" (Weißmann 28). Aus der Re-Inszenierung „inszenieren wir gerade die Widerstände, die Verdrehungen, die Tricks, die die Patienten zu ihrem Schutz

gebrauchen, um genau dahinter ihre Wünsche und Ängste kennen zu lernen" (Weißmann 41).

Boal, Augusto: Der Regenbogen der Wünsche. Seelze 1999; van Deest, Hinrich: Heilen mit Musik. München 1997; Goffman, Erving: Rahmen-Analyse. Frankfurt a. M. 1980; Grotowski, Jerzy: Das arme Theater des J. G. Velber 1969; Jelinek, Elfriede: Ich will seicht sein. In: Gürtler, Christa: Gegen den schönen Schein. Frankfurt a. M. 1990; Kern, Albert (Hg.): Theater in der Therapie. Geesthacht 1997; Klosterkoetter-Prisor: Seminarbeschreibung. Symposion 2001. www.fh-hildesheim.de/FBE/FBS; Moreno, Jacob L.: Gruppenpsychotherapie und Psychodrama. Stuttgart 1959; Petzold, Hilarion (Hg.): Dramatische Therapie. Neue Wege der Behandlung durch Psychodrama, Rollenspiel, therapeutisches Theater. Stuttgart 1982; Ders. (Hg.): Die neuen Körpertherapien. München 1992; Ruping, Bernd (Hg.): Theater, Trotz und Therapie. Lingen 1999; Spolin, Viola: Improvisationstechniken für Pädagogik, Therapie und Theater. Paderborn 1997; Weißmann, Eva: Tanz, Theater, Therapie. München 1998.

GABRIEL PTOK

→ Authentizität – Bibliodrama – Contact Improvisation – Kommunikationstraining – Ritual – Selbsterfahrung

Theaterwissenschaft

So alt das Theater ist, so jung ist die T als eigenständige Wissenschaft. Erste theaterwissenschaftliche Arbeiten entstanden Ende des 19. Jhs. in der Literaturwissenschaft (Litzmann, Mundt, Prutz). Zeitgleich konstituiert sich das Fach an den Universitäten. Seit 1896 wird T an der Sorbonne gelehrt. An zahlreichen amerikanischen Universitäten werden sog. *Drama Departements* eingerichtet. George Pierce Baker hält 1895 erste Vorlesungen zur T in Harvard ab. 1901 beginnt der Berliner Germanist Max Herrmann mit theaterwissenschaftlichen Vorlesungen an der Friedrich-Wilhelms-Universität, wo er 1923 das erste deutsche theaterwissenschaftliche Institut gründet. Weitere Gründungen folgen in München durch Artur Kutscher und Köln durch Carl Niessen. In engem Zusammenhang mit der Etablierung der Universitätsdisziplin stand die Einrichtung von Theatersammlungen und Theatergeschichtlichen Gesellschaften, so 1901 die *Société de l'histoire du théâtre* in Paris oder 1902 die *Gesellschaft für Theatergeschichte* in Berlin. Es folgten auf internationaler Ebene 1945 die *International Society for Theatre Research* sowie 1948 das *Internationale Theaterinstitut* (ITI) als Unterorganisation der UNESCO.

Die Anfänge der T sind durch Abgrenzungen und Legitimationsbestrebungen gegenüber den Literaturwissenschaften geprägt. Während für Herrmann der Schwerpunkt theaterwissenschaftlicher Forschung auf der europäischen Theatergeschichte lag, suchten Kutscher und Niessen eine ‚Urzelle des Theaters‘ im ‚Mimus‘ (vgl. Kutscher 7) zu bestimmen. Diese Nähe von T und Ethnologie begünstigte eine Vereinnahmung der jungen Disziplin durch den Nationalsozialismus, der sich auch des von Niessen geprägten Begriffs des → ‚Thingspiels‘ bediente. Diese Verflechtung von Forschung und Parteiideologie wurde nach dem Krieg nicht aufgearbeitet. NSDAP-Mitglieder wie Niessen oder auch Heinz Kindermann in Wien blieben zum großen Teil in ihren Lehrstühlen und prägten das Bild der T bis in die späten 1960er Jahre. Erst dann kam es zu einer ideologiekritischen wie methodischen Reflexion des Fachs, die u. a. zu einer Öffnung gegenüber den neuen Medien Film und Fernsehen führte. Mit einer zweiten Welle von Institutsneugründungen in den 1980er Jahren und dem Zusammenschluss der Theaterwissenschaftler in der *Gesellschaft für Theaterwissenschaft* zeigt sich die zunehmende Etablierung des Fachs. Konträr zu dieser Expansion sehen sich in jüngster Zeit aufgrund hochschulpolitischer Umstrukturierungen vor allem kleine Institute gefährdet. Beispiel hierfür ist die Schließung des Magisterstudiengangs T an der Humboldt-Universität Berlin, dem ältesten deutschen Institut, seit dem Sommersemester 2001.

Die Forschungsgebiete der T lassen sich systematisch in eine historische T (Theatergeschichte, Inszenierungsgeschichte, Lokaltheatergeschichte, Geschichte der Theaterarchitektur, historische Entwicklung des Bühnenbilds und der Kostüme), eine analytische und systematische T (Theateranthropologie, Theatersoziologie, Theaterstrukturen, Schauspielformen, Aufführungsanalyse, → Rezeptionsforschung) und eine theoretische T (Theorie der Theaterformen, Methodologie der Theaterwissenschaft) einteilen. Dabei bleibt ihr Forschungsgegenstand nicht nur auf das Sprechtheater beschränkt, sondern umfasst ebenso Tanz, Ballett, Puppenspiel oder Musiktheater. Jede wissenschaftliche Beschäftigung mit dem Phänomen Theater steht vor dem grundlegenden Problem, dass der eigentliche Gegenstand der T, die Aufführung, vergänglich ist. Während in den Anfängen der T dieses Problem nicht reflektiert und T vor allem als Erforschung der Theatergeschichte verstanden wurde, fand in den 1960er Jahren eine Akzentverschiebung von geistes- zu sozialwissenschaftlichen Fragestellungen statt, mit der auch die Aufführungsanalyse zentralen Stellenwert innerhalb der T erhielt. Vor allem die Semiotik, wie sie in den 1930er Jahren von der sog. Prager Schule entworfen wurde, beeinflusste Vertreter der französischsprachigen T wie Patrice Pavis und Anne Ubersfeld. Im deutschsprachigen Raum griff vor allem Erika Fischer-Lichte mit ihrer *Semiotik des Theaters* das Konzept auf, die Aufführung unter textanalytischen Gesichtspunkten „als ein System der Bedeutungsproduktion" (Fischer-Lichte 1990, 234) zu untersuchen. Um den Eindruck der Aufführung nachvollziehbar zu machen, entwickelten die Semiotiker teils komplexe Transkriptionssysteme, die allerdings auch die Grenzen des Anspruchs einer umfassenden Notation aufzeigen. Ein weiterer Forschungsgegenstand ist die Situation theatraler → Kommunikation. Manfred Wekwerth bestimmte den Zuschauer sogar zum ‚primären Spieler‘ (Wekwerth 101). Dabei steht die Rezeptionsforschung vor dem Problem, wie die subjektiven Zuschauerreaktionen objektiv auszuwerten sind. Einzelne Ansätze wie Pavis’ Fragenkatalog der Inszenierungsanalyse dienen vor allem zur Systematisierung der Rezeptionseindrücke. Heute wird T als Hauptfach an deutschsprachigen Hochschulen in Berlin, Bern, Bochum, Erlangen, Frankfurt a. M., Köln, Leipzig, Mainz, München und Wien angeboten. An der Universität Bayreuth ist ein theaterwissenschaftlicher Studiengang mit besonderer Berücksichtigung des Musiktheaters eingerichtet. Nur zwei Institute, das *Institut für Angewandte Theaterwissenschaft* in Gießen und das *Institut für Medien- und Theaterwissenschaft* in Hildesheim, haben einen gleichgewichtigen Praxisanteil in ihrer Studienordnung. Das Hildesheimer Modell einer ‚praktischen Theaterwissenschaft‘ (Kurzenberger 8) verknüpft den praktischen Studiumsanteil mit der wissenschaftlichen Reflexion des Theatermachens und -spielens. Ein besonderer Schwerpunkt liegt auf der Erforschung thp Fragestellungen, deren spezielle Gegenstände wie z. B. das → Kinder- und Jugendtheater sowohl in der Produktion wie auch der Rezeption reflektiert werden.

Mit den Begriffen → Theatralität und Performativität wird seit den 1980er Jahren eine Erweiterung des Theaterbegriffes in der T betrieben. Erste, in diese Richtung gehende Forschungen wurden bereits in den 1970er Jahren von Joachim Fiebach und Rudolf Münz veröffentlicht (vgl. Fiebach u. a.). Indem der Alltag und seine Inszenierungen zum Gegenstand theaterwissenschaftlicher Forschung werden, öffnet sich die T den anderen Kulturwissenschaften. Ob die T durch die Erweiterung des Theaterbegriffs zu einer ‚Schlüsseldisziplin‘ (Fischer-Lichte) wird, oder welche neuen Erkenntnisse und Methoden die Reflexion des spezifischen Verhältnisses von Theaterpraxis und T liefert, sind aktuelle Fragestellungen der T. Thp Fragestellungen finden bisher nur sehr zögerlich Eingang in die T, wie sich umgekehrt die ThP erst allmählich ihrer eigenen Wissenschaftlichkeit bewusst wird und nach einem theaterwissenschaftlich fundierten Forschungsdesign sucht.

Balme, Christopher: Einführung in die Theaterwissenschaft. Berlin 1999; Fiebach, Hans-Joachim/Münz, Rudolf: Thesen zu theoretisch-methodologischen Fragen der Theatergeschichtsschreibung. In: Wiss. Zs. der Humboldt-Universität Berlin, 1974, H. 3–4; Fischer-Lichte, Erika: Semiotik des Theaters. Tübingen 1983; Dies.: Die Zeichensprache des Theaters. In: Möhrmann, Renate (Hg.): Theaterwissenschaft heute. Eine Einführung. Berlin 1990; Herrmann, Max: Forschungen zur deutschen Theatergeschichte des Mittelalters und der Renaissance. Berlin 1914; Hiß, Guido: Der theatralische Blick. Einführung in die Aufführungsanalyse. Berlin 1993; Klier, Helmar (Hg.): Theaterwissenschaft im deutschsprachigen Raum. Darmstadt 1981; Kurzenberger, Hajo (Hg.): Praktische Theaterwissenschaft. Spiel – Inszenierung – Text. Hildesheim 1998; Kutscher, Artur: Grundriß der Theaterwissenschaft. München 1949; Pavis, Patrice: Semiotik der Theaterrezeption. Tübingen 1988; Wekwerth, Manfred: Theater und Wissenschaft. Überlegungen für das Theater von heute und morgen. München 1974.

ANNEMARIE MATZKE

→ Geschichte der Pädagogik – ZuschauSpieler

Theatralisierung (von Lehr- und Lernprozessen)

T als methodischer Ansatz bedeutet, die Medialisierung menschlicher → Kommunikation nicht nur zu akzeptieren, sondern für die Ausdifferenzierung von Arbeitsweisen in Bildungsprozessen bewusst zu nutzen. Zusätzlich greift T den Befund auf, dass menschliches Lernen immer schon und vor dem begrifflichen Lernen funktional szenisch geschieht. Auch das intentionale Lehren und Lernen etwa durch Schulunterricht kennt das → Schuldrama oder die „Didaktik als Dramaturgie des Unterrichts" (vgl. Hausmann; für Hochschuldidaktik Bülow-Schramm; für religiöse Unterweisung Friedrich; Huizing). → Drama in Education und → Theatre in Education sind im angelsächsischen Erziehungssystem Ansätze, die sich auf pragmatistische Bildungsphilosophie (vgl. Apel) gründen.

T hat den Vorzug, Analyse und Forschung mit Darstellung zu verbinden. T ist → Prozess und Produkt zugleich. Durch das Hospitieren in der Kunst (in verschiedenen Künsten) können Unschärfen und kognitive Zwischentöne sowie Emotionalität bearbeitet und zum Ausdruck gebracht werden. Durch kommu-

nikative Einmischung entsteht namentlich durch das Kommunikationsmodell Theater die Möglichkeit direkter Rückkopplung. Das wird häufig als etwas sehr Positives unter (kulturpessimistischen) Pädagogen reklamiert – gewissermaßen als Kritik an der vermeintlich abstrakten, fernen, medialisierten Welt: Eine Nähe, Direktheit von Kommunikation wird gegen vermittelte Großkommunikationen ausgespielt. Realistischerweise sollte man von der geringen, doch intensiven Reichweite theatraler Aktionen erst einmal ausgehen, aber versuchen, die immer schon bekannte Maßlosigkeit und Integrationsfähigkeit des Theater-Ansatzes zu nutzen und dann andere → Medien, Techniken ins theatrale Verfahren aufnehmen. Indem dieses Denken praktiziert wird, kommt zum Kunsttheater-Ansatz eine weitere Dimension hinzu, nämlich die des Gebrauchs-Theaters (vgl. Ruping).

Ein Theatralitäts-Verständnis, das Theaterspiel, → Kunsttheater, Lebenstheater und die verschiedenen Varianten von Theater (auch das, was gegen Theater spricht und/oder mit ihm konkurriert) in eins sehen will, grundiert T theatersystematisch (vgl. Koch 2001).

Der Zusammenhang mit den Künsten (vgl. Jank u.a.) führt zusätzlich auf etwas sehr Handwerkliches innerhalb von Lehr-Lernprozessen, die sich als T verstehen (wollen): Das (traditionelle) *Wie* des Machens steht dem (traditionellen) *Was* nicht mehr gegenüber, sondern ist als → Methodik ein Ganzes, ein Widerspruchsfeld. Und das korrespondiert mit Überlegungen zu Bildungs- und/oder Lehr-Lernprozessen, die namentlich das Selbststeuern und die Dimension des → Lebensbegleitenden Lernens in den Mittelpunkt stellen und integrieren wollen in den emotionalen, praktischen Haushalt eines Subjekts oder von Menschen in → Gruppen. Transferleistungen können/müssen erbracht und – theatral gesprochen – inszeniert und so lernend-lehrend gesichert werden. Auf immer neue Situationen immer neu eingehen zu können und dabei auch noch zu wissen, dass man ,man selbst' geblieben ist bzw. sein Selbst identitätsstiftend erweitert hat – das ist die emphatische Tätigkeitsbeschreibung, der Kontext von T von Lehr-Lernprozessen (vgl. Koch u. a.). Es geht um den Umgang mit Differenz und das Aushalten von Differenzerfahrung als Normalität (vgl. Kleve u. a.).

T von Lehr-Lernprozessen geschieht als eine Verbindung von exemplarischem Lernen mit theatraler → Phantasie/theatraler Denkweise (vgl. Negt). Gegenstände, Thematiken, die für Lernende von alltäglicher Bedeutung sind, können in dieses Lehr-Lernverfahren eingebracht werden. Sie werden, wie das bei pädagogischen Prozessen generell ist, Bedeutungsverschiebungen erfahren. Dies noch deshalb, weil theatrales Lernen/Lehren in der Regel auch ein soziales, ein Gruppenlernen/-lehren ist. Der Prozess kann als ein pluralistisches Unternehmen verstanden werden – ein Pluralismus der Werte, der Methoden, der Emotionen, der Wünsche, der Techniken und eingebrachten Befähigungen. Eine gestaltete Vielfalt, eine Unübersichtlichkeit, eine wechselseitige Akzeptanz kann Transfermöglichkeiten bilden oder vorstrukturieren.

Häufig wird die Möglichkeit des sozialen Lernens in T-Arrangements nur oder vornehmlich auf die personalen Rollenübernahmen oder den Rollentausch im direkten Sinne bezogen. Zusätzlich aber ist zu akzentuieren, dass es um Wahrnehmungen und Nutzung der Rollen- und Funktionsvielfalt solcher Arrangements geht. Unterschiedliche Qualifikationen kommen ins Spiel, werden für das Gelingen des Ganzen benötigt. Es geschieht hier lebendige Arbeit.

Der brasilianische Theaterreformer Augusto ➛ Boal hat seit den 1960/70er Jahren eine Liste verschiedener Gebrauchstheater-Ideen entfaltet und praktiziert, die es zu würdigen gilt, wenn es um die T von Lehr- und Lernprozessen geht. Er bringt zusätzlich von einer gewissen deutschen Borniertheit ab: Durch die historisch entstandene umfangreiche Kultur- und Kunstlandschaft der Stadttheater (nirgendwo sonst auf der Welt gibt es eine solche Theaterdichte) hat Deutschland generell ein Verständnis von Theater, das von dieser Stadt-Tradition her bestimmt ist. Boal hat sich nun unter den lateinamerikanischen, z. T. bildungs- und demokratiefernen Bedingungen gefragt, welche theatralen Befähigungen Menschen schon besitzen und wie daran, diese erweiternd, angeschlossen werden kann. Im Übrigen ist das, was Boal systematisch entwickelt und ausdifferenziert hat, so fremd einer anderen deutschen Theatertradition nicht: ➛ Arbeitertheater Ende des 19. Jhs. hatten ähnliche Gedanken und eine ähnliche methodische Vielfalt. Es gab Spielweisen aus Kurzszenen, Sketches, Rezitation, Kollektivreferat, Song, Moritat, ➛ Pantomime, Tanz, Lesebühnen (vgl. zum Lesetheater Schwendter). Auch die sog. Freie Szene des Theaters und manche Regisseure bzw. Theaterleiter und Stückeschreiber sind solchen Ansätzen verpflichtet. Man könnte im Angesicht dieser Tendenzen zusätzlich von ‚performativen Künsten‘, von der ‚Kunst der ➛ Performance‘ sprechen, geht es doch darum, Potenzialitäten zu Aufführungen werden zu lassen – im vielseitigen Verständnis –, auch von alltagsweltlich ‚sich aufführen‘, also „Energie für den öffentlichen Ausdruck" (Sennett 355) zu gewinnen.

Apel, Karl-Otto: Der Denkweg von Charles S. Peirce. Frankfurt a. M. 1975; Boal, Augusto: Theater der Unterdrückten. Frankfurt a. M. 1989; Bülow-Schramm, Margret (Hg.): Theater mit der Lehre? Theater in die Lehre! Hamburg 1996; Friedrich, Marcus A.: Liturgische Körper. Stuttgart 2001; Hausmann, Gottfried: Didaktik als Dramaturgie des Unterrichts. Heidelberg 1959; Huizing, Klaas: Ästhetische Theologie, Bd. 2: Der inszenierte Mensch – eine Medienanthropologie. Stuttgart 2002; Jank, Birgit u. a. (Hg.): Ganz Aug' und Ohr. Obertshausen 1994; Kleve, Heiko u. a.: Vom Umgang mit dem Unterschiedlichen. Berlin, Milow 2003; Koch, Gerd: Theater-Spiel als szenische Sozialforschung. In: Belgrad, Jürgen (Hg.): TheaterSpiel. Hohengehren 1997; Ders.: 10 fachdidaktische Lehren für ein (Unterrichts-)Fach Theater (nebst Widerworten von Marianne Streisand und Ulrike Hentschel). In: Korrespondenzen, 2001, H. 38; Ders. u. a.: Theatralisierung von Lehr-Lernprozessen. Berlin, Milow 1995; Negt, Oskar: Soziologische Phantasie und exemplarisches Lernen. Frankfurt a. M. 1971; Ruping, Bernd (Hg.): Gebraucht das Theater. Lingen, Remscheid 1991; Schwendter, Rolf: Lesetheater. Wien, St. Peter 2002; Sennett, Richard: Verfall und Ende des öffentlichen Lebens. Die Tyrannei der Intimität. Frankfurt a. M. 1983.

GERD KOCH

➛ Authentizität – Darstellende Kommunikation – Didaktik – „Didaktisches Theater" – Dramaturgie – Szenische Lesung – Theatralität

Theatralität

Der T-begriff hat nicht nur in der neueren theater- und kulturwissenschaftlichen Forschung eine besondere Relevanz, seine Verwendung erweist sich auch in anderen Wissenschaften als äußerst produktiv; zugleich besteht jedoch die Gefahr von Beliebigkeit und Affirmation (vgl. Schramm 1990; Kotte 1998, 2002; Vaßen; zuerst vor allem Münz).

Entstanden ist der T-begriff vor allem im Kontext der Theateravantgarde der 1960er/70er Jahre, der Theater-Anthropologie und Theatersemiotik sowie der Ethnologie und Cultural Studies. Ein weiterer, nicht so bekannter Bezugspunkt ist die russische ➛ Theaterhistoriographie und ihr Theaterbegriff *teatralnost* im ersten Drittel des 20. Jhs. (vgl. Baumbach in Münz), und Anfang des 20. Jhs. beginnt mit Adolphe von Appia und Edward Gordon Craig nach Jahrhunderten der Dominanz von Literarizität eine Re-Theatralisierung des Theaters.

Den Begriff *theatralisch*, aus lat. *theatralis* (zum Theater gehörig), gibt es seit dem 18. Jh. in zwei Bedeutungen: (1.) das Theater, die Schauspielkunst betreffend, bühnenwirksam und (2.) übertrieben, überzogen, pathetisch, schwülstig, gespreizt. In Abgrenzung zu der zweiten negativen Bedeutung entsteht im letzten Drittel des 20. Jhs. der Begriff *theatral*, bei dem zugleich die Verdopplung der beiden Endsilben -al und -isch vermieden wird. Damit vergleichbar differiert der Neologismus T, gebildet nach frz. *théatralité*, Gegenbegriff zu *literarité* (vgl. u. a. Pavis), mit *Theatralik*.

T ist zunächst Oberbegriff für die kollektiv produzierten, heterogenen Aspekte einer Theaterinszenierung und benennt somit die spezifische ‚Ästhetizität‘ (vgl. Fischer-Lichte, Bd. 1, 196) des Theaters, zu der die gesprochene Sprache (Prosodie), Mimik, Gestik und Bewegung/Proxemik (Kinesik), Kostüme, Masken, Frisur und Schminke, Requisiten, Dekoration und Beleuchtung des Bühnenraums, Musik und Geräusche sowie audiovisuelle ➔ Medien gehören, aber auch die spezifische ➔ Kommunikation von Bühne und Publikum, entsprechend der Formel von Roland Barthes: Theater − Text = Theatralität. Versteht man die Inszenierung als theatralen Text, kann dieser mit Fischer-Lichte als eine ‚strukturelle Transformation‘ (ebd., Bd. 3, 43) des dramatischen Textes verstanden werden mit der Inszenierungskonzeption als Zwischenglied dieser Intertextualität. Dieser Vorgang wird vor allem gelenkt von dem theatralen Potenzial, das den Theater-Text konstituiert. Als theatrale Aspekte im Text mit ihrer inszenatorischen Intentionalität sind vor allem die Regieanweisungen zu nennen, aber auch verdeckte szenische Beschreibungen, Titel, Zwischentitel und Projektionen, Auftritte, Abgänge und Szenenschlüsse, Handlungsrhythmus und Zeitbrüche sowie die Dialogführung (vgl. Vaßen).

Die spezifische dramatisch-theatrale *Intertextualitätsrelation* (vgl. Höfele) beinhaltet keine lineare Entwicklung oder gar eine Reduktion vom literarischen Text zur Inszenierung. Jede Aufführung als eigenständige Kunstpraxis eröffnet vielmehr neue Perspektiven und veränderte Sichtweisen auf den literarischen Text, eine ‚werktreue‘ Inszenierung, gespielt sozusagen ‚vom Blatt‘, ist deshalb nicht realisierbar.

T ist aber nicht auf das Theater als Kunstform und den Theatertext begrenzt. Als grundlegende *kulturwissenschaftliche* Kategorie ermöglicht T die Analyse eines Selbstverständnisses von Sozietät, das sich nicht mehr primär in statischen Produkten, z. B. Texten und Monumenten, ausdrückt, sondern in theatralen Prozessen außerkünstlerischer gesellschaftlicher Realität, die nach Kotte wie das Theater über Darstellung (➔ Performance) und Zurschaustellung (ostentazione) hinaus als ‚Hervorhebung selbst und ihrem Erkanntwerden als Hauptfunktion‘ (vgl. Kotte 1998) konstituiert sind. Anders als bei Burns wird hier die Kategorie

der Wahrnehmung nicht rezeptionstheoretisch verabsolutiert, eine Subjektivierung von T wird vermieden.

T manifestiert sich z. B. in ➔ Ritualen und Kulten, Zeremonien, Festen und Feiern, Aufmärschen, Umzügen und Versammlungen, Spielen und Wettkämpfen, also in Cultural Performances (vgl. ➔ Schechner; Fiebach), aber auch in Inszenierungen von Freizeit, Kultur, Sport (vgl. Heuner), Religion und Politik (vgl. Dörner; Gabler) sowie in alltäglichem Rollenverhalten (vgl. Belgrad). Die T-Begrifflichkeit, z. B. Rolle, Inszenierung oder Szene, wird dabei nicht mehr metaphorisch verwendet, wie z. B. in der barocken Theatermetapher, sondern hat als heuristisches Prinzip eine reale Basis.

Damit T nicht zu einem undifferenzierten Modewort im Sinne von ‚alles Theater‘ wird, sondern als Begriff Erkenntniswert und damit gesellschaftliche Relevanz erhält, wurde in den 1980er Jahren in der damaligen DDR von Rudolf Münz und anderen der grundlegende kulturwissenschaftliche theatergeschichtliche Ansatz des *T-gefüges* entwickelt, ein umfassenderer Ansatz als Schramms magisches Dreieck von Wahrnehmungsstil, Bewegungsstil und semiotischem Stil (vgl. Schramm 1996). Dabei wird T als ein konkretes Gesellschaftsformationen jeweils unterschiedlich konstituierendes Verhältnis von vier wichtigen T-feldern bestimmt: (1.) Theater als offizielle Kunstinstitution und spezifisches Kunstprodukt; (2.) ‚Theater‘ als T der Alltagswelt, „Selbstdarstellung im Alltag [...], soziales Rollenspiel, Veranstaltungsverhalten [...], Elemente der Alltagsunterhaltung“ (Münz 69); dabei geht es sowohl um öffentliche Inszenierungen und soziale Rollen als auch um „spielerische Subjektentfaltung als ästhetische Inszenierung von Lebenswelt“ (Belgrad 34) im Sinne von T der Individuation. Dagegen stehen (3.) ein Anti-Theater als kritische Gegenwelt sowohl zum ➔ Kunsttheater als auch zur öffentlichen T des Lebens in ihren Herrschaft stabilisierenden Formen. Diese „‚unnatürlich[en]‘, d. h. supra-artifiziell[en]“ (Münz 70) gewohnten Wahrnehmungen und Verhaltensweisen verunsichernden ‚Theater‘-Formen, etwa die Commedia dell'Arte oder der Harlekin, widersetzten sich „der Tendenz, Kunst-Theater zu sein, blieben auf der Position von ‚Theater‘, nahmen dabei den Zuschauer/ Teilnehmer mit, um sich gemeinsam von den Übeln des ‚Theaters‘ (des Lebens) zu bewahren“ (Münz 287); (4.) das Nicht-Theater bzw. die Ablehnung von Theater in einem Spannungsfeld von politisch motivierter Zensur und Verbot bis zur völligen Ausgrenzung und grundsätzlichen Negation, basierend auf einer ideologisch fundierten Orientierung am Identitäts

Ideal etwa bei Platon, den Kirchenvätern, Puritanern und vielen Sozialutopisten.

Kotte schreibt diesen Ansatz von T als Verhältnis in seinen Überlegungen zu einer ‚Theorie der Theaterhistoriographie‘ fort. T wird dabei – historisch zutreffend – nicht mehr vom Theater abgeleitet, sondern – in Umkehrung der wissenschaftlichen Perspektive – „auf die Schau bezogenes Verhalten des Alltags". Daraus, so Kottes Hypothese, „generiere[n] Theaterformen" (Kotte 2000, 7) – „Theatralität konstituiert Gesellschaft, Gesellschaft Theater" (Kotte 2000, 9).

Ohne explizit ein derart umfassendes T-verhältnis zu formulieren, entwickeln Joachim Fiebach und andere im Rahmen von *Cultural Studies* ebenfalls einen weiten, gesellschaftskonstituierenden T-begriff, der sich vor allem auf „Vorgänge sozio-kultureller und politischer Kommunikation, für die darstellerische Tätigkeiten eine wesentliche Rolle spielen" und die „mit dem gestisch-mimisch-verbal tätigen Körper und/ oder seinen mediatisierten Bildern operieren", bezieht. Diese theatralen Vorgänge sind insofern „ein erheblicher historischer Wirkungsfaktor", weil sie „als *symbolische Aktionen* [...] ein erhebliches Gewicht in [...] historischen Kontexten" (Fiebach 183) haben.

Bei diesem theatralen Potenzial handelt es sich um *Cultural Performance*, wie sie auch aus anthropologischer Sicht von → Schechner, aus ethnologischer u. a. von Geertz, → Turner oder Balandier (vgl. Fiebach 204) entwickelt wurde. Diese „nichtdisziplinäre, historisch-vergleichende Theatralitätsforschung" intendiert „gesellschaftliche Phänomene, Geschichten, [...] als Darstellungen zu fassen" (Fiebach 193, 195). → Performance als umfassender kulturwissenschaftlicher Begriff darf allerdings trotz Berührungspunkten nicht mit *Performance Art* verwechselt werden, jenem einmaligen, in der Regel nicht wiederholbaren und nicht repräsentierenden prozesshaften Kunstakt eines Performers.

Schon immer gab es T von nicht-künstlerisch konstituierten Handlungen und Haltungen, in Europa etwa besonders sichtbar am Hof Ludwig XIV., aber ihre strukturelle Relevanz hat in den letzten Jahrzehnten *in* den, *durch* die, ja letztlich als Inszenierung (vgl. Fischer-Lichte u. a.; Willems) *für* die neuen elektronischen → Medien eine neue Qualität erlangt. Damit aber spielt ästhetische T von Theater, aber auch Film und Video als Modell für Alltagstheatralität aktuell eine wichtige Rolle. Genesis und Geltung im Verhältnis von Theater und T stimmen nicht überein, sondern stehen zueinander in einer widersprüchlichen Beziehung.

Erfahrung als Leben konstituierender Faktor verschwindet heute zusehends und an ihre Stelle tritt eine medial vermittelte und folglich medial zugerichtete Wahrnehmung; entsprechend wird Weltverständnis bestimmt von theatralisierter Medienrealität. *Ich inszeniere mich und andere oder anderes, also bin ich.* In wechselnden ‚Outfits‘ wird der jeweilige ‚Lifestyle‘ in ‚Environments‘ als inszenierte Lebensumgebung ausgestellt. Gesellschaftliche Prozesse und politische Entscheidungen konzentrieren sich nicht mehr auf interpersonales Handeln, öffentlichen Dialog und politische Konzeption oder Reflexion, sondern auf theatrale Regie; es geht darum, sich politisch in Szene zu setzen und Gesellschaft als Spiel in Gang zu halten. Die Warenform schließlich verändert sich bis zu theatralen Prozessen, die sozial-ästhetischen Kapitalformen (vgl. Bourdieu) werden zu sozial-theatralen.

Heutige kapitalistische Erlebnis- bzw. ‚Inszenierungsgesellschaft‘ (Willems) sowie ihre unterschiedlichen *Realitätsebenen* und deren Hierarchie und Relevanz können mit der Kategorie T genauer analysiert werden.

In thp, d. h. am eigenen Leib erfahrenen und zugleich reflexiven T-prozessen kann man sich – je nach Intention und Orientierung – dieser globalen Theatralisierung folgen und/oder praxisnahe Kritik und Widerständigkeit erproben, z. B. als Erfahrung von interpersonaler Präsenz, lebendiger Körperlichkeit oder bewusster Langsamkeit, als ästhetisch-theatrale Wahrnehmungsschulung, als Wissen um theatrale Prozesse oder als Störung von medial vermittelten Alltagserfahrungen.

Arnold, Sabine R. u. a. (Hg.): Politische Inszenierung im 20. Jahrhundert. Zur Sinnlichkeit der Macht. Wien u. a. 1998; Barthes, Roland: Essais critiques. Paris 1964; Belgrad, Jürgen: Theatralität im Alltag. Spielerische Subjektentfaltung als ästhetische Inszenierung der Lebenswelt. In: Korrespondenzen, 1996, H. 27; Bourdieu, Pierre: Die feinen Unterschiede. Frankfurt a. M. 1982; Burns, Elisabeth: Theatricality. A Study of Convention in the Theatre and in Social Life. New York u. a. 1973; Dörner, Andreas: Politainment. Politik in der medialen Erlebnisgesellschaft. Frankfurt a. M. 2001; Fiebach, Joachim: Keine Hoffnung. Keine Verzweiflung. Versuche um Theaterkunst und Theatralität. Berlin 1998; Fischer-Lichte, Erika: Semiotik des Theaters. 3 Bde. Tübingen 1983; Dies./Pflug, Isabel (Hg.): Inszenierung von Authentizität. Tübingen, Basel 2000; Früchtl, Josef/Zimmermann, Jörg (Hg.): Ästhetik der Inszenierung. Frankfurt a. M. 2001; Gabler, Neal: Das Leben, ein Film. Die Eroberung der Wirklichkeit durch das Entertainment. Berlin 1999; Heuner, Ulf: Die theatralische Auflösung des Fußballs oder Andi Möller ist an allem Schuld. Zur alltagssprachlichen Verwendung des Begriffs ‚theatralisch‘. In: Weimarer Beiträge, 1999, H. 4; Höfele, Andreas: Drama und Theater. Einige Anmerkungen zur Geschichte und gegenwärtigen Diskussion eines umstrittenen Verhältnisses. In: Forum Modernes Theater, Bd. 6, H. 1; Kotte, Andreas: Theatralität. Ein Begriff sucht seinen Gegenstand. In: Forum modernes Theater, 1998, H. 2; Ders.: Zur Theorie der Theaterhistoriographie. In: Mimos. Zs. der Schweizerischen Gesellschaft für Theaterkultur, 2002, H. 1; Münz, Rudolf: Theatralität und Theater. Zur Historiographie von Theatralitätsgefügen. Hg. v. Gisbert Amm. Berlin 1998; Pavis, Patrice: Problèmes de sémiologie théatrale. Montreal 1976; Schechner, Richard: Theater-Anthropologie. Spiel und Ritual im Kulturvergleich. Reinbek 1990; Schramm, Helmar: Theatralität und Öffentlichkeit. Studien zur Begriffsgeschichte von ‚Theater‘. In: Weimarer Beiträge, 1990, H. 2; Ders.: Karneval des Denkens. Theatralität im Spiegel philosophischer Texte des 16. und 17. Jahrhunderts. Berlin 1996; Seitz, Hanne (Hg.): Schreiben auf Wasser. Performative Verfahren in Kunst, Wissenschaft und Bildung. Essen 1999; Vaßen, Florian: Kunstform Theater und alltägliche Theatralität in der Mediengesellschaft. In: Zs. für Literaturwissenschaft und Linguistik, 2001, H. 124; Willems, Herbert/Jurga, Martin (Hg.): Inszenierungsgesellschaft. Ein einführendes Handbuch. Opladen, Wiesbaden 1998.

FLORIAN VASSEN

→ Inszenierung – Leiblichkeit – Magie – Theater als öffentliche Institution – Theaterhistoriographie – Theaterwissenschaft – Theatralisierung (von Lehr- und Lernprozessen) – Zielgruppe

Theatre for Development

TfD gibt es hauptsächlich in den Ländern der sog. Dritten Welt, aber die Bewegung hat auch die Industrienationen erreicht. In den letzten zwanzig Jahren hat sich TfD über den ganzen afrikanischen Kontinent verbreitet. TfD ist eine Theaterform, die soziales Bewusstsein, Aufklärung, Entwicklung und Selbstbestimmung der Bevölkerung, speziell der ländlichen, bewirken möchte. Im Mittelpunkt der Theaterarbeit stehen Entwicklungsprobleme wie Gesundheit, Aidsaufklärung, die Rolle der Frau, Wasserversorgung, Landwirtschaftsmethoden oder die Menschenrechte. Aufgegriffen werden aber auch Themen der einzelnen Regionen oder Dörfer.

Die Bewegung TfD begann 1974 in Botswana. Anfang der 1980er Jahre änderte sich ihr politischer Stil und das Verhalten. Nun entstand eine Form, hervorgegangen aus dem *grass-roots level*, die die Aufmerksamkeit auf die Masse der Land- und Stadtbevölkerung

lenkte und ihnen eine Stimme gab, die ihre Probleme artikuliert.

Die Eliten in den Städten und internationale Entwicklungsorganisationen fühlten sich verantwortlich, den Entwicklungsprozess in den ländlichen Gebieten zu unterstützen. Sie erkannten, dass es nicht damit getan war, Schulen und Krankenhäuser zu bauen oder Wasserpumpen zu installieren. Die Bevölkerung musste aufgeklärt werden, um soziale Veränderungen zu sichern. Es sollte die Selbstbestimmung vor allem der ländlichen Bevölkerung erzielt werden. Um diese Ziele zu erreichen, wurde das Medium Theater genutzt – unter anderem die Anregungen zweier Brasilianer: Paulo → Freire und Augusto → Boal.

Theater war der Landbevölkerung ein vertrautes Medium für soziale Auseinandersetzungen. Im TfD werden Elemente des westlichen Theaters und traditionelles afrikanisches Theater vereint. TfD macht die Bevölkerung zu aktiven Teilnehmern im Entwicklungsprozess. Durch Theater sollen ihre Konflikte aufgedeckt und ihre Probleme zum Ausdruck gebracht werden.

Die größte Bedeutung hat TfD in folgenden Ländern: Botswana, Malawi, Swaziland, Lesotho, Sambia, Sierra Leone, Nigeria, Kamerun, Tansania, Kenia und Uganda.

In den ersten Jahren waren die TfD-Projekte hauptsächlich Agitprop-Projekte: ‚Creating theatre for the people‘ war das Motto. Von außen Kommende spielten Theaterstücke über Entwicklungsthemen. Diese Projekte hatten Aufklärungscharakter. Die Leitenden waren oft Mitarbeiter internationaler Entwicklungshilfeorganisationen, die meist Sponsoren dieser Projekte waren. Die Dorfbevölkerung war wenig beteiligt. Von ‚Creating theatre *for* the people‘ gab es eine Bewegung zu ‚Creating theatre *with* the people‘. Die Stücke wurden gemeinsam mit den Dorfbewohnern entwickelt und aufgeführt. Auch die Leiter waren immer häufiger Einheimische. Die nächste Bewegung ging in die Richtung zu ‚Theatre for Conscientisation‘. Dieses TfD sollte weniger die Dorfbevölkerung über Themen aufklären, als mehr Bewusstsein fördern, um eigenes Verhalten ändern zu können. Alle drei Arten existierten und existieren nebeneinander.

Für die Finanzierung und Organisation der TfD-Projekte sind meist internationale Organisationen wie die WHO oder UNICEF oder regionale Organisationen verantwortlich. Die Projekte werden größtenteils in Workshop-Form von ein paar Wochen durchgeführt. Die Leitung übernehmen in der Regel professionelle Schauspieler, Entwicklungshelfer und Sozialarbeiter aus dem Ausland, in den letzten Jahren jedoch zunehmend auch Menschen aus den jeweiligen Ländern.

TfD ist nicht produkt-, sondern prozessorientiert – ein Prozess, der Themensammlung, Analyse, gruppendynamische Prozesse, Theaterarbeit, Erarbeitung eines Stückes durch → Improvisation, Aufführungen und anschließende Diskussionen beinhaltet. Der Aufklärungsbedarf und die Entwicklungsprobleme werden in Analysen und Diskussionen mit den Dorfgemeinden ermittelt. Die Aufführungen gibt es gewöhnlich in der Sprache der Region; sie haben oft die Ärmsten und die Ungebildeten – oft Analphabeten – als → Zielgruppe. Hier ist meist Theater das einzige Medium der Information und Aufklärung. In vielen Teilen Afrikas liegt der Anteil der Analphabeten bei über 40 %, bei Frauen noch viel höher. Printmedien sind für diese Menschen wenig geeignet; Fernsehen kann kaum, Radio nur gelegentlich empfangen werden. Aus diesen Gründen ist Theater das beste → Medium, um so viele Menschen wie möglich zu erreichen. Durch eine anschließende Diskussion werden die Aufführungen und deren Themen besprochen. Ziele sind Aufklärung und Sensibilisierung für bestimmte Themen und Probleme, Förderung eines kritischen Bewusstseins und Mobilisierung für Veränderung von Ansichten und Verhalten, Erkennen und Klärung von Konflikten und Lösung von Problemen. TfD ist ein Bildungsprozess, der die Dorfgemeinden am Prozess beteiligt. Es beinhaltet interaktives Lernen, eine Art von ‚Geben und Nehmen‘.

Längst nicht alle TfD-Projekte erreichen ihre Ziele. Die Effektivität eines TfD-Prozesses hängt vom Einfühlungsvermögen der Katalysatoren, der Leitenden der Projekte ab.

Ein großer internationaler Workshop mit Katalysatoren aus allen Teilen der Welt, die in einem kleinen Dorf ein → Experiment machen möchten, ist nicht der beste Weg, ein TfD-Projekt durchzuführen. Viele TfD-Projekte wurden von europäischen Experten wie Ross Kidd, Martin Byram, Andrew Horn, David Kerr, Brian Crow und Michael Etherton organisiert; deren Wissen über Theater, ihre Theatertechniken waren durch ihren europäischen Hintergrund geprägt und ignorierten zum Teil die afrikanischen Theaterformen. Dies kann als eine Form des Neo-Kolonialismus bezeichnet werden. Die internationalen Workshops mit ihren Katalysatoren sind nur kurz in den Dörfern, wobei ihnen wenig Zeit bleibt, die Dorfbewohner, Dorfstrukturen und Probleme kennenzulernen.

TfD ist kulturspezifisch. Die Themen sollten nicht von außen hereingetragen werden, sondern sie sollten von innen, von den Dorfbewohnern selber kommen. Dem muss eine Datensammlung und Problemanalyse vorausgehen. Die afrikanischen Entwicklungshelfer sind in einem Labyrinth aus Widersprüchen gefangen. Oft müssen die Katalysatoren einen Spagat zwischen den Interessen der Sponsoren und den Interessen der Zielgruppe machen, denn die Interessen sind nicht immer identisch. Wenn der Sponsor die Regierung des Landes ist, stehen TfD-Projekte oft unter staatlicher Kontrolle.

Viele der Katalysatoren haben einen bürgerlichen oder kleinbürgerlichen Hintergrund. Oft fällt es ihnen schwer, sich davon zu lösen. Noch häufiger fallen die äußerlichen Symbole ihrer Sozialisation auf, zum Beispiel die Art der Kleidung und ihre Sprache. Auch wenn sie diese Symbole hinter sich lassen und sich frei unter die Dorfgemeinden mischen würden, blieben sie doch immer ein Fremdkörper. Aus diesen Gründen ist es notwendig, dass die Katalysatoren eine Zeit lang mit den Dorfbewohnern zusammenleben, mit ihnen den Alltag teilen, bevor der Workshop beginnt. Die Beziehung zwischen Katalysator und Zielgruppe spielt eine entscheidende Rolle für den Erfolg eines TfD-Prozesses. Er tritt dann ein, wenn die Zielgruppe an dem gesamten Prozess beteiligt ist. Dann animiert TfD Menschen, durch Aktionen ihre Konflikte und Probleme zu lösen.

Breitinger, Eckhard: Theatre for Development. Bayreuth 1994; Deu, Anja: Theatre for Development in Afrika. Diplomarbeit an der Alice-Salomon-Fachhochschule. Berlin 2002; Frank, Marion: Aids education trough theatre: case studies from Uganda. Bayreuth 1995; Kerr, David: African Popular Theatre: From Pre-colonial Times to the Present Day. London 1995; Mda, Zakes: When People Play People. Development Communication Through Theatre. Johannesburg, London 1993; Mlama, Penina: Culture and Development. The Popular Theatre Approach in Africa. Motala 1991.

ANJA DEU

→ Dialog – Prozess und Produkt – Recherche – Theater der Unterdrückten – Theaterarbeit in sozialen Feldern – Werkstatt

Theatre goes Business
→ Unternehmenstheater

Theatre in Education

Dieser Begriff verweist auf den Brückenbau zwischen Theater und Pädagogik in englischsprachigen Ländern, insbesondere Großbritannien, wo 1965 am *Belgrade Theatre* in Coventry die erste *TiE-Company* mit dem Anspruch gegründet wurde, pädagogisch relevante Theaterangebote für ein junges (Schüler-)Publikum zu schaffen. Begünstigt durch das experimentierfreudige Klima der britischen Bildungsreform und der seit den 1960er Jahren wachsenden (u.a. von → Brecht und → Piscator stark geprägten) alternativen Theaterbewegung, wurde die damit begonnene engere Kooperation zwischen Theater und Schulen auch andernorts weiter intensiviert. Im Laufe der Zeit formierte sich eine breite TiE-Bewegung, deren vielfältige theoretische und praktische Ansätze insbesondere im Rahmen der *Standing Conference of Young People's Theatre* kritisch diskutiert und seit den 1970er Jahren im *SCYPT-Journal* dokumentiert worden sind. Aufgrund von drastischen Veränderungen im britischen Erziehungswesen – die konservative Regierung hatte mit der Einführung eines *National Curriculum* eine Standardisierung des schulischen Lehrplans auf Kosten künstlerisch orientierter Fächer voran getrieben – verschlechterten sich seit etwa Mitte der 1980er Jahre zusehends die allgemeinen Arbeitsbedingungen für *TiE-Companies*. Zwar begann damit eine Krisenzeit für die britische TiE-Bewegung, aber auf dem Boden einer gut etablierten Infrastruktur erwies diese sich als improvisier- und überlebensfähig. Die Tatsache, dass inzwischen an vielen Hochschulen spezifisch TiE-bezogene Kurse integraler Bestandteil von (postgradualen) *Drama and Theatre Studies*-Programmen sind, unterstreicht die wichtige Rolle des mit dem Kürzel TiE gefassten (kultur-)spezifischen Bildungskonzepts, von dem auch für die Theorie und Praxis der ThP in Deutschland und in anderen Ländern wichtige Impulse ausgegangen sind.

TiE-Companies setzen sich zumeist aus etwa 3 bis 6 professionellen Schauspielern zusammen, die oft auch ausgebildete Lehrer sind und gemeinsam mit dem Regisseur, manchmal auch unterstützt durch einen temporär engagierten Theaterschriftsteller, an der Entwicklung eines sog. ‚TiE-Programms' für Schulen beteiligt sind.

Primäres Ziel eines solchen Programms ist in der Regel das Aufgreifen gesellschaftspolitisch und/oder fachlich relevanter Themen und deren Vermittlung durch: (1.) ein anspruchsvoll inszeniertes Theaterstück (dessen Handlungsverlauf bis zu einem gewissen Grade oft durch Schülerimpulse mit gesteuert wird); (2.)

Workshops vor bzw. nach der Aufführung; (3.) die Bereitstellung von didaktisch aufbereitetem Begleitmaterial, auf dessen Grundlage die in dem Theaterstück behandelte Thematik im Unterricht vor- bzw. nachbereitet werden kann.

Die Programme zielen in einem sehr allgemeinen Sinne auf eine „Synthese zwischen den fesselnden künstlerischen Ausdrucksformen des Theaters und den möglicherweise ebenso fesselnden Elementen des Lernens und Lehrens, ohne dass jedoch der altbekannte ‚didaktische Zeigefinger' allzu hochgehoben wird" (Müller-Black 73).

In dieser Weise haben britische und auch irische *TiE-Companies* in den letzten drei Jahrzehnten für Schulen in der jeweiligen Region, aber auch über regionale und nationale Grenzen hinaus, innovative Bildungsangebote geschaffen, damit den Unterricht in verschiedensten Fächern immens bereichert und insbesondere auch die Arbeit von Lehrern unterstützt, die das Schulfach Drama vertreten (vgl. in diesem Zusammenhang das von Schewe 1993 ausführlicher dargestellte TiE-komplementäre Bildungskonzept → *Drama in Education*).

Wie auch deutsche Schulen in der Vergangenheit von solchen TiE-Programmen profitieren konnten, insbesondere im Bereich Fremdsprachenvermittlung, lässt sich exemplarisch nachlesen bei Hanrahan u. a., in Schewe 1990 sowie in Schewe u. a. 1993.

Bennet, Stuart u. a. (Hg.): SCYPT-Journal (Standing Conference of Young People's Theatre); Enkemann, Jürgen: Die Theatre-in-Education-Bewegung in Großbritannien. In: Englisch-Amerikanische Studien, 1984, H. 4; Hanrahan, Johnny/Schewe, Manfred: The Hidden Journey. An Irish Theatre-in-Education Project for German Schools. A Report on the 1984 Tour. In: ebd.; Jackson, Tony (Hg.): Learning through Theatre. New Perspectives on Theatre in Education. London, New York 1995; Müller-Black, Ali: Theatre in Education in Großbritannien. Geschichte und Perspektiven. In: Schewe (Hg.) 1990; Redington, Christine: Can Theatre Teach? Oxford 1983; Schewe, Manfred (Hg.): Drama und Theater in der Schule und für die Schule. Beiträge zur Einführung in die britische Drama- und Theaterpädagogik. Oldenburg 1990; Ders.: Fremdsprache inszenieren. Zur Fundierung einer dramapädagogischen Lehr- und Lernpraxis. Oldenburg 1993; Schewe, Manfred/Shaw, Peter (Hg.): Towards Drama as a Method in the Foreign Language Classroom. Frankfurt a. M., Bern, New York 1993.

MANFRED SCHEWE

→ Deutsch als Fremdsprache – Kinder- und Jugendtheater – Lebensbegleitendes Lernen – Schultheater – Theater im Klassenzimmer – Werkstatt

Theatrum Mundi

Die Vorstellung vom TM (lat. *Theater der Welt*, dt. auch *Welttheater*) existierte bereits in der Antike, erfuhr aber im 17. Jh. eine Universalisierung und gesamteuropäische Verbreitung. „Die Welt ist ein Theater. Großartiger kann man vielleicht von der Welt, aber schwerlich vom Theater denken. Kein Zeitalter hat sich mit dem Theater tiefer eingelassen als das Barock [...]. Es hat das Theater zum vollständigen Abbild und zum vollständigen Sinnbild der Welt gemacht." (Alewyn 60) Mit dem Begriff TM hatte die Zeit einen Topos gefunden, mit dem sie ihr gesamtes Denken über die Welt zur Darstellung bringen konnte. ,Theater' und ,Welt' werden nun als grundsätzlich aufeinander bezogene Phänomene verstanden; nach Alewyn wird diese Affinität im barocken Theater auf komplexe Weise repräsentiert. Der Begriff TM ist auch Titel von historischen und dramatischen Werken des 17. und 18. Jhs. In Calderón de la Barcas *Das große Welttheater* (1645, gedruckt 1675) etwa bereitet „Gott sich und seinem himmlischen Hofstaat ein Schauspiel: Die Bühne ist die Welt, die Schauspieler sind die Menschen. Das Stück, das gespielt wird, ist das Leben. Wenn es zu Ende ist, ruft der Tod die Spieler von der Bühne ab. Gott, der Spielmeister, aber hält Gericht." (Alewyn 60)

Zugleich wurde das gesamte Leben an den europäischen Höfen wie eine Theateraufführung inszeniert, als eine Folge höchst kunstvoller Inszenierungen und Selbstinszenierungen, was u. a. – um die gewünschte ,Rolle' spielen zu können – eine starke Affektkontrolle auf Seiten der Mitglieder der höfischen Gesellschaft voraussetzte (vgl. Elias). Nur die richtige ,Maske' garantierte in dem dichten Geflecht höfischer Abhängigkeiten auf Dauer gesellschaftlichen Erfolg. Alewyn nennt das höfische Leben darum „totales Fest" (Alewyn 14). Die höchste Steigerung erfuhr diese Theatralisierung des Lebens in den opulenten barocken Festen (etwa Ludwigs XIV. zwischen 1660 und 1674 mit dessen Selbstdarstellung als ,Sonnenkönig'), deren integraler Bestandteil Theateraufführungen (z. B. der Truppe Moliéres) waren.

Interessant für thp Zusammenhänge kann der umfassende Charakter des Spiel-, Rollen- und Theaterbegriffs des TM sein. Ihn hat u. a. Jean-Paul → Sartre als säkularisiertes Erklärungsmodell und -symbol für das Problem der menschlichen Existenz schlechthin verwendet. „Das Spiel steht am Ursprung der Welt. Es gibt Welt [...], wenn kollektive Konventionen die Spielregeln festsetzen. Das einzige Resultat dieser Konventionen, die absurd und grundlos sind, besteht darin, die menschliche Aktivität auf allen Gebieten in ein Ballett zu verwandeln." (Sartre 200) So ist bei Sartre „planvolles, zielbewußtes Handeln, das die Geschichte manifestiert, nur vor dem Hintergrund der subjektiven Komödie zu begreifen, als ein Spiel (*theatrum mundi*), in dem der einzelne ständig seine Rolle definiert, verwirklicht und überschreitet" (Roloff 100). Die u. a. bei → Goffman, Sennett und Jauß diskutierte Umwertung des überkommenen Rollen- und Maskenbegriffs ist insofern bei Sartre bereits eingelöst, weil jede deterministische Fixierung der Rolle, streng im Sinne der antiken Bedeutung von *persona* (Rollenmaske) gefasst, von vornherein verhindert wird (vgl. Zimmermann).

Alewyn, Richard: Das große Welttheater. Die Epoche der höfischen Feste. Berlin 1985; Brauneck, Manfred: Die Welt als Bühne. Geschichte des europäischen Theaters, Bd. 2. Stuttgart, Weimar 1996; Elias, Norbert: Die höfische Gesellschaft. Frankfurt a. M. 1983; Goffman, Erving: Wir alle spielen Theater. Die Selbstdarstellung im Alltag. München, Zürich 1983; Jauß, Hans Robert: Ästhetischer und soziologischer Rollenbegriff. In: Ders.: Ästhetische Erfahrung und literarische Hermeneutik. München 1977; Roloff, Volker: Existentielle Psychoanalyse als *theatrum mundi*. In: König, Traugott (Hg.): Sartre. Ein Kongreß. Reinbek 1988; Sartre, Jean-Paul: Saint Genet. Komödiant und Märtyrer. Reinbek 1982; Sennett, Richard: Verfall und Ende des öffentlichen Lebens. Die Tyrannei der Intimität. Frankfurt a. M. 1983; Zimmermann, Rainer E.: Theatrum Mundi. Theorie und Praxis einer Sartreschen Metapher. In: Prima Philosophia. Cuxhaven, Dartford. 1998, H. 3.

MARIANNE STREISAND

→ Illusion im Theater – Rollenspiel – Theaterhistoriographie

Thingspiel

Der Kölner Theaterwissenschaftler Carl Niessen reklamiert für sich, im Juli 1933 den Begriff des T erfunden zu haben. Abgeleitet vom althochdeutschen Begriff *thing*, der nach Niessen die ,altgermanische politisch-rechtliche Gerichtsversammlung im Steinring' bezeichnet, steht das T für den einzigen entwickelten Versuch des Nationalsozialismus, eine genuine Theaterkultur zu kreieren. Bei allen Einschränkungen, die gemacht werden müssen, was den Grad von Innovation betrifft – das T war ein Sammelsurium aus Elementen des linken Agitprop-Theaters (Sprech- und Bewegungs-Chöre), der NS-Veranstaltungs-Dramaturgie, des ,Gesamtkunstwerk'-Modells und auch der Retheatralisierungs-Konzepte der Jahrhundertwende – war es doch der einzig wirklich großangelegte Versuch einer spezifischen Theaterpraxis für die apostrophierte neue Menschengemeinschaft. Signifikant ist die Überlagerung von ‚völkisch'-kulthafter Bewegung und moderner, staatstragender, technifizierter ‚Performance'-Strategie.

Dabei sammelten sich in der Thing-Bewegung ganz verschiedene Konzeptionen. Während der von Wilhelm K. Gerst 1931 gegründete ‚Reichsausschuß für deutsche Volksschauspiele', der bereits im Juli 1933 von Otto Laubinger, der dann erster Präsident der ‚Reichstheaterkammer' wurde, zum ‚Reichsbund' gemacht wurde, eher eine hausbackene Naturtheater-Romantik anstrebte, setzten dem die jungen Dichter wie Richard Euringer ihr Modell entgegen: Thing als Festtagsfeier, Gericht, Totenkult. Ziel zumindest des radikaleren Teils der Thingler war die Überschreitung der Grenzen des Theaters, die Aufhebung der Trennung von Spieler und Zuschauer. So betonte einer der neuen ‚Thingspielpfleger', Hans Vogel: „Thingspiele bedeuten keine künstlerische Revolution, sollen auch nicht Vorstoß in die Bezirke des Theaters sein. Hier hat sich etwas Neues entwickelt, zu dem nicht Elemente des Theaters Pate gestanden haben. Thingspiel heißt die zur Handlung gesteigerte politische Rede des nationalsozialistischen Führertums, Thingspiel heißt Aufmarschspiel der völkischen Gliederungen an den höchsten Feier- und Festtagen der Nation." (zit. n. Stommer 86) und war ein Versuch, die christlichen Traditionen durch neuheidnische zurückzudrängen.

Thing war hier als die ästhetische Steigerung der inszenierten Polit-Meetings gesehen worden, dem diente auch die Anlage vieler Thingplätze, wo sich die Spiel-Arena unmittelbar an ein Aufmarschfeld anschloss. Ab 1934 setzt die Planung für zunächst 66 Spielstätten ein, für deren größte ein Fassungsvermögen bis zu 200 000 Zuschauern vorgesehen war und die über das ganze Land verteilt werden sollten. 1934 waren allerdings erst sechs dieser Arenen fertiggestellt, in Halle, Heringsdorf, Holzminden, Jülich, Schmiedeberg und Stolzenau. Die ersten Aufführungen von T, zu deren Produktion ein Autorenwettbewerb veranstaltet wurde, fanden zunächst auf Provisorien statt. Thematisch konzentrierten sich die ersten T wie Euringers *Deutsche Passion 1933* (UA im April 1933) oder Kurt Eggers' *Das Spiel von Job dem Deutschen* (UA im November 1933) auf die Darstellung der ‚deutschen Leidensgeschichte' seit dem verlorenen 1. Weltkrieg. Allerdings erhielten von den eingereichten Stücken, die sich zumeist als untauglich erwiesen, bis 1934 nur 14 den

offiziellen Titel eines ‚T' zuerkannt. Auf den dann fertiggestellten Thingplätzen wie *Heiligenberg* in Heidelberg, wo zu den Reichsfestspielen 1935 der Gastregisseur vom Preußischen Staatstheater, Lothar Müthel, Kurt Heynickes *Der Weg ins Reich* inszenierte, wurden neben den oft spätexpressionistisch-chorischen Dichtungen, die durch Fahnenaufmärsche durch die Gänge der Zuschauertribünen, durch rhetorische Fragen an die Zuschauer und das abschließende gemeinsame Singen der NS-Hymnen die Grenze zwischen Darstellern und Zuschauern aufheben sollten, auch reine Gemeinschaftskulte wie die ‚Sonnenwendfeiern' abgehalten. Durch die Einbeziehung von Ausdruckstanz, Gymnastik und Sportfesten sollte in neuer Aufmachung an jene ‚Ganzheitskonzepte' der 1910er und 1920er Jahre angeknüpft werden, die nicht Kunst, sondern einen neuen Menschen, eine neue Kultur und Gemeinschaft zum Ziel hatten (vgl. Eichberg u. a. 33f.).

Allerdings zwingt der vorherrschende Dilettantismus, die Schwierigkeit, ständig Massen zu den oft außerhalb der Städte liegenden Stätten zu befördern sowie die Gefahr der Ermüdung am ständigen kultischen Feiern Ende 1935 zu einer Korrektur. Goebbels warnt nun vor falschem Übereifer, vor der Inflation pathetischer Sprechchöre und leitet das Hauptgewicht wieder auf die traditionellen Theater. Diese Kehrtwende steht vor dem Hintergrund der als beendet erklärten ‚Revolution'. Statt der Mobilisierung und Aufladung von Anhängern, strebt man nun stärker eine an den Bedürfnissen der Bevölkerung orientierte repräsentative Ästhetik an. Versuche, die T stärker zu ästhetisieren, führten zur Hinzuziehung von ‚Stars', die als Regisseure und Protagonisten dem eher laienhaften Spiel der eigens vom ‚Reichsbund' gegründeten Spielgemeinschaften und den beteiligten SA- und HJ-Einheiten einen professionellen Zuschnitt verpassen sollten. Dennoch tragen die T nicht die vom Propagandaminister erhofften Früchte. Bereits Ende 1935 verschwinden die Begriffe ‚Kult' und ‚Thing' aus dem offiziellen Sprachgebrauch, im Mai 1936 erlässt Goebbels das Sprechchorverbot, um den Sprechchor den Reichsparteitagen und anderen Großereignissen vorzubehalten. Dennoch wird die größte realisierte Thing-Stätte erst 1936 fertiggestellt: die Berliner ‚Dietrich-Eckardt-Bühne' (heute ‚Waldbühne'). Als Teil des Olympia-Komplexes hat sie ein Fassungsvermögen von 20 500 Zuschauern; und sie war, entsprechend ihrer Größe, mit einer modernen Ton- und Lichtinstallation ausgestattet worden. Hier unternahm Eberhard Wolfgang Möller mit seinem anlässlich der

Olympischen Spiele 1936 aufgeführten *Frankenburger Würfelspiel* einen Versuch, das T zum ‚deutschen Lehrspiel‘ zu wandeln. In seinem historischen Gerichtsspiel sollten die Zuschauer als scheinbar ‚Urteilende‘ aktiviert werden. „Durch den Chor entscheiden alle zwanzigtausend Zuschauer in der Arena über den Fall [...]. Diese ‚Verhandlungen vor dem Volk‘ werden einen neuen Theatersinn, eine neue Theateridee wekken, die wir einstweilen nur ahnen." (zit. n. Bochow 154)

Auch dieser Reformversuch des T blieb letztlich folgenlos. 1937 entzieht Propagandaminister Goebbels der T-Bewegung endgültig den Status der ‚Reichswichtigkeit‘, die Spielgemeinschaften werden aufgelöst. Ohne dass es ein offizielles Verbot der T gibt, wird das gesamte Projekt abgeblasen.

Bochow, Jörg: Berliner Theater im Dritten Reich. In: Fischer-Lichte, Erika (Hg.): Berliner Theater im 20. Jahrhundert. Berlin 1998; Eichberg, Henning/Dultz, Michael/Gadberry, Glen/Rühle, Günther: Massenspiele. NS-Thingspiel, Arbeiterweihespiel und olympisches Zeremoniell. Stuttgart 1977; Stommer, Rainer: Die inszenierte Volksgemeinschaft. Marburg 1985.

JÖRG BOCHOW

→ Chorisches Sprechen / Sprechchor – Mitspiel(theater) – Theater als öffentliche Institution – Theaterhistoriographie – Theaterwissenschaft – Theatralität – Zielgruppe – ZuschauSpieler

Toc

Lautsprachliche Bezeichnung aus dem Französischen. T bezeichnet nach Etienne Decroux, Begründer der *mime corporelle*, kurze phonetische wie nichtphonetische Akzente. Diese trennen als eine Art Interpunktion ein gestisches Element von einem anderen. Der Akzent dient dem Anfang und dem Ende einer pantomimischen Haltung (Attitüde) oder Bewegung, ist ein der Lautsprache analoges Gliederungs-, Bekräftigungs-, Tempozeichen, das durch alle Körperteile ausführbar ist. Darüber hinaus wird dem T von Jean Soubeyran eine syntaktische Bedeutung zugesprochen. So können Fragezeichen, Ausrufezeichen, der Doppelpunkt oder der Schlusspunkt durch diesen Grundakzent markiert werden. Als Gegensatz des T-impulses beschreibt der Begriff *fondu* eine fließende Bewegung oder Geste, die sowohl mit einem T beginnt oder mit diesem abschließen kann. Beide Termini tragen, in Anlehnung an die gesprochene Sprache, zur semantischen Verständigung pantomimischer

Zeichen bei. Als zusätzliche Mittel der Vortragsgestaltung für die → Pantomime stehen nach Soubeyran weitere szenische Konstruktionsmittel – darunter Reduktion, Zeitlupe, Ersetzung, Großaufnahme/ Totale und verschiedene Montagemöglichkeiten – zur Verfügung.

Cramer, Franz Anton: Der unmögliche Körper. Etienne Decroux und die Suche nach dem theatralen Leib. Tübingen 2001; Lecoq, Jacques: Der poetische Körper. Berlin 2000; Soubeyran, Jean: Die wortlose Sprache. Lehrbuch der Pantomime. Zürich, Schwäbisch Hall 1984; Zwiefka, Hans Jürgen: Pantomime, Ausdruck, Bewegung. Moers 1997.

ANDREAS POPPE

→ Körpersprache – Leiblichkeit

Turner, Victor

1920–1983. Ethnologe, Religions-, Literaturwissenschaftler, Historiker, Philosoph. Prägte den Begriff des ‚sozialen Dramas‘ als Ausdruck sozialer Spannungen und deren stereotyper Lösungsverläufe, erforscht am Beispiel afrikanischer Dorfgemeinschaften. Sein Interesse galt der Vieldeutigkeit, Unbestimmtheit und Reflexivität von → Ritualen, sozialen Dramen, → Spiel und Theater. Für T war Theater ein wichtiges Mittel der interkulturellen Überlieferung gewonnener Erfahrungen.

Das Ritual. Struktur und Antistruktur. Frankfurt a. M. 1989; Vom Ritual zum Theater. Der Ernst des menschlichen Spiels. Frankfurt a. M., New York 1989.

GABI BEIER

Übungsfirma

Die Ü hat seit langer Zeit ihren festen Platz im kaufmännischen Aus- und Weiterbildungsbereich in Deutschland. Aus ersten Anfängen Ende der 1950er Jahre ist durch ständige Anpassung an die Erfordernisse des Arbeitsmarktes und die Bildungsanforderungen der Lernenden die Ü heutigen Stils entstanden. Das pädagogische Konzept ist so erfolgreich, dass zu den ca. 900 Ü, die im Deutschen Ü-ring zusammengeschlossen sind, innerhalb weniger Jahre ein weltweites Netz mit über 1 500 weiteren Ü in vielen anderen Ländern der Welt gewebt wurde, vorwiegend in Europa, aber auch z. B. in Australien, Kanada, Brasilien, Südafrika – die ganze Welt ist (scheinbar) Bühne!

Ü heißt, dass unter der Anleitung von Lehrenden ‚Firma gespielt‘ wird. Alle kaufmännischen Abteilungen eines Betriebes werden simuliert. Die Lernenden (Arbeitslose und RehabilitantInnen in Umschulungen und Fortbildungen, Auszubildende, BerufsschülerInnen) übernehmen die Aufgaben von MitarbeiterInnen und durchlaufen alle wichtigen Funktionsbereiche eines Unternehmens.

Das → ‚Spiel‘ beschränkt sich aber nicht auf nur eine Spielstätte: Ü arbeiten in einem Markt zusammen, hier sind sie als Produktions-, Handels- und Dienstleistungsbetriebe tätig. Der gesamte kaufmännische Schriftverkehr, also Anfragen, Aufträge, Angebote, Lieferscheine, Rechnungen, Warenbegleitpapiere usw., wird zwischen den Ü ausgetauscht. Modernste Technologien werden angewendet, Internetseiten gepflegt, eigene Webshops eingerichtet und betreut. Zur Bezahlung der Dienstleistungen und Waren wurde ein eigenes weltweites Bankensystem (allerdings ohne Bargeld) geschaffen. Realitätsgetreu gibt es auch weitere Dienste wie Finanzamt, Krankenkassen, Zollamt und ein Telekommunikationsnetz.

Ein großes Ereignis im Ü-geschäft ist das Inszenieren einer Verkaufsmesse: Alljährlich findet an wechselnden Orten die Internationale Ü-messe statt. Hier werden – mit der dazugehörenden → Vor- und Nachbereitung in der Firma – die eigenen Produkte präsentiert, Verhandlungen, Ein- und Verkaufsgespräche geführt und für die Firma geworben. Nicht zu vernachlässigen ist zudem das gesellschaftliche Leben an den Messe-Abenden.

Für das pädagogische Konzept wesentlich ist, dass die Güter- und Geldkreisläufe aus kaufmännischer Sicht vollständig sind. Das Spiel unterscheidet sich nur dadurch von der Geschäftswelt, dass die Warenbewegungen, Dienst- und Geldleistungen nicht real erbracht werden. Die konkrete Verbindung von Theorie und Praxis eröffnet den Lernenden einen Erfahrungsraum, in dem sie kaufmännisches Handeln und ökonomisches Denken unmittelbar aufeinander beziehen können. Die Handlungs- und Entscheidungsfreiräume erlauben Fehler und ermöglichen dadurch angstfreies Arbeiten. Die Einordnung in das Sozialgefüge Ü und die dabei gesammelten Erfahrungen fördern die Persönlichkeitsentwicklung, die Akzeptanz innerbetrieblicher Hierarchien und geben Orientierung für die Arbeitswelt. In diesem angeleiteten *training on the job* erwerben die Lernenden zusätzlich zu den fachlichen Kenntnissen wichtige Schlüsselqualifikationen wie Arbeiten im Team, Treffen von Entscheidungen, Lösen von Konflikten, und sie erproben ihre Belastbarkeit und Frustrationstoleranz.

Der weltweite Ü-markt bietet, im Gegensatz zu anderen simulierenden Einrichtungen, die Möglichkeit, der Praxis entsprechend eine Vielzahl qualitativ und quantitativ unterschiedlicher Geschäftsvorgänge zu bearbeiten. Dies durchbricht den traditionellen Lehr- und Lernprozess: Störfälle sind zwar eingeplant, aber in ihrer Art nicht steuer- und planbar. Die Arbeit in der Ü scheint reale Arbeitswelt zu sein. Das Lernen ist kein rein kognitiver, sondern ein sinnlicher, ein theatraler Prozess. Allerdings wird dieser durch kaufmännische Vorgaben (zu verstehen als Drehbuch, Rahmen) dominiert. Der Kreativität bei der Ausgestaltung der Rollen sind deutliche Grenzen gesetzt, zum einen durch die Erfordernisse der Geschäftswelt, zum anderen durch den Wunsch der Lernenden (und die Notwendigkeit), eine Qualifikation für den Arbeitsmarkt zu erhalten. Daher sind Begrifflichkeiten wie Spiel, Simulation, Scheinfirma verpönt, da damit oft mangelnde Seriosität assoziiert wird. Die Ü-arbeit, also die Spiel-Praxis wird nicht wahrgenommen als Spiel, als Probehandeln, als ein → „Als-ob“. Weder die Lehrenden noch die Lernenden begreifen sich als Handelnde in einem theatralen Prozess mit all den einem solchen Prozess innewohnenden Möglichkeiten der Brechung, Verfremdung und Ästhetisierung.

Prospekt der Zentralstelle des Deutschen Übungsfirmenrings (ZÜF) Essen: Die Übungsfirma – Pädagogisches Konzept. Essen (o.J.); Prospekt der Zentralstelle des Deutschen Übungsfirmenrings (ZÜF) Essen: Die Übungsfirma – Lernen und Handeln. Essen (o.J.).
http://www.europen.de; http://www.zuef.de

BRIGITTE SONNTAG

→ Didaktik – Geschichte der Pädagogik – Lernen und Theater – Pflegedidaktik und Theaterpädagogik – Rollenspiel – Theaterarbeit in sozialen Feldern – Theatralisierung (von Lehr- und Lernprozessen) – Unternehmenstheater – Zielgruppe

Unsichtbares Theater

UT liegt im Spannungsfeld einer publikumswirksamen → Inszenierung und einer vorgestellten Realität, die von Außenstehenden nicht als Theater erkannt wird: Der Anspruch der Freireschen Bewusstseinsbildung beim Publikum soll durch das Erlebnis einer Szene ausgelöst werden, die in einer Alltagssituation als allgemeiner Vorfall erlebt wird: Das Gespräch mit dem Gemüsehändler über die steigenden Preise führt zu einer öffentlichen Diskussion über Regierungen und Bereicherungen; im Foyer des Opernhauses kippt ein Mann ohnmächtig um, seine Begleitung thematisiert Hunger, Armut und für wen die Oper eigentlich da ist; ein Gast in einem feinen Restaurant bittet, die Rechnung an die Regierung zu schicken, die versprochen hat, dass sich jeder satt essen darf, der Streit wird lautstark.

Als UT bezeichnen wir eine gründlich vorbereitete Szene, die einem Publikum vorgestellt wird, das nichts von der Inszenierung weiß, aber auf die erzeugte Wirklichkeit reagieren kann.

In der Entstehung der politisch eingreifenden Methoden des → Theaters der Unterdrückten (TdU) im oft aussichtslos erscheinenden Kampf gegen die von den US/CIA (vgl. Hitchens) eingerichteten südamerikanischen Militärdiktaturen kamen Theaterleute zwischen Zensur und Einschüchterung oft an ihre Grenzen. In den intensiven Studien der Methoden um → Brecht sind sie wohl auch auf die Geschichte der kommunistischen Theatergruppen in der Weimarer Republik gestoßen, die in ihrer Verfolgung schon zu unsichtbaren Methoden politischer Arbeit gegriffen haben.

Vor allem in Situationen der Zensur, die sogar antike griechische Autoren betreffen konnten, wurde vielen damaligen Schauspiel-Ensembles deutlich, dass sie im Theater nur noch sehr begrenzte Botschaften vermitteln konnten, was dann zudem noch dazu führte, dass sich verängstigte Menschen nicht mehr in diese kritischen Arenen wagten.

„Wenn das Publikum nicht mehr zu uns kommen kann, müssen wir zu ihm gehen", schlussfolgert Augusto → Boal (alle nicht nachgewiesenen Boal-Zitate sind Äußerungen Boals in Seminaren seit 1981, notiert v. Verf.), der das UT als ein wichtiges Glied in der Entwicklung der Methodenreihe des TdU sieht, zu denen nach → Statuentheater und → Forumtheater nun zuletzt auch das → Legislative Theater gehören.

In den heutigen Anwendungssituationen, in denen Unterdrückungsmechanismen meist sehr viel verdeckter ablaufen, brauchen wir auch tiefgehende Vorbereitungsschritte, um den wirklichen Themen, Tabus, Mythen und Mechanismen auf die Spur zu kommen.

Wie die meisten Szenen-Entwicklungen im Methodenkanon des TdU beginnt die Arbeit immer mit dem Entwurf aus den generativen Themen der Teilnehmenden, die an einem eigenen Anliegen aus einem Beispiel tatsächlich erlebter Unterdrückung/Druck ansetzen soll, da konstruierte und theoretisch nachgespielte Situationen meist nicht genügend Kraft und Treffsicherheit bekommen.

Der thp Einstieg kann leicht mit Boals Statuentheater gestaltet werden, mit solchen Proben-Techniken wird zu Forum-Szenen gekommen, um (interne) Varianten der Veränderung zu entwickeln und im Thema Sicherheit zu gewinnen. Für eine unsichtbare Inszenierung wird dann eine Situation vorbereitet, die Aufsehen oder Reaktionen erregt, aber auch die Rollen von Passanten, die beobachten oder eingreifen, nötigenfalls Provokationen einbringen, werden geübt. Einer Aufführung muss eine Ortsbesichtigung vorausgehen, am besten zu einer der Aufführung/‚Inszenierung' entsprechenden Zeit, um die Verhaltensweisen des Publikums zu beobachten. Eventualitäten der ‚schlimmsten Art' sind zu entwerfen, wie z. B. auf Interventionen von Polizei und Selbstverteidigern zu reagieren ist, um die Situation für alle Beteiligten gesichert aufzulösen, bis zum Rückweg zum Auswertungstreffen, in dem nicht nur die verschiedenen Erlebnisse und der allgemeine Erfolg ausgetauscht werden sollten, sondern auch ein kritischer Vergleich mit einer offenen Forum-Szene angebracht ist.

Das Ziel einer Inszenierung eines UT wird oft nicht klar umrissen, ist aber für fundierte Arbeit wichtig: Soll es nur → Spaß machen, was bei vielen die Nähe oder Assoziation mit ‚Vorsicht Kamera' (‚Leute verarschen'), auslöst, soll anderen damit eine Lehre erteilt werden oder geht es um einen Impuls zur Entwicklung von Eigenkraft/Autonomie? Geht es darum, eigene Grenzen zu erproben, tatsächlich die Tiefe eines Themas, der Tabus und der möglichen Veränderung auszuloten oder soll ein Gegner bloßgestellt werden, statt ihn als Ansprechpartner in → Dialog zu holen?

Unter den KollegInnen gibt es verschiedene Haltungen, ob eine Auflösung der unsichtbaren Inszenierung mit den Passanten erfolgen sollte. Ich kenne, vor allem aus Situationen, die innerhalb einer → Gruppe inszeniert waren, sehr erzürnte Kontroversen, die zwischen betrogenen Gefühlen und ungläubigem Staunen wenig Austausch ermöglichten, und auch die Argumentationen von Theologen, etwa dass diese Methode unzulässig sei. Boal argumentiert dagegen, dass wir eine Wirklichkeit, die ja auch wirklich so an anderem Ort existiert, zu Zwecken der Bearbeitung und Erforschung der eigenen Anteile und Reaktionen abbilden, also nicht beliebig erfinden. Ähnlich argumentiert die soziologische Aktionsforschung, können auch Arbeiten an tabuisierten Themen begründet werden: zu untersuchen, wie Menschen – oft entgegen ihrer geäußerten Meinung – tatsächlich reagieren.

In der thp Aus- und Fortbildung steht das besondere Erleben im Vordergrund, in dem die Beteiligten den

Unterschied ihrer Vorstellung vom Verlauf und von den Reaktionen der Passanten mit der Situation ihrer eigenen Rolle und Spielsicherheit in Zusammenhang bringen: die Verschiedenartigkeit der Wahrnehmung, aber auch die Situation, dass es gar nicht möglich ist, aus einer unsichtbaren Rolle zu fallen, ohne sich in verwirrende Widersprüche zu verwickeln – ein Vorgriff und Beispiel zur Theorie von Dekonstruktion und Konstruktion unserer Wirklichkeiten, Identitäten, Wahrnehmungen.

Autonome A.F.R.I.K.A-Gruppe (Hg.): Handbuch der Kommunikationsguerilla. Hamburg, Göttingen 1997; Boal, Augusto: Theater der Unterdrückten. Übungen und Spiele für Schauspieler und Nicht-Schauspieler. Frankfurt a. M. 1989; Ders.: Legislative theatre, using performance to make politics Routlegde. London, New York 1998; Ders.: Der Regenbogen der Wünsche. Methoden aus Theater und Therapie. Seelze 1999; Hitchens, Christopher: Die Akte Henry Kissinger. In: Lettre International, 2001, H. 53; Letsch, Fritz: Theater macht Politik. Die Methoden des Theater der Unterdrückten in der Bildungsarbeit. Gautinger Protokolle im Institut für Jugendarbeit des BJR, Germeringerstr. 30, 82131 Gauting; Ruping, Bernd (Hg.): Gebraucht das Theater. Die Vorschläge von Augusto Boal – Erfahrungen, Varianten, Kritik. Lingen, Remscheid 1991; Wiegand, Helmut: Die Entwicklung des Theaters der Unterdrückten seit Beginn der achtziger Jahre. Stuttgart 1999. http://de.groups.yahoo.com/group/unsichtbaresTheater; http://www.institutgauting.de. / institutgauting@t-online.de; http://www.joker-netz.de/.

FRITZ LETSCH

→ Konstruktivismus – Recherche – Theatre for Development – Zielgruppe

Unternehmenstheater

U meint den nutzerorientierten Einsatz verschiedener Formen des Theaters im Unternehmens- und Organisationskontext, z. B. zur Verbesserung von Unternehmenskultur, Selbstmanagement, Motivation und zum Ermöglichen sog. flacher Hierarchien. U kennt keine eigene Methode. Die im U genutzten Methoden reichen vom interaktiven Improvisations- und → Mitspieltheater über das Aufnehmen von Ideen des → Forumtheaters Augusto → Boals bis zur → Inszenierung nach (eigenen oder fremden) Textvorlagen. Es können aber auch ergänzende Methoden aus anderen Kommunikationsdisziplinen (Beratung, Training, Mediation) herangezogen werden. Das → Rollenspiel ist seit den 1950er Jahren eine im Wirtschaftskontext

weit verbreitete Methode, die (auch) aus dem Theater stammt. U geht mittlerweile weit darüber hinaus.

Den Begriff U etablierte das erste ‚Forum Business Goes Theater', das 1997 in Hof (Bayern) stattfand. Der zu dieser Zeit noch synonym genutzte Begriff ‚Businesstheater' ließ sich 1997 von einem Anbieter markenrechtlich schützen und verlor dadurch seine Allgemeingültigkeit. Ein weiterhin genutzter Begriff ist der des ‚bedarfsorientierten Theaters'.

Mittlerweile gibt es einige hundert U-Anbieter im deutschsprachigen Bereich. Es gibt reine U-Anbieter, Agenturen, die U als eine Dienstleistung neben anderen bieten und Unternehmensberater, die U-Leistungen nutzen. Teams der U-Anbieter bestehen aus qualifizierten Schauspielern, Managementtrainern und Organisationsentwicklern.

Die erste wissenschaftliche Fassung des U findet sich bei den Betriebswirtschaftlern Schreyögg u. a.; einen umfassenden, praxisorientierten Einblick liefern Flume u. a.

Berg, Markus/Orthey, Frank Michael/Ritscher, Jörg: Unternehmenstheater interaktiv. Weinheim 2002; Flume, Peter/Hirschfeld, Karin/Hoffmann, Christian: Unternehmenstheater in der Praxis. Wiesbaden 2001; Schreyögg, Georg/Dabitz, Robert: Unternehmenstheater. Wiesbaden 1999.

CHRISTIAN HOFFMANN

→ Arbeitertheater – „Didaktisches Theater" – Kommunikationstraining – Planspiel – Übungsfirma – Zielgruppe

Vaßen, Florian

Geb. 1943. Dr. phil. Professor für Neuere Deutsche Literatur an der Universität Hannover. Studium der Germanistik, Romanistik, Philosophie und Geschichte in Frankfurt a. M., Aix-en-Provence und Marburg; seit 1984 Vorsitzender der Gesellschaft für Theaterpädagogik Niedersachsen; 1986 Mitbegründer des Literaturrates Niedersachsen; 1996 Gastprofessor an der Universidade de São Paulo; Leiter der ‚Arbeitsstelle Theater – Theaterpädagogik' an der Universität Hannover; seit 2000 Vorsitzender der Lenkungsgruppe des Ergänzungsstudiengangs ‚Darstellendes Spiel' für das Lehramt an Gymnasien; Mitbegründer und Mithg. der einzigen wissenschaftlichen thp Zs. *Korrespondenzen*. Schwerpunkte: für die Profilierung der ThP wichtige Forschungen, Publikationen und Lehrveranstaltungen u. a. zum → Lehrstück, zu Bertolt → Brecht und Heiner → Müller sowie zu einer Verbindung von theaterpraktischen, gestisch-körperlichen und literaturwissenschaftlichen, sprachlich-kognitiven Methoden.

Vaßen, Florian/Koch, Gerd/Steinweg, Reiner (Hg.): Assoziales Theater. Spielversuche mit Lehrstücken und Anstiftung zur Praxis. Köln 1984; Ders./Hoffmann, Klaus (Hg.): Theater und Schule. Materialien und Konzepte. Hannover 1995; Ders./Schmidt, Ingo (Hg.): Bibliographie Heiner Müller. 2 Bde. Bielefeld 1993–1996; Ders./Hentschel, Ingrid/Hoffmann, Klaus (Hg.): Brecht & Stanislawski und die Folgen. Anregungen für die Theaterarbeit. Berlin 1997; Ders./Koch, Gerd/Naumann, Gabriela (Hg.): Wechselspiel: KörperTheaterErfahrung. Frankfurt a. M. 1998; Ders./Gellert, Inge/Koch, Gerd (Hg.): Massnehmen. Bertolt Brecht/Hanns Eislers Lehrstück DIE MASSNAHME. Kontroverse – Perspektive – Praxis. Berlin, Köthen 1999; Ders./Naumann, Gabriela/Koch, Gerd (Hg.): Ohne Körper geht nichts. Berlin, Milow 2000; Ders./Porrmann, Maria (Hg.): Theaterverhältnisse im Vormärz. Jahrbuch 2001. Bielefeld 2002.

MARIANNE STREISAND

Volksbühne

1890 in Berlin als Pendant zum Verein ,Freie Bühne' gegründete Besucherorganisation der sozialdemokratischen Arbeiterbewegung, zunächst unter dem Namen ,Freie Volksbühne'. Während sich die ,Freie Bühne' unter Otto Brahm 1889 das (nicht immer realisierte) Ziel gesetzt hatte, modernen Gegenwartsstücken, die von der preußischen Zensur in öffentlichen Theatern nicht zugelassen wurden, zur Aufführung im ,geschlossenen Verein' zu verhelfen und zugleich in einem kleineren Kreis von Kunstsachverständigen mit neuen Kunstformen und -mitteln der Psychologisierung und Intimisierung zu experimentieren, war die V eine im engeren Sinne thp Institution. Ihre Intention war, Arbeitern zu Bildung und Unterhaltung über das → Medium Theater zu verhelfen und das bürgerliche Theaterprivileg zu brechen. Niedrige Mitgliedsbeiträge berechtigten zum Besuch einer Vorstellung pro Monat, die Plätze wurden verlost. Gespielt wurde zunächst an Sonntagnachmittagen in gemieteten Theatern, die SchauspielerInnen wurden für die einzelnen Vorstellungen verpflichtet. Die V verfügte aber über zwei eigene Regisseure (Cord Hachmann, Georg Stollberg). Die erste Vorstellung war, wie in der ,Freien Bühne', ein Ibsen-Stück.

Die V war von Anfang an von Richtungskämpfen um ihre politische und thp Funktion begleitet. Franz Mehring als Leiter der V 1892–1896 sah das Theater als Instrument im Emanzipationskampf der Arbeiterbewegung, während Bruno Wille, Leiter bis 1892, die Vereinsarbeit aus jeder Parteiorientierung heraus zu halten suchte und die bildungspädagogische Aufgabe in den Vordergrund stellte, analog etwa zu den um 1900 eingeführten Volkshochschulen. Willes Fraktion spaltete sich bereits 1892 mit der Gründung der ,Neuen Freien Volksbühne' ab. So kam es bei der von der Preußischen Zensur öffentlich verbotenen Uraufführung von Gerhart Hauptmanns *Die Weber* zu drei Berliner Premieren innerhalb eines Jahres in den Vereinen ,Freie Bühne' (26. 2.), ,Neue Freie Volksbühne' (15. 10.) und ,Freie Volksbühne' (3. 12.). Nach Mehrings Ausscheiden als Leiter näherte sich die V unter dem Signum des Bildungs- und Unterhaltungsideals wieder an, ab 1913 kam es zum organisatorischen Wiederzusammenschluss.

1914 eröffnete die V ein eigenes Haus mit festem → Ensemble, die ,Volksbühne am Bülowplatz', nach Entwürfen von Oscar Kaufmann, mit 2 000 Plätzen und neuester Theatertechnik. Max Reinhardt, der dem ursprünglichen thp Bildungsideal der V fern stand, war von 1915–1918 Direktor und übernahm die ästhetisch hochqualifizierten Aufführungen seiner eigenen Bühnen zu niedrigen Preisen für die Mitglieder der V. Nach dem 1. Weltkrieg weitete sich die V über Berlin hinaus aus, 1920 hatte sie bereits 290 Ortsvereine mit 350 000 Mitgliedern; diese Zahlen stiegen ständig. Als Erwin → Piscator 1924 als Regisseur und Oberspielleiter an die V engagiert wurde und dort direkt politisch engagiertes Theater machte, kam es zu permanenten Konflikten mit dem V-vorstand. Piscator verließ 1927 nach Auseinandersetzungen um die stark aktualisierende Inszenierung *Gewitter über Gottland* von Ehm Welk die V und gründete die 1. ,Piscatorbühne'. Er beschrieb die Fronten mit den Devisen ,Kunst als Ausdruck des Menschlich-Großen' bzw. ,Kunst als Instrument der sozialen Auseinandersetzung' (Piscator 1980, 59). Die allgemeine Politisierung der Öffentlichkeit am Ende der Weimarer Republik erfasste dennoch die V: Zunächst rebellierte die V-jugend, organisiert in den sog. ,Sonderabteilungen', in Solidarität mit Piscator gegen den Vorstand unter Siegfried Nestriepke und Julius Bab und forderte ein ,Kampftheater' gegenüber einem ,Konsumverein'. Diese Organisation, die immerhin 16 000 Mitglieder hatte, folgte Piscator (mit Einwilligung des Vorstands) an das neu gegründete ,Theater am Nollendorfplatz'; sie gründete später die ,Junge Volksbühne'. Karlheinz Martin, Intendant der V ab 1929, inszenierte dort wichtige Zeitstücke, z. B. Alfred Döblins *Die Ehe* (1931), aber auch Georg Büchners *Dantons Tod* (1929), Musik: Hanns Eisler, mit Walter Franck, Peter Lorre und Lotte Lenya. Wichtige UA der V waren in diesem politisch engagierten Zusammenhang 1928 Günther Weisenborns *U-Boot S 4* (Regie: Leo Reuß) und 1930 Friedrich Wolfs *Matrosen von Cattaro* (Regie: Günther Stark). Heinz Hilpert war Intendant der V von 1932 bis 1934, ihm folgte Eugen Klöpfer bis 1938. In dieser Zeit des Nationalsozialismus wurde die V ‚gleichgeschaltet': Ab 1935 existierte ein dem Naziregime genehmer Vorstand (unter Bernhard Graf Solms), das Haus in Berlin hieß nun ‚Volksbühne am Horst-Wessel-Platz' und unterstand dem Reichspropagandaministerium. 1939 wurde der Volksbühnen-Verein aufgelöst, das Haus verstaatlicht und im 2. Weltkrieg zerstört.

Nach dem Krieg spaltete sich auch die V-bewegung: In Ostdeutschland bildete sich 1947 der ‚Bund Deutscher Volksbühnen', der aber bereits 1953 wieder aufgelöst wurde. In der DDR sollte nun die Einheitsgewerkschaft FDGB die ursprünglichen thp Funktionen der V mit übernehmen: Verteilung von verbilligten Theaterkarten in Betrieben, kulturelle Aufklärung und Weiterbildung in den Brigaden am Arbeitsplatz. Der Erfolg dieser kulturellen Zwangsmaßnahmen war u. a., dass gelegentlich die von Theaterinteressierten heiß begehrten Theaterplätze leer blieben, weil die Karten in Betrieben verteilt und nicht genutzt worden waren.

1948 gründete sich in Westdeutschland der ‚Verband der Deutschen Volksbühnen-Vereine' neu; er hatte bald großen Zulauf und wurde zu einer wichtigen und einflussreichen Besucherorganisation. Piscator war 1962–1966 wiederum Direktor der (1963 fertiggestellten) ‚Freien Volksbühne Berlin' in der Schaperstraße. Er hatte den Mut, den entscheidenden Stücken des Dokumentarischen Theaters zur Aufführung zu verhelfen. In seiner Regie kam am 20. 2. 1963 Rolf Hochhuths *Stellvertreter* zur Premiere, nachdem sogar der Verlag, dem der Autor sein Stück zuerst angeboten hatte, die Courage verloren und das schon im Umbruch vorliegende Stück an den Rowohlt-Verlag abgeschoben hatte, der es dann Piscator zur Aufführung anbot (vgl. Piscator 1975, 7f.). Andere wichtige UA des Dokumentarischen Theaters (u. a. Heinar Kipphardts *In der Sache J. Robert Oppenheimer*, 11. 10. 1964; Peter Weiss *Die Ermittlung,* 19. 10. 1965) folgten in seiner Regie.

Der V-Verein wurde nach dem Fall der Berliner Mauer in Ostberlin neu gegründet, beide Vereine schlossen sich nach der staatlichen Wiedervereinigung zusammen. 1990 feierte der Verein sein 100jähriges Bestehen in der ‚Freien Volksbühne'.1993 wurde de-

ren Ensemble aufgelöst, weil der Berliner Senat die Förderung des Spielbetriebs einstellte; das Haus steht jetzt den Berliner Festspielen für Gastspiele zur Verfügung.

Eine politisch und ästhetisch überaus innovative Zeit der Ostberliner ‚Volksbühne am Rosa Luxemburg Platz', dem Stammhaus der V, war die unter der Leitung von Benno → Besson 1969 bis 1978. Als Brecht-Schüler und zugleich Vertrauter der romanischen Theatertradition, die ihre Wurzeln in der Commedia dell'Arte noch nicht verleugnet hatte, gelang es Besson, hier – gemeinsam mit den Regisseuren Manfred Karge, Matthias Langhoff, Fritz Marquardt u. a. – eine neue Art von → Volkstheater ins Leben zu rufen. Seine eigenen Inszenierungen (etwa Gozzis *König Hirsch*, 1972, Shakespeares *Wie es Euch gefällt*, 1975, und *Hamlet*, 1976, seine Lehrstück-Versuche in Berliner Betrieben), aber auch die ‚Spektakel'-Inszenierungen von Karge/Langhoff im gesamten Haus und Umfeld (etwa ‚Spektakel 2' 1975 mit der parallelen Aufführung von 12 Zeitstücken, darunter der UA von Heiner → Müllers *Schlacht / Traktor*) oder die erste Wiederaufführung von Müllers bis dahin tabuisiertem Stück *Die Bauern* 1976 (Regie: Fritz Marquardt) machten Theater zu einer Angelegenheit von Forum und Fest zugleich.

Nach der sog. Wende übernahm Frank Castorf die Intendanz und führt – in stark modifizierter Form – auch Ideen der frühen V weiter: vergleichsweise preiswerte Theaterplätze, eine sowohl ästhetisch internationale als auch topographisch lokale Orientierung des Hauses, so dass die V heute als eines der wichtigsten Kunstinstitute Deutschlands und zugleich als eine Art soziokulturelles Zentrum insbesondere jüngerer Leute gelten kann.

Bab, Julius: Wesen und Weg der Berliner Volksbühnenbewegung. Berlin 1919; Balitzki, Jürgen: Castorf, der Eisenhändler. Theater zwischen Kartoffelsalat und Stahlgewitter. Berlin 1995; Braulich, Heinrich: Die Volksbühne. Berlin 1976; Chung, Hyun-Back: Die Kunst dem Volke oder dem Proletariat? Die Geschichte der Freien Volksbühne in Berlin 1890–1914. Frankfurt a. M. 1989; Irmer, Thomas (Hg.): Volksbühne. Frank Castorf – Intendanz. Berlin 2002; Pforte, Dietger (Hg.): Freie Volksbühne Berlin 1890–1990. Berlin 1990; Piscator, Erwin: Vorwort zu Rolf Hochhuth: Der Stellvertreter. Berlin 1975. Ders.: Rechenschaft (1). In: Ders.: Theater. Film. Politik. Hg. v. Ludwig Hoffmann. Berlin 1980; Schwerd, Almut: Zwischen Sozialdemokratie und Kommunismus. Zur Geschichte der Volksbühne 1918–1933. Wiesbaden 1975; Streisand, Marianne: Intimität. Begriffsgeschichte und Entdeckung der ‚Intimität' auf dem Theater um 1900. München 2001; Treusch, Hermann u. a.

(Hg.): Spiel auf Zeit. Theater der Freien Volksbühne 1963–1992. Berlin 1992.

MARIANNE STREISAND

→ Arbeitertheater – Arbeitsfelder der Theaterpädagogik – Dramaturgie – Lehrstück – Theaterhistoriographie – Volkstheater

Volkskunst / Folklore

Der Begriff V hat sich in den letzten vier Jahrzehnten des 19. Jhs. ausgehend von der Kunstgewerbebewegung entwickelt und gilt seitdem als umstritten. Die Aufmerksamkeit für Erzeugnisse der V wurde mit der Pariser Weltausstellung 1867 geweckt. V interessierte zum einen als Dokument des Fortwirkens der Stile der Vergangenheit und zum anderen als Hinweis auf Eigenschaften, die im Kunsthandwerk fehlten. Der Kreis der Erzeugnisse, die zur V gezählt wurden, erweiterte sich in Folge des gestiegenen Interesses immer mehr.

Innerhalb der Kunstgewerbebewegung gab es sozialpolitisch aktive Kreise, die in den politischen, sozialen und geistigen Entwicklungen, mit denen die Moderne die Lebenswelten einschneidend veränderte, eine Bedrohung sahen und eine Besinnung auf Überlieferung sowie eine Aufwertung der Handarbeit gegenüber industrieller Fertigung forderten.

Das wachsende Interesse an V ist hier zu verstehen als eine Reaktion auf Technisierung, Industrialisierung und Urbanisierung. Der Wunsch nach ‚Ursprünglichem' animierte Anfang des 20. Jhs. viele Künstler (z. B. Paul Gauguin, Wassily Kandinsky, Franz Marc), auf einfache Formen der sog. Naturvölker und der Landbevölkerung zurückzugreifen (bayerische Votivtafeln, Hinterglasmalerei, russische Bilderbogen, exotische Kunst). Innerhalb des wissenschaftlichen Interesses entwickelten sich Kontinuitätsvorstellungen, die anknüpfend an die Romantik und vor allem an Jakob Grimm in der V und der Volksüberlieferung eine Verbindung zu den Kulturen älterer Stufen der Menschheitsgeschichte sahen und der V eine Eigengesetzlichkeit zusprachen. Diese Herangehensweise förderte die Erörterung jeweiliger Nationalstile, was dann in zahlreichen Ausstellungen, eigenen Museen und Instituten zum Ausdruck kam, aber auch zu einer näheren Bestimmung des Begriffs führte. Unter V wurden handwerkliche Erzeugnisse mittlerer und unterer sozialer Schichten, vom 16. bis zur Mitte des 19. Jhs. in Europa hergestellt, verstanden.

Das Interesse galt den ästhetischen Ausdrucksformen, die den sozioökonomischen Bedingungen verpflichtet waren und den Traditionen entsprachen, im Sinne eines Angesiedeltseins außerhalb der klassischen und modernen Kunst. Bernward Deneke hat jedoch gezeigt, dass tatsächlich aber V (anders als Völkerkunst) immer mit den Erscheinungen der Universalkunst verflochten war. Ihre Formen und Stile sind auf die sich wandelnden Stilformen und auf die allgemeine Kulturentwicklung zu beziehen. Und wer der V einen unpersönlichen Charakter attestiert, übersieht, dass V sich an geläufigen Mustern orientiert, Handwerker teilweise namentlich genannt wurden und die weitere Produktion beeinflussten. Zudem sind die Stile der V immer an den Geschmack der Konsumenten gebunden.

Das Interesse an den Bedingungen der Produktion und Rezeption der V wuchs erst mit dem sich wandelnden Interesse der Volkskunde, die darlegte, dass die schichtengebundene Zuordnung der Materialien wichtig war für die Beschaffenheit der Erzeugnisse. Ende des 19. Jhs. wurden der V ähnelnde Erzeugnisse industriell in Masse hergestellt und es entstanden regional Zentren, die sich auf die handwerkliche Herstellung einzelner Produkte konzentrierten (z. B. im Erzgebirge). Produkte aus Kulturen, die von der Industrialisierung später erfasst wurden, sind über den Tourismus in den internationalen Markt gelangt (z. B. Mexiko, Afrika).

Immer wieder wurde versucht, den Begriff einzuschränken (Bauernkunst) oder auszuweiten (jegliche populäre Kunst), womit er den französischen *Arts populaires* und der italienischen *Arte popolare* näher kam. Im weitesten Sinne umfasst V Kunst, Geschmack und Mentalität der unteren Schichten innerhalb der verschiedenen Kulturen der Welt und ist somit Ausdruck von Wertvorstellungen und sozialen Ordnungen. Anfang des 20. Jhs. wurde V auf alle künstlerischen Ausdrucksformen (Volkslied, Volksmusik, Volkstanz, Volksschauspiel usw.) angewandt. Die Bedeutung von V verengte sich dann auf das bildnerische Schaffen im Sinne einer anonymen, angewandten Kunst. In neuerer Zeit werden unter dem Begriff kreative Praktiken der Popular- und Jugendkultur (z. B. Graffiti, laienkünstlerische Aktivitäten) subsumiert.

Der Begriff F (engl., aus *folk*: Volk und *lore*: Wissen) hat sich seit dem ausgehenden 19. Jh. mit verschiedenen Ausprägungen in vielen Ländern ausgebreitet. 1846 kam er in Großbritannien auf, um volkstümliche Überlieferungen zu erfassen. In Frankreich und Italien bezeichnet er sowohl Formen der Volkskultur als auch die wissenschaftliche Disziplin, in der skandinavischen Tradition umfasst F das gesamte mündlich tradierte Erzählgut und in der deutschen ist er Ausdruck für Bräuche, Volksmusik, Alltagswissen. Heute findet man den Begriff in der neueren Volkskunde, der Ethnologie, der Volksliteratur, der Touristik und der Alltagssprache. Als Folklorismus bezeichnet man eine moderne Gesellschaftserscheinung, mithin ein Produkt der Kulturindustrie: das politisch oder wirtschaftlich begründete Wiederbeleben von Bräuchen oder Erfinden von Traditionen (vgl. Hobsbawm).

Als charakteristisch für V gilt, dass sie zumeist nicht in Einzelwerken, sondern in einer Vielzahl hergestellt wurde. Sie reicht von Alltagsgeräten und Gebrauchsgegenständen über Ziergegenstände bis zu Brauchtums- und religiösen Erzeugnissen. Die Erzeugnisse differenzieren nach der Herkunft, allgemein gilt jedoch, dass ornamental-stilistische Muster vorherrschen. Die Stile der verschiedenen Produkte sind geprägt von den Herstellungsorten, den materiellen und immateriellen Möglichkeiten. Die Formprinzipien, mithin die Ähnlichkeit vieler Erzeugnisse aus verschiedenen Regionen, sind begründet in der Ähnlichkeit der Herrschaftsstrukturen und der Produktionsverhältnisse. Die Formen werden bestimmt durch die rezipierten Motive und deren Auswahl ergibt sich aus den Themen, „die dem Bildungshorizont der Produzenten und Konsumenten zugänglich waren" (Deneke 56). Oft ist V verbunden mit regionalen Traditionen und Festen, zeremoniellen Handlungsabläufen, Wendepunkten wie Geburt, Hochzeit, Tod. Hierhin gehört auch das Volksschauspiel, oft von Laien im jeweiligen Dialekt und entsprechend den Themen des Festkalenders dargeboten. Die Handlung dient zumeist der Erinnerung religiöser oder weltlicher Ereignisse.

In einer gegenwärtigeren Sprache ließen sich sowohl V als auch F nicht als ästhetische Produkte unterer Schichten verorten, sondern als Ausdrucksformen der Subkultur. Diese ist „Teil einer konkreten Gesellschaft, der sich in seinen Institutionen, Bräuchen, Werkzeugen, Normen, Wertordnungssystemen, Präferenzen, Bedürfnissen usw. in einem wesentlichen Ausmaß von den herrschenden Institutionen etc. der jeweiligen Gesamtgesellschaft unterscheidet" (Schwendter 11). Dabei ließe sich die Frage stellen, inwieweit im Ornamentalen der V nicht deren Charakter als Wunschbild einer harmonischeren Welt zum Ausdruck kommt, als spezifische Erfahrungsweise der Unterprivilegierten und ökonomisch Abhängigen. Sie wäre dann zu verstehen als eine im Dialog mit der Gesellschaft und der Universalkunst entstehende abweichende Praxis. Dabei geht es dann nicht mehr um die Darstellung einer heilen Welt, ein Klischee, das durch viele Ausstellungen zur V befördert wurde, sondern um eine Ästhetik des Alltagslebens.

Bausinger, Hermann: Da capo – Folklorismus. In: Lehmann, Albrecht/Kunz, Andreas (Hg.): Sichtweisen der Volkskunde. Zur Geschichte und Forschungspraxis einer Disziplin. Berlin u.a. 1988; Deneke, Bernward: Europäische Volkskunst. Frankfurt a. M. u. a. 1980; Hobsbawm, Eric: Das Erfinden von Traditionen. In: Conrad, Christoph/Kessel, Martina (Hg.): Kultur und Geschichte. Neue Einblicke in eine alte Beziehung. Stuttgart 1998; Korff, Gottfried (Hg.): Volkskunst heute? Tübingen 1986; Nikitsch, Herbert/Tschofen, Bernhard (Hg.): Volkskunst. Referate der Österreichischen Volkskundetagung 1995 in Wien. Wien 1997; Schechter, Harold: The Bosom serpent. Folklore and popular art. New York u. a. 2001; Schneider, Ingo (Hg.): Europäische Ethnologie und Folklore im internationalen Kontext. Frankfurt a. M. u. a. 1999; Schwendter, Rolf: Theorie der Subkultur. Hamburg 1993.
www.aeiou.at [Volkskunst, Österreich-Lexikon]; www.snl.ch [Volkskunst, Historisches Lexikon der Schweiz].

FRANCESCA VIDAL

→ Erzähltheater – Karneval – Kulturelle Bildung – Musisch-ästhetische Erziehung – Objekttheater – Reformpädagogik – Ritual – Theater der Unterdrückten – Volksbühne – Volksstück – Volkstheater – Zirkuspädagogik

Volksstück

Ab der zweiten Hälfte des 18. Jhs. wurden die Volkstheater sesshaft. In Wien entstanden Vorstadttheater, die ein Massenpublikum anzogen. Vom *Wiener Volkstheater* gingen in der Folgezeit entscheidende neue Impulse aus: Johann Nepomuk Nestroy z. B., dessen Stücke vor allem im Vormärz und um die Zeit der bürgerlichen Revolution 1848 entstanden, verspottet die untergehende Zauberwelt der vorindustriellen Feudalzeit und ersetzt sie durch die neue Macht des Geldes. Ein *Neues Volkstheater* entsteht: Die Menschen auf der Bühne sind keine liebenswerten Bürger mehr, sondern Ausgestoßene am Rande der Gesellschaft, die entweder ihre Anpassung teuer bezahlen müssen oder sich bewusst außerhalb stellen. Nestroy bezeichnete die meisten seiner Stücke nicht als V, sondern als Posse, gekennzeichnet ist sie durch Sprachkomik, Groteske und parodistische Elemente. Mit derbem und bissigem Witz und sprachlicher Satire gestaltet er Stücke, in denen sowohl Personal als auch Sujet aus dem Volk stammen. Dabei muss Volkstheater hier in der Absetzung zum Bildungstheater (wie es am Wiener Burgtheater gepflegt wurde) gesehen werden, das einen ,hohen Stil' anstrebte und die Rolle eines nationalen Theaters beanspruchte. Die Lokalposse dagegen hatte regionale Bezüge, was Verortung, Figurenzeichnung und Sprache anbelangt, hier wurde bewusst ein ‚niederer Stil‘ gepflegt. Durch unterhaltende Elemente wie Komik, → Pantomime, Musik und Tanz sowie ein versöhnliches, höchstens leicht gebrochenes Happy End, wurde ein breites Publikum angesprochen. Die Stücke unterlagen einer strengen politischen Zensur, wobei diese durch Einfügung improvisierter Texte häufig umgangen wurde. Nestroys Volkstheater hatte großen Einfluss auf die Entwicklung des Neuen Volkstheaters im 20. Jh.

Zwischen 1850 und dem Ende des 1. Weltkrieges entwickelt sich das Volkstheater im ernsten realistischen V weiter. Naturalistische Autoren wie Ludwig Anzengruber, Gerhart Hauptmann und Ludwig Thoma wenden sich jetzt vor allem Themen des dörflich-bäuerlichen Lebensbereiches zu. Die Stücke beschäftigen sich nicht mit Idylle, sondern mit realen Problemen der Landbevölkerung, knüpfen so stärker an das Bauerntheater als an das städtisch ausgerichtete Vorstadttheater an. Da tragische Konflikte ins Zentrum rücken und unterhaltsame Elemente eher zurücktreten, entstehen ernste V, weniger moralisierend als tendenziell gesellschaftskritisch. Die Figuren sprechen Dialekt, der zwar lebensecht wirkt, aber ästhetisch konstruiert ist. Aus diesen Gründen schaffen es diese ‚Neuen V‘, die sich inhaltlich stärker mit den Menschen aus dem ‚Volk‘ auseinander setzen, nicht, dieses auch zu erreichen. Die Stücke werden hauptsächlich vor einem bürgerlichen Publikum in den neuen städtischen Volkstheatern aufgeführt, dessen eigene Lebenssituation sich deutlich von der gezeigten unterscheidet.

Nach dem 1. Weltkrieg findet eine Erneuerung des V statt. Carl Zuckmayer erregt z.B. mit *Der fröhliche Weinberg* Aufsehen. Während die Nationalsozialisten sich gegen das Stück empören, wird es von den Zuschauern begeistert aufgenommen. Zuckmayers Stücke (u. a. *Schinderhannes*, *Der Hauptmann von Köpenick*) sind mit kritischer Absicht verfasst, bewusst werden zugleich viele romantische Klischees der sog. Volkstümlichkeit bedient.

Marieluise Fleißer schildert in den Theaterstücken *Fegefeuer in Ingolstadt* und *Pioniere in Ingolstadt* die bedrückende Atmosphäre ihrer Heimatstadt. Sie zeigt, wie Pressionen schon von jungen Menschen an Schwächere, Außenseiter und Frauen weitergegeben werden. Die Figuren sind verfremdet, die Sprache ist in hohem Maße künstlich ‚verarbeitet‘: „Da nahm ich die Umgangssprache als Spracherlebnis und versuchte sie zu reiben, bis sie vor Lebendigkeit sprühte." (Fleißer

zit. n. Simhandl 236). Fleißers Stücke waren nicht als V konzipiert, wurden aber von der Kritik als solche bewertet; sie spielte für die neuerliche ‚Erneuerung des Volkstheaters‘ in den 1960er/70er Jahren eine wichtige Rolle.

Eine bewusste Erneuerung des V strebte Ödön von Horváth an. Fragen des Volkes, seine ‚einfachen‘ Sorgen, sollten mit den Augen des Volkes gesehen werden. Ein V müsse im besten Sinne ‚bodenständig‘ sein. Horváth betont, dass seine Stücke von heutigen Menschen handeln. Da der Typus des Kleinbürgers neunzig Prozent der Bevölkerung ausmache, müsse er auch das Personal seiner V stellen. Es geht dem Autor um die Demaskierung des (falschen) Bewusstseins, ohne damit direkt politisch agitieren zu wollen. Der Zuschauer soll sich selbst erkennen, wie es im Vorwort zu *Glaube Liebe Hoffnung* heißt. In Horváths V tritt an Stelle des Dialektes die Sprache eines Menschen, der sonst nur Dialekt spricht und sich nun zwingt, hochdeutsch zu reden, der ‚Bildungsjargon‘. Wie bei Fleißer sind Frauen die Opfer, die als schwächstes Glied an der Gesellschaft und dem Egoismus der Männer zerbrechen. In Stücken wie *Geschichten aus dem Wienerwald*, *Italienische Nacht*, *Kasimir und Karoline* realisierte Horváth überzeugend seine Vorstellungen von einem neuen V. Trotzdem wurde er sowohl von rechts (‚Volksverräter‘) wie von links (zu satirisch, beschreibend, individualistisch, fatalistisch) massiv angegriffen. Sein Wunsch, dass sich die von ihm verkörperten Kleinbürger seine Stücke ansehen und sich selbst erkennen würden, erfüllte sich nicht.

Bertolt → Brecht wünscht sich das ‚neue‘ V naiv, aber nicht primitiv, poetisch, aber nicht romantisch, wirklichkeitsnah, aber nicht tagespolitisch. Das Theater müsse begreifen, V nicht mit der ‚Routiniertheit des Dilettantismus‘ abzuspielen, sondern es müsse für die Gattung einen echten Stil entwickeln, der aus einer Synthese von Realismus, Artistik und Stilisierung zu gewinnen ist (vgl. Brecht [1938], [1952], 1953).

Volkstheater soll aus seiner kruden Anspruchslosigkeit befreit werden. Volkstümlichkeit wird im Gegensatz zur faschistisch-mystischen Volkstumsideologie als kritisch und kämpferisch definiert. Verhältnisse sollen nicht nur beschrieben, sondern als veränderbar gezeigt werden. Brecht nannte nur *Herr Puntila und sein Knecht Matti* als V, wobei man auch die Stücke *Mutter Courage und ihre Kinder*, *Schwejk im zweiten Weltkrieg* und *Der kaukasische Kreidekreis* als V bezeichnen könnte.

Mit der Machtergreifung der Nationalsozialisten wurde auch das Volkstheater Teil der faschistischen Ideologie. Das harmlose, volkstümliche Heimattheater ließ sich dabei leichter funktionalisieren als das ‚neue, kritische Volkstheater‘, dessen Vertreter im harmlosesten Fall Schreibverbot erhielten oder ins Exil gehen mussten.

Die Folgen von Faschismus und Krieg gingen auch und gerade am Volkstheater nicht spurlos vorüber. Einerseits herrschte Hunger nach harmloser, unverfänglicher Unterhaltung, andererseits war es nahezu unmöglich geworden, unbelastet Volks- oder Heimattheater oder auch nur Komödie zu spielen. Doch hier sprang ein neues Medium ein: das Fernsehen. Es präsentierte unterhaltsame Familienserien, die sich am Muster des trivialen Volkstheaters orientierten. Außerdem erhielten dem Schwank verpflichtete Bühnen wie das Millowitsch- und das Ohnsorg-Theater einen festen Platz; sie boten pure Unterhaltung. Regionales Theater wurde national verfügbar gemacht und dem Geschmack des nun wirklich breiten Publikums angepasst. Den Formen des Fernseh-V ist gemeinsam, dass gleichsam nur Scheinkonflikte vorgeführt werden: Außenseiter werden angepasst oder ausgestoßen.

Wieder folgt die Geschichte des Volkstheaters der allgemeinen geschichtlichen Entwicklung. War es den Deutschen lange Zeit auch mit dem Mittel des Theaters nicht möglich, ihre Vergangenheit aufzuarbeiten, so verändert sich die Situation in den 1960er Jahren, als eine Generation herangewachsen war, die von ihren Eltern Rechenschaft über die Vergangenheit forderte. Es entstand die außerparlamentarische Opposition, ein neues politisches Bewusstsein. Um 1965 beginnt erneut eine Welle des *Neuen Volkstheaters*, gleichzeitig mit der Wiederentdeckung der Stücke von Fleißer und Horváth. Martin Sperrs *Jagdszenen aus Niederbayern* ist das erste dieser V. Die äußere ländliche Idylle steht im Kontrast zur Brutalität der Dorfbewohner, die sich gegen Minderheiten stellen. Hier offenbart sich eine noch nicht überwundene faschistische Grundhaltung. Sperr möchte die Wirklichkeit reflektieren und verändern, aber gleichzeitig dem Zuschauer die Bewertung überlassen.

Franz Xaver Kroetz ist der erfolgreichste und produktivste Vertreter des kritischen Volkstheaters in den 1970er Jahren. Innerhalb von zwanzig Jahren schreibt er etwa vierzig Stücke (u. a. *Wildwechsel*, *Oberösterreich*, *Agnes Bernauer*, *Bauernsterben*). Er sucht die Nähe zu tradierten Formen des Volkstheaters, meidet aber die verharmlosende und rein unterhaltende Funktion. Er will keine Harmonisierung der Widersprüche, sondern Betroffenheit. Dabei bezieht er sich explizit auf Fleißer und Horváth, später auch auf Brecht. Seine Stücke handeln zwar vom Volk, aber sie wenden sich

nicht direkt an das Volk als Adressat. Darin gibt sich Kroetz keinen Illusionen hin. Aus dem Bewusstsein, etwas an der gesellschaftlichen Realität verändern zu wollen, betätigt sich Kroetz politisch, kapituliert aber nach einiger Zeit und zieht sich in das Private zurück.

Peter Turrini schuf mit *Rozznjogd* und *Sauschlachten* V, die einerseits in der Tradition des Wiener Volkstheaters standen und ein breites Publikum ansprechen wollten, was in einem gewissen Maß zunächst gelang. Andererseits führten die Aufführungen zu großen Theaterskandalen und Polarisierungen, letztlich erreichte Turrini nur eine Minderheit. Deshalb experimentierte er mit Klassikerbearbeitungen (*Der tollste Tag*, *Campiello* u. a.) und Produktionen für das Fernsehen (*Alpensaga*). Neuere Stücke sind *Die Minderleister* und *Alpenglühen*.

Felix Mitterer interessiert sich vorrangig für Außenseiter und Ausgestoßene. *Stigma* und *Sibirien* zählen neben *Kein Platz für Idioten* zu seinen bekanntesten Stücken. Sie wurden auch von Tiroler Volkstheatern, die auf eine sehr lange Tradition zurückblicken können, inszeniert und konnten so ein breites Publikum erreichen.

Fitzgerald Kusz ist einer der bekanntesten Autoren des zeitgenössischen V. Er brachte es u.a. mit *Schweig Bub* und *Derhamm ist derhamm* auf unzählige Inszenierungen im deutschsprachigen Bereich, und zwar sowohl bei professionellen Theatern wie bei → Amateurtheatern. Seine populären und doch auch kritischen Stücke beziehen ihre Themen nicht nur aus dem ‚Volk‘, sondern schaffen es auch, dieses ‚Volk‘ zu erreichen. Seine Texte wurden aus dem Fränkischen in zahlreiche andere Dialekte übertragen.

Kerstin Specht schuf mit *Amiwiesen*, *Das glühend Männla* und *Lila* Texte, deren Nähe zu den V Horváths unverkennbar sind.

Eine interessante Fortsetzung der Tendenzen des V und des Neuen Volkstheaters findet sich ab den 1960er Jahren in der Etablierung eines → Freien Volkstheaters.

Aust, Hugo/Haida, Peter/Hein, Jürgen: Volksstück. Vom Hanswurstspiel zum sozialen Drama der Gegenwart. München 1989; Brauneck, Manfred/Schneilin, Gérard (Hg.): Theaterlexikon. Begriffe und Epochen, Bühnen und Ensembles. Reinbek 1986; Brecht, Bertolt: Volkstümlichkeit und Realismus. [1938]. In: Ders.: Gesammelte Werke, Bd. 19: Schriften zur Literatur und Kunst 2. Frankfurt a. M. 1967; Ders.: Anmerkungen zum Volksstück. [1952] In: ebd., Bd. 17: Schriften zum Theater 3. Frankfurt a. M. 1967; Ders.: ‚Katzgraben‘-Notate 1953. In: ebd., Bd. 16: Schriften zum Theater 2. Frankfurt a. M. 1967; Klotz, Volker: Dramaturgie des Publikums. München, Wien 1976; Ders.: Bürgerliches Lachtheater. Komödie – Posse – Schwank – Operette. Hamburg 1987; Schmitz, Thomas: Das Volksstück. Stuttgart 1990; Simhandl, Peter: Theatergeschichte in einem Band. Berlin 1996.

WALTER MENZLAW

→ Arbeitertheater

Volkstheater

V ist ein Begriff mit unterschiedlichen und sehr weit auseinander fallenden Bedeutungen, der in einem mehr allgemeinen Sinne (*People's Theatre*) wie auch ganz speziell (*Popular Theatre*) verwendet wird. Bei Betrachtung seiner historischen Entfaltung im deutschen Sprachraum (seit Ende des 18. Jhs.) empfiehlt es sich, hier mindestens folgende Differenzierungen zu beachten:

1. V als ‚zweites' Nationaltheater. Die ‚neuen' V sollten hinsichtlich ihrer sozialen Funktion das bewerkstelligen, was dem (bürgerlichen) Nationaltheater trotz aller idealen Programmatik nie gelungen war, nämlich – wie Jenisch es bereits 1798 formulierte – „die verschiedenen Stände der menschlichen Gesellschaft [...] sich einander merklich" anzunähern und „die ungeheure Grenzscheide, beträchtlich enger" zusammen zu rücken, also soziale Harmonisierung zu bewirken (Jenisch 422f.). Nicht wenige solcher Theater nannten sich – ideologieaufgeladen – ‚Deutsche V' und noch in den Anfängen der sog. ‚Mundarten-V' lässt sich der völkische Ideologieausdruck der ‚Volksseele' nachweisen.

2. Diese Vorstellung war illusorisch, ja absurd, gab es doch eine Konzeption von V, die dem bürgerlichen, aufklärerisch-klassischen, literaturzentrierten Theater in jeglicher Beziehung entgegenstand, was damaligen Zeitgenossen durchaus bewusst war. Das Theaterlexikon von Düringer und Barthels (1841) benennt die ‚Gefährlichkeit' solchen Theaters: „Volkstheater, ein Theater zur Unterhaltung der niederen Stände, in grossen Städten. Neben- oder Vorstadttheater, welches seinem Zwecke angemessen Stücke aufführt: Travestien, Zauberspiele, Spektakelstücke aller Art, niedrig-komische Possen und Farcen, hauptsächlich auch Lokalstücke. Nicht mit Nationaltheater zu verwechseln [...]. Es kann über dergleichen Theater von Seiten der Behörden nicht ängstlich genug gewacht werden, indem, wie auf der einen Seite nichts mehr geeignet ist, ein Volk zu bilden, als das Theater, auf der anderen die niederen Stände nicht mehr und leichter verderben kann als sittenlose so genannte Volktheater" (Düringer u. a. Sp. 1119).

3. Ist hier unschwer die Praxis von Theater im Stile etwa der Alt-Wiener Volkskomödie zu erkennen, so galt dies aber insbesondere vom *Tivoli*-Typ, d. h. ein Theater im Freien, ein Sommer- und Bierschanktheater, den italienischen *teatri del giorno* nachgebildet. Typbestimmend ist das 1815 in Paris gegründete *Tivoli*: ein offenes Theater inmitten eines Gartens mit Guckkastenbühne. 1825 errichtete man in Hamburg ein *Tivoli* mit Sommertheater, Rutschbahn und anderen Volksbelustigungen. Das Publikum war an Kaffee- und Biertischen verteilt, später saß es auf Bänken. „Immer aber war Gelegenheit gelassen, die Ess-, Trink- und Rauchfreude mit der Anwohnung des Schauspiels zu verbinden, ja es blieb überall zweifelhaft, welcher dieser Genüsse hier den Vorrang habe." (Devrient 257)

Einer der charakteristischsten, offiziell häufig skandalerregenden Züge solcher Theater lag im Mitspielen des Publikums. In einem Polizeibericht zur Aufführung einer Kotzebue-Posse heißt es 1834: „Im Allgemeinen war der vorgefallene Lärm nicht bösartiger, sondern nur fröhlicher Natur; doch es scheint mir, dass solchem Mitspielen des Publikums, was von jeher stattgefunden haben soll, nicht weiter nachgegeben werden dürfte, weil dies Gelegenheit zu wirklichem Skandale werden kann." (zit. bei Peter nach Berliner Polizeiakten)

Ähnlich heißt es in einem Bericht über das Publikum des Steglitzer *Eisenbahntheaters* (1840–42): „Das Eisenbahntheaterpublikum hat auch ganz das Gefühl, als sei hier der Ort für eine Beteiligung und magnetische Rapports mit den Bühnenfiguren. Das Publikum spielt gewissermaßen mit. Wenn's mit dem Witz auf der Bühne nicht mehr recht vorwärts will, so extemporiert einer von den Zuschauern und siehe da: Lust und Lachen ergießen sich in dem heitersten Platzregen, da der Berliner nur den leisesten Anstoß braucht, um das Zwerchfell in Bewegung zu bringen." (In: Der Gesellschafter, 22. 7. 1840, zit. n. Peter)

Welche Seiten dieses Theaters insbesondere für das ‚gebildete' Bürgertum Steine des Anstoßes waren, hat ein zeitgenössischer Kritiker ablehnend-zynisch, gerade dadurch aber treffend, dargestellt: „Unter diesen Tivoli- oder Sommertheatern verstehen wir diejenigen Bühnen, welche jetzt während der Sommermonate in grossen und kleinen Städten die dramatischen Kunstgenüsse mit der Freude an der Natur zu verbinden und diesem komplizierten Vergnügen eine solide Grundlage durch Bier, Kaffee, Wurst und Tabak zu geben suchen [...]. Das Publikum nahm, nachdem ihm das Theater längst die innere Freiheit bewilligt hatte, nun auch die äussere Freiheit in Anspruch, befreite sich vom letzten Rest des Zwanges und pflanzte Kaffeetasse, Bierkrug und Zigarre als Symbole der äußeren Emanzipierung auf dem Schlachtfeld auf [...]. In den Tivolitheatern tritt das Theater [...] zur Nebensache zurück, der Zuschauer wird zur Hauptperson. Die Rücksichten, die das geschlossene Theater noch beansprucht, fallen; nun erst kann der seine Erholung Suchende völlig treiben, was er will, sitzen, stehen, gehen, zuhören, sprechen, rauchen, essen, trinken und wer weiß, was sonst noch." (so der Berliner Theaterkritiker Paldamus 1841, zit. n. Peter)

4. V, wie es etwa im französischen *Théâtre National Populaire*, vor allem unter der Leitung von Jean Vilar (seit 1951) modellhaft praktiziert und von Roland Barthes theoretisiert worden ist – die ,edelste' Form von V, wozu auch die Produktionen von Dario → Fo und Ariane Mnouchkine zu zählen sind.

Bei Barthes findet sich – ausgehend von der Überzeugung eines unwiederbringlichen Verlustes des auf Natur und Kosmos hin geöffneten Theaters – die radikale Ablehnung des bürgerlichen Theaters mit seiner Guckkastenbühne als ,eingesperrte Welt'. Er setzt die Opposition von bürgerlichem und V, wobei sich das Letztere mit allen Kräften einem übermächtigen Theater entgegen stemmen müsse, das zu einem ,Spektakel für reiche Leute' verkommen sei. Das V, schrieb er 1954, sei in seinen künftigen Umrissen zwar noch nicht genau erkennbar, doch wisse man wenigstens, was man nicht wolle (vgl. Ette 137f.). Mit der im Mai 1953 gegründeten Zeitschrift *Théâtre populaire* wurde Barthes zu einem maßgeblichen Fürsprecher einer antibürgerlichen Theaterkonzeption. Enthusiasmiert vom Gastspiel des *Berliner Ensembles* 1954 in Paris nahm Barthes eine neue Konzeptualisierung des V vor, die in vielem auf → Brecht zurückgriff: Ein *Théâtre populaire* müsse drei miteinander ,konkurrierende Verpflichtungen' beachten: ein Massenpublikum, ein Repertoire hoher Kultur, eine avantgardistische Dramaturgie. 1971 sprach Barthes (in einem Interview mit Tel Quel) von zwei Perioden des *Théâtre populaire*, einer ersten vor und einer zweiten nach der Aufführung des *Berliner Ensembles* (vgl. Ette 139).

5. Theaterformen, deren Basis sog. Strukturfiguren bilden, die in der Tradition der Trixter, Narren, Zanni, Harlekine usw. stehen, die als wichtigstes Charakteristikum (soziale) Ambivalenz aufweisen und insofern nur bedingt zur ,Volkskultur' gerechnet werden können. Ihre ,Geschichte' ist ein außergewöhnlich komplizierter, diskontinuierlicher Verlauf, geprägt einerseits vom Blick nach ,vorn' (Bewahrung der Utopie vom ,goldenen Zeitalter'), andererseits gekennzeichnet von wiederholten und deutlichen Atavismen/

Rückgriffen und die damit zusammenhängende Sicht des Verhältnisses von Vergangenheit, Gegenwart und Zukunft. Grundtendenz ist Ambivalenz mit dem Infragestellen der (historisch entstandenen) *demonizzazione dell'avversario* (vgl. Avalle 90), also der Dämonisierung des Gegensätzlichen.

Die Bezeichnung ,V' – von den Akteuren dieser Formen selbst nie in Anspruch genommen – rechtfertigte sich insofern, als die Strukturfiguren eben von ,Volksvorstellungen' herrühren. Es sind allesamt seltsame Gestalten, die mit einem Bein im Mythos (im ,Jenseits', in der ,Unterwelt', im ,Reich der Toten') stehen, mit dem anderen in der Realität des Alltags und seiner Produktivität: Es sind ,Spielende', ,Reisende', die mit schier unglaublichen Kräften und Eigenschaften ,begeistert' sind und eben die Weisheit, die List, den Glauben, die Sehnsüchte und Hoffnungen ,des Volkes' ausdrücken. Fortwährend Reformen unterzogen, sind sie unsterblich und erneuern sich nach den karnevalistischen Prinzipien. Ihre Akteure arbeiten prinzipiell professionell, ihre Formen sind hochartifiziell. In dieser Hinsicht unterscheiden sie sich absolut von dem, was man im Deutschen ,Volksschauspiel' nennt (entsprechend Volkstanz, Volkslied, Volksdichtung), als auch von dem, was landläufig ,volkstümliches' Theater heißt.

Avalle, D'Arco Silvio: Le Maschere di Guglielmino. Milano, Napoli 1989; Barthes, Roland: Ich habe das Theater immer sehr geliebt, und dennoch gehe ich fast nie mehr hin. Schriften zum Theater. Berlin 2001; Devrient, Eduard: Geschichte der deutschen Schauspielkunst, Bd. 2. Berlin 1967; Düringer, Philipp Jakob/Barthels, Heinrich Ludwig (Hg.): Theaterlexikon. Leipzig 1841; Ette, Ottmar: Roland Barthes. Eine intellektuelle Biographie. Frankfurt a. M. 1998; Jenisch, D[aniel]: Geist und Charakter des 18. Jahrhunderts, politisch, moralisch, ästhetisch und wissenschaftlich betrachtet. In: Berlinisches Archiv der Zeit und ihres Geschmacks, 1798, Teil 2: Julius bis Dezember; Münz, Rudolf: Sind ,die großen Erzählungen' im Theater zu Ende? In: Baumbach, Gerda (Hg.): Theaterkunst und Heilkunst. Studien zu Theater und Anthropologie. Köln, Weimar, Wien 2002; Peter, Wolfgang: Berliner Sommertheater. Von ihren Anfängen bis zur Mitte des 19. Jahrhunderts (1848). Ein Beitrag zur Theatergeschichte Berlins. Dissertation. Berlin 1944.

RUDOLF MÜNZ

→ Karneval – Mitspiel(theater) – Ritual – Theater als öffentliche Institution – Theater der Unterdrückten – Theaterhistoriographie – Theaterwissenschaft – Theatralität – Thingspiel – Vokskunst / Folklore – ZuschauSpieler

Vor- und Nachbereitung

Mit der thp Begleitung einer Aufführung soll bei den Zuschauern Interesse für das Theater-Sehen geweckt werden und gleichermaßen sollen Kenntnisse für das Theater-Verstehen vermittelt werden. Die verschiedenen Maßnahmen zu diesem Zweck werden als VuN bezeichnet.

Die Vorbereitung auf den Theaterbesuch durch Einführungsvorträge ist historisch auf die Vortragsabende der ‚Freien Volksbühne' Ende des 19. und zu Beginn des 20. Jhs. zurückzuführen. In der Aufführungspraxis der Theaterkollektive der Arbeiterbewegung in den 1920er Jahren spielten die Zuschauerdiskussionen nach der Aufführung eine entscheidende Rolle. Das Berliner GRIPS-Theater gab 1974 zu dem Kinderstück *Doof bleibt doof* das erste *Heft zur Nachbereitung* heraus. Diese Hefte waren und sind aufgebaut wie Programmhefte zur → Inszenierung. Hefte zu Aufführungen des Kindertheaters wenden sich an Multiplikatoren (Lehrer, Erzieher, Sozialarbeiter u.a. pädagogische Begleitpersonen der Kinder). Das erste Nachbereitungsheft zu einem Jugendstück erschien 1975 zu der Inszenierung von *Das hältste ja im Kopf nicht aus* und wandte sich direkt an die SchülerInnen, die die Aufführung gesehen hatten. In der ersten Nummer der Hefte zur Nachbereitung heißt es: „Den Erfolg unserer Stücke müssen wir danach beurteilen, in welchem Maße sie Gedanken, Gespräche, Handlungen und die Spiele der Kinder beeinflussen, verändern, erweitern [...]. Und wir sind heute sicher, ein Theater zu machen, das dem starken Bedürfnis der Schulkinder, sich mit der Realität auseinanderzusetzen Rechnung trägt [...]. Ein Theaterbesuch reicht allerdings nicht aus. Die empfangenen Eindrücke verlangen dringend eine weitergehende produktive Verarbeitung. Die Schule ist dafür der ideale Ort." (Richard 64) Das GRIPS-Theater war vor allem durch sein politisches Verständnis der Wirksamkeit von Theater zur Herausgabe der Nachbereitungshefte motiviert worden, die von den Lehrern als Anregung und Materialsammlung zur Nachbereitung der Theateraufführung im Unterricht verwendet wurden. „Neben praktischen Unterrichtsvorschlägen ging es in der Nachbereitung immer um mehr, um Größeres gewissermaßen. Um das Ganze. Die Schule selber, ihre überwiegend an kognitiven Lernstrategien festgemachten Unterrichtsmethoden sollten aufgebrochen werden, zum Beispiel durch → Rollenspiele: das neue, pädagogisch-politische Probehandeln, überhaupt durch ästhetische Praxis. [...] Kunst, besonders Theater, sollte im weitesten Sinne politisch sein – und zwar durch die Wirkung der ästhetischen

Erfahrung." (Richard 65) Diese zu unterstützen und produktiv zu verarbeiten, das war das Ziel des Nachbereitungskonzepts im GRIPS-Theater, das auch heute noch Anwendung findet. „Wir machen Nachbereitung so verspielt wie möglich und sind überzeugt, dass spielerische Improvisationen, Sprach- und Bewegungsspiele, provozierende Aktionen und gemeinsame Projekte mehr bewirken bei Kindern und Jugendlichen als lange Reden." (Fischer-Fels 69) Auch in jenen → Kinder- und Jugendtheatern in Deutschland, in denen das GRIPS-Repertoire seit den 1980er Jahren nicht mehr auftauchte, wurde die Methode der Nachbereitungshefte übernommen und auf das eigene Repertoire angewendet.

Weniger auf eine bloße VuN ausgerichtet als vielmehr auf eine umfassende Beteiligung der jungen Zuschauer am Prozess der Kunstproduktion und -rezeption zielend, war in den 1960er Jahren die Einrichtung von Schülerkollektiven in den Kinder- und Jugendtheatern der DDR nach sowjetischem Vorbild. In Zusammenarbeit mit den pädagogischen Abteilungen waren diese Gremien sachkundige Partner des Theaters in der Schule (vgl. Hoffmann 365ff.). Damit wurde die Verankerung der Kinder- und Jugendtheater in der Gesellschaft und ihre pädagogische Aufgabe als Kunstinstitut betont. „Ein Kinder- und Jugendtheater ist ohne den ständigen Kontakt mit dem Publikum nicht in der Lage, auf Dauer die Interessen seines Publikums zu treffen, ohne das Wissen über die Ansprüche und Bedürfnisse seiner Zuschauer kann es auch seinen gesellschaftlichen Auftrag nicht erfüllen." (ebd. 377) Der gesellschaftliche Auftrag lautete zunächst, im Rahmen des sozialistischen Bildungssystems die Kinder und Jugendlichen zu adäquaten Staatsbürgern zu erziehen. Die Bildungswirkung der Theateraufführung sollte durch ihre VuN verstärkt werden. In den 1980er Jahren emanzipierten sich die Kinder- und Jugendtheater von diesem Auftrag und modifizierten ihn für sich. „Damit hat sich eine bedeutende theoretische Tradition sozialistischer Kunstauffassung in den 80er Jahren stärker Geltung verschafft, die darin besteht, daß sich das Verhältnis zwischen Publikum und Wirklichkeit über das Kunstwerk Aufführung selbstbewußter, aktiver, eingreifender und demokratischer gestaltet. Das Kunstwerk gerät so in die Mitte eines sozialen Vorgangs und nicht mehr in den Kausalnexus von Ursache und Wirkung, an dessen anderem Ende ein Rezipient steht, der etwas entgegennimmt." (Hoffmann 1989, 11) Das Dresdner ‚Theater der Jungen Generation' definierte Ende der 1980er Jahre die Rolle des Kinder- und Jugendtheaters so: „Wir wollen das Spiel, das die Beziehung an die Stelle der Erziehung setzt [...]. Solch ein Theaterspiel läßt sich nicht einem übergreifenden Erziehungziel unterordnen [...]. Dieses Theaterspiel bewegt sich auf die Gleichberechtigung von Produzent und Rezipient, von Schauspieler und Zuschauer zu. Gleichberechtigung des Zuschauers soweit, daß er zum → Zuschauspieler wird." (Konzeptionelle Gedanken 35) In dem Zusammenhang wurde auch der Zweck der VuN noch einmal grundsätzlich revidiert. „Diese Vor- und Nachbereitungen sollen unabhängig von der Aufführung erlebbare Begegnungen zwischen Theater und Zuschauspieler sein, sollen nicht der Absicherung eines vorher geplanten Aufführungszieles dienen." (ebd. 42) Dazu sollten tendenziell alle Mitarbeiter des Theaters in die thp Arbeit einbezogen werden, die damit zum gleichberechtigten zweiten Produktionsprozess qualifiziert wurde und das Konzept der bloßen VuN des singulären Aufführungsbesuches ersetzte. Der Wert der VuN wird heute nicht in Zweifel gezogen, wenngleich die Diskussion über das Selbstverständnis von Theater und seine Bildungswirkung immer wieder auch die Methoden der VuN in Frage stellt.

Grundsätzlich gibt es zwei Methoden, die jedoch in der Regel miteinander kombiniert werden. Die *diskursive Methode* setzt besonders auf die Vermittlung von Informationen (Einführungsvortrag, Text- und Bilddokumente) und den verbalen Austausch von Meinungen (Gespräch, Diskussion). Sie zielt vor allem auf kognitives und rationales Verstehen. Die *intuitive Methode* nutzt kreative und spielerische Techniken zur Vorbereitung und zur Auswertung eines Theaterbesuches (Erkundungsgänge, Exkursionen, Nachspielen, Rollenspiele, → Planspiele, Interaktionsspiele, szenisches Schreiben, bildnerisches Gestalten, erzählendes Reflektieren). Sie zielt primär auf assoziatives und emotionales Verstehen. Die Kombination der beiden methodischen Ansätze ermöglicht es dem Zuschauer, sich intensiv und mit allen Sinnen in Beziehung zur Aufführung zu setzen und diese Beziehung auch zu reflektieren.

Bei der Vorbereitung auf den Theaterbesuch unter vorrangiger Anwendung der diskursiven Methode werden insbesondere Fakten und Zusammenhänge zum Autor, zum historisch-sozialen Kontext der Entstehung und zur Rezeptionsgeschichte des Stückes vermittelt. Oftmals bedürfen auch der Stoff bzw. einzelne Motive und ihre Geschichte (Stoff- und Motivgeschichte) einer Erläuterung. Bei besonders intensiver Vorbereitung des Theaterbesuchs wird der Text des Stückes gelesen und in vorbereitenden seminaristi-

schen Diskussionen literaturwissenschaftlich und dramaturgisch analysiert. In diesem Zusammenhang werden vor allem Fabel-Lesarten und Figuren-Charakteristiken erarbeitet, aber auch die strukturelle Analyse des Stücktextes bis hin zur Untersuchung einzelner Vorgänge ist denkbar. Dient die Vermittlung von werk- und stoffgeschichtlichen Fakten vor allem der Unterstützung des Verständnisses der Theateraufführung, der historischen bzw. aktuellen Einordnung der gezeigten Handlung und gegebenenfalls der Entschlüsselung von szenischen Zeichen in der Inszenierung, so zielt die intensivere Vorbereitung in der Regel auch auf eine umfassende analytische Nachbereitung des Theaterbesuches.

Die intuitive Methode der VuN soll durch die Anwendung theatraler und spielerischer Arbeitsmethoden eigenes Körpergefühl und Empfinden der Zuschauer mit den Problemen und Empfindungen der vorgeführten dramatischen Figuren verknüpfen. Diese Methode stellt eine hervorragende Ergänzung der diskursiven Vermittlung von Hintergrundwissen dar, und in der Kombination beider Verfahren dürfte eine sehr intensive Annäherung an ein Theaterereignis möglich sein.

Behr, Michael: Nachbereitung – Formen, Verfahren, Vorschläge und Verweise zur pädagogischen Aufarbeitung. In: Ders.: Kinder im Theater. Pädagogisches Kinder- und Jugendtheater in Deutschland. Frankfurt a. M. 1985; Fischer-Fels, Stefan: Nachbereitung – Spiel- und Gesprächsstoff 1994. In: Kolneder, Wolfgang/Fischer-Fels, Stefan (Hg.): Das GRIPS Buch. Theatergeschichten. Berlin 1994; Hoffmann, Christel: Drama und Theater für junge Zuschauer 1960–1969. In: Mittenzwei, Werner (Hg.): Theater in der Zeitenwende, Bd. 2. Berlin 1972; Dies.: Das Kinder- und Jugendtheater der DDR. Erscheinungsbild der achtziger, Perspektive für die neunziger Jahre. In: Verband der Theaterschaffenden der DDR (Hg.): ‚Dürfen Sie das Theater einfach so verändern?'. Theater für junge Zuschauer – Blickrichtung 90. Resultate und Konzepte. Berlin 1989; Konzeptionelle Gedanken zur Entwicklung des Theaters der jungen Generation. In: Verband der Theaterschaffenden der DDR (Hg.): ‚Dürfen Sie das Theater einfach so verändern?' a.a.O.; Richard, Jörg: Nachbereitung. Versuche einer Mutmachpädagogik. In: Kolneder, Wolfgang/Fischer-Fels, Stefan (Hg.), a.a.O.

GERD TAUBE

→ Arbeitertheater – Deutschunterricht – Jugendclubs an Theatern – Lebensbegleitendes Lernen – Rezeptionsforschung – Schuldrama – Theaterpädagogischer Dienst – Volksbühne

Wardetzky, Kristin

Geb. 1942. Dr. phil. Professorin für Theaterpädagogik an der Universität der Künste, Berlin. Studium der Germanistik und Anglistik in Jena sowie der Pädagogischen Psychologie in Leipzig; 1970–91 Theaterpädagogin am ‚Theater der Freundschaft‘, Berlin. Promotion 1984 ‚Kinder im Theater. Untersuchungen zur Aneignung von Theater durch Kinder der Klassen 2 bis 8‘ (Berlin 1984); Habilitation 1991 ‚Empirische Untersuchungen zum Märchen‘; 1992/93 Professorin für ‚Theaterpädagogik und Kinder- und Jugendliteratur‘ an der FH Darmstadt; seit 1993 an der Hochschule (Universität) der Künste, Berlin. Schwerpunkte der thp Arbeit zunächst Rezeptionsforschung, ab 1993 textgebundenes Erzählen; Leiterin der Erzählerinnen-Gruppe ‚Fabula drama‘. 1993 Preis der ASSITEJ, Sektion Deutschland; 2001 Ludwig-Bechstein-Preis des Landes Thüringen.

Märchen-Lesarten von Kindern. Berlin, Bern u. a. 1991; Märchenforschung in der DDR. In: Röth, Diether/Kahn, Walter (Hg.): Märchen und Märchenforschung in Europa. Ein Handbuch. Frankfurt a. M. 1993; Eroberer und Königstöchter. In: Wie kommt man ans Ziel seiner Wünsche? Modell des Glücks in Märchentexten. Gießen 2002. Wardetzky, Kristin/Kirschner, Jürgen (Hg.): Kinder im Theater. Dokumentation und Rezeption von Heleen Verburggs ‚Winterschlaf‘ in zwei Inszenierungen. Frankfurt a. M. 1993; Dies./Kneschke, Gabriele (Hg.): TheaterSpiel-Kiste. Texte und Ideen zum Darstellenden Spiel für Schülerinnen und Schüler der Klassen 5 bis 7. Berlin 1995; Dies./Ivo, Hubert (Hg.): ‚... aber spätere Tage sind als Zeugen am weisesten‘. Zur literarisch-ästhetischen Bildung im politischen Wandel. Berlin 1997; Dies./Gerndt, Helge (Hg.): Die Kunst des Erzählens. Berlin 2002.

MARIANNE STREISAND

Warming Up

WU geschieht körperlich, mental, interaktiv. WU wurde als Synonym für den gesamten Bereich der Aufmerksamkeitsbündelung in die ThP übernommen und bezeichnet auch die Inauguralphase eines beginnenden Spiel- und Theaterprozesses. WU geschieht sowohl in Langzeitarbeitsformen als auch in kürzer angelegten Unterrichtseinheiten.

Als Lehnwort aus dem Englischen stammt dieser Begriff vermutlich aus der → Sportpädagogik – hier bereits seit 1893 als Bezeichnung für die Vorbereitungsphase bei Wettkämpfen in Gebrauch; dann eingegangen in die → Tanzpädagogik und seit den frühen 1960er Jahren in der Interaktions- und Spielpädagogik

geläufig. ‚Sich erwärmen/sich warmlaufen‘ ist auch in der Fernsehbranche eine geläufige Metapher für das Einstimmen des Publikums vor Beginn einer Sendung. Ganz ähnlich ist WU auch als Zuhörerbindung (→ Rhetorik) an RednerInnen und ein darzulegendes Thema zu verstehen. Der Begriff des cool down meint den Ausklang, also eine Entspannungsphase oder eine nochmalige Bündelung mit Ausblick auf kommende Probeneinheiten.

Im Allgemeinen besitzt das WU in thp Arbeitseinheiten die Aufgabe, Spielfähigkeit im Hinblick auf die weiteren Übungen bzw. Probenzusammenhänge herzustellen. Der Fertigkeitsstand der DarstellerInnen, hier ihre darstellerisch-technische Vorbereitung, ist einerseits Voraussetzung der Übungsangebote, wie andererseits die thematische Einführung in die Einzelheiten des Arbeitsthemas und die Erläuterung der organisatorischen Details des Arbeitsprozesses, z. B. Orte, Zeiten, Sprachverständigung, Anreden, Namentausch usw. Hierhin gehört beispielsweise die Erläuterung oft zieldivergenter Übungen, um Arbeitsbzw. Ergebnistransparenz bei den TeilnehmerInnen herzustellen. Fragen von TeilnehmerInnen (und Antworten der → Spielleitung), warum diese oder jene Methode angewandt wird, fördern Transparenz. Schlüssige Antworten bezüglich der Unterrichtsmotive und der Entwicklung mancher Übungen und Trainingsmethoden bauen Vertrauen zur Spielleitung auf. Bei der Wahl der Übungen erscheint es sinnvoll, den Fortschritt des Arbeitsprozesses, die sich entwickelnde Gruppendynamik sowie den Fertigkeitsstand der Einzelnen zu berücksichtigen.

Körperliches WU stammt aus Sport, Tanz und Training des Bewegungstheaters. Bewegungsübungen sollen Herzfrequenz, Kreislauf und Muskelaktionen aktivieren und individuelle Leistungsstandards zum Erreichen der Arbeitziele fördern. Körperlich intendierte thp Arbeitsziele werden allgemein mit einer entspannten Muskelhaltung, dem Erreichen eines spontanen, impulsstarken Spielzustandes, einer Bereitschaft auf den eigenen Körper und die mitspielende Gruppe einzugehen, beschrieben. Spannungszustände der Teilnehmenden können in freien oder gezielten Bewegungstrainings ermittelt, offenbart und, wenn nötig, gelöst werden. Hierzu gehören Trainingsmethoden, die einzelne Körperpartien oder Ausdrucksmittel wie Haltungen, Gestik, Mimik, Atem, Stimme und besondere Tätigkeiten, die einen immer gleichen Ablauf verlangen, anzusprechen. Es werden ästhetische Gebrauchsformen gelernt. Allerdings sind hier keine sinnentleerten Bewegungsformen gemeint. Nach

Jacques → Lecoq, der den Begriff der ‚dramatischen Gymnastik' prägte, soll jede Bewegungsübung mit einem begründeten Handlungskontext verbunden werden. Für Lecoq zielt diese Arbeitweise nicht darauf, einem Vorbild oder vorgefertigten physischen Muster nachzustreben, sondern dem Trainierenden bei der Herstellung der Fiktion im Bühnenspiel Hilfestellungen zu geben.

Beispiel: Aus der gestreckten Position mit erhobenen Armen bewirkt der Fall des Rumpfes eine Bewegung des Körpers und dann im Zurückschwingen eine Rückkehr in die Ausgangsposition. Ausführung in diesen Schritten:

1. mechanische einfache Art, Training des Ablaufs;
2. körperlich vergrößern, schneller, höher, tiefer, dynamischer, energetischer;
3. Anfangspunkt und Endpunkt (Streckung und Beuge) der Bewegung bewusst ausführen;
4. sich von der Schwerkraft nach unten reißen lassen und zum gestreckten Nullpunkt zurück;
5. Exspiration beim Niedergehen und Aufrichten – Respiration in der Streckung;
6. eine parallele Bildfiktion wird nun visualisiert (Welle, Hinabstürzen, fliegender Ball usw.);
7. Hinzufügen eines Tons, einer Melodie, eines Wortes, eines Satzes usw.

Mentales WU bezieht verschiedene Komplexe der geistig-psychischen Vorbereitung des thp Arbeitsprozesses mit ein. So spielen vor allem die Teile des Gedächtnisses eine entscheidende Rolle, die dem/der Darstellenden unterschiedliche Atmosphären, Situationen oder Körperreaktionen ins Bewusstsein holen. Konstantin → Stanislawski beobachtete als einer der ersten, dass große schauspielerische Leistung immer mit einer mental-körperlichen Entspannung des spielenden Menschen einhergeht. Allerdings erreicht ein einmaliger körperlicher Entspannungszustand keine Wirkung auf längere Zeit. Es muss ein immerwährender Bewusstseinsprozess, den er ‚Kontrolleur' nennt, etabliert werden.

Erst dann erfolgt die Bündelung der Aufmerksamkeit auf die Unterrichtsziele, also die in vielen schauspielpädagogischen Ansätzen beschriebene mentale Energie. Durch ein effektvolles Energiemanagement durch den/die TheaterpädagogIn soll ein Maximum an Konzentration bei einem gleichzeitigen Gefühl von Leichtigkeit (vgl. ⸱ echov) erreicht werden. Michail → ⸱ echov entwickelte Arbeitsmethoden, die nach höchster Sensibilität für schöpferische Impulse suchten und vor allem durch das Weglassen aller überflüssigen, vorschnellen Kritik an Inhalten, Spielangeboten ein Höchst-

maß an Transparenz und Toleranz vom Teilnehmenden und Pädagogen gleichsam forderten. Damit ist zusätzlich eine grundsätzliche Arbeitsdisposition für alle Arten von Improvisationsspielen angesprochen, ähnlich der von Keith → Johnstone geforderten positiven Spielhaltung des ‚Sag ja'.

Die mentale Ausgestaltung des WU stellt sich an vielen Stellen der spiel- und thp Literatur als ein Training gegen Phantasie- oder Spielblockaden und als Korrektur der eventuellen Überbewertung von Wollen und Denken gegenüber dem Sich-Befinden dar. Die unterschiedlichen theater- bzw. schauspielpädagogischen Unterrichtssysteme des vergangenen Jhs. haben, ausgehend von ihren ästhetischen Theaterkonzepten, eine Fülle an Übungen hervorgebracht. Allen gemeinsam gilt, Spielphantasie und Transparenzfähigkeit zu schulen und eine entsprechende Gruppenübereinkunft im Sinne sog. ‚*Flow*-Erfahrungen' (vgl. Csikszentmihalyi) für die später folgenden Probenaufgaben vorzubereiten. Entwickelt finden wir diese Gedanken in der amerikanischen *method* Lee → Strasbergs und den Vorschlägen des russischen Regisseurs Jewgeni Wachtangow. Letzterem ist es darum zu tun, die darstellerische Aufmerksamkeit zu konzentrieren und anzuspornen.

Eine mentale Fähigkeit als Vorgriff auf die Schauspielarbeit sollte durch ein intensives spielvorbereitendes Training etabliert werden: die Arbeit an einer konstanten Objektbeziehung auf der Bühne, also die Befähigung des Spielenden, schnell sein Objekt der Konzentration zu finden und sich von diesem binden zu lassen. Solche Überlegungen gehen davon aus, dass sich die energetische Spielhaltung immer auf klar definierte Zonen der Aufmerksamkeit konzentrieren muss. Dabei scheint es für das der eigentlichen Improvisation vorgeschaltete WU noch unerheblich zu sein, auf was sich die Konzentrationsprozesse richten. Es können ein besonderer Gegenstand, die Spielidee, das Handeln weiterer Personen, eigene Phantasie- oder Handlungsimpulse, Wörter, ganze Textrepliken, Klänge, Gerüche, Gefühle sein. Während dieser Phase werden wichtige mentale Fähigkeiten, die vorsichtig mit dem Begriff des ‚authentischen Einfühlens' in die gegebenen Situationen umschrieben werden können, trainiert. Wachtangows Begriff ‚Objekt der Aufmerksamkeit' deutet auf weitgehende Transparenzdispositionen sowie auf ein überzeugendes Eingelebtsein in die beabsichtigte Bühnensituation hin.

Interaktives WU bettet sich mit seinen Arbeitsmethoden, die mit Ansätzen aus der → Erlebnis- bzw. Interaktionspädagogik verglichen werden können, sowohl in die Inaugurationsphase wie in eine längere *cool-down*-Sequenz ein. Man umschreibt das interaktive WU als ein Verankern von Kooperationsbereitschaft im Gefolge des Wachsens gruppendynamischer Kompetenzen der Teilnehmenden (Kohäsionsfähigkeit). Übungen befassen sich mit der Gruppenkompetenz des Einzelnen, mit dem Abbau von Berührungs- und Leistungsängsten, den Ressentiments gegenüber anderen vor allem in interkulturellen oder intersozialen Gruppenkonstellationen sowie der Selbst- und Fremdwahrnehmung. Es soll durch Ähnlichkeitserfahrungen Empathie mit anderen gefördert sowie ein adäquates Problemlösungsverhalten für die weiteren Arbeitsphasen trainiert werden, um bei den TeilnehmerInnen ein entwickeltes Gefühl für Toleranz zu erreichen. In weiteren Arbeitsschritten des interaktiven WU können auch Umgangsregeln der → Gruppe mit dem Einzelnen und umgekehrt entwickelt werden. Ziel muss aber bleiben, sowohl dem Einzelnen wie auch Kleingruppen kreative Freiräume zu eröffnen.

Die Interventionen und Arbeitsaufgaben der thp Spielleitung sollen WU-Prozesse initiieren und ihnen induktiv-begleitend eine Richtung geben. Der persönliche Stil der Pädagogen, ihr partnerschaftliches Verhalten, scheint oft maßgebend für die Bereitschaft zur Mitarbeit zu sein

, echov, Michail: Die Kunst des Schauspielers. Stuttgart 1990; Csikszentmihalyi, Mihaly: Flow. Stuttgart 2001; Johnstone, Keith: Improvisation und Theater. Berlin 1995; Lecoq, Jacques: Der poetische Körper. Berlin 2000; Spolin, Viola: Improvisationstechniken für Pädagogik, Therapie und Theater. Paderborn 1985; Stanislawski, Konstantin: Die Arbeit des Schauspielers an der Rolle. Berlin 1955; Strasberg, Lee: Schauspielen und das Training des Schauspielers. Berlin 1988; Wachtangow, Jewgeni: Schriften. Berlin 1982.
ANDREAS POPPE

→ Improvisation – Rollenarbeit

Weiterbildung → Fort- und Weiterbildung

für LehrerInnen

Werkstatt

Seit dem Mittelhochdeutschen wird W zur Bezeichnung der „Arbeitsstätte zuerst der Handwerker, (Fabrik)arbeiter und bildenden Künstler", später in Übertragung des Begriffes für „alle möglichen Stätten schöpferischen Wirkens" verwendet (vgl. auch die Wortverwandtschaft mit „officia, laboratorium, fabrica, artificina", Grimm 395f.). Die Übertragung hat dazu geführt, dass besonders in der Pädagogik der W-Begriff auch noch von seinem lokalen Bezug abgelöst und auf die Prozesse des ‚schöpferischen Wirkens‘ selbst angewendet wird. Für die Thp sind beide aktive Begriffsverwendungen relevant, weil sich Bedeutungsbereiche teilweise überschneiden.

In der lokalen Bedeutung werden kleinere Spielstätten innerhalb und außerhalb des Systems der Stadttheater als Theater-W bezeichnet, z.B. ‚Schillertheater Werkstatt‘ oder ‚Theaterwerkstatt Heidelberg‘. In der methodischen Bedeutung sind zwei Stränge der Verwendung des W-Begriffs zu beobachten. Der erste – heute oft engl. *workshop* – leitet sich her aus den „freien Schauspiel-, Atem-, Bewegungskurse(n) seit der Jahrhundertwende" (Nickel 1108) und bezeichnet im engeren Sinne eine pädagogisch orientierte Veranstaltung, in der verschiedene Fertigkeiten des Theater(s)/-handwerks in meist praktischen Übungen erworben werden. Da die Thp bisher über kaum institutionalisierte Ausbildungsgänge verfügt, ist die W hier eine verbreitete Form der Aus- und Weiterbildung (vgl. ebd.). Im weiteren Sinne versteht man unter W auch „eine der gegenwärtigen Freizeitgesellschaft entsprechende Form der kreativen Eigentätigkeit und erfahrungsbestimmten Lernens (von Handwerk, Kunst und Selbsterfahrung über Hobbyurlaub und Unterhaltung)" (ebd.).

Der andere Strang steht in Zusammenhang mit Entwicklungen der → Reformpädagogik und der politischen Bildung nach 1945. Hier wird W definiert als „eine an pädagogisch-psychologischen Methoden orientierte Veranstaltungsform, die als Gegenentwurf zu referentenorientiertem Lehren, Lernen und Arbeiten versucht, über die aktive Beteiligung ihrer Teilnehmerinnen und Teilnehmer an der Erarbeitung einer Thematik die Ergebnisse in konkretes betriebliches, (gesellschafts-)politisches, pädagogisches usw. Handeln umzusetzen" (Pallasch u.a. 14). Die verbreitetsten Formen dieser W sind die ‚Lernstatt‘, die → ‚Zukunftswerkstatt‘ und die ‚Lernwerkstatt‘ (ebd.). Das Konzept von W in diesem Sinne steht in engem Zusammenhang zu denen des Projekts, des handlungs- bzw. erfahrungsorientierten Lernens oder auch des *problem-based-learning* und *enquiry-action-learning*, wie sie in jüngster Zeit in Amerika entwickelt wurden, orientiert sich aber stärker als jene an konkreten (räumlich, zeitlich und methodisch) umgrenzten Veranstaltungs*formen*.

Aus dem Prinzip des handlungs- und erfahrungsorientierten Lernens in der W sowie den Überschneidungen von Theater als Kunstform und ‚Theater als kulturellem Modell' (vgl. Fischer-Lichte) ergeben sich innerhalb der W-Arbeit Anwendungsmöglichkeiten für thp Methoden. Diese umfassen spielpädagogische Interventionen zur Unterstützung des sozialen Lernens (z. B. zur Gruppenbildung und -evaluation); Wahrnehmungsübungen und Verfremdungstechniken in der Auseinandersetzung mit bestimmten Themen und Gegenständen; Möglichkeiten der Untersuchung derselben mit Hilfe verschiedener Formen der Simulation und des → Rollenspiels sowie Verfahren, mittels derer die Arbeitsergebnisse der W (als interaktive Prozesse) für ein Publikum inszeniert werden können (vgl. Seitz).

Deutsches Wörterbuch von Jacob und Wilhelm Grimm. Bearb. v. der Arbeitsstelle des Deutschen Wörterbuches, Bd. 29. Berlin, München 1991; Fischer-Lichte, Erika (Hg.): Theatralität und die Krisen der Repräsentation. Stuttgart, Weimar 2001; Nickel, Hans-Wolfgang: Werkstatt. In: Brauneck, Manfred/Schneilin, Gérard (Hg.): Theaterlexikon. Begriffe und Epochen, Bühnen und Ensembles. Reinbek 1992; Pallasch, Waldemar/Reimers, Heino: Pädagogische Werkstattarbeit. Eine pädagogisch-didaktische Konzeption zur Belebung der traditionellen Lernkultur. Weinheim, München 1990; Seitz, Hanne: ‚Wer zum Teufel ist ...'. Von Falschspielern und inszenierten Wirklichkeiten. In: Kunst und Unterricht, 1998, H. 223/224.
http://www.chemeng.mcmaster.ca/pbl/pbl.htm [zum problem-based-learning]; http://www.mcmaster.ca/learning/inquiry/inquiry1.htm [zum enquiry-Ansatz].

UTE PINKERT

→ Fort- und Weiterbildung für LehrerInnen – Gruppe – Interaktion – Off-Theater – Theaterarbeit aus Erfahrungen

Winnicott, Donald Woods

1896–1971. Studium der Medizin. Seit 1923 Arbeit als Kinderarzt im Londoner Paddington Green Children's Hospital, wo er sich für Kinderpsychoanalyse zu interessieren begann. Zusätzliche psychotherapeutische Ausbildung. Privatpraxis als Kinderarzt und Psychoanalytiker. 1956 Präsident der Britischen Psychoanalytischen Gesellschaft. Seine Theorie – nachgewiesen am kindlichen → Spiel –, dass das kreative Potenzial des Menschen ein Instrument zur Bewältigung von Realität sei, ist eine wesentliche Grundlage für Jacob L. → Morenos Arbeiten zum → Psychodrama.

Kind, Familie und Umwelt. München, Basel 1969; Die therapeutische Arbeit mit Kindern. München 1973; Vom Spiel zur Kreativität. Stuttgart 1973; Reifungsprozesse und fördernde Umwelt. München 1974; Familie und individuelle Entwicklung. München 1978; Aggression. Versagen der

Umwelt und antisoziale Tendenz. Stuttgart 1988; Die menschliche Natur. Stuttgart 1994.
Davis, Madeleine/Wallbridge, David: Eine Einführung in das Werk von D. W. Winnicott. Stuttgart 1983; Neubaur, Caroline: Spiel und Realität in der Psychoanalyse Donald W. Winnicotts. Frankfurt a. M. 1987; Rodman, Robert F. (Hg.): Donald W. Winnicott. Die spontane Geste. Ausgewählte Briefe. Stuttgart 1995.

GABI BEIER

Wirth, Andrzej Tadeusz

Geb. 1927. Studium der Philosophie. Promotion über → Brecht. 1956–58 Aufenthalt in Berlin (auf Einladung des Berliner Ensembles), wo er als Kritiker, Übersetzer und Herausgeber zum Vermittler zwischen deutscher und polnischer Kultur wurde. In den 1960er Jahren gehörte W zusammen mit Jan Kott zu den bedeutendsten Theaterkritikern Polens. Seit 1966 Gastprofessor in den USA. 1982 gründete W an der Justus-von-Liebig-Universität Gießen das erste deutsche Institut für Angewandte → Theaterwissenschaft, das er bis 1992 leitete und an das er als Gastprofessoren u. a. Heiner → Müller und Robert Wilson holte. Seine Arbeitsfelder sind neben polnischer und internationaler Theater- und Literaturgeschichte die Geschichte des Nationalsozialismus und der Judenverfolgung in Polen.

Brechts *Fatzer*. Experiments in discourse making. In: Drama Review, 1978, H. 22; Lehrspiel als Sprechmaschine. *Fatzer* an der Stanford University USA. In: Theater heute, 1978, H. 4; Lehrstück als Performance. In: Gellert, Inge u. a. (Hg.): Massnehmen. Köthen, Berlin 1999.
Wirth, Andrzej (Hg.): Modernes polnisches Theater. Neuwied, Berlin 1967; Ders. (Hg.): Stanislaw Witkiewicz. Verrückte Lokomotive. Ein Lesebuch. Frankfurt a. M. 1985; Ders. (Hg.): Sławomir Mroek. Zabawa. Satire in lustloser Zeit. Frankfurt a. M. 1992.

GABI BEIER

Workshop → Werkstatt

Zacharias, Wolfgang

Geb. 1941. Studium der Pädagogik und Kunsterziehung. Seit 1971 pädagogische Arbeit im schulischen und außerschulischen Bereich mit den Schwerpunkten Vorschulerziehung, Spiel- und Museumspädagogik. Mitgründer der Pädagogischen Aktion SPIELkultur e. V. in München. Z gehört zu den Pionieren der kulturpädagogischen Praxis und Forschung. Seit den 1990er Jahren Beschäftigung mit Spiel- und Lernumwelten von Kindern und Jugendlichen unter dem Einfluss der neuen → Medien (Medienpädagogik).

Kultur und Bildung, Kunst und Leben. Zwischen Sinn und Sinnlichkeit. Texte 1970–2000. Bonn, Essen 2001; Kulturpädagogik. Kulturelle Jugendbildung. Eine Einführung. Opladen 2001.
Zacharias, Wolfgang (Red.): Kultur, Spiel, Medien, Umwelt. München 1990; Ders. (Hg.): Pädagogik des Spiels – eine Zukunft der Pädagogik? Beiträge zur Spielkultur, Spieldidaktik, Spielpraxis, Spielpolitik. München 1990; Ders. (Hg.): Sinnenreich. Vom Sinn einer Bildung der Sinne als kulturell-ästhetisches Projekt. Essen 1994; Ders. (Hg.): Interaktiv. Im Labyrinth der Wirklichkeiten. Über Multimedia, Kindheit und Bildung, über reale und virtuelle Interaktion und Welten. Essen 1996.
Ders./Grüneisl, Gerd: Die Kinderstadt. Eine Schule des Lebens. Handbuch für Spiel, Kultur, Umwelt. Reinbek 1989; Ders./Mayrhofer, Hans: Spielenlernen. München 1972; Dies.: Fernseh-Spiel-Buch. München 1973; Dies.: Ästhetische Erziehung. Lernorte für aktive Wahrnehmung und soziale Kreativität. Reinbek 1976; Dies.: Projektbuch ästhetisches Lernen. Reinbek 1977.

GABI BEIER

Zeitungstheater

Das Z ist ein fester Bestandteil des aktivierenden → ‚Theaters der Unterdrückten‘ von Augusto → Boal. Von allen dort vorgestellten Methoden dient es am stärksten der politischen Aufklärung und Agitation. Das Boalsche Z umfasst elf Techniken, die kurz skizziert und mit einigen Praxisbeispielen aus der politischen Bildungsarbeit illustriert werden.

Einfaches Lesen: Es wird nur ein Teil einer Zeitungsmeldung kommentarlos vorgelesen. Wenn z. B. die Kosten für einen Panzer einfach vorgelesen werden, kann die Meldung (etwa: ‚Hunderttausende Euro für Rüstung!‘) klarer werden.

Vervollständigendes Lesen: Bei dieser Methode werden notwendige Hintergrundinformationen hinzugefügt. Wenn bei einem Artikel für die Aktion ‚Brot für die Welt‘ hinzugefügt wird, dass es immer mehr Millionäre gibt, wird eine erweiterte politische Dimension der Problematik aufgezeigt.

Gekoppeltes Lesen: Nachrichten in Zeitungen, die sich widersprechen oder sich gegenseitig aufheben, werden zusammengebracht und ergeben somit einen anderen Sinn. Oftmals genügt es schon, Nachrichten gegenüberzustellen. Zwei Meldungen über ein Flüchtlingslager auf der kanarischen Ferieninsel Fuerteventura und einen Reisebericht miteinander in Verbindung zu bringen, kann zum Nachdenken anregen.

Rhythmisches Lesen: Zeitungsmeldungen werden in verschiedenen Rhythmen gelesen. Eine Reportage über das Leben von Sozialhilfeempfängern mit der Nationalhymne in Verbindung gebracht oder mit einem Salsa-Rhythmus vorgelesen, können unterschiedliche Reaktionen hervorrufen.

Untermaltes Lesen: Die Botschaft einer Nachricht kann noch verstärkt werden, indem mit Phrasen oder Politikersprüchen die Meldung in einen anderen Kontext gesetzt wird. Man kann z. B. die Arbeitslosenzahlen in den neuen Bundesländern und den Ausspruch ‚blühende Landschaften‘ miteinander in Verbindung bringen.

Pantomimisches Lesen: Mit Hilfe von → Pantomime werden Nachrichten ausdrucksstark dargestellt.

Improvisierendes Lesen: Eine Variante des pantomimischen Lesens, bei der verschiedene Darstellungsweisen benutzt werden können.

Historisches Lesen: Die aktuellen Nachrichten werden in Bezug zur Geschichte gesetzt oder in eine andere, unpassende Epoche versetzt. Man kann z. B. die Gewinne der Firmen, die während des deutschen Faschismus Zwangsarbeiter einsetzten, in Verbindung mit der kläglichen Entschädigung der ehemaligen Zwangsarbeiter bringen.

Konkretisierendes Lesen: Aufgrund der Flut von Nachrichten und Meldungen sowie des dazugehörigen abgenutzten Vokabulars kann es zur Abstumpfung des Rezipienten kommen. Deshalb kann es sinnvoll sein, ‚verbrauchte Wörter‘ (etwa: Zweidrittel-Gesellschaft, Arbeitslosigkeit, Globalisierung) in Szene zu setzen oder grafisch darzustellen, um die Wörter und ihre Bedeutung wieder zu neuem Leben zu erwecken.

Pointiertes Lesen: Der Text wird in einem anderen Genre vorgelesen. So kann der Bericht eines Kriegseinsatzes deutscher Bundeswehrsoldaten, als Kochrezept vorgelesen, Verwirrung stiften.

Kontext-Lesen: Die Nachricht wird in einen sozialen Kontext gestellt. Wenn etwa über eine Demonstration von Kurden berichtet wird, kann man die Meldung in einen sozialen Kontext stellen, wenn das soziale und politische Leben der Kurden in der Türkei dargestellt wird (z. B das bisherige Sprachverbot des Kurdischen, Folterung von politischen Häftlingen).

Das Z wird von vielen in der politischen Bildungsarbeit eingesetzt. So entwickelte z. B. Daniel Feldhendler das lebendige Z für den Fremdsprachenunterricht und Harald Hahn und René Zind verbinden das Z in ihrem Mitmachtheater ‚Die Zeitungsredaktion‘ mit dem → Statuentheater von Augusto Boal.

Boal, Augusto: Theater der Unterdrückten. Frankfurt a. M. 1989; Feldhendler, Daniel: Aus dem Leben gegriffen! Szenische Darstellung von Zeitungsnachrichten. In: Ruping, Bernd: Gebraucht das Theater! Die Vorschläge von Augusto Boal. Münster, Hamburg 1993; Hahn, Harald/Zind, René: Die Zeitungsredaktion. In: Korrespondenzen, 2001, H. 37; Schmidt, Monika: Vom Zuspitzen der Widersprüche. Das Zeitungstheater Augusto Boals. In: Ruping, a.a.O.

HARALD HAHN

→ Arbeitertheater – Bibliodrama – Deutsch als Fremdsprache – Mitspiel(theater) – Szenische Interpretation – Übungsfirma

Zielgruppe

Wer in modernen komplexen Gesellschaften Wirkungen erzielen möchte, muss klären, wen er mit einer Aktivität erreichen will und welche Wirkungen hinsichtlich des Verhaltens von Einzelpersonen und sozialen Gruppen erzielt werden sollen: Welche Z sollen auf welchem Wege mit welcher Wirkung erreicht werden? In formierten, überschaubaren gesellschaftlichen Zusammenhängen, in denen sich die Adressaten sozialer Handlungen nahezu von selbst verstehen, besteht dagegen weniger Erfordernis, mögliche Z explizit zu beschreiben. Die Akteure eines Krippenspiels in dörflicher Umgebung sind sich beispielsweise in der Regel eher ihres Publikums gewiss als eine Theatergruppe im großstädtischen Umfeld.

Die Notwendigkeit der systematischen Bestimmung von Z ergibt sich aus der Entwicklung der industriellen und pluralistischen Massengesellschaft. Da mit der Massenproduktion – erst recht in einer globalisierten Industrie – kein unmittelbarer Kontakt zwischen Produzent und Konsument besteht, müssen die potenziellen Käufer durch Werbung über ein Produkt informiert und für den Kauf gewonnen werden. Mit der wachsenden Individualisierung und Differenzierung moderner Industriegesellschaften können Konsumenten nicht mehr als homogene Masse angesprochen werden. Entscheidend für den Erfolg wird, die zahlreichen unterschiedlichen Konsumentengruppen auf geeignete Weise anzusprechen. Effektive Werbung ist darauf angewiesen, mögliche Käufer durch Marketing kennen zu lernen, zielgenau zu erfassen und zu erreichen (vgl. Becker; Berekoven).

Mit dem Begriff der Z ist derjenige der *Wirkung* verbunden. Jede Definition von Z beinhaltet eine Wirkungsabsicht. Definierte Gruppen der Öffentlichkeit sollen zu bestimmten gewünschten Handlungen, z. B. dem Kauf bestimmter Waren, veranlasst werden.

Wirkungen können auch darin liegen, dass unerwünschte Handlungen unterlassen werden. Die Ziel-Wirkung-Orientierung beinhaltet, dass nur diejenigen angesprochen werden, von denen eine Wirkung (ein entsprechendes gewünschtes Handeln) erwartet werden kann.

Z existieren nicht nur objektiv, sondern werden interessengeleitet definiert und durch *Werbung* angesprochen (vgl. Rogge). Waren werden gezielt im Hinblick auf mögliche Z, ihre Wünsche, Qualitätsansprüche, ihre finanziellen Möglichkeiten, ihre ästhetischen Präferenzen und ihre psycho-sozialen Defizite im Rahmen des Marketing gestaltet (vgl. Dammler). Andererseits verhalten sich Z selten homogen und vollkommen erwartungsgemäß. Kaufen und erst recht der Gebrauch von Waren ist eine Form aktiven Handelns, wodurch die Konsumenten den Waren einen eigenen Sinn verleihen, der dann auch auf die Z-Definitionen zurückwirkt. Als anschauliches Beispiel kann hier die Teenagermode gelten, wo ein ständiger Kreislauf von Warenproduktion, kultureller Aneignung durch junge Menschen, veränderter Produktion usw. stattfindet (vgl. Willis). Der Zusammenhang von Z-Definition, gezielter Ansprache und Konsum ist als komplexer Kommunikations-, Handlungs- und Gestaltungsprozess zu verstehen, dem Vorstellungen eines geradlinigen, einseitig gerichteten Manipulationsprozesses nicht gerecht werden. Der abstrakten Aufteilung in ‚wahre‘ und ‚falsche‘ – vor allem: durch Werbung und Warenästhetik hervorgerufene – Bedürfnisse ist mit Skepsis zu begegnen (vgl. Gronemeyer). Diese Komplexität möglicher Wirkungen bei der Erreichung von Z muss nicht nur im Feld der Werbung, sondern ganz generell bei angestrebten Ziel-Wirkungs-Zusammenhängen bedacht werden.

Angehörige von Z sind sich selten der ihnen zugeschriebenen Eigenschaften voll bewusst. Sie nehmen kaum wahr, dass sie als Angehörige von Z gesehen werden und dass bei ihnen bestimmte Wirkungen erreicht werden sollen. Z *werden* definiert, sie definieren sich selten selbst. Z ist häufig eine interessengeleitete Zurechnung. Weder die Angehörigen der Z der werbenden Wirtschaft noch diejenigen von Sozial- und Kulturarbeit sind sich über derartige Zuordnungen völlig im Klaren.

In einer komplexen medienvermittelten Gesellschaft sind alle Institutionen – nicht nur die warenproduzierende Industrie – darauf angewiesen, Z für ihre Leistungen und ihre Öffentlichkeitsarbeit zu bestimmen. *Öffentlichkeitsarbeit (public relations)* zielt darauf ab, die Beziehungen von Institutionen zu einer vielschichtigen Öffentlichkeit zu gestalten. Fragen, die hierbei beantwortet werden müssen, sind u. a.: Welches Bild meiner Institution möchte ich wem vermitteln? Entspricht dieses Profil der inneren Realität meiner Institution, ist es glaubwürdig? Welche Reichweite soll die Öffentlichkeitsarbeit haben? Über welche Wege sollen die Z angesprochen werden? Welche → Medien sollen dazu gewählt werden? Welche Personen dienen als Multiplikatoren? Welche Wirkungen sollen bei den Z erreicht werden (vgl. Neises; Faulstich; Pfannendörfer)?

Z der *Sozialarbeit/Sozialpädagogik*, die Unterstützung und Hilfe durch das Gesundheitswesen, das Sozialwesen oder die Jugendhilfe erhalten sollen, werden meist aufgrund psycho-sozialer Problemlagen bestimmt. Mit dieser defizitorientierten Z-Definition ist die Gefahr der Stigmatisierung und der zusätzlichen Schwächung von Handlungsfähigkeit verbunden. In den vergangenen Jahren hat dagegen ein Paradigmenwechsel hin zu kompetenzorientierten Z-Definitionen eingesetzt. Hierdurch wird dem Sachverhalt Rechnung getragen, dass auch Menschen, die sich in schwierigen Lebenslagen befinden, über Stärken verfügen, die die Grundlage für eine Problembewältigung darstellen können. In präventiven Handlungsfeldern steht entsprechend die Stärkung von Kompetenzen im Vordergrund. Die Sozialarbeit/Sozialpädagogik kennt unterschiedliche Bezeichnungen ihrer Z: Klienten, Besucher, Nutzer, Bewohner, Teilnehmer u. a. Deutlich wird, dass jeder dieser Begriffe ein anderes Setting, eine andere Rollenzuweisung und eine andere Beziehung zum professionellen Hilfesystem impliziert.

Für viele Felder der Sozialarbeit, wie z.B. die Jugendhilfe, ist es von Bedeutung, ob die Angehörigen einer Z als Mitglieder eines sozialen *Feldes* oder isoliert als *Fälle* wahrgenommen werden. Schwierigkeiten von Kindern und Jugendlichen lassen sich kaum als Problemlagen nur eines einzelnen Individuums verstehen. Stattdessen kommt es für eine erfolgreiche professionelle Unterstützung darauf an, das gesamte Umfeld, die Familie, die gleichaltrigen Freunde, die Schule usw. in Problemlösungen einzubeziehen. Erfolgreiche Prävention muss die Komplexität sozialer Felder stärken.

Im Zuge der Verwaltungsreform und der ergebnisorientierten Steuerung des Verwaltungshandelns setzen sich in den meisten Feldern sozialer Arbeit neue Steuerungsmodelle durch (vgl. Kommunale Gemeinschaftsstelle 1991; 2001). Stichworte, die diese Entwicklung kennzeichnen, sind die *Definition von Produkten und Leistungen*, die *Kosten- und Leistungsrechnung*, das *Qualitätsmanagement*, die *dezentrale Ressourcenverantwor-*

tung u. a. Angehörige von Z sozialer Arbeit und Sozialpädagogik werden hierbei zu Kunden. Auch diese Beschreibung von Z impliziert Settings und Rollenzuschreibungen. Einerseits werden Kunden mit ihren Wünschen und Bedürfnissen in den Mittelpunkt gestellt, wird ihnen Wahlfreiheit zugestanden ('König Kunde'). Andererseits muss gefragt werden, ob gesellschaftliche, institutionelle und professionelle Interessen tatsächlich so weit zurücktreten können, dass die Wahl des Kunden-Begriffes mehr als einen Euphemismus darstellen. Wenn zudem definiert wird, dass derjenige Kunde ist, der eine Leistung bezahlt, ergibt sich für freie Träger, u. a. auch für Theatergruppen, eine Unklarheit, wer eigentlich Empfänger der Leistungen ist: die Kinder, Jugendlichen, Senioren usw. oder die finanzierende Organisation?

Der gewachsene Bedarf an Z-Definitionen hängt eng mit den Interessen von Verwaltungen und Trägern zusammen, Leistungen und Kosten produktförmig zu ordnen und über Steuerung gezielt Wirkungen bei definierten Personengruppen zu erzielen. Hierbei zeigt sich eine Neigung, auch solche Aufgabenfelder mit unspezifischen Z-Definitionen, die nicht auf Einzelpersonen, sondern auf soziale, sozio-kulturelle Felder oder allgemein z. B. auf Kinder und Jugendliche abzielen, zu veranlassen, ihre Z und die erwünschten Wirkungen produktförmig zu definieren.

Im Unterschied zur Sozialen Arbeit ist der Begriff der Z im Bereich der professionellen Kunst-Kultur bislang weniger zentral. Dies bedeutet jedoch nicht, dass z. B. die am Theater Tätigen sich im Unklaren über ihre Besucher und beabsichtigte Wirkungen wären. In der Regel wissen auch Kulturinstitutionen, wen sie mit ihrem Programm ansprechen möchten und welche Wirkungen sie anstreben. Diese Wirkungen intendieren jedoch im Bereich der Kunst – neben der Unterhaltung – eher kritische Ziele. Die Zuschauer sollen sich mit ihrer Realität, ihren Lebensverhältnissen und deren ästhetischer Verarbeitung befassen. Sie sollen Selbstverständlichkeiten hinterfragen und *verunsichert* werden. ThP im Rahmen von Sozialarbeit/Sozialpädagogik strebt dagegen meist an, eher positive, stärkende Effekte für die Persönlichkeitsentwicklung und das soziale Feld ihrer Z zu erreichen.

Z der ThP sind u. a. Kinder, Jugendliche, Familien, Schulklassen, Kita-Gruppen, Senioren, Inhaftierte, Menschen mit Behinderungen, Obdachlose, Auszubildende. Hierbei erfolgt die Definition von Z gewöhnlich durch die jeweiligen institutionellen Handlungsfelder des Sozialwesens, der Jugendhilfe, des Gesundheitswesens, der Schule oder des Kulturbereiches. Entsprechend ist ThP Teil des jeweiligen Angebots- und Methodenrepertoires. Hierbei kann es sich auch um ein Spannungsverhältnis handeln, wenn z. B. in einem eher bevormundenden Kontext thp Förderung von Vitalität, Kreativität und Phantasie angestrebt wird.

Um in einem pädagogischen Sinne erfolgreich zu wirken, ist es notwendig, Angebote und Methoden im Hinblick auf die Z einzupassen. Hierzu gehört eine Vergewisserung über die Wünsche, Interessen und Bedürfnisse der Gruppe, mit der gearbeitet werden soll, sowie die Bestimmung zielgruppengemäßer Methoden. Zentral ist die Berücksichtigung der lebensweltlichen Erfahrungen der Z, damit ein nachhaltiger Zugewinn an Handlungsfähigkeit erreicht wird. Für sozio-kulturelle Handlungsfelder wie die offene Jugendarbeit wird verstärkt Exploration gefordert, um die Lebenswelt der Z und die Bedingungen des sozialen Raums besser berücksichtigen zu können (vgl. Projektgruppe WANJA). Auch die Rahmenbedingungen und objektiven Gegebenheiten unterscheiden sich je nach Z. Theaterarbeit mit Kita-Gruppen wird demnach einen anderen Charakter haben als diejenige mit obdachlosen Jugendlichen oder mit Inhaftierten.

Der Erfolg thp Arbeit ist auch abhängig von einer zweckmäßigen Öffentlichkeitsarbeit. Gerade wenn Mitwirkende nicht direkt über stark strukturierte Zusammenhänge in Kita und Schule angesprochen werden, lohnt es sich zu planen, auf welche Weise die gewünschte Z, z. B. theaterinteressierte Jugendliche, am besten angesprochen werden kann und welche Personen und Institutionen als Multiplikatoren genutzt werden können. Für die Planung von besonderen Ereignissen (z. B. eine Premiere) sollte frühzeitig eine angemessene Öffentlichkeitsarbeit berücksichtigt werden. Dann gehören zur Z meist nicht nur die unmittelbar Mitwirkenden, sondern auch ihr Umfeld: die Familien, die Nachbarn, die Freunde, die Kollegen bis hin zu Vertretern der fördernden Institutionen und der Medien.

Becker, Jochen: Das Marketing Konzept. Zielstrebig zum Markterfolg. München 2002; Berekoven, Ludwig: Grundlagen des Marketing. Berlin 1993; Dammler, Axel: Marketing für Kids und Teens. Wie Sie Kinder und Jugendliche als Zielgruppe ansprechen. Landsberg (Lech) 2000; Faulstich, Werner: Grundwissen Öffentlichkeitsarbeit. Stuttgart 2000; Gronemeyer, Marianne: Die Macht der Bedürfnisse. Reinbek 1988; Kommunale Gemeinschaftsstelle für Verwaltungsvereinfachung (KGST) (Hg.): Dezentrale Ressourcenverantwortung. Überlegungen zu einem neuen Steuerungsmodell. Köln 1991; Dies. (Hg.): Zehn Jahre Verwaltungsreform. Neues Steuerungsmodell. Köln 2001; Neises, Gerd: Öffentlichkeitsarbeit im sozialen Bereich. Stuttgart 2000; Pfannendörfer, Gerhard: Kommunikationsmanagement – Das ABC der Öffentlichkeit für soziale Organisationen. Baden-Baden 1995; Projektgruppe WANJA: Handbuch zum Wirksamkeitsdialog in der Offenen Kinder- und Jugendarbeit. Münster 2000; Rogge, Hans-Jürgen: Werbung. Ludwigshafen 1988; Willis, Paul: Jugend-Stile. Zur Ästhetik einer gemeinsamen Kultur. Berlin 1991.

WOLFGANG WITTE

→ Gefängnistheater – Klassenfahrt als theaterpädagogische Aktion – Pflegedidaktik und Theaterpädagogik – Planspiel – Theaterarbeit in sozialen Feldern – Theatralität – Unternehmenstheater

Zimmertheater

Die kleine Theaterform erfreut sich in Geschichte und Gegenwart besonderer Beliebtheit für private oder gemeinschaftliche – etwa familiäre oder kleingruppenspezifische – Amateurtheateraufführungen, aber auch für semiprofessionelle Inszenierungen oder Berufstheater. Künstlerische, soziale oder politische Experimente – bezogen u. a. auf das Ausprobieren neuer Formen oder die Aufführung verbotener Texte – sind mit vergleichsweise geringem Aufwand im Z zu erstellen. Handelt es sich tatsächlich um Privatzimmer, ist eine staatliche oder künstlerische Zensur ausgeschlossen; Tantiemen müssen nicht gezahlt werden. So wurden etwa in der DDR zahlreiche Stücke, die für die öffentliche Publikation zunächst nicht zugelassen waren, in Schreibmaschinen-Abschriften kursierten und als oppositionell galten, in größeren Ostberliner, Leipziger oder Dresdner Altbauwohnungen vor geladenen Gästen aufgeführt. Ähnliches ist zu Zeiten von Diktaturen aus vielen Städten der Welt bekannt. Aber auch Goethe inszenierte etwa im Privathaus des Freiherrn von Helldorf und am Hof in Weimar nach 1800 zahlreiche Z-aufführungen mit ‚Tableau vivants' (‚Lebenden Bildern') nach antikisierenden Gemälden vor einer geladenen Weimarer Hofgesellschaft (vgl. Jooss; Folie); Ziel war u. a. auch, sich selbst als ‚Musenhof' zu etablieren. Privataufführungen in Z galten der Konstitution und Besinnung einer bestimmten Gemeinschaft auf sich selbst nicht weniger als dem künstlerischen, sozialen oder politischen Engagement.

Weniger bekannt ist, dass um 1900 diese halböffentlichen Theaterformen mit gering gehaltener Anzahl von Schauspielern und Zuschauern zu der innovativen Theaterform der Moderne schlechthin erklärt wurden. 1888 formulierte August Strindberg im *Vorwort zu ,Fräulein Julie'* das Programm eines Z, das als ein Höhe- und Umschlagpunkt der jahrhundertealten Sehnsucht nach der → Illusion im Theater betrachtet werden kann. Strindbergs Überlegungen beziehen sich allerdings ausschließlich auf das professionelle Theater, das nun seine Öffentlichkeit zu ,leugnen' begann (vgl. Sennett). Intimität sollte hier auf allen Ebenen des kunstkommunikativen Prozesses realisiert werden. Strindberg plädierte für die Kleinformatigkeit des Z mit der minimierten Bühne, die Atmosphäre von Konzentration und Distinktion unter den wenigen, aber gebildeten Zuschauern, für eine psychologisierende, zurückgenommene Spielweise von Schauspielern, die die Fiktion der ,vierten Wand' als oberstes Prinzip achten und in keinerlei direkte → Kommunikation mit dem Publikum eintreten sollten; für eine Dramaturgie und Sprache der Texte, die in die feinziselierten Verästelungen der Seele des disparaten Ich eindringen und „die Gehirne unregelmäßig arbeiten [lassen], wie sie es in Wirklichkeit tun" (Strindberg 1991, 62).

Der Autor Max Halbe gründete unter deutlichem Bezug auf Strindberg 1895 in München das erste so benannte ,Intime Theater' als Z. Es handelte sich dabei im Grunde um eine Liebhaberaufführung in einem privaten Salon vor ca. 40 geladenen Gästen – der Münchner Boheme. Gespielt wurde von den intellektuellen Amateuren Strindbergs Einakter *Gläubiger* (1888), und wie die Szene *Ein Salon in einem Badeort* (Strindberg 1917, 52) war, so war ein Salon die Aufführungsstätte. Das Ereignis wurde aber von Halbe zur Geburtsstunde einer völlig neuen Theaterästhetik stilisiert. Es handle sich um „eine Spezialbühne [...] für Künstler und womöglich von Künstlern, eine Bühne, [...] wo Könner und Kenner unter sich sind, ein *intimes* Theater" (Halbe 109). Dabei gehe es um einen Zusammenschluss der „Reifen und Feinen" (ebd. 107), um einen Rückzug aus der Öffentlichkeit und – wie Julius Kulka bereits 1892 gefordert hatte – um die Herauslösung der Kunst aus „von rein kaufmännischen Gesichtspunkten geleiteten Geschäftsunternehmen" (Kulka 73). Kunst sollte nicht zur Ware degradiert werden. In seinem Essay hatte er radikal formuliert: „Denn das Publikum verdirbt alles. [...] Das Publikum ist der Feind. [...] Das Theater der Zukunft ist das vom Publikum emanzipierte Theater" (ebd.). Deutlich wird, dass dem Phänomen der ,Intimität' wie deren theaterkünstlerischem Ausdruck des Z immer auch ein Moment von Distinktion und Ausschließung eigen ist.

In Konkurrenz zu den neu entstandenen → Medien, insbesondere dem Film ab 1895 (der von den Intellektuellen der Zeit zunächst als reine Ästhetik der Oberfläche diskreditiert wurde) und in Ablehnung der urbanen Massengesellschaft versuchte man, das alte Medium Theater noch einmal als eine Sinneskultur der besonderen seelischen Tiefe, der Langsamkeit, der *face-to-face*-Kommunikation, der visuellen und räumlichen Nähe, der kleinen Gemeinschaft usw. zu institutionalisieren.

Die Begeisterung für das Z korrespondierte um 1900 mit dem Aufstieg von Phänomen und dem Begriff der ,Intimität' zu einem künstlerischen Prinzip und einer kunsttheoretischen Beschreibungskategorie. So hieß es 1905 in der 6. Auflage von ,Meyers Konversationslexikon', intim bedeute „innig, vertraut", sei gegenwärtig „auch ein Schlagwort der modernen Kunst" (Meyer 894). Davon war in der 5. Auflage des Lexikons von 1897 noch keine Rede und wird es auch in späteren Auflagen nicht mehr sein. Offensichtlich feierte der Begriff ,intim' um 1900 eine kurze Blütezeit zur Beschreibung moderner Kunst, die er vorher und nachher nicht mehr erreicht hat. Er wurde zum Modewort. Um das Jahr 1890 profilierte sich der Terminus im Kontext verschiedener kunsttheoretischer Entwürfe der ,Moderne'. Er wurde von allen Stilrichtungen der Zeit wie Naturalismus, Décadence, Fin de siècle, Neoromantik, Impressionismus, Symbolismus erfasst und auf alle Künste – die Bildende Kunst, Literatur, Musik, den Tanz, aber auch auf die Architektur (besonders die Innenarchitektur) – angewandt. Sein Zentrum aber fand die Gestaltung einer umfassenden intimen Ästhetik im Theater, das Z ist ihr legitimster Ausdruck.

Am berühmtesten sind die 1902 unter dem Namen ,Kleines Theater' und 1906 als ,Kammerspiele des Deutschen Theaters' von Max Reinhardt in Berlin begründeten und architektonisch sowie technisch nach den Grundzügen des Strindbergschen Programms von 1888 – umgestalteten Z. Dabei sind die ursprünglich als ,Intimes Theater' geplanten, dann aber in Anlehnung an die ,Kammermusik' so benannten ,Kammerspiele' allein in innenarchitektonischer Hinsicht ein Muster intimer Ästhetik.

1906 war bestimmendes gestalterisches Prinzip des Z ,Kammerspiele' Reduzierung, Konzentration bei gleichzeitiger Distanzierung und Vornehmheit. Der Zuschauerraum fasste bei der Eröffnung nur etwas mehr als 300 Zuschauer, war in warmen dunklen Rot-, Braun- und Goldtönen gehalten, kein Schmuck oder

Stuck lenkte vom Bühnengeschehen ab. Breite, bequeme ‚Klubsessel' (vgl. Stahl) schufen für jeden einen angemessenen *personal room*. Der Kritiker Siegfried Jacobsohn schwärmte damals: „Wer hier nicht jubelt, fälscht seinen Eindruck [...]. Der Zuschauerraum ist [...] durch kein Orchester, keinen Souffleurkasten von der Bühne getrennt und hat es darum leicht, von unvergleichbarer Geschlossenheit und Intimität zu sein." (Jacobsohn 319f.) Ein Paradoxon stellte die berühmte Stufe zwischen abgesenktem Bühnenboden und Parkett dar. Zwar symbolisierte sie ‚Distanzlosigkeit' der Gemeinschaft zwischen Kunstproduzenten und -rezipienten („das Theater grenzt an den Salon", hieß es in einer Kritik; Klaar 326), ihre faktische Benutzung aber war nicht intendiert. Hier hatte gerade der Disziplinierungsversuch gegenüber dem Publikum seinen Höhepunkt erreicht. Zur Herstellung einer ‚Erlesenheit' der sich vereinigenden Kunstgemeinde gehörten Frackzwang für die Herren und Abendgarderobe für die Damen ebenso wie extrem hohe Eintrittspreise (vgl. Huesmann 18). War es beim ersten ‚Intimen Theater' 1895 konzeptionelles Anliegen, Kunst und Kommerz auseinander zu halten, so war man nun – wie Alfred Kerr kommentierte – nicht nur „intim", sondern auch „finanzbehaglich" (Kerr 18). Was hier im entstehenden Theaterkonzern Reinhardt stattfand, war erstmals das Geschäft mit der künstlerischen Intimität.

Die Begeisterung für die künstlerische Intimität wurde schon um 1910 durch eine neue Favorisierung der Monumentalität ersetzt, z. B. in Wassily Kandinskys Programmschrift *Über das Geistige in der Kunst* (1911/12) oder im Expressionismus. Das Z verlor seine bevorzugte ästhetische Position; sie wurde nun durch die Vorliebe für Massenaufführungen besetzt. So inszenierte derselbe Max Reinhardt 1910 *König Ödipus* von Sophokles/Hofmannsthal mit Hunderten von Komparsen und vor 5 000 Zuschauern u. a. im Berliner ‚Zirkus Schumann'; hier war, wie es in einer Theaterkritik hieß, „die Masse alles, [...] Subjekt und Objekt" (Engel 402).

Das Z integrierte sich ins Arsenal der Kunstformen und wurde zu einer Spielstätte unter anderen. Die Möglichkeiten, auf die es hingewiesen hatte – etwa das besonders nahe und konzentrierte Studium der Physiognomie des Schauspielers mit dem Zentrum des ‚Augenspiels' als besonderer Schnittstelle zum Seelischen – wurde später vom Medium Film perfektioniert.

Engel, Fritz: Theaterkritik im Berliner Tageblatt, Nr. 261 (8.11.1910.). In: Fetting, a.a.O.; Fetting, Hugo (Hg.): Von der ‚Freien Bühne' zum ‚Politischen Theater'. Drama und Theater im Spiegel der Kritik, Bd. 1. Leipzig 1987; Folie, Sabine/Glasmeier, Michael (Hg.): Tableaux Vivants. Lebende Bilder und Attitüden in Fotografie, Film und Video. Katalog der Kunsthalle Wien. Wien 2002; Halbe, Max: Intimes Theater. In: Pan, 1895, H. 2; Huesmann, Heinrich: Welttheater Reinhardt. Bauten, Spielstätten, Inszenierungen. München 1983; Jacobsohn, Siegfried: [Theaterkritik zu Ibsens ‚Gespenster']. In: Die Schaubühne, Nr. 45 (15. 11. 1906.). In: Fetting, a.a.O.; Jooss, Birgit: Lebende Bilder. Körperliche Nachahmung von Kunstwerken in der Goethezeit. Berlin 1999; Kandinsky, Wassily: Über das Geistige in der Kunst. Bern 1952; Kerr, Alfred: Ein Kammerspiel (und die Duse). In: Ders.: Mit Schleuder und Harfe. Theaterkritiken aus drei Jahrzehnten. Hg. v. Hugo Fetting. Berlin 1981; Klaar, Alfred: [Theaterkritik zu Ibsens ‚Gespenster']. In: Vossische Zeitung, Nr. 528 (10. 11. 1906). In: Fetting, a.a.O.; Kulka, Julius: Theaterreform. In: Freie Bühne für modernes Leben, 1892, H. 1; Meyers Konversationslexikon, Bd. 9. Leipzig, Wien 1905; Sennett, Richard: Verfall und Ende des öffentlichen Lebens. Die Tyrannei der Intimität. Frankfurt a. M. 1991; Stahl, Franz: [Theaterkritik zu Ibsens ‚Gespenster']. In: Berliner Tageblatt. Morgen-Ausgabe, Nr. 571 (9. 11. 1906); Streisand, Marianne: Intimität. Begriffsgeschichte und Entdeckung der ‚Intimität' auf dem Theater um 1900. München 2001; Strindberg, August: Gläubiger. In: Ders.: Werke, Abt. Dramen, Bd. 4. München, Leipzig 1917; Ders.: Vorwort zu ‚Fräulein Julie'. In: Ders.: Fräulein Julie. Naturalistisches Trauerspiel. Stuttgart 1991.

MARIANNE STREISAND

→ Avantgarde – Dramaturgie – Geselligkeit – Gruppe – Kunsttheater – Off-Theater – Theater als öffentliche Institution – Theaterhistoriographie

Zirkuspädagogik

Im → Circus (als Ort kultureller Sozialisation) scheinen beeindruckend-unaufdringlich Nützlichkeit des Unnützen, Intensität des Flüchtigen, Vergänglichkeit des Seins, Sinn des Zwecklosen und Gegenwelt zur Realität auf. Er spricht alle Sinne an, lehrt das Staunen, beflügelt die Phantasie, entrückt dem Alltag, macht das ‚ganz Andere' vorstellbar, bietet neue Eindrücke, bereichert die Erlebnisfähigkeit, gewährt Einblicke in unbekannte Welten, führt spielerisch die Überwindung mancher Grenzen vor und trägt quasi-therapeutisch zur unterhaltsamen Entspannung des Publikums bei.

Während Circus-Didaktik als musische Bemühung auf systematisch-reflektierte Aneignung und Erschließung der ästhetischen Besonderheiten und Umstände der Circuskultur abzielt, macht sich Z durch Imitation und Simulation ausgewählter Aspekte und gelegentliches Aufsuchen der konkreten circensischen Sinnlichkeit die darin liegenden Anregungen und Chancen mit thp Absicht und für anders grundierte pädagogische Zwecke zueigen. So zielt Z primär nicht auf Tradierung von Circuskunst, sondern auf Ausschöpfung mit ihr verbundener Erinnerungen, Ideen und Erwartungen zwecks Bewältigung spezifischer Erziehungs- und Unterrichtsaufgaben.

Schon im ungelenkten kindlichen Spiel des Nachahmens und Ausmalens (einzelner Fragmente) von Artistik werden phantasieanregende Impulse des wirklichen Circus emotional, gestalterisch und intellektuell aufgegriffen, wobei Reproduktion und Virtualisierung zugunsten des Ausdrucks von Darstellungsdrang als konstruktive Bedürfnisbefriedigung, Sublimierung und Spannungsabbau verschmelzen. Z zehrt davon und konzeptualisiert darin und im kulturellen Bezugssystem überhaupt liegende theatralische Möglichkeiten.

In der klassischen ThP ist (relativ seltene) Orientierung am Circus mehr Mittel der Motivation oder Einübung basaler theatralischer Ausdrucksformen sowie der Überwindung von Auftrittsscheu als ein Streben nach originalgetreuem Nachempfinden, Aufarbeiten und Vorbereiten von Circuserlebnissen. Sie greift i. d. R. den Circus als Sujet anhand punktueller Beobachtungen auf und verdichtet diese zu einer Dramaturgie, die dem Aufbau von Cicusshows folgt und einzelne ihrer Bestandteile (vor allem Elemente und Nebenformen der Akrobatik und → Clownerie) nachstellt, phantasierend inszeniert oder im Blick auf Verhaltensstereotypien circensischer Rollen- und Präsentationsmuster karikiert. Dabei geht es nicht so sehr um Aufklärung über die Welt des Circus oder um Sympathiewerbung für dieses Kulturgut, sondern um die Aktivierung sinnlich-konkreter Entfaltungspotentiale der Beteiligten als Erweiterung des Rollenspiel-Repertoires und Vorbereitung auf andere Ausdrucksformen der Theatralik.

Auch moderne Z zielt auf aktionale Betätigung von Kindern, Jugendlichen und Erwachsenen weniger als Würdigung des Eigenwertes des Circus denn als Nutzanwendung seiner als befreiend gedeuteten imaginativen Kraft – durch szenisches Nachspielen erfahrener oder Antizipation vermuteter Circuswirklichkeit als Ausleben auf Circus bezogener oder auf ihn umgelenkter Wunschträume. Doch hat sie andere Absichten und Funktionen als die klassische ThP zum Thema. Diese erwachsen zumeist aus zeitgenössischen Anforderungen der jeweiligen erzieherisch-unterrichtlichen Kontexte:

– Anlehnungen an Circusakrobatik sind motivierend für den Sportunterricht. Sie durchbrechen z. B. → Rituale von Turnen und Wettbewerb zugunsten einer – womöglich produktorientiert auf Vorstellungen hinauslaufenden – komplexen Kooperationsherausforderung, in der das Training von Bewegungsabläufen und Kondition sich mit Darstellungsmöglichkeiten ebenso verbindet wie Gesundheitsförderung mit vergnüglichem Tun.

– In der Sonder- und Heilpädagogik erleichtert das Hineinschlüpfen in circensische Rollen die Überwindung körperlicher und geistiger Beeinträchtigungen sowie von Ängsten und Krankheitsphasen. Es ermöglicht die Integration unterschiedlicher Fähigkeiten, indem z. B. Sprachgestörte sich akrobatisch ausleben und Körperbehinderte durch Herstellung von Kostümen oder Requisiten zu gemeinschaftlicher Leistung beitragen.

– In der → Erlebnis- und Freizeitpädagogik sprengen Circus-Imitation und -Simulation Grenzen schulischen Unterrichts, weil sie stärker als üblicher Unterricht viel- oder ganzheitliche Anforderungen stellen. Die Übernahme einzelner, mehrerer oder wechselnder circensischer Rollen kommt z.B. Bewegungsdrang, Planungsverhalten, Darstellungslust, technischen Fähigkeiten und ästhetischem Streben gleichermaßen entgegen.

– Der Sozialpädagogik bieten reproduktive, imaginative und produktorientierte Bezugnahmen auf das Circustreiben Möglichkeiten zur Kompensation, Konzentrationsförderung, Gruppenbildung und Inverantwortungnahme für gemeinsame Vorhaben. Spielerisch werden z.B. das Gefühlsleben intensiviert, Zielstrebigkeit verbessert, das Aufeinanderangewiesensein eingeübt und individuelles Selbstbewußtsein im Kollektiv gestärkt.

In der Z-Praxis durchdringen sich absichtsvoll oder beiläufig die verschiedenen Dimensionen der Circusbezüge zugunsten eines integralen Wirkungszusammenhangs, der über die thp und sonstige Basis hinausweist und Eigenbedeutung gewinnt. Das liegt u. a. daran, daß Z am besten und i. d. R. als Projektarbeit veranstaltet wird, bei der alle Chancenelemente der Simulation und Imitation von Circus(artistik) tragfähig werden und spezifische erzieherisch-unterrichtliche Intentionen nur einzelne Akzente setzen. Besondere Intensität entfaltet der Projektansatz, wo Z nicht auf einzelne Phasen oder Felder pädagogischer Arbeit reduziert bleibt, sondern – wie bei mittel- und langfristig betriebenen Kinder- und Jugendzirkussen – als institutionalisierter Handlungs- und Organisationszusammenhang betrieben wird. Solche Einrichtungen bedeuten – mit teils schon semi-professioneller Reife und Existenzsicherung für gefährdete Heranwachsende – eine realitätsbezogene Perfektionierung der Grundideen der Z dergestalt, daß sie den ästhetischen Spielbetrieb zeitweilig zum Lebens- und Arbeitsraum ausdehnen sowie vielfältige Zusammenarbeit und gemeinschaftliche Eigenverantwortung der Beteiligten sinnstiftend nötig machen.

Einerseits besteht der Herkunft und Zwecksetzung der Z nach die Gefahr von Verballhornung und Instrumentalisierung der Circuskultur oder gar einer Konkurrenz zu ihr, wenn Z-Projekte für Circus-Eigentlichkeit gehalten bzw. Kinder- und Jugendzirkusse gegenüber kommerzieller Circuskultur bevorzugt werden. Andererseits weckt Z oft weiterführendes Interesse am Circus, in dessen Ausagieren auch die Grenzen amateurhafter Umtriebe deutlich werden. Insofern ist Z kein Ersatz für Bildungsarbeit im Sinne von → Circus-Didaktik, doch bietet sie, zumal bei Problembewußtsein der Verantwortlichen, gute Anknüpfungsmöglichkeiten dafür. Verstärkt wird das durch Z-Projekte in Kooperation mit professionellen Circusbetrieben und unter Anleitung von Circusartisten. Sie nämlich erleichtern kontaktreiche Einblicke in das reale Circusleben, mit denen Expertenkönnen unmittelbar verfügbar wird und Respekt erfährt. So kann Z über primäres Anliegen hinaus der Existenz der Circuskultur, der Anerkennung ihrer Würde und auch der ThP insgesamt dienen.

Claußen, Bernhard: Circus. Medium, Gegenstand und außerschulischer Ort lustbetonten Lernens. In: Claußen, Bernhard/Tetzlaff, Reinhard (Hg.): Circus in Hamburg. Hamburg 1982; Hoyer, Klaus (Hg.): AOL-Zirkus. Lichtenau 1993; LAG Spiel und Theater Berlin (Hg.): Zirkus olé. Berlin 1998; Landesvereinigung Kulturelle Jugendbildung Niedersachsen (Hg.): Salto Vitale. Unna 1993; Winkler, Gisela (Red.): Dokumentation des Internationalen Kongresses der Kinder- und Jugendzirkusse und des Internationalen Festivals der Kinder- und Jugendzirkusse. Berlin 2000.
BERNHARD CLAUSSEN

→ Circus / Circus-Didaktik – Didaktik – Kulturelle Bildung – Projekt – Prozess und Produkt – Rehabilitation – Theatralität – Zielgruppe

Zukunftswerkstatt

Eine Z ist ein Problemlösungsverfahren, das davon ausgeht, dass in jedem Menschen Kräfte stecken, seine Zukunft aktiv mitzugestalten, wenn nur Chancen dafür geboten werden (vgl. Jungk 1997). Seinen Ursprung hat dieses Verfahren in den 1950er/60er Jahren, in denen sozial engagierte Humanisten und Zukunftsforscher die einseitige Vereinnahmung der Zukunftsgestaltung durch Wirtschaft und Industrie, Militär und Staat, Parteien und nicht immer demokratisch legitimierten Regierungen kritisierten. Unter dem Leitmotiv der Beteiligungsorientierung vieler Menschen wurde nach neuen Formen der Mitgestaltung und Demokratisierung der Zukunft gesucht. Robert Jungk (1913–1994) entwickelte maßgeblich eine experimentelle Problemlösungsmethode, die heute unter dem Namen Z bekannt ist. Jungk – der in einer Schauspielerfamilie aufwuchs, sich im Exil befand und kritischer Publizist und Korrespondent verschiedener Zeitungen und Hochschullehrer war – hatte das Anliegen, durch die Z mit ihren partizipativen, kreativitätsfördernden und spielerischen Elementen möglichst viele Menschen zum Mitgestalten und -entscheiden zu bewegen und so direkten Einfluss auf die Bedingungen ihrer Lebens- und Arbeitsumwelt zu nehmen.

Z sind Zusammenkünfte mehrerer Menschen, die in einem offenen, von der Gruppe getragenen Prozess durch methodisch kreative Arbeit zielgerichtet die Lösung von Problemen anstreben. Über das konkrete Thema einer Z entscheidet die Gruppe. In ihrem Ablauf sind Z von verschiedenen Merkmalen geprägt, die ihre unmittelbaren Auswirkungen auf die Beteiligten haben: Sie sind basisdemokratisch, integrativ, kommunikativ, ganzheitlich, kreativ und motivierend (vgl. Weinbrenner; Kuhnt u. a.). Sie verbinden punktuelle Konzentration und den weiten Blick. Z sind partizipativ innerhalb des jeweiligen Werkstattgeschehens wie auch in ihrer Wirkung nach außen, in dem die Werkstattmitglieder sich aktiv an der Gestaltung ihres Lebensumfeldes beteiligen. Die Z kennt keine Begrenzungen auf bestimmte Themen, Fragestellungen, Ziel- oder Altersgruppen.

Trotz der thematischen Offenheit und der teilnehmerbezogenen Flexibilität ist die Z als eigenständige Methode durch ein formales Strukturmodell bestimmt. Die Werkstattarbeit gliedert sich in drei aufeinanderfolgende Phasen, die in Vor- und Nachbereitungstätigkeiten eingebettet sind: die Beschwerde- und Kritikphase, die Phantasie- und Utopiephase und die Verwirklichungs- und Praxisphase (vgl. Jungk u. a.). In der *Beschwerde- und Kritikphase* vergegenwärtigt sich die Werkstattgruppe themenbezogen ihre Befürchtungen und Beschwerden. Durch das Zusammentragen negativer Erfahrungen, problematischer Situationen und unterschwelliger Schwierigkeiten werden möglichst präzise Kritikpunkte und Störfaktoren formuliert und somit eine kritische Bestandsaufnahme durchgeführt. Um die Kritikphase und somit die realen Begrenzungen sowie rationelles Vorgehen hinter sich lassen zu können, werden zur Einstimmung in die *Phantasie- und Utopiephase* verschiedene themenunabhängige Übungen durchgeführt, die die Kreativität, Phantasie und → Sinnlichkeit der Beteiligten sowie das Abweichen von Normierungen fördern. Im Mittelpunkt dieser Phase stehen Wünsche, Alternativen, Visionen, Träume, Einfälle und die Entwicklung von Ideen, die zwar auf die Kritikpunkte reagieren, diese aber möglichst weit hinter sich lassen. Ohne Rücksicht auf Gesetze, Vorschriften oder andere Zwänge werden Lösungen entwickelt und Auswege erfunden: Der Kreativität und der → Phantasie sind keine Grenzen gesetzt. Während die erste Phase die kognitive und die zweite Phase die emotional-kreative Dimension zur Grundlage hat, verlangt die *Verwirklichungs- und Praxisphase* eine strategische und planerische Vorgehensweise (vgl. Koch). Das Entdecken von Veränderungsmöglichkeiten durch die teilnehmenden Subjekte, um so Einfluss auf die Gestaltung der Zukunft nehmen zu können, steht hier im Vordergrund: Die Utopie-Entwürfe werden mit den realen Verhältnissen zusammengebracht und auf ihre Durchsetzungschancen hin überprüft. Das Sammeln von Strategien und die Benennung von erforderlichen Rahmenbedingungen für die Umsetzung einer Ideenskizze bilden die ersten Schritte. Zielgerichtet wird darauf aufbauend ein Projektplan erstellt, der die Verwirklichung dieser Idee ermöglicht und Verantwortlichkeiten für die Weiterarbeit festhält.

Das beschriebene Strukturmodell der Z ermöglicht in deren Verlauf die Anwendung vielfältiger Methoden, die die kognitiven und kreativen Fähigkeiten der Beteiligten ansprechen, stärken und erfahrungs- und körperorientiert sind, wie z. B. → Rollenspiele, → Pantomime, szenisches Darstellen, Malerei, Gedicht, Hörspiel, → Märchen u. a. m.

Baer, Ulrich: 666 Spiele. Für jede Gruppe. Für alle Situationen. Seelze 1999; Jungk, Robert: Die Zukunft spielend erproben. Über Kriegsspiele, Revolutionsspiele und das Theater als prognostische Anstalt. In: Schulte, Hansgerd (Hg.): Spiele und Vorspiele. Frankfurt a. M. 1978; Ders./ Müllert, Norbert R.: Zukunftswerkstätten. Mit Phantasie gegen Routine und Resignation. München 1997; Koch, Gerd: Die Methode ‚Zukunftswerkstatt' in der Sozialpädagogik. Berlin 1999; Kuhnt, Beate/Müllert, Norbert R.: Moderationsfibel Zukunftswerkstätten: verstehen – anleiten – einsetzen. Das Praxisbuch zur sozialen Problemlösungsmethode Zukunftswerkstatt. Münster 1996; Marx, Rita/ Saliger, Susanne: Die Methode ‚Zukunftswerkstatt' in der Gewaltprävention an Schulen. Dokumentationen mehrtägiger Veranstaltungen mit Jugendlichen. Potsdam 2001; Saliger, Susanne: Was sind Zukunftswerkstätten? In: Amt für Jugendarbeit im Evangelischen Kirchenkreis Spandau und Luther-Gemeinde Spandau (Hg.): Zukunftswerkstätten für Jugendliche. Berlin 2001; Steiner Spielekartei. Elemente zur Entfaltung von Kreativität, Spiel und schöpferischer Arbeit in Gruppen. Münster 1994; Weinbrenner, Peter: Zukunftswerkstatt. In: Mickel, Wolfgang W. (Hg.): Handbuch zur politischen Bildung, Schwalbach/Ts. 1999. www.jungk-bibliothek.at [14.02.2002].

SUSANNE SALIGER

→ Didaktik – Forumtheater – Projekt – Theater der Unterdrückten – Übungsfirma – Unternehmenstheater – Werkstatt – Zielgruppe

ZuschauSpieler

Trotz aller unterschiedlichen Entwicklungen der Theaterkunst und Theaterformen seit der Antike ist eine Komponente konstant geblieben: „Das Publikum als Gemeinschaft der Zuschauer ist die Voraussetzung für den theatralischen Wirkungsprozess. Zwischen Theater als → Spiel und dem Publikum als Zuschauern besteht eine dialektische Beziehung. Theater ist stets Spiel vor Zuschauern, erst in der Spannung von Spielen und Zuschauen ereignet sich die Theaterhandlung. In der Geschichte wandeln sich vielfach soziale Strukturen und die Form der kommunikativen Beteiligung des Publikums; der Grundbezug von Spiel und Zuschauen blieb davon unberührt." (Körner 703)

Der Begriff Z anstelle Zuschauer fokussiert eine ganz spezifische Form der kommunikativen Beteiligung. Der Begriff beinhaltet über das Zuschauen hinaus eine aktive, spielende Beteiligung des Publikums am Theatergeschehen, wie es im → Mitspieltheater praktiziert wird.

Vorläufer für das Mitspieltheater sind unterschiedliche Theaterformen, die das dialektische Verhältnis zwischen Spielenden und Publikum in ein dialogisches verwandeln. In Formen des → Volkstheaters geschah dies eh und je durch Zwischenrufe und Kommentare des Publikums, auf die die Schauspieler mit Extempores reagierten.

In der Geschichte des 20. Jhs. lassen sich für dieses dialogische Prinzip zwei Stränge verfolgen. Der eine resultiert aus dem Versuch einer Demokratisierung des Theaters, indem die vierte Wand aufgehoben wird zugunsten einer – meist verbalen – Einbeziehung des

Publikums. Beispielgebend dafür ist das in den 1960er Jahren entwickelte und bis heute gespielte Kriminalstück *Scherenschnitt* von Paul Pörtner. Der Autor konfrontiert das Publikum mit einem Mordfall und ruft es als Zeugen gegen die Verdächtigen auf. Der Schuldige konnte dadurch bei jeder Vorstellung eine andere Person sein.

Ebenfalls bis heute wirkt eine andere Form nach, die u.a. Augusto → Boal mit dem → ‚Theater der Unterdrückten‘ für seinen politischen Kampf in Brasilien einsetzte und diese später im europäischen Exil erweiterte: „In mir und in jedem anderen steckt Veränderungskraft. Diese Fähigkeiten will ich freisetzen und entwickeln. Das bürgerliche Theater unterdrückt sie [...]. Ich finde, dass es neben einem kathartischen Effekt einen geben muss, der den Zuschauer aktiv werden lässt." (Boal 159) Hier sind vor allem das → Statuentheater und das → Forumtheater zu nennen, in denen aktuelle Themen, die das jeweilige Publikum betreffen, auf unterschiedliche Weise diskutiert und Lösungsvorschläge mit theatralen Mitteln erarbeitet werden.

Der zweite Strang zur Entwicklung von Mitspieltheaterformen hängt zusammen mit dem Nachdenken über → Kinder- und Jugendtheater und seine pädagogischen Möglichkeiten, auch vor dem Hintergrund der Andersartigkeit im Zuschauverhalten von Kindern: „Kinder fühlen sich im Theater nicht nur als Zuschauer, sondern auch als Mitwirkende an den Ereignissen. Sie haben doch oft erlebt, wie sich Kinder in den Vorstellungen ihres Theaters in die Handlung einmischen, wie sie den handelnden Personen Ratschläge geben. Ich möchte jetzt einmal die Aktivität der Kinder zur bewegenden Kraft für die Entwicklung der Handlung machen", schrieb Sergej Rosanow 1924, Regisseur des ersten sowjetischen Kindertheaters in Moskau (zit. n. Hoffmann 55). Auch Bertolt → Brecht schlug 1930 im Zusammenhang mit seinen → Lehrstücken vor, „die jungen Leute zugleich zu Tätigen und Betrachtenden zu machen" (zit. n. Hoffmann 104).

Aufgrund der Erfahrungen des sozialistischen Kindertheaters entwickelte Walter → Benjamin 1926 sein ‚Programm eines proletarischen Kindertheaters‘. Es bildete den theoretischen Hintergrund der Diskussionen um ein emanzipatorisches Kindertheater und führte nach 1968 in der BRD zur Gründung eigenständiger Kindertheater, die Ideen der Spiel- und Interaktionspädagogik aufgriffen. Melchior Schedler forderte: „Wir brauchen ein Kindertheater, das aus seinem Publikum

Akteure macht und aus den Akteuren lernende Zuschauer." (Schedler 32)

Während das führende ‚Grips Theater‘ in Berlin beim Vorspieltheater blieb, entwickelten ‚Die Birne‘ und ‚Die Rote Grütze‘, ebenfalls Berlin, sowie überall in der Republik entstehende neue Kindertheater Stücke, die eine aktive Beteiligung der zuschauenden Kinder vorsahen. „Die aktive Beteiligung der Kinder am Spiel geschieht aus der oft antiautoritär begründeten Kritik an der traditionellen Erziehungspraxis." (Hentschel 370) Exemplarisch dafür steht das Aufklärungsstück der ‚Roten Grütze‘ *Darüber spricht man nicht* (1977). Entsprechend stand auch das pädagogische Ziel im Vordergrund und die Art der Beteiligung der Kinder war weitgehend auf Sprechhandeln beschränkt, weshalb eher von einem Mitmachtheater gesprochen werden kann.

Die künstlerischen Mittel des → Mediums selbst – Kostüme, Rolle, Requisiten, Bühnenraumgestaltung – wurden den Kindern nicht zur Verfügung gestellt, die Kinder nahmen keine fiktiven Spielrollen ein. „Es sieht so aus, als ließe sich ein reziprokes Verhältnis zwischen dem Anteil realer → Interaktion mit den Zuschauern und dem Darstellungsanteil konstatieren. Die pädagogischen Intentionen der Theatermacher sind um so weniger garantierbar einzulösen, je mehr szenische Präsentationen auf der Bühne eingesetzt werden." (Hentschel 82)

Gerade hier eine größere Balance zu schaffen und die mitspielenden Kinder in die Theatersituation hereinzuholen, sie neben dem inhaltlichen Aspekt des Stückes das Medium Theater im eigenen Mitspiel erfahren zu lassen, war das Ziel des 1977 in Bremen gegründeten ‚MoKS-Theaters‘ (Modelltheater Künstler und Schüler). Es entwickelte jährlich ein Mitspielstück. Darin wurden die Beteiligten im Verlaufe des vorgegebenen Stückrahmens und szenisch gestalteten Bühnenraumes zu Spielpartnern der professionellen Schauspieler, indem sie in Kostüme und selbst gewählte Rollen schlüpften und die Handlung wesentlich beeinflussten. Es entstanden improvisierte Szenen zwischen den Z und den Schauspielern, die aus ihrer Rollenfigur heraus auf die Spielangebote der Z improvisierend reagieren mussten. Die Stücke wurden gleichermaßen mit Kindern und Jugendlichen wie mit Erwachsenen gespielt.

Der Z macht intensivere emotionale und sinnliche Erfahrungen als der bloße Zuschauer. Er macht vor allem Erfahrungen mit sich selbst im Probehandeln der Laborsituation des Theaters. Er begegnet darüber hinaus nicht nur Schauspielern in Theaterrollen, sondern auch den anderen Z, d. h. seinen MitschülerInnen. Er lernt durch deren gewählte Rollen und Spielverhalten neue Seiten an ihnen kennen, was oft zu einer Veränderung der Klassensituation führt.

Das Mitspieltheater dieser Form braucht vier Bedingungen um zu funktionieren: eine *Raumbühne*, eine *lange Probenzeit* zur Entwicklung der Stücke, eine *kleine Zuschauerzahl* – in Bremen oft nur eine Schulklasse – und SchauspielerInnen, die neben ihrem Handwerk die *Kunst des Improvisierens* beherrschen. Diese Bedingungen waren, anders als in Bremen, meist nicht gegeben. So konnten rein ökonomisch die Produktionskosten nicht eingespielt werden, ein wesentlicher Grund dafür, dass Mitspielversuche trotz ihrer anerkannten positiven Wirkung in Bezug auf Lern- und Erfahrungszuwachs bald wieder aufgegeben werden mussten.

Boal, Augusto: Theater der Unterdrückten. Frankfurt a. M. 1979; Hentschel, Ingrid: Kindertheater. Die Kunst des Spiels zwischen Phantasie und Realität. Frankfurt a. M. 1986; Hoffmann, Christel: Theater für junge Zuschauer. Sowjetische Erfahrungen – Sozialistische deutsche Traditionen – Geschichte in der DDR. Berlin 1976; Körner, Roswitha: Publikum. In: Brauneck, Manfred/Schneilin, Gérard (Hg.): Theaterlexikon. Begriffe und Epochen, Bühnen und Ensembles. Reinbek 1986; Schedler, Melchior: Sieben Thesen zum Theater für sehr junge Zuschauer. In: Theater Heute, Aug. 1969.

URSULA MENCK

→ Dialog – Illusion im Theater – Improvisation – Mitspiel(theater) – Werkstatt – Zimmertheater

Autorinnen und Autoren

Barthel, Henner, Prof. Dr., Sprechwissenschaftler, lehrt Sprechwissenschaft an der Univ. Koblenz-Landau.

Bauer, Alke, M.A., Atem-, Sprech- und Stimmlehrerin u. a. am Theater Bielefeld.

Beier, Gabi, M.A., Tanz- und Theaterwissenschaftlerin, Dramaturgin, Berlin.

Bittner, Eva, M.A., Theaterwissenschaftlerin, Theaterpädagogin, Leiterin des Projekts ‚Theater der Erfahrungen‘.

Bochow, Jörg, Prof. Dr., Theaterwissenschaftler, lehrt Drama und Komparatistik an der Univ. Toronto (Kanada).

Bräuer, Gerd, Prof. Dr., forscht und lehrt zu Schreibpädagogik, Schul- und Hochschulentwicklung in Freiburg (Breisgau) und Atlanta (USA).

Brauner, Klaus, Dr., Dipl.-Psych., M.A., war Dozent und Leiter der Supervisionsausbildung am Evangelischen Zentralinstitut Berlin, gest. 2001.

Brinkmann, Rainer O., Spielleiter, Musiktheaterpädagoge an der Staatsoper Unter den Linden Berlin.

Bülow-Schramm, Margret, Prof. Dr., lehrt am Interdisziplinären Zentrum für Hochschuldidaktik der Univ. Hamburg.

Claußen, Bernhard, Prof. Dr., Dipl.-Päd., lehrt Pädagogik/Politikwissenschaft an der Univ. Hamburg (Auf Wunsch des Autors erscheinen seine Beiträge in alter Rechtschreibung).

Deu, Anja Lily, Dipl.-Sozialarbeiterin/Sozialpädagogin, Theaterpädagogin, Berlin.

Dietzen, Agnes, Dr., Soziologin, Berufsbildungsforscherin am Bundesinstitut für Berufsbildung Bonn.

Dörger, Dagmar, Prof. Dr., Spiel- und Theaterpädagogin, Erfurt und Berlin.

Eberhart, Sieglinde, Dr., Germanistin, Romanistin, Schauspielerin, tätig in der Erwachsenenbildung.

Eckstein, Marcus, M.A., Kulturmediator, Referent für Theatergeschichte am TPZ Köln.

Feldhendler, Daniel, wiss. Mitarbeiter für Theaterpädagogik, Psychodrama an der Univ. Frankfurt a. M.

Fiebach, Joachim, Prof. Dr., Theaterwissenschaftler, lehrte Theorie und Geschichte des Theaters an der HU Berlin.

Fischer, Alexandra, Dipl.-Kulturpädagogin und Theaterpädagogin in Hamburg und Bremen.

Flämig, Matthias, Dr., Hochschulassistent für Ästhetik, musikalische Lerntheorie der UdK Berlin.

Fleig, Anne, Dr., wiss. Mitarbeiterin am Seminar für deutsche Literatur und Sprache der Univ. Hannover.

Frank, Martin, Dipl.-Sozialpädagoge, Theaterpädagoge und Regisseur, seit 1995 am Theater Basel (Schweiz).

Friedrich, Marcus A., Dr., Pfarrer und praktischer Theologe mit Schwerpunkt Ästhetik und Bibliodramaleiter.

Gäbler, Claudia, M.A., Theaterwissenschaftlerin, Schauspielerin und freie Mitarbeiterin des ‚AGORA Theaters‘ in St. Vith (Belgien).

Gipser, Dietlinde, Prof. Dr., lehrt Sonderpädagogische Soziologie und Theaterpädagogik an der Univ. Hannover.

Göhmann, Lars, M.A., Theaterwissenschaftler und Schauspielpädagoge, lehrt am Institut für Theaterpädagogik der FH Osnabrück, Standort Lingen.

Golpon, Hedwig, Dipl.-Theaterwissenschaftlerin, lehrt an der Univ. Greifswald.

Gudjons, Herbert, Prof. Dr., lehrt Allgemeine Pädagogik am Fachbereich Erziehungswissenschaft der Univ. Hamburg.

Günther, Michaela, Dipl.-Sozialarbeiterin/Sozialpädagogin, Dipl.-Theaterpädagogin, wiss. Mitarbeiterin am Institut für Theaterpädagogik der FH Osnabrück, Standort Lingen.

Gust, Mario, Dipl.-Betriebswirt, Dipl.-Psych., Mitglied im Vorstand der SASAGA-Swiss, Kleinmachnow.

Hahn, Harald, Dipl.-Päd., Kabarettist und Theatermacher (‚Theater der Unterdrückten‘), Berlin.

Hanke, Ulrike, Prof. Dr., lehrt Ästhetik, Kommunikation und Medienarbeit an der FH Neubrandenburg.

Hansmann, Wilfried, PD Dr., Studienrat, lehrt am Fachbereich Erziehungs- und Humanwissenschaften der Univ. Kassel.

Hardt, Ulrich, Theatermacher, Theaterwissenschaftler und Tischler in Berlin.

Hasche, Christa, Dr., Theaterwissenschaftlerin, lehrt am Seminar für Theaterwissenschaften/Kulturelle Kommunikation der HU Berlin.

Helfer, Monika, Studentin der Kulturwissenschaft und Ästhetischen Praxis an der Univ. Hildesheim.

Hense, Kirsten, Kunstpädagogin und -vermittlerin, Mitinitiatorin/Geschäftsführerin der Story Dealer Berlin.

Hentschel, Ingrid, Prof. Dr., lehrt Theater und Literatur an der FH Bielefeld.

Hentschel, Ulrike, Prof. Dr., lehrt Theaterpädagogik und Darstellendes Spiel an der UdK Berlin.

Hödl, Franz, Theatermacher und Autor, Berlin.

Hoffmann, Christel, Prof. h.c. Dr., lehrt Theaterpädagogik u. a. an der FH Osnabrück, Standort Lingen.

Hoffmann, Christian, Dipl.-Sozialarbeiter/Sozialpädagoge, Spiel- und Theaterpädagoge, freiberuflicher Regisseur und Schauspieler, Berlin.

Holkenbrink, Jörg, Regisseur, künstlerischer Leiter des ‚Theaters der Versammlung', Zentrum für Performance Studies der Univ. Bremen.

Hörtzsch, Iris, Tischlerin, Dipl.-Kulturpädagogin, Theaterpädagogin, arbeitet freiberuflich in Bremen und Niedersachsen.

Jahnke, Manfred, Dr., Rezensent für Kinder- und Jugendtheater, Lehraufträge an der AdK Ulm und Univ. München.

Jurké, Volker, Dipl.-Bewegungspädagoge für Darstellende Kunst, Spiel- und Theaterpädagoge, Lehrer für DS, Politik und Sport, Berlin.

Kaden, Olaf, Dipl.-Ing., Theaterpädagoge und Schauspieler, Lehrbeauftragter an der ASFH Berlin.

Kaiser, Johanna, Dipl.-Päd., Theaterpädagogin, Leiterin des Projekts ‚Theater der Erfahrungen', Berlin.

Kaldrack, Irina, Theaterwissenschaftlerin, Mathematikerin, theoretische und praktische Arbeit (Performance) im Bereich digitaler Medien, Berlin.

Kempchen, Doris, Sonderpädagogin und Dozentin in der Jugend- und Erwachsenenbildung, Hannover.

Kleve, Heiko, Prof. Dr., Dipl.-Sozialarbeiter/Sozialpädagoge, lehrt an der ASFH Berlin.

Knoblich, Tobias J., M.A., Kulturwissenschaftler, Geschäftsführer der LAG Soziokultur Sachsen, Vorstand der Bundesvereinigung Soziokultureller Zentren.

Koch, Rüdiger, Gründer des Papiertheaters INVISIUS (Berlin), technischer Leiter der Schaubude Puppentheater Berlin.

Kolland, Dorothea, Dr., Musikwissenschaftlerin, Leiterin des Kulturamtes Berlin-Neukölln.

Kracht, Günther, Dr., wiss. Mitarbeiter am Kulturwissenschaftlichen Seminar der HU Berlin.

Kreutzer, Michael, Dipl.-Soziologe und Autor, Berlin.

Kurz, Steffen, Dipl.-Sozialarbeiter/Sozialpädagoge, tätig im Bereich Jugendförderung des Bezirksamtes von Berlin-Mitte.

Lang, Thomas, Theaterpädagoge, Regisseur, Lehrbeauftragter an der Univ. Hildesheim.

Lange, Marie-Luise, Prof. Dr., Kunstpädagogin und Künstlerin (Medienkunst, Performance) in Berlin und Dresden.

Leeker, Martina, Dr., Theaterwissenschaftlerin, lehrt Theatergeschichte und -theorie, Berlin/Bayreuth.

Lensch, Martin, Dr., Germanist, Pädagoge und Supervisor in Hannover.

Letsch, Fritz, Theaterpädagoge, Gestalt-Moderator, arbeitet mit dem ‚Theater der Unterdrückten', ‚Forum-Theater', München.

Lille, Roger, Theaterpädagoge, Regisseur und Autor, lehrt an der UdK Berlin.

Lippert, Elinor, Dr., Theaterpädagogin, lehrt an der Univ. München.

Lippert, Gerhard, Referent für Deutsch und Darstellendes Spiel, Mitherausgeber von ‚Theater in der Schule', Horgau.

Lochthofen, Markus, Bühnenbildbauer, Bühnentechniker und Dozent an Univ. und FH Hildesheim.

Lucchesi, Joachim, Dr., Musikwissenschaftler, wiss. Redakteur beim Brecht-Handbuch, lehrt an der Univ. Karlsruhe und PH Ludwigsburg.

Mahler, Regine, Initiatorin und Leiterin des nichtkommerziellen ‚Papiertheaters Berlin'.

Martens, Gitta, Dipl.-Politologin, lehrt an der Akademie für musische Bildung und Medienerziehung in Remscheid.

Marx, Rita, Prof. Dr., Dipl.-Psych., Erziehungs- und Sozialwissenschaftlerin an der FH Potsdam.

Mattenklott, Gundel, Prof. Dr., lehrt musisch-ästhetische Erziehung an der UdK Berlin.

Matzke, Annemarie, Dr., Theaterwissenschaftlerin, wiss. Mitarbeiterin der Univ. Hildesheim.

Menck, Ursula, Dr., Dramaturgin, Referentin für Ästhetische Bildung in Bremen.

Menzlaw, Walter, Regisseur, Stückeschreiber, künstlerischer Leiter des ‚Chawwerusch Theaters‘, Herxheim bei Landau.

Meß, Kathrin, M.A., Literaturwissenschaftlerin und Kunsthistorikerin, Berlin.

Meyer, Jörg, Dipl.-Theaterpädagoge, lehrt am Institut für Theaterpädagogik der FH Osnabrück, Standort Lingen.

Mieruch, Gunter, Theaterlehrer, im Vorstand der BAG für Darstellendes Spiel, Referent in der Schulbehörde Hamburg.

Müller, C. Wolfgang, Prof. Dr., lehrte Erziehungswissenschaft und Sozialpädagogik an der TU Berlin.

Münz, Rudolf, Prof. Dr., Theaterwissenschaftler, lehrte Geschichte des älteren Theaters an der HU Berlin, Theaterhochschule Leipzig und Univ. Mainz.

Muth, Cornelia, Prof. Dr., Erziehungswissenschaftlerin an der FH Bielefeld.

Naumann, Gabriela, Dipl.-Päd., Lehrbeauftragte an der ASFH Berlin.

Neumann-Cosel, David, Dipl.-Sozialarbeiter/Sozialpädagoge, Handwerker, Tänzer, Berlin.

Pfütze, Hermann, Prof., lehrt Soziologie, Philosophie und Sozialgeschichte an der ASFH Berlin.

Pinkert, Ute, Dramaturgin, Theaterpädagogin und wiss. Mitarbeiterin an der FH Potsdam.

Plaumann, Ute, M.A., Kulturpädagogin, Dozentin für Pflegeberufe, Neuss.

Poppe, Andreas, M.A., Theaterwissenschaftler, lehrt am Institut für Theaterpädagogik der FH Osnabrück, Standort Lingen.

Ptok, Gabriel, M.A., Sprechwissenschaftler, Mitarbeiter der Univ. Koblenz-Landau, Sonderschullehrer in Worms.

Radermacher, Norbert, Leiter des Theaterpädagogischen Zentrums in Lingen (Ems) und Leiter des Europäischen Zentrums der IATA/AITA.

Radtke, Dirk, Dipl.-Politologe, Theaterpädagoge u. a. beim Wohnungslosen-Kulturverein ‚Unterdruck-Kultur von der Straße‘, Berlin.

Reiss, Joachim, Oberstudienrat, Lehrer für DS, Leiter des Schultheater-Studios Frankfurt.

Riemer, Christoph, Künstler, Kunstpädagoge und Autor, künstlerischer Leiter von ‚playing arts‘, Hamburg/Gelnhausen.

Ritter, Hans Martin, Prof., Theaterpädagoge, Sprechwissenschaftler, Schauspieler, Berlin.

Rora, Constanze, Dr., Studienrätin, wiss. Assistentin am Institut für Ästhetische Erziehung und Kultur-wissenschaften der UdK Berlin.

Roth, Sieglinde, Dr., Theaterpädagogin und Dramaturgin, Graz (Österreich).

Rumpf, Horst, Prof. Dr., lehrte im Fachbereich Erziehungswissenschaften der Univ. Frankfurt a. M.

Ruping, Bernd, Prof. Dr., lehrt Darstellende Kommunikation und Theaterpädagogik an der FH Osnabrück, Standort Lingen.

Rüster, Barbara, Akademische Rätin an der UdK Berlin, mit den Schwerpunkten Experimentelles Theater mit Texten.

Sack, Mira, Theaterpädagogin und Dozentin an der Theaterhochschule Zürich (Schweiz).

Saliger, Susanne, Dipl.-Sozialarbeiterin/Sozialpädagogin, Trainerin in Jugend- und Erwachsenenbildung, Berlin.

Schäfer-Remmele, Uwe, Kommunikationsberater und Erwachsenenbildner, Geschäftsführer des TPZ Köln.

Scheller, Ingo, Prof. Dr., Dozent für ästhetisches Lernen und szenisches Spiel an der Univ. Oldenburg.

Schewe, Manfred Lukas, Dr., Hochschullehrer am German Department, University College Cork (Irland).

Schmidt, Birger, Dipl.-Sozialarbeiter/Sozialpädagoge, Dipl.-Päd., Lehrbeauftragter an der ASFH Berlin.

Schorn, Ariane, Dr., Dipl.-Psych., wiss. Assistentin an der Univ. Bremen.

Schrader, Bärbel, Dr., Theaterwissenschaftlerin, wiss. Mitarbeiterin an der Univ. Hamburg.

Schrader, Rainer, Theaterwissenschaftler, war stellvertretender Intendant an den Freien Kammerspielen Magdeburg, lebt in Berlin.

Sczilinski, Anja, Dipl.-Sozialarbeiterin/Sozialpädagogin, Theaterpädagogin, lehrt an der ASFH Berlin.

Seitz, Hanne, Prof. Dr., lehrt ästhetische Praxis/Bildung, Spiel-, Theater- und Tanzpädagogik an der FH Potsdam.

Sieben, Irene, Tänzerin, Journalistin und Bewegungsforscherin, Dozentin der Feldenkraismethode, Berlin.

Siegemund, Anke, Dipl.-Sozialarbeiterin/Sozialpädagogin, Schauspielerin bei ‚Paula probt', Berlin.

Silberman, Marc, Prof. Dr., lehrt am German Department, University of Wisconsin, Madison (USA).

Simhandl, Peter, Prof. Dr., lehrte Literatur- und Theaterkunde an der UdK Berlin, lebt in Wien.

Sonntag, Brigitte, Dipl.-Mathematikerin und Softwareentwicklerin in Bochum.

Staatsmann, Peter, M.A., Theaterwissenschaftler, Regisseur, Dramaturg und Theaterleiter, lehrt an der FU Berlin und der Bayerischen Theaterakademie.

Steineke, Peter, Prof., lehrt Kunstpädagogik an der Univ. Osnabrück.

Steinweg, Reiner, Dr., Friedensforscher, Projekte zu Gewalt und Konflikte im Alltag, Linz (Österreich).

Sting, Wolfgang, Prof. Dr., lehrt Theaterpädagogik und Erziehungswissenschaft an der Univ. Hamburg.

Taube, Gerd, Dr., Theaterwissenschaftler, Leiter des Kinder- und Jugendtheaterzentrums der BRD, Frankfurt a. M.

Thiel, Felicitas, Dr., wiss. Assistentin am Institut für Allgemeine Pädagogik der FU Berlin.

Thorau, Henry, Prof. Dr., Dipl.-Psych., Lehrstuhl für Portugiesische Kulturwissenschaft an der Univ. Trier.

Tichy, Ellen, Dr., lehrt Deutsch als Fremdsprache und interkulturelle Kommunikation an der Univ. Rostock.

Vaßen, Florian, Prof. Dr., lehrt Neuere Deutsche Literatur an der Univ. Hannover.

Vidal, Francesca, Dr., Rhetorikerin, lehrt in der Sektion Sprechwissenschaften an der Univ. Koblenz-Landau.

Wardetzky, Kristin, Prof. Dr., lehrt Spiel- und Theaterpädagogik an der UdK Berlin, Leiterin der Erzählerinnen-Gruppe ‚Fabula drama', Berlin.

Weber, Hans-Albrecht, Regisseur, Schauspieler, seit 1987 Leiter des Theaters ‚Die Boten', Berlin.

Weintz, Jürgen, Dr., Theaterpädagoge, Leiter des Off-Theaters Neuss.

Wenzel, Karola, Theaterpädagogin und Schauspielerin in Hannover, lehrt am Institut für Theaterpädagogik der FH Osnabrück, Standort Lingen.

Wellmann, Tina, M.A., Germanistin, arbeitet zu Improvisation, Körpersprache und Gewaltprävention, Hannover.

Wellner-Pricelius, Brigitte, M.A., Gymnasiallehrerin, Atemtherapeutin, Gesangs- und Stimmpädagogin, Hamburg.

Wiese, Hans-Joachim, Studienrat, lehrt am Institut für Theaterpädagogik der FH Osnabrück, Standort Lingen.

Wildt, Beatrice, Germanistin und Psychologin, lehrt am Fachbereich Erziehungswissenschaft der Univ. Oldenburg.

Wilhelm, Edgar, Prof., Körpertherapeut, lehrt am Fachbereich für Ästhetik und Kommunikation der FH Münster.

Winkler, Gisela, Dipl.-Germanistin und Lektorin, Mitarbeiterin beim Kinder- und Jugendzirkus ‚Cabuwazi', Berlin.

Witte, Wolfgang, M.A., Pädagoge, am Landesjugendamt Berlin zuständig für Jugendfreizeitarbeit.

Wrentschur, Michael, Dr., Soziologe und Theaterpädagoge, Assistent am Institut für Erziehungs- und Bildungswissenschaften in Graz (Österreich).

Zillmer, Heiner, Dr., Dipl.-Psych., Psychotherapeut und Traumaforscher, Hamburg.

Zimmer, Hans, Studienrat, Leiter des TPZ Hannover, Lehrbeauftragter an der Univ. Hannover.

Zimmermann, Michael, M.A., arbeitet als Theaterpädagoge bei der LAG Spiel und Theater Nordrhein-Westfalen.

Zulechner, Felix, Oberstudienrat in Bochum, Lehrbeauftragter an der Univ. Düsseldorf.

Korrespondenzen

Zeitschrift für Theaterpädagogik

ISSN 0941-2107

begründet 1985   2003 im 19. Jahrgang

Das Sachgebiet der Theaterpädagogik ist umfangreich. Die Theaterpädagogische Zeitschrift **Korrespondenzen** arbeitet seit fast 20 Jahren an der Qualitätssicherung des Faches und gilt als Leitpublikation eines sich in Expansion befindlichen Tätigkeitsfeldes. Sie liefert Praxisberichte, wissenschaftliche Forschungsberichte mit internationaler Orientierung und dient als Forum für ihre Leser mit einem gefestigten Autorenstamm.

Die Zeitschrift für Theaterpädagogik Korrespondenzen ist eine leitende Publikation für das Sachgebiet Theaterpädagogik.

Leserinnen und Leser der **Korrespondenzen** sind TheaterpädagogInnen, Lehrende an Schulen und Hochschulen und in der Erwachsenenbildung, SozialpädagogInnen, Theaterleute in Freien Gruppen und am Theater, DramaturgInnen, Sozial- und Kunst- sowie KulturwissenschaftlerInnen, SpielpädagogInnen, MitarbeiterInnen im Personal- und Kulturmanagement u.a.

Die **Korrespondenzen** werden herausgegeben von Dr. Ulrike Hentschel (Professorin an der Universität der Künste Berlin), Dr. Gerd Koch (Professor an der Alice-Salomon-Fachhochschule; z.Z. geschäftsführender Herausgeber), Dr. Bernd Ruping (Professor an der Fachhochschule Osnabrück, Standort Lingen) und Dr. Florian Vaßen (Professor an der Universität Hannover) – in Verbindung mit

18. Jahrgang   Heft 40

Korrespondenzen
Zeitschrift für Theaterpädagogik

Körper – Theorie – Körper – Praxis
Ausbildung – Fortbildung –

der Gesellschaft für Theaterpädagogik e.V., dem Bundesverband für Theaterpädagogik e.V. (BuT) und der Bundesarbeitsgemeinschaft (BAG) Spiel + Theater e.V.

Die **Korrespondenzen** erscheinen zweimal im Jahr (Frühjahr und Herbst).

Die **Korrespondenzen** können aboniert werden für 13 Euro plus Porto im Jahr. Das Einzelheft kostet 7,50 Euro plus Porto.

Die **Korrespondenzen** erscheinen im Schibri-Verlag:
Milow 60, 17337 Uckerland
Tel.: 039753/22757,
Fax: 039753/22583,
http://www.schribri.de,
e-mail: Schibri-Verlag @t-online.de

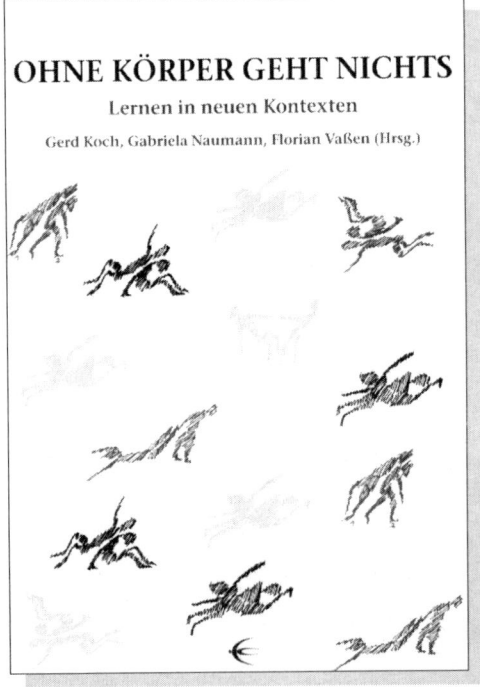